国家出版基金项目
NATIONAL PUBLICATION FOUNDATION

国外肉牛产业研究

曹兵海　等编著

中国农业大学出版社
·北京·

内容简介

本书通过肉牛产业基本情况、畜牧业生产扶持政策及措施（全畜牧业）、肉牛产业科技进展、与我国畜牧业合作情况（肉牛）四个板块对国外的肉牛大国的肉牛产业情况进行介绍，阐明目前国外各主要肉牛生产国肉牛产业发展情况，肉牛产业发展特色以及先进领域，内容全面、准确、系统。此书是国内肉牛类出版物中从未有过的信息如此全面的汇总统计类专著，在全球已出版的包括英文和日文版的同类书籍中，也不曾见到对所有肉牛生产大国的肉牛生产情况如此全方位的介绍。该书包含了这些国家的肉牛产业信息、政策信息以及贸易信息。这些信息对我国国内的肉牛研究具有十分重要的意义和重大影响。其中对肉牛专家的研究方向的影响、对肉牛养殖户的养殖方案建设的影响和为政府人员制定政策提供相关信息等的影响尤其重大。此书通过全面系统地对国外肉牛主要生产国的产业现状的信息介绍和梳理，必将在一定程度上影响我国肉牛产业政策以及进出口贸易的政策调整等，继而促进我国肉牛产业更好地发展。另外，本书也将服务于国内肉牛生产企业，有道是商场如战场，知己知彼方能百战百胜，打开国际市场也是此书独到价值的体现。

图书在版编目(CIP)数据

国外肉牛产业研究/曹兵海等编著. —北京：中国农业大学出版社，2019.9
ISBN 978-7-5655-2283-3

Ⅰ.①国… Ⅱ.①曹… Ⅲ.①肉牛-养牛业-产业发展-研究-国外 Ⅳ.①F316.33

中国版本图书馆 CIP 数据核字(2019)第 213589 号

书　名 国外肉牛产业研究
作　者 曹兵海　等编著

策划编辑 丛晓红　赵　中　　**责任编辑** 韩元凤　洪重光　田树君
封面设计 郑　川
出版发行 中国农业大学出版社
社　址 北京市海淀区学清路 38 号　　**邮政编码** 100083
电　话 发行部 010-62733489，1190　　**读者服务部** 010-62732336
编辑部 010-62732617，2618　　**出　版　部** 010-62733440
网　址 http://www.cau.edu.cn/caup　　**E-mail** cbsszs@cau.edu.cn
经　销 新华书店
印　刷 涿州市星河印刷有限公司
版　次 2019 年 9 月第 1 版　2019 年 9 月第 1 次印刷
规　格 889×1 194　16 开本　42 印张　1 240 千字　彩插 2
定　价 178.00 元

《国外肉牛产业研究》作者名录

主　编　曹兵海
副主编　苏华维

执笔者(按章顺序)

序号	国家	执笔者
1	日本	曹兵海、宋仁德、张越杰、张嘉保、王鹏、苏华维、秦肖莉
2	韩国	俞先峰、张嘉保、金永勋、袁宝、王鹏、李玉林、吕爱辉、张国梁、刘基伟、韩永胜、丁得利
3	越南	黄必志、张继才、亏开兴、李乔仙、和占星、王安奎、金显栋、刘建勇
4	泰国	瞿明仁、易中华、梁欢、彭远义、杨建军
5	尼泊尔	郭宪、裴杰、阎萍、马进寿
6	印度	张越杰、齐文浩、韩永胜、田露、王悦
7	伊朗	李家奎、祝远魁、张丽鸿
8	哈萨克斯坦	张杨、李红波、周振勇、闫向民、张金山、杜玮
9	美国	高雪、陈燕、刘继军、郭爱珍、昝林森、孙宝忠、曹晖、李俊雅
10	加拿大	李秋凤、曹玉凤、雷初朝、张继瑜、李树静、周绪正、周振明、蓝贤勇、黄永震、党瑞华
11	巴西	邓立新、张志平、张君涛、王新卫、董海聚
12	阿根廷	梁小军、于洋、封元、李俊雅
13	德国	张越杰、孙晓玉、王军、王洪亮、庄雨龙、韩志强、赵福忠
14	意大利	罗晓林、官久强、奚丹
15	英国	余群力、张丽、索朗斯珠、韩玲
16	法国	孙芳、赵晓川、霍云龙、李培龙、刘利、郭珍珍、许珊珊、卜也
17	荷兰	王之盛、孙宝忠、邹华围、张松山、毛磊、谢鹏、彭全辉、胡瑞、雷元华
18	澳大利亚	张相伦、赵玉民、罗欣、周振明、宋恩亮、郝剑刚、韩广星、于春起、万发春、刘倚帆
19	新西兰	徐照学、高云航、魏彦明、施巧婷、魏成斌、兰亚莉、楚秋霞

前 言
PREFACE

近年来，消费者对牛肉的质和量的爆性需求，使得我国的肉牛产业得到了蓬勃发展。肉牛产业在专业化水平、组织化程度、技术支撑度、资源融合度、政策契合度等方面都达到了空前程度。而国民生活质量和健康意识的逐代提高，加大了牛肉消费和供给的矛盾，使得肉牛产业的生产压力越来越大，即便是我国开放了牛肉市场，牛肉供给压力仍无缓解迹象。根据肉牛产业独有的特性，可以预测我国的牛肉供求矛盾将长期存在。

加大牛肉供给，是肉牛产业面临的重大而长远的任务，是政府、金融、企业、牧场、装备、技术等攸关产业各领域、各部门必须思考和研究的重大课题。

统揽国外发达国家的肉牛产业，无一例外可以用政策的研制水平和协调水平高、金融化程度高、组织化和社会化程度高、生产技术水平高、经营水平高来概括其肉牛产业化程度。这使我们深刻认识到，这些国家的肉牛产业走的是符合其国情的道路。同样，我国的国情决定我国的肉牛产业必须走自己的道路。

“夫以铜为镜，可以正衣冠，以古为镜，可以知兴替；以人为镜，可以明得失。”我国肉牛产业进一步健康发展需要借鉴他国的发展经验和教训。为此，国家肉牛牦牛产业技术体系组织专家，本着地缘相连、经贸密切或有潜在经贸可能、产业发达、技术先进、容易搜集资料的原则完成了这本书，以期与肉牛产业相关的部门和人士有所参考。

但是，由于搜集的国家比较多，这些国家的肉牛产业史长，涉及领域广以及我们的搜集能力有限，不可能对这些国家的肉牛产业进行全面总结，因此，“挂一漏万”很可能是本书的最大特点。还由于文字量大、作者多、时间仓促、编辑水平有限，书中难免有疏忽甚至不当之处，敬请读者谅解。

社会在进步，产业在发展。处于继续扩大开放、供给侧结构调整、产业振兴期的我国肉牛产业的生产模式、技术模式和经营模式也在剧烈变化。随着对国外肉牛产业了解的不断深入和信息资料的积累，渴望今后有机会对本书内容进行补充更新和再版。

编　者

2019 年 9 月

目　录
CONTENTS

第一篇　亚　洲

第二篇　美　洲

第三篇 欧 洲

第四篇 大洋洲

第一篇
亚　洲

第一章

日 本

一、摘 要

日本是世界上经济发达国家之一，农业在国民经济中所占比重较低，但农业在日本占有非常重要的基础地位，且近年来畜牧业占农业的比重不断上升，2016 年达到 35.44%，其中最重要的当属肉牛业。2016 年，日本活牛（肉牛+奶牛）存栏量为 386 万头，其中肉牛饲养头数为 248.9 万头，主要集中在九州和北海道地区，全国肉牛饲养户共有 5.44 万户，户（场）均养殖 47.8 头，饲养 500 头牛以上的户数有 1 740 户。1961—2016 年，日本牛的屠宰量从 81.4 万头增长到 109.1 万头。与此同时，由于养殖技术的进步，牛的胴体重逐年上升，从 1961 年的 175.3 kg 增加到 2007 年的 409 kg。牛肉产量也随之大幅增加，1961 年牛肉产量为 14.3 万 t，到 1994 年达到了 60.2 万 t 的高峰。之后，由于牛屠宰量的下降速度超过了胴体重的增长速度，牛肉产量也逐渐减少，2016 年下降至 33.2 万 t。日本牛肉消费量在泡沫经济时代大幅增加，2002 年时曾达到 93.3 万 t，2007 年起牛肉消费量一直徘徊在 82.5 万～87.6 万 t 之间。日本是世界牛肉贸易主要进口国，其牛肉自给率近年徘徊在 40%左右。日本肉牛养殖业总体上趋向于高度专业化、集约化和规模化，继续优化肉牛品种，提高个体产肉量和牛肉品质，但 100 头以下肉牛繁殖经营户仍将长期存在。日本政府以振兴牛肉产业的长远发展为目标，制定了一系列产业扶持政策，为肉牛产业稳定发展提供了良好的政策环境。

二、肉牛产业基本情况

（一）肉牛产业发展概况和资源状况

日本位于亚欧大陆东端，是一个四面临海的岛国，自东北向西南呈弧状延伸。东部和南部为一望无际的太平洋，西临日本海、东海，北接鄂霍次克海，隔海分别和朝鲜、中国、俄罗斯、菲律宾等国相望。日本国土总面积 377 880 km^2，由北海道、本州、九州、四国 4 个大岛和 6 848 个小岛组成，东西宽 300 km，南北长 3 500 km。日本的国土习惯上自北向南分为北海道、东北、关东、中部、近畿、中国、四国、九州等8个地区，日本总人口1.27亿人(2018年世界银行数据)，其中农业人口约488万人。农业实体总数约215.51万个，其中进行商品生产的实体共132.96万个(专业生产实体44.28万个，兼业生产实体88.68万个)，自给自足农家88.55万户，肉牛业从业实体2.33万个。农用地面积447万hm^2，其中水田243万hm^2，旱地204万hm^2，草地面积36.95万hm^2，饲料种植面积10.49万hm^2，饲料种植经营实体2.60万个，牧草专用种植面积51.41万hm^2，饲草种植经营实体3.10万个。

日本是世界上经济最发达的国家之一，2015年日本国民生产总值733.35万亿日元，农业总产值8.80万亿日元，农业在国民经济中所占比重较低，但农业在日本占有非常重要的基础地位。近年来，日本的畜牧业得到了快速发展，畜牧业占农业的比重不断上升，从2001年的27.2%增加到2015年的35.44%(达到3.12万亿日元)，其中上升最快的当属肉牛业，2015年日本肉牛业总产值达到6 886亿日元，占农业总产值的7.8%、畜牧业总产值的22.09%。日本历年农业总产值及各涉农行业产值及构成见表1-1-1和表1-1-2。

表 1-1-1

日本历年农业总产值及各涉农行业产值

亿日元

年份	农业总产值	种植业	畜牧业							加工农产品	农业生产收益
			合计	肉牛	奶牛	猪	鸡	养蚕	其他畜产品		
2000	91 295	66 026	24 597	4 564	7 675	4 616	7 023	20	699	673	35 562
2001	88 813	64 077	24 125	4 369	7 721	5 007	6 349	17	662	611	34 848
2002	89 297	63 908	24 784	4 662	7 779	5 168	6 532	16	627	605	35 232
2003	88 565	64 602	23 288	4 001	7 978	4 671	6 015	—	623	674	36 528
2004	87 136	61 832	24 580	4 455	7 958	5 186	6 354	—	627	725	33 887
2005	85 119	59 396	25 059	4 730	7 834	4 987	6 889	—	619	666	32 030
2006	83 322	58 179	24 525	4 781	7 483	4 980	6 583	—	698	618	30 803
2007	82 585	57 196	24 787	4 847	7 311	5 233	6 755	—	641	603	30 207
2008	84 662	58 204	25 852	4 591	7 480	5 786	7 444	—	551	606	27 604
2009	81 902	55 899	25 466	4 819	7 906	5 120	7 086	—	535	537	25 946
2010	81 214	55 127	25 525	4 639	7 725	5 291	7 352	—	518	562	28 395
2011	82 463	56 394	25 509	4 625	7 506	5 359	7 530	—	489	560	27 800
2012	85 251	58 790	25 881	5 033	7 746	5 367	7 239	—	496	581	29 541
2013	84 668	57 031	27 093	5 189	7 780	5 746	7 842	—	536	545	29 412
2014	83 639	53 632	29 447	5 940	8 051	6 331	8 530	—	595	559	28 319
2015	87 979	56 245	31 180	6 886	8 397	6 214	9 049	—	634	555	32 892

来源：农林水产省《统计表》

表 1-1-2

历年农业总产值及各涉农行业产值构成比

%

年份	农业总产值	畜牧业							加工农产品
		合计	肉牛	奶牛	猪	鸡	养蚕	其他畜产品	
2001	100.0	27.0	4.9	8.7	5.6	7.1	0.0	0.7	0.7
2002	100.0	27.7	5.2	8.7	5.8	7.3	0.0	0.7	0.7

续表 1-1-2

年份	农业总产值	畜牧业							加工农产品
		合计	肉牛	奶牛	猪	鸡	养蚕	其他畜产品	
2003	100.0	26.3	4.5	9.0	5.3	6.8	—	0.7	0.8
2004	100.0	28.2	5.1	9.1	6.0	7.3	—	0.7	0.8
2005	100.0	29.5	5.6	9.2	5.9	8.1	—	0.7	0.8
2006	100.0	29.4	5.7	9.0	6.0	7.9	—	0.8	0.7
2007	100.0	30.1	5.9	8.9	6.3	8.2	—	0.8	0.7
2008	100.0	30.5	5.4	8.8	6.8	8.8	—	0.7	0.7
2009	100.0	31.3	5.9	9.7	6.3	8.7	—	0.7	0.7
2010	100.0	31.4	5.7	9.5	6.5	9.1	—	0.6	0.7
2011	100.0	30.9	5.6	9.1	6.5	9.1	—	0.6	0.7
2012	100.0	30.4	5.9	9.1	6.3	8.5	—	0.6	0.7
2013	100.0	32.0	6.1	9.2	6.8	9.3	—	0.6	0.6
2014	100.0	35.2	7.1	9.6	7.6	10.2	—	0.7	0.7
2015	100.0	35.4	7.8	9.5	7.1	10.3	—	0.7	0.6

来源：农林水产省《统计表》

(二)肉牛养殖业发展情况

1. 日本肉牛品种及存栏量

(1)肉牛品种

日本肉用牛分为肉牛、乳用种和杂种牛(F_1)。肉牛是以生产牛肉为目的改良培育而来的肉牛专用品种；乳用种是对奶牛养殖业副产物(公犊、淘汰母牛和种公牛)进行育肥生产牛肉的牛；杂种牛是指用奶牛母牛与肉牛公牛杂交生产的 F_1 犊牛进行育肥的牛，杂种牛在肉质上优于乳用种。

①肉牛

肉用专用牛种主要包括以下 4 种(图 1-1-1)。

黑毛和牛：是由本地黄牛与瑞士黄牛等杂交改良后裔中选育而成的品种，被毛黑色或黑褐色，占和牛总数的 95%以上，黑毛和牛是日本从 1956 年起改良牛中最成功的品种之一，是全世界公认的最优秀的优良肉用牛品种，具有生长快、成熟早、肉质好等特点。

无角和牛：将日本本地黄牛用安格斯牛进行杂交改良、选育而来的品种，被毛呈黑色，但比黑毛和牛毛色深，主要特点是对粗饲料的利用能力强，主产区为山口县。

短角和牛：对饲养在东北地区北部的南方牛用短角牛改良而来的肉牛品种，被毛深褐色，特点是耐寒能力强，粗饲料利用能力高，主产区为岩手县。

褐毛和牛：以饲养在熊本县和高知县的朝鲜黄牛为基础母牛，用西门塔尔、利木赞等良种肉牛杂交改良而来的肉用品种，被毛呈黄褐色至红褐色。耐热能力强，对粗饲料也有很高的利用能力，主产区为熊本县和高知县。

②乳用种

将乳牛养殖经营的副产物(公犊、淘汰母牛和种公牛)进行育肥。主要为荷斯坦牛，也有部分娟姗牛，与杂交种一样产于奶牛场，肉质与进口牛肉在伯仲之间。

③杂种牛

基本上是黑毛和牛(♂)×荷斯坦牛(♀),为了提高肉产量与肉质,对乳用母牛用黑毛和牛精液授精生产的以产肉为目的 F_1 牛。

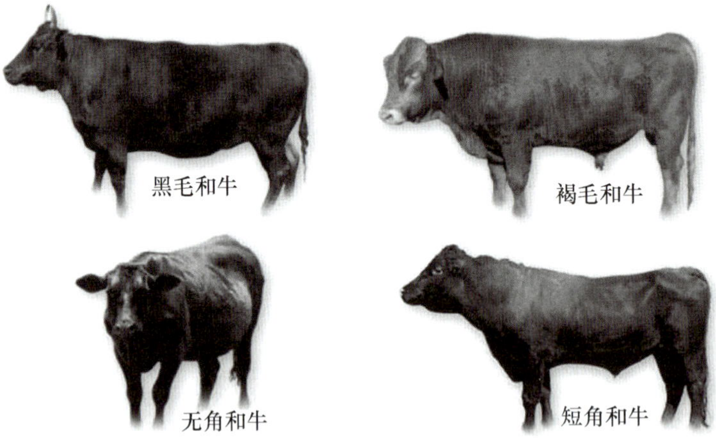

图 1-1-1　日本和牛品种

(2)存栏量

从 20 世纪 60 年代到现在,日本牛的存栏量总体呈增加态势。1961 年,日本牛的存栏量为 322.5 万头,之后经历了先升后降的过程。60 年代,牛的存栏量缓慢增长,年均增长率为 0.98%;到 70 年代,增长加快,年均增长率为 1.52%;80 年代,增长开始放缓,年均增长率下降到 1.09%;之后经历了 90 年代初的增长,到 1993 年达到存栏量 502.4 万头的最高纪录后开始逐渐下降;90 年代和进入 21 世纪后的年均下降率分别为 0.24%和 0.6%;2016 年,日本活牛(肉牛+奶牛)存栏量为 386 万头。

2000—2015 年,日本的肉用牛饲养农家(场)数持续下降,从 11.65 万户下降到不到半数的 5.44 万户,而户均养殖规模持续上升,户(场)均养殖头数从 24.2 头/户(场)上升到了 45.8 头/户(场),存栏量经历了先升后降的过程,总体呈下降态势。2009 年,日本肉用牛的存栏量达到最高的 292.3 万头,之后存栏量持续下降,到 2015 年,日本肉用牛的存栏量为 248.9 万头,其中肉牛(和牛)、乳用种育肥牛、杂种牛分别存栏 166.1 万头、82.8 万头、48.2 万头。日本肉用牛养殖户数和饲养头数变化见表 1-1-3 至表 1-1-5。

表 1-1-3

日本肉用牛养殖户数和饲养头数的变化情况

年份		2007	2008	2009	2010	2011	2012	2013	2014	2015
肉用牛	户数/万户	8.23	8.04	7.73	7.44	6.96	6.52	6.13	5.75	5.44
	头数/万头	80.6	289.0	292.3	289.2	276.3	272.3	264.2	256.7	248.9
	户均头数/头	34.1	35.9	37.8	38.9	39.7	41.8	43.1	44.6	45.8
繁殖母牛	户数/万户	7.11	6.97	6.66	6.39	5.91	5.61	5.30	5.00	4.72
	头数/万头	63.6	66.7	68.2	68.4	66.8	64.2	61.8	59.5	58.0
	户均头数/头	8.9	9.6	10.2	10.7	11.3	11.4	11.7	11.9	12.3
育肥牛	户数/万户	1.67	1.65	1.68	1.59	1.52	1.43	1.35	1.31	1.16
	头数/万头	180.1	183.7	184.2	181.2	171.8	170.2	166.3	162.3	156.8
	户均头数/头	107.9	111.3	109.6	114.0	113.0	119.0	123.2	123.9	135.2

来源:农林水产省《畜产统计》

表 1-1-4

日本肉用牛养殖户数及饲养头数统计表(肉牛)

年份	养殖户数/万户	兼养乳用牛户数/万户	总头数/万头	肉牛/万头		肉牛/万头			
				育肥牛	育成牛	合计	黑毛和牛	褐毛和牛	其他肉牛
2000	11.65	0.91	282.3	73.3	—	170.0	—	—	—
2001	11.01	0.92	280.6	70.4	—	167.9	158.8	4.92	4.24
2002	10.42	0.88	283.8	72.6	—	171.1	162.0	4.99	4.18
2003	9.81	0.80	280.5	73.0	—	170.5	162.2	4.17	4.07
2004	9.39	0.82	278.8	71.9	36.2	170.9	162.6	3.78	4.57
2005	8.96	0.81	274.7	71.6	35.8	169.7	161.3	3.64	4.84
2006	8.56	0.80	275.5	71.6	36.5	170.3	161.9	3.23	5.14
2007	8.23	0.77	280.6	73.7	36.9	174.2	165.6	3.16	5.46
2008	8.04	0.75	289.0	77.0	38.5	182.3	173.4	3.04	5.81
2009	7.73	0.76	292.3	80.9	39.8	188.9	181.0	2.88	5.04
2010	7.44	0.72	289.2	84.4	39.6	192.4	185.3	2.60	4.47
2011	6.96	0.67	276.3	82.3	37.7	186.8	180.5	2.45	3.87
2012	6.52	0.64	272.3	81.1	37.9	183.1	177.3	2.27	3.57
2013	6.13	0.61	264.2	79.0	36.1	176.9	171.4	2.17	3.33
2014	5.75	0.60	256.7	77.2	34.9	171.6	166.3	2.11	3.19
2015	5.44	0.55	248.9	74.1	34.1	166.1	161.2	2.08	2.83

来源:农林水产省《畜产统计》

表 1-1-5

日本肉用牛养殖户数和饲养头数统计表(乳用牛、杂种牛)

年份	养殖户数/万户	兼养乳用牛户数/万户	总头数/万头	育肥乳用牛/万头		荷斯坦牛及其他育肥乳用牛/万头		杂种牛/万头		户均饲养头数
				总计	其中母牛	总计	其中母牛	总计	其中母牛	
2000	11.65	0.91	282.3	112.4	30.6	—	—	66.3	—	24.2
2001	11.01	0.92	280.6	112.6	29.5	44.4	2.7	68.2	26.9	25.5
2002	10.42	0.88	283.8	112.7	30.1	48.3	2.6	64.4	27.5	27.2
2003	9.81	0.80	280.5	110.1	29.0	47.1	2.0	63.0	26.8	28.6
2004	9.39	0.82	278.8	107.9	29.8	47.0	2.1	60.9	27.8	29.7
2005	8.96	0.81	274.7	104.9	29.1	47.1	2.4	57.9	26.8	30.7
2006	8.56	0.80	275.5	105.2	29.6	46.8	2.3	58.4	27.3	32.2
2007	8.23	0.77	280.6	106.4	30.1	46.0	1.8	60.4	28.4	34.1
2008	8.04	0.75	289.0	106.7	31.8	43.2	1.6	63.6	30.2	35.9
2009	7.73	0.76	292.3	103.3	30.9	41.1	1.0	62.2	29.9	37.8
2010	7.44	0.72	289.2	96.8	27.5	42.1	1.0	54.7	26.5	38.9
2011	6.96	0.67	276.3	89.5	24.4	41.2	0.9	48.3	23.5	39.7
2012	6.52	0.64	272.3	89.2	24.9	39.3	0.8	49.9	24.1	41.8
2013	6.13	0.61	264.2	87.3	24.8	37.6	0.7	49.8	24.0	43.1

续表 1-1-5

年份	养殖户数/万户	兼养乳用牛户数/万户	总头数/万头	育肥乳用牛/万头		荷斯坦牛及其他育肥乳用牛/万头		杂种牛/万头		户均饲养头数
				总计	其中母牛	总计	其中母牛	总计	其中母牛	
2014	5.75	0.60	256.7	85.1	24.2	36.8	0.8	48.4	23.3	44.6
2015	5.44	0.55	248.9	82.8	24.0	34.5	0.7	48.2	23.2	45.8

来源：农林水产省《畜产统计》

2. 养殖区域及规模结构

（1）肉牛业布局

养牛业属于土地利用型畜牧业，因而肉用牛的饲养也较多地集中在土地条件较好的区域，如北海道、九州、东北及关东地区。日本的肉牛业主要集中在九州和北海道地区，按都道府县分，北海道、鹿儿岛、宫崎、熊本、岩手、栎木、宫城、长崎、冲绳、群马在肉牛饲养头数上稳居前 10 位，2016 年，日本全国肉牛饲养头数为 249.7 万头，其中九州岛的鹿儿岛、宫崎、熊本、长崎 4 县共饲养肉牛 76.41 万头，占肉牛总数的 30.82%，北海道地区 51.25 万头，占总头数的 20.67%。日本肉牛生产养殖分布情况见表 1-1-6。除土地条件外，市场距离、饲料、劳动工资等影响收益的因素也影响着养牛业的布局。同时，随着对环境的日益重视，收益性与畜产公害等环境问题的平衡也对养牛业的布局产生着重大影响。

表 1-1-6
日本肉牛生产养殖分布情况表

排名（按 2016 年饲养头数）	都道府县	饲养量		饲养户		户均头数
		头数/万头	占比/%	户数/万户	占比/%	
1	北海道	51.25	20.7	0.26	5	197.1
2	鹿儿岛	31.91	12.9	0.86	16.6	37.1
3	宫崎	24.36	9.8	0.65	12.5	37.5
4	熊本	12.52	5.1	0.265	5.1	47.2
5	岩手	8.96	3.6	0.486	9.4	18.4
6	栎木	8.12	3.3	0.095 4	1.8	85.1
7	宫城	8.1	3.3	0.377	7.3	21.5
8	长崎	7.62	3.1	0.275	5.3	27.7
9	冲绳	7.05	2.8	0.261	5	27
10	群马	5.9	2.4	0.063 2	1.2	93.4
全国		247.9	100	5.19	100	47.8

（2）肉牛业规模

日本肉牛的饲养规模总体上不大，2016 年，日本全国肉牛饲养户共有 5.19 万户，户（场）均养殖 47.8 头。按地区来看，北海道地区的养殖规模较大，50 头以上的规模养殖户占全国的 62.5%。日本肉牛饲养规模的变化见表 1-1-7 和表 1-1-8。

表 1-1-7
日本肉牛饲养规模的变化

年份			2007	2008	2009	2010	2011	2012	2013	2014	2015
繁殖经营	繁殖母牛 10 头以上	户数占比/%	21.0	23.5	25.2	25.6	27.1	27.5	28.4	28.3	29.9
		户均头数	64.9	70.8	72.8	73.3	73.8	75.8	75.4	76.1	76.9

续表 1-1-7

年份			2007	2008	2009	2010	2011	2012	2013	2014	2015
肥育经营	肉用种肥育牛50头以上	户数占比/%	27.5	29.9	29.7	31.8	30.0	34.2	33.5	33.8	37.4
		户均头数	65.7	70.9	69.5	73.4	71.3	76.0	74.4	75.7	76.7
	乳用牛肥育牛100头以上	户数占比/%	28.7	28.5	27.0	29.7	29.1	28.1	27.2	27.9	28.0
		户均头数	78.0	80.0	77.3	78.4	76.3	76.9	78.7	80.8	82.7

来源:农林水产省《畜产统计》

表 1-1-8

历年肉用牛按规模饲养头数统计

万头

年份	合计	饲养规模											
		1～2	1～4	3～4	5～9	10～19	20～29	20～49	30～49	50～99	100～199	200以上	500以上
2001	277.6	4	—	7.38	17.58	22.53	14.72	—	19.15	29.02	38.68	124.5	—
2002	279.4	3.36	—	7.39	16.35	22.7	14.03	—	19.2	28.8	37.82	129.8	—
2003	276.5	3.01	—	6.55	15.73	21.57	13.59	—	18.93	28.46	37.56	131.1	—
2004	275.5	2.86	—	6.13	15.35	21.97	14	—	18.39	31.39	37.28	128.1	—
2005	271	2.9	—	5.93	15.88	21.84	13.83	—	18.54	29.98	35.74	126.3	—
2006	270.1	2.69	—	5.27	14.73	20.12	13.83	—	17.8	30.13	36.83	128.7	—
2007	277.5	2.45	—	4.92	13.69	19.48	13.05	—	18.57	29.94	37.87	137.5	—
2008	377.6	—	6.86	—	12.41	19.83	—	31.8	—	30.14	37.79	146.9	91.89
2009	386.3	—	8.24	—	12.78	18.82	—	35	—	30.24	36.78	147.2	97.25
2010	382.1	—	7.2	—	12.71	17.36	—	33.55	—	30.14	35.51	149.4	96.18
2011	368.3	—	7.1	—	11.26	16.27	—	32.19	—	30.37	36.48	139.9	94.75
2012	363.3	—	6.5	—	10.36	16.22	—	29.95	—	31.03	34.26	141.5	93.47
2013	354.0	—	5.84	—	10.01	15.22	—	30.77	—	28.43	33.33	138.2	92.17
2014	345.9	—	5.27	—	9.28	14.1		27.56	—	28.35	32.64	137.1	91.58
2015	337.3	—	4.63	—	8.2	13.89	—	26.97	—	27.49	30.81	134.6	90.71

来源:农林水产省《畜产统计》

3. 日本主要养殖企业、协会组织概况和地位

(1)养殖企业

日本肉用牛养殖企业多为育肥企业,主要集中在北海道、九州等远离都市圈的地区。育肥用犊牛主要来源为家畜拍卖市场,进行工厂化规模化育肥生产。其中据 2016 年 2 月统计数,全国 500 头以上饲养场 720 户共饲养肉用牛 90.71 万头,占全部养殖户 1.32%的养殖企业饲养了约 36.44%的肉用牛,平均 1 260 头/场。而大型繁殖养殖企业相对较少,不过最近也出现了像被称为超大型肉牛繁殖经营先驱性企业的未来全球农场和矢岳农场为代表的大型养殖场,两场存栏量均为 3 000 头以上(繁殖母牛和犊牛),各由 30 名左右的工人进行饲养,母牛个体管理非常好,劳动效率极高,这种高效生产是将母牛彻底按生产阶段划分(受胎、分娩、生后犊牛等)后系统管理,利用每个饲养工作人员观察能力的高效发挥而实现。这种超大规模的经营,考虑到设施和饲养人员的制约,虽然短期内不会增加太多,但在中长期间一定会逐渐增加。

(2)协会组织概况

与肉牛生产、经营相关的协会组织主要有农业协同组合(农协)、全国食肉事业协同组合联合会(全

肉联)、日本食肉定级协会、神户肉流通推进协会等。其中的日本农协,是依据日本1947年颁布实施的《农业协同组合法》而建立起来的既具有特殊性质的企业,又具有很浓的农村社区性质的农民合作组织。农协的职能非常广泛,其活动范围包括了农民生产经营的各个方面,社会组织的色彩比较浓厚。日本的农业合作社还负责对农民进行生产性的指导,主要包括生产计划的制订、生产技术的咨询与农产品结构的调整等。日本农协包括基层农协、县级联合会与全国联合总会3个组成部分。各个组成部分之间进行协同合作,各自承担各自的职能,共同完成一项任务,与其他国家的农业合作社不同,日本的农业合作社并不是农民占主体的经济组织,而是属于农户的政治经济社会组织,具备一定的社会组织色彩。具有半官、半民的性质。政府在其中发挥着管理与协调的作用,政府对农户开展农业技术方面的培训,不断发展现代化农业。通过农业联盟等形式来推广农业技术。同时,政府也会给农业合作社以资金与政策支持。农业合作社可以通过商业银行获得大量的融资资金。因此,政府的财政资金与银行的信贷资金是农业合作社的主要资金来源。

4. 日本肉牛业的发展趋势

日本属于资源相对紧缺的国家,农用地仅460万 hm^2,人均农用地面积约0.033 hm^2,人均土地资源贫乏,远远低于世界0.25 hm^2的平均水平,日本农业从业人口在不断下降,日本肉牛业在饲养户数逐年递减的情况下,户均饲养量和饲养总量在逐年递增,表明日本养牛业的集约化、规模化程度越来越高。但牛肉自给率近年徘徊在40%左右,今后能否守住现在的水平尚未可知。日本肉牛业养殖户将进一步减少,集约化、规模化程度将会进一步加快,饲养头数将呈现基本持平微增趋势,将建成越来越多的超大型肉用牛专业化养殖企业;高档和牛肉出口量会进一步增加,但总量不会太多;日本肉牛业将会大量培养饲养管理人才,进一步提高肉牛个体育种水平和饲养管理水平,加快提高肉牛个体生产性能。因此,日本肉牛产业总体上将呈现高度专业化、集约化、规模化养殖等特征,但100头以下肉牛繁殖经营户仍将长期存在,继续优化肉牛品种,提高个体产肉量和牛肉品质。

(三)肉牛产品加工业发展情况

1. 日本肉牛产品产量及在世界上的地位

2015年,日本整体牛肉产量为33.2万t,其中:和牛产牛肉15.1万t,乳用种产牛肉10.2万t,杂交种产牛肉7.5万t(图1-1-2)。日本牛肉产量占世界牛肉总产量的不到1%。日本和牛是当今世界公认的肉品质最优秀的良种肉牛品种,和牛最大的优势是肌内脂肪沉积能力较强,常被用来生产高档"雪花牛肉"。在世界顶级的肉食料理中,日本和牛的地位是牢不可破的,无论是其奢华的味蕾享受还是高不可攀的价格都让人印象深刻,无愧于世界顶级肉牛之名。

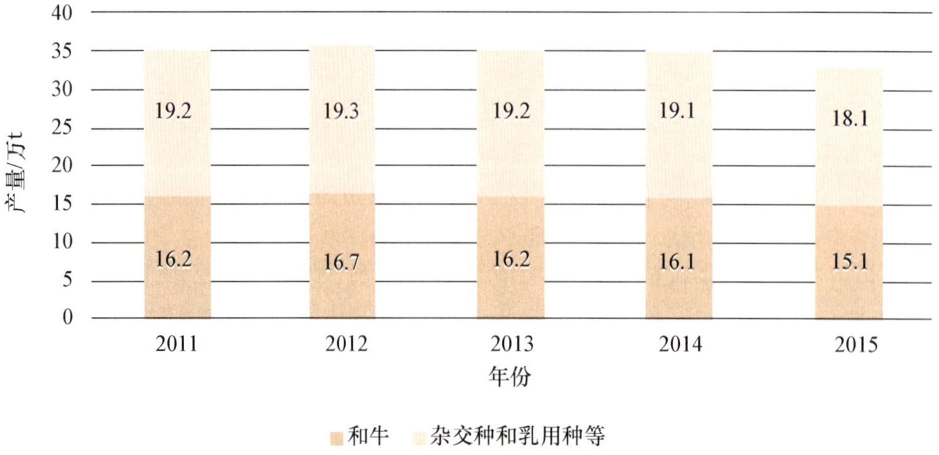

图1-1-2 日本2011—2015年牛肉产量

2. 日本肉牛产品产量历史变化情况及影响因素

1961—2015 年，日本牛的屠宰量从 81.4 万头增长到 109.1 万头。在此期间，也经历了先升后降的过程，1985 年牛屠宰量达到最高点，为 157.5 万头。与此同时，由于养殖技术的进步，牛的胴体重逐年上升，从 1961 年的 175.3 kg 增加到 2007 年的 409 kg，年均增长率达到了 1.9%。牛肉产量也随之大幅增加，1961 年牛肉产量为 14.3 万 t，到 1994 年达到了 60.2 万 t 的高峰。之后，由于牛屠宰量的下降速度超过了胴体重的增长，牛肉产量也逐渐减少，2000—2011 年日本牛肉产量年均下降 0.5%。因乳用牛育肥减少以及 2010 年宫崎县发生的口蹄疫的影响，2011 年牛肉产量比前一年减少 1.3%。2012 年，由于奶牛场利用乳用种和黑毛和牛进行交配，导致杂交种的数量增加，从而导致整体牛肉产量 4 年以来首次增加以及肉用种和乳用种数量增加，牛肉产量比前一年增加 1.7%。2013 年度以后，由于肉用牛繁殖母牛和乳用牛荷斯坦母牛数量下降等原因引起总体牛肉生产量下降，较上年相比减少了 1.6%。2014 年和 2015 年的牛肉产量比前一年分别减少 0.7%和 2.0%，2015 年整体牛肉产量为 33.2 万 t。日本国内牛肉产量变化见表 1-1-9 和表 1-1-10。

表 1-1-9

日本牛肉生产量变化-分类生产量统计(1)

t

年份	成牛合计	和牛			
		合计	母牛	去势	公牛
2011	353 232	161 941	70 111	91 739	91
2012	359 206	166 840	73 353	93 368	119
2013	353 536	161 831	72 494	89 231	106
2014	351 045	160 582	70 459	90 038	85
2015	332 002	151 151	64 415	86 659	77

来源：日本农林水产省《肉类流通统计》

表 1-1-10

日本牛肉生产量变化-分类生产量统计(2)

t

年份	成牛									犊牛合计
	乳用牛				杂种牛				其他牛	
	合计	母牛	去势牛	公牛	合计	母牛	去势牛	公牛		
2011	113 629	37 850	75 611	168	72 896	32 401	40 478	18	4 765	537
2012	112 582	38 585	73 746	252	75 469	33 576	41 879	14	4 315	540
2013	108 508	39 574	68 765	169	78 930	34 890	44 018	22	4 267	469
2014	106 044	38 752	67 105	187	80 540	35 465	45 058	17	3 879	463
2015	102 241	38 136	63 935	171	75 087	33 398	41 680	9	3 523	412

来源：日本农林水产省《肉类流通统计》

3. 日本肉牛分级系统

日本国内和牛牛肉的基础价格按照半胴体的质和量来确定，因此胴体的重量和肉质分级标准是日本和牛育种、生产、牛肉市场定价的关键指针，也是所有和牛养殖者能够保持市场竞争优势的基础。虽然用其他牛种生产的牛肉不完全执行该标准，但仍采取按照胴体的质和量确定牛肉的基础价格这一方式。

日本肉类分级协会(JMGA)于 1988 年修订了牛肉胴体分级标准，该分级制度是以产量和品质等级为基础的。产量等级分为 A、B、C 三个等级(按产量百分比计分，根据回归方程计算)。品质等级按 4

个品质性状(大理石花纹、肌肉颜色和质地、脂肪颜色和质量)分为5个等级(1、2、3、4、5)。在日本,通常选择牛胴体第6肋骨和第7肋骨之间进行评估。综合产量和品质等级确定最终等级,共15个可能等级(表1-1-11)。

表 1-1-11

日本肉牛分级系统

产量等级	品质等级				
	5	4	3	2	1
A	A5	A4	A3	A2	A1
B	B5	B4	B3	B2	B1
C	C5	C4	C3	C2	C1

来源:Japan Meat Grading Assoc.(1988)

产量等级评分由一个多元回归方程计算,具体计算公式如下:

肉牛产量级别评分(%)=67.37+[0.130×眼肌面积(cm^2)]+[0.667×肋部厚度(cm)]-[0.025×冷左半胴体重(kg)]-[0.896×皮下脂肪厚度(cm)]

其中胴体测量指标是在第6~7肋骨截面上获得的(图1-1-3,彩图1-1-3),如果肌间脂肪厚度较厚,则肉牛胴体产量评级可降低一个等级。

胴体产量3个等级(A、B和C)所对应的评分如表1-1-12所示。

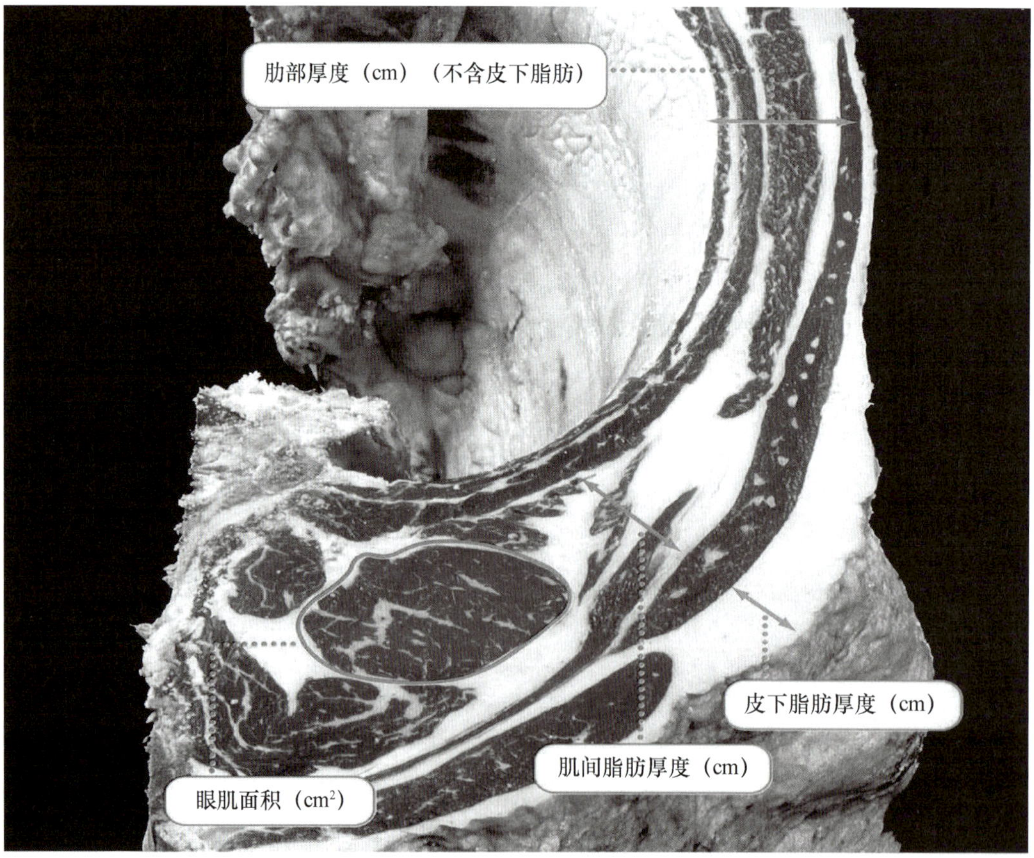

图 1-1-3 肉牛胴体第6~7肋间截面及相关测量指标

表 1-1-12

日本牛肉分级系统中的产量等级标准

级别	估计产量	备注
A	≥72%	高于平均水平
B	69%~72%	平均水平
C	<69%	低于平均水平

注:若是和牛品种,肉牛产量级别评分+2.049。

品质等级主要根据牛肉大理石花纹(表 1-1-13、图 1-1-4 和图 1-1-5)、肉色和亮度(图 1-1-6,彩图 1-1-6)、脂肪的颜色和光泽(图 1-1-7,彩图 1-1-7)等指标综合确定。最初制定的分级标准中大理石花纹评分(BMS)的参考图片是基于计算机模拟的(图 1-1-4,彩图 1-1-4)。2008 年,真实牛肉照片被使用并取代了 1998 年的标准,新标准中大理石花纹评为 3 的牛肉要求肌内脂肪含量(IMF)最低需达到 21% 以上(图 1-1-5,彩图 1-1-5)。

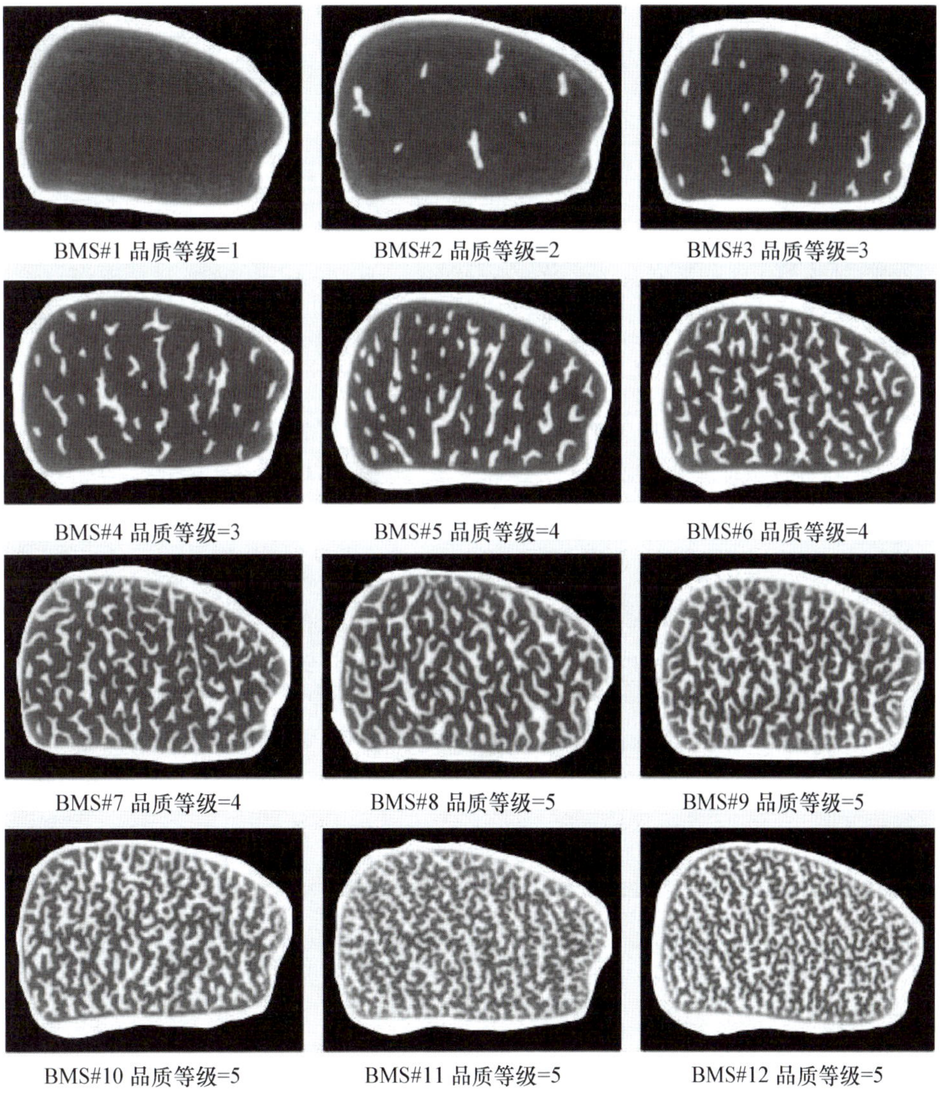

图 1-1-4 日本旧版牛肉大理石纹等级标准(JMGA,1988)

注:图中 BMS 表示大理石花纹评分。

表 1-1-13

日本牛肉分级系统中的大理石花纹等级标准

品质等级		大理石花纹评分
5	非常好	8～12
4	好	5～7
3	平均水平	3～4
2	低于平均水平	2
1	较差	1

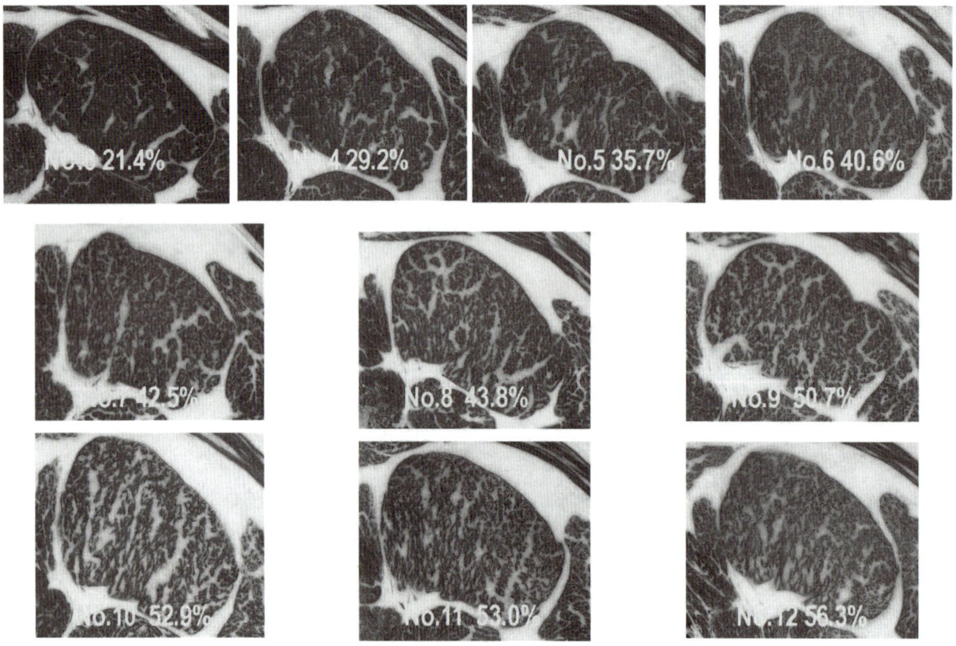

图 1-1-5　日本新版牛肉大理石纹等级标准(JMGA,2008)

注:图中数字表示该级别大理石纹牛肉需达到的最低肌内脂肪(IMF)含量。

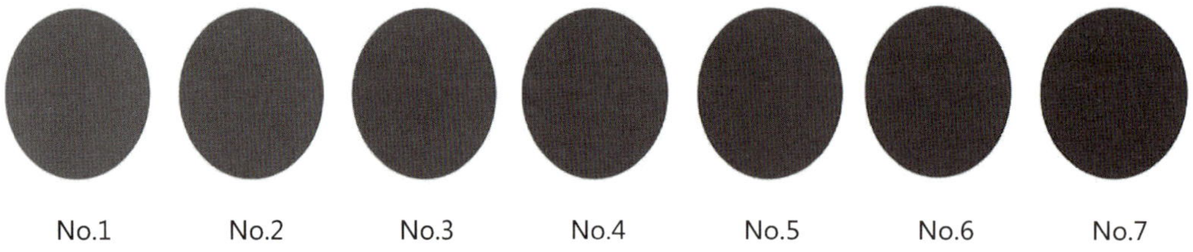

图 1-1-6　肉色等级标准(JMGA,1988)

注:7 个颜色中 3～5 分为最佳。

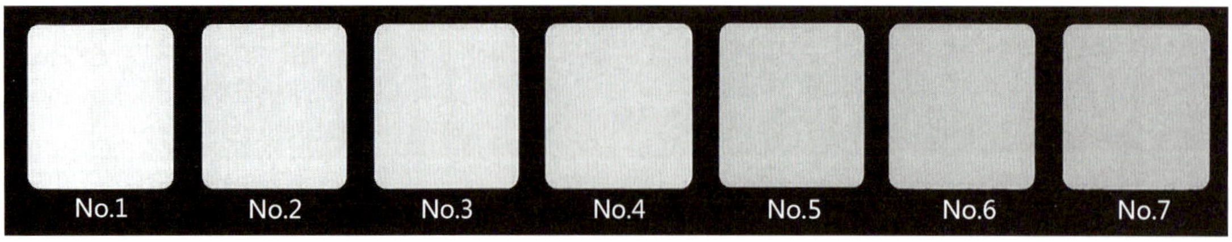

图 1-1-7　脂肪颜色等级标准(JMGA,1988)

注:7 个颜色中 1～4 分为最佳。

4. 日本肉牛产品加工企业及组织概况

日本肉类加工、批发市场具备成熟的市场交易模式和交易规则，其中，日本肉类流通中心是由农林水产大臣建议设立的为推进分割肉流通交易的场所，同时向社会提供部位肉的批发价格。中心下设的工厂分布在全国各地，工厂内设有分割、定型、包装及与流通相关的设施设备。在促进分割肉流通、提高效率的同时，还向社会发布分割肉的交易价格信息。

肉类在到达消费者手中之前，在形态变换（活体→毛肉→分割肉→细切肉）的同时，还在连续进行流通交易（批发、零售、运输），因此价格形成的透明性和合理化，分割肉从产地到消费地的流通以及将所要的部位肉、所要的量经济高效输送到所要的目的地，这些对养殖生产方、加工方、流通方和消费方来说都十分重要。日本设置肉类流通中心这一举措，在改善肉类加工、交易和流通及推进全产业链合理化、提高经济效益和卫生管理方面，提供了很好的模式范例。

日本肉类工业重视牛肉的食品安全和食用品质，因此肉类工业实体和政府成立了一系列的组织机构，其中的研究机构研发出了一系列的牛肉产品品质和食品安全控制技术。无论牛肉品质控制技术还是牛肉食品安全控制技术，其共同的特点都是实行从养殖场到餐桌的严格把控，通过这些技术对牛肉生产全程进行品质和安全控制，保证了产品的品质和安全。

（四）牛肉消费情况

1. 日本牛肉消费及历史变化情况

日本人喜食生鲜鱼类，消费支出占肉类消费总额的近 70%，远超其他肉类。牛肉消费支出占肉类消费总额的 14.9%，高于猪肉和鸡肉（表 1-1-14）。然而，日本的肉类消费习惯有着明显的地区差异，东北地区以食用猪肉为主，关西地区以食用牛肉为主，九州地区以喜好食用马肉出名。随着时间的推移，近代以来日本民众乃至世界各地的消费者都熟知了日本和牛。牛肉消费已从原来的特殊群体消费和区域消费变为了全国性消费，从时令性消费变成四季性消费。

表 1-1-14

牛肉与其他肉类的消费情况对比（含生鲜鱼类）

类型	销售额/亿日元	比例/%
生鲜鱼类	124 705	69.1
牛肉	26 799	14.9
猪肉	17 770	10.0
鸡肉	8 226	4.5
其他肉类	2 705	1.5
合计	180 205	100

日本牛肉消费量在泡沫经济时代大幅增加，1990—1994 年牛肉总消费量从 48.21 万 t 增加到 100.76 万 t（人均牛肉消费量从 4 kg 左右增加到 8 kg 以上），4 年间翻了一番，2000 年达到牛肉消费量顶峰之后，受饲料价格和犊牛价格上升影响，牛肉价格上升，牛肉消费量开始减少。2002 年起日本牛肉消费量一直徘徊在 80 万～90 万 t 之间，至 2015 年人均牛肉消费量不足 7 kg。面对国内旺盛的消费需求，受限于有限的生产能力，日本牛肉自给率仅维持在 40%左右（表 1-1-15）。一半以上的牛肉消费需求只能求助于国际市场，通过进口贸易满足牛肉消费需求，始终维持牛肉贸易逆差状态。

近半个世纪以来，日本牛肉消费构成也在不断变化，牛肉消费从“以家庭消费为主”逐渐转变为“以餐饮业消费为主”，目前家庭消费约占牛肉需要量的三成（表 1-1-16）。

表 1-1-15

1990—2015 年日本人均牛肉消费情况

年份	总消费量/万 t	人口数/百万人	人均消费/kg	自给率/%
1990	48.21	122.25	3.94	54%
1991	73.36	122.70	5.98	51%
1992	84.04	123.18	6.82	52%
1993	98.30	123.66	7.95	49%
1994	100.76	124.10	8.12	44%
1995	107.16	124.48	8.61	42%
1996	99.37	124.79	7.96	39%
1997	102.77	125.05	8.22	39%
1998	105.10	125.27	8.39	36%
1999	106.17	125.48	8.46	35%
2000	110.12	125.71	8.76	36%
2001	93.49	125.97	7.42	34%
2002	89.70	126.25	7.10	36%
2003	87.29	126.52	6.90	39%
2004	80.60	126.77	6.36	39%
2005	80.58	126.98	6.35	44%
2006	81.34	127.14	6.40	43%
2007	82.11	127.25	6.45	43%
2008	83.14	127.32	6.53	43%
2009	83.68	127.34	6.57	44%
2010	86.88	127.32	6.82	43%
2011	86.90	127.25	6.83	42%
2012	86.40	127.14	6.80	40%
2013	88.82	126.98	6.99	42%
2014	86.63	126.79	6.83	41%
2015	81.79	126.57	6.46	42%

来源：根据日本农林水产省、FAO 数据计算整理。

表 1-1-16

牛肉产业的消费构成 %

年份	家庭消费	产品加工	其他(餐饮业等)
1975	70	13	17
1980	62	14	24
1985	56	14	30
1990	48	9	43
1995	43	8	49
2000	37	9	54
2004	35	10	55

续表 1-1-16

年份	家庭消费	产品加工	其他(餐饮业等)
2005	36	10	54
2006	35	10	55
2007	34	9	57
2008	34	6	60
2009	34	5	61
2010	34	5	61
2011	33	5	62
2012	32	6	62
2013	33	6	61
2014	32	5	63
2015	31	5	64

日本牛肉价格变化情况见表 1-1-17。2001—2006 年,由于消费水平提升引起了肉牛胴体价格强势维持,2007—2009 年,由于饲料价格上涨等原因和经济不振引起了肉牛胴体价格下降,2010 年养殖效益略有改善。2011 年度,受东京大地震引起的消费力减退和放射性物质检出量超出暂定基准值等原因影响,牛肉批发价较上年度大幅下降了 20.8%。2012 年度,由于牛肉需求量的恢复等原因,牛肉批发价较上年度上升了 16.9%。2013 年度以后,因牛肉生产量有减少倾向,牛肉批发价持续上升,2015 年度较上年度上升了 26.9%。

表 1-1-17

日本牛肉胴体批发价格的变化

日元/kg

年份	年度平均	政府保护最高价	政府保护基准价	最高价	最低价
2001	758	1 010	780	1 194	378
2002	975	1 010	780	1 274	628
2003	1 087	1 010	780	1 198	986
2004	1 255	1 010	780	1 349	1 194
2005	1 336	1 010	780	1 434	1 247
2006	1 292	1 010	780	1 393	1 236
2007	1 186	1 010	780	1 253	1 152
2008	1 083	1 060	815	1 175	1 025
2009	1 034	1 060	815	1 115	996
2010	1 122	1 060	815	1 270	1 015
2011	889	1 060	815	1 181	737
2012	1 039	1 060	815	1 171	966
2013	1 185	1 070	825	1 293	1 128
2014	1 299	1 105	850	1 533	1 155
2015	1 644	1 125	865	1 750	1 568

来源:农林水产省《畜产品流通统计》

2. 日本牛肉产品营销模式

(1) 生产成本上升的对策

目前对于牛肉产品的营销策略主要依靠扩大饲养规模,饲养规模越大,单位育肥牛的生产总额,包括饲料费和人工费将会减少。扩大规模的稳定经营模式，有利于降低单位育肥牛的生产总额。通过这些方式应对不断上升的生产费用，在规模扩大的条件下，将有效减少单位育肥牛的饲料费用，从而能够提升整体的经营能力，有利于肉牛产品的生产和销售。

(2)经营模式

日本为了鼓励规模化经营、提高出栏头数和效率，出台有“肉用牛育肥经营安定特别对策事业”政策，以支持肉牛育肥者。该政策下形成的规模经营场(企业)的结构是，每年出栏销售头数在100头以下的场企占全体的76%，101头以上的占全体的24%。约14%的育肥场为企业性质经营，其中出栏销售在101～500头的比例最高，约占其中的44%；100头以下的约占36%；501头以上的约占20%。在全体育肥场企中，出栏销售501头以上者约为290家，其中200家采取企业性经营。

因此可以看出，经营肉牛大规模育肥的实体大多为企业性经营。企业经营能够发挥公司经营的优点，强化经营能力，从而进一步扩大饲养规模，建立自身品牌，利于牛肉产品在市场的流通。

(3) 企业化经营的优点

肉用育肥牛的公司化经营模式主要能够发挥两个优势。

①全面保住人才

企业经营模式将由公司负担社会保险费用，为职工提供一个稳定的工作环境。雇佣具有经营和管理经验的人才，对于养牛模式的创新也有利，从而能够促进养牛经营的发展。致力于雇佣当地人才，能够发挥受雇者对当地环境了解的优势，从而促进企业与当地关系融洽，利于肉牛产品的开发与销售。

②利于经营管理

公司经营模式有别于个体经营，需要进行财务管理，合理衡量生产费用，增加来自金融机关的信用度，从而致力于业绩和资金操作的更好发展。强化经营能力对于增加社会信用度，扩大融资限额，突破传统个体经营方面都具有明显优势。能够运行的资金更多，对于增加牛舍以及饲养头数都是有利的，从而能够进一步扩大企业的经营规模。

3. 日本牛肉物流、营销企业及组织概况

(1) 牛肉的流通途径和销售规模

从整体销售额来看，牛肉食品制造业者中有52.2%兼顾食品销售业；销售业者中有44.1%为批发业者，34.2%为零售业者。零售业者中有89.0%面向一般消费者，其余多面对餐饮行业销售。牛肉食品制造业中主要销售加工食品，尤以对食品批发业的销售规模较大。而牛肉食品零售对象的90%是一般消费者。

(2) 牛肉经营企业的管理方式和组织概况

①将产业企业化，更加注重管理和生产成本

由于企业化能够对经营方针和生产成本进行更加透彻的分析，在生产成本的控制上比家族经营方式具有更高的意识和警惕性。同时，企业化后能够对牛舍及相关设施进行最大限度的灵活使用，并且强化饲养管理技术，将肉牛的繁育与育肥一体化。企业化后还能够从牛肉销售等多方面开展经营管理，丰富业务范围。

石川县森川畜产株式会社的现社长以家族经营向企业化转化为契机，走上了探索今后的经营方针的路子。企业的会计说：“如果以扩大企业规模为目标，企业能够比个人经营更容易得到金融机构的信任，获得税制上的好处，因此我们认为企业化是一件很好的事情。”

②扩大经营规模，发挥更大的发展潜力

由于家族经营的继承需要支付较多的继承税，因此不少家族企业选择走向企业化的道路。企业化的问题之一就是找到熟悉农业的税务师，在税务师的指导下对企业的相关数据进行处理，使其成为企业管理的有力参考。

除此之外，企业化还有各种各样的优点，企业化后能够增加社会信用而扩大融资，扩大今后的经营范围，并有利于牛舍的新设备、机械和新技术的导入。企业化后，还能够对当地本土育成的牛进行合同

出售并进行品牌化，从而有利于地区经济的活跃和发展，拉近生产方与消费方的距离，从而促进消费。这些对于一个经营体的维持与发展都是不可或缺的。

③更加稳定的工作环境

企业通过对育种、饲养和育肥进行统一化管理，确立自己的品牌，从而在差异化牛肉加工、品质保障、销售目标的确定等方面容易精确获取目标，对于企业的稳定和今后发展都是有利的。对肉牛生产企业化经营，将把包括牛肉加工和销售部门所有的雇员作为正式员工雇用，通过改善社会保险和福利留住人才，以保障员工拥有更加安心的工作环境。走上了企业化的经营道路后，职员也将得到更多担任育肥管理者的机会，同时建立平稳的生产体制，减少胴体等级下降等事故的发生，将育肥管理制度化，生产出更加高质稳定的牛肉。不但留住了技术高和经验丰富的人才，还有利于招揽更多企业需要的人才。

④与其他公司联系及建立分公司

除了自身公司的经营，还可以与公司有关联的牧场建立关系，以使生产成本合理化；同时通过借鉴其他公司的经验，不断完善和发展育肥经营，将自身公司从犊牛到育肥牛的生产销售进行统一化管理。

（五）肉牛产品贸易情况

1. 世界牛肉生产与贸易状况

肉牛是世界畜牧业的重要组成部分，世界牛肉产量一直呈快速增长的态势。在牛肉产量方面，1961 年世界牛肉总产量（含水牛肉）仅为 2 875.57 万 t，到 2017 年达到历史最高水平的 7 008.91 万 t，比 1961 年增长了 4 133.34 万 t，增幅超过 144%。牛肉主产区域集中于美洲、亚洲和欧洲，其中美国和巴西是产量最高的两个国家，2017 年其产量分别达到 1 190.7 万 t 和 955.0 万 t，分别占到当年世界产量的 17.0%、13.6%。世界水牛肉总产量的近 90%来自亚洲，其余主要来自非洲与欧洲，印度和巴基斯坦是世界上水牛肉产量最高的两个国家。

作为畜牧业的重要产业之一，牛肉生产与贸易发展迅速，特别是在贸易自由化背景下，随着产量的快速增长，世界牛肉贸易增长显著，成为农产品贸易的重要增长点。由表 1-1-18 可以看出，在牛肉出口绝对数量方面，冷鲜牛肉和冷冻牛肉出口增长明显，从 1990 年的 75.58 万 t 和 133.81 万 t 分别增长至 2014 年的 270.53 万 t 和 521.58 万 t，2014 年出口金额则分别达到 172.38 亿美元与 225.63 亿美元。在主要出口国方面，从出口量与金额来看，冷鲜牛肉与冷冻牛肉的出口国有交叉但也有差异，美国、荷兰、澳大利亚、爱尔兰、加拿大、法国、德国等发达国家是冷鲜牛肉主要的出口国，其中美国是世界上冷鲜牛肉出口量与金额最多的国家，2014 年其出口量与出口额分别达到 37.6 万 t 与 30.9 亿美元，占世界总比重的 13.9%与 17.1%；印度、巴西、巴拉圭和阿根廷等发展中国家是冷冻牛肉的主要出口国，其中印度、巴西是世界上冷冻牛肉出口量和金额最多的国家，2014 年印度冷冻牛肉出口量与巴西冷冻牛肉出口金额分别达到 146.88 万 t 与 49.6 亿美元，占世界总比重的 28.16%与 15.86%。

表 1-1-18

1961—2017 年世界牛肉生产与贸易

年份	牛肉产量/万 t	水牛肉产量/万 t	冷鲜牛肉		冷冻牛肉	
			出口量/万 t	出口金额/亿美元	出口量/万 t	出口金额/亿美元
1961	2 768.46	107.12	—	—	—	—
1970	3 834.95	131.30	—	—	—	—
1980	4 556.68	160.59	—	—	—	—

续表 1-1-18

年份	牛肉产量/万 t	水牛肉产量/万 t	冷鲜牛肉		冷冻牛肉	
			出口量/万 t	出口金额/亿美元	出口量/万 t	出口金额/亿美元
1990	5 302.94	226.69	75.58	26.81	133.81	29.82
2000	5 606.65	284.97	269.22	85.93	289.29	57.18
2005	5 924.56	299.89	297.18	130.31	365.89	84.88
2006	6 092.27	314.23	310.40	147.21	382.05	95.06
2007	6 240.80	328.28	326.73	166.56	379.76	99.99
2008	6 251.79	335.25	322.54	191.14	369.44	133.37
2009	6 252.46	344.07	348.72	174.45	375.15	114.38
2010	6 307.12	355.76	349.18	180.32	390.76	143.93
2011	6 274.64	358.93	356.74	215.4	434.14	174.86
2012	6 317.68	366.85	335.70	208.45	452.49	184.06
2013	6 398.35	372.28	351.24	215.20	540.20	216.97
2014	6 526.51	372.14	270.53	172.38	521.58	225.63
2015	6 517.52	375.89	—	—	—	—
2016	6 566.31	379.72	—	—	—	—
2017	6 625.04	383.87	—	—	—	—

来源：FAO 与 UN comtrade 数据库；“—”表示未查到相关统计数据。

2. 日本牛肉生产与贸易状况

(1)牛肉与活牛贸易总体情况

由表 1-1-19 可以看出，在世界牛肉贸易中，1990—2016 年间，占世界人口不到 1/60 的日本，始终为世界牛肉进口大国，其牛肉进口量占世界牛肉总进口量份额最高达 12.96%(2001 年)，近几年占世界牛肉进口份额稳定在 6%左右。从日本牛肉进口的绝对数量上来看，基本呈波动性增长趋势，并且在 2000 年达到峰值 74.05 万 t，此后因受到“疯牛病”的影响而锐减。其中，2002 年牛肉进口数量较上一年减幅为 28.3%，较峰值相比减幅高达 32.6%，下降为 49.91 万 t。近年来，日本牛肉进口量稳定在 50 万 t 左右。

日本牛肉出口贸易对世界牛肉贸易总量的影响微乎其微，但是近年来呈现出递增的态势，2016 年日本牛肉出口数量为 1 979 t，为 1990 年的 33 倍，在世界牛肉出口贸易量所占比例也由 1990 年的 0.001%增加到 2016 年的 0.024%。日本牛肉虽享誉国内外，但是为了满足本国居民消费的需求，可以预见日本牛肉出口数量即使有所增长，仍以国民消费为主，并不能对世界牛肉贸易格局产生影响。

世界上出口活牛的国家不少，但出口的数量都不大，而且其中很多是用于交换种畜。出口活牛的国家多为发达国家，而且主要集中在欧洲和北美。出口活牛最多的国家和地区依次为欧盟 15 国、加拿大、墨西哥和澳大利亚。欧洲和北美国家多数是既出口活牛又进口活牛，它们是进行活牛贸易的重点国家和地区。它们进行活牛贸易的目的，除了少量是交换种畜，多数都是利用不同国家之间的地区差价来赚钱。澳大利亚基本上是只出口活牛而不进口活牛的国家，日本则恰恰相反。由表 1-1-20 可知，在世界活牛贸易中，日本活牛出口贸易量极小，在 2000 年后基本维持为 0 出口(除 2008 年出口 12 头外)，即活牛贸易基本为净进口状态，但进口量呈现出波动式下降

表 1-1-19

1990—2016 年日本及世界牛肉贸易

年份	进口量			出口量		
	日本/t	世界/t	占比/%	日本/t	世界/t	占比/%
1990	401 676	4 991 693	8.05	60	4 716 495	0.001
1991	377 426	5 275 505	7.15	57	5 366 063	0.001
1992	437 169	5 571 229	7.85	57	5 595 940	0.001
1993	543 949	5 330 023	10.21	58	5 406 066	0.001
1994	614 358	5 636 457	10.90	72	5 647 750	0.001
1995	670 345	5 348 427	12.53	68	5 526 922	0.001
1996	647 988	5 250 873	12.34	95	5 166 883	0.002
1997	663 051	5 586 773	11.87	131	5 549 455	0.002
1998	686 486	5 394 966	12.72	141	5 286 575	0.003
1999	698 553	5 715 270	12.22	139	5 691 676	0.002
2000	740 536	5 918 984	12.51	187	5 697 078	0.003
2001	695 717	5 369 038	12.96	110	5 293 314	0.002
2002	499 103	5 923 711	8.43	55	5 859 326	0.001
2003	591 109	6 114 832	9.67	94	6 133 065	0.002
2004	448 037	6 161 836	7.27	103	6 223 575	0.002
2005	483 443	6 587 791	7.34	85	6 667 673	0.001
2006	479 325	6 791 424	7.06	108	6 897 871	0.002
2007	486 612	7 266 291	6.70	278	7 136 402	0.004
2008	467 907	7 045 146	6.64	599	7 165 630	0.008
2009	494 036	7 055 240	7.00	591	7 308 109	0.008
2010	511 525	7 144 756	7.16	558	7 405 346	0.008
2011	528 945	7 090 453	7.46	583	7 273 691	0.008
2012	523 732	7 138 208	7.34	870	7 329 371	0.012
2013	540 757	7 693 623	7.03	950	7 690 761	0.012
2014	525 981	8 509 820	6.18	1 267	8 267 337	0.015
2015	502 537	8 439 888	5.95	1 665	8 329 720	0.020
2016	511 244	8 269 511	6.18	1 979	8 253 811	0.024

来源：根据 FAO 数据计算整理。

的趋势，由 90 年代 0.439%下降为 2016 年的 0.090%。21 世纪初期较大幅度的波动是由于日本坚持对疯牛病牛肉进口的限制，对有疯牛病发生的欧美国家，仅允许经过疯牛病检疫的活牛进口引起的。除了食用，日本每年也进口一定数量的产肉性能优良的活牛，主要用于杂交和改良国内品种，以提高牛的产肉性能。

表 1-1-20
1990—2016 年日本及世界活牛贸易

年份	进口量			出口量		
	日本/头	世界/头	占比/%	日本/头	世界/头	占比/%
1990	36 060	8 215 949	0.439	14	7 971 806	0.000 2
1991	34 494	8 166 923	0.422	6	8 336 892	0.000 1
1992	23 040	9 138 992	0.252	522	9 152 462	0.005 7
1993	17 627	8 528 332	0.207	42	8 887 068	0.000 5
1994	11 278	9 1741 14	0.123	36	9 710 899	0.000 4
1995	10 788	9 727 461	0.111	93	10 336 851	0.000 9
1996	15 542	8 460 488	0.184	27	8 848 597	0.000 3
1997	20 029	8 953 148	0.224	55	9 353 001	0.000 6
1998	18 712	8 582 999	0.218	72	9 006 204	0.000 8
1999	13 477	8 749 072	0.154	3	9 299 697	0.000 0
2000	14 920	8 731 547	0.171	3	9 383 245	0.000 0
2001	19 313	7 903 498	0.244	0	8 714 958	0
2002	14 544	8 401 545	0.173	0	9 047 959	0
2003	23 169	7 523 937	0.308	0	7 901 687	0
2004	21 053	7 770 165	0.271	0	8 031 460	0
2005	25 485	8 120 390	0.314	0	8 316 331	0
2006	25 728	9 157 360	0.281	0	9 613 465	0
2007	25 081	9 137 060	0.274	0	9 233 969	0
2008	19 636	8 763 013	0.224	12	9 073 567	0.000 1
2009	15 822	9 572 363	0.165	0	9 576 520	0
2010	16 349	10 694 311	0.153	0	10 930 750	0
2011	12 273	10 324 659	0.119	0	10 409 329	0
2012	14 341	10 139 567	0.141	0	10 228 282	0
2013	12 322	11 022 746	0.112	0	10 818 306	0
2014	10 486	10 927 449	0.096	0	10 957 343	0
2015	9 369	10 067 881	0.093	0	10 363 424	0
2016	8 943	98 915 72	0.090	0	10 282 001	0

来源:根据 FAO 数据计算整理。

(2)日本牛肉产品进口情况

日本牛肉产品的进口大体分为冷鲜牛肉和冷冻牛肉两大类。从图 1-1-8 可以看出,2005 年以前二者所占比例都维持在 50%左右,差距不大;2006—2013 年,冷冻牛肉进口数量稳步增长,而冷鲜牛肉进口数量缓慢下降,二者之间差距逐渐拉大;2014 年后差距又逐渐缩小。但冷冻牛肉进口数量基本保持在冷鲜牛肉进口量之上。从进口牛肉产品结构又可分别细分为胴体(半扇)、带骨牛肉和去骨牛肉 3 个品类,并均以去骨牛肉为主。无论是冷鲜牛肉,还是冷冻牛肉,均以去骨牛肉进口为主(表 1-1-21)。冷冻带骨牛肉进口数量不断下降,冷鲜带骨牛肉进口数量在 20 世纪 90 年代中期开始下降,于 2008 年降至最低点,仅为 25 t,之后虽呈现增长态势,但所占比例未达到 0.5%。

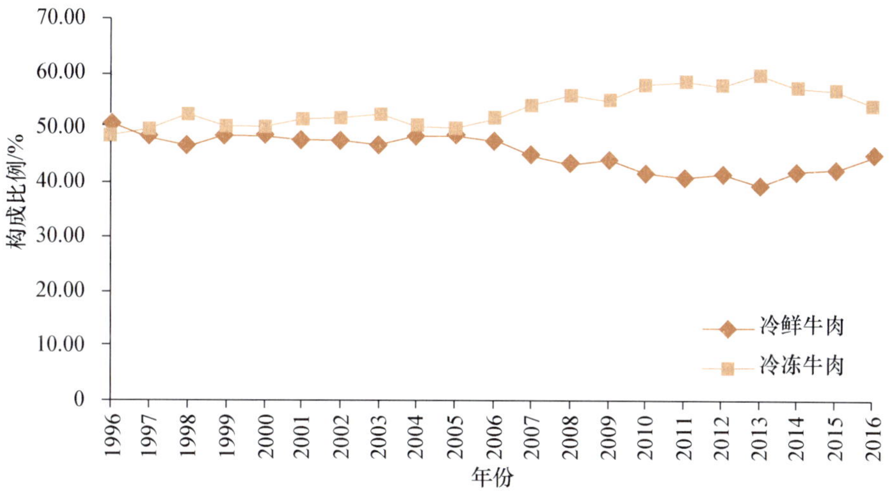

图 1-1-8 日本肉牛产品进口构成比例

来源:据日本财务省《贸易统计》数据计算整理。

表 1-1-21

1996—2016 年日本牛肉产品进口情况

t

年份	冷鲜牛肉				冷冻牛肉				总合计
	胴体	带骨	去骨	合计	胴体	带骨	去骨	合计	
1996	322	8 587	304 315	313 224	121	6 535	292 102	298 758	611 982
1997	38	6 741	322 078	328 857	81	4 370	326 366	330 817	659 674
1998	177	4 353	316 497	321 027	11	7 117	353 955	361 083	682 110
1999	100	1 524	335 019	336 643	19	5 500	339 648	345 167	681 810
2000	259	1 870	360 836	362 965	4	6 215	369 053	375 272	738 237
2001	498	1 712	290 392	292 602	23	5 550	309 653	315 226	607 828
2002	127	142	254 905	255 174	0	2 477	276 167	278 644	533 818
2003	16	245	244 317	244 578	4	3 290	271 759	275 053	519 631
2004	4	189	220 444	220 637	0	794	227 468	228 262	448 899
2005	0	108	226 958	227 066	4	1 149	229 153	230 306	457 372
2006	0	104	223 295	223 399	0	601	242 576	243 177	466 576
2007	0	61	209 356	209 417	0	1 689	251 283	252 972	462 389
2008	0	25	204 808	204 833	0	1 071	263 148	264 219	469 052
2009	0	32	210 342	210 374	0	2 038	262 532	264 570	474 944
2010	0	51	214 017	214 068	0	2 085	295 102	297 187	511 255
2011	0	55	210 820	210 875	0	1 417	303 269	304 686	515 561
2012	0	68	211 496	211 564	0	1 625	292 012	293 637	505 201
2013	0	238	212 172	212 410	0	1 373	321 155	322 528	534 938
2014	0	448	216 518	216 966	0	1 134	297 966	299 100	516 066
2015	34	716	206 478	207 228	0	1 257	278 396	279 653	486 881
2016	53	745	238 963	239 761	0	1 239	284 648	285 887	525 648

来源:日本财务省《贸易统计》

根据日本财务省统计数据,自 21 世纪以来,日本牛肉产品的进口量有所下降,2000 年最高峰时期牛肉产品的进口量达 73.8 万 t，到 2004 年下降到了 44.9 万 t，之后基本维持在 50 万 t 左右。其中冷鲜牛肉和冷冻牛肉的进口数量分别呈现出波动式下降和波动式增长的态势。综上所述，日本牛肉产品进口数量总体呈现出稳中有变的特点。作为发达国家日本经济基础好，人均收入和食物消费结构已处于较高水平，人口处于零增长甚至负增长，对牛肉的需求变化不大，不会导致其进出口贸易明显变化。

日本牛肉产品的进口主要源自澳大利亚、美国、新西兰和加拿大，占进口牛肉产品总量的 98%左右，其中澳大利亚和美国牛肉产品输入量占进口总量的 90%以上。受到 2003 年美国“疯牛病”的影响，2004 年日本政府禁止从美国和加拿大进口牛肉产品，2006 年开始逐步恢复进口。从图 1-1-9 可以看出，20 年来，新西兰和加拿大牛肉产品输入量所占份额不大。

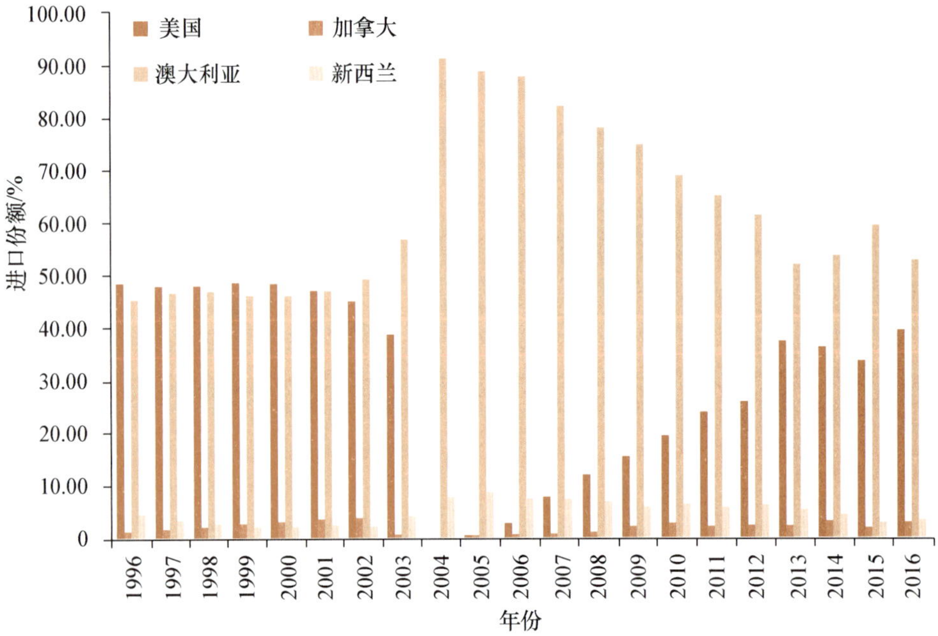

图 1-1-9　1996—2016 年日本肉牛产品进口来源

来源：据日本财务省《贸易统计》计算整理。

(3)日本牛肉产品出口情况

日本牛肉的出口量总体不大，2006 年前在 100 t 以下，2007 年开始由于高档和牛肉名气上升，出口量也一路上升。根据日本财务省《贸易统计》数据，至 2015 年日本牛肉出口总量达到了 2 055 t。日本牛肉产品出口也分为冷鲜和冷冻两大类，其中冷鲜牛肉主要出口至中国香港、新加坡、美国等国家和地区，冷冻牛肉主要输出至柬埔寨、中国香港、泰国等国家和地区。表 1-1-22 表明，2011—2016 年，日本冷鲜和冷冻牛肉出口数量逐年递增，和 2011 年相比，2016 年冷鲜、冷冻牛肉出口数量分别上涨 452%和 158%。尽管涨幅较大，但是日本牛肉出口数量占世界牛肉产品出口总量比例微小，不会对世界牛肉贸易格局产生影响。

表 1-1-22
2011—2016 年日本肉牛产品出口情况

年份	冷鲜牛肉		冷冻牛肉	
	数量/t	金额/万美元	数量/t	金额/万美元
2011	189.11	1 248.07	391.19	3 016.95
2012	318.45	2 238.50	626.60	4 867.87
2013	444.37	2 888.32	467.46	3 151.09

续表 1-1-22

年份	冷鲜牛肉		冷冻牛肉	
	数量/t	金额/万美元	数量/t	金额/万美元
2014	706.51	4 520.59	656.56	4 052.82
2015	896.86	5 329.18	685.35	3 832.97
2016	1 044.10	7 094.16	1 011.08	6 392.85

来源:据日本财务省《贸易统计》数据计算整理。

三、畜牧业生产扶持政策措施

(一)政策概况

日本国土面积狭小,自然资源匮乏,畜牧生产所需的原料主要依赖进口,其畜牧业以小规模家庭农场经营和兼业经营为主,主要饲养猪、鸡等,而牛、羊等资源消耗多的大型品种发展缓慢。近年来,日本畜牧养殖户数、畜禽存栏数量呈下降态势,但其规模化水平却不断提高,总体产量基本保持平稳。通过政府重视扶持、广泛运用科技优势、发挥畜牧行业协会作用、提升农民素质、注重畜产品质量安全等多项举措,日本畜牧业的规模化、集约化、组织化程度得到不断提高。

1. 政府重视扶持

第二次世界大战之后日本提出并实施"一杯牛奶强壮一个民族"战略,将畜牧业与种植业放在同等的地位,注重提高畜牧产品的自给程度。日本政府实行了农业基础设施补贴制度,对建设现代化的猪、鸡、牛养殖场,政府给予全部投入额40%的补贴;落实低息贷款,解决农牧业发展所需的资金问题;对部分进口的饲料生产原料给予税收减免;为稳定畜牧产品的市场价格,发挥政府的杠杆调节作用,加大资金补贴力度,亏损部分由政府公共财政负担,维护从事畜牧业生产者的利益。

2. 广泛运用科技优势

日本的科研能力较强,在畜牧业方面,日本主要利用现代生物技术进行畜禽品种选育改良,主要培育适宜规模化养殖的品种。同时在畜牧机械研发使用等方面强化了科技攻关,大型农场基本上实现了自动化管理,运用计算机技术完成饲料供应、温度调节、环境控制等工作,提升了规模化农场的机械化、自动化水平,同时也降低了用工人数和人力成本。

3. 发挥畜牧行业协会组织作用

日本是以家庭经营为主体的国家,畜牧业生产规模比较小。但在畜牧业的生产、加工、流通与贸易的各个环节,根据地区或畜禽品种的不同,分别成立了许多互助合作组织以及行业协作组织。据统计,日本全国性畜牧业生产者合作组织就有30多个,这些合作组织为其成员提供市场信息、生产协调指导、加工技术、金融保险服务、产品销售及经营指导等多样化服务。

4. 着力提升农民素质

虽然日本从事农业生产的人口仅占总劳动力的2.5%左右,但政府和畜牧业专业农协高度重视并积极开展对农民的生产技术指导、培训和经验交流工作,重视提升农民素质。主要采取以下措施:

- 通过专门的农业学校,强化学员的理论知识,并安排深入农场从事一线生产,提升其实践动手能力。
- 通过资金补贴,定期对农民进行培训,鼓励农民接受再教育,以保证畜牧从业者具有较高的知识水平和专业技能。

5. 注重畜产品质量安全

食品安全理念在日本深入人心，畜牧生产者、经营者更是将质量安全作为企业品牌化发展的基本要求。目前日本已建立畜禽养殖档案和质量安全追溯体系，在超市销售的鸡蛋、猪肉、牛肉等畜禽产品的外包装盒上，都必须明确标示产地、品种、生产者、检验者和消费期限等信息，以供消费者查询和追溯生产来源。

（二）具体内容

1. 畜牧业集群关联的辅助事业（2014 年实施）

（1）实施组织

畜牧业集群委员会，即为了提高区域畜牧业的收益性，由相关人员召集相关单位合作形成的组织。

相关者包括：地方公共团体，农协，畜牧业经营支援组织（普及中心、畜牧业咨询、畜产合作组织、TMR 中心），畜牧业生产相关者（乳业食肉中心、批发零售业），耕种农家（饲料用米稻全株青贮等的生产者），其他关系者（饲料生产、机械制造、大学等研究机构）。

（2）具体内容

- 畜牧业收益强化等特别对策：畜牧业集群为提高地区收益导入农业机械、设施整备、家畜等支援。
- 畜牧业生产力强化紧急对策：为了提高产量，利用能强化奶牛、肉牛、种猪繁殖能力的技术。
- 畜牧业经营体制强化的资金通融事业：改善畜产农户的经营情况、减轻既往偿还债务负担、长期低息（贷款 5 年无利息）的一揽子资金融通措施。

2. 畜产农户可以利用的融资制度

日本畜产农户可以利用的融资制度见表 1-1-23 和表 1-1-24。

表 1-1-23
畜产农户可利用的金融制度列表

分类	民间金融机关（银行、信用金库等）即农业现代化资金	日本政策金融公库、冲绳振兴开发金融公库
长期运转资金	√	√农林渔业安全网资金、农业经营基础强化资金、农业改良资金
设施、机械整备	√	√农林渔业设施资金、农业经营基础强化资金、经营体培育强化资金、农业改良资金
家畜改良	√	√农业经营基础强化资金、经营体培育强化资金
粪尿处理设施	√	√农林渔业设施资金、农业经营基础强化资金、经营体培育强化资金、农业改良资金、畜产经营环境调和推进资金
草地改良等	√费用不能超过 1 800 万日元	√农业经营基础强化资金、经营体培育强化资金、农业改良资金、农业基盘整备资金
草地利用等	√	√农业经营基础强化资金、经营体培育强化资金、农业改良资金

来源：独立行政法人农畜产振兴机构

表 1-1-24
融资机构及具体内容一览(利息数据为 2016 年 12 月 19 日)

畜产农户融资来源	偿还年限/年	利率优惠情况/%
民间金融机关(银行、信用金库等)即农业现代化资金	15	7 年内利率 0.16～0.23
农业经营基础强化资金	25	10 年内利率 0.16～0.30
农林渔业安全网资金	10	3 年内利率 0.16
经营体培育强化资金	25	3 年内利率 0.30
农业改良资金	12	3～5 年内无利息
农业基盘整备资金	25	10 年内利率 0.16～0.30
农林渔业设施资金	20	3 年内利率 0.16～0.30
畜产经营环境调和推进资金	20	3 年内利率 0.30

来源:独立行政法人农畜产振兴机构

3. 农林水产省政策实施

农林水产省生产局畜产部,对国民的牛奶、牛肉、猪肉、鸡肉、鸡蛋等畜产品的稳定供给和畜产农户的经营安定及发展,从生产到流通、消费,结合中长期的目标综合推进施策(图 1-1-10)。

根据地域的实际情况提出合理的规划,针对设施的整备、优良家畜的引进,家畜的改良、繁殖,草地的建设等实施对策。

在畜产经营健全发展和对消费者安全供给方面,实施牛肉、猪肉、乳制品的价格稳定制度,肉用犊牛和加工原料奶的生产者补助金的发放,对农家的经营指导、配合饲料价格的稳定等政策。

为了谋求畜产品流通消费的合理化,在对肉类中心、牛奶处理设施等流通设施的整备合并及零售阶段的畜产品销售指导的同时,加强对学校牛奶的供给及促进畜产品的消费。

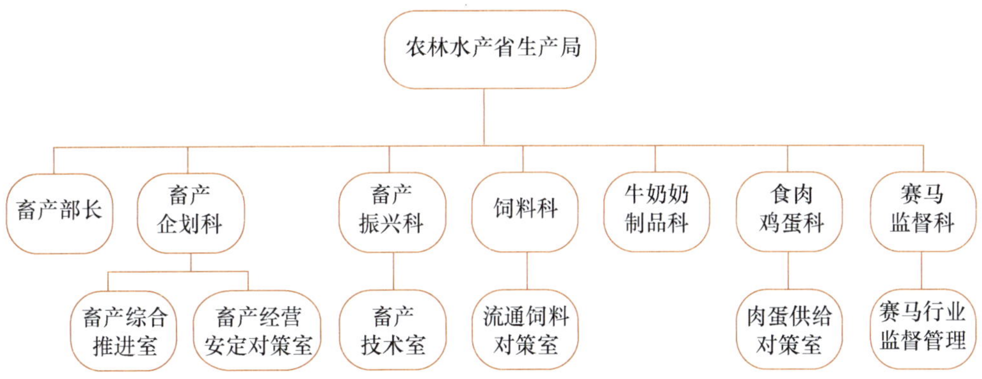

图 1-1-10 农林水产省政策制定结构图

来源:独立行政法人农畜产振兴机构
畜产企划科:畜产政策企划立案,畜产振兴事业,改善生产方式,经营管理合理化,畜牧业专用物品的生产、流通、促进消费等。
畜产振兴科:畜产技术改良、家畜改良增殖等。
饲料科:饲料安全供给、草地整备等。
牛奶奶制品科:牛奶、奶制品的生产、流通、消费等。
食肉鸡蛋科:肉、鸡蛋等生产、流通,促进消费、家畜买卖、食肉鸡蛋供给等。

(三)日本畜牧业部分政策、措施及实施效果

日本畜牧业部分政策、措施见表 1-1-25。

表 1-1-25

日本畜牧业政策、措施一览表

采取措施	推行主体	具体实施主体	具体内容
(1)引进哺乳机制	一般预算 强农制造业资助金 (畜产企划科推进班)	国企(地方公共组织)、农协、都道府县等	引入牛舍共同使用的哺乳机,超早期断奶等新的生产方式。
(2)利用废弃耕地放牧	一般预算 强农制造业资助金 (畜产振兴科饲料生产计划班)	生产团体、国企(地方公共组织)、农协、都道府县等	利用符合《蹄耕法》的坡地等进行放牧。实施种草、围栏。
	产地灵活性综合对策 (饲料生产基地育成区域) (畜产振兴科、饲料科生产计划班)	畜牧业集群关联协议会	组织放牧扩大等相关研讨会。
	畜牧振兴事业补正预算 饲料自给力强化支援事业 (放牧设施等修整,修整支援政策)	公募团体	对于放牧地、割草地等的修复及放牧设施的整修支援(栅栏、给水设施)。
(3)试行利用水田放牧	一般预算 强农制造业资助金 (畜产企划科推进班)	生产团体、国企(地方公共组织)、农协、都道府县等	电气栅栏等设施的支援。
	水田活用直接补助金 (耕畜联合支援) (畜产振兴科、饲料科生产计划班)	农户、集群农业经营者	和实际需求者签订合同,利用水田栽培饲料作物、放牧,对应水田放牧的面积发放补贴。
	产地适应性综合对策 (饲料生产基地育成区域) (畜产振兴科、饲料科生产计划班)	畜牧业集群关联协议会	组织放牧扩大等必要的研讨会。
	畜牧振兴事业补正预算 饲料自给力强化支援政策 (放牧设施等修整,修整支援政策)	公募团体	对于放牧地、割草地等的修复及放牧设施的整修支援(栅栏、给水设施)。
(4)畜产助理	畜牧振兴事业 畜牧经营安定对策、完善政策 (畜产企划科经营安定班)	公募团体	针对伤病、高龄人员的援助。
(5)畜产生产外包组织	一般预算 强农制造业资助金 (畜产企划科饲料生产振兴班)	生产团体、国企(地方公共组织)、农协、都道府县等	针对饲料生产作业的外包所需必要的设施援助。
	国产粗饲料增产对策 (畜产企划科饲料生产振兴班)	饲料生产委托组织	畜产作业外包组织育成。
	产地活性化综合对策 饲料生产基地培育地区政策 (畜产企划科饲料生产振兴班)	畜牧业集群关联协议会	当地生产组织根据协议会讨论,引进饲料生产委托组织经营所需的先进农业机械。
	畜牧振兴事业补正预算 畜产生产外包组织经营高度化紧急支援政策 (畜产企划科饲料生产振兴班)	公募团体	引进农业作业委托组织经营所需的先进农业机械。

续表 1-1-25

采取措施	推行主体	具体实施主体	具体内容
(5)畜产生产外包组织	饲料自给力强化支援政策（TMR 中心等体质强化政策）（畜产企划科饲料生产振兴班）	公募团体	引进农业作业委托组织等所需的先进农业机械。 对于农业作业委托组织所实行的草地整合、饲料共同利用、草地转换、草地更新提供资金援助。 支援农业作业委托组织所栽培的玉米、高粱等高营养的饲料作物。
(6)公共牧场利用	一般预算 饲料生产基地育成地区政策 （畜产企划科饲料生产计划班）	畜牧业集群协议会	组织充分利用公共牧场、扩大放牧等研讨会。
	畜牧振兴事业补正预算 饲料自给力强化支援政策 （畜产企划科饲料生产计划班）	公募团体	对于公共牧场、割草地等的修复及放牧设施的整修支援（栅栏、给水设施）。

来源：独立行政法人农畜产振兴机构

部分政策实施效果如下：

1. 引入哺乳机

日本自 20 世纪 90 年代后期开始普及自动哺乳机。从 2000 年全国引入 171 台到 2004 年 1 500 台得到迅速发展。设备等前期投入较大，每台设备大约 350 万日元，哺乳设施 400 万～600 万日元。一台哺乳机大约能哺乳 14 头牛，使用哺乳机后，犊牛能加速断奶进入育肥期，缩短出栏周期。

2. 利用废弃耕地放牧

日本农林水产省畜产振兴科提倡利用符合《蹄耕法》的坡地等进行畜牧业放牧。对于废弃耕地实施种植牧草、设立电围栏进行放牧，提高畜产养殖效益，节约生产成本。

3. 试行利用水田放牧

农林水产省报告指出，随着以大米为主食的消费减少，水田耕作农户和实际需求者签订合同，利用产能过剩的水田栽培饲料作物（江米、饲料米等）放牧。政府对应水田放牧的面积发放补贴。区域内稳定饲料供给，畜产农户与耕作农户相结合，提高流通效率，降低饲养成本。

4. 农业生产承包组织

为了解决畜产经营农户老龄化、劳动力不足、扩大饲养规模所需的机械设施不足等问题，政府组织构建农业生产承包组织。农户在饲养过程中一些环节通过订立合同的方式，外包给农业生产承包组织。

日本政府为农业生产承包组织提供先进农业机械，对于农业生产承包所实行的草地整合、饲料共同利用、草地转换、草地更新提供资金援助。支援农业生产承包组织所需的玉米以及含有饲用高粱等高营养的饲料作物的种子。

以肉牛生产收益数据为例（1960—2016 年），每头肉牛生产投入的农机具费用、仔畜费、光热水电费和饲料费等明显增加，但生产投入的劳动力费和劳动时间明显减少。

由于引进哺乳机、利用废弃耕地放牧、试行利用水田放牧、农业生产承包组织一系列机械化经营措施，通过先进农机、设备的引进使得经营规模（饲养头数）加大，大幅度减少了劳动力的投入，提高了生产效率，提升了肉的品质，进而达到增收目的。

5. 肉用犊牛生产者补助金制度

(1)制度的目的

该制度是为了应对牛肉进口自由化对犊牛价格的影响，基于稳定牛肉生产行业等目的而实施的措施。当犊牛价格低于规定的保证参考价格时，将对生产者给予一定的补贴，以稳定肉用犊牛生产行业。

(2)制度的内容

如果肉牛犊牛每个季度的平均交易价格低于保证参考价，对当季未能出售而滞留的肉用犊牛(黑毛和牛，褐毛和牛及其他肉用种、乳用种和杂交种)给予补贴。除此之外，当市场平均售卖价格低于合理目标价格时，国家、县和肉牛生产者建立的生产者基金会将以补助金形式支付下降价格的90%。

(3)政策背景

日本政府于1983年将《奶业振兴法》修改为《有关奶业及肉牛生产的振兴法》，通过有效利用奶业、肉牛振兴合理化计划制度，培养具有现代化饲养理念的经营者等方式以振兴肉牛产业。但是，肉牛犊牛价格的不稳定成为阻碍肉牛经营的重要因素之一，它直接影响了牛肉产量及肉牛的存栏数量。如果无法消除肉牛犊牛价格的波动引起的牛肉产量的不稳定，振兴肉牛产业这个目标就无法实现。根据近些年肉牛犊牛价格波动趋势可以看出，受牛肉进口及石油危机的影响，肉牛产业一直处于低迷的状态，反映出农户对肉牛产业前景的不安。

1991年4月，日本实行牛肉进口自由化政策后，牛肉进口急剧增加，因此，经济复苏后的国内消费市场中，国产牛肉的消费并没有大幅度增长，日本国产牛肉的批发价格持续低迷，致使肉牛犊牛价格停滞不前。而2001年9月发生牛脑海绵状病变(疯牛病，BSE)以后，日本肉牛产业的经营环境进一步恶化。伴随BSE事件的发生，牛肉消费量锐减，食品安全以及牛肉质量安全等问题成为消费者关注的焦点。对进口牛肉的BSE相关内容进行全部检查制度的实施、日本农业标准化管理制度(JAS法)的修改、食品企业造假的披露、食品安全追溯法的实施等，引发了食品行业的“大地震”。由此可见，国内外环境的变化，为日本肉牛产业的发展创造了新的契机。在这样的状况下，为消除肉牛生产农户的忧虑，政府以振兴肉牛产业的长远发展为目标，对肉牛犊牛价格低落时进行差额补贴来稳定繁殖经营，为肉牛产业稳定发展提供了良好的政策环境。

四、肉牛产业科技进展

(一)日本肉牛产业发展史简介

1. 1900—1950年，黑毛和牛的确立过程

日本牛的祖先被推测是在公元前300年之前来自大陆。在明治时代(1868—1912年)之前的1 200年间，受佛教“禁止杀生”和小农经济等因素影响，养牛的主要目的是役用和造肥。

日本明治政府成立后，颁布了“劝农牧畜政策”。该政策的实质是提高役用动力和国民体质。在该政策之下，鉴于日本牛体型小、生长速度慢、产肉和产奶能力低的缺点，作为国策，允许民间自主引进国外牛种杂交改良本地牛。1888年开始尝试用西门塔尔、瑞士褐牛、德温牛、短角牛、爱尔夏牛、荷斯坦牛等外来品种杂交改良日本本地牛。从1900年起，政府对引进国外品种大范围、高密度的杂交改良本地牛实施了10年的奖励，对大规模扩大体型、增加产奶量和生长速度起到了推动作用。为了鼓励百姓吃牛肉增强体质，早在1872年1月24日明治天皇试吃牛肉，宣告解禁牛肉食用，同时还制定法律只许屠宰10岁以上的老牛。特别是甲午战争(1894年)和日俄战争(1904年)对牛肉的需求，加速了杂种生产，让日本迎来了昙花一现的“杂种万能期”。但是，杂交改良虽然提高了杂交后代的体重和产奶量，但同样也产生了杂交后代毛色多样、体型大小不一、体大无力、役用性能下降、肉质恶化以及日本以杂草渣滓为主的饲料资源满足不了大体型牛生长需要，反而导致饲料效率下降、饲养成本相对上升等“杂交

改恶"的后果。模仿西方建起来的大型牧场纷纷倒闭，政府主导的引进外国品种对本地牛的杂交改良引起了巨大的混乱。在全国抱怨和要求反思的呼声中，10 年的"杂种万能期"随即变成了"杂种恐慌期"，最终引种"杂交改良"以失败而告终。

1912 年，当时的"农商务省"（农业商务部）组建"临时产牛调查会"（育种行政、执行机关），决定制定体型标准来修正改良目标，对血统、体型等指标进行登记，系统性地整理育种工程，固定肉牛品种。提倡"对杂交牛取长补短，育成一个统一牛种，以适应日本农业的需求"的育种方向，把当前的这些杂交牛通称为"改良和牛"。然而，由于引进的品种五花八门，杂交过程复杂多样，随后的选择淘汰标准又因地而异，有的地区的私营企业早已按照自己想定的毛色和体型进入了育种程序，要制定全国统一的体型标准来进行改良几乎已经不可能。尤其是鸟取县 1919 年就制定了"因伯种"体型标准，由民间在全国率先展开了很正规的育种登记工作。这之后，兵库县对但马牛、岛根县对岛根牛、广岛县对广岛牛都各自按照产地制定了自己的品种标准。在没有全国统一优良标准的情况下，各地展开了独自、排他性的育种改良。

1935 年经过审查，发现各地役肉用和牛的改良目标大都是役 6 肉 4 或役 5 肉 5，于是开始在全国分毛色和角型，按照"黑毛""褐毛"和"无角"3 个育种方向进行统一登记。这是现在和牛三品种的原型。

1941 年的太平洋战争，恶化了日本各种物资的供给。日本对全国实施了战时管制，要求各行业必须实行登记制度，该制度下物资须由国家统一定价和调配。活牛、牛肉、牛皮、皮革等由于军需扩大、迭代加速，和牛育种也必须在政府主导下进行登记、选育、淘汰三统一。通过国家管制，宰杀、淘汰了大量的改良和牛，从而加速提高了和牛的品种纯度，实质上强行消除了各地区之间设定的"品种"间的差异。1944 年上述三品种作为国家品种正式通过了品种审定，全国统一称作"和牛"，分别叫作"黑毛和牛""褐毛和牛"和"无角和牛"。此时的 3 种"和牛"并没有消除因引进国外品种进行杂交存在的区域差异和品系之间的差异。但是，就是因为"和牛"实际存在的多样性，成为现在和牛育种改良的源泉。另一个和牛品种"短角和牛"于 1977 年才正式成为国家品种。

2. 1950—1960 年，役肉兼用牛的育种与生产

1947 年，驻日盟军总司令部（GHQ）要求废除政府统管体制，重新构建农业团体，家畜登记实施一个畜种一个登记系统的体制。以中国地区（鸟取县、岛根县、冈山县、广岛县、山口县）为中心的和牛育种先进地区，历史上就一直对政府主导的一元化育种体制不满。之所以不满意，是因为政府为了向全国普及一元化育种登记体制，所采用的登记内容条项涉及的面广而浅，所以不可避免地就要用同一个标准来评价这 5 个先进县与育种落后地区的育种成果，在登记牛的个体价格上，实质性地压制了这 5 个县的经济利益，也伤害到了这些县的育种积极性。这次在 GHQ 的上述要求之下，这 5 县重新策划构建了民间主导的育种团体，于 1948 年成立了以"中国和牛协会"为主体的"全国和牛登记协会"。

从此之后，对经过战时管制成为"黑毛和牛"的登记，就成了由"未成熟品种"向"成熟品种"的登记，作为品种，登记开始向提高整齐性、改善遗传性能方向进行大幅度转换。此前处于战争这一特殊情况之下的登记，只要长得快、体型大，无论血统如何，即便是与国外品种的杂种，都作为品种进行登记。但全国和牛登记协会主导的育种改良开始之后，采取了排除登记牛（或备选登记牛）后代以外的牛的封闭式登记制度。这个巨大的变化，意味着用国外品种杂交膨胀起来的庞大的基因池和可选基因的出现频率，将通过精挑细选和组合来用于育种改良。同时，也意味着特定区域遗传资源的保护，将通过制度化得到保障，而经受特定杂交过程的产地的和牛，也将留下"不能进入登记系统"的烙印。实际上就是现在，追溯和牛产地饲养的和牛的先祖（系统），能明确无误地追溯到中国地区的祖先牛，就是得益于这套封闭式登记系统。但是，封闭型登记制度还意味着，在向"优良"血统不断选育的同时，制度性地把不良性状无可避免地固定了进来。事实上，广为人知的"蔓牛"（不与其他家系交换基因，本家系封闭选育的很有名的和牛），就是以中国地区的主要产地为中心，经过反复近亲繁殖、家系内繁殖培育出来的。然而，不良性状也同时得以沉积，造成了不得不面对伴随高度近亲繁殖，不良性状也高度固定下来的局面。鉴于此，各地纷纷采取了不断选育提高的品系间交换来回避这一危机的方针。这成了后来开展联合集团化育种事业的契机，不得不在选育提高过程中追求品系内无限均质化和排斥周边区域的同时，作为规避不良性状沉积的安全阀，制度性地实施产地多样性。

上述规避危机策略的制定、实施和快速普及，得益于1950年制定的“家畜改良增殖法”对使用冷冻精液的人工授精技术的政策性支援。在无限追求“优良”的选育提高理论里面，没有实现先规避危机，再在产地间进行协调。这是因为当时都是以本交为主，需要大量的种公牛，而种公牛不但不能随母牛的发情周期移动，也不可能对其他产地提供种公牛。当时和牛饲养环境几乎由家畜商和地主大户以出租牛及借牛的方式控制，独占种公牛是长期提前获利的手段。在这种环境下，即便是通过淘汰规避了沉积不良性状的家系，另一个家系就会取而代之，同样还会继续沉积不良性状，商业上继续重复独占性提前获利模式。人工授精技术的普及是由公立机关集中管理的种公牛，对外提供冷冻精液来实现，这飞跃性地提高了种公牛的后代数量和计算种公牛遗传力的精度。因此人工授精技术成了通过产地间、品系间的计划选配来规避危机，改进独占性、排他性育种制度的重要契机。育种制度和繁殖技术的进步，使作为耕牛的和牛在很短时间内实现了向肉牛的功能性转换。

3. 1960—1970年，肉用品种的育种与生产

1945年战败投降到1961年是日本经济的恢复、发展期。进入60年代，黑毛和牛的功能因为牛肉需求的快速增长和农耕机械的普及，不得不向肉用方向转变，育种改良由以前的增大体型向提高产肉能力和肉质方向迅速转向。种公牛选拔选育审查标准在后代产肉能力测定方法等方面也进行了大幅度改革，出台了专用肉牛品种培育改良计划。1961年修订了《家畜改良增殖法》，给出了家畜改良增殖目标，再由各都道府县分别制定各自的家畜改良增殖计划，对种公牛生产、优良母牛留栏、人工授精给予强化支援。

1961年颁布了旨在因地制宜进行专业化、规模化种植和养殖的农业基本法，1962年又设立了农业现代化基金，改农业小农经营为农业法人化经营，让农业基本法得以具体贯彻。这期间日本相继解除了战争时期的各种管制，伴随美国谷物进口量的增加和农业机械化带来的农业增产，肉牛育肥开始了规模化、标准化和专业化进程。1959—1970年是育肥技术普及的高峰期。

育肥技术的普及又迫使育种由役用向肉用（肉量和肉质）方向加速转向。1962年兵库县、鸟取县、岛根县、冈山县、广岛县分别成立和牛育种协会，促使以前的登记协会与育种事业融合。登记与育种结合的必需条件是，对指定种公牛的配种计划、后裔测定进行登记，选择通过产肉能力（产肉量和肉质）鉴定的种公牛的精液，用于特定产地母牛群体的配种。而限定特定范围的育种会遭遇曾经培育“蔓牛”一样沉积不良性状的矛盾，为此，成立和牛育种协会联合会来组织、协调各县的育种协会，在各县之间交换使用各县推出的顶级种公牛的精液。这项工作得到各县育种协会的认同，并形成了制度。

这个制度的实施，减轻了育种改良限定特定范围所造成的弊端，促进了品系间的取长补短，重新走上了品系内近亲繁殖和品系间繁殖的轨道，从而为培育新品系奠定了基础。1972年，全国各地成立的和牛改良协会得到国家认定，育种开始向集团联合方向挺进，和牛改良协会、优生研究会、育种改良协会等团体的成立和组织化以及育种农户的指导、优良母牛群的留栏扩群等必要的组织和事项都得到了完善。

这为今后在各个育种协会固定具有以快长和品质为优秀特征的育种登记牛，进而伴随品系间取长补短选配选育出特征近似、质量均匀的新品系，在各产地培育出快长和品质两大品系，再由这两大品系相互结合支撑肉牛生产奠定了基础。

这就是所谓的耕牛改肉牛的“和牛维新”。在开始了集团联合育种、完善了一系列制度和后裔（直接、间接）测定标准以及种公牛鉴定标准的同时，还制定了相应的牛胴体交易流通标准。牛胴体交易流通标准不仅对牛肉流通交易十分重要，对指导完善肉牛育肥技术和工艺，更深度地对育种各目标参数、育种目标的制定也至关重要。不久，又出台了日本肉牛饲养标准。之后，牛胴体交易流通标准和肉牛饲养标准随着发展又几经修订完善直到现在。

1965—1974年是日本经济的高速成长期，也是牛肉的高消费期和肉牛产业的快速增长期。但肉牛

存栏却从当初的155万头减少到了137万头。肉牛生产不能满足消费需求的现实，引起了人们对专用肉牛的牛源不能满足今后牛肉消费需求的担忧。于是，在1965年研发的奶公牛育肥技术迅速得到普及。到了1973年，奶公牛牛肉产量达到了日本国产牛肉的2/3，此后至今，奶公牛牛肉的产量基本占国产牛肉的70%。

当初奶公牛直接育肥，15～16月龄出栏屠宰，但发现去势后容易管理，并且肉质得到明显改善，因此出栏月龄延长到了18月龄。肉用专用品种的育肥时间开始延长，目标明显是提高肉质，以区别于去势奶公牛肉。

1965年，曾制订过2项计划。一是引进国外牛种与肉用专用品种杂交，利用草地资源提高牛肉产量；二是直接进口架子牛在日本国内育肥。对于前者，引进了安格斯和海福特在北海道和东北地区进行了小规模的先行试验，但后来的实际生产规模很小。随后还曾尝试用夏洛莱与奶牛杂交，结果因为犊牛太大、多发难产而告终。用引进品种改良日本和牛的计划之所以没有得到普及，是因为担心明治时期的"杂交改恶"重现，经过详细研究发现，要铲除"杂交改恶"，重新纯化和牛需要至少100年的时间。对于后者，则从1972年到1975年采取免税措施，让育肥事业繁荣了3年。

4. 1970—1990年，品系间选配育种与生产

由于制度化地实行品系间选配，和牛的育种改良就可以通过在品质系和大体型快长系之间的选配，使生产体型大、生长快、品质高质量兼备的和牛成为可能。大体型快长系产地的改良课题大都集中在提高肉质(提高脂肪交杂，也就是"雪花牛肉"的产肉率)上。即用品质系种公牛的精液给大体型快长系的母牛配种，从产出的犊牛中选择兼备双方性状的母牛，再对其配以品质系种公牛的精液，再选留继承了双方长处的母牛，如此反复。但是，对体型小、肉质优良的品质系导入体型大、肉质差的大体型快长系的精液，却很难达到质量兼备。实际上，对大体型快长系的母牛导入品质系种公牛的精液，正是因为品质系的遗传性状可以传承，支配体型的性状遗传了下来，体型变小，而最期望得到的肉质性状并没能遗传下来。因此，在大体型快长系母牛群产地又优先恢复体型，选择原来的快长系种公牛进行回交。另一方面，又不能放弃提高肉质，恢复体型后又与品质系交配，不得不走"之"字形道路。

之所以走上这样的道路，只能说是因为缺乏育种学和遗传学研究，凭感觉进行交配。但品系间选配是以规避不良性状的沉积为目的并且已经制度化，缺失了推进产地全域的育种改良这一大视野，只要育种改良作为产地之间竞争的手段来发挥作用，只能走上述道路。即紧急规避不良性状沉积所用的种公牛的精液，并不能轻易从其他产地获得，因为其他产地决不允许出现一个竞争产地。实质上的产地间协调应对不良性状的沉积几乎是不可能的，协调总归是协调，但不能保证产地间的相互利益。

对于以生产犊牛为目的母牛产地而言，和牛育种的目的是提高犊牛价格，获取超高利润。对于已经获取超高利润的产地而言，能获得超高利润的特定种公牛的集中利用和特定母牛群体长期维持才是问题，必须以精液不足为依据来限定使用范围，只对具有特定能力的母牛群进行授精。这样才能实现犊牛遗传力的标准化、均一化，成为长期获得超高利润的条件。相反，固定使用特定种公牛和母牛群体，育种改良进度就不得不停滞，但这对能获得超高利润的产地而言，育种进度停滞自身丝毫不是问题，只要不良性状的沉积不成问题，就会在同一品系内反复交配。结果，品系间交配并没有实质性地发挥作用。

1975年，日本经济步入稳定增长期，牛肉需求强劲，供求矛盾突出。但几乎所有的畜产品都出现了相对过剩，而牛肉增产能力却几乎到了顶点。奶牛和牛奶生产开始进行加速调整。此时牛肉供不应求，犊牛价格居高不下。于是，奶农为了增加收入，用和牛与黑白花奶牛生产杂交1代(F_1)。一部分肉牛育肥场为了降低犊牛采购成本，采购F_1犊牛进行育肥，一部分育肥场和部分母牛养殖场(户)则向前、向后延伸产业链增加收益。日本把母牛养殖场延伸产业链的经营叫作"繁殖育肥一贯经营"。

随后，单纯的育肥经营因为居高不下的犊牛价格陷入困境，不少育肥场倒闭。这又在 1981 年和 1982 年诱发犊牛价格暴跌。母牛存栏量实质性不足造成的犊牛供应不足，二次、三次性地引起了整个产业链的不稳定，表现在犊牛价格的跌宕起伏上。这种跌宕起伏让日本肉牛产业陷入了长期低迷状态，至今没有完全恢复过来。

在牛肉消费上，国产牛肉价格高于进口牛肉价格，引发了消费者和舆论的不满。而美国和澳大利亚又频频要求日本开放牛肉市场。1982 年与美国达成协议，扩大了进口美国产牛肉的配额。同时，作为振兴国产牛肉的政策，修改了 1953 年制定的《奶业振兴法》，作为振兴肉牛产业的法律，法律和制度上设定的目标是，将肉牛生产成本降低 30%，大幅度增加肉牛的存栏量。这部法律的主要内容是，允许在休耕地、草地、可养殖的林地上饲养大家畜；允许灵活利用大家畜恢复因过度依赖化肥而降低的地力；以提高土地利用率为目的鼓励农牧结合。

1988 年开始，日本分 3 年对美国开放了农产品市场，3 年后的 1991 年完全开放了市场。开放市场当初的 1988 年，日本为应对美国牛肉长期对国产牛肉市场和肉牛产业的可能冲击，更为了具体指导国内肉牛育种、生产、流通和交易，迅速制定了极为重要、闻名世界的《日本牛胴体评价标准》，把以前只能凭借肉眼和经验来判断的指标，从“脂肪交杂标准模型与等级”“肉色标准模型与等级”和“脂肪颜色模型与等级”到胴体重和净肉率标准值进行了可测量、可量化的规范。后期的实践证明，这个标准指引日本肉牛育种、养殖界和牛肉屠宰加工界在肉质上拉开与国外牛肉的距离，在市场上压制了国外牛肉的份额，为避免国外牛肉的冲击以及振兴肉牛产业做出了巨大贡献。

当时日本国产牛肉的目标是低成本生产安全优质牛肉。具体目标是奶公牛胴体质量在 B3 级以上，专用肉牛胴体质量在 A4 级以上，生产成本降低 20%～30%。之所以制定这样的目标，是考虑到美国和澳大利亚的牛肉大部分是 C2 级冻肉，而制定的国产目标瞄准的则是面向餐桌（家庭和餐饮业），进口牛肉只能用来做加工牛肉，从而与进口牛肉在用途上拉开距离，防止在市场上相互冲击。另一方面，诱导肉牛养殖企业中小型化以便在经营上获得更为灵活的机动性，同时鼓励展开从母牛养殖到育肥甚至直营餐饮的全产业链生产经营等差异化生产经营活动。从此，把相对低质量的进口牛肉引向了以深加工为主的产业领域，而餐桌一直是国产牛肉的主要消费市场。

5. 1990—2000 年，育种值的利用与生产

实施牛肉进口自由化以后，各肉牛产地为了应对市场变化，进一步明确了出路在于“品牌化”和“高品质化”。特别是黑毛和牛犊牛的价格，由根据种公牛和母牛群体的遗传力推算的遗传力决定，所以，犊牛产地非常明白，以价格为基础的育种改良将是重大课题。并且和牛的遗传资源已经流到国外，随着外来危机意识的上升，提出了重新研究、改进育种方法，把焦点对准改良胴体性状，由此带动加快育种速度的策略。

在奶牛上已开始了与各种测定事业结合，灵活运用育种值的育种改良，在肉牛上也应该同样利用各种手段提高育种效率。如果灵活利用育种值进行育种，种公牛和母牛群的胴体重量、眼肌面积、腹腔壁厚、皮下脂肪厚、胴体率、脂肪交杂等遗传性状都可以用推算育种值实现明确的数值化。这样，种公牛和母牛的能力可由育种值来判断，据此可实现最佳的交配组合。因此，只要正确把握以育种值为基础的胴体数据，就有极高的概率培育出种公牛和母牛群，从而形成优秀的犊牛生产体系。以前育种的目的是通过“品系间产出的 F_1 之间的交配”，培育出“质量兼备的新品系的元祖牛”来，从而“育出新的合成系”。为此曾分成大体型快长系与品质系两大类，在品系之间图示化地进行了指定交配，以培育“质量兼备”的牛。但牛的遗传特点，即各胴体性状组合起来的育种值并非一个模式，所以即便是用品质系与肉质较差的大体型快长系进行指定交配也未必妥当。实际上，一直以来有一些大体型快长系的种公牛，其脂肪交杂育种值却比品质系但马牛的还高。以前的育种方法只不过是偶然发现了大体型快长系中的一部分这样的种公牛而已，而大部分则被去势育肥，作为牛肉消费掉了，这是无可挽回的巨大损失。

判断产肉能力的方法是，从同一种公牛的后代抽取样本，在标准环境下育肥、屠宰，从胴体上测定所规定的项目信息，由此计算种公牛有关“产肉能力”的遗传力，这种方法叫“间接后裔测定”。但实际生产中，即便使用同一头种公牛交配，在同一产地内或产地外，所产后代的性能表现也不稳定，其主要原因是后代的遗传性状并不完全来自种公牛，母牛还有一半的影响。母牛群的育种改良程度，即遗传性状因产地和品系而异，也不能说根据母牛的改良程度选择种公牛就完全能解决问题。所以，培育种公牛时，母牛遗传力不明确是致命的信息缺失。培育优秀种公牛时所做的有计划的“试探性交配”所育成的种公牛，其能力并不能称作优秀。当然日本也培育出了一些优秀的种公牛，其遗传力只能称作是偶然产物，结果也是因母牛的遗传性状左右摇摆。

虽然后代遗传性状的一半“责任”在母牛，但是计算母牛的遗传性状时，又不能屠宰母牛获取其胴体遗传性状信息，而母牛一生顶多生育 10 头左右的后代，后代数量太少，又不够据此推算母牛的遗传力。结果，只能把与胴体性状密切相关的活体性状(血统和体况、体貌评价中的指标)选作为间接指标。然而，活体的血统和体况、体貌评价指标与产肉能力的遗传关系并非想象得那么密切。以前都认为，胸幅宽大的个体，其背最长肌(眼肌)面积的遗传力高，都选择胸腹宽大的牛，但是研究证明，选择胸腹宽大的个体，并没有增加后代的背最长肌面积，反而加大了后代皮下脂肪的厚度。

另一个问题是当时能测定育种进展的胴体选择指标。有关胴体性状的选择一直以来只是根据间接测定来定，游离于繁殖经营和育肥经营，却与二者具有很深的利害关系。当时胴体的整形处理方法因牛肉竞价市场和冷链中心(不屠宰，只对胴体进行整形、分割、加工的半官半民企业)而异，在“脂肪交杂”“密实度”“细腻度”“肉色”等肉的成熟度上也没有客观的胴体评价标准。因此在评价结果、胴体指标、营养饲料和技术方面，弄虚作假、隐报隐瞒、夸张夸大等行为层出不穷，搜集扎实可靠的胴体信息不但很困难，还严重干扰、影响了育种进展。1988 年制定的《日本牛胴体评价标准》，彻底改正了以前用肉质和外观来评价胴体的综合评价方式，改成了划时代的按照净肉率和肉质等级来评价的分离评价方式，同时对肉质等级的标准进行了可数值化、可比对的客观规定。

至此，育种界受到了产业和学术界“谁育种、为谁改良、育种改良目的是什么”的严厉批评，终于反省出以下四大失误 同时提出了今后的育种方向：

第一，至今为止的育种没有把后代选育指标和胴体评价指标明确列入种公牛选育指标。

第二，至今为止只以选育种公牛为中心的育种，是缺了一条腿的育种，补加种母牛育种才是完整的育种，而种公牛的选育指标必须根据母牛群的遗传性状来制定。

第三，至今为止以体型大、生长快和饲料利用性高为主的选育指标(直接测定)，不能保证和牛肉对进口牛肉的优势和满足市场对肉质的需求，应重点加大对胴体性状、也就是肉质性状(间接测定)的选育压力，整合协调各选育指标，增加选育机会。

第四，至今为止几乎没有对母牛的胴体性状进行选育，随着胚胎移植技术的普及，将紧急增加对母牛的胴体性状，尤其是肉质的确实可行的选育指标。

和牛的育种方向和方法从此迎来了转换期，要在国际竞争环境之下保持和牛在日本市场的优势地位，就必须重新从适合日本市场需求的(胴体)肉质和适合养殖界需求的肉量(生长速度)两大视角出发，选择更恰当、更现实的指标，同时培育种公牛和种母牛群。

(二)育种与繁育技术

日本肉牛主要品种为日本和牛，日本国内大约从 20 世纪 20 年代到 60 年代，从各个地区开始建立了登记制度，此阶段主要确立了和牛的名称，制定了审查标准。1962—1977 年，基于日本经济快速发展，和牛育种协会两次重新制定了和牛审查标准，开始更加重视和牛个体增重。

从 20 世纪 90 年代开始，日本国内开始持续检测影响和牛身高和体重的 DNA 和染色体上的位点，并进行 DNA 标记，经过标记和选拔这些有效的遗传因子，再基于血缘和动物个体的成绩，进行统计学分析，根据其分析结果进行育种。

日本国内目前主要采用人工授精技术进行繁殖。一般说来，日本和牛一生能产 15～16 胎，但是为了保证母牛和犊牛的健康，一般产到 10 胎左右就停止配种。为此，给良种母牛注射促卵泡素，使其一次性排出多个卵母细胞。在这个牛发情的时候，选择优秀的种公牛精液进行人工授精，人工授精 7 d 后，采集受精卵。取出来的受精卵进行显微镜检查，并进行吸管、冻结等操作，然后将受精卵移植到受胎牛，通常情况下，这个受胎牛为最初筛选的母牛的子代。在日本，常把生产高品质牛肉的黑毛和牛的受精卵移植到荷斯坦奶牛体内，以荷斯坦奶牛为母体生产黑毛和牛犊牛。

（三）养殖技术

由于饲养方法比较特殊，需要花费比普通牛更多的时间，所以黑毛和牛一直以小型农场方式饲养。其中，犊牛育成有重要的 3 个原则，分别是：

- 避免严重疾病的发生，严控疾病发生，每天观察，特别是痢疾，如有发现，必须尽早治疗；
- 保证充足运动，保证四肢充分延展；
- 加速体型宽大和胃部增大，尽早饲喂优质的粗饲料，早期避免精饲料过度使用。

育肥期主要根据体重变化，饲养以精饲料、水稻或者干草，每日早晚 2 次饲养，除此之外，由于最近饲料米在日本的广泛推行，很多研究开始倾向用饲料米代替部分精饲料育肥和牛，并取得了一定成效。在日本国内，很多研究机构也在大力研发新型饲料资源和一些未利用的具有饲料潜在价值的资源，例如一些水果残渣等，并有部分牧场开始使用这些新型饲料，并表现出了良好的饲养成绩。

（四）疫病防控技术

在日本，和牛的饲养繁殖，特别重视犊牛的疾病预防。由于环境变化，犊牛自身抵抗力较弱，容易发生疾病，特别是痢疾。

1. 痢疾

痢疾是在犊牛身上容易感染并且不易治疗的疾病之一，有通过细菌、病毒、寄生虫感染，也有通过食物感染，最近的研究表明，相比细菌、病毒感染的痢疾，由于饲养管理原因导致的发病明显增多。

主要应对措施如下：

- 提供犊牛专用的清洁温暖的休息场所，达到预防病毒或细菌感染的目的。
- 对于一些寄生虫致病原因，通常情况下应该每 10 d 更换一次敷料。
- 关于消化不良，出生 3 个月以内的犊牛肠胃发育不健全，在此期间，误食了母牛的饲料或者不干净的饲料都会引起消化不良，最后发生痢疾，这个阶段，必须保证不能误食带犊母牛的饲料，饲料和饮水槽应该分开设置。

2. 伤风

犊牛易患伤风等呼吸道疾病，原因是空气传染和在鼻子或者气管黏膜附着的细菌或者流行性病毒侵入而发病，因此主要预防措施要将犊牛置于通风良好的舍内，并保持清洁，避免灰尘、氨等刺激性气味产生。

在日本，目前疾病的预防通常采用的方法是定期疫苗注射，在牛场严格控制外来人员进入，特别是境外人员，例如从境外入境日本的人员必须隔离 15 d 以上才能进入养牛场。入场时也必须进行常规消毒。

（五）粪污处理技术

目前，日本处理牛粪主要采用的是干燥发酵生产堆肥，大多采用节能、成本低的塑料大棚内机械翻倒、排气扇通风的干燥方法。大部分的日本肉牛养殖户或牧场都是养殖和种植并行，牛粪干燥生产堆肥后还田，以达到促进农作物生长和改良土壤的目的。

基本构造是，牛舍中铺设牛粪回收装置，将粪便、废弃料等通过传输带传送到堆肥处理室（玻璃温室），室内装备了烘干设施和牛粪翻动设施，可以有效快速地生产堆肥，在大学或者研究所中，这些堆肥多用于栽培牧草，农户一般用于自己农作物施肥，如水稻等。

五、与我国畜牧业合作情况

《日本经济新闻》1984 年 4 月 10 日报道：农林水产省决定了允许进口中国活体肉牛的方针。这是为了满足国内超级市场和商社的强烈要求。

据日本《产经新闻》1988 年 11 月 12 日报道：中国产牛肉将在战后首次摆到日本家庭的餐桌上来。大荣、西友和伊藤洋货堂这 3 家超级市场从当月 13 日起开始在关东地区的店铺里出售中国牛肉。首次销售的是中国 60 头鲁西黄牛。这批活牛是由日本中国肉牛输入协议会进口的。

自 2001 年日本暴发疯牛病疫情后，国家质检总局已禁止从日本等国家进口包括牛肉在内的畜产品。2010 年日本又发生了口蹄疫，根据国家质检总局 2010 年 4 月 23 日发布的《禁止从动物疫病流行国家/地区输入的动物及其产品一览表》，日本的牛肉及相关产品仍禁止进口。

日本农林水产省 2017 年 9 月 22 日宣布，即日起可重新向中国台湾出口日本牛肉。原因在于中国台湾的食品卫生当局已对日本国内 29 处肉食加工设施发放许可。

据日本共同社 2019 年 4 月 15 日报道，在上周末为期一天的部长级会议中，中日两国已经就某些问题达成一致意见，这些意见将为中国取消对日本牛肉长期的出口禁令铺平道路。据悉，两国大体上已经同意签署一项检疫协议，这是结束中国对日本牛肉进口禁令的先决条件。

参考文献

[1]独立行政法人農畜産振興機構. 各種業務の実施に関する情報(畜産). https://www.alic.go.jp/operation/livestock/index.html#LINK-A02.

[2]日本農林水産省. 統計情報. http://www.maff.go.jp/.

[3]日本財務省統計局. 政府統計の総合窓口. http://www.e-stat.go.jp/SG1/estat/eStatTopPortal.do.

[4]財務省統計局. 日本統計年鑑. http://www.stat.go.jp/data/nenkan/index1.htm.

[5]联合国粮农组织. FAOSTAT. http://www.fao.org/faostat/en/#home.

[6]联合国统计署. UN Comtrade. https://comtrade.un.org/.

[7]王士权，常倩，李秉龙，等. 基于贸易自由化的中国牛肉国际竞争力与出口影响因素的实证分析[J]. 中国农业大学学报，2016(21)：166-178.

[8]赵璞，刘佳佳，杨海，等. 世界畜产品进出口贸易分析及展望[J]. 农业展望，2015(2)：66-70.

[9]曹建民，曹兵海，张越杰. 自由贸易区关税调减对中国牛肉进口的影响[J]. 农业技术经济，2015(1)：102-110.

[10]曲春红. 西班牙畜牧业生产与畜产品贸易分析[J]. 中国畜牧杂志，2011(24)：48-58.

[11]蒲文彬. 中国入世后的农业国内支持政策新探——从中国农产品贸易首次出现逆差分析[J]. 贵州社会科学，2006(2)：40-43.

[12]独立行政法人農畜産振興機構. 日本の肉用牛経営——輸入自由化から20 年を経て[M]. 日本：農林統計出版，2013.

[13]速水佑次郎，神门善久. 农业经济论[M]. 北京：中国农业出版社，2003.

[14]竹浪重雄，吉田忠. 肉用牛経営の変革——日本と世界の牛肉生産[M]. 日本：農林統計協会，1987.

[15]李雨欣，王悦. 日本肉牛产业政策发展历程简述[J]. 黑龙江畜牧兽医，2019(06)：1-6，10.

[16]Japan Meat Grading Association. Beef Carcass Grading Standard (January, 2000). Tokyo, Japan.

第二章

韩　国

一、摘　要

韩国位于东亚朝鲜半岛南部，面积 9.96 万 km^2，约占朝鲜半岛总面积的 45%。韩国多山和丘陵，西部和南部伸展着宽阔的沿海平原，21%的面积为可耕地。属温带气候，夏季雨量较大。韩国实行共和制。官方农业机构是农林渔业部。

截至 2017 年，韩国农业人口为 247 万人，占全民总人口的 4.78%，50 岁以上高龄人口占 90%。韩国国内生产总值(GDP)为 1.530 8 万亿美元，位居世界第 12 位，其中农业总产值约为 270 亿美元，约占国内生产总值的 1.8%，畜牧业占比更低。

虽然韩国经济发达，但农业占 GDP 的比重不高，而且随着经济的发展，农业在国民经济中的比重不断下降，是亚洲第二大农产品进口国。韩国养牛业代表性的肉牛是韩牛，在韩国人的心目中，韩牛产业是他们引以为豪的民族产业。韩牛存栏量 2014 年一季度达 271 万头，而养牛户数却减少了 39.1%。2017 年 4 月，韩牛 1 等级批发价为 16 705 韩元，2～3 等级批发价为 10 424～13 621 韩元，同比下降 17%～28%。

随着生活水平提升，韩国牛肉消费量持续增高，人均牛肉年消费量达 10 kg 以上，但是由于国产牛肉价格畸高，特别是近年来韩国政府放松了美国牛肉进口后，进口牛肉所占比重逐年增加。韩国牛肉市场中韩国国产牛肉仅占约 40%，进口牛肉占 60%左右。2016 年韩国的牛肉进口总量达到 346 893 t，冷冻牛肉和冷藏牛肉的累计进口量各增加 14.9%和 36.6%，平均进口单价与 2015 年相比上升 2.3%到 5.87 美元/kg。冷冻排骨和冷藏牛肉价格均有上涨。

中韩两国 1992 年建交后，农业领域合作密切。无论政府层面还是民间企业层面实质性合作逐步加强。农业科技合作交往密切，尤其在饲料领域，国内有多家韩资企业运行良好。韩国肉牛养殖企业也看好中国肉牛资源，在多地投资或筹建肉牛养殖基地。

二、肉牛产业基本情况

(一)畜牧业资源状况

1. 气候环境

韩国属温带大陆性湿润和副热带季风气候，北部属温带季风气候，南部属亚热带气候，海洋性特征显著。一年四季分明，春、秋两季较短，夏、冬两季较长。冬季漫长寒冷，夏季炎热潮湿。冬季最低气温达−12℃，夏季最高气温可达37℃。年平均降水量1 500 mm左右，其中6月雨量较大，降水量为全年的70%，降水量由南向北逐步减少。季风对韩国气候的影响较大。冬季主要受西伯利亚气团的影响，刮西北风，寒冷干燥；夏季主要受北太平洋高气压的影响，刮南风和东南风，炎热潮湿。春季是冬季西北季风和夏季东南季风相互交替的季节。南海岸于3月底至4月初进入春季，中部地区4月中旬进入春季，北部地区则4月下旬进入春季。夏季通常从6月开始，持续大约4个月。夏季东南季风带来南部海洋温暖的空气和湿气。6月底至7月底是韩国的梅雨季节，湿度最高可达80%。南部沿海地区在夏末时常有台风，并可能引发暴雨和洪灾。韩国的秋季较短，大约只有2个月。随着夏季季风向冬季季风的转变，干燥的大陆性气候开始形成，天气持续晴朗清新。韩国的冬季大约持续4个月。韩国各地气温差异较大，平均气温为6～16℃。8月是全年最热的月份，平均气温为19～27℃。最冷的月份是1月，平均气温为−8～7℃。济州岛是韩国年平均气温最高的地方。西归浦的年平均气温是15.5℃。首尔1月的平均气温范围是−7～1℃；8月的平均气温是22～30℃。夏季韩国大部分地区气温都会超过30℃。1942年8月1日，大邱地区温度达到了韩国历史最高的40℃。韩国冬季气温寒冷，大部分地区气温会降到零下。内陆地区最低气温可达−20℃。南部沿海地区冬季的温度会高些，而内陆山区的气温则非常低。韩国气候记录见表1-2-1。

表 1-2-1
韩国气候记录

温度/℃	最高温	40.0	大邱	1942-08-01
	最低温	−32.6	杨平	1981-01-05
降雨/mm	最高日降雨量	870.5	江陵	2002-08-31
	最高时降雨量	145.0	顺天	1998-07-31
风速/(m/s)	最大风速	51.1	高山	2003-09-12
	瞬间最大风速	63.7	束草	2006-10-23
降雪/cm	最大降雪	150.9	郁陵岛	1955-01-20
	最大积雪	293.6	郁陵岛	1962-01-31

2. 人口

2017年统计韩国全民人口5 172.2万人，户均2.42人，男女比例为1∶1。其中农业人口为247万人，占全民总人口的4.78%，比前一年减少了2.11%，其中65岁以上高龄农户比重为40.2%。最近20年韩国农户从150万户减少到109万户，降低了27.5%，同期农业人口由485万人减少到247万人，更严重的问题是以2015年为准，109万农户中年轻农户为14 366户，占总农户的1.3%，70岁以上高龄农户占绝大比例。

韩国畜牧业就业人口的高龄化是全民高龄化的3.6倍，畜牧业核心劳动力(25～49岁)占韩国畜牧业就业人口的10.2%，50岁以上高龄人口占90%。从畜种生产类型来看，肉牛业76.2%、猪业76.1%、鸭业59.1%、韩牛养殖业54.5%、肉鸡业51.5%为高龄化，特别是肉牛和韩牛养殖业及肉鸡业高龄化飞速发展，核心劳动力年龄比例为韩牛10.0%、肉牛8.3%。

3. 饲草料资源状况

韩国草料品种和饲料价值见表1-2-2，栽培生产的草料见图1-2-1(彩图1-2-1)。

4. 土地面积概况

韩国国土面积为9.96万km^2，在世界国土面积排行榜第109位，约占朝鲜半岛总面积的45%，其中70%以上为山地和森林，平原所占比例不足20%。土地利用情况为林地67%，农业用地21%，建设用地5%，其他用地7%。海岸线长约5 259 km。

表 1-2-2
生产草料品种和饲料价值

草料品种名	单位产量/(t/ hm²)	饲料价值参数(−1～8)*
鸭茅	12.0～12.6	7
牛尾草	13.5～14.7	4
梯牧草	10.7～11.4	8
黑麦草	10.0～11.5	8
意大利黑麦草	13.5	7
草地早熟禾	9.2～11.0	8
虉草	14.0	5
拉迪诺三叶草	7.5	8
红三叶草	12.0～15.0	7
苜蓿	12.0～15.0	8
鸟脚三叶草	6.0～7.5	7
胡枝子	7.5	7

* 饲料价值分 10 等级:8(饲料价值为最好),0(没有饲料价值),−1 (对家畜有害)

牛尾草　　虉草

草地早熟禾　　苜蓿

红三叶草　　白三叶草

图 1-2-1　栽培生产的草料

韩国地理位置处在北纬33°～43°，东经124°～131°之间。位于东北亚朝鲜半岛的南段，三面环海，北与朝鲜民主主义人民共和国接壤，西与中华人民共和国对海相望，东部和东南部与日本隔海为邻（日本海），是典型的半岛国家。韩国西海岸与中国山东半岛的最短距离约为190 km，南部釜山港与日本本州岛的最短距离约为180 km。韩国是个多山的国家，与葡萄牙、匈牙利或爱尔兰相似，国土面积的2/3为山地。纵贯韩国东海岸的太白山脉是韩国地质的脊梁。太白山脉东部受到海水侵蚀在韩国东海岸形成悬崖峭壁；西部和南部山势平缓，形成西海岸和南海岸的平原和近海岛屿与海湾。由于地势的原因，韩国的河流大多经过西部或南部的大陆坡流入黄海。韩国主要大的河流包括洛东江（525 km）、汉江（514 km）和锦江（395.5 km）。

韩国农业用地面积约184万 hm^2，人均农用地面积仅约0.04 hm^2，远远低于世界0.25 hm^2的平均水平。耕地面积155.3万 hm^2，占农地面积的86%。

5. 国民生产总值及农业产值

朝鲜战争结束后，韩国经济在一片废墟上开始恢复。在40多年的时间里，取得了令人瞩目的成就。1953年以后，国民经济年平均以7.6%的速度增长，60年代后超过8%，80年代后超过9%。1996年国民生产总值(GNP)达到4 804亿美元，经济规模列世界第8位；人均GNP达到10 548美元，列世界第34位；全行业职工年平均工资达2.04万美元。一战后恢复时期（1953—1960年）由于经济在战争中遭受严重破坏，这一时期韩国经济政策的重点是恢复工业生产能力，维持军事力量和提高民众生活水平。战后经济恢复主要是依靠美国等提供的多达23亿美元的经济援助。到1956年，基础工业设施得到基本恢复。但由于严重的通货膨胀和农业遭受自然灾害等原因，1956年的经济为负增长。政府为控制通货膨胀，开始实施以低粮价、低汇率、低利息和紧缩财政为主要内容的财政安定计划，取得明显效果。1957年和1958年农业丰收，粮价回落，物价趋于平稳，经济增长率分别达到7.6%和5.5%。见图1-2-2。

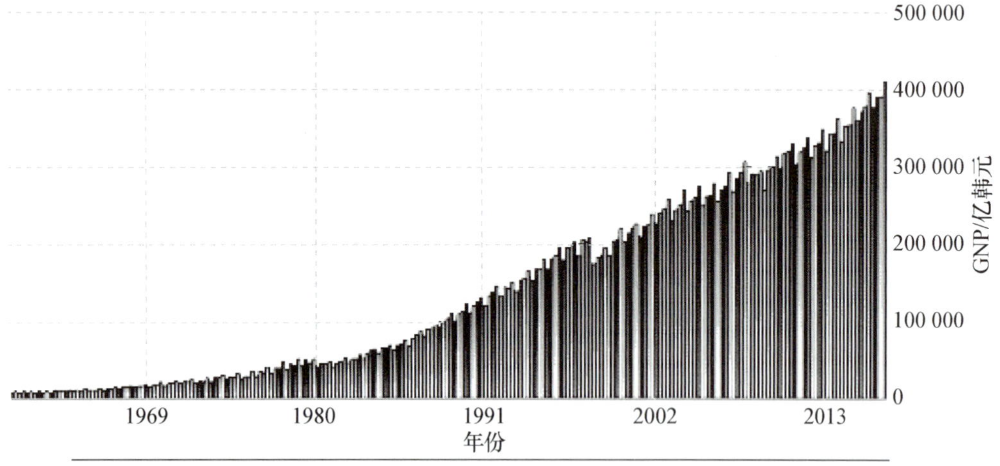

韩国	最高	最低	单位
国民生产总值	410 407.80	7 259.71	亿韩元

图1-2-2 国民生产总值

农业总产值：虽然韩国经济发达，但农业占GDP的比重不高，而且随着经济的发展，农业在国民经济中的比重不断下降，所以韩国是亚洲仅次于日本的第二大农产品进口国。韩国由于自然资源条件的限制，主要粮食作物是大米、大麦、小麦、薯类、玉米。朝鲜战争后其粮食的自给率还处于相对较高的水平，但随着国内经济的发展以及韩国国内市场的开放，粮食自给率水平却在逐渐下降，从1956年的92.1%下降到2008年的28.3%。变化较小的是大米和薯类，目前保持基本自给状态，而小麦、玉米、豆类的变化很大，现在基本以进口为主。见图1-2-3。

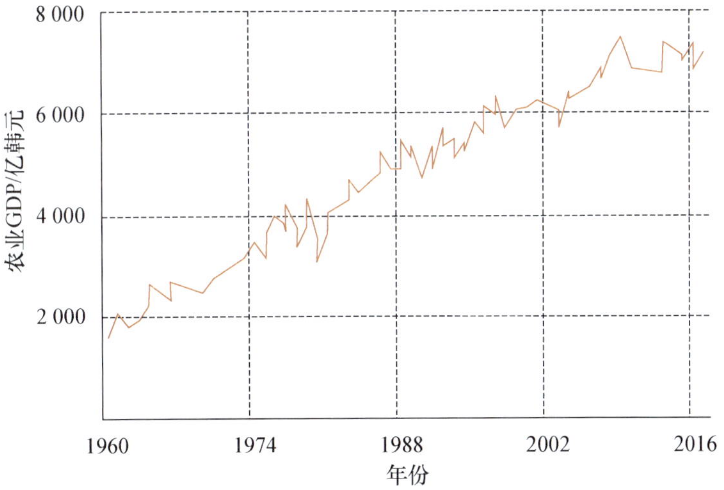

韩国	最高	最低	单位
农业GDP	7 681.00	1 627.32	亿韩元

图1-2-3　农业总产值

畜牧业总产值：在韩国，家畜饲养业是仅次于水稻生产的第二大农业生产领域，主要有猪、牛、羊、鸡等。受国土狭小等因素限制，除了鸡肉和鸡蛋基本上可以保证自给外，牛肉、猪肉和牛奶每年都需要大量进口来满足国内市场的需求。特别是自20世纪90年代以来，随着贸易自由化的推进，国际市场竞争加剧了肉类进口的增加，自给率也在逐渐下降，到2008年韩国肉类自给率为78.6%。国内畜产品消费对进口的依靠程度较高。所以韩国并不是畜牧业很发达的一个国家，以养猪为例，每年猪的出栏量在1 500万头左右，出栏量从2010年以来几乎没有增加，反而有降低趋势，特别是2011年口蹄疫病的影响，猪出栏量降低了40%左右，可见韩国畜牧业受疫情影响较大。从养猪水平来看，10年以来，韩国每头母猪每年提供断奶仔猪21.5头左右，这10年的水平几乎没有改善，这与欧美有明显的差异。不过，从养殖规模来看，韩国的集约化程度相对较高，6 000多个猪场每年提供1 500万头猪出栏，其中中小猪场供猪量占了整个养殖场的90%。

受畜牧业生产量的影响，韩国的饲料产量也不大，年产饲料在1 650万t左右，略低于中国河南省的饲料产量。其中猪料产量最大，肉牛料次之，蛋鸡料第三，分别占饲料总量的32%、26%和14%，另外肉鸡料占13%，奶牛料占8%，其他饲料占7%。不过韩国饲料的集中程度是较高的，其中月产5万t以上饲料的企业所生产的饲料量也占总产量的43%，巧合的是，月产1万～5万t的企业所生产的饲料量也占总产量的43%，其余14%由小饲料厂提供。韩国经营好的企业有两种，一种是全资民营企业，以Cargil、Easybio、CJ和Harim为代表，另一种是政府牵头的合资企业，以Nong hyup和Menber为主。

6. 国民收入情况

（1）居民收入（图 1-2-4）

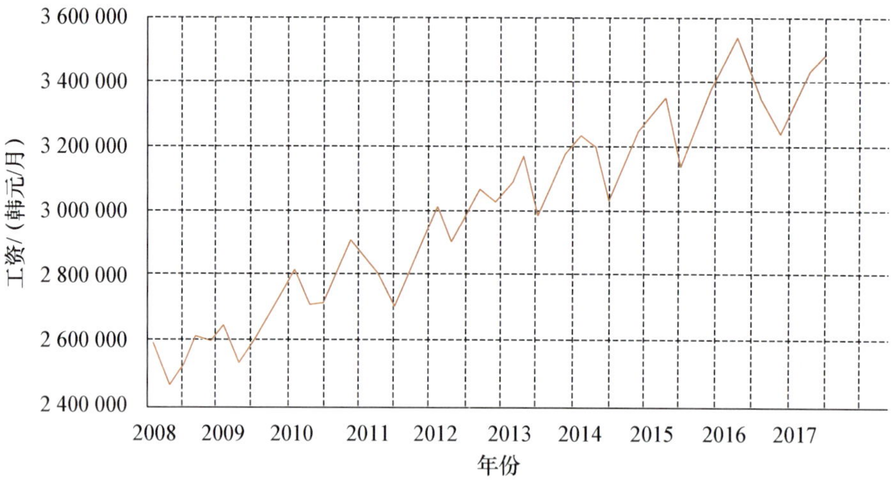

韩国	最高	最低	单位
工资	3 534 203.00	2 460 239.00	韩元 /月

图 1-2-4 居民收入

（2）农业和畜牧业收入（表 1-2-3）

表 1-2-3
国民生产总值中畜牧业的比重 %

年份	1995	2000	2005	2010	2015
农业/国民生产总值	4.5	4.3	3.1	4.0	3.6
畜牧业/农业	12.2	12.3	13.2	12.4	11.7

（二）肉牛产业发展概况

韩国养牛业以本土牛和肉牛养殖为主，奶牛仅占总存栏量的 12.8%。韩国代表性的肉牛是韩牛。韩牛（Korean native cattle，Hanwoo）是面部较长的长额牛，属印度肩峰牛系，经过与原牛的杂交而形成，是在朝鲜半岛自公元前 2000 年前以农耕和运输为目的饲养的土种牛。在古代作为祭祀的贡品或食用，在农耕时代作为役用的韩牛随着时代的变迁又一次变身，成为代表韩国肉牛产业的“品牌”。

韩牛产业已成长为韩国农畜牧业的核心产业。产业的发展与国家经济、产业经营人、最终消费者等多种因素有关。韩国政府及韩国人更是把韩牛产业视为民族产业来对待。畜牧业中奶牛、养猪、养鸡等产业很早以前就已经被国际化了。因此，韩国在这些产业的品种改良以及优良种畜等都延续着国外引进的血统。虽然从国外引进优良品种后，韩国人为这些品种能够适应当地的气候和环境而努力着，但是除了黑猪、土鸡等极少数品种外仍然靠的是畜牧发达国家的育种基础，加上大部分饲料也是从国外引进，所以在这些产业中，可以说韩国只是提供了饲养环境而已。但是，韩牛是伴随着韩国几千年历史延续下来的动物。虽然现在韩牛作为一种经济动物来饲养，但是在韩国人的心目中，韩牛产业是他们引以为豪的民族产业。

1. 肉牛产业在畜牧业中的地位

养殖业由相对小的个体经营者组成。每个猪场平均有 40 头猪。养牛场一半以上只有 1～4 头肉牛。在养猪和家畜业中，出现了一些兼并现象。由于消费者的收入在增加，牛肉、猪肉的需求猛增。国内牛肉生产赶不上需求增长，进口量达 50%左右。2015 年牛肉产量为 34.2 万 t。1995 年以来，韩国牛肉供求情况如表 1-2-4 所示。

表 1-2-4

近年韩国牛肉供求情况 万 t

年份	1995	2000	2005	2010	2015
牛肉产量	24.8	30.6	35.8	37.6	34.2
国内消费	45.2	60.5	59.5	69.4	76.5
进口	21.0	30.9	25.7	32.7	43.4

随着韩国经济的增长，人们的饮食文化也发生了变化。在畜产品中牛肉所占的比例也随之增加，韩牛产业得到了快速的发展。虽然在国民生产总值当中农业所占比例在减少，但是畜牧业在农业中的比例在 2000 年之前一直是处于快速增高的状态。开放牛肉进口后有所减少。到了 2014 年韩牛产业在畜牧业中所占比重已达到 27.2%，成为养猪业之后的第二大畜牧产业（表 1-2-5）。

表 1-2-5

畜牧业中韩牛产业的比重（2014 年）

项目	韩牛（肉牛）	奶牛	猪	鸡	其他
生产额/亿韩元	40.637	22.665	50.521	23.625	11.853
比率/%	27.2	15.2	33.8	15.8	7.9

2. 韩国肉牛品种及存栏量

韩牛作为韩国的固有牛种，源于印度瘤牛和欧洲原牛的杂交种，经中国东北进入了韩国后，通过同种间的繁殖形成品种。约从公元前 2000 年饲养以来，韩牛是支撑韩国这个农耕国家的原动力，同时也是韩国人的高级蛋白质来源。但是随着农业机械化的推进，逐渐失去了役用价值，只剩下生产牛肉的肉用价值。

（1）主要品种

韩牛分为 4 个品种（图 1-2-5）：韩牛（一般韩牛），全身黄褐色。漆纹牛（漆纹韩牛），深褐色上有黑色条纹。黑牛（黑韩牛），全身黑色。白牛（白韩牛），全身白色。

（2）存栏量

韩牛的存栏量从 2001 年开始持续增长。2001 年时存栏量为 140 万头，到了 2009 年增加至近 260 万头（图 1-2-6）。仅仅看存栏量的话，比 1996 年的 284 万头少了一些，但是现在的韩牛体重比当时的韩牛体重增加了 100 kg 以上，因此生产量应该是比当年的 300 万头还要高。

统计 2005—2014 年韩牛饲养量，短期内虽然表现出了一定的周期性变化，但是总体上表现出了增加的趋势，而同期相比养牛户数却表现出了持续减少的趋势，特别是肉牛市场开放的 2010 年后，养牛户数急剧减少。韩牛存栏量从 2005 年一季度的 148 万头增加至 2014 年一季度的 271 万头，而与其相反，养牛户数却从 2005 年一季度的 18.6 万户减少到了 2014 年一季度的 11.3 万户，减少了 39.1%。按季度韩牛饲养量平均增加了 1.8%，而养牛户却平均减少了 1.4%（图 1-2-7）。

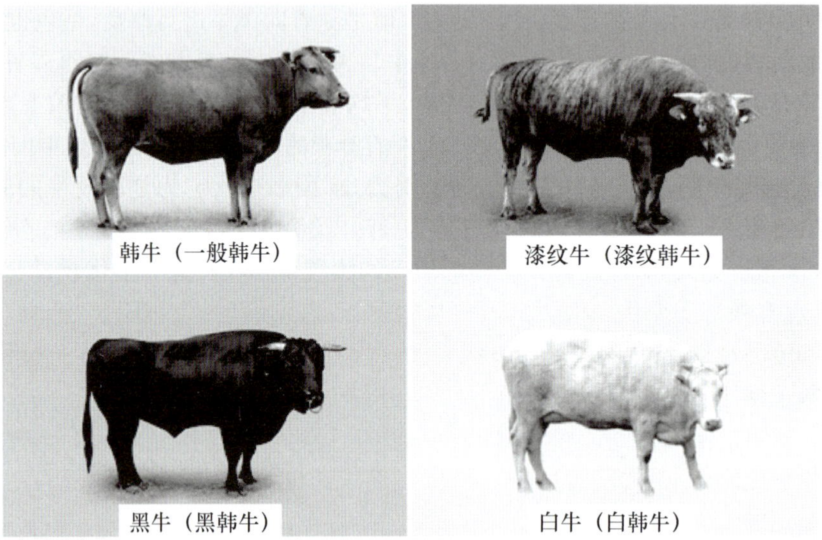

图 1-2-5　韩牛的种类

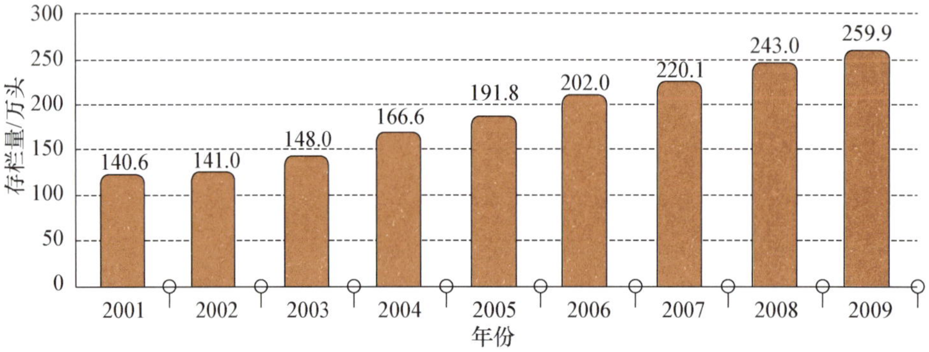

图 1-2-6　韩牛存栏量的年度变化

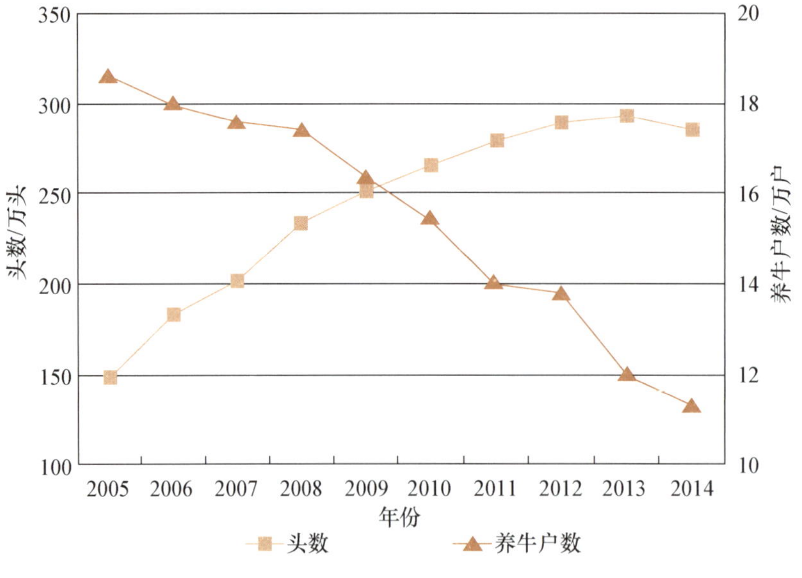

图 1-2-7　韩牛饲养量与养牛户数变化

现在韩牛主要以黄褐色为主。但是根据《韩国马医方全书》的记载，按照毛色分为黑牛、白牛、青牛、黄牛等。若这些牛的头部有白色斑点，叫作“不孝头”，称养这种牛会带来灾祸。若黑牛的头部长白毛的话会带来厄运，而且耕作也不好。相反，若牛头上有黄色斑点的漆纹牛或胸部有白色斑点的黄牛会带来好运。说明朝鲜半岛上存在着多种毛色的牛，但是随着向肉牛进行改良，毛色也变单一了。

漆纹牛是高丽时代壁画中出现的代表韩国的韩牛品种。朝鲜半岛曾经有过很多种类的韩牛，但至今还保留的品种只有黄牛、漆纹牛、黑牛（济州黑牛）、白牛共 4 个品种，并且除了黄牛之外的其他牛都有着灭种的危机，这是因为从日治时期开始到现在人们都只在养殖黄牛。郁陵岛从 2006 年开始就将漆纹牛作为地区特别产品来进行养殖，因为这样的努力，郁陵岛被认定为是漆纹牛的原产地。漆纹牛的价格虽然比黄牛要贵 30%～50%，但味道也相对更好。像漆纹牛这样的黑毛牛的不饱和脂肪酸含量要比普通牛更高，口感也更柔和，入口即化。而郁陵岛的漆纹牛不仅在品种上优越，因为郁陵岛的独特养殖环境，口感上也有独特的变化。郁陵岛的牛从很早以前开始就一直被叫作“药牛”，那是因为郁陵岛的牛都是吃着郁陵岛独有的药草长大的，并不是故意喂食药草，只是因为在养殖过程中选择了周围常见的草作为饲料来使用。

3. 韩牛产品产量及历年变化

在形成农业机械化之前，韩牛一直作为农民耕作不可缺少的工具来使用。随着时代的变迁，韩牛从农耕用转变为肉用的时间仅为 40 多年。1970 年之前，根本说不上什么韩牛产业，当时的韩牛是农民干活不可缺少的重要劳动力，也是与劳苦农民共命运的重要家庭成员。1970 年后，韩牛从农耕用转变为经济动物来饲养，为农民经济收入的提高做出了贡献。

进入 2000 年，受口蹄疫和疯牛病的发生、消费者对牛肉的不放心以及牲畜进口的全面实行等影响，韩牛产业面临了新的局面。政府确立了新的韩牛综合发展计划，积极推进品牌化以谋求品质的均一化。随着大多数地方团体的参与，韩牛的品质也得到了持续的提高。

对于韩牛产业的持续发展，稳定国内消费者的需求尤为重要。

以前韩牛主要以农耕役用为主，而且是农民家中最为贵重的财产。因此，韩国人把重视教育、不惜代价供孩子上学的优良传统叫作“卖牛也要供孩子上学”。但是，随着农业机械化的进程，韩牛逐渐失去了役用的价值，只剩下人们摄取动物蛋白质的肉用价值。特别是人们的肉类消费量随着收入的增加而大幅增加，给韩牛产业带来了巨大的发展。韩国的韩牛产业已成为韩国第三大农业产业。而且韩国人在肉类中首选牛肉，加上人均牛肉消费量与发达国家相比还有较大的差距。因此，预计韩牛的消费量还会有较大的增长空间。

（三）肉牛养殖业发展情况

1. 韩牛养殖规模结构

2000 年以来，韩牛养殖户的数量在持续减少，而每户饲养头数在逐渐增加。尤其，规模在 100 头以上和 50～100 头的专业养殖户的数量增加至近 2 倍。由此，可看出韩牛产业正从 2000 年之前的副业转变为专门化经营模式（表 1-2-6）。

表 1-2-6
韩牛养殖户数量

年份	养殖户/万户	养殖头数/万头	每户养殖头数
2000	29.0	159.0	5.5
2005	19.2	181.9	9.5
2010	18.1	243.0	13.4
2013	15.2	259.9	16.5

2008 年韩牛产业的生产额约为 3.0 万亿韩元，而到了 2010 年增长约为 4.0 万亿韩元，2011 年由于牛肉价格的暴跌其生产额减少为 2.4 万亿韩元，此后每年都有一些起伏。据统计，2006—2012 年

(2011 年不计入在内)韩牛年平均生产额为 3.0 万亿韩元,同一期间,韩牛在整个畜牧业中所占的比重为 24.3%,平均增长率达到了 13.2%。继水稻种植和养猪产业韩牛产业已成为韩国第三大农业产业(图 1-2-8)。

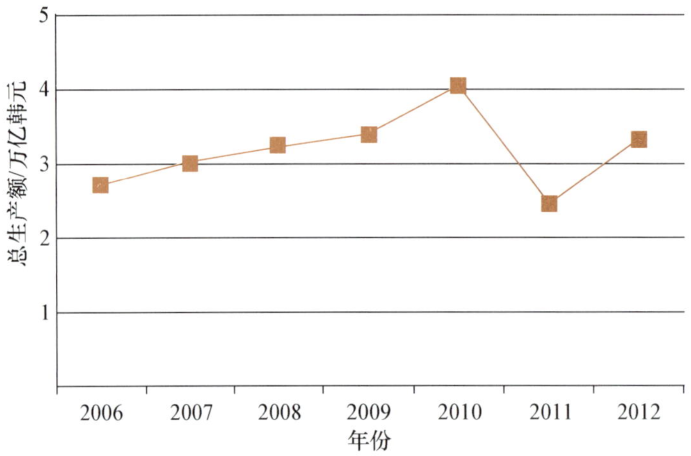

图 1-2-8　韩牛产业总生产额变化趋势

由此可见未来韩国的牛肉产业中,小规模养殖逐渐会被大规模的专业化养殖企业所取代,以满足日益增加的牛肉需求。

韩牛的存栏量持续增长的可能性比较大。原因首先是由于饲料的价格有可能下降以及犊牛和韩牛价格的上升,加上养殖户的信心上升等。其次,政府对饮食业原产地标注制度、牛和牛肉生产履历制度等制度的强力推进和实行将会大大减少进口牛肉和其他非韩牛牛肉冒充韩牛销售的行为。而这部分的需求将被韩牛所取代。再次,韩国国民对进口牛肉安全性的忧虑,各地方为了养牛户收入的提高积极推进韩牛的品牌化,奖励去势来推动高档牛肉生产,经育种改良生产优良犊牛等原因和制度上的保障对养殖户和消费者均会产生好的效果。

另外,由于畜产品等级制度的导入,不仅使生产高档牛肉的养殖户的收入有较大提高,而且饲养管理也会更加合理。实际也是 1++等级的价格是 3 等级的近 2 倍,因此,韩牛养殖户也致力于生产高档牛肉,以提高其收入,且由于韩国人在肉类中首选牛肉的饮食习惯和与发达国家相比牛肉的消费量还有所差距,预计牛肉的消费还会持续地增加。

2. 肉牛产品价格及其变化情况

(1) 肉牛出栏价格

600 kg 韩牛的产地价格从 2001 年 11 月的 554.2 万韩元的最高点连续 7 年下降至 2008 年 8 月的 344.2 万韩元。这是这些年的最低价格。

2008 年 8 月到 2009 年 7 月间显示出微弱的上升趋势,但此后表现出急剧的上升趋势,短短 1 个多月上升了 100 万韩元(127.2%)以上(图 1-2-9)。

从 2011 年开始韩牛活体价格趋于下降,2013 年 600 kg 重的母牛价格为 348 万韩元,比前一年减少了 3.4%,而同样重量的公牛(去势)价格为 388 万韩元,比前一年增加了 13%。4～5 月龄的母犊牛价格为 92 万韩元,公犊牛价格为 174 万韩元,而 6～7 月龄母犊牛价格为 108 万韩元,公犊牛价格为 184 万韩元(表 1-2-7)。肉牛饲养数量从 2014 年 9 月到 2016 年 12 月增加了 14.8%。肉牛出栏价格为 8 384 韩元/kg,比同年增加了 21.1%(图 1-2-10)。

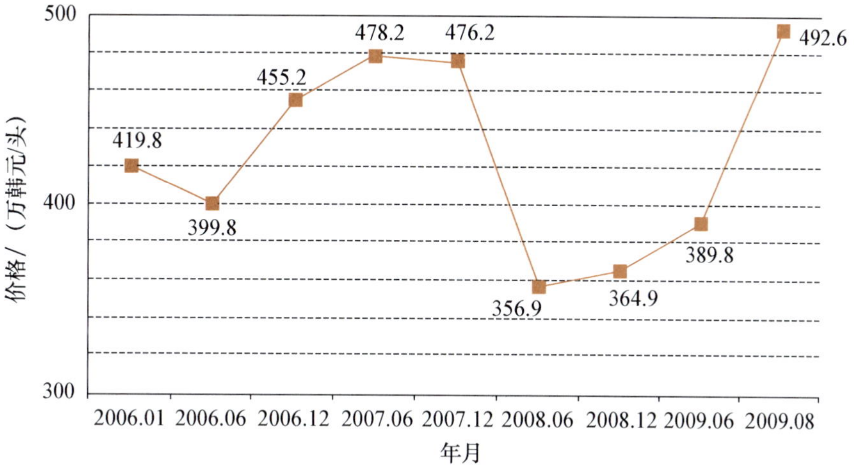

图 1-2-9　韩牛(公牛 600 kg)产地价格变化趋势

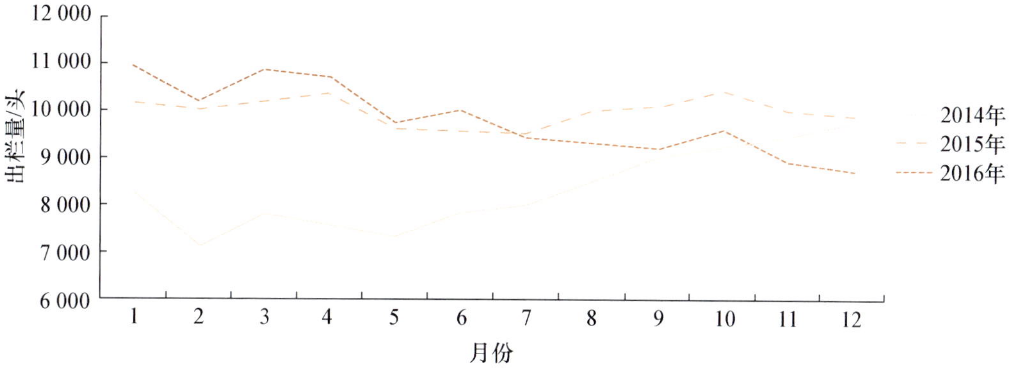

图 1-2-10　肉牛出栏数量变化

来源:畜产质量评价院《等级评价系统》

表 1-2-7
活牛产地批发价格

万韩元/头

年份	犊牛价格（4～5 月龄）		犊牛价格（6～7 月龄）		350 kg		600 kg	
	母	公	母	公	母	公	母	公
2000	110.3	129.4	141.5	156.7	194.0	196.0	346.6	330.2
2001	172.9	178.5	194.2	207.6	251.8	250.4	421.7	389.4
2002	230.6	228.8	267.4	257.3	320.9	313.4	508.3	471.2
2003	324.2	261.0	341.7	290.9	397.8	343.7	581.9	468.8
2004	318.5	222.3	335.5	261.4	413.4	295.2	521.9	425.6
2005	326.6	234.4	353.2	270.8	394.6	302.4	534.0	465.1
2006	280.1	225.9	322.3	263.6	368.4	331.1	529.1	425.1
2007	230.5	213.3	297.5	259.3	355.1	308.7	496.5	475.1
2008	168.5	178.3	220.4	213.7	283.2	271.9	450.6	389.5
2009	178.8	207.2	212.5	243.8	311.6	263.3	503.6	438.5
2010	217.4	240.2	236.8	261.0	314.2	302.9	524.8	533.7

续表 1-2-7

年份	犊牛价格（4～5 月龄）		犊牛价格（6～7 月龄）		350 kg		600 kg	
	母	公	母	公	母	公	母	公
2011	149.9	169.9	162.1	179.6	221.9	242.7	378.5	319.3
2012	103.0	155.5	116.3	171.3	192.8	185.7	361.0	343.8
2013	92.5	174.3	108.8	184.5	189.8	201.3	348.7	388.8

2017 年 4 月为止韩牛 1 等级批发价为 1.670 5 万韩元，比同期下降 12.4%，2～3 等级批发价为 1.042 4 万～1.362 1 万韩元，比同期下降 17%～28%。见图 1-2-11。

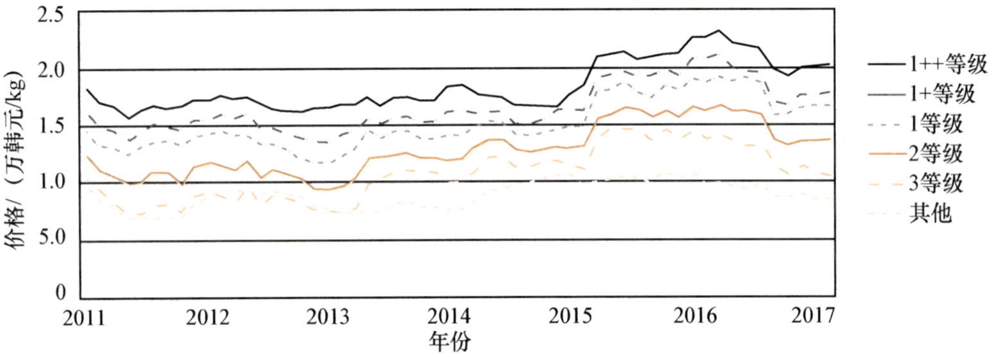

图 1-2-11　韩牛肉质等级区分价格变化

来源：畜产质量评价院《等级评价系统》

(2) 初级产品价格

2003—2009 年，韩牛等级判定头数和屠宰头数处于每年递增的趋势。按品种分的话，韩牛的等级判定率是 78.9%（表 1-2-8），相比奶牛和其他肉牛（非韩牛）屠宰数量的逐渐减少，韩牛在逐年增加。

表 1-2-8
韩牛等级判定头数

万头

年份	全部判定头数	韩牛判定头数	比率（韩牛/全部）	肉质 1 等级以上
2003	58.290 8	36.079 6	61.9%	33.3%
2004	57.678 5	32.430 6	56.2%	35.9%
2005	61.164 2	39.059 3	63.9%	47.9%
2006	63.038 0	42.551 5	67.5%	44.5%
2007	68.169 5	49.211 5	72.2%	51.0%
2008	76.767 1	58.800 3	76.6%	54.0%
2009（1—7 月）	46.382 2	36.598 5	78.9%	58.0%

按性别统计 1 等级以上出栏率是：母牛 57.8%，公牛 3.8%，去势牛 79.9%。1 等级以上的判定率在逐渐上升。

韩牛各等级之间的价格差异在逐年增大，由于 2～3 等级的出栏头数在减少，其价格也在增高，从 2010 年以后低档韩牛的价格也在上升（表 1-2-9）。

表 1-2-9
不同等级肉牛的竞卖价格

万韩元/kg

等级	2005 年	2006 年	2007 年	2008 年	2010 年	2015 年
1++	1.621 2	1.854 5	1.798 0	1.709 0	1.979 6	2.027 9
1+	1.533 3	1.658 7	1.593 8	1.561 8	1.831 5	1.794 5
1	1.460 5	1.534 7	1.459 0	1.425 2	1.698 7	1.670 5
2	1.359 1	1.367 2	1.337 5	1.231 1	1.351 1	1.362 1
3	1.202 4	1.050 3	1.138 4	0.938 8	0.966 3	1.042 4
等级外	0.734 3	0.580 5	0.675 2	0.549 1	0.543 4	0.726 4
平均	1.318 5	1.341 0	1.333 7	1.235 8	1.395 1	1.437 3

(3) 影响因素

韩牛的产地价格大幅上升的主要原因可能是饮食业原产地标注制度和生产履历制度的导入，按等级划分竞买价格。

据畜产品等级判定所的统计，母牛的等级判定率已经超过了 50%，去势牛的等级判定率也达到了 35.4%。2～3 等级公牛的出栏率相对减少，反映在了韩牛的产地价格上。

韩牛和进口牛肉的价格差距影响了韩牛销售量。2013 年 2 月韩牛消费量降低到 50.1%，2016 年初已降到 40%左右。同时韩牛屠宰数量比 2015 年减少了 17.8%，比 2014 年同期增长了 30.1%，价格增长 1.8 万韩元/kg。跟着韩牛出栏价格的增长进口牛肉量比 2014 年同期增长了 25.1%，价格增长 19.6%，价格增长幅度为 7.8 万韩元/kg。

(四)肉牛产品加工业发展情况

1. 肉加工生产及销售现状(表 1-2-10 和表 1-2-11)

表 1-2-10
肉加工生产量

年份	火腿(1)		香肠(2)		咸肉(3)		罐头(4)		畜肉总计(A)(1+2+3+4)		混合香肠(B)		统计(A+B)	
	总量/t	同比增长/%	总量/t	同比增长/%	总量/t	同比增长/%	总量/t	同比增长/%	总量/t	同比增长/%	总量/t	同比增长/%	总量/t	同比增长/%
1965	111	—	374	—	37	—	42	—	564	—	—	—	564	—
1970	129	16.2	1 336	257.2	2	−94.6	429	921.4	1 896	236.2	—	—	1 896	236.2
1975	293	127.1	3 598	169.3	47	2 250.0	18	−95.8	3 956	108.6	—	—	3 956	108.6
1980	728	−5.8	1 895	28.6	80	11.1	3 075	829.0	5 778	118.1	—	—	5 778	118.1
1985	4 396	65.2	5 385	63.4	280	−8.8	2 661	−0.2	12 772	42.5	32 430	—	45 152	405.6
1990	23 013	40.5	27 698	31.1	601	15.1	7 179	67.0	58 491	38.2	37 589	−6.1	96 080	16.6
1995	48 962	−0.5	36 267	0.9	1 268	20.4	10 987	−7.9	97 484	−0.7	18 235	−15.9	115 809	−3.4
2000	55 855	10.2	34 562	10.3	1 483	22.3	18 393	45.7	110 293	15.0	20 009	6.3	130 302	13.6
2005	54 242	−3.4	42 988	−2.4	2 352	13.9	28 260	5.5	127 842	−0.9	31 909	3.8	159 751	0.0
2010	62 321	16.1	56 103	3.7	4 289	9.7	33 934	24.8	156 646	12.8	23 994	19.4	180 640	13.6
2011	64 240	3.1	53 939	−3.9	5 451	27.1	39 351	16.0	162 980	4.0	25 764	7.4	188 744	4.5

续表 1-2-10

年份	火腿(1)		香肠(2)		咸肉(3)		罐头(4)		畜肉总计(A)(1+2+3+4)		混合香肠(B)		统计(A+B)	
	总量/t	同比增长/%	总量/t	同比增长/%	总量/t	同比增长/%	总量/t	同比增长/%	总量/t	同比增长/%	总量/t	同比增长/%	总量/t	同比增长/%
2012	61 425	−4.4	56 470	4.7	5 856	7.4	39 483	0.3	163 234	0.2	28 090	9.0	191 323	1.4
2013	62 332	1.5	65 667	16.3	6 710	14.6	46 637	18.1	181 347	11.1	27 559	−1.9	208 906	9.2
2014	59 778	−4.1	67 512	2.8	7 268	8.3	50 885	9.1	185 442	2.3	25 666	−6.9	211 109	1.1
2015	61 345	2.6	65 447	−3.1	8 440	16.1	47 230	−7.2	182 462	−1.6	25 111	−2.2	207 573	−1.7
2016	64 660	5.4	70 596	7.9	9 265	9.8	56 270	19.1	200 791	10.0	27 403	9.1	228 194	9.9

来源:韩国肉加工学会统计材料

表 1-2-11

肉加工销售量

年份	火腿(1)		香肠(2)		咸肉(3)		罐头(4)		畜肉总计(A)(1+2+3+4)		混合香肠(B)		统计(A+B)	
	总量/t	同比增长/%	总量/t	同比增长/%	总量/t	同比增长/%	总量/t	同比增长/%	总量/t	同比增长/%	总量/t	同比增长/%	总量/t	同比增长/%
1990	10 963	−29.8	27 505	36.4	595	18.0	6 582	43.4	45 644	11.6	37 518	−4.5	83 162	3.7
1995	48 886	1.9	35 739	3.7	1 247	17.6	11 023	−16.3	96 895	0.2	18 141	−16.2	115 036	−2.8
2000	54 862	10.0	33 944	8.0	1 445	22.1	17 883	46.4	108 134	14.2	19 463	5.5	127 597	12.8
2005	51 869	−4.8	40 744	−3.2	2 279	11.7	23 705	−3.0	118 597	−3.6	27 812	0.2	146 409	−2.9
2010	61 161	6.5	55 207	10.4	4 170	9.6	34 376	29.8	154 914	12.5	23 577	17.5	178 491	13.1
2011	64 444	5.4	53 589	−2.9	5 256	26.0	38 206	11.1	161 495	4.2	26 094	10.7	187 589	5.1
2012	63 506	−1.5	56 090	4.7	5 704	8.5	39 278	2.8	164 578	1.9	28 017	7.4	192 595	2.7
2013	63 627	0.2	62 646	11.7	6 670	16.9	47 311	20.5	180 254	9.5	27 427	−2.1	207 681	7.8
2014	59 945	−5.8	65 341	4.3	6 773	1.5	45 226	−4.4	177 285	−1.6	24 670	−10.1	201 955	−2.8
2015	59 885	−0.1	67 630	3.5	8 301	22.6	46 495	2.8	182 311	2.8	25 079	1.7	207 390	2.7
2016	63 762	6.5	71 727	6.1	9 262	11.6	53 173	14.4	197 924	8.6	27 175	8.4	225 099	8.5

来源:韩国肉加工学会统计材料

2. 酪产品生产及销售现状

酪产品主要有牛奶、奶粉、奶酪、酸奶等。2002 年之前牛奶供应过剩,因此国家提倡屠宰奶牛政策减少原奶生产提高牛奶价格,到 2009 年后半年开始有稍稍升高现象。整个酪农业来看没有大幅度的价格变化和消费趋向的变化。但 2013 年 8 月整个酪农产品价格有上升趋势。

(五)牛肉消费情况

1. 肉牛产品消费及国民消费偏好

韩牛肉和进口牛肉的价格相差太大影响韩牛肉的消费。畜产等级实施之后韩牛价格猛增到了顶点,进口牛肉价格也跟着猛增。韩牛肉的价格比进口牛肉价格从 2015 年的 1.16 倍升高到 1.74 倍。

2009—2012 年,消费者的消费意向平均上升了 2.98%。增高比值从高到低为牛奶、鸡肉、猪肉、鸡蛋、奶粉、大米、奶酪、酸奶、牛肉等。牛奶的价格变化最多，此处牛肉之外的其他畜产品价格变化幅度也呈增加趋势，特别是奶粉、奶酪、酸奶价格变化幅度大（表 1-2-12 和图 1-2-12）。

表 1-2-12

对消费者物价变化和品种物价变化的贡献度

项目	年份	总指数	大米	国产牛肉	猪肉	鸡肉	鸡蛋	牛奶	奶粉	奶酪	酸奶
变化幅度/%	2009	2.76	0.25	10.47	8.61	19.75	7.03	19.11	4.04	11.91	4.08
	2010	2.96	−8.67	10.51	−6.05	2.11	−4.41	−1.17	1.58	0.11	0.00
	2011	4.00	11.10	−9.70	28.10	4.80	18.30	1.70	0.00	0.40	0.90
	2012	2.21	9.63	−2.21	−13.58	−3.05	−5.66	8.46	8.10	−0.20	5.65
	平均	2.98	3.08	2.27	4.27	5.90	3.81	7.02	3.43	3.05	2.66
贡献度/%	2009	—	0.00	0.07	0.07	0.03	0.02	0.10	0.00	0.01	0.01
	2010	—	−0.06	0.08	−0.06	0.00	−0.01	−0.01	0.00	0.00	0.00
	2011	—	0.07	−0.08	0.23	0.01	0.04	0.01	0.00	0.00	0.00
	2012	—	0.06	−0.02	−0.14	−0.01	−0.01	0.05	0.01	0.00	0.01
	平均	—	0.02	0.01	0.03	0.01	0.01	0.04	0.00	0.00	0.01

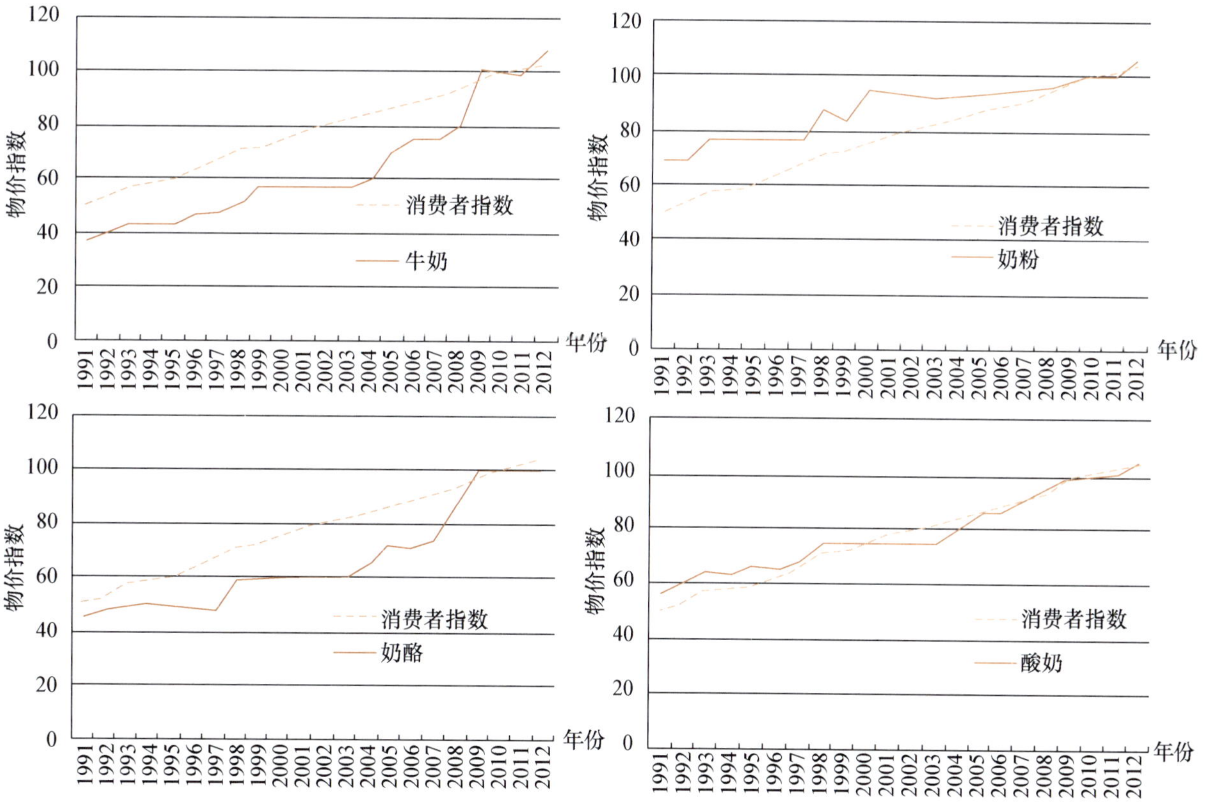

图 1-2-12　1991—2012 年奶产品物价指数变化趋势

2. 肉牛产品消费情况

自 20 世纪 90 年代以后牛肉消费量持续增高，从 1990 年的 18.6 万 t 增高到 2000 年的 40.2 万 t，足足增加了 2.3 倍。这种快速的增长与国民收入的增加以及西方饮食文化所占比例的提高而带来的高档牛肉等肉类需求量的增加有关。1998 年牛肉的消费量有所减少，这是 IMF 金融危机的爆发导致韩国经济的恶化所带来的暂时现象。随着经济的恢复和国民收入的增加，其发展速度又重新回到了正常水平。到了 2001 年由于牛价的增高和全球疯牛病的影响，牛肉人均消费量有所减少，到 2005 年减少至 6.6 kg。但是此后又逐年增加，到 2011 年增加至 10.2 kg。牛肉自给率受到国内供应状况和牛肉进口的影响，2003 年由于国内饲养量的减少加上进口量的增加牛肉自给率降至 36.3%。2000 年后韩国国内牛肉自给率呈现出持续下降的趋势，此后随着美国疯牛病的暴发，美国产牛肉被禁止进口，自给率又呈现出了逐渐恢复的状况。但是近年牛肉进口量又逐年增加，预计韩国国内牛肉的自给率又会趋于下降(表 1-2-13)。

表 1-2-13

牛肉自给率与人均消费量

年度	需要量/万 t	供应量/万 t			人均消费/kg	自给率/%
		总量	国内	进口		
1970	3.73	3.73	3.73		1.2	100.0
1980	10.00	10.00	9.31	0.69	2.6	93.1
1985	12.04	12.04	11.57	0.47	2.9	96.1
1990	18.06	18.06	9.48	8.58	4.1	52.5
1995	30.12	30.12	15.47	14.65	6.7	51.4
1998	34.54	37.96	27.18	10.78	7.4	75.4
1999	39.27	43.17	23.97	19.20	8.4	61.0
2000	40.24	47.59	21.41	26.18	8.5	52.8
2005	31.69	34.49	15.24	19.24	6.6	48.1
2006	33.06	36.56	15.82	20.74	6.8	47.9
2007	36.87	40.91	17.13	23.78	7.6	46.4
2008	36.51	43.82	17.38	26.44	7.5	47.6
2009	39.55	39.55	19.77	19.78	8.1	50.0
2010	43.13	43.13	18.62	24.51	8.8	43.2
2011	50.58	50.58	21.64	28.94	10.2	42.8
2012	48.80	48.80	23.40	25.40	9.7	48.2
2013	51.20	51.20	25.70	25.50	10.2	50.2

3. 畜产品物价指数变化趋势

牛肉和猪肉物价指数自 1990 年开始进口以来一直呈上升趋势，但 2011 年大幅度减少是因为 2010 年末发生了口蹄疫后韩牛产业长期萧条。主要农产品的消费者物价指数变化趋势见图 1-2-13 至图 1-2-16(韩国农村经济研究院，2012)。

(六)肉牛产品贸易情况

1. 韩国牛肉进口情况

韩国牛肉市场中韩国国产牛肉约占 40%，进口牛肉占 60%左右。有一段时间，美国产牛肉大量流入韩国，2001 年之前美国产牛肉约占了总进口量的 50%，澳大利亚产牛肉约占了 34%，到 2003 年美国产牛肉占了总进口量的 67.9%。美国原本预计向韩国每年能够输出 20 万 t 左右。但是，由于疯牛病等原因造成了澳大利亚产牛肉的进口量更多的状况。发生疯牛病之后美国产牛肉的进口急剧减少，反

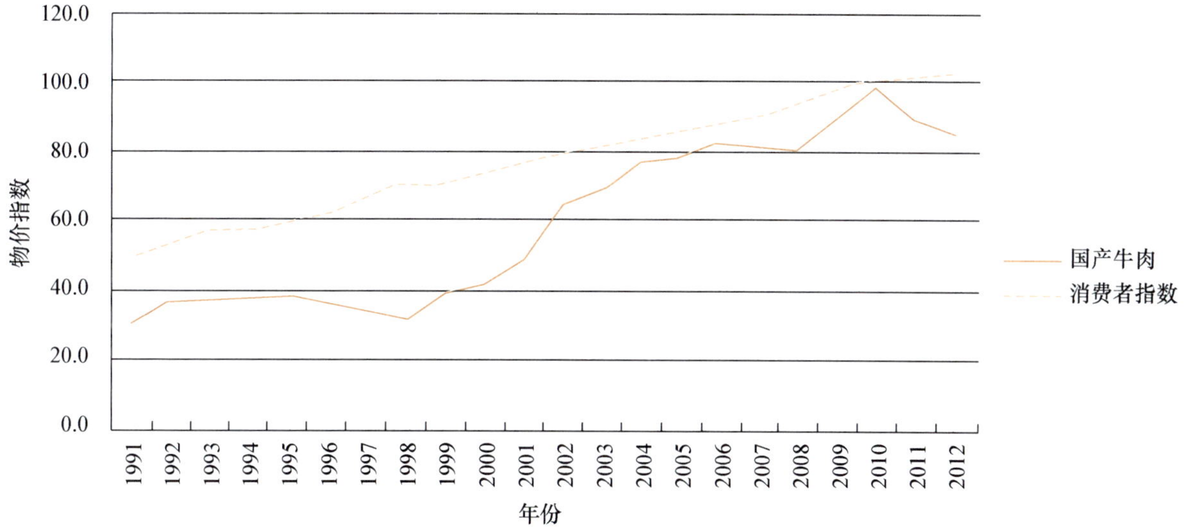

图 1-2-13 牛肉物价指数变化趋势

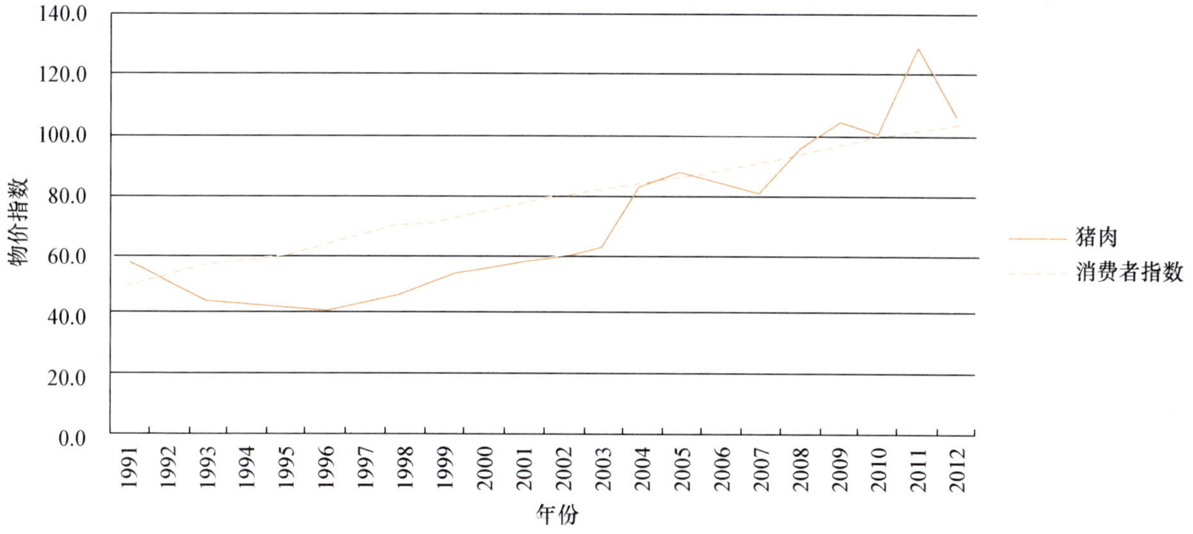

图 1-2-14 猪肉物价指数变化趋势

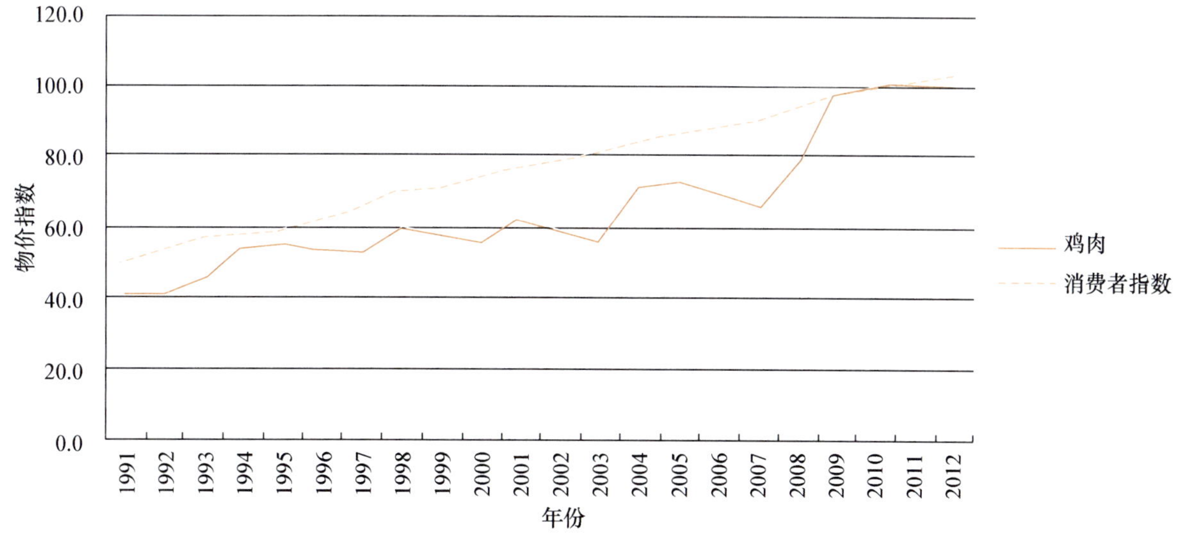

图 1-2-15 鸡肉物价指数变化趋势

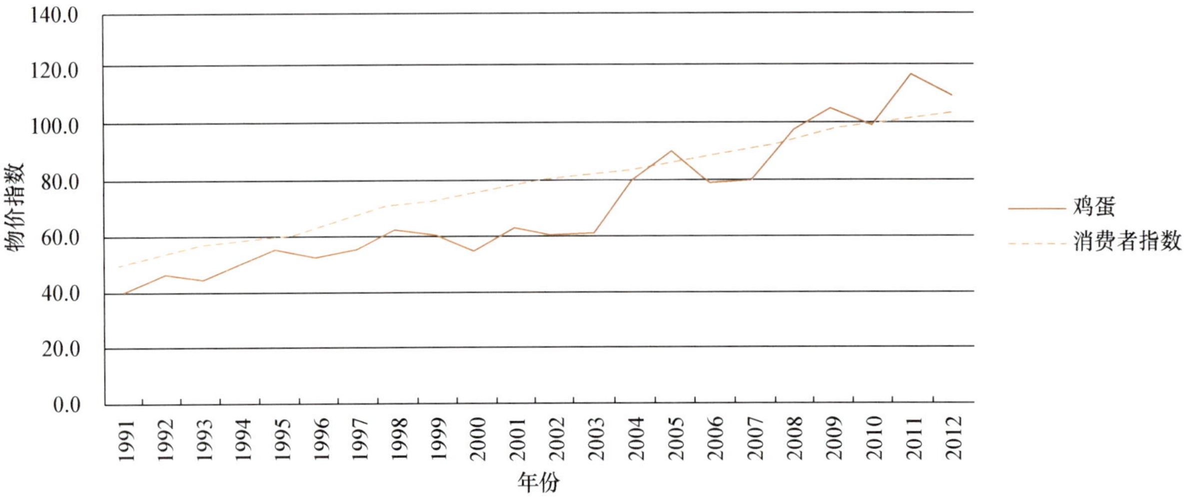

图 1-2-16　鸡蛋物价指数变化趋势

之，澳大利亚、新西兰、墨西哥产牛肉的进口大幅上升，到 2006 年澳大利亚产进口牛肉占有率达到了史上最高的 76.4%。有段时间甚至发生了把美国产牛肉谎称为澳大利亚产牛肉在市场上流通，国产牛肉在韩国卖不出去转到日本、中国等国家出售的奇特现象。由此，也可以看出韩国国民具有很强的健康和安全意识。2007 年后随着美国产牛肉进口的正常恢复，其占有率逐渐增加，虽然澳大利亚产牛肉在总进口量中的比重呈减少趋势，但是由于韩国牛肉进口总量的增加，澳大利亚产牛肉进口总量还是呈上升趋势。现在由于韩国没有签订“卫生协定”而无法出口。

根据韩联社 2017 年 1 月 8 日报道，曾因为疯牛病而全面禁止对韩进口的美国产牛肉时隔 13 年打败澳大利亚产牛肉，重新夺回韩国市场占有率冠军。根据韩国关税厅 8 日发布的 2016 年进出口贸易统计数据显示，从缴纳关税后的通关记录来看，2016 年 11 月美国产牛肉(涵盖冷冻和冷藏)的进口量为 1.392 1 万 t，比澳大利亚产牛肉多 0.361 1 万 t。虽在 2016 年 8 月的调查中，美国产牛肉通关前对韩进口量曾一度超过澳大利亚产牛肉，但以通关后为基准来看，此次是时隔 13 年的首次超越。由于美国产牛肉进口量增多，2016 年 1—11 月韩国的牛肉进口总量达到 34.689 3 万 t，刷新了 2000 年以来韩国关税厅出口贸易统计数据的最高值。见图 1-2-17。

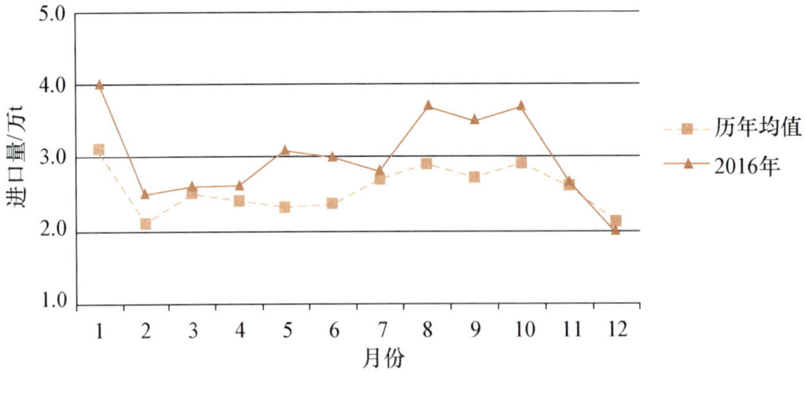

图 1-2-17　牛肉进口量动向

美国产牛肉在韩国市场的增长一波三折。2001—2003 年得益于韩国的“牛肉进口自由化”，美国产牛肉以绝对优势领跑韩国牛肉的进口份额。但 2003 年美国疯牛病盛行后，韩国全面禁止了对其牛肉的进口，直至 2008 年才再次恢复。但初始阶段韩国消费者仍然不买账，直到近来需求量激增，美国产牛肉才得以在韩国市场上翻身。另外报道分析，美国产牛肉进口份额的激增与澳大利亚产肉牛的供给量变化有关。一方面，干旱致使澳大利亚产肉牛的出栏量减少；另一方面，则与近年来澳大利亚产牛肉对中国、印度尼西亚、中东等市场的出口量激增有关。

据韩联社 2016 年 1 月 20 日报道，韩国海关进出口贸易统计 20 日发布数据显示，2015 年韩国进口牛肉总额达到 18 亿美元（约合人民币 118 亿元），同比增长 8.5%。按国家类别划分，2015 年韩国从澳大利亚进口牛肉最多，价值 9.72 亿美元，其次为美国（7.49 亿美元）、新西兰（7 785 万美元）、加拿大（756 万美元）和乌拉圭（553 万美元）。据韩国农水产品流通公司 19 日发布数据，韩国市场 100 g 国产一等牛肉销售价格为 4 959 韩元（约合人民币 30 元），而进口美国产牛肉为 2 249 韩元。随着韩国产牛肉价格持续攀升，消费者对进口牛肉需求变大，2017 年进口牛肉市场占有率持续扩大。

2017 年 1—3 月牛肉、猪肉和鸡肉的累计进口量因国内供给量减少，进口肉需求增加，HPAL（高致病禽流感）发生（2016.11）等原因相比 2016 年增加。牛肉 10.7 万 t（增加 15.0%），猪肉 13.1 万 t（增加 7.1%），鸡肉 2.8 万 t（增加 27.4%）。

2017 年 1—3 月国内牛肉供给量相比 2015 年减少，2017 年美国的牛肉生产量比 2015 年增加，澳大利亚呈减少趋势。

2017 年 1—3 月国内韩牛屠宰数与 2015 年相比减少 6.2%到 18.9 万头。

2017 年 1—3 月韩牛（582.3 万韩元/600 kg）、肉牛（297.2 万韩元/600 kg）和犊牛（307.8 万韩元/头）价格与 2015 年相比下跌 11.5%、18.5%、1.9%。

2017 年 1—3 月牛肉累计进口量，因国产供给量减少，春节期间的牛肉需求上升和 2017 年澳大利亚紧急进口限制，对比 2015 年增加 15%到 10.7 万 t。

澳大利亚产牛肉和美国产牛肉累计进口量各增加 7.7%和 29.2%到 5.3 万 t 和 4.6 万 t。冷冻牛肉和冷藏牛肉的累计进口量各增加 14.9%和 36.6%到 5.3 万 t 和 1.7 万 t，冷冻排骨增加 0.9%到 2.8 万 t。根据国内禁止不正当请托法的施行，进口肉需求增加，但由于中国等其他国家或地区的牛肉需求增加等原因导致韩国国内进口呈减少趋势。

2017 年 1—3 月牛肉平均进口单价与 2015 年相比上升 2.3%到 5.87/kg。澳大利亚和新西兰进口牛肉的平均进口单价各上升 2.1%和 12.9%到 5.63 美元和 4.52 美元，美国进口牛肉下降 0.9%到 6.37 美元。冷冻牛肉的平均进口单价下降 4.2%到 5.32 美元，冷冻排骨和冷藏牛肉各上升 12.2%和 0.2%到 5.59 美元和 9.50 美元。见图 1-2-18。

2. 韩国牛肉出口情况

韩国是口蹄疫疫区，无法出口牛肉及牛肉产品。

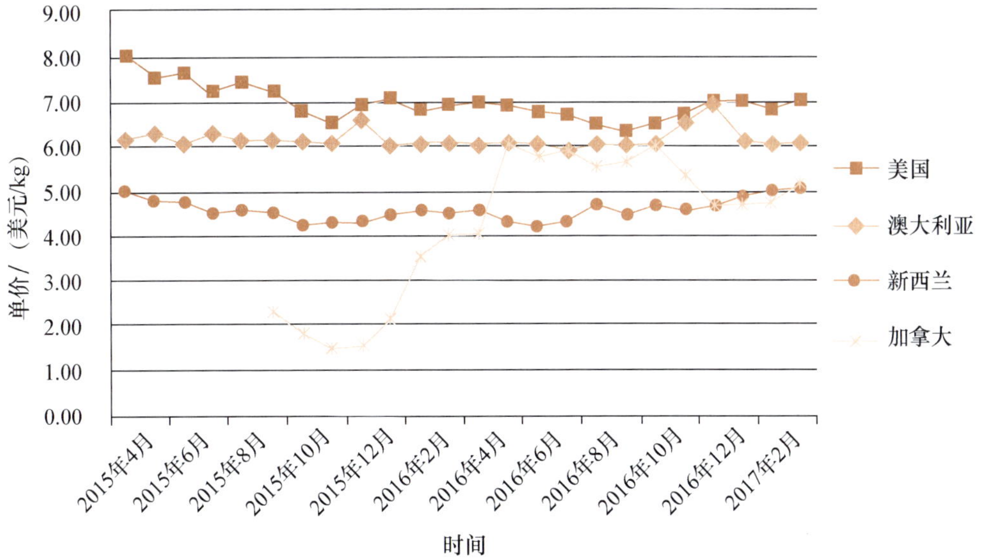

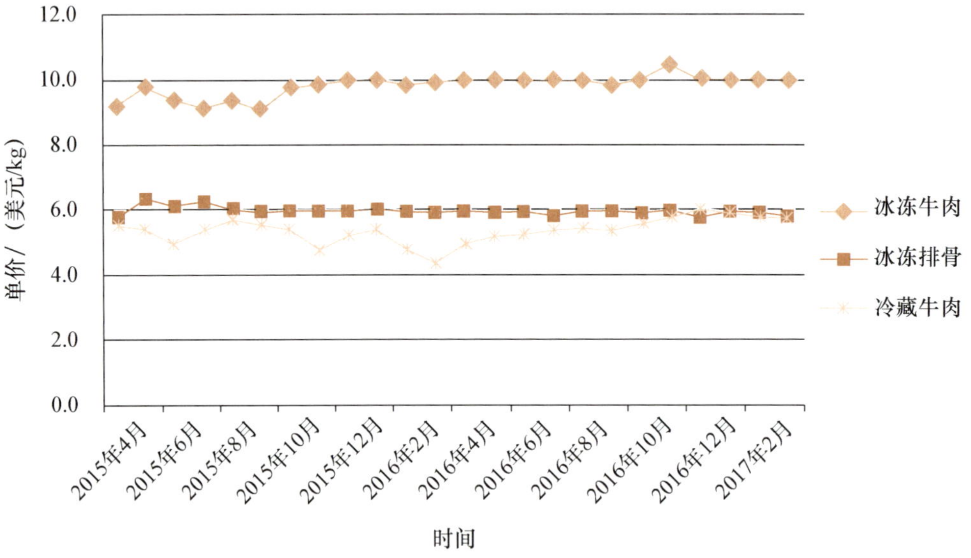

图 1-2-18　不同国家牛肉进口单价

三、肉牛产业扶持政策措施

韩国政府于 2008 年 12 月发表了韩牛产业发展策略。主要政策方向是：提高生产性和品质高档化。韩牛产业组织化。以改善流通和扩大直销为重点推进项目，其基本方向是通过稳定价格和存栏量提高韩牛养殖户的收入，维持市场占有率，确保稳定的消费层。

（一）提高生产性和品质高档化

1. 家畜改良

为了实现通过家畜改良提高生产性，达到品质高档化的目的，首先强化优良种公牛的选拔体系，使 1 等级的出现率提高至 60%以上，扩大当代与后代鉴定头数，增加育种农户。

同时推进种公牛的改良与农户养殖的母牛的改良，具体方法是：改善韩牛改良农户扶持事业，以具有改良意志的韩牛养殖户的合作组织（韩牛事业团）为中心系统地推进母牛改良事业。具体推进方案是：牛的血统管理；人工授精等繁殖和发育的管理；B 超和屠宰的收集；推进母牛遗传能力的评价事业；举行韩牛能力比赛，同时推进母牛的能力评价和去势牛的肉质评价，结合地方自治团体（以道为单位）的韩牛品评会和全国韩牛能力比赛来推进。

2. 降低生产费以及扩大粗饲料的生产和利用

为了确保粗饲料的生产基础，扩大优良多产青麦的普及，利用开垦地、平原地带等扩大种植冬季饲料用作物。加强畜舍设施的扶持力度，以改善饲养环境。牛犊腹泻和流产、死产等疾病预约扶持以及持续推进防疫以防止口蹄疫、布病等的发生。作为强化教育方案，通过构成以村为单位的农户自学组织，指定韩牛教育机关，设置专门技术教育官职位等措施构建系统化的韩牛教育扶持体系。

此外，促进有关提高生产性和品质方面的研发，强化“韩牛自助金”对于技术开发的扶持力度。

（二）韩牛产业的组织化

为了形成以市、郡等地区为单位的韩牛养殖户合作组织（140 个左右），自助金以及政府扶持事业以地方合作组织为中心开展，并评价其成果，对于优秀组织给予区别支援。以市、郡为单位的农户合作社之间互相联系，形成大规模生产基础，运行专门的经营事业团，从而提高生产性。此外，培育大型畜产品加工企业以及与韩牛事业团有联系的专门销售企业。

市、郡地区的韩牛养殖户合作社对繁殖母牛进行血统管理、提高繁殖率等母牛改良事业，对于育肥农户进行饲料共同生产采购、统一饲养管理、共同计划出栏等工作。另外，运行乡、村为单位的由 10 户左右的农户组成的自学组织。

对于合作社形成综合支援和评价体系，地方自治团体要建立培育这些合作社的具体计划，资助金和政府支援事业也围绕合作社来进行。

市、道知事每年要对合作社进行评价，对于优秀合作社要扩大支援。

(三)韩牛品牌的综合支援

不同的韩牛养殖合作社分别培育不同品牌的经营体，与广域韩牛事业团相互联系，促进大型加工与流通企业的发展和销售以及消费，提高市场占有率。

在地区农户合作社中通过严格审查，筛选并培育出 20 个左右具有地方特色的品牌。筛选时要选出具有一定规模的品牌，并根据品牌的规模其相应的支援额度也有区别。

四、肉牛产业科技进展

(一)育种与繁育技术

1. 韩牛育种水平的调查

韩国农协中央会从 1974 年开始每隔 3 年对韩牛改良趋势进行定期调查。调查对象是从全国家畜市场中买卖的韩牛按性别和月龄区分后随机抽取，对其进行 10 个主要部位的测量。如图 1-2-19 所示，韩牛 18 月龄公牛的体重从 1974 年的 290 kg 增加至 2007 年的 567 kg，33 年间增加了 277 kg。这与 70 年代末开始有计划进行的韩牛改良事业是分不开的。

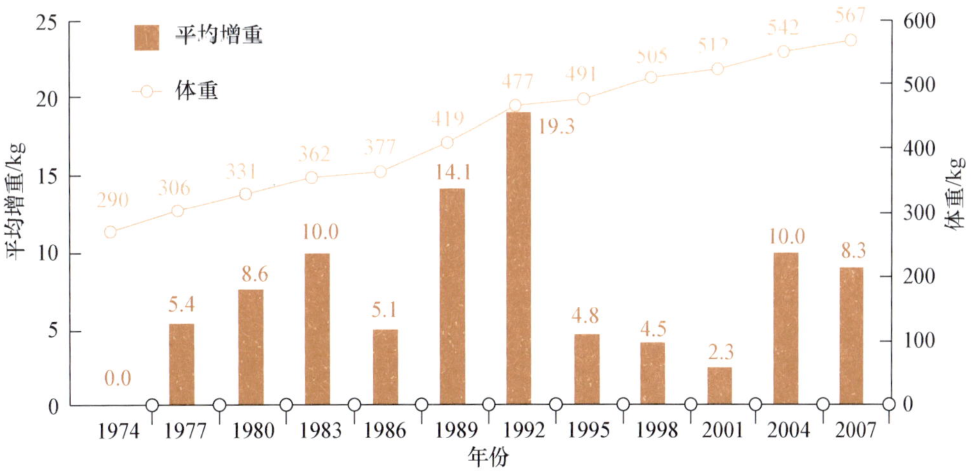

图 1-2-19 韩牛 18 月龄公牛体重和平均增重

图 1-2-20 至图 1-2-23 是依据选拔种公牛的韩牛生长性能评分成绩分析的韩牛遗传改良趋势。从图中可以看出 12 月龄韩牛的体重、胴体重、腰肌面积以及肌间脂肪含量等在 10 年间得到了持续稳定的改良，但是背部脂肪厚度的遗传改良却很不稳定。这是因为背部脂肪厚度是 2008 年开始才被列入选拔种公牛的性状，导致这一遗传性状的改良不太理想。

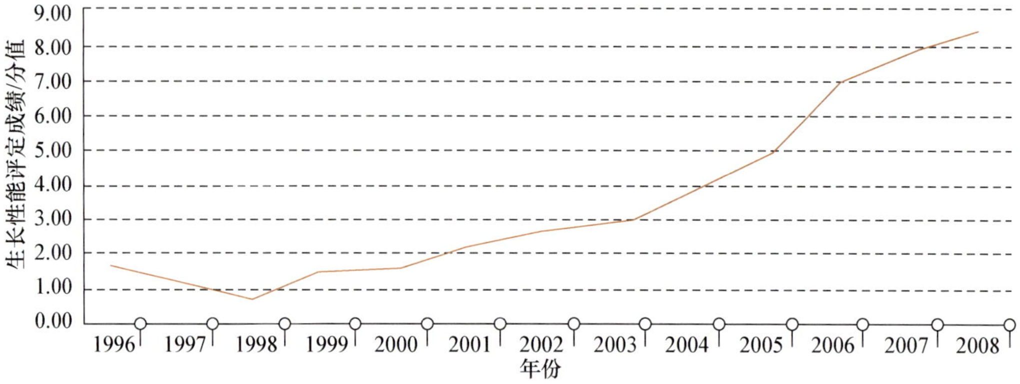

图 1-2-20　韩牛 12 月龄体重的变化趋势

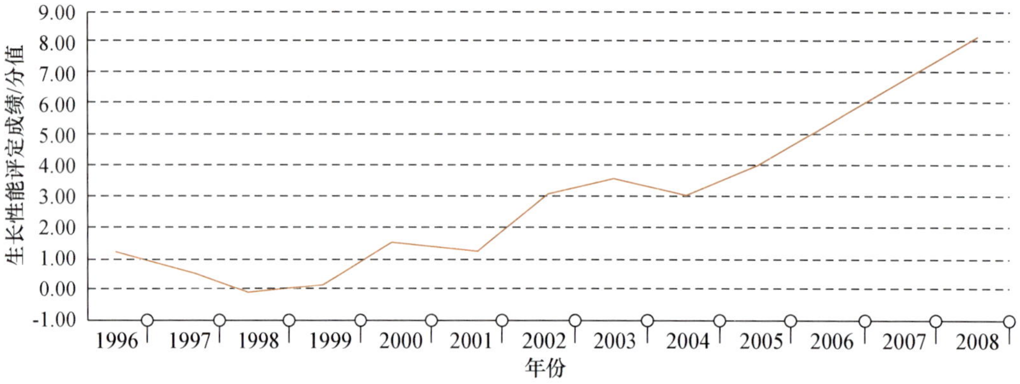

图 1-2-21　韩牛胴体重的变化趋势

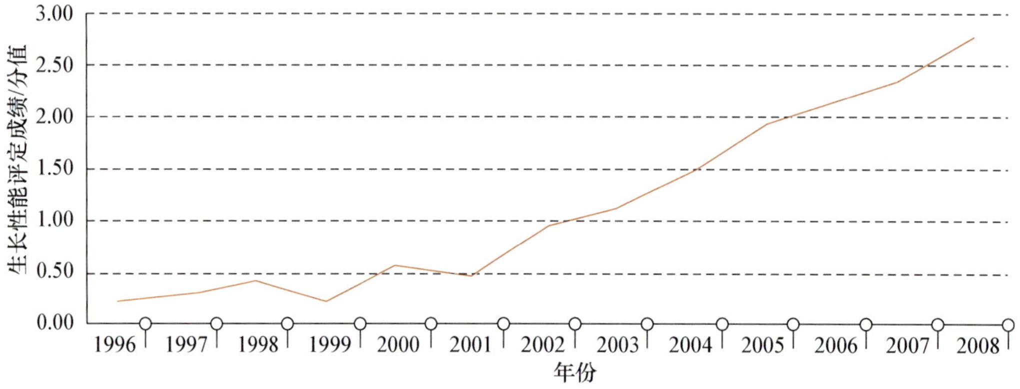

图 1-2-22　韩牛眼肌面积的变化趋势

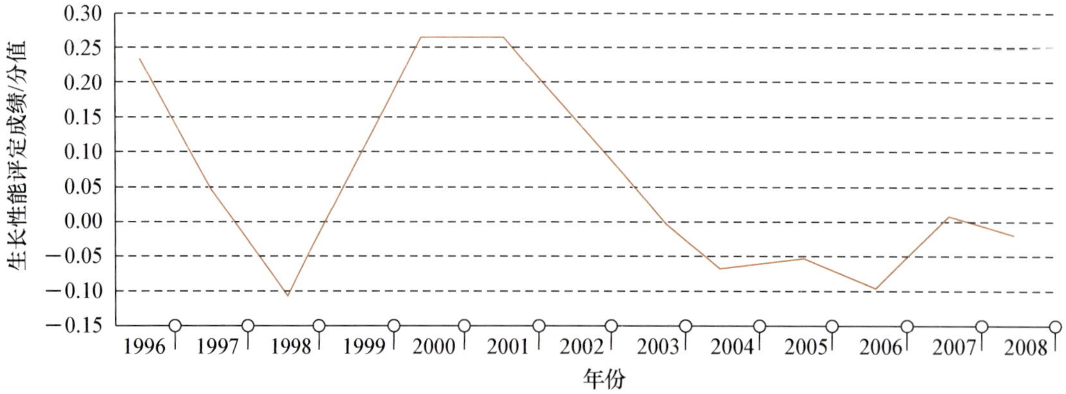

图 1-2-23　韩牛背部脂肪厚度的变化趋势

2. 韩牛主要育种指标，育种企业、组织及其地位

韩牛审查标准的颁布和外貌的育种改良指标：韩牛的外貌审查标准自 1913 年总督府制定“畜牛审查方法”以来经过几次育种改动后，1938 年制定的“韩牛审查标准”标志着步入了体系化。1964 年政府颁布了更为详细的“种畜及后补种畜审查标准”（农林部告示第 865 号）。

依据这一标准韩国种畜改良协会等部门进行了韩牛的外貌审查，并将通过审查的韩牛进行登记，建立了韩牛的系谱。此后又通过几次改动于 1997 年颁布了“韩国种畜改良协会公告 97-7 号”。

目前韩国的韩牛育种事业大致可分为以农户为单位的韩牛育种农户培育事业（以前的韩牛育种基地事业）和筛选种公牛的韩牛能力鉴定工作以及能够将这些被选出的种公牛的遗传资源扩散的人工授精工作等。

（1）韩牛育种改良农户培育事业

以前的韩牛育种基地事业，在韩牛育种工作的初期为提高农户对韩牛育种的意识，为有效进行韩牛育种改良工作而建立优良母牛种群等工作做出了巨大贡献。1979 年为了保存和扩增韩牛的纯血统，每个道设立一个“韩牛纯系繁殖事业基地”，在 8 个道共设立了 8 个基地。1988 年将名称更改为“韩牛育种改良基地事业”，到了 1995 年全国已设立了 250 个基地，并登录了 15 万多头母牛，从而为母牛系谱的登记和调查发育及繁殖能力等韩牛育种工作奠定了基础。1999 年将名称改为“韩牛育种改良农户培育事业”，将之前以乡、村为单位进行的事业扩大到全国的繁殖农户来进行母牛育种改良工作。

（2）种公牛的选拔事业

随着养牛业集约化的发展、精液冷冻保存技术的工厂化生产、人工授精技术的不断普及，种公牛对品种育种改良和生产力的提高所起的作用越来越大。种公牛精液品质的优劣，直接决定种公牛的种用价值，而且与母牛的受胎率有着密切的关系，是提高牛的繁殖率的关键因素。而牛细管冻精和人工授精技术的推广，使优秀种公牛的繁殖潜力和遗传优势发挥到了极致。

近年来有关种公牛精液品质的研究和利用越来越受重视，如何提高种公牛精液品质将成为养牛业的主流。影响种公牛精液生产的因素很多，有内因，也有外因，深入分析原因，采取积极有效的应对措施，提高牛冻精质量。随着冷冻精液生产技术的发展和人工授精技术的普及，种公牛在家畜育种中起到了最为关键的作用。

1980 年家畜改良协议会（韩肉牛分科）决定通过能力鉴定和后裔鉴定来选拔种公牛。依据这一决定 1982 年成立了专门负责后裔鉴定工作的“韩牛改良事业所”，并于 1984 年首次进行了后裔鉴定用的配种工作，于 1985 年制定了“韩牛鉴定要领”。通过这些过程于 1987 年首次选出了 10 头通过鉴定的种公牛，此后每年选出 20 多头用于生产人工授精用冻精。

种公牛的选拔工作随着 1992 年颁布的“家畜育种综合对策”在韩牛育种目标、后裔鉴定牛的饲养方法以及各鉴定机关的功能等方面被部分调整，形成了与畜产技术研究所和各道种畜场的种畜育种事业等相联系的种公牛选拔事业体系。

（3）韩牛的人工授精事业

牛人工授精技术是采用假阴道人工采集公牛的精液。经检查并稀释处理和冷冻后，再用输精器将精液输入母牛的生殖道内，使母牛排出的卵子受精后妊娠的技术。牛人工授精技术是一种有价值的牛育种技术，通过牛人工授精技术进行品种改良，提高了牛的繁殖率，加快了养牛业发展。

牛人工授精技术有以下优点：

- 牛人工授精可以充分利用优良种公牛的种用价值，提高优良种公牛的配种效率，扩大与配母牛的头数，每年每头公牛自然交配时只能配 40～100 头母牛，而实行人工授精时则可达到 6 000～12 000 头母牛。
- 加速母牛育种工作进程和繁育育种改良速度，加速高产、高效、优质养牛业的发展。
- 减少种公牛饲养头数，扩大了种公牛的配种头数，降低饲养管理费用。

- 有利于扩大公牛配种地区范围和提高母牛配种受胎效率，人工授精时，都用合乎要求的精液，通过发情鉴定正确掌握输精时间，把精液直接输到子宫颈内，提高受胎率。
- 可以防止疾病传染。在自然交配时，容易传染疾病，尤其是生殖道的传染病。人工授精的方法可以防止传染。
- 可以及时发现繁殖疾病，采取相应措施及时进行治疗。
- 牛冷冻精液育种配种技术，因牛细管冻精使用方便，受胎率高等优点被广泛采用。此项技术还可以经过保存精液的运输，使母牛配种不受地域限制，为优良种公牛精液的交换，加速品种育种效率和提高牛群生产性能都有很重要的意义。

牛人工授精技术是一种有价值的牛育种技术，通过牛人工授精技术进行品种改良，提高了牛的繁殖率，加快了养牛业发展，对提高农业生产、增加农民收入、加强国民经济的发展具有重要意义。

韩国于 1969 举行了第一届“韩牛冠军大会”，并购买了 3 头在此次大会中获奖的种公牛，用这 3 头种公牛生产并供应精液，这也成为韩牛人工授精事业的开始。

人工授精事业的初期因为精液生产技术比较落后，将液体精液装在安瓿(ampoule)中供应的。冷冻精液的生产和供应是 1971 年开始的。

每头种公牛冷冻精液的生产量从人工授精事业初期的 1 万～2 万剂，发展到现在的 4 万～5 万剂，种公牛的利用期间也由 5 年缩短到 2～3 年，而种畜世代间隔的缩短同时也促进了韩牛的遗传改良。

现在韩国每年生产约 200 万剂冻精用于人工授精，据推测韩牛 95%左右的配种是通过人工授精来进行的。20 世纪 80 年代韩国人工授精师的数量快速增长至 2 000 多人，进入 90 年代后逐渐减少，目前现役的人工授精师有 1 000 多人。

3. 韩牛主要繁育技术及良繁推广体系现状

为了提高韩牛育种及改良的效果，韩国正积极引入生物技术、基因工程等育种方法。生物技术包括人工授精、超数排卵及胚胎移植(multiple ovulation and embryo transfer, MOET)等繁殖技术和分子标记辅助选择(marker assisted selection, MAS)、转基因(gene transfer)等分子生物学技术。生物工程技术包括利用计算机分析庞大的数据，以推测每个个体的育种值和利用 B 超仪进行活体肉质诊断等。

(1)优良韩牛的超数排卵

超数排卵技术(超排技术)已广泛应用于韩牛的繁殖中，通过超数排卵技术可以获得大量整齐、优质的卵子，使得优良后代数增加几倍甚至几十倍，加快了韩牛优良品种扩繁和动物育种的步伐，牛是单胎动物，产犊数量少，因而人们一直都很重视对母牛超数排卵的研究。但是母牛个体间较大的超排反应差异使得人们在生产实践中无法准确预测其超排效果，这样大大影响了胚胎移植的效益。从国际胚胎移植协会(IETS)的报道可以看出，最近 10 年来，每头供体牛获得的可用胚胎数平均在 6 枚左右，说明超数排卵技术基本稳定。目前大量使用的超排程序是 20 世纪 80 年代初成型并推广使用的，20 多年来没有大的改进。近年来，随着超声成像技术的发展，对卵巢进行超声扫描使得人们对动物个体间的超排反应差异的原因有了更深一步的认识，不断尝试寻找预测超排效果的标准或简单实用的方法，此外，包括韩国在内的各国科学家也从激素种类、处理程序、饲养管理等方面进行了大量的试验。其目的主要是为了提高卵泡波发育的同期化程度，提高超排的卵泡数、排卵率及胚胎的可用率。

(2)优良韩牛胚胎移植(embryo transfer, ET)

胚胎移植是指将良种母畜的早期胚胎取出，移植到同种生理状态相同的母畜体内，使之继续发育成新个体的技术。供给胚胎的母畜通常称为供体，接受和孕育胚胎的母畜称为受体。经胚胎移植出生的后代是从供体母畜和与供体母畜交配的公畜那里获得的遗传基因。这项技术一般用良种母畜作为供体，将生产性能差的个体作为受体，以“借腹怀胎”的方法达到最大限度地增加良种后代的目的。胚胎移植对提高优秀母畜的繁殖能力、加快遗传进展、增加肉用畜种的双胎率、克服母畜不孕症、降低引种费用、减少疾病传播等方面均具有重要价值。世界上许多国家投入了大量的人力和资金，开展这方面的研究工作。20 世纪 70 年代以来，家畜胚胎移植技术在包括韩国在内的全世界畜牧业中得到了迅速的发展和广泛的应用。1890 年英国剑桥大学 Walter Heape 首次将胚胎移植技术在兔子上实验成功到今天，已有 100 多年的研究历史。20 世纪 30 年代后，这项技术在各种家畜的应用上均获得了成功，主要有绵羊、山羊、猪、牛、马等。六七十年代胚胎移植技术的研究和推广迅猛发展，发达国家纷纷建立了牛胚胎移植的科研和企业机构。目前已成为韩国家畜胚胎移植研究和推广主导机关的"农村振兴厅国立畜产科学院"，其前身是 1906 年成立的"劝业模范场畜产部"，在一百多年的发展过程中为韩国韩牛的胚胎移植和改良做出了巨大贡献。1975 年 1 月在美国科罗拉多州召开了第一届国际胚胎移植学会成立大会，进行学术交流，并规定每年召开一次交流会，这标志着胚胎移植技术进入了更高的发展阶段。随后的体外受精、胚胎性别鉴定、胚胎克隆及胚胎移植技术在很多欧洲国家早已进入商业化应用阶段，也成为韩国的韩牛育种技术的重中之重。即使在发达国家，这也是一个充满发展机会，变化日新月异的领域，它既是科学技术的增长点，也是经济发展的增长点。近年来包括韩国、日本在内的牛胚胎移植技术先进的国家已实现品种的良种化、高产化，其研究重点已转向胚胎的体外培养、克隆等高新技术，并以多学科相互渗透协作攻关，其性控胚胎生产、体外受精技术、干细胞技术、克隆技术、转基因技术等项研究也取得了重大进展，而这些成就的取得主要归功于其最基础的胚胎生产与移植技术的简便化、规模化、大众化及成熟应用。韩国、日本等发达国家胚胎产品开发的特点是商业性开发意识特别强，都以最终投放市场为目的。自 1972 年世界上第一个胚胎公司在加拿大阿尔伯达省诞生以来，这些发达国家胚胎工程技术研究主要由公司来承担，这一直是发达国家胚胎工程研究与开发的大趋势，数十年没有改变。

(3)B 超仪活体检测技术在韩牛中的应用

B 超仪的活体检测作为一项科学而又便捷有效的方法已得到了广泛的应用和快速发展。用于牛活体检测的硬件和软件都得到了较快的发展，在现实中可以应用 B 超仪对牛的背膘厚度、臀部脂肪、腰肌面积和肌间脂肪含量等经济性状进行客观测量。这种技术能够很快被育种人员和育种组织掌握，从而使用这些检测数据参加育种数据库来生成预期后裔偏差(EPD)，而 EPD 可以用于肉牛等家畜的遗传改良项目，也可用于奶牛的乳肉用改良项目。韩牛作为肉牛，若要选拔种牛，需要调查日增重量、饲料效率等发育能力，肌间脂肪含量、背部脂肪厚度以及背最长肌横断面积等胴体的品质，其中胴体品质的调查只能是将牛屠宰后才有可能。因此，一般都是通过调查后补种畜的后代性状来选拔。这种选拔种畜所需的对发育能力及胴体品质的调查大约需要 6 年时间，其中调查胴体品质所需的对后代的鉴定大约需要 3.5 年。为了省略或缩短这一后代鉴定过程，韩国正在试图引进多种技术和方法，其中 B 超仪活体断层摄影(ultrasonic scanning)技术作为当前最为可行的实用技术已在韩国被广泛应用。

(4)分子标记辅助选择(marker assisted selection，MAS)的利用

DNA 分子标记辅助育种技术是通过利用与目标性状紧密连锁的 DNA 分子标记对目标性状进行间接选择的现代育种技术。该技术对目标基因的转移，不仅可在早期进行准确、稳定的选择，而且可克服再度利用隐性基因时识别难的问题，从而加速育种进程，提高育种效率。与常规育种相比，该技术可提高育种效率 2～3 倍。奶牛育种得益于分子遗传学的最大帮助是可以对一些有害致死和毛色基因早期测定，而这些工作在过去要经过多年的侧交才能确定。特别是对那些有害基因的携带者的鉴定更是如此。这些有害基因处于隐性结合状态时都会有所表现，故所有的测定只有两种结果，一是说明是某个有害基因的携带者，另一个则是说明经过测定不携带某个有害基因。许多研究表明，MAS 能加快遗传进展，但存在着短期效应和长期效应之间的矛盾，即 MAS 在短期内能获得比表型选择更大的响应，而表型选择却能获得更大的长期遗传响应。韩国在 MAS 育种方面也做了大量的工作，韩国的很多高校和研究所挖掘出很多韩牛特异性的分子标记基因并应用于实践，从而加快了韩牛的育种进程。

(二)养殖技术

1. 犊牛养殖技术和饲养管理技术

(1)犊牛饲养管理目标

传统意义上的犊牛是指从出生到断奶阶段的牛。断奶之前犊牛生理特点一般均表现为身体各系统(特别是消化系统和免疫系统)的组织器官发育不全,消化机能差,免疫力低,犊牛处于牛生命阶段的幼生期,容易受到外界不利条件的侵袭,同时犊牛又是牛群的后备力量,与牛群未来的生长性能、繁殖性能和经济效益密切相关。犊牛作为牛场的后备力量,其饲养管理的优劣,不但直接影响牛场的整体经济效益,而且关系到牛场未来的发展。犊牛的饲养与管理有两个方面的目标:一是保证犊牛的健康,最大限度地提高犊牛的成活率;二是在满足第一个目标的情况下,尽可能地促进消化系统,尤其是瘤胃的发育。通过科学的饲养管理、合理的饲养方法、严格的日常管理、有效的疾病防治措施给犊牛创造最佳饲养管理条件,能够满足犊牛的日常生长营养需求,保证犊牛的健康生长。随着畜牧业的发展,肉牛的生产逐渐向规模化和集约化发展。犊牛初生的几周内,如果得不到适当的照料,其后期育肥很难达到预期体重,且较易生病,因此,会导致饲养成本增加。在生产实践中,采用科学的饲养与管理方法,可以使肉牛犊牛实现早期断奶,缩短母牛的产后发情间隔时间,使母牛早发情、早配种、早产犊,缩短产犊间隔,提高母牛的终身生产力,降低生产成本。

犊牛腹泻是伴随一系列严重病理反应的新生犊牛肠道感染性疾病,在犊牛出生 2~7 d 该病的发病率较高,而且发病非常迅速,病程虽然很短但是病死率却特别高,在犊牛成长到 20 d 后就不易发该病了,所以在犊牛早期要做好该病的防治。可以通过做好新生犊牛的饲养管理工作,以及保持犊牛舍环境的卫生来防治该病的发生,比如可以尽早地对犊牛喂养初乳来提升其免疫力,在夏季要做好犊牛舍的通风,在冬季要做好犊牛舍的保温,并保证舍内的卫生,这样也可以降低该病的发病率。还可以通过药物来预防该病的发生,可以在对新生犊牛进行哺乳时加抗生素,连续服用 3 d 可以使该病的发病率大大降低。如果犊牛发病,要及时进行隔离并治疗,隔离是为了防止该病的传染,治疗时可以使用庆大霉素、磺胺嘧啶、氟哌酸等药物,这些药物治愈该病的疗效较好。对于发病的犊牛还要做好补液工作,根据发病犊牛的脱水情况来确定补液量。韩牛犊牛的死亡原因见表 1-2-14。

表 1-2-14

韩牛犊牛的死亡原因分析 %

项目	腹泻	腹泻+呼吸系统疾病	呼吸系统疾病	其他
发生率	43.1	20.9	30.7	5.4

去势是以外来方式除去动物的生殖系统或使其丧失功能。肉牛生产中对公牛去势主要是为了降低公牛的好斗性或侵略性,避免胴体挫伤和肉色发暗,同时还可以防止对饲养人员和牛群中其他个体造成伤害。此外,对公牛去势后进行育肥,可提高牛肉的嫩度、大理石花纹和口感,在市场上能卖更高的价钱。因此,公牛去势已经成为集约化、规模化肉牛生产中一项重要的生产技术。目前关于公牛去势的年龄、方法,阉牛的生长发育,肉质性状进行了较深入的研究。去势方法一般采用外科手术法和利用皮筋、无血去势钳等的无血去势法。无血去势法简单、易掌握操作,但牛遭受痛苦、刺激时间较长。外科手术法给犊牛去势刺激最小,但需要有经验的兽医师操作。使用不同去势方法对犊牛的刺激和生理反应的程度是不一样的。在单独测定日增重量的试验中发现,外科手术法去势的犊牛在开始第一周的体重损失最大,但在后续 84 d 日增重量的调查中发现,各去势方法间没有差异。不同去势方法对韩牛犊牛日增重量的影响见表 1-2-15。

表 1-2-15

不同去势方法对韩牛犊牛日增重量的影响

kg

生长阶段	去势方法		
	外科手术法	皮筋	无血去势钳
饲养期间	84	84	84
试验开始体重	171.9	173.8	174.4
试验结束体重	218.4	222.3	224.7
日增重量			
0～7 d	－1.09	－0.27	－0.5
0～14 d	0.18	0.21	0.21
0～21 d	0.50	0.61	0.68
0～28 d	0.36	0.40	0.37
0～56 d	0.47	0.45	0.50
0～84 d	0.56	0.58	0.60

去势年龄受饲养者的观念、市场、天气、人力和设备等因素的影响，是影响牛生产水平和福利水平的重要因素。肉牛在生长发育早期进行去势极大地降低了生长发育后期去势引起的疼痛和不适，减少了流血量和感染机会，缩短了体况恢复时间，减少了去势引起的体重损失，降低集约饲养和去势操作的难度，方便生产管理。不同去势时期对韩牛的发育和肉质影响见表 1-2-16。

表 1-2-16

不同去势时期对韩牛的发育和肉质影响

项目	去势时期/月龄		
	3～4	5～6	7～8
日增重/kg	0.8	0.75	0.74
屠宰率/%	62.7	62.6	62.3
肉量等级(A∶B∶C)	0∶2∶4	0∶2∶5	0∶4∶3
肉质等级(1∶2∶3)	5∶1∶0	7∶0∶0	6∶1∶0

(2)犊牛的营养管理

初乳通常指母牛分娩后 5～7 d 内分泌的乳汁，其物理特性为黏性较大，略带碱味，呈黄色。严格意义上的初乳应该指母牛分娩后第一、第二次分泌的乳汁，研究发现，初乳中的营养物质含量尤其是免疫球蛋白的含量随着挤奶次数的增加而直线下降，5 次以后基本已下降至常乳水平。初乳对犊牛的健康生长有着多方面的重要作用。初乳富含各种营养物质，特别是蛋白质、脂肪、矿物质和维生素，因此初乳是初生犊牛不可替代的营养品，对新生犊牛具有特殊意义。根据规定的时间和饲喂量正确饲喂初乳，对保证新生犊牛的健康是非常重要的。犊牛在出生时肠壁的通透性较强，初乳中的免疫球蛋白可直接通过肠壁以未被消化的状态吸收。但是随着时间的推移，犊牛肠壁的通透性下降，使以未被消化状态吸收免疫球蛋白的能效降低，且初乳中免疫球蛋白浓度也会随时间的推移而降低。研究表明，出生最初几个小时的犊牛，对初乳中免疫球蛋白的吸收率最高，而后急速下降。初乳摄入时间对韩牛血中免疫物质浓度和吸收率的影响见表 1-2-17。

表 1-2-17
初乳摄入时间对韩牛血中免疫物质浓度和吸收率的影响

初乳摄入时间/h	24 h后血中免疫物质浓度/IU	吸收率/%
6	52.7	66
12	37.5	47
24	9.2	12
36	5.4	7
48	4.8	6

犊牛饲养的重要目的就是促进犊牛的消化系统，特别是瘤胃的发育，为后续阶段达到良好的生产性能打下坚实的基础。瘤胃的发育体现在两个方面，即瘤胃乳头的发育和瘤胃体积(物理容积)的发育。研究表明，瘤胃乳头的发育主要受到瘤胃挥发性脂肪酸的影响，而瘤胃体积的发育主要受到纤维性物质的影响。此阶段中犊牛瘤胃中微生物区系尚未完全建立，对纤维性物质的消化极为有限，因此应该以促进瘤胃乳头的发育为主。在犊牛1～2周龄时，就应该逐渐诱使犊牛采食精料补充料，并随着日龄和犊牛体重的增加维持或逐渐增加精料补充量。精料应该以易发酵的物质为主，并添加一定的Ca、P等矿物质和维生素添加剂，以维持犊牛生长所需，并能产生较多的挥发性脂肪酸以促进瘤胃乳头的发育。犊牛2周龄后，便可在犊牛栏中放置一定的优质幼嫩青干草，任犊牛自由采食。这样做不仅可以防止其舔食异物，而且能够促进瘤胃的发育。由于精、粗饲料的刺激，瘤胃微生物菌群能够较早地建立起来，促进犊牛的生长。图1-2-24表示韩牛犊牛在哺乳期补助饲料的摄入量和饮水量(韩牛饲养标准，2007)。

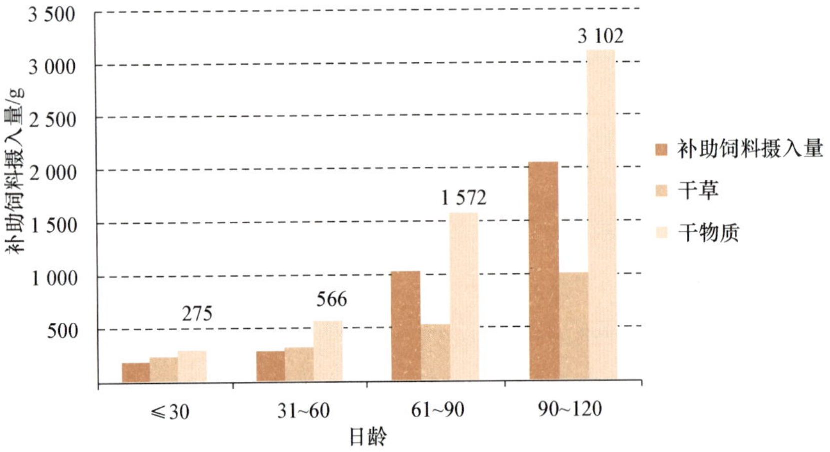

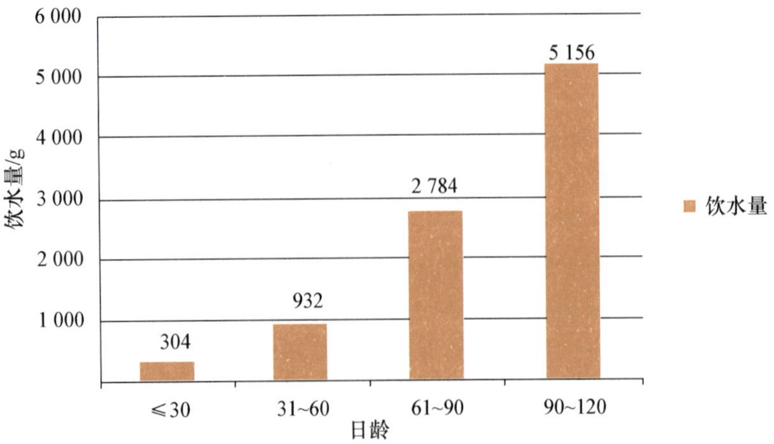

图 1-2-24　韩牛犊牛哺乳期饲料摄入量和饮水量

适当给犊牛补充饲料不仅能够满足犊牛的营养需求，而且能够促进其消化系统的发育。图 1-2-25 表示适当饲喂补充饲料和只喂牛奶的犊牛胃部发育差异。

饲料+牛奶

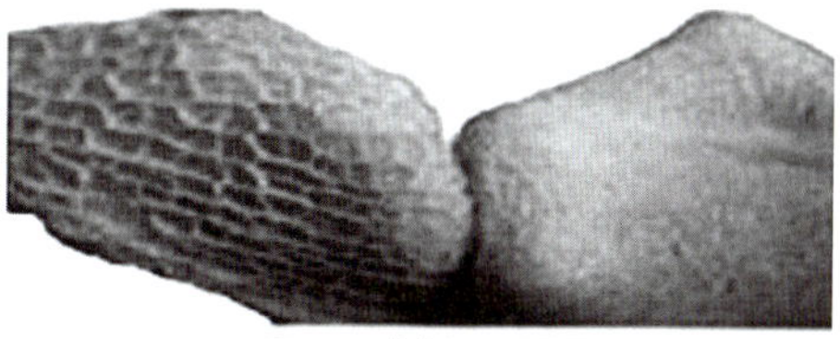

牛奶

图 1-2-25 饲料混喂和只喂牛奶的犊牛胃部发育程度

据统计韩牛犊牛出生后到 4 月龄的日增重量，公牛约为 700 g，母牛约为 600 g。因此从母乳摄取的营养是比较有限的。在 2 月龄之前母乳能够提供犊牛所需的约 80%的营养，但是体重约达到 40 kg 后，母乳无法满足犊牛发育所需的营养，因此需要在犊牛出生 7～10 d 开始逐渐诱导犊牛摄入饲料。韩牛母牛的平均产奶量和韩牛犊牛的饲料饲喂标准见表 1-2-18 和表 1-2-19。

表 1-2-18
韩牛母牛的平均产奶量

kg

韩牛胎次	分娩后月龄					
	1	2	3	4	5	6
初产牛	3.55	3.12	2.65	2.26	1.92	1.63
2 胎次以上	3.86	3.79	3.40	3.19	2.87	2.44

表 1-2-19
韩牛犊牛的饲料饲喂标准

kg

项目	分娩后月龄					
	1	2	3	4	5	6
体重	50	70	95	120	145	160
犊牛用饲料饲喂量	0.3	0.5	1.0	1.5	1.0	—
育肥用饲料饲喂量	—	—	—	1.0	1.5	3.0
粗饲料	自由采食					

肉牛生产一般实行母牛带犊饲养管理方式。所谓带犊饲养模式，就是犊牛从初生起就跟随母牛哺乳饲养，直至断奶和分群。这样可充分利用动物的哺乳天性，最大限度地节省人工、减少成本。由于犊牛一直跟随母牛哺乳，所以这种饲养方式下，对犊牛的饲养要求较少，主要体现在应及时补饲精料和优质干草，促进消化系统特别是瘤胃的发育，同时对于产奶量较高的母牛，应防止其乳房炎的发生。

据统计，早期断奶可以改善韩牛的增长率、育肥期产肉能力、胴体重及品质，并对母牛繁殖率的改善也起到积极作用。比较早期断奶(出生后 3 月龄)和一般断奶(出生后 4 月龄)，早期断奶的犊牛出生和 3 月龄的体重分别为 24.3 kg 和 84.5 kg，一般断奶的犊牛出生和 3 月龄的体重分别为 24.5 kg 和 81.9 kg，没有显著差异，而且比较断奶后育成期的体重也没有明显差异。图 1-2-26 表示韩牛犊牛的不同断奶时期对日增重量的影响(韩牛饲养标准，2007)。

犊牛断奶后，采食精料的同时，提供足够的优质青干草任其采食。同时对饲喂青贮饲料为主的牛场，需要逐渐向犊牛提供青贮饲料，并训练其采食，饲养方式由以精料为主逐渐向以青贮和粗饲料为主过渡。此阶段是促进瘤胃容积发育的重要时期，需要向犊牛提供足够的纤维性饲料，以促进其瘤胃容积的发育。断奶后时期较长，经历了从哺乳—精料—常规饲料等饲喂方式的转变，也是犊牛应激最大

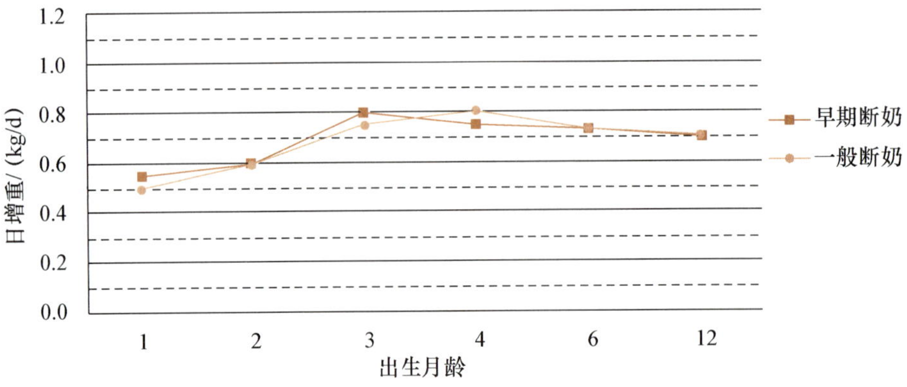

图 1-2-26　韩牛犊牛不同断奶时期对日增重量的影响

的时期。此阶段中饲料的转变最好以过渡的方式为主，尽量减少犊牛的应激，维持犊牛平稳健康的生长。表 1-2-20 显示韩牛犊牛不同断奶时期对干物质摄入量的影响(韩牛饲养标准，2007)。

表 1-2-20
韩牛犊牛不同断奶时期对干物质摄入量的影响　　g

项目	出生日龄	早期断奶	一般断奶
犊牛用饲料	≤30	65.9	62.2
	31～60	278.6	283.0
	61～90	1 009.3	997.6
	91～120	—	2 124.3
干草	≤30	199.4	210.8
	31～60	287.4	295.4
	61～90	545.8	552.0
	91～120	—	1 087.2
干物质	≤30	271.3	276.9
	31～60	566.8	578.4
	61～90	1 555.1	1 549.6
	91～120	—	3 211.5

犊牛饲养管理直接影响牧场未来的生产状况，要提高牧场效益就要从培育优质犊牛开始。犊牛饲养管理的好坏直接影响成年后的生产性能，培育健康的犊牛群是育成牛生长发育良好的基础。犊牛的饲养管理要细致耐心，及时饲喂初乳，及早开始饲喂开食料，以促进消化系统的发育。同时，管理上注意为犊牛提供舒适的生活环境，防治疾病(特别是犊牛腹泻)，保证犊牛体质健壮。

2. 育成牛养殖技术和饲养管理技术

育成牛是指犊牛断奶后至第 1 胎产犊前这时期的牛，育成牛处于生长发育阶段，此时期的饲养，关系到体型的发育和终身的泌乳性能，因此，不可忽视育成牛的培育。为便于管理，将育成牛的饲养分为 4 个阶段。

第一阶段：3～6 月龄育成犊牛饲养。通常犊牛生长到 3 月龄时断奶，断奶后犊牛的营养来源主要是精饲料(犊牛补充饲料)，随着月龄的增长，逐渐增加优质粗饲料的喂量，选择优质干草、青草、青贮饲料及稻草等。

第二阶段：7～15 月龄育成牛是个体定型阶段，身体生长迅速，育成牛能较多地利用粗饲料，饲养上要以粗料为主，少量补饲精料，选用中等质量的干草，培育耐粗饲性能，增进瘤胃机能，日增重维持在 500～600 g。管理上采取散放饲养、分群管理，根据体尺、体重指标，及时调整日粮结构，保持适宜体况。

第三阶段：育成牛生长到 8～10 月龄时出现周期性发情现象，配种过早，母牛难产率高，而且造成小母牛发育受阻，配种过晚，会增加育成期费用。因此，一定要掌握好适龄配种，在母牛 15 月龄体重达到 340 kg 时，注意观察母牛发情，做到适时配种。

第四阶段：16 月龄至产前 2～3 周育成牛也称青年牛，青年母牛配种妊娠后，生长速度缓慢下降，体躯向宽、深方向发展。青年牛的日粮以中等质量的粗饲料为主，视母牛体膘适当控制精料供给量，防止过肥。管理上采取散放饲养、自由采食，母牛 16 个月龄时配种，调教妊娠牛，使其温顺。

韩牛犊牛(母)育成期饲料饲喂标准见表 1-2-21。

表 1-2-21

韩牛犊牛(母)育成期饲料饲喂标准

kg

月龄		4	5	6	7	8	9	10	11	12
体重		90	100	120	145	170	190	210	225	240
精饲料	犊牛	2.0	2.5	3.0	2.1～2.6	2.5～3.0	2.8～3.4	3.1～3.7	3.3～4.0	3.6～4.3
粗饲料	干草(单喂)	1.0	1.5	1.5	2.0	2.5	3.0	3.5	4.0	4.5
	青草(单喂)	5.0	8.0	9.0	12.0	12.0	14.0	14.0	18.0	18.0
	青贮(单喂)	4.0	6.0	8.0	8.0	10.0	10.0	13.0	15.0	16.0
	稻草(单喂)	2.0	2.0	2.5	2.5	3.0	4.0	4.5	4.5	5.0

3. 繁殖牛养殖技术和饲养管理技术(表 1-2-22)

表 1-2-22

繁殖牛(韩牛)饲养管理(4 阶段)

kg

生长阶段	中等犊牛	大犊牛	妊娠期	哺乳期
月龄	4～6 月龄	7～12 月龄	13～25 月龄	26 月龄以上
特征	基础骨骼，营养均衡	骨骼、肌肉发达	防止流产和过度肥胖	子宫恢复，再发情
混合饲料	2.0～3.0	3.0 左右	3.5～4.0	3.5～4.0
粗饲料	自由采食	自由采食	3.0～3.5	3.0～3.5
日增重量	≤0.8	0.5～0.7	0.4～0.6	—
目标体重	120	250	450	450
重点管理事项	加强抗病力	运动，日光浴	妊娠后期管理	注意空怀期

4. 妊娠母牛养殖技术和饲养管理技术

处于妊娠阶段的母牛，不仅本身生长发育需要营养，而且还要满足胎儿生长发育的营养需要和为产后泌乳进行营养贮积。所以，应加强妊娠母牛的饲养管理，使其能正常产犊和哺乳。饲养管理的重点在于保持适宜体况，做好保胎工作。

(1)妊娠前期

妊娠前期是指母牛从受胎到怀孕 26 周的阶段。母牛妊娠初期，由于胎儿生长发育较慢，其营养需求较少，一般按空怀母牛进行饲养，以优质青粗饲料为主，适当搭配少量精饲料作为补充料。但这并不意味着妊娠前期可以忽视营养物质的供给，若胚胎期胎儿生长发育不良，出生后就难以补偿，增重速度减慢，饲养成本增加。对怀孕母牛保持中上等膘情即可。

(2)妊娠后期

妊娠后期一般指怀孕27周到分娩时的阶段,此阶段主要以青粗饲料为主,适当搭配少量精饲料补充料。母牛妊娠最后3个月是胎儿增重最多时,这时期的增重占犊牛初生重的70%~80%,需要从母体吸收大量营养,一般母牛在分娩前,至少要增重45~70 kg,才能保证产犊后的正常泌乳与发情。从妊娠第5个月起,应加强饲养,对中等体重的妊娠母牛,除供给平常日粮外,每日需补加1.5 kg精饲料;妊娠最后两个月,每天应补加2 kg精饲料,但不可将母牛喂得过肥,以免影响分娩。

怀孕后期应做好保胎工作,无论放牧或舍饲,都要防止挤撞、猛跑。临产前注意观察,保证安全分娩。在饲料条件较好时,应避免过肥和运动不足。充足的运动可增强母牛体质,促进胎儿生长发育,并可防止难产。纯种肉用牛难产率较高,尤其是初产母牛,须做好助产工作。

5. 泌乳母牛的养殖技术和饲养管理技术

(1)分娩前后的护理

临近产期的母牛应停止放牧,停止使役,给予营养丰富、品质优良、易于消化的饲料。产前半个月,最好将母牛移入产房,由专人饲养和看护,以发现临产征兆,估计分娩时间,准备接产工作。母牛的分娩征兆包括以下几个方面:在分娩前乳房发育迅速,体积增加,腺体充实,乳头膨胀;阴唇在分娩前一周开始逐渐松弛、肿大充血,阴唇表面皱纹逐渐展平;在分娩前1~2 d阴门有透明黏液流出;分娩前1~2周骨盆韧带开始软化,产前12~36 h荐坐韧带后缘变得非常松软,尾根两侧凹陷;临产前母牛表现不安,常回顾腹部,后躯摇摆,排粪尿次数增多,每次排出量少,食欲减少或停止。

上述征兆是母牛分娩前的一般表现,由于饲养管理、品种、胎次和个体之间的差异,表现往往不完全一致,必须根据母牛的具体情况和表现,全面观察,综合判断,才能做出正确估计。在正常分娩过程中,母牛可以将胎儿顺利产出,不需人工助产。但是对初产母牛,胎位异常及分娩过程较长的体弱母牛要及时进行助产,以缩短分娩过程并保证胎儿的成活。母牛产后易发生胎衣不下、食滞、乳房炎和产褥热等症,要经常观察,发现病牛,及时医治。

(2)泌乳牛的饲养管理

人们把母牛分娩前一个月和产后70 d称作母牛饲养的关键100 d,精饲料主要补在这100 d,这100 d饲养的好坏,对母牛的分娩、泌乳、产后发情、配种受胎、犊牛的初生重和断奶重、犊牛的健康和正常发育都十分重要。带犊泌乳母牛的采食量及营养需要,是母牛各生理阶段中最高的和最关键的。热能需要量增加50%,蛋白质需要量加倍,钙、磷需要量增加3倍,维生素A需要量增加50%。母牛的日粮中如果缺乏这些物质,可能会使犊牛生长停滞,患下痢、肺炎和佝偻病等,严重时还可损害母牛的健康。为了使母牛获得充足的营养,应给以品质优良的青草和干草。豆科牧草是母牛蛋白质和钙质的良好来源。为了使母牛获得足量的维生素,可多喂青绿饲料,冬季可加喂青贮料、胡萝卜和大麦芽等。

母牛分娩后的最初几天,体力尚未恢复,消化机能很弱,必须给予容易消化的日粮,粗料应以优质干草为主,精料最好用小麦麸,每日0.5~1 kg,逐渐增加,并加入其他饲料,3~4 d后就可转为正常日粮。母牛产后恶露没有排净之前,不可喂过多精料,以免影响生殖器官的复原和产后发情。

6. 空怀母牛养殖技术和饲养管理技术

空怀母牛的饲养管理主要是围绕提高受配率、受胎率,充分利用粗饲料,降低饲养成本而进行的。繁殖母牛在配种前应具有中上等膘情,过瘦过肥往往影响繁殖。在日常饲养管理工作中,倘若喂给过多的精料而又运动不足,易使牛过肥,造成不发情。在肉用母牛的饲养管理中,这是最常出现的,必须加以注意。但在饲料缺乏、母牛瘦弱的情况下,也会造成母牛不发情而影响繁殖。这种情况在干旱歉收的年景或草畜比例失调的地区容易出现。实践证明,如果在母牛前一个泌乳期内给以足够的平衡日粮,同时劳役较轻,管理周到,能提高母牛的受胎率。瘦弱母牛配种前1~2个月加强饲养,适当补饲精料,也能提高受胎率。

母牛发情，应及时予以配种，防止漏配和失配。初配母牛，发情不明显，应加强观察和管理。经产母牛产犊后3周要注意其发情情况，对发情不正常或不发情者，要及时采取措施。一般母牛产后1～3个情期，发情排卵比较正常，随着时间的推移，犊牛体重增大，消耗增多，如果不能及时补饲，往往母牛膘情下降，发情排卵受到影响，导致产后多次错过发情期，则情期受胎率会越来越低。如果出现此种情况，应及时进行直肠检查，对症处理。

母牛出现空怀，应根据不同情况加以处理。造成母牛空怀的原因，有先天和后天两个方面。先天不孕一般是由于母牛生殖器官发育异常，如子宫颈位置不正、阴道狭窄、幼稚病、异性孪生的母犊和两性畸形等，先天性不孕的情况较少，在育种工作中淘汰那些隐性基因的携带者，就能加以解决。后天性不孕主要是由于营养缺乏、饲养管理及使役不当及生殖器官疾病所致。成年母牛因饲养管理不当造成的不孕，在恢复正常营养水平后，大多能够自愈。在犊牛时期由于营养不良致生长发育受阻，影响生殖器官正常发育而造成的不孕，则很难用饲养方法补救。若育成母牛长期营养不足，则往往导致初情期推迟，初产时出现难产或死胎，并且影响以后的繁殖力。

运动和日光浴与增强牛群体质、提高牛的生殖机能有密切的关系，牛舍内通风不良、空气污浊、有害气体量超标、夏季闷热、冬季寒冷、过度潮湿等恶劣环境极易危害牛体健康，敏感的个体很快停止发情，因此，改善饲养管理条件十分重要。

（三）疫病防控技术

1. 预防接种（表1-2-23）

表1-2-23
预防接种

牛别	分娩前5周	分娩前4周	分娩前2周	出生后2个月	出生后3个月	出生6个月后
犊牛				犊牛腹泻混合疫苗（第一次）	犊牛腹泻混合疫苗（第二次）（以后每6～12个月补充一次）	6～8月龄时，气肿疽（黑腿病）混合疫苗（以后每年放牧前补充一次）
繁殖牛	犊牛腹泻混合疫苗（第一次）（5～6周龄之前）		犊牛腹泻混合疫苗（第二次）（分娩前2～3周时只打一次）			

	购买时	购买后第3天	购买后1个月
购买牛	呼吸道疾病混合疫苗（第一次）	多杀性巴氏杆性肺炎疫苗	呼吸道疾病混合疫苗（第二次）（以后每6～12个月补充一次）

	1月	2月	3月	4月	5月	6月
季节疫苗				预防发生的牛赤羽病、流行热，间隔1个月（连续打两次疫苗之后每年补充一次）		

注：以上内容根据疾病发生的牧场及周边环境而有所改变。

2. 定期检查(表 1-2-24)

表 1-2-24
定期检查

病名	检查时期	检查机构	阳性家畜处理	备注
牛结核、布鲁氏菌病	全年	家畜卫生实验所	屠杀后埋没	屠杀是赔偿市价的 80%
副结核病(假性结核)	必要时	家畜卫生实验所	淘汰	多发生于 2 岁以上的牛

3. 主要疾病发生概要(表 1-2-25)

表 1-2-25
主要疾病发生概要

病名	发病对象	主要病症	致死率	治疗方案
犊牛腹泻	10 d 龄前后	白色或淡粉色腹泻,抑郁症,脱水	低	供给初乳,抗生素治疗
肺炎	1~4 月龄	咳嗽,衰弱,浆液性分泌物	低	隔离收容,抗生素治疗
胃铜病	所有牛	左侧腹部膨胀,停止反刍,步行困难	急性时 10%	调配饲料,限制喂养,去除气体
酮症	分娩后数周内	食欲不振,运动减少,产乳量减少	低	25%的葡萄糖液营养剂注射
乳房炎	成牛	产乳量减少,牛奶中脓液,乳房炎	低	乳房炎,定期检查及抗生素治疗
传染性鼻气管炎	所有牛	发热,呼吸困难,咳嗽,停止备乳	10% 左右	打疫苗,卫生饲养管理
赤羽病	怀孕牛	死产,早产,分娩畸形犊牛	低	打疫苗,祛除蚊子
牛流行热	所有牛	发热,食欲减退,关节痛,备乳量减少	3% 以下	打疫苗,祛除蚊子
茨城病	所有牛	发热,食欲减退,咽喉头麻痹,流口水	低	打疫苗,祛除蚊子
钩端螺旋体病	所有牛	发高烧,贫血,黄疸,血尿,死产	10% 左右	定期检查,感染牛隔离治疗
牛皮癣	所有牛	脱毛,皮屑,皮肤充血及角化	低	隔离收容,消毒,擦药
癫痫症	所有牛(特别高龄牛)	贫血,浮肿,发育低下,肝脏纤维化	10% 左右	祛除蜗牛,打驱虫剂
尿素中毒	所有牛	肌肉抽筋,呼吸困难,步行不良	根据中毒量	口服 5%醋酸处理的肥料
农药中毒	所有牛	呼吸困难,腹痛,痉挛,运动减少	根据中毒量	阿托品及静脉注射

所有的疾病大部分都是因为周边环境不干净和被污染的饲料而发生的。所以管理好被污染的水、周围环境、饲料等问题可以减少发生疾病的概率。

4. 春季饲养(疾病)管理

因春季发生的沙尘暴,家畜会得呼吸疾病及眼睛疾病,持续一段时间会阻碍家畜的正常成长。沙尘暴发生之前,要注意关于沙尘暴的预报,沙尘暴发生时准备好野外的家畜随时能躲避的条件。为了放在野外的干草饲料、稻草等不受沙尘暴的影响，备好塑料、帐篷、消毒药品、病虫害防治器、用于洗涤沙尘的电动喷雾器等。为了防止沙尘的进入事先检查好牛舍的门和通风窗。沙尘暴来临时及时让野外的家畜躲避到牛舍，关上大门和窗户以免沙尘的进入。放在野外的干草饲料、稻草用塑料膜和帐篷盖好以免被沙尘污染。解除沙尘暴警报后，农家必须冲洗和消毒牛舍里面和周围。同时家畜的槽子与一些家畜用品也要好好消毒。如果家畜接触到沙尘暴，去掉身体上的沙尘之后用柠檬酸消毒剂等进行喷雾消毒。

5. 夏季饲养(疾病)管理

夏天酷暑开始，家畜受到炎热环境的影响会发生生产力低下等问题，为了防止家畜生活时间最长的牛舍内部温度上升，顶棚或墙壁上摆布绝热材料并安装排风扇和电风扇等调节家畜的体感温度。高温环境下家畜饮水量会增加，需要吸收盐分，备好干净的水和盐使家畜随时能吸取。高温多湿的环境下家畜吸取饲料的量会减少，管理好饲料供给量。以优质饲料为主，3～5 cm 长，精饲料的供给量达到 60%。

放到操场或野外饲养的情况下，避免炎热的正午，尽量选择凉爽的早晨或傍晚。炎热的天气家畜持续受太阳光的影响会发生日射病或中暑热射病，为了防止疾病发生最好在操场上安装乘凉棚以免受到强烈太阳光的影响。

夏季因高温多湿的环境家畜的体质容易变虚弱，并且会发生蚊子等吸血昆虫导致的一些传染病。而且持续下雨的话各种病菌被雨水传播，牛赤羽病、流行热、腹泻病等疾病的发生率也会增加。因此牛舍要保持清洁，定期消毒。

6. 秋季饲养(疾病)管理

到了温差达到 10℃左右的换季时期，家畜的疾病发生率也会增高。尤其免疫力弱的幼崽因环境变化引起的新陈代谢失调疾病的发生率会更高，需要有效的管理。换季时节容易发生呼吸疾病和夏天体力衰竭，秋季需要做好适当喂养饲料等重点管理。

为了预防关于牛的疾病，减少因饲养环境变化产生的压力也比较重要。彻底进行牛舍的卫生管理，温差大的时候需要采取防风和保温等必要措施。牛病毒性肠炎和犊牛肠炎等疾病必须通过农业技术中心等有关机关的技术支援打疫苗，从外部购买牛时必须确认健康问题并且需要 2 周的隔离观察期间。

7. 冬季饲养(疾病)管理

注意保温和通风问题。尤其韩牛犊牛经常发生的腹泻肠炎早期预防很重要，所以需要严谨管理。预防冬季多发生在韩牛犊牛身上的病毒性肠炎，最好的方法是分娩之后喂初乳。根据农村振兴厅的资料，韩牛的疾病中，发生最多的是犊牛的腹泻肠炎，而且发病的主要原因是细菌感染、过多地喂牛奶、消化障碍、母牛的疾病等。尤其有腹泻症状的犊牛会造成代谢失调，严重的情况下会导致死亡。即使采用供给初乳和打疫苗等方法进行了预防，周围环境被污染的话被感染的概率会增高。所以为了防止病毒感染需要经常消毒牛舍和母牛的乳房、乳头，降低感染的可能性。

冬季预防犊牛疾病不但需要学习预防疾病的基本知识，更需要的是喂养优质饲料和干净的水，并且消毒打扫牛舍造成卫生的饲养环境，维持适当的温度和湿度疾病发生率会减少。

8. 口蹄疫(foot-and-mouth disease，FMD)

发生在牛、猪、羊、鹿等野生反刍类偶蹄动物中，主要症状是体温急剧上升，流带泡沫口水，嘴、舌、蹄或者乳头等出现水疱、溃疡等，同时食欲下降并死去，是传染性非常强的一种传染病。所以家畜传染病预防法中第一种家畜传染病就是口蹄疫，世界动物卫生组织(OIE)划分指定为管理对象，口蹄疫发生时必须向 OIE 报告。

感染途径：口蹄疫通过鼻、嘴等呼吸器官和有伤口的皮肤感染，一般牛鼻沫中的病菌侵入上部呼吸气道增殖并通过血流扩散到全身。也可以通过皮肤和黏膜的伤口感染，但是感染率很低。

传播方式：口蹄疫病菌传播速度非常快，大体上分为 4 个途径扩散。

通过接触被感染动物的水疱液或唾液、乳汁、精液、鼻沫空气及粪尿等传染的直接接触传播。尤其，感染初期尚未出现临床症状的情况下病菌的排出量相当多，必须严格控制被感染的个体和怀疑被感染的个体的移动。

通过感染区域内的人员（木匠、兽医、人工授精师等从事畜牧业的人员）、车辆（饲料车、货车等）及司机、衣物、水、饲料、装备、用具等传染的间接接触传播。

生活在被污染农场周围的鼠、鸟类、昆虫及狗和猫等容易接触到家畜的分泌物及排泄物，很可能成为传播病菌的媒介，需要做好农场周围的卫生及驱虫管理。

也可以通过空气（风）传播，陆地上可以传播到 60 km，海上能传播到 250 km 以上距离。并且通过被口蹄疫病菌污染的肉和副产品传播。

潜伏期：口蹄疫的潜伏期一般是相对比较短的 2 d 或 8 d，世界动物卫生组织（OIE）定的最大潜伏期为 14 d。

防疫措施：在国内发现被怀疑口蹄疫症状的家畜，申报到防疫机关及农林水产检疫检查本部，在最短时间内进行精密检查，实施及时的防疫措施减少因疾病发生而造成的危害。

（四）粪污处理技术

奶牛和韩牛不同成长阶段排泄量如表 1-2-26 所示。

表 1-2-26

各畜种排泄量

畜种	成长阶段		平均体重/kg	排泄量/[kg/(头·d)]		
				粪	尿	合计
奶牛	泌乳牛		575.2	41.6	17.6	59.2
	干乳牛		612.6	28.2	11.5	39.7
	培育牛		377.6	14.9	6.3	21.2
韩牛	繁殖牛	犊牛	203	8.9	2.3	11.2
		培育牛	335	10.8	3.3	14.1
		种牝牛	487	15.5	4.6	20.1
	肥育牛	犊牛	191	8.9	2.7	11.6
		培育牛	342	10.4	4	14.4
		肥育前期	466	13	7.3	20.3
		肥育后期	542	10.6	6.3	16.9

家畜粪尿电子管理系统从 2017 年起阶段性义务化。首次引进家畜粪尿电子交接管理系统的济州岛在运营初期因乱扔水肥而多次被系统警告。但是可以随时确认并管理家畜粪尿处理情况，农户与管理机构之间确保了信任。

家畜粪尿处理要结合 GPS 和重量感应器、重量相机等信息通信技术 ICT，预防水质、土壤、地下水等污染除臭的家畜粪尿电子交接管理系统通过试运行于 2017 年开始阶段性的义务化。环境部根据"关于家畜粪尿的管理及利用的法律"，2018 年 1 月 1 日起，猪粪尿排出设施中允许的规模（1 000 m^2）面积以上发生的运输家畜粪尿和水肥的车辆必须安装电子交接管理系统。申报规模（50～1 000m^2）以上的养猪场从 2019 年起义务化，到 2018 年 12 月为止市、县、区 1 080 辆运输车辆全部安装完重量感应器、GPS 和重量相机。

家畜粪尿收集运输车辆和喷洒水肥车辆上安装重量感应器和 GPS，可以利用重量变化和位置信息推测出家畜粪尿从哪里排出、运输、处理，用家畜粪尿做成的水肥到哪里喷洒的情况。用现场得到的影像信息能随时确认是否适当处理了家畜粪尿。

家畜粪尿收集运输车辆安装的装备可以储存车辆的位置、重量信息、拍摄照片信息，储存的信息在空间信息（GIS）上记录位置和重量，在市、县、区内确认到上下车的信息。可以比较分析家畜粪尿、水肥和之前得到许可的内容。

家畜粪尿交接管理系统义务化，环境部能形成透明的家畜粪尿管理体系，考虑到投诉信息节省费和罚款节省费、投诉指南时间节省等行政效率性的情况下，一年将近节省 960 亿韩元的费用。环境部流域总量科长说："以前家畜粪尿或水肥从哪里被处理很难确认，现在通过构建家畜粪尿电子交接管理系统能透明地管理家畜粪尿排出、运输、再利用等过程，减少了浪费因素。"非法倒液化废料现场监控情况见图 1-2-27。

图 1-2-27 非法倒液化废料现场监控

五、与我国畜牧业合作情况

（一）政府间的合作交流

为促进中国和韩国饲料产业发展，2016 年中国国际集约化畜牧展览会（VIV China 2016）期间举办了中韩合作会议。9 月 8 日上午，中韩合作会议在北京中国国际展览中心（新馆）召开，全国畜牧总站党委书记何新天与韩国饲料协会会长林原泽、韩国农业部食品及农村事务部主务官金城来带领的韩国代表团进行了交流。何新天表示，中韩两国贸易这几年发展良好，在农业、畜牧业方面的合作也在不断扩大，希望能通过这次会谈增进中国饲料工业协会和韩国饲料协会之间的友谊，促进中韩两国畜牧业和饲料工业方面的了解，推动中韩双方在饲料领域合作。会议对中韩两国饲料产业发展情况、市场动向以及双方发展面临的机遇等进行了探讨。韩方表示了在饲料添加剂方面加大合作的愿望。应韩方要求，中方还对中国饲料和饲料添加剂进口管理的相关规定和饲料进口需进行的审批程序，进行了详细介绍。（来源：行业动态，2016 年第 19 期）

（二）企事业单位间的合作

1. 饲料企业

就畜牧业发展情况而言，中国在肉类产品加工领域居世界首位。中国猪肉加工业占世界总产量的

43%，而其动物饲料排世界第二位，仅次于美国。由于中国的持续发展和人均收入的增加，中国人均肉食消费量将会随之增长，同时也带动了畜牧业及动物饲料等相关行业的进一步发展。中国已成为韩国饲料生产企业最主要的海外投资国。其中以韩国的 TS 集团最为成功。TS 集团是最早进入中国饲料市场的公司之一。经过数年的发展，TS 集团已经被喻为韩国饲料生产企业在中国投资的典范。

韩国饲料生产企业在中国的投资主要分布在畜牧业较为集中的 9 个省份。这几年，韩国饲料生产企业投资有向东部和北部沿海地区发展的趋势，如在山东、天津、江苏、辽宁等地投资已占到韩国在中国所设饲料厂的 63%左右。其中，山东的韩国饲料厂最多，有 4 家，其次是天津，有 3 家韩国饲料厂。可见韩国饲料生产企业进行中国投资决策时需要对包括地理位置和畜牧业发展程度等多种因素做出综合评价(方京御，2008)。

2. 肉牛养殖企业

1998 年韩国天一肉加工株式会社在吉林省延边朝鲜族自治州珲春市板石镇板石村投资建立了延边天一牧业有限公司。

韩国科学技术院院士、忠北大学教授、吉林大学聘任的国外专家高端人才金南衡教授受韩国 SK 集团东部投资主管部门的委托于 2018 年 6 月 19 日至 23 日，来我国东北地区考察(图 1-2-28 和图 1-2-29)。SK 集团的中国事业始于 1992 年中韩建交之前，目前在中国员工超过 1 万人，业务区域遍布全国约 40 个地区。基于朝韩、朝美关系缓和，SK 集团欲在接近朝鲜附近的东三省集中投资养牛产业。其在中国投资养牛有两个方向：一是投资大型养牛企业入股，二是收购现有的大型养牛场或投资资金建立 SK 自己子公司名义下的养牛基地。

图 1-2-28　考察内蒙古肉牛养殖企业

辽宁天地养殖设备有限公司与韩国先进集团 5 000 头肉牛自动供料系统签约仪式于 2018 年 6 月 12 日上午在辽宁沈阳禾丰饲料工业园成功举行(图 1-2-30)。双方就先进集团布局东北的首个反刍项目，即先进(铁岭)养殖有限公司 5 000 头肉牛供料系统项目达成合作，预计 7 月初进入现场，10 月完成全部安装。

韩国先进集团创立于 1973 年，前身为“韩国第一种畜场”，经过 30 多年的发展，业务领域已涉及猪、牛养殖，食品加工，饲料等行业，目前先进集团已发展成为韩国最大的畜产集团。

3. 畜牧业科研合作与交流

中韩两国于 1992 年 8 月 24 日建交。9 月 30 日时任国务委员兼国家科委主任宋健与韩科技部长金镇铉分别代表两国政府签署了“中华人民共和国政府和大韩民国政府科学技术合作协定”。此后，两

图 1-2-29 考察吉林省肉牛养殖企业

图 1-2-30 中韩企业签订合作协议

国的科技合作与交流从无到有，迅速发展并不断取得进步。目前两国的合作领域涵盖了基础研究、应用技术和高新技术等各个领域；合作形式有开展联合研究、成立联合研究中心、代表团互访、人才交流与培训、召开研讨会等；双方交流渠道呈现多样化，既有政府间交流，也有民间交流，既有地方部门间的交流，也有大学和研究所间的交流以及企业间的交流。中韩科技合作为推动两国科技进步和经济发展发挥了积极作用，是两国关系中的重要组成部分。

中韩两国在畜牧业相关研究领域也有广泛而深入的交流与合作，如定期举行中日韩动物繁殖学术研讨会、中日韩反刍动物营养生理学术研讨会等。

另外国内科研院校与韩国科研院校在畜牧业相关研究领域有着密切的交流与合作。

参考文献

[1]郑京洙. 韩牛养殖户效率的提高与政策扶持方案研究. 韩国建国大学，2015.
[2]金明焕. 韩牛肉消费调查. GS & J Institute，2015.
[3]李秉午. 韩中 FTA 签订对韩牛产业的影响以及对策研究. 韩国江源大学，2014.

[4]金泰成.韩牛品种特征与品牌战略.农协经济研究所,2009.
[5]韩国农林部.韩牛标准设定,2007.
[6]朴镇涛.韩牛生产者·消费者直销形式的发展方案.韩国忠南大学,2010.
[7]韩国农林水产食品部.韩牛产业的政策方向.2012年韩牛国际综合研讨会.
[8]许德.世界肉牛产业动向.韩国农村经济研究院,2012年韩牛国际综合研讨会.
[9]方京彻.韩国饲料企业在中国直接投资策略研究.上海交通大学,2008.

第三章

越　南

一、摘　要

越南有 7 个地方良种黄牛，早期引进巴基斯坦辛地红牛、沙希华改良地方黄牛，随后引进了 10 个世界著名的热带和温带肉牛品种，取得了明显的杂交改良效果。但越南肉牛业及饲料工业发展滞后，缺乏系统的肉牛制种、供种体系和肉牛产业技术体系，以传统的散养与小规模饲养为主，牛肉价格居高不下，年人均消费牛肉 2.84 kg。近年主要从澳大利亚、泰国等地进口活牛或冻肉以满足国民需求，每年有小数额的越南黄牛向中国出售。

二、肉牛产业基本情况

(一)肉牛产业发展概况和资源状况

越南位于东南亚的中南半岛东部，狭长，北与中国广西、云南接壤，西与老挝、柬埔寨相毗邻，紧邻南海，海岸线长达 3 260 多 km，国土面积 33 万多 km^2，分为 63 省、直辖市，是以京族为主体的多民族国家。截至 2017 年 1 月，越南人口约 9 500 万人，居世界第 14 位，占世界总人口的 1.27%，人口密度 308 人/km^2。2017 年越南国民生产总值 2 200 亿美元；人均 GDP 为 2 385 美元；农业产品出口达 360 亿美元。2016 年农村居民收入 2 920 万越盾(1 美元合 22 450 越盾)。

到 2016 年底，越南森林面积 1 437.8 万 hm^2，其中自然林 1 024.2 万 hm^2、人工林 413.6 万 hm^2，森林覆盖率 41.19%，到 2020 年全国森林覆盖率将达 42%；草地面积 4.5 万 hm^2，存栏草食动物 1 150 万头(只)，只满足 7.6%草食畜需求。

根据越南农业与发展农村部统计，从事农业人口为 2 300 万人。越南农民的收入和生活水平逐步得到改善，地域间发展不平衡，农村建设改善缓慢，贫困户比率还很高，有的地方在 30%或更高。

越南大陆可分成 8 个不同的农业生态区域。

西北地区 6 省：莱州省、奠边省、山萝省、和平省、老街省及安沛省。

东北地区 9 省：高平省、谅山省、北件省、广宁省、北江省、河江省、宣光省、太原省及富寿省。

红河平原(也称红河三角洲)10省:海防市、海阳省、北宁省、兴安省、河内市、太平省、南定省、河南省、宁平省及永福省。

中北部地区6省:清化省、义安省、河静省、广平省、广治省及承天-顺化省。

中南部地区(也称中部沿海地区)6省:岘港市、广南省、广义省、平定省、富安省及庆和省。

西原地区5省:林同省、得乐省、得农省、嘉莱省及昆嵩省。

东南部地区8省:同奈省、平阳省、平福省、西宁省、胡志明市、宁顺省、平顺省及巴地-头顿省。

九龙江平原(也称湄公河三角洲)13省:隆安省、槟知省、同塔省、朔庄省、永隆省、芹苴市、后江省、前江省、薄辽省、金瓯省、坚江省、安江省及茶荣省。

(二)肉牛养殖业发展情况

1. 肉牛存栏量及历年变化

随着一些政策的出台,土地被公司、个体户承包或买卖,适宜放牧养殖的草地面积减少,公共的放养场所骤减,从事肉牛养殖人员减少,导致肉牛存栏量急剧下降。

2007年牛存栏672.47万头。2008年冬春季,遇到百年不遇的寒冷冬天造成21万头黄牛、水牛被饿死冻死(根据农业与发展农村部饲养管理局统计)。根据越南统计总局统计,2008年和2009年肉牛存栏量分别为633.77万头和610.33万头。2010—2013年,肉牛总存栏量也是连续递减,从2010年591.6万头减到2013年515.6万头。2014年,由于牛肉的需求量增加,与其他肉类相比牛肉价格高,养殖者加大对肉牛的投资,肉牛总存栏量稍有增加,为523.4万头,2015年增加到536.7万头。在不同生态区域,肉牛总存栏量变化整体上不影响该区域的肉牛总体结构。养殖肉牛最多的地区是中北部及中南部沿海地区,总存栏量占全国总存栏量的40%;其次是西北地区及东北地区,占全国总存栏量的17%;存栏量较少的地区是东南部地区,约为全国总存栏量7%;其余西原地区、湄公河三角洲、红河三角洲占11%~13%。牛存栏量最多的前5个省份分别是义安、嘉莱、广义、平定及清化。

此外,越南杂交牛存栏量发展较快。1995年杂交牛占12%,1998年占25%,2005年占30%,2010年占37.25%。据2015年10月1日统计,杂交牛占肉牛存栏量的56.65%,达到了越南畜牧业至2020年50%的战略目标。

2. 主要品种

(1)地方良种黄牛

本地牛统称为"黄牛",越南有7个地方黄牛品种,代表了不同的生态区域,分别为谅山黄牛、河江黄牛、清化黄牛、义安黄牛、义安高峰牛、富安黄牛及巴地-头顿黄牛,广泛适应炎热及潮湿气候,极耐粗饲,抗病力强,抗蜱、蚊和刺蝇,繁殖力强。

越南黄牛初生重很小,10~12 kg;母牛难产率极低,犊牛成活率高,在95%以上。黄牛生长速度慢、体型小、体重轻、产肉与产奶量低。成年公牛250~260 kg,母牛170~180 kg;体高103~110 cm,体斜长110~120 cm,胸围130~145 cm。母牛适配年龄在20月龄,母牛6~7月泌乳期的产奶量300~400 L,仅能满足犊牛生长需要。胴体重为78~80 kg,净肉重60~65 kg;屠宰率低,为43%~44%。越南黄牛生长性能见表1-3-1。

表1-3-1

越南黄牛生长性能

指标	公牛	母牛
初生重/kg	16	11
6月龄重/kg	72	63

续表 1-3-1

指标	公牛	母牛
12 月龄重/kg	95	85
24 月龄重/kg	155	140
成年体重/kg	250	180
体高/cm	112	103
体长/cm	120	113
初配年龄/月		20
产犊间隔/月		13
泌乳期/d		200
产奶量/L		400
屠宰率/%	44	43
肉净重/kg	82	57

由表 1-3-2 看出，越南黄牛整体上 2～5 岁的平均体重为 199.06 kg，最大 356 kg，最小 105 kg。体斜长 111.71 cm，最大 138 cm，最小 91 cm；胸围 138.33 cm，最大 176 cm，最小 108 cm；体高(鬐甲高)115.45 cm；十字部高 116.63 cm；耳长 17.82 cm，最长 21 cm，最短 15 cm。

表 1-3-2
越南黄牛体重和体尺指标

指标	数量/头	平均值	最小值	最大值
体重/kg	327	199.06	105	356
体斜长/cm	185	117.71	91	138
胸围/cm	187	138.33	108	176
鬐甲高/cm	184	115.45	96	120
十字部高/cm	184	116.63	97	122
耳长/cm	151	17.82	15	21

由于不同省份的气候条件及饲养方式不同，不同省份黄牛体重及体尺也不尽相同。从表 1-3-3 和表 1-3-4 可看出，公牛体重 220.80 kg，母牛 189.00 kg。义安省的黄牛体重最大 221.70 kg，依次是富安省(211.78 kg)、谅山省(209.26 kg)、巴地-头顿省(191.98 kg)，最小为清化省(189.80 kg)。

表 1-3-3
越南黄牛体重

性别	数量/头	平均/kg
母牛	244	189.00
公牛	83	220.80

表 1-3-4
不同地方黄牛品种的体重(不分性别)

产地	数量/头	平均/kg
谅山	58	209.26
义安	49	221.70
富安	74	211.78
清化	50	189.80
巴地-头顿	96	191.98

由表1-3-5看出，饲养在义安省的公牛体重最高，达243.30 kg，清化省公牛体重195.10 kg。对于母牛，饲养在义安省的母牛体重最大(200 kg)，谅山的最低(183.60 kg)，不同省份的体重差异不明显。

表1-3-5
不同地方黄牛品种的体重(分性别)

产地	性别	数量/头	平均/kg
谅山	母牛	36	183.60
	公牛	22	235.00
义安	母牛	27	200.00
	公牛	22	243.30
富安	母牛	50	187.90
	公牛	24	235.70
清化	母牛	43	184.40
	公牛	7	195.10
巴地-头顿	母牛	88	189.20
	公牛	8	194.70

黄牛主要分布于谅山省、清化省、义安省和宁顺省等。近几年来，越南黄牛(图1-3-1)被杂交得较多，本地黄牛主要分布在边远、偏僻的山区，是非常宝贵的基因库，应给予保护，为今后本品种选育及品种改良提供宝贵资源。

图1-3-1　越南黄牛

① 河江黄牛

河江黄牛，也称为赫蒙黄牛、苗牛、高平瘤牛、同文牛、高山牛，主产于河江省高山喀斯特地貌同文县、苗旺县，已被列入国家保护地方品种，主要分布于北部山区山萝省、奠边省及莱州省，适应于高山地区干冷条件。多数为黄色，少数为红色；皮薄，骨细；体型均匀，高大结实，灵活；头轻、鼻梁直，前面窄，斜尻。公牛肩峰高大，尾长。公牛头颈粗短，母牛头颈窄小。90%额顶隆起，其他额顶微凹或宽平；短角、小耳。初生重15～16 kg，5岁公牛平均体重约380 kg，母牛250～270 kg，屠宰率52.12%，净肉率

40.33%，在越南黄牛中体型最大。正在树立赫蒙牛品牌，每年都参加高平省举办的斗牛比赛，斗牛体重在 400～500 kg，见图 1-3-2 至图 1-3-7。

图 1-3-2 赫蒙公牛

图 1-3-3 赫蒙母牛

图 1-3-4 河江黄牛

图 1-3-5　斗牛准备上场

图 1-3-6　斗牛场面

图 1-3-7　牛王

A. 养殖情况

2010—2014 年，越南河江省肉牛存栏量连续增加。由 2010 年存栏量 10.1 万头增加至 2014 年的 10.6 万头，其中，官坝、安明、同文和苗旺 4 县存栏量占全省的 75%，农民主要用牛犁田，服务于农业生产。同时，也形成了许多活牛交易市场，以苗旺县和同文县的活牛交易最为活跃，每到赶街日，有 100～120 头牛参加交易，一是当地百姓相互交换种牛；二是将肉牛卖给从富寿省、永福省及河内市过来的商贩，用汽车把活牛运到平原地区屠宰，满足市场需求（图 1-3-8 至图 1-3-10）。关于加强大型家畜的饲养，尤其是商品肉牛已成为主流方向，符合当地实际条件。突出问题是饲养方式处于自发性、规模小，运用科学饲养技术还很有限。河江高山黄牛已出现严重退化，好的种牛被高价出售，剩下质量差的种公牛留下来，导致牛群质量下降。

国家补贴每户 120 万越盾来购买米糠、疫苗等，还给农户举办各类育肥技术培训，贴息贷款买牛，并要求：其一，农户要有饲养家畜经验，在寒冷的冬天要有储备饲料，保证牛舍和饮水卫生；其二，从业人员不多，最关键的是注重饲养管理，要定期注射疫苗，喂服驱虫药；其三，各社会团体加强宣传工作，使大多数农民都参与发展肉牛养殖、种草和利用农副产物；其四，要投资建造牛舍，抓住时机适时出栏，有效周转资金。在河江省同文县，当地政府已给贫困户、困难户补助购买肉牛，这个政策已在 2013 年

图 1-3-8 河江省同文县赶街日活牛交易市场

图 1-3-9 街头活牛交易

图 1-3-10　河江省苗旺县活牛交易市场

全县 19 个乡镇正式展开。在越南和平省梅州县抗那乡和巴姑乡，当地政府给 18 户农户免费发放赫蒙黄牛，价值 5 亿越盾，在赫蒙族居住的民族乡饲养经济价值较高的肉牛品种，挑选有威信的农户带头养牛带动脱贫。目前，以“小规模饲养的农户相互结合、参与各合作社的组织形式”运作，给餐馆、超市及宾馆提供优质的牛肉，项目除了给饲养农户提供饲养技术外，还建立屠宰场以符合食品安全卫生标准，农户可参与肉牛收购、屠宰及分配全过程。

B. 保护与利用

a. 种质保护。河江省政府拨出经费保护与开发河江高山黄牛品种，通过在喀斯特地貌地区选择出达标的种公牛和种母牛来进行配种。达到一级 24～28 月龄种公牛，调教后生产冻精，用于品种保护及纯种繁育。

b. 斗牛传统。每年农历正月初三开始角逐斗牛比赛，经过村寨级、乡镇级初选逐级比赛，斗牛比赛分两级别比赛：A 级比赛 12 头，体重 450 kg 以上；B 级比赛 12 头，体重 350～450 kg。

c. 扶贫与产业化开发。越南高平省执行一系列扶贫项目，向赫蒙族提供饲养技术、管理经验、建立品牌和寻找销售渠道等支持，让饲养农户可以安心生产与养殖，助力脱贫致富，真正挖掘赫蒙牛的珍贵品质与经济潜力。高平省赫蒙牛肉得到越南知识产权局颁发的正式集体产权商标，赫蒙牛肉已经出现在河内市各大宾馆、饭店，高平赫蒙牛饲养与销售协会与河内市最大商品零售商升龙 Big C 签订合同，并在其超市销售，牛肉将有更广阔的销售市场，还有了集体产权商标和追溯源头。

在高平省，某企业已投资一个现代化屠宰车间，占地 1 hm^2，投资额 100 亿越盾（300 万元人民币），日屠宰量为 120～150 头，有达标的污水处理系统。1 头体重 500 kg 的牛售价 2 300 万越盾（6 900 元人民币），以农业体系研究与发展中心的质量管理体系，从农户直达超市，农户生产的牛肉能卖出高价，而消费者可以买到高质量、绿色、生态的牛肉，可追溯肉牛的年龄及每批牛肉的来源。近期，高平省赫蒙黄牛养殖与销售协会，将赫蒙黄牛饲养扩展到北件省、河江省，帮助山区群众发展养殖业。同时，2011 年赫蒙牛养殖与销售协会正式成立，主要任务是养殖、收购、屠宰及分配赫蒙肉牛。该协会的成立是越南肉牛产业的一个重要的里程碑，肯定了高平省养殖肉牛发展的新路子。

d. 竞争与困惑。在河内市，澳大利亚牛肉可谓琳琅满目，纵然河江黄牛品质好，肉质鲜美，但是销售渠道曲折，尤其是道路上处罚超载、运输成本高，导致利润薄，甚至有时会在边境被没收，所以许多企业不再来收购肉牛，农户只好把大多肉牛卖给中国。

②谅山黄牛

谅山黄牛（图 1-3-11）被毛黄色，皮薄，中小体型，结实，肩高 100～104 cm，体斜长 111～113 cm，胸围 130～138 cm。2～5 岁的谅山黄牛公牛体重 300～350 kg，母牛 180～230 kg。

图 1-3-11 谅山黄牛(左公右母)

③清化黄牛

清化黄牛(图 1-3-12 和图 1-3-13)体格中等,呈长方形。公牛头部粗,母牛头部细,角短、额部平或稍凹;公牛嘴短,母牛嘴长而细,脸上血管暴露,眼大灵活;公牛肩峰明显,棕黑色,胸部垂皮发达,母牛无肩峰;公牛颈粗大而厚,母牛颈细、清秀,乳房匀称,欠发达。背腰平直,肌肉丰满,臀部欠发达。胸部相当深瘦,腹大而不下垂;四肢紧凑。

图 1-3-12 清化黄牛(左公右母)

图 1-3-13 清化黄牛

清化黄牛初生重 13～22 kg。成年母牛体重 180～200 kg，公牛体重 250～320 kg，肩高 100～102 cm，胸围 124～130 cm，体斜长 108～110 cm。2～5 岁龄平均体重 189.80 kg。清化黄牛早熟，产犊早，初配年龄 22～24 个月，适应炎热、低营养的生存环境，抗病力强。

清化省是发展大型家畜养殖较有潜能的省份。据 2016 年 4 月 1 日统计数据，清化省肉牛存栏量 22.6 万头，比 2015 年同期增长 0.6%，其中杂交牛占 60%。根据清化省农业与发展农村厅评价，现在清化黄牛存栏量为 9.1 万头，占全省肉牛存栏量的 30%，与 2010 年相比减少 29%。究其原因：一是农业机械化程度提高，减少黄牛犁田役使；二是改良地方黄牛项目实施，向体格大、高产的杂交方向发展，从而地方牛存栏量逐渐减少；三是体格健壮、魁梧的公牛被卖掉或被屠宰，瘦小、质量差的被留下，圈养清化黄牛数量下降，种群严重退化，也用来拉车、犁田等。

④义安黄牛

义安黄牛（图 1-3-14）体格中等。70%～80%被毛黄色，其余被毛为淡黄色或黑色。皮薄，毛细。公牛肩峰高，母牛肩峰低。母牛多数前低后高，公牛前高后低；多数有背脊黑线直至尾部。公牛头粗、重，母牛头细。额宽、平直，少量额稍凹，额顶稍突；耳大。公牛角大如春笋，角峰黑色；母牛角小、细长、向前弯。公牛脖子厚、圆，母牛鼻子细、长。胸甲从喉咙下垂到胸骨。义安黄牛体重与清化黄牛体重差不多，初生重 13～16 kg，成年公牛体重 300～350 kg，母牛 190～210 kg；体高 104～110 cm，体斜长 115～124 cm，胸围 139～156 cm；屠宰率 40%～44%；公牛挽力 440～490 kg，母牛 380～400 kg。

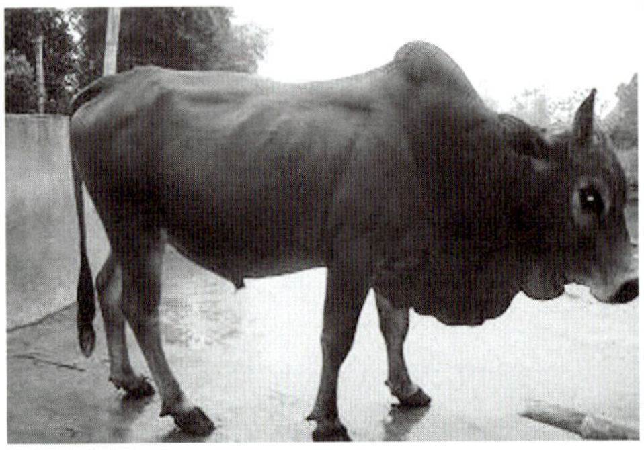

图 1-3-14　义安黄牛（左公右母）

义安省是一个农业省份，80%人口从事农业生产，具有发展大家畜养殖的潜能及条件，肉牛存栏量小幅增长。2015 年全省肉牛存栏量 411 912 头，比 2012 年增长 8.7%，比 2014 年增长 5.3%；杂交牛存栏量 172 528 头，占全省的 42%；奶牛 47 739 头，占 11.6%；其余为地方牛。牛肉产量也是小幅增长：2015 年 14 583 t，比 2012 年增长 19%，比 2014 年增长 6.12%（表 1-3-6）。

表 1-3-6

2012—2015 年义安省肉牛数量、分布及种群结构

指标	年份			发展速度/%	
	2012	2014	2015	2015 年与 2012 年比	2015 年与 2014 年比
存栏量/头	378 907	391 190	411 912	108.70	105.30
杂交肉牛	140 389	158 540	172 528	122.89	108.80
奶牛	25 910	45 580	47 739	184.25	104.70
山区、丘陵区地区	208 630	215 540	211 698	101.47	98.22
平原地区	170 277	175 650	84 978	49.90	48.38
产肉量/t	12 250	13 742	14 583	119.00	106.12

逐步从规模小、分散饲养到集约化发展。截至 2015 年 5 月 31 日，全省有 236 个养殖场，其中有 13 个大型奶牛场(如 TH milk、Vinamilk 企业)；而在新奇县有饲养国外肉牛品种，在宜禄县有育肥澳大利亚肉牛的养殖场。

⑤富安黄牛

富安黄牛(图 1-3-15 和图 1-3-16)是越南中部沿海地区肉牛的代表，也叫“蛤蟆牛”，分布于越南中部沿海地区，从岘港市、广南省到宁顺省、平顺省。适合炎热、干旱及缺乏草料的地区饲养。

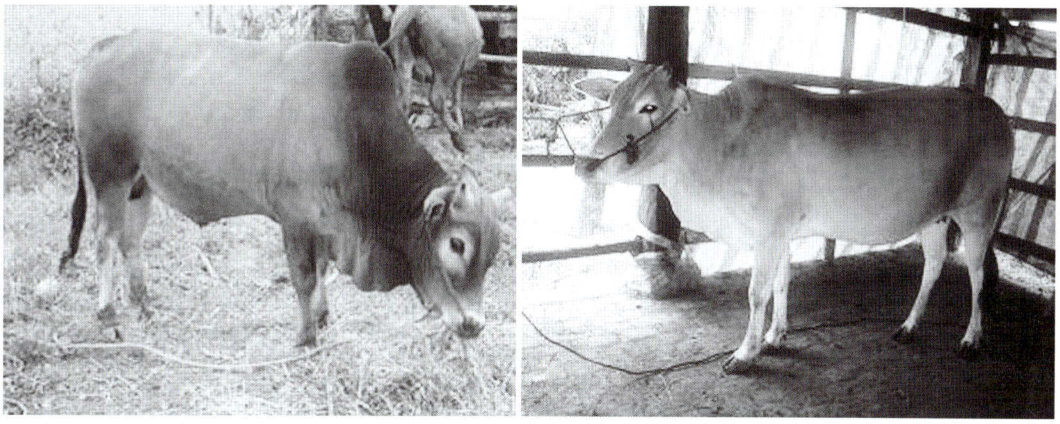

图 1-3-15 富安黄牛(左公右母)

图 1-3-16 富安黄牛

富安黄牛属瘤牛，体格中等；被毛深黄色、深红色或棕色；公牛颜色比母牛颜色深。身躯结实，头短小，身长，背宽，胸宽而深；耳小、皮薄、毛细腻。初生重 13～15 kg，3 岁重 180～240 kg，4 岁体重 200～230 kg，5 岁体重 220～250 kg。2～5 岁公牛平均体重 235.7 kg，母牛体重 187.9 kg；高于谅山黄牛、巴地-头顿黄牛、清化黄牛，低于义安黄牛。屠宰率 30%，净肉率 30%。适应热带干热气候，在饲养中，可利用农副产物如干稻草、甘蔗渣、空玉米秸秆、香蕉茎叶等。

富安黄牛品质好，存栏数量大，大量销售到其他地方，在 20 世纪初已形成著名品牌，70%～75%供应胡志明市。以自然放养的饲养方式为主，雨季缺少草料，牛只消瘦、多病。

A. 改良状况

引进外来肉牛品种改良当地黄牛，如婆罗门牛、辛地红牛等，以及温带牛夏洛莱、利木赞、皮埃蒙特牛等，24 月龄杂交牛平均体重 300 kg，个别体重可达 400 kg 以上，净肉率 42%～44%。

富安省已加快人工授精和自然配种计划，到 2015 年杂交肉牛比重占 70%。杂交牛比率较高的绥和县为 73%，富和县 71%，西和县 67%，富安省瘤牛占 60%以上。

B. 销售情况

法国殖民统治时期，富安省有许多大型黄牛、水牛及马养殖场，尤其是山和县一带。富安黄牛被卖到芽庄、西贡、巴地-头顿或集中到春台湾准备运往国外。出口的肉牛从巴地-头顿和西贡码头，通过海运或直接从巴地-头顿港口到菲律宾马尼拉。以后，大规模养殖方式逐渐减少和转向小规模农户养殖。在富安省农村，几乎家家都饲养肉牛。人们养殖黄牛、水牛来犁田、拉木料、运输、产肉及买卖等。迄今，肉牛存栏量还维持较高水平，对安富省的大多数农户，养殖杂交肉牛是主要收入。对于富安省各山区县的农民，养殖肉牛脱贫致富模式很有成效，带来较高收入。

C. 富安牛文化

富安黄牛与富安农民生活紧密相连，牛是农户的主要家产，富安省农村有过"牛节"的习俗，具有浓厚农业文化特色。每逢农历正月初四、初五，当地农民祭拜牛过"牛节"，起早，主人打扫牛舍，在牛舍前放个小桌子来祭拜，尽管祭拜很简单。随饲养的肉牛数而摆放粮食种子数，还有盐巴、大米、鲜花等，祭拜后把盐巴、大米撒在房顶，在新春到来之际祈求来年六畜兴旺，也祝愿农业风调雨顺(图 1-3-17)。

图 1-3-17　牛节

⑥巴地-头顿黄牛

巴地-头顿黄牛(图 1-3-18)是越南东南部肉牛的代表，分布于同奈省、平福省、平阳省及西宁省。被毛黄色，少数为草白色、深红色等，垂皮短；体格比其他地方黄牛大，平均体重 250～280 kg。

⑦义安高峰牛

义安高峰牛(图 1-3-19)分布于义安省、河静省，以义安省南坛县和河静省奇英县为主产区。体型中等；被毛从淡棕色到黄色、深红色，短而浓密；头较小，耳小，胸垂发达；尾长，尾帚黑；公牛肩峰为棕黑色，高耸呈"斧头形"；公牛角粗短，母牛角小；初生重 13～16 kg，成年公牛体重 270～320 kg，母牛 190～210 kg。

图 1-3-18 巴地-头顿黄牛(左公右母)

图 1-3-19 义安高峰牛(左公右母)

(2)引进品种

越南引进的瘤牛代表是辛地红牛、沙希华牛、婆罗门牛、抗旱王牛等品种，其最大的优势在于适应炎热、潮湿的热带环境；耐高温、极耐粗饲；在营养条件较差的情况下，瘤牛适应性较好；抗蜱、蚊和皮蝇的干扰。与温带肉牛相比，瘤牛个体小、生长慢、产肉和产奶低等。最受欢迎的当数巴基斯坦的辛地红牛和沙希华牛。

①辛地红牛

辛地红牛原产于巴基斯坦的辛地省。大多被毛为深红，胸部和额头少许白斑；属于体型较小的肉牛，体型紧凑、肌肉发达、臀部丰满。辛地红牛初生重 18～21 kg；成年公牛体重为 370～450 kg，母牛体重 300～350 kg；泌乳期为 240～270 d，泌乳量 1 250～1 800 L，个别泌乳期泌乳量 5 000 L；乳脂率 4%～5%；屠宰率为 48%～50%；产犊间隔为 13～18 个月。在印度和巴基斯坦，辛地红牛是兼用型肉牛，主要用于产奶和拉车。

早在 1923 年越南就引进辛地红牛，在河西省波微基地饲养。1987 年又从巴基斯坦引进 250 头辛地红牛，其被毛漂亮、体型优雅、个体大、产奶量多、拉力强，所以辛地红牛及其 F_1 在越南各地都有繁育与饲养。

②沙希华牛

沙希华牛原产于巴基斯坦西旁遮普省蒙马利地区。体型中等，身躯均匀、皮软；被毛从深黄色到棕红色，偶尔白色花斑；鼻镜和眼睑灰色。初生犊牛体重 20～22 kg；初产年龄为 30 月龄；成年公母牛体重分别为 470～520 kg 和 320～370 kg，体高分别为 150 cm 和 130 cm；屠宰率为 51%～55%。一个泌乳期产奶 1 400～2 500 L，个别在 270～280 d 泌乳期可达 4 500 L；乳脂率 5%～6%。

沙希华牛为热带奶牛，选用辛地红公牛与沙希华母牛杂交育成，来改良地方品种向乳肉兼用型发展。1987 年，越南开始引进沙希华牛，在庆和省育美农场进行纯种饲养。也有沙希华牛冻精对辛地红母牛进行人工授精，产下的犊牛深受农民喜欢，适应能力强（表 1-3-7 和表 1-3-8）。

表 1-3-7

亚洲地区的牛品种适应性及生产性能比较

品种	适应环境	泌乳量/L	屠宰率/%	初产年龄/月龄	产犊间隔/月龄	用途
越南黄牛	亚热带	400～600	43～44	24～30	13～16	犁地
辛地红牛	亚热带、半干	680～2 270	48～43	27～43	13～18	产奶、拉车
沙希华牛	亚热带、干	1 135～3 175	51～63	60～63	13～18	产奶、拉车
翁戈牛	热带、干	1 180～1 635	52～55	30～43	16～18	拉车、产奶
塔帕卡牛	亚热带、干	680～2 270	47～49	42～60	14～18	产奶、拉车

表 1-3-8

一些肉牛的生产性能及适应性

品种	体型	泌乳量	发情年龄	适应炎热气候	产肉	肌肉表现	屠宰率	含脂率
安格斯牛	一般	一般	高	一般	高	一般	低	高
海福特	一般	低	一般	一般	高	一般	低	一般
红安格斯	一般	一般	高	一般	高	一般	低	高
短角牛	一般	一般	一般	一般	高	一般	低	高
夏洛莱	一般	低	低	一般	一般	很高	很高	一般
利木赞牛	一般	低	低	一般	一般	很高	很高	低
婆罗门	高	一般	很低	很高	高	一般	一般	低
婆罗格斯	高	一般	一般	很高	高	一般	低	一般
圣格特鲁迪斯牛	高	一般	低	很高	高	一般	低	低

③婆罗门牛

婆罗门牛是著名热带肉牛，在热带及亚热带地区都有繁殖。婆罗门牛育成于美国，是从 19 世纪末到 20 世纪初由 Guzerat、Nerole、Gyr、Krishna Velley 及欧洲肉牛杂交而育成。

婆罗门牛被毛多样，大多为银灰色；外形结实、肌肉发达。与其他瘤牛相比，婆罗门牛生长速度快，适应潮热的热带气候条件，利用粗饲料能力强、寿命长、难产率低。初生重 22～25 kg；成年公牛体重达 800～900 kg（少数>1 t），母牛 450～500 kg；母牛产奶量低，一个泌乳期产奶 600～700 L。婆罗门牛生长快，屠宰率 52%～55%。但婆罗门牛繁殖率低，成熟晚，青年母牛适配年龄在 24 月龄以上，大理石纹和香味稍逊于温带牛种。

④抗旱王牛

抗旱王牛育成于澳大利亚昆士兰州北部，由美国婆罗门与英国短角母牛杂交育成。杂交始于 1930 年，1956 年育成并取名为抗旱王，含 50%欧洲肉牛血缘，适应于热带气候，汗腺发达。被毛红色，角与肩峰适中，身长，臀部圆而多肉。成年公牛可达 900～1 000 kg，母牛 600～700 kg。性成熟早，母牛适配年龄为 15～18 月龄，公牛初配年龄约为 24 月龄。母牛繁殖率高、易产犊，如果饲养好的话，每年可生产 1 胎。195 日龄犊牛体重可达 260 kg。在草地缺草或旱季缺水的条件下，耐粗饲与耐饥饿，抗蜱、蚊和刺蝇能力强。

⑤夏洛莱牛

原产于法国中西部到东南部的夏洛莱省和涅夫勒地区，是举世闻名的大型肉牛品种。夏洛莱牛被毛乳白色，生长快、体格大、肌肉多、屠宰率高。公牛体重为1 200～1 300 kg，母牛700～800 kg，屠宰率65%以上，与其他肉牛品种杂交生产杂交牛。越南通过冻精改良辛地红牛及其杂交牛，是推广最多的杂交模式。

⑥利木赞牛

利木赞牛被毛红色，鼻黏膜红润，角和蹄为白色、灰白色。体型大、背直、头短、额宽。公牛体重800～900 kg，母牛540～600 kg。12月龄公犊体重450～460 kg，母犊体重可达380～400 kg，平均屠宰率达70%。利木赞牛适应温带气候。利木赞牛与辛地红牛杂交，产下犊牛体重20 kg，相同放养条件下，12月龄体重达126～139 kg，24月龄体重达211～265 kg，较辛地红犊牛高22%。

⑦圣格特鲁迪斯牛

圣格特鲁迪斯牛个头大、背直、骨骼非常结实。被毛纯一，为深红色；头宽大，额头稍凸，耳朵大小适中。公牛肩峰稍小，有发达垂皮。成年公牛800～900 kg，母牛550～650 kg。18月龄公牛体重500 kg以上，母牛体重可达370 kg。屠宰率达61%～62%。圣格特鲁迪斯牛与辛地红牛杂交，F_1初生重18～20 kg，12月龄107～168 kg，24月龄153～250 kg。适应热带气候条件，耐热，抗病力强，抗蜱、蚊和皮蝇。

⑧西门塔尔牛

西门塔尔牛可谓来得最早和应用最广泛的肉牛，被毛黄白花，头、胸、腹下、四肢及尾帚多白斑；有角或无角。牛个头大、肌肉丰满、头短、颈长、背直长。一个泌乳期产奶4 500 L。成年公牛体重900～1 000 kg，母牛750 kg；12月龄青年公牛体重400 kg以上，母牛达330 kg以上；18月龄公牛500～600 kg，母牛400～450 kg。屠宰率58%～63%。越南引进西门塔尔牛冻精，对辛地红母牛进行人工授精，产下的犊牛体重增长快，在许多地方西门塔尔杂交后代的体重超过夏洛莱杂交牛的体重，但被毛颜色不太受饲养者的喜欢。

⑨海福特牛

海福特牛个体高大、强壮、头短、背直、臀部丰满；被毛鲜红，脸、颈、脚肘为白色；鼻黏膜红色或暗红色。成年公牛体重800～1 100 kg，母牛600～700 kg。屠宰率58%～62%。海福特牛适应温带气候和放养管理。海福特牛冻精改良辛地红牛，杂交后代增长快，好养。

⑩黑安格斯牛

黑安格斯牛纯黑，鼻黏膜也黑色，无角；肉质非常好、有雪花花纹、肉质软而肥；性成熟早、繁殖率高。但体重不大，增长稍慢。成年公牛体重800～950 kg，母牛550～650 kg；15月龄公犊体重450～460 kg，母犊350～450 kg。平均屠宰率为65%～67%。安格斯牛适应温带气候和放养。

3. 杂交改良效果

(1)辛地红引种及杂交效果

辛地红杂交牛被毛深红，主要为辛地红牛与地方黄牛自然交配的杂交后代。F_1体型较大、产肉和奶也多，辛地红牛分布于越南南部胡志明市、西宁省、同奈省、平阳省及河西省。

辛地红杂交牛外形不一，具瘤牛特征，诸如脸长、耳下垂、体高、体长；胸垂发达；凸额头、脸短、耳小、脚短、体圆；乳房发达，臀部丰满而圆润。犊牛初生重18～20 kg，成年公牛体重400～500 kg，母牛250～300 kg。一个泌乳期产奶800～1 000 L，个别泌乳期产奶达2 000 L以上；最高日泌乳量为8～10 L；乳脂率5.1%～5.5%。屠宰率近50%。与黄牛体重相比，辛地红杂交后代体重高30%～35%，泌乳量增加2倍，广泛适应越南各地，占全国肉牛存栏量的30%以上。

过去30年，越南大量引进的温带肉牛品种有夏洛莱、海福特、利木赞牛、西门塔尔牛，热带肉牛品种有婆罗门牛、抗旱王、蒙特红牛、婆罗格斯等。1975年宁平省开始杂交试验，1982年嘉莱省开始杂交试验。从 20 世纪 80 年代末到 90 年代初，国家项目“肉牛杂交研究”在永福省及西原地区开展。自此，不同的渠道进行了许多有关肉牛杂交试验和育肥试验，不同地域不同杂交组合的效果见表 1-3-9。在农户同样的饲养环境下，12 月龄夏洛莱 F_1 体重分别为 173.0 kg、164.6 kg 和 159.1 kg。在胡志明市古芝县安富基地，18 月龄夏洛莱 F_1 体重仅为 148 kg，在保禄县为 232 kg、边沙为 308.8 kg。

表 1-3-9

不同的杂交组合 F_1 体重

kg

地区/基地	杂交组合	初生	6 月龄	12 月龄	18 月龄
保禄	夏洛莱 F_1	23.12	115.9	173.0	232.0
	利木赞 F_1	20.50	119.0	139.0	170.0
	海福特 F_1	22.60	118.2	145.8	178.9
	西门塔尔牛 F_1	21.15	111.5	168.0	250.5
	萨格鲁特迪斯 F_1	18.7	106.0	163.0	183.3
	辛地红牛 F_1	18.50	—	122.6	156.1
得乐	夏洛莱 F_1	27.60	109.0	164.6	—
	辛地红 F_1	—	91.0	126.5	—
边沙	夏洛莱 F_1	21.30	96.9	159.1	308.8
	海福特 F_1	21.10	88.6	149.6	291.6
	西门塔尔牛 F_1	20.20	88.3	145.7	220.2
	辛地红 F_1	19.30	84.8	120.1	205.5
古芝	夏洛莱 F_1	—	—	—	148
	圣格鲁特迪斯 F_1	—	—	—	153
	海福特 F_1	—	—	—	144

在饲养和管理好的条件下，平阳省边沙基地 6 月龄夏洛莱牛 F_1 体重 114.1 kg，12 月龄 244.7 kg，18 月龄 320.7 kg；6 月龄抗旱王牛 F_1 体重 128.5 kg，12 月龄 214.7 kg，18 月龄 298.8 kg；6 月龄婆罗门牛 F_1（美国）体重 116.9 kg，12 月龄 193 kg，18 月龄 269.2 kg；辛地红牛 F_1 6 月龄体重 98.3 kg，12 月龄 167.0 kg，18 月龄 233.4 kg（表 1-3-10）。如果以杂交辛地红牛的体重为 100%，则 12 月龄夏洛莱牛 F_1 体重为 146.5%，抗旱王牛 F_1 为 128.6%，婆罗门牛 F_1 为 115.5%；24 月龄夏洛莱牛 F_1 体重为 142.84%，抗旱王牛 F_1 为 128.68%，婆罗门牛 F_1 为 115.04%。

表 1-3-10

边沙基地杂交 F_1 体重

kg

月龄	抗旱王牛 F_1		婆罗门牛 F_1		夏洛莱牛 F_1		辛地红牛 F_1	
	n	$\bar{x}\pm SE$	n	$\bar{x}\pm SE$	n	$\bar{x}\pm SE$	n	$\bar{x}\pm SE$
初生	46	18.5±0.6	79	16.9±0.4	17	22.7±0.8	20	13.8±0.5
6	28	128.5±3.5	76	116.9±3.1	15	114.1±3.8	20	98.3±3.0
12	19	244.7±6.0	59	193.0±5.2	12	244.7±0.8	19	167.0±4.8
18	15	289.8±8.7	33	269.2±9.0	10	320.7±11	17	233.4±10.0
24	12	355.8±11.8	21	318.1±11.3	8	395.0±11	11	276.5±11.6

不同生长阶段的平均日增重详见表 1-3-11。

表 1-3-11
边沙基地饲养的杂交后代平均日增重　　g

月龄	抗旱王牛 F_1	婆罗门牛 F_1	夏洛莱牛 F_1	辛地红牛 F_1
0～3	637.44	635.33	657.22	532.67
0～12	544.94	489.22	616.61	433.78
13～24	392.08	347.47	417.31	295.86
0～24	468.51	418.35	516.96	364.82

夏洛莱牛杂交后代毛色纯一，为乳白色，脚短、体圆、肌肉发达；额毛长和卷；眼白；性格温顺、易饲养，受到人们的喜爱。西门塔尔牛、圣格特鲁迪斯牛及海福特牛后代毛色有白斑点或斑纹，眼黏膜有棕红色或火红色，因此很不受人们喜爱。原产于温带肉牛与辛地红母牛杂交，产下后代的外形偏向其父本特征如脚短、体圆。夏洛莱牛与辛地红牛杂交后代的特征：脸短、头圆、有小肩峰、颈和耳长适中（初生时体高 59.2 cm，体重 20 kg），胸甲和肚脐发达，毛色为深黄色或赭色；眼眶和鼻镜为棕白色；蹄淡黑色。婆罗门牛与辛地红牛杂交后代的特征：有高肩峰、垂皮发达、头长适中、耳长而下垂、胸深、背直、脚高等；毛色为棕红色，少数胸颈部有零星白斑；鼻及蹄为黑色。

未经强度育肥的夏洛莱牛 F_1、抗旱王牛 F_1、婆罗门牛 F_1 和辛地红牛 F_1 的屠宰率分别为 53.9%、50.7%、49.0%和 47.9%（表 1-3-12）。对 18 月龄杂交牛以 67%～71%精饲料育肥 3 个月后，平均日增重以夏洛莱牛 F_1 最高，为 1148 g，辛地红牛 F_1、抗旱王牛 F_1、婆罗门牛 F_1 分别为 833 g、934 g 和 1 104 g。

表 1-3-12
4 种牛杂交后代的屠宰性能

指标	夏洛莱牛 F_1	抗旱王牛 F_1	婆罗门牛 F_1	辛地红牛 F_1
n/头	3	3	3	3
活重/kg	445.6±29.0	379.7±11.6	407.0±11.0	284.6±35.0
胴体重/kg	240.2±15.0	192.6±6.9	199.6±5.8	136.3±16.0
屠宰率/%	53.9±1.1	50.7±1.3	49.0±0.9	47.9±0.6
净肉重/kg	194.3±13.0	155.3±2.7	162.5±4.4	109.4±15.0
净肉率/%	43.6±0.9	40.9±0.9	39.9±1.1	38.3±0.5
眼肌面积/cm^2	127.6±8.4	111.0±4.3	107.1±4.8	82.0±13.0

边沙基地的数据表明，肉用型 F_1 如夏洛莱、海福特及西门塔尔牛的杂交后代体重大，平均体重 450 kg 以上，母牛繁殖力高，产奶量较高；含 75%外血杂交牛在 0～5 月龄日增重可达 800 g。关于 F_1 母牛的繁殖性能报道几乎没有。

(2)婆罗门牛引种情况

1997 年越南从古巴引进白婆罗门牛，在宁平省逢尚基地饲养，后来转入平定省安仁基地和胡志明市古芝县安富基地。2003—2004 年，南方一些省份和宣光省从澳大利亚引进白婆罗门牛饲养，婆罗门牛易于饲养，适于集中饲养和半农区农户小规模养殖。

在胡志明市古芝县安富基地，白婆罗门牛放养成群，在牛舍补充饲料。6 月龄婆罗门母犊平均体重 128.8 kg（n=56），比安仁基地的 137 kg 低。断奶后，在安富基地饲养的牛群增重高于在安仁基地农户饲养的，12 月龄体重 223 kg（n=19），18 月龄体重 280.2 kg（n=9）。

平定省安仁基地和胡志明市安富基地的饲养结果表明，0～6 月龄白婆罗门犊牛平均日增重可达 650 g，6～12 月龄日增重可达 400 g 以上，初生至 18 月龄母犊平均日增重在 450 g 以上，相当于含有 50%欧洲肉牛血缘的日增重(表 1-3-13)。

表 1-3-13
平定省安仁基地饲养的白婆罗门犊牛生长性能

指标	公犊 (农户饲养，n=45)	母犊 (农户饲养，n=31)	母犊 (基地饲养，n=15)
初生重/kg	24.6±0.4	23.6±0.5	—
6 月龄体重/kg	144.1±2.1	137.3±3.6	137.9±5.7
9 月龄体重/kg	—	156.7±4.3	171.7±5.1
12 月龄体重/kg	211.4±5.6	177.0±4.9	207.7±4.6
15 月龄体重/kg	—	184.8±6.2	246.4±5.6
18 月龄体重/kg	268.3±6.7	228.0±6.7	286.0±5.3
0～6 月龄日增重/g	652	620	—
6～12 月龄日增重/g	340	249	405
0～18 月龄日增重/g	443	372	477

观察产于越南的婆罗门牛表明，性成熟期晚、平均初次发情年龄 24.3 月龄，繁育在安富基地的婆罗门牛，产犊间隔为 482 d(表 1-3-14)。

表 1-3-14
平定省婆罗门母牛的繁殖指标

指标	头数	$\bar{x}$ ±SE
初情期/月龄	20	24.34±1.06
初情期体重/kg	19	271.75±12.14
初配年龄/月龄	15	25.17±1.35
初配体重/kg	15	279.25±16.44
初产年龄/月龄	6	36.29±1.60
初产母牛体重/kg	6	320.0±16.05
产犊间隔(安富基地)/d	31	482.0±22.8

(3)抗旱王牛引种情况

2002—2003 年，从澳大利亚引进抗旱王，分别在平阳省边沙基地、胡志明市古芝县安富基地、顺化市平城基地及芹苴市后江农场饲养。由于缺乏饲养管理经验，所以在圈养时人工配种技术差，牛群繁殖率很低。在边沙基地的适应性和繁殖力较好(表 1-3-15)。

在澳大利亚，抗旱王产犊间隔为 11.5～11.8 个月。芹苴市后江农场和胡志明市古芝县安富基地，产犊间隔分别为 458.8 d(n=26)和 464.2 d(n=89)。在饲养环境不好的条件下，抗旱王的产犊间隔为 15～16 个月，相当于每年产仔率 75%～80%。由于母牛发情不明显，发情时间短，人工授精较为困难，公牛自然交配后母牛的繁殖力较高。抗旱王初生重(第 1 胎)20～40 kg，6 月龄达 148.3 kg，18 月龄达

表 1-3-15
边沙基地饲养的抗旱王母牛的繁殖性能指标

指标	头数	平均数	数值范围
初情期/月龄	28	24.1	16.7～39.6
妊娠期/d	29	284.3	274～298
初产年龄/月龄	23	34.8	26.0～45.3
产后配种时间/d	22	183.8	30.0～402.0
产后到妊娠时间/d	18	202.9	46.0～376.0
产犊间隔/d	25	474.4	328.0～653.0
产犊率/%	—	77.0	—
怀胎系数	64	1.8	1～4
初配妊娠率/%	—	62.1	—
成年体重/kg	34	452	365～560

338 kg。哺乳期(0～5 月龄)的平均日增重(包括公犊和母犊)为 700 g;0～12 月龄平均日增重为 612 g(表 1-3-16)。在哺乳期内,有充足的精饲料喂养,个别日增重为 1 000 g。根据澳大利亚抗旱王牛协会介绍,澳大利亚养殖的抗旱王犊牛增长很快,26 周龄可断奶,公犊体重可达 258 kg,母犊体重 184 kg(相当于公犊日增重 1 000 g 和母犊日增重 800 g)。因此,提高犊牛饲养水平,至 6 月龄断奶,犊牛体重可达 170 kg。

表 1-3-16
边沙基地饲养的抗旱王犊牛的体重

月龄	头数	公犊	头数	母犊	头数	公母平均
体重/kg						
初生	23	23.5±0.9	15	20.6±1.3	38	22.3±0.8
6	18	152.0±3.5	9	140.8±7.6	27	148.3±3.5
12	13	244.9±7.0	7	239.4±6.5	20	242.9±6.4
18	9	343.7±10.6	6	329.3±8.2	15	337.9±7.2
24	5	437.2±18.3	3	376.5±14.5	7	419.9±16.2
日增重/g						
0～12		614.9		607.8		612.7
13～24		534.2		380.8		491.5
0～24		574.6		494.3		552.1

(三)肉牛产品加工业发展情况

越南牛肉产量少,尚无过多的牛肉用于产品加工业,没有企业投资牛肉产品加工。

(四)牛肉消费情况

1. 牛肉消费占比及国民消费偏好

根据联合国粮食与农业组织 2012—2013 年统计,全世界肉类消费以猪肉为主,占 40%以上,而牛羊肉不到1/3,各种肉类的情况如表1-3-17所示。

表1-3-17

2012—2013年全世界各种肉类消费比重

肉类	比重/%
猪肉	40以上
家禽肉	30以下
黄牛、水牛、马、鹿、羊肉	25～28
其他肉类	1以上

注:2014年越南农业与农村发展部饲养管理局

越南黄牛、水牛及羊肉消费量很低,占整个肉类比重远不及10%,草食畜肉类所占比重略高于8.5%,大致情况如表1-3-18所示。

表1-3-18

2013—2015年牛羊肉消费比重 %

肉类	2013年	2014年	2015年
黄牛、水牛和羊肉所占比重	8.85	8.72	8.54
黄牛所占比重	6.47	6.38	6.25

注:越南统计总局,2015年10月1日统计数据

2. 牛肉消费情况及影响因素

以发展肉牛养殖为目标,创造更多优质和有价值的牛肉产品,创造更多就业和增收,改善农民生活水平,养殖肉牛持续发展,具体如下:

- 肉牛总存栏从2005年的554万头到2010年的591.6万头,2015年为536.7万头;同时杂交牛从2005年的30%增加到2010年的36%,2015年为40%。
- 牛肉产量从2005年的14.2万t增加到2010年21.0万t,2015年为31.0万t;年人均消费从2005年的1.70 kg增加到2010年的2.35 kg,2015年为2.84 kg。

3. 牛肉产品消费模式

牛肉消费以冷鲜肉、冻肉为主,鲜肉以炒、炖为主,冻肉消费以炒、炖和火锅涮肉为主。大中城市有烤肉,但大多肉品质不高,以年轻人消费居多。

4. 牛肉物流、营销企业和组织概况

从品种、饲养方式及市场产品等角度来讲,目前越南还没有真正意义的肉牛产业,活牛进口后,牛肉的物流业没有像样的产业模式,牛肉以冷链运输到各地零售供应国内市场需求,尚在起步阶段。

(五)肉牛产品贸易情况

1. 肉牛产品进口情况

(1)种牛引种及杂交改良

20世纪20年代,越南开始肉用牛育种与改良研究,重要的里程碑是越南从巴基斯坦引进辛地红牛,以产肉和产奶为目的。辛地红牛后代牛毛色漂亮、体躯高大。

1975年,越南开始地方肉牛(黄牛和瘤牛)与外来肉牛品种杂交研究。1975—1978年,在宁平省同交农场进行试验。1982—1985年,在嘉莱省河三农场进行试验。生产和推广夏洛莱、海福特、利木赞、圣格特鲁迪斯牛冻精,与辛地红杂交后代母牛配种。

1980 年从巴基斯坦引进上百头辛地红牛和沙希华牛在一些省份饲养。在越南产下的纯种辛地红牛和沙希华牛，挑选优秀公牛来生产冻精（河西省波微县 Moncada 基地），也有公牛直接与地方黄牛配种的。20 世纪 80 年代，杂交牛很快就占到存栏的 10%，主要集中在有充足的饲料来源和养牛拉车的郊区。

1994—1998 年，世行赞助“用辛地红牛来改良地方黄牛”专项，使杂交牛比重提高到 25%以上。在越南北部河西省、河内市，有较好的杂交辛地红牛；中部平定省、富安省，有了较好的杂交瘤牛。优质杂交辛地红牛在西宁省、隆安省、平阳省、胡志明市及河西省繁育，主要用来改良越南本地黄牛和奶牛。由越南国家畜牧研究院主持的国家级专项项目（项目编号：UNDP - VIE 86/008）采用专门化肉牛品种的冻精，对辛地红母牛进行冻改。引进温带肉牛品种有夏洛莱、海福特、利木赞牛、圣格特鲁迪斯牛，主要在越南中部（平定省、富安省及嘉莱省）进行杂交。夏洛莱 F_1 非常受农户喜爱，因生长快、外形及颜色好。利木赞牛、圣赫特鲁迪斯牛、海福特 F_1 不那么受农户喜爱，因皮毛有许多白斑和卷毛。

1995—2000 年，科研院所已关注肉牛杂交研究，不断采用一些兼用型肉牛（如塔连泰西、阿邦当斯牛）进行试杂交。1997—2000 年，越南国家畜牧研究院与澳大利亚 ACIAR 合作，利用澳大利亚肉牛如婆罗门牛、抗旱王、蒙特红牛、婆罗格斯冻精给地方牛授精，生产杂交一代。在得乐省 Madrak 基地，400 日龄抗旱王体重达 140 kg，蒙特红牛 148 kg，婆罗门牛 124 kg；在永福省永祥基地，200 日龄抗旱王体重 147 kg，婆罗门牛 134 kg，婆罗格斯 134 kg，辛地红牛 106 kg。婆罗门牛、抗旱王 F_1 毛色为淡黄到红色，颇受饲养者青睐。

从 2002 年起，国家关于发展肉牛生产规划，并在全国 15 省规模化展开，规划主要内容：继续维持婆罗门牛、抗旱王改良地方黄牛；对一些科研单位和生产肉牛冻精等部门，给予物质及技术支撑。连续实施了 2 个“关于肉牛杂交研究”部级重点专项，主要内容是在小规模集中饲养条件下，对肉牛杂交和对杂交 F_1 的综合评价；在集中饲养和农户小规模饲养条件下，对热带肉牛婆罗门牛、抗旱王的驯化评价。

2007 年初，在越南平阳省举办“全国养殖场养殖总结大会”，全国已有 1 620 个肉牛养殖场，主要仍是小规模养殖场。存栏量小于 100 头有 1 269 养殖场，只有 28 个养殖场存栏数在 200 头以上（根据越南农业与农村发展部养殖管理局 2007 年 3 月报告）。饲养的主要是地方黄牛和 60%以上辛地红牛杂交后代，以及少量纯种婆罗门牛、抗旱王、辛地红牛杂交后代等。但没有一个专门饲养温带肉牛夏洛莱、海福特牛的基地。

与其他养殖业相比（如家禽、猪及奶牛等），肉牛产业仍处于较低水平。要有一个真正意义的肉牛产业，要从品种、饲养方式到合理生产组织形式、市场销售，必须彻底改变观念。可喜的是，近 5 年来饲养肉牛的农户不断增加，很多农户投资饲养辛地红牛，出售公犊、育肥牛等，从而生产优质牛肉。

(2)肉牛进口屠宰

牛肉和羊肉在国内市场供应不足，越南直接进口一定数量活牛以屠宰。2015 年，越南进口 42 万头活牛（肉牛和水牛），净肉 854 t，带骨肉 4 845 t，山羊、绵羊肉 890 t。近两年，从澳大利亚和泰国引进大量活牛屠宰，有时引进 2～6 个月后屠宰，供应国内消费需求。

(3)牛肉进口情况

根据越南海关总局的数据，2014 年前 5 个月进口肉类总值比 2013 年同期有所增加。2014 年 1 月外汇 1 816 万美元，同比增加 16.5%；2014 年 2 月 1 698 万美元，增加 90.8%；2014 年 3 月 1 954 万美元，增加 4.8%；2014 年 4 月 1 589 万美元，增加 13.9%；2014 年 5 月 1 868 万美元，增加 51.8%。2014 年前 5 个月累计进口肉类价值 8 925 万美元，比 2013 年同期增加 28.6%。2012—2014 年各月进口肉类总值见图 1-3-20。

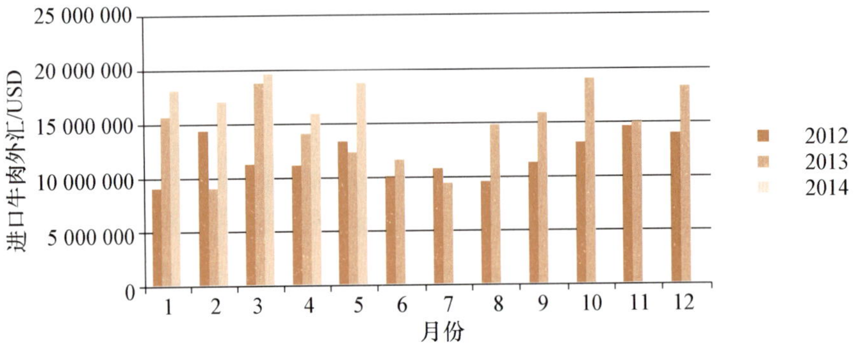

图 1-3-20　2012—2014 年各月进口肉类总值

家禽肉类：在 2014 年前 5 个月家禽肉类是进口最多的，达 3 626 万美元，比 2013 年同期增加 11.3%，占各肉类出口总金额的 45.2%。

牛肉类：黄牛肉和水牛肉，进口金额 3 584 万美元，比 2013 年同期增加 51%，占各肉类进口总金额的 40.2%。其中，冷冻牛肉占 92%，进口鲜活肉牛仅占 8%。

2012—2014 年部分省市牛肉(零售)价格波动情况见图 1-3-21。

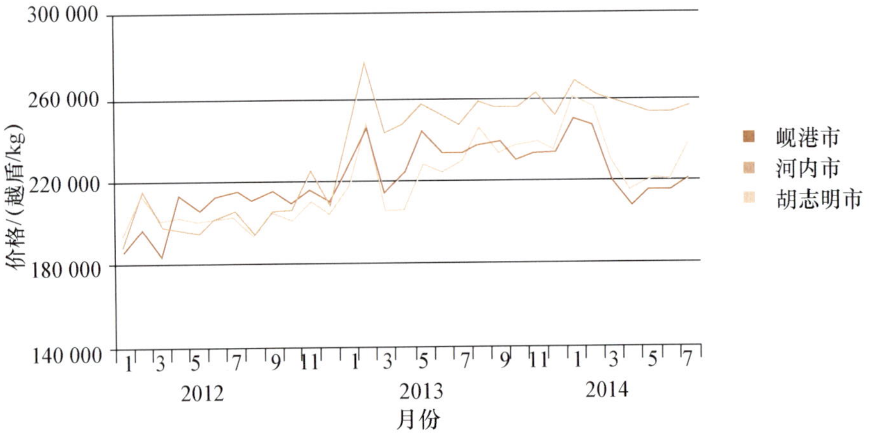

图 1-3-21　2012—2014 年部分省市牛肉(零售)价格波动

2. 肉牛产品出口情况

越南几乎没有出口牛肉能力，只有少部分活牛卖给中国。

三、畜牧业生产扶持政策措施

2001—2008 年越南畜牧业发展评价，农业与农村发展部指出，上一个阶段越南许多政策已有积极影响，巩固和发展养殖，其中较突出的成果有：

从中央到一些地方巩固和维持原种家畜饲养；改良地方黄牛，提高黄牛体型；生猪、家禽品种得到改良，在生产中提高质量；加强研究与育种的基础设施投入和技术与能力水平提升；养殖结构正向规模化、标准化转变；初步形成先进的饲料加工业和牛奶加工业。过去几年，畜牧业总产量及产值逐年增长，但远远不能满足国内食品(肉蛋类)的消费需求。在 2001—2006 年，年增长率 8.5%，2006 年生产总值比 2005 年增长 7.3%，2007 年增长率 4.6%。

(一)有关政策

为发展畜牧业,越南政府已经颁布许多政策鼓励发展畜牧业,集中在4个主要领域:

● 关于2001—2010年发展家禽品种、农作物及林业树种政策(1999年12月10日越南政府总理签发第225/1999/Q-D-TTg决定;2006年1月20日越南政府总理签发第17/2006/Q-D-TTg决定)

● 关于发展养殖生猪出口政策(2001年10月26日越南政府总理签发第166/2001/Q-D-TTg决定)

● 关于2001—2010年阶段发展奶牛政策(2001年10月26日越南政府总理签发第167/2001/Q-D-TTg决定)

● 关于鼓励投资新建、扩建屠宰加工厂,出台规模化、工业化养殖政策(2006年3月13日越南政府总理签发第394/2006/Q-D-TTg决定)

2001—2010年,越南集中解决3个主要领域:

● 生产(品种、奶牛养殖、规划规模化养殖)

● 市场(生猪出口扶持政策)

● 畜产品加工

(二)政策措施

1. 规划生产养殖政策

养殖规划要确定地区、区域及土地发展规划,集中屠宰与食品加工,有机结合种植饲料作物规划。

(1)中央政策

在全国范围内畜牧业总体规划,形成生猪、家禽、奶牛、水牛及肉牛养殖重点区域,发挥各区域的生态优势、投资能力,以及国内消费需求,向出口方向发展。规划饲料原料及兽医交易市场、交易中心,甚至地区和区域性的家畜禽品种拍卖中心。

(2)地方政府政策

对每种家禽详细发展规划符合行业的总体规划,发挥各地方优势,对各鲜活食品销售市场的基础设施及装备进行规划、建设、改造提升,保障并满足各大城市和工业区环境卫生以及食品安全卫生。

在地方黄牛养殖区划方面,强调不同区域的工作重点:

● 保护品种,指珍稀的赫蒙牛,主要在桂丰县。肉牛养殖区,主要集中在平原及低山地区如兴原县、南坛县、都良县、宜禄县、演州县、琼琉县和清章县、新奇县、英山县、义坛县等低海拔地区(图1-3-22和图1-3-23)。

● 奶牛养殖区,主要集中于土地较多、粗饲料充足及适宜于饲养奶牛的县、市。在义坛县、太和市及新奇县继续扩大饲养规模,加强运用高科技于奶牛业。

● 人工授精区域,各平原县、各山区县的低海拔地区及集中饲养肉牛基地。

● 公牛本交配种区域,各山区县、乡。

在技术措施方面,多措并举:

● 继续鼓励和吸引更多运用高科技发展肉牛养殖的项目,在土地资源较多的县优先发展,集中发展奶牛产业,在义坛县和太和市推广和加强运用高科技发展奶牛养殖区。

● 加强对肉牛养殖技术与饲养模式的推广示范,创建品牌计划。

● 把作物产量低及荒废土地改种优质牧草。

● 在各重点区域,举办肉牛饲养、繁殖技术培训,培养从事人工授精的技术员。

● 在平原及低山地区各地落实关于外来肉牛冻精补贴政策,在山区县对饲养种公牛的农户有补助政策。

图 1-3-22　宜禄县宜林乡某肉牛育肥场

图 1-3-23　义坛县义平乡某育肥牛舍

2. 土地政策

各组织、个人投资建设家畜、家禽养殖场，集中屠宰、加工畜产品企业，各生产、加工饲料原料及兽医药的个人、企业在土地租赁上享有最优惠的土地政策。

对于租赁土地从事养殖业的，前 5 年免费或最少减 50%土地租金；如果属于鼓励性发展畜牧业的区域，后 5 年最少减 30%土地租金。

3. 投资信用政策

对发展规模化养殖、屠宰及加工基础设施，国家财政预算给予扶植，具体包括：

● 土地平整最少补贴 50%，发展集中养殖区的基础建设包括修建厂房内的道路、电网供到围墙。集中养殖区是专门规划区，用来发展养殖确保防疫和环境卫生要求。集中养殖区的规模的补贴是根据每个地方的具体情况由省、直辖市人民政府决定，但保证长期使用发展畜牧业至少 20 年期限。

● 对投资供水养殖和环境处理，最少补贴 30%经费。

● 对投资集中屠宰场(集中养殖区外)，有规划和开发时间至少 15 年以上的，最少补贴 30%经费。

● 对投资生产种公牛(水牛、肉牛)冻精基地及生猪人工授精站(规模至少 15 头种公猪)，至少补贴 30%经费。

● 投资新建家禽品种、生猪和肉牛饲养产品拍卖市场，至少补贴 50%经费。

● 对新建养殖场购买国外种猪，前两年给予至少 30%银行贷款的利息补贴。

● 对集中屠宰及加工产品的企业购买新设备或更换先进工艺流程，前 3 年给予至少 50%银行贷款的利息补贴。

4. 2020 年越南畜牧业发展战略

(1)总体目标

到 2020 年，越南畜牧业基本转向规模化、工业化生产方式，满足大多数食品需求，保证国内消费和出口；到 2020 年畜牧业在农业中比重 42%以上(2010 年为 32%，2015 年为 38%)；保证疫病安全和食品安全卫生，有效控制养殖业中的各重大传染病；各养殖基地，尤其是规模化、工业化养殖和屠宰、加工车间要有排污处理系统，保护环境，减少污染。

(2)措施

● 生产规划与生态区域优势相结合，建立、规划及发展生猪、家禽、奶牛和肉牛养殖；创新科学技术研究及成果转化，着力作物与家畜禽育种计划。

● 财政和信用投资于农业生产：国家继续投资基础设施建设，发展饲料种植区；落实畜牧业贷款优惠政策；发展集中养殖的土地扶持政策。

● 发展贸易：集中建立生产、屠宰、加工与产品销售相结合的体系；保证兽医事业和食品安全卫生。

促进贸易，建立发展生产与监察饲料质量计划，扶持饲料企业，促进饲料行业和饲料使用的高效饲养模式。

- 疫病防控：促进生物安全，制订生产、屠宰、加工及贸易的兽医卫生管理规程；建立疾病安全区域及隔离区；促进畜牧业向规模化及产业链延伸，发展中小型企业养殖、屠宰及加工，提高行业协会的作用。

四、肉牛产业科技进展

（一）育种与繁育技术

通过引进热带、温带肉牛品种，采精进行纯繁及冻精改良，也有本交进行改良；采用选留的种公牛，大面积推广改良黄牛向瘤牛方向发展。而地方黄牛除河江黄牛外，其他品种很少采精，繁育技术较为落后，缺乏人才队伍。

（二）养殖技术

越南饲料工业欠发达，大部分依赖进口。自2008年起，饲料市场混乱不堪，价格上涨明显，各生产饲料的企业及饲料代销多次上涨饲料价格，有时上涨40%～60%，个别种类上涨70%～80%，混合饲料价格6 000～8 000越盾/kg，浓缩饲料12 000～14 000越盾/kg。据农业与农村发展部饲养管理局介绍，2006年，全国有241家饲料企业，到2007年有214家（减少11%），2008年上半年，又有30～40家停产。究其原因：一是企业缺乏资金和原料太贵，原料本土产量太低，需要进口；尽管许多地方出台了养殖补贴预案，但没有考虑发展草业的设想与行动，青粗饲料缺乏；工农业副产物虽然很充裕（累计573.20亿t），能充分利用的仅为36.5%；由于城市化及沙漠化，自然草地日益减少，草质量也下降。二是农业部门缺乏各原料的发展规划能力，国内饲料原料只能满足约70%需求。

（三）疫病防控技术

随着规模化发展，在养殖中疫病暴发频繁、蔓延快而难以控制，给畜牧业造成的损失越来越大。畜禽疫苗依靠进口，目前养殖户不注射疫苗，而主要依靠国家补贴防疫注射，因此疫苗注射覆盖率不高，这意味疫情高发的风险难以控制。

（四）粪污处理技术

2007年养殖业的粪污约6 100万t，约有40%得以无害化处理，剩下的直接进入环境。根据南定省和河西省科技厅调查显示，南定省直南县直太乡有91.13%农户养猪，河西省丹凤县中州乡有93.33%，每户存栏3～43头猪，空气中有害气体NH_3、H_2S浓度超过许可范围4.7倍，猪圈空气中细菌菌落数为18.67万个/m^3（超过俄罗斯标准的12倍），猪场直接排污而污染了地下水，剩余饲料、病死畜禽尸体乱扔，还有屠宰场排放的污物如血、油、内脏等下脚料，使得环境受到严重污染，严重威胁当地居民的身体健康。

2008年，国家食品安全卫生总结会议提出许多关于食品安全卫生的管理意见，存在的问题主要有：生产者、经营者及消费者对食品安全卫生的认识还有限，认识食品安全卫生的生产者为55.7%，经营者为49.5%和消费者为48.6%。国家各管理职能部门对食品安全卫生的管理法律、法规体系还未统一，部门之间互相推诿，各有关部委的责任还不明确。

农业与农村发展部农林及水产品质量管理局已经对屠宰场的卫生条件、产品运输、鲜活产品销售等环节进行调查，结果是多数屠宰场、鲜活肉类销售点的食品安全卫生都不合格，肉类来源不明，屠宰及经营肉类的卫生条件不合格。尚需尽早落实兽医职责、环境及食品安全卫生政策，为持续发展畜牧业建言献策。

五、与我国畜牧业合作情况

受澳大利亚进口牛羊肉的冲击，主要以小额贸易将地方黄牛卖给中国商贩，缺乏正规的合作与销售渠道。

参考文献

[1]丁文改. 肉牛饲养技术[M]. 胡志明市：2007，1-124.

[2]阮文德. 越南黄牛的体型特征[J]. 饲养科学及技术，2013（7）：25-35.

[3]越南农业与农村发展部. 2020年发展畜牧业战略[M]. 河内：农业出版社，2008.

[4]饲养电子杂志-越南饲养肉牛：现状和措施. http://nhachannuoi.vn/chan-nuoi-bo-thit-tai-viet-nam-hien-trang-va-giai-phap/Trang mạng Chăn nuôi—Chăn nuôi bò thịt tại Việt Nam：Hiện trạng và giải pháp.

[5]西贡经济时报—肉牛养殖：机遇与或挑战. http://www.thesaigontimes.vn/141254/Chan-nuoi-bo-co-hoi-hay-thach-thuc.html. Thời báo SaiGon Kinhtế-Chăn nuôi bò：Cơ hội hay thách thức.

[6]越南政府总理签发第10/2008/Q-D-TTg决议“关于批准越南2020年畜牧业发展规划”，2008.

[7]胡志明市人民委员会签发第32/Q-D-UBND决定“关于批准胡志明市2016—2020年发展肉牛养殖和2030年远景规划”，2016.

[8]义安省人民委员会签发第4204/Q-D-UBND决定“关于义安省发展肉牛水牛养殖及2020年、2030年规划的有关调整、补充”，2015.

[9]义安省人民委员会签发第62/2007/Q-D-UBND决定“关于批准义安省2006—2015年发大型家畜养殖的提案”，2007.

[10]芹苴市人民委员会签发第70/NQ-H-DND决定“关于通过芹苴市发展规模化、标准化养殖、屠宰禽畜及2020年、2030年远景规划”，2016.

[11]平顺省人民委员会签发第384/Q-D-UBND决定“关于批准平顺省2020年发展畜牧业规划”，2013.

[12]永福省人民省议会签发第88/2013/NQ-H-DND决议“关于永福省2013—2020年发展畜牧业规划”，2013.

[13]茶荣省人民委员会签发第671/Q-D-UBND决定“关于茶荣省发展畜牧业集中养殖和集中屠宰区及2015年、2020年详细规划”，2010.

[14]河静省人民委员会签发第1281/Q-D-UBND决定“关于河静省发展畜牧业集中划片和生猪规模化养殖及2020年规划调整的补充通知”，2015.

[15]和平省人委员会民签发第842/Q-D-UBND决定“关于批准和平省发展畜牧业至2015年和

前瞻 2020 年规划”，2011.

[16]承天-顺化省人民法委员会签发第 803/Q-D-UBND 决定“关于批准承天-顺化省 2015 年发展畜牧业规划”，2007.

[17]同奈省人民会议签发第 53/2012/NQ-H-DND 决议“关于同奈省 2015—2020 年持续发展家禽、家畜和水产养殖的通知”，2012.

[18]同奈省人民委员会签发第 347/Q-D-UBN 决定“关于同奈省新富县 2009—2015 年鼓励发展畜牧业区划、集中屠宰场建设以及 2020 年总体规划”，2010.

[19]巴地-头顿省人民委员会签发第 552/Q-D-UBND 决定“关于批准巴地-头顿省 2008—2020 年集中饲养、屠宰、加工及销售区域的规划”，2010.

[20]高平省人民委员会签发第 439/Q-D-UBN 决定“关于批准高平省 2013 年在保乐县洪治乡持续脱贫模式-发展肉牛养殖的通知”，2013.

[21]林同省人民委员会签发第 1406/Q-D-UBN 决定“关于批准林同省发展集中饲养、屠宰、加工以及 2010—2020 总体规划”，2009.

[22]越南政府总理签发第 50/2014/Q-D-TTg 决定“关于 2015—2020 年提高农户养殖效果的扶持政策”，2014.

[23]越南政府总理签发第 201/Q-D-TTg 决定“关于恢复 2007—2008 年早稻生产和遭受 2008 年冰冻肉牛、水牛养殖损失补贴政策的通知”，2008.

[24]高平省人民会议签发第 13/2009/NQ-H-DND 决议“关于批准高平省 2009—2015 年鼓励发展畜牧业有关扶持政策的通知”，2009.

第四章

泰　国

一、摘　要

泰国地处热带，年平均气温在26～27℃，年平均降水量约1 550 mm，终年温暖湿润，泰北山区草场资源丰富，十分适宜发展畜牧业。肉牛业是泰国14个主要农业产业之一，2013年牛（包括役牛）存栏量为515万头，屠宰量为53万头，牛肉产量达到17万t（2011年），在东南亚次于印度尼西亚、越南、马来西亚、菲律宾，居第5位。品种主要有泰国本地肉牛（占65%）以及婆罗门（Brahman）、夏洛莱（Charolais）、金发阿基塔（Blonde d' Aquitaine）、安格斯（Angus）等引进品种。养殖规模以不超过30头的家庭农户为主，占98%，超过30头的专业农户占2%。共有575家屠宰加工场（企业），牛肉产品通过经销商（批发商和零售商）卖给消费者，牛肉市场分为高端、中端和低端等3个层次。泰国十分重视肉牛科技进步，1999—2000年实施了《泰国本地肉牛育种改良计划》，建立了较为健全的泰国兽医法律制度，制定实施了牛口蹄疫、牛布鲁氏菌病、牛结核病、牛副结核病等疫病的控制净化计划；对动物尸体处理、养殖污染防治都制订了相关规定。泰国牛肉生产一直无法满足国内需求，进口量逐年增长，2015年进口牛肉1.59万t，主要进口国为印度、澳大利亚、新西兰和美国。近几年，中国云南、广西、贵州等地开展了对泰国的活牛出口，边境地区的农民赶着活牛到泰国，年出口量达到10万头以上，同时，在云南、广西、贵州等地建立面向泰国的肉牛养殖基地和日牛交易量在1 000头以上的大型交易市场。此外，中泰合作还体现在畜牧兽医教育上，近年来，泰国的孔敬大学、皇家理工大学与中国的西南大学结为友好学校，其中泰国孔敬大学兽医学院、农学院与西南大学动物科技学院之间，每年定期互派师生开展为期1～2个月的学习交流，合作培养畜牧兽医人才。

二、肉牛产业基本情况

（一）肉牛产业发展概况和资源状况

1. 国土面积和人口

泰国国土面积为513 115 km^2，包括泰国领土面积、辖区内岛屿面积、泰国内陆中的湖泊面积，不包含领海面积。泰国按传统分为六大行政区，其中北部、东北部、中部和南部为4个主要农业生态区。

截至2016年4月，泰国总人口6 800万。截至2010年底，泰国共有劳动人口3 864万，占全国总人口的57%；其中农业人口1 455万，占劳动人口的38%；畜牧业从业家庭330万户，肉牛业从业人口100万左右。

2. 地形和环境气候

泰国地处热带，其领土除了南部伸入马来半岛以外，其余和辽阔的亚洲大陆相连接，夏、冬两季陆地和海洋的气温和气压相差悬殊。全国大部分地区属热带季风气候，全年可以明显地分为3季：雨季、凉季和热季。每年5月中旬到10月中旬的西南季风，使泰国普遍降雨，为雨季；由于东北季风的影响，当年11月到翌年2月中旬，来自中国的干冷空气，使泰国除了南部、东南部以外的大部分地区（尤其是北部和东北部）进入凉季；2月中旬到5月中旬，从东南方向进入泰国的南海气流，使全国气候炎热和干燥，为热季。凉季和热季很少下雨，也称为干季。马来半岛北部属于热带雨林气候，终年炎热多雨，无显著干季。

泰国年温差很小，即使在凉季，月平均气温也不低于18℃。4月是最热的月份，最高气温一般在33～38℃，南部半岛地区属海洋性气候，终年温暖湿润，年温差小，年平均气温在26～27℃，泰国北部的气温则低于全国其他地区，凉季最高温度约20℃，在一些山区，最低温度可达0℃。

由于其地形特点，泰国降水量较东南亚其他国家少，年平均降水量约1 550 mm。西部山脉挡住了从印度洋来的西南季风，致使中部年平均降水量不足1 500 mm；东北部地区除高耸的高原边缘年降水量可达3 000 mm以外，其余低平部分年降水量仅在1 000 mm上下。雨量最充沛的是处于迎风坡面的沿海地区，如南部普吉山西面的拉廊府南部和泰国湾东廊府年降水量为5 106 mm，达功府约4 454 mm。半岛东海岸从春蓬府到北大年府的降水量也较充沛，年平均降水量在2 000 mm以上。各地获得较多降水量的时间不一，北部、东北部及半岛西海岸为8月，中部和东南部为9月，半岛东海岸为11月。

泰国国土纵跨亚热带和热带，地形、土壤、气候和人文历史等条件均存在差异，泰北山区草场资源丰富，气候温润，十分适宜发展畜牧业。

3. 农用地、肉牛业土地及饲草料资源状况

1961—2013年，泰国农用地面积基本上逐年增加。1961年最少，为11.65万km^2；2013年最多，为22.11万km^2，占国土面积43.28%（图1-4-1）。

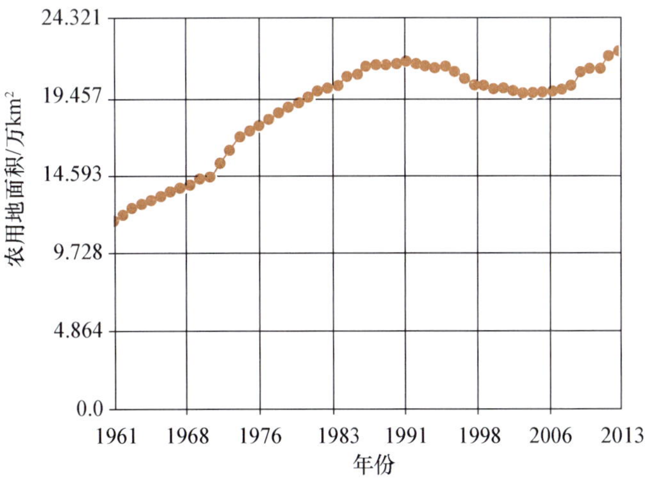

图1-4-1 泰国农用地面积52年来的变化

2011年，泰国拥有18.44万hm^2土地用于种植牧草，公共草地面积达36.92万hm^2，草食动物需要的饲草料主要来源于空闲的草地和农作物的秸秆。泰国农村主要利用田间、道旁、森林内的野草及农副产品来喂养肉牛及水牛。另外，泰国的气候分雨季及干季，在雨季主要用青草喂养家畜，而干季则以稻草和精饲料作为家畜的主要食物来源。因此，发展养牛业及草地建设成为泰国政府的主要工作，现在采取的措施主要是在公共草地播种牧草，协助养殖户发展小规模草地，向农民散发牧草栽培、饲料加工的有关资料，加大饲料生产的发展规模等。

(1)牧草种子生产及流通

泰国政府从1976年以来牧草种子主要委托农户进行生产，然后由政府统一收购。种子的生产量农户占75%左右，政府部门占25%左右。1996年收购的牧草种子达到了600 t，主要的牧草种子有臂形草(*Brachiaria eruciformis*)、柱花草(*Stylosanthes hamata*)、大黍(*Panicum maximum*)等。

1980年以前，种子的购买量每年在200～300 t，主要为豆科的柱花草类，购买的种子主要用于公共草地的播种。进入90年代之后，肉牛及乳牛的养殖量不断增加，农民小规模草地建设数量不断增大，促使对臂形草等禾本科牧草种子的需求量也不断增长，到1996年臂形草的种子生产量已占到了总量的一半以上。

农户生产的牧草种子的主要去向为：政府实施的畜牧业发展项目、各省之间农业合作进行的肉牛生产及畜牧业发展项目、各个省内畜产局实施的各种畜牧业项目。政府收购以外的部分种子主要由采种户直接卖给民间的种苗公司或卖给养殖户，但由于市场不太完善，交易量较少。

(2)牧草栽培状况

牧草种子的生产主要在泰国的东北地区进行，1996年政府收购96%的种子主要由这个地区提供。这个地区年均气温26.8℃，4月最热，年降水量1 200 mm左右，干季的降水量不到年降水量的13.1%，特别在有些十分干旱年份，11月至翌年1月月平均降水量不到10 mm。因此，在该地区牧草种子生产时一般在雨季播种，在干季进行种子的收获加工及调制等。

牧草栽培一般在4月进行土地整理，从5月到6月上旬雨季开始后播种。臂形草的播种量在6 kg/hm^{2}左右，大黍的播种量在0.126 kg/hm^{2}左右，臂形草为条播，大黍为育苗1个月后再移植。在臂形草发芽30 d后与开花期分别施用复合肥料187.5 kg/hm^{2}左右。大黍在移植时施尿素187.5 kg/hm^2，开花期施复合化肥150 kg/hm^2。

收获种子时花费的劳力最多，在热带地区的牧草具有不同时完全成熟的特点，但是种子成熟后很容易脱落下来，因此，多采用人工的方法收获种子。一般在进入干季的11月来收获臂形草的种子，收获前1周将生长在地里的臂形草的茎用竹绳成束地捆在一起，种子完全成熟时摇晃成束的牧草，使种子落在下面的网中，每隔3～5 d收获一次，持续2周左右的时间。在收获柱花草时要等到土壤已干燥后的1～2个月内进行，等种子落到地下后将牧草的秸秆收割后从田间移出。由于东北地区的土壤为沙质土，在收获地面的种子时同地面沙土一起收集起来，然后用筛子与风选的方法将种子分离出来。

泰国与东南亚各国相距较近，东南亚各国也面临提高畜牧业生产能力的课题，因此也需要大力发展牧草业。可是东南亚各国的气候条件不适宜牧草种子的生产，若泰国生产出低价、优质的牧草种子供给东南亚各国，一方面可以扩大种子市场，另一方面也可以与各国通力合作，发展牧畜业。

4. 国民生产总值、农业总产值和肉牛业总产值

2011年泰国人均国民收入总值(GNI)4 210美元，被世界银行(2011年)归类为中上收入国家。2014年国内生产总值(GDP)4 048亿美元，人均5 977.4美元。农业是泰国传统经济产业。2005年，农业总产值175亿美元，占国民生产总值的10.5%。2000—2012年，农业经济年均增长率为2.8%。畜牧业作为农业的重要组成部分，其产值占农业总产值的22%(农业经济办公室，2014)。占全国70%左右的人口从事农业生产，农业人口就业率41.9%。按照泰国肉牛存栏量520万头，出栏50万头计算，其肉牛总产值约为50亿美元。

5. 肉牛业的地位

在传统农耕社会中，本地黄牛是主要畜力和厩肥来源之一，同时用来作为肉、奶或皮革的来源。随

着畜力被机械取代，本地黄牛养殖逐渐发展为生产牛肉的肉牛产业。为了鼓励农户饲养肉牛，泰国政府出台了一系列激励措施。包括 1978 年皇室发起的牛和水牛精液库项目、1989 东北地区肉牛农场推进计划、2004 年百万肉牛农户推广计划(charoensook 等，2013)。畜禽发展部提供的服务包括通过皇室发起的牛和水牛精液库提供给小规模的农民人工授精服务和其他肉牛推广计划。1998—2001 年，泰国政府为肉牛业推出了如下政策：首先，政府继续资助研究适合于泰国自然环境的肉牛品种改良计划，分发给肉牛改良中心出售给农民；第二，在现有的公共土地上建立放牧区；第三，提供给农民疫苗和疾病治疗方案，以控制口蹄疫和寄生虫感染；第四，农民分为两个生产组，分别集中从事育种和育肥，为了帮助做到这一点，政府给农民提供了长期的信贷；最后，政府试图控制走私牛作为一种提高牛肉价格的方法。政府的计划被证明对 2001—2007 年的牛数量增加是有效的。目前，肉牛业是泰国 14 个主要农业产业之一，社会经济地位十分重要。

根据泰国农业统计局数据(2014)，2013 年牛(包括役牛)存栏量为 515 万头，2000—2013 年期间年均增长率为 0.8%；2013 年屠宰量为 53 万头，年均增长 3%；肉牛养殖专业化程度逐渐增加，出栏率相对高于东南亚其他国家；2013 年人均牛肉供应量为 2.39 kg，年均增长仅为 1%(表 1-4-1)。

表 1-4-1

泰国肉牛产业 2000—2013 年有关数据

项目	2013 年肉牛数据	2000—2013 年年均复合增长率/%
存栏量/万头	515	0.8
屠宰量/万头	53	3.0
屠宰率/%	10.2	2.4
牛肉产量/万 t	16	1.1
人均牛肉供应量/kg	2.39	1.0

来源：泰国农业统计局，2014

泰国肉牛业的发展是由许多因素驱动的。首先，由于泰国经济发展迅速，增加了人们对肉类产品的需求。泰国人均收入增长速度超过其他东盟国家，新的城市中产阶级的发展刺激了西化的口味和偏好。高收入引起的牛肉需求弹性影响着国内牛肉生产。这些变化也促进了泰国牛肉产品国际贸易的广泛发展。其次，私营企业的技术创新，如改良品种、饲料技术、栏舍设施、饲养管理等，是推动肉牛业增长的主要驱动力。牛场规模变得越来越大，规模扩张得益于引进技术和日益增加的国内需求。最后，肉牛业的发展极大程度是由政府对屠宰场和补贴政策调节推动的。出口市场也是泰国肉牛产业发展的推动者。2008 年以来，越南和中国对肉牛及其产品的需求迅速增加。这些国家对圈养场的优质肉牛需求较大，导致肉牛及其产品的价格上涨，活牛从泰国经柬埔寨和老挝出口到越南和中国。

(二)肉牛养殖业发展情况

1. 存出栏量及历年变化

根据泰国畜牧发展部公布的数据，该国肉牛存栏量 1993—1995 年稳定在 720 万～740 万头之间。1995 年泰国大面积洪灾，1996 年肉牛存栏量急剧下降为不到 590 万头，1998—1999 年大约为 460 万头。由于牛数量减少导致牛价格上涨，1999 年以后较长时间肉牛存栏量逐年增加。见表 1-4-2。

2007—2008 年泰国肉牛存栏量达到历史高峰值，大约为 910 万头。2008—2010 年，肉牛饲养人员及存栏量呈现逐年下降的趋势。2011 年肉牛存栏量比 2010 年略有增加，达到 658.3 万头。见图 1-4-2。

表 1-4-2
泰国肉牛数量

年份	肉牛数量/头
1993	7 235 384
1994	7 405 732
1995	7 321 821
1996	5 854 529
1997	5 291 936
1998	4 567 950
1999	4 635 741

来源:Anon,1999

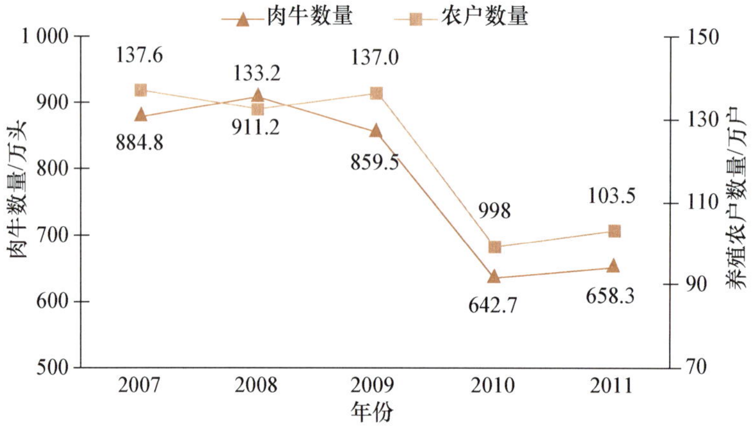

图 1-4-2 2007—2011 年泰国肉牛数量和养殖农户数量

大多数肉牛养殖者是饲养不超过 30 头的家庭农户,他们养殖的肉牛占 98%;另外 2%的肉牛由饲养规模超过 30 头的专业农户饲养。

肉牛品种主要有泰国本地肉牛以及婆罗门(Brahman)、夏洛莱(Charolais)、金发阿基塔(Blonde d′ Aquitaine)、安格斯(Angus)等引进品种。泰国本地肉牛占肉牛存栏量的 65%,纯引进品种肉牛占 1%不到,杂交肉牛占 34%。

在泰国,优等肉牛的数量仅占 1%,由引进品种和泰本地品种牛杂交而来。优等肉牛母系由来源于婆罗门和泰本地品种与夏洛莱等引进品种杂交而来。二等、三等肉牛的数量分别占市场份额的 49%和 50%。二等肉牛为二元杂交,主要是婆罗门×泰本地牛;三等肉牛主要是婆罗门×泰其他地方牛。

2. 肉牛产品产量及历年变化(表 1-4-3)

表 1-4-3
泰国 2007—2011 肉牛产品产量 万 t

年份	2007	2008	2009	2010	2011
肉牛产品产量	14.2	17.3	17.7	17.7	17.0

3. 养殖区域、规模结构及其变化

肉牛的养殖分布于整个国家,没有特定区域,主要以家养为主,商业饲养场只有 1%左右(表 1-4-4)。

表 1-4-4
肉牛养殖场规模

养殖规模/头	30～100	101～200	>200
养殖场数量	13 459	1 076	205

来源：Anon，1999

根据泰国畜牧发展部的统计，肉牛养殖分布于北部、东北部、中部和南部等 4 个农业生态区。东北地区数量最多，约占 40%，南部地区数量最少，占 12%。南部地区种植园以橡胶、油棕、果树和椰子为主，尽管它最接近潜在市场，面临更少的疾病问题，但是牲畜数量是最低的。见图 1-4-3。

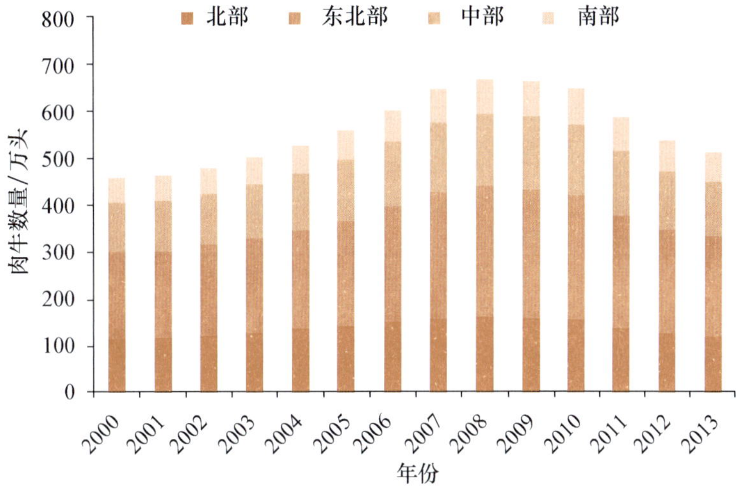

图 1-4-3　不同地区肉牛数量

来源：泰国畜牧发展部 DLD，2014

4. 肉牛产品价格及其变化情况

2000—2013 年期间，泰国的牛肉零售价格由 2000 年的 2 美元/kg 上涨至 2013 年的 5 美元/kg，反映了强劲的潜在需求增长（图 1-4-4）。这一价格上涨表明，国内生产无法满足牛肉需求的增加。牛肉价格上涨符合区域和国际趋势，这表明泰国是世界一体化的跨境牛肉市场。

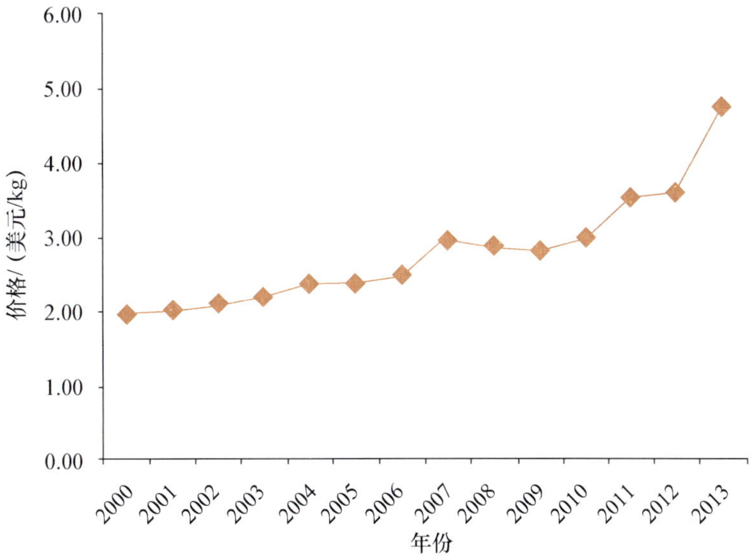

图 1-4-4　泰国牛肉 2000—2013 年期间零售价格

来源：泰国畜牧发展部 DLD，2014

5. 养殖成本和效益

泰国肉牛养殖主要以家养为主，一般采用种养结合的模式生产，基于天然草地和农作物残留物牧牛，在收获季节前后，牛都可在路边、稻田土地或旱作物地旁吃草或农作物残留物；在水稻和其他作物种植园，牛通常以稻草搭配矿物质补充剂喂养，同时以玉米秸秆、木薯芯片作为粗饲料。在泰国南部地区，牛放养在橡胶、棕榈油等作物种植园或果园，以料草、饲料树叶、棕榈仁和棕榈叶饲养。饲料成本低，加上泰国目前人力资源成本较低，因此泰国肉牛的养殖成本较低，经济效益总体较好。

6. 主要养殖企业、协会组织概况和地位

泰国的大型商业饲养场较少，只有 1%左右，有名的大型养殖企业几乎没有，一般规模在 50～100 头。在整个泰国和农业领域知名度不高，其作用地位仍处于较低位次。

7. 劳动生产率、资源转化率和养殖生产力概况

泰国的大型商业饲养场较少，只有 1%左右，主要生产优质牛肉，品种一般为欧洲杂交牛。肉牛产业集约化程度低，生产规模小，科技成果转化受到影响。因此，泰国整个肉牛产业的劳动生产效率、资源转化率及养殖生产力水平目前仍处于较低水平。

（三）肉牛产品加工业发展情况

1. 肉牛产品产量及在世界上的地位

2011 年联合国粮农组织数据表明，泰国牛肉产量达到 17 万 t，在东南亚次于印度尼西亚、越南、马来西亚、菲律宾，居第 5 位；另一方面，泰国肉牛生产质量优于上述 4 国，平均胴体重 300 kg，仅次于新加坡。东南亚主要国家 2011 年牛肉生产量和消费量见表 1-4-4。

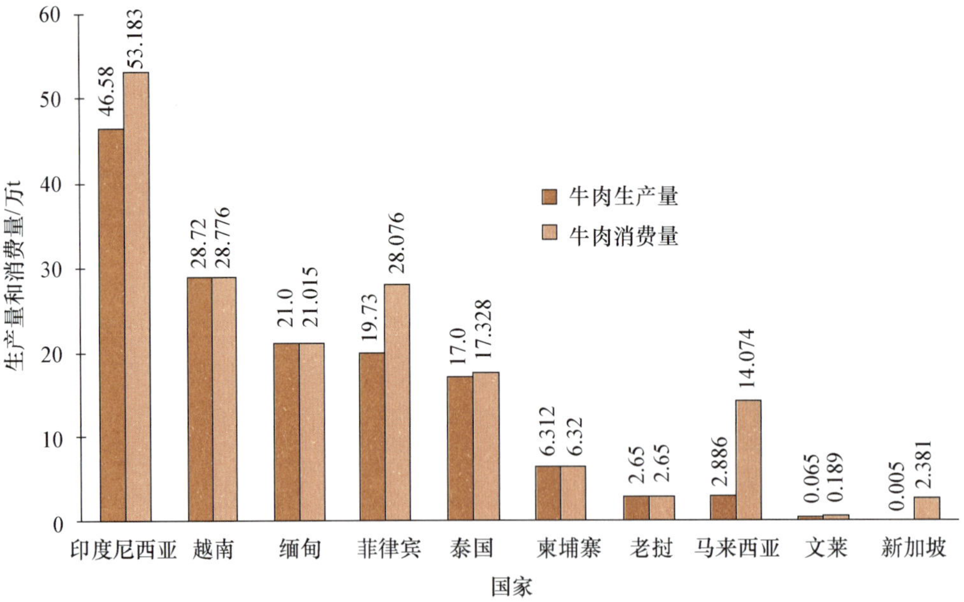

图 1-4-5　2011 年东南亚主要国家牛肉生产量和消费量

2. 肉牛产品产量历史变化情况及影响因素

在一定程度上，泰国特有的牛的饲养模式影响了它的产量。另外，泰国稻田的耕种已经开始使用两轮或四轮耕作机，这就导致牛和水牛的数量减少，肉牛和水牛增长缓慢。肉牛屠宰头数由 2000 年 335 923 头增至 2008 年 620 278 头，2013 年减至 525 575 头。2000—2013 年期间，牛肉产量由 13 万 t 缓慢增至 16 万 t。泰国肉牛头数、屠宰头数及牛肉产品产量见图 1-4-6。

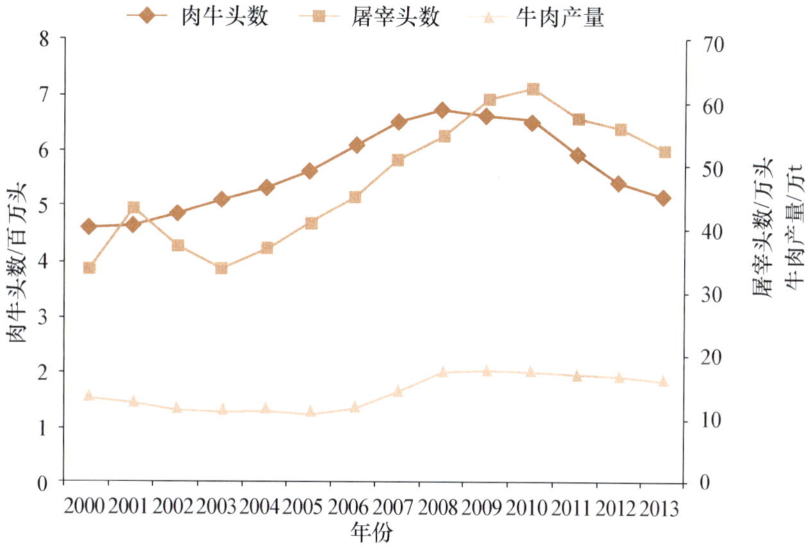

图 1-4-6 2000—2013 年泰国肉牛头数、屠宰头数及牛肉产量

3. 肉牛产品加工企业、组织概况

2012 年,泰国共有 575 家屠宰加工场获得牛屠宰加工许可证,其中北部、东北、中部和南部分别有 74 家、301 家、157 家和 43 家屠宰加工场。牛屠宰加工场可以分为两类:普通牛肉屠宰加工场和优质牛肉屠宰加工场。普通牛肉屠宰加工场规模较小,大多数屠宰场没有冷却设施,需要尽快把牛肉卖给当地市场,通常是当天在市场销售完毕。优质牛肉屠宰加工场为中、大规模,具有从养殖场经由屠宰场到消费者餐桌的标准化屠宰加工系统。在泰国,大多数牛屠宰加工场属于普通牛肉屠宰加工场。

泰国肉牛产品加工企业的问题在于公司内的饲养员数量减少。此外,由于牧草种植面积的减少,使得牛的数量减少。这就使得新的供应链应运而生,包括:全新的育肥牛出口、肥育和加工产业的出现;屠宰牛出口及其加工的出现;澳大利亚初步处理及泰国的深加工的组合;食品加工市场等一系列产业供应链。一个典型的供应链可达到每年 10 万头的屠宰量,服务于泰国国内和第三国再输出市场。供应链中单班(7.5 h)将每年生产约 2.7 万 t 供经营的牛肉。

该供应链具有以下若干优点:首先,避免了加工牛肉的进口配额或关税;其次,与目前的牧场育肥牛生产相一致;再者,泰国贸易协定在第三方出口市场的潜在启用;最后,便于在泰国获得低成本的饲养场和加工劳工。值得注意的是,泰国国内存在广泛的潜在运营模式以供不同规模和风险偏好的支持者采用。

(四)牛肉消费情况

1. 牛肉消费占比及国民消费偏好

在泰国,牛肉消费主要来源于本地瘤牛和水牛。肉牛生产主要用于满足本国持续增长的牛肉需求。泰国本国生产的牛肉量难以满足国内的消费需求,每年需要从缅甸、澳大利亚、新西兰、美国等国进口,但对高价位牛肉进口数量总体有限。该国旅游酒店业兴旺,它们需要一些高品质牛肉。随着消费者对食品质量和安全的需求增加,高品质牛肉的消费量逐年增加。

对国内肉类消费量的需求,消费量保持 0.1%不断增长。在牛肉消费领域,受欢迎的质感适中的牛肉中,61%的特色牛肉,19%的进口牛肉,11%的优质牛肉以及 5%的脂肪和软组织肉。

2. 牛肉消费量历史变化情况及影响因素

泰国牛肉消费处于相对中低等的水平(从 20 世纪 90 年代中期的人均牛肉消费量高于 4 kg 降至现在的大约人均 2 kg),这是由于牛肉的相对成本(主要受中国和越南强大的需求驱使)以及泰国国内的猪肉和禽肉生产的成本竞争的影响。泰国及其他各国牛肉消费量历年变化及趋势见图 1-4-7。

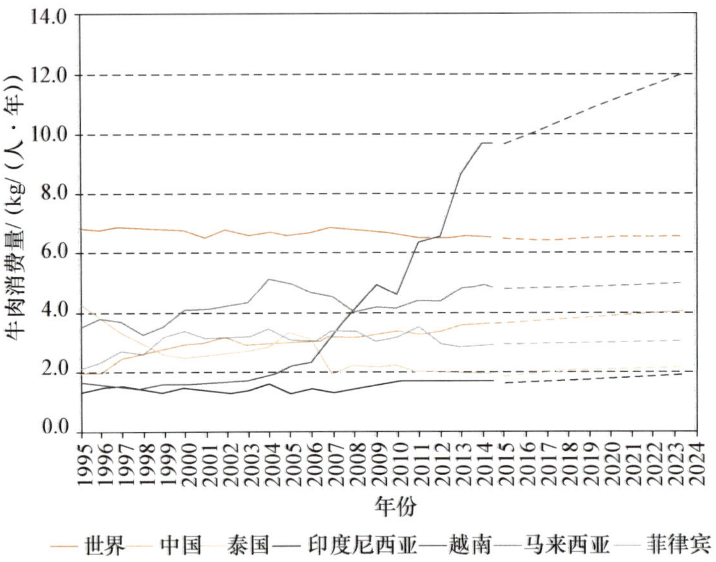

图 1-4-7 泰国及其他各国牛肉消费量历年变化及趋势

近几年,泰国优质牛肉消费的需求不断增加。2014—2016 年优质牛肉的需求以每年 15%的速度增加,分别是 5 120 t、6 010 t、7 500 t。

3. 牛肉产品营销模式

牛肉产品通过经销商(批发商和零售商)卖给消费者。牛肉供销产业链如下:

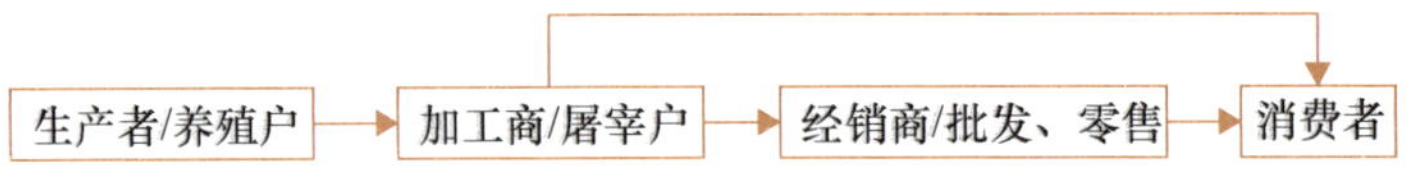

根据牛肉质量等级,牛肉市场可以分为 3 个层次:高端、中端和低端。高端牛肉市场主要销往高收入外国游客、餐馆、餐厅和酒店。中端牛肉市场为数量最多的经销渠道,如超市、一般食品商店或鲜肉市场,其牛肉产品来自以饲养婆罗门杂交牛为主的专业化农场。对于低端牛肉市场,其牛肉产品主要从土种牛、淘汰奶牛以及进口周边国家母牛等渠道获得。以饲养本地泰牛为主的传统混合型种养结合农户是低端牛肉市场的主要生产者。牛的营销特点是大量的代理,以确保在低端市场的竞争性的价格结构。传统的生产者往往把他们的牛在农场大门通过现货交易和即时付款卖给中间商。有些还把他们的牛直接卖到当地的牛市场。

4. 牛肉物流、营销企业和组织概况

作为一个全新的牛肉供应链发展目的地,泰国拥有巨大的潜力。泰国作为投资目的地,排名前列,主要在于市场准入(方便营商和贸易机会)和鼓励投资产品。

育肥牛供应:泰国以著名的肉牛育肥业为特色,具有一系列有价格竞争力的原料以供选择。为了规范化供应链,饲养场和屠宰场已在 BOI 批准的拥有永久产权的沙拉武里定址。然而,潜在地点包括提供更多的投资意愿和更接近区域出口市场的边境经济特区等,每个月进口和供应动物屠宰场的肉牛超过 6 500 头并有 120 d 的模拟饲养期,这就意味着饲养场需要大约 3 万头的饲养能力。

(五)肉牛产品贸易情况

1. 肉牛产品进口情况

近几年,泰国活牛进口数量显著增加(图 1-4-8)。2015 年泰国活牛进口量为 15.69 万头,主要进口

自缅甸、澳大利亚和美国(表 1-4-5)。

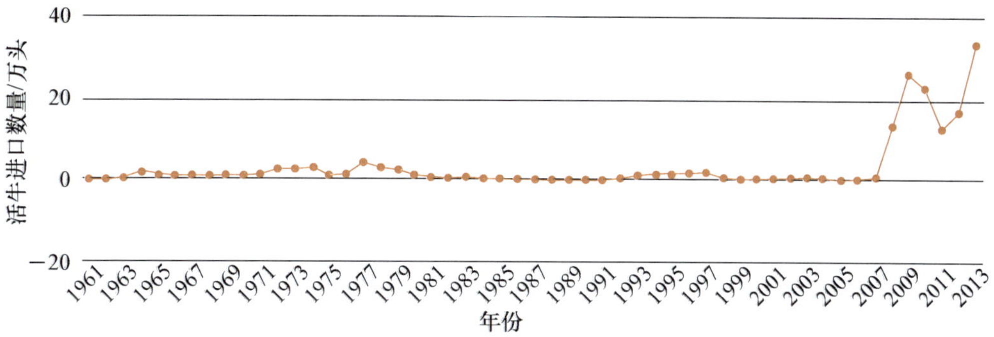

图 1-4-8　泰国活牛进口数量及历年变化

来源:FAO,2015

表 1-4-5
2015 年泰国活牛进口量

国家	进口量/头
缅甸	151 514
澳大利亚	5 071
美国	398
巴西	11
总计	156 994

泰国牛肉生产一直无法满足国内需求,进口量逐年增长,泰国与澳大利亚和新西兰签署自由贸易协定也促进了泰国牛肉进口量的增长,2015 年进口牛肉 1.58 万 t,主要进口国为印度、澳大利亚、新西兰和美国(表 1-4-6)。

表 1-4-6
2015 年泰国牛肉进口量

国家	进口量/t
印度	8 924
澳大利亚	3 407
新西兰	2 113
美国	331
巴西	223
阿根廷	290
比利时	100
加拿大	97
日本	89
土耳其	55
韩国	25
伊朗	20
英国	25
巴基斯坦	28
巴拿马	22
哥斯达黎加	4
总计	15 753

2. 肉牛产品出口情况

2015 年泰国活牛出口量为 25.87 万头，出口市场为老挝、马来西亚、越南和中国（表 1-4-7）。

表 1-4-7

2015 年泰国活牛出口量

国家	出口量/头
老挝	237 868
马来西亚	20 098
越南	452
中国	240
缅甸	19
阿曼	10
总计	258 687

泰国直到 2008 年都是牛肉净进口国，2008 年以后，由于周边地区越南、老挝以及柬埔寨对牛肉的需求，泰国也向东南亚市场出口牛肉（表 1-4-8）。

表 1-4-8

2015 年泰国牛肉出口量

国家	出口量/t
老挝	9 604
越南	74
柬埔寨	0.14
总计	9 678.14

3. 在世界畜产品贸易市场的地位

泰国对与当地生产的产品竞争的进口商品（包括牛肉、猪肉和家禽）实行高关税。然而，在澳大利亚-泰国自由贸易协定下，进口牛肉产品的关税 2020 年将降低到 0。

三、畜牧业生产扶持政策措施

（一）政府的大力支持

泰国政府根据本国国情，从改造传统的农业入手，大力发展畜牧业，依靠"以农为主，以畜牧业为核心"的方针来实现经济的整体腾飞。其成功的经验在于政策的扶持，大力发展出口型农业企业，配合先进的基础设施和高新技术的有效推广，使农业产业结构得以优化，形成规模经营。

泰国肉鸡业能取得如此成绩，主要是政府、企业和社会各界团结协作，共同开拓国外市场和有效保护国内市场的结果。如泰国向日本出口日本人喜欢的腿肉，向喜欢胸肉的欧盟等出口胸肉，而在相对比较穷困的亚洲地区，销售的是翅膀等其他部位的产品。为获得对欧盟出口权，泰国农业部畜牧兽医厅和商业部、出口企业及养殖户三方联手收集相关资料，尽量准备齐全的答案。为了确保自己企业能通过欧盟国际性的严格检查，各鸡场、工厂按标准从管理到生产，从理论到实际一切从严要求，做好一切准备工作，因此能得以顺利通过。在出口遇到贸易壁垒问题时，泰国政府都会在对外谈判、技术协助以及资金方面给予企业有力的帮助。在关税方面，政府允许出口公司办理退税，从而起到推进出口的目的。同时，泰国政府对进口肉食品做出了严格的规定。除泰国畜牧兽医厅授权许可外，严禁任何人进口、来料加工或经泰国转口畜禽、冷冻肉,对防范外国产品影响国内市场起到了有效的作用。国外的猪、鸡、鸭、蛋等,无论是主产品还是副产品,都无法渗透到泰国市场,使泰国的养殖业、饲料业平稳发展,农民的利益得到了保障。

泰国政府将农业经济发展工作作为政府重要的工作议程,不仅在政策上给予极大的支持,财政预算上也提供了必要的支持。而农业经济能够持续增长很好地反映了当局支持农业多元发展的政策行动方向是正确的。在肉牛产业上,泰国畜牧厅官员表示,该厅将会继续推动沙缴府大耳朵肉牛养殖推广计划,目前申请加入该计划的养殖户共有 3 123 家,另外还有 2 977 家则需要经过最后的筛选。该计划设定的养殖户目标是 6 100 家。而首批即将交付养殖户的 30 000 头母牛将优先从沙缴府 3 个县开始,逐步推开直到 12 万头母牛推广养殖目标的达成。

(二)技术的推广应用和规模化、产业化发展

泰国畜牧业已转向生产和出口高技术和高价值的产品。就其养禽业而言,它的成功源于其现代化的饲料生产体系,高质量肉种鸡及先进的管理技术的引进。在研究和发展上的投资促使养禽业的发展。另外,泰国有着大量熟练的劳工,他们生产的畜产品可以参与国际市场中高水平的竞争。在饲养规模上,泰国家禽业经历了后院养鸡者到独立的商品化养鸡场和联合养鸡场的转变,提高了其抗御市场风险和市场竞争能力。

(三)注重畜牧业的可持续发展

畜牧业是农业的主要组成部分。可持续发展的畜牧业就是从特定的自然条件出发,正确处理资源与环境、利用与保护、当前与长远、生存与发展的关系,走出一条合理配置与利用资源,提高资源利用率,立足当前、兼顾长远的发展之路。泰国畜牧业在很大程度上充分考虑可持续发展战略,它对饲料生产、畜禽养殖和畜产品的加工都做到合理配置,对废水净化处理做循环利用,节约资源以维持生产。

当然,泰国畜牧业的发展也有着一定的限制因素。一方面,畜牧业的发展刺激了作为动物饲料原材料的进一步增长,而耕地又难以进一步扩展,原材料(包括豆饼、玉米、鱼粉)不得不大量进口,这与政府对农民的保护政策相冲突,包括配额限制、税收和附加费,这主要对泰国畜产品的出口造成大的障碍。另一方面,价格波动、劳动力成本和疾病也是造成其国内和国际市场竞争力下降的主要因素。

四、肉牛产业科技进展

(一)育种与繁育技术

泰国本地肉牛育种改良计划(Thai Indigenous Cattle Breeding Improvement Project)

泰国本地牛(图 1-4-9)生物分类上属于瘤牛(*Bos indicus*),在长期自然选择过程中,泰国本地牛由于耐受恶劣环境,具有体型小、生长速率低等特点,而且繁殖能力强,能利用低劣粗饲料。泰国本地牛通常采用放牧结合、补饲农副产品方式饲养,与引进品种肉牛圈养结合、补饲精饲料方式相比,生产成本低廉但生产水平低下,牛肉产量很低,难以满足民众日益增长的对牛肉的需要。

泰国畜牧发展部是一家拥有 9 个畜禽研究和育种中心、24 个畜禽育种站的官方机构,负责畜禽育种并为畜禽业提供优良种苗。受泰国政府指派,畜牧发展部 1999—2000 年发起了一项泰国本地肉牛育种改良计划。育种目标主要是:为了可持续发展泰国肉牛业,研究肉牛的经济性状,重点集中在繁殖、生产性能以及应激环境下的适应性等;为了保护遗传多样性,把不同品系肉牛提供给不同地区的农户。

图 1-4-9　泰国本地牛

(1)性状的选择

为满足育种目标的需要,根据育种计划的遗传评估系统,选择性状如表 1-4-9 所示。

表 1-4-9
泰国本地肉牛育种选择性状

育种目标	选择性状	适用牛群
繁殖能力	阴囊周长,产犊间隔,产犊日龄	核心群、扩繁群
生长与产肉能力	200 日龄、400 日龄、600 日龄体重及体尺,屠宰率	核心群、扩繁群
适应能力	直肠温度,粪便虫卵计数,牛蜱计数	核心群

(2)育种组织结构

育种组织结构是一个开放式三层体系,分别是:核心群、扩繁群和商业生产群。根据育种需要,这三层种牛可按图 1-4-10 所示双向流动,这种双向流动主要来自不同层种母牛。

第一层:核心群

核心群种牛基因优秀,由泰国畜牧发展部育种中心或育种站组建。

第二层:扩繁群

扩繁群种牛由核心群机构提供,通过资质较好的专业化公司或养殖户经营管理。

第三层:商业生产群

商业生产群通过小规模养殖户经营管理。

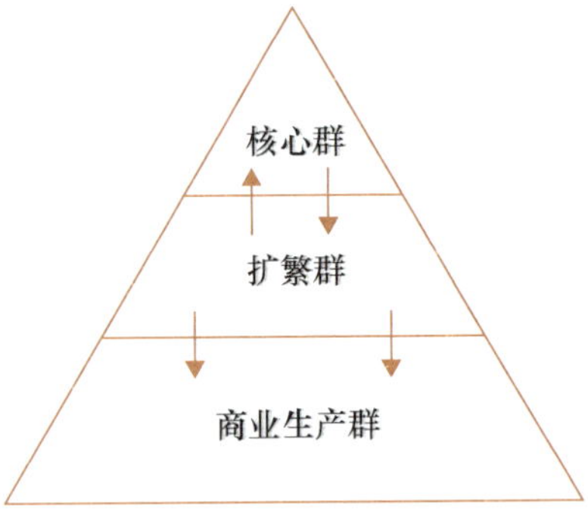

图 1-4-10　育种组织结构

(二)养殖技术

1. 饲养模式

(1)种养结合模式

该养殖模式主要见于泰国东北部、北部、中部和南部地区,每户平均饲养 6.8 头,饲养品种主要是泰国本地牛。在东北部、北部以及中部地区,利用天然草场或农作物残留物牧牛,在收获季节前后,牛可在路边、稻田或旱作物旁吃草或采食农作物残留物;而在南部地区,橡胶、棕榈油等作物种植园或果园较多,牛放养在橡胶、棕榈油等作物种植园或果园,以料草、饲料树叶、棕榈仁和棕榈叶饲养。该养殖模式牛肉生产效率低，农民通常在他们需要现金或创造收入时才销售他们的牛，牛粪还田用于水稻及经济果林等生产中的土壤肥料。

（2）半集约化模式

在水稻等其他作物种植园，通常以稻草搭配矿物质补充剂喂养，同时以玉米秸秆和木薯芯片作为粗饲料。饲养品种一半为杂交牛，一半为泰国本地牛。

（3）商业饲养场模式

一般规模在 50～100 头，主要生产优质高端牛肉，市场份额小，仅占 1%。主要以精料、青贮饲料和酒糟饲养 12～15 个月，体重达到 550～600 kg 出售。饲养品种一般为欧洲杂交牛。近年来，政府为了满足日益增长的牛肉需求量，利用本地牛与夏洛莱牛、海福特牛、西门塔尔牛等冷配进行杂交改良，发展杂交肉牛生产，目前育有 Kabinburi 和 Tak 两种杂交种类。

肉牛养殖主要有粗放式和精细化两种饲养方式。粗放式饲养以放牧为主，辅以低劣饲料饲草和少量劳动力，低投入低产出；精细化饲养以圈养为主，放牧结合补充精料。见表 1-4-10 和图 1-4-11。

表 1-4-10
两种饲养方式的比较

项目	粗放式	精细化
规模/头	9.4	13.2
平均出栏时间/月龄	54.5	36.3
平均出栏体重/kg	375.5	653.3
品种	泰本地牛×婆罗门	婆罗门×夏洛莱
放牧/圈养	放牧(白天)	放牧/圈养
饲粮	草料(放牧)、稻草	精料、糖蜜、草料、稻草

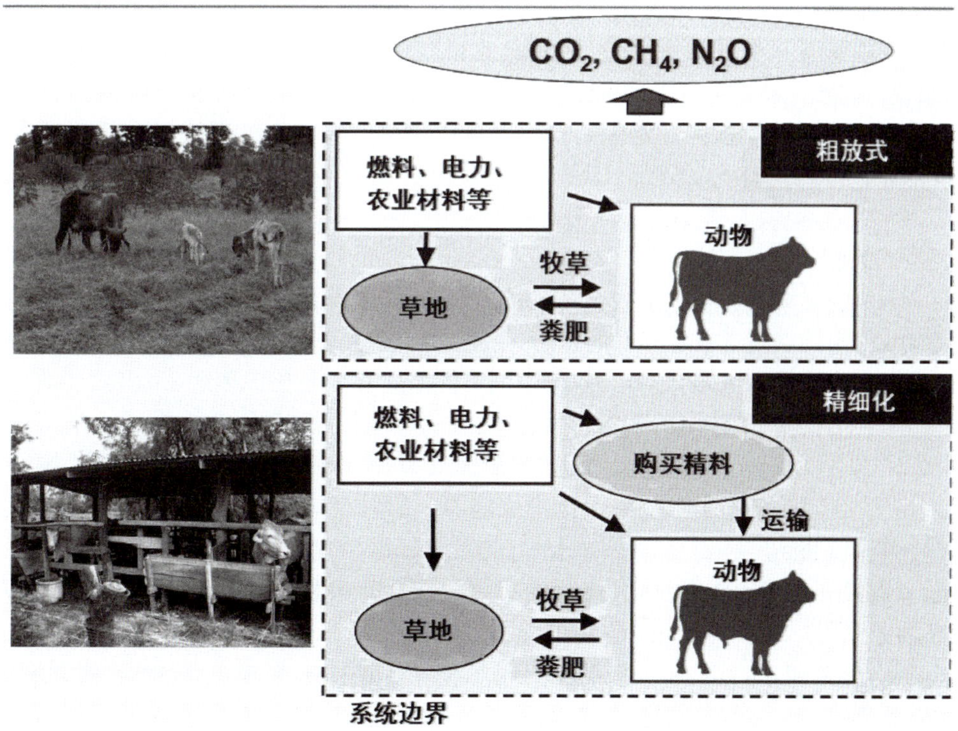

图 1-4-11　两种饲养方式示意图

2. 营养与饲料

蛋白质是反刍动物营养的主要限制因素，而蛋白质原料的短缺与饲养需求之间的矛盾已十分明显。因此，寻找新型蛋白质原料成为生产中急需解决的首要问题。大量研究表明：非蛋白氮的饲料原料是最直接、有效的蛋白质饲料替代品。缓释尿素作为蛋白补充剂可使氨在牛瘤胃中缓慢释放，既可节约蛋白质饲料，又可避免氨中毒。Cherdthong 等研究了饲料中添加缓释尿素对泰国肉牛氮利用率和血液生化指标的影响，硫酸脲添加水平为 0、120 g/kg、150 g/kg 和 180 g/kg 干物质时，牛的采食量随着添加量的增加而显著增加，当添加量达到 180 g/kg 时，氮排放显著降低(4.1 g/d)，且血浆中尿氮、血糖和全血蛋白含量也明显提高，可见，缓释尿素改善了氮的利用率。

(三)疫病防控技术

1. 泰国兽医防疫检疫体系

泰国兽医法律制度较为健全，在“病”“医”“药”3 个方面均有立法，其中包括《动物传染病防治条例》及其施行细则、《兽医师法》及其施行细则、《动物用药品管理法》及其施行细则等。同时《畜牧法》对于畜禽屠宰管理、畜牧场配备兽医师等兽医业务亦有相关规定。《动物传染病防治条例》自公布以来历经 7 次修订，《兽医师法》历经 6 次修订，《动物用药品管理法》历经 4 次修订。

泰国实行检疫与防治结合、内检与外检合一的兽医管理体制。动物防疫主管兽医总局，下设防检局和家畜卫生试验所，在市、县设有相应的动物防疫机关。防检局设动物防疫组、动物检疫组、肉品检查组、企划组等 4 个兽医相关内设机构，并设分局以及检疫站，负责动物防疫、检疫、动物用药品管理及肉品卫生检查等相关政策法规、方案计划的拟定、执行及督导，动物疫情报告、咨询及风险分析，科技研发及技术服务，进出境动物检疫业务执行督导等，并对泰国 74 个省(市)动物防疫机关进行业务指导。

泰国法律对动物尸体处理、养殖污染防治都有相关规定。养殖户必须对病死动物进行委托化制或自行掩埋(焚烧)处理。病死动物无害化处理运行机制较为成熟，效果良好。

泰国主要依托家畜卫生试验所、财团法人农业科技研究院和 4 所兽医大学兽医实验室，开展病原分离、抗原抗体检测、分子生物学检测分析等相关工作，县(市)动物防疫机构设立的实验室，主要开展病理诊断和分子生物学检测。泰国的兽医服务由中央政府和地方行政当局联合学术机构、私人兽医和养殖企业进行。其畜牧发展部(DLD)负责动物健康、动物衍生产品的安全性和国际动物健康问题。

2. 主要疫病流行现状

泰国肉牛养殖以农户散养和小型牧场养殖模式为主，养殖模式对其疫病发生与流行有着重要的影响，在泰国，肉牛疫病特点呈现散发多发的状态，特别是在农村一些肉牛养殖相对密集的区域。

目前泰国肉牛常见疫病主要有十几种，其中细菌性疫病有牛布鲁氏菌病、牛出血性败血症、牛炭疽病、牛副结核病、牛结核病、牛沙门氏菌病、牛魏氏梭菌病等，病毒性疫病有口蹄疫、牛病毒性腹泻、牛传染性牛鼻气管炎、牛白血病、牛合胞体病毒病等，寄生虫病有牛巴贝虫病、牛泰勒虫病、钩端螺旋体病、弓形体病、边缘无浆体病、新孢子虫病和伊氏锥虫病等。而对于像牛海绵状脑病和牛传染性胸膜肺炎在泰国肉牛中没有监测到。

在泰国，口蹄疫几乎每年均有发生，流行的口蹄疫病毒血清型主要有 O 型和 A 型，其次为亚洲 I 型。据调查，牛巴贝虫、二联巴贝虫、泰勒虫、边缘无浆体病在泰国西部地区牛群中感染率分别为 11.1%、12.5%、7.8%和 39.1%，17.9%的牛出现二重或三重感染，泰国西部地区边缘无浆体病感染率高于北部和东北部感染率(后二者感染率为 7%)。水牛血清钩端螺旋体抗体阳性率为 24.8%，黄牛血清阳性率为 28.1%；黄牛和水牛尿液中钩端螺旋体 16S rDNA 阳性检出率为 8.78%(321/3 657)，真正的流行率为 5.90%。对采自泰国 9 省 11 个农场的 744 份黄牛临床样本进行牛白血病病毒感染检测，

PCR 检测平均阳性率为 20%(5.3%～87.8%),ELISA 抗体阳性检出率平均为 50%(11.0%～100%)。

3. 疾病控制净化现状

制定实施国家防控计划已成为全球各国控制扑灭动物疫病的重要措施。目前泰国制定实施了牛口蹄疫、牛布鲁氏菌病、牛结核病、牛副结核病等疫病的控制净化计划。

早在 1997 年,FAO 和 OIE 就提出了东南亚口蹄疫控制行动计划(SEAFMD),目标是使柬埔寨、印度尼西亚、老挝、马来西亚、缅甸、菲律宾、泰国、越南 8 个国家到 2020 年成为口蹄疫免疫无疫国,并于 2007 年制定了 2020 年东南亚口蹄疫控制行动计划路线图;中国于 2010 年加入了该项计划,该计划后来更名为东南亚及中国口蹄疫控制行动计划(SEACFMD)。随着该计划在 2010 年的扩展,路线图计划被重新审阅,最终该路线图在 2011 年 3 月举行的东南亚及中国口蹄疫控制行动计划委员会会议上签署。各成员对于自身的疾病控制体系负责,但合作、引导和支持由设立在曼谷的东南亚口蹄疫控制行动计划区域协作组织提供。中国农业科学院兰州兽医研究所国家口蹄疫参考实验室和泰国北冲县的口蹄疫实验室为 OIE 确认的口蹄疫参考实验室,为各成员提供高水平的诊断服务。

泰国对口蹄疫实施强制免疫,所用疫苗有口蹄疫 O 型-亚洲Ⅰ型二价灭活疫苗、口蹄疫 A 型灭活疫苗。常规免疫每年可接种 2～4 次。建议每间隔 4 个月免疫一次,一年免疫 3 次。犊牛 90 日龄初免,剂量为成年牛的一半,间隔 1 个月进行一次强化免疫,以后每隔 4 个月免疫一次。牛只在调运前 2 周进行一次强化免疫。疫苗接种率应达到 100%,免疫抗体保护率不低于 70%。免疫接种后 21 d,进行免疫效果监测,存栏家畜免疫抗体合格率≥70%判定为合格。发生疫情时,要对疫区、受威胁区域的全部易感动物进行一次强化免疫即紧急免疫,最近 1 个月内已免疫的家畜可以不强化免疫。

根据泰国国家布鲁氏菌病控制和根除计划(NBCEP),采取免疫、检疫净化的方法,以尽量减少牲畜的经济影响,防止公共卫生风险,从而保证动物源性食品的安全。目前采用的布病筛选检测方法有琥红平板凝集试验(RBPT)、全乳环状试验(MRT),阳性复核方法有试管凝集试验(SAT)、补体结合试验(CFT)。布病污染牛场实施免疫接种、检疫净化。疫苗种类有流产布氏杆菌 S19 株疫苗(S19)、牛种布鲁氏菌 A19 株疫苗(A19)等。免疫预防:用布鲁氏菌 S19 或 A19 疫苗,对 3～8 个月犊牛进行免疫接种。如果成年牛进行免疫预防,剂量应为犊牛的 1/10,禁止妊娠牛接种疫苗。检疫净化:免疫接种 6 个月后,用间接 ELISA 和竞争 ELISA 试剂盒进行连续检疫,隔离和淘汰布病阳性牛。切实做好阳性牛与健康牛的隔离、犊牛与成牛的隔离、产房与其他牛舍的隔离。

牛结核病防控主要采取“监测、检疫、扑杀和消毒”相结合的综合性防治措施,预防、控制和净化结核病。常规检疫主要采用牛结核菌素(PPD)皮内变态反应试验。监测:成年牛净化群每年春、秋两季各监测一次;初生犊牛,应于 20 日龄时进行第一次监测,100～120 日龄时,进行第二次监测。检疫:牛只调运必须来自非疫区,调入后应隔离饲养 30 d,经当地动物防疫监督机构检疫合格后,方可解除隔离。净化:应用 PPD 皮内试验对牛场进行反复监测,每次间隔 3 个月,及时扑杀阳性牛,直至全部阴性。PPD 皮内试验疑似反应者,42 d 后复检阳性,则按阳性牛处理;若仍呈疑似间隔 42 d 再复检,仍为可疑者,按阳性牛处理。凡连续两次以上监测结果均为阴性者,可认为是牛结核病净化群。消毒:从牛群中检出并剔出结核病牛后,牛舍、用具及运动场所等进行紧急消毒。

4. 疫苗研发与应用

泰国目前生产的牛用疫苗主要有口蹄疫 O 型灭活疫苗、口蹄疫亚洲Ⅰ型灭活疫苗、口蹄疫 A 型灭活疫苗、口蹄疫 O 型-亚洲Ⅰ型二价灭活疫苗,牛出血性败血症灭活疫苗,炭疽、魏氏梭菌和布鲁氏菌疫苗等。其中口蹄疫疫苗由泰国口蹄疫苗制造中心生产,该中心位于泰国曼谷东北 170 km 的呵叻府北冲,中心是由早期的口蹄疫实验室发展起来的,年生产能力 3 000 万头份。

5. 其他疫病防治措施

(1)饲养管理

建立严格的生物安全管理制度,严格执行进出农场前病原消除系统。应设有消毒剂喷洒设备或车轮消毒池,记录访客和车辆进出农场。限制非必要的参观人员进入农场,在饲养区周围设置栅栏,张贴"非允许不得入内"警告标志,未经授权的人和车辆不得擅自入内。

(2)检疫监管

泰国通过多种动物疾病监测计划,以加强对动物和公众健康构成威胁的人畜共患疾病或新出现的疾病的早期监测。在区和村级建立动物疫病早期发现和预警系统,泰国全国有 2 000 多名区县畜牧业援助人员与泰国各地的地方当局紧密协作,在泰国 9 个地区设立了疫病监测快速反应小组,以便在疫情发生第一时间立即做出反应。泰国还在全国建立了 53 个动物检疫站来监控动物的流转,启动国家畜牧登记和注册系统,以便识别和追踪动物流转,重视肉牛贩运商是控制肉牛疫病发生与传播的关键环节。

(3)免疫驱虫

对肉牛养殖影响较大的疫病如口蹄疫、出血性败血症等采用疫苗免疫计划,在一定规模的肉牛养殖场实施定期驱虫,并为跛行的牛修蹄,使其正常行走而不受痛苦。

(4)环境控制

在肉牛养殖场周围不应有污水塘,防止蚊、虫、苍蝇等有害生物携带病原从而影响肉牛健康,此外,养殖场应持续执行预防和控制方案。

(5)疫病治疗

农场兽医应根据兽医专业法 B. E. 2545(2002)及其修正案,包括"关于管制兽药使用良好操作规范的泰国农业标准"TAS 9023 的要求进行。疾病治疗和兽药使用应由农场兽医或授权人员实施。使用兽药,推荐农场兽医采用书面处方,以确保兽药使用记录。

(6)无害化处理

对病畜、动物尸体进行严格的管理程序,防止疫病在牛场内外蔓延。对病死动物尸体的处理应埋在深度不小于 50 cm 的地方,在尸体上撒上消毒剂,然后泥土回填并堆积地面以上不少于 50 cm。

(四)粪污处理技术

泰国的肉牛养殖主要以种养结合模式进行,养殖场规模小,种植秸秆直接作为肉牛养殖饲料来源,其产生的粪污多数直接还田作为肥料使用,但养殖环境的污染较大,养殖环境较差。近年来,泰国肉牛养殖开始向商业化、规模化方向发展,粪污的处理就成为养殖场主要解决的问题,传统粪污直接还田不能解决较大养殖规模的农场。目前,规模化牛场主要采用沼气发酵、肥料化利用、无害化处理后排出等手段处理粪污。

1. 沼气发酵

泰国沼气发酵技术主要用于处理养殖场畜禽粪便和食品加工等企业废水,采用高效厌氧处理法,将畜禽粪便通过沼气池中的细菌以厌氧发酵方式把有机物分解为甲烷等清洁能源,通过大型罐体储存后用于居民生活及发电,同时剩余的粪便中有毒病菌已被消除,是良好的有机肥料。泰国正加大对生物质能发电产业的政策扶持力度,必将促使泰国生物质发电产业快速发展。

泰国最早使用沼气技术在 1950 年左右,Kasetsart 大学引进印度浮鼓式生物消化系统处理奶牛场粪污。后来,沼气系统被用于农村畜牧养殖户的粪污处理。泰国沼气技术的发展分为 3 个阶段。第一阶段,1960 年开始,公共卫生部推出沼气池,以减少村内畜禽粪便的污染。该项目 1960—1992 年,建造了大约 6 000 个浮鼓式沼气池。第二阶段,1970—1980 年能源危机期间,由国家能源研究所在每个村庄建造至少一个浮鼓式沼气池作为示范单元,如果任何农民愿意建造一个生物消化器,政府将支持每个农场 1 200～1 500 泰铢的预算。在 1980—1989 年期间，农业推广部也推动农民建设简单的浮鼓式沼气池。第三阶段，始于 1988—1995 年泰国-德国沼气计划(TG-BP)，该计划得到了德国技术合作公司(Deutsche Gesellschaft fuer Techische Zusammenarbeit GmbH-GTZ)的支持，与清迈大学和农业合作部农业推广司合作。作为研究和示范单位，在清迈大学农场建立了活塞式流动槽式消化器($2\times100\ m^3$)和一个与砂床过滤器相连的 UASB($50\ m^3$)蒸煮器的模型。在泰国-德国沼气计划(TG-BP)完成后，又获得了节能与可再生能源政策局和能源部能源政策和规划部的项目支持。

目前，泰国对于小型肉牛养殖场，推广的是经改造后的低成本塑料生物反应器。泰国的沼气生产变得越来越重要，特别是减少畜禽养殖场废物的污染。此外，沼气也被视为可再生能源，以取代天然能源(石油，天然气等)，同时沼气池建造能够得到泰国政府的不断支持。

2. 肥料化利用

主要通过土地还原法和堆肥法进行有机肥料的生产，其中土地还原法操作最为简便，即在农田中直接投入未处理的畜禽粪便作为肥料，充分利用土壤中自身存在的微生物对粪便进行有机物分解，但因土地自然消纳能力有限，因此不宜采用此方法集中处理大量畜禽粪便，同时部分作物对肥料要求较严格也不宜采用此方法。

堆肥法是将畜禽粪便和其他辅料混合后利用发酵原理通过微生物分解成为有机肥料，其中高温堆肥法比普通堆肥法的发酵温度更高，能够进一步杀灭粪便中的有害病菌、腐熟化程度更高，因其成本较低且技术门槛不高，无害化处理效果较好，适用于工厂化大规模生产。

3. 污水无害化处理

进行厌氧处理，将畜禽养殖过程中产生的大量含有机物污水通过厌氧生物处理杀灭其中的病菌，再经过生物滤池、生物转盘、需氧生物处理等方法去除水中污泥、臭味使其达到水排放标准。

五、与我国畜牧业合作情况

中国对畜禽产品的需求不断上升，市场供不应求，泰国等东南亚国家自然条件优越，畜禽产品丰富、产量大，可成为中国畜禽产品的供应基地，中国与泰国可以充分利用这一互补性，通过促进产业的合作和贸易往来，提升中泰畜牧经济发展水平。此外，中国可向周边国家推广在畜禽方面标准化体系、现代畜牧服务业体系、畜产品质量保障体系方面的先进使用技术和管理经验，实现大家共同发展的目的。

泰国本国生产的牛肉量难以满足国内的消费需求，每年需要从缅甸、澳大利亚、新西兰、美国等国进口，年需求量达 60 万头。由于路途遥远，运输成本较高。近几年，中国云南、广西、贵州等地开展了对泰国的活牛出口，边境地区的农民赶着活牛到泰国，年出口量达到 10 万头以上。云南、广西、贵州等地应发挥与泰国陆路距离最近和水路航运便利的条件，加快肉牛生产基地建设。积极引进印度、巴基斯坦的优质水牛良种，加快改良步伐。同时，在云南、广西、贵州等地建立面向泰国的肉牛养殖基地和日牛交易量在 1 000 头以上的大型交易市场，力争用 5 年时间，使云南、广西、贵州等地对泰国的肉牛出口量达到年 30 万头左右，产值突破 10 亿元。

2013 年，泰国民间企业与我国珠海著名农业开发产业“中国草地农业产业化鹤洲示范基地”合作，引进粮竹草(MT-1) 的茎苗，已在叻丕府农业科技学院示范种植并取得初步成功。这是一种使用航天育种科技改良的多功能的草料，素有“绿色黄金”之美誉，可以作为牲畜饲料，加工成为富含营养的健康饮料，加工成纸浆、草板以及更多的用途，该品种粮竹草具有适合在泰国种植生长的优点，产量高，而且有利于提高开发泰国较落后的草场经济。粮竹草又称 MT-1 号象草，是禾本科多年生草本植物，具有极强的生长能力，在中国北方与南方均已试验种植成功，该草类貌似甘蔗，可以长高到 2～3 m，最适合在温带和热带地区培植，具有改善土质、环保等优点，该草类还可直接用作高营养动物饲料。同时可以广泛用于造纸、建筑材料、加工成为健康饮料以及生产生物燃气等用途，可造福农户及国家，为农户脱贫致富增加门路，同时将推动泰国草场农业革新，迈向东盟一体化。

目前种植粮竹草项目已获得泰国国家土地改革委员会的关注，该部门甚至表态，希望提供土地开发种植粮竹草，天声泰中草场经济高科技有限公司已经决定引进粮竹草种茎，提供给农户进行种植后，公司保障收购其产品，要在 2013 年内扩大种植 5 000 莱（1 莱等于 1 600 m^2），2014 年将扩大种植到全国 50 万莱，并定下目标要在 5 年内扩大种植到全国逾百万莱。

在疾病防控方面，中国和泰国一道，积极与国际社会共同应对畜禽疾病防控挑战。东南亚-中国口蹄疫防控（SEACFMD）于 1997 年启动，旨在推动东南亚国家和中国逐步消灭口蹄疫。中国于 2010 年正式加入该项目，在做好本国口蹄疫防控的基础上，一是本着"及时、公开、透明"的原则，及时向国际社会通报口蹄疫等动物疫情及防控情况；二是推进联防联控机制建设，加大跨区域活畜移动监管力度；三是积极开展流行病学调查、实验室检测、临床诊断等领域的技术交流，为有关国家培训兽医专业技术人员；四是向多个国家提供力所能及的防控物资援助和技术援助。2015 年 8 月，农业部兽医局与世界动物卫生组织（OIE）在青岛联合召开"东南亚-中国口蹄疫防控（SEACFMD）国家协调员会议"暨"动物移动管理研讨会"。包括中、泰在内的来自联合国粮农组织、OIE 等国际组织，澳大利亚、缅甸等 11 个国家及国内有关省份、科研单位约 50 位代表参加了会议。会议就区域内口蹄疫疫情及防控经验、项目执行进展以及加强区域内动物移动管理合作等进行交流。

2016 年 3 月，来自中国、泰国、孟加拉国、印度、缅甸、巴基斯坦、斯里兰卡、印度尼西亚、越南等 9 个国家的 200 余名官员、学者，在畜牧产业与疫病防控合作的领域达成了 5 个方面共识，将在畜牧产品开发、防控动物疫病跨境传染等方面进行合作。9 国将通过产业合作建立孟中印缅畜牧产业合作、疫病防控交流的长效合作机制。

此外，中泰合作还体现在畜牧兽医教育上，近年来，泰国的孔敬大学和皇家理工大学与中国的西南大学结为友好学校，其中泰国孔敬大学兽医学院、农学院与西南大学动物科技学院之间，每年定期互派师生开展为期 1～2 个月的学习交流，为培养畜牧兽医人才做出了贡献。

参考文献

[1]Na-Chiangmai A. Current situation and development trends of beef production in Thailand [J]. Development strategies for genetic evaluation for beef production in developing countries, 2002, 1: 93-97.

[2]Charoensook R, Knorr C, Brenig B, et al. Thai pigs and cattle production, genetic diversity of livestock and strategies for preserving animal genetic resources[J]. Maejo International Journal of Science and Technology, 2013, 7(1): 113-132.

[3]Fao I. The state of food insecurity in the world, WFP, 2015: 1-62.

[4]Tangjitwattanachai N, Sommart K. Protein requirements for maintenance and gain of Thai native, Brahman and Brahman crossbred beef cattle in Thailand: a meta-analysis[J]. JIRCAS Working Report, 2009, 64: 66-69.

[5]Suppadit T, Phumkokrak N, Poungsuk P. Adoption of Good Agricultural Practices for Beef Cattle Farming of Beef Cattle Raising Farmers in Tambon Hindard, Dankhunthod District, Nakhon Ratchasima Province, Thailand[J]. KMILT Science and Technology Journal, 2006, 6(2): 67-73.

[6]Ogino A, Sommart K, Subepang S, et al. Environmental impacts of extensive and intensive beef production systems in Thailand evaluated by life cycle assessment[J]. Journal of cleaner production, 2016, 112: 22-31.

[7]Harvey W. Productivity of pastures and responses to salt supplements by beef cattle on native pasture in North-east Thailand[J]. Tropical Grasslands, 1983, 17(3): 105.

第五章

尼泊尔

一、摘　要

畜牧业是尼泊尔农业生产中的一个重要组成部分，80%的农村家庭饲养牲畜。畜牧业在农业国内生产总值中所占的份额为12%，其中乳制品、肉类和蛋类分别占畜牧业生产总值的63%、32%和5%。尼泊尔主要畜种有本地牛、绵羊、山羊、牦牛，它们主要用于奶、肉、毛及役力的生产。全国农业抽样调查显示(2011年)，尼泊尔家畜总数达到2 214万头(只)，包括奶牛、山地牛、水牛、山羊、绵羊、猪、马、骡、驴、兔等；家禽数量达到2 627万只，包括鸡、鸭、鸽子等；主要的畜禽数量如下：730万头牛(不包括水牛、牦牛)，520万头水牛，80万只绵羊，980万只山羊，120万头猪，4 800万只鸡，38万只鸭子，7万头牦牛和Chauris(母牦牛和当地公牛的杂交后代)。尼泊尔畜牧业生产广泛分布于全国各地区，其地理状况包括山地、丘陵和平地，并因气候、地形和社会经济因素而变化，山地地区的主要产业是畜牧业。由草地、灌木丛和森林构成的牧场，占尼泊尔国土面积的22.6%。约70%的牧场位于西部和中西部发展地区，主要部分在山地(高山上、高山坡、丘陵区、西瓦立克山脉和平原区分别为50.5%、28.8%、16.7%、1.2%和2.8%)。森林、农业用地、草地、灌丛、水、非耕地和其他土地分别占牧场总面积的29.0%、21.0%、12.0%、10.6%、2.6%、7.0%和17.8%。尼泊尔牧场的生产力较低，只有总产量37%的牧场牧草可供家畜食用。畜牧业的发展有助于尼泊尔的食品安全、农民民生、就业和收入的增加、农业经营投入、工业生产、城乡交通。尼泊尔政府对促进农业的发展，实施了农业展望计划(APP)，该计划使畜牧业从期初(1995/1996)2.1%的基准年增长率，达到期末(2014/2015)6.1%的基准年增长率。

二、肉牛产业基本情况

(一)肉牛产业发展概况和资源状况

尼泊尔联邦民主共和国(简称尼泊尔)是一个多山的内陆国家，位于喜马拉雅山中段南麓。尼泊尔位于中国和印度之间，南同印度相邻，北与我国的西藏自治区接壤，东、西、南三面被印度包围，国境线全长 2 400 km。尼泊尔北部为山地，中部为河谷，南部为平原，有“山国”之称。世界上 14 座海拔超过 8 000 m 的山峰，其中有 8 座在中尼边界的喜马拉雅山区，包括珠穆朗玛峰、干城章嘉峰、洛子峰、马卡鲁峰、卓奥友峰、道拉吉利峰、马纳斯鲁峰和安纳布尔纳峰。

尼泊尔被分为 3 个地理区域，山脉、丘陵和平原，境内大部分属丘陵地带；尼泊尔地势北高南低，海拔从南部平原的 60 m 升至北部喜马拉雅山的 8 848 m，海拔 1 000 m 以上的土地占总面积近一半；东、西、北三面多高山，北部喜马拉雅地区，海拔高度在 4 877～8 844 m 之间，中部河谷区，多小山；南部是冲积平原，分布着森林和草原；中部山区占尼泊尔国土面积的 68%，主要由最高峰达到 4 877 m 的马哈布哈拉山系和相对较矮的丘日山系组成；南部的特莱低地占尼泊尔领土面积的 17%。

尼泊尔气候包括热带、亚热带、温带和极地气候。牦牛主要分布在与其相邻的低谷地带。尼泊尔气候也因地形的不同而变化，南北地理变化巨大，地区气候差异明显，从北部的高山极地气候到南部的亚热带气候。全国主要分 3 个气候带，北部高山、中部温带和南部亚热带。北部为高寒山区，终年积雪，最低气温可达－41℃；中部河谷地区气候温和，四季如春；南部平原常年炎热，夏季最高气温为 45℃。尼泊尔的气候基本上只有两季，每年 10 月至翌年 3 月是干季（冬季），雨量极少，早晚温差较大，晨间 10℃左右，中午可升至 25℃；每年 4—9 月是雨季（夏季），其中 4—5 月气候尤其闷热，最高温度常达到 36℃；5 月初的降雨常作为雨季的前奏，一直持续到 9 月底，雨量丰沛，常泛滥成灾。尼泊尔年降水量从 1 500 mm 到 2 500 mm，60%～80%是从 6—9 月获得的。超过 70%的这种季风降雨是被浪费的，有时会带来自然灾害造成重大的生命和财产损失。由于地形和气候的较大变化，尼泊尔是多种动植物的家园。

尼泊尔共划分 5 个经济发展区，分别为东部、西部、中西部、中部和远西部发展区。5 个发展区又设了 14 个专区（分别为巴格马蒂专区、佩里专区、道拉吉里专区、甘达基专区、贾纳克布尔专区、格尔纳利专区、戈西专区、蓝毗尼专区、马哈卡利专区、梅吉专区、纳拉亚尼专区、拉布蒂专区、萨加玛塔专区、塞蒂专区），14 个专区下共有 75 个县，36 个镇，3 995 个村。

尼泊尔总人口约为 2 850 万人，大多数人口居住在农村地区，92.9%的人口从事农业生产，约有 65%的人口仍然主要依靠农业谋生。全国总面积 147 181 km^2；农业用地面积为 50 310 km^2，占全国总面积的 35.2%；农业耕地面积为 30 910 km^2，占农业用地面积的 61.4%；牧场面积 17 370 km^2，占农业用地面积的 34.5%。人均耕地面积 2.5 亩，耕地分布不均衡，40%的耕地没有灌溉设施；农业未耕种土地面积为 103.0 万 hm^2，占全国总面积的 7.0%；森林（包括灌木）面积为 582.8 万 hm^2，占全国总面积的 39.6%；草原面积为 176.6 万 hm^2，占全国总面积的 12.0%；河流和湖泊的面积为 38.3 万 hm^2，占全国总面积的 2.6%；其他面积 262.0 万 hm^2，占全国总面积的 17.8%。

尼泊尔的经济仍然是以农业为主。国家经济有明显的地域差异，与城市地区相比，山区和丘陵地区的贫困更为严重。国内生产总值 211.32 亿美元（2016 年），每年的经济增长率估计为 3.56%，农业总产值约占 GDP 的 40%，农业为 66%的人口提供了职业。畜牧业生产值占农业 GDP 的 12%，其中肉类生产又占畜牧业产值的 32%。人均 GDP 为 730 美元（2016 年），23.8%的人口在国家贫困线以下。畜牧业是农业系统的一个组成部分，80%的农村家庭饲养牲畜，并且在食品安全、营养供给、生活稳定性、区域平衡、性别主流化和农村扶贫等方面发挥着重要作用。尼泊尔草地生产力较低，只有草地牧草总产量的 37%可供给牲畜。

尼泊尔农业的独特之处在于其复杂的农业系统性质，这些系统在农作物、牲畜、家禽、蔬菜、水果、香料、渔业、农林和非木材林产品的多样性交织在一起。农作物主要有稻谷、玉米、小麦，经济作物主要有甘蔗、油料、烟草等。直到今天，大多数农民以自给自足的方式进行生产活动。农场的平均规模为 0.8 hm^2，47%的土地面积小于 0.5 hm^2。水稻、玉米、小麦、龙爪稷和大麦是主要的粮食作物。玉米和小米多数生长在旱地高地，水稻种植模式主要在灌溉区域种植。油籽、豆类、甘蔗和马铃薯也是重要的农作物。不同的水果和蔬菜分布在不同的地理区域，在夏季和冬季栽培。水产养殖流行在南部平原地区，该地区的河流起源于喜马拉雅山，主要养殖土著鱼类。

（二）肉牛养殖业发展情况

1. 肉牛品种及存出栏量

尼泊尔主要饲养奶牛、黄牛、水牛、牦牛和犏牛，其中以普通牛（包括奶牛和黄牛）和水牛的数量最多。2001—2015 年的统计数据显示，普通牛的数量从 697.87 万头增加到 730.28 万头；水牛的数量在 2001—2012 年增长较快，从 370.09 万头增加到 524.19 万头，之后略有回落，2015 年的数量为 516.88 万头。

牦牛是在尼泊尔国内唯一能够在喜马拉雅地区生存和繁衍的牛种（Neopaned 等，1999）。牦牛养殖不仅是一个传统，同时也是生活在这一地区人民的重要生活资料（Pande，2004；Paudel，2006）。牦牛皮可用来制作袋子等物品。纤维用于制造绳索、毛毯。牦牛牛排（牦牛肉干）很受游客的欢迎（Paudyal，1993；Sherchand 和 Karki，1996），牦牛奶用于生产各种奶制品，如奶酪、黄油和 Chhurpi（销售于本地和更大的市场，如博卡拉和加德满都）。

牦牛主要饲养在尼泊尔 28 个北部山地行政区海拔 3 000～5 000 m 的牧场和草地上。在高山地区牦牛和黄牛杂交产生犏牛（Shrestha 等，1996）。据估计，在尼泊尔大约有 69 000 头牦牛和其杂交品种（AICC，2012）。近年来畜群数量正在减少，牧民们正用增加畜群规模的方式来增加其收入。

犏牛的生产比牦牛更为高效（Paudyal，1993），并且在粗饲条件下生长更好。季节性迁移放牧指动物从一个区域移动到另一个区域进行放牧，是牦牛和犏牛的主要生产方式（Pariyar，1998）。夏天他们在海拔较高的高山牧场进行放牧，冬季开始后逐渐从高山牧场下降到亚高山牧场（Miler，1987；Kharel，2000；Neopane 等，2001）。游牧时用的棚屋是为牧民专门建造的，牦牛在它们周围放牧（Cai 和 Gerald，1996）。畜牧生产管理局支持农民开展品种改良、牧场管理和配套服务，如轨道公路建设、饮用水供应、牧民培训、良种推广和动物健康相关的活动。虽然政府实施了一些支持牧民的措施，但牧民并不认为这些措施足够满足生产需求。农业发展部推出的高山农业贸易和改善民生项目，支持当地饲养牦牛和犏牛的牧民运用价值链的方法进行贸易推广。这个项目在尼泊尔的 9 个高山和山地行政区实施。由于各级政府机构对牧民提供的支持政策和便利设施，牦牛和犏牛的数量已经略有增加。2001—2015 年尼泊尔牛数量的变化情况见图 1-5-1。

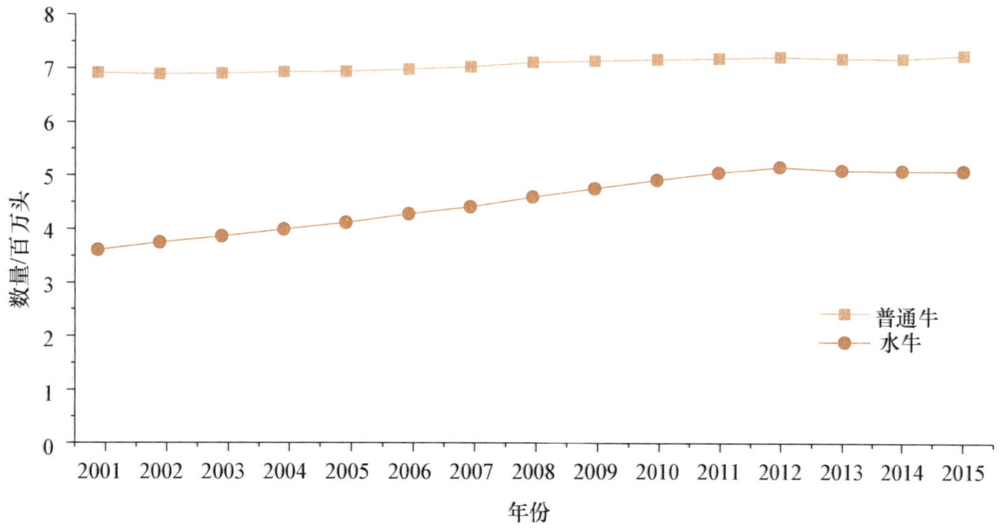

图 1-5-1　尼泊尔历年牛数量的变化

1999 年，尼泊尔有牦牛和其杂交品种 5.65 万头，2009 年 6.60 万头，2010 年 6.78 万头，2013 年 6.57 万头，2014 年 7.24 万头，2016 年 6.88 万头。尼泊尔牦牛的数量超过 1.90 万头，而杂交牛接近 4.10 万头。然而，在过去的 10 年间，个别地区的牦牛数量有大幅波动（董全民和郎百宁，1998）。1961 年尼泊尔牦牛数量达 20 万之多，之后呈逐年下降趋势。牦牛数量的下降主要原因有，政府对家畜数量的限制、尼泊尔国家公园运动、疾病和捕食者的威胁、可利用饲料的减少、政府较低的激励。牧民传统的以牧养生畜为主的职业逐渐向旅游业和成为搬运工转变。

然而，越来越多的牧民不愿意饲养牦牛，因此威胁着这些地区畜牧业的可持续发展。尼泊尔很大程度上处于一种小农畜牧业制度下，牧民在小块自有土地上饲养少量的牲畜。许多饲养少量牲畜的牧民被边缘化，他们接近生存的边缘，由生存需求驱使而工作，而不是因市场需求。这种牧民的特点是无法承受来自多种压力和风险的不利影响，而表现出来的社会经济的脆弱性。畜牧业常见的风险是由于营养不良和疾病导致的家畜死亡和发病。畜牧业中 70%的工作是由妇女贡献的，但妇女通常不参与牲畜交易和相关财务管理方面的工作。

2. 肉牛产品产量及历年变化

目前，只有尼泊尔水牛肉的历年产量变化数据（图 1-5-2）。尼泊尔牛肉产品在世界牛肉中的占比很小，对世界牛肉的总产量影响很小。

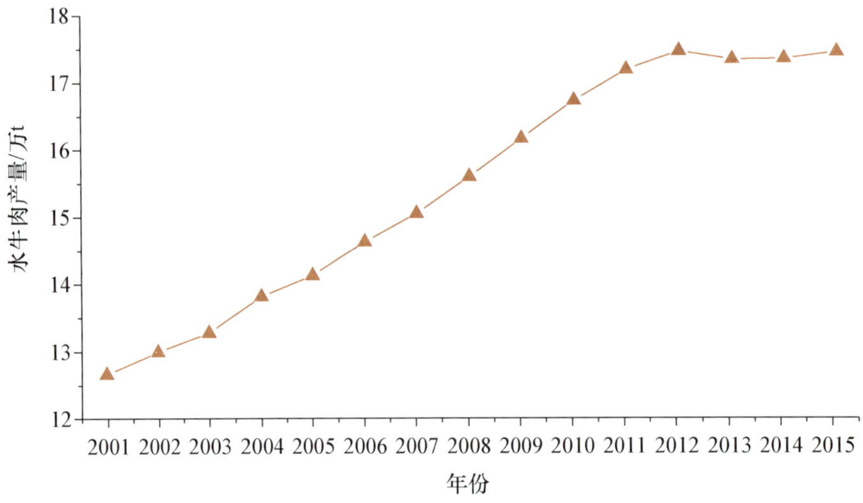

图 1-5-2　尼泊尔历年水牛肉产量的变化

3. 养殖区域、规模结构及其变化

肉牛、奶牛主要饲养在低海拔区域，牦牛主要饲养在尼泊尔 28 个北部山地行政区海拔 3 000～5 000 m 的牧场和草地上。据 2011 年底统计结果显示，饲养普通牛的牧户有 228.05 万户，饲养牛数达 724.49 万头；饲养牦牛和犏牛的牧户有 0.62 万户，饲养牛数为 6.89 万头；饲养水牛的牧户有 166.88 万户，饲养水牛数达 513.31 万头。平均畜群规模从 1992 年的 7 头增加到 2012 年的 10～30 头。

4. 肉牛产品价格及其变化情况

目前，尼泊尔牛肉的价格较周围国家相对较高，主要原因在于，由于国内养殖政策的限制使肉牛的数量有所下降，不能满足国内对牛肉的需求，而主要向印度进口活牛来弥补供需缺口，这就造成了牛肉的价格普遍偏高。

5. 养殖成本和效益

Joshi(1993)对饲养牦牛和杂种牛的经济效益做了报道，尽管这些数据会随着时间而变化（表 1-5-1），但它对比较牦牛和杂种牛的饲养效益是有益的。

表 1-5-1

牦牛和杂种牛的饲养效益 NPR①

饲养牛的类型	公牦牛	母牦牛	泌乳杂种牛
投入资金(1 350 用于买牛)	1 782	1 815	2 310
再次投资(大部分用于饲料)	473	621	1 040
每年的回报	1 109	2 609	2 500
毛利	636	1 988	1 460

Joshi 的报道表明,虽然泌乳牦牛的产奶量比杂种牛低,但泌乳牦牛比杂种牛的毛利高 1/3,同时,泌乳牦牛的投资比杂种牛低,而且犊牦牛的价格比杂种牛高 2 倍,推广应用这种模式,这就意味着在广大牧区,高投入高产出的策略未必能获得最大的利润。然而,杂种牛或 Dimjo 牛生命周期长可能对低回报和高投入予以补偿。Dimjo 牛产犊率几乎是牦牛的 2 倍,因此,假如杂种牛的生命期是 12 年,那么其毛利将比牦牛大。在乳制品方面,牦牛和杂种牛之间的毛利差距可能会逐渐缩小,原因是最终产品是干酪而不是牛奶。

6. 主要养殖企业、协会组织概况和地位

在尼泊尔,与养殖业相关的企业较少,协会组织也不多,下面主要提供一些相关的政府组织。

畜牧服务部(Department of Livestock Services, DLS),主要职责是通过养殖业的可持续发展来提高人们的生活水平,进而消减牧民生活的贫困程度。该部门通过多样化和商业化大力发展畜牧业以增加牧民收入和繁荣畜牧业发展。畜牧服务部的一个主要项目是“社区家畜发展项目”,由亚洲发展银行资助。该项目总体目标是通过性别平等和社会包容性发展来降低农村贫困人口的贫困度。以环境可持续性和社会公平性的形式,通过畜牧业劳动生产率来改善食品安全、营养、收入和为 6.9 万个家庭提供就业。联合国粮农组织提供技术援助、相关活动指导、农民服务和投入的私有化、农产品加工和销售。该项目的功能集中于市场/需求导向的方法、所有组织中的性别平等主流化、灵活的项目管理、局部体容量改善和环境管理。项目覆盖 43 个区,在 3 个模块中实施:在 22 个区进行集约化畜牧业生产;在剩下的 21 个区进行加工、销售和商业化;在 5 个区进行基于多部门的高海拔试点项目。项目与非政府组织进行社会动员活动,对农/牧民进行提高生产率的培训,与企业家进行产品加工和销售,对利益相关者进行协调和避免程序重复,促进兽医扩展兽医服务和进行人工授精的活动。

尼泊尔畜牧业部由家畜服务部管理,隶属于尼泊尔政府的农业发展部。家畜服务部的组织结构包括动物卫生理事会、家畜生产、动物服务培训和推广、市场推广、5 个区理事会、75 个区畜牧服务办公室与几个畜牧服务中心和分中心。其他与家畜相关的政府组织包括家畜服务部的中央兽医医院、动物健康理事会中心实验室下的兽医流行病学单位。尼泊尔兽医协会和尼泊尔农业研究理事会是自治的畜牧相关机构。

食品技术与质量控制部(Department of Food Technology and Quality Control, DFTQC)成立于 1961 年。成立之初,食品技术与质量控制部就起到先锋的作用,为食品加工和营养支持方案的控制系统、为科学研究和经济发展奠定了基础。食品技术与质量控制部依托于尼泊尔政府,是唯一执行《食品法和条例》和提高食品和饲料的质量和安全的政府机关。食品技术与质量控制部致力于执行最新食品和饲料法和条例来保持国家食品和饲料产品的安全和质量,通过开发和传播合适的技术提升企业家精神,通过以食物为基础的方法提高居民的营养状态。

合作部(Department of Cooperatives, DoC)是一个规范所有合作社从初级到联邦一级运作的国家监察机构。合作部有 3 个职能:注册合作社,对合作社的改进提出建议,解散连续两年不能运作或不能

① NRR,尼泊尔卢比。

达到目标的合作社。此外，合作部也负责定期监测合作社以评估其业绩。

国家合作发展局(National Cooperative Development Board, NCDB)于1992年成立，其成立的目的是为了促进和发展合作社。国家合作发展局由代表政府权力的两个成分组成，私营部门和专业人员。该机构还负责筹集资金、签订合资协议、扩展技术支持和协调参与合作活动的非政府组织职能。

(三)肉牛产品加工业发展情况

(1)肉牛产品产量及在世界上的地位

尼泊尔年牛肉生产量相对较少，2002年牛肉总产量为17.47万t，在世界肉牛产品产量中占比小。

(2)肉牛产品产量历史变化情况及影响因素

在1980—2002年间，尼泊尔牛肉总产量从9.05万t增长到17.47万t，牛肉产量几乎翻了一番。牛肉产量的增加得益于政府的支持与群众消费需求的增加，同时宗教和文化影响了牛肉产品的产量。

(3)肉牛产品加工企业、组织概况

尼泊尔的主要加工企业有，瑞典美食家仪器厂(Kantipath, Kathmandu)、尼泊尔香肠厂(Gangabu, Kathmandu)、肉产品质量有限公司(Thankot, Kathmandu)、珠穆朗玛食品有限公司(Heatauda, Makawanpur)、Prasuma熟食生产厂(Naikap, Kathmandu)、拉特纳家畜养殖场私人有限公司(Naya Bazar, Kathmandu)、别纳美食家公司(Thamel, Kathmandu)、尼恩和夏甲公司(Jawalakhel, Lalitpur)、洛萨食品生产私人有限公司(Thachal, Kathmandu)、尼泊尔香肠厂分公司(Maharajganj, Kathmandu)、Micto公司(Baneswor)、艾琳食品生产私人有限公司(Bijeswori)。

(四)牛肉消费情况

(1)牛肉消费占比及国民消费偏好

宗教和文化影响了牛肉产品的产量。在尼泊尔，屠宰奶牛是违法的，不允许牛肉产品的生产。与水牛肉生产相比，奶牛肉生产变得非常低效，因水牛可以被屠宰(Joshi等，2015)。这导致了尼泊尔的牛奶产量很低，尽管有较多的奶牛数量。尼泊尔人对牛肉的消费是整个肉类消费的主导，牛肉消费占整个肉类消费的71%。

(2)牛肉消费量历史变化情况及影响因素

与牛肉的生产量相似，牛肉的消费量从1980年到2002年持续增加。1980年，牛肉总产量为9.05万t；1990年，牛肉总产量为13.56万t；2000年，牛肉总产量为16.98万t；2002年，牛肉总产量为17.47万t。

(3)牛肉产品营销模式

农区牛肉产品的营销模式主要有超市和农贸市场交易，牧区的牦牛肉产品主要是自给自销。牛肉产品多以胴体肉或小块分割肉为主，精细分割相对滞后。

(4)牛肉物流、营销企业及组织概况

牛肉物流主要是冷链物流，短距离运输。尼泊尔牛肉营销企业主要有Rejoin食品公司(Heatauda, Makawanpur)、Quality肉品公司(Thankot, Kathmandu)、Kakani屠宰场(Kakani, Nuwakot)、Sangrila食品国际经纪公司(Duhabi, Morang)、Seemax食品国际经纪公司(Sunsari)等。

(五)肉牛产品贸易情况

1. 肉牛产品进口情况

1980年，进口活牛3.60万头；1990年，进口活牛1.84万头；2000年，进口活牛0.83万头；2002

年，进口活牛 1.19 万头。经历 20 年时间，尼泊尔进口活牛总数呈逐年下降趋势。主要进口的国家是印度。

2. 肉牛产品出口情况

1980 年，出口活牛 1.11 万头；1990 年，出口活牛 0.43 万头；2000 年，出口活牛 0.2 万头；2002 年，出口活牛 0.46 万头。经历 20 年时间，尼泊尔出口活牛总数呈下降趋势。尼泊尔主要和印度之间有活牛之间的贸易往来，2016 年从印度进口的活牛总额达 3.63 亿 NPR，而出口活牛总额为 1.29 亿 NPR。没有关于尼泊尔牛肉出口的报道。

3. 在世界畜产品贸易市场的地位

2012 年，尼泊尔外贸总额为 5 359.3 亿 NPR，出口额 742.6 亿 NPR，比 2011 年增长 15.4%；进口额 4 616.7 亿 NPR，比 2011 年增长 16.5%。贸易赤字 3 874.1 亿 NPR，比 2011 年增长 16.7%。主要贸易伙伴有印度、美国、中国、欧盟等。主要进口商品是煤、石油制品、羊毛、药品、机械、电器、化肥等，主要出口商品是蔬菜油、铜线、羊绒制品、地毯、成衣、皮革、农产品、手工艺品等。尼泊尔向我国西藏出口的畜产品主要有酥油、羊毛毯、羊毛坐垫等，尼泊尔从西藏进口的主要畜产品有羊毛、山羊、牛奶、羊毛毯、羊毛衫、优质毛皮、酥油等。

尼泊尔畜产品主要以进口为主，2016 年进口活家畜总额达 30.52 亿 NPR，而出口活家畜只有 1.33 亿 NPR；进口肉类 1.01 亿 NPR，出口肉类 3.52 亿 NPR；进口鱼类 8.23 亿 NPR，出口鱼类 0.01 亿 NPR；进口奶、蛋、蜂蜜 15.92 亿 NPR，出口 2.13 亿 NPR；进口其他动物源性食品 1.56 亿 NPR，出口 0.69 亿 NPR。

4. 与中国的畜产品贸易情况

目前尼中边境贸易主要有 3 种途径：尼泊尔同我国西藏之间，在 30 km 长的边民集中地带和 17 个通商口岸进行无许可证的传统贸易；两国签署贸易协定后，双边贸易 70%通过物资，30%通过外汇交易；尼泊尔同第三国之间的交易（谭合，1993）。2016 年，尼泊尔的贸易总额为 8 449.66 亿 NPR，其中进口为 7 747.12 亿 NPR，出口为 702.54 亿 NPR；与中国的贸易总额为 1 178.36 亿 NPR，其中进口额达 1 161.16 亿 NPR，出口为 17.19 亿 NPR。尼泊尔西北部的藏语区，长期以来同我国西藏自治区友好往来，两国牧民在边境相互交换种公牦牛。卡尔拉里地区的莱米村，有居民 800 人，饲养牦牛 1 000 头（张容昶，1987）。

尼泊尔同我国西藏之间的贸易也存在一些现实的问题。首先，交通运输困难。尼中边境地区地处高寒区，海拔平均在 5 000 m 以上，雪峰绵亘，全线跨界交通以人行道、骡马道为主，大部分需翻越海拔 4 500 m 以上山口，冬季雪封，雨季泥泞，交通的困难影响了贸易的发展，在短时期内还不能解决这个问题。其次，信息闭塞。双方不能及时掌握西藏和尼泊尔市场供需情况，例如，羊毛、盐、香烟、鞋、布匹生意在西藏不好做，但在尼泊尔却是紧俏货，掌握这个信息后，西藏便可向尼泊尔出口这些商品，这样一来既缓和了尼泊尔市场紧张，又搞活了西藏市场。保证商品信息输送的快速与准确，是尼泊尔和西藏的贸易往来中尚待解决的问题（谭合，1993）。

对尼泊尔同我国西藏之间的贸易提出下列几点建议供参考：必须及时传递双方市场供需信息，不断改进贸易方式；由于交通不便，阻碍了贸易的发展，在道路建设方面，应做出共同的努力；从第三国进口到尼泊尔的商品，在价格上要合理，价格过高势必影响贸易的正常进行；在药材、羊毛和木材方面，双方如果能联合投资生产，将有助于边境地区的经济，扩大贸易规模（谭合，1993）。

三、畜牧业生产扶持政策措施

尼泊尔的国家畜牧业政策主要考虑如何应对经济发展、公平、扶贫、性别主流化、纳入边缘化和弱势的社区，以及气候脆弱性等紧迫的国家整体性挑战。尼泊尔没有单独针对畜牧业的国家政策，与畜牧有关的国家政策牵涉农业和其他行业。3个主要的相关政策分别是《国家农业政策2004》《农业商业促进政策2006》和《农业部门经营政策》。

尼泊尔政府于2011年颁布了一项国家牧场政策，以解决草地问题。政策强调牧场的重要性和面临的主要问题，从不同的利益相关者的角度分析了牧场的整体管理，指出迫切需要关注的牧场面临的持续和严峻的挑战。畜牧服务部(DLS)的畜牧业生产理事会与国际山地综合发展中心合作，准备了一份草原政策实施框架草案2014(Parajuli等，2013)。

政府重视农业产业化发展，2013年3月至12月，尼泊尔对农业投资达482.4亿NPR，投资涉及畜牧业、林业、渔业、茶叶种植及农业服务业等领域。其中对畜牧业投入资金最多，达到141.5亿NPR。

现将尼泊尔的主要国家政策介绍如下：

1. 农业远景规划(1995—2015)

20年期的农业远景规划是在20世纪90年代中期制定，并在2001—2006年审查的战略文件。该规划承认畜牧业是其4个优势产业之一，并将家畜视为区域平衡和性别平等主流化的贡献者。农业远景规划计划使农业GDP增长45%，通过有针对性的畜牧业生产政策使年均增长率从2.9%提高到6.1%。

2. 尼泊尔农业展望计划

尼泊尔农业展望计划中的畜牧业政策优先考虑家畜乳制品，将水牛视为短期内最重要的家畜。水牛养殖得到充分重视是因为它在供应牛奶和肉类方面的重要性。包括牛奶和奶制品在内的畜产品被视为由需求驱动的，表明这些产品将受到人均收入和人口增长的巨大影响。尼泊尔农业展望计划还强调，人均国内收入的增加是牛奶和奶制品需求增加的主要动力。畜牧部门被认为是减轻贫穷和创造就业机会的关键部门之一，特别是女性就业方面。

尼泊尔农业展望计划中家畜部分更为广泛的政策框架包括加强私营部门建设，认识到畜牧部门是一个私营部门，畜牧业政策以这种实现为指导，公共政策只是对私营部门的补充和帮助。应适当取消牲畜加工和销售方面的所有补贴，为私营部门提供免费入场服务。它强调公共机构的私有化，或把它们作为自负盈亏的独立单位。为了帮助建立一个有竞争力的私营部门，尼泊尔农业展望计划强调制定等级和标准，建立营销信息系统，改进兽医服务，并审查像脱脂奶这样的产品的进口。扩充道路和电力系统，改善目前以妇女权益为重点的推广计划，以及扩大信贷设施，是尼泊尔农业展望计划在其他方面的主要政策方针。

3. 国家农业政策(2004)

国家农业政策(2004)是农业部门的指导方针。它的目标是通过把自给农业系统转化为商业性和竞争性农业，以通过农业可持续发展来提高人们的生活水平。为了通过商业化和竞争性的农业系统保障粮食安全和减少贫困，该政策旨在增加农业产量和提高生产力，使国内农业可以在区域市场和全球市场内竞争，同时需保护和利用自然资源、环境资源和生物多样性。提高农业生产和生产力的主要政策包括：适当的农业技术开发，农业资源中心的发展，参与涉及私人和非政府部门的共享性和竞争性的农业研究，与农业研究和发展相关的国际组织和专家的合作，保证供应农业投入的定期监测，农民在地方层面的能力提升培训，优先生产具有相对优势的农产品，增加妇女参与农业项目的比例等。同样，技术服务、农业道路建设、农村电气化、作物灌溉、农业信贷、市场配置的综合发展，动物保险覆盖面的扩大，基于农业的产业优先合作，提供生产投入和引导农产品抵达市场的合作社的发展，是促进农业商业化和竞争性的重要措施。此外，该政策还包括针对目标群体的多方面特殊设施的供应。

4. 农业商业推广政策(2006)

与国家农业政策相同，农业商业推广政策(2006)的目标是支持农产品市场化的竞争性生产，通过发展农业产业促进国内市场和出口提升，通过农业商业化促进扶贫。这一政策也保证了运用一个综合的方法来提供农业的技术投入和技术服务，农业道路建设，农村电气化，农田灌溉，农业信贷，保险，市场，信息系统，农业机械化，政府、非政府、私人、合作社共同努力下的工艺设施。发展电子商务，农业信贷利息减让，鼓励外商直接投资，弱势群体建立农业产业化专项规划，保障妇女和达利特人的权益，25%冷藏箱电费的特许权和10年农业企业使用的机器和设备进口税的75%特许权，团体贷款，贷款项目抵押，人力资源开发，培训机构的能力建设，自由市场价格等是这项政策的主要方面。

5. 林业部门政策(2000)

因农民利用森林放牧牲畜和收集饲料喂养牲畜，而使林业部门政策(2000)与畜牧业有相关。政策过程简化交接制度以及集团租赁林业社区、林业用户组和强调租赁林业项目对当地社区的融合发展。政策建议商业管理在平原地区的大块森林中实施，提供了经营森林管理计划。这项政策的目的是把牲畜数量、饲料生产和高地牧场的数量相匹配，以便通过社区努力改善森林管理和增加饲料的产量。该政策要求立即设计一个综合的国家牧草发展计划和一个适当的制度安排，以执行林业部门和农业远景规划的总体设计。

6. 国家小额信贷政策(2005)

国家小额信贷政策(2005)主要是通过微金融服务帮助减轻农民贫困，以农业和畜牧业为信贷目标。该政策为农业部门提供小额融资设施，并允许集体担保，将农业视为微金融的优先部门。

7. 乳制品发展政策(2007)

乳制品发展政策(2007)目标是投资于可以获得收益、创造就业和解救贫困的乳品业。为了实现这一目标，它采取了全年提供牧场和牛饲喂饲料的政策。该政策鼓励有关机构提供无抵押贷款(优惠)、团体贷款和农民技术援助组，特别是针对妇女和弱势群体，以促进畜牧业发展。乳制品发展政策旨在动员农民合作社推广家畜保险服务，并规定尼泊尔政府可通过合作社和相关团体资助农民获得牲畜保险费。因此，尼泊尔政府宣布对畜牧业保险保费提供75%的补贴。

8. 农业生物多样性政策

尼泊尔于1993年加入生物多样性国际公约(非正式公约)，该公约被非正式地称为“生物多样性公约”，该公约于1992年在巴西里约热内卢签署。这一政策与NAP—2004的目标一致，主要是保护、促进和利用生物多样性，促进生态平衡。它打算从保护和利用遗传资源中获益，以保障食品安全、生活安全和减少贫困。畜牧业遗传多样性的改善有望促进生产力的提高。

9. 贸易政策(2009)

贸易政策的制定用来解决国际贸易动态问题，如区域与多边贸易体制的关系，双边自由贸易区的扩大，简化贸易程序，新边境交通系统发展，卫生和植物检疫措施和管理的技术性贸易壁垒，这些可能对维持出口贸易有贡献。这一政策旨在通过加强贸易部门的发展来支持经济发展和减轻贫困。尼泊尔是一个长期的贸易逆差国家，在2013—2014财政年度贸易逆差超过了国家预算。该政策强调商品畜牧业和改良品种的推广和供应。这项政策对商业性农业提供资金和技术援助，以确保高质量的动物生皮和皮革供应和出口。

10. 牧场政策(2012)

该政策将牧场界定为天然牧场、草地和灌木地，旨在通过提高饲草/饲料产量来提高生产力，保护农民在牧场和森林群落放牧的传统权利，并确定放养密度来减少放牧家畜和野生动物之间的竞争。该政策在确保牧民在森林牧场范围内使用相关放牧设施。该政策确定了在雨季、冬季和旱季，收集和养护绿色牧草的规定，以确保全年持续供应牛饲料。该政策旨在根据牧场的容量确定养殖密度，以减少放牧家畜和野生动物的竞争压力，以限制牧场上非生产性牲畜为目标征收牛的放牧费用或给予惩罚。

11. 家畜保险政策和农牧业保险条例(2013)

保险在畜牧业中是极其重要的，因为畜牧业生产是存在风险的，特别是对小规模低收入的农民来说，如果动物被盗、受伤害、感染疾病或死亡，他们将面临破产。据家畜服务部统计，每年牛和水牛的过早死亡率是2%～3%，小反刍动物和猪则更高。家畜保险业帮助畜牧业从业者应对这些风险，并通过增加农民的信誉来帮助农民获得融资。

尽管在尼泊尔银行有限公司(尼泊尔第一家商业银行)成立后，1937年尼泊尔引入了普通保险，国家保险公司于1967年成立，但是家畜保险制度于1987年才出现，以家畜信贷或小额金融保证保险来应对动物死亡和丢失。在尼泊尔，许多组织在一定的范围内提供家畜的保险服务，包括小农发展银行、微型金融机构、社区畜牧业发展项目、非政府金融中介组织。意识到家畜保险系统化的需求后，尼泊尔采用了《家畜保险条例》和家畜保险政策。隶属于保险委员会的《家畜保险条例》的目的是鼓励金融机构为更多的农业项目提供资金，因为大多数金融机构在没有适当的保险范围的情况下，不向家畜和农业项目发放贷款和垫资。《农牧保险条例》规定，非寿险公司有义务向牲畜、农作物和家禽的所有者发放保险单。

12. 国家土地使用政策(2012)

该政策的目的是将国家土地分为7种使用类别，农业、森林、住宅、商业、公共、工业和其他，以便合理利用。农业类土地用于农业种植、畜牧业和植树造林。该政策旨在通过整合碎片化土地和采用土地联合系统来提高农业生产率。目的是鼓励商业化、合作社化和契约化的农业生产。

13. 育种政策(2011)

该政策旨在提高牛奶、肉类和蛋类的生产力，从而通过提高家畜和家禽产量来增加农民收入。该政策制定了利用、保护和改进畜禽遗传资源和生产能力的目标，从而实现生产力的提高。

14. 动物卫生计划执行程序(2013)和动物卫生和家畜服务法(1999)

动物卫生计划执行程序(2013)是根据动物卫生和家畜服务法(1999)及其相关条例制定的。这项政策的目标是促进健康牲畜的生产、分配、消费和出口，使与动物有关的项目更加有效，因为这些职能领域在牲畜管理方面至关重要。

15. 农业/畜牧业发展政策

2007年后，在尼泊尔政府内不同的利益相关者和广大的社会群体越来越认为，农业远景规划在新的国际、国内形势下，没有实现其主要目标，有一个新的长期战略的需要，促使农业发展战略的制定。第十三计划(2013/2014—2015/2016)的农业部门经营政策中的农业产业发展政策已经把目标设为畜牧业子行业发展战略和经营政策。

16. 产业政策(2049)

产业政策(2049)强调私营部门的发展，意图私有化政府部门产业和保证私营部门产品自由竞争的市场价格环境。这项政策的主要目标是提高工业生产力以促进国民经济发展，注重以地方原材料和出口促进产业生产，以就业为导向降低农业部门失业率和采取适当的工业化政策促进全国各部门均衡发展。该政策把包括畜牧业在内的综合乳品业列为国家优先行业。

这一政策的主要特点是公平竞争环境下的产业发展；通过关税保护工业；发展具有国家劳动力、技能和资源的国家重要性的产业；通过产业生产的出口加快国民经济增长；强调发展小型、村舍型和以农业为基础的产业，特别是在农村地区创造就业机会；重视引进外资，转让高新技术和高效管理。该政策有各种有关设施的规定，包括消费税和所得税的特许权，并优先考虑如政府土地/工业园区土地、水电、电信等基础设施支持。此外，该政策还包括向产业提供专门服务，强调进口替代工业，鼓励欠发达地区的工业投资，逐步将政府拥有的工业转移到私营部门，只向尼泊尔公民提供村舍型和小型工业等。

四、肉牛产业科技进展

(一)育种与繁育技术

牦牛畜牧业不仅是一种收入来源，也为尼泊尔喜马拉雅地区的居民提供了一种生活方式，而且自古延续至今。虽然牦牛养殖已被视为尼泊尔喜马拉雅山区农业的象征，但它在过去几十年里遭受了许多方面的困境。由于畜群规模小，缺乏适当的育种计划，饲料供应不足，政府提供的方案有限，导致人们，尤其是青年人，从牦牛养殖转向其他职业，特别是旅游业，甚至迁移到其他国家，寻找更好的工作机会。这种情况不仅直接影响农业制度，而且影响该地区的社会和谐，致使肉牛育种与繁育技术相对滞后。

尼泊尔北部畜牧业正发生着变化。随着远征探险和徒步长途跋涉的兴起，牦牛和杂种牛逐渐被用来驮运游人，因而这也就改变着牦牛的应用范围。再如，人们喜欢舍帕族人，因为他们有饲养牦牛的传统。但其他的学者也指出，人们对牦牛的整个需要正倾向于其独特的运输功能。对尼泊尔的一个村庄进行详细的调查显示，老年人不再像以前愿意在偏远的夏季牧场过游荡的放牧生活，因此他们从牛奶生产者向杂种牛的培育者转变。为了生产杂种牛，他们用村庄附近低海拔地区的母牛和高海拔地区的公牦牛进行杂交，这种杂种牛被作为牦牛的替代品，与牦牛相比其更易于牧民获利。Cix(1985)对位于尼泊尔边界较偏僻的 Langtang 山谷这一特殊的地区做了详细的调查后指出，牦牛在当地人的生活中具有无法替代的作用。同时也指出，由于这一地区奶酪工厂开放，使人们的社会和经济意识发生了巨大的变化。

犏牛的生产是牦牛畜牧业中的一个重要畜种。普通牛种公牛同牦牛杂交所生杂种一代，头部与牦牛相似，额部稍凹，体躯下部被毛密长，体质结实。公牛体高为 122～136 cm，母牛体高为 109 cm。适应寒冷气候及高海拔地区的环境条件，也可以在尼泊尔中海拔地区饲养。产乳量比母牦牛高，乳脂率比母黄牛高。性情比牦牛温驯。这种种间杂种一代牛，在尼泊尔兰塔地区占总牛数的 41%(张容昶，1987)。

在尼泊尔海拔较低的地区，繁育当地的瘤牛，体格不大，母瘤牛 5 岁活重 200～220 kg，泌乳期产乳 150 L。在瘤牛产区，用引入的公牦牛同母瘤牛进行种间杂交，所获得的一代，体格较大，母牛体高为 112 cm。头部略似瘤牛，颈细，尾近似瘤牛，体质欠结实。耐寒性比瘤牛好，能适应海拔较高地区的环境条件，能利用瘤牛难以利用的高山牧场。杂种一代母牛的产乳性能及繁殖力和公牛的役用性能，均受到当地牧民的欢迎，能获得较高的经济效益(张容昶，1987)。

牦牛同普通牛、瘤牛的种间杂交，在尼泊尔也有较悠久的历史，但主要繁殖杂种一代牛，很少保留母犏牛所产的犊牛(出生后即淘汰)，以获得更多的商品乳。近年来，在尼泊尔进行的种间杂交试验工作，取得了一定的进展。此外，尼泊尔居民中信奉印度教者占 85%，因此，牦牛生产有很大的发展前景(张容昶，1987)。

尼泊尔的牦牛大多数是黑色或黑白相间的，纯种白牦牛是很稀少的，因而也十分珍贵。尼泊尔的牦牛大多数有角，但也有少数不长角，这些不长角的公牦牛总是被阉割后用于骑乘。

牛奶是牦牛和杂种牛的主要获利产品。尼泊尔人对牛奶的利用方式与中国人有所不同，除了少数牛奶被牧民加工成酥油和其他产品外，大部分在牧区当地出售而且被加工成具有瑞士风格的硬干酪。1993 年，尼泊尔各个加工厂的干酪总量超过 91 t，而酥油超过 30 t。特别是干酪，在尼泊尔以很高的价格出售。这些干酪主要被来加德满都的旅游者买走。尽管牦牛奶制作的干酪比当地黄牛和水牛奶制作的干酪的价格要高，但干酪仍供不应求。牦牛奶制作的干酪价格一直居高不下的原因，是因为牦牛奶制作干酪具有季节性，而不是全年生产。

牦牛杂交生产技术应用广泛。牦牛不但和当地的黄牛以及与当地黄牛相似的西藏黄牛杂交，而且也和 Zo-lang 牛杂交。在一些地区内，和牦牛杂交的 Lulu 牛，实际上和当地黄牛相同。另外，牦牛也和一种叫 Siri 的瘤牛进行杂交。杂交不是在当地公牛和母牦牛之间进行(杂交后代叫 Dimjo 或 Dimdzo)，就是在公牦牛和当地黄牛之间进行(杂交后代叫 Urang)。尼泊尔的牦牛，除和当地普通牛种杂交外，还同瘤牛种杂交。当地普通牛，体格矮小，兰塔地区的母牛体高为 92 cm，活重 150～180 kg，毛色较杂，有深浅不同的栗色、黑褐花色等。在历史上，当地牧民常从我国西藏引入黄牛，所以与我国西藏黄牛相似(张容昶，1987)。Joshi 曾说，没有牦牛和其杂种牛，尼泊尔北部的人民将无法生存。

Joshi 通过牦牛和当地黄牛、瘤牛以及欧洲牛之间 124 次的杂交和回交，得到了大量品种的专用名词。Joshi 等在发表的文章中报道了尼泊尔牦牛和许多生产性能的平均值。他们报道的公、母牦牛的活重均比一般人报道得高，同时，这些数值也比尼泊尔中央统计局的结果大。杂种公牛的活重比牦牛的大，这可能是这些没有繁殖能力的公牛被阉割用来骑乘的原因，杂种母畜的活重比母牦牛略轻，而其他的杂种牛的活重均比母亲大，同时产奶量也相应高。这些杂种牛不但活重比双亲大，而且生产性能均比双亲高。但这些不同类型的牦牛、黄牛和杂种牛并非在同一地方、同一时间进行饲喂的。

当地牧民们更愿意用 Dimjo 而不用 Urang，这也是相互杂交的杂种牛的生产性能不同的原因。尽管当地黄牛比母牦牛小，但当地母黄牛的母体影响比牦牛强得多，而且相互杂交的解释仍不是很清楚。既然和牦牛杂交的当地黄牛类型在生产性能方面有差异，那么较小类型的当地黄牛和公牦牛以及较大类型的当地黄牛和母牦牛交配就是很自然的了。虽然这种情况还没有得到的论证，且这种情况是否发生，还有待于收集相关资料。

尽管瑞士褐牛第一次交配的年龄比当地黄牛还大，但结果是牦牛和瑞士褐牛的杂交种的产奶量竟然比当地黄牛低。Joshi 也引进荷斯坦牛和娟姗牛与母牦牛进行杂交，但得到的结果令人失望。因此，Joshi 指出，在尼泊尔人工授精不能用于牦牛的杂交。

Paudyal(1993)在尼泊尔最好的 Solukhumbu 牦牛繁育场，在连续 15 年(1974—1989 年)的试验记录中，对 544 头母牦牛进行交配，结果如下：307 头怀孕(56.4%)，其中有 15 头死胎；平均产犊间隔是 616 d。这表明，母牦牛一般是每两年产一胎。然而，令人惊喜的是，该农场连续 15 年产犊率平稳提高，产犊间隔逐渐缩短。在连续 15 年内，产犊率从 44%提高到 58%，最后达到 70%；产犊间隔由开始的 851 d 降至第二个 5 年的 704 d，在第三个 5 年降至 514 d。由于当时没有详细记录，因而不知道这些变化是管理不完善的原因，还是其他方面的因素，但最终结果是产犊从 2 年不到 1 胎提高到 1 年 1 胎。总之，随着交配率、产犊率的提高，繁殖率也随着提高。另外，在整个试验记录期内，最初 12 周内犊牛的平均日增重有所增加，但初生重却没有变化。

Joshi 等指出尼泊尔良种牦牛退化问题，并且以 Langtang 地区为例来加以说明，这一地区有提供良种牦牛的传统。牦牛退化的原因，据说是尼泊尔强制减少与边界地区和中国西藏交换种牛引起的。在不丹也有类似问题，在印度，Pal 也报道牦牛近亲繁殖越来越普遍，影响了牦牛的生产性能和繁殖能力。

目前，尼泊尔缺少用于杂交奶牛的优良水牛品种或外来牛品种。尼泊尔注重将当地牛种与国外引进品种进行杂交(Joshi 等，2015)。此外，尼泊尔畜牧业还存在以下几个方面的问题：

1. 牦牛繁育体系及生产性能

由于缺乏系统的育种计划来发展遗传改良品种，牛群规模小和近亲繁殖的问题影响了尼泊尔牦牛业的发展(Sherchand 和 Karki，1996)。母牦牛产奶量普遍较低，牧民们愿意饲养有较高产奶量的杂种牦牛(Shrestha 等，1996)。被称为 Dimjo 的杂交种母牛，由母牦牛与高山品种 Kirkho 公牛交配获得；被称为 Urang 的杂交种母牛，是由公牦牛与高山品种 Kirkho 母牛交配获得。

在尼泊尔可获得的牦牛和犏牛的生产性能数据是有限的，由此造成对牦牛和犏牛的保护和生产力的提高受到了限制(Sherchand 和 Karki，1996；Neopane 等，1999)。在尼泊尔牦牛养殖仍实行传统的方式(Parajuli 等，2013)，很少或根本没有注意品种改良、生产率的提高或育种目的的品种选择。由于近亲繁殖，牦牛的生产性能逐渐下降(Sherchand，2001)。为了保持牦牛数量和提高他们的生产力，HIMALI 项目从中国西藏自治区进口了高质量的牦牛(共 30 头)，并且被保持在央波切牦牛发展牧场。预计这一举措将有助于尼泊尔的良种改良和牦牛养殖。

2. 尼泊尔牦牛饲养与牧场管理中存在的问题

大多数牦牛产生的利益相关者认为，社区森林管理系统的出现，放牧和饲料收集限制，迫使农民选择其他途径获得收入，使他们更不愿意继续养牦牛。利益相关者，特别牧民，也认为政府逐步宣布新的保护区限制了大面积放牧，这也给牦牛饲养带来了问题。

有研究表明，牦牛的健康问题日益突出。由博卡拉自治区兽医实验室进行的研究(RVL，2013)显示，更多的寄生虫对雌性比雄性有更高的感染率，在低海拔地区也有较高的感染率，对体弱和年老的牦牛危害较大。常规淋浴和接种的疫苗计划、良好的饲养和有效的畜群管理将有助于防止这种虫害。一些牦牛产业的参与者，尤其是那些来自 Rasuwa 和 Sindhupalchowk 的人，认为更重要的问题是到达新的未开发牧场缺少相应的交通道路，在牧场缺乏饮用水，牧场上多刺的杂草的入侵。

3. 自然资源

冬季牧场绿地和干草的不足，中国西藏自治区高山牧场对牦牛牧民的关闭，是有效资源利用和牦牛放牧行为的关键约束。不可控的放牧归因于过度的放牧，原生植被和豆类的消耗，草场上多刺、浓密、适口性差的植物的增殖和侵袭，资源的不可持续获取，森林砍伐和水土流失，这些问题需要立即处理。

4. 研究与技术

由于缺乏科学有效的牦牛育种方案维持牦牛的遗传多样性，对牦牛养殖业的研究进展有限，气候变化与牦牛生产之间的关系研究也非常有限。没有适当的基础设施，如为出售高价值的牦牛奶酪提供的交通和电力系统。其他国家可获得且非常适合牦牛季节性放牧系统的移动干酪加工技术，仍没能在尼泊尔得以运用。对牦牛和犏牛提高产奶和人工授精的问题也需要被重视。Rasuwa 和 Myagdi 区农民需要一些简单的技术，如太阳能灯，适宜气候的物流管理，干草和青贮饲料的制作。

5. 研究和管理的优先事项

虽然牦牛养殖在尼泊尔蓬勃发展的可能性很大，但对科学研究和管理的重视程度较低，迄今为止在这些领域开展的工作非常有限。以下是关于牦牛和牧场发展研究和管理优先事项的一些主要干预措施。

利益相关者的参与：在生产和供应链的所有阶段，都需要适当促进社区牧场管理，包括地方当局。在开发人员和山区人民可访问的地点建立山站网络是非常必要的。在潜在地点提供综合服务中心将有助于解决目前面临的许多问题。

研究：对生产性能、品种选择和育种方案的科学研究；对当地草原物种、种子生产技术及其推广、传播、保护和利用的研究；对承畜力、放养密度和牦牛放牧草场的潜力的研究（ETH，2009）。温带牧草种子生产、传播和栽培，以及保存、养护、扩大和利用高山和喜马拉雅地区的动植物遗传资源是这一领域最重要的研究课题。

所有权和使用权：应当对与牦牛饲养和牧场管理有关的当地知识给出适当的清单和文件，并需要了解与产权和社区有关的政府规章。有必要根据社区所有权对当地牧场管理进行研究。

产品：在牦牛养殖和牧场管理的生产和供应链的各个阶段，对价值链进行适当的产品多样化研究是迫切需要的。聚焦于高价值商品，如牦牛奶酪、有机牛奶、牦牛肉干、尼泊尔羊绒、草药，可以增加牦牛企业的价值和为年轻人提供充分的就业机会。

政策：政府需要重视资源储备和激励牧民继续牦牛养殖的发展机制。提高生产力和牧场管理方案，特别是牧场政策执行框架和价值链办法的实施，将有助于改善尼泊尔的牦牛饲养业。

为改善尼泊尔牦牛饲养和牧场管理提出以下建议。认识到牦牛在尼泊尔的重要性，政府应优先考虑到牦牛养殖和牧场管理。在牦牛生产中，道路的建设、饮用水管理、当地牧草品种的养护和推广、传统知识的认同、牦牛养殖中的性别角色以及牦牛产品的附加值都是极其重要的。在研究和管理方面，有效的跨境合作（尼泊尔—印度—中国—不丹）需要在与全球变暖和气候变化相一致的方向上得到促进。如《促进尼泊尔牦牛饲养的牧场政策》所述，需要引入激励机制，例如农业生态旅游、产品多样化和增值、企业家保险等有效方案。为减少近亲繁殖和增加牦牛、犏牛生产力的公牛选择和人工授精实施，应该在政府项目中获得最高的优先级。

目前，政府所采取的主要措施有：支持纯种养殖场；促进私营部门和合作社生产带有后代测定、生产力和效率记录的改良品种；扩大人工授精实验室和服务促进品种改良的育种计划；支持私营部门生产和改良品种；支持记录和改善畜群的质量、健康状况和生产力；支持落实家畜保险计划；对家畜品种、兽医服务和家畜保险建立付款凭单制度，借此有针对性地为农民提供购买凭证。

主要相关育种组织：农牧服务中心和次级中心、中央农业发展执行委员会、畜牧服务部、区畜牧局、农业部、畜牧服务部、畜牧服务中心、国家农业发展委员会、尼泊尔农业研究理事会、区域农业发展委员会、区域农业研究站。

综上所述，尼泊尔农村牛奶生产商已经适应了当地的牲畜品种，限制了该国存在的环境和饲养制度。由于饲养量不足和缺乏改进的饲养方法，地方品种与高产品种杂交的育种措施只在较小程度上获益。杂交改良经常被认为是提高动物生产力的一种手段，但是当不考虑动物的健康和饲养问题，将得不到理想的经济效益。通过当地生产和进口精液的人工授精(AI)服务在一些地方虽然是成功的，但这项服务仅限于可访问区域，受到操作员是否训练有素和液氮供应不稳定的限制。在此背景下，以下是改善育种服务的一些潜在措施：保存具有特殊价值属性的地方品种的遗传特性，并通过品种内选择的方法来发展其特性；鼓励交叉繁殖作为提高生产力的手段，但是要配合适当的饲喂习惯和动物卫生服务体系；确保提供更多的育种资源，扩大人工授精服务的实用性，特别是在牛奶高产区，以及其他支持服务；扩大潜在牛奶生产区的育种服务；通过与农民、育种工作者和私营企业家签订合同，实施合同育种服务；人工授精服务提供商的升级；使农民认识到遗传质量不好的公牛在育种中会导致奶牛遗传质量下降。

(二)养殖技术

在尼泊尔，每年 4 月后，将牦牛群赶至海拔 4 200～5 100 m 的高山牧场上放牧，专人看管并挤奶。冬季将牦牛赶至海拔较低的山谷过冬，或赶入森林及积雪少的牧场上放牧。有些地区冬季给牦牛补饲农作物秸秆(大麦秸)、干草等，在气候很冷时，给牦牛喂糠麸、炒面混合煮开的温粥料。尼泊尔的牦牛除产乳和供肉用外，还是北部山区的役畜，牛粪是牧民的燃料。

在一个圈舍内，尼泊尔的牧民通常只圈养 1～2 头奶牛。尼泊尔奶牛的饲料配给由高纤维、低能量的饲料组成，如稻秸。往往因作物歉收和工作副产品减少导致精料缺少。即使饲料充足，奶牛也不可能比奶用水牛得到更多高质量的饲料。

根据饲料可用量的草场轮牧是当地牧民采用的主要放牧手段。与我国西藏公牛或者瘤牛杂交育种的方式是传统放牧系统中的通用方法。当地农业系统中的育种形式反映了季节性的气候变化，与游牧策略很好地契合。在生产中，杂种 F_1 小牛被精心的饲养，而杂种 F_2 小牛常因疏于管理而死亡，当地采取改善这种状况的措施以提高生产力。细心的放牧管理、针对各种疾病的草药、昆虫/植物毒害的防护是保障当地动物健康的有效措施。尽管调查结果显示多数牧民认为当地家畜管理是相当有效的，但是仍有许多问题限制了牦牛和犏牛管理系统的优化(Dong 等，2009)。

当地牧民期望通过更多的公共投入来提高牦牛/犏牛的生产系统。可以充分利用当地牧民拥有的适宜当地牦牛饲养的知识去提高牦牛、犏牛的放牧管理系统。参与式研究、政策制订和网络扩展应该被广泛应用，以激励牧民与专家共同工作，整合当地技能与先进的科学技术(Dong 等，2009)。

在牦牛管理上，尼泊尔一般采用游牧形式。夏季在海拔较高的草场放牧，不进行补饲；而在冬季，一般在山谷的低海拔草场放牧。在尼泊尔，许多山谷中都种着农作物，因此，许多牦牛和杂种牛在棚舍中靠饲喂度过整个冬天。

在尼泊尔 Mustang 南部地区，放牧牦牛的能量、蛋白质、磷、钙和铜的营养状态比较低。由于血浆中胆固醇的浓度的季节变化能反应从牧草中摄入能量和干物质的短缺程度，应该关注牦牛能量、磷、钙和铜在冬季和早春时期的变化。补充尿素糖蜜营养复合舔砖是一项经济的手段，可以减少冷季放牧牦牛体重的损失。土壤和饲料中钼的高含量使口服硫酸铜成为预防二级铜缺乏的有效手段。低价能量和氮源的利用以及矿物元素的添加，可以提高牦牛的生产和繁殖力。

(三)疫病防控技术

良好的动物健康是尼泊尔畜牧业生产改善的必要前提。当前,最重要的问题是畜牧服务部门的能力有限,动物卫生服务不足以满足尼泊尔庞大的畜牧业家畜数量需求。家畜服务部门提供全国性的一般家畜服务,其有限的资源被稀释到畜牧发展计划的总项目中。迫切需要肉牛保健服务来推广村一级不完全依赖尼泊尔政府预算的运作方式。因此,改善动物健康的潜在措施如下:鼓励私人兽医/副兽医在农村地区提供动物健康服务,提供便利的短期信贷设施(无抵押物和低利率),以获得最初的药品、疫苗和其他基本设备的库存;加强检疫服务,保护动物免受进口疾病的威胁;采取预防性动物保健措施保护动物免受疫病的侵袭;实施当地生产的动物保健和治疗用生物制品质量保证体系;通过实验室设备的完善,加强实验室的疾病诊断能力;通过奖学金项目提供兽医培训,提高动物卫生工作者的技能。

由布鲁氏菌造成的疾病是世界上最常见的细菌致病性动物传染病。由布鲁氏病引起的流产、不孕不育、孕期延长会造成农业经济损失。人感染后会变得虚弱,这使得布鲁氏病变为全球公共卫生关注的重点。针对该病,发达国家主要强调在动物群体内根除该病,对再引入该病进行风险估计。然而,发展中国家最近几年才开始对该病的流行、分布和风险进行调查。布鲁氏病在尼泊尔是一种地方性病,在全国各个物种都有感染,包括山羊、奶牛、猪、水牛和人类。在1997—2002年,112人被确定为感染布鲁氏病。

在尼泊尔西部的高山地区,季节性迁移的放牧生活依赖于牦牛为主导的畜产品生产方式。在尼泊尔海拔3 000 m以上的牧场上,80%的家畜是牦牛和其与奶牛的杂交品种。牦牛是尼泊尔高山地区牧民文化和仪式活动的中心,充当家庭储备和规避风险的主要资源。因此,喜马拉雅放牧地区对牛布鲁氏病造成的经济和公共健康风险高度敏感。

对尼泊尔Shey Phoksundo国家公园及其周边地区的季节性迁移放牧的牧民和牦牛进行布鲁氏病评估。结果显示,群体中前一年有流产经历的牦牛的布鲁氏菌血清阳性率是没有流产经历牦牛的2.3倍;牦牛群中每增加10个个体,血清阳性率增加30%;公牦牛比母牦牛的血清阳性率高0.7倍;3~5岁牦牛的血清阳性率是小于3岁牦牛的2倍;5岁以上牦牛的血清阳性率是小于3岁牦牛的4.9倍。

避免动物暴露于病原体,应该着眼于控制畜群数量以打断疾病的传播,分离产犊的牦牛,立即除去流产组织。服务性基础设施的增加有助于接种该病疫苗和对该病传播和生物安全进行继续教育。

对尼泊尔奶牛和水牛的临床型乳腺炎的研究表明,88.2%的奶样有细菌感染,其中68%是单菌感染,而32%是混合感染。大肠杆菌群(肺炎克雷白氏杆菌和大肠杆菌)最为常见(25.0%),之后是乳链球菌(19.6%)和葡萄球菌(9.8%)。庆大霉素(79.4%)最为有效,之后是氧四环素(61.8%)、磺胺甲基异恶唑(48.5%)和氨苄青霉素(22.5%)。链霉素、邻氯青霉素和青霉素的效果不明显(Joshi等,1998)。

(四)粪污处理技术

在尼泊尔,牛的尿和粪便施于田间,不仅可以保持土壤的肥力,而且可以降低二氧化碳向大气中的排量,使有机碳以有机物的形式保存在土壤中。尼泊尔部分地区将牛粪分别与稻秸、麦秸、玉米秸和人类粪便共同发酵,使其产生沼气(Adhikari等,2015)。

五、与我国畜牧业合作情况

2016年5月23日,中国农业部副部长于康震在出席世界动物卫生组织(OIE)第84届国际代表大会期间与尼泊尔畜牧业发展部部长纳兰·迪娅·彭·马嘉尔举行了工作会谈。马嘉尔对中国在尼泊尔2015年地震救援以及灾后重建中给予的无私援助表示感谢,希望中方能对尼泊尔农业以及畜牧业发展给予支持,尤其在牦牛品种培育、口蹄疫疫苗研制及相关技术人员培训等方面提供帮助。于康震指出,尼泊尔地震救援拉近了中尼两国的距离,增进了中尼两国人民的感情,中尼两国农牧部门有责任有义务为推进两国睦邻伙伴关系的发展做出新贡献。中方愿意与尼方分享在农业与畜牧业领域所取得的经验与成果,开展广泛合作与交流,尤其在口蹄疫疫苗技术、牦牛繁育技术和畜牧兽医人才培训等方面中方愿给予大力支持。双方一致认为,此次会谈将开启两国在畜牧兽医领域合作的新阶段(2016)。

我国在牦牛产业发展尤其是牦牛品种改良、牦牛营养调控与牦牛疫病防控方面与尼泊尔有较大的合作发展空间。一方面,借鉴尼泊尔牦牛生产先进经验,改善中国牦牛产区生产方式。另一方面,技术支援和国际援助推动尼泊尔牦牛产业发展。互惠互利,助推青藏高原牦牛产业持续健康发展。

参考文献

[1]Adhikari S K, Sims R E H, Hasslet S, et al. Improving biogas production efficiency through co-digestion of cattle dung with crop residues: a case study in Nepal. Paper presented at: 2015 9th International Conference on Sensing Technology (ICST), Auckland, New Zealand, 2015.

[2] Dong S K, Wen L, Zhu L, et al. Indigenous yak and yak-cattle crossbreed management in high altitude areas of northern Nepal: A case study from Rasuwa district. African Journal of Agricultural Research, 2009, 4: 957-967.

[3] Joshi H D, Joshi B R, Shrestha H K. Epidemiological investigation on clinical mastitis in cattle & buffaloes in the western hills of Nepal. Veterinary Review (Kathmandu), 1998, 13: 12-15.

[4] Joshi R, Klaffenbock M, Zhitia E. Comparison of dairy cattle production systems in Austria and Nepal. Nepalese Journal of Agricultural Sciences, 2015, 13: 226-240.

[5]董全民,郎百宁. 尼泊尔的牦牛业. 青海草业, 1998(2): 49-51, 44.

[6]农业部. 于康震与尼泊尔畜牧业发展部部长举行工作会谈. 中国动物检疫, 2016(6): 46.

[7]谭合. 尼泊尔同西藏自治区的贸易现状及前景. 南亚研究季刊, 1993(3): 52,46,55.

[8]张容昶. 蒙古、苏联、尼泊尔和印度的牦牛生产. 中国牦牛, 1987(3): 8-13.

第六章

印　度

一、摘　要

印度是世界上传统的农业国家，近70%印度人口的主要收入来源是农业生产，畜牧业对印度农业GDP的贡献率就达20%，是印度农业经济的支柱产业。2018年，印度肉牛屠宰量6 870万头，牛肉产量425万t，黄牛平均产肉量102 kg/头、水牛平均产肉量120 kg/头，牛肉产量占肉类总产量的近25%，仅次于禽肉。目前，印度活牛存栏为3.05亿头，占世界牛存栏量的30.44%，位居世界首位。对于印度而言，牛肉生产是个特殊的话题，牛在印度教中的地位与品种有关，最为高贵的牛是瘤牛，往下则是黄牛、奶牛和水牛，除瘤牛外其他牛都是可以买卖的，印度大多数邦(省)禁止屠宰奶牛，而水牛是不被禁止的。从2014年开始，印度牛肉出口量超过巴西，成为全球牛肉出口量最多的国家，2018年，印度出口牛肉166.5万t，占世界牛肉出口总量的15.77%，其中，80%是水牛肉，主要出口至中东、非洲和东南亚市场。印度政府采取了众多措施，充分利用饲草及丰富的农作物秸秆资源，开展牛只的品种改良和后裔测定以及畜牧业科研和技术推广工作，积极扶持肉牛生产合作社，对畜牧业保险提供不同形式的政府补贴支持，以确保印度肉牛产业的持续稳定发展。

二、肉牛产业基本情况

(一)肉牛产业发展概况和资源状况

1. 资源状况

(1)国土资源概况

印度位于南亚，是南亚次大陆最大的国家，国土面积298万 km^2(不包括中印边境印占区和克什米尔印度实际控制区等)，位居世界第7位。领土东北部同孟加拉国、尼泊尔、不丹和中国接壤，东部与缅甸为邻，东南部与斯里兰卡隔海相望，西北部与巴基斯坦交界。东临孟加拉湾，西濒阿拉伯海，海岸线长5 560 km。印度领土从喜马拉雅山向南，一直深入印度洋，全境大致可分为4个部分：北部喜马拉雅高山区，约占国土面积的11%；中部恒河平原区，约占国土面积的43%；南部德干高原区和西部塔尔沙漠区、台地和缓丘陵、丘陵，约占国土面积的36%。在国土面积中，耕地约占47%，森林约占22%，草地约占4%。尽管山地、高原也占较大比重，但这些山地、高原大部分海拔不超过1 000 m，低矮平缓的地形在全国占有绝对优势。低矮平缓的地形不仅交通便利，而且在热带季风气候及适宜农业生产的冲积土和热带黑土等肥沃土壤条件的配合下，大部分土地可供农业利用，使得印度有近一半国土被开发成耕地。印度国土面积是中国的1/3，但是耕地面积比中国还大，多达1.43亿 hm^2，居亚洲首位，人均耕地0.16hm^2，约为中国的两倍。即使成为世界第二大人口国，印度大部分粮食及畜产品生产仍能自给有余。从资源禀赋看，印度农业呈"大国小农"的国情，人均耕地面积较少且资源占有结构极不平衡，农地依然集中在少数人手中。

(2)人口资源概况

2018年，印度人口为13.54亿，是世界上仅次于我国的第二人口大国，人口密度454.4人/km^2，其中城镇人口4.61亿，占总人口的34.05%，农村人口8.93亿，占总人口的65.95%。根据普查结果，过去10年，印度人口增长率为1.764%，较2001年人口普查时的2.115%明显下降。如图1-6-1所示，印度城镇人口增长速度明显高于农村人口增长速度，农村人口在总人口中所占比重呈下降趋势。

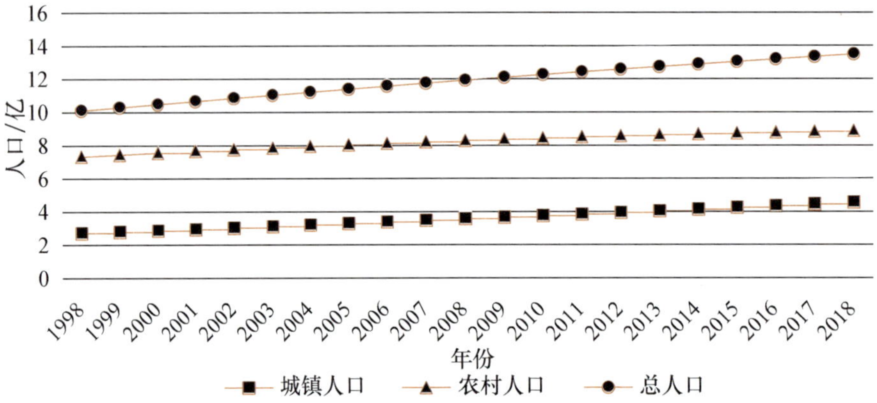

图1-6-1 印度城乡人口变动趋势

来源：United Nations，World Urbanization Prospects：The 2018 Version

(3)经济发展概况

印度是全球经济成长最快的新兴经济体之一、世界十大经济体之一。2016年，印度经济首次超过英国，按国内生产总值衡量成为世界第六大经济体。印度农业在国民经济发展中经历了显著的结构性变化，农业占GDP的比重，从1990年的30%下降到2010年的14.3%，而其服务业比重在1990年就已经达到50%，之后稳步上升，2010年为57.7%。但农业仍然是近70%印度人口的主要收入来源，仅畜牧业对印度农业GDP的贡献率就达到了20%，成为印度农业经济的支柱产业。农业由严重缺粮到基本自给，工业形成较为完整的体系，自给能力较强。20世纪90年代以来，服务业发展迅速，占GDP比重逐年上升。印度已成为全球软件、金融等服务业的重要出口国。1991年7月开始实行全面经济改革，放松对工业、外贸和金融部门的管制。1992—1996年实现经济年均增长6.2%。"九五"计划(1997—2002年)期间经济年均增长5.5%。"十五"计划(2002—2007年)期间，继续深化经济改革，加速国有企业私有化，实行包括农产品在内的部分生活必需品销售自由化，改善投资环境，精简政府机构，削减财政赤字。实现年均经济增长7.8%，是世界上发展最快的国家之一。2006年，推出"十一五"计划(2007—2012年)，提出保持国民经济10%的高速增长，创造7 000万个就业机会，将贫困人口减少10%，大力发展教育、卫生等公共事业，继续加快基础设施建设，加大环保力度。2008年以来，受国际金融危机影响，经济增长速度放缓。2009年下半年以来有所好转。2011年8月，印度计划委员会通过"十二五"(2012—2017年)计划指导文件，提出国民经济增速9%的目标。尽管全球经济增长放缓，印度经济在2015—2016财年仍实现7.6%的增长，成为世界主要经济体中成长最快的经济体，外汇储备达 3 515 亿美元。如表 1-6-1 所示，2016 年国内生产总值 22 564 亿美元，其中，农业生产总值 3 046 亿美元，工业生产总值 3 249 亿美元，服务业生产总值 16 269 亿美元，出口总额 2 640.5 亿美元，进口总额 3 595.5 亿美元，人均国内生产总值 1 702 美元。

表 1-6-1
2016 年印度国内生产总值

项目	金额
GDP/亿美元	22 564
农业/亿美元	3 046
工业/亿美元	3 249
服务业/亿美元	16 269
人均 GDP/美元	1 702
进出口总额/亿美元	6 235.9
出口/亿美元	2 640.5
进口/亿美元	3 595.5

来源：世界银行网站(World Bank Group)

(4)气候概况

印度全境炎热，大部分属热带季风气候，西部的塔尔沙漠为热带沙漠气候。全年共分四季，夏天时有较明显的季风，冬天则无明显季风。1—2 月为凉季，3—5 月为夏季，也是干旱季节；6—9 月为西南季风雨季；10—12 月为东北季风。受喜马拉雅山脉屏障影响，基本无寒流或冷高压南下影响印度。除高山区外，年温差在 5～7℃之间，炎热季节长达 6～8 个月，北方气温最低为 15℃，南方气温高达 27℃，几乎没有无霜期，热量资源相当丰富，农作物一年四季均可生长，大部分地区农作物一年可以两熟，南部地区可一年三熟。

(5)水资源概况

印度水资源比较丰富，全国 36%的地区年均降水量在 1 500 mm 以上，33.5%的地区为 750～1 500 mm，30.5%地区为 750 mm 以下。印度境内河流众多，最主要的河流是恒河，全长 2 700 km，支流 10 余条，流域面积 106 万 km^2；其次是布拉马普特拉河、戈达瓦里河、纳尔默达河、克里希纳河等。充沛的雨水和众多的河流为农业生产和农业灌溉提供了有利条件，全国灌溉面积占耕地面积的 32.8%。尽管水资源丰富，但在时间和空间上分布不均。相比之下，热带季风区降水量较少，特别是内陆地区，一般在 1 000 mm 左右，甚至在 600 mm 以下，只有高止山脉和东北部山地西坡较多，可超过 3 000 mm。降水季节分配不均，每年 6—10 月为雨季，降水量占年降水量的 80%以上，一年中旱季和雨季十分明显，因此干旱和洪涝也是制约印度农业发展的最大自然灾害。

(6)饲草饲料生产概况

印度天然草地少，非常重视现有草地的保护、改良和利用。优质饲草料有效供给不足是制约印度草食畜牧业发展的一个重要因素。为解决这个问题，印度在不同农业气候带建立了若干个地区性牧草试验场，以科学方法培育优质牧草。科学规划优良牧草种植区域及适宜的品种，精准计算轮牧时间及载畜能力，如在干旱、半干旱地区种植抗旱耐牧的优良野生牧草——蒺藜草，1～3 年后可提高牧草产量 8～10 倍。在湿热地区种植抗热、抗旱优良豆科牧草，如三叶草、苜蓿等。除开垦荒地种植饲草外，还实行粮食和饲草轮作、套作，同时采用开辟林间牧地、利用农作物收获后的休闲地及村边和田边地角放牧，以解决饲料不足的困难。此外，在农村建立饲草和牧场示范基地，为农民提供饲草种子及种植饲草所需的工具。随着农业用地的萎缩，印度大部分地区面临着严峻的饲料短缺问题。据统计，全国青饲料缺口 36%、干饲料缺口 40%、浓缩饲料短缺 57%。印度农业部的评估机构认为，仅用农地的 4%来生产全国所需的饲料是远远不够的。到 2020 年，印度奶产量将从 1.28 亿 t 增长到 1.6 亿 t。为满足奶业发展目标，全国每年需要充足的饲料供应，其中需 4.94 亿 t 干饲料、8.25 亿 t 青饲料以及 0.54 亿 t 浓缩饲料。据印度全国奶业发展委员会判断，全国优质饲料种子缺口巨大，目前年产量仅有 4 万 t，而实际年需求量为 54 万 t。因此畜牧业部门也把支持计划的重点转向饲料生产。

在印度，黄牛及水牛养殖区青饲料轮作安排如下：2—3 月播种玉米或豇豆，豇豆每亩可收青草 1 000 kg，晚种的每亩可收获 1 500～2 000 kg。4 月种高粱及豇豆，可收割到 7—8 月。早种青贮高粱每亩可收割 1 700 kg，青贮玉米每亩可收 2 000～2 500 kg。5—6 月继续播种青高粱，可收割到 9—10 月。8 月种青玉米可收割至 11—12 月。9 月种埃及三叶草或青玉米，三叶草可一直收割到第二年的 3—4 月。10 月种三叶草、青燕麦、青玉米，可收割到第二年 4—5 月。青燕麦第一季（上年 9 月至本年 1 月）每亩可收割 1 700 kg；第二季（1—5 月）每亩可收割 850 kg。埃及三叶草冬季每 45 d 收割一次，3 月份以后每 30 d 收割一次，全季每亩可收草 4 000 kg。通过这样的种植安排，全年都有青绿饲料供应。

（7）农业生产概况

印度是传统的农业国，农业在国民经济中具有举足轻重的地位，农业的增长速度在很大程度上决定着整个国民经济的增长速度。但印度存在着发展中国家普遍存在的问题：人口规模庞大且以农村人口占大部分；自然灾害频发，影响最严重的是干旱和洪涝灾害，抵抗自然灾害威胁的能力差，导致生产极不稳定；小农经济占绝对数量，每个农户的经营规模较小，土地生产率较低；农业发展缓慢，粮食安全问题高悬。为解决粮食危机，保障粮食安全，印度政府在 20 世纪 60 年代开始了“绿色革命”。其主要目标是构建粮食生产功能区，建设高标准的农田基础设施，采用以水稻、小麦和玉米等高产作物为主，结合水、肥、农药等农业技术，发展现代农业。农业生产率大幅度提高，粮食产量跨了几个大台阶，从项目开始时 1960 年的粮食产量 8 200 万 t，1990 年达到 17 640 万 t，2010 年达到了 24 156 万 t。但由于种植的是高产作物，需要大量的化肥、杀虫剂以及为保障农田灌溉的柴油和电力等投入品，仅这三项投入占粮食总成本的比重，由 1970 年的 15%，持续上升到 2005 年的 80%，随着农业生产效率增速放缓，支撑“绿色革命”的粮食增长潜力逐渐消失。导致从 20 世纪 90 年代末期开始，印度粮食产量增速逐年下降，农业生产从每年增速 10%～12%下降到 2011 年的 2.3%。经过三四十年的“绿色革命”发展粮食生产，尽管粮食总产量在增加，但算下来，人均粮食最多时不过 240 kg，很大一部分都用于新增人口的消费，人均粮食占有量并无太大改变。如表 1-6-2 所示，2016 年，印度粮食产量 2.522 亿 t，肉类产量 930 万 t，水产品 1 080 万 t。

表 1-6-2

2016 年印度主要农产品产量

项目	产量
粮食/亿 t	2.522
肉类/万 t	930
水产品/万 t	1 080
蔬菜/亿 t	1.55
水果/亿 t	0.88
棉花/万 t	574.6
油料/万 t	3 560
糖/万 t	2 200

来源：印度农业部网站（www.india.gov.in/topics/agriculture）

2. 肉牛产业发展概况

在 20 世纪六七十年代，印度通过充分利用饲草及丰富的农作物秸秆资源成为世界上草食家畜生产大国之一。印度是世界上家畜数量最多的国家，畜牧资源很丰富，拥有 37 个良种牛品种和 13 个良种水牛品种。虽然良种牛数量不少，却仅占全国养牛总量的 20%～25%。杂交牛或非良种牛居多。2013 年，印度家畜总头数为 5.12 亿头，牛的数量为 3.00 亿头，约占畜牧总数的 58.6%，其中，印度水牛数量世界第一，为 1.09 亿头，约占世界总量的 57%；奶牛数量为 1.23 亿头，约占世界总量的 16%。黄牛和水牛是印度农户饲养的主要家畜品种，是每家每户农民不可或缺的生产要素，不仅提供肥料、牵引力，满足日常营养需要，还能随时变现以备不时之需。但由于印度教视牛为神，所以印度宰牛少，牛肉少，消费的牛肉也少，印度一直是世界上肉类低消耗国家，主要用于出口。人们所需的动物蛋白摄取主要来源于牛奶。畜牧业是印度农业经济的支柱产业。据印度中央统计局估计，2013—2014 年畜牧部门的增加值总额按现行价格计算大约是 406 035 亿卢比，占整个农业增加值总额的 21.58%；畜牧业按现行的价格计算为全国的增加值总额贡献了大约 3.88%，按固定价格计算贡献了 3.92%，畜牧部门在整个农业中增长了 5.5%。2018 年，印度肉牛屠宰量 6 870 万头，牛肉产量 425 万 t，黄牛平均产肉量 102 kg/头、水牛平均产肉量 120 kg/头，牛肉产量占肉类总产量的近 25%。

(二)肉牛养殖业发展情况

1. 肉牛存出栏量历年变化及其在世界上的地位

(1)肉牛存出栏量历年变化

2018 年世界前三大活牛饲养国家的存栏量约占世界总存栏量的 60%以上，其中印度的活牛存栏量 30 500 万头，占世界总存栏量的 30.44%，位居世界首位。印度水牛数量位居世界第一，约占世界总量的 57%，水牛和肉牛的平均肉产量分别为 119.59 kg/头、104.27 kg/头。印度土地面积仅占世界的 2.3%左右，饲养约占世界 10.7%的牲畜，从规模养殖户的存栏情况看，印度的牛养殖以小规模为主，大多采用放牧的方式，印度畜牧业以小农经济为主。20 世纪 60—80 年代，印度牛存栏总量不断增长，90 年代初期存栏量最多，而后逐年下降；从 1961 年的 22 681 万头逐年增长到 1996 年的 28 953 万头，增长 27.7%；近年来牛存栏量逐渐增加，2010 年牛存栏量达 3.20 亿头。印度水牛存栏量逐年增长，从 1961 年的 5 121 万头增长到 2010 年的 11 100 万头，增加了 1.08 倍，到 2018 年，增加至 30 500 万头。尽管存栏量较多，但印度肉牛出栏率不高，如表 1-6-3 所示，2017 年仅为 22.56%。中国和印度肉牛年末存栏量及牛肉产量对比如表 1-6-4 和表 1-6-5 所示，从 2000 年以来印度牛肉年产量逐年增加，但肉牛存栏量徘徊不前。印度犊牛产量稳步提高，占世界犊牛总产量的 23%左右，2018 年，印度犊牛产量 6 870 万头，高于我国的 5 090 万头。

表 1-6-3

印度肉牛存栏量、出栏量

年份	存栏量/万头	出栏量/万头	出栏率/%
2012	30 000	6 350	21.17
2013	29 961	6 500	21.70
2014	30 060	6 600	21.96
2015	30 110	6 700	22.25
2016	30 260	6 750	22.31
2017	30 360	6 850	22.56
2018	30 500	6 870	22.52

来源：USDA 数据库

表 1-6-4
中印牛年末存栏及产量对比

年份	年末存栏/万头			产量/万 t		
	中国	印度	差距	中国	印度	差距
2000	11 670.9	28 575.5	−16 904.6	501.3	223.7	277.5
2001	12 141.2	28 483.3	−16 342.1	510.8	224.4	286.4
2002	12 100.6	28 395.6	−16 295.0	524.0	225.0	298.9
2003	12 451.0	28 310.3	−15 859.3	544.5	225.8	318.7
2004	12 920.2	28 829.4	−15 909.2	562.5	229.9	332.5
2005	13 219.1	29 358.0	−16 138.9	570.2	234.2	336.1
2006	13 576.0	29 896.2	−16 320.2	578.8	238.4	340.4
2007	13 957.9	30 441.5	−16 483.6	615.3	242.8	372.5
2008	14 140.3	30 938.4	−16 798.1	621.6	247.0	374.6
2009	14 282.3	31 537.8	−17 255.4	637.4	251.2	386.2
2010	14 503.4	32 227.5	−17 124.2	653.2	255.5	397.7
2011	13 828.1	32 374.0	−18 545.9	669.0	259.8	409.2
2012	13 746.1	32 710.0	−18 963.9	684.8	264.0	420.8
2013	13 689.1	32 977.0	−19 288.0	700.6	268.3	432.3
2014	10 300.0	30 060.0	−19 760.0	689.0	410.0	279.0
2015	10 045.0	30 110.0	−20 065.0	670.0	410.0	260.0
2016	10 027.5	30 260.0	−20 233.0	700.0	420.0	280.0
2017	9 917.3	30 360.0	−20 443.0	726.0	425.0	301.0
2018	9 685.0	30 500.0	−20 815.0	732.5	430.0	302.5

来源：USDA 数据库

表 1-6-5
中印犊牛生产情况比较

年份	印度		中国		世界
	产量/万头	占世界比重/%	产量/万头	占世界比重/%	
2014	6 600	22.58	4 790	16.39	29 223.5
2015	6 700	23.25	4 900	17.00	28 819.5
2016	6 750	23.41	5 000	17.34	28 830.2
2017	6 820	23.27	5 050	17.23	29 314.1
2018	6 870	23.20	5 090	17.19	29 611.5

来源：USDA 数据库

(2)肉牛存出栏量及在世界上的地位

2019 年初，在主要肉牛生产国中，印度的存栏量最高，占比高达 30.45%，如表 1-6-6 所示，巴西第二，占比 23.64%，以后依次为美国、中国、欧盟、阿根廷。近年来，全球肉牛出栏总量在 2.9 亿头左右，如表 1-6-7 所示，印度肉牛出栏总量呈增长势头，但是出栏率仅为 22.5%，与出栏率高达 52.55%的我国、46.43%的墨西哥、38.67%的美国、37.49%的加拿大等国相比，虽然在规模方面具有优势，但专业化方面却存在明显的劣势(图 1-6-2)。

表 1-6-6
世界主要肉牛生产国或地区牛存栏量

万头

国家或地区	2014	2015	2016	2017	2018	2019
印度	30 060.0	30 110.0	30 260.0	30 360.0	30 500.0	30 670.0
巴西	20 795.9	21 303.5	21 918.0	22 604.5	23 235.0	23 815.8
美国	8 824.3	8 917.3	9 188.8	9 362.5	9 429.8	9 476.0
中国	8 985.8	9 007.3	9 055.8	8 834.5	9 038.7	9 000.0
欧盟	8 761.9	8 840.6	8 915.2	8 915.2	8 881.9	8 740.7
阿根廷	5 154.5	5 154.5	5 256.5	5 351.5	5 371.5	5 380.5
澳大利亚	2 929.1	2 910.2	2 741.3	2 497.1	2 617.6	2 573.4
俄罗斯	1 927.3	1 892.0	1 852.8	1 824.8	1 819.5	1 805.0
墨西哥	1 776.0	1 712.0	1 661.5	1 649.0	1 658.4	1 669.9
土耳其	1 453.3	1 434.5	1 412.8	1 422.2	1 450.0	1 499.0
加拿大	1 205.0	1 164.0	1 161.0	1 153.5	1 156.5	1 144.0
其他	8 967.2	5 517.7	5 425.0	5 560.9	5 024.0	6 451.0
世界	100 840.3	97 963.6	98 848.7	99 535.7	100 182.9	100 726.3

来源:USDA 数据库

表 1-6-7
世界主要肉牛生产国或地区牛出栏量

万头

国家或地区	2014	2015	2016	2017	2018	2019e
印度	6 600.0	6 700.0	6 750.0	6 820.0	6 860.0	6 900.0
巴西	4 960.0	4 822.0	4 825.0	4 873.5	4 950.0	5 049.0
美国	3 352.2	3 408.7	3 506.3	3 575.8	3 640.3	3 630.0
中国	5 040.0	4 966.0	4 889.0	4 880.0	4 750.0	4 850.0
欧盟	2 928.0	2 990.0	3 010.0	2 955.0	2 880.0	2 835.0
阿根廷	1 330.0	1 420.0	1 400.0	1 420.0	1 465.0	1 478.0
澳大利亚	1 106.3	939.4	660.0	970.0	910.0	870.0
俄罗斯	672.5	650.0	656.0	657.3	656.6	659.0
墨西哥	675.0	685.0	710.0	748.5	770.0	790.0
加拿大	449.6	419.8	427.2	434.8	429.2	432.5
其他	2 109.9	1 818.6	1 996.7	1 979.2	2 300.4	2 240.6
总计	29 223.5	28 819.5	28 830.2	29 314.1	29 611.5	29 734.1

来源:USDA 数据库,2019 年为预测数。

2. 肉牛产品产量历年变化及在世界上的地位

(1)肉牛产品产量历年变化

印度养牛历时悠久,但受宗教信仰及饮食习惯等因素的影响,虽然存栏量较高,但牛肉产量不高,如图 1-6-3 所示,2000 年,印度牛肉产量 224.4 万 t,此后一直稳定增长,但增幅较小,2014 年,迅速增长至 410 万 t,此后,印度牛肉产量又进入稳定发展状态。

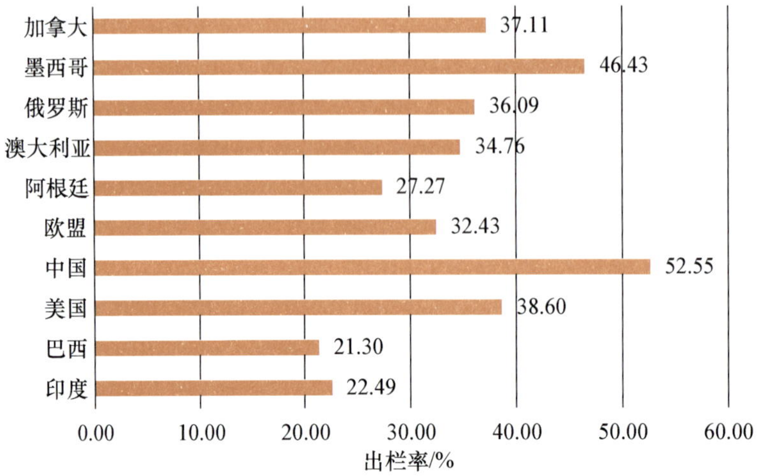

图 1-6-2　2018 年主要国家或地区肉牛出栏率

来源：USDA 数据库

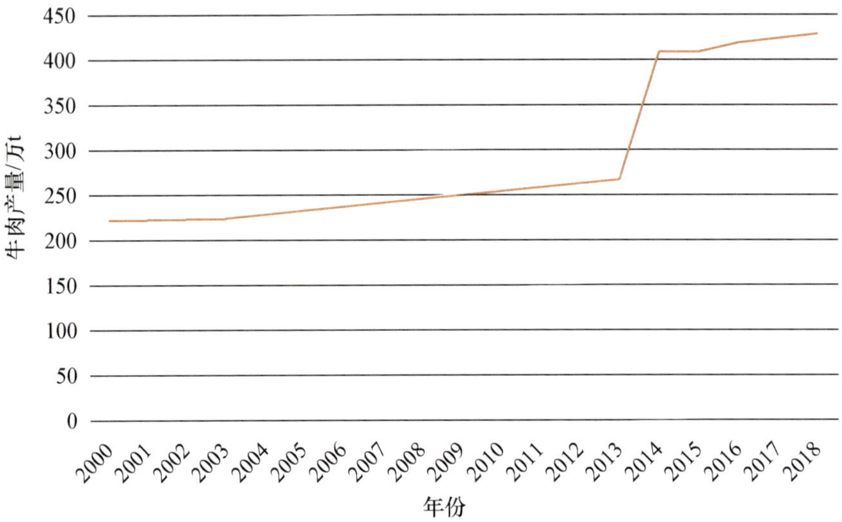

图 1-6-3　印度牛肉产量变动趋势

来源：USDA

(2)牛肉产量在世界上的地位

印度牛肉产量在世界上的地位见表 1-6-8。印度是世界上牛存栏量最多的国家，但并不是牛肉产量最高的国家，牛肉产量占全球牛肉总产量的 7%左右，在全球排名第 5 位，仅次于美国、巴西、欧盟、中国。2014—2018 年，世界牛肉总产量基本稳定，约在 6 000 万 t，印度牛肉产量保持稳定增长状态，从 2014 年的 410 万 t，增至 2018 年的 426.5 万 t。

表 1-6-8

主要国家或地区牛肉产量

万 t

国家或地区	2014	2015	2016	2017	2018	2019e
印度	410.0	410.0	420.0	425.0	426.5	428.7
巴西	972.3	942.5	928.4	955.0	990.0	1 021.0
美国	1 107.5	1 081.7	1 150.7	1 194.3	1 225.6	1 228.9
中国	615.7	616.9	616.9	634.6	644.0	685.0

续表 1-6-8

国家或地区	2014	2015	2016	2017	2018	2019e
欧盟	744.3	768.4	788.0	786.9	800.3	791.0
阿根廷	270.0	272.0	265.0	284.0	305.0	304.0
澳大利亚	259.5	254.7	212.5	214.9	230.6	230.0
俄罗斯	136.2	136.4	133.9	132.5	135.7	136.7
墨西哥	182.7	185.0	187.9	192.5	198.0	203.0
加拿大	110.0	104.7	113.0	120.1	126.5	133.0
世界	5 973.0	5 945.6	5 993.5	6 098.7	6 247.7	6 130.6

来源：USDA 数据库，2019 年为预测数。

3. 区域分布

印度行政区划主体上为 4 个层次和 5 个层次并存的格局，四级制为一级行政区、县、乡(市)、村(镇)，五级制为邦(一级行政区)、专区、县、乡(市)、村(镇)。印度的城市，不论大小，绝大多数隶属于县，镇与村则隶属于乡。全国划分为 35 个一级行政区，分为 3 类，即邦、联邦属地、联邦首都辖区，其中邦为主要形式，共 28 个，另外有 6 个联邦属地和首都新德里辖区。印度各邦牧养的牛(cattle)和水牛(buffalo)的数量比例不同，主要分布于北方邦、中央邦、安得拉邦、马哈拉施特拉邦、拉贾斯坦邦、比哈尔邦和旁遮普邦等地。北方邦、安得拉邦、中央邦、古吉拉特邦和马哈拉施特拉邦的水牛所占比例较大，而比哈尔、西孟加拉、泰米尔纳德及其他各邦牛的比例则更大。如表 1-6-9 所示，北方邦以水牛为主，拥有全国水牛总数的 28.17%，居各邦之首；其次是拉贾斯坦邦，占全国水牛总量的 11.94%；安得拉邦、古吉拉特邦、中央邦的水牛数量分别占全国水牛总量的 9.77%、9.55%、7.53%。在水牛存栏中，母牛存栏最多的是北方邦，占全国总量的 27.77%，第 2～5 位依次为拉贾斯坦邦、古吉拉特邦、安得拉邦、中央邦，分别占比 12.31%、10.31%、10.01%、7.46%；公牛存栏最多的北方邦，占全国水牛公牛的 30.52%，其次依次为拉贾斯坦邦、安得拉邦、中央邦、比哈尔邦，分别占比 9.78%、8.39%、7.97%、6.06%。如表 1-6-10 所示，在黄牛的存栏中，中央邦所占比重最多，10.27%，第 2～5 位依次为北方邦、西孟加拉邦、马哈拉施特拉邦、拉贾斯坦邦，分别占比 10.24%、8.65%、8.11%、6.98%。母牛存栏前五位的地区依次为北方邦、中央邦、西孟加拉邦、拉贾斯坦邦、比哈尔邦，占全国母牛存栏的比重分别为 11.91%、9.25%、9.10%、8.18%、7.39%；公牛存栏前五位的地区依次为中央邦、马哈拉施特拉邦、奥里萨邦、西孟加拉邦、北方邦，占全国公牛存栏的比重分别为 12.11%、10.64%、8.57%、7.84%、7.22%。

表 1-6-9
印度各地区水牛存栏量

地区	公牛		母牛		合计	
	存栏量/头	占全国比重/%	存栏量/头	占全国比重/%	存栏量/头	占全国比重/%
安达曼和尼科巴群岛	4 040	0.03	3 823	0.00	7 863	0.01
安得拉邦	1 350 533	8.39	9 272 257	10.01	10 622 790	9.77
阿鲁恰纳尔邦	2 597	0.02	3 373	0.00	5 970	0.01
阿萨姆邦	171 420	1.06	263 845	0.28	435 265	0.40
比哈尔邦	976 436	6.06	6 590 797	7.12	7 567 233	6.96
昌迪加尔	1 066	0.01	12 968	0.01	14 034	0.01

续表 1-6-9

地区	公牛		母牛		合计	
	存栏量/头	占全国比重/%	存栏量/头	占全国比重/%	存栏量/头	占全国比重/%
恰蒂斯加尔邦	790 090	4.91	600 463	0.65	1 390 553	1.28
达德拉和纳加尔哈维利	2 001	0.01	2 061	0.00	4 062	0.00
达曼和弟乌	66	0.00	364	0.00	430	0.00
果阿邦	6 704	0.04	25 094	0.03	31 798	0.03
古吉拉特邦	835 775	5.19	9 549 799	10.31	10 385 574	9.55
哈里亚纳邦	937 883	5.82	5 147 429	5.56	6 085 312	5.60
喜马偕尔邦	60 175	0.37	655 841	0.71	716 016	0.66
查谟和克什米尔	79 351	0.49	659 638	0.71	738 989	0.68
贾坎德邦	571 574	3.55	614 368	0.66	1 185 942	1.09
卡纳塔克邦	360 374	2.24	3 110 131	3.36	3 470 505	3.19
喀拉拉邦	71 184	0.44	31 085	0.03	102 269	0.09
拉克沙群岛	0	0	0	0	0	0
中央邦	1 283 620	7.97	6 904 369	7.46	8 187 989	7.53
马哈拉施特拉邦	596 689	3.71	4 997 703	5.40	5 594 392	5.15
曼尼普尔邦	28 002	0.17	38 367	0.04	66 369	0.06
梅加拉亚邦	14 460	0.09	7 599	0.01	22 059	0.02
米佐拉姆邦	1 788	0.01	3 386	0.00	5 174	0.00
那加兰邦	15 705	0.10	17 015	0.02	32 720	0.03
新德里	20 445	0.13	141 697	0.15	162 142	0.15
奥里萨邦	335 255	2.08	391 051	0.42	726 306	0.67
本地治里	212	0.00	1 897	0.00	2 109	0.00
旁遮普邦	533 701	3.31	4 626 033	5.00	5 159 734	4.75
拉贾斯坦邦	1 575 276	9.78	11 400 819	12.31	12 976 095	11.94
锡金邦	144	0.00	559	0.00	703	0.00
泰米尔纳德邦	100 280	0.62	680 151	0.73	780 431	0.72
特里普拉邦	4 288	0.03	6 518	0.01	10 806	0.01
北方邦	4 914 705	30.52	25 710 629	27.77	30 625 334	28.17
北阿坎德邦	114 149	0.71	873 626	0.94	987 775	0.91
西孟加拉邦	343 059	2.13	254 320	0.27	597 379	0.55
合计	16 103 047	100	92 599 075	100	108 702 122	100

来源：印度农业部网站（www.india.gov.in/topics/agriculture）

表 1-6-10

印度各地区黄牛存栏量

地区	公牛		母牛		合计	
	存栏量/头	占全国比重/%	存栏量/头	占全国比重/%	存栏量/头	占全国比重/%
安达曼和尼科巴群岛	16 464	0.02	29 161	0.02	45 625	0.02
安得拉邦	3 992 564	5.88	5 603 378	4.56	9 595 942	5.03
阿鲁恰纳尔邦	199 203	0.29	264 555	0.22	463 758	0.24
阿萨姆邦	4 292 743	6.32	6 014 861	4.89	10 307 604	5.40

续表 1-6-10

地区	公牛		母牛		合计	
	存栏量/头	占全国比重/%	存栏量/头	占全国比重/%	存栏量/头	占全国比重/%
比哈尔邦	3 137 154	4.62	9 094 369	7.39	12 231 523	6.41
昌迪加尔	1 161	0.00	7 801	0.01	8 962	0.00
恰蒂斯加尔邦	4 833 987	7.12	4 980 909	4.05	9 814 896	5.14
达德拉和纳加尔哈维利	26 555	0.04	15 315	0.01	41 870	0.02
达曼和弟乌	1 007	0.00	1 089	0.00	2 096	0.00
果阿邦	18 760	0.03	38 720	0.03	57 480	0.03
古吉拉特邦	3 217 299	4.74	6 766 654	5.50	9 983 953	5.23
哈里亚纳邦	471 128	0.69	1 336 988	1.09	1 808 116	0.95
喜马偕尔邦	728 623	1.07	1 420 636	1.16	2 149 259	1.13
查谟和克什米尔	830 199	1.22	1 968 127	1.60	2 798 326	1.47
贾坎德邦	4 536 342	6.68	4 193 741	3.41	8 730 083	4.57
卡纳塔克邦	2 977 056	4.38	6 539 428	5.32	9 516 484	4.98
喀拉拉邦	148 686	0.22	1 179 941	0.96	1 328 627	0.70
拉克沙群岛	432	0.00	2 667	0.00	3 099	0.00
中央邦	8 224 512	12.11	11 377 854	9.25	19 602 366	10.27
马哈拉施特拉邦	7 223 706	10.64	8 260 501	6.72	15 484 207	8.11
曼尼普尔邦	97 119	0.14	166 724	0.14	263 843	0.14
梅加拉亚邦	355 853	0.52	540 147	0.44	896 000	0.47
米佐拉姆邦	10 858	0.02	23 715	0.02	34 573	0.02
那加兰邦	87 664	0.13	147 310	0.12	234 974	0.12
新德里	14 423	0.02	72 010	0.06	86 433	0.05
奥里萨邦	5 822 604	8.57	5 798 668	4.71	11 621 272	6.09
本地治里	8 338	0.01	51 558	0.04	59 896	0.03
旁遮普邦	434 394	0.64	1 993 320	1.62	2 427 714	1.27
拉贾斯坦邦	3 261 780	4.80	10 062 682	8.18	13 324 462	6.98
锡金邦	43 298	0.06	97 169	0.08	140 467	0.07
泰米尔纳德邦	1 623 392	2.39	7 190 650	5.85	8 814 042	4.62
特里普拉邦	346 088	0.51	602 706	0.49	948 794	0.50
北方邦	4 907 144	7.22	14 649 923	11.91	19 557 067	10.24
北阿坎德邦	703 742	1.04	1 302 311	1.06	2 006 053	1.05
西孟加拉邦	5 325 594	7.84	11 188 645	9.10	16 514 239	8.65
合计	67 919 872	100	122 984 233	100	190 904 105	100

来源：印度农业部网站(www.india.gov.in/topics/agriculture)

4. 主要品种

印度是全球牛存栏量最多的国家，品种较多，包括印度瘤牛、印度野牛、辛地牛(Sindhi)、翁戈牛(Ongle)、康克来其牛(Kankrej)、吉尔牛(Gir)、摩拉水牛等。

瘤牛(Zebu)，因颈项处有一巨大的牛峰而得名，热带地区特有的牛种，喉部的松肉皮延长为垂肉，直至腹部，体格较高，骨骼纤细，头狭长，双角高跷，额宽而突出，耐热、耐旱、耐粗饲，汗腺多、腺体大，易排汗散热，对焦虫病等有较强的抵抗力，皮肤分泌有特殊气味，能防壁虱及蚊虻，颜色较浅，通常为白色(图 1-6-4)。许多国家利用瘤牛与欧洲牛杂交，培育出含不同程度瘤牛血液的优良品种，中国也曾引入瘤牛改良当地黄牛。在印度这个有 80%的人口信仰印度教的国家，牛被认为是神圣的，但是只有当地的瘤牛才被称为"神牛"。在印度教徒看来，瘤牛，无论是公牛、母牛还是小犊牛都是神圣的，但其中又以母牛最为神圣。因此，印度多数邦都立法限制或禁止屠宰瘤牛。

摩拉水牛(图 1-6-5)是印度饲养水牛数量最多的品种，占印度水牛的 47%，原产于雅么拿、海里亚拿州。摩拉水牛是乳肉兼用的水牛品种，体格高大、四肢粗壮，体型呈楔形，皮薄而软、富光泽，被毛稀疏而黝黑，少数为棕色或褐灰色，身体强健、适应性强、疾病少、耐热、耐粗饲。成年牛平均体高 132.8 cm，成年公牛体重 450～800 kg、母牛 350～750 kg。

图 1-6-4 印度瘤牛

图 1-6-5 摩拉水牛

(三)肉牛产品加工业发展情况

对于印度而言，牛肉生产是个特殊的话题。很多人会认为，牛在印度被尊为"神"是不能屠宰的，这种看法并不全面。实际上，印度大多数邦(省)禁止屠宰的是奶牛，而水牛是不被禁止的。

在印度，包括奶牛屠宰在内的所有的农业政策，都是由各邦(联邦属地)、首都辖区自行制定的。《印度宪法》第 48 条建议各邦(联邦属地)应考虑防止屠宰奶牛，但没有就这一问题制定具体可执行的法律或指示，因此不同邦(联邦属地)关于禁止屠宰奶牛的法制管理不完全相同。大多数邦(联邦属地)都立法禁止屠宰所有年龄段的奶牛，包括母牛和公犊。例如，古吉特拉邦、中央邦、旁遮普邦、拉贾斯坦邦、马哈拉施特拉邦、喜马偕尔邦、查谟邦和克什米尔、哈里亚纳邦和德里都禁止屠宰奶牛，包括所有年龄段的公牛和阉牛。然而，阿萨姆邦和西孟加拉邦允许屠宰 14 岁以上的牛，但是需要从当地政府获得"适龄屠宰"证明。喀拉拉邦允许对不能役用、不能防治或久伤不治且年龄超过 10 岁的奶牛进行屠宰。梅加拉亚邦、曼尼普尔帮、米佐拉姆邦、那加兰邦、特里普拉邦和拉克沙群岛尚未制定任何规定或法律，明确禁止屠宰奶牛。大多数禁止屠宰奶牛的邦(联邦属地)可以在没有逮捕证的情况下逮捕嫌疑犯。

印度是养牛头数最多而很少食用牛肉的国家，每年牛的屠宰量占牛总头数的 6%左右。印度活牛屠宰量分为 4 个阶段：1961—1981 年，活牛屠宰量从 1 031.5 万头增长到 1982 年的 1 595.2 万头，呈平稳增长趋势，年均增长率为 2.7%；1981—1989 年，屠宰量大幅增长，1989 年年屠宰量达到 1 851.4 万头，比 1981 年增长 16.1%；1990—2003 年间保持在 1 860 万头左右；2004 年以来连续 10 年持续增长，到 2013 年年屠宰量达到 2 093 万头，比 2003 年增长 11.7%，年均增长 1.2%。2018 年，印度肉牛屠宰量增至 3 593.8 万头。

如表 1-6-11 所示，印度肉牛年存栏量尽管远远高于中国，每年最小差距为 1.59 亿头，但是印度肉牛年屠宰量和年产量却比中国小很多，这与印度人的宗教信仰、文化习惯有很大关系，同时，印度肉牛胴体重较低，平均产肉量不足 130 kg/头，低于中国的 145 kg/头。但 2014 年以来，印度肉牛年屠宰量每年都超过 3 000 万头，呈明显上升趋势，中印肉牛屠宰量差距逐年缩小。

表 1-6-11

中印肉牛屠宰量比较　　万头

年份	中国	印度	差距
2000	3 613.6	1 867.5	1 746.1
2001	3 703.2	1 869.2	1 834.0
2002	3 803.6	1 871.3	1 932.3
2003	3 957.7	1 874.0	2 083.7
2004	4 133.3	1 908.3	2 225.0
2005	4 208.2	1 943.2	2 265.0
2006	4 238.5	1 978.6	2 259.9
2007	4 366.9	2 015.3	2 351.7
2008	4 452.1	2 036.9	2 415.2
2009	4 608.2	2 089.0	2 519.2
2010	4 727.5	2 090.7	2 636.8
2011	4 676.9	2 092.0	2 584.9
2012	4 766.8	2 093.0	2 673.8
2013	4 834.3	2 093.0	2 741.3
2014	4 751.7	3 203.1	1 548.6
2015	4 620.7	3 203.1	1 417.6
2016	4 827.6	3 281.3	1 546.3
2017	5 006.9	3 320.3	1 686.6
2018	5 051.7	3 593.8	1 692.3

来源：USDA 数据库

20 世纪 60—90 年代，印度牛肉产量呈稳定增长态势，1992 年达到 104.6 万 t，1992 年以后产量小幅下降，近年产量有所增加，2010 年牛肉产量 108.6 万 t。水牛肉产量 1961 年为 55 万 t，2005—2007 年达到 150 万 t，增加了 1.7 倍，2008—2010 年产量小幅下降到 146 万 t。印度牛肉产量呈平稳增长趋势。

印度北方邦牛肉出口量占全印度的67.0%，已成为印度牛肉出口最大邦。2007年以来，北方邦牛肉生产量稳步上升，2011—2012年度同比增长40%，达40.8万t。目前，北方邦牛存栏量占全印度的25%以上，有645个牛交易市场、317个注册屠宰场以及24个水牛肉出口企业。同时，由于印度对冷鲜技术、销售手段的不断创新升级，增加对肉类加工产业基础设施的投资等，国内的肉类加工企业具有一定的竞争力，肉牛产品加工企业有印度罗亚牛肉公司和ALM集团等，印度已成为世界上具有加工牛肉低成本优势的供应国之一。

目前印度拥有符合该国肉品法定的屠宰房4 000个，现代化屠宰场10个和肉类加工厂171个，印度国内的肉类加工目前还处于早期发展阶段。印度联邦卫生部下属的食品安全与标准局表示，印度国内所有的肉厂与屠宰场需取得政府授予的许可证方可继续从事肉品业务。印度30多个邦有权制定屠宰场的法律法规，大部分邦禁止屠牛，然而牛肉出口不但没有被禁止，反而给这些企业很多的税务优惠和补贴。

（四）牛肉消费情况

因印度的素食传统和印度教对牛肉的忌讳，全国牛肉年均消费量仅有210万t。印度牛肉消费总量整体呈现出先增长后下降再上升的趋势。1961—1982年间，牛肉消费总量呈平稳增长趋势，从105.65万t增长到181.92万t，之后保持稳定在200万t左右；2009年以来小幅下降，2012年总消费量为154.62万t，比2009年下降22.6%，年均下降7.5%。印度牛肉人均消费量呈先增长后下降的趋势，1961—1985年由2.3 kg/(人·年)增长到2.5 kg/(人·年)；之后震荡下降，到2011年人均消费量为1.3 kg/(人·年)。如表1-6-12和表1-6-13所示，2014年以来，印度牛肉消费量逐年提高，占世界牛肉消费总量的比重不断增加，2018年，牛肉消费总量增至263.5万t，占世界比重4.34%，落后于美国的1 220.6万t和中国的853万t。印度消费的牛肉大部分为国产水牛肉。印度牛肉以出口为主，产品以冷冻肉、新鲜肉类为主，代表企业有印度罗亚牛肉公司和ALM集团等。

印度是世界第五大牛肉消费国，而且在过去几年中，牛肉的消费一直在稳步上升。牛肉消费者中的大部分是穆斯林。据全国抽样调查办公室(NSSO)的数据显示，如今每13个印度人中就有1个人会吃牛肉或是水牛肉。在印度所有牛肉消费量较高的邦中，东北部的梅加拉亚邦(Meghalaya)和沿海的中央直辖区拉克沙群岛(Lakshwadeep)的牛肉消费量是最高的。目前，在印度的穆斯林中，有40%的人会消费牛肉，而在印度教徒中，这一比例低于2%，在印度的基督徒中则有超过26%的人会吃牛肉。

表1-6-12
中印牛肉消费情况比较

年份	印度		中国		世界/万t
	消费量/万t	占世界比重/%	消费量/万t	占世界比重/%	
2014	201.8	3.43	727.7	12.38	5 876.6
2015	229.4	3.97	737.9	12.76	5 781.2
2016	243.6	4.15	775.9	13.21	5 875.6
2017	240.1	4.02	822.7	13.79	5 967.4
2018	263.5	4.34	853.0	14.05	6 072.4

来源：USDA数据库

表 1-6-13
主要国家牛肉和小牛肉消费情况

国家或地区	2011 年	2012 年	2013 年	2014 年	2015 年
美国	11 646	11 739	11 608	11 242	11 274
巴西	7 730	7 845	7 885	7 896	7 781
欧盟	8 034	7 760	7 520	7 514	7 730
阿根廷	2 320	2 458	2 664	2 503	2 554
印度	2 040	2 080	2 035	2 018	2 294
俄罗斯	2 346	2 398	2 393	2 289	1 971
墨西哥	1 921	1 836	1 873	1 839	1 797
巴基斯坦	1 503	1 538	1 576	1 617	1 661
日本	1 237	1 255	1 232	1 225	1 186
加拿大	996	1 019	1 023	999	942
其他	16 765	17 129	18 030	18 539	17 260
合计	56 538	57 057	57 839	57 681	56 450

来源：USDA 数据库

（五）肉牛产品贸易情况

印度牛肉主要以出口为主，牛肉出口量总体呈增长趋势。2000 年以来，印度出口的牛肉特别是水牛肉迅速扩张，2014 年，印度成为世界上最大的牛肉出口国。印度牛肉出口快速增长取决于 3 个因素。首先，全球对牛肉需求强劲，特别是低收入和中等收入的发展中国家，他们偏爱相对低成本的水牛肉。其次，印度的水牛群，是世界上最大的水牛群，但国内大多数消费者对牛肉的需求相对较低，因此印度对牛肉的生产开发不足。最后，印度部分地区私有化、出口导向的屠宰和包装技术的发展，使得动物产品的加工和销售符合各种出口市场的要求。虽然由于宗教原因禁止出口牛肉，有些地区禁止牛的屠宰，但水牛对大多数印度人并不具有同样的宗教意义，水牛的屠宰和出口是合法的，水牛肉在肉类和肉制品出口中的比重超过 80%，是印度畜产品出口贸易顺差的一个重要来源。

印度的经济发展水平不高，农业在印度依然是支柱产业，且在农业生产中，农业机器的使用率较低，很多地区依然使用传统的畜力进行耕种，所以印度乡下拥有数量巨大的耕牛，这些耕牛在衰老以后，大多出口到国外。

1988—2008 年，印度牛肉出口量从 5.12 万 t 增长到 47.98 万 t，年均增长 41.9%；2009 年以来迅速增长，到 2013 年出口量为 155.87 万 t，比 2009 年增长 258.6%，年均增长 64.7%。出口的牛肉几乎全部是水牛肉。牛肉已成为印度重要的外汇来源，2013 年 4 月至 2014 年 3 月印度牛肉出口量为 145 万t，增长 31%；出口额为 2 646 亿卢比，增长 52%。印度是世界第一大牛肉出口国，占全球市场份额的 20.8%（2015 年）。印度出口牛肉不仅具有价格优势，而且由于其不采用其他国家流行的工业化养殖，而采用放牧的方式，因而颇受国际市场欢迎。根据印度农业和加工食品出口发展局（APEDA）的统计，印度牛肉出口额从 2010—2011 财年的 19 亿美元增加到 2012—2013 财年的 32 亿美元，约占年出口总额 3 000 亿美元的 1%。2013—2014 财年，印度牛肉出口额总计 44 亿美元，而 10 年前仅为 3.95 亿美元，短短时间内增长了 10 倍有余。2017 财年出口 184.9 万 t，价值 40.37 亿美元，如表 1-6-14 所示，2018 年，印度出口牛肉 166.5 万 t，占世界牛肉出口总量的 15.77%。

印度牛肉出口中，其中 80%是水牛肉，印度的水牛肉不但健康而且十分廉价，深受中东、非洲和东南亚市场欢迎，出口量巨大。如表 1-6-15 所示，近几年，印度水牛肉出口量最多的 3 个国家依次是越南、马来西亚、埃及，其中，出口至越南的水牛肉占总出口量的一半以上。此外，伊拉克、菲律宾、沙特阿拉伯、阿联酋、印度尼西亚、阿尔及利亚等也是印度水牛肉主要的出口目的地。

表 1-6-14
印度牛肉出口情况

年份	2014	2015	2016	2017	2018
印度/万 t	208.2	180.6	176.4	184.9	166.5
世界/万 t	999.8	958.6	942.8	996.7	1 055.8
占比/%	20.82	18.84	18.71	18.55	15.77

来源：USDA 数据库

表 1-6-15
印度水牛肉主要出口情况

目的地	2014—2015 年度		2015—2016 年度		2016—2017 年度		2017—2018 年度	
	数量/t	占比/%	数量/t	占比/%	数量/t	占比/%	数量/t	占比/%
越南	633 352	42.12	605 103	46.04	667 143	50.16	740 981	54.88
马来西亚	130 877	8.7	135 939	10.34	112 942	8.49	114 414	8.47
埃及	128 082	8.52	115 317	8.77	107 622	8.09	90 020	6.67
小计	892 311	59.34	856 359	65.15	887 707	66.74	945 415	70.02

来源：USDA 数据库

全球牛肉需求增加会刺激印度和巴西牛肉出口，以弥补欧洲和澳大利亚牛肉产量的下降。印度由于缺乏专门水牛养殖场或饲养设施，牛肉产量可能无法满足出口需求的快速增长。目前牛肉已在印度 29 个邦中的 11 个邦被禁止消费，其中涵盖了像新德里和孟买这样的大城市。印度对食用牛肉的禁令正在冲击印度的水牛肉贸易。根据美国农业部的数据，2014 年印度出口牛肉 208.2 万 t，约占全球 20%的份额。印度的水牛肉产量占全球的 43%，首次超过巴西成为世界牛肉出口第一大国，并且出口还在逐年上升。尽管印度牛肉出口量较大，但是出口价格相对较低，如表 1-6-16 所示，2015 年，印度冷、鲜牛肉出口价格为 4.55 美元/kg，远远低于日本、阿根廷、美国、新西兰等国家的牛肉出口价格。根据 CNN Money 在 2015 年 8 月的报道，牛肉出口为印度创造的外汇收入甚至比巴斯马蒂香米还要多。印度因疫病等因素的影响，到目前为止一直没有被批准成为中国牛肉进口来源国，中印正在探索尝试通过自贸区关税的逐步分阶段调减，来促进印度牛肉进入中国。

表 1-6-16
2015 年主要国家鲜、冷牛肉出口价格

国家	出口总额/美元	出口量/kg	出口价格/(美元/kg)
美国	2 652 291 637	310 072 995	8.55
澳大利亚	2 490 967 310	339 225 747	7.34
荷兰	2 255 707 839	377 767 251	5.97
爱尔兰	1 727 886 010	260 555 246	6.63
德国	1 286 860 649	268 179 349	4.8
加拿大	1 168 150 406	213 849 847	5.46
波兰	1 018 149 327	277 357 433	3.67
墨西哥	975 883 000	136 922 750	7.13
法国	950 235 030	188 012 214	5.05

续表 1-6-16

国家	出口总额/美元	出口量/kg	出口价格/(美元/kg)
巴西	690 721 233	116 759 338	5.92
比利时	678 546 089	118 371 736	5.73
西班牙	518 186 842	132 285 089	3.92
阿根廷	506 820 562	55 027 679	9.21
巴拉圭	462 570 338	93 265 917	4.96
英国	448 850 079	79 934 072	5.62
意大利	436 676 572	85 631 263	5.1
白罗斯	342 194 700	112 173 592	3.05
丹麦	271 205 857	61 385 567	4.42
新西兰	236 207 212	27 990 070	8.44
巴基斯坦	131 766 815	38 670 440	3.41
立陶宛	74 921 940	22 816 850	3.28
印度	68 963 629	15 170 716	4.55
南非	61 428 009	15 203 157	4.04
日本	50 638 015	873 515	57.97
波黑	37 781 890	6776 827	5.58

来源：中国产业信息网(www.chyxx.com)

三、畜牧业生产扶持政策措施

印度天然草地面积很小，也没有大片的人工草地，但其利用自身的资源禀赋发展畜牧业，属于典型的“节粮型”畜牧业结构。在 20 世纪六七十年代，印度通过充分利用饲草及丰富的农作物秸秆资源成为世界上草食家畜生产大国之一。印度饲养的黄牛、水牛均居世界首位，山羊第二，绵羊第三。奶类总产量也居世界首位，是中国的 3 倍多。不仅改善了人民的生活，增加了食物中的动物蛋白的摄取量，还很好地解决了粮食安全问题。

为了解决粮食危机，保障粮食安全，印度政府在 20 世纪 60 年代开展了“绿色革命”，其主要目标是构建粮食生产功能区，建设高标准的农田基础设施，采用以水稻、小麦和玉米等高产作物为主，结合水、肥、农药等农业技术，发展现代农业。农业生产效率大幅提高，粮食产量跨了几个大台阶。从项目开始时的 1960 年的粮食产量 8 200 万 t，1990 年达到 17 640 万 t，2010 年达到了 24 156 万 t。但从 20 世纪的 90 年代末开始，粮食产量增速减缓，增速逐年下降，农业生产从每年增速 10%～12%下降到 2011 年的 2.3%(Govt. of India，2011)。导致农业生产效率下降的原因在于：由于种植的是高产农作物，需要使用大量的化肥、杀虫剂以及为保证农田灌溉的柴油和电力等投入品。1970 年，这三项投入占粮食总成本的 15%；1994 年上升到 55%；2005 年时持续上升到 80%。随着农业生产效率增速放缓，支撑“绿色革命”的粮食增长潜力逐渐消失。印度人逐渐意识到，“这不是粮食问题，而是整体食物结构问题”。印度政府对农业政策进行了重大调整，实行新的农业发展战略，把“绿色革命”变成了“白色革命”，发展畜牧业，种草养牛。印度政府从第“四个”五年(1969—1974 年)计划开始，在历次的五年计划中，对畜牧业发展都给予了一定的重视，要求畜牧业每年以 5.5%～6.4%的平均速度递增。印度政府根据本国国情和资源禀赋，因地制宜，优化结构，提升品质，增加效益。选择了切入点和发展重点：发展草食家畜，即奶牛和奶水牛养殖以及奶品的加工工业。

印度政府将发展畜牧业及奶业当作一个关系国计民生的支柱产业，还体现在体制创新上。一是建立了常设管理和科研机构，同时建立了长效机制。建立了国家动物遗传资源局、中央水牛研究所以及国家奶业中心，在印度国家农业委员会统一协调下开展牛及奶水牛的品种改良和后裔测定以及畜牧业科研和技术推广工作。二是建立了印度奶业发展协会，专门负责奶业项目规划制定、实施，人员培训，实用技术的研究及推广，组织牛奶收购和营销设施等基础设施网络建设等。三是积极扶持、推广以“阿南德模式”为主的奶牛生产合作社。印度没有照搬其他国家扩大商业放牧规模和发展规模奶业经济，而是把注意力放在扩大农民参与上。政府制定了《合作社条例》，从法律上对合作社的地位加以肯定。合作社具有较强的影响力和号召力，把分散的奶农有效地组织了起来，以牛奶加工厂为核心，形成产前、产中、产后配套服务的产加销体系，创造性地将具有典型印度特点的小农个体经济与商业大市场连接起来，既解决了农民奶牛养殖的市场风险问题，又拉动了城镇消费需求，刺激了农民生产的积极性。印度共成立了 113 152 个牛奶生产合作社，吸收了约 1 200 万奶农，饲养 2～3 头奶水牛的农户比例达到 99%以上，饲养超过 10 头牛的牧场或养殖户只有约 3 000 个。拥有的生产经营份额已占全国奶业总产量的 70%。印度政府的目标是，到 2022 年，全国的牛奶产量达到 17 500 万 t。四是从资金上扶持合作社的发展，拨出数千万美元专款提供给奶业合作社；向国际组织申请开展实物和资金，借助外援建立了 10 亿美元的奶业发展基金，建立了短期、中期和长期 3 种形式的贷款给农业合作社。短期贷款主要用于购买饲料和支付人员的工资；中期贷款主要用于购买牲畜和偿还贷款等；长期贷款则用于购置机械设备、修建厂房和建立加工企业等。奶业合作社偿还的贷款仍被继续留作奶业发展基金使用。五是采取各种优惠政策支持奶业发展，对牛奶的加工、销售免税，铁路运输部门对使用大型奶罐车运送鲜奶减半收费等。

畜牧业保险对于稳定畜牧业发展，促进农业结构优化升级，增加农牧民收入具有重要意义，印度政府对畜牧业保险提供了不同形式的政府补贴支持。印度畜牧业保险涉及品种较为广泛，在包含牛、羊、猪保险的同时，又推出了马、骡、驴、动物园和马戏团动物等保险，并且在购买主险的同时，养殖者还可以选择购买附加险。对于牛的养殖保险，印度将其分为奶牛、水牛、种牛和小母牛保险，将羊养殖保险分为山羊和绵羊保险。保险责任范围包括意外、自然灾害与疾病死亡，附加险范围涉及某种能力的永久丧失。为了保障畜牧业保险的持续发展，印度政府在保险风险分散方面制定了政策，政府承担超额损失，不存在商业再保险计划。

四、肉牛产业科技进展

印度农业科研系统由中央、地方和高等院校组成，比较完整。中央有印度农业研究理事会，地方农业科研系统由 60 多个研究机构组成，由各邦农业部门领导。印度农业研究理事会是全国性的农业科研协调机构，是政府改进了原有的农业科研体系后于 1965 年成立的。1973 年，印度农业部专门设立了农业研究和教育局，农业研究理事会直属农业部研究和教育局领导。目前，该理事会设有 38 个研究所，11 个国家级研究中心，5 个科研项目指导委员会。它不仅从事农业研究工作，而且负责协调全国农业科研机构和农业大学的研究活动，印度的高等农业院校也承担大量的研究课题。科研经费的 85%来源于政府的财政预算，其余部分来源于农业生产税基金、世界银行贷款、国外援助和捐赠。为不断增加牲畜存栏数并提高抗病力和生产性能，印度中央和各邦政府相继在全国成立一批畜牧科技服务站。印度畜牧业科研水平较高，整体科研素质较强，中央和各邦政府非常重视科学技术在畜牧业生产中的重要作用，其所取得的科研成果极大地推动了畜牧业的发展。

(一)育种与繁育技术

印度构建全国性的家畜选育机构，开展畜牧业科研攻关，注重选育本国的良种，建立人工授精配种站，加速良种牛的推广。印度畜牧业在许多科研领域有许多重要成果已达到国际先进水平或处于国际领先地位，并在畜牧业生产中得到了推广应用，极大地促进了国内畜牧业的发展。例如，印度中央和各邦政府相继在全国范围内成立了一大批畜牧科技站和储存外国种牛精液的人工授精站，并在北方邦、古吉拉特邦、拉贾斯坦邦等 15 个邦成立了种畜饲养场和牲畜饲养培训班；印度具有丰富和多样的动物遗传资源，37 个良种牛品种和 13 个良种水牛品种。印度政府制定了总体的奶畜育种策略并进行分类指导。印度当地的黄牛和奶水牛良种具有抗热、抗病力强，耐粗饲等特点，黄牛对麦秸纤维消化率为 24.3%，对埃及三叶草纤维素的消化率为 30.7%。

印度非常重视科学技术在畜牧业生产中的重要作用，在黄牛和水牛生殖生理、胚胎生物工程、遗传工程、动物疫病防治、微生物学、动物营养与动物生产力及畜产品质量关系等方面的研究取得了许多重要成果，都达到了国际先进水平或处于国际领先地位，并在畜牧业中推广使用。为加快新成果推广应用，加快遗传改良速度，印度政府配套推出了“关键村”计划。在每个关键村都建立了育种中心，内设配种站，配备优良种公牛和人工授精设施。每个育种中心站还负责管辖 4 个关键村（凡一村或附近有 5 000 头 3 岁以上能繁母牛，即被定为关键村）的饲草饲料供应、疫病防控、牲畜及畜产品（包括牛奶及奶酪）的销售等工作。这样的中心站作为政府及科研机构的桥梁，通过实地试验示范，把技术推广给用户，提高了科技水平，解除了农民的后顾之忧，增加了农民收入，经济效益明显提升。

(二)养殖技术

印度水牛遍布全国，在育种管理、饲养管理和胚胎生物技术方面具有一定的优势。

(1)在水牛育种管理方面

印度已经确定品系的纯种水牛仅占总数的 20%～30%，其余均是未分型或品种迁移过程中形成的杂种牛。为了提高印度水牛平均日产奶量，印度开始加强育种管理、开展遗传改良以进一步提高整体生产性能。印度水牛的育种管理主要由印度农业研究理事会（ICAR）进行统筹协调。ICAR 下辖中央水牛研究所、国家奶业研究中心和国家动物遗传资源局等机构，主要参与印度水牛的后裔测定和遗传改良等工作。印度绝大部分邦和县也都建立了水牛科研推广机构。由印度中央水牛研究所牵头的“Network project on buffalo improvement”项目，主要对公牛进行后裔测定。该项目自 1993 年实施以来，从最初 6 个摩拉后裔测定中心，发展到如今 20 个，后裔测定也从单一的摩拉发展到几乎涵盖所有的印度水牛品种，其中摩拉测定中心 13 个，而尼里/拉菲、Jaffarabadi、Surti、Pandharpuri、Godavari、Bhadawari 和沼泽型水牛测定中心各 1 个，并在国家动物遗传资源局建立了全国性的水牛育种管理数据库。目前印度有 600～700 头摩拉公牛和 150～200 头其他品种的公牛经选择后用于精液生产和育种改良，仅此还远远达不到要求，据估算，印度每年需要 5 000～6 000 头公牛用于精液生产才能满足人工授精普及率达到 20%的需求。

(2)在水牛饲养管理方面

印度属于热带雨林气候，一年四季温度较高。即使在印度北部，平均气温也要高于广西大部分地区。因此，印度水牛场的水牛舍基本都是棚式结构，除了挤奶时间外，其余时间都是放开饲养（Loose Housing System），为了在夏天高温闷热环境下降温，棚内一般有自来水喷淋装置，而院子里一般栽种有大树。印度水牛的饲料主要以农作物秸秆和青草为主，适当辅以精料和矿物添加剂。印度养牛最大的困难是饲料资源不足。据估计，目前印度缺少 11%干粗饲料（以农作物秸秆为主）、28%的青草料和 35%的精料。农作物秸秆是印度水牛饲料的最重要来源，占总体饲料资源的 40%，预计到 2020 年，要占70%。因此,农作物秸秆利用是印度水牛业中非常重要的问题。目前,秸秆饲喂水牛开发利用研究在印度取得了较为突出的成果,其中的全价砖料(Complete Feed Block)已经开始商品化生产,这种饲料中农作物秸秆的含量在40%以上,饲喂效果比颗粒或粉状饲料要好。另外,印度中央水牛研究所研发的区域特异性矿物添加剂(Area Specific Mineral Mixture,ASMM)按一定剂量添加到日粮中,对于提高水牛产奶量、人工授精成功率和受胎率,改善水牛的静默发情和不发情等效果非常显著。

(3)在水牛胚胎生物技术方面

印度是开展水牛胚胎生物技术研发最早的国家之一,世界首例试管水牛就是1991年在印度诞生的,2008年获得了表达GFP的转基因水牛胚胎,2009年,世界首例手工克隆(HMC)水牛在印度国家乳品研究所出生。项目总投入2 300万卢比的印度水牛基因组项目已经成功地完成了DNA标记。这是印度科学家水牛基因组研究中取得的一项重要成果。

(三)疫病防控技术

畜牧业是印度农业经济的支柱产业,由于其特有的农业特点,印度是全球口蹄疫流行最严重的国家之一,每年给印度畜牧业带来8亿美元以上的损失,也是对印度水牛业威胁最大的疾病,目前主要是通过疫苗定期注射来预防,通过建立无疫区(Disease Free Zone)并逐步扩大无疫区范围来控制。

(1)印度口蹄疫防控的法律法规体系

印度政府2009年版《动物传染病防控法》为预防、防控和根除动物传染病提供了法律依据。印度是世界动物卫生组织(OIE)的成员,几乎所有OIE列表中的疫病都包含在2009年版的《动物传染病防控法》中,法案为家畜和禽类疫病的控制和消除提供支持。因此,印度有充分的法律依据确保动物疫病的防控。在此法的指导下,印度政府正在实施一项全国性的口蹄疫控制计划。该计划预期在2020年建立一个或者多个口蹄疫免疫无疫区,致力于到2025年全印度达到无口蹄疫的状态。

印度口蹄疫防控的法律法规还包括《家畜进口法》《印度兽医协会法规》《国家灾害管理法案》《海关法》《出口(质量控制和检查)法》和《屠宰加工和食品安全法》等。

(2)兽医卫生管理体系

印度农业部是兽医行业最高主管部门,畜牧、乳品和渔业局隶属于农业部,负责管理全国的兽医工作。口蹄疫的防控由印度农业研究委员会下的口蹄疫项目指挥部负责,由各邦、地区政府畜牧部门具体实施完成口蹄疫防控计划。口蹄疫防控的技术支撑机构还有印度兽医研究所、动物健康国家研究所,以及兽医流行病学和疫病信息国家研究所。

印度拥有兽医卫生服务的庞大网络,配备了大量兽医专业人员。全印度官方的兽医相关从业人员有86 073人,辅助兽医人员有61 306人。印度中央兽医卫生计划的组织人员包括印度政府、农业部、畜牧乳品和渔业局、秘书处、畜牧理事、联合秘书、联合理事、副理事、助理理事、畜牧官员。邦级的兽医卫生服务机构人员的组成包括邦政府、畜牧和乳品部、总秘书、董事、增补董事、联合董事、副董事、助理董事、临床兽医、推广官员。

由于印度行政管理上分为联邦属地,因此除了印度中央政府,每个联邦属地都有自己的政府。国家的兽医服务由中央和邦政府提供,具体由农业部管理。印度中央政府通过法律和政府来管理与实施动物检疫,防止邦标疫病传播。国内的兽医健康控制由邦政府负责,动物疫病的防控控制和监督是每个邦兽医服务的重要职能,邦政府提供实施政策所需的基础设施和必要的合格人员,每个联邦属地政府都有自己的畜牧和兽医服务部门。

(3)印度实验室口蹄疫检测能力

全印度口蹄疫合作研究项目的检测实验室由位于Mukteswar的FMD中央实验室(口蹄疫项目指挥部所在地)和位于全国各地的29个邦政府及大学相关实验室组成检测网络,其中有6个区域性中心试验室。FMD中央实验室为OIE/FAO网络口蹄疫参考试验室,主要负责全国口蹄疫的确诊、病毒分离鉴定、病毒特性研究、疫苗匹配试验、研制和提供诊断试剂，并进行检测技术培训等。邦或区域性政府及相关网络实验室负责收集所在邦的 FMD 流行病学资料，采集临床样品及血清，用中央实验室提供的试剂进行口蹄疫疫苗免疫效果检测及口蹄疫监测，网络实验室中心区域性实验室对临床冰疗进行口蹄疫初步诊断。

印度口蹄疫监测和诊断都使用本国研制的方法和试剂。印度对口蹄疫疫苗免疫效果检测采用液相阻断 ELISA 检测血清样品，检测其口蹄疫结构蛋白抗体滴度；口蹄疫监测采用一种基于重组非结构蛋白（3ABC）的间接 ELISA，监测血清样品，用于鉴别诊断感染和免疫；暴发口蹄疫的临床样品用夹心 ELISA 监测抗原，如果检不出，则用多重 PCR 检测，该方法可确定血清型。另外，根据需要，可采用病毒分离培养、LAMP、荧光 RT-PCR 等分子生物学检测方法。

印度制定了全面的口蹄疫应急预案。应急预案包括应急物资准备、疫情发生时的迅速报告及采取适当的措施。印度发生口蹄疫疫情后，在发生流行的地区和农场采取有效的监控措施控制疫情。但由于宗教等原因，印度发生口蹄疫疫情后，不采取封锁和扑杀措施，因此，很难在疫点立即根除病源。

尽管印度有比较完善的兽医法律法规体系，中央政府与联邦政府畜牧兽医主管部门层次清楚，责任明确，兽医卫生管理体系运行良好，有较好的动物疫病防控、治疗基础设施。但仍然存在动物没有终身唯一的标识、爆发口蹄疫没有采取封锁和扑杀政策等方面的不足。基于印度仍然有口蹄疫发生，仍存在口蹄疫病毒通过牛肉传入我国的风险，特别是印度的流行毒株与我国不同，传入后会对我国的养殖业造成很大的影响。

（四）粪污处理技术

印度建有几家专门研究家畜粪尿再利用的实验室。如 Haryana 农业大学内畜牧科学学院的营养系、家畜废物研究室，研究出了不同种家畜、在不同生理阶段，饲喂不同日粮情况下的粪尿营养成分含量。得出畜尿中氮含量在 5.3～14.3 g/L 之间。以稻草与畜尿比例 2∶1 处理 6 d，结果化学分析稻草中粗蛋白含量增加了 4.9%～7.5%，TDN 从 40%增加到 46%，稻草也变软化，适口性增加。

印度农村用尿素处理秸秆后再喂牛的做法更多。他们先将稻草或麦秸切成 5～8 cm 长，按 4 份尿素，用 50 份水溶解，喷洒到 10 份切碎的秸秆上，拌匀，堆成垛，用塑料膜四周封严实。3～4 周后即可取出，一般与新鲜牧草一起饲喂。也有用 20%液态氨或氨气来处理秸秆的。在进行鲜牧草和玉米青贮时，大多数农民也拌入部分稻草或麦秸，同时有的还添加尿素、糖蜜等。仍有相当数量秸秆是未经任何处理来喂牛的。

牛粪是印度人公认的燃烧效果好又具环保价值的生物燃料，牛粪在印度还被用于工业生产。利用牛粪生产的安全、卫生的生物沼气，可用作发电和供热。印度“畜牧之邦”拉贾斯坦邦就有天然气工厂用牛尿、牛粪制造压缩燃料，供汽车使用。

五、与我国畜牧业合作情况

（一）中印开展畜牧业合作面临的挑战和制约因素

（1）基础设施及配套设施相对落后

由于印度公共财政能力有限，基础设施总体较为薄弱，突出表现在交通和电力方面。道路交通设施及配套仍较落后，印度国内公路普遍狭窄，国道中约 76%的路段为单向两车道，运输效率低下；铁路相对老化而落后，铁道标志和车辆老旧；海运方面，印度拥有 7 517 km 海岸线，海运能力位居世界第 18

位，但除恒河中下游等局部地区外，内河运输水平相对较低，全国内河货物运输量仅占全国内部货物运输量的 0.1%。此外，城市供电不稳定，电厂燃料供应不足，电网输送损耗较大等电力供应不足问题，不仅制约了印度自身的发展，也影响了其与其他国家和地区间的合作。

(2)企业注册、人员签证办理困难

印度劳务输出、签证管理严格。印度没有明文规定不准外籍劳工进入印度，但对签证办理要求较高且较为严格，如果办理工作签证，申请人必须具备专业技术资格或技能，同时申请工作签证手续烦琐、成功率很低。商务签证规定一次停留期不超过 3 个月，一般还需要 30 d 出境一次。另外，印度政府签发工作签证、商务签证与申请企业是否在印度投资无直接关系。因此，劳务人员赴印度工作困难较大。

(3)物价水平高，投资成本大

印度国内投资成本较高主要源于基础设施投入、工业配套设施成本、物价成本较高。除了最基本的食品外，印度整体物价水平较高。印度投资建设的基础成本较大，建筑工程材料价格较高且呈上涨趋势，目前印度新德里、孟买等大城市的房屋、土地租售价格已居世界前列。2013 年以来，印度食品和能源价格不断上涨，以零售价格指数衡量的通货膨胀率仍然居高不下，全年大部分时间，通货膨胀率保持在 9.5%左右。

(4)民族宗教信仰多，文化差异较大

印度是多民族、多宗教的国家，国内有 10 个大民族和几十个小民族，宗教、教派众多，印度居民中约有 80.5%信奉印度教，13.4%信奉伊斯兰教，2.3%信仰基督教，7.9%信仰锡克教，0.8%信奉佛教，还有少数居民信仰其他宗教。宗教对印度社会、政治、经济生活影响深刻，国内频发因宗教信仰差异引发的冲突，对社会稳定形成一定影响。国内文化与中国差异非常大，对企业开展投资合作带来一定阻碍。

(二)合作方向

在印度，随着人民生活水平的提高，居民消费结构不断变化，人均口粮消费减少，畜产品的需求已由数量型转向质量型。虽然与印度国情有所差别，但发展草食家畜在中国有着广阔的前景。受口蹄疫的影响，中国关上了从印度直接进口牛肉的大门。目前，虽然有些地区已经消除了口蹄疫，但作为主产区的北方邦依然存在这个问题。

2016 年，来自中国、印度、孟加拉、缅甸、巴基斯坦、斯里兰卡、印度尼西亚、泰国、越南等 9 个国家的官员、学者，在畜牧业与疫病防控合作领域达成了共识，将在畜牧产品开发、防控动物疫病跨境传染等方面进行合作，以促进现代畜牧业共同发展。各国都迫切需要共同应对动物疫病。尽管各国政府和民间在抗击重大动物疫病方面付出了巨大努力，但是许多传染病的发展和蔓延势头依然十分严峻，邻国间的疫病防控工作依然面临资金、技术、协调和机制建设等方面的挑战，尤其需要引起重视的问题是跨境传染病。加强各国间的合作和地区间的合作，形成合力共同应对。同时各国应从中央到地方、从官方到民间，进一步形成动物疫病防控的机制体制。

中国对畜禽产品的需求不断上升，市场供不应求，而印度、缅甸等周边国家自然条件优越，畜禽产品丰富、产量大，可成为中国畜禽产品的供应基地，中国与周边各国可以充分利用这一互补性，通过促进产业的合作和贸易往来，使各国互利共赢，提升孟中印缅等地区经济发展水平。此外，中国可向周边国家推广畜禽标准化体系、现代畜牧服务业体系、畜产品质量体系保障等方面的先进技术和管理经验，实现共同发展目的。

参考文献

[1]Heitzman J，Worden R L. India：A country study[M]. Bernan Press，1996.

[2]Abrol I P. Agriculture in India[J]. Centre for Advancement of Sustainable Agriculture,2000.

[3]Malik R. Indian agriculture:recent performance and prospects in the wake of globalization[J]. India's water future:Scenarios and issues. Strategic Analysis of National River Linking Project of India,2009.

[4]Bryden W L. Mycotoxin contamination of the feed supply chain: Implications for animal productivity and feed security[J]. Animal Feed Science and Technology,2012,173(1):134-158.

[5]Statistics G B A H. Department of Animal Husbandry,Dairying and Fisheries,Ministry of Agriculture[J]. Government of India,New Delhi,2013.

[6]Mia M A R. National Livestock Extension Policy[R]. Dhaka:Government of Bangladesh Department of Livestock Services,2013.

[7]Gopal S D. Selling the Sacred Cow:India's Contentious Beef Industry[J]. The Atlantic,2015.

[8]Hiralal S,Asia B S. How does the beef ban cause contradiction between the theory and practice of India's secular identity[D]. 2016.

[9]Abrol I P. Agriculture in India[R]. India: Centre for Advancement of Sustainable Agriculture,2000.

[10]James Heitzman,Robert L,Worden. India:A Country Study [R]. Washington: GPO for the Library of Congress,1995.

[11]Ramesh Chandra Agrawal. An Overview of Indian Agriculture Since Independence-progr-ess,Problems,and Perspec-tives[R]. Berlin:Berlin University of Technology,2000.

[12]Malik R P S. Indian Agriculture:Recent Performance and Prospects in the Wake of Globalization [R]. India:Agricultural Economics Research Centre University of Delhi. 2008.

[13]Department of Agriculture and Cooperation Annual Report[R]. India: Government of India,2008.

[14]Dairying,Fisheries. Department of Animal Husbandry Annual Report [R]. India: Government of India,2007.

[15]陈宁远,苏鲲鹏,等. 印度农业科技政策及其启示[J]. 合作经济与科技,2015(12):22-24.

[16]韩亚恒,曲春红,朱增勇. 中国与印度养牛业发展比较分析[J]. 饲料与畜牧,2015(9):17-21.

[17]刘晓辉,柏玉琴,毕颖慧. 印度是如何以发展草食家畜引领畜牧业发展的 [J]. 中国饲料,2016(7):27-30.

[18]申秋红,王济民,浦华. 印度家禽业的发展及启示[J]. 世界农业,2007(07):39-42.

[19]司智陟,母锁森. 印度畜牧业生产和贸易分析[J]. 世界农业,2012(10):79-81.

[20]小格子. 印度的牛节[J]. 文史博览,2009(02):37.

[21]印度饲料缺口巨大——困扰畜牧业发展[J]. 家禽科学,2013(09):57.

[22]印度 2014—2015 年畜牧产量情况分析[J]. 饲料与畜牧,2015(12):23-25.

[23]永亦. 独具特色的印度畜牧业机遇与挑战并存[J]. 中国牧业通讯,2009(15) :4-5.

[24]张雯丽,翟雪玲. 中印农业合作制约因素及发展方向[J]. 国际经济合作,2017,(10):40-44.

[25]周海川,周海文. 中美畜牧业发展比较分析[J]. 中国食物与营养,2013,19(11):22-27.

[26]孙凤俊,邴印忠,王书杰,等. 畜牧业在印度国民经济中的地位及作用[J]. 农业系统科学与综合研究,1999(01):38-39+43.

[27]肖军. 绿色革命对印度农业发展的影响[J]. 世界农业,2017(01):53-57+239.

[28]杨少亮. 印度产业结构调整及对我国的启示[J]. 河北大学学报(哲学社会科学版),2013,38(03):46-49.

[29]林明辉,刘晔. 印度绿色环保产业的市场需求及对我国经济发展的启示[J]. 生态经济,2016,

32(09):106-109+125.

[30]张莉.印度尼西亚畜牧业政策及畜产品贸易分析[J].黑龙江畜牧兽医,2011(24):17-19.

[31]杨光.印度农化行业未来五年内将迎来新一轮整合[J].农药市场信息,2017(22):47.

[32]赵和楠.印度农业补贴政策及其启示[J].地方财政研究,2013(04):34-40.

[33]陈宁远,苏鲲鹏,郑姗,等.印度农业科技政策及其启示[J].合作经济与科技,2015(24):22-24.

[34]杨少亮.印度农业政策演变及趋势研究[J].世界农业,2013(06):71-74.

[35]刘晓辉,柏玉琴,毕颖慧.印度是如何以发展草食家畜引领畜牧业发展的?[J].中国饲料,2016(07):27-30.

[36]窦熙博.英国、日本、印度农业教育发展经验研究[J].世界农业,2013(04):141-144.

[37]李玉梅.中国与印度农业贸易发展环境及政策比较[J].世界农业,2016(07):140-143.

[38]陈岩,纪淑平.中印农业财政补贴的比较研究与启示[J].对外经贸实务,2014(11):28-31.

[39]张雯丽,翟雪玲.中印农业合作制约因素及发展方向[J].国际经济合作,2017(10):40-44.

[40]王玉玲.印度农业产业政策体系与效果评价——兼谈对我国农业发展的启示[J].理论月刊,2014(10):177-182.

第七章

伊　朗

一、摘　要

伊朗自古以农立国，农业在国民经济中具有举足轻重的地位。农业占伊朗国内生产总值的 9%，占国内劳动力总量的 18%。在农业生产中，畜牧业占有重要地位，并以养牛业最为突出，牛肉产量占到全国肉类产量的 18%以上。伊朗的家畜种类主要包括绵羊、山羊、骆驼、牛、水牛和驴等，肉牛种类繁多。主要的品种有荷斯坦牛、瑞士黄牛、娟姗牛、格西州牛、丹麦红牛，养殖方式主要以自然放养型为主，也存在规模化养殖场饲养的方式。2017 年伊朗全国的肉牛存栏为 487.9 万头，2016 年伊朗进口活牛 5.856 5 万头，进口牛肉 9.668 7 万 t，但是牛肉产量还远远不能达到需求。伊朗对牛肉的需求量非常大，与当地的饮食习惯和生活水平密不可分。随着伊朗经济的发展，人民对营养更高的牛肉需求量自然也就更大。此外，烧烤等饮食备受人们喜爱，这也大大促进了伊朗牛肉的消费。伊朗养牛历史悠久，经过长时间的发展，已经形成了一套完整的体系。包括完善的遗传改良体系以及对牛排泄物的处理等。在伊朗，政府为了保证养牛业的持续发展，建立健全了一整套完整的体系，包括血统登记、特征记录和人工授精，并且有官方机构负责全国牛畜群的记录数据分析、育种价值估算、胚胎移植、精液采集、精液冻结和农场分配等。不仅如此，伊朗政府实施了一系列惠农政策，以加强农业活动，实现农业的快速发展。但是伊朗在肉牛疾病防控方面相对落后，特别是在控制重大疫病，新发疫情，人畜共患病，梭菌类疾病，呼吸、消化、繁殖系统疾病等方面仍有不足。此外，就牛肉加工方面而言，伊朗也与发达国家之间相差甚远，因此肉牛产业还未成为农业生产的支柱型产业。近年来随着中伊两国贸易的加强，伊朗也迎来了新的机遇与挑战，伊朗应加大与中国的交流，进一步开展人才交流，加强农业技术尤其是畜牧业养殖、深加工、疾病防控相关的交流与合作，力求把肉牛养殖打造成伊朗农业中的支柱型产业。

二、肉牛产业基本情况

（一）肉牛产业发展概况和资源状况

1. 资源状况

（1）国土资源概况

伊朗国土面积约 174.5 万 km^2，其中土地面积为 16 288 万 hm^2，森林面积为 1 069 万 hm^2。在世界排名第17，是中东地区的第2面积大国，仅次于沙特阿拉伯。伊朗农业土地面积为4 595万hm^2，其中耕地面积有1 469万hm^2，多年生作物种植面积为179 hm^2，草场和牧场面积为2 947万hm^2。

(2)人口资源概况

伊朗2017年全国人口达到8 116.3万人，城市人口为6 029万人，占总人口的74.4%，农村人口为2 087万人，仅占25.6%(联合国粮食及农业组织数据)。从事农业的人口占总农村人口中的26.7%，从事畜牧业的占25%。

(3)经济发展概况

历史上伊朗是一个农业国家，且农业在国民经济中占有重要地位。近年来，伊朗国内生产总值持续增长，2017年国内生产总值4 395亿美元，增长率为4.3%。国内生产总值产业构成主要为农业、工业和服务业，其增加值占国内生产总值的比重分别为10.1%、21.3%和65.4%。人均国内生产总值为5 415美元，人均国民总收入为5 400美元，居民消费率为51.0%，2000—2017年人均国内生产总值增长率变化较大(表1-7-1)。

表1-7-1

2000—2017年伊朗国内生产总值

年份	2000	2005	2010	2015	2016	2017
国内生产总值/亿美元	1 096	2 265	4 871	3 856	4 160	4 395
国内生产总值增长率/%	5.9	3.2	5.8	−1.3	13.4	4.3
人均国内生产总值/美元	1 657	3 216	6 532	4 862	5 219	5 415
人均国民总收入/美元	1 740	2 930	6 140	5 340	5 470	5 400
居民消费率/%	49.7	41.2	42.9	50.3	49.4	51.0
人均国内生产总值增长率/%	4.2	2.0	4.6	−2.5	12.1	3.2

来源：世界银行WDI数据库

(4)气候概况

伊朗气候具有干旱性和大陆性的特点，夏热冬寒，温差较大，但由于高山阻挡北方冷空气的侵袭，使得伊朗的气温比同纬度的其他地区都高。温度自东南向西北逐渐降低。年平均降水量约为400 mm，一般从北往南，由东向西逐渐减少。就降水分布地区看，大部分地区降水量大都在200 mm以下，降水稀少，只有北部和西部山地受湿润西风的影响，降水量在500～1 000 mm。

由于伊朗的地形比较封闭，山脉的阻挡使得北方里海、南方印度洋的湿润水气难以进入伊朗陆地的内部。山地的屏障作用一方面使环绕山脉的迎风坡地区降水比较丰沛，另一方面却造成了中央高原大部分地区的干旱少雨。西风的影响又使高原内部的降水量从西向东逐渐减少，由西部的500 mm左右降至东部的100 mm左右。近年来，受全球气候变暖的影响，伊朗的农业生产更是遭受到巨大打击，其中小麦和大麦产量减少34%～75%。伊朗境内只有小部分地区气候湿润，降水量在全国约250 mm，干旱少雨的气候使高原内部形成了大片的草原和荒漠。此外，厄尔布尔士山、扎格罗斯山等山地在不同海拔高度上也形成了类型多样、面积各异的非地带性山地草场。

(5)畜牧业概况

畜牧业是伊朗农业中一个重要组成部分。优越的自然环境和大片的草原为伊朗畜牧业的发展提供了极为有利的条件，伊朗农业大约有1/3的收入来自畜牧业。主要畜种有绵羊、山羊、马、骡、驴、牛、水牛和骆驼等。其中绵羊和山羊是主要的动物，约占家畜总头数的85%，其次是牛。伊朗绵羊和山羊的头数在西亚仅次于土耳其，居第二位。骆驼、驴、马及野牛饲养也很普遍。在伊朗广阔的山地和半荒漠地带，有大面积的天然草场，其中西部和北部地区雨量稍多，水草丰满，天然牧场辽阔，畜牧业最发达。如阿塞拜疆、呼罗珊、马赞达兰3省的牲畜头数，就约占全国牲畜总头数的42%。据联合国FAO

统计，2016 年牛饲养总量为 565.9 万头。伊朗肉类总产量为 311.6 万 t，其中牛肉产量为 57.2 万 t，牛奶产量为 600.0 万 t。全国绵羊存栏数为 4 250 万只，山羊 1 910 万只，马 13.1 万匹。全国肉类的产量基本上能满足居民消费的需要。

（二）肉牛养殖业发展情况

1. 肉牛品种及存栏量

（1）主要品种

伊朗的牛驯化历史长达 15 000 多年，主要受到欧洲、南亚等边境国家的影响（包括土耳其、乌克兰、叙利亚、摩尔多瓦、土库曼斯坦、伊拉克等）。起初牛被用来生产成为肉制品、牛奶或劳役使用等，但后来逐渐被马替代。

目前在伊朗有 3 种类型的牛，分别是国外引进、本土以及引进和本土杂交的牛。国外引进的牛有 85 万头，本地纯种的牛有 350 万头，其中大部分在农村养殖，每家每户有 4～5 头杂交牛。牛群在自然牧场或灌溉牧场上进行放牧，在这种放牧系统下没有遗传选择特性。刚出生的小牛平均体重是 15～20 kg，成年的公牛和母牛体重分别是 370 kg 和 275 kg。牛奶的平均产出量每头牛每天是 20 kg，在 150～160 d 的泌乳期产出 600～900 kg，其中脂肪含量大约是 4%。牛的种类有荷斯坦花白牛、瑞士黄牛、娟姗牛、格西州牛、丹麦红牛，伊朗大部分养殖的牛为荷斯坦花白牛。

（2）存栏量及历年变化

2007 年以来伊朗肉牛存栏数总体情况见表 1-7-2。从表中可以看出，2007—2013 年伊朗肉牛存栏总量上下波动不大，2014 年伊朗肉牛存栏量较上一年大幅降低，降幅为 46.7%，2014—2017 年肉牛存栏量上下波动不大。

表 1-7-2
伊朗肉牛存栏量

年份	2007	2008	2009	2010	2011	2012	2013	2014	2015	2016	2017
存栏量/万头	798.9	708.9	725.7	743.2	761.2	780.0	793.6	423.1	457.2	517.3	487.9

来源：www.factfish.com/zh/统计-国家/伊朗/牛

伊朗肉牛在世界范围内排名第 52 位，所占比例为 0.3%（图 1-7-1）。

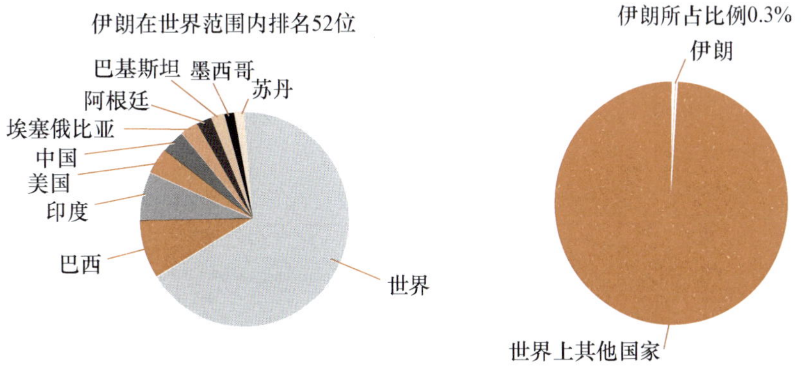

图 1-7-1 伊朗肉牛养殖业在世界上的地位

来源：www.factfish.com/zh/统计-国家/伊朗/牛

2. 肉牛产品产量及历年变化

伊朗牛生产相关制品主要包括牛奶、肉膏、香肠、牛肉、无骨牛肉和罐装牛肉。其历年变化见图1-7-2。而在1993—2014年间其牛奶产量居世界第9位，见图1-7-3。

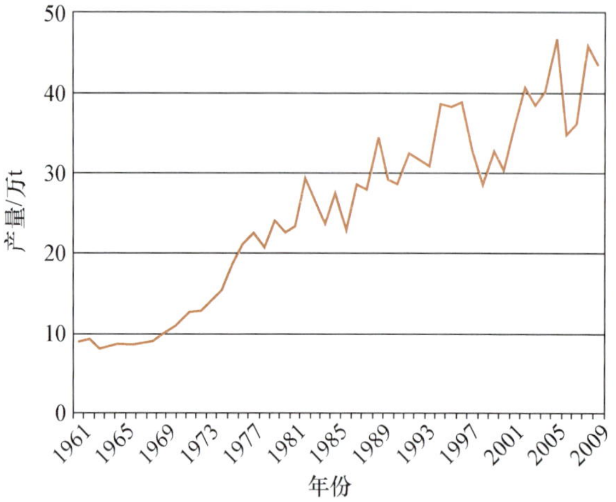

年份	产量/万t	涨幅/%
2011	43.5	-5.43
2010	46.0	27.07
2009	36.2	4.32
2008	34.7	-26.17
2007	47.0	16.92
2006	40.2	4.69
2005	38.4	-5.65
2004	40.7	12.43
2003	36.2	20.67
2002	30.0	-8.26
2001	32.7	14.74
2000	28.5	

图1-7-2　伊朗肉制品产出量

来源：www.factfish.com/zh/统计-国家/伊朗/牛

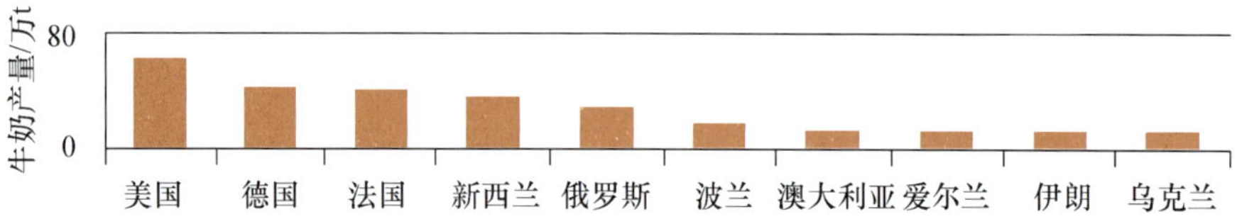

图1-7-3　伊朗牛奶产量的世界地位(1993—2014年平均值)

来源：http://www.fao.org/faostat/zh/#data/BL

3. 养殖成本

肉牛养殖生产力20%取决于品种，40%～50%取决于饲草料，20%～30%取决于环境。伊朗的肉牛产业主要是以自然放牧为主，其肉牛饲养模式大多是家庭饲养，散养为主。饲料补充料在动物生产中扮演着重要的角色，饲料产量低，导致养殖成本增加。在2013年伊朗肉牛养殖成本达到7 478 360美元。其历年养殖成本见图1-7-4。

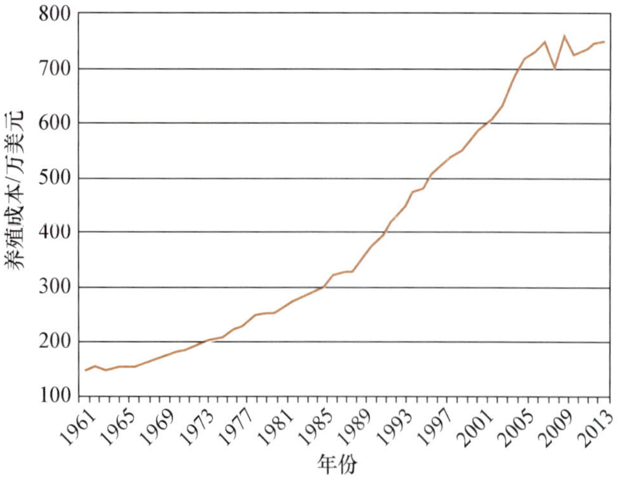

年份	养殖成本/美元	涨幅/%
2013	7 478 360.0	0.72
2012	7 425 123.7	1.80
2011	7 293 571.8	1.14
2010	7 211 034.6	−4.79
2009	7 573 702.1	8.34
2008	6 990 628.1	−6.13
2007	7 447 079,9	2.28
2006	7 280 939.1	1.72
2005	7 157 684.1	4.63
2004	6 841 211.4	8.46
2003	6 307 712.8	4.30
2002	6 047 613.3	

图1-7-4　伊朗肉牛养殖投资成本

来源：www.factfish.com/zh/统计-国家/伊朗/牛

4. 生产潜力评估

伊朗主要出口商品为石油、金属矿石、皮革、地毯、水果、干果及鱼子酱等，主要进口产品有牲畜、粮油食品、药品、机械设备等。近日，奥特奇发布“2019 年全球饲料调查报告”，报告内容显示中东仍然是全球最小的饲料生产地区，就当前发展来看，制约伊朗肉牛生产潜力的因素主要可分为经济发展、饲料产量、存出栏情况、养殖成本、生产力概况几个方面。综合以上所涉及的制约伊朗肉牛生产潜力因素的各种资源环境和市场条件来看，虽然伊朗国内形势仍旧不稳定，但伊朗辽阔的草场为畜牧业发展提供了重要的自然资源。

近年来，伊朗政府在畜牧业方面采取了品种改良，发展家畜饲养等一系列政策使伊朗的畜牧业有了长足的发展。综上看出，伊朗肉牛的发展具有巨大的潜力。由于伊朗牛肉依靠进口，不能够自给自足，所以发展国内肉牛养殖非常重要。未来随着畜牧业发展，伊朗肉牛的养殖规模将会呈逐年增加的趋势。同时，伊朗肉牛养殖技术落后，饲料产量低，导致生产成本较高，今后应着力推进技术创新，以期突破传统养殖技术限制。

（三）肉牛产品加工业发展情况

伊朗农业发展相对落后，主要以种植业为主，农业种植耕作方式和传统的放牧结合的畜牧业生产方式依然沿用至今。近年来，政府对农业基本生产条件改善、农业科学、技术推广和畜牧业投入都有大幅度的增长。其中肉牛产业也是发展的重要目标。

伊朗的肉牛养殖产业没能转化成农业经济优势产业的原因是多方面的，包括过度城市化导致的农业经济萎缩、生产技术落后等。据 FAO 统计，1990 年伊朗进口活牛 8 000 头，直到 2002 年已实现出口活牛量 1 833 头。1980 年牛肉产量仅为 178 000 t，至 2002 年牛肉产量已达 296 800 t，牛肉产量逐年增长。肉牛单个胴体重于 1980 年、1990 年、2000 年、2002 年分别为 90 kg、105 kg、130.5 kg、135.4 kg，肉牛单个胴体重的增加将部分提升牛肉的产量。据 AHDB（AHDB BEEF & LAMB，Future prospects for Iranian red meat imports）显示，2010 年伊朗牛肉出口量为 191 000 t，2015 年数据显示出口量有所下降，为 98 000 t。为加快肉牛产业发展，伊朗肉牛产品加工业需要做出相应的调整，如转变加工企业经营机制，加快企业经营市场化步伐等。针对加工企业管理粗放、机制不活等问题，必须加快企业经营机制转换步伐，协调好生产、加工环节的利益，实现产业化经营。真正把肉牛养殖户当成企业的重要来源，协调好与养殖户的关系，通过利润反哺养殖户。同时需要规范肉牛流通环节，培育好肉牛市场，为产品及时销售、加工和收购创造良好的市场条件，保证整个产业的良好发展。随着肉牛产品加工业做出的积极调整，伊朗肉牛加工形式将不再单一，包括基础加工、二次加工，同时在脱皮、剔骨、包装加工方面也会逐步完善，旨在打造高质量的肉产品。

政府应增加资金投入，扶持加工企业正常生产，扩大招商引资、互利互惠、共同发展，保证企业的正常运转。随着政府的重视和资金的投入，肉牛产品加工企业也越来越多，企业生产加工制度、经营制度越来越完善。

（四）牛肉消费情况

1. 牛肉消费占比和国民消费偏好

伊朗是世界上喜食牛肉的国家之一，2016 年伊朗人均牛肉消费量世界排名为 49 位，人均消费量为 11.47 kg。但是与美国、澳大利亚等发达国家相比还是相差很远。一直以来，伊朗政府都在努力实现畜牧产品的自足自给。目前，鸡肉、鸡蛋以及牛奶都能够满足国民的日常需要。特别是鸡肉，伊朗每年可生产鸡肉 220 万，目前伊朗已经成为世界第七大鸡肉生产国。伊朗人民鸡肉的人均消费量约为 26 kg。相比于鸡肉，伊朗的牛肉生产尚不能完成自足自给。据统计，伊朗每年需要牛肉为 92 万 t，但是伊朗只能满足国内90%的需求量。换句话说，伊朗每年可产牛肉约为83万t，需要进口7万~10万t。

受宗教以及饮食习惯的影响，伊朗自古以来就有喜食牛肉的传统。伊朗人民信奉伊斯兰教，因此当地居民多以食用鸡肉、牛肉以及羊肉为主。此外，受饮食习惯的影响，伊朗人民喜食烧烤，而牛肉由于丰富的营养价值和味道使其在伊朗人民饮食中占据重要的地位。超市牛肉产品多以胴体、烤牛肉、牛排为主，这些产品表现出来伊朗人民的消费偏好，但是同样也显示出了伊朗牛肉产品加工方式落后。因此需要开发更多高品质的牛肉新产品，满足消费者的多样化、方便化、简单化的消费需求。

2. 牛肉消费量历史变化情况及影响因素

牛肉消费量在不同时期、不同地域之间存在较大的历史差异，主要影响因素为收入、价格、消费者对健康的关注度以及消费偏好等。

城镇居民收入水平是影响居民畜产品消费的最主要因素。畜产品消费具有正向的收入弹性，牛肉也不例外。收入水平的提高带动了牛肉消费的增长。如2000—2016年，伊朗人均收入从1 740美元增加到5 400美元，增幅率高达210.34%。同时伊朗人民的牛肉消费量也大幅度增加。不同收入的城镇居民牛肉购买数量也证实了收入水平与牛肉消费量呈正相关关系，收入水平越高购买牛肉的数量越多。

目前，牛肉是世界第3消耗肉品，仅次于鸡肉和猪肉。相比于鸡肉，牛肉蛋白质含量高且脂肪和胆固醇低，是人们改善膳食结构的重要组成部分。且受当地饮食习惯的影响，牛肉已经成为伊朗人民的重要消费肉制品。伊朗人喜欢烧烤，其中烤牛肉在多个地方流行，具有较大的市场前景，这也大大促进了牛肉的消费。

牛肉价格同样是制约牛肉消费的重要因素。据统计2012—2016年牛肉价格从13 833.2美元/t降低到7 595美元/t，降低了45.10%（表1-7-3），活牛价格从6 916.6美元/t降至3 797.5美元/t降低了45.10%（表1-7-4）。牛肉价格的降低伴随着居民收入的提高大大促进了伊朗人民对牛肉的消费。近年来伊朗政府扩大了对牛肉进口的数量，2016年伊朗进口牛数量高达58 565头，价值2 754.2万美元，进口牛肉高达96 687 t，价值42 158.5万美元。这也从侧面说明了两个问题：一是伊朗人民牛肉消费量在逐步增长。二是目前伊朗国内牛肉产量尚不能自足。国内养牛业还有很大的发展空间，因此政府应该加大对养牛业的支持，力求把养牛业打造成伊朗的支柱型产业。

表1-7-3
伊朗牛肉价格

美元/t

年份	2012	2013	2014	2015	2016
牛肉	13 833.2	11 811.5	8 263.1	7 851.1	7 595.0

表1-7-4
伊朗活牛价格

美元/t

年份	2012	2013	2014	2015	2016
牛肉	6 916.6	5 905.7	4 131.6	3 925.6	3 797.5

来源：http://www.fao.org/faostat/zh/#compare

3. 牛肉产品营销模式

由于各地区风土文化、经济水平之间存在差异，伊朗地区肉牛销售也具有区域化、层级化等差异。伊朗地区牛肉产品的营销模式根据不同时期、不同地区、不同消费群体和消费特点进行市场细分。如伊朗人民喜欢烧烤，于是牛肉从业者就会把牛肉直接做成牛排以及牛肉串以满足人民的需要。此外，根据当地居民的收入水平，商家也会制订一系列营销措施，以促进牛肉的消费量。

(五)肉牛产品贸易情况

在伊朗,畜牧业是一项重要的国家资源。在农村贫困人口的生活中,牲畜扮演着重要角色。畜牧业为农村人口创造就业机会并提供了80%左右的资金收入。平均31.8%的农业生产总值是由于畜牧生产而产生的,与此同时动物产品也是均衡膳食的一个重要组成成分。2011—2014年,伊朗黄油和牛奶的产量维持在15万t左右,此外,2014—2017年,伊朗水牛数量始终保持在10万头以上,肉牛数量始终高于420万头,2016年肉牛数量超过517万头(表1-7-5和表1-7-6)。牛奶产量增长有利于提高收益率和扩大群体规模。牲畜副产品如兽皮、内脏器官、绒毛及相关产品构成国家出口产品的一部分。

表1-7-5

2011—2014年畜牧产品 t

年份	2011	2012	2013	2014
黄油,牛奶	156 854	153 171	147 643	150 289

表1-7-6

2014—2017年伊朗牲畜数目 头

年份	2014	2015	2016	2017
水牛	106 517	101 056	115 459	126 765
肉牛	4 231 993	4 572 681	5 173 337	4 879 363

1. 肉牛产品进出口情况

由表1-7-7可知,2015年伊朗牛肉产量取得较大的增长,相比于2014年增长了约6万t,2015年至2017年,牛肉年产量均稳定在47万t左右;由表1-7-8可知,伊朗肉牛胴体重自2014年起呈稳定增长的趋势,由2014年的每头牛胴体重360.5 kg增长到2017年的每头牛403.9 kg;由表1-7-9可知,伊朗国内牛肉年供应量2010—2013年呈逐年下降趋势,由2010年的459 508 t下降到2013年的277 064 t。

表1-7-7

伊朗牛肉年产量

年份	2014	2015	2016	2017
牛肉/t	406 000	462 869	484 923	477 887

表1-7-8

肉牛胴体重

年份	2014	2015	2016	2017
肉牛胴体重/(kg/头)	360.5	362.3	377.3	403.9

表1-7-9

牛肉国内年供应量

年份	2010	2011	2012	2013
牛肉/t	459 508	435 466	340 322	277 064

来源:http://www.fao.org/ag/againfo/resources/en/publications/sector_briefs/lsb_IRN.pdf

由表 1-7-10 可知，自 2013 年起，伊朗肉牛活畜的进口数量维持在同一水平；与此同时，相比于 2013 年，2014 年肉牛活畜的出口数量呈大幅下降，至 2016 年出口数量又有所回升。由表 1-7-11 可知，自 2013 年起，伊朗牛肉虽偶有出口，但其对牛肉的进口量远超其出口数量，由此可见进口牛肉在其本国牛肉消费中占据更大的比重。

表 1-7-10

活畜交易(肉牛)

项目	2013 年			2014 年			2015 年			2016 年		
	进口	出口	纯贸易	进口	出口	纯贸易	进口	出口	纯贸易	进口	出口	纯贸易
数量/头	58 565	10 345	48 220	58 565	0	58 565	58 565	668	57 897	58 565	225	58 340
价值/万美元	2 754.2	225.6	2 528.6	2 754.2	0	2 754.2	2 754.2	39.0	2 715.2	2 754.2	20.3	2 733.9

表 1-7-11

畜产品交易(牛肉)

项目	2013 年			2014 年			2015 年			2016 年		
	进口	出口	纯贸易	进口	出口	纯贸易	进口	出口	纯贸易	进口	出口	纯贸易
数量/头	62 746	1 662	61 084	63 540	835	62 705	98 675	322	98 353	96 687	368	96 405
价值/万美元	31 494.4	648.6	30 845.8	31 343.5	105.7	31 237.8	43 051.5	62.5	42 989.0	42 158.5	88.9	42 900.1

来源：联合国粮农组织(http://www.fao.org/faostat/en/#data/TP，www.factfish.com/zh/统计-国家/伊朗/牛)

2011 年 6 月伊朗从巴西进口价值 6 170 万美元的牛肉，使伊朗超过俄罗斯成为巴西牛肉的最大买家。2012—2015 年，伊朗自产牛肉由 78 万 t 增长至 90 万 t，而伊朗对牛肉的需求量为 100 万 t，低于其自产量。然而自 2012 年起，伊朗对巴西南部的巴拉那州施行了牛肉禁令，致使 2012—2015 年，伊朗从巴西的牛肉进口量由 130 550 t、价值 68 800 万美元，降低至 61 571 t、价值 27 480 万美元。2015 年 8 月，伊朗当局取消了此禁令。伊朗农业部部长 Jihad 表示伊朗 84%牛肉进口量来自巴西，其余进口量来源于印度和巴基斯坦。2016 年 6 月，伊朗开放了从俄罗斯进口冷冻牛肉的许可。

2. 在世界畜产品贸易市场的地位

伊朗是中东地区的第二面积大国，仅次于沙特阿拉伯，是中东最重要的经济体之一。现伊朗人口 8 116 万，工农业发展欠发达，对外贸易占国内生产总值的 40%以上，在国民经济中占据举足轻重的地位。

伊朗政府一直在寻求农业的自给自足，随着伊朗经济的发展，伊朗大部分产品能够自给自足并向周边国家出口，出口品种主要为开心果、干果等。由于粮食产量不足，伊朗每年需进口大量粮食。肉类中每年只进口少量牛肉以弥补国内供应不足。

3. 与中国的畜产品贸易情况

中国是一个农业大国，历来重视农业发展，而伊朗的农业在国民经济中也占有重要地位。中伊双边贸易在进入 21 世纪后大幅度增长。2011 年中伊两国之间的贸易总额为 33.21 亿元。2002 年我国已是伊朗第三大贸易伙伴。伊朗为中国在西亚非洲的第三大贸易伙伴，中国为伊朗第二大非石油产品出口市场，中国从伊朗进口非石油产品逐年增加，主要有矿产品等和一定数量的农副产品葡萄干、开心果、冻带鱼、西红花等，中国出口伊朗主要商品有机电、纺织、工农具、粮油食品等。2007 年，阿联酋、伊拉克、中国、日本、印度为伊朗主要出口国，进口商品以粮油、食品、军备等为主，2006 年，进口产品中食糖、纸、化肥、玉米占进口值分别为 2.4%、1.9%、1.6%、1.2%。可见伊朗农产品在伊朗对外贸易中占有重要的地位。据英国《金融时报》报道,2010 年中国已取代欧盟成为伊朗最大的贸易伙伴。然而,中伊两国农产品贸易不仅规模小,而且在中伊双边贸易总额中的比重较小。

由于前几年石油收入减少,外汇紧张,伊朗实行奖出限入的贸易政策,只有在其国内生产不能完全满足市场需求的情况下才允许有限度的进口。除粮食以外,伊朗大部分农产品能够自给自足并向周边国家出口。由于国内产量不足,每年需进口大量粮食,约占农产品进口总额的 80%;肉类中每年只进口少量牛肉,以弥补国内供应的不足;水产品只进口少量鱼类,以调剂市场需求;奶粉主要从欧洲国家进口,满足部分高档商品消费者和儿童的需求,同时向周边和亚洲国家出口自产奶粉;进口的水果品种有椰子、香蕉、菠萝、芒果等,同时也大量出口自产水果。

根据联合国统计,2017 年度伊朗向世界出口肉牛 7 324 头,价值 1 193.8 万美元,从世界进口肉牛 23 801 头,价值 4 288 万美元。2013 年和 2014 年,伊朗从中国进口 1 319.3 t 和 1 128.48 t 冷冻牛肉,伊朗从中国进口牛肉量逐渐减少。近年来中国从伊朗进出口活牛的数量极少。

三、畜牧业生产扶持政策措施

伊朗是中东地区的大国,位于“三洲五海”之地,具有特殊的地理位置。伊朗地域辽阔,但其国内地形封闭且复杂、气候类型多样、土壤贫瘠、缺乏灌溉水源以及政策、经营方式、劳动力等因素制约着伊朗的农业发展,影响着伊朗的国民经济发展。伊朗的生产技术比较落后,几千年传承的农业种植耕作方式和传统的放牧结合的畜牧业生产方式依然沿用至今。

目前,伊朗畜牧业由绵羊(超过 5 400 万头)、山羊(超过 2 700 万头)和牛(超过 900 万头)组成,其中包括本地奶牛(约 550 万头)、外来奶牛(约 100 万头)、杂交奶牛(约 200 多万头),以及水牛(约 50 万头)。牛奶总产量约 830 万 t,红肉产量约 86 万 t,生产约 140 万 t 家禽和 70 万 t 鸡蛋。目前畜牧业基本能满足国内需求,每年生产牛、羊肉约 80 万 t,鸡肉约 75 万 t、鸡蛋约 60 万 t,牛奶约 600 万 t。林业和渔业是伊朗农业中的薄弱部门。

目前,伊朗在农业和农村部门面临的主要发展挑战是:恶劣的自然环境条件,影响到自然资源开发的可持续性和可耕地的实际生产力;粮食安全的制约因素;主要粮食作物不能自给自足;获得粮食的机会不足(从每日能源摄入量的质量来看);小农生产力低下;再加上缺水、地下水资源匮乏、灌溉系统不足和收获后损失过大;畜禽生产效率低下;农村地区普遍贫穷、收入分配不均、农业收入不足和农村地区非农收入不足,增加其收入的机会有限;过度利用自然资源环境(特别是牧场过度放牧);饲料供应不足,造成对进口的依赖;渔业效率低下以及非法捕捞、有害捕捞做法和对鱼类种群的压力增加等问题损害了渔业产品的可持续性;低生产率水平对农产品质量、盈利能力,竞争力和相对优势的影响;当前外部贸易环境的受限制约着农产品商业化。

为了应对这些挑战,国家政策主要解决以下问题:加强农业对经济发展和消除贫困的重要作用;实现国家粮食安全,粮食自给自足和食品安全;提高农业生产力(特别是在小农户,牲畜和家禽以及渔业);加强商业化(提高盈利能力、竞争力和比较优势)和减少对进口的依赖;通过荒漠化防治促进自然资源的可持续发展限,制过度放牧和不负责任的捕捞做法,减轻气候变化的影响;改善与自然灾害(包括跨界动物疾病)有关的灾害风险管理;增加非政府和私营部门的作用。伊朗政府通过的一系列农业和农村发展国家政策来应对这些挑战,相关国家政策和方案主要有:

- 伊朗最高领导人 2009 年 1 月通过的“2025 年远景规划”是界定所有领域长期政策指示的总体框架。
- 2005 年 7 月伊朗伊斯兰共和国权宜委员会通过的广泛农业政策。
- 伊朗伊斯兰共和国权益委员会于 1998 年 12 月批准的关于水资源部门的相关政策。
- 第 4 个五年期国家经济、社会和文化发展计划(2005—2009 财年第 4 个五年期),其适用范围已延长至 2011 年 3 月。

- 第 5 个五年期国家经济、社会和文化发展计划(2011 年 3 月至 2016 年 3 月)。

由于牲畜数量的增加给牧场带来了严重的压力,导致过度放牧和牧场退化,所面临的挑战包括产量不足以及由于过度放牧导致牲畜数量增加。饲料供应有限以及质量不好等问题导致牲畜生产力下降,伊朗依赖进口大量的饲料(尤其是支持家禽生产)。出于地缘政治考虑,伊朗农业政策最为重要的目标之一,是实现农业自给自足。为此,政府制定了一系列政策,大力扶持农业生产者,保护国内食品(特别是小麦)生产能力,保证农业领域资金充裕。伊朗政府在畜牧业方面采取了品种改良、发展家禽饲养等一系列措施,使伊朗的畜牧业有了长足的发展。

(一)财政补贴战略

自给自足的目标依赖于补贴的保护制度,该补贴制度已在第 5 个 FYNDP 中进行了修订,其中更加强调以现金支付形式对消费者的补贴以及刺激基础设施发展的措施和环境保护,减少各种形式的波动,同时提高国际竞争力。国家通过统购和订购农产品保证产量实行农业自给战略,为保护农业发展实行了免征农业税的保护政策,以国家财政补贴来鼓励农业生产。伊朗政府的政策在恢复农业生产和提高产量上是必要的。然而农业可持续发展需要调整政策,对比农业有利和不利条件,采用最优选择,使农业发展避免陷入困境。

政府长期以来对生产者提供支持的主要形式是:政府对肥料、杀虫剂、饲料、种子、农机以及基本投入(如水和能源)的价格提供补贴。近年来,政府扶持政策转向对生产者提供低息贷款,并且针对畜牧生产者特别扩大了农业保险的理赔范围,以减少直接投入补贴所导致的市场扭曲。

(二)价格保护政策

农产品价格波动大多与农民种植作物有关,政府对粮食,尤其是小米和水稻的种植支持力度较大,主要通过能源运输、机械服务和信贷补贴等方式。通过保证购买量和价格来鼓励农民从粗粮转向其他作物,同时这种情况也会影响现有的饲料价格,造成更高的畜牧生产成本。因此,政府还为小麦、大米以及其他 18 种作物设定最低收购价,以确保国内生产者价格明显高于国际价格。为了实现农作物和动物产品生产的自给自足,政府改善消费模式、营养标准,提高工业基础农业的发展,提供粮食安全基础设施,扩大农产品和生产要素的保险范围。

(三)关税保护政策

在贸易领域,政府一直对小麦和大米提供高关税保护,平均税率分别为 50% 和 45%。然而,当国内生产不能满足需求之时,上述进口税率则取消。在 2007—2008 年发生的食品价格危机时期,政府就曾对小麦出口实施禁令,以确保国内消费得到充足供应。目前,伊朗农产品出口税率平均为 17%。为提高生产的经济竞争力,增加农产品出口,重新组织资源管理,保护基础资源,实现农产品增值,完善农产品价值链,开展以下活动:

- 优先将银行补贴、补助金和其他奖励的利润和佣金补贴用于在国家和一级区域最佳种植模式。
- 自“五五”之初起,商务部和其他政府或非政府实体或法人进口食品和加工业所需的农产品(加工或原材料)或初级食品原料,必须获得农业部的许可。
- 为了支持国内产品,政府有义务制定所有农产品的有效进口关税,以便贸易条件仍然有利于国内产品。在与伊朗农业部的协调和许可下,农业部门的生产投入(种子、树苗、肥料和农药)的进口免征有效关税。

(四)加大农业技术投资力度

国家投资应多投向农业技术改进。伊朗农业生产主要采用传统生产方式,生产技术较为落后,具有劳动密集型农业的特征。劳动密集型农业的弊端在于生产率低而造成劳动力流失,不利于农业生产持续发展。伊朗农业从劳动密集型逐渐走向技术改进型,不断改进农业技术,降低生产成本和提高产量,才能提高利润,进一步扩大农业生产。

四、肉牛产业科技进展

(一)育种和繁育技术

目前伊朗国内的牛品种主要有 3 种:外来品种、外来品种与本土品种杂交品种、本土品种。其数量情况如下:外来品种约 85 万头,杂交品种约 350 万头,本土品种约 350 万头。

刚出生犊牛的体重在 15～20 kg 之间,成年公牛和成年母牛的平均体重分别为 370 kg 和 275 kg。自 21 世纪以来,杂交牛的数量迅速增加。

伊朗早在 50 年前就建立了一整套遗传改良体系和配套的基础设施,包括血统登记、特征记录和人工授精。位于德黑兰附近卡拉季的伊朗动物繁殖中心(ABCI)是唯一一家负责全国畜群记录、数据分析、育种价值估算、胚胎移植、精液采集、冻结精液和农场分配等一系列工作的官方机构。在伊朗,国家遗传评估每年进行 2 次,EBV 会发布 5 项生产指标和 17 项线性特征。1997 年,伊朗首次提出一项包含脂肪百分比和牛群寿命的指标,对于相同的性状,该项指标会被重新计算(包括脂肪和蛋白质产量 2 个新的性状,但是不包括脂肪百分比),并将其命名为终生净收入指标。该指标在 2006 年成为国家育种参考指标。不过,由于提出的育种目标还不完整,且缺乏行业范围内的讨论交流,该指标的接受度仍不高。

(二)养殖技术

主要的养殖模式为自然放养方式,牛群可以在牧场或者农田中自由采食,在此模式下牧民基本不进行遗传选育工作。所饲品种通常能够很好地适应本地饲料资源、管理方式和环境。

在商业化的大型养殖场常见的饲料有苜蓿、三叶草、玉米青贮饲料,小麦、大麦秸秆等。浓缩饲料主要包含玉米、麦麸、甜菜浆、棉籽粉、豆粕、糖蜜、脂肪和矿物补充剂等原料。

目前,伊朗政府已经实施一项项目,在城市以外划定区域,建立生产所需的配套基础设施,将城市当中的农场统一迁移至这些区域。同时,政府还建立新的饲料分析和评估实验室、记录系统、种畜精液和胚胎生产等配套养殖基础设施。

水牛是伊朗的土著品种,超过 80%的畜群集中在北部和西北部地区,另有 18%在伊朗南部。据统计 20 世纪 30 年代伊朗存栏约 150 万头水牛,目前该数目已经降到了 50 万头左右,造成下降的原因可能是工业化进程加快,对牛肉需求逐渐增加的同时缺乏替代屠宰动物以及农业多样化的不足等。官方的不重视以及对荷斯坦牛的大力宣传普及也是近几十年来导致本土水牛群体数量大幅下降的原因之一。

伊朗的水牛养殖体系是以小农户养殖为基础的(约占 99%),绝大多数牛群平均规模都在 4～5 头之间,部分牛群规模在 20～50 头之间,极少数规模在 300 头左右。小农场主根据环境变化来调整自己的养殖策略。大多数农场主沿水源放牧牛群，让牛群采食柑橘皮、果肉和甘蔗等剩余农产品。部分全年度饲料需求则由全年植被种植用地满足。在胡泽斯坦，水牛一年四季都在户外活动，但是在伊朗的西北部地区，畜群春夏两季在牧场上放牧，秋冬季会被圈养起来。由于可用于畜牧业生产的土地面积非常可观，伊朗水牛产业一直维持在一个较高的发展水平，水牛养殖已经在伊朗存在数十年，成为该国的一项传统产业。不过因为在该养殖模式中没有实行遗传育种，牛群的平均体重和生产水平在不同世代中保持稳定（Kianzad，2000）。

（三）疫病防控技术

当前伊朗肉牛疫病防控的难点包括重大疫病，新发疫情，人畜共患病，梭菌类疾病，呼吸、消化、繁殖系统疾病，具体情况如下：

口蹄疫病毒的毒力明显增强，加之O型变异株的出现，如果畜群的免疫力低下会导致幼畜发生死亡。这就对疫苗的免疫效力及其免疫覆盖率提高了要求。2013年以来，A型口蹄疫在猪群中流行，不但给A型非免疫的猪群带来严重的危害，而且非典型感染的A型病毒潜伏在猪群中也成为牛群的持久威胁。

新发疫情是危害伊朗牛养殖业发展的大敌，需要实时应对、即时研究、及时献策才能化解危机。荚膜A型巴氏杆菌引起的牛纤维素性化脓性肺炎是2008年以来对伊朗养牛业尤其是肉牛业危害最大的传染病，尽快将疫苗推向市场是当务之急。牛Leachii支原体病主要通过污染的精液传播，目前有效的预防办法是检测精液、控制传染源。近几年传入该国大部分地区，因及时引进并使用高效的减毒活疫苗得到有效控制，未来的清除计划要求建立该减毒疫苗株与野毒株的鉴别诊断方法。

牛来源的人畜共患病主要是牛布病和牛结核病，该病关系到人畜健康和食品安全。近年来伊朗人畜的布病和结核感染呈现明显的上升趋势，已引起广泛的关注。伊朗和世界上控制和消灭这两种疾病的有效方法是检疫和淘汰。由于伊朗一些地区，牛羊群的布病感染率高，采用检疫淘汰方法难以奏效。因此伊朗制定政策允许使用布病疫苗。存在的问题是伊朗现有疫苗株均残存毒力，而且与野毒株感染的鉴别诊断也缺乏有效性，从免疫预防考虑引进更加安全有效的布病疫苗株是当前的迫切问题。实施检疫淘汰策略的关键是畜禽补贴到位和严格执法，检疫方法的提升可缩短清群计划的时间。

梭菌类疾病包括牛肠毒血症、痢疾，是由梭状芽孢杆菌属的细菌引起的以毒血症为特征的一类传染病，该病发病急、死亡率高、对牛危害严重。当前问题是疫苗的效力和质量需要改进。

呼吸系统疾病指牛呼吸道病综合征（RDC），牛RDC由BRSV、IBRV、BPIV3和几种继发性细菌感染引起。

消化系统疾病主要指G6/G10轮状病毒引起的犊牛腹泻。已完成研究的G6/G10基因重配二价减毒疫苗急需产业化并投放市场。犊牛腹泻的另两类主要病原是产毒素性大肠杆菌和冠状病毒，前者用抗生素可有效控制，后者对环境因素高度敏感、不常发生。

繁殖系统疾病指引起牛流产的传染病，近年来呈明显上升的趋势，除布病外其他可能的病因包括IBRV、BVDV、几种虫媒病毒（柯卡斑病毒、中山病病毒和茨城病病毒），这些病原流行广泛。

未来的威胁：国外发生的疯牛病、痒病、蓝舌病8型和施马伦贝格病一旦传入，将对伊朗牛羊产业造成严重的损失，需严加防范并做好储备性研究。

总之，对于普通病，要做到及时发现，及时治疗。能避免使用抗生素就尽量少用。一来防止病原产生强有力的耐药性，二来防止药物残留带来的健康威胁。对于传染病，尤其是人畜共患病，应严格执行进出口检疫，严格遵守以预防为主，治疗为辅的原则。一旦发现疫情，及时上报，及时处置。重大疫病，提前做好免疫工作，把风险和损失降到最低。

（四）粪污处理技术

牛粪作为生物资源处理的目的是将其无害化、减量化与资源化，最大限度地满足环境的可接受性及经济上的可行性。随着经济的发展和对环保要求的提高，目前世界各国处理畜禽粪便的方法越来越多。在伊朗，动物粪便通常作为肥料、燃料的初产品。牛粪不仅数量大，而且利用率高。

(1)生物质资源饲料化利用

牛粪作饲料是将其综合利用的途径之一。牛粪各种养分含量丰富，经过适当处理后，可提高蛋白质的消化率和代谢能，同时还可杀死病原菌。目前，将牛粪饲料化的处理方法主要有干燥法、分解法和发酵法等。

(2)生产有机肥

牛粪和农作物秸秆为主原料，应用多维复合酶菌进行发酵生产而成。多维复合酶菌是由能产生多种酶的耐热性芽孢杆菌群、乳酸菌群、双歧杆菌群、酵母菌群等 106 种有益微生物组成的微生态发酵制剂，对人畜无毒、无污染、使用安全，能固氮、解磷、解钾，同时能分解化学农药及化肥的残留物质，对种植业和养殖业有增产、优质、抗病的作用。

(3)热解化利用

伊朗草原地区的牧民们收集晾干的牛粪作燃料直接燃烧用来取暖或者烧饭，这是粪便直接作能源的最简单方法，但是利用不够充分且易造成二次空气污染。对于集约化养殖场产生的大量粪便，由于含水量高、干燥比较困难，必须对其进行转化才能用作燃料。

(4)乙醇化利用

牛粪含有丰富的纤维素资源。将畜禽粪便中的木质纤维素进行处理，转化为糖并发酵成酒精可作为乙醇化的原料。在碱预处理条件下，牛粪的还原糖转化率达到 17.65%，而超声波与 KOH 联合预处理能使牛粪的还原糖转化率达到 21.47%。牛粪的乙醇化利用可替代粮食生产酒精进而创造巨大的经济效益。

(5)氢气化利用

通过牛粪堆肥将麦秸废弃物有效转化为生物氢气的方法，即利用未经处理的麦秸和经过盐酸预处理后的麦秸两种不同处理生产氢气。

(6)沼气化利用

牛瘤胃中存在沼气微生物，食物经过反刍消化，使沼气细菌大量繁殖，在排出的粪便中菌种丰富，再经过一段时间的堆沤，产沼气细菌会更加富积。另外，由于牛粪中含纤维素较多，入池后很容易被沼气生物吸收利用，加之牛粪碳氮比 25∶1 也正符合沼气发酵碳氮比的要求。所以利用牛粪能使新建沼气池快速启动使用。

(7)高温好氧堆肥法

高温好氧堆肥法是一种集处理和资源循环再生利用于一体的生物方法。其基本过程是将牛粪、高效发酵微生物(如有效微生物群和调理剂)按一定质量比例混合，控制适当的水分、温度等条件，进行好氧发酵处理，使有益微生物大量繁殖，利用微生物的新陈代谢将纤维素、木质素等大分子物质分解转化为易于被吸收利用的小分子有机物。

(8)蠕虫堆肥法

蠕虫堆肥法主要是将蚯蚓养殖与堆肥相结合生产蚯蚓复合饲料，利用堆肥进行无公害蔬菜栽培等。

(9)牛粪作鱼饵

牛粪已经越来越多地被应用到鱼类的养殖中，用牛粪养殖的鱼更加健康和肥硕，而且成本低廉。塘泥又可以返回到陆地作为果树用肥，比单纯的牛粪更加有效。可见，牛粪作钓鱼饵料是无污染的，加上牛粪所含成分的高营养，诱鱼效果很出色。

五、与我国畜牧业合作情况

随着世界经济一体化的不断强化，世界各国经济的联系不断向纵深发展。中国和伊朗的农业合作作为国与国之间经济联合的方式，在优化两国农业资源配置，拓展农业发展空间，促进两国经贸发展方面，起着举足轻重的作用。近年来，两国农业合作还处于刚刚起步阶段，规模小、层次低，在深度和广度上还需要进一步的拓展。中国较丰富的资金、技术和劳动力能够为伊朗农业的发展注入新的生机。而伊朗较丰富的土地资源、广阔的农副产品、农机具市场有力地促进着中国企业开展对伊朗进行农业合作。尽管两国经贸合作取得了很大的进展，但从双边经贸合作的行业来看，农业领域的合作与投资相对较少。农业在伊朗国民经济中占有重要地位，但由于自然条件限制、农业投入不足和农业科技含量低等原因，农业生产相对落后，主要农作物产量较低、品种多未经过改良，农业生产投资少，机械化程度低，工业基础薄弱，农业机械和农机具大量从国外进口。我国和伊朗农业领域的合作前景非常广阔。为此我国与伊朗在畜牧业领域可能进一步开展人才交流、政府与民间投资相结合，加强农业技术尤其是畜牧业养殖、深加工、疾病防控相关交流与合作。

伊朗的主要出口国家是中国、印度和土耳其。但是由于国际社会的制裁越发严厉，伊朗的农产品出口也受到了越来越多的制约。这持续阻碍着伊朗的经济增长，并限制了农民的收入。而伊朗是丝绸之路经济带和海上丝绸之路的交汇点，中伊两国在“一带一路”建设的大框架下，具有广阔的合作空间与潜力。伊朗农业发展潜力和发展需求巨大，迫切需要中伊农业合作，同时中伊也具有诸多切实可行的合作领域和方向，这既符合中国国情和中国农业“走出去”和“一路一带”战略需求，也是伊朗畜牧业发展和改革的重大机遇。中国与伊朗在畜牧业领域发展将进一步扩大，加强双方在畜牧业等领域的合作，积极开展各种种质资源交换和技术交流，农业领域对伊朗的经济至关重要，必须对农业加以大量投资，从而增强其竞争力与效率。

参考文献

[1]徐晓云. 伊朗农业地理区域研究. 重庆:西南大学，2010.

[2]高婧. 伊朗农业发展现状与展望. 粮食科技与经济，2018,43(01):118-120.

[3]王珂. 伊朗人口地理研究. 重庆:西南大学，2009.

[4]张超阳. 中国和伊朗农业合作研究. 重庆:西南大学，2006.

[5]鲁莎莎. 21 世纪初期伊朗地缘政治研究. 重庆:西南大学，2009.

[6]张超阳，杨兴礼，艾少伟. 新时期伊朗农业特征与中伊农业合作前景初探. 世界地理研究，2005, 14(1):46-52.

[7]艾少伟，杨兴礼，张超阳，等. 伊朗地理条件对农业生产的影响. 世界农业，2005 (4):42-44.

[8]高婧. 伊朗农业发展现状与展望. 粮食科技与经济，2018，222(01):124-126.

[9]陈凌. 当代伊朗产业结构研究. 重庆:西南大学，2008.

[10]张超. 伊朗农业自给问题及政策选择. 生产力研究，2013,257(12):120-122.

[11]张大明. 对伊朗出口冻牛肉加工操作方法. 肉类工业，1997 (4):28-30.

[12]张雪，王旭有. 高档牛肉全产业链发展模式分析. 中国集体经济，2017(30):10-11.

[13]喻发美，陈俊华，刘雪莉，等. 伊朗地理环境对农业发展的制约因素及对策. 世界农业，2016 (9):194-199.

[14]赵静，杨兴礼. 中伊贸易发展及其影响因素对策探析. 重庆理工大学学报(自然科学)，2005,19

(4):36-40.

[15]Mardani A, Taghavifar H. An overview on energy inputs and environmental emissions of grape production in west azerbayjan of Iran. Renewable and Sustainable Energy Reviews, 2016, 54: 918-924.

[16]Hemmat A, Aghilinategh N, Rezainejad Y, et al. Long-term impacts of municipal solid waste compost, sewage sludge and farmyard manure application on organic carbon, bulk density and consistency limits of a calcareous soil in central iran. Soil & Tillage Research, 2010: 108(1-2): 43-50.

[17]Kamalzadeh A. Modeling the productivity of a breeding sheep flock for different production systems. Asian Australasian Journal of Animal Sciences, 2005, 18(5):606-612.

[18]Ianchovichina E, Devarajan S, Lakatos C. Lifting economic sanctions on iran: global effects and strategic responses. Social Science Electronic Publishing, 2016.

[19]Kianzad D. A case study on buffalo recording and breeding in Iran. ICAR Technical Series, 2000, 4: 37-44.

[20]Zand, Daryabeigi A, Abyaneh, et al. An overview of energy production from animal waste during iran's energy transition: implication of manure chemical composition. Applied ecology and environmental research. 2018,16(5):6499-6523.

[21]中国统计年鉴, 2018(http://www. stats. gov. cn/tjsj/ndsj/2018/indexch. htm)

[22]国际统计年鉴,2018 (http://data. stats. gov. cn/files/lastestpub/gjnj/2018/zk/In dexch. htm)

[23]http://www. moa. gov. cn/xw/tpxw/201405/t20140514 _ 3903661. htm

[24]http://www. moa. gov. cn/xw/gjjl/201609/t20160926 _ 5286482. htm

第八章

哈萨克斯坦

一、摘　要

哈萨克斯坦是中亚地区的畜牧业大国，也是我国的邻国与重要合作伙伴国。肉牛产业是哈萨克斯坦畜牧业的支柱，2017 年牛肉产量估值 14.14 亿美元，占畜牧业产值的 30%。近年来随着哈萨克斯坦经济社会的快速发展和人口的增长与需求的增加，哈萨克斯坦肉牛产业也进入快速转型发展，肉牛养殖生产经营主体从以农户家庭养殖为主转向以私营企业或农场和大型国有农业企业为引领，2018 年末，哈萨克斯斯坦养牛业中家庭养殖数量占比 57.32%，农场与私营企业占比 32.88%，农业企业占比 9.8%，养殖企业的组织化程度与规模不断壮大。

二、畜牧业基本情况

(一)肉牛产业发展概况和资源状况

哈萨克斯坦共和国面积 272.49 万 km^2，是全世界最大的内陆国。地处中亚，西濒里海，东南连接中国新疆，北邻俄罗斯，南与乌兹别克斯坦、土库曼斯坦和吉尔吉斯斯坦接壤。其中：土地面积 2.70 亿 hm^2，内陆水域面积为 252 万 hm^2。境内大部分领土为平原和低地。2017 年人口 1820.45 万人，城市人口 909.65 万人，占总人口的 53.24%，农村人口 799.0 万人，占总人口的 46.76%。全国有农牧业用地 2.1 亿 hm^2，人均约 11.5 hm^2。2017 年末国内生产总值(GDP)1 594.07 亿美元，人均收入 7 931.35 美元。牛(含水牛)存栏总量 677.46 万头，牛出栏量 257.83 万头，牛肉产量 45.04 万 t，人均牛肉占有量 24.74 kg，牛肉产量估值 14.14 亿美元。

哈萨克斯坦属于温带大陆性气候。1 月平均气温 −18～−4℃，7 月平均气温 19～26℃；平原地区年降水量约 100～300 mm，山区可达 800～1 500 mm，地理环境与自然生态条件都非常适宜发展畜牧业。哈萨克斯坦天然草地面积辽阔，而且光热资源丰富。除北部地区外，多数草地可以全年利用，拥有 460 万 hm^2 刈草场和 15 720 万 hm^2 天然牧场，年产草量在 8 000 万 t 左右。这为发展草食畜牧业创造了有利的条件。养牛业在哈萨克斯坦畜牧业中占据优势支柱地位。近年来，随着国内市场需求以及出口的需要，哈萨克斯坦采取了一系列的措施来促进畜牧业生产与产业结构调整，形成了以肉牛产业为先导的畜牧业发展规划。

(二)肉牛养殖业发展情况

1992—1999 年，哈萨克斯坦牛存栏数量从 960.44 万头下降到 396.69 万头，牛出栏数量从 323.64 万头下降至 199.0 万头，存栏牛减少 58.7%，出栏牛减少 38.5%。牛的出栏量占存栏量的比重由 33.69%上升到 50.16%，主要因素为建国初期原有的国有农场牲畜按人分配为家庭私有资产，生产方式的变化以及市场的波动给哈萨克斯坦畜牧业带来巨大影响，牛的养殖数量与生产力水平急剧下滑，出栏率过高导致牛数量的减少进而影响肉类生产，供给能力下降与不平衡一定程度促使牛肉进口量的增加。2000—2017 年，哈萨克斯坦经济取得快速发展，生活水平提高与人口的增加促进了消费需求的增长，为提高牛肉产品供给能力，保障市场需求，2013 年哈萨克斯坦制订了一系列项目计划扶持发展畜牧业，从改变生产模式、提升品种质量等多方面入手，哈萨克斯坦逐步计划和实施肉牛品种改良与规模化养殖项目，肉牛业的生产与出口加工能力有了较大改善。

1. 肉牛品种及存出栏量

哈萨克斯坦牛的养殖数量自其独立以来经历了较大的波动变化(表 1-8-1)。1992—1994 年牛的存栏量在 900 万头以上，出栏量最大为 393.31 万头，牛出栏数占全球出栏的 1.53%，主要牛肉产品一度出口独联体国家。1995—1999 年哈萨克斯坦牛的存出栏量急速下降，牛存栏量降低至 396.69 万头，牛出栏数占全球出栏的比重降低至 0.73%。2000—2017 年哈萨克斯坦牛的存栏量与出栏量呈增加趋势，2017 年末哈萨克斯坦牛存栏量达到 677.46 万头，出栏牛数量达到 257.83 万头，牛出栏数占世界出栏的比重提升至 0.85%。

哈萨克斯坦的牛业养殖分为乳用品种、乳肉兼用品种、肉用品种三大类型，肉用品种主要有哈萨克白头牛、安格斯牛、圣塔格特鲁德牛、夏洛莱牛、卡尔梅克牛、加洛韦牛等 10 个肉用品种牛，据驻哈萨克斯坦使馆经商参处调研数据显示 82%的牛一度集中在个体户手中，肉用良种牲畜只占存栏数的 2%。

表 1-8-1

1992—2017 年末哈萨克斯坦牛存栏量统计

年份	牛存栏量/万头			牛出栏量		
	水牛	牛	牛和水牛	出栏数/万头	世界出栏总量/万头	占世界出栏比/%
1992	1.200 0	959.240 0	960.440 0	323.640 0	25 375.052 6	1.28
1993	1.100 0	957.630 0	958.730 0	348.500 0	25 421.661 3	1.37
1994	1.050 0	934.660 0	935.710 0	393.310 0	25 734.956 8	1.53
1995	1.050 0	807.290 0	808.340 0	344.070 0	25 885.330 6	1.33
1996	1.000 0	685.990 0	686.990 0	303.830 0	26 050.649 2	1.17
1997	1.000 0	542.460 0	543.460 0	265.170 0	26 756.839 3	0.99
1998	0.900 0	430.710 0	431.610 0	231.810 0	26 885.408 4	0.86
1999	0.900 0	395.790 0	396.690 0	199.000 0	27 043.966 8	0.74
2000	0.900 0	399.820 0	400.720 0	183.030 0	27 193.889 4	0.67
2001	0.900 0	410.660 0	411.560 0	181.810 0	26 709.594 7	0.68
2002	0.900 0	429.350 0	430.250 0	189.810 0	27 234.940 3	0.70

续表 1-8-1

年份	牛存栏量/万头			牛出栏量		
	水牛	牛	牛和水牛	出栏数/万头	世界出栏总量/万头	占世界出栏比/%
2003	0.900 0	455.950 0	456.850 0	196.140 0	27 693.011 5	0.71
2004	0.900 0	487.100 0	488.000 0	210.480 0	28 122.092 9	0.75
2005	0.900 0	520.390 0	521.290 0	219.020 0	28 337.573 5	0.77
2006	1.000 0	545.740 0	546.740 0	231.620 0	28 870.129 3	0.80
2007	1.000 0	566.040 0	567.040 0	242.310 0	29 382.710 7	0.82
2008	1.000 0	584.090 0	585.090 0	253.570 0	29 409.402 1	0.86
2009	1.000 0	599.160 0	600.160 0	253.891 6	29 563.662 0	0.86
2010	1.000 0	609.520 0	610.520 0	259.506 4	29 608.120 5	0.88
2011	1.000 0	617.530 0	618.530 0	250.184 4	29 550.783 9	0.85
2012	1.000 0	570.240 0	571.240 0	228.509 1	29 876.268 9	0.76
2013	1.000 0	569.000 0	570.000 0	230.797 6	30 408.669 9	0.76
2014	1.000 0	585.120 0	586.120 0	238.025 8	3 0274.679 3	0.79
2015	1.000 0	618.385 2	619.385 2	241.855 5	30 236.443 7	0.80
2016	1.012 8	64.1320 5	642.333 3	247.818 8	3 0257.416 3	0.82
2017	1.038 2	676.421 2	677.459 4	257.829 0	30 441.485 8	0.85

来源：FAO 统计资料

2. 肉牛产品产量及历年变化

肉牛产品的产量主要由牛肉生产力水平和出栏量两个指标决定。如表 1-8-2 所示，在 1992 年，哈萨克斯坦牛肉产量为 59.6 万 t，占世界牛肉产量的 1.13%，牛肉生产力水平达 184.2 kg/头，出栏牛的个体生产性能相对较高。随着出栏量的快速增加、生产周期的缩短与良种牛存栏的减少，牛肉的生产力水平和存栏量均受到显著影响，牛肉生产力水平以致下降到 150.1 kg/头。1998—2005 年，牛肉的产量不足 35 万 t，牛胴体单产水平处于低位运行，与世界平均单产水平差距拉大，牛肉产量占全世界比重下降。2006 年以来，随着养殖存栏量与出栏量的增长，牛肉的产量与牛胴体单产水平也有了一定的增长。从近年的数据来看，哈萨克斯坦牛肉产量大致占世界牛肉总产量的 0.7%，牛肉生产力水平处世界平均水平以下。随着肉牛规模化养殖的发展，牛胴体单产水平有了提升。

表 1-8-2

1992—2017 年哈萨克斯坦牛肉产量统计

年份	牛肉产量		牛肉生产力水平	
	产量/万 t	占世界比重/%	头均单产/(kg/头)	世界头均单产/(kg/头)
1992	59.620 0	1.13	184.2	207.5
1993	66.150 0	1.27	189.8	204.7
1994	64.160 0	1.24	163.1	201.6
1995	54.820 0	1.04	159.3	203.2
1996	45.750 0	0.85	150.6	205.8
1997	39.820 0	0.73	150.2	204.3
1998	34.790 0	0.64	150.1	201.6
1999	34.390 0	0.62	172.8	203.6

续表 1-8-2

年份	牛肉产量		牛肉生产力水平	
	产量/万 t	占世界比重/%	头均单产/(kg/头)	世界头均单产/(kg/头)
2000	30.630 0	0.55	167.3	205.2
2001	28.760 0	0.52	158.2	207.4
2002	29.600 0	0.52	155.9	207.3
2003	31.190 0	0.54	159.0	207.2
2004	32.970 0	0.56	156.6	209.7
2005	34.830 0	0.59	159.0	209.3
2006	36.650 0	0.61	158.2	209.5
2007	38.590 0	0.62	159.3	212.2
2008	40.010 0	0.64	157.8	212.5
2009	39.609 6	0.63	156.0	212.7
2010	40.681 7	0.64	156.8	213.2
2011	39.285 0	0.62	157.0	213.0
2012	37.352 4	0.59	163.5	212.8
2013	38.346 8	0.59	166.1	212.9
2014	40.547 4	0.62	170.3	215.6
2015	41.682 3	0.64	172.3	215.6
2016	43.060 0	0.66	173.8	217.0
2017	45.043 2	0.68	174.7	217.6

来源：FAO 统计资料

3. 养殖区域、规模结构及其变化

哈萨克斯坦牛的养殖在全国 14 个州与 3 个直辖市均有分布(表 1-8-3)，据哈萨克斯坦政府网发布数据显示，2018 年末，哈萨克斯坦牛的存栏量为 676.42 万头，农业企业养殖为 66.29 万头，占比 9.80%；农场和个体企业养殖为 222.41 万头，占比 32.88%；农户家庭养殖为 387.72 万头，占比 57.32%。同时，在企业和农场规模养殖中肉牛的养殖数量占比较多。从牛的存栏分布上看，阿拉木图州、突厥斯坦州、东哈萨克斯坦州的牛存栏量较多，具有较好资源基础与规模优势。

表 1-8-3

2018 年末哈萨克斯坦牛存栏量、生产结构与数量分布　　头

地区	总存栏量	农业企业		农场和个体企业		农户家庭养殖	
		存栏量	母牛数量	存栏量	母牛数量	存栏量	母牛数量
阿克莫拉州	404 184	119 522	55 822	63 722	37 901	220 940	110 410
阿克托别州(阿克纠宾州)	432 596	43 257	15 282	167 794	86 767	221 545	113 352
阿拉木图州	963 888	76 953	30 983	384 032	195 035	502 903	253 506
阿特劳州	157 218	2 537	1 241	55 714	32 116	98 967	57 303
西哈萨克斯坦州	542 483	42 124	24 531	305 966	154 855	194 393	78 692
江布尔州	359 290	17 860	3 615	137 182	66 099	204 248	88 568
卡拉干达州	506 240	15 750	7 726	249 786	148 694	240 704	121 088
科斯塔奈州	440 720	114 462	41 498	80 153	44 808	246 105	120 618

续表 1-8-3

地区	总存栏量	农业企业		农场和个体企业		农户家庭养殖	
		存栏量	母牛数量	存栏量	母牛数量	存栏量	母牛数量
克孜勒奥尔达州	309 635	4 980	1 364	94 049	58 311	210 606	100 755
曼格斯套州	17 769	198	—	6 436	4 023	11 135	6 869
巴甫洛达尔州	392 868	44 381	18 451	136 831	75 739	211 656	98 936
北哈萨克斯坦州	343 498	87 121	39 835	56 453	31 523	199 924	103 992
突厥斯坦州(南哈萨克斯坦州)	915 882	31 766	8 394	78 096	42 068	806 020	362 507
东哈萨克斯坦州	895 417	54 382	26 741	399 079	227 184	441 956	229 531
阿斯塔纳市	487	122	—	47	25	318	165
阿拉木图市	3 091	—	—	74	54	3 017	1 630
奇姆肯特市	78 946	7 473	1 252	8 732	1 515	62 741	31 061
哈萨克斯坦共和国	6 764 212	662 888	276 735	2 224 146	1 206 717	3 877 178	1 878 983

来源:哈萨克斯坦政府网公布资料

4. 肉牛产品价格及其变化情况

牛肉及牛肉制品是哈萨克斯坦的传统食品,牛肉及肉类制品的供应数量基本上取决于农业企业和肉类行业的活动。多年来,随着肉类产品的生产及市场容量的影响,哈萨克斯坦的肉食品生产与消费呈现结构性失衡,随着牛肉生产相关要素的波动,牛肉的生产价格指数从 2004 年的 1 692.6 美元/t 上升至 2013 年的 5 173.2 美元/t,活牛生产价格为牛肉生产价格的 53%,2013—2017 年物价指数与汇率波动给牛肉生产带来了较大影响,活牛与牛肉生产价格剧烈波动(表 1-8-4)。牛肉及其制品的生产价格是人口与经济发展的表征,直接反映了哈萨克斯坦国内与国际市场牛肉供给特点,牛肉价格的波动导致哈萨克斯坦肉食品消费结构发生了变化,影响活牛、牛肉价格波动的因素是非常复杂、多方面、多层次的,人均收入、消费支出与购买力导致牛肉与肉制品成为相对昂贵的食物。在生产方面,肉牛养殖

表 1-8-4

2004—2017 年哈萨克斯坦牛肉生产价格

年份	牛肉生产价格/(美元/t)	活牛生产价格/(美元/t)	参考平均汇率/(坚戈/美元)	物价指数(2010 年为 100)
2004	1 692.6	897.1	136.04	57.06
2005	1 998	1 058.9	132.88	58.65
2006	2 373.4	1 257.9	126.09	63.76
2007	2 660.6	1 410.1	122.55	71.84
2008	3 333.9	1 767	120.30	89.93
2009	3 246.9	1 720.8	147.50	94.47
2010	3 537.8	1 875	147.36	100.03
2011	4 213.5	2 233.2	146.62	112.66
2012	4 850.8	2 570.9	149.11	117.62
2013	5 173.2	2 741.8	152.13	122.31
2014	4 201	2 226.5	179.19	129.34
2015	3 699.9	1 961	221.73	136.79
2016	2 582	1 368.5	342.16	154.49
2017	3 139.6	1 664	326.00	167.70

来源:FAO 数据整理

中超过80%的肉牛存栏来自私人农场，品种改良工作滞后，天然草地生产效率有限，缺乏人工饲草料地、饲料作物和多年生牧草，牛群的遗传潜力与生产效率低。随着2015年哈萨克斯坦加入世贸组织(WTO)成为第162个世界贸易组织成员，牛肉进出口贸易或促进国内养殖与加工业的快速发展。

5. 养殖成本和效益

粗放式经营是哈萨克斯坦肉牛养殖的主要特征，农户家庭式小规模生产占据经营主体，生产率处在较低的水平，肉类生产的增长主要依赖存栏总头数的增长，养殖生产成本居高不下。统计数据显示(表1-8-4)，近年牛肉生产价格、汇率的大幅度波动与物价水平的普遍快速上涨加剧了养殖生产成本的增加，活牛与牛肉价格的剧烈波动给养殖生产带来了极大的不确定性。

6. 主要养殖企业、协会组织概况和地位

哈萨克斯坦1991年以前即苏联时期的养牛业主要是发展奶牛养殖，在苏联解体后大量的国有集体农场破产，农户养殖成为生产主体，2013年哈萨克斯坦的养殖业经营主体和结构为：农庄占10.3%，农业企业占4.2%，居民个体经营占85.5%。为提升哈萨克斯坦肉牛生产能力，国家成立了大型的国有公司发展肉牛规模养殖、加工与出口贸易，针对农户养殖，鼓励发展养殖合作社以便更好地对接加工企业，提升产业的发展质量。2018年末，哈萨克斯斯坦养牛业中家庭养殖数量占比57.32%，农场与私营企业占比32.88%，农业企业占比9.8%，养殖企业的组织化程度与规模不断壮大。

(三)肉牛产品加工业发展情况

哈萨克斯坦肉类加工业相对滞后，一是原料质量低和生产的季节性，原料在一年中的供应不均衡，个体副业生产较偏远。二是加工设备陈旧，主要牛肉加工产品为罐头和香肠。为了促进肉类加工业的发展，哈萨克斯坦计划在2020年前投资5亿坚戈，对购买运畜车和冷藏车进行补贴，保障2020年前可以收购近60万t肉。为解决设备陈旧和流动资金不足，哈萨克斯坦计划在2020年前投入298亿坚戈，对更新设备、贷款、租赁给予补贴，保障2020年前将肉类加工量增加13.9万t，即从目前的26.35万t增加至40.2万t。

据相关数据显示，哈萨克斯坦在肉牛产业中占有较大的优势，存栏量与出栏量均占有百万头级的资源优势，2017年牛出栏量为257.8万头，占全世界出栏比重的0.85%，肉类产量45.04万t，占世界的0.68%，人均牛肉产量24.74 kg。随着规模养殖与存栏数量的增长，疫病防控与肉制品加工水平的提升，牛肉产品包括冷鲜肉、冻肉、副产品等，具备了服务出口贸易的能力。

哈萨克斯坦牛肉的产量变化与生产力水平(表1-8-2)对促进经济发展有重要作用，同时国民经济总体变化与居民收入(表1-8-5)也对肉牛的生产与消费产生重要影响，随着经济水平的提升，牛肉的生产与消费可能更侧重于生产要素，宏观方面来看，过往一段时间内，相关部门对畜牧业和农业发展关注度不够，畜产品加工设备老化更替缓慢，牛肉生产与加工方面规模化占比不高，农工综合体发展执行力有限，产业基础稳步增强但制约产业发展的关键问题仍然突出。

制约哈萨克斯坦畜牧业发展的主要因素有以下几方面：

- 缺乏稳定饲料供应基础。天然草场、大田饲料生产(刈草场)和配合饲料生产是饲料主要来源。从哈萨克斯坦肉牛产区的气候条件看，草场只有春夏和秋季部分时节可以使用，在寒冷时节需要饲料补充喂养。

- 纯种率较低。有资料表明，哈萨克斯坦良种肉牛仅占牛存栏数的2%(约11.3万头)，牛的日增重方面世界平均值为1～1.5 kg，而哈萨克斯坦牛的平均日增重为400g，在品种改良方面繁殖效率不高，繁殖技术仅有0.2%的使用率，目前所采用繁育技术(人工授精、生物技术、胚胎移植)尚未展现出显著成效。

表 1-8-5
哈萨克斯坦人口与经济数据统计

年份	国内生产总值/亿美元	人均国民总收入/美元	人口总数/万人
1992	264.86	1 607.04	1 648.1
1993	246.11	1 499.8	1 637
1994	219.76	1 348.12	1 621.7
1995	205.63	1 270.84	1 603.5
1996	210.35	1 318.09	1 582.1
1997	221.66	1 402.67	1 558.2
1998	221.35	1 422.64	1 535
1999	168.71	1 077.81	1 516.6
2000	182.92	1 138.96	1 505.7
2001	221.53	1 397.13	1 504
2002	246.37	1 556.19	1 510.6
2003	308.34	1 909.66	1 523.2
2004	431.52	2 619.21	1 538.6
2005	571.24	3 330.27	1 554.1
2006	810.04	4 560.04	1 569.1
2007	1 048.5	5 800.85	1 584.1
2008	1 334.42	7 131.69	1 600.1
2009	1 153.09	6 344.98	1 618.4
2010	1 480.47	7 846.62	1 639.9
2011	1 926.26	9 905.62	1 664.7
2012	2 079.99	10 631.32	1 692.1
2013	2 366.35	12 290.5	1 720.7
2014	2 214.16	11 366.62	1 748.8
2015	1 843.88	9 766.37	1 775
2016	1 372.78	6 912.64	1 798.8
2017	1 594.07	7 931.35	1 820.4

来源：FAO 数据整理

● 小规模散养经济。前阶段 78%的牲畜集中在个体农庄，9%的牲畜集中在农业企业，13%的牲畜集中在农民(农场)手中。这一情况导致难以推广育种技术和高标准饲养管理技术，不易提高生产率。

绝大多数小型个体农庄不具备为饲养场添置相关技术设备的能力，对农产品质量产生了消极影响。目前，母畜群受到高度关注，牧民有机会获得国家补助，以购买并养活母牲畜。但是只有 3~4 头牲畜的牧民，因为资金分配效率问题，不符合获得补助金条件。为了获得补助金，个体农庄和小型农庄必须就数量、质量发展目标制定专门规划。小商品经济条件下，牲畜喂养和繁殖非常艰难。在哈萨克斯坦入世后，仅有大型农牧企业有实力与国外农牧产品供货商竞争。

● 兽医服务不到位。根据哈萨克斯坦农业部数据，2012 年防疫工作压力较大。1—9 月，发现 149 个疫源，其中狂犬病 103 例、气肿性炭疽 14 例、利斯特氏菌病 3 例、口蹄疫 10 例(阿拉木图州 4 个疫源、江布尔州 3 个、东哈州 3 个)、肠毒血症 7 例、猪霍乱 3 例、巴(斯德)氏杆菌病疫源 4 个，在疫源地出现了钩端螺旋体病、羊快疫、结核病、禽类呼吸道支原体和马淋巴管炎。主要疾病接种工作难以覆盖所有牲畜。同时，兽医防疫人员缺乏。兽医学专业在哈萨克斯坦专业教育领域并非有前景的方向。哈萨克斯坦国内高水平兽医防疫人员不足。随着肉牛产业快速发展，动物疫病防疫水平有望得到改善。

近年来，哈萨克斯坦制定了优先发展肉牛产业的发展规划，整合了各类资源，逐步提升肉牛产品的国际竞争力，同时肉牛养殖补贴政策的实施促进了产业的稳步快速发展。同时，经济的快速发展与居民收入的增长带动了牛肉消费的增长，带动了牛肉生产与进出口贸易量的增长。

哈萨克斯坦轻工业的问题在长达几十年的时间中仍未解决，根据肉制品联盟统计的数据，2015 年哈萨克斯坦国内共生产肉及肉类制品 93.03 万 t。其中，生产生肉 90.3 万 t，同比增长 3.4%，对外出口 1.61 万 t。哈萨克斯坦国产肉及肉制品能够满足国内市场需求量的 85%，主要进口的肉种为禽肉(以鸡肉为主)，每年哈萨克斯坦禽肉进口量和国内产量基本持平，可以满足国内消费量的 50%。其他肉种，如牛肉、羊肉等基本不需要进口。哈萨克斯坦牛肉市场份额大多由本地企业主导，现有运营的肉类加工企业 170 余家，具备 20 万 t 的肉类加工能力，肉类加工占全部食品加工业比重的 15%左右，肉牛产品由哈萨克斯坦大中型企业向国内市场投放，通过出厂、批发、零售等环节进入市场，据哈萨克斯坦 energyprom.kz 网站报道，哈萨克斯坦国内各地区间肉类价格高低差异明显。肉制品价格最低的 3 个城市分别为巴甫洛达尔、乌拉尔斯克和科克舍套。全国一线城市间肉类价格相差 20%，其中牛肉价格相差 30%，羊肉可达 40%。哈萨克斯坦积极推进农业产业化与产业链建设，目前，阿克托别州(阿克纠宾州)已经形成具备完整生产链的肉类生产区域化模式并启动新的肉类加工厂建设。根据建设方案，投资额 22 亿坚戈(汇率 310.37 坚戈/美元)，其中的 1/4 约 5.18 亿坚戈为私人资金，其余的 16 亿坚戈从哈萨克斯坦农业金融股份公司进行贷款。设计牛肉年生产能力为 7 200 t，工作岗位 88 个。2016 年企业将生产牛肉的 60%(4 300 t)出口俄罗斯，并在俄罗斯大型连锁店进行销售，该厂产品包括分割肉、肉类半成品和真空包装肉馅。

(四)牛肉消费情况

1. 牛肉消费占比及国民消费偏好

根据联合国粮农组织(FAO)统计数据(表 1-8-6)显示，哈萨克斯坦在肉类的生产与消费方面，牛肉比重最大，一度超越 50%，牛肉在肉类生产与消费中具有绝对优势，多年来牛肉产量持续占肉类 1/3 以上比重。近年来随着肉类生产结构的调整与肉类产量的变化，牛肉的生产占比有所下降，但从贸易量和贸易额来看，牛肉的生产与消费需求具有持续增长的潜力。

2. 牛肉消费量历史变化情况及影响因素

牛肉的消费与生产量、产品价格、收入、居民年龄结构以及产品需求等诸多因素有关，自 1992 年哈萨克斯坦独立以来，畜牧业的发展发生了重大结构调整，畜产品生产供给不平衡矛盾日益突出，肉类产量持续下降，1992—2000 年哈萨克斯坦人均年肉类供应量从 76.23 kg 下降至 38.15 kg(表 1-8-7)，牛肉人均供应量从 36.17 kg 下降至 20.34 kg，猪肉人均年供应量从 13.18 kg 下降至 5.33 kg，羊肉人均

表 1-8-6

1992—2017 年哈萨克斯坦肉类产量

万 t

年份	牛肉	羊肉	猪肉	禽肉	马肉	骆驼肉
1992	59.6	24.3	21.7	13.9	5.6	0.5
1993	66.2	27.5	19.4	11.4	6.1	0.5
1994	64.2	25.2	15.8	8.0	6.8	0.5
1995	54.8	20.6	11.3	5.3	6.0	0.5
1996	45.8	16.7	10.3	3.9	6.8	0.5
1997	39.8	14.7	8.2	2.4	6.3	0.5
1998	34.8	11.9	7.9	2.4	6.5	0.5
1999	34.4	9.9	9.8	2.9	6.0	0.5
2000	30.6	9.5	8.0	3.3	5.4	0.5
2001	28.8	9.7	11.2	3.4	5.5	0.5
2002	29.6	10.1	11.0	3.6	5.6	0.5
2003	31.2	9.6	10.5	3.8	5.7	0.5
2004	33.0	10.2	11.6	4.1	6.1	0.5
2005	34.8	10.7	11.0	4.6	6.0	0.5
2006	36.7	11.5	10.9	6.5	6.4	0.5
2007	38.6	12.4	10.7	6.4	6.5	0.5
2008	40.0	13.1	11.0	6.5	6.6	0.5
2009	39.6	13.5	10.7	7.9	7.1	0.5
2010	40.7	14.3	10.3	10.3	7.3	0.5
2011	39.3	14.9	11.2	10.2	7.6	0.6
2012	37.4	15.4	10.3	12.3	8.5	0.6
2013	38.3	15.6	10.0	13.0	8.9	0.6
2014	40.5	16.2	10.0	12.6	9.2	0.6
2015	41.7	16.5	9.5	13.7	10.1	0.6
2016	43.1	16.9	9.4	14.3	10.8	0.6
2017	45.0	17.1	9.2	17.1	11.7	0.7

来源：FAO 资料整理

年供应量从 14.74 kg 下降至 6.32 kg，主要畜产品生产量减产 50%以上。近年来随着肉类生产结构的调整变化与国民经济的快速发展，牛肉的生产与消费也发生了显著的变化，国内牛肉需求的快速增长，牛肉生产与进出口贸易提效明显。牛肉的人均年供应量回升至 23 kg 以上。另外，生产成本与销售价格的上涨导致哈萨克斯坦大多数家庭难以承受 1 500 坚戈(约 10 美元)/kg 的牛肉价格，部分消费者选择猪肉、禽肉成为牛肉消费的替代品。

3. 牛肉产品营销模式

2011 年哈萨克斯坦肉类的实际加工能力仅为设计的 33%，大部分的牛肉加工企业面临原料供应的问题，由于牛源品质、季节性出栏、交通物流等方面影响，牛肉产品销售主要由加工企业、批发商、零

表 1-8-7

1992—2017 年哈萨克斯坦人均年肉类供应量　　kg/(人·年)

年份	肉类	牛肉	羊肉	猪肉	禽肉	其他肉
1992	76.23	36.17	14.74	13.18	8.43	3.70
1993	80.09	40.41	16.82	11.87	6.97	4.03
1994	74.33	39.56	15.53	9.75	4.95	4.54
1995	61.45	34.19	12.83	7.07	3.31	4.05
1996	53.12	28.92	10.58	6.54	2.49	4.60
1997	46.16	25.56	9.45	5.26	1.53	4.37
1998	41.69	22.66	7.76	5.14	1.57	4.55
1999	41.84	22.68	6.51	6.44	1.93	4.28
2000	38.15	20.34	6.32	5.33	2.21	3.95
2001	39.29	19.12	6.43	7.45	2.25	4.04
2002	40.00	19.60	6.70	7.27	2.39	4.05
2003	40.31	20.48	6.30	6.92	2.52	4.10
2004	42.55	21.43	6.60	7.52	2.68	4.31
2005	43.49	22.41	6.86	7.09	2.94	4.19
2006	46.18	23.36	7.33	6.97	4.11	4.42
2007	47.47	24.36	7.80	6.77	4.06	4.48
2008	48.67	25.00	8.19	6.91	4.08	4.49
2009	49.06	24.47	8.34	6.59	4.91	4.74
2010	50.88	24.81	8.72	6.28	6.28	4.80
2011	50.34	23.60	8.98	6.75	6.13	4.89
2012	49.92	22.07	9.09	6.11	7.27	5.38
2013	50.27	22.29	9.09	5.81	7.54	5.55
2014	51.03	23.19	9.26	5.71	7.22	5.65
2015	51.93	23.48	9.30	5.37	7.71	6.07
2016	52.88	23.94	9.41	5.22	7.96	6.35
2017	55.41	24.74	9.42	5.05	9.38	6.82

来源:FAO 数据整理

售商等环节组成,同时国家为提升产品竞争力,组建成立了国家控股的农业公司组成农工综合体,已实现资源、技术、人才的整合,应用信息技术掌握了国内产品市场信息与需求,及时调整产能与进出口配额,保障了国家农业生产与市场的基本稳定。随着信息技术的快速发展,以农业产业化公司为代表的大公司成为牛肉生产与供货的主要力量,但在国内主要市场上,牛肉的价格地区间差异大,较为不均衡。

4. 牛肉物流、营销企业和组织概况

哈萨克斯坦为提高农业生产竞争力,成立了国有控股的"哈萨克农工综合体"公司(kazagromarketing JSC),该公司通过现代信息技术来满足需求和农业市场预期,提供信息和营销服务,营运网络覆盖全国,技术水平全国领先。

(五)肉牛产品贸易情况

1. 肉牛产品进口情况

参考 FAO 统计数据(表 1-8-8),哈萨克斯坦肉牛产品贸易情况大致可以分为 3 个阶段:第 1 阶段

为1995—1998年,以活牛出口为主、进口为辅的贸易顺差阶段;第2阶段为1999—2006年,主要表现是活牛的进出口贸易额度小、数量少;第3阶段为2007—2016年,主要特点是大量进口活牛用于品种改良和肉类生产,特别是2011年以后在国内相关政策与产业需求背景下,哈萨克斯坦活牛交易迎来了新的历史转折。牛肉进出口贸易方面(表1-8-9),1995—1999年牛肉出口量高于进口量,1999—2016牛肉进口量远高于出口量。

肉牛产品主要进口国家为白罗斯、俄罗斯、巴拉圭、波兰、巴西、澳大利亚、乌克兰、乌拉圭、阿根廷等。

表1-8-8

1995—2016年哈萨克斯坦活牛进出口贸易统计

年份	进口量/头	进口额/万美元	进口单价/(美元/头)	出口量/头	出口额/万美元	出口单价/(美元/头)
1995	765	37.0	484	14 511	212.7	147
1996	442	7.4	167	12 978	119.3	92
1997	127	8.7	685	4 930	89.4	181
1998	1501	18.8	125	1 086	21.0	193
1999	275	3.8	138	433	5.6	129
2000	234	8.6	368	75	1.9	253
2001	205	11.4	556	5	0.1	200
2002	737	63.2	858	5	0.1	200
2003	191	5.4	283	3	—	—
2004	212	15.5	731	327	29.5	902
2005	153	24.3	1 588	42	0.7	167
2006	—	—	—	305	32.3	1 059
2007	1 812	656.3	3 622	1 343	168.8	1 257
2008	1 036	466.2	4 500	414	61.6	1 488
2009	1 556	615.7	3 957	—	—	—
2010	4 901	1 192.1	2 432	—	—	—
2011	15 298	6 367.2	4 162	361	197.2	5 463
2012	19 043	7 001.0	3 676	—	—	—
2013	1 6540	5 605.8	3 389	135	19.1	1 415
2014	14 112	4 598.8	3 259	2 412	267.8	1 110
2015	7 664	1 502.8	1 961	2 520	370.3	1 469
2016	5 389	990.2	1 837	1 893	250.6	1 324

来源:FAO统计资料

2. 肉牛产品出口情况

哈萨克斯坦肉牛产品的出口包括活牛与牛肉出口两部分,活牛出口量方面(表1-8-8),1995—1998年哈萨克斯坦的活牛出口数量相对较多,1999—2013年期间,活牛的出口数量整体较少,2014—2016年活牛出口数量有了极大改善,牛肉出口以俄罗斯、白罗斯等关税同盟国为主。牛肉产品出口情况可参见表1-8-9。

表 1-8-9
哈萨克斯坦牛肉产品进出口统计

年份	出口数量/t	出口额/万美元	进口数量/t	进口额/万美元
1992	10 000	700.0	6 200	1 200.0
1993	15 000	1 100.0	4 000	500.0
1994	19 000	1 500.0	1 000	150.0
1995	21 350	2 700.0	37	11.1
1996	21 366	3 137.8	124	27.5
1997	34 226	4 794.4	649	130.1
1998	9 873	1 444.9	1 302	247.1
1999	8 813	815.7	1 504	250.9
2000	311	26.5	1 123	115.5
2001	1 407	180.3	511	52.4
2002	474	55.7	189	28.5
2003	28	3.4	133	17.6
2004	30	3.5	517	36.5
2005	116	19.2	3 876	299.4
2006	20	3.6	429	48.1
2007	—	—	8 381	757.1
2008	400	127.0	2 584	342.1
2009	18	6.6	2 779	404.7
2010	20	10.0	950	188.3
2011	19	13.1	5 258	1 342.1
2012	—	0.1	6 926	3 014.2
2013	266	130.3	9 486	3 775.3
2014	2 272	854.9	3 557	1 315.6
2015	1 778	531.3	5 905	1 680.8
2016	1 591	453.0	5 279	1 214.9

来源:FAO 统计资料

3. 在世界畜产品贸易市场的地位

根据联合国粮食及农业组织统计数据显示(表 1-8-10 至表 1-8-21),哈萨克斯坦在世界贸易中具有重要地位,随着生产的发展与经济社会的发展,哈萨克斯坦在活牛、牛肉、牛皮、牛杂、牛油脂及其相关产品均有一定的贸易需求,在不同发展时期具有明显的消费需求与特点,受养殖量、消费量、加工能力与产品竞争力等综合因素的影响以及外部环境的制约,活牛贸易在 1995—2016 年间波动变化较大,伴随着哈萨克斯坦肉牛产业的快速发展,种牛的需求量国内生产不足,优良种畜缺口大,贸易量与贸易额较大。在牛肉贸易方面,1992—2016 年间哈萨克斯坦也经历了较为明显的贸易波动,主要畜产品需求量大,存在阶段性贸易逆差,由于畜产品生产与加工能力相对较弱,在世界畜产品贸易中占比不高。一定时期内牛肉相关贸易量与贸易额数值较小,进出口贸易表现低迷,在世界贸易中比重极小。随着经济的发展和人口的增长,哈萨克斯坦的牛肉生产和消费能力与需求差距加大,2013 年后随着哈萨克斯坦规模养殖业的发展与项目的实施,活牛与牛肉贸易均大幅度提升,随着贸易环境的改善与动物疫病防控水平的提升,哈萨克斯坦优先发展了肉牛产业,制定了相关配套措施大力发展牛肉出口加工生产,生产力与竞争力提升明显并展现出极大的规模效应与发展潜力。

表 1-8-10

1995—2016 年哈萨克斯坦活牛进出口贸易数量与占比情况

年份	哈萨克斯坦/头		世界/头		占比/%	
	进口量	出口量	进口量	出口量	进口	出口
1995	765	14 511	9 727 461	10 336 851	0.007 9	0.140 4
1996	442	12 978	8 460 488	8 848 597	0.005 2	0.146 7
1997	127	4 930	8 953 148	9 353 001	0.001 4	0.052 7
1998	1 501	1 086	8 582 999	9 006 204	0.017 5	0.012 1
1999	275	433	8 749 072	9 299 697	0.003 1	0.004 7
2000	234	75	8 731 547	9 383 245	0.002 7	0.000 8
2001	205	5	7 903 498	8 714 958	0.002 6	0.000 1
2002	737	5	8 401 545	9 047 959	0.008 8	0.000 1
2003	191	3	7 523 937	7 901 687	0.002 5	0.000 0
2004	212	327	7 770 165	8 031 460	0.002 7	0.004 1
2005	153	42	8 120 390	8 316 331	0.001 9	0.000 5
2006	—	305	9 157 360	9 613 465	—	0.003 2
2007	1 812	1 343	9 137 060	9 233 969	0.019 8	0.014 5
2008	1 036	414	8 763 013	9 073 567	0.011 8	0.004 6
2009	1 556	—	9 572 363	9 576 520	0.016 3	—
2010	4 901	—	10 694 311	10 930 750	0.045 8	—
2011	15 298	361	10 324 659	10 409 329	0.148 2	0.003 5
2012	19 043	—	10 139 567	10 228 282	0.187 8	—
2013	16 540	135	11 022 746	10 818 306	0.150 1	0.001 2
2014	14 112	2 412	10 927 449	10 957 343	0.129 1	0.022 0
2015	7 664	2 520	10 067 881	10 363 424	0.076 1	0.024 3
2016	5 389	1 893	9 891 572	10 282 001	0.054 5	0.018 4

来源:FAO 统计资料

表 1-8-11

1995—2016 年哈萨克斯坦活牛进出口贸易数额与占比情况

年份	哈萨克斯坦/万美元		世界/万美元		占比/%	
	进口额	出口额	进口额	出口额	进口	出口
1995	37.0	212.7	546 412.7	559 472.9	0.006 8	0.038 0
1996	7.4	119.3	458 721.2	460 977.3	0.001 6	0.025 9
1997	8.7	89.4	439 730.4	445 220.9	0.002 0	0.020 1
1998	18.8	21.0	449.704.2	448 955.6	0.004 2	0.004 7
1999	3.8	5.6	428 890.3	426 386.6	0.000 9	0.001 3
2000	8.6	1.9	417 412.6	428 898.1	0.002 1	0.000 4
2001	11.4	0.1	367 279.9	377 250.0	0.003 1	0.000 0
2002	63.2	0.1	392 998.0	425 548.0	0.016 1	0.000 0

续表 1-8-11

年份	哈萨克斯坦/万美元		世界/万美元		占比/%	
	进口额	出口额	进口额	出口额	进口	出口
2003	5.4	—	374 538.6	413 636.2	0.001 4	—
2004	15.5	29.5	391 982.5	435 143.7	0.004 0	0.006 8
2005	24.3	0.7	467 947.3	508 316.8	0.005 2	0.000 1
2006	—	32.3	562 959.7	608 659.8	—	0.005 3
2007	656.3	168.8	616 663.0	659 105.1	0.106 4	0.025 6
2008	466.2	61.6	669 293.5	682 294.7	0.069 7	0.009 0
2009	615.7	—	664 634.6	659 576.4	0.092 6	—
2010	1 192.1	—	805 908.0	756 391.5	0.147 9	—
2011	6 367.2	197.2	888 152.9	839 185.4	0.716 9	0.023 5
2012	7 001.0	—	956 395.0	889 054.4	0.732 0	—
2013	5 605.8	19.1	944 509.0	873 645.3	0.593 5	0.002 2
2014	4 598.8	267.8	997 850.6	961 121.1	0.460 9	0.027 9
2015	1 502.8	370.3	865 919.7	853 105.2	0.173 5	0.043 4
2016	990.2	250.6	788 111.1	804 023.8	0.125 6	0.031 2

来源:FAO统计资料

表 1-8-12

1992—2016 年哈萨克斯坦牛肉出口贸易情况

年份	哈萨克斯坦牛肉出口		世界牛肉出口		占比/%	
	贸易量/t	贸易额/万美元	贸易量/t	贸易额/万美元	贸易量	贸易额
1992	10 000	700.0	2 391 492	683 961.5	0.418 1	0.102 3
1993	15 000	1 100.0	2 040 488	565 203.6	0.735 1	0.194 6
1994	19 000	1 500.0	2 024 778	586 617.6	0.938 4	0.255 7
1995	21 350	2 700.0	1 881 222	584 568.4	1.134 9	0.461 9
1996	21 366	3 137.8	1 734 269	464 262.2	1.232 0	0.675 9
1997	34 226	4 794.4	1 760 980	452 169.9	1.943 6	1.060 3
1998	9 873	1 444.9	1 584 972	445 457.4	0.622 9	0.324 4
1999	8 813	815.7	1 426 642	379 623.8	0.617 7	0.214 9
2000	311	26.5	1 380 414	341 899.1	0.022 5	0.007 8
2001	1 407	180.3	1 129 184	250 978.1	0.124 6	0.071 8
2002	474	55.7	1 246 459	301 377.2	0.038 0	0.018 5
2003	28	3.4	1 243 148	365 597.8	0.002 3	0.000 9
2004	30	3.5	1 128 633	367 725.2	0.002 7	0.001 0
2005	116	19.2	1 196 746	423 825.5	0.009 7	0.004 5
2006	20	3.6	1 278 697	489 131.3	0.001 6	0.000 7
2007	—	—	1 370 453	558 658.6	0.000 0	0.000 0
2008	400	127.0	1 538 105	701 814.9	0.026 0	0.018 1
2009	18	6.6	1 598 618	652 271.4	0.001 1	0.001 0

续表 1-8-12

年份	哈萨克斯坦牛肉出口		世界牛肉出口		占比/%	
	贸易量/t	贸易额/万美元	贸易量/t	贸易额/万美元	贸易量	贸易额
2010	20	10.0	1 626 290	660 422.8	0.001 2	0.001 5
2011	19	13.1	1 732 070	830 865.2	0.001 1	0.001 6
2012	—	0.1	1 734 351	818 451.7	0.000 0	0.000 0
2013	266	130.3	1 777 096	854 738.1	0.015 0	0.015 2
2014	2 272	854.9	1 817 590	856 733.0	0.125 0	0.099 8
2015	1 778	531.3	1 884 932	759 128.5	0.094 3	0.070 0
2016	1 591	453.0	1 904 464	734 948.1	0.083 5	0.061 6

来源:FAO 统计资料

表 1-8-13

1992—2016 年哈萨克斯坦牛肉进口贸易情况

年份	哈萨克斯坦牛肉进口		世界牛肉进口		占比/%	
	贸易量/t	贸易额/万美元	贸易量/t	贸易额/万美元	贸易量	贸易额
1992	6 200	1 200.0	2 529 486	725 342.6	0.245 1	0.165 4
1993	4 000	500.0	2 168 522	606 648.6	0.184 5	0.082 4
1994	1 000	150.0	2 309 611	633 072.8	0.043 3	0.023 7
1995	37	11.1	2 075 736	615 292.1	0.001 8	0.001 8
1996	124	27.5	2 086 167	515 744.0	0.005 9	0.005 3
1997	649	130.1	1 941 608	473 891.6	0.033 4	0.027 5
1998	1 302	247.1	1 769 747	469 559.7	0.073 6	0.052 6
1999	1 504	250.9	1 677 731	395 959.5	0.089 6	0.063 4
2000	1 123	115.5	1 703 683	360 276.9	0.065 9	0.032 1
2001	511	52.4	1 249 631	262 013.9	0.040 9	0.020 0
2002	189	28.5	1 314 238	305 547.7	0.014 4	0.009 3
2003	133	17.6	1 260 785	371 480.0	0.010 5	0.004 7
2004	517	36.5	1 245 824	382 165.0	0.041 5	0.009 6
2005	3 876	299.4	1 365 788	442 231.6	0.283 8	0.067 7
2006	429	48.1	1 524 998	548 942.8	0.028 1	0.008 8
2007	8 381	757.1	1 621 947	621 728.3	0.516 7	0.121 8
2008	2 584	342.1	1 620 432	722 089.6	0.159 5	0.047 4
2009	2 779	404.7	1 596 436	663 822.7	0.174 1	0.061 0
2010	950	188.3	1 639 725	661 229.3	0.057 9	0.028 5
2011	5 258	1 342.1	1 772 387	820 855.6	0.296 7	0.163 5
2012	6 926	3 014.2	1 655 623	776 701.4	0.418 3	0.388 1
2013	9 486	3 775.3	1 697 685	821 431.1	0.558 8	0.459 6
2014	3 557	1 315.6	1 835 198	854 564.0	0.193 8	0.153 9
2015	5 905	1 680.8	1 854 474	765 445.6	0.318 4	0.219 6
2016	5 279	1 214.9	1 852 547	732 569.0	0.285 0	0.165 8

来源:FAO 统计资料

表 1-8-14

1992—2016 年哈萨克斯坦剔骨牛肉出口贸易情况

年份	哈萨克斯坦剔骨牛肉出口		世界剔骨牛肉出口		占比/%	
	贸易量/t	贸易额/万美元	贸易量/t	贸易额/万美元	贸易量	贸易额
1992	—	—	2 685 011	841 971.1	—	—
1993	—	—	2 806 658	845 036.1	—	—
1994	—	—	3 068 560	939 214.0	—	—
1995	1 249	107.4	3 081 071	977 237.8	0.040 5	0.011 0
1996	49	6.7	2 964 941	842 186.8	—	—
1997	—	—	3 345 712	893 589.8	—	—
1998	—	—	3 288 807	860 908.7	—	—
1999	—	—	3 853 758	1 040 168.1	—	—
2000	—	—	3 888 696	1 058 962.2	—	—
2001	251	30.6	3 783 906	985 860.6	0.006 6	0.003 1
2002	147	15.3	4 164 461	1 066 006.5	0.003 5	0.001 4
2003	14	1.7	4 408 856	1 261 787.9	0.000 3	0.000 1
2004	14	1.7	4 568 336	1 455 893.9	0.000 3	0.000 1
2005	—	—	4 914 687	1 647 111.6	—	—
2006	1	0.3	5 054 947	1 834 443.3	—	—
2007	—	—	5 175 439	2 004 108.0	—	—
2008	—	—	5 026 443	2 415 492.5	—	—
2009	4	2.1	5 158 463	2 150 506.3	0.000 1	0.000 1
2010	5	1.7	5 286 462	2 431 323.3	0.000 1	0.000 1
2011	—	—	5 027 950	2 728 154.6	—	—
2012	—	—	5 064 120	2 811 226.9	—	—
2013	—	—	5 409 854	2 961 495.3	—	—
2014	86	46.4	5 840 299	3 369 047.6	0.001 5	0.001 4
2015	199	133.5	5 844 219	3 172 522.1	0.003 4	0.004 2
2016	56	29.1	5 748 935	2 991 254.0	0.001 0	0.001 0

来源：FAO 统计资料

表 1-8-15

1992—2016 年哈萨克斯坦剔骨牛肉进口贸易情况

年份	哈萨克斯坦剔骨牛肉进口		世界剔骨牛肉进口		占比/%	
	贸易量/t	贸易额/万美元	贸易量/t	贸易额/万美元	贸易量	贸易额
1992	—	—	2 557 678	871 271.3	—	—
1993	—	—	2 666 974	859 473.5	—	—
1994	—	—	2 821 112	924 660.6	—	—

续表 1-8-15

年份	哈萨克斯坦剔骨牛肉进口		世界剔骨牛肉进口		占比/%	
	贸易量/t	贸易额/万美元	贸易量/t	贸易额/万美元	贸易量	贸易额
1995	3	0.5	2 787 464	954 798.8	—	—
1996	—	0.1	2 768 893	850 441.0	—	—
1997	—	—	3 246 996	921 003.0	—	—
1998	—	—	3 246 725	902 808.6	—	—
1999	—	—	3 650 480	1 022 851.4	—	—
2000	425	120.5	3 833 492	1 066 236.0	0.011 1	0.011 3
2001	323	80.1	3 762 417	1 002 462.1	0.008 6	0.008 0
2002	1 283	153.1	4 217 036	1 076 470.2	0.030 4	0.014 2
2003	3 545	348.8	4 385 613	1 250 500.0	0.080 8	0.027 9
2004	3 750	406.4	4 432 286	1 428 870.8	0.084 6	0.028 4
2005	1 609	373.8	4 717 575	1 575 238.0	0.034 1	0.023 7
2006	12 856	1 527.0	4 732 016	1 737 537.7	0.271 7	0.087 9
2007	10 459	1 699.2	5 089 442	1 997 356.7	0.205 5	0.085 1
2008	9 107	1 627.7	4 894 902	2 296 460.4	0.186 1	0.070 9
2009	3 253	650.8	4 979 210	2 137 793.5	0.065 3	0.030 4
2010	4 560	1 638.1	5 067 970	2 347.213.7	0.090 0	0.069 8
2011	7 408	2 297.0	4 879 419	2 671 684.8	0.151 8	0.086 0
2012	13 712	3 466.2	5 000 560	2 755 576.8	0.274 2	0.125 8
2013	13 941	3 132.9	5 482 154	302 7432.8	0.254 3	0.103 5
2014	13 348	3 016.0	6 090 154	3 390 262.6	0.219 2	0.089 0
2015	9 675	2 001.0	6 036 886	3 310 236.6	0.160 3	0.060 4
2016	4 195	827.7	5 933 489	3 062 629.3	0.070 7	0.027 0

来源:FAO 统计资料

表 1-8-16
1992—2016 年哈萨克斯坦牛杂出口贸易情况

年份	哈萨克斯坦牛杂出口		世界牛杂出口		占比/%	
	贸易量/t	贸易额/万美元	贸易量/t	贸易额/万美元	贸易量	贸易额
1992	—	—	495 169	101 383.8	—	—
1993	—	—	544 222	102 569.4	—	—
1994	2 600	70.0	580 853	105 435.0	0.447 6	0.066 4
1995	3 417	158.9	677 075	123 382.3	0.504 7	0.128 8
1996	1 919	97.4	685 696	116 646.1	0.279 9	0.083 5
1997	1 200	61.0	676 956	99 347.9	0.177 3	0.061 4
1998	300	13.2	720 774	101 828.9	0.041 6	0.013 0
1999	376	5.3	750 517	113 423.5	0.050 1	0.004 7
2000	107	1.3	872 623	125 054.7	0.012 3	0.001 0
2001	10	0.7	762 537	110 897.5	0.001 3	0.000 6

续表 1-8-16

年份	哈萨克斯坦牛杂出口		世界牛杂出口		占比/%	
	贸易量/t	贸易额/万美元	贸易量/t	贸易额/万美元	贸易量	贸易额
2002	21	0.9	729 138	90 318.8	0.002 9	0.001 0
2003	—	—	814 211	118 567.8	—	—
2004	—	—	646 092	113 190.3	—	—
2005	—	—	713 973	143 209.3	—	—
2006	—	—	808 566	148 243.3	—	—
2007	—	—	883 827	173 686.3	—	—
2008	—	—	977 463	223 764.5	—	—
2009	—	—	1 074 304	213 225.8	—	—
2010	—	—	1 050 873	219 277.0	—	—
2011	—	—	1 090 787	257 281.8	—	—
2012	—	—	1 208 609	301 272.0	—	—
2013	4	1.5	1 336 896	330 234.2	0.000 3	0.000 5
2014	13	3.1	1 516 798	382 017.6	0.000 9	0.000 8
2015	53	2.7	1 498 249	359 927.2	0.003 5	0.000 8
2016	119	6.2	1 470 849	334 219.7	0.008 1	0.001 9

来源:FAO 统计资料

表 1-8-17

1992—2016 年哈萨克斯坦牛杂进口贸易情况

年份	哈萨克斯坦牛杂进口		世界牛杂进口		占比/%	
	贸易量/t	贸易额/万美元	贸易量/t	贸易额/万美元	贸易量	贸易额
1992	—	—	465 301	117 786.7	—	—
1993	—	—	480 878	115 024.8	—	—
1994	—	—	550 274	115 010.4	—	—
1995	6	0.6	575 987	133 532.8	0.001 0	0.000 4
1996	142	27.9	565 039	122 474.8	0.025 1	0.022 8
1997	140	25.0	672 747	108 118.7	0.020 8	0.023 1
1998	198	22.2	697 998	112 344.4	0.028 4	0.019 8
1999	48	3.2	677 975	131 285.1	0.007 1	0.002 4
2000	19	2.5	747 219	158 413.3	0.002 5	0.001 6
2001	62	5.6	676 074	141 719.2	0.009 2	0.004 0
2002	94	5.0	748 139	111 437.2	0.012 6	0.004 5
2003	87	4.5	820 114	146 789.6	0.010 6	0.003 1
2004	368	24.2	565 577	106 569.9	0.065 1	0.022 7
2005	459	29.2	674 813	138 240.0	0.068 0	0.021 1
2006	266	18.6	777 016	145 006.8	0.034 2	0.012 8
2007	351	25.3	904 307	189 194.1	0.038 8	0.013 4
2008	209	47.0	981 698	240 056.2	0.021 3	0.019 6

续表 1-8-17

年份	哈萨克斯坦牛杂进口		世界牛杂进口		占比/%	
	贸易量/t	贸易额/万美元	贸易量/t	贸易额/万美元	贸易量	贸易额
2009	38	2.7	931 088	216 294.7	0.004 1	0.001 2
2010	455	2.7	960 265	228 866.9	0.047 4	0.001 2
2011	1 333	150.9	975 421	276 587.8	0.136 7	0.054 6
2012	3 007	419.1	1 042 768	283 858.7	0.288 4	0.147 6
2013	2 879	452.1	1 249 159	330 630.5	0.230 5	0.136 7
2014	1 893	314.0	1 468 769	402 273.2	0.128 9	0.078 1
2015	2 637	300.2	1 394 229	392 343.9	0.189 1	0.076 5
2016	3 057	349.1	1 268 289	356 992.6	0.241 0	0.097 8

来源：FAO 统计资料

表 1-8-18
1992—2016 年哈萨克斯坦牛皮出口贸易情况

年份	哈萨克斯坦牛皮出口		世界牛皮出口		占比/%	
	贸易量/t	贸易额/万美元	贸易量/t	贸易额/万美元	贸易量	贸易额
1992	5 000	410.0	1 660 410	290 590.8	0.301 1	0.141 1
1993	6 300	520.0	1 663 064	278 548.4	0.378 8	0.186 7
1994	16 000	1 350.0	1 756 076	316 800.9	0.911 1	0.426 1
1995	25 784	2 090.5	1 759 999	347 201.7	1.465 0	0.602 1
1996	19 626	2 081.9	1 880 351	340 444.8	1.043 7	0.611 5
1997	19 500	2 000.0	1 952 601	353 072.0	0.998 7	0.566 5
1998	31 235	2 261.5	1 782 295	279 734.8	1.752 5	0.808 4
1999	44 762	2 068.6	1 727 119	252 173.7	2.591 7	0.820 3
2000	29 161	1 484.7	1 902 850	319 068.6	1.532 5	0.465 3
2001	15 000	800.0	1 836 944	348 529.8	0.816 6	0.229 5
2002	19 481	1 165.1	1 733 692	333 639.0	1.123 7	0.349 2
2003	—	—	1 664 524	338 498.5	0.000 0	0.000 0
2004	21 755	1 411.2	1 706 943	346 054.3	1.274 5	0.407 8
2005	14 877	772.0	1 680 807	342 497.9	0.885 1	0.225 4
2006	7 241	521.5	1 717 871	362 918.6	0.421 5	0.143 7
2007	3 468	118.9	1 696 691	398 825.4	0.204 4	0.029 8
2008	3 716	109.4	1 661 423	358 566.1	0.223 7	0.030 5
2009	5 222	148.6	1 647 382	249 664.8	0.317 0	0.059 5
2010	10 732	352.9	1 831 099	400 708.6	0.586 1	0.088 1
2011	8 269	246.2	1 958 682	479 005.4	0.422 2	0.051 4
2012	16 502	345.3	1 912 813	472 765.0	0.862 7	0.073 0
2013	21 424	406.4	2 159 463	545 211.5	0.992 1	0.074 5
2014	2 687	50.0	1 902 794	560 959.1	0.141 2	0.008 9
2015	2 925	69.3	1 750 148	457 993.5	0.167 1	0.015 1
2016	2 184	66.5	1 664 299	398 882.1	0.131 2	0.016 7

来源：FAO 统计资料

表 1-8-19
1992—2016 年哈萨克斯坦牛皮进口贸易情况

年份	哈萨克斯坦牛皮进口		世界牛皮进口		占比/%	
	贸易量/t	贸易额/万美元	贸易量/t	贸易额/万美元	贸易量	贸易额
1992	—	—	1 250 683	209 481.7	—	—
1993	—	—	1 263 506	208 348 5	—	—
1994	—	—	1 408 165	259 200.2	—	—
1995	254	26.3	1 501 925	293 702.2	0.016 9	0.009 0
1996	318	34.6	1 512 096	272 283.4	0.021 0	0.012 7
1997	—	34.5	1 661 687	296 931.2	—	0.011 6
1998	14	0.5	1 663 494	263 320.1	0.000 8	0.000 2
1999	401	9.5	1 748 777	245 102.6	0.022 9	0.003 9
2000	1	0.4	1 812 324	293 812.7	0.000 1	0.000 1
2001	—	—	1 845 564	331 939.7	—	—
2002	620	29.5	1 813 491	283 473.4	0.034 2	0.010 4
2003	—	—	1 858 995	300 329.9	—	—
2004	7 569	657.4	1 866 844	308 782.4	0.405 4	0.212 9
2005	928	79.4	1 842 148	310 115.7	0.050 4	0.025 6
2006	342	40.5	1 946 105	342 585.0	0.017 6	0.011 8
2007	272	23.5	1 787 715	366 682.8	0.015 2	0.006 4
2008	1 766	66.4	1 823 675	350 102.9	0.096 8	0.019 0
2009	1 414	52.6	1 922 260	237 123.7	0.073 6	0.022 2
2010	700	27.0	2 066 965	377 438.2	0.033 9	0.007 2
2011	—	0.1	2 133 653	468 751.2	—	0.000 0
2012	1	0.7	2 172 951	477 769.6	0.000 0	0.000 1
2013	7	1.4	2 283 001	572 633.0	0.000 3	0.000 2
2014	918	13.7	2 097 516	585 974.9	0.043 8	0.002 3
2015	3 881	66.5	2 092 984	491 313.9	0.185 4	0.013 5
2016	2 952	30.2	2 003 149	388 217.0	0.147 4	0.007 8

来源:FAO 统计资料

表 1-8-20
1992—2016 年哈萨克斯坦牛脂肪出口贸易情况

年份	哈萨克斯坦牛脂肪出口		世界牛脂肪出口		占比/%	
	贸易量/t	贸易额/万美元	贸易量/t	贸易额/万美元	贸易量	贸易额
1992	—	—	3 264	137.0	—	—
1993	—	—	908	23.0	—	—
1994	—	—	287	11.5	—	—
1995	—	—	341	23.3	—	—
1996	53	7.2	418	42.3	12.679 4	17.021 3
1997	50	7.0	5 803	561.7	0.861 6	1.246 2

续表 1-8-20

年份	哈萨克斯坦牛脂肪出口		世界牛脂肪出口		占比/%	
	贸易量/t	贸易额/万美元	贸易量/t	贸易额/万美元	贸易量	贸易额
1998	2	0.1	2 796	241.8	0.071 5	0.041 4
1999	—	—	2 954	105.4	—	—
2000	—	—	2 513	167.2	—	—
2001	—	—	4 292	286.6	—	—
2002	—	—	4 067	252.9	—	—
2003	—	—	3 965	288.9	—	—
2004	—	—	208	12.8	—	—
2005	—	—	20 018	706.1	—	—
2006	—	—	22 420	848.5	—	—
2007	—	—	20 258	1 408.5	—	—
2008	—	—	48 825	4 005.4	—	—
2009	—	—	52 532	2 847.3	—	—
2010	—	—	56 756	4 377.3	—	—
2011	—	—	39 601	4 500.5	—	—
2012	—	—	111 572	10 778.9	—	—
2013	—	—	93 789	7 883.9	—	—
2014	—	—	102 274	9 229.2	—	—
2015	—	—	95 551	5 460.5	—	—
2016	—	—	116 329	7 031.3	—	—

来源:FAO 统计资料

表 1-8-21
1992—2016 年哈萨克斯坦牛脂肪进口贸易情况

年份	哈萨克斯坦牛脂肪进口		世界牛脂肪进口		占比/%	
	贸易量/t	贸易额/万美元	贸易量/t	贸易额/万美元	贸易量	贸易额
1992	—	—	60 659	3 101.4	—	—
1993	—	—	66 078	3 499.2	—	—
1994	—	—	56 262	2 970.7	—	—
1995	—	—	63 889	3 591.1	—	—
1996	152	12.2	79 186	5 087.7	0.192 0	0.239 8
1997	150	12.0	83 067	5 817.1	0.180 6	0.206 3
1998	121	12.9	126 224	7 535.6	0.095 9	0.171 2
1999	—	—	162 225	8 099.2	—	—
2000	201	11.5	136 002	5 705.4	—	—
2001	—	—	104 981	4 461.0	—	—
2002	132	5.2	92 448	4 028.6	—	—
2003	—	—	104 296	4 446.7	—	—
2004	55	3.8	71 809	4 096.6	—	—

续表 1-8-21

年份	哈萨克斯坦牛脂肪进口		世界牛脂肪进口		占比/%	
	贸易量/t	贸易额/万美元	贸易量/t	贸易额/万美元	贸易量	贸易额
2005	—	—	65 443	3 857.5	—	—
2006	—	—	59 341	3 734.4	—	—
2007	—	—	48 630	3 697.3	—	—
2008	—	—	42 251	4 266.6	—	—
2009	—	—	49 299	3 856.0	—	—
2010	—	—	42 017	3 478.6	—	—
2011	—	—	51 737	5 045.3	—	—
2012	1 482	179.3	216 741	23 304.4	0.683 8	0.769 4
2013	1 009	89.7	154 616	15 038.4	0.652 6	0.596 5
2014	1 113	128.3	158 916	15 735.7	0.700 4	0.815 3
2015	862	59.5	76 211	5 375.2	1.131 1	1.106 9
2016	1 050	72.3	84 038	5 486.8	1.249 4	1.317 7

来源:FAO统计资料

4. 与中国的畜产品贸易情况

活牛贸易:1998 年中国向哈萨克斯坦出口活牛 1 213 头,贸易额 16.2 万美元,参照同期人民币汇率折合单价 1 105.7 元/头,1999 年中国再次向哈萨克斯坦出口活牛 11 头,贸易额 1.1 万美元,折合人民币单价 1897.11 元/头。

牛肉贸易:主要涉及牛肉与牛肉制品,1998—2001 年中国出口牛肉产品 1 293 t,贸易额 178.8 万美元。另外,中国主要进口哈萨克斯坦的牛皮与牛肉,2002 年中国进口哈萨克斯坦牛肉 50 t,贸易额 4.3 万美元,1998—2012 年,中国累计进口哈萨克斯坦牛皮 77 796 t,贸易额 4 621.4 万美元。2019 年随着中国解除针对哈萨克斯坦牛肉对华出口的限制令,哈萨克斯坦将加大面向中国的牛肉出口量。

三、畜牧业生产扶持政策措施

(一)家畜育种补贴政策

根据 2011 年哈萨克斯坦共和国政府的文件要求,为补贴家畜育种,国家制定了预算补贴标准与实施细则以及相关管理办法。从文件补贴的畜种来看,补贴涉及的动物产品目录有牛、马、羊、猪、骆驼、鸡(禽)和种蛋、冻精等,根据不同类型育种材料的成本及品质特性予以补贴,预算补贴一般不超过相应育种材料购置成本的 50%。补贴标准见表 1-8-22 至表 1-8-25。

表 1-8-22
种畜购置补贴预算

种畜来源与类型	肉用品种补贴标准/(坚戈/头)		乳用品种补贴标准/(坚戈/头)
	公牛	青年母牛和成年母牛	青年母牛和成年母牛
国产	118 000	118 000	118 000
澳大利亚、北美和南美(进口)	235 000	235 000	235 000

续表 1-8-22

种畜来源与类型	肉用品种补贴标准/(坚戈/头)		乳用品种补贴标准/(坚戈/头)
	公牛	青年母牛和成年母牛	青年母牛和成年母牛
欧洲国家(进口)	154 000	154 000	154 000
俄罗斯、白罗斯和乌克兰(进口)	0	0	118 000

来源:哈萨克斯坦政府网

表 1-8-23
参与肉用、乳用品种育种的繁殖母牛生产补贴预算

生产类型	补贴标准/(坚戈/头)
肉用生产类型的母牛和青年母牛*	14 000
乳用生产类型的母牛和青年母牛*	14 000

* 肉用、乳用品种育种方向

表 1-8-24
种公牛冻精和胚胎购置补贴

育种材料类型	单位	补贴标准/坚戈
胚胎	枚	18 000
常规冻精（国产）	剂	600
进口冻精	剂	1 100
性控冻精	剂	3 300

来源:哈萨克斯坦政府网

表 1-8-25
预算内私人农场种公牛(自然交配)养殖补贴

补贴类型	单位补贴标准/坚戈
种公牛	104 000

来源:哈萨克斯坦政府网

(二)为提高畜牧业生产效率和产品质量的补贴政策

根据 2011 年哈萨克斯坦共和国政府文件,为提高畜牧业生产力和畜禽产品质量,围绕国内农业生产者国家制定了预算补贴标准与实施细则以及相关管理办法。主要用于生产牛肉、猪肉、家禽肉类、食用鸡蛋、牛奶、细羊毛、羊肉、马肉,马奶酒和酸奶等。补贴标准见表 1-8-26。

表 1-8-26
预算补贴标准

序号	产品类型	预算补贴标准/(坚戈/kg)
1	牛肉(Ⅰ级)	220
2	牛肉(Ⅱ级)	170
3	牛肉(Ⅲ级)	102
4	羊肉	100
5	马肉	92

续表 1-8-26

序号	产品类型	预算补贴标准/(坚戈/kg)
6	猪肉(Ⅰ级)	98
7	猪肉(Ⅱ级)	60
8	禽肉(Ⅰ级)	70
9	禽肉(Ⅱ级)	66
10	禽肉(Ⅲ级)	50
11	火鸡肉	105
12	鸡蛋(Ⅰ级)	3
13	鸡蛋(Ⅱ级)	2.6
14	鸡蛋(Ⅲ级)	2
15	牛奶(Ⅰ级)	25
16	牛奶(Ⅱ级)	15
17	牛奶(Ⅲ级)	10
18	马奶酒(乳酒)	60
19	双峰驼驼乳	55
20	羊毛(细)	130
21	牛	4 500

来源:哈萨克斯坦政府网

(三)国家牛肉出口项目

2011 年哈萨克斯坦制定并实施了 2011—2015 年“提升牛肉出口潜力”项目,根据该计划,将建立良种牲畜培育场,并从国外进口 7.2 万头肉畜。建立可产 15 万头牛的育肥场,以及母畜总数达 30 万头的农牧场。该项目计划建设 150 个规模化肉牛饲养场,并通过引种改良与育种管理提升牛群的整体品质,提高本国牛肉生产能力、水平和竞争力,增加产品出口机会。项目建立工业化饲养场通过开展 3～6 个月的架子牛集约化育肥以保障屠宰加工以及市场的需要。

项目得到了各类农场主的广泛支持,同期农业部也落实了畜牧业育种与产品生产补贴,2012 年哈萨克斯坦从关税同盟成员国及欧美大量进口肉牛与奶牛,相关财政补贴为:从欧洲进口 1 头牛补贴 14 万坚戈(约合 948 美元);从澳大利亚和南、北美洲进口 1 头牛补贴 21.4 万坚戈(约合 1 449 美元);从俄罗斯、白罗斯、乌克兰进口 1 头奶牛补贴 10.7 万坚戈(约合 724 美元)。该项目 2014 年计划新建基础设施的一次性育肥生产能力预计在 35 000 头,实际完成情况为容量 43 700 头,容量达计划的 125%。

(四)农业合作社

依据哈萨克斯坦 2018 年度统计数据中生产经营者类型划分,哈萨克斯坦的养殖业从业者分为农业企业(公司)、私人企业(家庭农场)、农户(散户),从 2018 年末的繁殖母牛养殖数据看,繁殖母牛存栏中,农业企业存栏量占比 8.23%,私人企业与家庭农场存栏量占比 35.89%,农户存栏量占比 55.88%。同时,政策方面哈萨克斯坦出台了《农业工业综合体发展国家计划》并加强了农业综合企业(农工联合体)发展计划的组织管理,加大了以中小型农场为基础的扶持,促进了劳动生产率的提高。

四、肉牛产业科技进展

(一)育种与繁育技术

哈萨克斯坦的牛种资源相对丰富，根据产品的生产类型，哈萨克斯坦牛的数量按肉用和乳用类型来统计，从规模养殖场统计数分析出的牛主导品种为：乳用类型分别为 Black-Motley、golshtinofrizskaja black-Motley、Holstein Red-mottled、Red steppe、aulieatinskaja 等 5 个品种，存栏量分别为 67 275 头、34 747 头、816 头、13 811 头、15 442 头；乳肉兼用类型分别为 alatauskaja、fleckvieh、Swiss 等 3 个品种，存栏量分别为 74 774 头、52 200 头、100 头；肉用类型分别为 Kazakh white-headed、Angus、breeding、gerefordskaja、Santa Gertrude、Charolais、Kalmyk、the Aubrac breed、Galloway、Limousine 等 10 个品种，存栏量分别为 223 994 头、57 843 头、46 528 头、39 489 头、20 112 头、1 026 头、2 060 头、975 头、431 头、575 头。育种技术主要通过杂交的方式改良和培育新的品种，从现阶段牛的品种分布来看，存栏基数较大的本地品种仍是肉类生产的主导品种，同时数量较少的品种牛大多为引进品种，用于开展和本地牛的杂交改良，提高本地牛的生产性能。培育并主推的品种为哈萨克白头牛，在当前的育种工作中，人工授精、胚胎移植及分子选育技术缺乏相应的人才，繁育技术的推广应用十分有限。

为提高生物技术在育种中的应用，近年来哈萨克斯坦采用多种形式提升科技水平，与发达国家联合开展牛的分子育种工作，逐步健全繁育体系、生产性能测定体系、动物标识体系与信息化管理，较为系统地制定了各地州的牛改良计划并确定了主要牛种的推广应用范围。

(二)养殖技术

国家和企业投入大量的资金用于发展规模化养殖，并推广生产技术的网络化管理技术，采取集约化生产的方式开展肉牛的育肥，养殖场采购农户的架子牛开展 3～6 个月的强度育肥来增加牛的产肉量与改善牛肉品质。根据规模、生产方式的不同分别采用谷饲、草饲、补饲等技术手段生产不同品质、类型的产品。在出口产品生产上主要以舍饲标准化育肥的方式进行，相对于中小规模养殖户，利用天然草场开展有机产品生产来保障本国消费者对健康的需求。

(三)疫病防控技术

目前哈萨克斯坦的兽医体系包括：国家兽医管理机构、在兽医领域中实施活动的国家机关分支机构、兽医组织以及从事兽医活动的自然人和法人。哈萨克斯坦将动物、动物源性食品和原料、兽医制剂、饲料和饲料添加剂都列入国家兽医监督范围。为了加强监督，哈萨克斯坦在边境和道路上还设置了兽医监督哨所，在州、区、村设置了兽医执行机关，负责确定居民点的牲畜放牧地点和组织对居民点地区的卫生净化。

但目前哈萨克斯坦的兽医管理体系依然存在不少问题：兽医服务不到位，防疫人员缺乏；走私现象依然存在；农场主掩盖疫情，导致尚处于潜伏期的病畜转移，造成疫病扩散。同时疫畜处理场数量不足，病死牲畜的尸体缺少必要的卫生防疫处理，造成感染源长期存在。此外，鉴定统计的牲畜数量与实际不符，使得很多牲畜没有鉴定健康证和编号，使无证牲畜成为疫病传播的隐患。根据 OIE 和 FAO 数据显示，2005—2013 年哈萨克斯坦暴发的动物疫情主要有：炭疽、牛羊布鲁氏菌病、口蹄疫、高致病性禽流感、新城疫、狂犬病、羊痘等，其中以口蹄疫疫情最为严重；2011—2013 年共计暴发 43 起疫情，疫情暴发上升趋势明显。东哈萨克斯坦州东南部与我国新疆巴克图口岸、吉木乃口岸为邻，疫情传入我国风险相对较大。

(四)粪污处理技术

哈萨克斯坦肉牛主要采用放牧方式饲养，粪污直接还田，在农区小散户养殖模式粪污量较少，人工完成粪污收集，简单处理后直接还田，增加土壤肥力并提高农作物产量。个别规模化养殖场清理的牛粪送至堆粪场经堆积发酵无害化处理后，即成为有机肥料，直接用于设施农业栽培或农作物种植。

五、与我国畜牧业合作情况

哈萨克斯坦是上合组织成员国之一，中国农业部将与上合组织成员国在畜禽良种繁育、适度规模化养殖、畜禽粪污资源化利用等领域开展交流和合作，共同推进畜牧业持续健康发展。在过去的5年中，中国新疆畜牧科学院、俄罗斯联邦国家畜牧科学院及哈萨克斯坦共和国农业部阿斯勒土里克种畜场签订共建中俄哈畜牧科技合作研究中心合作协议书。根据协议，在促进合作方科技发展的条件下，三方以提高畜牧业畜禽品种和畜产品的生产价值、共同申报科研项目、培养科技人员、加强信息交流、创造科技成果为目标；合作方之间在各自国家允许的范围内提供相关技术问题解决的服务；合作方相关资源共享；组织开展客座研究、人员互访、技术培训、人才培养、学术交流、学术会议等，开展科研成果信息交流；相互提供专家、技术人员、技术资料等，共同执行合作项目；在各自国家允许的范围内，联合开展中国、俄罗斯、哈萨克斯坦畜禽品种生物多样性资源调查与种质资源利用创新研究；协商相互提供有效试验材料，共同开展畜禽品种联合分子育种研究。

中国新疆与哈萨克斯坦在畜牧业发展中有很多相似之处，尤其在草场、畜种资源、生产技术方面各有所长、互有需求。截至目前，新疆已经与哈萨克斯坦南哈州、东哈州、阿拉木图、阿斯塔纳等地的多个科研院所展开合作。中国新疆维吾尔自治区科技厅先后批准成立“中国新疆—哈萨克斯坦阿拉木图州畜产品合作研究中心”“中国新疆—南哈州畜产品合作研究中心”“中国新疆畜牧业质量标准研究所—哈萨克斯坦共和国东哈州农业科学研究所畜产品合作促进中心”。中哈两国近年在畜牧科技合作中取得重要进展，新疆将从哈萨克斯坦引进牛、骆驼、马鹿等优良畜种，逐步改良当地种质资源。新疆的羊穿衣技术、疫病快速检测等技术走进哈萨克斯坦，哈萨克斯坦有关专家也到我国纺织企业、毛绒市场、科研部门、检验机构进行了深入考察，双方合作领域不断拓宽。

2016年，中国企业计划在哈萨克斯坦为牛肉、羊肉和马肉生产项目投资2亿美元，中国企业决定在东哈州投资建设每年可处理1.7万t羊肉、牛肉的肉类加工厂以及可容纳5万头牲口的育肥场，80%的产品将向中国出口，项目总值79亿坚戈(381.16坚戈/美元)，中国企业集团持股49%。此外，公司还计划同其他哈萨克斯坦公司开展牛肉生产合作。同年，新疆维吾尔自治区科技厅依托上海合作组织科技伙伴计划项目成功举办“上合组织国家畜牧业创新技术人才培训班”，通过多种形式展示新疆畜牧业发展技术成果，相互了解了各方畜牧业科技前沿发展、区域间畜牧业生产技术和生产模式，通过培训让参训人员对新疆的畜牧业发展有了更加深刻的了解，为提升各国畜牧业基础力量人才队伍建设，扩大交流合作，加强畜牧科技创新、促进贸易等方面奠定基础。

未来5年，哈萨克斯坦和中国计划落实总价值250亿～300亿美元的50多个合作项目，部分项目涉及农产品生产和加工领域，充分体现了“丝路经济带”通过沿线国家之间开发、合作、共赢共享的优势。

参考文献

[1]http://mgov.kz/en

[2]http://www.fao.org/faostat/en/#data/major _ commodities _ imports/visualizev

[3]http://www.chinadaily.com.cn/hqzx/2016-05/16/content _ 25310917.htm

[4]徐军，王安东，徐新龙，等.哈萨克斯坦畜牧业发展及动物疫情状况[J].中国动物检疫，2015，32(11):72-75.

[5]周振勇，李红波，张杨.哈萨克斯坦畜牧业现状调研与需求分析[J].中国草食动物科学，2018，38(05):58-61.

[6]李红波，闫向民，杜玮，等.哈萨克斯坦畜牧业生产情况调研[J].现代农业科技，2016(06):281-283.

[7]李静，刘建明，杨光维."一带一路"背景下中哈畜牧业国际合作模式与对策探析[J].北方经济，2018(Z1):59-62.

第二篇

美　洲

第一章

美　国

一、摘　要

美国全称美利坚合众国，是美洲第二大的国家，领土包括美国本土、北美洲西北部的阿拉斯加和太平洋中部的夏威夷群岛。国土面积 963 万 km^2(加上五大湖中美国主权部分和河口、港湾、内海等沿海水域面积)，人口 3.2 亿人，通用英语，是一个移民国家。美国东部为阿巴拉契亚山脉和大西洋沿岸低地，大西洋沿岸地区是美国工业最发达的地区；西部属科迪勒拉山系；中部为大平原，是美国最重要的农牧业区。

肉牛业是美国畜牧业生产中最大的部门，占美国畜牧业总产值的 25%，2015 年肉牛业总产值已达 1 050 亿美元。美国牛肉生产一直保持较高水平，是全球第一大牛肉生产国，美国牛总存栏量 9 900 万头左右，牛肉产量一直维持在 1 100 万～1 200 万 t，位居世界第 。2018 年美国牛肉产量约 1 222 万 t，占全球牛肉产量的 19.5%。同时，美国也是世界牛肉进出口大国，2018 年美国牛肉进口量为 134.94 万 t，占全球牛肉总进口量的 17.44%，居世界第一位。同年美国牛肉出口量为 141.99 万 t，占全球 13.57%，居世界第四位。美国进口牛肉的 86%来自澳大利亚、加拿大、新西兰、墨西哥；而 80%的美国牛肉出口到日本、墨西哥、加拿大、韩国、中国香港。

从消费结构来看，自 1975 年以来，美国主要的消费肉类分别是禽肉、牛肉和猪肉，整体肉类消费量呈增加的态势，而且鸡肉消费量逐渐超越了牛肉消费量。2018 年美国肉类人均消费总量为 99.47 kg，其中鸡肉、牛肉和猪肉人均消费量分别为 49.90 kg、26.04 kg 和 23.04 kg，在肉类总和中的占比分别为 50%、26%和 23%。美国牛肉消费量从 1975 年的约 38.25 kg/(人·年)降至 1993 年的约 27.00 kg/(人·年)，此后一直保持相对稳定状态。美国牛肉的消费产品中，绝大多数以冷鲜品上市，用于加工的比例约为 20%，产品包装以盒装为主，占比为 95% 以上。

畜牧业合作已成为中美双边关系的重要组成部分，中美两国可以在肉牛品种选育、繁育体系构建、畜产品加工以及畜牧业技术装备集成融合等方向开展合作，促进中国的农业技术进步，生态环境改善，并对促进中美畜产品贸易的发展发挥重要作用。

二、肉牛产业基本情况

(一)肉牛产业发展概况和资源状况

1. 美国人口情况

(1)全国人口情况

美国是世界人口第三大国家,仅次于中国和印度,是工业化并预计有大量人口增长的国家。据美国人口普查局统计显示,截至2018年7月1日,美国人口数量为32 717万人(表2-1-1)。美国人口在20世纪几乎翻了两番,从1900年的7 620万人增加到2000年的2.81亿人。美国种族众多,其中37个种族的人数超过100万人,德裔美国人是最大的族群(超过5 000万人),其次是爱尔兰裔美国人(约3 700万人),墨西哥裔美国人(约3 100万人)和英裔美国人(约2 800万人)。

表2-1-1

美国历年人口数量

年份	人口数量/万人	增长幅度/%
1900	7 621	21.00
1910	9 222	21.01
1920	10 602	14.96
1930	12 320	16.20
1940	13 216	7.27
1950	15 133	14.51
1960	17 932	18.50
1970	20 321	13.32
1980	22 655	11.49
1990	24 871	9.78
2000	28 142	13.15
2010	30 875	9.71
2018	32 717	5.97

来源:美国人口普查局(USCB,https://www.nass.usda.gov/)

美国约82%的人生活在城市地区(包括郊区);大约一半的人居住在人口超过5万人的城市中。美国有许多被称为“大区”的城市群,其中最大的是大湖大区,其次是东北大区和南加州。2008年,美国有9个城市的登记人口超过100万人,4个全球城市的人口超过200万人(纽约、洛杉矶、芝加哥和休斯敦)。在增长最快的50个城市中,47个位于西部或南部。截至2018年,美国已经有8个城市的人口超过600万人,其中纽约的人口数量已经接近2 000万人。根据美国人口普查局统计数据显示(表2-1-2),美国近十年的城市人口数量急剧增加,部分城市的人口规模增加了将近20%。

表2-1-2

美国人口数量最多的9个城市人口数量

万人

城市	2018年	2010年	增长幅度/%
纽约市	1 998	1 957	2.11
洛杉矶	1 329	1 283	3.61

续表 2-1-2

城市	2018年	2010年	增长幅度/%
芝加哥	950	946	0.40
达拉斯	754	643	17.33
休斯敦	700	592	18.19
华盛顿	625	564	10.89
迈阿密	620	556	11.40
费城	610	597	2.20
亚特兰大	595	529	12.55

来源:美国人口普查局(USCB, https://www.nass.usda.gov/)

(2)农业人口情况

美国农业劳动力长期以来一直由农场经营者及其家庭成员以及雇佣劳工组成。由于机械化导致的农业生产率提高,减少了对劳动力的需求,使这两种类型的就业人员数量都处于长期下降状态,农场经营者和家庭劳动力减少的速度比雇佣劳动力更快。根据美国国家农业统计局(NASS)的农场劳动力调查数据显示,农场经营者和家庭农场工人的数量从1950年的760万人减少到2000年的206万人,减少了73%(表2-1-3)。在此期间,平均每年的农场工人(包括农场经营者和为家庭农场工作的人员)从233万人减少到113万人,减少了52%,雇佣工人的比例随着时间的推移而增加。

表 2-1-3
美国历年农业劳动力人数

万人

年份	家庭劳力	雇佣劳力
1950	233	760
1955	204	635
1960	189	517
1965	148	413
1970	117	335
1975	131	306
1980	137	242
1985	134	202
1990	115	201
1995	112	198
2000	113	206

来源:美国国家农业统计局(NASS, https://www.nass.usda.gov/)

根据美国国家农业统计局最新报道,雇佣工人和合同工在美国提供的农业劳动力份额越来越大,这一比例从2003年的25.3%上升到2016年的41.0%(图2-1-1)。这部分反映了农场平均规模的增加,因为大农场正在大规模地雇用劳工。

2. 美国国土面积、农用地面积、肉牛业土地资源面积

(1)国土面积

美国是美洲第二大的国家,领土包括美国本土、北美洲西北部的阿拉斯加和太平洋中部的夏威夷群岛。国土面积963万 km²(其中陆地面积916万 km²,内陆水域面积约20万 km²,五大湖中美国主权部分约17万 km²,河口、港湾、内海等沿海水域面积约10万 km²)。如果只计陆地面积,美国世界排名第四,仅次于俄罗斯、加拿大、中国。阿拉斯加州与美国本土被加拿大隔开,是美国最大的州,面积为

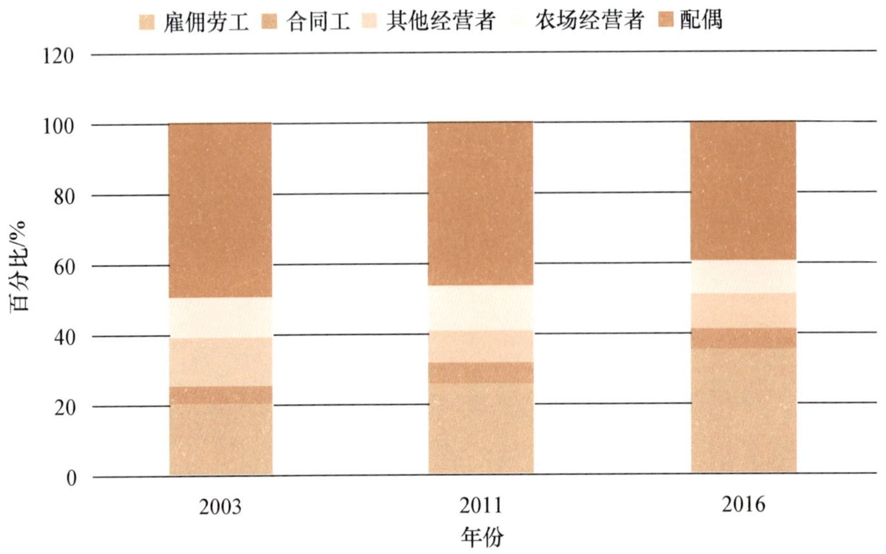

图 2-1-1 美国农业劳动力类型分布情况

来源：美国国家农业统计局（NASS，https://www.nass.usda.gov/）

171 万 km²；夏威夷位于北美洲西南部的中太平洋群岛，面积为 28 311 km²；波多黎各、美属萨摩亚、关岛、北马里亚纳群岛和美属维尔京群岛的人口稠密地区总面积达 23 789 km²。

美国地理环境变化多端，地势西高东低。东海岸沿海地区有着海岸平原，南宽北窄，一直延伸到新泽西州，在长岛等地也有一些冰川沉积平原。在海岸平原后方的是地形起伏的山麓地带，延伸到位于北卡罗来纳州和新罕布什尔州阿巴拉契亚山脉为止。

阿巴拉契亚山脉以西是美国中央大平原，地势相对平坦，五大湖和密西西比河，密苏里河流域——世界上第四大的河域也位于这里。在密西西比河以西，内部平原的地形开始上升，最后进入美国中部面积广阔的大平原。

（2）农用地面积

据美国农业部统计数据显示，自 1945 年以来，美国可利用的农业面积一直保持在 410 万～450 万 km²之间。2012 年美国的可利用农业面积为 424 万 km²，占美国总国土面积的 46.3%，农业发展的自然条件得天独厚。农业生产主要集中于美国的中部、北部以及西部的部分地区，其中加利福尼亚州是美国农业最发达的州，农业用地占全州 30%，主要为灌溉农业，农牧产品多达几百种。甘蔗、蔬菜、水果产量居全国突出地位，棉花产量第二；稻米产量第二；同时也是全国牛奶、蛋、肉的重要产区。

（3）肉牛业土地资源面积

美国拥有世界上最大的养牛产业，也是世界上最大的牛肉生产国，美国的肉牛产值约占美国畜牧业产值的 25%。1945—2012 年的将近 70 年间，牧草实际种植面积始终维持于 260 万～280 万 km²之间，牧草的种植面积占可用农业地面积的比例始终维持在 63%左右，这为美国肉牛业的发展提供了优越的自然条件和物质条件（表 2-1-4）。

表 2-1-4
美国历年牧草种植面积及比例

年份	牧草种植面积/万 km²	可用农业地面积/万 km²	牧草种植面积比例/%
1945	286.09	449.28	63.68
1949	284.06	449.51	63.19

续表 2-1-4

年份	牧草种植面积/万 km^2	可用农业地面积/万 km^2	牧草种植面积比例/%
1954	283.23	444.93	63.66
1959	282.77	441.57	64.04
1964	282.41	438.94	64.34
1969	279.98	435.33	64.31
1974	275.42	430.15	64.03
1978	268.26	427.98	62.68
1982	267.78	431.37	62.08
1987	265.50	426.98	62.18
1992	266.28	425.41	62.59
1997	262.11	418.94	62.56
2002	262.38	416.05	63.07
2007	262.93	413.54	63.58
2012	270.43	423.89	63.80

来源：美国经济分析局(BEA，https://www.bea.gov/)

3. 美国国民生产总值、农业生产总值、肉牛业总产值

(1)国民生产总值

美国拥有高度发达的现代市场经济，其国民生产总值连续位居世界首位。2007—2017 年美国的 GDP 总额总体上呈连续增长态势，在 2008 年经历了全球性的金融危机后，2009 年美国的 GDP 总额仍有 14.45 万亿美元，与 2008 年相比仅仅有些许的下降，GDP 总额仍居世界首位。2010 年以后，美国的 GDP 总额有呈直线上升的姿态。截至 2017 年，美国的年 GDP 产值已高达 19.49 万亿美元(图 2-1-2)。

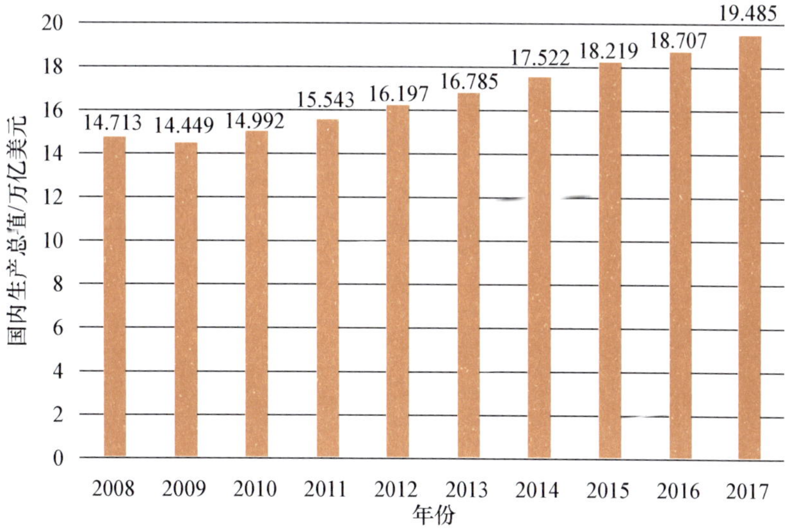

图 2-1-2 美国近 10 年 GDP

来源：美国经济分析局(BEA，https://www.bea.gov/)

从美国各行业产值情况来看(表 2-1-5)，2018 年美国行业产值最高的是金融、保险、房地产、租赁产业，产值为 69 250 亿美元，占美国行业总产值的比重为 18.9%；其次是制造业，其产值为 62 494 亿美元，占美国行业总产值的 17.1%；而农业对美国经济贡献比重不高，2018 年农业总产值为 4 447 亿美元，占美国行业总产值的比重仅为 1.2%。

表 2-1-5
美国各行业生产总值

亿美元

年份	2011	2012	2013	2014	2015	2016	2017	2018
所有行业	279 990	291 860	302 910	317 050	320 860	327 760	344 450	364 620
农业、林业、渔业及狩猎	4 325	4 526	4 885	5 009	4 557	4 282	4 358	4 447
矿业	6 012	6 130	6 629	7 438	4 929	3 820	4 879	6 329
公用事业	4 849	4 615	4 917	5 377	5 142	4 773	4 896	5 135
建筑业	10 205	10 746	11 557	12 611	13 764	14 780	15 347	16 365
制造业	55 929	57 713	59 393	60 396	57 147	55 730	58 895	62 494
批发贸易	15 308	16 550	17 348	18 144	18 296	18 177	19 281	20 575
零售贸易	13 359	14 035	14 800	15 507	16 486	17 205	17 925	18 720
运输和仓储	9 542	10 020	10 368	11 050	11 117	11 041	11 555	12 303
问询	13 248	13 825	14 373	15 101	15 700	16 593	17 384	18 657
金融、保险、房地产、租赁	47 364	50 368	53 053	56 355	59 117	62 009	65 563	69 250
专业和商业服务	28 686	30 090	30 951	32 806	34 212	35 932	37 966	40 065
教育服务、医疗保健和社会援助	21 736	22 655	23 137	24 008	25 305	26 560	27 815	29 347
艺术、娱乐、住宿和餐饮服务	10 300	10 934	11 394	12 132	12 972	13 636	14 119	14 678
除政府外的其他服务	33 644	33 898	34 264	34 911	35 701	36 479	37 504	38 936

来源：美国经济分析局（BEA，https://www.bea.gov/）

(2)农业生产总值

2011—2018年,美国总产值呈逐年递增的态势,其金额由2011年的28.0万亿美元提高至2018年的36.5万亿美元。而同时期农业生产总值却出现几次起伏,其中2014年达到了产值的巅峰,产值为5 009亿美元,占国家生产总值的1.58%,其产值在接下来的两年里不断下降,直至2017年农业产值才得以小幅提升。2018年农业产值4 447亿美元,占国家生产总值比例约为1.22%(表2-1-6)。美国的农业产值在美国各州也呈现参差不齐的情况,这也与美国农业产区的分布有关,对于美国的农业主产区,如加利福尼亚州、得克萨斯州、艾奥瓦州、明尼苏达州,农业产值仍占其总产值的2.3%~23%。

表 2-1-6

美国历年农业生产总值占国家生产总值的比例

年份	农业生产总值/亿美元	国家生产总值/亿美元	农业生产总值占国家生产总值的比例/%
2011	4 325	279 995	1.54
2012	4 526	291 868	1.55
2013	4 885	302 913	1.61
2014	5 009	317 053	1.58
2015	4 557	320 861	1.42
2016	4 282	327 764	1.31
2017	4 358	344 456	1.27
2018	4 447	364 624	1.22

(3)肉牛业总产值

据美国农业部统计数据显示,2018年美国肉牛行业的总产值已达1 050亿美元,占美国农业总产值的23.61%。2011—2018年,虽然美国的农业生产总值呈下降趋势,占美国总产值的比例也一直下降,但美国肉牛行业的发展仍有较强的增长势头,牛肉零售行业的总产值从2012年的730亿美元到2018年的1 050亿美元(表2-1-7),增长幅度接近50%,美国肉牛业发展前景广阔。

表 2-1-7

美国历年肉牛产业生产总值占农业生产总值的比例

年份	肉牛产业生产总值/亿美元	农业生产总值/亿美元	肉牛产业生产总值占农业生产总值的比例/%
2011	760	4 325	17.57
2012	730	4 526	16.13
2013	740	4 885	15.15
2014	790	5 009	15.77
2015	850	4 557	18.65
2016	880	4 282	20.55
2017	940	4 358	21.57
2018	1 050	4 447	23.61

4. 收入情况

(1)居民收入情况

随着美国GDP总额的逐年增长,其人均GDP数额也在不断提高,其中2011—2017年美国人均GDP分别为5.16万、5.21万、5.30万、5.42万、5.46万、5.55万、5.67万美元;相较于2011年,2017年人均GDP实现了10%的增长(图2-1-3)。此外,根据国际货币基金组织的排名数据显示,2011—2017年美国人均GDP的世界排名呈逐年提升的趋势,其排名由2011年的第21名提升至2017年的第7名,进入了全球前十的位置。

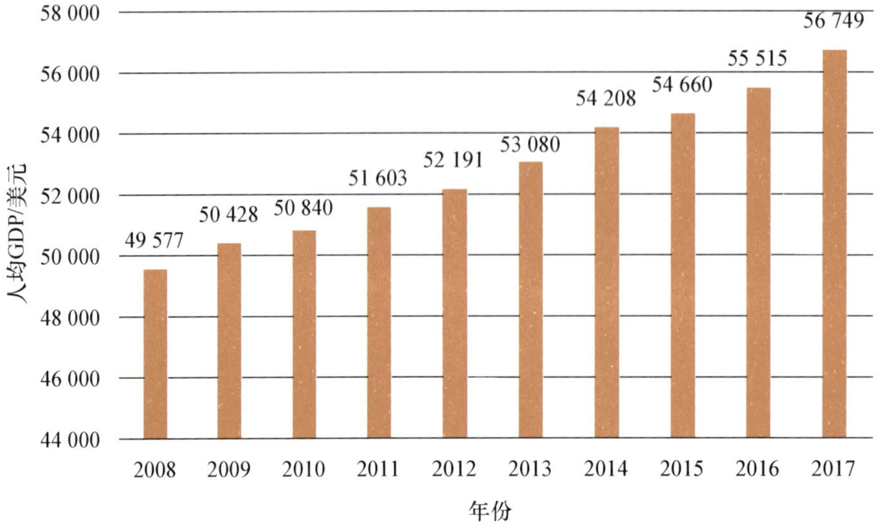

图 2-1-3　美国近 10 年人均 GDP

来源：美国经济分析局（BEA，https://www.bea.gov/）

（2）农业收入情况

据美国商务部经济分析局统计数据，2017 年美国普通家庭的平均收入为 86 220 美元，美国农场家庭的平均收入为 110 495 美元，美国农场家庭的平均收入是普通家庭平均收入的 1.32 倍，2014 年甚至达到了 1.77 倍。2008—2017 年，美国农场家庭的收入增长幅度为 42%，美国普通家庭的收入增长幅度为 26%，远低于美国农场家庭的收入增长幅度。在这 10 年间美国农业得到快速的发展，虽然发展速度有减缓的趋势，但是发展的势头仍然强劲。

在农场家庭的总收入中，农业收入占的比重也越来越高，从 2008 年的 12%到 2017 年的 21%，农业收入成为农场家庭收入中非常重要的一部分，农业收入让美国农场家庭的经济条件明显优于美国普通家庭（表 2-1-8）。

表 2-1-8
美国农场家庭收入与美国普通家庭收入情况

年份	农场经营者家庭收入				美国普通家庭总收入/美元	农场家庭与普通家庭收入的比率
	总收入/美元	农业收入/美元	非农业收入/美元	农业收入占总收入的比例/%		
2008	79 796	9 764	70 032	12	68 424	1.17
2009	77 169	6 866	70 302	9	67 976	1.14
2010	84 459	11 788	72 671	14	67 392	1.25
2011	87 290	14 625	72 665	17	69 677	1.25
2012	111 524	25 038	86 486	22	71 274	1.56
2013	121 120	30 639	90 481	25	75 195	1.61
2014	134 164	31 025	103 140	23	75 738	1.77
2015	119 880	24 740	95 140	21	79 263	1.51
2016	117 918	24 731	93 187	21	83 143	1.42
2017	113 495	23 678	89 817	21	86 220	1.32

来源：美国经济分析局（BEA，https://www.bea.gov/）

5. 美国肉牛行业展望

2006—2016 年，美国牛肉消费量下降了 15%，而鸡肉消费量增加了 5%。同一时期，猪肉消费量也下降了 4%，推动这些趋势变化的关键因素是零售价格。例如，2016 年 5 月，鸡肉零售价约为每千克

4.18 美元，牛肉每千克 12.83 美元，猪肉每千克 8.32 美元。此外，由于供应紧张的原因，2006—2016 年间，牛肉价格上涨 53%，而鸡肉价格仅上涨 12%。

但随着牛肉和猪肉产量的增长以及价格的下降，美国的肉类消费在未来 10 年可能会发生明显变化。美国农业部的基线预测提供了对美国农业部门的长期看法，表明由于饲料成本下降和国内外肉类需求强劲，2016—2025 年间牛肉和猪肉的产量将稳步增长。在此期间，预计牛肉产量和猪肉产量将分别增长 11.7%和 10.3%。

由于产量预期增加，预计牛肉和猪肉价格在此期间分别下降 10.6%和 11.6%，推高了对牛肉和猪肉的需求，扭转了美国肉类消费量多年下降的趋势。预计到 2025 年牛肉消费量将增长 2.7%，超过鸡肉和猪肉消费增长，预计同期增长 2.3%和 1.7%。牛肉和猪肉消费量的增加将使美国人均肉类消费总量从 2015 年的 211 磅增加到 2025 年的近 219 磅。

据美国农业局预测，预计到 2020 年，美国红肉和家禽出口量将增长 4%以上，牛肉出口量将增加 2.7%，主要原因是亚洲市场的预期竞争减少。但由于预期的美联储牛屠宰量下降，这将使 2019 年和 2020 年的牛肉产量预测略有下降。

(二)肉牛养殖业发展情况

1. 美国肉牛产业简史

美国肉牛业作为世界肉牛产业生产效率最高的国家之一，经历了一个较长的发展过程。从 500 多年前哥伦布发现新大陆时起，美国养牛就以食肉为主。美国的肉牛是 16 世纪由西班牙人引进到佛罗里达州、密西西比河流域和美国西南部一些地区的。此后，英国、法国等国的牛种也相继传入美国，17 世纪时，英国和荷兰殖民者又将肉牛引进到美国大西洋沿岸一些地区。美国第一个现代牛种达拉谟短角牛于 1793 年进入美国，海福特牛和安格斯牛进入美国的时间分别是 1817 年和 1873 年。美国婆罗门牛的祖先是印度瘤牛，在 19 世纪晚期至 20 世纪中期从巴西进入美国南部。1805 年第一批用玉米育肥的肉牛从俄亥俄州到巴尔的摩，开辟了美国国内肉牛市场。1860 年以后随着新修铁路不断延伸，肉牛饲养从大西洋沿岸延伸至伊利诺伊州、艾奥瓦州和内布拉斯加州。由于具有广阔的优良牧场、温和的气候和大量的廉价玉米，使这里成为美国肉牛业产业中心。

从 19 世纪末到 20 世纪初，随着美国工业化的发展和种植业生产效率迅速提升，解决了肉牛产业饲料短缺的问题，同时农业的机械化也为肉牛的固定饲养提供了条件，营养均衡的青贮饲料在肉牛养殖中的大规模应用彻底改变了原先游牧生产，重新构建了草原放牧生产体系，使得美国肉牛业迅速发展，这也标志着美国肉牛业进入了现代肉牛业生产阶段。

2. 美国肉牛品种及存出栏量

(1)主要肉牛品种

肉牛业是美国畜牧业中产值最高的产业，占美国畜牧业总产值的 25%。根据美国自身的地理、气候、环境、种植业、经济条件，形成了完善的肉牛育种、杂交生产、饲养管理、加工销售技术体系。美国的肉牛品种种类十分丰富，主要由 70 多个品种及杂交品种组成，数量较大的有 10 个左右，其中饲养最多的为安格斯牛，约占美国肉牛总存栏的 1/3，且有 60%以上的杂交肉牛受到安格斯牛不同程度的影响。按其来源可以分为 3 类：英系、欧系和以婆罗门牛为基础培育的品种。英系肉牛品种包括安格斯牛(Angus)、海福特牛(Hereford)、短角牛(Shorthorn)等；欧系肉牛品种包括西门塔尔牛(Simmental)、利木赞牛(Limousin)、夏洛莱牛(Charolais)等，第三类是以婆罗门牛为基础培育的品种，如婆罗门牛(Brahman)、婆罗安牛、肉牛王、圣格特鲁地斯莱牛等。

(2)牛总存栏量及历年变化

美国牛的存栏量长期位居世界前列，美国牛(包括肉牛和奶牛)总存栏数在 20 世纪 70 年代初到达 1.4 亿头的巅峰后一直呈下降趋势，一直到 2014 年，美国牛存栏量降至 8 852.6 万头。从 2015 年开始逐渐上升，2017 年开始突破 1 亿头，2018 年成为近 10 年来存栏数量最高的一年，达到 10 320 万头，但 2019 年总存栏又出现了锐减降至 9 475 万头，比 2018 年减少 845 万头(图 2-1-4，表 2-1-9)。

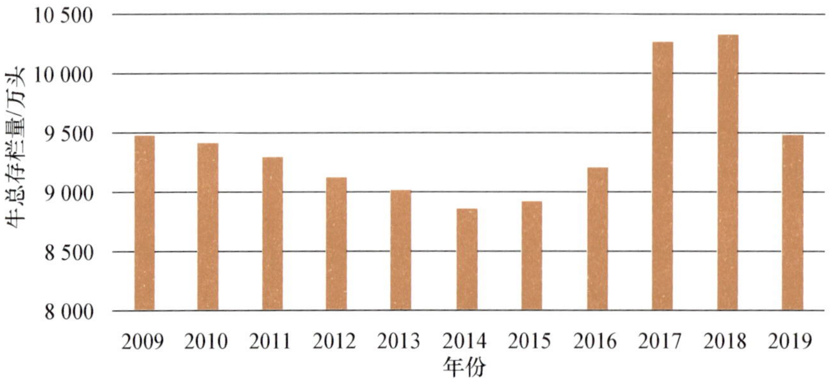

图 2-1-4　美国牛总存栏量及历年变化趋势

来源：美国农业部(NASS，https://usda. library. cornell. edu/concern/publications/h702q636h?)

表 2-1-9
美国牛总存栏量情况　　万头

年份	2009	2010	2011	2012	2013	2014	2015	2016	2017	2018	2019
牛存栏量	9 472. 1	9 408. 1	9 288. 7	9 116. 0	9 009. 5	8 852. 6	8 914. 3	9 198. 8	10 260. 0	10 320. 0	9 475. 90

来源：美国农业部(NASS，https://usda. library. cornell. edu/concern/publications/h702q636h?%20locale=en%20locale=en)

(3)肉牛和小母牛存栏量及历史变化

2009—2019 年，美国肉牛和小母牛存栏量数据的统计结果见图 2-1-5 和表 2-1-10。由图 2-1-5 显示，从 2009 年起至 2014 年，美国肉牛的存栏量逐年下降，2014 年达到近 10 年来的最低水平，2014 年肉牛的存栏量比 2009 年的 3 220 万头下降了 9. 67%。2015 年开始，美国肉牛存栏量开始恢复增长，截至 2019 年肉牛的存栏量已经与 2009 年十分接近，预计 2020 年的存栏量将继续增加。2019 年的存栏量比 2014 年的 2 908. 54 万头，增加了约 9. 22%，为 3 176. 57 万头(表 2-1-10)。

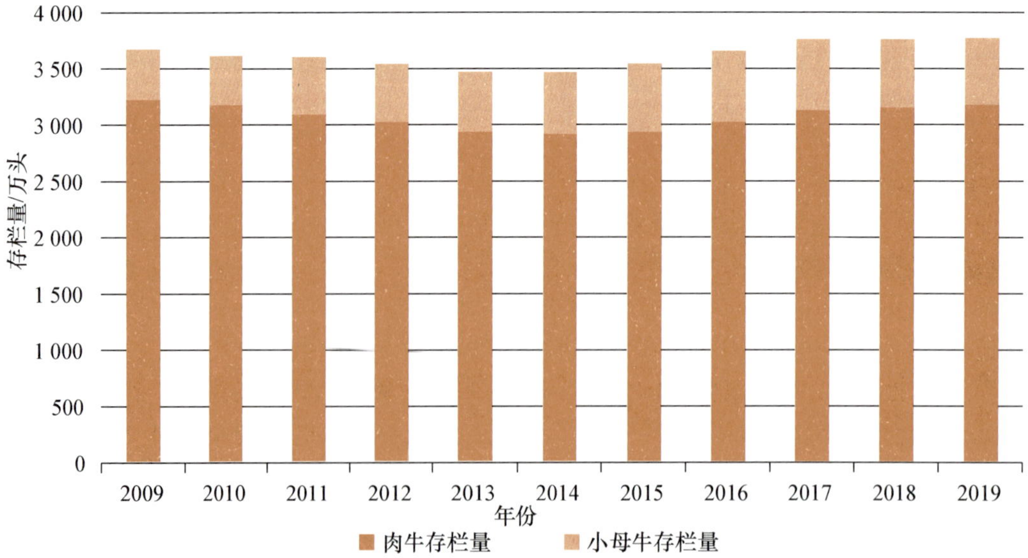

图 2-1-5　美国肉牛和小母牛存栏量变化趋势

来源：美国农业部(ERS，https://data. ers. usda. gov/reports. aspx? ID=17821)

表 2-1-10
美国肉牛和小母牛存栏量情况

万头

年份	2009	2010	2011	2012	2013	2014	2015	2016	2017	2018	2019
肉牛存栏量	3 220.00	3 170.00	3 084.96	3 015.79	2 929.53	2 908.54	2 930.21	3 016.58	3 121.32	3 146.62	3 176.57
小母牛存栏量	450.00	440.00	513.86	521.16	536.06	555.13	608.64	634.02	636.82	610.82	592.49
合计	3 670.00	3 610.00	3 598.82	3 536.95	3 465.59	3 463.67	3 538.85	3 650.6	3 758.14	3 757.44	3 769.06

来源：美国农业部(ERS, https://data.ers.usda.gov/reports.aspx? ID=17821)

同时由图 2-1-5 和表 2-1-10 可以看出，美国小母牛存栏量虽远小于肉牛存栏量，但其变化幅度较大。2009—2017 年，小母牛存栏量逐年增加，2017 年的 636.82 万头与 2009 年的 450 万头相比增加了 41.52%，创历史最高存栏量。2017—2019 年的存栏量开始下降，2019 年与 2017 年的 636.82 万头相比，下降了 6.96%，为 592.49 万头。

(4)肉牛出栏量及历史变化

根据美国肉牛出栏量统计数据显示，2007 年—2018 年间，美国肉牛的年总出栏量总体呈先降低后升高的趋势(图 2-1-6，表 2-1-11)，由于 2014 年美国牛总体存量降至近 10 年来最低，因此 2015 年出栏量也成为 10 年来最低水平，出栏仅仅为 1 785.39 万头。2015 年的总出栏量比 2007 年总出栏量 2 490.36 万头减少了 28.3%，比 2018 年的总出栏量 2 247.56 万头少 20.56%，比 2007—2018 年间的平均出栏量 2 259.28 万头少 20.9%。小母牛的变化趋势也呈现先下降后上升的趋势，与肉牛的变化趋势基本一致，在 2007—2013 年间变化趋势较为稳定，2013—2015 年间小母牛出栏量明显下降，2015 年小母牛出栏量较 2013 年减少了 19.5%。2015—2018 年小母牛出栏量逐年增加，截至 2018 年已达到 916.68 万头。

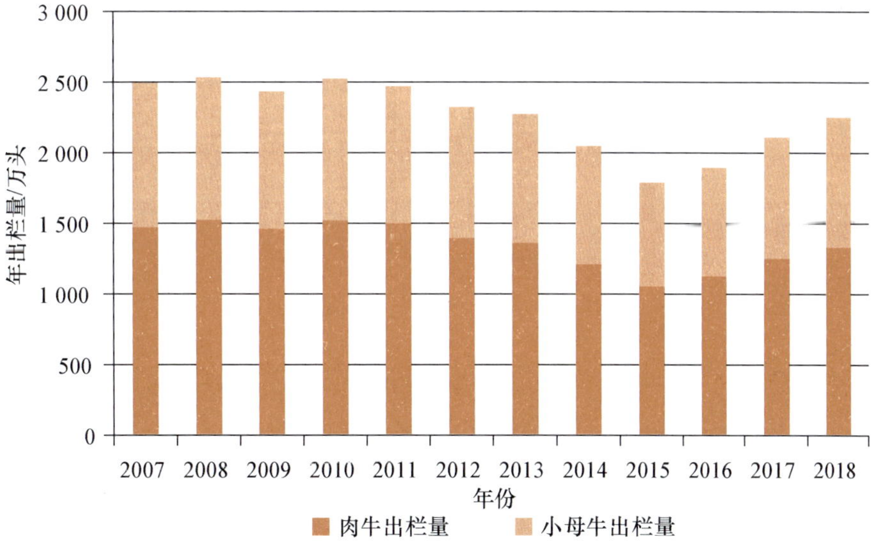

图 2-1-6　美国肉牛年出栏量变化趋势

来源：美国农业部(ERS, https://data.ers.usda.gov/reports.aspx? ID=17821)

表 2-1-11
美国肉牛和小母牛出栏量

万头

年份	2007	2008	2009	2010	2011	2012
肉牛出栏量	1 469.68	1 522.16	1 458.24	1 517.70	1 495.46	1 393.66

续表 2-1-11

年份	2007	2008	2009	2010	2011	2012
小母牛出栏量	1 020.68	1 009.09	974.30	1 004.69	972.58	926.90
总计	2 490.36	2 531.25	2 432.54	2 522.39	2 468.04	2 320.56
年份	2013	2014	2015	2016	2017	2018
肉牛出栏量	1 358.07	1 205.49	1 050.26	1 122.20	1 245.77	1 330.88
小母牛出栏量	913.15	837.66	735.13	769.80	861.11	916.68
总计	2 271.22	2 043.15	1 785.39	1 892.00	2 106.88	2 247.56

来源：美国农业部(NASS，https://quickstats.nass.usda.gov/results/3C0C3659-1725-3988-80AD-7C13B67B0E39? pivot=short_desc)

3. 美国肉牛产品产量及历年变化

美国每年的牛肉产量均在发生着变化，其变化幅度均在±6%之间。由 2000—2018 年牛肉产量的变化趋势(图 2-1-7，表 2-1-12)可以看出，2004 年、2009 年、2015 年牛肉的产量达到极小值，分别为1 118.11 万 t、1 182.06 万 t 和 1 077.74 万 t。在近 20 年间，2002 年的牛肉产量最高，为 1 233.32 万 t。据 FAO 统计的 1993—2017 年的全球五大洲的牛肉产量分布，结果显示美国每年的平均牛肉生产量占全球主要地区的牛肉产量的 47.8%，以平均牛肉年产量 1 162 万 t 位居世界第一。

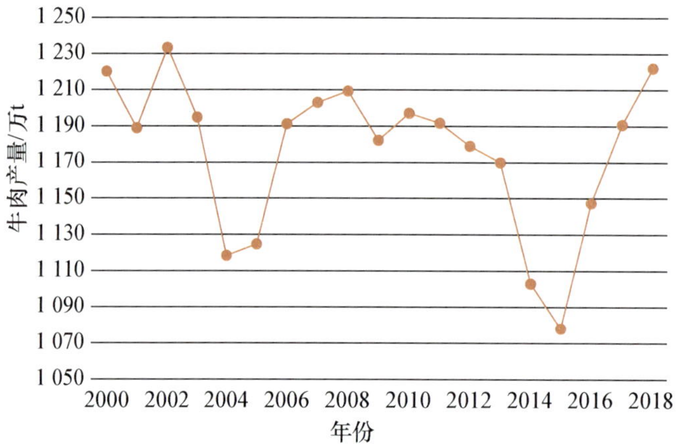

图 2-1-7　2000—2018 年美国牛肉年产量变化

表 2-1-12
2001—2018 年美国牛肉产量情况

万 t

年份	2001	2002	2003	2004	2005	2006	2007	2008	2009
牛肉产量	1 188.87	1 233.32	1 194.76	1 118.11	1 124.46	1 191.13	1 202.93	1 209.28	1 182.06
变化(同比)	−3%	4%	−3%	−6%	1%	6%	1%	1%	−2%
年份	2010	2011	2012	2013	2014	2015	2016	2017	2018
牛肉产量	1 197.03	1 191.59	1 178.89	1 169.81	1 102.68	1 077.74	1 147.14	1 190.68	1 221.98
变化(同比)	1%	0%	−1%	−1%	−6%	−2%	6%	4%	3%

来源：美国农业部(ERS，https://www.ers.usda.gov/topics/animal-products/cattle-beef/statistics-information/)

4. 美国养殖区域、规模结构及其变化

(1)肉牛业分布情况

由于美国土地广阔、人群密度较低等原因,使得私营农场成为肉牛生产的主要方式。据美国农业部统计,存栏 100 头以下的牧场占总牧场数的 81%,存栏量达到了存栏总量的 19%;100 头到 1 000 头的牧场数量达到了 18%,存栏数占到了总数的 43%;1 000 头以上的牧场仅占 1%,存栏数占了总数的 38%。美国肉牛业分布较广,产地相对比较集中。一是中西部地区,包括堪萨斯、内布拉斯加、南达科他、俄克拉荷马、科罗拉多等州;二是西部地区,主要包括加利福尼亚、华盛顿、俄勒冈等州;三是东部地区的田纳西、明尼苏达、宾夕法尼亚、佛罗里达等州;四是中南部的得克萨斯州。美国大部分肉牛分布在美国的中部地区,特别是中南部地区。得克萨斯州、俄克拉荷马州、密苏里州、内布拉斯加州、南达科他州等均是肉牛的集中产地,分别占美国肉牛总产量的 14.7%、6.7%、6.5%、6.1%、5.7%,其中得克萨斯州的养牛业最发达,肉牛存栏量为美国第一。2016 年得克萨斯州肉牛存栏 1 230 万头,居第一位;第二、三位为内布拉斯加州和堪萨斯州,存栏数分别为 645 万头和 640 万头;第四到十五位依次为加利福尼亚州、俄克拉荷马州、密苏里州、艾奥瓦州、南达科他州、威斯康星州、科罗拉多州、蒙大拿州、明尼苏达州、爱达荷州、肯塔基州(表 2-1-13)。得克萨斯、俄克拉荷马两州草原面积辽阔,有着优质的饲料来源,这是肉牛生产成为这两个州支柱产业的重要原因。

表 2-1-13
美国肉牛产区分布

州(100 万头以上)	牛存栏量/万头	州(100 万头以上)	牛存栏量/万头
得克萨斯	1 230	阿肯色	175
内布拉斯加	645	佛罗里达	170
堪萨斯	640	宾夕法尼亚	160
加利福尼亚	515	弗吉尼亚	152
俄克拉荷马	500	纽约	149
密苏里	435	新墨西哥	143
艾奥瓦	385	俄勒冈	132
南达科他	385	怀俄明	131
威斯康星	355	阿拉巴马	130
科罗拉多	285	俄亥俄	130
蒙大拿	265	伊利诺伊	122
明尼苏达	240	密歇根	118
爱达荷	235	华盛顿	115
肯塔基	216	佐治亚州	110
北达科他	181		

来源:美国农业部(NASS, https://www.nass.usda.gov/Data_Visualization/Commodity/index.php)

(2)规模结构及其变化

近年来,美国肉牛养殖场数量总体呈下降趋势,但 500 头以上规模肉牛养殖场数目逐年增加,说明

美国肉牛产业的规模化和正规化程度在不断提高。2003 年美国牛养殖场为 101.36 万个，2016 年降至 91.50 万个，减少了 9.7%。其中 50 头牛以下的养殖场从 63.32 万个降至 62.40 万个，50～99 头牛场从 17.04 万个降至 12.50 万个，100～499 头牛场从 18.22 万个降至 13.70 万个；500 头及以上养殖场从 2.78 万个增至 2.90 万个，所占比重从 2.7%提高至 3.2%，其中 500～999 头牛场从 1.80 万个增至 1.84 万个，1 000～1 999 头牛场从 6 300 个增至 6 400 个，2 000～4 999 头牛场从 2 600 个增至 3 000 个，20 000 头以上的大型养殖场从 900 个增至 1 200 个。

500 头牛以上养殖规模存栏比重呈增加趋势，中小养殖规模存栏比重虽然呈下降趋势，但存栏比重仍然最高。1～49 头养殖场存栏比重从 2003 年 11.85%下降至 2016 年 11.5%，总体来说最近 10 多年存栏比重变化不大，在 11%～12%；50～99 头和 100～499 头中小型牛场存栏比重从 2003 年 12.0%和 35.9%分别下降至 9.5%和 30.2%。500 头以上养殖规模存栏比重从 2003 年 40.3%提高至 2012 年 48.8%，其中，500～999 头牛场存栏比重从 12.3%增至 13.6%，最近 6 年比重变化不大，在 13.5%左右；1 000～1 999 头和 2 000～4 999 头规模存栏比重从 7.8%和 7.5%均增至 9.0%；年存栏在 20 000 头以上养殖场的存栏比重则从 6.4%增至 8.5%。

5. 肉牛产品价格及其变化情况

根据美国农业部统计，美国牛肉的零售价呈上升趋势(图 2-1-8，表 2-1-14)。2005 年牛肉零售价为 4.09 美元/磅，比 2002 年的 3.32 美元/磅，上升了 23.2%；2006 年到 2015 年的零售价仍不断攀升，由 4.09 美元/磅增长到了 2015 年的 6.29 美元/磅，增长了约 53.8%。在这十多年的发展后，牛肉的零售价增长了约 2.97 美元/磅。

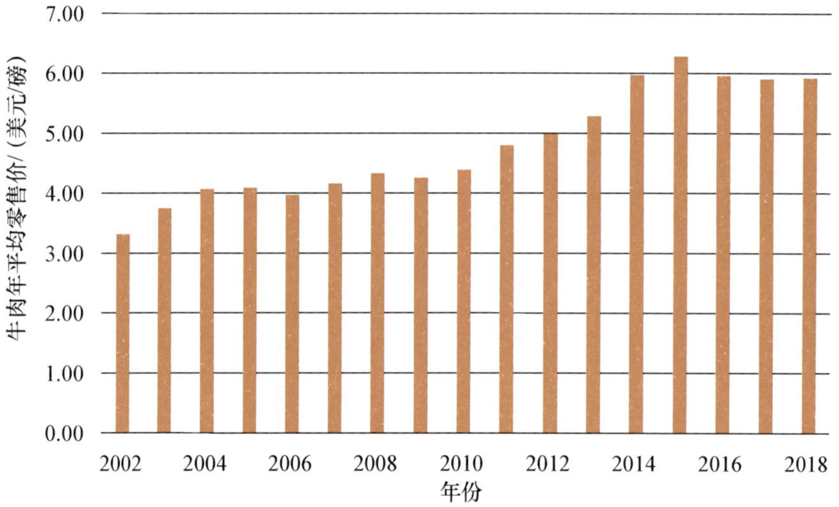

图 2-1-8　美国牛肉年平均零售价格变化

来源：美国农业部(ERS，https://www.ers.usda.gov/topics/animal-products/cattle-beef/statistics-information/)

表 2-1-14

2002—2018 年美国牛肉零售价格　　美元/磅

年份	2002	2003	2004	2005	2006	2007	2008	2009	2010
牛肉零售年平均价格	3.32	3.75	4.07	4.09	3.97	4.16	4.33	4.26	4.4
年份	2011	2012	2013	2014	2015	2016	2017	2018	
牛肉零售年平均价格	4.81	4.99	5.29	5.97	6.29	5.96	5.91	5.92	

来源：美国农业部(ERS，https://www.ers.usda.gov/topics/animal-products/cattle-beef/statistics-information/)

6. 养殖成本及效益

肉牛产业是美国农业的支柱性产业，据美国农业部ERS统计结果显示，美国肉牛近10年的养殖成本呈曲折上升的态势，养殖成本在1 100～1 400美元/头之间浮动（图2-1-9，表2-1-15）。2008—2010年间养殖成本变化较为稳定，基本维持在1 100美元/头的水平。2010—2014年间养殖成本呈上升的趋势，其中2010—2012年间的养殖成本增速较快，到2012年，养殖成本已达到1 316.98美元/头，相较于2010年的增加了18.78%。2012—2018年间的养殖成本在1 300～1 400美元/头之间波动，变化不大。美国农业部预计2019年和2020年的养殖成本将继续上升。

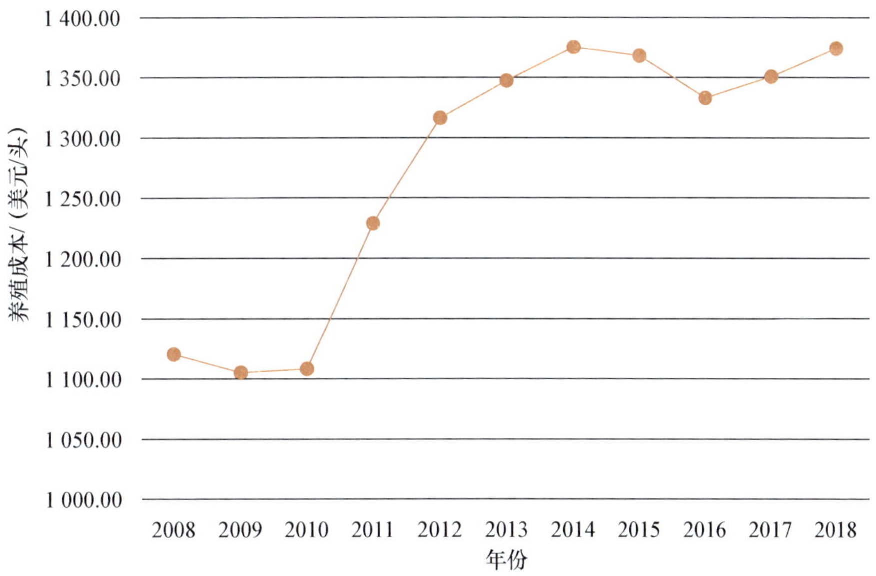

图2-1-9 美国牛肉年养殖成本变化

来源：美国农业部（ERS，https://www.ers.usda.gov/data-products/commodity-costs-and-returns/commodity-costs-and-returns/#Recent%20Cost%20and%20Returns）

表2-1-15

2008—2018年10年间美国肉牛养殖成本的变化 美元/头

年份	2008	2009	2010	2011	2012	2013	2014	2015	2016	2017	2018
养殖成本	1 120.86	1 105.68	1 108.75	1 229.46	1 316.98	1 347.76	1 375.63	1 368.44	1 333.47	1 351.18	1 374.45

来源：美国农业部（ERS，https://www.ers.usda.gov/data-products/commodity-costs-and-returns/commodity-costs-and-returns/#Recent%20Cost%20and%20Returns）

7. 主要养殖企业、肉牛协会组织概况和地位

美国肉牛业主要包括种牛饲养、商业化带犊母牛饲养、架子牛饲养、围栏育肥、屠宰加工、产品流通、批发供货、零售商等8个环节，可分为生产和销售两大体系。下面主要介绍养殖企业和肉牛协会组织的概况。

（1）肉牛生产体系

生产体系主要包括种牛饲养体系、商品化带犊母牛饲养体系、架子牛生产体系、围栏育肥体系。而这一产业模式在很大程度上依赖于其丰富的饲草和农产品资源。美国中部玉米产业带所产玉米多用于肉牛精料，西部天然草场为带犊母牛和周岁架子牛提供丰富廉价的牧草。此外，人工种草如苜蓿也为肉牛业发展提供了一定支持。

种牛饲养环节：其主要服务对象是为带犊母牛饲养场提供种牛。它们的目标是促进种牛的遗传改良，并使之应用于整个肉牛产业。种牛饲养场主要提供周岁小公牛、精液和人工授精服务。详细的种牛系谱登记和性能等级评估通常由美国相应的肉牛育种协会来进行。

商业化带犊母牛饲养环节：商业化带犊母牛饲养场经营母牛群，饲养出生至断奶的犊牛。带犊母牛的饲养方式为散养，在不适于耕作的土地上进行放牧或采食作物再生植株。在玉米主产区，秋后让母牛在玉米秸秆再生地上放牧，这是非常重要的一项饲养措施。带犊母牛饲养场的规模，随地理区域的不同差异很大，以中小型为主，由农民在业余时间兼职经营。美国约 80%的带犊母牛饲养场的母牛饲养规模小于 50 头，他们控制的存栏母牛不到总数的 30%。美国带犊母牛场的平均规模为 41 头。美国牛肉生产的基本单元为个体农场，饲养规模达到千头以上的养殖场提供了 80%以上的牛肉，饲养方式为人工种植牧草，收割后青饲或干饲，栅栏式舍饲饲养。美国的肉牛带正好与其玉米带相吻合，肉牛生产精料以自产的玉米和大豆为主。

架子牛饲养环节：架子牛主要是指从断奶到进入育肥场之前这一阶段的犊牛(6～10 月龄，体重 200～400 kg)，即青年架子牛。其饲养目的主要是使断奶犊牛在进入育肥场之前有额外的体重增加，以保证育肥牛在屠宰前有理想的增重速度，同时更好地利用饲草资源。这使育肥牛的来源在全年分布更加均衡，以填补市场的空窗期。美国架子牛饲养企业主要集中在南部平原地区。

围栏育肥环节：育肥牛体系在 20 世纪得到了迅速发展。第二次世界大战后，随着居民对牛肉需求量的增长，再加上粮食的价格优势(美国中部玉米产业带和加拿大西部大麦产业带)和丰富的农作物副产品来源，极大地促进了美国肉牛围栏育肥场的发展。美国围栏育肥场的谷物来源主要是玉米，主要加工方式是蒸汽压片、高水分谷物和整粒饲喂。选用何种谷物进行饲喂主要由其价格和供应量所决定。一个典型的围栏育肥场能对 30 000～50 000 头肉牛进行育肥，一年运行 2～2.25 个饲养周期。美国肉牛育肥通常分为以下三个阶段；第一阶段，始重约 350 kg(1 岁左右)，日粮中玉米占 8%，日增重约 1 kg，饲养 100 d 后转入第二阶段；第二阶段，始重约 450 kg，日粮中玉米占 50%，日增重约 1.5 kg，饲养 30 d 后转入第三阶段；第三阶段，始重约 500 kg，日粮中玉米占 60%～70%，日增重 1.5 kg 以上，饲养 100 d 后出栏。

(2)协会

伴随着生产体系的不断完善，肉牛行业对专业化的社会服务也有了新的需求，在这一过程中不断形成新的服务体系——协会。行业协会就像一个中间枢纽，一方面联系着会员，组织生产，统一生产标准，并进行技术培训；另一方面又代表会员宣传和推销产品，同时对生产中的技术问题进行研究与攻关。行业协会为生产者提供了产前、产中、产后全方面的系统服务，在肉牛业生产中发挥了重要作用。例如美国各个品种的肉牛协会(表 2-1-16)以及肉类出口协会(USMEF)。前者承担着美国国内大部分肉牛的生产协调、技术研发与指导、政府政策协调等多方面职责，后者着重于牛肉产品的市场出口销售，牛肉产品的国际市场开拓，消除恶性竞争；两个协会在牛肉的生产和销售的全过程中起着非常重要的作用。

另外美国还有牛肉生产商的贸易协会和游说团体——全国牧民牛肉协会(NCBA)以及得克萨斯州独立牧牛人协会等。全国牧民牛肉协会(NCBA)经营养牛业年会暨贸易展、养牛业夏季会议及电视节目《养牛人对养牛人》。它代表了美国赫里福德协会、普里纳、陶氏化学、麦当劳和沃尔玛等公司。美国全国牧民牛肉协会是负责美国广告宣传活动的组织，其口号是“牛肉，这是我们的晚餐。”全国牧民牛肉协会的部分资金来自会费、部分通过牛肉检查。该牛肉检查对每头出售的牛进行强制性评估。该评估由国会在 1985 年的牛肉促进和研究法案中授权，每年带来约 8 500 万美元，其中全国牧民牛肉协会获得约 5 500 万美元。

表 2-1-16
2016 年欧美各肉牛品种的协会及注册登记牛数量

来源	品种	数量/头	品种协会成立时间
英国品种	安格斯牛	282 911	1883 年
	海福特牛	64 907	1881 年
	红安格斯牛	46 094	1954 年
	短角牛	14 653	1872 年
欧洲大陆品种	夏洛莱牛	65 954	1957 年
	西门塔尔牛	49 000	1969 年
	利木赞牛	23 716	1968 年
	德国黄牛	34 963	1971 年
	缅因安茹牛	8 359	
	契安尼娜牛	6 374	
美国培育品种	婆罗安格斯牛	24 843	
	婆罗门牛	16 000	
	肉牛王牛	9 300	
	圣格特鲁地斯莱牛	5 000	
特色品种	得克萨斯长角牛	8 400	1964 年

(三)肉牛产品加工业发展情况

1. 美国肉牛产品产量及在世界上的地位

美国牛肉生产一直保持较高水平,20 世纪 70 年代以来,牛肉产量维持在 1 100 万～1 200 万 t。2018 年美国牛肉产量 1 221.98 万 t(表 2-1-12),占全球牛肉产量的 19.5%,是全球第一大牛肉生产国(为中国牛肉产量的 1.7 倍)。世界牛肉主要生产国家或地区还包括巴西、欧盟、中国、印度、阿根廷、澳大利亚、墨西哥、巴基斯坦和土耳其等(表 2-1-17)。

表 2-1-17
2018 年世界主要牛肉生产国家和地区的情况

项目	世界	美国	巴西	欧盟	中国	印度	阿根廷	澳大利亚	墨西哥	巴基斯坦	土耳其
牛肉产量/万 t	6 288	1 221	990	792	733	430	295	230	196	180	140
所占比重/%	100	19.5	15.7	12.6	11.6	6.8	4.7	3.7	3.1	2.9	2.2

来源:美国农业部(ERS,https://www.ers.usda.gov/topics/animal-products/cattle-beef/statistics-information/)

美国牛肉的消费产品中,绝大多数以冷鲜品上市,用于加工的比例约为 20%,产品包装以盒装为主,占比 95% 以上。据美国农业部 2002—2018 年数据显示,美国红肉冷藏主要包括牛肉、小牛肉、猪肉、羊肉等(表 2-1-18)。从表 2-1-18 可知,牛肉和猪肉占红肉绝大部分,从 2008—2018 年牛肉的冷藏产量平均在 5 433 百万磅左右。从 2014 年可以看出牛肉的冷藏量明显在上升并且保持在 5 800 百万磅左右。小牛肉的冷藏量也是从 2014 年明显提升,并在 2018 年达到 196 百万磅。冷藏烤肉的量很大,一直保持在 7 000 百万磅以上,2018 年更是突破了 10 000 百万磅。

表 2-1-18

2008—2018 年美国红肉冷藏生产量

百万磅

年份	2008	2009	2010	2011	2012	2013	2014	2015	2016	2017	2018	平均值
牛肉	5 341	5 232	4 475	5 268	5 592	5 654	4 696	5 791	5 958	5 934	5 820	5 433
小牛肉	79	102	86	44	47	58	42	74	96	180	196	91
猪肉	6 665	6 754	5 489	6,129	7 119	7 136	6 754	7 556	7 221	6 700	6 913	6 767
羊肉	224	226	208	204	255	253	371	459	455	334	418	310
烤肉	8 857	7 723	7 754	8 294	7 201	7 918	7 322	8 815	9 295	9 355	10 386	8 447

来源：美国农业部

2. 美国肉牛产品产量的影响因素

(1)动物疾病

2003 年 12 月 23 日，美国农业部宣布，疯牛病首次在美国出现后，美国的牛肉价格和牛肉食品行业受到致命打击。全球多国立即下令禁止从美国进口牛肉，中国也停止了对美国牛肉产品的进口。据联合国商品贸易统计(UN Comtrade)数据可知，受“疯牛病”事件影响，2004 年美国牛肉出口量达史上最低(14.40 万 t)，而牛肉进口量 110.51 万 t，达到美国牛肉进口最高点。2004—2009 年，美国牛肉的国际市场一直处于劣势地位，直到 2010 年有所转变，出口量渐渐大于进口量。2016 年 9 月 22 日，中国国家质量监督检验检疫总局发布[第 2447 号]公告，宣布有条件解除对美国 30 月龄以下剔骨牛肉、带骨牛肉的禁令，允许符合中国追溯体系要求和检验检疫要求的美国牛肉对华出口。同时受“中美经济合作百日计划”推动，2017 年中国正式开放美国牛肉输华。2019 年 5 月 17 日，美国农业部部长珀杜宣布，日美在解除美国对日出口牛肉方面达成一致，将允许美国所有的牛肉产品对日出口。这是自 2003 年疯牛病暴发以来，日本首次对美国牛肉全面放开。

(2)饲料添加剂

美国和东亚各国、地区肉类标准不一，东亚各国、地区一致禁止使用瘦肉精，而在美国，瘦肉精是合法使用的饲料添加剂。正是这一差别，使得美国的牛肉、猪肉等肉类产品的进口成为美日、美韩贸易谈判中的难点，多次在日本、韩国掀起巨大波澜，欧洲、中国至今也一直顶着美方开放其瘦肉精的肉类进口的压力，仍然持这种“零容忍”态度，对含瘦肉精的牛肉存在进口禁令。2014 年 9 月 2 日，韩国取消了对动物饲料添加剂瘦肉精使用的禁令，打开了含增长剂产品国内销售的进口之门，容许进口牛肉产品中，瘦肉精含量在 1 μg/kg 以下的牛肉、5 μg/kg 以下的牛肝和 10 μg/kg 以下的牛肾。

(3)气候环境

美国是草原和草原畜牧业大国，草原面积 2.35 亿 hm^2，2018 年牛肉产量 1 221 万 t，居世界第一位。草原在美国农牧业生产和环境保护中占有重要位置，不仅是畜牧业生产的重要生产资源，更是维持可持续发展的战略性生态资源。20 世纪中期以来，美国政府出台了一系列政策措施，不断加强草原保护建设，逐步提升草原保护和利用科技水平，草原生态持续向好，草原畜牧业生产稳定发展。美国丰富的土地资源和主要饲料原料玉米的价格优势，是美国牛肉成本低廉的主要原因。在美国，选择建造牛场的地点的重要依据为：一是可灌溉小麦地，提供粗饲料；二是饲养密度合理，要留有足够的料槽空间和运动空间。

(4)中美贸易摩擦

2018 年 6 月 15 日，美国政府发布了加征关税的商品清单，将对从中国进口的约 500 亿美元商品加征 25%的关税，随后，我国也宣布了反制措施，在对美加征关税的清单中，涉及苜蓿、大豆等饲料原料，牛肉及其副产品(表 2-1-19)和乳清等乳制品。长期以来，美国的贸易保护和单边主义政策一直是引起中美贸易摩擦的根本原因。

表 2-1-19
中国对美国加征关税涉及牛肉的商品清单

税则税号	商品名称	自美进口额/万美元
02011000	整头及半头鲜、冷牛肉	4
02012000	鲜、冷的带骨牛肉	40
02013000	鲜、冷的去骨牛肉	466
02021000	冻的整头及半头牛肉	0
02022000	冻的带骨牛肉	152
02023000	冻的去骨牛肉	1 842
02062900	其他冻牛杂碎	4

3. 肉牛产品加工企业及组织概况

美国的屠宰加工企业以高度集约化为主要特征，通常集中在肉牛饲养和牛肉销售地区，分布比围栏育肥场更加集中。美国每天屠宰的肉牛数量在 11 万头以上，平均每年屠宰量约 3 500 万头，全国每年完成约 109 亿 kg 牛肉和小牛肉的屠宰、包装和销售。美国有 8 大企业控制着 90%的屠宰量，其中 75%的牛由 Tyson Foods、Cargill、JBS USA 和 National Beef 4 家企业加工，并制成高端产品，85%供国内消费，15%供出口。出口产品主要以高端产品和内脏为主。另有 10%的牛由小型屠宰场加工，为方圆 100 km 内的当地客户提供新鲜牛肉。其牛肉 20%用于加工，余者多以冷鲜品上市。美国的农业部和食品监督部门制定有非常严格而详细的卫生监控制度和程序，所以无论是大型还是小型屠宰场都有专门的检验员对照检验规章进行检查。大型的屠宰场一般都有可追溯系统，小型屠宰场则依靠养殖户的诚信。

(1)泰森食品公司(Tyson Foods Inc.)

泰森公司(Tyson Foods Inc.)，知名食品品牌，创始于 1935 年，总部位于美国阿肯色州，是全球最大的鸡肉、牛肉、猪肉生产商及供应商之一。泰森，于 2007 年创立了全球产品研发中心，引领食品行业产品革新。泰森产品，畅销世界 100 多个国家和地区，同时也是众多国际餐饮品牌及零售领军企业的战略合作伙伴。泰森食品是全球最大的鸡肉、牛肉、猪肉供应商和诸多品牌的深加工及方便食品的生产商。现列世界《财富》500 强中第二大食品公司。2004 年度营业收入为 264 亿美元，2004 年度平均每周屠宰加工 173 800 头牛和 362 343 头猪。其拥有 12 座牛肉屠宰分切厂，6 座猪肉屠宰分切厂，9 座制革厂，其中 4 座为蓝湿皮加工，总员工人数约为 114 000 名。经过多年努力，泰森为全球超过 80 个国家的消费者提供健康、便利和新颖的食品。

(2)嘉吉公司(Cargill)

嘉吉公司(Cargill)，成立于 1865 年，总部设在美国明尼苏达州，是世界上最大的农产品和动物营养品制造商，全球最大农牧业私有公司，四大粮商之一，是一家集食品、农业、金融和工业产品及服务为一体的多元化跨国企业集团。集团年营业额超 1 400 亿美元，业务遍及 67 个国家，拥有员工 142 000 多名。嘉吉公司最初是由 William Wallace Cargill 先生于 1865 年在艾奥瓦创立的，1868 年其将工厂迁至明尼苏达，1875 年又将其总部迁至威斯康星。经过 150 年的经营，嘉吉已成为大宗商品贸易、加工、运输和风险管理的跨国专业公司。嘉吉在福布斯排行榜上 29 年来蝉联非上市公司第一，是美国第一大私有资本公司。

嘉吉动物蛋白业务部是全球最大的肉类和禽类加工商之一，每年总共生产 590 万 t 动物蛋白。该业务部在美国、加拿大、阿根廷和澳大利亚拥有牛肉加工业务；在美国有猪肉业务和火鸡业务；在泰国、英国、加拿大和洪都拉斯拥有禽类业务；在亚洲的上海、香港、台北、东京、大阪、首尔等地设有销售办事处。嘉吉动物蛋白业务部现向大中华地区的客户销售如下产品：美国、加拿大、阿根廷和澳大利亚出产的牛肉；美国猪肉；美国火鸡等。嘉吉动物蛋白部努力成为全球食品安全领域的佼佼者。

嘉吉的牛肉业务包括牛饲养、牛肉加工和盒装包装。凭借嘉吉在美国和加拿大的分支机构，嘉吉是北美第二大牛肉加工商，也是世界上最大的碎牛肉供应商。目前，嘉吉在中国的业务涵盖农产品供应链、动物营养、动物蛋白、食品配料及应用、能源、运输及金属、金融服务等领域。

(3)JBS USA

JBS USA 总部位于科罗拉多州的格里利，在全球拥有超过 240 000 名团队成员，在美国、加拿大、墨西哥、波多黎各、欧洲、澳大利亚和新西兰拥有 100 多家工厂。JBS 于 1953 年在巴西创建，公司的名字是由创始人的名字 José Batista Sobrinho 缩写形成的。通过不断的努力和收购，JBS 从最初每天处理不足五头牛的小型家族企业发展成为世界领先的动物蛋白生产者。JBS 在世界各地设有生产设施、销售办事处、配送中心和交通枢纽，是世界领先的动物蛋白加工商，牛屠宰量约 90 290 头/d，也是 Pilgrim's Pride Corporation 的大股东，还与 JBS Australia 建立了战略合作关系，JBS Australia 是澳大利亚最大的牛肉和羊肉加工商之一，也是澳大利亚最大的牲畜饲养者之一。

(4)National Beef

National Beef 是全美第四大牛肉加工商，总部设在美国密苏里州堪萨斯城，年销售额超过 70 亿美元。员工人数超过 8 200 人，产品除了服务于美国还远销 40 多个国家。National Beef 为全球客户生产新鲜、冷冻和深加工牛肉及其副产品。该公司的主要业务包括：盒装牛肉、品牌盒装牛肉、消费者即食牛肉、份量控制牛肉、蓝湿皮加工等。美国的业务包括 Liberal，Dodge City 和堪萨斯城；宾夕法尼亚州胡梅尔斯码头；乔治亚州莫尔特里和密苏里州圣约瑟夫；National Beef 在伊利诺伊州芝加哥、日本东京、韩国首尔和中国香港设有国际办事处。

(四)牛肉消费情况

1. 美国牛肉消费占比及国民消费偏好

肉牛业是美国畜牧业中最大的生产部门，肉牛产值占畜牧业产值的 1/4。国内牛肉的销量和产量都位居世界第一，同时还是进口量第一、出口量第四的大国。根据美国农业部数据显示(图 2-1-10)，2010—2014 年，美国牛肉总体消费能力逐渐减少，截至 2014 年，美国牛肉消费总量从 2006 年的近 1 277 万 t 减少至不到 1 120 万 t，成为 2006 年以来的新低点。但从 2015 年起，美国牛肉总体消费能力呈现反弹，连续四年持续增长，2018 年美国牛肉消费总量达到了 1 214 万 t，创下了从 2010 年牛肉人均消费量下降以来的历史最高水平。

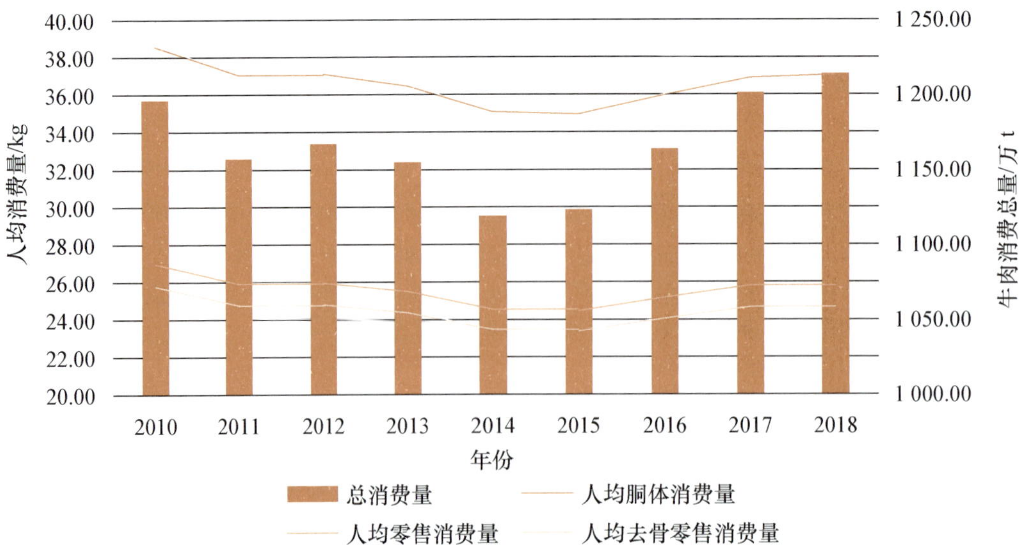

图 2-1-10　2010—2018 年美国牛肉消费情况

来源：美国农业部(ERS，https://www.ers.usda.gov)

美国人均牛肉胴体消费量以及零售消费量、去骨零售消费量的变化趋势与牛肉消费总量基本一致，但三者之间的消费差距十分明显。其中人均牛肉胴体消费量远高于零售消费量和去骨零售消费量。牛肉胴体的人均消费量从 2010 年的 38.6 kg 降至 2014 年的 35.13 kg，在 2018 年牛肉胴体的人均消费量重新增长到 37.08 kg。而人均零售消费量从 2010 年的 27.02 kg 降至 2014 年的最低水平 23.41 kg，2018 年重新增长到 25.96 kg；去骨零售消费量从 2010 年的 25.83 kg 降至 2014 年的最低水平 23.50 kg，2018 年重新增长到 24.81 kg。

2018 年美国肉类人均消费总量为 99.47 kg，其中禽肉、牛肉和猪肉人均消费量分别为 49.90 kg、26.04 kg 和 23.04 kg，在肉类总和中的占比分别为 50%、26%和 23%(图 2-1-11)。美国牛肉销售主要分为 4 大类：上等 600～900 磅盒装牛肉切块、优等 600～900 磅盒装牛肉切块、去骨 90% 鲜牛肉和去骨进口 90% 冻牛肉。2010 年之后去骨 90%鲜牛肉得到居民认可，成为 4 类主要销售牛肉中价格最高的牛肉，上等 600～900 磅盒装牛肉切块和去骨进口 90% 冻牛肉价格相近。2018 年，上等 600～900 磅盒装牛肉切块、优等 600～900 磅盒装牛肉切块、去骨 90% 鲜牛肉和去骨进口 90% 冻牛肉的价格分别是 4.91、4.75、4.68、4.76 美元/kg(图 2-1-12)。

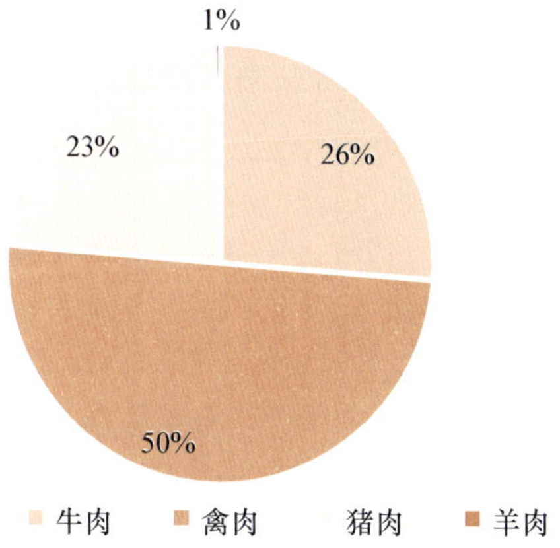

图 2-1-11 2018 年肉类人均消费占比

来源：美国农业部(ERS，https://www.ers.usda.gov)

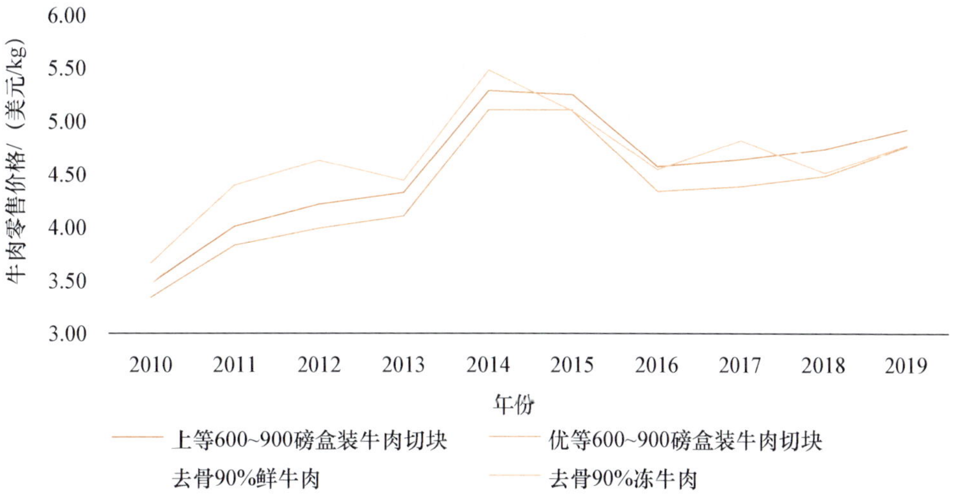

图 2-1-12 不同等级牛肉零售价格

来源：美国农业部(ERS，https://www.ers.usda.gov)

2. 美国牛肉消费量历史变化情况及影响因素

(1)牛肉消费历史变化情况

2007 年 12 月至 2009 年 6 月，是美国经历大萧条以来经济衰退最严重的两年，2010 年美国家庭平均收入比 2007 年低 5%，直到 2015 年才恢复。研究表明当消费者花费较少时，他们减少奢侈品的购买，并在食品和其他必需品方面转向成本较低的产品用以调整消费。ERS 研究人员对家庭食品支出的最新分析发现，通货膨胀调整后，家庭食品支出总额从 2007 年的 6 410 亿美元降至 2010 年的 5 990 亿美元，下降了 7%，直到 2015 年才恢复到经济衰退前的水平。而肉类消费与生活水平、饮食、牲畜生产和消费价格以及宏观经济不确定性和对 GDP 的冲击有关。与其他商品相比，肉类的特点是生产成本高，产品价格高；肉类需求与更高的收入以及由于城市化导致的食物消费变化有关。

自 1975 年以来，美国主要的消费肉类品种分别是禽肉、牛肉和猪肉，整体肉类消费量呈增加的态势，而且禽肉消费量逐渐超越了牛肉消费(图 2-1-13)。美国牛肉消费量从 1975 年的约 38.25 kg/(人·年)降至 1993 年的约 27.00 kg/(人·年)，此后一直保持相对稳定状态。自 2006 年以来，美国牛肉总消费量呈先减后增的趋势，目前已趋于稳定。美国猪肉消费量保持相对稳定，约为每人每年 22.50 kg，美国的禽肉产量随着消费量的增加而显著增加(11.25～27.00 kg/(人·年))。

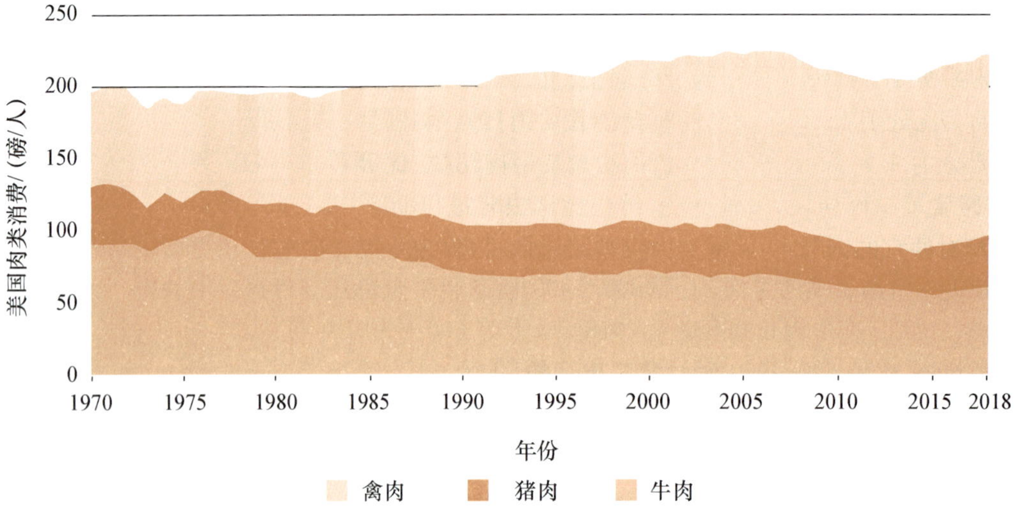

图 2-1-13　美国肉类历史消费变化趋势

来源：美国农业部(ERS，https://www.ers.usda.gov)

据美国农业部的长期农业预测报告预测，预计在 2017—2028 年期间美国人均肉类消费量呈现先上升后稳定的趋势，而牛肉消费将始终处于红肉消费的主流地位，远高于羊肉和猪肉(图 2-1-14)。随着牛肉和猪肉产量的增长以及价格的下降，美国的肉类消费在未来 10 年可能会发生明显变化。另外，由于饲料成本下降和国内外肉类需求强劲，2016—2025 年间牛肉和猪肉的产量将稳步增长，预计牛肉和猪肉产量分别增长 11.7%和 10.3%。由于产量预期增加，牛肉和猪肉价格预计在此期间分别下降

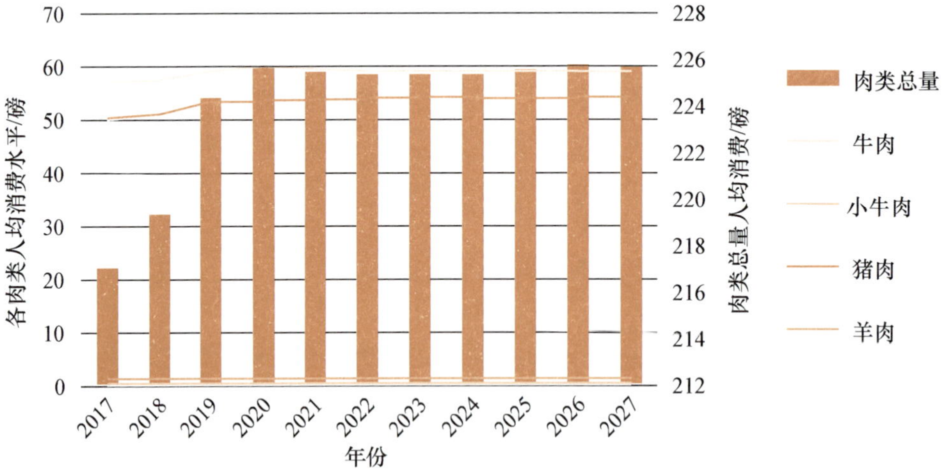

图 2-1-14　美国人均红肉消费水平预测

来源：美国农业部(ERS，https://www.ers.usda.gov)

10.6%和 11.6%，将推动对牛肉和猪肉的需求，扭转美国肉类消费量多年下降的趋势。预计到 2025 年牛肉消费量将增长 2.7%，超过鸡肉和猪肉消费增长，同期增长 2.3%和 1.7%。由于牛肉和猪肉消费量的增加，将使美国人均肉类消费总量从 2015 年的 211 磅增加到 2025 年的近 225 磅。

(2)牛肉消费影响因素

据美国农业部门的有关数据显示，在美国牛肉的不同消费产品多以冷鲜肉的形式上市销售，而且草饲牛肉价格高于谷饲牛肉。美国养殖牛肉的地区主要处于玉米种植地带，主要利用谷物进行肉牛养殖，部分地区也有草饲牛肉的养殖农场。饲料谷物价格相对较低且稳定有助于产量增长。饲料和食品价格在 2008—2013 年间飙升，玉米价格超过 238 美元/t；豆粕价格超过 460 美元/t。2018 年玉米和豆粕价格达到或接近其 2004 年红肉和家禽的人均消费量最高时的价格水平，饲料价格上涨影响了牲畜和肉类生产者的成本，降低了扩大生产的动力。饲料谷物价格下降的回归正在支持畜牧业和家禽生产者的盈利能力。

除了相对便宜的饲料之外，提高的饲料转化效率，促进牛更快的生长和更高的屠宰重。屠宰重和活重持续增长的长期趋势在很大程度上是由于通过选择性育种和现代化改进的生产系统的实施改善了动物遗传。总体而言，美国正在屠宰较大的动物。从屠宰重量来看，自 2000 年以来，平均每头牛增加了 73 磅，增加了 10%。与此同时，生猪增加了 18 磅，即 9%。家禽也变得更大，在活重的基础上，火鸡平均增加 5.3 磅(20.5%)，而肉鸡则增加 1.2 磅(23.9%)。

由于国内产量增加和有利的国外需求，2018 年美国牛肉、猪肉和肉鸡(幼鸡)出口强劲。与 2017 年相比，牛肉出口增长 10.3%，猪肉出口增长 4.2%，肉鸡出口增长 4.1%。尽管国内产量增加，但羊肉出口下降 1.5%。2018 年美国牛肉出口继续创纪录，部分原因是对韩国的出口大幅增长，美国对世界市场的牛肉出口连续 3 年大幅增长。自 2015 年以来，牛肉出口每年增长超过 10%。2018 年出口了 32 亿磅牛肉，比 2017 年增长了 10.3%。除中国香港和加拿大外，所有主要牛肉出口目的地都增加了美国牛肉的进口量。其中最引人注目的是韩国，自 2013 年以来，韩国每年都大幅增加美国牛肉进口量。自 2012 年美国-韩国自由贸易协定(KORUS)以来，降低了关税和非关税壁垒，出口明显加速。韩国已经成为美国牛肉市场蓬勃发展的动力之一，2018 年美国对其出口量增长超过一半，同比增长 35%。此外，2018 年美国牛肉出口总量的 20%以上运往韩国。这种增长的推动因素与强劲的消费需求、比第二大竞争对手澳大利亚更低的关税以及美国的出口供应量更大等有关。

3. 美国牛肉营销企业及组织概况

(1)牛肉营销体系

批发供货环节：牛肉批发商是购买牛肉并出售给零售商或其他批发商的部门，有供货商和分销商 2 种类型。供货商购买并对牛肉制品进行适当加工包装，分销商仅对牛肉进行买卖，不进行任何加工，产品最终出售给食品行业。

零售商环节：美国牛肉零售主要包括 5 个部分，食品连锁店占全部销售牛肉量的 25%，食品专卖店占 35%，快餐店占 15%，饭店占 20%，其他机构如学校、医院、部队占 5%。

(2)牛肉产品营销模式

牛肉产品的包装主要由美国的几个跨州或跨国的大公司完成。在牛肉营销方面，消费者层次和需求多样性被视为研究重点，诸如根据美国牛肉的质量等级体系(图 2-1-15)，根据不同的市场投放不同的包装和品质的牛肉产品，满足不同消费者对营养、健康、安全的需求。

公司化营销：从 1990 年开始，一是原材料采购不断集中，采购垄断使牲畜出场价和肉制品零售价之间价差不断提高，养殖户利润下降，离开行业；二是由于合同生产方式的比例上升，合同规定交货数量、日期、质量，价格根据协议价格和市价调节，使肉制品加工厂控制了供给数量，造成市场操纵，养殖户没有定价权而离开行业；三是屠宰加工企业自建养殖基地，很大一部分原材料从公司自身控制

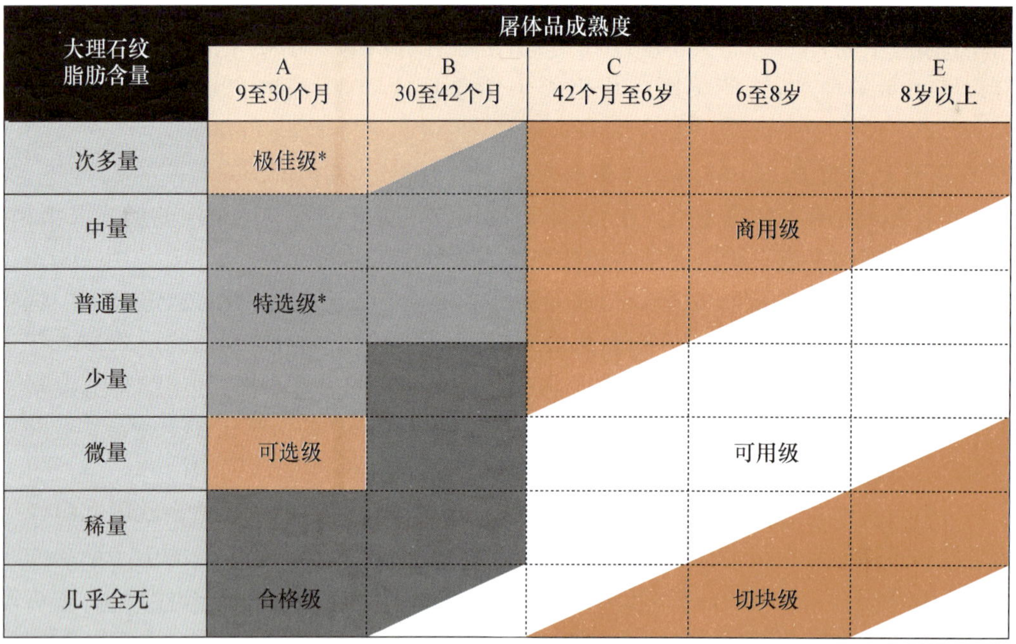

图 2-1-15　美国牛肉的质量等级体系

来源：美国肉类出口协会

的养殖场采购。

在需求保持稳定、技术不断改进的背景下，经过 20 多年的纵向延伸和横向兼并，肉制品行业集中度大幅提高，Smithfield、Hormel、Tyson 等大型综合畜禽生产加工企业通过产业链纵向一体化、靠近原料产地、不断地收购兼并实现企业规模和盈利能力的提升、产品结构符合消费升级的趋势、开发高附加值新产品等方式迅速崛起。此外，美国企业强调社会责任，通过营造负责任的良好企业形象，赢得消费者的好感。

直销及合作社营销：随着现代化水平提高，农场的规模迅速扩大，并且屠宰加工企业倾向于和大农场合作，使中小农场经营越来越困难。因此，各个地区的中小农场主协议加入合作社。首先与合作社签订有年限的合同，各农场主直接将自己的产品交给合作社统一加工处理、销售，合作社按照统一商标、合理价格销售产品后，将利润扣除一定比例返还给农场主。对农场主来说，保证了产品有销路且价格合理；对合作社来说，保证了产品供应，使它有能力与大农场、公司抗衡；对消费者来说，可以买到价格更低廉、品种更丰富、味道更鲜美的牛肉产品。合作社在一体化过程中提供越来越细致的服务，使牛肉的商品化、专业化、现代化水平得到极大提高。

网络营销：美国政府十分重视对农村信息技术的基础设施投入，此外，美国有完备的市场信息发布体系，从业人员可以依据网上发布的实时信息寻找最佳交易对象，提高经济效益。物流企业根据生产和销售信息及时组织肉制品供应，避免大规模仓储消耗，高效的生产效率和流通模式促进了网上营销。美国重视高素质劳动者的培训教育，促进了农场管理、计算机网络和营销管理等知识的综合运用。实施网络营销的企业允许多种方式订货和付款，完善售后服务，建立顾客档案，收集反馈信息，并将网络信息及时地呈现在消费者面前，积极利用各种网络促销如折扣优惠、批量优惠、热销产品、廉价产品、专家精选产品等吸引潜在消费者，使网络营销健康发展。如全美第二大肉制品生产商 Smithfield 公司在官方网站主页上单独列出了消费者一项，其中包括菜谱、品牌、网上购物和社区参与 4 个模块，促进了其肉制品的销售。

(五)肉牛产品贸易情况

1. 美国活牛进出口情况

自1989年以来,美国大部分进口活牛来自墨西哥和加拿大,其他国家只有0.1%。上一次从澳大利亚进口活牛是在2008年,最近一次是在2018年(只进口了一头,数量过少没有列出)。2009—2018年,美国活牛进口量在170万~240万头间波动,年平均进口量约为204.6万头(表2-1-20,图2-1-16),其中2016年进口数最低,约为170.8万头,比2014年235.8万头下降了38.1%,这是自2009年以来的最大降幅。2017年,美国活牛进口量又开始逐渐恢复。

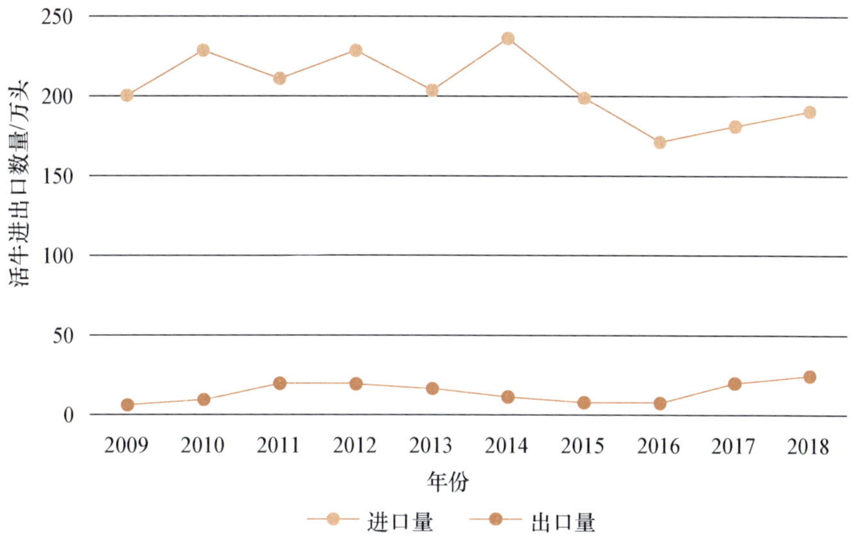

图2-1-16 美国活牛进出口变化趋势

来源:USDA

相对于活牛进口量,美国的活牛出口量较小,2009—2018年间,美国活牛年平均出口量为13.8万头,主要出口加拿大、墨西哥、俄罗斯、土耳其等14个国家和地区,其中加拿大、墨西哥、俄罗斯、土耳其分别占总52.23%、15.89%、16.18%、10.32%,总计占美国活牛出口总量的94.62%(表2-1-20)。同时由图2-1-16可知,2009—2018年间美国活牛出口量变化波动不大。2009年出口量为5.8万头,2011年达到19.4万头;从2012年开始,出口量连续5年呈下降趋势,每年以超过15%速度下降,一直下降到2016年的6.9万头,比2011年减少了64.94%。2017年开始活牛出口量骤增,比2016年增加了180%,达到2011年的出口量19.3万头,2018年出口量又继续增加了23%,达到近10年内最大出口量23.9万头。

2. 美国牛肉进出口情况

根据美国农业部经济研究局(ERS)统计数据表示(图2-1-17,表2-1-21),2009—2018年,美国每年的牛肉进口量保持在120万t左右,其牛肉主要进口国有澳大利亚、加拿大、新西兰、墨西哥等13个国家和地区,其中来自澳大利亚、加拿大、新西兰、墨西哥的牛肉占美国总进口量的86.12%,分别为28.26%、25.85%、20.43%、11.58%。2015年来自澳大利亚的牛肉更是达到总进口量的37.35%,主要原因在于澳大利亚牧场资源丰富,肉牛主要以草饲为主,符合美国居民的牛肉偏好。

美国牛肉的主要出口国家和地区为日本、韩国、墨西哥、欧盟、中东等。2009—2018年,美国牛肉的出口量基本呈现一个波浪式递增趋势(图2-1-17,表2-1-22)。2009—2011年和2015—2018年两个时间

表 2-1-20
美国活牛进出口情况

头

年份	2009	2010	2011	2012	2013	2014	2015	2016	2017	2018	均值	占比/%
进口总量	**2 001 874**	**2 283 885**	**2 107 303**	**2 282 788**	**2 033 123**	**2 358 367**	**1 984 389**	**1 708 014**	**1 806 135**	**1 899 458**	**2 046 534**	**100.00**
墨西哥	940 869	1 221 111	1 421 189	1 468 189	989 406	1 115 855	1 154 421	943 043	1 163 641	1 268 687	1 168 641	57.10
加拿大	1 061 005	1 062 774	686 114	814 599	1 043 717	1 242 512	829 968	764 971	642 494	630 771	877 893	42.90
出口总量	**58 023**	**91 090**	**193 908**	**190 884**	**160 678**	**107 684**	**72 559**	**68 760**	**193 041**	**238 700**	**137 533**	**100.00**
加拿大	27 145	41 726	75 560	60 492	47 615	49 744	38 588	36 615	145 347	195 517	71 835	52.23
墨西哥	18 351	20 698	12 840	5 842	32 631	27 697	20 271	28 643	29 719	21 916	21 861	15.89
俄罗斯	8 771	4 053	37 542	89 044	56 414	15 257	3 436	0	1 131	6 866	22 251	16.18
土耳其	2 005	21 607	62 169	25 312	16 245	3 503	5 433	0	5 603	0	14 188	10.32
哈萨克斯坦	0	1 989	5 065	2 833	891	1 986	541	0	0	0	1 331	0.97
巴拿马	389	80	271	442	283	241	70	55	113	140	208	0.15
洪都拉斯	211	73	42	59	83	11	0	377	33	55	94	0.07
巴巴多斯	15	10	19	5	21	37	60	350	45	27	59	0.04
哥斯达黎加	18	52	41	7	36	36	55	1	9	63	32	0.02
泰国	0	—	0	0	24	198	491	828	394	498	270	0.20
越南	0	0	0	0	0	0	1 553	25	5 128	1 850	856	0.62
日本	0	2	18	1	135	0	0	2	102	69	33	0.02
中国内地	23	0	0	9	0	0	0	2	30	1	7	0.00
中国台湾	0	0	3	0	0	0	0	1	—	14	2	0.00
中国香港	234	24	0	0	0	17	2	0	2	0	28	0.02
其他国家	861	776	338	6 838	6 300	8 957	2 059	1 861	5 385	11 684	4 506	3.28

来源：USDA

表 2-1-21

2009—2018 年美国牛肉进口情况

t

年份	2009	2010	2011	2012	2013	2014	2015	2016	2017	2018	均值	占比/%
进口总量	**1 181 770**	**1 034 065**	**925 436**	**998 903**	**1 012 354**	**1 326 097**	**1 515 737**	**1 355 283**	**1 347 002**	**1 349 370**	**1 204 602**	**100.00**
澳大利亚	356 310	254 921	203 420	294 536	280 750	487 204	566 190	345 215	312 718	302 887	340 415	28.26
加拿大	365 585	387 370	310 086	241 875	242 129	270 971	282 802	323 000	333 598	356 388	311 380	25.85
新西兰	232 811	212 838	205 558	222 898	236 721	268 702	297 759	275 647	250 634	257 541	246 111	20.43
墨西哥	29 638	48 298	69 710	109 030	113 203	139 570	176 372	222 039	258 104	228 706	139 467	11.58
尼加拉瓜	40 033	45 061	56 377	45 280	41 136	62 538	46 725	50 060	60 003	70 580	51 779	4.30
巴西	89 317	27 122	19 542	34 018	43 741	36 658	67 311	68 716	62 057	63 410	51 189	4.25
乌拉圭	34 307	24 390	23 335	32 463	37 163	41 337	61 627	54 317	54 214	51 758	41 491	3.44
哥斯达黎加	10 356	10 622	8 840	9 059	9 590	12 987	12 411	12 377	10 921	10 643	10 781	0.89
阿根廷	19 697	19 356	18 870	994	1 938	869	580	0	0	46	6 235	0.52
洪都拉斯	2 129	2 030	8 275	8 558	5 509	4 065	1 510	30	894	2 544	3 554	0.30
智利	1 010	1 881	1 417	105	3	267	746	800	300	25	655	0.05
日本	195	57	0	45	350	893	282	456	474	1 378	413	0.03
中国	0	0	0	0	0	28	0	1	0	0	3	0.00
其他国家	381	120	7	41	122	10	1 421	2 625	3 085	3 462	1 127	0.09

来源：USDA

表 2-1-22
2009—2018 年美国牛肉出口情况

t

年份	2009	2010	2011	2012	2013	2014	2015	2016	2017	2018	均值	占比/%
出口总量	**870 641**	**1 034 823**	**1 253 277**	**1 103 624**	**1 164 770**	**1 158 189**	**1 020 279**	**1 150 619**	**1 286 860**	**1 419 917**	**1 146 300**	**100.00**
日本	123 454	157 944	205 368	202 176	301 996	298 460	242 809	294 930	371 702	396 295	259 513	22.64
墨西哥	282 809	225 136	219 675	158 281	181 455	195 624	163 224	177 728	188 707	201 956	199 460	17.40
加拿大	163 435	175 729	225 112	210 194	210 064	163 809	145 624	138 535	139 112	134 946	170 656	14.89
韩国	63 312	124 696	170 867	137 272	113 785	135 615	143 536	206 618	212 728	287 184	159 561	13.92
中国香港	37 002	60 026	73 327	94 463	161 303	187 246	142 119	132 216	151 067	138 271	117 704	10.27
中国内地	2 317	4 078	2 123	6 259	7 542	3 787	757	0	4 221	9 897	4 098	0.36
中国台湾	37 979	55 283	49 690	26 806	45 112	47 052	48 955	61 596	62 014	83 316	51 780	4.52
越南	66 749	51 412	54 647	51 268	4 920	3 888	5 491	8 373	13 593	16 703	27 704	2.42
埃及	19 328	38 820	45 945	43 571	23 484	1 391	1 415	490	312	298	17 505	1.53
荷兰	10 733	16 161	20 219	15 161	16 205	16 408	17 500	15 953	17 397	14 692	16 043	1.40
德国	1 255	3 171	5 380	4 363	5 162	4 549	4 086	2 802	3 442	3 611	3 782	0.33
其他国家	62 269	122 367	180 924	153 811	93 742	100 360	104 764	111 378	122 565	132 747	118 493	10.34

来源：USDA

段增幅较大，2012 年牛肉出口量骤降，降低了 12%。2013—2014 年缓慢增长，这与其国内的干旱有关。自 2012 年美韩自由贸易协定(KORUS)实施以来，美国牛肉出口明显加快，韩国已经成为美国牛肉的一个蓬勃发展的市场。到 2015 年，美国牛肉达到了 2009 年以来第二低的出口量，为 102.03 万 t。主要是因为 2015 年美国暴发了高致病性禽流感(HPAI)，这导致了全面的贸易限制，因此牛肉出口量降低，进口量增加达到了 2009 年以来的最大值。2016 年出口水平有所改善，牛肉出口量与 2015 年相比有所增加，牛肉进口量下降。

由于国内产量增加和有利的国外需求，自 2015 年以来，美国对世界市场的牛肉出口量连续三年大幅增长(图 2-1-17)，每年增长超过 10%，2018 年美国牛肉出口量与 2017 年相比增长了 10.3%。自 2013 年以来，韩国每年都大量从美国进口牛肉，进口数量呈递增的趋势。2018 年，美国牛肉出口增量的一半以上输往韩国，同比增长 35%。

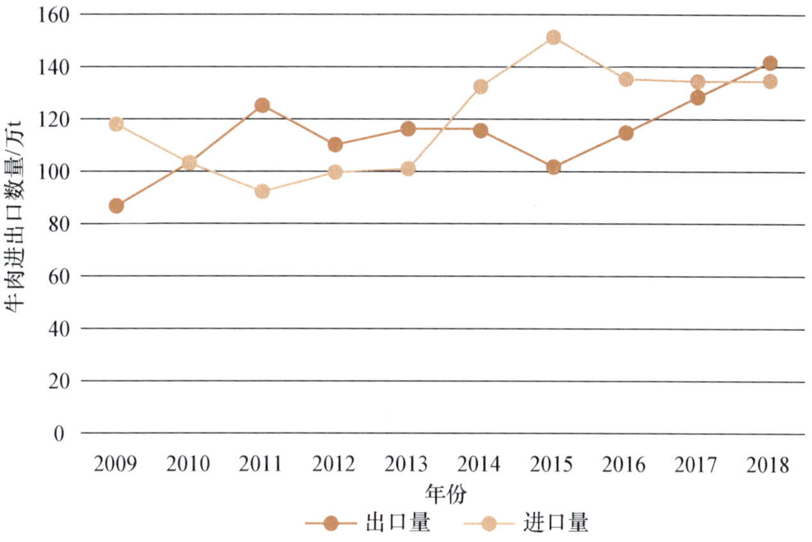

图 2-1-17　2009—2018 年美国牛肉进出口量变化趋势

来源：USDA

3. 美国在世界畜产品贸易市场的地位

美国一直是世界牛肉进出口大国，2018 年美国牛肉进口量为 134.94 万 t，占全球牛肉总进口量的 17.44%，居世界第一位。同年美国牛肉出口量为 141.99 万 t，占全球 13.57%，居世界第四位(图 2-1-18)。美国牛肉大进大出的主要原因是出口高档谷饲牛肉的同时，进口大量低价草饲牛肉以满足国内汉堡、三明治、烤肉等低端牛肉消费需求。图 2-1-19 展示了 2009—2018 年全球排名前 10 牛肉进口国进口量的情况，由图可知，美国近 6 年来，牛肉进口量位居世界第一，尤其 2013 年以后，牛肉的进口量剧增，2015 年以后趋于平稳，维持在 130 万 t 左右。而相对进口，自 2011 年以后，美国牛肉出口总量位于巴西、澳大利亚及印度之后，列居全球第四，年出口量约为 114.63 万 t(图 2-1-20)。美国是日本、韩国、墨西哥、中国香港、加拿大和中国台湾等国家和地区牛肉进口主要来源地。

4. 美国与中国的畜产品贸易情况

中国是世界上一系列农产品的主要生产国和消费国，也是美国农产品贸易的主要贸易伙伴之一。2003 年以前，中国主要从美国、澳大利亚、新西兰、加拿大等进口牛肉。中国从美国进口牛肉比例一直保持着增长的趋势，2002 年达到了 1996 年以来的最大比例。根据美国农业部的统计数据，2003 年中国的牛肉进口总额为 1 500 万美元，其中来自美国的牛肉进口额就高达 1 000 万美元。2003 年底，美国牛肉和牛肉产品被检测出牛海绵状脑病感染，即俗称的“疯牛病”，中国颁布进口美国牛肉禁令，从此停止了绝大部分美国牛肉的进口。自此，中国长达 13 年未从美国进口牛肉。

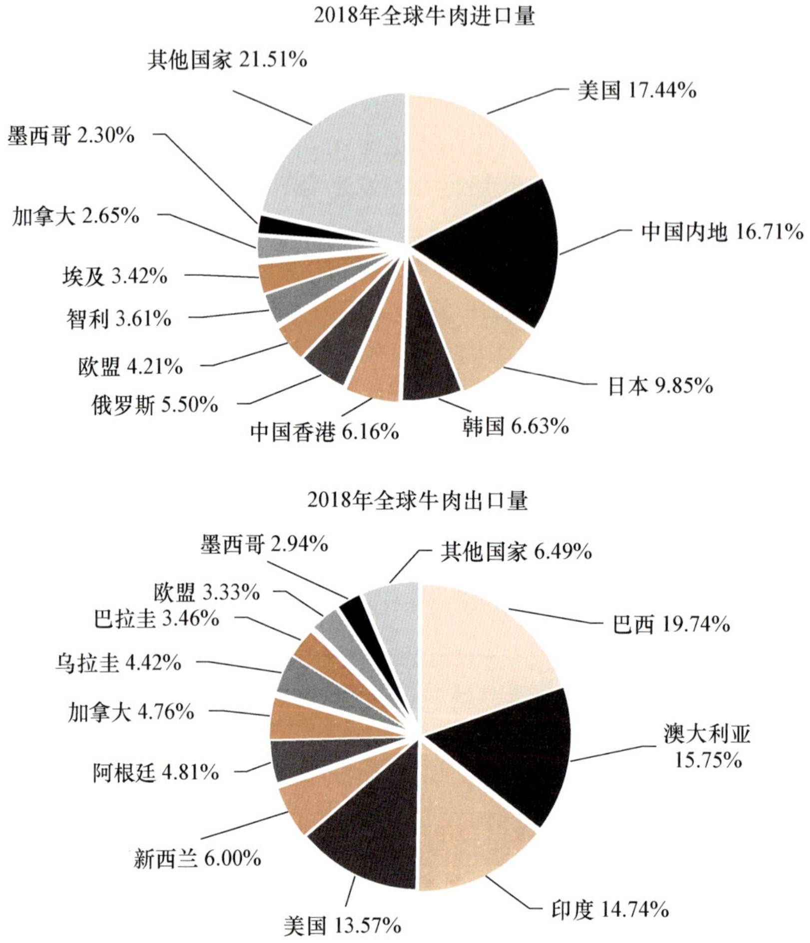

图 2-1-18　2018 年全球牛肉进出口情况

来源：USDA

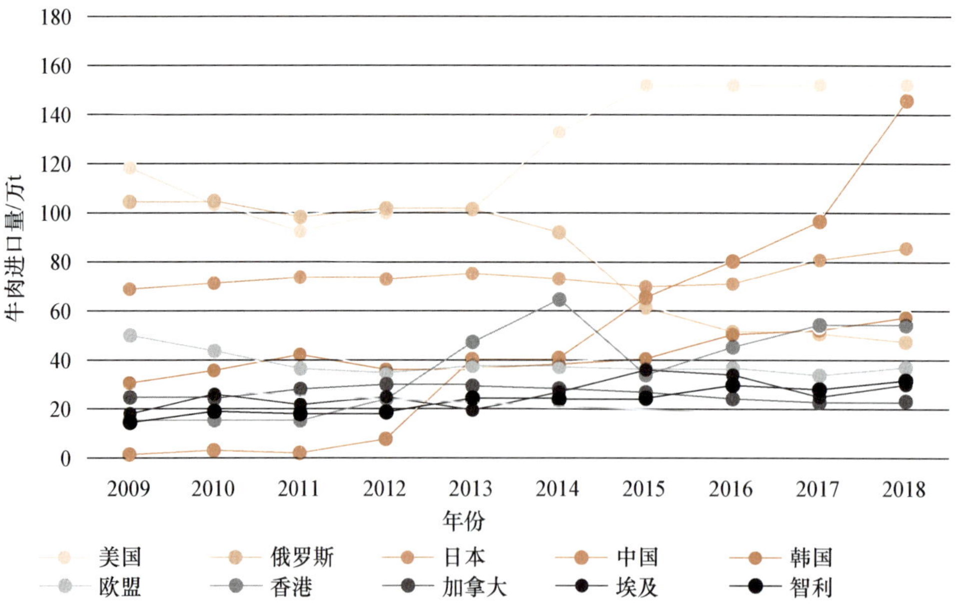

图 2-1-19　2009—2018 年全球排名前 10 的国家进口量对比

来源：USDA

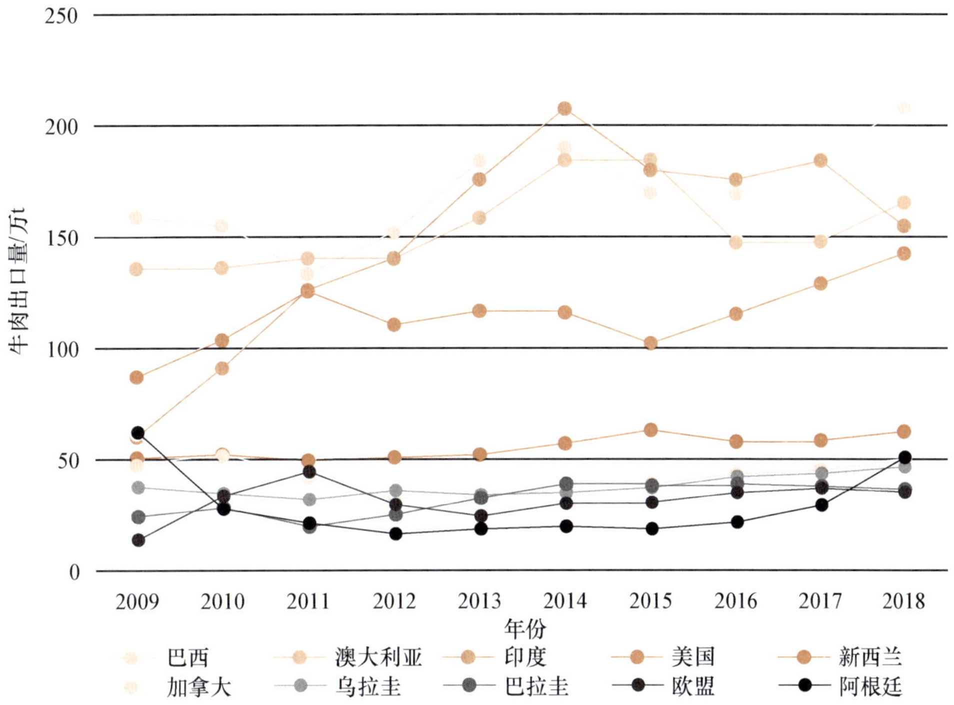

图 2-1-20 2009—2018 年全球排名前 10 的国家出口量对比

来源：USDA

中国是世界上牛肉生产量居于第三位的国家，并且伴随中国牛肉消费需求增加，贸易市场的逐步扩大，在中美经济全面对话机制下，中国逐步放开美国牛肉市场。2016 年 9 月，中国宣布有条件解除美国 30 月龄以下剔骨牛肉、带骨牛肉的禁令，允许符合中国追溯体系要求和检验检疫要求的美国牛肉对华出口。2016 年，美国出口少量牛肉到中国市场，并且全部为冻牛肉，美国出口中国冻牛肉 4.01t，出口价格为 7.78 美元/kg。2017 年，中国与美国牛肉贸易正式开放，并宣布相关细则。2017 年 1—6 月，美国出口中国牛肉 11.15 t，其中出口冻牛肉 5.77 t，出口价格为 15.06 美元/kg；出口鲜冷牛肉 5.37 t，出口价格为 19.89 美元/kg。

三、畜牧业生产扶持政策措施

(一)美国农业部组织架构与职能

美国的农业现代化经历了三个阶段：在 19 世纪 50 年代后期至 1920 年的第一个阶段，美国实现了农业半机械化；1920—1950 年的第二个阶段，农业实现了机械化，先进的农业科学技术得到进一步应用；1950 年至今，美国农业发展步入第三个阶段，为基本实现农业现代化的时期(成玉林，2005)。经过近 170 年的发展，美国成为当之无愧的农业强国。美国农业的成功不仅因为拥有得天独厚的自然资源，还与美国农业部的政策支持密切相关。因此，了解美国农业部的组织架构、职能分布、政策制度，是我们了解美国各畜种，乃至整个畜牧行业发展不可缺少的一部分。

1. 美国农业部的组织架构

美国农业部(US Department of Agriculture，USDA)于 1889 年成立，是联邦政府内阁 14 个部门之一，是依法设置的重要经济管理机构。图 2-1-21 详细地展示了 USDA 的组织架构，包括部长、副部长、首席执行官以及美国农业部内部各局助理，涵盖了 8 大类职能部门，分别是农场生产和保护类、外国农业服务类、自然资源环境类、食物营养消费服务类、农村发展类、食物安全类、研究教育经济类以及市场营销监管规划类，共包含 17 个机构和办事处（表 2-1-23）。

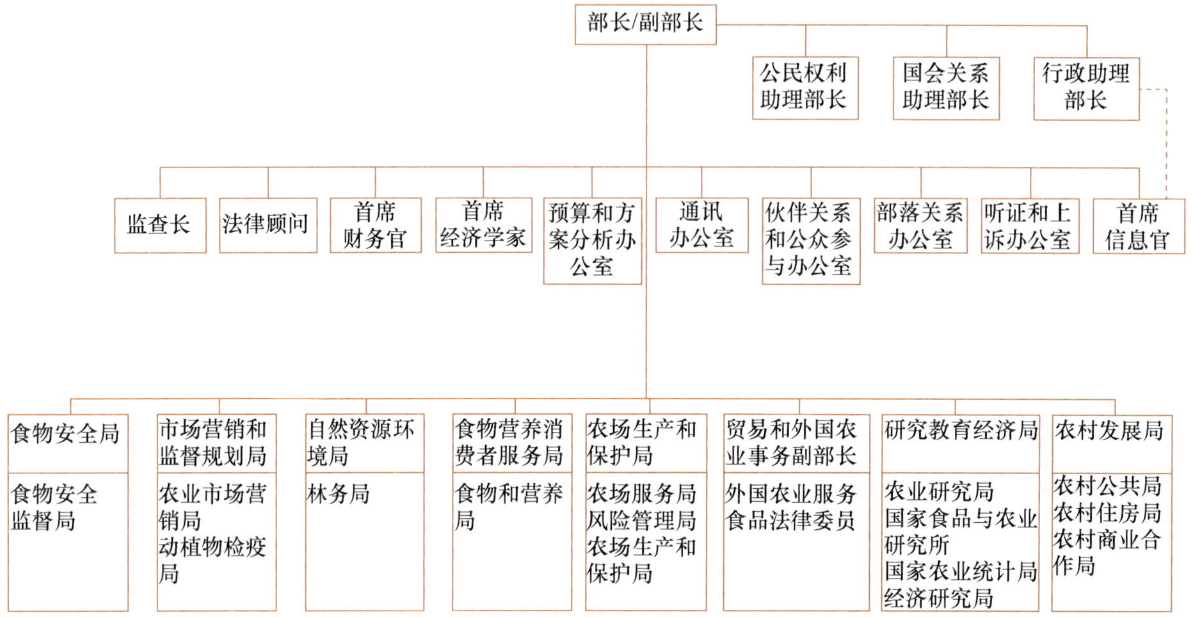

图 2-1-21　美国农业部组织架构

表 2-1-23
美国农业部机构及其办事处

机构名称	机构简称	办事处	办事处简称
农业市场局	AMS	部门管理办公室	DM
农业研究局	ARS	国家申诉部	NAD
动植物检疫局	APHIS	公民权利助理部长办公室	OASCR
经济研究局	ERS	预算和项目分析室	OBPA
农场服务局	FSA	首席经济学家办公室	OCE
食品营养局	FNS	首席财务总监办公室	OCFO
食品安全监督局	FSIS	首席信息专家办公室	OCIO
外国农业局	FAS	首席科学家办公室	OCS
林业局	FS	国会关系办公室	OCR
国家农业统计局	NASS	环境市场办公室	OEM
国家食品与农业研究所	NIFA	执行秘书办公室	OES
国家自然资源保护局	NRCS	监察长办公室	OIC
风险管理局	RMA	法律顾问办公室	OGC
农村发展局	RD	部落关系办公室	OTR

国家自然资源保护局（NRCS）和林业局（FS）是 USDA 负责自然资源环境的组织机构。其中，FS 的主要职责是管理美国森林、放牧地、稀有植物、鱼类和野生动物，重点指导林业研究、保护和管理矿物能源管理。国家自然资源保护局（NRCS）旨在帮助人们保护、维持和改善自然环境。食品营养局（FNS）是 USDA 负责食物营养消费服务的机构。食品和营养局（FNS）的主要职责是推行营养教育和

营养培训,消除贫困、饥饿和营养不良等现象。食品安全监督局(FSIS)是 USDA 负责食物安全的机构,FSIS 保护公众免受食源性疾病侵扰,确保全国肉类、禽类和蛋类产品的安全卫生。农场服务局(FSA)、海外农业局(FAS)和风险管理局(RMA)是 USDA 中共同负责农场和外国农业服务的机构。农场服务局(FSA)主要负责执行政府的农产品计划、灾害救助、资源保护、农作物保险等任务。海外农业局(FAS)代表的是美国农民和农业部门在海外的利益,负责收集、分析和发布全球农业信息,确保在国际市场上美国农产品具有较大的竞争优势。风险管理局(RMA)通过有效管理市场风险来帮助生产者,其使命是规范健全风险管理解决方案,维护加强美国农业的经济稳定。

农业研究局(ARS)、国家食品与农业研究所(NIFA)、经济研究局(ERS)和国家农业统计局(NASS)是 USDA 负责农业研究、教育和经济的机构。农业市场营销服务局(AMS)是 USDA 负责市场营销监管规划的机构,负责制定农产品质量等级标准,确保贸易规范,开发新的营销服务,提高客户满意度。

2. 美国农业部职能

农业部的基本职能是在最近的一次(1994 年)改组后制定的,具体包括农村商业和合作社发展局、农村公用事业局、合作社局、农村住房和社区发展局等,主要负责农村经济社区发展。

经济研究局(ERS)负责提供关键指标、前景分析以及美国食品和农业系统的大量数据。外国农业局(FAS)负责向美国农民和商人提供国际农产品生产和贸易的信息,透过这些信息,美国农民和商人会根据世界需求的变化调整生产和贸易。国家农业统计局(NASS)负责收集、汇总、分析和发布农产品生产和贸易数据。这些数据涉及的范围很广,主要依靠每 5 年 1 次农业普查,根据这些数据形成今日报告、国家农业统计服务局刊物以及农业统计年鉴。世界农业展望委员会(WAOB)作为美国农业部的中心组织,提供美国和世界农业的经济情报和农产品前景展望。该委员会协调、审查和批准国际农产品供给和需求月度评估报告(WASDE),并且存放了 OCE 组织的联合农业气象设施(王禹,2015)。

(二)美国畜牧业政策

1. 基础性投入政策

美国基础性投入,主要由三部分组成,首先对畜牧业生产者的直接补助,减轻生产者的负担,建立完善的灾害补贴与保险体系,抵御风险;其次通过立法,建立、完善农业信贷系统,抵御从业者所面临的金融风险,构建发达的运输网络,促进畜牧业贸易的发展;最后加强对科研、教育、推广体系的投入,促进农业现代化,信息化。

(1)直接补贴政策

美国在 2002 年的新农业法中加大了对土地的保护补贴,其中很多方面都和畜牧业有关。制定帮助畜牧生产者改善环境的环境质量激励计划,其中包括加大对牧场主的资助力度,政府承担 75%的环境保护费用分摊支付,但如果生产者资源有限或是刚起步的农场主或牧场主则允许 90%的费用分摊率。并为私人牧场的保护和改善提供技术和教育援助。财政年度每年授权 6 000 万美元的拨款。鼓励采用可持续的放牧方式,如终年放牧、轮牧或适度放牧等,以保护私人牧场的发展。另外还出台了草地储备计划,通过长期合同等不同形式帮助土地所有者恢复草地,保护天然草地。2003—2007 年资助 2.54 亿美元。政府对恢复草地费用的分摊率高达 75%~90%。

(2)农业保险与灾害救助补贴

美国是最早涉及农业保险业的国家之一。《联邦农作物保险法》(1938 年)正式将农业保险作为农业政策的一项重要内容,规定在农业部内设立联邦农作物保险公司,农业保险业自此登上了历史舞台。1980 年,针对灾害导致损失的农业生产者,国会第十二次修改了《联邦农作物保险法》,加快了私人保险公司参与农作物保险业的步伐。《联邦农作物保险改革法》(1994 年)对政府或保险公司抑或两者之间的灾害补贴或赔偿责任做出了明确的规定，农业保险和农业灾害补贴的种类逐步增加。2000年，克林顿总统签署了《农业风险保障法》，提高了对农作物保险保费的补贴比例，并决定试行牲畜保险。2008年农业法案延续了旧农业法对灾难性灾害实行全额补贴的政策，将风险管理战略和教育对象扩大到了新的以及处于弱势地位的农场主（牧场主），将农业灾害援助补贴的执行范围扩大到了所有的农作物、鱼类养殖、养蜂业和畜牧业。2014年农业法案设立了永久性的牲畜灾害援助项目，将牲畜灾害损失援助回溯到2011年，实现了美国农业灾害救助补贴在时间尺度上的全覆盖。2014年农业法案还通过无保险作物援助项目直接向生产者提供因天气造成的损失赔偿。至此，美国农业保险补贴和农业灾害救助补贴在时空范围内实现了全覆盖。

美国对畜牧业面临的风险提供大量的补助，主要包括牛奶收入损失合同项目、牲畜补偿项目以及家畜援助项目等。牛奶收入损失合同项目的主要目的是保证和维持牛奶生产者的稳定收入，减轻市场风险。执行条件是当波士顿一级牛奶的价格低于16.94美元/英担，向牛奶生产者提供财政补偿，以确保牛奶生产者的收入不受市场价格的影响。牲畜补偿项目是对那些由自然灾害导致畜产品损失的合法拥有者的一种直接补偿，这项法案对合格的畜产品生产者提供直接支付，符合条件的家畜必须是牛、绵羊、山羊和水牛。家畜援助项目是为在2003—2004年因自然灾害造成损失的家畜生产者提供补偿的措施。能获得准许的城市必须是在2003—2004年由于干旱、高温、疾病、虫害、洪水、火灾、飓风、地震、严重暴风雪或其他灾害等，使城市的40%或以上牧场遭受至少连续3个月的灾害损失。可获得补偿的最大比例为80%。项目还规定能够获得补偿的家畜包括公牛、乳牛、水牛、麋鹿、驯鹿、野牛、绵羊、山羊、猪、马等用于商品性的人类食物，或作为自给自足的食品生产。获得补偿的生产者必须在受影响前饲养或租借家畜至少3个月；用于该项目的总资金没有设置上限。

(3)美国农业信贷系统与运输网络的建立与完善

在联邦《农业信贷法》(1916年)(1923年和1933年两次修订)的支持下，美国先后成立了联邦土地银行、联邦中介信贷银行和合作社银行。这3类银行的服务既各有侧重，又相互合作，构成了庞大的美国农业信贷系统。此后，《联邦农村完善和改革法》《农场抵押贷款法》《农场贷款法》《农村信贷法》《中间信贷法》等法律进一步完善了美国农村的投融资体制，为农村地区的水利、交通、住房等事业的发展奠定了坚实的资金基础，促进了农场机械化、电气化和信息化的发展，改善了农村的生产、生活条件。另外，美国水利、交通、电气化、信息化等专门领域的法律也相当完备。《21世纪运输平衡法案》(1998年)、《汽车货物安全改善法》(1999年)、《安全、可靠、灵活、高效的运输平衡法案：留给使用者的财产》《在21世纪中前进》(2012年)等交通法律推动了美国交通运输业的飞速发展，美国先后经历了修筑公路、开凿运河和铺设铁路等国内交通建设高潮，目前，美国的货运网络已实现了乡村社区全覆盖，具备了连接国内和国际贸易市场的能力，极大地推动了美国畜牧业的发展。

(4)科研、教育、推广体系的投入

1862年、1887年和1914年美国先后颁布的《莫雷尔法案》《哈奇法》《史密-利弗法》为美国以州立赠地学院为依托，联邦推广站为枢纽，州推广站为核心，县推广站为基础的教育、科研、推广“三位一体”农业推广模式奠定了基础。《职业教育法案》(1963年)和《伯金斯法案》(1984年)扩大了受教育人群的范围。之后，包括《农业研究、推广和教育改革法案》(1998年)、《食物、农场及就业法案》(2014年)在内的多部法律通过划拨专门经费、增加资助经费额度、实施新计划等方式促进了农业科研、教育、推广体系的发展完善。

此外，美国政府为了提高新农牧场主、青年农民和农业雇工等弱势群体的生存竞争能力，还在教育和推广服务中给予了特殊的关注。其中一项促进农牧场主发展计划主要致力于对新农牧场主、青年农民和农业雇工提供各种援助，为开展新农牧场主培训、教育、技能拓展和技术援助服务的机构提供经费支持，其他农牧民也可自愿参与。申请机构需提供25%的配套资金。预留25%的资金优先用于资源匮乏的新农牧场主、社会劣势群体和希望成为农牧场主的农业雇工。

2. 价格支持政策

美国主要对牛奶及其制品实行价格支持计划。根据美国2002年农业法案，从2002年6月1日开始，到2007年12月31日，农业部通过购买奶酪、黄油和脱脂干牛乳对48个州生产的牛奶进行价格支持。在计划期间，牛奶的保护价格为9.90美元/英担(其中牛奶含3.67%的脂肪)。这种保护价格足以弥补生产者的成本，并且不低于牛奶收入损失合同项目条款中对牛奶的支持率。从操作形式来看，美国的奶产品价格支持计划相当于我国的粮食最低收购价，确保奶农以不低于9.90美元/英担价格卖出。

3. 市场营销政策

美国人口仅为中国人口的1/5，可耕地面积低于印度位列世界第二位，生产过剩问题长期困扰着美国。因此，美国非常重视农产品营销与促销。美国的营销法律可以分为三个阶段。第一阶段20世纪30年代，美国的农业政策带有强烈的贸易保护主义色彩，例如，《农业调整法》(1933年)、《互惠贸易协定法》(1934年)等法律均通过提高进口关税、制订农产品价格支持计划、采取出口补贴等方式，努力防止进口农产品扰乱国内农产品价格。第二阶段，1948年的《商品信贷公司特许法》、1954年的《农产品贸易发展的援助法》(480号公法)通过对外粮食援助缓解了美国农产品的生产过剩问题。第三阶段乌拉圭回合《农业协定》首次将农产品贸易谈判纳入了多边框架之内，之后，美国农业法案与WTO农产品贸易谈判之间互相磨合，美国开始了曲折的农产品市场自由化旅程。

其中畜牧行业最具代表性的是"市场准入计划"和奶制品出口激励项目。"市场准入计划"主要目标是鼓励发展、保持和扩张美国农产品市场，刺激和增加小公司出口的兴趣，打开新的市场，抵消不公平的海外竞争以及增加美国农产品的商业销售。其中，该项目对资助的产品有明确的规定，资助产品包括奶制品、鸡蛋、饲料、蜂蜜、禽肉、牛脂、大马哈鱼、大豆、草莓等。奶制品出口激励项目的主要目标是为奶制品生产者发展出口市场，帮助美国奶制品生产者、加工商和出口商进入外国市场，这些出口市场由于目前其他国家的补贴政策而使美国奶制品缺乏竞争力。奶制品出口促进项目为美国出口商建立了相应平台，帮助美国出口商进入世界市场。美国农业部采取现金支付给出口商，允许他们以低于成本的价格出售一定量的奶制品。符合条件的产品是奶粉、脱脂奶粉、干酪、意大利干酪、高达(荷兰干酪)、羊乳酪、乳酪和美国加工干酪。每个出口商通过向美国农业部递交申请书要求获得补贴。销售都是在私人部门进行，美国政府不参与。一旦一个申请被批准，它将使农业出口商在特定的目标市场与预期买者进行协商，就价格、数量、质量、交货和其他项目谈判。最高的销售数量根据美国农业部批准的资金数量而定。

4. 其他政策

(1)检疫与食品安全政策

针对食品错误标签和有害掺假问题，1906年，美国颁布了第一部综合性、全国性的食品安全法律——《纯净食品和药品法》，它标志着美国食品安全监管走上了法制化道路。在30多年的执行过程中，该法暴露了诸多漏洞。为此，1938年，美国国会通过了美国食品安全监管领域的基本法——《联邦食品、药品和化妆品法》。之后，美国通过不断颁布修正案的方式逐步完善了食品安全监管立法。美国现行的食品安全法律体系主要由《联邦肉类检验法》(1906年)、《联邦食品、药品和化妆品法》(1938年)、《联邦杀虫剂、杀真菌剂和灭鼠法》(1947年)、《禽类检验法》(1957)、《蛋类产品检验法》(1970年)、《公众卫生服务法》和《食品质量保障法》(1996年)7部法律组成。随着农业生产的现代化，国际食品安全形势日益严峻。2011年1月，奥巴马总统签署《FDA食品安全现代化法》，对食品安全监管体系进行了大规模的调整，扩大了卫生与公众服务部部长在食品安全方面的职权范围，构建更为有效和富有战略性的现代食品监管体系，引入现代食品安全监管理念，美国食品安全监管体系从以检疫为主过渡到以预防为主。至此，美国食品安全监管立法进入了新的发展时期。

(2)土地休耕政策

《放牧法》(1934年)、《土壤侵蚀法》(1935年)、《土壤保护和国内配额法》(1936年)、《农业调整法》

(1938年)均关注了水土流失问题。1956年,《水土保持与国内分配法》启动的"土壤银行计划",首次提出了自愿退耕、短期休耕种草、长期休耕种树的土地休耕政策。至此,土地休耕政策被正式纳入美国的农业政策体系。此后,《基本农田、牧场和林地宣言》(1976年)、《土壤和水资源保护法》(1977年)、《食品、农业、水土保持和贸易法》(1990年)、《联邦农业改善和改革法》(1996年)等法律,通过启动休耕计划、土地面积储备计划、环境质量激励项目等方式,保护了基本农田和水体。在1996年《联邦农业改善和改革法》的基础上,2002年农业法案和2008年农业法案加大了休耕补贴力度,强化了对环境质量激励计划和保护服务项目的资金支持力度,农业环境保护不仅保护农田,也覆盖到了某些私人或部落类型的湿地、草地、符合特定野生动物物种需求的栖息地等环境敏感性地块。2014年农业法案通过休耕储备项目、环境质量激励项目、资源保护管理项目、农业资源保护地役权项目和区域资源保护合作项目,加大了资源保护力度,该法律更加强调因地制宜,因而具备了更大的灵活性和适应性。

(3)环境保护举措

随着环保意识的加强,人们开始越来越多地关注肉牛产业对环境的影响,包括排泄氮、磷对地表水和地下水的污染,温室气体的排放等。对此,美国各级政府针对集约化饲养分别制订了相应的动物饲养操作规范。相关机构的研究者也在研究相应的饲养措施来减少饲养过程对环境造成的污染。目前,美国畜牧业环境污染防治体系已基本成熟,建立了配套的政策、法律和标准。

第一,统一的联邦环境保护政策。美国主要通过严格细致的立法来防治养殖业污染。1972年的《清洁水法》规定建立国家污染物排放消除制度(简称NPDES),规定任何排入美国天然水体的点源都必须获得NPDES之排污许可证,否则即为非法。每个排污许可证包含了一系列目前最佳可用技术的排放限值和达到标准的最后期限,以保护受纳水体的质量。1977年的《清洁水法》里将集中养殖业与工业和城市设施一样视为点源性污染,养殖场建场必须报批并获得排污许可证,严格执行国家环境政策法案。

对如何控制非点源污染,联邦没有制定具体政策。只是要求各州根据自己实际情况,制订出相应的非点源污染控制计划,并与点源污染计划结合来实现规定的环境质量标准。

第二,详细的州一级环境保护政策。联邦政府政策只是对某些州的环境提出质量标准,但对实现这些环境质量标准,需要采取哪些政策措施,要靠州一级政府制定出较为详细的规章制度。此外,各州政府也有自己的环境保护法。部分州政府的环境保护法可能比联邦政府的法规更加严格。如艾奥瓦州对畜舍建筑标准和获得畜牧业经营权制定了一系列的规章制度,对各种畜牧企业在生产过程中所采用的粪便、废水处理设施和操作程序提出了十分具体的要求。包括牲畜数量在1 000个单位以上的单位需要申请畜牧业经营许可证;牲畜数量达到200个单位的要有厌氧粪池作为粪便贮存设施,或采用地上粪便储存池技术;饲养2 000个畜牧单位以上的企业需要申请建筑许可证等。

第三,配套的地方环境管理条例。美国许多城市和县级政府制定的一系列的地方环境保护法构成继联邦政府和州政府环境法之后的第三层法规。区划和土地使用原则也对控制牲畜饲养量提出了一系列的具体要求,以防止牲畜粪便集中生产。地方区划把畜牧企业规模与农场主所拥有的土地面积紧密地联系起来,以保证生产者有足够土地用于处理牲畜粪便。区域规划还明确指出在某些区域严禁经营畜牧业和其他某些农业生产活动。

第四,鼓励养殖业废弃物治理与利用。多渠道大量提供技术、项目资助及财政支持。在美国有大量的渠道为动物养殖场的环境保护提供技术支持和项目资助,如环境质量激励项目(The Environmental Quality Incentive Program-EQIP)。1997—2001年,每年的项目资金为2亿美元,2002年为4亿美元,2007年达到13亿美元,2008—2012年资金预算为72.5亿美元。另一方面,2002年,美国在新农业法中加大了对土地保护的财政补贴,其中很多方面都与畜牧业有关。在帮助作物和畜牧生产者改善环境的环境质量激励计划中,政府承担75%的环境保护费用分摊支付。

鼓励农牧结合。美国的大部分大型农场都是农牧结合型的,从种植制度安排到生产、销售等各个方面都十分重视种植业与养殖业的紧密联系，而且是养殖业规模决定着种植业结构的调整，养殖业与种植业之间在饲草、饲料、肥料3个物质经济体系形成相互促进、相互协调的关系，养殖场的动物粪便或通过输送管道或直接干燥固化成有机肥归还农田，既防止了环境污染，又提高了土壤的肥力。

出台植物营养管理计划。美国大约有450 000个集约或规模化的养殖企业，其中6 600多家拥有超过1 000个动物单位的企业都被纳入《清洁水法》的CAFOs(Concentrated Animal Feeding operations)管理之下。CAFOs作为点源，要获得NPDES许可证才能经营。但是这些许可规定并没有涉及废弃物在耕地或其他土地上的应用。当贮蓄罐爆满，这些粪污就会被播撒到田野。当播撒出去的量远远超过植物营养需要量时，会导致潜在的非点源污染问题。有许多州开始通过法律来解决这个问题，尤其是那些没有纳入CAFOs计划的散养或小规模动物养殖所产生的动物废弃物问题。一个通用的办法是对废弃物的施用执行植物营养管理计划。目前，美国已经有23个州实施了各种形式的植物营养管理计划。

四、肉牛产业科技进展

(一)育种与繁育技术

肉牛品种的多元化是欧美发达国家肉牛业生产的重要基础。美国有70个肉牛品种，常用的肉牛品种也有10多个，最常见的是安格斯、海福特、夏洛莱、西门塔尔、利木赞5个品种，其中安格斯50%(黑安格斯43%、红安格斯7%)、夏洛莱10%、海福特10%、西门塔尔7%、利木赞4%，其他品种合计19%。整体肉牛业品种按其来源可以分为3类：第一类是英国品种，如安格斯、海福特、红安格斯和短角牛；第二类是以婆罗门为基础培育的品种，如婆罗安格斯、肉牛王、婆罗门牛、圣格特鲁地斯莱牛；第三类就是欧洲大陆品种，如夏洛莱、西门塔尔、利木赞、德国黄牛、缅因安茹牛、契安尼娜牛。不同地区也会针对每个品种的生产性能特点及其适应性，选择不同的品种。例如，美国南部地区多为安格斯牛、海福特牛与婆罗门牛杂交，而中东部地区则以安格斯和海福特杂交为主。

美国肉牛的遗传改良主要是围绕市场需求进行，重点提高生产效率，以获得最大的经济利益为目标。全世界共有肉牛12.8亿头，美国饲养肉牛9 900万头，占世界第4位，其中母牛数4 200万头，年育肥3 400万头(包括部分淘汰母牛)，其中只有5%是纯种牛，95%是经济杂交牛，平均年牛肉产量1 162万t。值得一提的是美国的牛肉生产还有一部分来自奶公犊的育肥，奶公犊的使用有三种方式：新生犊牛屠宰的公牛；饲喂到19～22周龄、体重195～215 kg屠宰的公牛；使用后备牛饲喂方式饲养到650 kg屠宰的公牛。2015年，美国奶公犊屠宰量达到356.5万头，牛肉产量1 077.7万t，其中公犊牛贡献率13.4%。

品种在肉牛生产中占有重要位置，世界上肉牛业发达的国家十分注重品种的选育和改良，因为尽管进入屠宰加工环节的绝大多数为经济杂交牛，但品种内的选育提高是其基础。尽管有几十个肉牛品种，但每个品种都有自己的品种协会，实行良种登记，通过不断调整育种目标，利用现代信息技术、生产性能自动测定技术、遗传评估等技术提高育种水平。美国农业部数据显示，美国现肉牛存栏量与1958年基本相同，但牛肉产量翻了一番，平均胴体重量374.85 kg，以每年5 kg的速度上升，这是美国肉牛育种的贡献。过去10年，美国肉牛生产性能持续提高，2005年美国牛肉产量为1 124.46万t，牛存栏量9 543.80万头，而2016年牛存栏量在减少350万头的情况下，牛肉产量比2015年多30万t。这个结果得益于美国肉牛育种从1980年开始使用遗传评估，促使肉牛生产水平快速上升：在出生体重基本不变的基础上，断奶体重、一岁体重及胴体重大幅度上升，平均胴体重上升5 kg/年。

同时，肉牛品种间杂交优势利用技术也得到了广泛应用。采用轮回杂交、“终端”公牛杂交、轮回杂交与“终端”公牛杂交相结合三种杂交方法。两品种的轮回杂交可使犊牛的出生重平均提高15%，三品种轮回杂交可提高19%，两品种轮回与“终端”公牛杂交相结合可使犊牛出生重提高21%，三品种轮回与“终端”公牛杂交相结合可使犊牛出生重提高24%。为了提高南方牛种的生产性能和北方快速生长品种在南部的适应性，多数品种在引入南方时都开展了与婆罗门牛的杂交，如婆罗格斯、婆罗福特、西门婆罗等。

（二）养殖技术

由于天气等因素会影响肉牛的舒适度和生产性能，通过牛舍设施、设备以及饲养环境的改善，可减少肉牛应激、增加舒适度，提高肉牛生产性能。

1. 美国肉牛育肥养殖场的建筑形式

美国的肉牛育肥设施各式各样，主要包括4种形式的肉牛场设计：有防风墙的开放牛场；有遮阴的开放牛场；深垫料卧床牛舍；漏缝地板牛舍。在艾奥瓦肉牛中心的一份调查显示，已建成的肉牛育肥场中，51%是有遮阴的完全开放场地，27%是没有遮阴的场地，19%是有垫料牛舍，4%是深粪沟肉牛舍。在每个系统中，设计和规划都可能有很大的区别。当然还有很多其他的设计，结合了美国不同区域已有建筑的特点。

2. 改善饲养环境

（1）应激

对中西部地区养殖设备的利用一定程度上与气候和天气对动物引起的应激有关。通过遮蔽物抵抗寒冷应激可以提高肉牛的舒适度和动物的生长性能。棚屋和集约化饲养的建筑可以为肉牛提供一个更稳定的环境，有助于减轻极端炎热或寒冷应激，但是他们并不总是优于开放式饲养场。当天气温和时，气候应激并不是问题，遮蔽物用处不大甚至没有什么用处。当气候条件比较极端时，遮蔽物则会提供巨大的优势。

（2）地板表面

当可以选择躺卧在何处时，柔软干燥的表面会是肉牛的首选，其次是坚硬、干燥的表面，最末是泥泞或湿润的表面。因此，动物会更偏好干燥的地面或卧床。混凝土地面有利于污物管理，但是如果不能保持卧床干燥，从动物的舒适度而言这并不是地面类型的首选。混凝土漏缝地板会导致动物跛足影响动物运动。

混凝土漏缝地板上增设橡胶垫有助于防止动物的腿脚受伤或跛足，并且有利于提高动物舒适度。这是关于在美国商业饲养条件下地板表面对动物生长性能和舒适度的影响的研究。

另外一个潜在问题是舍饲深垫料饲养条件下蹄炎（毛跟疣）发病率的增加。蹄炎的发病机理尚未探究完全，进一步的研究有助于确定牛舍类型与发病率之间的潜在关系。

（3）动物饲养密度

露天场地的平方英尺配置在清洁、刮擦和圈栏维护等方面需要良好的准备和管理工作。为了降低成本，舍内平方英尺配置（饲养密度）被设置在最小值，但是仍然允许全部动物在舍内并有地面空间躺卧和行走。

建议卧床设施最小饲养空间每头40平方英尺。动物更喜欢使用卧床的部分来休息而不是饲槽周围。如果建筑长40英尺，每头牛卧床宽度为1英尺，其中28平方英尺是用来躺卧的休息区面积，12平方英尺为自由活动空间区。

漏缝地板式舍饲通常为每头牛提供22～25平方英尺，6～9英寸的卧床宽度。关于漏缝地板式舍饲条件下的饲养密度的研究尚无发表。

3. 肉牛场环境管理

CAFOS（Concentrated Animal Feeding Operations）要求美国的养殖场必须符合所在地区粪尿排放的相关要求，CAFOS细节要求全面且细致，USEPA（United States Environmental Protection Agency),即美国环境保护局要求 CAFOS 的内部细则必须使在美国遭遇 24 h 强降雨时,养殖场内的污水排放仍符合环境友好需求,不可随意排放。例如,CAFOS 采用全收集的系统,主要通过修建水池以及建造排污坑等方式来实现。其他的关于粪污处理的方式还有铺设地下管道,安装批准的合理径流控制措施。美国国家污染物排放管理部门(National Pollutant Discharge Elimination System)目前主要着重在对动物粪便的再次利用,即粪便还田,通过植物实现对粪便中营养物质的再次吸收利用。

(三)疫病防控技术

1. 主要病种流行现状

口蹄疫、牛结核、牛海绵状脑病、布鲁氏菌病、牛病毒性腹泻、牛副结核等疾病严重影响养牛业健康发展,美国已根除口蹄疫,是 OIE 认可的口蹄疫非免疫无疫国家。

牛结核目前在美国已基本得到了控制。美国联邦政府的牛结核病根除计划从 1917 年颁布以来,取得了显著的成效,牛结核的患病率已从 5%降到了 0.001%,目前,除了加利福尼亚州和密歇根州外,美国各州均已无牛结核感染病例出现。牛海绵状脑病 2012 年发病率为亿分之三。2013 年,OIE 将美国列为 BSE 风险可忽略地区。虽然 2017 年和 2018 年美国又各发生 1 例 BSE 病例,但均为非典型性病例,即由基因自发突变所引起,并不能造成传播,因此美国仍为疯牛病低风险等级。

自 1954 年联邦政府布病根除计划实施以来,美国地区布病的感染情况由 1956 年的 124 000 个感染畜群降低至 1992 年 700 个感染畜群。截至目前,美国 50 个州、波多黎各以及美国维尔京群岛均已无布鲁菌病的发生,但该病对美国的爱达荷州、蒙大拿州和怀俄明州的牛群仍具有潜在危险。牛病毒性腹泻曾造成重大的经济损失,目前仍是影响美国养牛业发展的重要病原。

2. 疾病控制净化现状

美国政府机构对动物疫病的监控、根除和外来动物疫病的防范非常重视,除常规进出境动物检验检疫管理外,主管部门美国动植物检疫局(APHIS)还制定了较系统完整的疫病监控和紧急应对措施,长期坚持对全国的动物疫病状况进行严密监控。该机构会制定疫病紧急计划和疫病根除计划。疾病的控制和根除方法还包括运输控制、阳性动物处理和跟踪调查、区域划分、疫苗使用、饲养环境消毒等。

美国动植物检疫局兽医处在牛病方面实施了布病和牛结核病监测和根除计划,到目前为止已经在 48 个州根除布病,现在主要关注流产布氏杆菌(*Brucella abortus*)在黄石国家公园地区野牛上的感染,并与 APHIS 州和联邦机构合作进行该根除计划。牛结核病已经基本根除,有 49 个州特区宣布已经根除,密歇根州和明尼苏达州还未根除。

美国动植物检疫局目前监测的还有 2 种牛病,分别为疯牛病和牛副结核病。美国从 1990 年开始监测疯牛病,在 2003 年发现第一例感染疯牛病牛。在 2004—2006 年对 830 000 头牛进行检测发现疯牛病流行率极低,但 2006 年美国动植物检疫局还是制订了疯牛病持续监测计划(BSE Ongoing Surveillance Program)。除了严格的疫情监测措施外,从 1997 年开始政府还采取了禁止使用哺乳动物蛋白喂食牛的措施,在 2008 年该措施升级为禁止使用年龄大于 30 个月的哺乳动物的动物蛋白、脑、脊髓液喂食一切动物。在进口检疫方面,当局禁止从疯牛病未净化国家进口反刍动物及相关肉制品。目前 OIE 官方显示美国疯牛病风险状态为极低。

最新的一项国家调查显示美国 22%的奶牛场中 10%的牛感染了副结核病。美国动植物检疫局在 2010 年也专门出台了牛副结核病的自愿防控和根除计划(Voluntary Bovine Johne's Disease Control Program)。

3. 疫苗研发与应用

免疫预防仍是防控口蹄疫的重要手段。2016 年,由美国 Antelope Valley Bios 公司制造生产的 FMD 重组 A 型苗(Ad5-FMD-A,USDA 产品编号:1FM.1R0)已通过认证。Ad5-boIFNλ3 添加到基于 Ad5 的疫苗不仅增强了早期疫苗保护力，而且证实了Ⅲ型 IFN 对牛的 Ad5-FMD 疫苗的佐剂效应。

牛病毒性腹泻病毒(BVDV)在遗传和抗原方面是不同的。这种多样性对诊断测试和疫苗接种两方面都有影响。自牛病毒性腹泻(BVD) 疫苗研制以来，世界上被美国农业部(USDA) 认证用于商业化生产的已超过 160 种，这些疫苗大多是由牛病毒性腹泻病毒(Bovine Viral Diarrhea Virus, BVDV) 的常规毒株的细胞培养物经处理产生的弱毒或灭活疫苗。欧美国家广泛运用商品化灭活疫苗防控 BVD 取得不同程度的效果。

4. 诊断试剂研发与应用

肉牛疾病的诊断试剂多是基于特异性抗原建立的间接 ELISA 检测方法。因此筛选出有效的特异性抗原标识是研发的重点。牛结核病的诊断试剂的研发主要基于细胞免疫介导的 γ-干扰素释放反应及间接 ELISA 特异性抗体检测方法。牛布鲁氏菌病的诊断主要依赖于特异性抗体的检测，由于传统的检测方法具有高敏感性低特异性的特点，因此诊断试剂的研发中着重于提高检测的特异性。牛口蹄疫病的检测主要是检测 FMD 病毒(FMDV)的非结构蛋白(NSP)的抗体，这也是动物自然感染与疫苗免疫的鉴别诊断方法。牛海绵状脑病的检测主要依赖于对死亡牛脑组织进行组织学镜检。美国伯乐公司研发的 TeSeE® 快速检测试剂盒能够对牛海绵状脑病进行大规模筛查。美国农业局认可的琼脂凝胶免疫扩散试剂盒可用于检测血清中牛副结核的特异性抗体。广泛使用的还有 IDEXX 牛副结核抗体检测试剂盒及 γ-干扰素反应。

(四)粪污处理技术

随着牛场规模的不断扩大，美国的规模化肉牛养殖场面临着巨大的环保压力。美国不仅通过日益规范的法律法规来对养殖业污染物进行分类治理，与此同时，政府方面也在技术指导和资金支持以及补贴方面进行积极投入，从而使美国的肉牛养殖场在粪污处理方面具备了成熟环保的技术工艺和配套完善的基础设备设施。

1. 粪污清理方面

在粪便清理方面，美国的肉牛养殖场一般采用机械化的方式。常用的清粪工艺主要有机械化水冲粪工艺、水泡粪工艺和干清粪工艺三种。水冲粪工艺要求牛舍配备漏缝地板，地板下建有粪沟，牛舍一端建有冲水器，定期向沟内冲水，利用水的压力将舍内粪尿集中冲入贮粪池内。水泡粪工艺由水冲粪工艺改造而来，将管理用水与粪尿一同在粪沟中贮存一段时间(一般为 1～2 个月)，待粪沟装满再打开闸门集中排出。干清粪工艺即采用清粪机及时清理舍内粪便，目的是防止粪便与牛尿混合，简化粪污处理工艺及设备。这几种清粪工艺的共同优点是能够将肉牛粪污集中存贮，便于后续处理，减少粪污暴露时间，最大化防止气体散发。

2. 粪污处理方面

由于美国的大部分大型牛场都是农牧结合型的，养殖业与种植业的联系十分紧密，养殖业规模决定着种植业结构的调整，养殖业与种植业之间在饲草、饲料、肥料三个物质体系中相互促进、相互协调，养殖场的粪便通过各种技术工艺制成有机肥归还农田，既防止了环境污染又提高了土壤肥力。

根据区位条件的差异、牛场规模的不同以及政府环境政策的制约，美国牛场的粪污处理大致可以分为以下三种处理模式：

(1)环保模式

以预处理、厌氧—好氧处理和后处理等手段进行简单堆肥，并使污水达到规定标准排放的简单处理模式。

在美国，对于经济发达地区(纽约州等)，或者是城市周边的小规模奶牛养殖场而言，由于配套土地有限，以及政府养分管理政策的限制，这些牛场一般采取环保处理模式，对牛场粪便进行简单堆肥发酵处理，并运用厌氧—好氧工艺对污水进行处理沉淀，使其达到法律规定的排放标准予以直接还田。

该模式首先采用机械刮粪工艺将奶牛粪便集中贮存,后续处理基本流程是:首先采用固液分离机进行固液分离预处理;分离后的固体部分进行堆肥发酵,液体部分流入反应器,采用厌氧—好氧组合工艺去除污水中的氮、磷等成分;流出的液体采用石灰石进行处理后达标排放。该模式最大的特点是综合利用化学、物理等手段对牛场污水进行处理,使其最终能够达标排放。

该模式的优点是适应性广、占地少、操作灵活、工艺稳定,且氮、磷去除效率较高。然而由于需要较为先进的机械设备和复杂的操作工艺,且对技术人员的素质要求较高,该模式的技术含量较高。

(2)能源—环保模式

在环保模式的基础上,以厌氧发酵制取沼气为核心开发粪污资源,满足基本能源需求以及环保要求。

对于美国加州、威斯康星州、佛罗里达州等奶牛主产地区的大部分规模化牛场而言,由于存栏量较大,配套耕地较多,其主要采取能源—环保模式处理牛场产生的粪污,在对粪污资源进行开发利用,获得大量沼气以满足牛场自身能源消耗的同时,也满足了环境污染防治法规所规定的污染物排放要求。

能源—环保模式采用先进的固定膜厌氧消化器进行牛场粪污处理。固定膜厌氧消化器最先由佛罗里达大学食物和农业科学所奶牛研究部研制。其由一个完全封闭的系统组成,系统内嵌有一个装有塑胶介质的罐,细菌群集附在介质上,长成后形成一层黏质层,也就是生物膜。

能源—环保模式的基本流程是:粪污固液分离之后,粪便进行发酵制成有机肥;污水流经固定膜消化器之前,首先经过格栅,去除粪污中的秸秆等沉淀较大的悬浮物;然后流经砂井,去除粪污中的沙子;最后,经过沉淀的污水流经固定膜消化器,消化器中的黏质层将污水中的颗粒及溶解的有机物转变为沼气,用来供暖和照明,而产生的沼液沼渣可用于还田堆肥,流出的清水用以牛场的循环利用,如冲洗牛舍等。该模式的特点是在对牛场粪污进行处理使其达标排放的基础上,对粪污资源进行开发利用,获取满足牛场自身需要的能源。

能源—环保模式的优点是污染零排放,最大限度地实现资源化,减少牛场耕地化肥使用量,增加土地肥力,推动可再生能源发展,降低环境污染压力;缺点是产生沼渣等厌氧消化残余物较多,需要大量的配套耕地来消化,以满足政府养分管理政策的要求。

(3)生态工程模式

从农场生态循环系统的角度出发,利用生态工程技术对粪污资源进行综合开发利用,在解决环境问题的同时,又变废为宝,尽可能地利用资源。

对于佛罗里达州、南卡罗来纳州、佐治亚州等墨西哥湾地区中等规模奶牛养殖场而言,由于离城市较远、经济欠发达、地价较低、土地宽广,且有滩涂、荒地或其他低洼地等可用作牛场粪污自然处理系统,这些肉牛养殖场主要利用生态工程模式对养殖场粪便污水进行处理。生态工程模式分为两种。第一种是粪污—发酵池—肥料—过滤池—生态池—精细作物区模式。具体流程为牛场粪污进入发酵池,经生物分解,沉淀物质用作肥料,液体流经过滤池,对废弃物残渣等进行进一步过滤截留,过滤后的液体首先流入生态池,生态池内的植被吸收液体中的氮、磷等营养成分,经生态池过滤的液体被还原为清水,进入精细作物区。

第二种是粪污—发酵罐—蛋白质饲料—无土栽培室—池塘模式。具体流程为采用刮粪板收集粪便进入发酵罐制取沼气,能源供全场使用,发酵后的沼渣加工制成蛋白质饲料,料液首先流入无土栽培室,培植蔬菜,经无土栽培使用后的料液流入池塘养鱼。生态工程模式最大的特点是充分利用了生态系统中生物和谐技术、物质与能量多层次循环利用技术以及生物种充分利用空间资源技术,实行立体生产和无废物生产。

生态工程模式的优点在于投资较小、能耗少、运行管理费用低、废弃物少、不需要复杂的处理系统、便于管理、对周围环境影响小且无噪声。实现了对粪污资源的综合开发利用,对应了肉牛业可持续发展的要求。其缺点在于土地占用量较大,处理效果易受外界条件如季节温度变化的影响,并存在污染地下水的可能。

五、与我国畜牧业合作情况

(一)我国与美国政府间的交流合作

(1)四川省畜牧相关单位组织赴美进行畜牧业考察

1986年11月1—14日,经国务院批准,四川省罗通达副省长等组织的“四川省少数民族赴美畜牧业考察团”对美国西部地区的华盛顿和加利福尼亚两州的畜牧科研、生产和教学情况进行了为期14 d的考察。

(2) 农业部对外经济合作中心组织赴美进行肉牛考察

1999年7月4—19日,农业部对外经济合作中心组织的赴美肉牛考察团一行14人,进行了为期16 d的学习考察。考察团在半个月的时间内,对3所大学及其所属实验牧场、育肥场、饲料厂、青贮处理系统、屠宰场、美国育种服务公司(ABS)以及得克萨斯州的两个大型育肥场、3个大型饲料厂、1个大型屠宰加工厂进行了参观、考察和学习。

(3)甘肃省政府与美国邦斯美尔集团签订中美肉牛产业合作协议

2001年6月2日,甘肃省政府与美国邦斯美尔集团签订中美肉牛产业合作协议。双方表示,将优势互补,在推进美国邦斯美尔集团进一步开拓中国市场的同时,加快构建甘肃优质、安全、高效的肉牛生产体系,并按照美国邦斯美尔集团的国际标准化生产方式,优化、改良甘肃肉牛品种,帮助甘肃肉牛打开世界高端市场大门。

(4)成立中美草地畜牧业可持续发展研究中心

2003年11月23日,由中国科技部农村社会发展司和国际合作司共同批准的“中美草地畜牧业可持续发展研究中心”,在甘肃农业大学正式挂牌成立。它将成为今后中美双方西部地区在草地畜牧业方面开展长期合作的一个平台。它将负责和协调两国西部在草地畜牧业方面的科技合作、学术交流、相关技术引进、技术推广和人才培养等,同时为政府制定相关政策和决策提供咨询服务。

(二)我国与美国科研、协会等机构间的交流合作

(1)内蒙古农牧业科学院组织相关科研院所赴美考察学习

2013年,内蒙古农牧业科学院组织内蒙古赤峰市和呼伦贝尔市的畜牧科研人员,对美国肉牛生产技术进行了为期21 d的考察和学习。考察期间,走访了美国农业部、美国牛肉制品协会、得克萨斯州农业厅、得克萨斯州农工大学、得克萨斯州独立牧牛人协会、加利福尼亚州农业厅、加利福尼亚州立大学戴维斯分校、加利福尼亚州实验牧场、加利福尼亚州规模化养殖场等机构。团员们通过听取讲座、实地参观、相互交流等形式,对美国肉牛产业发展过程中的技术、模式以及面临的问题进行了深入了解。

(2)首届(2015年)中美肉牛业合作研讨会

2015年10月19—21日,由中国畜牧业协会与美国肉类出口协会联合在云南省昆明市举办了首届(2015)中美肉牛业合作研讨会,来自中美双方政府部门、研究机构、大专院校、行业协会、企业和农场的专家以及产业代表等共计100余人参与本次研讨会。本次研讨会为加强中美两国肉牛产业间的交流,了解两国的牛肉生产体系,建立伙伴关系并为两国未来在肉牛业领域的合作奠定了良好的基础。

(3)中国畜牧业协会牛业分会组织国内肉牛企业赴美交流考察

2017年7月12—25日,由中国畜牧业协会牛业分会组织国内的肉牛育种、育肥饲养、饲料生产、屠

宰加工、设备制造、牛肉贸易等近20家企业，与美国养牛者联盟(NCBA)、美国肉类出口协会(USMEF)及美国科罗拉多州立大学进行了深入的交流，并参观了美国嘉吉公司在丹佛的屠宰场、存栏2万多头肉牛的大型育肥场及其饲料加工车间。

(4)第二届(2018年)中美肉牛产业发展对接会

2018年7月18—19日，由中国畜牧业协会联合美国肉类出口协会主办的第二届中美肉牛产业发展对接会在内蒙古呼伦贝尔市阿荣旗召开。会议以"现代肉牛产业与草原畜牧业发展"为主题，围绕中美肉牛产业概况、肉牛遗传和育种、饲料营养分析、牛肉品质分级、追溯体系等内容展开交流与探讨。

参考文献

[1]李金祥. 中国畜牧业发展与科技创新[M]. 北京：中国农业科学技术出版社，2019.

[2]杨振海，李明，张英俊，等. 美国草原保护与草原畜牧业发展的经验研究[J]. 世界农业，2015(01)：36-40.

[3]包利民，吕向东，李亮科. 美国肉牛产业发展及竞争力分析[J]. 世界农业，2019(05)：80-83.

[4]杨春，朱增勇，崔姹. 全球化背景下美国牛肉出口贸易格局研究——简析对中国牛肉市场价格的影响[J]. 价格理论与实践，2017(06)：97-100.

[5]成玉林. 美国农业发展的历程及对我们的启示[J]. 理论导刊，2005(08)：69-71.

[6]王禹，许世卫，李哲敏. 美国农业部(USDA)组织架构和职能概况[J]. 世界农业，2015(06)：145-149.

[7]孙茜. 美国对畜牧业财政支持的政策及做法[J]. 山西农业(畜牧兽医)，2007(06)：52-53.

[8]张金艳. 美国农业基础建设的经验及启示[J]. 国际经贸探索，2009，25(02)：72-76.

[9]OECD，FAO. OECD-FAO agricultural outlook 2014(Chinese version)，2014.

[10]杨雪英. 美国交通行政管理体制的历史沿革与政府治理经验启示[J]. 工程研究-跨学科视野中的工程，2013，5(04)：382-394.

[11]董利苹，吴秀平. 美国农业一般服务支持政策体系研究及借鉴[J]. 世界农业，2016(06)：89-96.

[12]王玉娟. 美国食品安全法律体系和监管体系[J]. 经营与管理，2010(06)：57-58.

[13]丁杨曜. 比较与借鉴：美国食品安全监管模式特点以及新发展[J]. 华东理工大学学报(社会科学版)，2012，27(01)：73-81.

[14]康莉莹. 美国食品安全监管法律制度的创新及借鉴[J]. 企业经济，2013，32(03)：189-192.

[15]OECD. Agricultural policies in OECD countries 2005：monitoring and evaluation[M]. OECD Publishing，2005.

[16]Koelsch R-K，Powers W，Sutton A-L. Integrating animal feeding strategies into CNMP processes：Role of an updated ASAE standard[J]. Journal of Animal Science，2006：84279.

[17]Andersen D-S，Burns R-T，Moody L-B，et al. Impact of system management on vegetative treatment system effluent concentrations[J]. Journal of Environmental Management，2013：12555-12567.

[18]Powers W. Effects of Feeding on Air Quality Measures[J]. Proceedings of the 19th Annual Tri-state Dairy Nutrition Conference，2010：141-146.

[19]李孟娇，董晓霞，郭江鹏. 美国奶牛规模化养殖的环境政策与粪污处理模式[J]. 生态经济，2014，30(07)：55-59.

[20]陈浩. 生态企业与企业生态化机制的建立[J]. 管理世界，2003(02)：99-104.

[21]张嘉昕,陈一夫. 资源型企业规模经济的理论分析[J]. 当代经济管理，2008(01)：1-4.

[22]朗杰. 美国畜牧业考察报告[J]. 四川草原，1987(02)：58-64.

[23]那达木德. 中国赴美国肉牛业考察团考察报告[J]. 当代畜牧，2000(03)：52-55.

[24]王峰,胡明,成立新,等. 赴美国肉牛规模化生产技术考察团考察报告(一)——探求美国肉牛产业发展之道[J]. 畜牧与饲料科学，2013，34(09)：62-65.

[25]程玛丽. 美国肉牛业考察[J]. 中国畜牧业，2018(09)：43-44.

第二章

加拿大

一、摘　要

加拿大资源丰富、地域辽阔、经济发达，很大一部分地区在北极圈内，气候寒冷，气候、地理和土壤等方面反差较大，主要农产品的产地非常集中。可耕地面积约占国土面积 16%，其中已耕地面积占国土面积的 8%。加拿大农牧业非常发达，农、林、渔业总产值占国内生产总值的 2.3%左右，主要种植小麦、大麦、亚麻、燕麦、油菜籽、玉米、饲料用草等作物。2018 年，加拿大人口总数为 3 695 万人，其中农业人口约 37 万人，占全国就业人口的 1.1%。

加拿大的畜牧业发达，畜牧业产值占农业生产总值的 38%，其中肉牛业在国民经济中占有极其重要的地位，肉牛产值约占畜牧业产值的 1/2。加拿大是世界主要的肉牛生产国，是世界三大肉牛出口国之一。据统计加拿大每年出口牛肉占世界出口总量的 12%左右，其主要的贸易伙伴包括美国、日本、韩国、中国台湾和香港、俄罗斯。

加拿大肉牛的养殖量、胴体分割、肉牛追溯技术体系健全，饲养技术中抗冷应激饲养技术、带犊母牛饲养技术、母牛繁育技术等居世界前列。加拿大肉牛存栏量占全球肉牛存栏量的 1.9%，饲养的肉牛品种主要有利木赞、安格斯、夏洛莱和西门塔尔牛。加拿大的肉牛养殖以家庭农场经营为主，全部集中在阿尔伯塔、萨斯喀彻温和曼尼托巴三个省，其中全国肉牛业收入的 71.7%来自阿尔伯塔省。

加拿大疫病防控体系健全，实施了 8 种动物疫病的扑灭计划，在全国范围内已消灭 18 种重大动物疫病，包括口蹄疫、高致病性禽流感、猪瘟、鸡新城疫等，从未发生过 12 种外来重大动物疫病。建立了较完善的可追溯管理和疫病应急防控机制；动物卫生法律完备，工作机构健全，防控动物疫病的手段先进、方法科学、措施得力。

加拿大与中国合作紧密，中加肉牛产业合作联盟在中加两国政府部门、企业和科研机构的支持下，由中国农业大学肉牛研究中心与加拿大肉牛产业发展协会（CB-BC）联合发起成立。联盟首批常务理事单位共 48 家，涵盖了中加两国主要肉牛相关企业和科研机构。

二、肉牛产业基本情况

(一)肉牛产业发展概况和资源状况

加拿大是一个资源丰富、地域辽阔、经济发达的现代化国家,位于北美洲最北端,北纬 41°～80°,西经 52°～141°之间,东濒大西洋,西濒太平洋,南接美国本土,北临北冰洋,属于英联邦国家之一。加拿大是世界上海岸线最长的国家,海岸线约长 24 万多 km,国境边界长达 8 892 km,国土面积约 9 984 670 km^2(世界第 2 位),国土面积的 24%用于林业,7%用于农业。加拿大农牧业非常发达,全国有 2 640 万 hm^2 草场,其中天然牧草 1 561 万 hm^2,人工牧场 440 万 hm^2,用于生产干草和青贮饲料 621 万 hm^2,用于种子生产 18 万 hm^2。94%的草地属于私人所有,由牧户单独所有或共同所有,可以自主经营和管理。国有草地由国家出租给牧民经营,经营时间为 33 年。

2011 年农、林、渔业总产值 290.56 亿加元,占国内生产总值的 2.29%。加拿大可耕地面积约占国土面积 16%,其中已耕地面积约 6 758.67 万 hm^2,占国土面积 8%,主要种植小麦、大麦、亚麻、燕麦、油菜籽、玉米、饲料用草等作物。

加拿大纬度高,地处高寒地带,内陆干旱,年降水量 350 mm,年无霜期只有 115 d,北部只有 108 d。农作物的全年生长期只有 100 d 左右。从自然条件看,农业集中在加拿大南部靠美国边境 500 km 处,这里地广人稀,土地资源极其丰富,土壤以肥沃的棕壤和黑土为主,保肥性状良好,是国家的粮仓。尤其是中西部集中农业区的草原三省(萨斯喀彻温、阿尔伯塔省、曼尼托巴省),每年生产超过 5 960 万 t 的小麦、燕麦、大麦、油菜和麻籽,还有 2 000 万 hm^2 的牧场和草场。其中仅萨斯喀彻温一个省的小麦就几乎占全国总产量的 2/5 。而阿尔伯塔省的大麦又占近全国产量的一半。玉米的生产主要集中在安大略省,其产量占全国的 1/4。加拿大是农业高度发达的国家,其农业劳动生产率高居世界前列,也是世界第七大粮食生产国。

加拿大的肉牛业发达,在国民经济中占有极其重要的地位,早在 20 世纪 60 年代初肉牛业已经具备了专业化生产特征,形成了两大独特的经营体系,即放牧肥育和围栏肥育。肉牛业生产综合了自然地域资源和放牧的优势,是农业经济的重要来源。据 2018 年 7 月统计数据,加拿大肉牛和奶牛总存栏 1 243.5 万头,肉牛繁育场约 68 000 家,其中饲养成年母牛约 372.6 万头,青年母牛约 62.4 万头,70%的肉牛分布在阿尔伯塔省(40%)和萨斯喀彻温省(30%)。加拿大出口的牛肉和其他肉类的总价值每年近 20 亿加元,其中牛肉超过 1/3。

加拿大肉牛生产体系健全。加拿大的肉牛生产业可以追溯到 19 世纪 60 年代初,目前已形成了完善的体系,其生产经营方式主要以规模化、专业化、集约化的家庭牧场为主。肉牛的品种及其生长速度、繁育特性、肉质、个体生产率均处于世界领先水平。近年来加拿大采用人工授精、胚胎移植、胚胎分割等新技术,使肉牛的遗传改良取得了突破性进展。因此,国际市场对品质优良的加拿大遗传资源的需求不断上升,对活牛、牛精液需求量也逐年增加,加拿大也是中国第三大肉牛精子和胚胎的供应商。

加拿大农业生产技术先进。加拿大联邦和各省政府每年投入大量资金扶持农业发展。资金主要用于农业收入稳定及农业保险(57.2%)、农业科研及农业检疫(20.8%)、农业基础设施建设及农业贸易(7.4%)等。采用科学施肥,慎用化学药剂,是加拿大保持耕地高质高产的第一原则。加拿大人少地多,机械化程度高,34.6 万农民不足全国人口的 3%,而人均年产量高达 80 t。目前加拿大从事农业的家庭已由当初占全国家庭总数的 60%降到 3%～4%。同时,农场的数目不断减少,而产量却持续增长。

加拿大非常重视农业科学研究。加拿大农业科研系统体系健全,覆盖面广,而且集科学研究、良种生产、示范推广于一体，从而缩短了从科研到生产的路径，较好地避免了科研、生产两张皮和科研、推广不协调的现象。农业科研强度（即每年用于农业科研的费用占农业生产总值之比）一直大于 2%，种子、种畜繁育和动物疫病防治水平比较高，是我国第一大良种猪出口国和第三大良种牛精子与胚胎供应国。农业整体劳动生产率比较高，1 个农业劳动力每年可生产 134 t 粮食、2.4 t 牛肉、3 t 多猪肉和近 13 t 牛奶，产值高达 4.3 万美元。

农场规模比较大，农业机械化程度高。绝大多数加拿大农场是家庭农场，平均规模在 300 hm^2 上下，其中 100 hm^2 以下的小型农场占 45%，500 hm^2 以上的大型农场占 10%。加拿大农业机械化程度比较高，大功率农业机械比重很大，并且各种农机具互相配套，许多田间作业可以一次完成。

农业合作经济组织非常发达，农业生产专业化水平比较高。发展可持续农业必须加强各部门、机构之间的协作与配合，动员全社会共同参与。农业合作经济组织在加拿大农业生产中发挥着非常重要的作用，农业生产经营者一般均必须参加相应的合作经济组织，如培育良种的农场必须参加种子生产者协会。各种农民协会在技术研发、推广、信息服务等方面发挥了重要的作用。

加拿大政府为实现经济效益、环境效益和社会效益的协调统一，采取了一系列综合措施，包括以推行少耕、免耕、轮作及配套机械为主要内容的保护性耕作；以水质保护、多样化节水灌溉为主要内容的水资源管理；以分区管理、多样化利用为主要内容的土地利用规划；以社区牧场管理和划区轮牧技术为主要内容的草原保护和牧场管理；以野生动物栖息地保护和减少温室气体排放为主要内容的环境保护；以家畜粪便、肥料和农药管理为主要内容的农业营养管理：以成人教育和培训为主要内容的技术推广等，使可持续理念得到社会公众特别是广大农民的认可。加拿大综合考虑这些相互影响、相互制约的因素，将可持续农业发展作为一项系统工程，从各个方面齐抓共管，共同推进，在逐步提高农业经济效益的同时，较好地保护了环境，农业可持续发展能力不断提升，促进了整个国家的经济、生态和社会的协调与健康发展。

（二）肉牛养殖业发展情况

1. 加拿大肉牛品种及存出栏量

（1）肉牛的存栏量

加拿大肉牛的品种主要为安格斯（Angus）、海福特（Hereford）、夏洛莱（Charolais）、西门塔尔（Simmental）、利木赞（Limousin）和短角肉牛（Shorehorn）等。传统的加拿大肉牛品种以海福特和安格斯为主，直到 20 世纪八九十年代，才开始引进快速生长、晚熟和肌肉较厚的品种夏洛莱、西门塔尔和利木赞牛，现今大部分商品母牛群经过杂交育种兼具上述大型品种的优良性状。截至 2016 年 2 月，加拿大肉牛存栏量世界排名第九，仅占全球肉牛存栏量的 1.9%（图 2-2-1）。2006—2016 年（2007 年未统计到）加拿大肉牛和小母牛统计数据显示，加拿大肉牛存栏量逐年减少，其中 2008—2011 年几乎呈现线性下降趋势，2011 年加拿大肉牛存栏量比 2008 年的 4 906 200 头下降了 17.52%，为4 045 500 头。2011—2016 年呈现缓慢下降趋势，2016 年存栏量比 2011 年下降了 5.43%，比 2015 年的 3 831 200 头下降了 0.04%，为 3 829 600 头。由 2011—2016 年的变化趋势可以看出，加拿大肉牛的存栏量趋于稳定。加拿大小母牛的存栏量随时间变化不呈现线性趋势。2006—2010 年，加拿大小母牛的存栏量逐年骤减，2010 年存栏量比 2008 年的 587 400 头下降 13.56%，为 505 200 头，创历史最低量。2010—2016 年，加拿大小母牛的存栏量呈现波动上涨趋势，2016 年的存栏量比 2010 年的存栏量增加了 7.84%，比 2015 年的 526 500 头增加了 3.77%，达 547 300 头（图 2-2-2，表 2-2-1）。

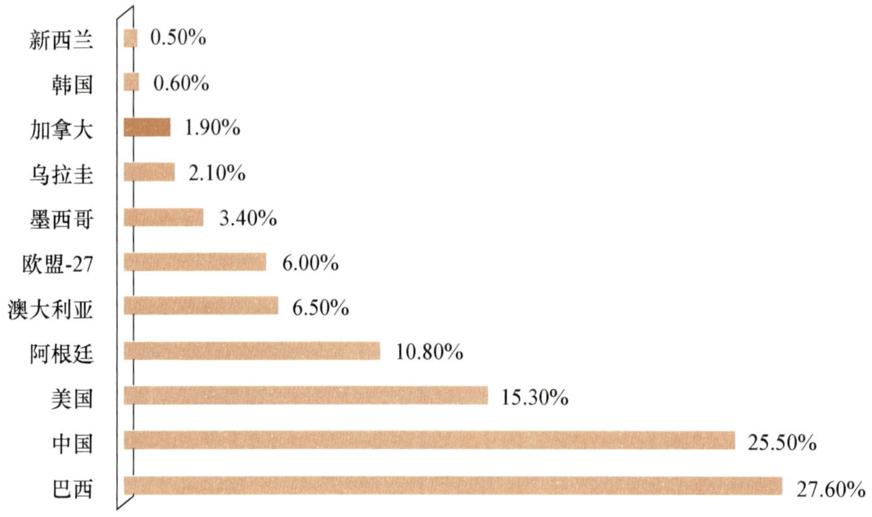

图 2-2-1　全球肉牛存栏量前 11 的国家及所占比例

来源：John Crowley，2016

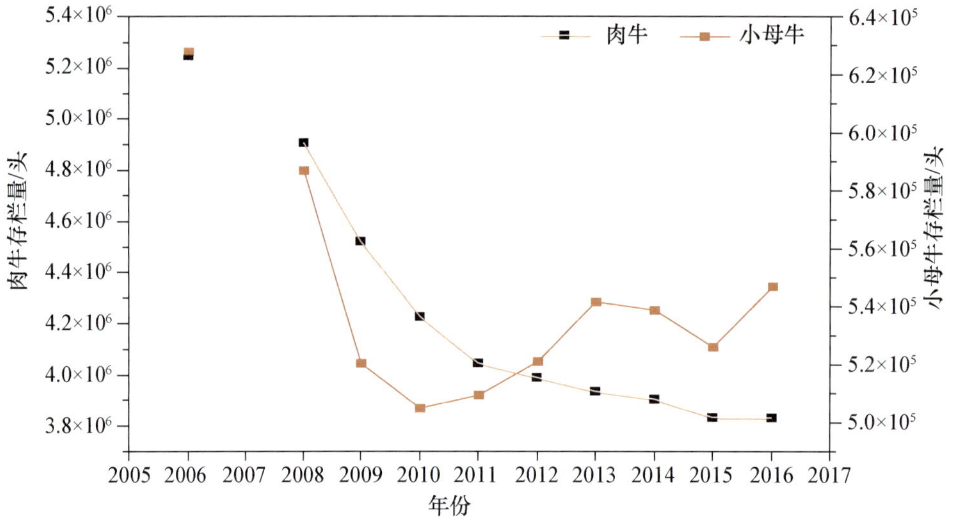

图 2-2-2　加拿大肉牛和小母牛存栏量的变化

表 2-2-1

不同时间加拿大肉牛和小母牛存栏量　　百万头

分类	2006	2007	2008	2009	2010	2011	2012	2013	2014	2015	2016	2011/08	2016/11	2016/15
肉牛	5.25	—	4.91	4.52	4.23	4.05	0.40	3.94	3.90	3.83	3.83	−17.52%	−5.43%	0.00%
母牛	0.63	—	0.59	0.52	0.51	0.51	0.52	0.54	0.54	0.53	0.55	-13.56%	7.84%	3.77%

来源：http://www5.statcan.gc.ca/cansim/a05；http://www.dairyinfo.gc.ca/index_e.php? s1=pb&s2=genetics

加拿大农业及农业食品部（Agriculture and Agri-Food Canada）1999—2015 年对各种纯种肉牛的统计数据（图 2-2-3、表 2-2-2）显示，加拿大共有 33 种纯种肉牛，主要为安格斯、夏洛莱、海福特、西门塔尔、利木赞、盖普威、短角牛等，均超过纯种肉牛总存栏量的 90%。加拿大纯种肉牛的存栏量先随时间的增加而显著降低，后随时间的增加而小幅度波动。即 2000—2004 年加拿大纯种肉牛的存栏量明显降低，由 2000 年的 171 198 头降低至 2004 年的 115 544 头。2004 年后，加拿大纯种肉牛的存栏量随时间的增加呈小幅度波动变化，平均存栏量为 116 200 头，2015 年达到 121 691 头存栏量。相比 2014 年，2015 年加拿大主要的 6 种纯种肉牛，除盖普威牛的存栏量降低了 1.66%外，其余 5 种纯种肉牛均有不同幅度增加，其中利木赞、安格斯、夏洛莱和西门塔尔牛的存栏量明显增加，增长幅度分别为 24.34%、7.14%、5.44%和 3.12%。

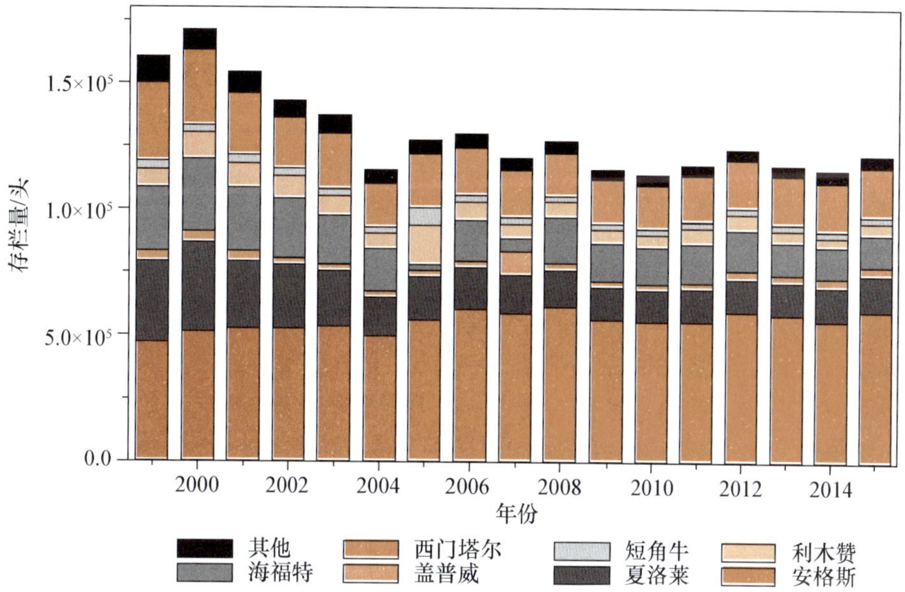

图 2-2-3 加拿大各种纯种肉牛的存栏量变化

(2)肉牛的出栏量

1991—2015 年加拿大肉牛出栏量统计数据(图 2-2-4，表 2-2-3)显示，2004 年的出栏量比 1991 年出栏量 315.26 万头增加了 41.14%，达 444.97 万头，比前 13 年的平均值 350.16 万头增加了 27.08%，比 2003 年的 357.42 万头增加了 24.49%。而 2004—2015 年，牛的出栏量总体呈减少趋势，2015 年的出栏量比 2004 年的出栏量减少了 34.56%，比 2014 年的出栏量 316.57 万头减少了 8.02%，比前 24 年的平均值 359.12 万头减少了 18.92%，达到 291.19 万头，创历史最低。小牛的出栏量整体呈现降低趋势，由 1991 年的 42.65 万头减少至 2015 年的 23 万头，下降了 46.07%。2009—2015 年下降趋势明显，减少幅度分别为 1.57%、0.65%、3.21%、5.19%、5.07%和 9.70%。

2. 加拿大肉牛产品产量及历年变化

2006—2014 年加拿大肉牛产品产量统计数据(图 2-2-5，表 2-2-4)显示，本时间段内，加拿大肉牛总产量(饲养肉牛产量＋非饲养肉牛产量＋内脏产量或者内脏产量＋国内屠宰量＋待宰活牛出口量)整体呈现下降趋势，2008 年、2010 年、2014 年较前一年有小幅度增加，增加幅度分别为 1.99%、2.94%和 3.67%(均与前一年相比较)，分别达 163.30 万 t、158.76 万 t 和 136.08 万 t。2013 年的产量为 131.09 万 t，是近几年的最低值。饲养肉牛产量与国内屠宰量的值基本一致，在 2010 年前其产量有小幅度波动，2010 年后其产量明显减少。同样非饲养肉牛产量与活牛出口产量的值也基本一致，缓慢走低趋势也相似，2008 年达到峰值，分别为 34.52 万 t 和 32.39 万 t。但 2014 年，除非饲养肉牛产量外，加拿大各种肉牛产量均呈小幅度回升现象。与 2013 年相比，2014 年加拿大饲养肉牛产量增加了 5.23%达 107.46 万 t，内脏产量增加了 0.18 万 t，国内屠宰量增加了 2.75%为 107.05 万 t，待宰活牛出口量增加了 7.26%达到 25.63 万 t。

3. 加拿大养殖区域、规模结构及其变化

加拿大的肉牛养殖以家庭农场经营为主，全部集中在南部，尤其是与美国毗邻的 400 多千米狭长地带，位于北纬 49°～53°。通常所说的“大草原地区”，即阿尔伯塔、萨斯喀彻温和曼尼托巴三个省。大

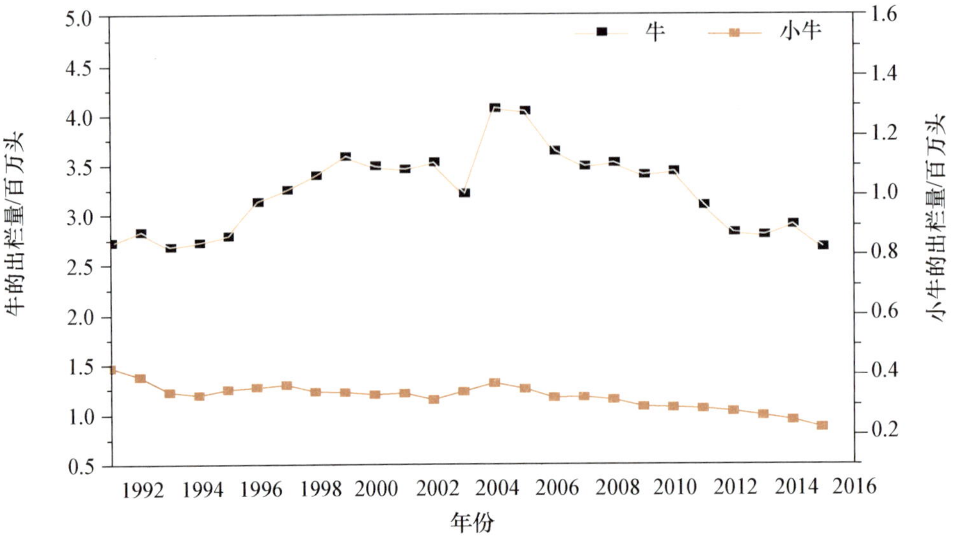

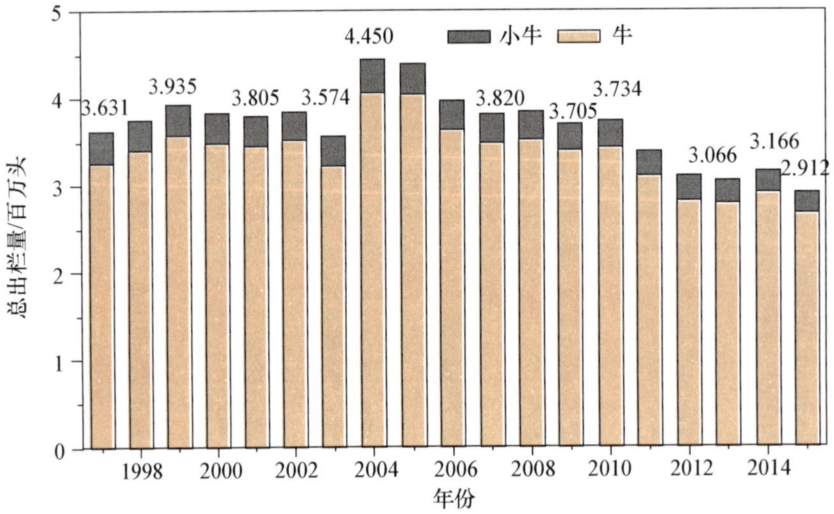

图 2-2-4 加拿大肉牛的出栏量变化

草原三省农田面积占全国的 3/4，是国家的粮仓。这几个省的土壤肥沃，但冬季严寒，无霜期只有 100 d 左右，适合于小麦、大麦和燕麦等生长，其小麦产量占全国的 95%，大麦占全国的 90%。另外一个重要农区是“中部地区”，即安大略和魁北克两省，该地区土壤富庶，气候温和，降水量为 760～1 140 mm，是主要饲料作物特别是玉米、大豆、燕麦和大麦的生产基地，是国家重要的畜牧业基地，肉牛养殖主要集中在河流盆地。“大西洋沿岸”各省的西部地区多山，主要发展肉牛业和饲料作物。加拿大的肉牛业发达，在国民经济中占有极其重要的地位，早在 60 年代初肉牛业已经具备了专业化生产的特征，形成了放牧育肥和围栏育肥两大独特的经营体系。加拿大中西部地区是全国肉牛业最发达地区，全加拿大现有肉牛 1 400 万头，产值约占畜禽生产总值的一半，其中 90%以上的肉牛分布在西部的四个省，阿尔伯塔省(Albaerta)是饲养肉牛的重要省份之一，全国肉牛业收入一半以上来自阿尔伯塔省，其数量达到总量的 71.7%，依次分别为安大略省(Onatiro)17.2%，萨斯喀彻温(Saskatchewan)和曼尼托巴(Manitoba)省为 9%，魁北克省(Quebec)为 1.2%，不列颠哥伦比亚省及大西洋(Altanitc)沿岸省份仅占 1%。

加拿大现有 103 673 人从事肉牛生产，其生产经营方式主要以规模化、专业化、集约化的家庭牧场为主。77%的牧场为中小型牧场，其饲养规模小于 122 头，平均饲养规模为 45 头。据统计加拿大牛肉的消耗量远大于禽肉和猪肉。每年人均消耗量为 22.9 kg。平均每天为 63 g。大育肥场规模非常大，饲

表 2-2-2

不同时间加拿大各种纯种肉牛的存栏量

头

肉牛种类	1999年	2000年	2001年	2002年	2003年	2004年	2005年	2006年	2007年	2008年	2009年	2010年	2011年	2012年	2013年	2014年	2015年	2015/1999	2015/2006	2015/2014
安格斯	47 026	51 208	52 880	52 441	53 412	49 366	56 159	60 744	58 554	61 578	56 239	55 452	55 816	59 338	58 258	56 034	60 034	27.66%	−1.17%	7.14%
夏洛莱	32 366	35 828	25 979	25 649	22 398	15 807	17 155	16 267	15 852	14 565	13 211	12 794	13 088	13 361	13 262	13 464	14 197	−56.14%	−12.73%	5.44%
西门塔尔	31 128	30 055	24 608	20 346	21 974	17 037	18 867	18 883	18 787	17 065	17 600	17 608	18 268	18 999	19 269	19 309	19 912	−36.03%	5.45%	3.12%
海福特	25 504	28 856	25 552	23 393	19 259	16 621	17 531	15 839	11 962	17 964	14 961	15 039	15 078	16 022	12 787	12 597	12 640	−50.44%	−20.20%	0.34%
利木赞	7 177	10 287	9 637	9 082	7 666	5 982	6 842	7 150	5 641	6 107	5 393	4 909	6 284	6 111	4 751	3 607	4 485	−37.51%	−37.27%	24.34%
盖普威	3 753	4 007	4 224	2 634	2 467	2 506	2 915	2 971	2 278	2 917	2 272	1 920	2 638	3 389	2 811	3 606	3 546	−5.52%	19.35%	−1.66%
短角牛	3 189	3 047	3 257	3 113	3 116	2 917	2 661	2 936	2 923	2 395	2 552	2 424	2 802	2 717	2 716	2 527	2 575	−19.25%	−12.30%	1.90%
其他	10 255	7 910	8 292	6 159	6 908	5 308	5 408	5 067	4 415	4 459	3 781	3 767	3 883	3 882	3 707	4 702	4 302	−58.05%	−15.10%	−8.51%
总量	160 398	171 198	154 429	142 817	137 200	115 544	127 538	129 857	120 412	127 050	116 009	113 913	117 857	123 819	117 561	115 846	121 691	−24.13%	−6.29%	5.05%

来源：http://www.dairyinfo.gc.ca/index_e.php? s1=pb&s2=genetics
http://aimis-simia.agr.gc.ca/rp/index-eng.cfm? report_format_type_code=21&action=gR&signature=C863CB57038669F9572F36F30B4B5C1D&pdctc=&r=221&pTpl=1&btnDownload=View
http://www.agr.gc.ca/eng/industry-markets-and-trade/statistics-and-market-information/by-product-sector/red-meat-and-livestock/red-meat-and-livestock-market-information/? id=1415860000001

表 2-2-3

不同时间加拿大肉牛的出栏量

万头

年份	1991	1992	1993	1994	1995	1996	1997	1998	1999	2000	2001	2002	2003	2004
牛	272.61	283.48	268.5	272.74	279.13	314.32	325.77	340.55	358.79	349.68	346.12	352.99	322.49	407.25
小牛	42.65	39.71	34.75	33.69	35.48	36.3	37.31	34.97	34.74	33.93	34.34	32.07	34.93	37.72
总计	315.26	323.19	303.25	306.43	314.61	350.62	363.08	375.52	393.53	383.61	380.46	385.06	357.42	444.97
年份	2005	2006	2007	2008	2009	2010	2011	2012	2013	2014	2015	2015/2004	2015/2014	
牛	404.31	364.32	349.02	352.71	340.62	344.14	310.15	282.73	279.78	291.1	268.19	−34.15%	−7.87%	
小牛	35.67	32.87	33.02	32.21	29.9	29.43	29.24	28.3	26.83	25.47	23	−39.02%	−9.70%	
总计	439.98	397.19	382.04	384.92	370.52	373.57	339.39	311.03	306.61	316.57	291.19	−34.56%	−8.02%	

来源：http://aimis-simia.agr.gc.ca/rp/index-eng.cfm? action=pR&r=105&pdctc=
http://aimis-simia.agr.gc.ca/rp/index-eng.cfm? action=pR&pdctc=&r=111
http://www5.statcan.gc.ca/cansim/a26? lang=eng&retrLang=eng&id=0030026&paSer=&pattern=&stByVal=1&p1=1&p2=-1&tabMode=dataTable&csid=

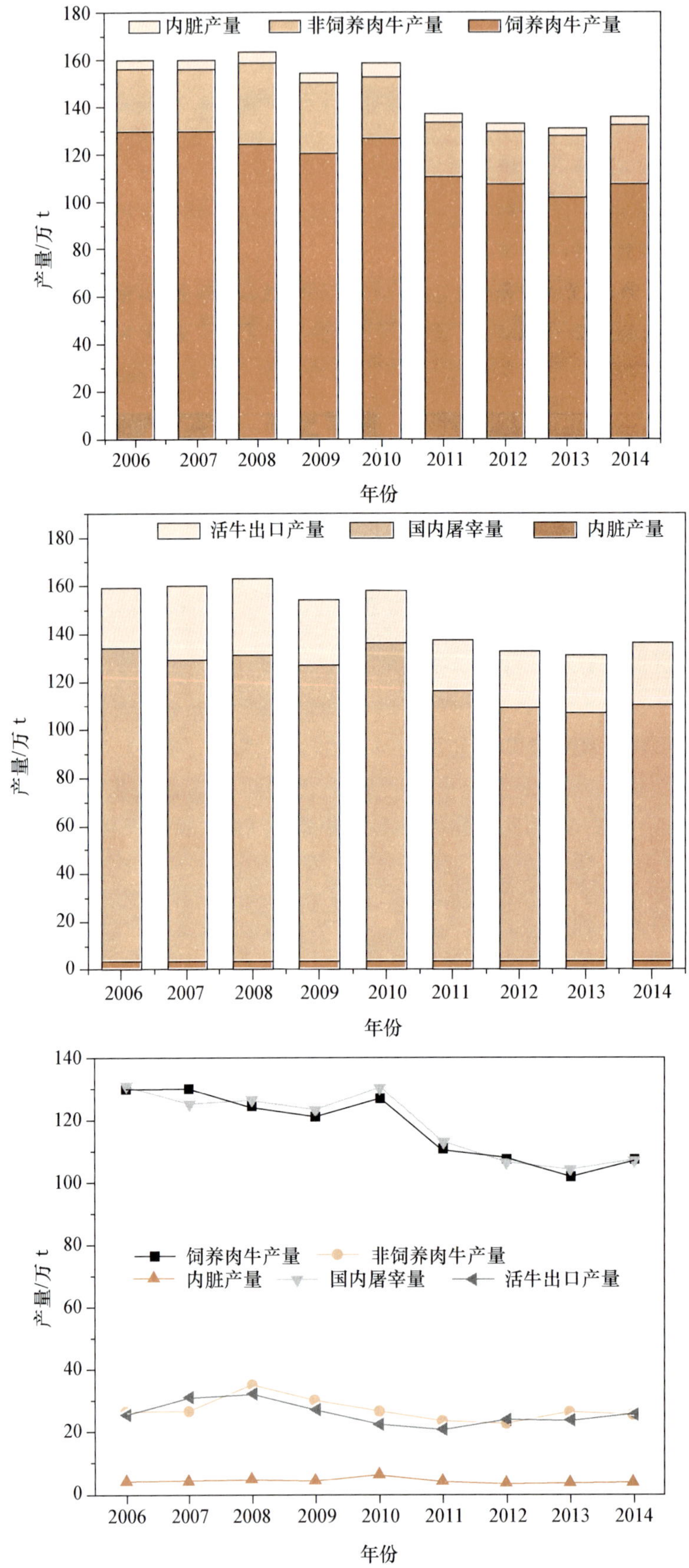

图 2-2-5 加拿大肉牛产品产量变化

表 2-2-4

加拿大产品产量的统计数据

万 t

年份	2002	2006	2007	2008	2009	2010	2011	2012	2013	2014	2014/2006	2014/2013
总牛肉产量	166.02	159.67	160.12	163.30	154.22	158.76	137.44	132.90	131.09	136.08	−17.33%	3.67%
饲养肉牛产量	130.09	130.00	129.91	124.38	120.70	126.87	110.68	107.46	101.83	107.46	−20.98%	5.23%
非饲养肉牛产量	32.11	26.13	26.31	34.52	29.62	26.13	22.95	22.32	26.04	25.22	−3.60%	−3.24%
内脏产量	3.81	3.54	3.90	4.40	3.90	5.76	3.81	3.13	3.22	3.40	−4.00%	5.33%
国内屠宰量	127.23	130.50	125.06	126.51	123.11	130.50	112.77	106.28	104.10	107.05	−21.91%	2.75%
待宰活牛出口量	34.97	25.63	31.16	32.39	27.22	22.50	20.87	23.50	23.77	25.63	0.00%	7.26%

来源：http://www.cattle.ca/market-access/marketing-beef/ccmdc-strategy/（此网址中的报告整合）
http://www.cattle.ca/market-access/marketing-beef/ccmdc-strategy/ccmdc-archive/（此网址中的报告整合）

养的肉牛由几千头到1万多头不等，且育肥期短，育肥120～150 d出栏，育肥期间肉牛增重1 kg/d。

加拿大牛肉主要来自加拿大西部，那里是世界上最大的大麦产地之一，而大麦是高品质的肉牛饲料。加拿大牛肉生产量日渐增长的原因之一，是越来越多的谷物在其出产地即被用来生产肉类，而非出口到海外。进口的玉米亦被用来当作饲料原料，尤其是在加拿大的东部和中部。加拿大每年平均约270万头牛在国内屠宰，另外约78万头则运往美国屠宰。

加拿大牛肥育场的规模大小不一，从数百头到一次可饲养超过四万头不等。肥育场主人从母牛/犊牛牧场或基础饲养场购入小牛或架子牛。当小牛生长至一定重量时，即饲以谷物为主的高能饲料，且至少在这些肥育场中饲养120 d。饲料主要以大麦/玉米为主，可使肉牛快速增重，并确保肌肉内大理纹脂肪洁白坚实且足量。加拿大肉牛的屠宰年龄介于14～24月龄，阉公牛屠宰平均体重为590 kg，肉母牛则为550 kg，为确保其牛肉的柔嫩和高品质，超过90%肉牛由加拿大肥育场提供，其屠体评级被评为加拿大A、AA、AAA和Prime级。Prime级（极佳级）是加拿大肉牛屠体品质评级中的最高等级。

4. 加拿大肉牛产品价格及其变化

加拿大牛肉零售价数据统计（图2-2-6，表2-2-5）显示，2006—2014年加拿大牛肉零售价逐年增加，其增加趋势类似于斜率为0.498的线性增加（牛肉零售价格＝0.498×年份－988，R＝0.945）。2014年的牛肉零售价比2006年的11.58加元/kg增加了35.92%，即每千克牛肉增长了4.16加元，比2013年的14.71加元/kg增加了7%，达到15.74加元/kg。

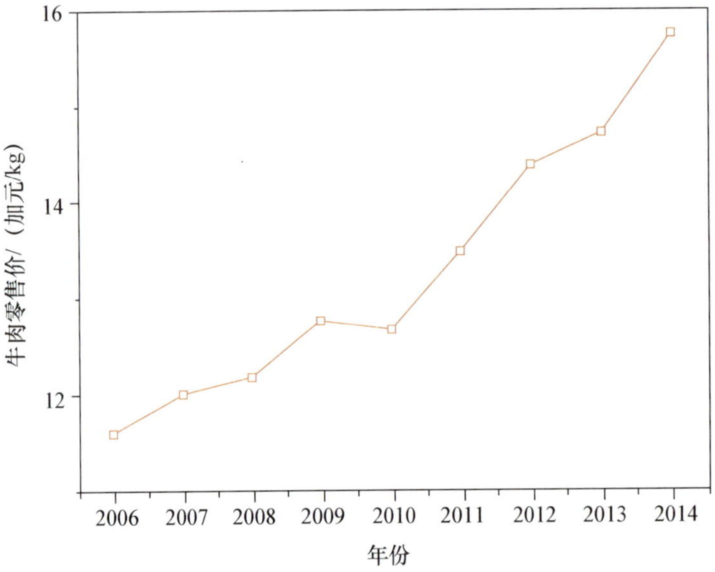

图2-2-6　加拿大牛肉零售价的变化

表2-2-5

加拿大牛肉的零售价

加元/kg

年份	2002	2006	2007	2008	2009	2010	2011	2012	2013	2014	2014/2006	2014/2013
牛肉价格	10.93	11.58	12	12.17	12.75	12.66	13.47	14.37	14.71	15.74	35.92%	7.00%

来源：http://www.cattle.ca/market-access/marketing-beef/ccmdc-strategy/（此网址中的报告整合）
http://www.cattle.ca/market-access/marketing-beef/ccmdc-strategy/ccmdc-archive/（此网址中的报告整合）

5. 加拿大养殖成本及效益

肉牛共存栏1 400万头，向全世界100多个国家出口14.5亿kg以上上等牛肉。鉴于中国消费者对优质谷饲牛肉需求的增长，加拿大目前主要向中国市场输送优质的谷饲牛肉。

300多年来，肉牛生产始终是加拿大传统农业中不可或缺的一部分。在加拿大，有超过63 500个家庭饲养肉牛。2010年农场人口中经济家庭的总收入为74 604美元。相比之下，总人口中经济家庭的总收入为76 458美元。197 045个农户家庭占加拿大经济家庭的2.1%。经济家庭不包括一人家庭，2011年一人家庭有26 205个，占所有农场家庭的11.6%。

拥有肉牛养殖场的农业家庭在2009年为34 860户，在2011年为32 490户，在2013年28 830户。平均每个家庭各项收入如表2-2-6所示。

表2-2-6
平均每个家庭各项收入

美元

年份	2009	2011	2013
总收入	85 040	94 450	100 150
非农收入[1]	79 610	86 110	91 920
营业收入净额	5 440	8 340	8 240
计划支付净额	8 040	6 580	4 040
市场收入净额	−2 600	1 760	4 200
资本成本津贴调整(CCA)[2]	10 100	11 370	12 010
净市场收入调整为CCA[2]	−12 700	−9 620	−7 820
总收入调整为CCA[2]	74 950	83 090	88 150

注：本预算包含单一非营业场所的农业家庭，营业收入总额为10 000美元或以上。
1. 不包括应纳税的资本收益。
2. 从所得税申报表中获得的资本成本津贴与经济贬值不符，资本成本津贴代表税务规定的税务人员的注销费用。

6. 加拿大主要养殖企业、协会组织概况

目前加拿大肉牛生产产业链中的养殖企业主要有纯种繁育场、商业化育犊母牛场和商业化围栏育肥场。其中，纯种繁育场往往与商业化育犊母牛场合并经营，而且以小规模私人化养殖为主。对于商业化围栏育肥场，规模一般较大，其主要养殖企业包括Ajl Farms Ltd，Bar 3 Ranches Ltd，Boss Walter，Butte Grain Merchants，Cairns Feedyard Ltd，Cattleland Feedyards，Chinook Feeders Ltd，Deboer Farms Ltd，Dewilde Feeders，Grace Feedyards Ltd，Grandview Cattle Feeder Ltd，Hiltona Holdings Ltd，Highland Feeder Ltd，Hutterian Brethren Church of Springvale，Johnson Allan R，Holk Farms Ltd，Laidlaw Ranching Co. Ltd，Lakeside Feedyards Inc，Nfl Holdings Inc，Nilsson Bros Feeding Company Inc，Poplar Lodge Ranch Ltd，Ram Cattle Feeders Ltd，R & H Enterprises，Roseburn Ranches Ltd，Schmidt Livestock Ltd，Semler L. T. Cattle Co. Ltd，Shipwheel Cattle Feeders Ltd，South Slope Feeders Ltd，Springdale Farms，Strangmuir Holdings Ltd，Stronks Ed，Takeda Feeding Co. Ltd，Thiessen Cattle 89 Ltd，Thompson G. Livestock Company Inc，Thorlakson Feedyards Inc，Tongue Creek Feeders Ltd，Valley Hay & Cattle Co，Van Maarion Rick，Vaselenak Darrell，Vee Tee Feeder Ltd，Western Feedlot Ltd，Wilde Brothers Farms Ltd，Wisemen Feeders Ltd.

加拿大肉牛产业协会包括加拿大养牛人协会(Canadian Cattlemen's Association)、加拿大肉牛验讫(Canadian Beef Cattle Check-Off)和加拿大肉牛品种委员会(Canadian Beef Breeds Council)。

加拿大养牛人协会是一个非营利性民间组织，由全国8个省级肉牛协会联合组成，它们分别是不列颠哥伦比亚省养牛人协会(B. C. Cattlemen's Association)、阿尔伯塔牛肉生产者协会(Alberta Beef Producers)、萨斯喀彻温养牛人协会(Saskatchewan Cattlemen's Association)、曼尼托巴牛肉生产者协会(Manitoba Beef Producers)、安大略养牛人协会(Beef Farmers of Ontario)、新斯科舍养牛人协会(Nova Scotia Cattle Producers)、新布伦瑞克养牛人协会(New Brunswick Cattle Producers)和爱德华王子岛养牛人协会(Prince Edward Island Cattle Producers)。协会的董事会成员均来自以上8个省级

协会，作为企业选举出的代表，27名董事会成员肩负着为养殖企业发声的责任，尤其在有重大事件发生的时候。协会的业务部门负责日常的运营，以支持董事会建立的愿景、政策和建议。加拿大养牛人协会建立的初衷是希望将肉牛产业发展成为充满活力、充满竞争力的行业，为国内乃至世界范围内的消费者生产出更多更高质量的牛肉。

加拿大肉牛验讫是一种强制征收的肉牛交易税收，其征收范围是在加拿大境内进行肉牛交易的生产商，所征收的税费主要用于支持肉牛产业进行科学研究和市场开拓。其征收的过程需联合各省相关的组织和机构，在生产者将肉牛上市出售后进行征收，主要的组织和机构包括肉牛拍卖场、订单购买商、商标监管机构和其他肉牛交易相关机构。加拿大肉牛验讫的两大目标包括，增加国内和出口牛肉销量和降低牛肉生产成本。每年加拿大肉牛验讫可以征收750万加元税收，这也是支持加拿大肉牛产业不断发展以及加拿大牛肉市场不断拓展的重要财政收入。加拿大肉牛研究、市场开发和推广机构作为加拿大肉牛验讫管理局，负责其日常的经营和管理。

加拿大肉牛品种委员会作为一个全国性的非营利民间组织，主要作用是将加拿大肉牛推向世界，其董事会均从会员或者联合会员单位经全体会员选举产生，其经费来源主要是会员会费和产业合作管理费用。加拿大肉牛品种委员会作为加拿大肉牛种质资源支持、促进和代表协会，在加拿大肉牛产业发展过程中起着举足轻重的作用。目前，委员会的成员包括16个肉牛品种协会，分别是安格斯协会、金色阿奎丹协会、瑞士黄牛协会、夏洛莱协会、德克斯特牛协会、加洛韦牛协会、盖普威（德国黄牛）协会、加拿大干草转化协会、海福特协会、利木赞协会、劳莱恩（澳大利亚矮脚牛）协会、曼安茹牛协会、短角牛协会、西门塔尔协会、Speckle Park牛协会和肉牛销售协会，另外还包括13个产业相关企业联合会员单位。加拿大肉牛品种委员会在加拿大地区管理着将近8 000个在册的种牛场，这些种牛场为全世界不同地域和不同气候条件的地区提供适宜的种质资源。

加拿大肉牛品种协会及其职责是：纯种牛信息的记录、维护和系谱的创建；维护数据库的完整和真实性；提供纯种牛遗传改良的建议和计划；通过杂志、广告和实验研究数据对良种肉牛品种进行产业推广；实施本品种的青少年肉牛推广计划项目。

（三）肉牛产品加工业发展情况

1. 加拿大牛肉加工的概况

（1）人均消费量

2006—2015年加拿大人均消费数据统计（表2-2-7，图2-2-7）显示，加拿大人对牛肉的消费量随时间的变化在逐年降低。2007年的人均需求量达到历史最高值22.34 kg/（人·年），2015年的人均需求量比2014年的降低7.72%，比2006年的降低18.53%，而比前10年的平均人均消费量降低了13.93%，达到17.81 kg/（人·年）。对小牛肉的需求量也呈现下降趋势，2010年为0.90 kg/（人·年），创历史最高值。2015年的小牛肉人均需求量0.72 kg/（人·年），比2014年降低了6.49%，比2006年降低了17.24%，而比前十年的平均水平0.84 kg/（人·年）降低了14.06%。

表2-2-7

人均消费量

kg/（人·年）

年份	2006	2007	2008	2009	2010	2011	2012	2013	2014	2015	2015/2006	2015/2014
牛肉	21.86	22.34	21.72	20.65	20.35	19.90	20.15	19.96	19.30	17.81	－18.53%	－7.72%
小牛肉	0.87	0.89	0.83	0.84	0.90	0.85	0.81	0.78	0.77	0.72	－17.24%	－6.49%

来源：http://www.agr.gc.ca/eng/industry-markets-and-trade/statistics-and-market-information/by-product-sector/red-meat-and-livestock/red-meat-and-livestock-market-information/production-and-storage-stocks/?id=1415860000026

http://www.agr.gc.ca/eng/industry-markets-and-trade/statistics-and-market-information/by-product-sector/red-meat-and-livestock/red-meat-and-livestock-market-information/demand-and-protein-disappearance-by-species/?id=1415860000022

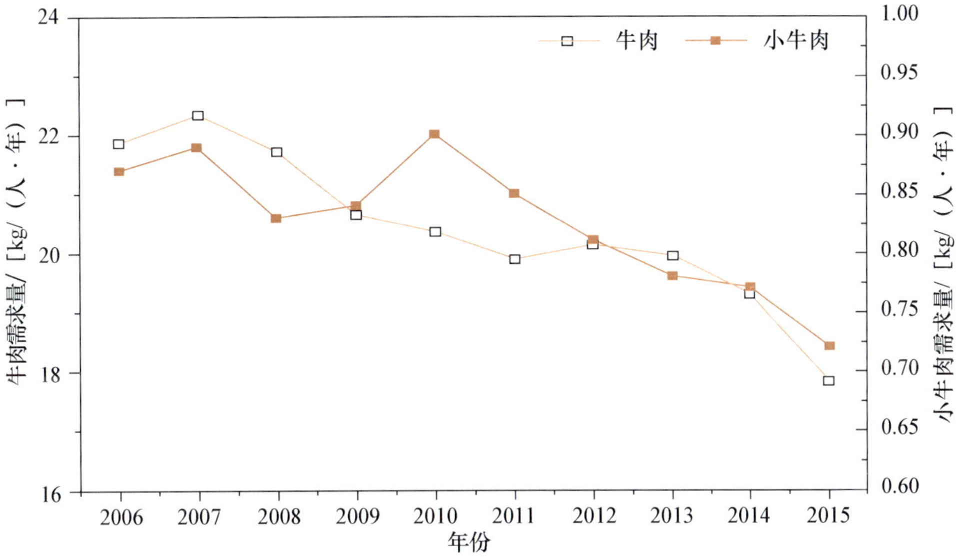

图 2-2-7　加拿大的人均牛肉和小牛肉消费量

（2）肉牛胴体重

1999—2014 年加拿大肉牛胴体重统计数据（图 2-2-8，表 2-2-8）显示，胴体重量平均为 138.67 kg/头。其中 2006 年以前，小牛的胴体重量整体呈现下降趋势，由 1999 年的 139.62 kg/头降低至 2006 年的 131.91 kg/头，降低了 3.41%。2006—2014 年小牛的胴体重明显呈增长趋势，2014 年的小牛胴体重量为 144.38 kg/头，比 2006 年增长了 9.46%，相当于每头小牛增加 12.47 kg 的重量，比 2013 年的 139.62 kg/头增加了 3.41%。1999—2014 年肉牛的胴体重整体呈现上升趋势，2014 年的肉牛胴体重量比 1999 年的 335.48 kg/头增加了 10.49%，比前 15 年的平均值 359.07 kg/头增加了 3.23%，达到 370.68 kg/头。

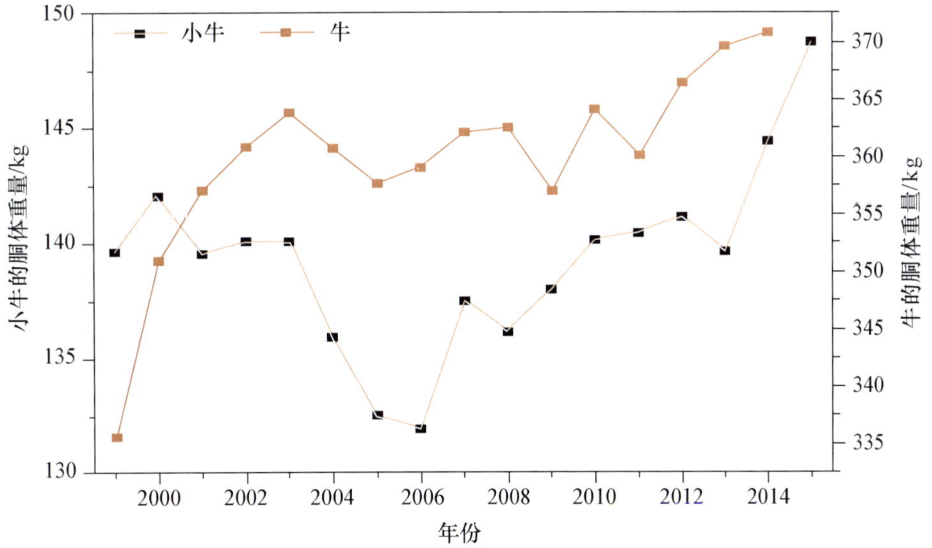

图 2-2-8　加拿大肉牛的胴体重量变化

表 2-2-8

加拿大肉牛和小牛的胴体重量　kg

年份	1999	2000	2001	2002	2003	2004	2005	2006	2007	2008
小牛	139.6	142.0	139.5	140.17	140.0	135.9	132.5	131.9	137.4	136.1
牛	335.5	350.9	356.9	360.8	363.7	360.7	357.6	359.0	362.0	362.4

续表 2-2-8

年份	2009	2010	2011	2012	2013	2014	2014/1999	2014/2006	2014/2013
小牛	137.9	140.1	140.4	141.1	139.6	144.4	3.4%	9.5%	3.4%
牛	356.9	363.9	360.0	366.3	369.5	370.7	10.5%	3.3%	0.3%

来源：http://aimis-simia.agr.gc.ca/rp/index-eng.cfm?action=pR&r=105&pdctc=(此网站中报告整合)
http://aimis-simia.agr.gc.ca/rp/index-eng.cfm?menupos=1.02.06&action=pR&r=107&LANG=EN&pdctc=(此网站中报告整合)
http://aimis-simia.agr.gc.ca/rp/index-eng.cfm?menupos=1.02.08&pdctc=&r=135&action=pR&LANG=EN(此网站中报告整合)

(3)活牛进出口量

1991—2015 年的加拿大活牛进出口量统计数据(图 2-2-9，图 2-2-10，表 2-2-9)显示，加拿大进口活牛量变化历史中出现了 3 个明显的峰值，分别处于 1994 年、2000 年和 2011 年，峰值分别为 11.72 万头、31.75 万头和 7.34 万头。以 1997 年至 2000 年的增加量最为明显，2000 年的进口量比 1997 年增加 27.36 万头，创加拿大活牛进口历史最大量。2000—2004 年，加拿大活牛进口量剧烈减少，由 2000 年的 31.75 万头减少到 2004 年的 1.87 万头，减少了 94.11%。2004—2011 年，加拿大活牛进口量缓慢回

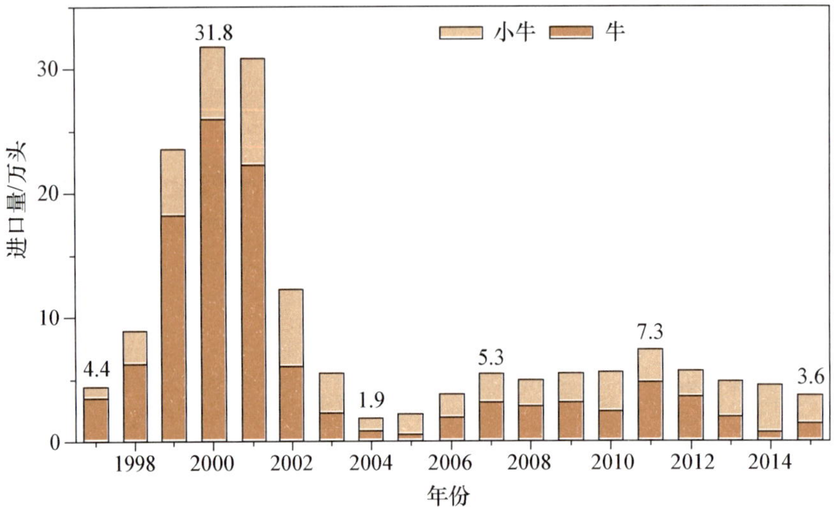

图 2-2-9　加拿大肉牛活牛进口量

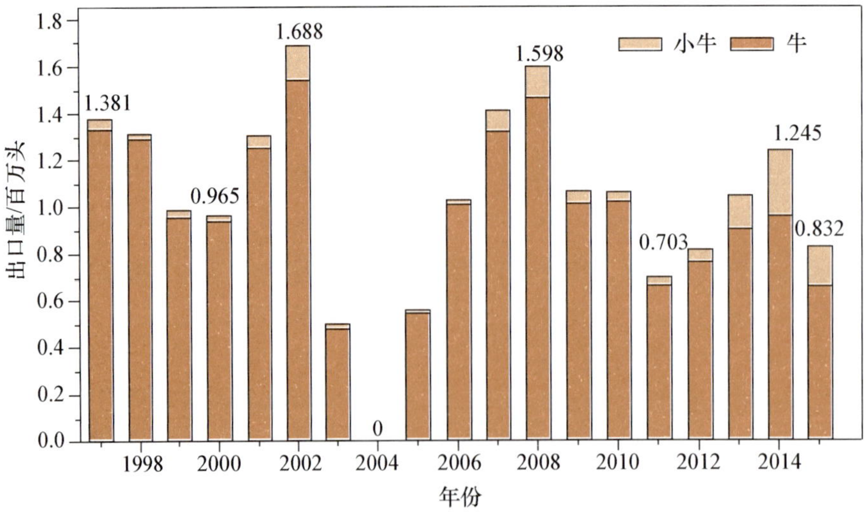

图 2-2-10　加拿大肉牛活牛出口量

表 2-2-9

加拿大肉牛活牛进出口量

万头

年份		1991	1992	1993	1994	1995	1996	1997	1998	1999	2000	2001	2002	2003	2004
活牛进口量	牛	4.32	3.32	4.8	9.51	7.86	4.68	3.47	6.24	18.2	26.01	22.33	6.06	2.26	0.78
	小牛	0.03	0.34	1.26	2.21	0.79	1.33	0.92	2.67	5.28	5.74	8.53	6.25	3.2	1.09
	总计	4.35	3.66	6.06	11.72	865	6.01	4.39	8.91	23.48	31.75	30.86	12.31	5.46	1.87
活牛出口量	牛	84.09	124.04	118.81	98.26	11 088	148.11	133.18	128.87	95.75	93.81	125.14	154.27	47.92	0
	小牛	88.3	6.7	4.73	3.45	268	3.19	49	2.67	2.86	2.67	5.58	14.54	2.64	0
	总计	92.92	130.74	13.54	101.71	11 356	15.13	138.08	131.54	98.61	96.48	130.72	168.81	50.56	0

年份		2005	2006	2007	2008	2009	2010	2011	2012	2013	2014	2015	2015/2014	2015/2006
活牛进口量	牛	0.49	1.91	3.06	2.83	3.04	2.35	4.73	3.62	1.9	0.73	1.4	91.78%	−26.70%
	小牛	1.62	1.89	2.28	2.1	2.38	3.24	2.61	1.95	2.88	3.75	2.2	−41.33%	16.40%
	总计	2.11	3.8	5.34	4.93	5.42	5.59	7.34	5.57	4.78	4.48	3.6	−19.64%	−5.26%
活牛出口量	牛	54.5	101.19	132.36	146.88	101.46	102.63	66.46	76.78	90.22	95.93	65.97	−31.23%	−34.81%
	小牛	1.39	1.99	8.78	12.91	5.2	3.77	3.79	5.08	14.16	28.56	17.18	−39.85%	763.32%
	总计	55.89	103.18	141.14	159.79	106.66	106.4	70.25	81.86	104.38	124.49	83.15	−33.21%	−19.41%

来源：http://www.agr.gc.ca/eng/industry-markets-and-trade/statistics-and-market-information/by-product-sector/red-meat-and-livestock/red-meat-and-livestock-market-information/exports/?id=1415860000065（报告整合）

http://www5.statcan.gc.ca/cansim/a26? lang=eng&retrLang=eng&id=0030026&paSer=&pattern=&stByVal=1&p1=1&p2=-1&tabMode=dataTable&csid=（报告整合）

升至7.34万头,2011—2015年又缓慢减少至3.6万头,比2011年下降了50.94%,减少了3.74万头。牛和小牛的进口量变化趋势与加拿大活牛进口量变化趋势一致,牛的进口量2000年达到历史峰值为26.01万头,小牛的进口量2001年达历史峰值为8.53万头。与2014年相比,2015年活牛的总进口量降低了19.64%为3.6万头,牛的进口量增加了91.78%达1.4万头,小牛的进口量却降低了41.33%为2.2万头。

1991—2015年加拿大活牛出口量变化呈现无规律波浪式波动,变化最明显的是2004年,活牛出口量为0,2003年和2005年的出口量均较低,分别为50.56万头和55.89万头。除去这三年的剧烈变化外,其他年份的出口量在116.33万头无规律浮动,2015年的总出口量比2014年的降低33.21%,比历史平均值100.761万头下降了22.73%,为83.15万头。加拿大牛的出口量变化情况与总出口量的变化一致,2003、2004和2005年的出口量分别为47.93万头、0和54.5万头。2015年牛的出口量比2014年的下降了31.23%,比历史平均值101.31万头下降了34.89%,为65.97万头。1991年至2015年加拿大小牛出口量的变化趋势出现3个峰值,分别是2002年14.54万头、2008年12.91万头和2014年28.56万头。2015年小牛出口量比2014年降低了39.85%,比历史平均值16.89万头增加了1.73%,为17.18万头。

(4)遗传资源出口量

2006—2015年加拿大肉牛遗传资源出口量统计数据(图2-2-11,表2-2-10,表2-2-11)显示,加拿大肉牛资源出口价值总体在波动中增加,其中出现了2个峰值,分别是2008年的32.726百万加元和2014年的41.988百万加元。2015年加拿大肉牛遗传资源出口总价值比2006年的16.06百万加元增加了161.44%,比2014年的降低了9.53%。加拿大肉牛资源包括种牛、精液和胚胎。

2006—2015年加拿大肉牛种牛出口价值变化趋势与遗传资源总价值的变化相一致,峰值分别为2008年的21.234百万加元和2014年的27.728百万加元。2015年的总价值比2014年降低了16.10%,为23.263百万加元。

2006—2008年加拿大肉牛精液的出口价值呈现下降趋势,2008年精液出口价值比2006年降低了51.48%,为3.898百万加元,是2006—2015年的最低值。2008—2010年呈上升趋势,2010年精液出口价值比2008年的增长了164.37%,达10.305百万加元,是数据记录以来的最高值。2010—2014年精液出口价值呈现下降趋势,2014—2015年又呈现上升趋势,2015年的精液出口价值比2014年增加了17.77%,达7.581百万加元。

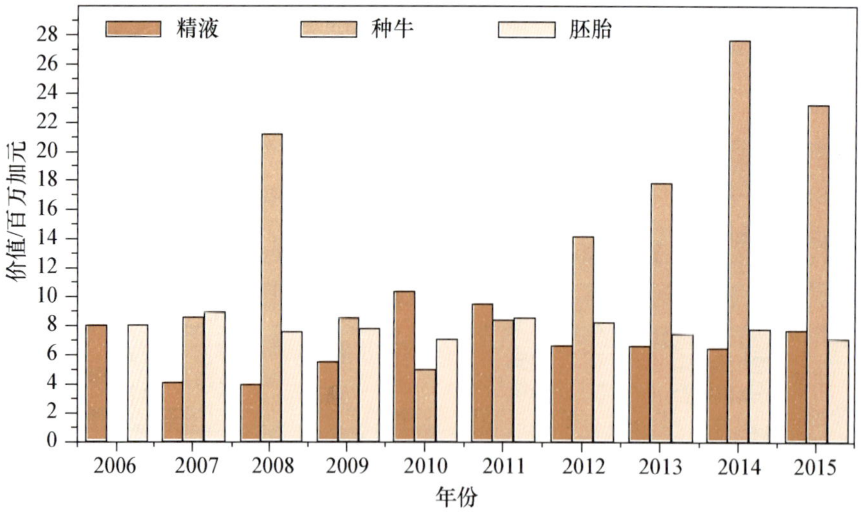

图2-2-11 加拿大肉牛遗传资源的出口价值

表 2-2-10

加拿大肉牛遗传资源的出口量

年份	2002	2006	2007	2008	2009	2010	2011	2012	2013	2014	2014/2006	2014/2013
种牛/头	8 100	106	4 843	16 606	4 621	3 387	4 975	3 234	2 397	4 536	4 179.3%	89.2%
精液/单位	587 357	553 306	316 275	403 601	111 775	250 038	541 256	917 738	214 423	—	—	—
胚胎/单位	3 524	8 797	6 771	5 229	4 833	4 894	3 658	3 611	4 514	4 399	−50.0%	−2.6%

来源：http://www.cattle.ca/market-access/marketing-beef/ccmdc-strategy/
http://www.cattle.ca/market-access/marketing-beef/ccmdc-strategy/ccmdc-archive/

表 2-2-11

加拿大肉牛各种遗传资源的出口价值　　万加元

年份	2006	2007	2008	2009	2010	2011	2012	2013	2014	2015	2015/2006	2015/2014
肉牛精液	803.4	398.2	389.8	546	1 030.5	943.2	663.5	655.5	643.7	758.1	−5.6%	17.8%
肉牛种牛	0	856.4	2 123.4	855.4	496.4	843.4	1 410.7	1 789	2 772.8	2 326.3	—	−16.1%
胚胎	802.6	895.9	759.4	778.9	704.5	860.1	829.6	738.7	782.3	714.1	−11.0%	−8.7%

来源：http://www.dairyinfo.gc.ca/index_e.php? s1=pb&s2=genetics(此网址中报告整合)
http://www.agr.gc.ca/eng/industry-markets-and-trade/statistics-and-market-information/by-product-sector/animal-genetics/statistics-publications-and-reports/canada-s-animal-genetic-exports/? id=1382649715183

2006—2015 年加拿大肉牛胚胎出口价值长期保持小幅度波动，2015 年胚胎出口价值比 2014 年降低 8.72%，比 2006 年减少 11.03%，比历史平均值 7.946 7 百万加元减少了 10.14%，为 7.141 百万加元。

(5)遗传资源的进口量

2011—2015 年加拿大肉牛遗传资源进口量统计数据(图 2-2-12，表 2-2-12)显示，加拿大遗传资源进口总价值随年份变化呈近线性增加，2015 的总价值比 2014 年增加了 33.61%，比 2006 年增加了 132.61%，达 17.656 8 百万加元。加拿大遗传资源进口包括种牛和肉牛精液的进口。进口种牛和肉牛精液的价值变化趋势与总价值变化一致。与 2011 年相比，2015 年种牛进口价值增长了 185.93%，肉牛精液增长了 119.38%。相比 2014 年，2015 年种牛进口价值增长了 38.68%，达 4.31 百万加元，肉牛精液增长了 32.05%，达 13.34 百万加元。进口种牛主要来自美国，进口肉牛精液平均 80%来自美国，3.28%来自荷兰，3.24%来自意大利，2.58%来自匈牙利。进口美国肉牛精液价值也呈逐年增加，2015 年的价值比 2014 年增加了 38.68%，达 11.36 百万加元。

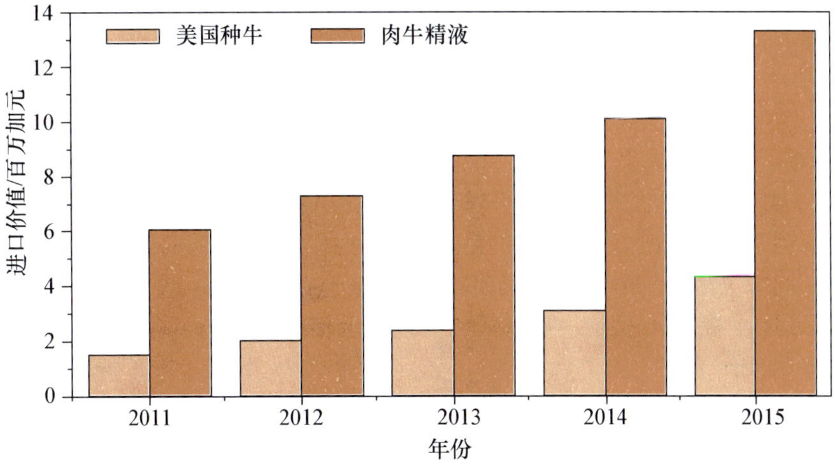

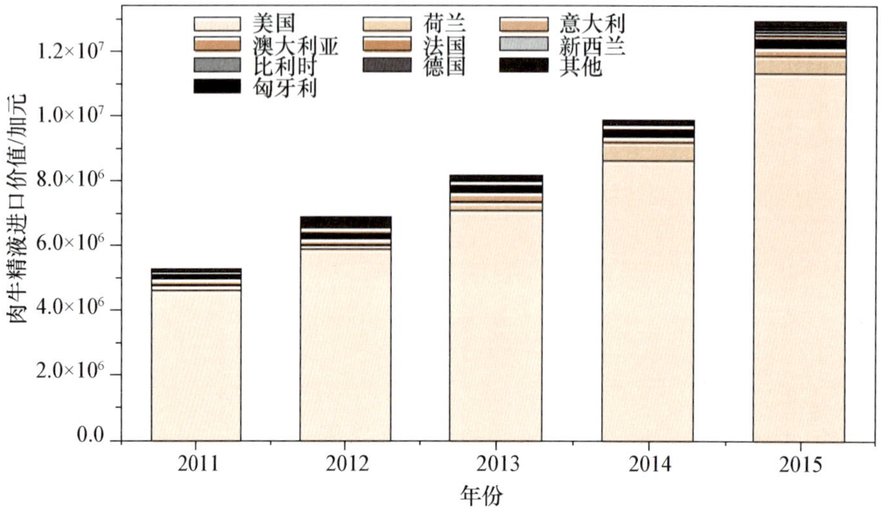

图 2-2-12　加拿大肉牛遗传资源进口价值

表 2-2-12

加拿大肉牛遗传资源进口价值

万加元

年份		2011	2012	2013	2014	2015	2015/2011	2015/2014
美国种牛		150.9	206.1	239.1	311.1	431.4	185.9%	38.7%
肉牛精液		608.2	732.0	876.8	1 010.4	1 334.3	119.4%	32.1%
进口肉牛资源的各个国家	美国	462.9	591.6	711.5	863.2	1 135.5	185.9%	38.7%
	荷兰	17.0	9.9	25.1	55.9	51.7	145.3%	31.6%
	意大利	21.0	18.9	30.2	16.6	26.1	203.7%	−7.5%
	匈牙利	9.3	18.7	20.2	22.8	25.4	24.4%	57.3%
	澳大利亚	0.3	2.8	6.5	11.5	12.1	173.0%	11.5%
	法国	8.5	13.5	6.5	3.7	11.3	3 782.0%	4.9%
	新西兰	0.9	0.8	4.6	3.9	6.1	33.3%	208.2%
	比利时	1.0	1.1	2.1	2.0	5.5	560.1%	57.3%
	德国	1.1	3.5	3.1	0.5	3.8	477.7%	179.0%
	其他	6.5	29.0	10.4	8.8	15.7	242.4%	656.0%

来源：http://www.dairyinfo.gc.ca/index_e.php?s1=pb&s2=genetics(此网址中报告整合)

2. 加拿大肉牛产品产量的影响因素

(1)动物疾病

2003 年，疯牛病造成加拿大肉牛产量的急剧下降，以致 2004 年活牛出口量为 0，活牛进口量创历史新低，达 1.9 万头，肉牛产量也随之降低。2015 年 2 月的 19 例疯牛病对加拿大肉牛产业也产生了影响，使其产量降低，但其影响远没有 2003 年的巨大。2014 年，牛肉市场准入有许多积极的发展，然而，国际贸易障碍之一的非关税贸易障碍将日益流行，防护现有准入市场与保卫新准入市场一样重要，国际上应对 2015 年 2 月加拿大 19 例疯牛病鲜明的区别显示行业已经走了多远，还有多远没有走。许多主要贸易合伙人认识到许多消除疯牛病的措施(如食品安全、生物安全与监控)。2015 年 2 月，CFIA 在阿尔伯塔省证实 1 例疯牛病，2015 年 2 月 13 日，韩国暂停加拿大肉牛的进口，等待进一步查找确认疯牛病信息。2 月 18 日，印度尼西亚临时强加限制进口非反刍动物的非食用副产品。2 月 20 日，秘鲁临时强加限制贸易肉牛产品，同时白俄罗斯也临时限制贸易肉牛和肉牛产品。2 月 21—22 日，中国台湾临时限制肉牛和肉牛产品贸易。加拿大停止发放出口到中国牛肉和牛肉产品的证书。4 月 9 日，CFIA 恢复发行出口中国的证书。

(2)饲料添加剂

由于瘦肉精禁令，加拿大出口到俄罗斯的牛肉量在 2013 年急剧萎缩。由于进口量小，2014 年的进口禁令对加拿大牛肉出口量没有产生重大影响。由于疯牛病牙买加自 2003 年开始关闭加拿大牛肉进口市场，直到 2014 年 8 月，才恢复进口来自加拿大的牛肉。牙买加是加拿大在加勒比地区的第二大农产品出口国，2013 年牙买加的加拿大农产品总值为 5 400 万加元，而牙买加的加拿大肉牛市场估计每年价值约 150 万加元(大约 640.4 t 的肉牛)。2014 年 9 月 2 日，韩国取消了对动物饲料添加剂瘦肉精使用的禁令，打开了含增长剂产品国内销售的进口之门。他们容许进口含 1 μg/kg 瘦肉精的肉牛肌肉和含 5 μg/kg 瘦肉精的活牛。担心在屠宰前几周用来帮助增长的添加剂的副作用，欧洲和中国禁止进口瘦肉精饲养的肉牛。因为瘦肉精没有在美国和加拿大出售，所以自 2013 年 8 月以来对贸易没有任何影响。

(3)气候条件

在国内和国际市场中的高价格和不断增长的需求预示着扩大放牧，生产的扩大依赖于气候条件，无论如何迅速扩张，牛肉供应都可能会在短期内保持紧张，限制出口的增长。加拿大肉牛群占北美肉牛群的比例由 2013 年的 12.6%下降至 2015 年的 11.4%，因为美国已经开始扩张，加拿大肉牛群占北美肉牛群的比例会持续下降。意味着将会进一步限制加拿大肉牛产业产量的增加。

(4)外国肉牛市场

与 2013 年相比，2014 年加拿大肉牛出口量增长了 14%达 317 100 t，产生的价值增加了 46%，为 19.4 亿加元，仅次于 2001 年和 2002 年的 22 亿加元和最高的单价。美国是加拿大最大的出口国，占出口量的 70%，中国香港和中国澳门 8.3%，墨西哥 7.4%，日本 5.9%，中国 2.1%，韩国 1%和其他 4.7%。在 20 世纪 90 年代，加拿大一直严重依赖美国市场，其平均肉牛出口量占加拿大肉牛出口量的 90.5%。至 2002 年，肉牛美国出口量降低至 70%，继而增加出口量，2005 年达到 80%，随后持续减少，2014 年减至 70%。该行业从疯牛病后复苏的一个关键方面是对美国出口量的恢复，回到了 2002 年出口到美国的水平。在过去 10 年，加强了出口国的多元化尤其关注亚洲和其他新兴市场。在 2002 年只有 15%出口北美，2014 年增加到 23%。2014 年，随经济复苏和较低的加元汇率，出口到北美自由贸易协定的国家增加。出口美国的量增加 12%，共 222 000 t，产生价值增加 49%，共计 13.5 亿加元。内需紧张和高牛价支撑出口量，美国肉牛产量 2015 年持续降低，所以鼓励进口。加拿大出口到中国香港和中国澳门的量下降 7%，为 26 300 t，产生价值增加 13%，达 2.02 亿加元。中国香港是一个成熟的市场，自 2014 年 6 月以来，已经完全开放进口美国牛肉，使加拿大肉牛的出口面临日益激烈的竞争。近年来，随着国内产量的增加和质量的改进，虽然墨西哥每年肉牛产品的进口量逐渐减少，但加拿大出口到墨西哥的量却增加了 26%(到 23 400 t)，价值增加了 56%共计 1.51 亿加元。2013 年 2 月，由于扩大市场准入，使低于 30 月龄的产品对日本的出口明显增加。2014 年，出口继续扩大市场准入产品，使出口日本的量增长了 31%达 18 800 t，产生的价值增加 47%共计 1.03 亿加元。2014 年 7 月，日本和澳大利亚签订经济伙伴关系协定，增加了澳大利亚肉牛产业在日本的竞争力。中国进入全球肉牛贸易市场，很大程度上与 2013 年肉牛进口量超过 300%有关，许多出口商都瞄准了这个市场，在中国竞争非常激烈。2014 年，澳大利亚和巴西获准进入中国市场。2013 年，加拿大对中国的出口量增加 13%共 6 800 t，价值增加 57%达 0.4 亿加元。随着交易量增长的百分比变化同比将下降，但吨位将变大。

(5)国际肉牛需求

全球增长的牛肉需求驱动市场价格增高和支持贸易，但是 2015 年 2 月加拿大的 19 例疯牛病的报道使一些市场被迫中断，不过，其影响明显比 2003 年小。2014 年加拿大的牛肉进口量下降 4%，其中 64%是由美国提供，其他进口市场将支付更高的价格。2014 年，加拿大肉牛的国际需求增长

27%，需求指数为109.5(2000年的定为100)仅低于2001年的111.6为第二高纪录。根据2002年的GIRA数据，加拿大是全世界第三大牛肉出口商，占全球贸易的15%(110万t胴体重包括活牛出口)，是仅次于美国的全球第二大谷物饲养牛出口商。2014年，加拿大是世界上第五大牛肉出口商，占全球贸易的6.7%(63.900万t胴体重包括活牛出口)，是仅次于美国和澳大利亚的全球第三大谷物饲养牛出口商。2014年较大的牛肉产量和较低的汇率支撑出口量和价值，牛肉和活牛出口量上升14.8%达685 000 t，产生的价值增加43%，达38.9亿加元。牛肉强烈的全球需求和鼓励出口支撑价格创历史新高，产生的价值仅次于2001年的39亿加元和2002年的40亿加元而位列第三。牛肉和活牛的出口量占总肉牛产量的46%(包括待宰活牛出口)，高于2013年的43%，追溯回2011年的水平。联邦和地方调查(FIPI)数据显示，2014年牛屠宰增长了4%。2014年的屠宰周期相对2013年的52周继续增加至53周。阉牛屠宰量上升5.8%，小母牛屠宰量增加8.0%，母牛屠宰量降低9.0%，小公牛屠宰量下降4.2%，但国内肉牛产品并没有随屠宰量的增加而增加，因为饲料肉牛的体重较轻。

(6)市场准入情况

2014年2月3日，中国台湾和加拿大签署了一份扩大准入市场协议，包括加拿大不超过30月龄动物的带骨肉和其他指定的肉牛产品，此协议有利于加拿大肉牛生产商和美国主要供应商进入这个市场的产品形成公平竞争。2014年3月10日，加拿大和韩国达成自由贸易协定(FTA)，根据此协议条款，韩国进口加拿大鲜肉和冷冻牛肉关税从40%每年递减15%，内脏关税从18%每年度递减11%，直至免税。2014年6月17日，中国宣布将努力争取允许低于30月龄(UTM)的加拿大带骨牛肉和活牛进入市场。中国2010年首次宣布最新准入全市场。中国批准额外的加拿大处理设施后，2013年1月CCA优先进一步扩大加拿大肉牛出口中国包括低于30月龄的带骨牛肉。结合更多批准的设施，这将导致加拿大肉牛有扩大进入的机会。2014年8月，俄罗斯开始禁止从澳大利亚、美国、欧盟、加拿大和挪威进口食品，增加了俄罗斯对来自巴西、乌拉圭和巴拉圭食品进口的需求。加拿大出口到韩国与出口到美国相比的劣势是关税。加拿大与韩国在2014年9月签署了一项自由贸易协议的最终文本。根据这项协议，韩国进口加拿大鲜肉和冷冻牛肉关税从40%每年递减15%，内脏关税从18%每年递减11%，直至免税。从协议实施的第一天开始第一次实现关税减少。第15次和最终的年度降低关税将使加拿大肉牛产业获免税14年。与美国在过去10年内11次削减关税获得免税相比，加拿大肉牛的内脏获得免税的时间短。2015年1月1日协议实施之前，阻止加拿大落后美国的关税差距是目前的8%。协议实施后，关税差异越来越窄，但是消除肉牛内脏的关税差需要10年，消除鲜肉和冻肉的关税差需要14年。

(7)其他

劳动问题和基础薄弱对国内包装的影响越来越大。由于美国强烈地替代小母牛的需求提供了诱人的价格，使2014年饲养牛出口量增加13.9%共403 300头，小母牛出口比例由2013年的39%增加至43%，高于5年的平均值41%。饲养牛引人注意的饲养-喂食器交换鼓励饲养场出售较轻体重的牛，2014年小公牛和小母牛体重较轻，分别为5.443 kg和8.165 kg，整体饲养牛产量增加5.7%共1 075万t。如果没有充足的国家畜群规模，当前屠宰能力是适用的。然而，随着大型喂食器出口美国，过载可能很快成为一个问题，所以应降低奶牛和小母牛的屠宰量。2014年，由于奶牛销售量降低，虽然加拿大没有大型工厂关闭，但是美国却有许多中型奶牛工厂关闭。

(四)牛肉消费情况

加拿大拥有高度发达的畜牧业，其先进的生产技术在世界上处于领先地位。畜牧养殖业主要向现代化、规模化、集约化方向发展，畜牧业产值占农业生产总值的38%，其中肉牛产值约占畜牧业产值的1/2，是世界上肉牛业发达国家之一，其牛肉主要用于出口和满足国内消费需要(施莉，2010)。

1. 加拿大牛肉消费占比及国民消费偏好

20 世纪 60 年代以后，全球消费者对肉类需求发生了重大变化。由于牛肉含有丰富的蛋白质，脂肪含量低，氨基酸组成比猪肉更接近人体需要，且能提高机体抗病能力，许多消费者逐渐倾向于选择牛肉，牛肉在肉类消费中所占的比重逐渐增加。加拿大作为高度发达的畜牧大国，也是牛肉消费的大国。2000—2011 年间，世界牛肉产量占肉类产量比重从 28.37%降至 23.29%，相应的牛肉消费量占肉类消费量由 28.54%降至 23.05%。牛肉消费占比逐年下降，而这主要是由牛肉生产占比下降导致的（图 2-2-13、表 2-2-13）。

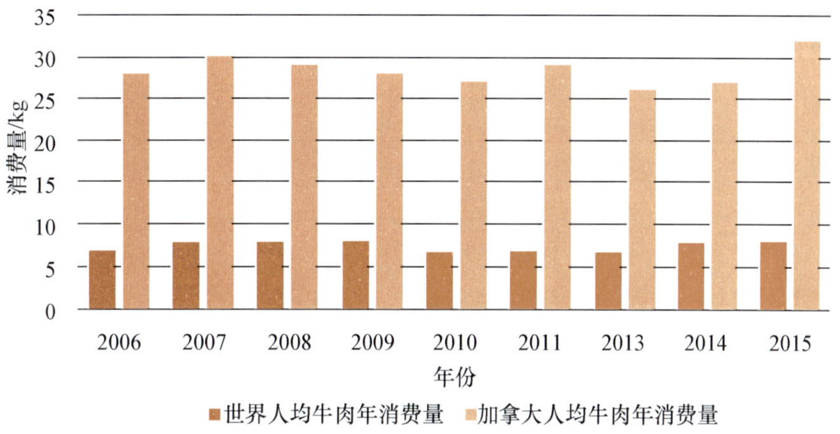

图 2-2-13　加拿大与世界人均牛肉年消费量比较

表 2-2-13
1990—2011 年世界牛肉生产及消费情况

年份	肉类产量/万 t	牛肉产量/万 t	牛肉产量占肉类产量比重/%	肉类消费量/万 t	牛肉消费量/万 t	牛肉消费量占肉类消费量/%
1990	—	5 064.7	—	—	4 899.4	—
1995	—	4 901.8	—	—	4 817.5	—
2000	18 744.8	5 318.3	28.37	18 533.1	5 289.7	28.54
2001	19 031.9	5 264.3	27.66	18 758.7	5 233.6	27.90
2002	19 842.5	5 414.9	27.29	19 574.0	5 395.7	27.57
2003	19 980.1	5 441.1	27.23	19 701.0	5 440.4	27.61
2004	21 224.2	5 551.4	26.16	21 088.4	5 521.8	26.18
2005	21 876.2	5 618.0	25.68	21 723.5	5 574.6	25.66
2006	22 291.3	5 773.1	25.90	22 167.9	5 697.4	25.70
2007	22 718.7	5 843.8	25.72	22 610.5	5 788.5	25.60
2008	23 440.8	5 835.2	24.91	23 289.0	5 770.5	24.78
2009	23 631.4	5 718.2	24.20	23 482.6	5 645.1	24.04
2010	24 295.9	5 711.7	23.51	24 074.5	5 621.7	23.35
2011	24 428.5	5 688.8	23.29	24 162.5	5 569.8	23.05

来源：美国农业部，加拿大统计局

2. 加拿大牛肉消费量历史变化情况及影响因素

(1)牛肉消费量

根据加拿大统计局数据显示，由表 2-2-13、图 2-2-14 可以看出，2008—2011 年，虽然世界肉类产量和消费量不断上涨，但牛肉生产量呈逐年下降趋势，相应牛肉消费量也逐年下降。由图 2-2-15 可以看出，加拿大牛肉消费量在 2007 年之前呈现上升趋势，2008 年以后略有缩小，2011 年稍有上升。

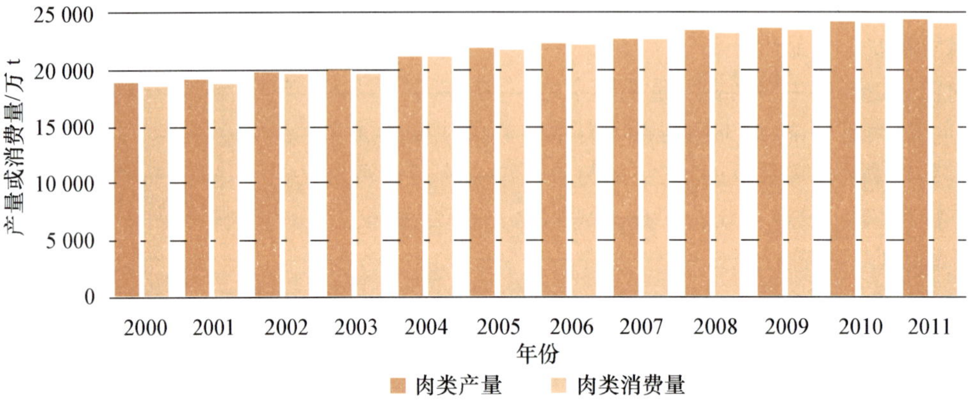

图 2-2-14　世界肉类产量和消费量变化

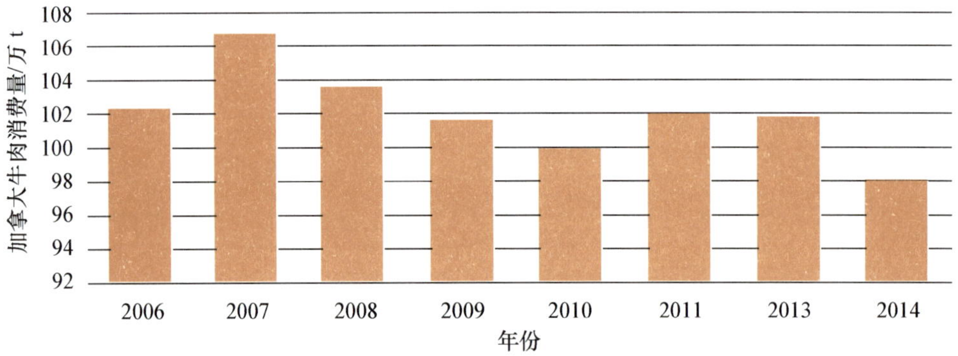

图 2-2-15　加拿大牛肉消费量

(2)牛肉消费量的影响因素

①居民收入水平

居民收入水平是影响牛肉消费量的重要因素。随着收入的增加，人们越来越注重健康的饮食，对肉类的消费也逐渐偏向瘦肉多、脂肪少、营养价值相对较高的牛肉。牛肉营养丰富，口感好，越来越受到消费者的喜爱。

②相对价格水平

从世界范围来看，牛肉价格高于猪肉且远高于禽肉。尽管世界肉类消费量不断上涨，但是近几年来，牛肉消费量却呈现出逐年减少的趋势。由于供给量减少，牛肉价格持续上涨，人们转而消费价格相对较低的禽肉，因此在禽肉消费量不断上升的同时，牛肉消费量有所下滑(潘力，2012)。对于一般收入家庭或者低收入家庭来说，人们不能长时间支付较高的价格去购买牛肉，只能购买价格相对较低的替代品，而禽肉、猪肉又是最好的替代品，因此近几年禽肉、猪肉消费量不断攀升，牛肉消费量连续下降。根据图 2-2-14(加拿大与世界人均牛肉年消费量比较)，牛肉的人均消耗量从 2007 年一直处于下降阶段，除了牛肉产量下降影响之外，还有其他畜禽肉价格相对较低的因素。加拿大统计局 2006 年数据显示，猪肉的人均消耗量从 2005 年的 9.5 kg 增加到 9.7 kg，禽肉的人均消费量从 2005 年的 13.3 kg 增加到 13.4 kg。在加拿大市场，猪肉部门一直和牛肉、禽肉部门竞争，由于国际市场需求量大以及有利的国际汇率，加拿大出口的猪肉量比国内消费量要高出44%。

③消费者态度偏好

随着经济的发展，人民越来越重视食物的营养价值和自身的健康状况，由于牛肉含有丰富的蛋白质，脂肪含量低，氨基酸组成比猪肉更接近人体需要，且能提高机体抗病能力，许多消费者逐渐倾向于选择牛肉，牛肉在肉类消费中所占的比重逐渐增加。由于宗教信仰及饮食习惯的不同，不同地区的居民对肉类的需求也不同，加拿大人喜欢吃烤牛排，尤其是八成熟牛排。

④牛肉质量安全与品质

牛肉的质量是影响牛肉消费的重要因素之一，在德国、意大利、英国、瑞典等国家，消费者对牛肉中的激素、抗生素、大肠杆菌、疯牛病病毒等有很高的关注度。加拿大于2001年9月率先启动了畜产品质量追踪体系和动物标识数据库，农业部与数据中心实行计算机互联网，随时查阅每个饲养场和每头动物的个体资料，同时设计了红外线电子识别器，可在现场通过电子耳标调出每头牛的详细资料，主要目的是建立从农户到餐桌的跟踪系统，对食品安全危机进行迅速反应。这为牛肉质量追踪提供了保障（李忠文，2005）。

除此以外，消费者在购买牛肉的时候可以依据严格的分级标准，购买其需要的部位。1976年，Bergen等（1976）在研究肉牛生长的报告中，提出了牛肉胴体质量的概念，理想肉牛胴体应具备肌肉量最多，能满足不同消费者口味的适量脂肪，骨重量最低等特征。而在加拿大，将牛肉分为一系列等级：A成熟度（与生理年龄有关）；B产量等级（瘦肉产量）；C肌肉（瘦肉结构）；D肌肉的颜色和纤维纹理结构；E大理石纹理的评分等级（加拿大的等级为A，AA和AAA）；F脂肪的颜色和组织结构。在该等级系统中，理想的优质胴体应具备的特征是：A年龄小（胴体来源于年轻牛）；B瘦肉含量高（大于59%）；C眼肌颜色呈樱桃红色；D均匀细小的大理石纹理分布（根据不同的市场需要而定）；E硬质白色脂肪覆盖整个胴体表面。加拿大的肉牛生产者出售的牛肉产品如能达到以上标准，便可获得额外的收益。在其他牛肉生产国，胴体划分标准基本相同，主要包括瘦肉产量、嫩度、脂肪特性等（潘力，2012）。

3. 肉牛及其产品营销模式

(1)加拿大肉牛销售体系

加拿大肉牛生产专业化程度很高，分为牛奶育肥断奶奶公犊、谷物育肥断奶奶公犊、淘汰奶牛育肥和肉牛育肥。根据市场销售法案，所有肉牛都必须经过销售代理才能销售。肉牛养殖户有权直接参与确定销售方案和制定市场规则。这种做法解决了养殖户直接面对市场的困惑，提高了信用程度，简化了购买者的交易程序，提高了产品的一致性（李忠文，2005）。

加拿大肉牛销售有三种形式：一是通过活牛拍卖市场销售，购买者能够直接面对所需产品，主要用于育肥淘汰奶牛和育肥肉牛的销售，这种形式销售80%的加拿大肉牛。二是通过电子拍卖市场销售，购买者通过电子网络查阅所需产品的规格和质量，根据各自需求在网上竞拍获得产品，这种形式销售成本低，一次性成交量大，主要用于产品一致性好的牛奶育肥断奶奶公犊和谷物育肥断奶奶公犊的销售，要求买卖双方具有良好的信誉。三是直接销售，由购买商直接与代理商联系，洽谈价格，这种方式成交量较小（李忠文，2005）。

(2)加拿大牛肉品种理事会营销策略

鉴于全球牛肉的消费需求，使用药品的牛肉将受到限制。因此，基因选育工作的重要性尤为突出。加拿大牛肉品种理事会将确保良种部门使用最好的工具和先进的管理模式为加拿大肉牛养殖场选择肉牛。这种基因优势将增强加拿大的肉牛和牛肉业在国内和国际市场上的市场竞争力。中英贸易协会成员养殖协会计划优先为加拿大肉牛产业提供注册苗种，该委员会将通过这个计划来提高加拿大肉牛在本国的知名度。同时，国际市场为此提供了机会，通过多元化地利用加拿大在遗传改良方面的投入来增加加拿大肉牛公司的盈利机会，使得牛肉具有更大的市场增长潜力。

(3)加拿大肉牛公司营销策略

加拿大肉牛公司2014—2015年度完成了加拿大牛肉三年战略目标计划，树立了加拿大的牛肉品牌并发挥了加拿大的牛肉优势，实现了传统的、现有的、新兴的市场份额的增长，最大限度地实现了加拿大牛肉产业的总价值。但是考虑到连续三年整体牛肉供应量减少，2014—2015年的策略专注于增加牛肉在全球市场的增量值来创造价值。利用加拿大牛肉优越的品牌地位，凭借独特的分化和在加拿大工业强劲的消费者信心数据提供投资来回馈股东，这作为企业战略调整中的一部分，已经与来自同行业的合作伙伴正在进行实施，正在进行的战略调整和产品升级的优先次序和有针对性的贸易在占据市场份额中发挥关键作用。此次战略调整旨在对以下四个战略目标提供可测量的结果：加拿大牛肉的质量、安全性和优先市场价值；优先市场驱动产品价值的提高；增强消费者对加拿大牛肉品牌的忠诚度；调整行业利益相关者的关系，以促进相互合作，使其可持续地为加拿大牛肉解决方案的性能指标框架提供短期、中期和长期的测量。

营销策略将继续专注于四个优先事项或“支柱”，而且现在已经在计划中引用，并将指导战术的发展和执行。品牌差异化：利用加拿大牛肉优势属性(CBA)，将战略重心放在可持续发展和加拿大牛肉差异化的品牌定位上；市场细分和发展：战略将确保资源指向市场和细化市场；产品和行业形象：战略将从产品和行业的角度来提高消费者对加拿大牛肉的整体消费观念，策略包括利用贸易伙伴、公共关系和社交媒体等进行宣传，或直接向消费者销售；相关连接：该战略将提升加拿大牛肉行业应对挑战的能力，确保加拿大牛肉公司的领导地位，共享加拿大牛肉的品牌信息和实施信息公开透明的措施，进而通过国家手段去核查加拿大牛肉公司的主要营销策略，同时继续专注于宣传加拿大牛肉品牌带来的好处。

4. 牛肉营销企业及组织概况

(1)加拿大畜牧业协会

加拿大各省农业协会中均有畜牧行业协会，由农户自发组织形成，深受广大农户的爱戴。加拿大各类畜牧行业协会之所以在畜牧业发展中发挥如此大的作用，主要取决于两个方面，一是加拿大政府出台了农业生产者法案和农产品市场销售法案，使协会的合法地位得到政府和社会的认可；二是各类协会把千家万户的生产者组织起来应对千变万化的大市场，统一销售政策，统一销售价格，统一销售渠道，最大限度地保护了生产者的利益，最大限度地保证了生产和销售环节的公平和公正。

(2)大首席肉类零食公司

1971年，最初的熟食店和香肠生产商的香肠有限公司成立于阿尔伯塔省，威廉·克莱恩——现在被称为大首席肉类零食主屠夫，最终在德国建立了大首席肉类零食产品线。主要优点是几十年的经验，并且满足欧洲人的质量要求，同时认识到风干肉的历史根源对加拿大土著居民的重要性，所以大首席诱人的肉零食是许多北美人的首选品牌。

(3)加拿大安格斯协会

在加拿大所有省份和地区都有品质良好的安格斯牛，其肌肉的大理石花纹非常丰富。根据调查的结果，安格斯的这些特征从未被其他品种超越。加拿大安格斯在过去的几年中，出现了戏剧性的增长，该协会在国际上的利益也持续增长。加拿大安格斯已出口到五大洲，并且通常被认为是全球的优质品种资源。

(4)加拿大牛肉和牛市场发展基金和遗产基金

加拿大牛肉和牛市场发展基金和遗产基金成立于2005年，当时加拿大和阿尔伯塔省的政府投入了8 000万美元(分别为5 000万美元和3 000万美元)支持长期的市场发展。

加拿大牛肉和牛市场发展基金和遗产基金的使命是维护市场和消费者的信心，在加拿大建立有优势的、创新的市场策略，增长现有的市场销量(国内、美国和墨西哥)，开发新的市场，如俄罗斯、欧盟、菲律宾、印度尼西亚和新加坡。

遗产基金支持符合条件的加拿大牛肉的出口营销活动，资金的主要接受者是加拿大牛肉公司和加拿大的牛肉品种委员会。

(五)肉牛产品贸易情况

1. 加拿大肉牛产品出口情况

2006—2010 年加拿大牛肉出口量小幅度波动增长，由 2006 年的 368 316 t 增至 2010 年的 407 514 t。2010—2012 年加拿大牛肉出口量急剧下降，平均每年下降 16.75%，2012 年低到 241 021 t。2012—2015 年牛肉出口量缓慢回升，分别以 2.71%、14.14%和 1.45%的年增长率增至 2015 年的 322 343 t。加拿大牛肉主要出口到美国，占总出口量的 70%甚至更多，其次是墨西哥和中国香港，平均各占 9.85%和 6.12%(图 2-2-16，表 2-2-14)。

2. 加拿大肉牛产品进口情况

2006—2015 年的加拿大牛肉进出口量统计数据(表 2-2-14，图 2-2-16)显示，2012 年以前，加拿大进口牛肉量呈现明显增加的趋势，由 2006 年的 147 333 t 增加至 2012 年的 260 561 t，增长了 76.85%。2012—2014 年又缓慢下降 4.74%，降为 248 220 t。

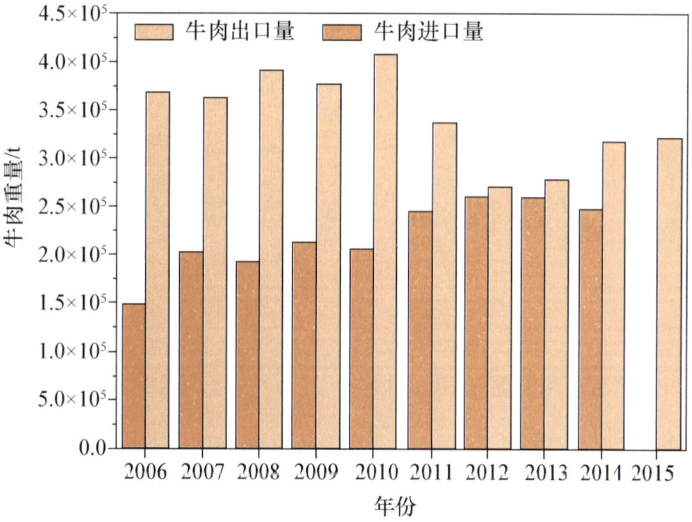

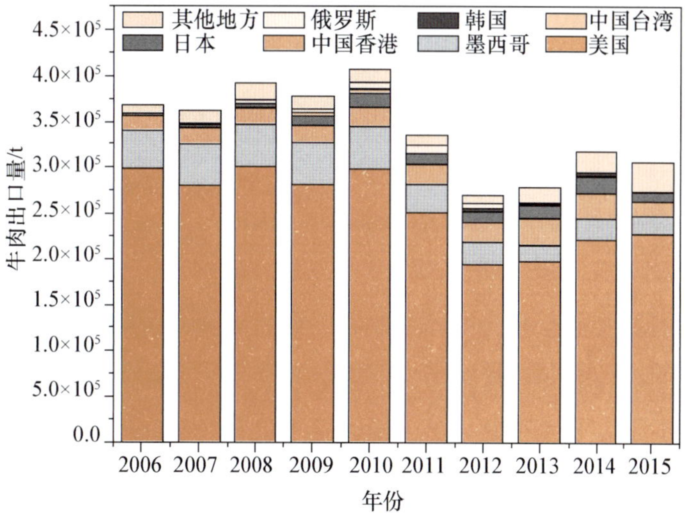

图 2-2-16 加拿大牛肉进出口量的变化

表 2-2-14
加拿大牛肉进出口量

t

年份	2006	2007	2008	2009	2010	2011	2012	2013	2014	2015
牛肉进口量	147 333	202 632	192 201	213 084	204 930	245 042	260 561	260 530	248 220	—
牛肉出口量	368 613	362 553	392 989	378 524	407 514	335 486	271 021	278 363	317 728	322 343
美国	298 604	280 280	300 452	281 588	299 032	250 601	194 767	197 895	221 984	228 863.5
墨西哥	41 647	45 661	47 230	46 348	46 865	32 173	24 966	18 510	23 386	19 340.58
中国香港	16 028	17 346	17 438	18 264	20 619	21 538	21 498	28 176	26 312	16 117.15
日本	2 521	3 788	5 838	10 506	15 476	11 861	12 118	14 388	18 854	9 670.29
中国台湾	0	1 150	1 464	2 905	2 349	924	392	583	1 661	—
韩国	0	0	0	0	0	24	2 050	1 469	3 199	—
俄罗斯	0	0	2 504	6 300	10 038	8 138	5 023	49	0	—
其他地方	9 813	14 328	18 063	12 613	13 135	10 227	10 207	17 293	22 332	32 234.3

来源：http://www.cattle.ca/market-access/marketing-beef/ccmdc-strategy/（此网址中的报告整合）
http://www.cattle.ca/market-access/marketing-beef/ccmdc-strategy/ccmdc-archive/（此网址中的报告整合）
http://www.agr.gc.ca/eng/industry-markets-and-trade/statistics-and-market-information/by-product-sector/red-meat-and-livestock/red-meat-and-livestock-market-information/?id=1415860000001

3. 加拿大在世界畜产品贸易市场的地位

直至 2016 年 2 月，加拿大牛肉和肉牛出口量占全球总数的 7.50%，仅次于巴西、印度、澳大利亚和美国，排名第五（图 2-2-17）。加拿大牛肉出口量占本国产量的 37.90%，在世界排名第六（图 2-2-18）。

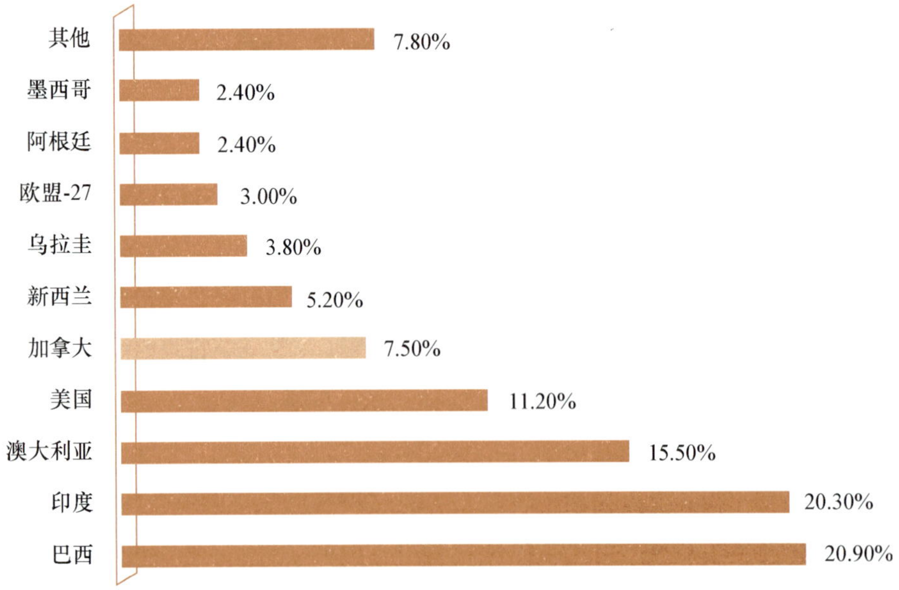

图 2-2-17 各国牛肉和肉牛出口量占全球总数的比重

来源：http://mp.weixin.qq.com/s?_biz=MjM5NTAzNDgwOA==&mid=2650116145&idx=1&sn=ae9254ea2bf202880588c50062b0b562&chksm=beff93e689881af05ef258d7b0b0099b18ecd855f47557c532c77c6fec54c13eecfe7e38b5a4&mpshare=1&scene=22&srcid=1016V87KxhnowYvrpBRGNoAD#rd

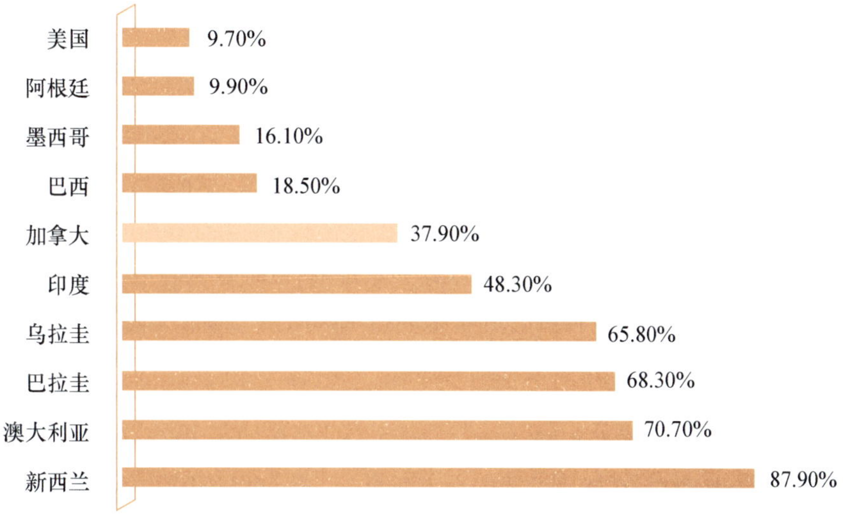

图 2-2-18　全球牛肉出口量占本国产量百分数最高的 10 个国家

来源：http://mp.weixin.qq.com/s?_biz=MjM5NTAzNDgwOA==&mid=2650116145&idx=1&sn=ae9254ea2bf202880588c50062b0b562&chksm=beff93e689881af05ef258d7b0b0099b18ecd855f47557c532c77c6fec54c13eecfe7e38b5a4&mpshare=1&scene=22&srcid=1016V87KxhnowYvrpBRGNoAD#rd

4. 加拿大与中国的畜产品贸易情况

自从加拿大牛肉于 2011 年重返中国市场以来，销量不断攀升。2013 年中国从加拿大进口的牛肉比 2012 年增加了 427%，总额达 2 456 万美元。2014 年前 10 个月，中国从加拿大进口的牛肉总值达 29 259 854 美元，总重量为 5 610 409 kg。2015 年中国从加拿大进口牛肉达 32 870 t，比 2014 年增长了 4.14%，总额高达 25 亿加元。

加拿大向中国出口的牛肉多来自阿尔伯塔省，该省专职肉牛生产商共计养殖肉牛超过 500 万头，占加拿大全国肉牛总饲养量的 40%左右，因此，阿尔伯塔省也成为加拿大最大的牛肉生产省份。

自 2014 年开始，加拿大牛肉协会在中国举办了多场消费者体验活动。在中国，近 20 家超市售卖加拿大牛肉，其中包括北京、上海、广东、深圳、福州、杭州、苏州和大连的 10 多家山姆会员店、Ole，以及上海的 Citysuper 超市。

三、畜牧业生产扶持政策措施

加拿大是个移民国家。从自然条件看，农业在加拿大南部靠美国边境 500 km处，地广人稀，尤其是中西部集中农业区的草原三省（萨斯喀彻温省、阿尔伯塔省、曼尼托巴省）土地资源尤其丰富。19 世纪 80 年代，随着加拿大太平洋铁路的修筑和向西部逐渐延伸，移民随之到来，在铁路沿线引起了短期的土地繁荣。但是，1883 年加拿大的经济不景气以及西部的寒冷气候，造成耕作困难，移民生活环境十分艰苦，使得大部分来到加拿大的移民又迁往美国，甚至本国居民也大量南迁。至 1891 年加拿大净减 30 万人口。曼尼托巴和西北地区的居民仅有 25 万人。为了遏止人口的锐减，开发西部，联邦政府决定加大力度推行 1872 年颁布的《自治领土地法案》的实施。这一法案规定，每一个移民只要缴纳少量登记费便可以在曼尼托巴和西北地区申请到一块 160 英亩的土地，再垦殖 3 年后就可以成为这块土地的主人。此外，还拥有对临近土地的优先购买权。在联邦政府几乎等同于免费的自由宅地政策的强烈吸引下，从 1895 年，加拿大迎来了历史上最大的一次移民潮，约有 250 万人涌入自治领，其中约有 82 万人定居大草原。要耕种这么广阔的土地，农户独自经营有诸多困难，迫切需要配套的服务。于是，1850 年成立了主要为农民服务的保险合作社之后，农业领域的合作社应运而生，并迅速发展起来。

加拿大农业合作经济组织非常发达，农业生产专业化水平比较高。发展可持续农业必须加强各部门、机构之间的协作与配合，动员全社会共同参与。农业合作经济组织在加拿大农业生产中发挥着非常重要的作用，农业生产经营者必须参加相应的合作经济组织，如培育良种的农场必须参加种子生产者协会。各种农民协会在技术研发、推广、信息服务等方面发挥了重要的作用。

加拿大政府为实现经济效益、环境效益和社会效益的协调统一，采取了一系列综合措施：以推行少耕、免耕、轮作及配套机械为主要内容的保护性耕作；以水质保护、多样化节水灌溉为主要内容的水资源管理；以分区管理、多样化利用为主要内容的土地利用规划；以社区牧场管理和划区轮牧技术为主要内容的草原保护和牧场管理；以野生动物栖息地保护和减少温室气体排放为主要内容的环境保护；以家畜粪便、肥料和农药管理为主要内容的农业营养管理；以成人教育和培训为主要内容的技术推广等。使可持续理念得到社会公众特别是广大农民的认可。加拿大综合考虑这些相互影响、相互制约的因素，将可持续农业发展作为一项系统工程，从各个方面齐抓共管，共同推进，在逐步提高农业经济效益的同时，较好地保护了环境，农业可持续发展能力不断提升。达到整个国家的经济、生态和社会的协调与健康发展。

(一)加拿大动物卫生立法情况概略

加拿大农产品之所以在国际市场上具有较强的竞争力，国家对农业的保护是一个重要的因素。但是这种保护主要不是靠补贴或关税，而是通过发展和完善农业的有关法律和法规来实现的。

1. 动物卫生立法制度

动物卫生法律草案一般是由政府部门提出，之后与企业进行讨论，并邀请社会“利益相关方”，包括官方兽医、执业兽医、行业协会代表等讨论，取得一致意见后再进入立法程序。加拿大议会制定法案(ACT)，并授权加拿大食品检验署(CFIA)起草具体的动物卫生法规或条例(regulations)、政策(policy)和命令(order)，法案是法规、政策和命令形成的基础。各省也可以制定自己的法规，但是食品检验署负责制定全国的法规，各省只能制定适用本省的法规。省内动物卫生立法不能与联邦(加拿大检疫检验署 CFIA)的立法发生冲突，联邦立法具有最高的权威。法案、条例同时颁布，法案相对稳定，条例可随时修订，更加频繁修订的是政策和命令。法案和条例均为法律文本，由立法机关或立法机关授权制定，政策和命令则由 CFIA 的官方兽医制定。制定的政策、命令必须以 OIE 的法规为依据。CFIA 提出法案或法规的修订稿，之后交由律师进行法律语言的技术处理，然后交由立法机关或专门的立法机构进行讨论，经立法程序通过后发布。

2. 加拿大动物卫生立法特点

一是实行两级兽医立法的体制。除联邦立法外，省级也有立法权。其中凡属重大的、需要全国统一管理实施的兽医事项，均由联邦立法解决。联邦立法之外的，由省级立法解决，省级立法不得与联邦立法相抵触。无论联邦立法还是省级立法，均分别由联邦立法委员会和省政府立法委员会负责。

二是根据相应法律法规授权有关行业协会制定动物卫生和食品安全管理的行业规范、指导手册等，并在本行业内强制执行。如《家禽生产程序手册》《养牛生产程序手册》等。

三是全国性兽医技术标准、质量标准、操作程序等技术法规，均由兽医行政主管部门制定。如 CFIA 按照《联邦宪法》赋予的职责，依照相关法律制定动物疫病监测、检验、诊断方法和标准等。这些标准、操作程序一经颁布，即在全国强制执行。

四是联邦与利益相关者(stakeholder)协商立法。政府始终与企业和行业协会就相关问题进行协商立法，了解利益方的意见。CFIA 在立法过程中广泛征求和吸纳企业界意见，提高了法律的可操作性，同时，企业能自觉守法，提高了法律的效力。

(二)加拿大食品检验署

加拿大食品检验署(Canadian Food Inspection Agency,CFIA)是加拿大政府负责动植物检验检疫和食品安全管理的执法机构。自 1997 年成立以来,在保护加拿大动植物健康、食品安全,促进加拿大农林产品及食品的出口贸易方面发挥了重要作用,加拿大食品检验署成立后,所有动植物卫生标准的制订、食品检验、动植物检验检疫工作全部由加拿大食品检验署负责,在动物卫生及动物性食品安全方面,其管理范围包括:家畜、家禽、野生动物、水生动物、蜂、蚕等全部动物及其制品;管理环节包括饲养、屠宰、加工、市场、进出口等各个环节;管理内容包括动物疫病、动物性食品有害物质残留、动物福利及与之有关的单位、人员及其行为活动。做到了职能清晰,责任明确;真正实现"从农田到餐桌"的全程性管理。该署是加拿大唯一的执行食品检验、动植物检验检疫的联邦政府机构。加拿大动植物检验检疫和食品安全管理模式被认为是世界一流的,已经引起包括国际食品法典委员会及其他国际组织的注意,许多国家先后到加拿大对其监管模式进行考察学习,效仿或采用。

1. 机构设置

加拿大食品检验署总部位于首都渥太华。一名执行副署长负责食品检验署的日常工作,其余六个副署长分别负责食品检验署的政策制定、执法服务、科学、机关服务、人力资源、公共事务六方面的工作。另有国际事务司、联络准备及政策协调司、机关规划和报告司、法律服务处四个司处直接向执行副署长报告工作,动物卫生与产品局、植物保护与产品司和食品安全与消费者保护局均向负责政策制定的副署长报告工作。CFIA 的总体机构设置见图 2-2-19。

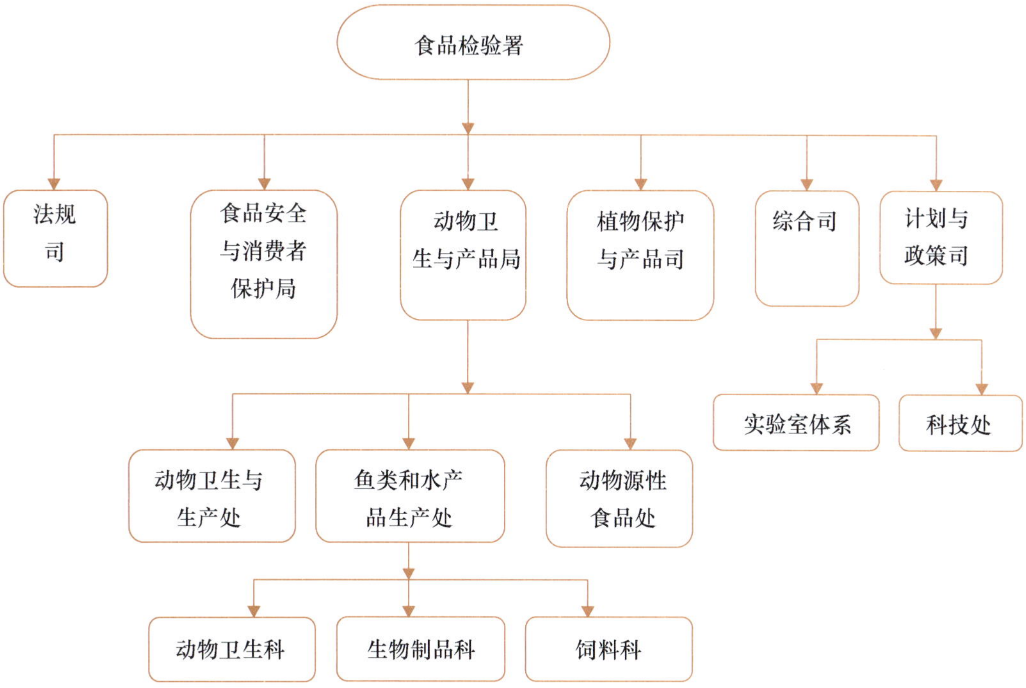

图 2-2-19　加拿大食品检验署机构设置

加拿大食品检验署在全国实行垂直管理,将全国分成四个区域,分别设立办公室,作为派出机构。这四个区域办公室分别为:大西洋区域办公室、魁北克区域办公室、安大略区域办公室和西部区域办公室,这四个区域的负责人直接向负责执法服务的副署长报告工作,同时在渥太华总部设有执法协调处,负责协调全国的执法工作。在四个区域办公室,也分别有负责政策制定的官员,分别独立地向渥太华总部负责相应政策的部门报告工作,并就相关的政策法规对本区域的执法人员进行培训,对政策在本区域的执行情况进行监督，向总部做出反馈。CFIA 是保护加拿大畜禽健康的机构，开展国内重大动物疫病的控制扑灭和外来病防疫工作。其具体动物卫生管理机构为动物卫生与产品局，该局下设动物卫生处、水产品处和动物源性食品处。其中动物卫生处和我国的农业部兽医局的兽医职能较为相似，下设动物卫生科、生物制品科和饲料科。

在四个区域办公室下又设有 18 个分区办公室、21 个实验室(有 900 多名检测人员，每年进行 60 多万个检测项目)、185 个办事处及 400 个派驻生产企业的办公室。全国共有全职工作人员 5 500 多人，全部为政府工作人员。在所有工作人员中，有食品安全专家、兽医专家、农学家、生物学家、化学家、系统管理专家、公共关系专家、科研人员、实验室技术人员、检验员、财务管理和相关的辅助人员。CFIA 的总体体系图如图 2-2-20 所示。

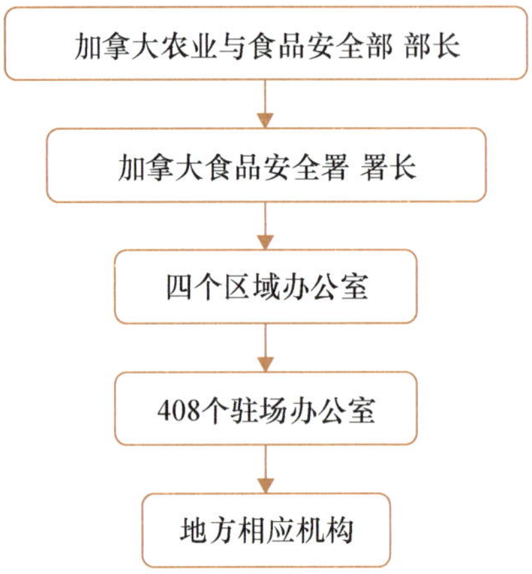

图 2-2-20　加拿大食品检验署体系

另外，CFIA 还设有加拿大动物卫生咨询委员会(CAHCC)，该委员会负责 CFIA 与各省及企业界进行沟通，每年召开一次年会。

2. 加拿大食品检验署的工作职责

CFIA 工作范围涉及各种动植物及其产品生产的全过程监管。按《加拿大食品检验署法》及其他 12 部与加拿大食品检验署职能相关的法律的规定，所有进出口及跨省销售使用的食品、动植物和动植物产品，必须经加拿大食品检验署的检验人员检验检疫合格。加拿大省政府有关部门负责只在本省内生产、销售和使用的食品和动植物、动植物产品的检验检疫。

加拿大食品检验署负责的工作可以分为三部分，即食品安全、动物卫生和植物保护，正好是 SPS 协议所覆盖的三个方面。按照加拿大目前的国家食品安全战略，可将这三个方面的工作分解成 14 个领域。在食品安全方面，食品检验署负责食品安全体系建设，促进公平的食品标签加施，包括 9 个领域，即水产品、奶产品、蛋类产品、肉类卫生、蜂蜜、鲜果和蔬菜、加工产品、食品安全调查、公平标签加施；在动物卫生方面，食品检验署负责全国的动物卫生工作，保证动物健康，防止动物疫病在动物间及向人类传播，包括两个领域，即动物卫生(包括越来越被国际社会关注的对动物的人道运输及防止动物疫病向人类传播等)计划和饲料计划。就动物卫生工作而言，法规司负责立法工作；动物卫生与产品局负责动物疫病的控制扑灭和活动物的出入境检疫工作；食品安全与消费者保护局负责动物产品加工厂(含屠宰场)的认证监管和动物产品的出入境检验等工作；实验室体系是上述两个机构的技术支持体系，为兽医官和检查官提供诊断和检测服务。

从加拿大食品检验署的机构设置可以看出，加拿大食品检验署内部负责制定和执行政策条例的部门是分开的，这样有利于保证政策条例制定的科学性和公正性，也有利于对政策执行情况的监督。同时，两部分人员的及时沟通，使政策和条例在执行过程所产生的效果得到及时的反馈。加拿大兽医机构同本国的联邦体制相适应，实行联邦垂直和各省合作的管理模式，满足 OIE 对兽医机构垂直管理和独立的原则。减少了部门间的交叉与重复，提高了工作质量与效率，使社会管理资源得到了有效利用。高度集权的垂直管理模式强化了联邦政府管理职能，而与地方政府的分工合作又加强了联邦政府与各省在动物卫生与食品安全管理上的协调与沟通，这值得我们借鉴。

3. 经费来源

加拿大食品检验署是联邦政府机构，其经费支出全部列入国家财政预算。虽然加拿大食品检验署在制定每一项政策时均进行成本-效益分析，但社会效益占有很重要部分，且在检验检疫及管理方面的收费只按成本的 50%收取，企业注册、产品注册、检验和出证、罚款等方面收取的费用只占极少的一部分，大部分需要从国家财政支付。如 2002—2003 财政年度，加拿大食品检验署总开支达 5.66 亿加元(约合人民币 34 亿多元)，收费只有不到 6 000 万加元(合 3 亿多元人民币)，但与加拿大食品业每年 450 亿加元或者畜牧业 130 多亿加元的产值相比，国家财政的投入仍然是物超所值。

(三)加拿大动物卫生法律体系

1. 概述

一个国家的动物卫生工作要顺利开展，必须以科学高效的兽医管理体制为基础。建立高效的兽医管理体制以建立完整、独立、合法的兽医管理机构为首要任务。加拿大非常重视动物卫生组织机构的建设和管理，联邦《加拿大食品检验署法》明确了机构设立的目的、职能、人员等，保证了动物卫生机构的科学设置和动物卫生执法工作的独立性，减少不必要的政治、经济和社会干扰。

2. 加拿大动物卫生法律体系的基本框架(图 2-2-21)

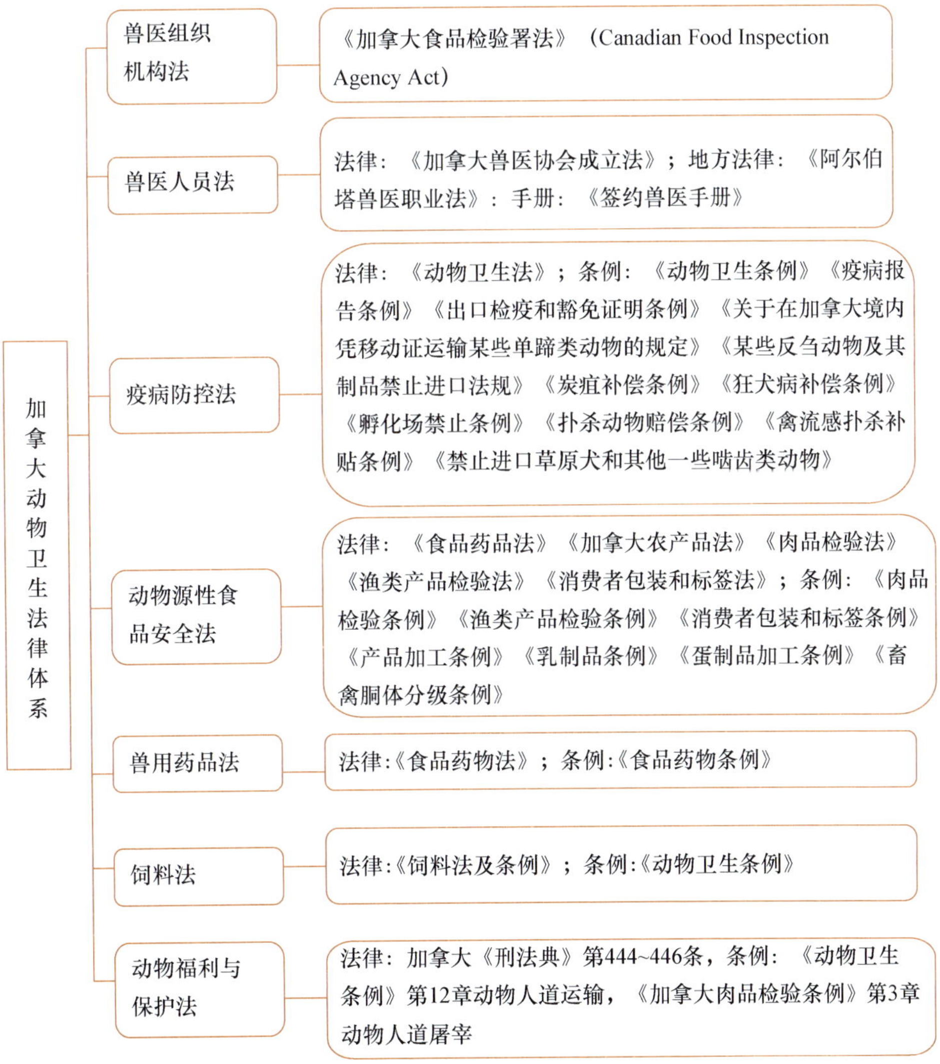

图 2-2-21　加拿大动物卫生法律体系框架

3. 加拿大动物卫生法律体系规范的主要内容(图 2-2-22)

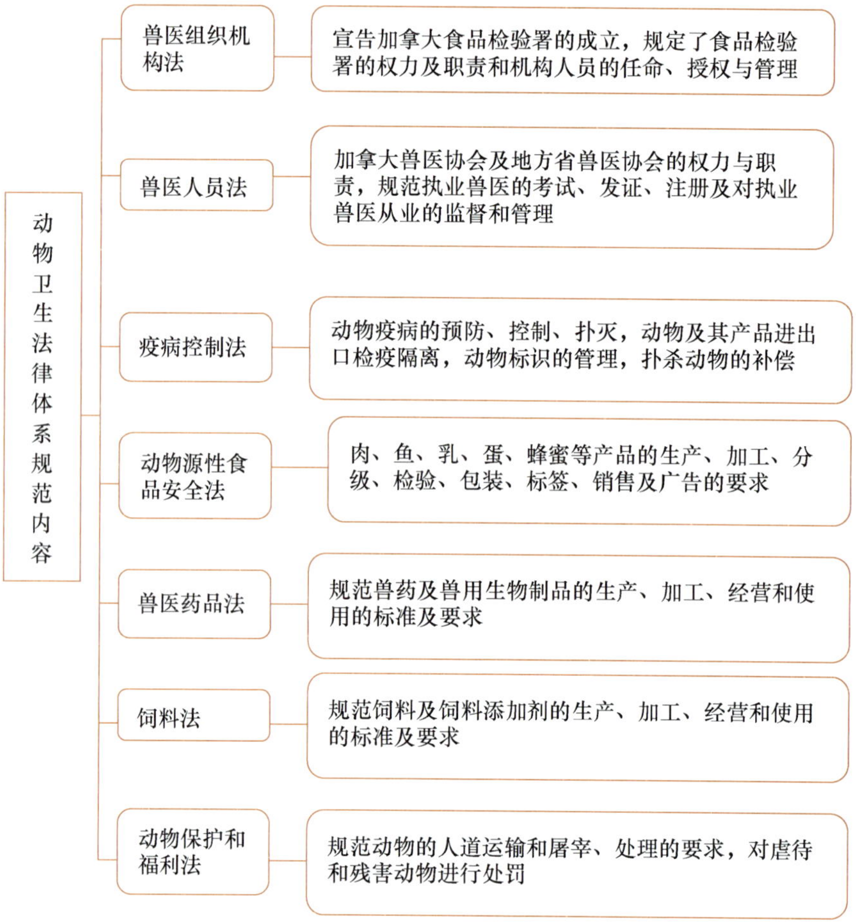

图 2-2-22　加拿大动物卫生法律体系规范内容

四、肉牛产业科技进展

(一)育种与繁育技术

1. 加拿大畜牧业发展史

北美肉牛业历史较长，曾吸取过沉痛的教训。16 世纪以后，北美草地开始易主适应能力很强的长角牛，当时所有牛肉全由长角牛提供。然而，生活水平的提高使得人们对牛排的质量要求有所提高，从而短角牛受宠被引入。长、短两角牛相交，取长补短，后代十分可观。但目光短浅且缺乏育种理论知识的农场主把其成绩归于短角牛，致使短角牛一统天下。由于排除了长角牛的适应能力与杂交优势，以短角牛贡献为主的牛群适应能力逐渐下降。进入 21 世纪，海福特牛以其强的适应能力冲进北美大地，揭开新的序幕，海福特牛和短角牛杂交，杂种后代又一次取长补短，效果明显。海福特牛适应能力强，但产奶量及母牛生产力较低。安格斯牛以产奶量高，性能好为旗号，补海福特牛之短，开始袭击海福特经 30 年奋斗而得到的地盘，涌现“是黑色就漂亮”的热潮。在海福特牛与安格斯牛较量之时，西门塔尔牛曾一度以产奶量与生长速度为优势偷袭插足，但很快就因适应能力问题而退出大部分领地。品种的局限性再一次迫使安格斯牛退出历史舞台。1965—1968 年，加拿大先后从法国引进了夏洛莱牛、西门塔尔牛和利木赞牛。截至 1978 年，28 个新的肉牛品种被引入加拿大。这些欧洲品种体型大，生长快，但维持消耗大，因此，大小型品种杂交，又一次取长补短，经过十几年的育种工作，从繁殖性能（包括受胎率、胚胎死亡、流产、难产、产犊死亡、断奶死亡、产奶性能等）、饲料转化率（料肉比）、生长速度、胴体质量等诸多性状加以选育，形成新的品种、品系，利用一套科学管理方法，取得目前较高的经济效益。因此，加拿大是现今世界种畜出口较多的国家之一（张勤修，1987；孔宪臣等，1999；赵开典等，2003）。

2. 品种选择

加拿大是世界上肉牛产业最发达的国家之一，经过近百年的努力，现在已全部实现牛的优良品种化，目前主要的肉牛品种有安格斯、海福特、短角牛、利木赞、西门塔尔等，这些良种牛各有所长。安格斯、海福特属中等体型，适应加拿大西北部寒冷气候，适合草原放牧和粗饲料为主的生产方式，繁育能力强，发情率可达100%，怀胎率达到92%～95%，能保持8～10年的良好生殖能力。夏洛莱、利木赞体型较大，但受胎率不高，母牛易难产，不适宜放牧生产；西门塔尔体型大，肉质好，但饲养条件高，属精饲料型品种，如营养跟不上则后代品种退化严重，抗逆性差。目前加拿大的牧场主主要是从这些良种牛中选择适合于自己饲养的品种（浩特，1997）。

3. 肉牛育种与繁殖水平

动物育种的传统概念是育种者采用其自己的选择技术在一个家系或畜群内建立起可固定的有利的性状。加拿大由于采取国家生产性能记录而形成广义的育种概念。联邦和省的农业部门（局）主管国家生产性能的记录。肉牛的国家性能记录项目包括3个水平的测定：家庭测定、公牛测定站测定和后裔测定。性能记录项目的全部组织管理机构是肉牛改良国家顾问委员会。这个委员会包括联邦和省政府人员、纯种肉牛和商品肉牛生产者、研究人员以及来自其他肉牛业部门的代表（刘致臻等，1993）。

（1）家庭测定

家庭测定是评价畜主牛群的生产性能，在小的畜群中，由于公牛的选择很有限，它主要是选择母牛。家庭测定项目有繁殖性能，包括产犊间隔、母牛缺陷、产犊难易、出生时犊牛体况；生长性状，包括初生重、校正200 d体重、初生到断奶平均日增重、165 d饲养周期平均日增重、校正365 d体重。

（2）性能站测定

联邦和农业省政府已经形成了集中化的公牛测定站，在严格控制饲养和管理的情况下确定公牛生长速度的遗传差异，并对来自许多畜群的公牛和大规模同期公牛进行精确的遗传评价。

肉牛测定工作目前在生产中已普遍开展，一般在9～12月龄为测定年龄，种牛均送到测定站进行测定，必须有父母亲生产性能、本身的初生重、6月龄体重等资料，测定期为3个月。在测定期以放牧为主，并补饲一定数量的标准精料。测定指标为增重、脊背厚度和精液质量。测定的各项指标在各自品种间进行比较，凡未经测定的公牛不得参加配种，更不能用于冻精。冻精站生产冻精的种公牛需系统地进行后裔测定，从而全面评价其种用价值（张勤修，1987）。

（3）后裔测定

后裔测定能够使畜主基于后裔性能评价一个公牛或母牛的遗传潜力。后裔测定在有足够数量后代（子女）的情况下是最为精确的测定方法。同时，它也是花费最大和消耗时间最多的方法，进行性能测定的青年公牛后裔测定允许最大遗传估计。“加农”操纵“加拿大肉牛公畜检测项目”，以评价已在“性能记录项目”或加拿大育种协作性能项目中入册的犊牛的公畜后裔性能。

4. 育种方法及繁殖技术

（1）育种方法

对于肉牛生产来说，最重要的杂交优势为个体杂交优势，充分利用个体杂交优势来提高犊牛的生产性能对肉牛业来说具有重要意义（Martin et al.，2014；孔宪臣等，1999）。常用的方法有两品种杂交、两品种轮回杂交、三品种轮回杂交和品种轮回≠终端杂交技术。（品种轮回≠终端杂交是在品种轮回杂交系统的基础上发展起来的。用这种系统，约70%的育肥牛为终端品种的后代，如果可以做精液性别分离，效益可大大提高。在这种杂交系统中，母牛和犊牛均为杂种，个体和母本杂交的优势都得到最大利用。而且，在成年母牛(约55%母牛群体)所生的犊牛中，品种间性状互补得到最大利用。在这个杂交系统中，母牛群的提高取决于参与轮回品种的遗传潜力。按参加配种的母牛头数为基数来计算，在犊牛断奶时，两品种轮回母牛生产力可提高21%，三品种轮回母牛生产力可提高24%。)

(2)繁殖新技术

加拿大的家畜繁育生产技术居世界领先地位，目前全国利用统一的标识系统技术，进行牲畜分类、遗传设计、品种改良。肉牛生产起始于繁育场，因此，种畜的选择尤为重要。种畜要进行繁殖性能及繁殖力的测定，并按照母性、肉质及其他理想性状进行严格的筛选(格根塔娜等，2005)。有程序化提纯复壮程序、先进的"胚胎移植"和严格的系谱管理制度。无论是销往国外的，还是销往国内的，或是自养的都要进入电脑，进行系谱分析，以此指导生产，防止纯种退化(浩特，1997)。

5. 主要育种企业组织及地位

阿尔伯塔牧业科技与牧业生产紧密相关，互为联动，尤其在遗传育种、胚胎移植、微机管理等方面都处于世界科技的前沿。西迈公司(CIO)是加拿大全国育种者合作社四大育种企业之一，承担国家的对外援助项目，与中国农业部长期合作(米歇尔，2000)。

育种协会主要从事品种的改良和开发，结合管理纯种的配给。加拿大许多育种协会初步分类他们的纯种牛，并通过位于渥太华的中心组织——加拿大国家家畜档案中心保存他们的档案材料。一些育种协会进行牛的登记并把他们的档案材料保存在总部。各省和地区，组织了育种俱乐部以帮助育种者改良他们的牲畜，所有育种协会有义务为购买者提供咨询并且帮助有资格的家畜出口公司办理出口手续(朱发成等，1994)。

(二)养殖技术

1. 肉牛养殖特点

加拿大主要养殖特点是以家庭牧场的生产经营管理为主，家庭牧场养殖规模通常维持在100头以内，以带犊母牛的饲养为主，而集约型育肥以企业为主。加拿大种养结合完善，围栏集中育肥优势突出。加拿大用于农业的耕地6 700万hm^2，其中2 400万hm^2用于牧草生产，加拿大的肉牛饲养真正实现了种养结合，有农场有牧场。加拿大肉牛生产和科技推广水平高，国家用于农业科研的费用占农业生产总值的2%以上。在农业投入方面加拿大在发达国家处于较领先的地位。在联邦一级自然科学工作者中，农业科技人员占总数的第一位，约占28%，在农业科研的比重约占联邦政府对自然科学总支出的12%。

2. 肉牛生产体系

加拿大肉牛业是产供销配套的综合生产体系，按照分工和功能，大体上，自上而下，肉牛生产体系分为4个部分：一是种牛生产体系，也称核心群；二是商品牛群生产体系，也称为母牛和犊牛生产体系；三是前期育肥牛群生产体系，也称架子牛群生产体系；四是育肥牛生产体系(田春英等，2002)。

3. 肉牛饲养管理和服务体系

(1)肉牛协会

加拿大肉牛各品种都有协会，而且还有肉牛生产者、牛肉加工业等多种协会。协会是民间团体组织，吸收农场主参加，与农户联系密切，有专职工作人员。协会所需经费从牧场主提供的良种登记费中解决(孙海洲等，2001)。

(2)肉牛生产中大数据管理系统

加拿大肉牛养殖具有先进的大数据管理系统，如GrowSafe系统。自2006年起，加拿大肉牛必须使用RFID耳标，数据采集平台结合RFID读取器和其他传感器可以连续记录动物个体体重，体温和行为。

加拿大大数据应用广泛，小型牧场 GrowSafe 系统每天能收集超过 7 000 万个数据点，并将其发送至标准个人计算机(PC)，在数据统计过程中控制程序并预测学习算法可自动挖掘收集的数据，将个体动物和群体模式与发病动物的历史数据概况以及增益变化趋势进行比较。

4. 肉牛饲养管理技术

(1) 犊牛生产管理技术

犊牛饲养管理精细，包括犊牛出生检测、早期断奶技术、犊牛育肥技术以及冬季犊牛管理技术。犊牛从断奶到育肥要用 1 个月的时间适应，适应期饲料以饲草为主，后逐步增加精料，使犊牛逐步适应高精料。育肥期一般为 140 d，育肥期饲料能量水平很高，精料占 80%～85%，青贮占 15%～20%。育肥牛全部露天饲养，每个牛栏可容纳 70 头，地面向一侧倾斜，以便雨水排出和清除粪便。育肥场有饲料加工和调制设备，饲料配方及饲喂量由电脑控制。每日饲喂 3～4 次，自由饮水，冬季可加热，全天供水。犊牛断奶后，以饲料为基础日粮越冬直至体重增长至 408 kg(900 磅)。也可能饲喂一些谷物，但是饲喂量受限，以免犊牛体重增加过快。饲喂和休息区域遮挡以防止恶劣天气，从而保证青年牛的安全和舒适性。9～11 月龄，牛只在饲养场育肥至理想体重 1 350～1 400 磅。

(2)育肥牛饲养管理技术

加拿大的冬季寒冷环境严重制约着肉牛的生产性能及生产效率的提高。据加拿大和美国数据表明，冬季牛的日增重比夏季的日增重降低了 10%～26%。冬季增重效率降低的可能原因是维持需要量增加。加拿大冬季气候寒冷，冬季时间长，冬季谷物是为家畜饲养过程提供灵活性的一种良好方式。最普通的放牧冬季谷物是秋黑麦、冬黑小麦、冬小麦。

加拿大肉牛饲养场进牛体重 340 kg，10～12 个月，平均饲养 130 d，平均每头增重 180 kg，平均出栏体重 525 kg，出栏月龄平均为 14～18 月龄，平均日增重 1.3～1.9 kg。

肉牛育肥场育肥采用级进饲养方案，营养水平由低到高。初始饲粮主要由草料组成，缓慢过渡为由 90%粮食组成。谷物育肥会增加牛肉嫩度和大理石花纹牛肉。在饲养场内牛只有足够的运动空间，可以自由采食和饮水。每天观察牛的采食及行为，以保证牛的健康。日粮变化随着动物育肥阶段而改变。牛体重在 450～600 磅，脱离放牧转到饲养场育肥时，日粮组成应为高比例的粗饲料，比如干草。相比之下，牛体重在 1 100～1 200 磅时，日粮组成应为高比例的谷物。每生产 0.5 kg 可食用牛肉大概需要消耗 2.7 kg 饲料粮食。

(3)母牛的饲养管理技术

母牛管理目标是产出健壮的小犊牛，并在 45～60 d 内发情配种。孕期的后 3 个月是母牛饲养的关键时期。母牛产犊间隔为 365 d，必须在产犊后 83 d 内再配种。分群饲喂母牛，将牛群按其营养需要量分为后备母牛、头胎母牛、体况差母牛、青年牛。矿物质预混料混合到饲料中或者让其自由采食。保证微量矿物质盐与磷的预混料的需要量。为了预防冬季抽搐，需要添加特殊矿物质如镁，当以谷物、秸秆或干草为主要日粮时需要添加硒。

5. 肉牛饲养管理先进设备

加拿大肉牛产区主要集中在中西部，由于该地区冬季漫长，长达 200 d，气候寒冷、多风、积雪且肉牛主要在户外饲养。为了减少冷风等不利因素的影响，除了自然防护林保护屏障外，加拿大科研机构经过多年的研究，设计了高度 2.5 m 左右的木板，按照板的密度和厚度要求，80%的围栏为固定的木板，木板与木板之间留有 20%的空隙，该设计可以降低风速，减少强风对牛体的直接刺激(米歇尔等，2000)。

冬季给牛只提供通过电加热系统的饮水，饮水的温度在 7℃以上。良好的保定设施设备可以保障牛的安全和操作人员的安全，并提升工作效率，尤其是对于种畜繁育场牛只的测定来说，保定设施是必不可少的。养殖规模大于 200 头的牛场则安装液压保定设备。

6. 缓解热应激措施

在加拿大西部，热应激引起的死亡率很少。但是热应激能引起牛的采食量和泌乳量降低，即便轻微热应激也会引起母牛不哺乳。同时带犊母牛营养降低，将显著降低春季犊牛断奶体重，从而降低放牧的收入。热应激还可能会造成母牛不排卵、不规则发情、降低受胎率，早期胚胎死亡率升高。由于热应激而晚期配种的公牛还会引起公牛暂时性不育。

为了缓解热应激，需提供充足清凉、干净的水。水平面要充足以保证许多牛同时饮水，水是流动的，水槽内的水需要及时补充；母牛和犊牛需要有树或者其他形式的遮阴棚。开放式建筑的棚顶需要用浅色屋顶，以供遮阴。防风林能提供树荫，但是它会降低空气流动性，有时还能导致热应激。调整放牧管理策略，在循环放牧体系，加速牛群的循环。这一措施使得牛群采食易消化的牧草，降低纤维发酵产生的热量；对哺乳犊牛饲喂营养高、适口性好的补充料。经常检查喂料器，保证不空槽；一直提供食盐和好的矿物质。放牧研究表明，热应激条件下，放牧会需要更多的钾、钠和镁。实施好的苍蝇控制方法，许多生产者使用带有杀虫剂的耳标等，同时消除浅水坑、泥坑及其他苍蝇易繁殖的地方。

（三）疫病防控技术

（1）主要疾病防控现状

加拿大制定实施了高致病性禽流感、口蹄疫、布鲁氏病、牛结核病、猪伪狂犬病、痒病、牛瘟、牛肺疫等 8 种动物疫病的扑灭计划。加拿大经过 60 多年的不懈努力，在全国范围内已消灭 18 种重大动物疫病，包括口蹄疫、高致病性禽流感、猪瘟、鸡新城疫等，从未发生过 12 种外来重大动物疫病，包括非洲猪瘟、小反刍动物兽疫、裂谷热、牛瘟、猪水泡病等。区域化管理是涉及风险分析、监测、诊断、预防、检疫、隔离、可追溯管理、应急防控等措施以及兽医科研、能力建设和管理体制的系统工程。加拿大实施区域化管理的动物疫病都是法定报告疫病，对区域化管理疫病进行持续性监测、设置生物安全隔离区等措施防控疾病。

（2）加拿大实验室支持体系

加拿大国家级动物卫生实验室共有 6 个，分别为 Lethbridge 动物疫病研究所、Saskatoon 动物卫生实验室、加拿大人畜共患病中心、Nepean 动物疫病研究所、动物卫生与食品实验室、动植物中心，分布在全国各地，具体职责是：为 CFIA 家畜防疫进出口认证和人工授精提供实验室检测；开展疫病检测和防控新技术研究；提供动物疫病流行病学建议，为政策制定和执行官员开展相关服务。

（3）动物疫病预防控制管理规定

目前加拿大疫病防控管理规定主要有《动物卫生法》（health of animal act）、《动物卫生条例》（Health of Animals Regulations）和《疫病报告条例》（Reportable Diseases Regulations）。

根据上述法律的规定，加拿大对重大动物疫病采取以下措施：一是采取以监测净化为主的综合防控措施，对于流行严重的动物疫病，采取先免疫控制后净化消灭的防控措施；二是国家以消灭为目标，制订规划和计划，并由政府强制力保证实施；三是消灭动物疫病所需各项经费，统一全部由国家联邦财政负担；四是凡纳入国家消灭范畴的动物疫病，全部由联邦政府或兽医行政部门（CFIA）统一制定法律、规范、防控措施和实施计划，并由联邦兽医部门统一直接实施。

（4）动物及动物产品进出口管理规定

关于动物运输和出入境管理的规定：除《动物卫生条例》关于出口和进口的管理规定外，加拿大制定了《出口检疫和豁免证明条例》《关于在加拿大境内凭移动证运输某些单蹄类动物的规定》《某些反刍动物及其制品禁止进口法规》等规定，从不同范围对动物及动物产品的出入境管理做出了规定。

（5）动物疫病扑杀补偿规定

加拿大关于动物扑杀的法律较为丰富和细致，具备很强的操作性和科学性。法律不仅明确规定动物补偿的合法性，更将补偿标准、计算公式、补偿程序等在多部条例中体现，如《动物卫生法》和《加拿大扑杀动物补偿条例》(Compensation for Destroyed Animals)等。除此条例外，加拿大对个病的补偿也有立法。《炭疽补偿条例》(Anthrax Compensation Terms and Conditions)和《狂犬病补偿条例》(Rabies Indemnification Regulations)分别对因炭疽和狂犬病致死的动物给予固定数额的补偿。

(6)加拿大动物卫生的启示

加拿大动物卫生总结工作处于世界前列的根本原因，在于其动物卫生法律完备；由联邦到省市各级工作机构健全；坚持奉行以人为本的策略；依法对动物、动物性产品和兽用药品等对象实行监管；防控动物疫病的手段先进、方法科学、措施得力。经过几十年的不懈努力，目前加拿大已在国内消灭了18种威胁动物和人类的动物疫病，有效地预防和阻止了几十种外来动物疫病在加拿大的传播和流行，取得了世界瞩目的动物疫病防控成果。

(四)粪污处理技术

1. 加拿大粪污处理立法情况

阿尔伯塔省2000年修订了农业操作规程法案(AOPA)，为阿尔伯塔省所有处理粪便者制定了标准，规定了粪便储存、收集设施的选址和建设标准，解决了粪便施用与农业用地的申请，并通过直接受影响的临近地区和市区(neighbours and the municipalities)的审批程序确保环境保护。该法案还涉及诸如农业活动产生的气味、灰尘、噪声、烟雾等不利现象。并且该法案还列出了适用于该法违法的处罚和罚款规则。

2. 粪污处理要求

(1)选址要求

由于粪肥储存设施或粪肥收集区往往对地表水和地下水资源造成污染，因此申请许可证的新建或扩建的CFOs(CFO,限制性饲养业务)如果不符合土地基地的要求，建设前需要制订营养管理计划或粪肥处理计划。一年内，如果在同一个地点储存500 t以上粪便时间长达7个月以上，处理粪便单位必须获得粮农组织的许可。同时要求粪肥储存设施或粪肥收集区必须建在距离常见水源至少30 m处。粪肥储存设施或粪肥收集区不可以在洪水区域。粪肥储存设施或粪肥收集区的1～25年最大洪水位置不得低于设施的任何部分，即可以与储存的粪肥接触。粪肥储存设施和粪肥收集区必须建在离泉水或水井至少100 m处。

(2)粪便处理设施建设要求

粪便处理区域建设必须具有位于设施底部以下且位于场地最上层地下水资源之上的保护层或衬垫，并且还符合法规要求。粪肥储存设施或粪肥收集区的法人或经营者必须保持衬里或保护层的物理完整性。粪肥储存设施的内墙和外墙必须保护免受侵蚀。CFO的所有者或经营者建造的粪肥储存处须有合适的规模，满足连续9个月的粪肥生产，或者如果NRCB(自然资源保护委员会)批准由所有者或经营者提交的粪肥处理计划，连续几个月连续减少。该储存要求不适用于根据短期储存肥料标准储存固体粪便的CFO的所有人或经营者。

开放式液体粪肥储存设施的拥有人或经营人必须为排放粪肥的二次容纳系统提供排放，如果有可能将其排放到共同的水体中，由NRCB确定。

(3)粪便处理存储时间

短期固体粪肥储存地点只能在3年内累计使用7个月，不论储存的粪肥量如何。换句话说，3年中粪肥可以在一个地方连续存放7个月，然后在剩下的2年零5个月内不能使用。

(4)粪便存储距离要求

短期固体粪肥储存地点必须至少位于：距离住宅或建筑物150 m；距离泉水或水井150 m；1 m以上的水位；1～25年间洪水水位在1 m以上。表2-2-15和图2-2-23中的避让距离必须遵守短期粪便储存要求。在饲料、直播作物和冷冻或积雪覆盖的土地上应用粪便也需要同样的避让距离。

表 2-2-15

粪便应用和短期储存地点间的避让距离

平均坡度	避让距离
坡度<4%	30 m
4%<坡度<6%	60 m
6%<坡度<12%	90 m
如果坡度为 12%以上,请勿在土地上施用或存放粪便。一旦坡度小于 12%,粪便可以施用或储存。	

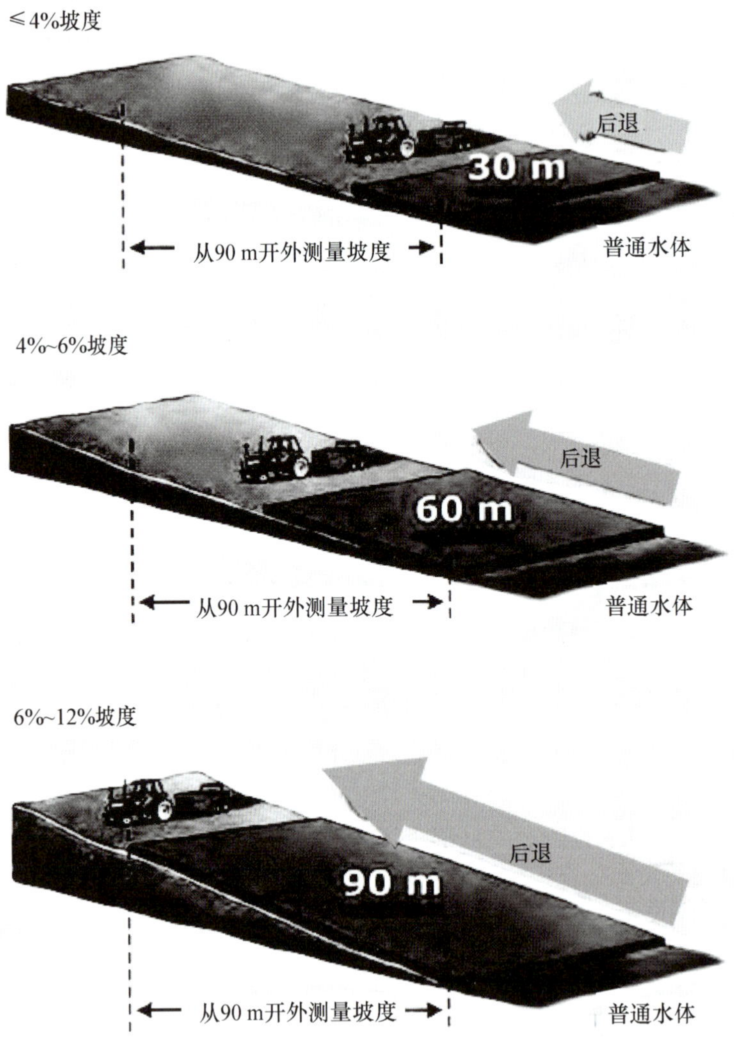

图 2-2-23　避让距离

(5)粪便储存和合并

任何施用粪肥的土地都必须综合考虑土壤含氮量和盐分限制、水分流失的风险。固体粪肥只能用于耕地且必须是:距水井或普通水源至少需要 30 m(当施用于耕地时);在申请的 48 h 内进行注册,除非用于饲料、直播作物、冷冻或积雪覆盖的土地;粪便储存场所应远离生产者的住宅或建筑物至少 150 m 远。

(6)季节性饲养及卧床(越冬地点)、家畜围栏

季节性饲养及卧床、家畜围栏的场所设置必须距离常见水源至少 30 m 远,以减少径流风险。如果家畜围栏或卧床位置距水源距离小于 30 m 时,必须在场地和水源之间建造拦截器(如护堤或沟渠),以将场地中径流从水中转移出去或者在径流发生之前,将场内积累的粪便及垫料(bedding)转移至粪便

储存区域。

(7)记录保存和土壤测试

每年处理 500 t 以上粪肥的人员，必须持续 5 年以上进行粪肥管理记录，并对应用粪肥的土地进行土壤试验。粪肥也必须根据立法中的土壤氮和盐度限制或 NRCB 批准的营养管理计划进行施用。除土壤质地外，其他施用粪肥的土地土壤试验结果不得超过 3 年。家畜在放牧时所产粪便不适宜保存记录。

要求记录：土壤测试结果，生产或处理的粪便量，对于收集或施用粪便的每个人的姓名和地址以及粪便施用日期，施用粪肥的地理位置，粪肥和肥料的施用率。

3. 粪便管理技术

粪肥包括家畜排泄物，混合的饲料损失、垫料、垃圾、土壤和冲洗水，但不包括“肥料法案”(加拿大)适用的肥料。粪肥、堆肥和堆肥材料在 AOPA(农业操作规程法案)下具有相同的要求，只要它们不含有死亡动物或第三方原料。

(1)粪肥应用技术

阿尔伯塔省大约有 101 171.41 km^2 的饲草地，将粪肥施用到饲草地是以环境可持续的方式利用粪便中的营养物质的最佳选择。同样，施用粪肥可以增加饲料生产力并降低施用商业肥料的成本，但需要平衡来自粪便、商业肥料和土壤的营养物质与种植作物需求的营养物质之间的关系。

(2)粪肥处理技术

①厌氧消化技术

厌氧消化过程已在世界不同地区，主要在欧洲和美国以不同的方式被采纳。粪便、溢出饲料、作物残留物、内脏和大多数家用和工业有机废物都可用作消化器的材料。但是必须注意防止导致家畜疾病的病原体，如疯牛病、禽流感等进入厌氧消化器。农场生产的电力可满足同一农场的电力需求。多余电力可出售给邻近社区或使用电网的电力供应商，也可以抽取部分热能来满足邻近社区的供热要求，此外如果除去二氧化碳，沼气也可能被添加到天然气管道中。能源利用率如表 2-2-16 所示。

表 2-2-16
粪便/能量计算器

动物种类	排泄粪便量/(kg/d)	生产沼气/(m^3/d)	年产电力的潜力/(kW/年)	年产能源潜力/(GJ/年)
牛	24.0	1.10	663	3.0
奶牛	62.0	2.01	1 227	5.5
猪	3.5	0.16	98	0.4
家禽	8.8	0.85	516	2.3

注：将相应的年度电力值和年度能源值乘以动物数量，以了解农场使用厌氧消化器后所生产的总能量。

②其他粪便处理技术

其他处理粪便技术由 Burton 和 Turner(2003)提出，其中包括建设湿地、厌氧池、机械干湿分离、土壤过滤器等。其中建设湿地可用于处理液体流出物，例如来自具有低有机物和营养物质负荷的母牛场的废水。厌氧池主要目的是低成本、低维护处理粪便，生产沼气不是其主要目的，然而由于密闭厌氧池会产生大量甲烷，而甲烷是影响环境的主要温室气体，因此这种处理方式影响环境，现在采用越来越少。干湿分离技术采用较多，主要源于固体中的营养物质更稳定、移动性更差，并且固体材料可用于土地施肥或堆肥；液体馏分更稀释和均匀，并且也可以施用于土地。土壤过滤器主要取决于土壤净化能力，只要不超过土壤的处理能力，肥料通过在土壤中的移动导致其高度净化。这是物理分离过程、化学反应(例如磷和重金属)、分解和利用粪便营养物质中生物和微生物活性组合的结果。

综上，在集约化畜牧生产的一些领域，粪便污染的减排不能单靠改善农耕方式来实现。为了从集约化区域中分离营养物质，粪便处理技术可能必须成为解决方案的一部分。露天堆肥不需要专门熟练的堆肥工，是一种低技术含量的选择。常规的农用设备，例如拖拉机和前端装载机可以用于混合材料并使其暴露于空气中。在加拿大作为粪便处理的厌氧消化设备越来越多地被提及。

4. 防治水污染措施

图 2-2-24 显示了在肉牛饲养场发生污染的方式。污染可能发生的主要方式是:径流、渗流、侵蚀、牲畜对水的直接接触。

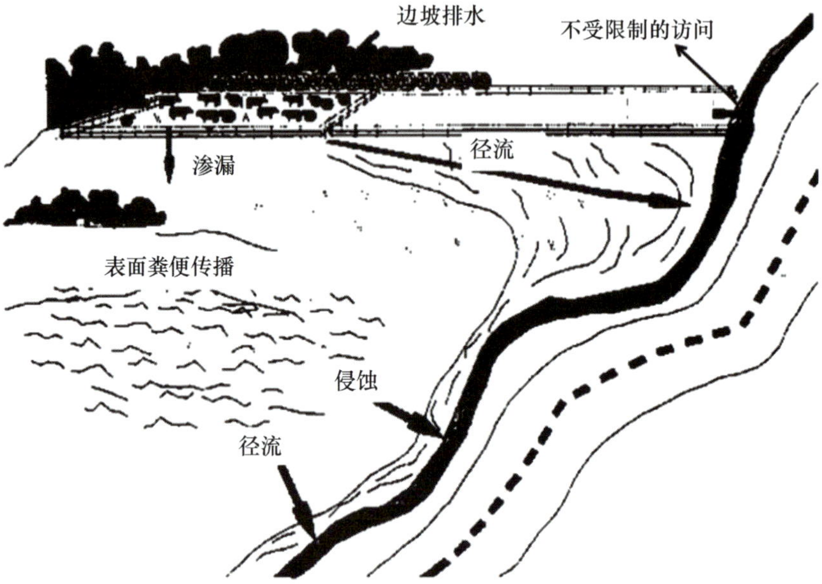

图 2-2-24　肉牛饲养场的污染路径

每一种污染可能性都依赖于发生地并且会因地区而异,径流、斜坡、陡坡和浅层斜坡等可减少污染。饲养场经常选择南坡作为越冬地点,以获得冬季阳光的照射。当与北方天然或建造的牛舍结合使用时,可以改善家畜越冬的环境。然而如果允许输入水道,这样的斜坡就可能造成严重的径流问题。因此选择能控制径流的坡地,是保护环境的重要组成部分。径流的大小取决于斜坡的程度、降水的数量、牲畜的密度以及粪肥的分布。

对于坡度大的牧场,主要采用增加农场面积(图 2-2-25)、增加与水道的距离、在喂养地点和水道之间提供缓冲区、经常移动投料地点、使用天然湿地或防洪缓冲带来利用径流养分;转移农场内水资源;选择不受侵蚀的位置,提供自动饮水系统,安装集水池来收集径流;利用场内小的景观美化斜坡和排水,使用栅栏以使牛远离敏感区域等措施来调整饲养场的坡度,以最大程度减少径流对水道或地表水的影响。

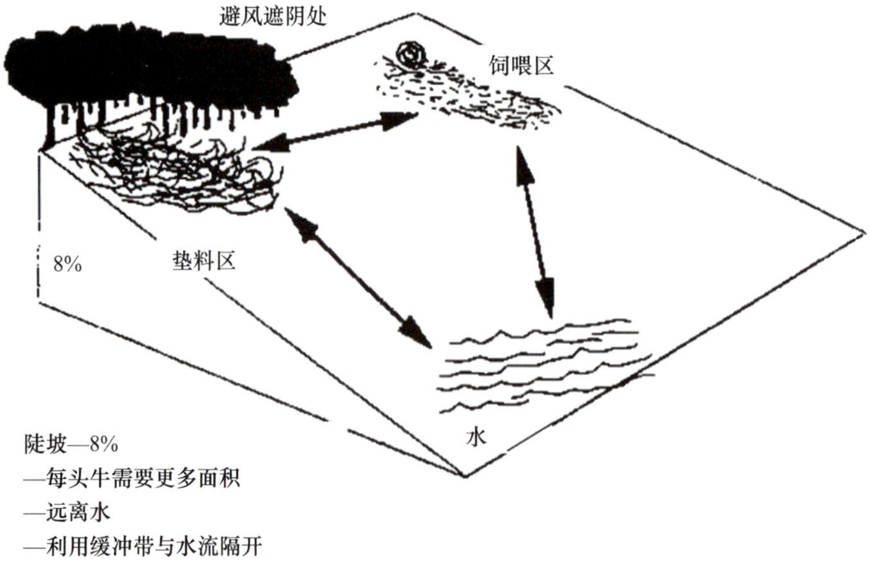

图 2-2-25　陡坡径流

对于那些斜率小于2%的区域(图2-2-26)，建议卧床设置为可自然升高区域以确保排水顺畅；使用较少的面积饲养密度更大的家畜；牛的全部适宜区域区分为饮水、卧床、投料区；通过设置投料区地点来充分利用分布在整个区域的粪便；若有可能应提供自动饮水系统，如果没有应开发流水浇灌站点以最小化浅坡造成的阻碍。对于特定饲养场若在经济上上述建议都不可行，请考虑另一种饲养场地。

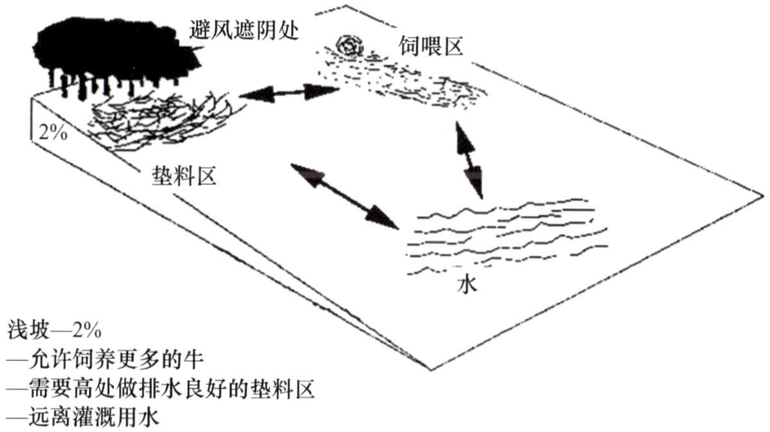

图 2-2-26　浅坡径流

图2-2-27展示加拿大冬季饲养场的选址和运营要素。

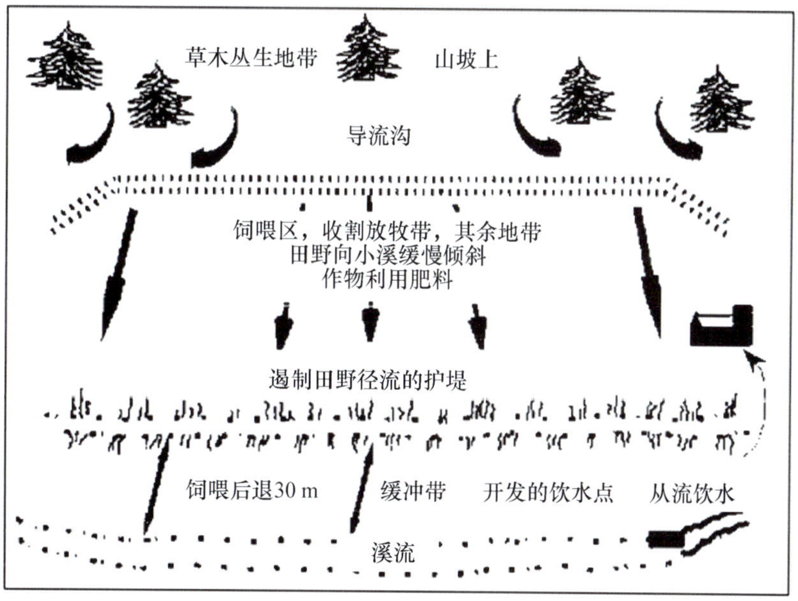

图 2-2-27　冬季饲养场的管理因素

五、与我国畜牧业合作情况

(一)加拿大-中国农业与食品发展交流中心开展合作项目

加拿大-中国农业与食品发展交流中心是经过加拿大联邦政府有关部门批准成立的组织，也是加拿大政府部门资助项目。该组织成为中国与加拿大农业、加拿大食品业科技与经济合作中最主要的机构之一。其总部设在加拿大安大略省的哈蜜顿市，也就是位于加拿大农业、加拿大食品业科学“硅谷”：多伦多-圭尔夫-哈密顿-大瀑布（Toronto-Guelph-Hamilton-Niagara，Ontario）的中心地带。中加农业与食品发展交流中心的科技及管理人员均有中加农业、中加食品高等教育背景，并有实际加拿大农业、加拿大食品业工作经验。该交流中心和加拿大农业、加拿大食品业界一大批大学、高科技院所、知名开发生产公司及加拿大农业、加拿大食品业各级政府部门有着紧密联系，充分发挥自身优势为中加农业、中加食品合作交流提供全方位的、深层次的服务。为切实推动中加农业与食品伙伴合作关系，目前正在建立中国-加拿大农业、加拿大食品业三大合作伙伴数据库：AA-学术合作伙伴数据库（Academic-Academic）（包括科技与高等教育管理机构、大学、研究院所、高新技术开发区、高科技公司、学术协会等）；BB-产业合作伙伴数据库（Business-Business）（包括大中型中国、加拿大农场，农业开发区，食品加工公司等；CC-地方政府合作伙伴数据库（City-City，County-County）（包括市-市，县-县政府部门之间合作）。

(1)加拿大农业食品开发项目

加拿大纯天然肉牛生产基地，在加拿大安大略省建立一个年产规模在 3 万～5 万亩的肉牛养殖基地。肉牛场采取无添加、纯天然的放养模式，估计产量可达到每年 15 万头左右。

加拿大牧草种植出口基地，在加拿大安大略省建立一个规模在 5 万～15 万亩的牧草生产加工出口基地。从种植、生产、加工、包装到出口采取一条龙的流水线运作模式。

(2)加拿大现代肉牛养殖技术推广项目

技术推广：优良的肉牛品种；先进的集约化肉牛养殖模式；先进的牛肉加工及深加工技术；先进的现代化养牛场管理模式。

实际效果：通过运行集约化大规模肉牛养殖模式，有效提高生产效率、降低成本、提高收益；通过优良肉牛品种的引进，大幅度提高肉牛品质；通过先进的牛肉加工及深加工技术和管理模式，迅速提高牛肉产量、牛肉质量及其食品安全性。

(3)中国企业跨国投资研讨会

为了促进中加的农业与食品的发展，从 2011 年开始，中国商务部和中国贸促会积极推进中国企业跨国投资研讨会，加拿大-中国农业与食品交流发展中心和农场投资部门主管从加拿大带来了包括农场类、种植业类、养殖业类、食品类、饲料加工类和专业人才引进类等近 20 个项目参加，共同推进加中农业、食品业的投资合作与开发。

(二)政府间合作项目

2016 年 9 月，国务院总理李克强访问加拿大期间，两国农业部签署了《中华人民共和国农业部与加拿大农业和农业食品部合作行动计划(2016—2020)》，进一步明确了中加农业重点合作领域和合作项目。在中加农业合作框架下，多年来，两国肉牛领域科研和推广机构开展了大量的学术和产业合作，在肉牛种质资源交流、科技合作、产业人才培训等方面取得了不少成果。中国农业大学和加拿大肉牛业发展协会作为中加两国重要的肉牛领域科研、技术示范与推广机构，多年来建立了良好的合作关系。这次签字的合作备忘录双方在包括技术交流、种质资源交流、动物卫生、产品加工、肉牛产业相关市场建设和人才能力建设等在内的六个方面达成了广泛的一致。

2016 年 11 月 3 日，中国、加拿大两国关于肉牛及相关领域合作备忘录在京签署，中国农业大学肉牛研究中心主任孟庆翔教授与加拿大肉牛业发展协会执行董事 Minchael Latimer 先生分别代表双方签字，双方将在科技、种质资源、动物卫生、产品加工、肉牛产业相关市场建设和人才能力建设六大领域进行合作交流。从 2017 年开始，中方学生、企业家赴加拿大考察，加拿大现今肉牛生产经验、相关领域的技术向我们敞开大门。

(三)加拿大牛肉协会与相关协议合作项目

加拿大牛肉国际协会与中国餐饮将有更广泛的合作。定期举办专业性的研讨会，和行业专家共同研发不同分割部位的烹调方法，以提高加拿大牛肉在中餐烹饪中的附加值。

2017 年 6 月 12 日中加肉牛产业合作联盟成立大会在北京举行。会议选举了联盟第一届理事会和领导机构成员。农业部原总畜牧师、原畜牧业司司长王智才被选为理事长，中国农业大学肉牛研究中心主任孟庆翔教授和加拿大肉牛业协会主席 Garner Deobald 博士分别被选为中方和加方常务副理事长。中加肉牛产业合作联盟是在中加两国政府部门、企业、科研机构的支持下，由中国农业大学肉牛研究中心与加拿大肉牛产业发展协会(CB-BC)联合发起成立的。联盟首批常务理事单位共 48 家，涵盖了中加两国主要肉牛相关企业和科研机构。联盟将积极贯彻和执行两国农业及肉牛产业的方针、政策，集聚两国优势科技资源和推广力量，构建政府支持、企业先导、资源共享、合作共赢的联盟运行机制。

联盟还将充分发挥联盟成员企业和个人在管理、技术、资金、品牌等方面的优势，在吉林、内蒙古、辽宁、宁夏、青海、新疆、四川、贵州、云南等地区扶持当地肉牛产业的发展，切实落实党中央提出的进一步加快贫困地区精准脱贫步伐，实现到 2020 年全面建成小康社会的奋斗目标。

参考文献

[1]Arteaga A,Baracaldo M,Barth A D. The proportion of beef bulls in western Canada with maturespermiograms at 11 to 15 months of age[J]. The Canadian Veterinary Journal,2001,42(10):783.

[2]Bergen R T,Butterfield R M. New concepts of Cattle growth[M]. Sydney Australia. Sydney University press,1976:174-188.

[3]Hannon S J,Allan B,Waldner C,et al. Prevalence and risk factor investigation of Campylobacter species in beef cattle feces from seven large commercial feedlots in Alberta,Canada[J]. Canadian Journal of Veterinary Research,2009,73(4):275.

[4]Martin J N,Garmyn A J,Miller M F,et al. reval ence and risk factor investigation of Campylobacter species in beef cattle feces from seven large commercial field and quality attributes of selected subprimals from calf-fed Holstein steers[J]. Journal of Animal Science,2014,92(9): 4204-4216.

[5]Menon A G,Barkema H W,Wilde R,et al. Associations between sperm abnormalities,breed, age,and scrotal circumference in beef bulls[J]. Canadian Journal of Veterinary Research,2011,75(4): 241-247.

[6]Tedford J L,Rodas-González A,Garmyn A J. U. S. consumer perceptions of U. S. and Canadian beef quality grades [J]. Journal of animal science,2014,92(8): 3685-3692.

[7]Tozer P R,Marsh T,Perevodchikov E V. Economic Welfare Impacts of Foot-and-Mouth Disease in the Canadian Beef Cattle Sector[J]. Canadian Journal of Agricultural Economics/Revue canadienne d'agroeconomie,2015,63(2): 163-184.

[8]http://www. cattle. ca/market-access/marketing-beef/ccmdc-strategy/

[9]白德庆. 简述加拿大肉牛业[J]. 当代畜禽养殖业,2000(5): 30-31.

[10]格根塔娜,孙志红,谭瑛,等. 加拿大肉牛业现状与展望[J]. 黄牛杂志,2005,31(5).

[11]浩特. 品种是最有效益的选择——赴加拿大,澳大利亚,新西兰考察纪实[J]. 当代畜禽养殖业,1997 (6): 30-31.

[12]孔宪臣,楚孝坤. 加拿大肉牛育种方法的探讨[J]. 黑龙江动物繁殖,1999,7(1): 16-18.

[13]李国江. 加拿大阿尔伯塔省肉牛业述评[J]. 黄牛杂志,2001,27(6): 72-73.

[14]李忠文.透视加拿大畜牧业发展特点[J].河北畜牧兽医,2005,21(1):10-11.

[15]刘致臻,常智杰.加拿大的肉牛业 续[J].黄牛杂志,1993,19(3):88-90.

[16]米歇尔,沈洁.加拿大的肉牛业[J].黄牛杂志,2000,26(3):68-70.

[17]潘力,田露,曹建民,等.世界牛肉消费及影响因素分析[J].产业透视,2012,48(6):20-23.

[18]桑国俊.世界肉牛产业发展概况[J].畜牧兽医杂志,2012,(3):36-39.

[19]施莉.加拿大畜牧业生产考察报告[J].草业与畜牧,2010,(7):48-49.

[20]石国庆.加拿大的肉牛业生产[J].新疆农垦科技,2005,(6):52-54.

[21]孙海洲,刘红葵.加拿大肉牛,奶牛饲养管理及服务体系[J].内蒙古畜牧科学,2001,22(6):23-24.

[22]田春英,荣威恒,窦洪举,等.加拿大肉牛业发展概况[J].内蒙古畜牧科学,2002,1:31-33.

[23]佚名.欧洲牛肉消费观念对我国肉牛业的启示[J].农村使用技术,2009(5):21-22.

[24]张勤修.加拿大牛的育种概况简介[J].中国黄牛,1987,4:023.

[25]张英汉.加拿大的肉牛业及肉牛品种[J].中国牛业科学,1991(3):77-80.

[26]赵开典,邓俊.国外肉牛合成育种的理论发展及应用[J].黄牛杂志,2003,29(1):79-80.

[27]朱发成,梁植俊(编译).加拿大肉牛业[J].草食家畜,1994(2):2-6.

第三章

巴　西

一、摘　要

巴西位于南美洲，人口约为2.09亿人，国土面积约854 km^2，仅次于俄罗斯、加拿大、中国、美国。巴西80%国土面积处于热带地区，其余在亚热带地区，气候湿润，光照充足，适宜牧草生长，为畜牧业的蓬勃发展提供了优良条件，所以畜牧业比较发达，特别是养牛水平位列世界前列。2018年，巴西牛存栏量达2.14亿头，对该国国民经济贡献巨大。2018年，巴西国民生产总值达2.24万亿美元，肉牛产业就占比国民生产总产值的8.7%，农业总产值的31%。近几十年，巴西肉牛养殖业在持续增加。1996—2018年，巴西牛肉产量增加约51%，约占全球牛肉总产量的15%。2018年，巴西牛肉出口占其总产量的20.1%，出口量居世界第1。巴西国内牛肉消费占总产量的79.6%，人均年消费牛肉量达42.12 kg，仅次于阿根廷人均消费量，居世界第2位。巴西拥有独特的自然资源优势，如大片的草场，适宜牧草生长的气候，肉牛养殖以放牧、自然繁育为主。近几十年，逐步建立了配套齐全的肉牛养殖设备设施和完善的科技服务体系，产业趋向规模化、集约化，产学研产业链条逐步完善。近年来，因为保护亚马孙热带雨林与发展畜牧业矛盾突出，促使政府部门也高度重视草地的承载能力和自然资源的保护，加大科技研发投入、推广和应用，确保肉牛养殖业的健康可持续发展。在缩小育成牛出栏年龄、改善牛肉嫩度、提高牛肉品质方面做了大量工作；高度重视肉牛育种，应用体外受精、胚胎移植等快速繁育技术，选育性早熟、增重快、繁殖力强的品种并且兼顾肉品质等。巴西政府和加工企业加大海外市场的牛肉贸易和出口促销投入，尤其在亚洲和中东地区，使该地区占所有牛肉出口的50%以上。牛肉加工和出口趋于集团化、规模化，份额主要集中在JBS、MARFRIG和MINERVA等大企业，并且建立了严格的可追溯制度，这有助于巴西出口商应对任何疾病暴发危机。我国是巴西牛肉的最大进口国，2018年，巴西牛肉23.81%出口到内地，20.47%到香港。当然巴西牛肉进口对我国肉牛养殖业带来了巨大的冲击。我们也应从其肉牛产业中系统学习管理、科技和服务等经验，促进我国肉牛产业的快速健康发展。

二、肉牛产业基本情况

(一)肉牛产业发展概况和资源状况

1. 巴西资源状况

(1)国土资源状况

巴西位于南美洲东部,大西洋西岸,大部分国土位于赤道和南回归线之间,是世界上占有热带面积最多的国家,也是拉丁美洲面积最大、人口最多的国家,即领土和人口皆居世界第五位的著名大国。巴西是世界资源大国。全国可耕地有3亿多 hm^2,是中国的3倍,尚未开发利用的土地面积相当于中国现有可耕地的总和,估计有1亿多 hm^2。境内无沙漠、盐碱地,土地资源丰富。气候适宜,雨量充沛,农牧业科技发达,有条件成为未来的"世界粮仓"。巴西共分为26个州和一个联邦自治区。亚马孙州面积最大,圣保罗州人口最多。北部主要是亚马孙盆地,占全国国土面积的45%。其东北部半干旱的内陆地区主要是牧场;东南部是经济中心,两大城市圣保罗和里约热内卢就坐落在这里,该地区仅占巴西国土面积的11%;南部面积较小;中西部是一个内陆地区,国家首都巴西利亚位于此地。地理主要特征是横跨北部的亚马孙盆地和南部、东南部的巴西高原。亚马孙盆地由一个巨大的流域组成,植被浓密,湿热气候。巴西蕴藏着丰富的矿产和植物资源,耕种很少,主要是大量的牧场,为发展畜牧业提供得天独厚的条件。除了厄瓜多尔和智利,巴西与所有南美洲国家接壤。草场面积占国土面积的20%,为畜牧业发展提供了广阔的空间。

巴西农业可以按位置划分为三部分。南巴西,这一地区占全国近2/3,其特点是半温和与温和气候。这里土壤肥沃,降雨水平较高,确保了作物良好的生长。这里还拥有较先进的农业技术和经验丰富的农民。因此,这个地区生产了该国大部分的粮食、出口作物和油籽。北巴西(包括部分亚马孙盆地),这个农业区干旱,设备设施差,因为降雨量很少,经常遭受干旱,缺乏基础设施、资金和肥沃土壤。这个地区主要是自给自足的农业(他们靠自己的产品生存)。但是,这个地区的某些作物对出口贡献较大,如可可、热带水果和林木产品。中部巴西,多年来一直被认为不适合耕种。然而,这个地区(稀树草原)现在正在蓬勃发展机械化农业。这片广阔的土地缺乏道路和其他重要的基础设施,这个地区曾经非常孤立,20世纪60年代发生了改变,当时巴西利亚建立并成为新的国家首都,畜牧业开始在该地区快速发展。因为土壤质量差,无法维持作物生长,在这些条件下适宜大豆种植。养牛仍然是这个国家的关键农业产业之一,主要集中在马托格罗索州、南马托格罗索州、戈亚斯州和米纳斯吉拉斯州。除了原始植被面积外,牧场面积最大,占17.67%以上。另外农作物面积也非常巨大,因此巴西成为世界粮食的主产区(表2-3-1)。

表 2-3-1

巴西国土使用资源面积占比

土地用途	面积/百万 hm^2	份额/%
原始植被	360.9	42.38
永久保护面积	55.1	6.47
亚马孙流域外植被	82.0	9.63
储备	54.6	6.41
专属牧场	150.5	17.67
综合利用牧场	11.8	1.39
农作物面积	70.8	8.31
造林	7.1	0.83
城市、水体、道路等其他用途	38.0	4.46
总面积	851.577	100

(2)人口资源状况

巴西人口为2.09亿人,84%以上人口居住在城市。在亚马孙盆地,人口只有7%;东南部仅占巴西国土面积的11%,但43%的人口居住在那里。内陆地区,人口稀少。它还是世界最大的天主教人口国。近年来,人口增长率显著下降。每年人口增长率从20世纪60年代的3%下降到现在的1.7%。农业人口较少,直接参与肉牛养殖业人口约36万人。

(3)经济发展概况

1996—2019年,巴西的GDP增长率平均为0.56%,在1996年第三季度达到了历史最高4%。2016年,巴西国民生产总值是1.79万亿美元,农业总产值人均收入达10 826美元,农牧贸易占巴西国民生产总值的比重达到27.87%。在2019年第一季度环比萎缩0.2%,低于前一季度的0.1%,与市场相符。这是自2016年第四季度以来的首次收缩,原因是家庭消费增速放缓,固定资产投资萎缩,而政府支出反弹。虽然巴西耕种面积只占5%,但是咖啡产量却居世界首位(约占全球总产量的1/3)。巴西的柑橘产量占世界的1/4,牛肉的供应量占世界的1/10以上。

(4)气候概况

巴西主要气候类型为热带雨林气候和热带草原气候,其气候特点是湿热。巴西气候湿润,光合作用强,适宜牧草生长。在稀树草原带,草原坡度缓、成片,且草场维护和土地种植成本低,饲草和土地资源优势明显,人均可用于肉牛养殖的草地、饲草料资源是我国的10余倍,从而为低成本的放牧养殖和牛肉生产提供了土地和物质基础。肉牛养殖主要集中在北部区域和亚马孙生物多样的中西部区域重叠地区,该区域也是最大的热带湿地。东北部生物多样性的热带稀树草原肉牛养殖量也较大。

巴西的气候取决于各个地区的海拔高度和靠近海洋的程度。总体气候炎热潮湿,但是也有一些地区可能相当干燥,甚至偶尔会遭受干旱。许多地区只有雨季和旱季,而不是四季。巴西拥有亚马孙雨林,是世界自然资源的重要组成部分。南美洲的亚马孙雨林60%面积位于巴西,占地球上热带雨林总面积的50%。它从安第斯山脉低坡延伸到巴西的大西洋海岸,自然资源丰富,物种繁多,生态环境纷繁复杂,生物多样性保存完好,被称为"生物科学家的天堂"。据统计,它是所有已知的1/3动物物种栖息地。热带雨林通过光合作用,不断地吸收二氧化碳,向大气中补充氧气。据估计,亚马孙热带雨林所产生的氧气,至少可占到地球氧气供给量的20%以上。巴西具有独特的自然资源优势,如大量的生物资源和广阔的空间发展畜牧业,热带草原面积和热带雨林面积占据了巴西60%以上土地面积。巴西的农业(与世界其他国家一样)出现了一些问题,其中由于人们乱砍滥伐,这里的热带雨林面积不断缩小,以致引起了国际社会的极大关注。有关卫星观测数据显示,1996—1997年,亚马孙地区农民为开垦耕地和牧场,放火焚烧森林的次数较以前增加了50%以上。虽然许多大火是为了清理旧牧场和一些不太重要的林区,但大约有1/3的大火是用来开垦原始森林的。垦荒是这个地区热带雨林被毁的主要原因之一。砍伐森林是为了给农业区腾出空间,这导致温室气体排放,并大大减少了可供世界使用的氧气量。它还减少了许多动植物的自然栖息地,对物种多样性产生了毁灭性的影响。巴西政府已采取了一系列措施来保护这里的热带雨林。

(5)水资源情况

尽管巴西幅员辽阔,但气候总体变化不大。赤道穿过巴西北部,与亚马孙河相邻。由于地处赤道,海拔低,巴西绝大部分国土面积属于热带,热带气候的一个特点就是雨水丰富。亚马孙河流经巴西,它孕育了大量的物种。巴西还有世界上最大的原始森林,里面的物种更是丰富和多样。巴西的这一系列因素使它成为世界上水资源丰富和生物多样性的国家。在更远的南方,气温变得稍微温和一些。在最南端的里约热内卢州,气候较为温和,季节气候模式与美国南部相似。除东北部半干旱地区外,巴西雨量总体充沛。从图2-3-1可见,北部地区水资源和土地面积最多,分别达到了68%和45%;东南部地区人口数量多,可是水资源匮乏。亚马孙河流入大西洋的水量比其他任何河流流入大西洋的水量都要多。这条河在该国境内蜿蜒超过3 200 km,拥有世界上约1/5的淡水。河最窄的地方有1.6 km,在雨季最宽的地方约有48 km。尽管由于巴西特有的地理位置和气候特征使得其拥有全球12%的淡水资源，但由于缺乏合理的规划和投资以及人口增长、气候变化、水资源管理制度不完善健全等原因，也使得巴西人越来越受到水资源缺乏的威胁。巴西有 250 个城市面临着水枯竭的问题，也就是如果水库中没有水，供水系统将会出现崩溃。世界水资源理事会预计，2033 年前巴西需要投资 3 000 亿雷亚尔来解决水短缺问题，或者至少要在未来 15 年投资 2 000 亿雷亚尔来保证水资源安全。

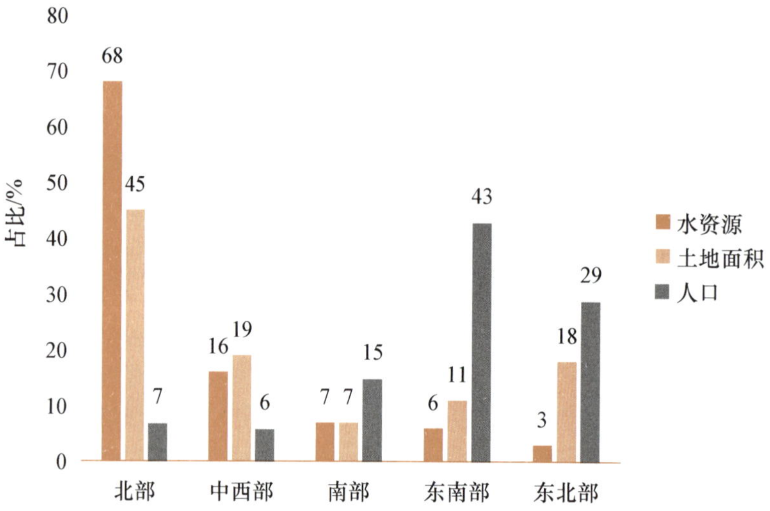

图 2-3-1　巴西水资源 5 大区域分布

来源：Lilian Bechara，2013

(6)牧草生产情况

巴西 90%的牛放牧饲养(Abiec，2013)，所以牧场对巴西肉牛养殖非常重要。牧草面积也是巴西最大的农地面积，全国草地面积为 1.9 亿 hm^2，其中自然草场占 0.74 亿 hm^2，人工草场为 1.16 亿 hm^2，1.0 亿 hm^2 为 *Brachiaria* spp.(臂形草属，Anualpec，2008；2013)，其中 0.5 亿 hm^2 为珊状臂形草(信号草)，也是世界最大的单一草场(图 2-3-2，彩图 2-3-2)。近几十年，天然草场与种植草场变化较大。从 20 世纪 90 年代开始，人工种植草场面积大于天然草场面积(图 2-3-3)。随后因养牛业快速发展，人工草场面积继续增加，天然草场因退化等原因面积也在减少。因此，保护草地资源也是巴西面临的重要问题。从草地资源分布来说，主要还是集中在中西部区域，与肉牛养殖区域基本吻合。

图 2-3-2　巴西种植的主要牧草品种——信号草(*Brachiaria brizantha*)

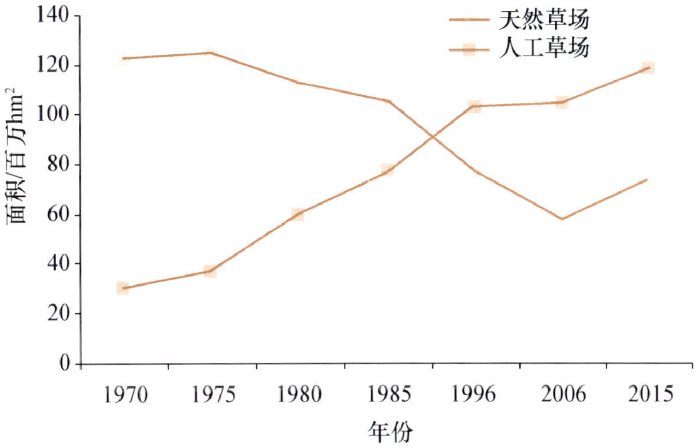

图 2-3-3 巴西草场变化

(7)种植业、养殖业情况

巴西土地肥沃,气候湿润,是世界农业生产成本最低的国家之一。在过去 20～25 年,巴西农业是焦点,是全球的粮食生产大国和出口国。巴西糖、咖啡、橙汁生产和出口居世界排名第 1,大豆种植和出口世界第 2,玉米是世界第 3,棉花世界第 4,可可豆世界第 6;它还是烟草最大的生产国。因具有粮食饲料优势,禽肉出口也是世界第 1;巴西农业生产面积占国土面积的 33%(FAO,2012)。因牧场优势,收割、运输、储存、饲养等成本相对较低,养殖业对粮食依赖性低,因此巴西牛肉生产成本低,也是其国际市场上的竞争优势。过去 5～10 年,因肥料、劳动力和机械等成本增加,生产成本有所上升。仅牛肉工业能给国家产生 500 亿美元的收入和 750 万的就业人口。如 2011 年,养殖业占农业产值的 30.4%,占 GDP 的 6.73%(Cepea, 2011)。

2. 巴西肉牛产业发展概况

巴西是世界牛肉生产量、出口量最多的国家,而且生产成本低。2016 年,巴西国民生产总值是 1.79 万亿美元,人均收入达 10 826 美元,农牧贸易占巴西国民生产总值的比重达到 27.87%。农用地面积为 3.88 亿 hm^2,可耕地面积 2.5 亿 hm^2,已耕地面积约 0.5 亿 hm^2,草地面积 2.25 亿 hm^2,人均草场面积 1.203 hm^2。2018 年草场面积为 1.62 亿 hm^2,肉牛存栏数量 2.14 亿头,每公顷载畜量为 1.32 头,单位面积肉牛饲养量增加。巴西近 10 年的肉牛产值占 GDP 比重 7.5%以上,2013 年较低也达 7.5%,2018 年肉牛产业产值达到了最高为 8.7%(图 2-3-4)。

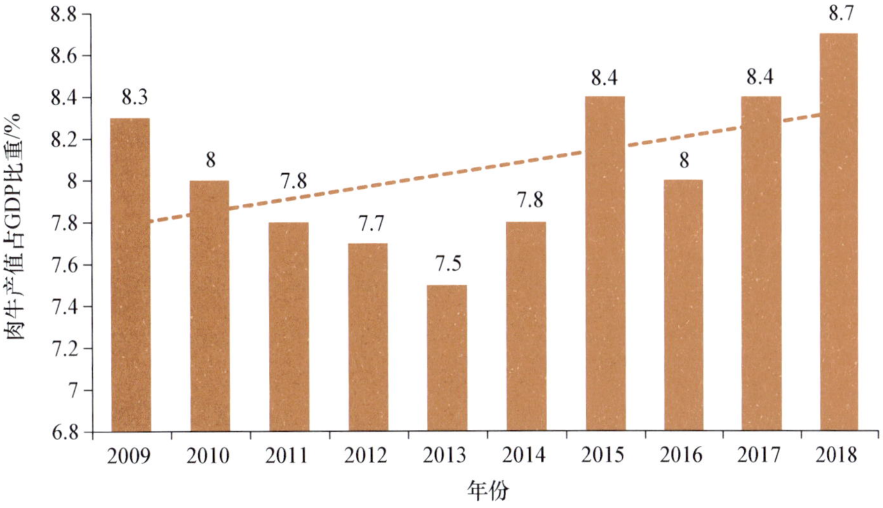

图 2-3-4 2009—2018 年肉牛产值占 GDP 的比例

来源:Athenagro, Abiec, Secex, IBGE, Cepea, BNDES

巴西是全球牛肉主要供应国之一，而且牛肉产量持续攀升。2016 年出口牛肉 185 万 t，2017 年 130 万 t，到 2018 年牛肉出口量达 220.5 万 t，占巴西牛肉年产量的 20.12%，世界牛肉出口第 1 名。受亚洲（主要是中国内地和香港）需求增加的推动，2019 年牛肉出口预计将有 5%的增长幅度。另外埃及和智利正迅速成为巴西牛肉的主要出口市场。这四个国家和地区总计占巴西牛肉出口总量的 70%以上。这些市场的增长帮助抵消了俄罗斯市场的损失。从表 2-3-2 可以得出，2018 年巴西牛肉总产量仅次于美国，但是出口量位居世界第 1，澳大利亚和美国牛肉出口量分别列第 2 和第 3 位。

表 2-3-2

2018 年世界牛肉出口统计(胴体重)

国家	总产量/万 t	出口/万 t	出口占比/%
巴西	1 095.90	220.52	20.12
澳大利亚	225.98	153.52	67.94
美国	1 225.29	132.99	10.85
印度	291.56	118.96	40.80
芬兰	38.91	62.18	159.80
爱尔兰	53.12	60.77	114.41
波兰	39.62	58.93	148.75
新西兰	67.78	56.94	84.01
阿根廷	292.10	54.09	18.52
加拿大	123.97	45.3	36.54
德国	114.59	44.13	38.51
其他	3 572.23	319.99	8.96
世界	7 141.03	1 328.32	18.60

Source：FAO，USDA，Athenagro

从近 10 年牛业发展统计数据来看，巴西肉牛存栏量也保持在 2 亿头以上，2016 年存栏量最高达到了 2.18 亿头，2018 年存栏也有 2.14 亿头（表 2-3-3）。牛肉产量也基本保持增长态势。除了部分出口外，大多数牛肉供应本国国内消费，消费占总产量 80%以上，可见巴西不仅仅是牛肉生产大国，也是名副其实的牛肉消费大国。巴西人均消费量居世界第 2 位，仅次于阿根廷，达到人均 39 kg 以上，2018 年更是达到了 42 kg/人。可见本国需求是巴西牛肉市场的主要动力。

表 2-3-3

2009—2018 年巴西牛存栏量、牛肉贸易和消费统计

年份	2009	2010	2011	2012	2013	2014	2015	2016	2017	2018
牛数量/亿头	2.053	2.095	2.128	2.113	2.118	2.124	2.152	2.182	2.149	2.147
肉产量/万 t	918	936.5	910.2	970.4	1 022.7	1 012.3	969.7	914.2	1 029.3	1 095.9
出口/万 t	176	170.2	149.5	168.5	200.7	205.8	183.9	182.5	196.8	219.5
进口/万 t	4.1	4.1	4.5	6.0	5.7	7.7	5.9	6.4	5.7	4.7
消费/万 t	745.4	770.4	765.2	807.9	827.7	814.3	791.7	738.1	838.2	881.2
人均消费/(kg/年)	39	39	39	41	41	40	39	36	40	42

来源：Athenagro，Ministry of Economy，Secex，IBGE

(二)肉牛养殖业发展情况

1. 巴西肉牛品种及存栏量

(1)肉牛存栏量及历年变化

因巴西独特的地理气候资源优势,巴西肉牛养殖业近半个世纪在飞速发展,肉牛存栏数量近半个世纪持续增加。从 1974 年的低于 1 亿头到 2018 年存栏量超过了 2 亿头,存栏数量翻一番(图 2-3-5)。尤其是在 2005 年之前,肉牛养殖规模一直保持高增长态势。2005 年之后,增长速度放缓。2018 年存栏量仅次于印度,居世界第 2。但是随着资源利用趋于饱和以及温室效应、对热带雨林保护的要求等,肉牛存栏量增长速率也在降低。但是据有关专家预估,巴西肉牛的生产潜力仍然巨大。

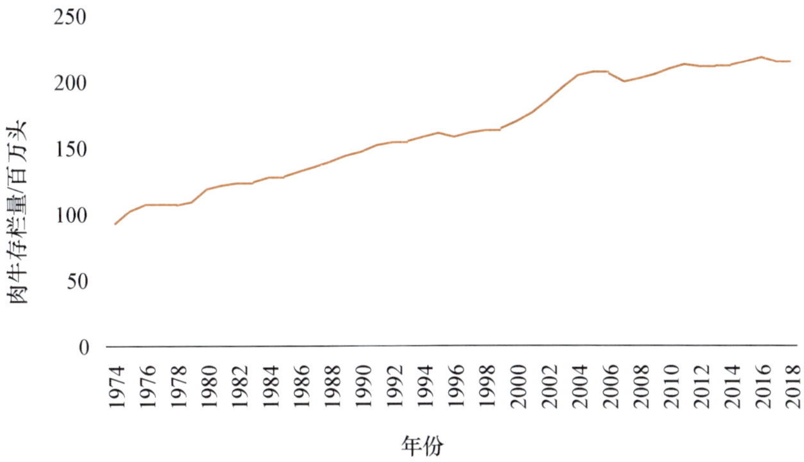

图 2-3-5 巴西历年来肉牛存栏量

来源:IBGE, MAPA, Athenagro

(2)肉牛存栏在世界上的地位

从巴西肉牛发展报告数据来看(表 2-3-4),2018 年牛存栏量在 2.32 亿头(美国农业部数据,包括水牛、其他牛等),估计 2019 年将达到 2.38 亿头。巴西国内公布数据显示肉牛存栏量也在 2.14 亿头。牛肉总产量占全世界牛肉产量的 15.30%。新生犊牛数量也保持在 5 000 万头左右,为可持续发展提供数量巨大的牛源。从表 2-3-4 来看,几乎每一个国家牛的存栏量都在增加。2018 年我国肉牛保有量在 9 429.8 万头,居印度、巴西和美国之后。从世界牛数量占比来说,巴西占比 13%;印度占比达 18.1%,水牛占几乎 2/5;中国占比 6.3%(包括水牛在内);美国占比达 5.7%(表 2-3-5)。

表 2-3-4

2015—2019 年世界牛存栏量统计 万头

年份	2015	2016	2017	2018	2019(4 月预估)
存栏总量					
印度	30 110.0	30 260.0	30 360.0	30 500.0	30 640.0
巴西	21 303.5	21 918.0	22 604.5	23 235.0	23 815.8
美国	8 914.3	9 191.8	9 370.5	9 429.8	9 476.0
中国	9 007.3	9 055.8	8 834.5	9 038.7	9 000.0

续表 2-3-4

年份	2015	2016	2017	2018	2019(4 月预估)
存栏总量					
欧盟	8 840.6	9 815.2	9 815.2	8 881.9	8 750.8
阿根廷	5 154.5	5 256.5	5 351.5	5 371.5	5 381.5
俄罗斯	1 915.2	1 887.9	1 863.8	1 858.5	1 843.4
墨西哥	1 712.0	1 661.5	1 649.0	1 658.4	1 669.9
土耳其	1 434.5	1 412.8	1 422.2	1 450.0	1 515.0
乌拉圭	1 205.3	1 201.6	1 186.4	1 174.4	1 150.0
其他	4 418.5	4 374.6	4 398.1	4 420.3	4 429.8
总计	96 925.9	97 877.0	98 452.8	99 636.1	100 272.2
新生牛数量					
印度	6 700.0	6 750.0	6 820.0	6 870.0	6 900.0
巴西	4 822.0	4 825.0	4 873.5	4 950.0	5 049.0
美国	3 408.7	3 509.3	3 575.8	3 640.3	3 650.0
中国	4 966.0	4 889.0	4 880.0	4 750.0	4 710.0
欧盟	2 990.0	3 010.0	2 955.0	2 808.0	2 880.0
阿根廷	1 420.0	1 400.0	1 420.0	1 470.0	1 440.0
澳大利亚	934.0	660.0	970.0	910.0	870.0
墨西哥	685.0	710.0	748.5	770.0	790.0
俄罗斯	662.0	660.0	657.2	656.4	655.0
新西兰	504.0	506.0	472.8	505.0	476.5
加拿大	419.8	427.2	435.8	429.7	432.5
其他	1 368.6	1 372.7	1 419.2	1 409.2	1 408.6
总计	28 885.5	28 719.2	29 227.8	29 268.6	29 261.6

来源:Livestock and Poultry: World Markets and Trade,USDA,2019.04.09

表 2-3-5

2018 年不同国家牛存栏量

百万头

国家	肉牛	水牛	总数	世界占比/%
巴西	214.7	1.4	216.1	13.00
印度	186	114.3	300.3	18.10
美国	94.3	0	94.3	5.70
中国	81.5	23.7	105.2	6.30
埃塞俄比亚	61.5	0	61.5	3.70
阿根廷	53.9	0	53.9	3.30
巴基斯坦	44.8	38	82.9	5.00
墨西哥	32.2	0	32.2	1.90
乍得	27.9	0	27.9	1.70
坦桑尼亚	26.7	0	26.7	1.60
欧盟	89.3	0.4	89.7	5.40
其他	541.4	24.9	566.3	34.20
世界	1 454.20	202.7	1 656.90	100.00

来源:Athenagro, USDA, FAO

(3)肉牛品种及数量

巴西因大部分地区处于热带和亚热带地区,气温高,湿度大,能耐热和抗病能力强的肉牛品种才能适应该环境。因此巴西大多数(80%)牛是耐热瘤牛品种或者具有瘤牛血统(Zebu),另外20%是欧洲普通牛品种(Taurine)。瘤牛主要是以背部隆起和耳朵耷拉为特征。19世纪从印度引入巴西不超过7 000头纯种瘤牛,1962年禁止引入,所以大多数还是葡萄牙和西班牙殖民者引入巴西的。欧洲牛种主要是源于欧洲的赫斯坦、安格斯和海福特牛。瘤牛主要是肉用的内罗尔牛(Nelore)和肉乳兼用的吉尔牛(Gir)。内罗尔抗病能力强,精力旺盛,可以适应恶劣的环境和干旱条件,在恶劣的气候、营养和卫生条件下也能茁壮成长。瘤牛有很多优势。首先是瘤牛的耐热性和抗虫性强。它皮肤松弛,汗腺是欧洲品种的两倍大,数量比欧洲品种多30%,黑色皮肤被白色或浅灰色的皮毛覆盖,有助于过滤和反射有害的太阳光。它的低代谢水平也有助于耐热性,因为皮肤质地致密,吸血昆虫很难穿透,对各种昆虫都有天然的抵抗力。它还拥有发达的皮下肌肉层,这使得它们只需摇动皮毛就能驱散蚊虫。其次是瘤牛的饲料转化率高。它们能有效地将劣质牧草转化为牛肉,对胀气有很强的抵抗力,因此很少发生死亡导致损失。第三是瘤牛繁殖效率强。内罗尔繁殖能力强,具有很强的母性,可为幼畜提供充足的乳汁。内罗尔牛体型较大,骨盆开口较宽,产道较大,容易产犊。同时此品种牛母性也好,它们会不断舔舐新生儿,让其吮吸乳汁,并寻找一个安全的地方来躲避捕食者,非常温顺。因此瘤牛在巴西全国可见,因其良好的抗热应激性能,使其对热带地区湿热环境具有良好的适应性,而且肉品质也很好。内罗尔牛其发达的汗腺和松弛高密度的皮肤,对蚊虫和蜱虫叮咬不敏感;皮下肌层发达,皮肤运动也可有效驱赶蚊虫。同时也适合限位饲养。内罗尔牛、安格斯牛或海福特牛杂交品种在巴西南部也极为常见,它们增重较快。瘤牛肉胆固醇低,相对风味较差。目前选育无角瘤牛相当成功。吉尔牛源于西南印度,体型小(小于400 kg),毛色为斑纹红色,合群,性格温顺,放牧产奶量3 600 kg/305 d。巴西乳用牛以吉尔牛(1/4)和赫斯坦(3/4)杂交牛为主,对热带气候条件适应,产奶量平均可达4 500 kg,少数奶产量可达8 600 kg。欧洲牛主要饲养在巴西南部地区,具有良好的脂肪分布,性早熟,利于种群的扩繁(表2-3-6和图2-3-6)。

表 2-3-6

巴西主要肉牛品种常规性能

肉牛品种	内罗尔	吉尔牛
用途	肉用	乳用
其他用途	役用,极少乳用	肉用
起源	源于印度,后来引进到巴西	印度
体型	中小型	中型,中大型
平均体重	雄性:1 100~1 200 磅 雌性:900~1 000 磅	雄性:1 100~1 400 磅 雌性:800~1 000 磅
体高	雄性:52~56 英寸 雌性:40~47 英寸	52~54 英寸 50~53 英寸
毛色	大部分白色被毛,黑色皮肤	红色,红白色,巧克力色花纹
寿命	12~16 年	12~15 年,性成熟晚
养殖区域	南美,部分其他高温国家	印度多见,巴西流行
角	有角,常在青年时期去角	有些留角,部分去角
性情	母牛母性好,温顺,公牛有攻击性	温和、冷静、温顺,但公牛好斗
适应能力	适应性强,耐粗饲	适应能力强,能适应冷热气候
肉质	良到优	优
体质	耐寒,抗昆虫叮咬和常见的热带疾病,可能有一些疾病包括跛行、肿胀	健康,但会出现一些常见的牛的健康问题包括跛行、肿胀、蹄病等

续表 2-3-6

肉牛品种	内罗尔	吉尔牛
交配季节	没有季节性，性成熟早	没有特定的交配季节，在 36～48 个月成熟，比其他大多数初生牛犊晚
繁殖能力	强	相当好，有时需要人工授精
妊娠期	291 d	287 d
分娩	容易	胎牛小，容易分娩
养殖	非常普遍，巴西 80%以上的牛	多见印度、巴西
饲养草地	1 头/1～2 英亩	1 头/1～2 英亩

来源：https://cattlebreedplus.com/cattle

图 2-3-6　巴西饲养瘤牛品种（左内罗尔牛，右吉尔牛）

来源：https://cattlebreedplus.com/cattle

（4）影响因素

巴西气候适宜牧草生长，且草场维护和土地种植成本都比较低，饲草和土地资源丰富，人均可利用于肉牛养殖的草地、饲草料资源是我国的 10 余倍。从而为低成本的肉牛放牧养殖提供了土地和物质基础。草地围栏放牧规模一般为 100 头/栏，设有补饲槽和自动饮水设备。但是随着养牛业的大量发展和森林砍伐，草场退化和环境因素成为影响巴西牛业发展的主要因素。几乎 1/3(29%)的巴西牛群在亚马孙生态群落区，放牧量大。农场主养殖牛品种主要是内罗尔牛，草地很少施肥，管理也差，导致草场退化和土地肥力下降。据估计，40%的草场出现中度或者严重的退化。2000 年后载畜量增长率下降。另外，在大亚马孙区域，60%的草场是采伐林地。该地区养殖数量持续增加，但是保护热带雨林环境压力也非常突出。从表 2-3-7 和图 2-3-7 中看出毁林速率在下降，但是牛的饲养量还一直在增加。可见社会逐渐意识到环境保护特别是亚马孙热带雨林地区的保护的重要性。从牛肉的需求来讲，需要大量的优良草场养殖更多的牛，因此科学技术的应用、集约化模式的开展逐渐得到了推广和应用。而且低成本规范屠宰、精细分割和副产物高度利用也成了巴西养牛业发展的一大特色。与我国相比，巴西肉牛屠宰企业设施规范、管理先进、生产效率高，车间规模不是很大，但屠宰量大。能够进行标准化、规范化生产。因此，巴西单头肉牛的屠宰成本比我国低。巴西规范化肉牛屠宰企业的月屠宰能力约为 290 万头，以 JBS 公司为首的四大公司屠宰量就占了全国总屠宰量的 33%，产业集中度很高。

市场因素也是非常重要的影响因素。近年来，巴西战略性拓展世界牛肉市场，政府制定强有力的融资支持政策，促使肉牛产业开始投入各类技术提高肉牛生产效率，投身于肉牛生产的农场主不断增加，屠宰加工厂数量逐步减少的同时，屠宰加工规模、效率和质量越来越高，在世界牛肉市场的竞争力越来越强。

表 2-3-7
亚马孙地区每年毁林面积

km^2

年份	2000	2001	2002	2003	2004	2005	2006	2007	2008	2009	2010	2011
阿克里州	547	419	883	1 078	728	592	398	184	254	167	259	271
亚马孙州	612	634	885	1 558	1 232	775	788	610	604	405	595	526
阿马帕州	0	7	0	25	46	33	30	39	100	70	53	51
马拉尼昂州	1 065	958	1 085	993	755	922	674	631	1 271	828	712	365
马托格罗索州	6 369	7 703	7 892	10 405	11 814	7 145	4 333	2 678	3 258	1 049	871	1 126
帕拉州	6 671	5 237	7 510	7 145	8 870	5 899	5 659	5 526	5 607	4 281	3 770	2 870
朗多尼亚州	2 465	2 673	3 099	3 597	3 858	3 244	2 049	1 611	1 136	482	435	869
罗赖马州	253	345	84	439	311	133	231	309	574	121	256	120
托坎廷斯州	244	189	212	156	158	271	124	63	107	61	49	40
亚马孙地区	18 226	18 165	21 651	25 396	27 772	19 014	14 286	11 651	12 911	7 464	7 000	6 238

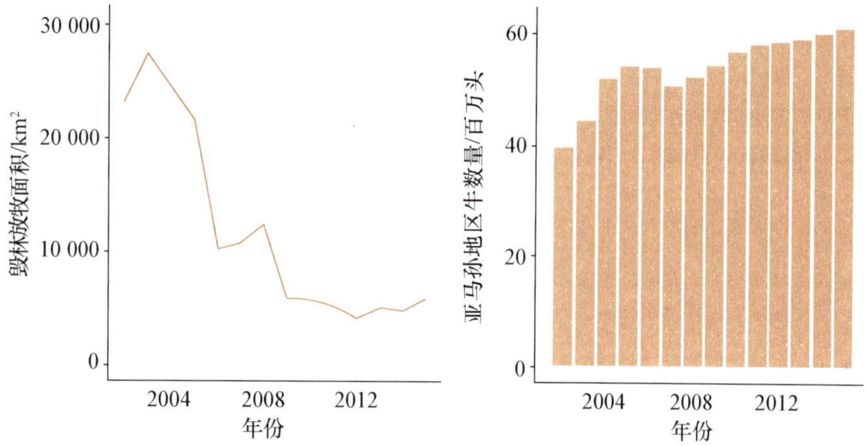

图 2-3-7 毁林面积和肉牛养殖数量

来源：Erasmus K. H. J. zu Ermgassen 等，2018

牛种改良也是需要考虑的因素。杂交牛养殖进度还是比较缓慢，主要是杂交牛对热带环境气候的适应性差，特别是容易遭受体外寄生虫侵袭导致生产效率降低。用于杂交的欧洲牛主要是安格斯和红安格斯、西门塔尔、夏洛莱、海福特、利木赞和瑞士褐牛等。

2. 巴西肉牛产品产量及历年变化

当然巴西牛业发展也得益于巴西科技水平的提高，如种草研究、品种改良、营养研究等相关技术的开发利用。所以不仅牛饲养数量增加，牛的产肉性能也在提高。巴西牛肉产量从 2015 年后连续呈现增长，预计 2019 年巴西牛肉生产量会增加到 1 020 万 t（表 2-3-8）。巴西牛肉产出量居美国之后，排第二位。2018 年美国全年生产 1 225.3 万 t 牛肉，巴西生产了 990 万 t，接着是欧盟和中国排第三和第四名。

表 2-3-8
2015—2019 年世界牛肉生产（胴体重）

万 t

国家或地区	2015 年	2016 年	2017 年	2018 年	2019 年（4 月预估）
美国	1 081.7	1 150.7	1 194.3	1 225.3	1 244.0
巴西	942.5	928.4	955.0	990.0	1 020.0
欧盟	768.4	788.0	786.9	803.0	782.0

续表 2-3-8

国家或地区	2015 年	2016 年	2017 年	2018 年	2019 年(4 月预估)
中国	616.9	616.9	634.6	644.0	434.0
印度	410.0	420.0	425.0	430.0	434.0
阿根廷	272.0	265.0	284.0	305.0	302.5
澳大利亚	254.7	212.5	214.9	230.6	220.0
墨西哥	185.0	187.9	192.5	198.0	203.0
巴基斯坦	171.0	175.0	178.0	180.0	182.0
土耳其	142.3	148.4	139.9	140.0	140.0
俄罗斯	135.5	133.5	129.6	133.6	134.2
其他	937.9	936.9	930.4	939.8	940.1
总计	5 917.9	5 965.9	6 065.1	6 219.3	6 259.3

说明：印度数据包括水牛。
来源：Livestock and Poultry：World Markets and Trade，USDA，2019.04.09

3. 养殖区域、规模结构及其变化

巴西气候湿润，光合作用强，适宜牧草生长，在稀树草原带，草原坡度缓且连成片。草场维护和土地种植成本低，饲草和土地资源丰富，人均可利用于肉牛养殖的草地、饲草料资源多，从而为低成本的肉牛放牧提供了土地和物质基础。当然因地理位置和气候条件差异等，导致肉牛养殖区域分布不同，尤其是北部和中西部养殖量快速增加；南部、东南部和东北部数量基本保持稳定(图 2-3-8)。而且大多数集中在巴西中西部肉牛养殖带。巴西肉牛 1996 年养殖量为 1.58 亿头，到 2016 年达到了 1.67 亿头，因草原使用从 1996 年 1.84 hm^2 下降到 1.67 hm^2，因此载畜量从 0.86 头/ hm^2 增加到1.31 头/hm^2。从巴西草场每头动物的草场面积变化也能看出，养殖密度在不断地增加(图 2-3-9)。最大的牧场在中西部马托格罗索州、南马托格罗索州和戈亚斯州，占巴西产牛的 29.8%(Anualpec，2011)。

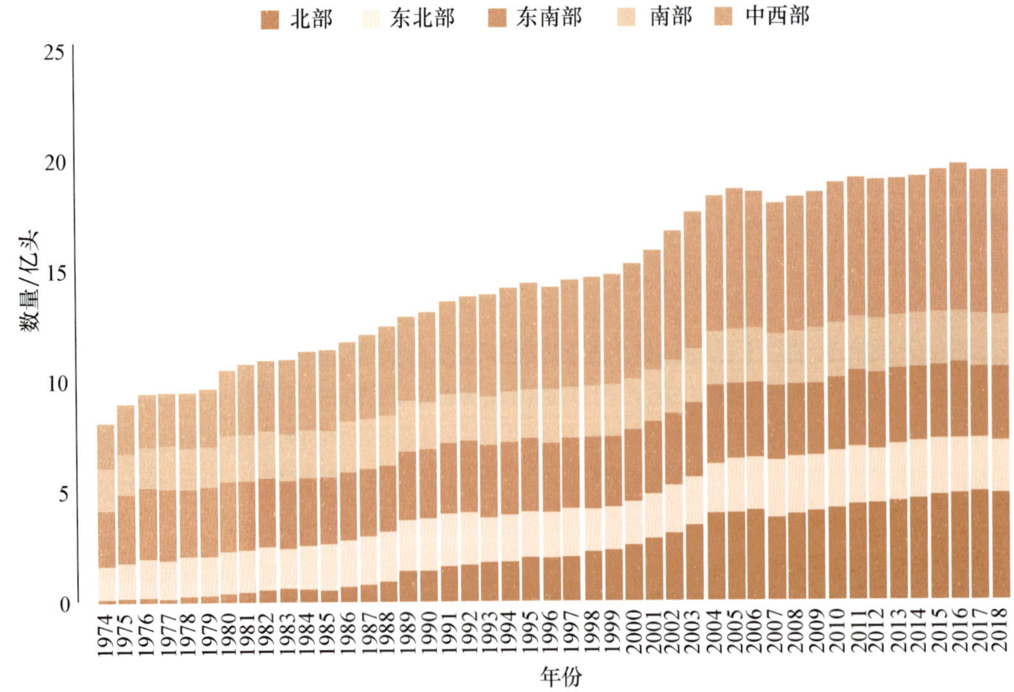

图 2-3-8　历年来巴西不同地域肉牛养殖数量

来源：IBGE，Athenagro

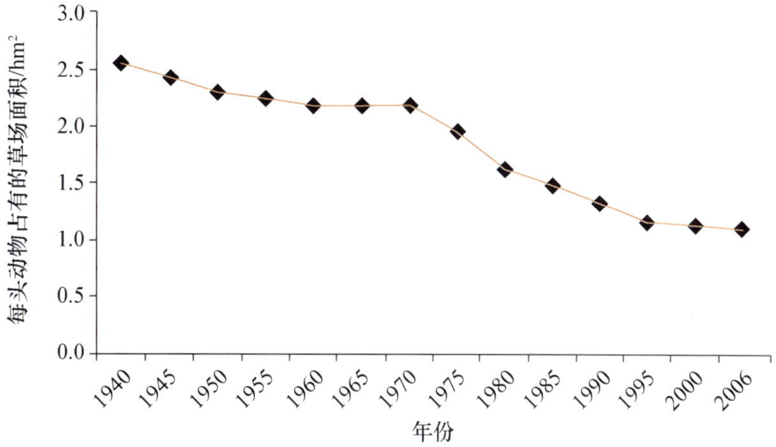

图 2-3-9 每头家畜养殖所占有的草场面积

来源：Carlos G. S. Pedreira 等，2015

巴西肉牛养殖模式主要以放牧养殖为主，集中育肥为辅。饲养规模也可分为 3 种模式，有放牧型的每年出栏小于 500 头的小企业和年出栏小于 1 000 头的中型养殖企业，也有饲料饲草结合年出栏超过4 000头的大型企业实体。放牧养殖克服了舍饲养母牛高成本的问题，因基础母牛群大，架子牛来源充足，品种相对固定。但由于其大多数没有经过强度育肥，加上出栏年龄偏大(31 个月以上)，牛肉以中低档为主，高等级牛肉较少。集中育肥一般在每年的冬季，此时雨水相对较少，牧草质量不高，为了保证出栏牛的膘情而采用短期(3 个月)集中育肥，一般采用电围栏方式，没有牛棚或牛舍，中间有活动高地。巴西肉牛在放牧补饲和集中育肥中注重利用丰富的农副产物。集中肥育虽然饲养成本高于放牧，但集中肥育的比例低(2%)，肉牛屠宰加工企业参股养殖场，分摊了集中肥育资金压力。

圈养场的发展也是一种发展趋势。随着圈养场容量的增加，土地和粗饲料价格的增长，浓缩料的使用越来越普遍。大多饲养在圈养场的是小公牛(83.6 日龄)。在 1991 年，圈养场饲养 78.5 万头。到 90 年代末，达到 155.5 万头，而 2012 年达到 387 万头，20 年增长了 5 倍。

养牛中心从东南地区边界向马托格罗索地区直线移动。按地区划分，1978 年，全国约有 20%的牲畜分布在南方，33%分布在东南部，23%分布在中部西部，5%分布在北部；2008 年的情况完全不同：南部 14%，东南部 19%，中西部 34%，北部 19%。显示北部和中西部地区所占份额增加，南部和东南部显著下降。

粗放饲养管理虽然成本低，但弊端也明显，不容易控制出栏时间，到了出栏淡季(5—11 月)，往往因牛肉价格上升等影响国内牛肉市场的稳定。为此，在 20 世纪 80 年代初，圣保罗等州开发用甘蔗渣等农产品加工副产物进行集中育肥的高效育肥模式。到了 20 世纪 90 年代，该模式将 170 d 的育肥时间缩短到了 80 d，一个淡季可以出栏 2 次。之后集中育肥饲养管理方式得到进一步完善，形成了大型屠宰场和部分投资者在几个月之前事先预测牛肉市场供需，参照肉牛育肥场或牧场进行适度规模集中育肥的模式。

集中育肥在巴西分围栏育肥、半围栏育肥和冬季牧草育肥三种模式。

围栏育肥：就是用铁丝网、电围栏、栅栏等围成一定面积的格栅，在高度管理之下，使用饲槽饲喂高蛋白、高能量的饲料进行大群体的育肥。该育肥模式在北美、澳大利亚、欧洲都有使用，在巴西特别是在冬季(5—11 月)宰前的 90～120 d 内使用，育肥期间日增重 1.2～1.8 kg。

半围栏育肥：是对放牧中可以育肥出栏的牛群加配饲槽，饲喂高能、高蛋白饲料的育肥，比围栏育肥方式成本低，更能节约饲养管理费。但育肥期间的日增重仅为 0.6～0.8 kg，育肥时间较长。

冬季牧草育肥：巴西南部的冬季平均气温约为 16℃，来自南方的寒流有时会造成霜害，一般牧草不能正常生长。因此，该地区采取在放牧地播种抗寒性强的牧草(裸麦、豆科植物)的方式作为冬季育肥牛的高蛋白原料。该技术在围栏育肥技术成熟之前便广为应用，育肥期间的日增重为 0.6～0.8 kg，与半围栏育肥效果一样。

自然繁殖条件下的生产周期较长。生产周期是决定肉牛生产效率的关键点之一。巴西肉牛的繁殖方式是自然繁殖，牛 3 岁时怀孕，4 岁分娩。生产周期是美国的 2 倍多，这也是与美国相比，巴西肉牛存栏规模与牛肉产量不成比例的原因之一。

4. 牛肉产品价格及其变化情况

巴西基础母牛群大，架子牛来源充足，品种相对固定，但由于大多数没有经过集中育肥，加上出栏年龄偏大，牛肉以中低档为主，高等级牛肉较少。从 2009 年到 2018 年数据看（图 2-3-10），普遍牛肉售价在 16.61 元/kg 到 38.76 元/kg 间波动，2014 年前价格在 27 元/kg，2014 年出现肉价高峰达 38.76 元/kg，随后价格回落。2017 年价格又出现小高峰，随后在 25 元/kg 到 32 元/kg 间波动。气候也是重要影响因素，如 2013 年 12 月至 2014 年 2 月雨季雨水少，导致牧草长势差，屠宰上市的牛也减少。

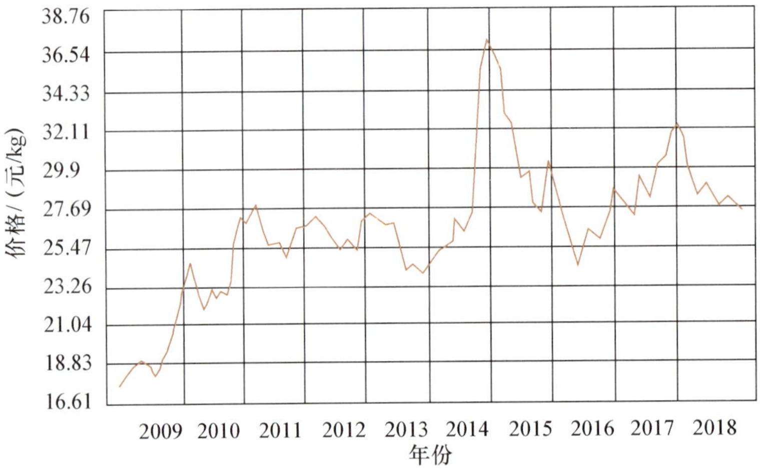

图 2-3-10 巴西牛肉价格

来源：indexmundi. com

5. 养殖成本和效益

围栏育肥的收益受架子牛价格、育肥成本和育肥牛销售价格三要素的影响。另外，由于巴西土地辽阔，影响牛和饲料运输成本的道路交通状况也是重要因素。巴西的集中育肥方式多种多样，各牧场都会根据所处的环境和各自的条件，如架子牛和土地的价格、牛肉市场价格和育肥场到饲料原料产地的距离、饲料单价等进行选择。虽然近几年巴西货币雷亚尔升值以及逐项费用有所提高，但巴西依然靠其廉价的草地资源和得天独厚的气候条件，以其超低的生产成本影响着世界的牛肉市场。

据巴西围栏育肥协会（ASSOCON）的数据显示，2009 年围栏育肥牛每增重 1 kg 的生产成本是 5.0 雷亚尔，其中 80%以上是饲料费，因此饲料原料价格强烈影响牧场收益。常规放牧育肥方式，2009 年生产成本是 2.6 雷亚尔，其中主要是牧场运营管理费和土地税，因而草地的维持管理和草地价格是影响放牧育肥方式的主要因素。总体来看，巴西肉牛生产成本比澳大利亚低 60%，比美国低 50%。平均屠宰年龄在 4 岁，屠宰率 21%，而美国平均为 2 岁和 37%（Dyck and Nelson，2003）。

巴西普通围栏育肥场 1 头牛收益大概在 2 300 元左右。例如 2010 年 1 月以 1 120 雷亚尔购入 320 kg 的架子牛（21 月龄，单价 3.5 雷亚尔/kg），投入 900 雷亚尔育肥到 500 kg（增重 180 kg，每增重 1 kg 成本为 5 雷亚尔），以 2 650 雷亚尔出售后（体重 500 kg，售价 5.3 雷亚尔/kg）的收益为 630 雷亚尔（售价 2 650 雷亚尔，育肥成本 900 雷亚尔，架子牛价 1 120 雷亚尔），约合 2 394 元人民币。巴西育肥场养牛的比例，预测 2019 年增加 10%，原因是较低价格的饲料以及对更高牛价的预期。2018 年，育肥场养牛约 350 万头，较 2017 年略有增加，主要是因为玉米产量下降、饲料成本上升，而屠宰牛的平均价格仅高出

2%，这为养殖者提供了有限的刺激。

从表2-3-9至表2-3-11来看，集约化养殖肉牛也是趋势。从养牛全周期成本核算来看，加强型育肥方式饲养成本和肥料添加剂等费用较高，粗放式是饲养成本低，但是人工和折旧费用占比最大，全周期来看加强型方式生产成本更低；从育种成本来看，加强型育种方式繁殖成本也有所增加，繁育总成本粗放式最低；从育肥成本核算来说，加强型育肥生产成本更低。总体来说，从全周期和育肥角度来说，集约化、技术含量高的牧场成本相对较低，收益更大。但是在育种环节，集约化模式成本反而在增加。

表2-3-9

2018年农场全周期生产费用

雷亚尔/15 kg

全周期组成	粗放式	低技术	中等技术	较高	高技术	加强
饲养	15.4	18.4	22.90	36.66	40.38	46.40
卫生	3.06	3.75	4.07	3.95	4.14	3.79
肥料、添加物	0.0	4.96	19.77	20.86	25.39	23.93
农药	0.0	6.47	3.79	2.74	1.44	0.80
燃料和动力	13.37	8.04	7.34	6.73	6.53	6.03
繁殖	0.0	1.10	3.96	7.67	8.06	7.24
人工	22.56	20.10	14.85	11.02	9.28	7.26
维修	18.56	8.91	6.24	6.11	5.41	4.16
管理	2.26	2.01	1.48	1.10	0.93	0.73
电力	0.67	0.40	0.37	0.34	0.33	0.30
折旧	51.91	29.01	21.11	12.07	9.08	6.40
总计	128.55	102.89	105.86	109.25	110.96	107.03

表2-3-10

2018年育种成本

雷亚尔/15 kg

全周期组成	粗放式	低技术	中等技术	较高	高技术	加强
饲养	10.7	11.88	32.71	43.34	59.40	71.85
卫生	3.16	3.66	4.44	4.68	4.94	4.92
肥料、添加物	0.0	4.19	13.27	15.03	20.46	21.27
农药	0.0	5.78	3.77	2.97	1.57	0.96
燃料和动力	10.31	6.9	7.19	6.92	7.17	7.26
繁殖	0.0	2.01	6.52	12.29	12.18	12.19
人工	17.11	20.14	14.77	11.95	10.70	9.49
维修	14.6	8.23	6.2	5.99	5.24	4.48
管理	1.71	2.01	1.48	1.19	1.07	0.95
电力	0.52	0.35	0.36	0.35	0.36	0.36
折旧	44.76	22.92	13.81	11.74	9.37	7.77
总计	102.87	88.06	104.52	116.44	132.46	141.49

表 2-3-11
2018 年饲养育肥生产成本

雷亚尔/15 kg

全周期组成	粗放式	低技术	中等技术	较高	高技术	加强
饲养	6.37	12.93	18.54	23.49	28.10	30.46
卫生	1.51	2.02	2.12	1.56	1.55	1.55
化肥添加物	0.0	3.16	8.20	8.49	11.86	11.15
农药	0.0	4.37	1.97	1.35	0.71	0.39
燃料和润滑剂	7.35	5.56	4.44	3.34	3.33	3.12
置换	67.10	67.10	67.10	67.10	67.10	67.10
人工	9.39	8.5	4.52	3.35	3.13	2.52
维修	10.24	5.72	3.09	2.40	2.06	1.73
管理	0.94	0.89	0.45	0.34	0.31	0.25
电力	0.37	0.28	0.22	0.17	0.17	0.16
折旧	32.24	20.63	11.10	4.87	3.10	2.35
总计	135.49	131.51	121.76	116.46	121.42	120.96

6. 主要养殖企业、协会组织概况

随着巴西肉牛产业的发展，企业发展壮大也是必然趋势，而且成立了多种协会组织，参与到产业的各个环节中。下面介绍巴西部分企业、协会组织。

巴西家畜出口协会(ABEG)是由巴西最大的 4 个家畜出口公司联合创立，覆盖巴西出口市场的 97%。他们主要促进国家畜产品贸易，促销巴西畜产品，并且对反对出口、提出征收出口关税等意见进行反驳和整合资源，提高生产效率。他们主要聚集出口领域相关资源，维护权益和阐明立场，协助政府提供参考和适当补贴，必要时候还代表出口商。另外还推广课程、科研、辩论和讲座等。促进与联邦、州和市政府对接信息的理解，与相关协会保持技术、经济和社会交流。制定出口牲畜在运输过程中寻求动物福利的保证方案，制定出口牲畜向国际市场的质量保证方案。

巴西牛肉出口协会(ABIEC)成立于 1979 年，从注重牛肉出口业绩，捍卫自己的特殊利益，到后来在国际贸易法规、卫生要求和开放市场等领域成为行业的主要代表。ABIEC 的成立是该行业和巴西经济的一个里程碑，因为该机构向其成员发声，并促进与各国政府、国际组织的合作。除了维护会员的利益，从企业那里促进专业和社会的技术发展，ABIEC 还通过技术委员会与州和联邦政府合作实施卫生项目(公共卫生和动物卫生)。2017 年，巴西出口额达到约 63 亿美元，增长了十倍多。

松田集团公司(MATSUDA Group Company)是巴西国内大型的集肉牛育肥、屠宰、种牛和牧草培育与生产、矿物饲料添加剂研发与生产、远程教育与技术服务于一体的大型肉牛生产集团，也是巴西国内最大和国际上占有重要地位的热带牧草种子繁育和供应商，矿物质饲料添加剂年产量达 5 万 t，占巴西市场的近 1/3。

巴西婆罗门牛协会是由巴西婆罗门牛育种、养殖者为主体成立的巴西的婆罗门牛协会，也是婆罗门牛国际协会(the Brazilian Brahman Breeders Association and the World Brahman Federation)，婆罗门牛生产性能好、抗逆性强，已成为热带、亚热带地区主要肉牛品种，也是巴西国内的主要肉牛品种之一。

巴西瘤牛(也称驼峰牛或者肩峰牛)养殖协会(Associacao Brasiletra dos Criadores de Zebu)，作为巴西农业部的授权机构，对全国范围内牛群实行谱系登记及品种优化改良。巴西牛群的 80%具瘤牛血统，包括婆罗门、内罗尔、吉尔、巴西印度牛等。

此外，巴西有大学研究机构，对肉牛产业提供技术支持和保障。如建于 1892 年的圣保罗大学路易

斯—德凯农学院(Luiz De Queiroz College of Agriculture,University of Sao Paulo),已有109年的悠久历史,是巴西及拉美地区最大的农学院。该院动物科学系主要从事畜禽遗传育种、动物营养等方面的研究,建有规模大、设施齐全的实验场。圣保罗州动物研究所(Instituto De Zootecnia of Sao Paulo),始建于1905年,在巴西享有盛誉。州政府每年固定拨款约1.4亿元(人民币)。主要从事动物生理、动物育种分子标记筛选、牧草培育、与企业联合的应用研究等。此外,巴西还通过举办国际肉类产业链博览会,提升其畜牧业的快速发展。

(三)肉牛产品加工业发展情况

1. 巴西肉牛产品产量及在世界上的地位

在牧场见到的主要为内罗尔(NELORE)和其他品种瘤牛,而在博览会上还有巴西印度牛、无角内罗尔、辛迪牛、塔巴普昂牛等。

巴西利用广袤的草地实施粗放型放牧养牛,牛肉产量世界排名第2,牛肉出口量世界排名第1。巴西是全球主要牛肉供应国之一,2012年牛肉出口额超过50亿美元。由于2010年以来发生了两例疯牛病,特别是在2012年发现一例非典型病例后,导致秘鲁、日本、中国、南非、韩国、俄罗斯等10余国宣布禁止进口巴西牛肉,因此造成很大经济损失。

巴西是一个内需型的牛肉消费大国,没有法定的牛肉分级标准,只追求摄入量,不考虑口感是否滑嫩与香腻等。虽然过去巴西消费者不太关心肉质,但近年来由于大型超市不断出现,柜台上细嫩、有机、味道鲜美的犊牛肉等品牌牛肉不断涌现,一定程度上引起了消费者的关注。由此,屠宰加工厂开始在屠宰年龄、屠宰工艺和排酸处理上下功夫;城市里的高级餐馆也更加关注牛肉pH、嫩度、冷却时间、解冻时间和保存温度等。

2. 巴西肉牛产品产量的影响因素

2001—2006年,肉牛屠宰量逐年增加,最高达到年屠宰量47.41百万头,随后肉牛屠宰量相对稳定,2016年屠宰量略微降低,2018年屠宰量又处于历史较高位,达44.23百万头(图2-3-11)。21世纪第一个10年中期,由于利润低,许多巴西肉牛养殖者处理掉肉牛并退出了这个行业,此时经历了一个高屠宰量(尤其是母牛)的时期。

图2-3-11 历年来肉牛屠宰量和围栏饲养量

来源:Athenagro,IBGE

2011年第一季度总计屠宰了710万头肉牛,比上年同期增加了0.2%。有意思的是,尽管平均价格同比上涨了35%,为3.48雷亚尔/kg活体重,供应量仍然保持相对稳定。尽管巴西肉牛畜群在增加，但扩充需要比预计更长的时间，高昂的价格预期促使养殖者将更多育肥牛投放市场满足对屠宰量的需求。此外，出口市场仍然不稳定，国内需求能够继续支持价格，从而减少当年中期出口量的下降对市场的影响。巴西具有非常完备的满足肉牛养殖需要的配套设备设施。各种设备设施不仅设计先进，而且非常实用。另外，巴西的肉牛产业服务体系非常完善。有各个品种的专门协会进行肉牛育种，由具有实力的企业进行优秀种牛的培育和扩繁；大型的牧草种子企业、大学和科研单位联合进行牧草新品种的培育与推广，并承担技术推广任务；专门的公司负责肉牛专用饲料添加剂和专用设备生产，肉牛集中育肥和屠宰也均由专业企业进行。肉牛养殖户仅需进行简单的围栏放牧管理，从而实现了肉牛养殖的专业化分工和高效生产。如 MATSUDA 集团，除通过公司加养殖户的方式提供牧草、矿物添加剂等服务外，还通过自身的新闻媒体中心开展远程教育与技术服务。

此外，值得一提的是巴西的装卸牛台和运牛车。巴西土地辽阔，运输距离远、运牛量大，在运牛时都使用标准的运牛车来降低运输应激和防止牛体损伤，还可以防治疾病的传播。装卸牛时，还有与运牛车配套的装卸牛台。装卸简便易行，既省工又安全(图 2-3-12)。

图 2-3-12　巴西肉牛运输车和运输场景

3. 巴西肉牛产品加工企业及组织概况

巴西共有 99 家公司拥有 128 间屠宰厂，2016 年这些屠宰厂屠宰量占国内总量的 93%。71 家屠宰厂受联邦质检部门监管，通常这些企业也拥有国际贸易许可和国内范围经营许可。57 家屠宰厂受地方监管，主要供应当地市场。巴西 3 家最大的牛肉生产企业 JBS，Minerva 和 Marfrig 覆盖了亚马孙流域 70%的市场份额。JBS 和 Minerva 在地区也有屠宰厂(表 2-3-12)。2007—2013 年，巴西政府扶持大型企业发展成为跨国企业，帮助几家公司成为全球的肉类工业领导者，也加速了企业的合并潮。巴西发展银行大力支持这些企业的发展。巴西规范化肉牛屠宰企业的月屠宰能力约为 290 万头。

表 2-3-12

巴西十大屠宰企业和屠宰能力

公司	企业性质	屠宰能力/(头/d)
JBS	股份制	34 240
Minerva	股份制	11 880
Marfrig	股份制	10 000
Mercúrio	私营	2 000
Masterboi	私营	1 700
Vale Grande/Frialto	私营	4 050
Frigol	私营	3 000
Frigon	私营	1 500
Fribal	私营	1 000
Coop. dos	私营	280

来源：Imazon，2017；Ministry of Agriculture，Brazil，2018

如 Matsuda 肉牛屠宰厂及分割车间面积不大，但日均宰牛 900～950 头。分割车间拥有紧凑有序的三条并列分割线，四分体剔骨操作后，骨骼经专有通道运往副产品处理间，制成骨肉粉、宠物饲料原料。所有物料经专用通道传输，彼此隔离，从入门冲洗水靴的设备到屠宰加工中产生的血液、骨骼生产宠物饲料，下脚料也进一步修整、包装和有效利用。与我国相比，巴西肉牛屠宰企业设施规范、管理先进、生产效率高，车间规模不是很大，但屠宰量大，能够进行标准化、规范化生产。巴西肉牛屠宰监控质量体系覆盖率极高(表 2-3-13)。

表 2-3-13
2018 年屠宰监督覆盖

部门	占比/%	数量/百万头
SIF(联邦质检部门)	57.18	25.3
SIE(州质检部门)	15.33	6.8
SIM(市质检部门)	5.32	2.4
无	22.17	9.8
总计	100.00	44.23

来源：IBGE，Athenagro

(四)牛肉消费情况

1. 巴西牛肉消费占比及国民消费偏好

巴西国内肉类消费量最高的就是牛肉，消费量年均递增 1.5%。生产的牛肉在本国内消费 80%左右。估计，2019 年国内牛肉消费量将继续上升，达到 800 万 t。大多数市场分析人士预计，经济增长和较低的通胀将导致收入增加，从而推动消费增长。在经历了两年的缓慢经济增长和高失业率之后，动物蛋白行业可能会从这一新趋势中受益。鉴于猪肉和鸡肉的激烈竞争，国内牛肉消费量温和增长。

2. 巴西牛肉消费情况及影响因素

巴西人均牛肉消费量在逐步增加，从 2009 年人均年消费 39 kg，增加到 2018 年 42 kg，仅次于阿根廷人均消费量 53.42 kg。2018 年世界人均牛肉消费量为 9.19 kg。2018 年巴西国内牛肉消费总量在 881.2 万 t 胴体肉，仅次于美国的 1 218.3 万 t，中国消费总量排名第三，达 850.3 万 t，但是人均消费量仅有 6.08 kg，低于世界平均消费水平(表 2-3-14，表 2-3-15)。

表 2-3-14
2015—2019 年世界牛肉和嫩牛肉消费总量(胴体重) 万 t

年份	2015	2016	2017	2018	2019(4 月预估)
美国	1 127.5	1 167.6	1 205.2	1 217.9	1 232.3
中国	680.8	693.8	731.3	791.0	824.0
巴西	778.1	765.2	775.0	786.5	803.5
欧盟	774.2	789.9	783.8	804.9	782.5
印度	229.4	243.6	240.1	274.4	264.0
阿根廷	253.4	243.4	254.7	254.4	244.5
墨西哥	179.7	180.9	184.1	187.2	190.5
俄罗斯	196.7	184.5	180.0	180.5	182.7
巴基斯坦	163.6	168.5	172.2	174.1	176.1
土耳其	145.5	149.5	142.4	149.6	145.8
日本	118.6	121.5	127.8	132.3	136.0
其他	1 082.0	1 084.0	1 071.3	1 073.0	1 092.9
总计	5 729.5	5 791.8	5 867.9	6 025.8	6 074.8

说明：印度数据包括水牛。
来源：Livestock and Poultry：World Markets and Trade，USDA，2019.04.09

表 2-3-15

2018 年世界牛肉消费情况

国家或地区	牛肉消费总量/万 t	年人均牛肉消费量/kg	人口/百万
美国	1 218.38	37.12	328.2
巴西	881.16	42.12	209.2
中国内地	850.30	6.08	1 399.0
阿根廷	238.11	53.42	44.6
墨西哥	186.75	14.97	124.7
俄罗斯	184.76	12.90	143.3
巴基斯坦	177.43	8.82	201.2
法国	153.46	23.54	65.2
埃及	146.40	15.51	94.4
印度	139.68	1.04	1 344.0
日本	126.97	10.08	126.0
英国	115.12	17.31	66.5
意大利	113.74	18.72	60.8
德国	109.65	13.17	83.2
土耳其	106.53	13.06	81.6
南非	102.54	17.76	57.7
加拿大	102.32	27.58	37.1
越南	93.61	9.90	94.6
韩国	84.44	16.34	51.7
乌兹别克斯坦	81.77	25.47	32.1
哥伦比亚	73.30	14.71	49.8
印度尼西亚	69.51	2.62	265.3
澳大利亚	66.97	26.82	25.0
西班牙	57.13	12.37	46.2
哈萨克斯坦	48.68	26.33	18.5
尼日利亚	48.60	2.51	193.9
智利	47.59	25.61	18.6
中国香港	22.93	30.65	7.5
阿联酋	9.02	8.65	10.4
乌拉圭	8.26	23.57	3.5
其他	1 202.36	5.45	2 273
世界	6 867.47	9.19	7 469.6

来源：FAO，USDA，FMI，Athenagro

影响巴西牛肉消费的因素：

● 居民的消费水平。这一点是影响牛肉消费水平的重要因素，当今社会，人们越来越注重饮食的健康，对肉类的需求也就很高，比如逐渐偏向瘦肉多、脂肪少、营养价值高的牛肉。消费水平越高的人群，牛肉的消费量也越高。

- 相对的价格水平。牛肉的价格要高于猪肉且远远地超过禽肉，从近几年来看牛肉消费水平降低，可能的原因是人们购买了价格相对较低的替代品。
- 消费者的态度和偏好。由于宗教习惯和饮食习惯的不同，消费者对牛肉的偏好程度也不同。
- 牛肉质量安全与品质。

3. 巴西牛肉营销企业及组织概况

大中型企业参与到牛肉物流贸易，加强了牛肉产业链的完整性。如巴西JBS食品公司，全球有140个生产设施和超过120 000员工，是世界上最大的牛肉制品有限公司，公司制造以全球化、多元化、低成本的生产平台为基础的多种产品，该公司是国际企业的领导者，JBS在巴西、意大利、澳大利亚、美国、中国和俄罗斯等国都设有生产和加工工厂。JBS是最大的牛肉生产和出口公司，与澳大利亚、美国等有业务，拥有每天约90 290头牛的屠宰量。巴西国内牛肉销售渠道主要集中在超市。

牛肉产品营销也对巴西牛肉产品消费起了积极作用。它具有完整的完善的产业链和肉牛产业技术服务体系，这是值得中国肉牛产业发展所借鉴的。自2000年以来，我国市场上的牛肉价格涨了近4倍。按说这么好的行情之下，肉牛养殖的积极性应该很高才是。但现实的情况是，2008—2013年，我国肉牛存栏量从8 900万头减少至6 500万头。这是因为随着城市化进程的发展，越来越多的农村人口，选择进城打工，养殖行业本身就萧条。而养牛业相对于养猪、养禽业相比，投入多，产出少，算经济账很不划算。中国牛肉的生产大幅下滑，从而引起了市场的供不应求，因而进口量也随之升高，这样的状况下给巴西牛肉带来了商机，巴西已取代澳大利亚，成为中国最大的牛肉供应国。中国引领了巴西牛肉贸易的繁荣发展，据报道称，中国内地和中国香港是全球最大的巴西牛肉进口户，对巴西牛肉贸易具有重要的影响。据统计，2017年中国牛肉消费总量达794万t，而进口总量达69.5万t，占总消费量的8.75%。2018年，我国牛肉进口量保持继续增长态势，一季度进口总量达21.2万t，同比增长32.2%。据最新发布的农业农村部中国农业展望专家组《中国农业展望报告(2018—2027)》预计，未来10年我国牛肉进口量将净增76%，年均增速为7.6%。以上数据表明，中国牛肉进口量的提升给巴西牛肉贸易带来了商机。2018年，中国内地进口巴西牛肉销售收入第1(表2-3-16)。

表2-3-16

2018年巴西出口牛肉销售收入

国家和地区	销售收入/万美元	百分比/%
中国内地	148.711 5	22.6
中国香港	143.739 6	21.9
欧盟	72.816 4	11.1
埃及	52.616 5	8.0
智利	46.783 7	7.1
伊朗	32.822 1	5.0
美国	26.630 7	4.1
沙特阿拉伯	15.624 8	2.4
阿联酋	14.304 7	2.2
菲律宾	8.685 6	1.3
其他	94.494 7	14.4
总计	657.230 3	100

来源：Ministry of the Economy, Secex, prepared by Abiec

（五）肉牛产品贸易情况

据报道，2006年巴西牛肉出口250万t，金额40亿美元，在出口数量和金额上成为世界最大牛肉出口国，中国成为巴西牛肉的最大出口地。2016年巴西出口到中国的牛肉是16.5619万t，2017年5月，中国香港地区进口的巴西牛肉总量达到了1.9万t，比4月的进口量上涨了29%，中国内地进口的巴西新鲜牛肉总量达到了1.4万t，进口量比4月高出了19%。

巴西牛肉产量从1961年的137万t涨到2014年的990万t。2003年起，巴西便拥有了世界最大的商业肉牛群，成为世界上最大的牛肉出口国。1961年，巴西牛肉出口仅占其牛肉总产量的2.6%，之后出口比率不断上涨。2002年为13.4%，2006年，巴西牛肉出口250万t，金额40亿美元，在出口数量和金额上均已超过澳大利亚成为世界最大牛肉出口国。2007年达到历史最高的28.2%。随后因为疫病，巴西牛肉出口比例开始下降，2012年降至17%，2014年又回升到20.5%。巴西超过1.8亿头牛养殖在无口蹄疫区域，并且定期免疫。据报道，2017年5月巴西共出口了11.53万t牛肉，比4月的出口量上涨了27%，5月巴西牛肉的出口金额达到4.63亿美元，比4月增长了28%。

巴西农业出口领域一直是巴西经济增长的主要助推器，牛肉的出口更是巴西农产品出口业的支柱之一，2017年巴西牛肉的出口量比2016年增长幅度达到13.4%，这样便促进了巴西国内生产总值的增长。2018年前7个月，巴西牛肉出口增长11.1%，达到35亿美元。根据巴西农业局、农业部、畜牧业和供应部的对外贸易统计数据，牛肉蛋白的销售为84.4万t，比去年同期增长了8.3%。

2018年购买巴西产品最多的地区是中国香港，其交易额为8.79亿美元，比2017年增加了29.1%，共21.2万t牛肉，增长18.1%。中国内地，进口15.8万t牛肉，上升了43.8%，贸易值增加了56.4%，达到7.29亿美元。此外，德国进口了近6 000t牛肉，总额为133 800万美元。7月，肉类和大豆等大宗商品的销售价格上涨了16.5%，成交量增长了21.9%，贸易顺差为42亿美元。巴西牛肉出口量进入21世纪以来快速增加，到2003年就已超过了美国和澳大利亚，目前成为世界上最大的牛肉出口国（表2-3-17）。2004年美国出口量减少，巴西的第一牛肉出口国的地位更加明显。主要是巴西拥有增强牛肉国际竞争力的多方面有利条件，如丰富的可用于饲料生产的土地资源、低廉的劳动力、较低的地租以及较少的政策和法律条文限制等。在过去几年，巴西牛肉出口商在牛肉生产率快速提高和有利的汇率条件下，积极采取有效的市场营销措施开拓国际市场，大幅提升牛肉出口数量。巴西牛肉的主要出口市场是中国、欧盟、埃及等。根据美国农业部预测，巴西由于经济的增长，国内需求以及出口将持续增加。

表2-3-17

2015—2019年世界牛肉出口量

万t

年份	2015	2016	2017	2018	2019（4月预估）
巴西	170.5	169.8	185.6	208.3	221.0
印度	180.6	176.4	184.9	155.6	170.0
澳大利亚	185.4	148.0	148.5	166.2	157.5
美国	102.8	116.0	129.7	143.2	147.6
新西兰	63.9	58.7	59.3	63.3	59.0
阿根廷	18.6	21.6	29.3	50.8	58.0
加拿大	39.7	44.1	46.1	50.2	52.5
乌拉圭	37.2	42.1	43.6	46.6	44.0
欧盟	30.5	34.9	36.9	35.1	36.0
巴拉圭	38.1	38.9	37.8	36.5	35.5
墨西哥	22.8	25.8	28.0	31.0	34.0
其他	65.0	66.0	66.5	68.5	68.4
总计	955.1	942.3	996.2	1 055.3	1 083.5

说明：印度数据包括水牛。
来源：Livestock and Poultry：World Markets and Trade，USDA，2019.04.09

近70%的牛肉出口是冷冻去骨牛肉，其次是新鲜去骨牛肉(12%)和加工牛肉(9%)，其中美国是主要的出口目的地。巴西也是多种牛肉产品的主要的出口国(表2-3-18)。

表2-3-18
2018年不同牛肉产品出口统计

分类	离岸价/万美元	重量/万t
鲜肉	545 816.6	135.36
内脏	38 430.4	14.76
加工肉	58 346.1	10.40
皮	13 314.9	3.49
腌制	1 322.2	0.275 9
总计	657 230.3	164.30

来源：Ministry of the Economy/Secex/Abiec

巴西除了出口牛肉外，每年还有活牛出口到世界各地。世界上出口活牛最多的国家是墨西哥和欧盟地区。巴西2015年出口活牛21.2万头，到2018年达79万头，预估2019年全年，出口的活牛数量在100万头(表2-3-19)。

表2-3-19
2015—2019年部分国家活牛出口量 万头

国家或地区	2015	2016	2017	2018	2019(4月预估)
墨西哥	121.3	113.0	120.3	127.8	135.0
欧盟	81.0	99.7	102.8	110.4	115.0
巴西	21.2	29.3	40.7	79.0	100.0
澳大利亚	133.6	115.4	88.5	115.1	90.0
加拿大	86.0	78.9	66.3	65.0	65.0
美国	7.3	6.9	19.3	23.9	24.5
其他	33.7	43.4	48.2	57.0	43.0
总计	484.1	486.6	486.1	578.2	572.5

说明：数据可能包括其他牛。
来源：Livestock and Poultry：World Markets and Trade，USDA，2019.04.09

巴西牛肉出口目的地和国家也在发生变化(表2-3-20)，但是亚洲和中东地区是他们的目标市场和主要市场。2018年中国香港占巴西总出口的24%，我国内地进口占19.6%。

表2-3-20
巴西牛肉出口量及占比

国家或地区	出口量/t	比例/%
中国香港	394 856	24.0
中国内地	322 415	19.6
埃及	180 812	11.0
欧盟	118 317	7.2
智利	114 959	7.0
伊朗	84 045	5.1
沙特阿拉伯	42 548	2.6
阿联酋	36 821	2.2
美国	32 404	2.0
菲律宾	27 264	1.7
其他	288 602	17.6

来源：Ministry of the Economy，Secex，prepared by Abiec

三、畜牧业生产扶持政策措施

(一)农业生产价格保护与补贴支持政策

1. 建立农产品价格稳定调节机制

巴西生产资助委员会根据畜牧业生产成本制定指导价格，主要用于向农民支付农产品实际最低售价与生产成本之间的差额，但不包含期货类农产品。此外，农民可以与政府签订期权合约，合约规定农民具有自主选择权利，交易仍由农民自主完成，政府仅支付因市场价格波动带来的收益损失。此举既可避免政府额外支付产品储藏费用，同时也有利于农户以此获得客观的收益。但因其具有较强的市场干预能力，巴西政府逐渐削减此类价格保护机制。

2. 运输和运输费用补贴

巴西土地辽阔，运输距离远、量大，人们使用标准的运牛车来降低运输应激和防止牛体损伤，预防疾病的传播。政府为了削弱本地保护主义和促进国内畜牧业商品的流通，会向一部分企业支付运输费用补贴，用来支持企业突破地域限制采购其他地区的农产品。牛肉生产的扩大将主要来自中西部和北部各州。在此之前，为了降低运输成本，大量的包装工人在这些州建造了新的或改造了旧的屠宰场。事实上，在上次全国卡车司机罢工中，牛肉行业受影响最小。运输产品补贴制度于 2002 年推出。它是通过向买家公开拍卖(通常是饲料行业、家禽、牛或猪养殖者)来自某一地区政府缓冲库存的产品来实现的。买方支付政府规定的最低价格，而政府作为一种激励，为了刺激人们从一个地方的公共库存中购买产品，并将其用于供应短缺的特定地区，政府支付的溢价大致相当于最低价格与市场价格之间的差额。因此，通过这一工具，政府补充了有赤字地区的供应，利用其库存，并支付溢价，其中包括到特定地点的运输成本，使购买的产品对买方具有吸引力从而支持了养殖业的发展。

3. 实施“家庭农业”补贴

巴西在反对发达国家对生产者实施高额补贴的同时，根据世贸组织农业协议“特殊及区别对待”条款内容，对本国的“家庭农业”也实行补贴，其中最近一次发放的“家庭农业”补贴是在 1998 年，总额为 4 亿美元。

(二)加大科技投入促进畜牧业发展

巴西过去 40 年农业生产的增长主要是由于生产力的提高，而不是由于面积的扩大。政府在 2000—2010 年期间农业研究投资实现了优先支持政策。在这 10 年间农业研究投入实际增长了 38%，达到 10 亿美元。如在 2006 年，巴西农业研究投入占拉丁美洲和加勒比地区的 27 个国家的 41% (Stads 和 Beintema，2009)。

20 世纪 70 年代，巴西农业研究投入力度逐渐增加(图 2-3-13)。在 2000—2010 年间，政府投资建立了 6 个新的农业研究单位。研究机构分布在全国各地，在 2010 年扩大到 46 个单位。此外，还在人力资源方面进行了大量投资。因此，2000—2010 年期间，研究人员的人数增加了 8%，从 2 045 人增加到 2 215 人。农业研究项目总数也大幅度增加，从 2002 年的 203 个增加到 2010 年的 1 504 个(图 2-3-14)。

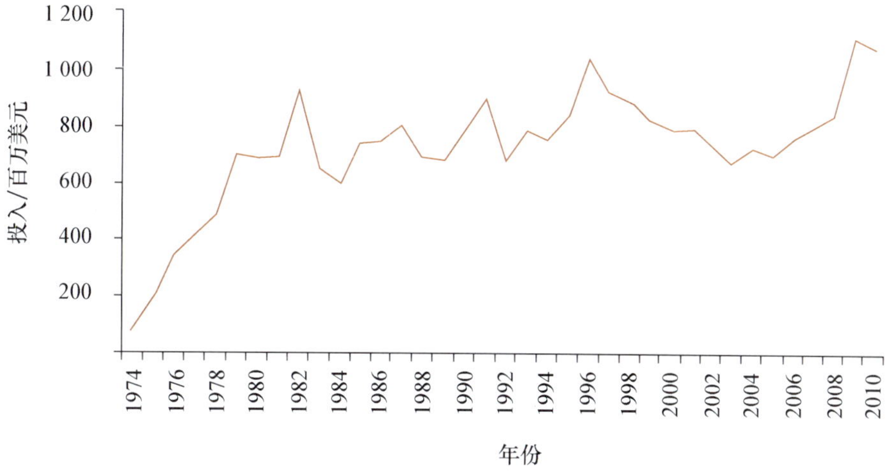

图 2-3-13 1974—2010 年巴西农业研究项目投入

来源:Embropa/DAF

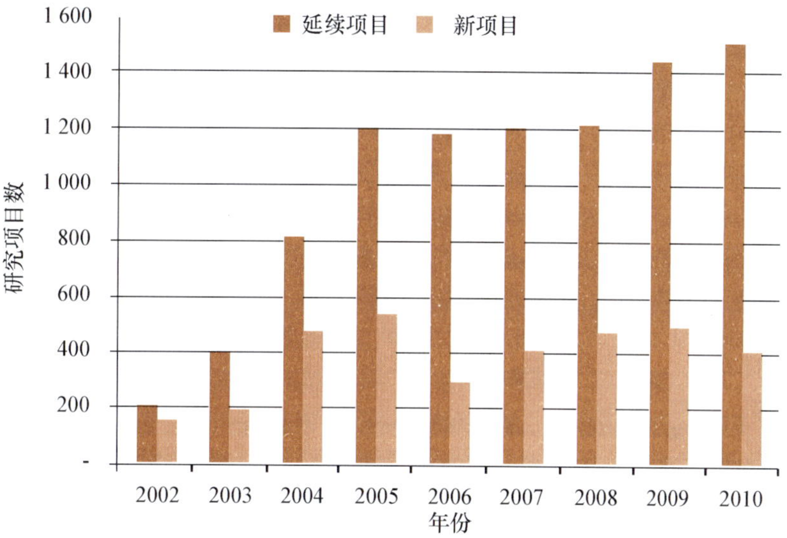

图 2-3-14 2002—2010 年投入的研究项目数

来源:Embrapa

巴西农业、畜牧业和食品供应部、科技创新部门和教育部共同为有机农业和生态农业发展提供资金,建立了 22 个农业科技发展示范项目,其中 5 个设立有技术培训中心,还建立了 90 个农业科技示范园。在大量的农业科研投入下,科技带来的经济效应日益凸显。

巴西的肉牛业高度依赖于草地的承载力和牧草质量,因此政府高度重视相关科技研发、推广和应用。国家和地方分别设立了农牧科学研究院(所、站),大学设有专门从事农牧科学研究的学院。无论科研单位还是大学,都有面积多达数百公顷的实验基地。各级政府高度重视引导产学研结合,设立专门的基金引导大学、科研机构与企业联合开展应用研究。牧草主或企业根据生产、经营中存在的技术难题与有关科研院所和大专院校签订协议,出资进行研究。农场主或企业与研究单位确定研究方案之后,当地政府根据课题研究内容及费用给予一定的资金支持,科研结果直接应用于出资者,迅速转化为生产力,从而实现产学研的有机结合。多年来,巴西成功地增加了杂交育种的使用,进一步提高了巴西牛肉的国际竞争实力。

1975—2007 年巴西牛存栏增速是世界平均增速的 8 倍,牛肉产量增速是世界平均水平的 6 倍,牛肉产量绝对量增加了 57 倍。巴西的牧场载畜量,从 1975 年每公顷草场 0.56 头牛,上升至 2007 年

1.16 头，增幅达 107%，而在同一时期，世界上的牧场载畜量只增加了 8%，从 0.37 头/hm^2 增长至 0.40 头/hm^2。这些成绩的取得都得益于巴西科技水平的提高，如草种研究、品种改良、营养研究等相关技术的开发利用。

（三）完善信贷和保险制度

政府在发展农牧业方面不仅重视以出口为导向的大农牧业，而且重视微、小农业的发展。主要为了解决他们的基本生活问题，解决农村的贫困人口的脱贫问题。正是由于农牧业在巴西经济中的地位和发展中小农牧业对解决贫困和饥饿问题的关注，政府强调对中小农牧业主的投资信贷，建立保险制度保障农业生产。

1. 执行农业信贷政策

巴西政府向小、中、大型农场主分别发放相当于其生产资金 100%、70%和 55%的贷款，并以法律形式规定，商业银行必须将一定比例的农业信贷直接发放到中小农户手中。农业信贷的重点是鼓励扩大农业生产，帮助中小企业增加农产品出口。为此，巴西政府还建立了“出口保障基金”和“提高竞争力基金”，专门为从事农产品出口的企业开拓国际市场融资。2000—2010 年期间，宏观经济环境稳定，依靠市场手段促进经济和农业增长。在此背景下，向肉牛部门提供的农业信贷增长了 398%（或实质增长了 110%），在同一时期，向牧场投资提供的信贷也出现了重要的增长，按实际价值计算为 64%。

巴西银行 2002—2003 生产年度农牧业计划信贷金额为 217 亿雷亚尔，而 2017 年农牧业信贷投入大幅度增长，巴西政府 2017 年 6 月 7 日宣布 2017 年农业信贷总金额达 1 902.5 亿雷亚尔（约合 582 亿美元），以支持 2017—2018 年农业季（2017 年 7 月至 2018 年 6 月）在生产、销售、投资和保险等各环节的开支。巴西政府将继续不遗余力地支持农牧业的发展，为巴西乃至全世界提供粮食安全保障。巴西农业部长马吉介绍说，该计划包括固定利率和商业利率两种信贷，以政府提供一定优惠的固定利率信贷为主。信贷将主要用来帮助农户购买农机、提供物流保障、扩大生产规模和改善种植条件等。

2. 逐渐转变农业贷款方式

2000 年以后，巴西政府对商业银行采取了结构性调整，推出种植-畜牧业一体化项目，推行账款证书和农牧业商业票据业务，促使农业发展过程中政府角色的转变，更多地以社会化形式对农民进行系统的技术培训和贷款扶持，进一步激发农业生产的潜在活力。巴西的农业信贷方式与农业政策改革相适应，即政府对于农业发展由直接干预转变为扶持，贷款来源中商业银行和政府的比例为 9∶1，商业银行吸纳的存款中有 25%左右用于农业贷款，贷款利率下线仅为市场化利率的 1/4。以补贴利率获得的政府资金通过提供资金改善牧场和购买优质种畜，提高了生产力和畜群质量。2018 年 6 月到 2019 年为种植和养殖业设立资金为 120 万美元。在过去的 10 年里，巴西政府投入了大量资源来对抗森林砍伐，包括为可持续农业投资贷款提供补贴利率。2016 年，国家低碳农业计划提供了 4 500 笔贷款，总额约 9.46 亿美元，旨在鼓励农民从事牧场恢复和混合作物、牲畜和林业系统的实施，以及其他更多的“绿色”活动。

3. 实行农业保险制度

农业保险由中央银行独家经营，分备耕、种植、管理、销售四个阶段的投保和“全额保险”“分段保险”两个险种，保险范围以生产成本为上限。农业生产者可依据不同年份、生产条件和农作物，选择相应的保险项目。根据规定，农业生产者在签订保险合同的同时，必须与“巴西农牧业技术推广公司”签订技术服务合同，接受技术指导，以确保农业收成，减少风险。

颁布农业保险制度的根本目的在于消除农业生产者对农产品销售的后顾之忧。农业生产者可根据政府对不同农产品确定的最低保护价，因地制宜地自由选择可种植的农作物。

(四)完善政府投资引导政策与发挥协会优势

巴西已经制定农牧业扶持政策、农牧业信贷政策、鼓励出口政策,增强农产品国际竞争力,实行农产品最低保护价,引进外资投入稀树草原开发,提高集约化和规模化生产能力,加大产业结构升级,发挥农牧行业协会作用,强化政府服务意识及功能,坚持对国外市场进行动态的、系统的调查和评估,根据国际市场需求及时调整农牧业生产结构、出口计划以及在解决农产品国际贸易争端等方面做出很大努力,并取得一定的成效。巴西外交部和外贸部等政府相关部门都设有专门机构研究世贸组织运行规则,充分利用有关规则中对本国有利的条文内容来对付对手,重要的贸易谈判均由上述两部的高官直接出面。

1. 优化税收制度

巴西政府 2001 年 12 月 19 日颁布第 10.332 号法令,明确规定国家今后每年将当年税收总额的 17.5%用于农贸科技项目。巴西是欧盟以外最早开始牛的可追溯性程序的国家之一。颁布了几项规范法令,规定了巴西的牛和水牛的鉴定和认证制度(MAPA, 2004)。采取这一措施是为了加强对动物从生产者到最终消费者的原产地和目的地的控制,有助于减少地下肉类出口,提高出口肉类的质量。可追溯性对于加强巴西出口肉牛生产链具有战略意义。巴西政府与屠宰场合作,牛肉出口商希望统一和规范整个合法的亚马孙地区肉类生产链的环境和社会发展。

2. 政府投资引导

政府政策除了引导农民购买农地外,还影响了农民对农地的利用。农民选择增加生产作物、种植草场和饲养肉牛方面的投资。1970—1980 年期间,对牧场的投资增加了 104%,从 3 000 万 hm^2 扩大到 6 100 万 hm^2。就肉牛而言,政策框架对投资水平的影响近似于农民购买的牲畜数量。1975—1980 年间购买的牛的总数从 920 万头增加到 1 240 万头,增长了 35%。此后 20 年这种趋势继续下去。然而,观测到的膨胀没有以前那么强烈。增长相对较小的原因是该国在 80 年代和 90 年代所面临的经济危机,政策框架发生了变化。在这期间所采取的政策不同,取消建立新农场的税收优惠和大幅度减少提供补贴信贷是造成这两项活动的投资减缓的主要原因。但是其他因素抵消了它们对种植牧场的投资和对购买肉牛的不利影响。这些因素包括:该国中西部和北部地区廉价土地;亚马孙地区牧草生产具有良好的农业生态条件;技术推广使用;牧场建设和管理效率提高;特别是建立在农业综合前沿地区的大中型农户所获得的相对较高的肉牛生产系统内部收益率(约 10%)(Margulis,2003)。此外,在通货膨胀率很高和经济衰退时期,牲畜收入的保障使养牛业成为一种重要的储蓄形式和其他收入投资的安全目的地。

利用牛肉价格、机械化技术以及引进几个热带禾本科新品种(如信号草、天竺草等)等进行刺激性投资。此外,20 世纪 60 年代和 70 年代的扶持政策和经济环境包括若干旨在促进农民投资种植牧场和肉牛养殖的政府项目,如肉牛发展项目(PRODEPE)、国家牧场项目(PRONAP)和国家牲畜发展委员会项目(CONDEPE)。

3. 发挥协会的积极作用

巴西 1969 年成立全国农业合作总社,目前全国约有 4 000 个合作社,其中农牧业合作社约 2 000 个。合作社不以盈利为目的,而是向社员提供产、销及市场信息一条龙服务。社员的农牧产品可自由出售,也可委托合作社出售。合作社一般具有机耕队、运输队和农机厂等服务机构,对社员服务只收成本费,基本上能做到服务到家,随叫随到。合作社一般都有自己的小商品市场,商品有的属社员自产,有的直接从厂家购进,本社社员购物一般低于市价 30% 左右。

巴西设有农业生产者"全国农业联合会",下设专业委员会,各州、市也相应设有农业生产者协会,隶属全国农业联合会领导。联合会的主要职能是收集生产者对农产品贸易的意见和建议,供政府有关部门决策参考;在出现农产品贸易问题时,负责向政府有关部门提出解决措施及建议,并协调农业生产者与政府部门之间的立场；向农户传达政府关于农产品贸易的最新政策。联合会已成为生产经营者与政府之间进行有效沟通的纽带和桥梁，也是向政府转达农业生产者意愿的忠实代表。目前全国拥有3 000多个农业技术推广站，服务人员达2.3万人。

四、肉牛产业科技进展

（一）育种与繁育技术

南美洲原本无牛，所有牛种都由移民带入。1870年由印度导入的瘤牛占现在巴西肉牛的80%，其中的50%以上是瘤牛当中的内罗尔。除此之外，在巴西南部还有内罗尔与欧洲大陆系的杂种以及少量的纯种安格斯、海福特、西门塔尔、利木赞、夏洛莱等。在牧场见到的主要为婆罗门牛和内罗尔。1994年婆罗门牛首次从美国引进，引进后成立了婆罗门牛养殖协会，在协会的组织下，短短16年时间就形成了庞大的养殖规模，品种完全实现了本土化，已成为巴西主要的牛肉品种之一。巴西科学意义上的育种和品种改良始于1962年。现在巴西育种与改良重视的主要性状是早熟性（性成熟和生长性能）、增重速度、繁殖性能和带犊能力，最近又增加了对肉质性状（皮下脂肪、肌间脂肪、肌内脂肪）的选择。巴西肉牛早熟性的选育取得了巨大成功，以往一头母牛5年才能出栏育肥牛的生产周期，现在已经缩短到了2.5年。此外，巴西高度重视体外受精、胚胎移植等快速繁育技术，婆罗门牛、日本和牛等种群之所以能在巴西得以快速扩繁与这些技术的应用密不可分。

关于巴西肉牛的信息工业提供和大量使用的效果，从基因上看，牛、精液和胚胎都是优等品种，对行业产值有重要贡献，可提高生产率。巴西是牛肉产量最高的国家之一，出口到世界各地，因此任何遗传学技术的应用，都会对牛养殖行业产生重大影响。每年人工授精直接收益达3.4亿美元。间接影响要比直接影响更大。增加了收入的同时，不需要开辟新的牧区或者破坏森林，破坏环境。因此巴西也非常重视新技术的开发和使用。2011年人工授精（AI）售出精液1 190万剂，约700万剂肉牛品种和490万奶牛品种。近57%的牛精液是在巴西本土生产的，43%进口。精液销售按品种排序为：内罗尔近330万，阿伯丁安格斯180万，红安格斯57万剂和其他品种。

目前有近300万头公牛可用，这意味着大约需要45万头青年公牛更新。所有的基因评估有优良遗传性能的公牛大约1.5万头/年，不到需求量的3.5%。这意味着，需要更好更大规模的育种计划。部分大型肉牛企业和协会，对巴西肉牛业良性发展有重要帮助和引导作用。

大量的企业、协会和科研院所也对肉牛业养殖、生产技术产生巨大的促进作用。如培育生产性能更好的品种；提高牛肉品质；为推广饲喂营养技术、牧场机械等做大量的工作。

（二）养殖技术

巴西具有非常完备的满足肉牛养殖需要的配套设备设施，各种设备设施不仅设计先进，而且非常实用。另外，巴西的肉牛产业服务体系非常完善。大型的牧草种子企业、大学和科研单位联合进行牧草新品种的培育与推广，并承担技术推广任务，专门的公司负责肉牛专用饲料添加剂和专用设备生产，肉牛集中育肥和屠宰也均由专业企业进行，肉牛养殖户仅需进行简单的围栏放牧管理。从而实现了肉牛养殖的专业化分工和高效生产。如MATSUDA集团，除通过公司加养殖户的方式提供牧草、矿物添加剂等服务外，还通过自身的新闻媒体中心开展远程教育与技术服务。巴西肉牛养殖模式主要以放牧为主，管理较为精细，重视草场改良，实施测土配方施肥，自觉执行围栏放牧和以草定畜，不仅有效避免了草场退化，还实现了粪尿的自然消纳，避免环境污染。草地围栏放牧规模一般为100头/栏，设有补饲槽和自动饮水设备。

巴西大草原的发展涉及大量技术的产生和使用，这些技术使其成为世界上最大的谷物和牛肉产区之一。开发的技术最初侧重于土壤和植物，包括牧场，然后是农场动物，主要是牛肉和奶牛。其中，EMBRAPA 和其他国家研究机构开发的最重要技术涉及土壤肥力改良、生物固氮、新品种和杂交种、免耕制度和综合农畜制度。经过综合技术的发展，使肉牛业盈利水平得到大幅度提升。如图 2-3-15 巴西公犊育肥超过 36 个月的比例逐年下降，到 2018 年只有 5.6%的育肥公犊超过 36 个月。

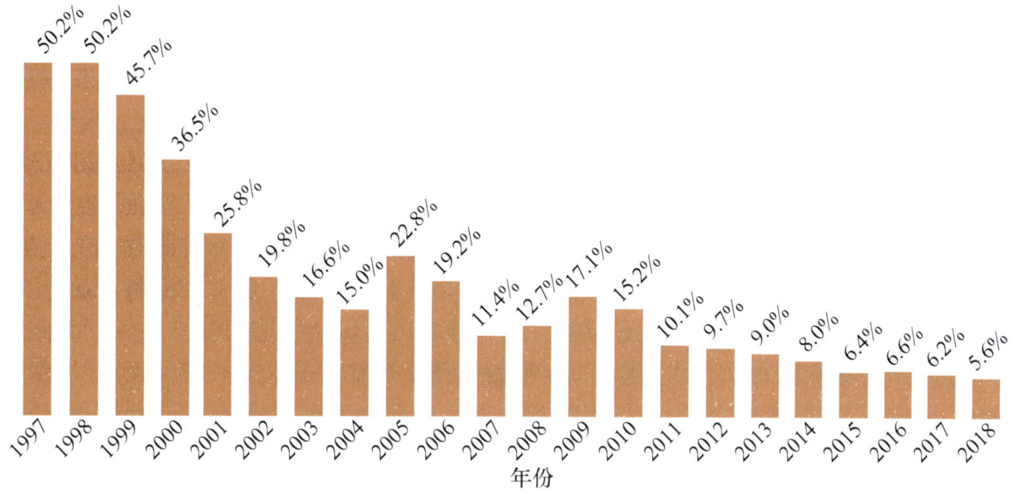

图 2-3-15 1997—2018 年巴西公犊育肥超过 36 个月占总头数的比例

（三）疫病防控技术

巴西政府也非常重视牛疫病防控。巴西有 2 亿多头牛，每年 30%需要转运，导致疾病传播风险也相对大。政府和企业共同研制了标准的运牛车来降低运输应激和防止牛体损伤，并防止疾病的传播。同时，政府在牛病控制方面做了大量工作如兽医注册和农场注册信息化建设，应用 GIS 技术通过地图直观地预警牛发病信息和状态，在控制口蹄疫方面起到重要的作用，也建立了牛结核病、肝片吸虫等传染性疾病监控系统。

据估计，巴西每年因牛体内和体外寄生虫造成的经济损失至少为 139.6 亿美元（Grisi，Laerte；2014）。巴西政府对这些寄生虫的预防处理方法做了大量的研究。

（四）粪污处理技术

在巴西，人为排放的温室气体（GHGs）主要是来自牛的肠内甲烷和牛在牧场上的排泄物一氧化二氮。据估计，农业部门排放的肠内甲烷占 56%，一氧化二氮占 23%（MCTI，2013）。放牧牛排泄 N 总重量取决于饮食的蛋白质含量，但平均值为 40 kg/肉牛和 70 kg/奶牛（政府间气候变化专门委员会 IPCC，2006）。

巴西拥有世界上最大的肉牛群。主要是放牧和低投入，因此屠宰时间长，这增加甲烷每千克产品（CH_4）的排放量。牛肉行业正面临着缓解气候变化的压力，尤其是来自牛产量的压力，这占了巴西温室气体排放总量的 25%，其中包括甲烷（CH_4）、氮氧化物（N_2O）和其他相关气体（Cardoso et al.，2016）。然而，评估生产系统的环境可持续性不应仅仅根据每千克肉类或产品的温室气体量来评估，还应评估其他影响，如水和能源使用（Ridoutt et al.，2014）。此外，要使农业生产系统被认为是可持续的，盈利能力是最重要的。

随着养殖业规模化、集约化的迅速发展，养殖场粪便集中排放造成的环境污染问题日益凸显。牛粪作为生物质资源处理的目的是将其无害化、减量化与资源化，最大限度地满足环境的可接受性及经济上的可行性。随着经济的发展和对环保要求的提高，目前，处理畜禽粪便的方法很多且基本相同，主要有以下几种：

①牛粪生物质资源饲料化利用

牛粪作饲料是将其综合利用的途径之一。由于牛粪各种养分含量丰富，经过适当处理后，可提高蛋白质的消化率和代谢能，同时还可杀死病原菌和改善适口性，可作为饲料来利用。目前将牛粪饲料化的处理方法主要有干燥法、分解法、发酵法等。

②牛粪生物质资源能源化利用

牛粪生物质资源能源化利用方法主要有乙醇化利用、沼气化利用、发电利用。

③牛粪生物质资源肥料化利用

牛粪中有机质丰富，含有较高的 N、P、K 及微量元素，是很好的有机肥原料。牛粪直接还田或经过堆肥发酵过程制成肥料还田后，能起到化肥不可替代的作用，有利于提高土壤的有机质和肥力，改良土壤结构，改善土壤理化环境和微生物环境。主要方法有直接施用、高温好氧堆肥法以及蠕虫堆肥法等。

④牛粪生物质资源利用的其他方法

牛粪生物质资源利用的其他方法有栽培食用菌、制作去污剂等。

五、与我国畜牧业合作情况

（一）中国与巴西政府、科研机构的交流合作

中国与巴西的关系已经成为我国对外贸易中重要的双边关系，而在两国的经贸往来当中，农业合作占据着非常重要的地位。这种重要地位不仅表现为双方农业贸易额的逐年增加以及相互之间的农业投资的增多，还体现在两国日益频繁的农业科技交流以及农业合作机制的不断完善。1991 年 8 月，中国和巴西政府签订了《中华人民共和国政府和巴西联邦共和国政府关于对所得避免双重征税和防止偷漏税的协定》。使中巴企业在对外投资上有了初步保障，中巴双边还签署了《中华人民共和国政府和巴西联邦共和国政府关于动物检疫和动物卫生合作的协定》、科技合作协议、文化教育合作协议、海运协议等。在畜牧业领域两国的合作与交流也日渐频繁，2005 年巴西瘤牛养殖者协会（ABCZ）组织代表团参加我国举办的“第三届中国国际奶业展览会及高层论坛”。除此之外，该组织在中国各地进行了考察访问交流，并与有关机构、国家试验示范基地签订合作协议。2009 年 5 月，两国领导人签署的联合声明中，明确了中巴联合实验室设在中国农科院；巴西农业部农牧业研究所与中国农科院等机构签署有农作物基因材料、生物技术方面的多项交流合作协议。2010 年 6 月，受巴西松田集团和婆罗门牛国际协会邀请，国家肉牛产业技术体系组织的部分岗位专家和综合实验站站长对巴西进行了考察访问，对巴西整个肉牛产业链条有了初步的了解，收获颇丰。2012 年 6 月的《中华人民共和国政府和巴西联邦共和国政府十年合作规划》中，中国农业科学院、中国科学院和中国热带农业科学院与巴西农牧研究院就优质植物、动物种质、生物技术、农业生产技术（养牛、水产品和动物疾病控制）交流信息和开展联合研究；2012 年中国因疯牛病问题禁止进口巴西牛肉，同年巴西政府派遣以副总统和农业部部长为首的农业贸易代表团来中国访问，通过协商决定中国 2013 年末派代表赴巴西考察以解决疯牛病带来的贸易风波。2014 年，两国签署联合声明，中方宣布解除巴西牛肉输华禁令，以恢复双方牛肉贸易，并承诺将加快解决巴宠物食品进口问题。2017 年 3 月，巴西爆出劣质牛肉丑闻，中国、欧盟、韩国、智利已暂停从巴西进口牛肉。

(二)中国和巴西在畜牧业领域可能进一步开展合作的方向、可行性

1. 在品系改良、饲料饲养、疫病控制等方面

肉牛产业的发展离不开良种的发展。在肉牛育种中应高度重视利用本地品种以提高品种适应性，并保持品种的适当多样性。全国性的种牛评比和拍卖是加快种业发展的重要途径，巴西拥有专业的团队和研究机构，长期致力于肉牛的育种及品系的改良，其在肉牛早熟选育，快速扩繁等方面取得了很大成功。在过去10年，巴西肉牛饲养量增殖20%，牛肉的产量增加了30%，可见巴西肉牛业的生产效率也有所提高，其中品种对产量的贡献功不可没。而我国在良种资源、饲料饲养、疫病控制和屠宰等方面有很大的学习空间。因此我们除了必须注重加强与国外的交流和技术合作外，还要加大对科研教学机构的支持、促进产学研结合。巴西在此方面做得很好，他们对大学和科研单位的支持力度非常大，首先都有充足的实验研究场地和设施设备，其次不仅为其提供充足的运转和人员经费，还为其职工提供完善的医疗、教育、养老等社会保障。同时，在人员配备上一般一线科研、教学人员仅占总职工的40%左右，而后勤保障人员占到60%以上。而我国目前在这方面的投入非常有限，无法保证研究人员有稳定可靠的研究设施专心致力于研究产业问题。特别应该解决我国地方品种的保种和选育问题等。2015年两国政府签署的一项议定书规定了预防性出口中断。该文件规定，当对某些动物疾病的表现产生怀疑时，暂停肉类运输。

2. 在配套设备设施、科技体系方面

巴西养殖拥有配套齐全的设备设施，科技服务体系相对完善，这就实现了肉牛养殖的专业化分工和高效生产，在无形中大大降低了生产成本。我国由于缺乏完善的产学研产业链和完善的肉牛产业技术服务体系，所以在产业的应用中落后于巴西。在学习巴西先进经验的同时应建立形成合理分工、配套齐全的肉牛产业科技服务体系；建立促进产学研结合的有效机制，形成完善的研究、推广体系；重视资源的综合利用和环境保护。

3. 在中高端牛肉的发展方面

以前在牛肉消费方面，巴西与我国都不太关注牛肉品质，而注重牛肉量的消费。近几年随着生活水平的提升，大型超市不断出现，柜台上细嫩、有机、味道鲜美的品牌牛肉不断涌现，一定程度上引起了消费者的关注，消费者越来越重视牛肉的品质。在未来的发展中，应加大在肉质改良方面的技术合作，积极研发中高端牛肉，以满足消费者需求。我国养牛历史悠久，肉牛品种资源丰富，但是在肉用方面的发展滞后。我们也可以借鉴巴西牛肉文化产业发展的经验，通过展览、宣传等，让消费者了解肉牛，建立自己的文化特色和品牌。目前我国很多单位已经开始注重肉牛文化的培育，但政府层面的大范围运作亟须加强。

参考文献

[1]曹兵海，万发春，王之盛. 巴西肉牛产业链[J]. 中国畜牧业，2012(6):50-53.

[2]徐娟娟. 巴西肉牛产业的现状及其对我国肉牛产业发展的启示[J]. 农业工程技术(农产品加工业)，2010(9):24-26.

[3]毕玉明. 巴西养牛协会欲与中国业界合作[J]. 农业技术与装备，2009(19):50-52.

[4]Willers C D, Maranduba H L, Neto J A D A, et al. Environmental Impact assessment of a semi-intensive beef cattle production in Brazil's Northeast[J]. International Journal of Life Cycle Assessment, 2016, 22(4):1-9.

[5]Pini T R M, Alencar S A S, Lucas L S, et al. Applicability of technical-economical simulation in beef cattle production in Mato Grosso do Sul, Brazil. [J]. Archivos De Zootecnia, 2014, 63

(241):191-198.

[6]Millen D D, Pacheco R D L, Meyer P M, et al. Current outlook and future perspectives of beef production in Brazil[J]. Animal Frontiers, 2011, 1(1):46-52.

[7]Cardoso A S, Berndt A, Leytem A, et al. Impact of the intensification of beef production in Brazil on greenhouse gas emissions and land use[J]. Agricultural Systems, 2016, 143:86-96.

[8]Mcmanus C, Barcellos J O J, Formenton B K, et al. Dynamics of cattle production in brazil. Plos One, 2016, 11(1), e0147138.

[9]https://news. mongabay. com/2018/11/deforestation-linked-brazilian-beef-still-flowing-into-international-markets-report/

[10]2018 beef report Brazilian livestock profile. brazilianbeef. org. br.

[11]De M S R M, Vicente A F, Peres M G, et al. Brucellosis Prevalence in Brazilian Slaughterhouses with Different Meat Inspection Systems. [J]. Journal of food protection, 2018, 81(7):1073-1078.

[12]Araujo A G D J, Obregón G O, Sampaio G, et al. Relationships between variability in precipitation, river levels, and beef cattle production in the Brazilian Pantanal[J]. Wetlands Ecology & Management, 2018(5):1-20.

[13]Boucher D, Roquemore S, Fitzhugh E. Brazil's Success in Reducing Deforestation[J]. Tropical Conservation Science, 2013, 6(3):426-445.

[14]Felipe P L S, Nicolino R R, Capanema R O, et al. Characterization of cattle transit in the state of Paraná and Santa Catarina, Brazil, 2008[J]. Arquivo Brasileiro De Medicina Veterinária E Zootecnia, 2013, 65(3):659-668.

[15]Bowman M S, Soaresfilho B S, Merry F D, et al. Persistence of cattle ranching in the Brazilian Amazon: A spatial analysis of the rationale for beef production[J]. Land Use Policy, 2012, 29(3):558-568.

[16]Jr C C, Goulart R S, Albertini T Z, et al. Brazilian beef cattle feedlot manure management: a country survey[J]. Journal of Animal Science, 2013, 91(4):1811-1818.

[17]Frasão B da S, Nascimento M R B de M, Costa H C de O, et al. Quantity, Location, and Description of Bruises in Beef Cattle Slaughtered under Sanitary Inspection[J]. Acta Scientiae Veterinari, 2015, 64(24):55-62.

[18]Andrea Cattaneo. Regional Comparative Advantage, Location of Agriculture, and Deforestation in Brazil[J]. Journal of Sustainable Forestry, 2008, 27(1-2):25-42.

[19]Valadares Filho S D C, Chizzotti M L, Paulino P V R. Nutrient requirements of beef cattle in Brazil: challenges[J]. Revista Ceres, 2009:488-495.

[20]https://www. globalmeatnews. com/Article/2019/01/22/Largest-ever-beef-exports-by-volume-for-Brazil

[21]2019 Beef report Brazilian livestock profile. www. abiec. com. br

[22]Climate Smart Cattle Ranching. www. climatefinancelab. org

[23]https://cattlebreedplus. com/cattle

[24]https://www. scawfellgenetics. com/brazilian-beef-industry/

[25]http://abegbrasil. org/ingles/

第四章

阿　根　廷

一、摘　要

阿根廷共和国，简称阿根廷，位于南美洲南部，与智利、玻利维亚、巴拉圭、巴西、乌拉圭等国相接壤，东南面向大西洋。阿根廷是南美洲国家联盟、20国集团成员和拉美第三大经济体，是世界上综合国力较强的发展中国家之一。

阿根廷是世界粮食和肉类重要生产和出口国，素有“世界粮仓和肉库”之称。全国大部分地区土壤肥沃，气候温和，适于农牧业发展。东部和中部的潘帕斯草原是著名的农牧业区。

阿根廷是肉牛产业发达国家，拥有一批世界著名的优良肉牛品种。2018年阿根廷肉牛存栏总数为5 372万头，年肉牛出栏1 470万头，牛肉产量305万t，牛肉国内消费量245万t，牛肉出口量50.8万t，均居世界第6位(美国农业部(USDA))。国内市场人均消费牛肉约60 kg，占人均肉食消费量的一半以上，人均牛肉消费量位居世界前列。

中国和阿根廷双边关系良好，在多领域开展了广泛合作。中国可以在肉牛优良品种培育及牛肉产品进口方面与阿根廷开展深入合作，借助阿根廷优良的肉牛遗传种质资源条件加快中国培育良种肉牛的步伐，满足中国市场对优质牛肉产品的需求。

二、肉牛产业基本情况

(一)肉牛产业发展概况和资源状况

1. 阿根廷的人口

(1)阿根廷人口概况

阿根廷是一个人口多元化的移民国家，历史上从全世界接收了660多万人移民，是仅次于美国的移民大国。

根据人口普查数据，截至2015年末，阿根廷总人口4 313万，比2010年的4 122万增长了约200万人，在世界 195 个国家和地区中排名第 31 位。最新世界银行数据显示，2018 年阿根廷总人口已达到 4 449.5 万。

相比较于阿根廷的国土面积而言，阿根廷的人口密度较低，为每平方千米 14 人。阿根廷人口中的 92%居住在城市，其中占全国近一半的人口居住在 10 个最大的都会区。

大多数阿根廷人为欧洲人后代或欧洲人与当地土著的混血后代，其中 55%以上是意大利裔。人口数位居第 2 的族裔出身是西班牙人，其次是法国和德国移民的后裔。

1816 年，阿根廷宣布从西班牙独立。1869 年进行了第一次全国人口普查，当年人口数仅有 180 万。

从 1960 年开始，阿根廷每 10 年进行一次人口普查。阿根廷国家统计和普查局（INDEC）提供的历次人口普查数据如图 2-4-1 所示。

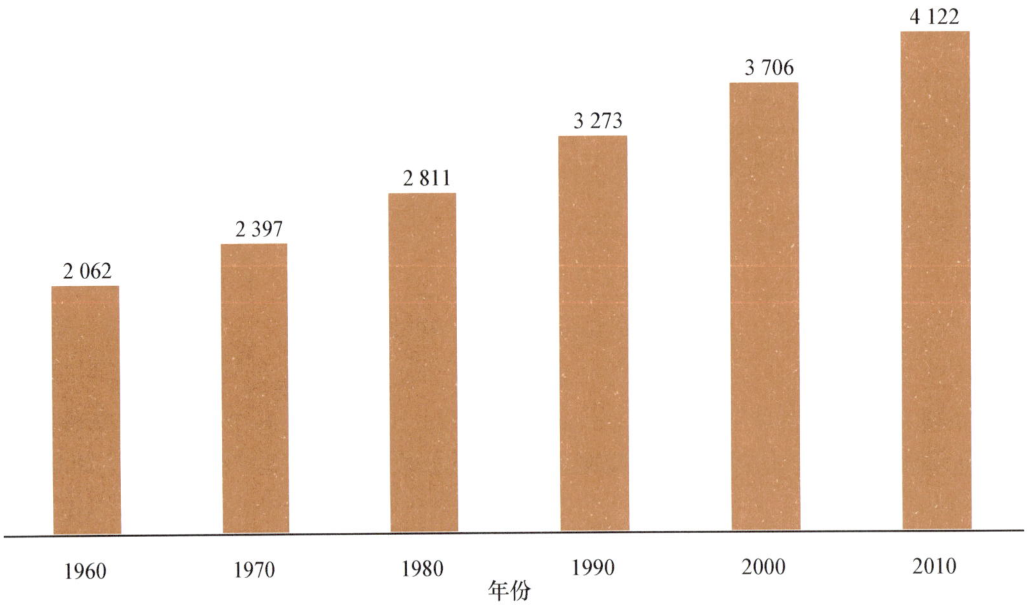

图 2-4-1　阿根廷历年人口/万人

来源：INDEC

从普查数据可见，在过去 50 年间，阿根廷的人口增加了近 1 倍，从 2 000 余万人增加到 4 000 余万人。

阿根廷人口的年增长率在 1960—2017 年间，最高为 17.22‰（1973 年），最低为 9.61‰（2017 年）。从图 2-4-2 可以看到，自 20 世纪 80 年代中期以后，阿根廷的人口自然增长率在持续下降。

（2）阿根廷农业人口及从事畜牧业的人口

根据世界银行数据，1960 年阿根廷的农村人口为 544.1 万，到 2017 年，阿根廷农业人口总数下降至 352.8 万（图 2-4-3）。在阿根廷农村人口中约有一半为畜牧业人口。

通过分析世界银行人口数据可以看出，从 1960 年起的 57 年间，阿根廷农业人口占总人口的比例是持续减少的，从 1960 年的占总人口的 26.39%下降到了 2017 年的 7.97%（图 2-4-4）。

2. 阿根廷国土面积、农用地面积、肉牛业土地资源面积

（1）阿根廷国土面积

阿根廷的国土面积为 278.04 万 km^2，居世界第 8 位。

阿根廷国土南北长 3 694 km，东西宽 1 423 km。陆上边界线长 25 728 km，海岸线长 4 725 km。

阿根廷国土地势由西向东逐渐低平，西部是以绵延起伏、巍峨壮丽的安第斯山为主体的山地，纵贯南北 3 000 余 km，约占国土面积的 30%；中、东部是著名的潘帕斯草原，地势坦荡平展，略向东倾斜，

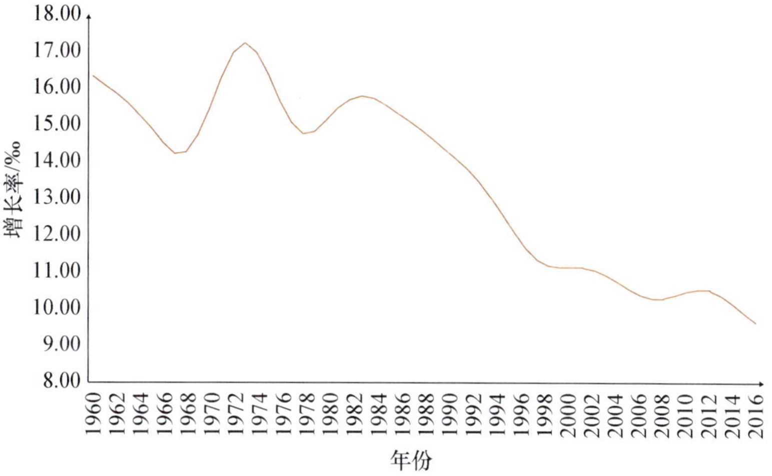

图 2-4-2 阿根廷历年人口增长率

来源:世界银行

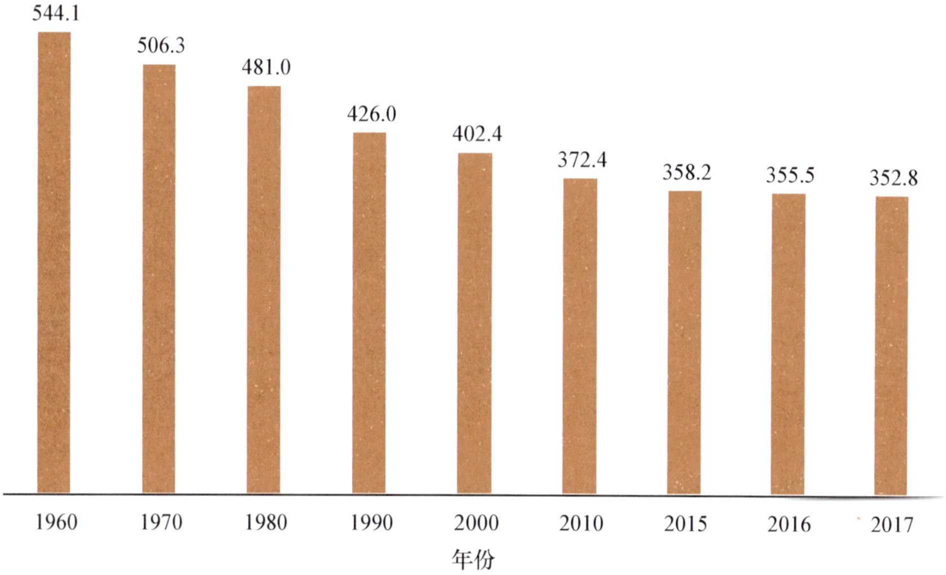

图 2-4-3 1960 年以来阿根廷农村人口/万人

来源:世界银行

是世界著名的农牧区;北部主要是格兰查科平原,多沼泽、森林;南部是巴塔哥尼亚高原,主要山脉为奥霍斯德萨拉多山,森林面积占全国面积 22%。地处门多萨省西北端的阿空加瓜山海拔 6 960 m,为南美洲最高峰。以巴拉那河为源头的拉普拉塔河,全长 5 580 km,是南美第二大河流。

(2)阿根廷农用地面积

阿根廷全国可耕地面积约 9 057 万 hm^2,实际耕作的农牧业用地面积为 2 720 万 hm^2(其中一年生作物用地为 2 500 万 hm^2,多年生作物用地 220 万 hm^2),占国土面积的 9.8%;耕地灌溉面积为 169 万 hm^2,占全部实际耕作面积的 6.8%。人均拥有耕地 0.76 hm^2,每个农业劳动力负担耕地面积为 21 hm^2。

(3)肉牛业土地资源面积

阿根廷可用于畜牧业的土地资源有长期牧场 14 210 万 hm^2,占国土面积的 51.2%。

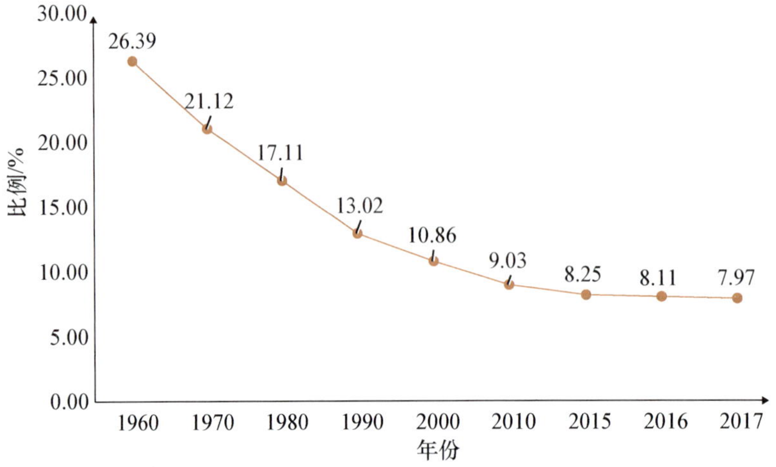

图 2-4-4 阿根廷农村人口占总人口的比例

3. 阿根廷国民生产总值、农业生产总值、畜牧业总产值

(1)国民生产总值

阿根廷综合国力较强,其工业门类较齐全、农牧业发达,是拉美地区居巴西、墨西哥之后的第三大经济体。阿根廷的人类发展指数位居世界前列,人均国内生产总值接近发达国家水平,具有规模巨大的国内市场。

20 世纪初叶,阿根廷曾一度步入世界发达国家行列,经济总量排名世界第 7 位。至 20 世纪中叶,阿根廷经济总量仍居世界第 15 位。之后的 30 多年,阿根廷逐步落入中上收入国家的行列中。20 世纪 80 年代因债务危机导致经济大幅衰退。1991 年起实施新自由主义经济政策,阿根廷经济重新步入增长轨道,1991—1998 年年均增长率达 6%。受东南亚金融危机和巴西金融动荡冲击,阿根廷经济自 1998 年下半年开始滑坡,债务压力剧增,财政与金融崩溃,最终于 2001 年底爆发严重经济危机,导致经济严重受挫,近年来经济发展有所恢复,至 2015 年,阿根廷以美元现价计算的 GDP 恢复到了 5 831.7 亿美元(图 2-4-5)。

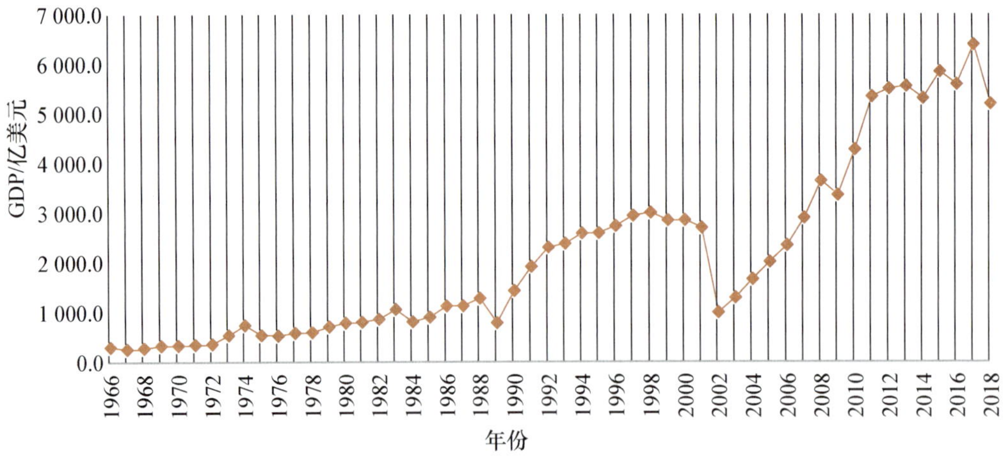

图 2-4-5 自 1966 年以来阿根廷以现价美元计算的 GDP

来源:世界银行

2015 年后,阿根廷经济仍然处于波动状态,GDP2016 年为 5 575.3 亿美元,2017 年为 6 375.9 亿美元,2018 年又降至 5 184.8 亿美元,位居世界第 21 位。

(2)农业生产总值和畜牧业生产总值

2017 年,阿根廷农业生产增加值为 316.3 亿美元(图 2-4-6),占当年 GDP 的 5.6%。阿根廷畜牧业产值约占农业总产值的 40%。

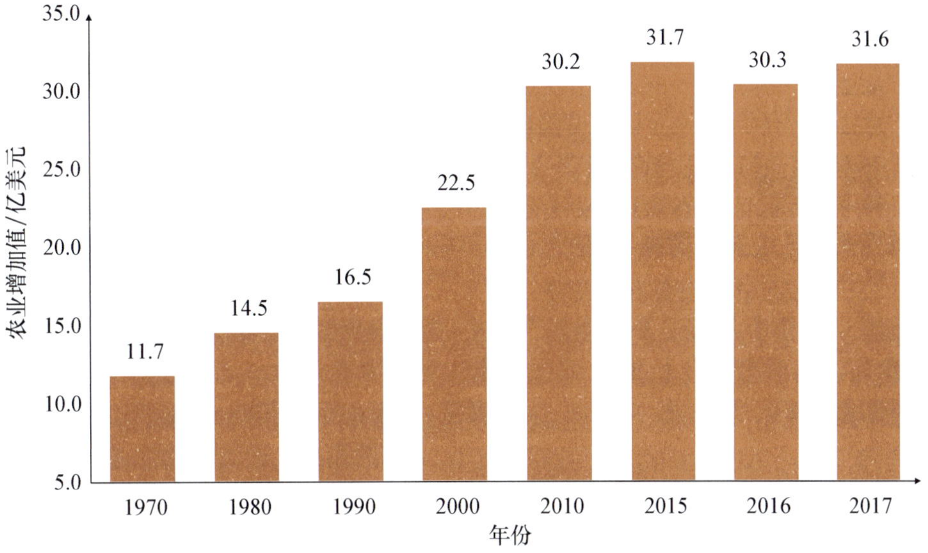

图 2-4-6 1970 年以来阿根廷农业增加值

来源:世界银行

4. 阿根廷居民收入

据世界银行数据显示,2017 年以不变价(2010 年)计算的阿根廷人均 GDP 为 10 398.09 美元,人均国民收入(GNI)10 132.21 美元,位居世界第 53 位。

5. 阿根廷的地理位置、气候环境和饲草料资源状况

阿根廷位于南美洲大陆东南部,东濒大西洋,南与南极洲隔海相望,西邻智利,北与玻利维亚、巴拉圭交界,东北与乌拉圭、巴西接壤。

阿根廷各地气候相差悬殊,大部分属亚热带和温带气候,北热南冷中部温和。其中国土西侧安第斯山脉一带属高山高原气候;东南侧主要是亚热带季风性湿润气候;中部则主要是温带大陆性气候,四季分明,雨热同季;北部平原为热带草原气候。

阿根廷地处南半球,与中国季节相反。阿根廷大部分地区年平均温度在 16~23℃之间,其中北部 24℃,南部 5.5℃。东北部降水丰沛,降水量 1 000 mm 左右,西北部和南部降水量为 250 mm;夏季雨水较多。

阿根廷用于畜牧业的国土总面积 139 万 km^2,其中草原占 42%,森林与山区占 39%,牧场占 19%。但草原的质量不一,其中中部、北部的草原为优秀的天然牧场。

除天然牧场放牧外,阿根廷畜牧业也大面积种植饲料作物和优质牧草,表 2-4-1 显示了阿根廷 1994—2009 年间主要饲料作物的种植面积。

从表 2-4-1 中可以了解到,阿根廷的大豆种植面积从 20 世纪 90 年代中期的 581.7 万 hm^2 迅速增加到 2009 年的 1 900 万 hm^2,15 年间增加了 227%,这主要是由于国际市场(尤其是中国)对豆粕的旺盛需求,导致阿根廷持续扩大了对大豆的种植。同期高粱的播种面积则出现波动起伏,1994 年为 67.0 万 hm^2,2006 年微升至 70.0 万 hm^2,2008/9 年增加到 80.7 万 hm^2,2009 年则又大幅度下降至 61.5 万 hm^2。同一时间段内,玉米种植面积甚至大幅度萎缩了 76%,从 1994 年的 778.1 万 hm^2 下降到 187.5 万 hm^2。

表 2-4-1
阿根廷饲料作物播种面积

万 hm^2

年份	玉米	高粱	大豆
1994	778.1	67.0	581.7
2006	357.0	70.0	1 610.0
2008	246.0	80.7	1 660.0
2009	187.5	61.5	1 900.0

来源：张吉鹍，2012

（二）肉牛养殖业发展情况

1. 阿根廷肉牛品种及存出栏量

（1）肉牛的主要品种

阿根廷养殖肉牛的历史较长，16 世纪西班牙殖民者进入阿根廷潘帕斯草原的过程中，从欧洲带来了肉牛的原始品种。为了提高肉牛生产效率，阿根廷 1823 年从英国引进了一批短角牛，19 世纪末又大量引进了安格斯牛和海福特牛。经过长期自然和人工选择，逐渐培育出了适应当地资源气候条件，生长发育速度快、肉品质优良的肉牛品种。

目前阿根廷的肉牛品种主要是海福特牛、安格斯牛和短角牛等。

海福特牛：英国古老的肉牛品种之一，原产于英格兰岛西部的海福特郡。育种工作在 18 世纪中叶开展，培育过程中注重早熟性和肉的品质，采用近亲繁殖和严格淘汰的方法。目前海福特牛分为英系海岛型和北美型。海岛型体型较小，北美型则体型高大。

海福特牛属于典型的肉用体型，体型深宽，肌肉丰满，头短额宽，颈短而厚，前躯饱满，背腰宽厚，中躯肥满，臀部宽厚，四肢短粗。全身被毛除头部、垂皮、颈脊连鬐甲、腹下、四肢下部及尾尖为白色外，其余均为暗红色或橙黄色。分为有角和无角两种，角蜡黄色或白色。适应性好，抗旱耐寒耐热。成年公牛体重 900～1 100 kg，母牛 520～620 kg，日增重超过 1 000 g，肥育后屠宰率可达 67%，最高 70%，净肉率 60%。

安格斯牛：英国古老的肉牛品种之一，原产于苏格兰北部的阿伯丁、金卡丁和安格斯郡，是美国、加拿大、英国、阿根廷和新西兰等国的主要牛种，现在世界上大多数养牛国家都饲养该品种。安格斯牛育种工作从 18 世纪末开展，育种过程中曾用短角牛、爱尔夏牛以及盖洛威牛等进行杂交，肉用性状选育上主要着重于屠宰率、肉质、饲料利用率、早熟性和犊牛成活率等方面。

安格斯牛体型较小，被毛多为全黑色，光亮，少数个体腹下、脐部和乳房有白斑。头小而方正，无角，颈中等长，背腰平直，腰荐丰满，体躯深广呈圆筒状，四肢短而端正，具有典型的肉牛特征。该品种也有红色个体，目前已被培育成红色安格斯牛品种。安格斯牛早熟易配，产犊间隔短，连产性好，极少难产。抗病能力强，耐寒，但抗热性能差。公牛体重 700～750 kg，母牛 600～700 kg，日增重 800～1 000 g，产肉性能好，一般屠宰率 60%～65%，净肉率 48%～52%。性情温和，易于管理，是国际肉牛杂交体系中公认的最好母系。

短角牛：短角牛是英国古老的肉用或兼用型牛，原产于英格兰北部。短角牛的毛色较多，有红、白、红白斑等，主要是栗红色。该品种牛头短、额宽、颈粗厚，全身肌肉充实，背宽平直，体躯呈圆筒形，肌大腿厚、腿短、骨细。短角牛性情温顺，性成熟较早，适宜粗放饲养，母性强。成年公牛平均体重 800～1 000 kg，在肉牛品种中属较大型品种。该品种牛产肉性能好，肥育快，肉质柔软，纤维细致，肉色较浅，去势的肥育牛屠宰率在 65%以上，平均日增重在 1 kg 以上。犊牛初生重 32～40 kg。

(2)存出栏量及历年变化

综合 USDA 和阿根廷农业部统计数据，自 2003 年以来，阿根廷肉牛存栏数基本保持在 5 000 万头上下，总体趋势是呈现 S 形波动，从 2003 年的 5 588 万头增加到 2007 年的 5 872 万头后掉头迅速下降，这主要是因为 2008 年爆发世界金融危机，阿根廷经济遭遇巨大打击，影响了该国的肉牛养殖。直到 2011 年降至谷底的 4 792 万头，方才逐年回升。到 2018 年，肉牛总存栏量恢复到 5 372 万头(图 2-4-7)。

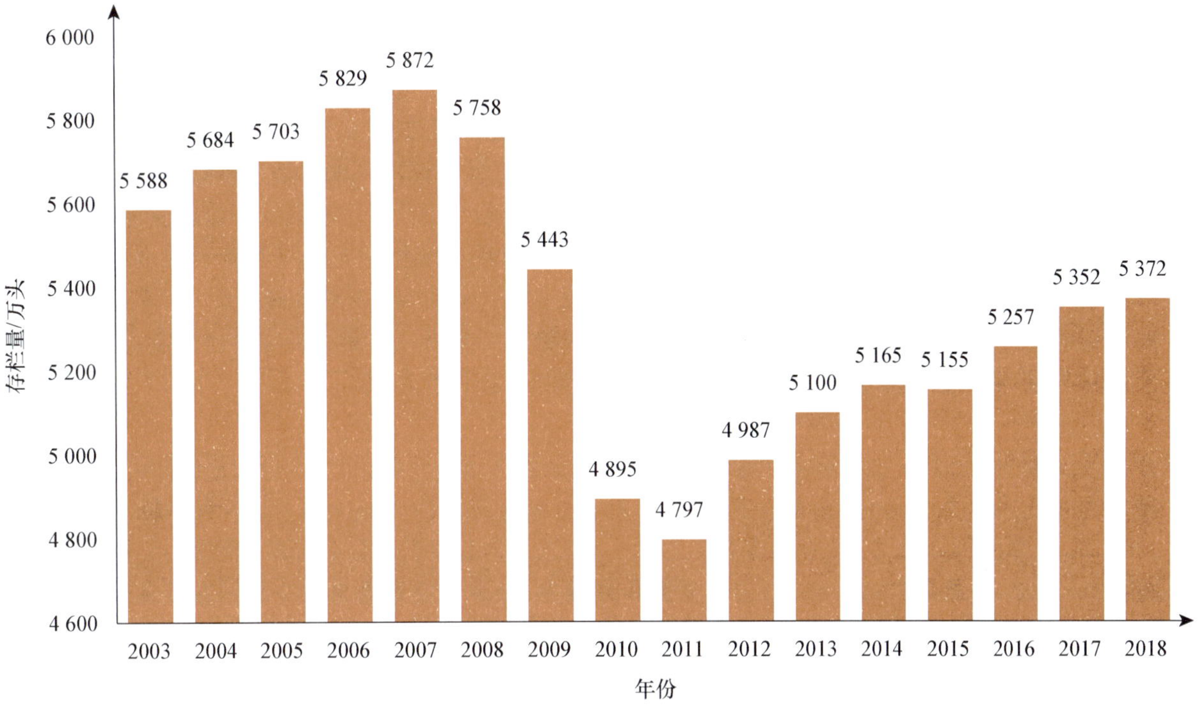

图 2-4-7　近年来阿根廷肉牛存栏数变化趋势

来源：阿根廷农业部、USDA

2. 阿根廷肉牛产品产量及历年变化

阿根廷是世界上主要的牛肉生产国。据国家肉牛牦牛产业技术体系发布的《2017 年肉牛牦牛产业技术发展报告》，2017 年世界牛肉总产量为 6 137.3 万 t，产量超百万吨的国家(地区)是：美国 1 210.9 万 t，巴西 945.0 万 t、欧盟 27 国 789.0 万 t、中国 707.0 万 t、印度 425.0 万 t、阿根廷 276.0 万 t、澳大利亚 212.5 万 t、墨西哥 191.5 万 t、巴基斯坦 178.0 万 t、土耳其 151.5 万 t、俄罗斯 131.5 万 t。阿根廷的牛肉产量排世界第 6 位。

2019 年 4 月 9 日 USDA 发布的《世界畜禽市场与贸易报告》显示，2018 年世界牛肉总产量为 6 219.3 万 t，产量超百万吨的国家(地区)是：美国 1 225.3 万 t，巴西 990.0 万 t、欧盟 27 国 803.0 万 t、中国 644.0 万 t、印度 430.0 万 t、阿根廷 305.0 万 t、澳大利亚 230.6 万 t、墨西哥 198.0 万 t、巴基斯坦 180.0 万 t、土耳其 140.0 万 t、俄罗斯 133.6 万 t。阿根廷的牛肉产量最近两年均排世界第 6 位，相对名次和 20 世纪初相比有所下降。

整体上看，阿根廷肉牛屠宰量、牛肉产量在 20 世纪 90 年代基本上保持稳定但缓慢下降，其中受 1998 年金融危机影响有一个较明显的下跌但随后即恢复。2001 年起受口蹄疫影响，连续三年牛肉产量在历史低位徘徊。从 2004 年起，屠宰量、肉产量开始逐步增长，到 2009 年达到历史高位，随后受世界金融危机影响，屠宰量和产量再度下降(表 2-4-2)。

表 2-4-2

1990—2015 年阿根廷肉牛屠宰量和牛肉产量

年份	总屠宰量/万头	牛肉产品产量/万 t
1990	1 342.3	300.7
1991	1 351.6	285.4
1992	1 282.4	272.3
1993	1 321.7	278.7
1994	1 320.0	276.2
1995	1 285.7	268.8
1996	1 291.7	269.4
1997	1 279.5	271.2
1998	1 126.8	246.9
1999	1 214.5	271.9
2000	1 240.0	271.9
2001	1 158.7	248.9
2002	1 150.0	252.6
2003	1 253.2	266.4
2004	1 433.2	303.2
2005	1 435.0	314.8
2006	1 341.5	303.7
2007	1 495.6	322.4
2008	1 466.0	313.2
2009	1 605.3	337.6
2010	1 188.3	262.6
2011	1 086.2	249.7
2012	1 142.9	259.6
2013	1 262.6	282.2
2014	1 210.1	267.4
2015	1 215.7	272.7

来源：阿根廷农业部

阿根廷牛肉产业在历经十年的萎缩后，2017 年开始全面复苏。据阿根廷牛肉工贸商会(CICCRA)数据显示，2017 年，阿根廷生牛屠宰量为 1 260 万头，同比增长 7.6%；牛肉产量 285 万 t，同比增长 7.7%。

阿根廷肉牛产业发展状况受本国和世界经济周期的影响比较严重，近年来随着种植大豆的收益增加，大量土地转变生产用途，肉牛饲养量有逐渐减少的趋势。

(三)肉牛产品加工业发展情况

阿根廷全国有 24 万多个肉牛养殖农场，建有 493 个牛肉冷库，拥有 90 个销售出口新鲜肉类的开放市场，97 个出口牛肉加工厂，其中有 62 个是具备先进技术生产高端牛肉供出口欧盟的工厂(张吉鹍，2012)。

阿根廷的肉牛养殖分布在东部的潘帕斯(Pampeana)地区(占平均数的 53.4%)、东北部(NEA)林区(占平均数的 26.8%)、西北部(NOA)林区(占平均数的 9.1%)、西部的库约(Cuyo)地区(占平均数的 8.5%)以及南部的巴塔哥尼亚(Patagtnica)地区(占平均数的 2.6%)。

1. 阿根廷主要的牛肉加工企业

通过中华人民共和国国家认证认可、监督管理局备案的阿根廷主要牛肉加工企业见表 2-4-3。

表 2-4-3
主要的牛肉加工企业

企业名称	企业地址
J. B. S. ARGENTINA S. A.	Bajada Saladillo S/N°-Villa Gdor. Galvez-Rosario(2124) Santa Fe
FRIAR S. A	Lisandrodela Torre N°810-Nelson(3032) Santa Fe
Quick Food S. A.	Av Ortiz 2653-San Jorge(2451) Santa Fe
MARFRIGARGENTINA S. A.	Pringlesy Europa-Villa Mercedes(5730) San Luis
Frigorifico Paladini S. A.	Piazza 63-Villa Galvez(2124) Santa Fe
Frigorifico Lafayette S. A.	Ruta 210-Km. 46,5-Alejandro Korn(1864) Buenos Aires
Rafaela Alimentos S. A.	Ruta 33-Km. 744-Casilda(2170) Santa Fe
Frigorifico Rioplatense S. A. I. C. I. F.	Avda. de Los Constituyentes-Ruta 9-Km. 32,5-Gral. Pacheco(1617) Buenos Aires
Procesadora Ganadera Entrerriana S. A.	Av. Mitre2 816-San José(3283) Entre Rios
Regional Industrias Alimenticias Reconquista S. A. (Friar)	Boulevard H. Irigoyen298-Reconquista(3560) Santa Fe
Mattievich S. A.	Lamadrid N°300 Bis Esquina Pedernera-Rosario(2000) Santa Fe
Frigorifico Gorina S. A. I. C	Calle 501 S/N° e/156y157-Gorina(1896) Buenos Aires
MARFRIGARGENTINA S. A.	Ruta 8-Km. 302-Hughes(2725) Santa Fe
Arre Beef S. A.	RioParana901-PerezMillan(2933) Buenos Aires
MattievichS. A	Ruta11y 175-Km. 334-Pto. Gral San Martin (2202) Santa Fe
Logros S. A.	Camino San Joséentre Ruta Nacional N°9y Autopista Pilar-Rio Segundo (5960) Cordoba
LaGanadera Arenales S. A	Arenales 2001-MonteGrande(1842)Pcia De Buenos Aires
ELABORACIONDE PRODUCTOSCARNICOSEPC S. A.	Juan B. Alberdi 1850-Correa-Santa Fe
Frigorifico Forres Beltran S. A.	Ruta Nacional No. 34Km,698,5Forres CP(4312) Santiagodel Estero

2. 阿根廷牛肉推广产业协会

在阿根廷,主要的牛肉产业组织有阿根廷牛肉促进协会和阿根廷牛肉工贸商会。

(1)阿根廷牛肉促进协会(IPCVA)

为了增加阿根廷牛肉的销售推广,提高阿根廷牛肉产量和质量,2001 年 12 月,一批具有丰富的牛肉生产和出口经验的养殖场主、职业经理人共同发起成立了非政府组织——阿根廷牛肉促进协会(IPCVA)。该协会致力于阿根廷牛肉的国际市场开拓,同时也关注国内市场的发展。IPCVA 的长期目标是:开发阿根廷牛肉产品在国内外市场的需求;设计和开发营销策略,提高阿根廷牛肉产品的海外竞争力;策划和制定促销策略,以促进国内消费水平的提高;努力巩固阿根廷牛肉质量和安全,提高生产效率。IPCVA 经费主要来源于向生产企业抽取的会费,标准为企业每屠宰一头牛向协会上交 1.8 阿根廷比索。IPCVA 已成为提高阿根廷牛肉国际竞争力的主要工具。

(2)阿根廷牛肉工贸商会(CICCRA)

阿根廷牛肉工贸商会是成立于 1996 年的阿根廷肉类非营利商业协会,其宗旨是代表中小企业维护、促进阿根廷牛肉国内外市场发展，开展冷链系统的培训推广活动。从 1999 年起，该协会不间断发表的月度经济报告，目前已成为一个不可忽视的阿根廷肉牛行业资讯来源。

(四)牛肉消费情况

1. 阿根廷牛肉消费占比及国民消费偏好

根据阿根廷农业部公布的数据显示，2012 年阿根廷人均年消费肉类 107 kg，其中牛肉占 59 kg，禽肉 38 kg，猪肉 10 kg。几乎等于美国人均肉食品消费量。

阿根廷是世界上人均消费牛肉最多的国家，在历史最高点的 1956 年，平均每个阿根廷人消费牛肉 222 磅，约 100 kg。

目前阿根廷人均牛肉消费量大约在 60 kg，接近美国的 1 倍。

2. 阿根廷牛肉消费情况(表 2-4-4)及影响因素

表 2-4-4
历年阿根廷牛肉消费量

年份	消费总量/万 t	人均消费量/kg
1990	253.3	78.23
1991	244.7	75.02
1992	242.6	73.43
1993	250.6	74.86
1994	238.9	70.46
1995	217.1	63.21
1996	222.5	63.84
1997	228.4	64.81
1998	220.7	61.94
1999	238.7	66.24
2000	239.1	65.63
2001	234.8	63.82
2002	218.1	58.73
2003	228.0	60.82
2004	240.4	63.49
2005	237.9	62.26
2006	247.6	64.15
2007	268.8	68.97
2008	270.5	68.76
2009	271.6	68.36
2010	231.5	57.78
2011	226.4	55.79
2012	240.8	58.64
2013	262.0	63.09
2014	246.2	58.61
2015	252.6	59.44

通过图 2-4-8 和图 2-4-9 可以更清楚地看到消费总量及人均变化情况。

1990—2015 年的 26 年间，阿根廷牛肉消费总量分布于 217.1 万 t 和 271.6 万 t 之间，消费总量最低年份 1995 年，最高年份为 2009 年。人均消费量则以 1990 年的 78.23 kg 为最多，2011 年的 55.79 kg 为最少，差距达到了 40%。但总的趋势是人均牛肉消费量在下降(图 2-4-8 和图 2-4-9)。

以 2009 年为例，阿根廷肉类人均年消费量为 93.3 kg，其中牛肉消费量 68.36 kg。阿根廷的肉食品消费量与发达国家水平十分接近。由于进入 21 世纪以来，阿根廷经济危机不断，人均国内生产总值并没有出现改善，肉食品消费突然提升并不合理，存在人为扭曲的因素。

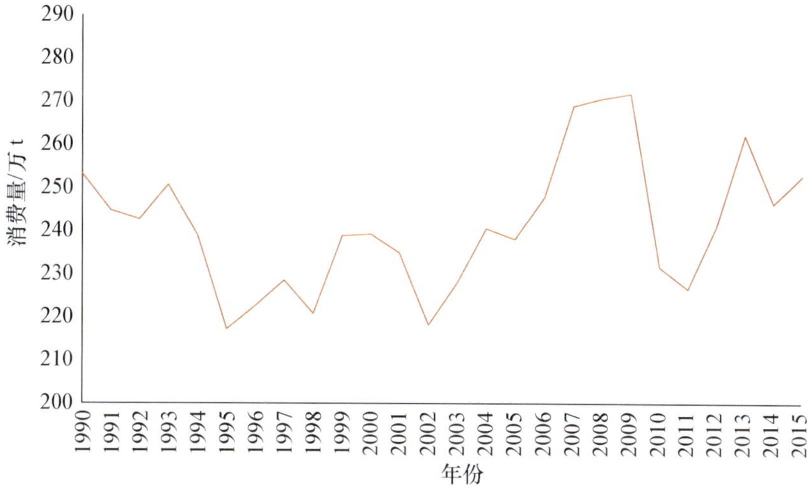

图 2-4-8 阿根廷国内历年牛肉产品消费总量

来源：阿根廷农业部

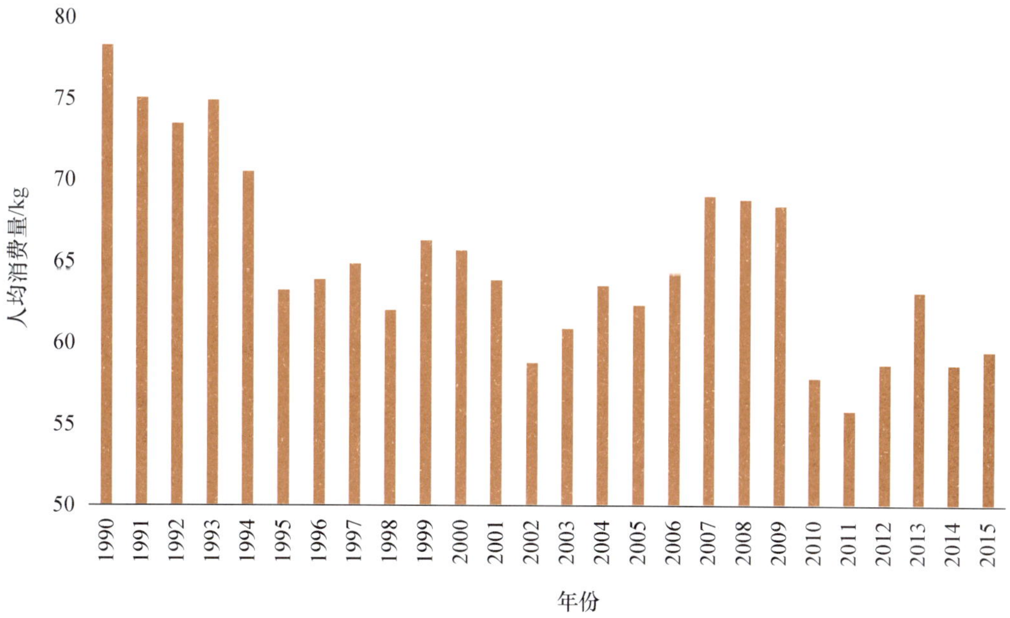

图 2-4-9 阿根廷国内历年人均牛肉产品消费量

来源：阿根廷农业部

3. 阿根廷牛肉产品营销模式

阿根廷是肉牛产业发达的国家，其牛肉产品国内消费量的 90%以上通过冷链物流系统流通，销售终端有超级市场、专卖店等模式，只有不到 10%为热鲜肉，在集市销售。

(五)肉牛产品贸易情况

1. 阿根廷肉牛产品进口情况

阿根廷是世界主要牛肉及其产品的生产国,在大多数年份中均不发生牛肉产品的进口,个别年份即使有进口牛肉产品,数量也可以说是微不足道。

2. 阿根廷肉牛产品出口情况(表 2-4-5)

表 2-4-5

阿根廷肉牛产品出口情况

年份	出口量/万 t	价值/百万美元	单价/(美元/t)	出口占比/%
1990	47.4	729.6	1 539	15.77
1991	40.7	730.3	1 793	14.27
1992	29.7	578.5	1 947	10.91
1993	28.1	556.4	1 979	10.09
1994	37.7	727.2	1 930	13.64
1995	52.0	1 004.8	1 932	19.35
1996	47.7	850.8	1 785	17.70
1997	43.8	815.3	1 862	16.15
1998	29.6	654.4	2 212	11.98
1999	34.8	661.7	1 904	12.78
2000	34.2	617.8	1 806	12.58
2001	15.3	215.8	1 414	6.13
2002	35.1	452.8	1 289	13.91
2003	39.2	577.2	1 473	14.71
2004	63.1	972.5	1 541	20.81
2005	77.1	1 295.0	1 679	24.51
2006	56.5	1 199.6	2 123	18.61
2007	53.9	1 281.0	2 377	16.72
2008	42.9	1 486.3	3 462	13.71
2009	66.1	1 652.7	2 499	19.59
2010	31.3	1 187.5	3 792	11.92
2011	23.4	1 271.0	5 422	9.39
2012	18.8	1 048.0	5 562	7.26
2013	20.1	1 009.4	5 015	7.13
2014	21.2	1 041.1	4 919	7.91
2015	20.1	874.1	4 358	7.36

来源:阿根廷农业部

从出口量看，图 2-4-10 显示，1990—2015 年的 26 年间，最高纪录发生在 2005 年，当年出口量 77.14 万 t，最低纪录则是 2001 年的 15.26 万 t，高峰低谷之间相差 5 倍。

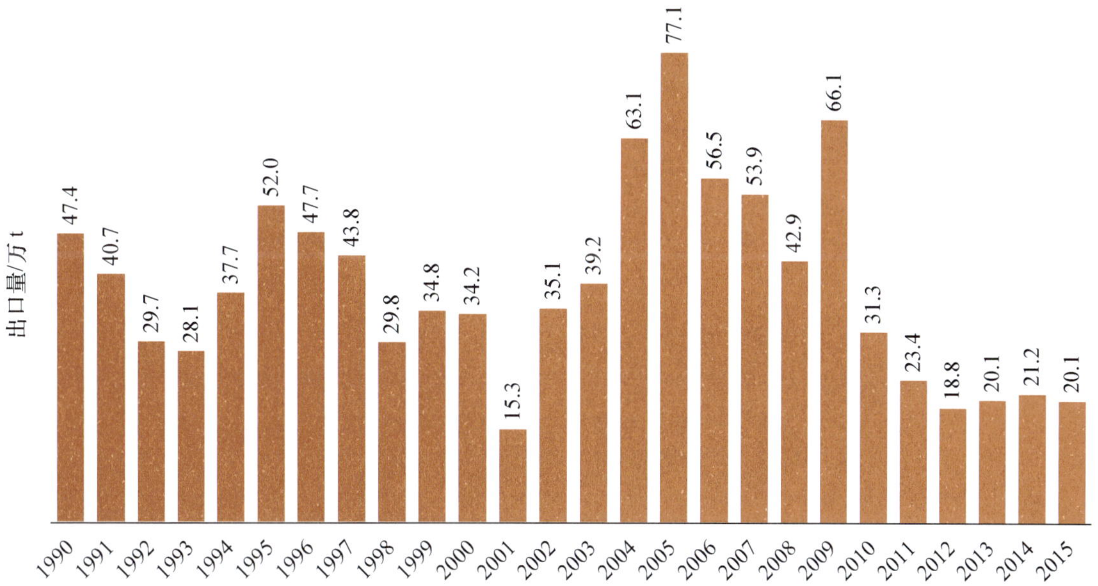

图 2-4-10　1990—2015 年阿根廷牛肉产品出口量

来源：阿根廷农业部

从出口贸易额看，图 2-4-11 显示，最低谷的 2001 年，出口贸易额约为 2.2 亿美元；最高峰的 2009 年，出口额为 16.5 亿美元，相差 7.5 倍。

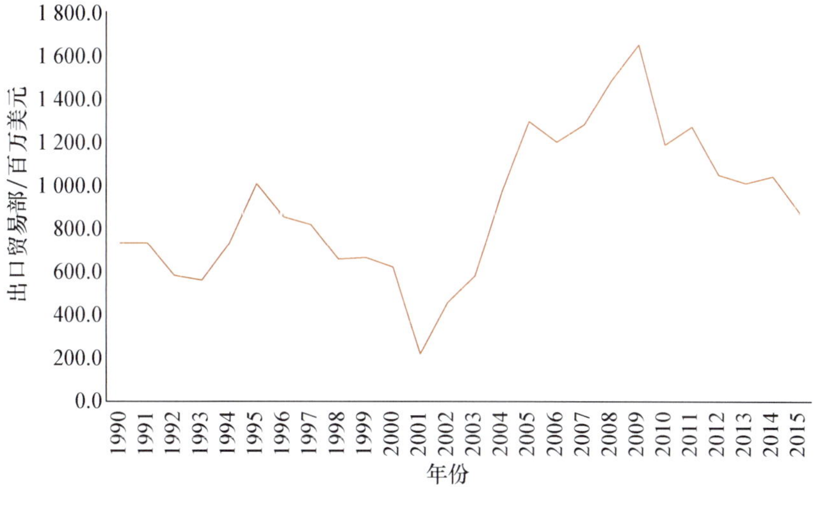

图 2-4-11　1990—2015 年阿根廷牛肉产品出口贸易额

来源：阿根廷农业部

从出口牛肉产品的单价看，图 2-4-12 显示，2005 年以前的牛肉出口单价波动不大，最低是 2002 年的 1 289 美元/t，最高是 1998 年的 2 212 美元/t，相差 1.7 倍。但 2005 年以后阿根廷牛肉的出口单价开始迅速攀升，2012 年甚至高达 5 562 美元/t，之后有所回落。

从出口占比看，图 2-4-13 显示，历年来阿根廷出口牛肉占所生产牛肉的百分比位于 6.13%～24.51%之间，其中 2001 年最低，2006 年最高。原因是 2001 年阿根廷发生了口蹄疫，导致出口额大幅度下滑。2009 年以后的出口量下跌主要原因是世界金融危机导致阿根廷经济崩溃，国内市场牛肉价格猛涨，阿根廷政府对牛肉出口实行了管制，导致该国牛肉产业遭受重大打击。

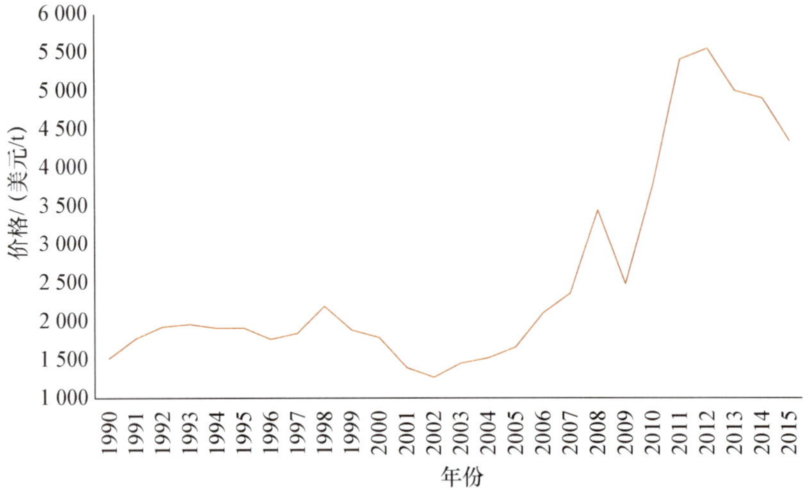

图 2-4-12　1990—2015 年阿根廷出口牛肉产品的平均价格

来源：阿根廷农业部

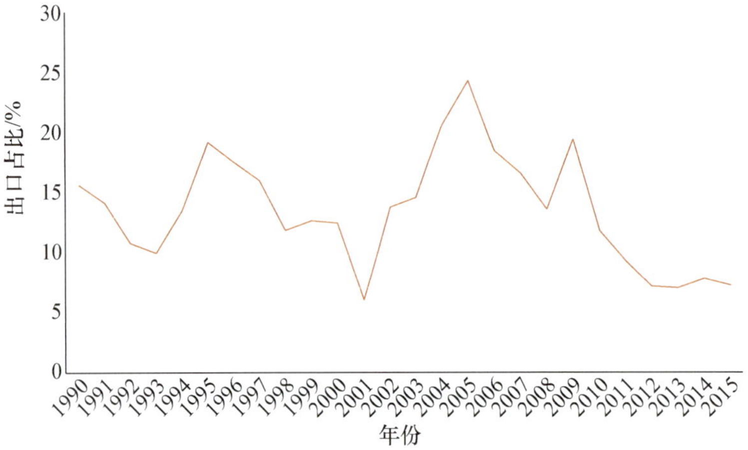

图 2-4-13　1990—2015 年阿根廷出口牛肉量占牛肉总产量的百分比

来源：阿根廷农业部

到 2016 年，阿根廷出口牛肉恢复到 21.6 万 t，2017 年 29.3 万 t，2018 年 50.8 万 t，出口量迅速回升。

3. 阿根廷牛肉进出口量在世界牛肉贸易市场的地位

美国农业部发表的一份文件显示，到 2017 年，阿根廷在世界主要牛肉出口国中的排名已位列前十名之外，出口总量不到 30 万 t（同期世界牛肉出口总量接近 1 000 万 t）。整个 20 世纪，阿根廷在世界牛肉出口大国中大部分时间名列前五，仅次于美国、巴西和澳大利亚；自 2000 年以来，阿根廷逐渐失去其作为牛肉出口大国的地位，2017 年排名为第 11（前十名分别是：印度、巴西、澳大利亚、美国、新西兰、加拿大、乌拉圭、巴拉圭、欧盟、墨西哥）。

4. 与中国的畜产品贸易情况

2017 年，中国已超过德国成为阿根廷冷冻牛肉的第一大出口目的地国。由于阿根廷牛肉出口量历年波动较大，加之从2000年以来先后因口蹄疫、出口管制等原因，到2010年以前，阿根廷出口到中国的主要以冷冻、冷鲜牛肉为主的牛肉产品绝对量并不大，但近年来增长迅速，见表2-4-6。

表 2-4-6

阿根廷对华牛肉及牛肉制品出口额及出口量

年份	金额/万美元	数量/t
2000	42.48	385
2001	12.2	122
2002	0	0
2003	4.3	25
2004	66.9	428
2005	32	242
2006	2.1	27
2007	4.5	26
2008	0	0
2009	0.7	0.8
2010	30.5	67
2011	0	0
2012	317.7	770
2013	4 896.7	11 393
2014	9 656.2	21 236
2015	17 307.1	40 805
2016	22 872.0	54 961
2017	40 775.3	96 728

来源：联合国商品贸易统计数据库，数据为包括HS代码0201的鲜、冷牛肉和HS代码0202的冻牛肉合计量。

三、畜牧业生产扶持政策措施

阿根廷畜牧业大体上经历了四个阶段，各个阶段国家对畜牧业的扶持政策各有特点，取得了各不相同的效果。

1. 第一阶段是野生畜群自然形成时期(公元1536—1837年)

在西班牙殖民者到达美洲之前，潘帕斯美洲草原上的主人是犬、骆马、羊驼等土著印第安人畜养的动物。1536年西班牙殖民者佩德罗·德门多萨首先给美洲大陆带来了马，1550年和1580年西班牙殖民者努尼奥·德查维斯和胡安·德加莱分别带来了绵羊和牛，这些牲畜成为日后阿根廷畜牧业数以千万计的牛、羊和马的祖先。在反抗殖民者的战争中，土著印第安人缴获的这些从旧大陆引进的牲畜由于无人照管，就遁入荒原繁衍开来，变成了野生畜群。野生牛的肉质粗糙、不宜食用，专以猎取野生牛为生的高乔人即仅取牛皮、牛舌和脂油卖给出口商，再运到欧洲和北美，牛肉和骨头则弃之不取。1776年拉普拉塔总督辖区成立后颁布了自由贸易条例，使皮革、动物油脂、牛舌的出口量迅速增加，牛的饲养数也随之增长。1787年大牧场主弗朗西斯科梅迪纳创办了第一家大型腌肉厂，到1829年，阿根廷出口的腌肉已达75 000 t。养牛业迅速发展了起来。

2. 第二阶段是围栏放牧兴盛时期(公元1838—1945年)

19世纪30年代，仅凭猎取野生畜群已经不适应腌肉生产和出口的需要了。1845年围栏放牧生产方式正式进入阿根廷肉牛养殖生产领域。由于围栏放牧节省劳力，避免牲畜失散和被盗，也有利于合理使用牧场，因此这项技术很快得以推广，只用了50年时间，阿根廷就实现了全国牧场围栏化。

与此同时，牧场主开始认真改良牛种，从英国、荷兰等国引进了第一批纯种菜牛。经过多年引进和改良，选育了海福特、安格斯和短角菜牛等优良品种，使阿根廷牛肉质量进入世界先进行列。

19世纪80年代肉类冷藏业兴起，阿根廷的养牛业再度发展起来。牛的饲养量从1875年的1 333.8万头增加到1914年的2 586.6万头。一战爆发后的一段时间，由于出口受阻，阿根廷的肉牛养殖业再次陷入困顿。为了节约饲料，阿根廷的牧场主不得不大规模淘汰年老牛群。随着一战的深入，世界范围内物资匮乏加剧，特别是农牧业产品短缺转而刺激了阿根廷畜牧业的发展。1929—1933年的世界经济危机，导致阿根廷的畜牧业处于停滞状态。后来随着世界经济的复苏，阿根廷的畜牧业也再次发展起来。

3. 第三阶段是重工轻农(牧)停滞衰落时期("二战"以后至1975年)

"二战"结束后的第一个30年间，阿根廷农牧业停滞衰落，既有农牧业本身的因素，也有政治方面的原因。就农牧业本身而言，靠增加农牧业用地来发展农牧业的阶段已告结束，从国外大量移民也已停止。土地资源短缺、劳动力不足、资本投资意愿不高，这些都显著影响了农牧业的发展。庇隆执政时期(1946—1955年)实行银行、铁路和重要企业国有化，大力发展工矿业，忽视、甚至以牺牲农牧业来发展工矿业，几乎把全部经济力量都投入了工矿业。这期间又连年干旱，导致1951—1952年阿根廷严重经济衰退，直接的结果是不久前还是世界上著名的肉类和小麦出口国的阿根廷，按人口平均的国内肉类消费量居世界第一位的阿根廷，第一次实行了牛肉定量分配。据统计1950年底到1952年初这一年半时间里，阿根廷全国牲畜总头数就比1945年减少了20%～25%。政治方面的原因是在这30年间，阿根廷政府更迭频繁，没有一个稳定和连续性的经济政策，特别是在相当长的时期内执行一种重工轻农(牧)的政策，使畜牧业陷于停滞的境地。

4. 第四阶段是畜牧业恢复和全球化阶段

1976年阿根廷政府在经济方面实行开放的市场经济政策。其要点是鼓励发展农牧业生产，减少国家对经济的干预，推行国有企业私有化，废除控制价格政策，降低进口关税，鼓励外国公私投资等。为消除和调整妨碍畜牧业发展的一些规定，政府不再硬性规定或强制压低畜产品价格，以保证畜牧业生产者有利可图，从而鼓励和刺激牧场主增加牲畜的饲养量和屠宰量。鉴于过去阿根廷实行贸易保护主义和进口补贴政策不仅没有促进国内生产优质廉价的产品，反而迫使那些没有能力和机会进口商品的人去买价高质低的劣质产品，妨碍了畜牧业的发展，阿根廷政府从1979年1月1日实施了为期五年的降低进口关税改革计划，畜牧业原料和基本产品进口关税从29%降低到14%。为了扩大畜产品出口，阿根廷政府除继续保持和扩大在欧洲、美国等传统市场外，还大力向中东、亚洲和非洲寻求新的市场，开拓了阿拉伯国家小牛和牛肉出口市场。

至20世纪80年代初期，阿根廷的畜牧业已经开始扭转了过去停滞衰退的局面。同时阿根廷开始调整畜牧业内部的结构，提倡以草变肉而不是以粮变肉，猪的饲养量逐年减少。由于机械化运输代替了畜力，马的饲养量在逐年下降。同期牛的饲养量在逐年上升，肉牛产业得到了恢复。

四、肉牛产业科技进展

(一)育种与繁育技术

16 世纪末,西班牙殖民者将安格斯、瘤牛和婆罗门牛带入阿根廷,后经自然选择,成为今日之土种牛,现仍可在西北部安第斯山区见到。

1870—1890 年,出口加工业带动了畜牧业的发展,家养牛的数量增多。1890 年由于英国市场对牛肉需求的增加,阿根廷从而开始了初步的育种工作,并开始引入海福特、安格斯和短角等英国品种。1920 年前后,大批欧美品种包括夏洛莱和黑白花等被引入阿根廷,经过近 100 年的自然和人工选择,逐渐形成了以阿根廷海福特、阿根廷安格斯和阿根廷短角等品种为主的适应阿根廷自然气候条件的今日草原肉牛业体系。阿根廷的肉牛生产体系与欧洲和北美洲以工厂化生产为主的育肥牛业有着显著的不同。

自 1995 年以来,阿根廷牛的数量在 6 000 万头上下波动并缓慢下降。其中 25%位于北部,饲养品种以抗逆、抗热性强的阿根廷布莱福特为主;5%位于中部潘帕斯大草原,主要饲养适合草原放牧的中型品种阿根廷海福特和部分短角及安格斯;其余分布在南部和西部山区。

阿根廷畜牧学家认为肉和乳是两个完全不同且互相矛盾的生产方向,因此不选择也不引入和使用兼用品种。在阿根廷见不到在我国和部分欧洲国家常见的西门塔尔品种。阿根廷对肉牛品种的选择重点是体格生长率和肉用体型。经过 100 多年的自然和人工选择,阿根廷肉牛品种具备了以下特点:

生长速度快。2~2.5 周岁即可达到体成熟,从而具有周转快、效益高的特性。

体格适中。阿根廷肉牛育种学家认为,大型品种不适合天然草原畜牧业,因为仅靠放牧不能满足大型品种的生长需求,从而降低了草地利用率。而中小型品种则可在以放牧为主的情况下达到快速育肥,既提高了经济效益又提高了天然草地的产出率和料肉比。

前后躯发展均衡,并十分重视后躯发育,因后躯经济价值高。

骨少肉多且脂肪覆盖好,成熟早易育肥。

阿根廷对种牛的选择与培育。每个品种都有相应的品种协会,选择是在品种协会参与下以农场主为主进行的。其方法简单、实用而且有效。具体方法是育种群公犊出生后立即称重,断奶时称断奶重,计算断奶前日增重并考察其母性。到周岁时称周岁体重并测睾丸周长,在上述指标基础上淘汰 1/6,保留 5/6。在 2 周岁时再淘汰 1/6,从而使种公牛的选留率保持在 2/3 左右。此时品种协会派专人(根据章程和协议)来查验档案材料并进行鉴定,达到标准者被烙以特殊标记,可作为种公牛上市出售。未被标记的种公牛不准出售和使用,获标记的种公牛可参加地区省和全国赛牛会,获全国前三名者可获准制作冷冻精液。后备母牛的选留率约 50%。

繁殖方面,一般在春季配种,配种期 3 个月。配种期始,将牛群置于优质草地上,并以 3%~4%的比例放入公牛,进行自然交配。配种期结束后隔离公牛。至夏末进行妊娠检查,将空怀者立即淘汰转入育肥群。同时将所有有繁殖方面和其他方面疾病的母牛也全部淘汰。通过两轮淘汰,其淘汰率可达 10%~25%。一般妊娠产犊率初产牛可达 90%,二胎母牛可达 60%~65%,三胎可达 65%~70%,四胎以上稳定在 75%左右。由于选用中型品种,因此很少有难产问题。繁殖母牛的使用期限一般是 10 胎,北方亚热带地区为 8 胎。

人工授精是阿根廷普遍使用的技术,占到受孕牛的 50%以上。人工授精内容涉及精液冷冻、固定时间授精、精液性控、体外授精、克隆与转基因、卵胞浆内单精子注射技术(ICSI)。早在 1950 年阿根廷在牛人工授精上就严格执行 SENASA 制定的卫生标准与程序标准,实行标准化生产,国内牛群的使用率达 10%以上,并取得了骄人成绩,如建立了遗传评估系统、试管中冷冻精液、实验室诊断传染病与精液中病毒分离、生产性控精液、人工授精固定时间发情等。2010年，阿根廷出口精液55万剂量，进口精液270万剂。阿根廷国内市场需要精液500万剂量，其中肉牛40%、奶牛60%。阿根廷国内具有生产冷冻精液的中心46个，每年能生产冷冻精液3 000万剂量。

(二)养殖技术

阿根廷肉牛全年以放牧为主，一般肉牛在冬季产犊，夏季(约6月龄)断奶分群，冬季(12月龄)在放牧基础上进行补饲。到次年冬季(24月龄)体重一般可达308～430 kg，即上市出售。阿根廷肉牛养殖专家研究提出了“青草期补饲”的方法，即冬季不补饲而在夏秋季节给以蛋白料进行补饲。研究证明，在青草期补饲蛋白质饲料可增加肉牛青草采食量，提高消化率，从而最终提高经济效益。补饲量一般为体重的1%。

在种公牛的饲养管理方面，一般以天然放牧为主，在配种前2个月开始按体重的1.5%进行补饲(20%蛋白饲料+80%能量饲料)，直至配种期结束。若公牛放入率小于5%，则配种结束后再补饲1～2个月以利于种公牛恢复体况。

在放牧方面，用“围栏+内层单电网移动式围栏”实现分区放牧。

提倡农牧轮作技术。阿根廷土地高度集中，一般农场或牧场都拥有数千公顷土地。实行农牧轮作的办法是一处人工牧场先种四五年的谷物，然后再改种紫花苜蓿和三叶草等优质牧草，用来饲养牛羊，4年后再种植谷物，把牛羊赶到另一块由谷物改种牧草的地段去。种了几茬谷物后的土地肥力减弱，再种有根瘤菌固氮作用的牧草，加上牛羊的粪便，使土质转肥，再种谷物就不用或少用肥料。这就是阿根廷一般耕地基本上不施肥的原因。

除了农牧轮作外，大的畜牧场建立人工草地，混播几种牧草。一般播种一种多年生禾本科牧草为主，再种上豆科牧草为辅。这样混播可以提高牧草的营养成分。豆科牧草固定氮素，为禾本科牧草提供大量氮肥，两种牧草共生，都能长得茂盛，蛋白质含量高，营养丰富，牲畜吃了长膘快。牛羊也混合放牧，牛吃高草，羊吃低草，充分提高牧场的利用率。

(三)疫病防控技术

阿根廷肉牛养殖中牛群健康管理主要面临的问题是如何净化口蹄疫(FMD)、布鲁氏菌病和结核的危害。该国为了打造健康的肉牛产业，推出了国家动物保健与农产品服务计划(SENASA)。世界动物卫生组织(OIE)2011年指出阿根廷肉牛产业需关注以下牛群健康问题：

FMD：很多地区没有接种疫苗，需要强制接种。

牛结核病：切实完成控制和根除结核病的国家计划。

牛布鲁氏菌病：全国范围内的战略性疫苗接种。

2007年9月，SENASA推出了一个可追溯计划。规定每个农场出生的犊牛都在两只耳朵上单独标记，每个标签都有一个唯一的数字，其中一个是关于家畜识别的唯一关键码，另一个是农业生产者的国家健康记录码。被称为DT-E的电子文档记录牛所属农场与健康计划、疾病暴发和物流信息。这种新的系统允许每个个体的详细记录用于多个目的。该系统的开发是为了保证肉牛产业链的任何环节对任何健康风险的有效控制。

(四)粪污处理技术

在阿根廷，肉牛生产通常分为两个阶段，第一阶段是从出生到18个月，第二阶段是从18个月开始育肥至符合标准出栏。第一阶段，普遍以放牧为主。第二阶段，肉牛育肥有饲养场圈栏育肥和牧场放牧育肥两种方式。育肥场采用精料育肥方式，肉牛经过3～4个月即可达到出栏体重，整个生产周期为21～22个月，这种模式约占45%；牧场放牧育肥则根据草场质量的不同达到出栏体重需 要12～30个月，整个生产周期为30～48个月，这种模式约占55%。在不同的生产模式下，粪污处理的方式不同。

在舍饲育肥场，育肥场地采取周边高、中间低的设计，接近饲槽的地方处理为水泥地面，供牛只采食和饮水，中间运动场则保持为裸露地面且地势稍低，利于收集雨水和工人清除水泥地面上的粪污。工人每天都对整个牛舍进行清扫处理，从而保证育肥场地的干净整洁。

舍饲育肥场收集的粪污一般就地进行综合处理，大部分进入发酵装置产生沼气并最终发电利用，同时沼气发酵副产物生产有机肥还田利用，少部分采取堆肥制作有机肥还田利用。

在以放牧育肥为主的地区，一般不进行粪污处理，肉牛粪污直接排放在草原上。

在温室气体排放方面，据阿根廷国家农业研究所统计，牛排出的气体占阿根廷温室气体排放总量的30%。为减少牛甲烷排放，阿根廷国家农业研究所开发了一种技术，使用阀门与泵浦系统将自牛腹腔排出的消化道气体由管子送到容器中，并将甲烷分离出来，经压缩后变成天然气。这项技术将牛消化系统排出的气体转变为燃料，降低了阿根廷肉牛产业的温室气体排放。

五、与我国畜牧业合作情况

（一）中阿两国在畜牧业及肉牛产业方面的交流合作情况

1. 政府间协定

1972年2月19日，中国与阿根廷建交。建交以来，双边关系发展顺利，各领域互利合作日益深化，两国在国际事务中保持着良好合作，签署了一系列双边协定，其中涉及畜牧业领域的主要有：

中华人民共和国政府和阿根廷共和国政府关于中国农业科学院和阿根廷全国农牧技术研究所合作计划的协定（1988年5月16日）；

中华人民共和国政府和阿根廷共和国政府关于动物检疫及卫生合作的协定（1988年5月16日）；

中华人民共和国政府与阿根廷共和国政府生物技术和生物安全协议（2001年4月9日）；

中华人民共和国农业部与阿根廷共和国农牧渔业食品国务秘书处农业合作谅解备忘录（2009年2月）；

中国农业科学研究院同阿根廷农牧业技术研究院合作协议（2010年1月）；

中国农业部与阿根廷农牧渔业部乳业合作备忘录（2011年7月）；

中华人民共和国农业部与阿根廷共和国农牧渔业部关于全面深化农业领域合作的共同行动计划（2012年6月）；

中华人民共和国商务部和阿根廷共和国农牧渔业部关于促进双边大宗农产品贸易合作谅解备忘录（2013年5月）；

中国国家质量监督检验检疫总局与阿根廷农牧渔业部关于中国从阿根廷输入马的检疫和卫生要求议定书（2013年5月）；

中华人民共和国农业部与阿根廷农牧渔业部兽医卫生合作谅解备忘录（2014年7月）；

中华人民共和国农业部与阿根廷共和国农业产业部关于农业合作的战略行动计划（2017—2022年）（2017年5月）；

中华人民共和国国家质量监督检验检疫总局和阿根廷共和国农业产业部关于在全面战略伙伴关系框架下进行安全、卫生和食品安全方面合作的2017—2019年工作安排（2017年5月）。

上述政府间协定主要从农牧科学技术、动物卫生检疫、生物技术和生物安全管理、产业合作、扩大贸易及加强国家级农业科研机构合作等方面达成了进一步合作和共同发展的机制，为两国畜牧业全面合作和发展奠定了坚实的基础。

2. 中国奶业代表团赴阿根廷考察养牛业

2011年7月，中国奶业代表团访问阿根廷，重点考察了解了阿根廷牛产业链及其遗传物质（基因、精液、胚胎、种畜）和肉牛产业、乳制品产业、牛的生物繁殖技术以及阿根廷荷斯坦牛协会的工作等情况。

3. 中国和阿根廷牛遗传物质研讨会

2011年11月3日，由阿根廷农牧渔业部主办、中国农业部畜牧业司协办的“中国和阿根廷牛遗传物质研讨会”在北京召开。此次研讨会就两国奶牛和肉牛的遗传育种、品种改良和饲养技术研究合作等达成互利互信的初步意向，为推进双边务实交流与合作奠定了良好的基础。

4. 中国（宁夏）—阿根廷安格斯牛引进及生产基地建设战略合作项目

2016年6月4日，阿根廷英肃德集团、北京科佳矿业公司与宁夏农牧厅签订了中国（宁夏）—阿根廷安格斯牛引进及生产基地建设战略合作协议，计划用3年至5年时间，建成集肉牛繁育、生产、加工、销售为一体的安格斯肉牛全产业链生产经营实体。协议规定各方将重点在宁夏开展以下合作：建设中国（宁夏）—阿根廷安格斯牛良种繁育中心，生产、推广应用阿根廷安格斯牛胚胎和冻精，尽快提高宁夏肉牛品质；建设安格斯良种肉牛养殖示范牧场，存栏阿根廷安格斯纯种母牛1 000头以上，示范推广标准化规模肉牛养殖场配套生产技术；建设3万头安格斯良种母牛繁育生产基地，带动1万农户开展安格斯肉牛养殖；建设5万头安格斯牛育肥生产基地，开展高品质牛肉生产；建设年屠宰10万头安格斯肉牛加工厂，生产牛肉产品，打造特色品牌；共同组建宁夏安格斯肉牛产业发展基金，主要为宁夏的合作企业、家庭农场、养殖农户等提供贷款担保、融资等支持；共同组建技术服务队伍，在安格斯牛胚胎和冻精扩繁、配套技术推广应用、技术培训等方面提供全方位服务。

2017年4月2日，中国（宁夏）—阿根廷安格斯牛良种繁育中心动工建设。项目计划投资1.5亿元，将引进先进的育种设备和现代繁殖技术手段，建立起适合宁夏肉牛产业发展的良种繁育体系，为优质高档肉牛引种、培育、扩繁打下良好基础。项目的开工建设，标志着《中国（宁夏）—阿根廷安格斯牛引进及生产基地建设战略合作协议》全面落实，开启了中阿肉牛产业深度合作的新篇章。

5. 中国—阿根廷农业联合委员会第三次会议

2017年4月27日，中国农业部首席兽医官张仲秋与阿根廷农业产业部国务秘书玛丽莎·比尔切尔在北京共同主持召开中阿农业联合委员会第三次会议。

双方回顾了中阿农业合作进展，高度评价了双方在机制建设、农产品贸易和促进双边投资上的努力，期待促成更多务实合作成果。双方就《中阿农业部关于农业合作的战略行动计划（2017—2022年）》深入交换意见，一致同意在农业生物技术、种子、科学研究等14个领域开展合作。双方就进一步加强合作达成三点共识：一是推动完善多双边农业合作机制，丰富两国农业合作内容；二是强化中阿农业科技研发合作，提升两国农业科技创新能力；三是继续推动中阿农业投资与贸易合作，深化农业产业对接与融合，实现互利共赢发展。

（二）中阿两国在畜牧业领域开展合作的方向及可行性

中国是阿根廷的第二大贸易伙伴，也是阿根廷最大的农业产品出口市场国。中国和阿根廷在肉牛产业方面具有广阔的合作前景。

双方可在肉牛良种繁育方面进行深入合作。阿根廷作为肉牛产业先进国家，拥有优秀的肉牛遗传物质，在肉牛优良品种培育方面具有比较优势。我国可以通过引进阿根廷肉牛优良种畜、胚胎、冻精等肉牛顶级遗传物质，对中国肉牛品种进行改良。

阿根廷作为肉牛业发达国家，在动物疫病防控、草原管理及牛肉产品加工方面也具有较大的比较优势，中国可以在上述领域与阿根廷展开合作，以提高中国肉牛产业的技术水平和产业效益。

参考文献

[1]世界地图集编辑部. 世界地图集[M]. 北京:中国地图出版社,2014.
[2]宋荣渊,孟庆祥. 阿根廷肉牛业考察报告——独具特色的肉牛产业链环节[J]. 兽医导刊,2019(07):54-59.
[3]张吉鹍. 阿根廷养牛业考察与分析[J]. 江西农业学报,2012,24(05):160-163.
[4]桑国俊. 世界肉牛产业发展概况[J]. 畜牧兽医杂志,2012,31(03):36-39.
[5]张吉鹍. 阿根廷的养牛业及其遗传物质[J]. 江西畜牧兽医杂志,2011(06):3-7.
[6]王洪戈. 阿根廷畜牧业代表团访华颇有成效[J]. 中国畜牧业,2011(22):20.
[7]岑思恩. 中国和阿根廷牛遗传物质研讨会在北京召开[J]. 当代畜牧,2011(11):6.
[8]周世朗. 阿根廷肉牛生产技术与营销体系[J]. 山区开发,1999(01):47-48.
[9]赵淑芬,刘慧娟. 阿根廷的肉牛业[J]. 世界农业,1998(01):41-43.
[10]周薇. 阿根廷的草原肉牛业[J]. 当代畜禽养殖业,1997(05):7-8.
[11]樊静,程红霞,路复员. 阿根廷畜牧业调查及思考[J]. 中国畜牧业,2012(24):54-56.
[12]曲春红. 阿根廷畜牧业生产状况与畜产品贸易分析[J]. 黑龙江畜牧兽医,2011(02):17-19.
[13]章叶. 阿根廷的畜牧业[J]. 拉丁美洲丛刊,1980(01):1-5.
[14]世界银行经济指标网站数据库 https://zh. tradingeconomics. com
[15]中华人民共和国外交部网站 https://www. fmprc. gov. cn/web/
[16]美国农业部网站数据库 https://www. usda. gov/topics/data
[17]阿根廷国家农业部网站数据库 https://www. argentina. gob. ar/agroindustria
[18]阿根廷国家农业技术研究所网站数据库 https://www. argentina. gob. ar/inta
[19]阿根廷国家统计和普查局网站数据库 https://www. indec. gov. ar

第三篇

欧　洲

第一章

德　国

一、摘　要

德国是欧盟最大的农产品生产国之一，畜产品生产仅次于法国，位居欧盟第二位，农产品出口位居欧盟前列，特别是农业机械出口在欧洲居于首位。作为欧盟重要的成员国，德国畜牧业在欧盟占有重要地位，牛奶产量和猪肉产量居欧盟首位，牛肉产量仅次于法国，位于欧盟第二位。德国畜牧业发展特色之一是肉类公司的技术和卫生标准最为突出。德国畜产品生产和加工非常严格地按照欧盟卫生条例和其他大量的质量保证体系执行。规范的兽医监督生产，从动物营养供应、福利状况到出口包装，保证了整个供应链的高质量。企业实体是德国农业产业第二大特征。在德国有近 30 万个农业企业从事农业食品行业，大多数都是独资企业，这意味着农民单独或与家人一起经营企业。德国农业现代化程度较高，农业从业人员约占全国总劳动力的 4%，农户不足 60 万户。但是，平均每个劳动力可以养活约 125 人；80%以上的农产品能够自给；部分进口主要用于调剂品种或价格。德国农业组织化程度高，全国有各种联合体 1 079 个，各类合作社 1 万多个，覆盖了绝大部分农产品生产、销售和加工企业，实现了农工商一体化、产加销一体化，保障了农民利益的最大化。德国的农民收入高，德国的农业发展以中小家庭农场为主，畜牧业是德国大多数家庭农场重要的收入来源，每户农民人均年收入 6.3 万德国马克。

二、肉牛产业基本情况

（一）资源状况和肉牛产业发展概况

德国是欧盟人口最多最稠密的国家，总人口 8 200 多万人，农业人口 1 800 多万人，约占总人口 1/5。其中，15～64 岁劳动力 4 025 万人，农业劳动力 94 万人，农场 27.54 万户。德国有 16 个州，国土面积约 35.7 万 km^2，农业用地约为 1 900 万 hm^2，占国土面积的 50%以上，80%以上的土地用于农业和林业，农产品主要包括牛奶、猪肉、牛肉、禽肉、马铃薯、卷心菜和甜菜，在一些地区，葡萄酒、水果和蔬菜等产品起着重要作用。

根据德国统计局最新数据显示，德国农户不断减少，而生产规模不断增加。从德国农场资源拥有量看，2016 年德国拥有耕地的农场数量 20.58 万个，比 2010 年 22.93 万个有所减少；畜牧业养殖户数量也显著减少，由 21.61 万户减少到 18.4 万户。可耕地也由 2010 年的 1 184.6 万 hm^2 减少到 1 176.3 万hm^2。从拥有永久草地农场数量上看，也略有减少，由 23.94 万户减少到 22.63 万户。但是，从草地面积看略有增加，由 465.47 万 hm^2 增加到 469.45 万 hm^2。从资源情况看，略有变化，但是总体变化幅度不大，见表 3-1-1。

表 3-1-1

德国农场资源拥有量变动

项目	单位	2016 年	2013 年	2010 年
拥有可耕地农数量	1 000 个	205.8	218	229.3
可耕地面积	1 000 hm^2	11 763.00	11 875.90	11 846.70
有永久草地农场数量	1 000 个	226.3	229.9	239.4
永久草地面积	1 000 hm^2	4 694.50	4 621.00	4 654.70
拥有永久作物农场	1 000 个	30.5	32.8	37.8
永久作物面积	1 000 hm^2	199.7	199.8	198.8
拥有牲畜农场	1 000 个	184.7	199.2	216.1

来源：https://www.destatis.de

畜牧业发展需要大量土地资源。2014 年德国国内畜牧业消耗饲料 1.428 亿 t，其中，国内生产 1.26 亿 t，达到总消耗量的 88.2%，进口 0.168 亿 t，占总消耗量的 11.8%。饲料中奶牛消耗占 38.2%，肉牛消耗占 25.9%，小牛消耗占 11.4%，肥猪消耗占 13.1%，禽类消耗约占 9.2%，羊和马消耗约占 2.2%。畜牧用饲料共需要使用土地 1 210 万 hm^2，其中 940 万 hm^2 为国内土地，270 万 hm^2 来自国外土地。牲畜种类的土地使用情况与饲料消费量情况相似。在总占用土地中，肉牛产业占了近 1/6，加上小牛占用土地份额，共占用了约 1/3 的土地。由于饲料作物与能源作物存在激烈的竞争关系，并且为了保障蔬菜作物基本的土地需求，导致农业土地资源利用竞争激烈。德国土地资源已经成为越来越稀缺的资源。总体来看，德国草畜资源比较丰富。

德国肉牛养殖资源情况与欧盟其他国家情况类似，但是，与美国、澳大利亚、加拿大等草地资源极大丰富的国家不同，德国饲草资源投入相对属于中小发展模式。根据德国统计数据库（Agribenchmark）的典型养殖户数据，从 2014 年肉牛养殖户每头牛草地投入面积情况可以看出，肉牛草地投入面积头均在 0.56～0.8 m^2，见图 3-1-1。

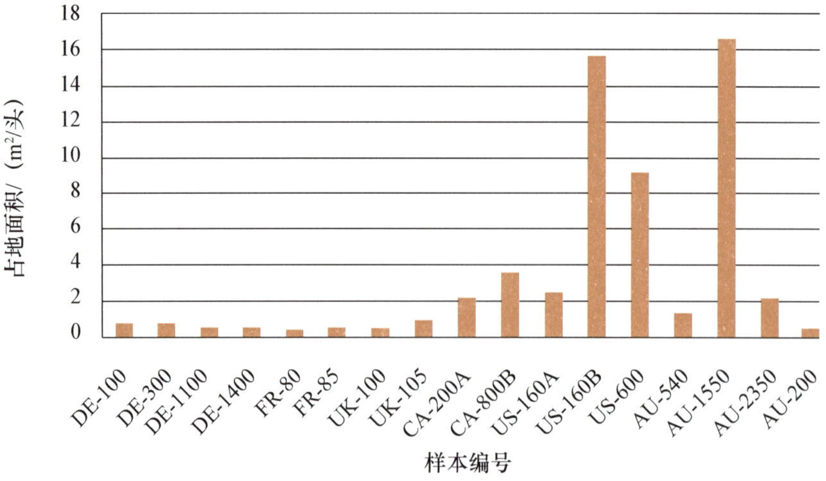

图 3-1-1　世界典型肉牛养殖户土地资源占有情况比较

来源：李娜，王明利等，2016

注：样本编号中大写字母表示样本国家字母缩写；数字表示典型养殖户的养殖规模。

德国的资金和技术雄厚，但自然资源相对短缺，形成了资金和技术为一体的畜牧业发展模式，自然资源投入相对较小(李娜，王明利等，2016)。历史上，草原覆盖了德国相当大面积的土地。随着土地利用竞争的加剧，一些农地被转用于其他用途或被遗弃，它们的农业作用也随着时间的推移而下降。今天，在难以集约化生产的地区，畜牧生产仍然是以传统农业形式进行的。与此同时，开发草原的畜牧生产系统也面临挑战，需要生产更多的肉类和牛奶以满足日益增长的需求。

(二)肉牛养殖业发展情况

1. 德国肉牛存出栏量变化

德国肉牛养殖量占世界比重不大，相当于中国的 1/10。但是，在欧盟，德国是仅次于法国的第二大肉牛主产区。德国历史上养牛业以奶用为主，直到 20 世纪 60 年代才开始重视肉牛生产，20 世纪 80 年代成为重要的牛肉输出国(桑国俊，2012)。从肉牛存栏量上看，德国 20 世纪 90 年代以来，肉牛业由于受到疯牛病等疫病的影响以及养殖户减少等原因，出现了萎缩，如表 3-1-2 所示。20 世纪 90 年代末，德国肉牛存栏量约 2 000 万头，以后持续减少，2005 年后降至约 1 300 万头，此后维持在 1 200 万～1 300 万头。从肉牛存栏结构上看，24 月龄及以上的活牛约占总量 50%，存栏 570 万～580 万头；12 月龄及以上的牛存栏约 300 万头；12 月龄以下的牛存栏约 380 万头。从母牛的存栏量看，也呈现了显著下降趋势，由约 670 万头下降到 500 万头以下。其中，奶牛存栏量占母牛总存栏绝大比例，达到 85%以上，而其他母牛存栏不足 15%，见表 3-1-2。

表 3-1-2

德国肉牛及母牛存栏量变化情况

万头

项目	1990 年	1995 年	2000 年	2005 年	2010 年	2015 年	2016 年
活牲畜(肉牛)	1 949	1 589	1 457	1 292	1 271	1 264	1 247
1 岁以下	671	524	462	402	387	384	379
1 岁及 1 岁以上屠宰	18	18	13	11	21	21	22
1 岁及 1 岁以上不屠宰	473	365	340	304	302	299	296
2 岁及 2 岁以上	804	700	655	586	582	581	571
母牛	677	592	539	490	489	497	489
其中奶牛	477	523	456	416	418	428	422

来源：https://www.destatis.de

从肉牛出栏情况看，德国肉牛出栏与存栏情况相似，也呈现下降趋势。根据 FAO 数据显示，德国肉牛出栏量由 20 世纪 90 年代初期高达 760 多万头，下降到近年来的 360 万头左右。从具体品种上看，根据欧盟统计局的数据显示，2010 年以来德国肉牛的出栏量稳定在 360 万～380 万头，在屠宰场屠宰的肉牛基本维持在 348 万～374.4 万头，如表 3-1-3 所示，成年牛的屠宰量为 311.5 万～339.9 万头，小牛屠宰量为 34.5 万～40.4 万头。另外，德国母牛每年屠宰量为 120 万～135 万头，其中，小母牛屠宰量约在 50 万头。

表 3-1-3

屠宰场中的肉牛屠宰数量

万头

项目	2007 年	2008 年	2009 年	2010 年	2011 年	2012 年	2013 年	2014 年	2015 年	2016 年
肉牛	371.3	385.0	373.9	374.4	367.7	361.2	348.0	355.3	351.9	360.7
小牛	31.2	31.6	33.1	34.5	37.5	40.4	36.5	36.3	35.7	37.1
成年牛	340.1	353.4	340.8	339.9	330.2	320.8	311.5	319.0	316.2	323.6
母牛	132.0	139.7	137.3	133.1	130.6	127.8	121.5	127.2	123.2	133.6

来源：https://www.destatis.de

2. 肉牛产品历年变化

随着肉牛出栏量的下降，牛肉产量也呈现显著的下降，由 20 世纪 90 年代初的 200 多万 t 下降到近年来的约 120 万 t。其中，“小牛肉”是屠宰低于 12 月龄的牛只（犊牛和小牛），“牛肉”是屠宰成年牛产肉量。牛肉主要是由专门的牛种生产，但也有的来自奶牛。奶公犊牛大部分用于牛肉生产，但增长的潜力不足。从肉牛屠宰情况看，肉牛总的产肉水平维持在约 115 万 t。其中，小牛产肉量在 5 万～6 万 t，成年牛的产肉量维持约 110 万 t。从屠宰的母牛的产肉量看，维持在 35 万～40 万 t，而其中的小母牛屠宰的产肉量约 15 万 t。

3. 养殖区域与规模结构

从地区分布上看，德国肉牛养殖区域主要分布在 Bayern、Niedersachsen、Baden-Württemberg、Nordrhein-Westfalen 和 Schieswig-Hoistein 五个地区。根据德国肉牛养殖各州数据显示，2013 年这五个地区的养殖场养殖肉牛数量分别为 325.39 万头、257.26 万头、98.51 万头、137.81 万头和 111.96 万头，合计 930.93 万头，占总养殖量的 75.2%；2016 年五个地区养殖数量分别为 317.87 万头、263.25 万头、99.18 万头、144.15 万头、110.36 万头，五个地区的合计养殖量为 934.81 万头，占总养殖户的 74.9%，肉牛养殖数量比较集中。

从德国肉牛养殖规模上看，总体属于偏向中小型规模。如表 3-1-4 所示，养殖量以 50 头及以上的规模农场为主，50 头及以上农场养殖牛数量达到 1 107 万头，占总养殖数量的 88.8%，其中，100 头及以上的达到 65%；而 1～9 头养殖户仅提供 1.2%的肉牛，10～19 头养殖规模农户仅提供了 2.1%的肉牛，50 头以下养殖场仅提供了 11.2%左右的肉牛。这一结果表明德国肉牛养殖不论从区域上还是从养殖规模上都比较集中。

表 3-1-4

德国肉牛养殖规模结构分布

规模/(头/户)	数量/万头		占比/%	
	2015 年	2016 年	2015 年	2016 年
1～9	15.16	14.96	1.2	1.2
10～19	26.53	26.18	2.1	2.1
20～49	101.08	98.49	8.0	7.9
50～99	189.53	180.77	15.0	14.5
100～199	328.51	317.91	26.0	25.5
200～499	385.37	387.72	30.5	31.1
≥500	217.32	220.67	17.2	17.7
合计	1 263.5	1 246.7	100.0	100.0

来源：https://www.destatis.de

4. 初级畜产品价格及其变化情况

近年来，德国牛肉价格变动分为两个阶段，呈现了先增后降趋势。从 2010—2013 年，欧盟牛肉价格指数上涨了 16%。2014 年开始下降速度较慢（−0.9%）。然而，在 2010—2015 年，牛肉价格指数上涨了 9.1%。2000 年以来，德国与欧洲国家牛肉价格增长趋势总体相同，都呈现显著增长趋势，尤其是德国牛肉产品的价格增长幅度较大，比 20 世纪 90 年代末提高了 1 倍多。牛肉产品价格增长一方面是由于消费的增长与供给减少导致的整体价格增长；其次是成本增加，以及国际牛肉价格增长对肉牛产品价格也有显著的提升作用。从近年来德国牛肉与犊牛价格看，仍然与欧盟主要生产国的牛肉与犊牛价格变动趋势基本相同，呈现了明显下滑趋势，主要原因是受牛疫病、消费量下降及经济不景气等因素的影响。

5. 养殖成本与效益

德国的畜牧业经营模式有中、小型或大型，目前都向规模化发展。尽管德国饲养户数逐年减少，但由于每户饲养头数逐年增加，因此，德国的畜牧业仍稳步发展。根据李娜、王明利等(2016)采用 Agri Benchmark 数据库资料对典型农户肉牛养殖成本和效益分析结果，德国肉牛养殖户收入基本为肉牛养殖收入，德国肉牛养殖收入中补贴所占比重较大，收益较高。其中，样本编号为 DE-1400(年出栏 445 头，头均占地面积 0.61 hm^2)、DE-1100(年出栏 429 头，头均占地面积 0.56 hm^2)及 DE-100(年出栏 34 头，头均占地面积 0.80 hm^2)所获补贴分别为 115.2 万美元、53.18 万美元和 24.95 万美元。李娜等采用的该数据库包含的德国、法国、英国、俄罗斯、加拿大、美国、阿根廷、巴西、中国和澳大利亚的 37 个肉牛养殖户的典型样本，从养殖收入看，德国 DE-1400 和 DE-1100 养殖户收入最高，分别为 45.17 万美元和 152.78 万美元。从成本上看，不同养殖户的成本投入结构差别较大，德国农户养殖中直接成本所占比重较大，占总成本的 30%～40%，间接成本占 10%～30%，雇佣劳动力占 10%～20%，折旧占 10%～30%，租金和利息约占 10%。其中，表 3-1-5 中，经营规模为 DE-100 的养殖户主要靠家庭投入为主，直接成本和折旧较高，分别占了 42.64%和 31.15%。

表 3-1-5

德国典型农户生产成本构成

%

样本编号	直接成本	间接成本	雇佣劳动力费用	租金	利息	折旧
DE-100	42.64	17.04	0	4.35	4.82	31.15
DE-300	26.94	32.68	11.85	3.33	3.44	21.76
DE-1100	32.39	19.26	20.06	6.62	1.55	20.13
DE-1400	38.61	18.49	21.49	10.79	0.59	10.04

来源：李娜、王明利等，2016

6. 主要养殖企业、协会组织概况和地位

2016 年，德国肉牛养殖经营企业主要以 200 头以下规模为主。其中，1～9 头、10～19 头、20～49 头、50～99 头和 100～199 头养殖场分别为 3.52 万户、1.84 万户、2.99 万户、2.53 万户和 2.24 万户，合计 13.12 万户，分别占总数量的 23.9%、12.5%、20.3%、17.2%和 15.2%，合计占总数的 89.1%，而 20 头以下占总数量的 36%，199 头以上的占总数量的 10.5%。德国肉牛养殖企业总体以 50 头以下的小规模养殖户为主，500 头及以上的大规模养殖企业低于总数量的 2%，见表 3-1-6。畜牧养殖协会、联盟、合作社等组织，是独立机构，自主经营，自负盈亏。德国的农业属于高度组织化的产业之一，在农业内部，畜牧业的组织化程度要远远高于种植业、林业和渔业。

表 3-1-6

按不同规模德国肉牛养殖企业结构分布

规模/(头/户)	数量/万户		占比/%	
	2015 年	2016 年	2015 年	2016 年
1～9	3.58	3.52	23.7	23.9
10～19	1.87	1.84	12.4	12.5
20～49	3.08	2.99	20.4	20.3
50～99	2.66	2.53	17.6	17.2
100～199	2.33	2.24	15.4	15.2
200～499	1.33	1.34	8.8	9.1
500 及以上	0.26	0.26	1.7	1.8
合计	15.12	14.71	100.0	100

来源：https://www.destatis.de

德国是世界上合作社发源地之一，早在 1867 年就制定了第一部《合作社法》，后来又经多次修改完善。农业合作社属于农民自己的经济性组织，现已遍布农村，全方位形成一个综合性的社会服务网。

2015 年德国有各种联合体 1 079 个，各类合作社 1 万多个，为农民提供农产品生产、加工、销售、金融、农资供应、咨询等方面的服务。设有的“德国农民协会”，下设有 300 多个地区性的组织，90%以上的农民都隶属于该协会，协会向农民提供各种无偿服务，从提供信息到维护农民的权益等无所不包。目前，为了形成规模优势，保障合作社利益，走上联合发展之路，德国大部分合作社都加入了地区性、专业性或全国性合作社联盟。合作社联盟以经济利益联结，以为基层合作社服务为目的，在互通情报、控制市场方面发挥着重要作用(胡成波，2013)。

7. 劳动生产率、资源转化率、养殖生产力概况

不同规模肉牛养殖户生产率、资源转化率和养殖生产力不同。根据德国统计局数据显示，养殖规模 100～499 头肉牛养殖场劳动力和资源利用效率最高，而 10 头以下最低，其次是 10～19 头的养殖规模。养殖规模在 100～499 头规模的养殖场，人均养殖达到 60～90 头，土地资源利用达到 1.6～1.7 头/hm^2；而 20 头以下的养殖户人均仅养殖 5～15 头，养殖牛头数不足 0.6 头/hm^2，养殖 9 头以下的农户，土地利用率仅 0.2 头/hm^2。对于土地资源相对有限和人力资源成本较高的德国，集中于100～499 头养殖也是德国肉牛养殖业产业最优选择，见表 3-1-7。

表 3-1-7

不同规模肉牛养殖资源使用情况

规模/(头/户)	可利用耕地面积/hm^2	土地资源利用/(头/hm^2)	人均养殖/(头/人)
1～9	345.8	0.2	5.5
10～19	388.4	0.6	13.6
20～49	1 071.0	1.0	23.2
50～99	1 577.2	1.3	38.8
100～199	2 119.6	1.6	62.7
200～499	2 039.4	1.7	90.5
500 以上	1 899.7	1.1	55.1
合计	9 421.0	1.3	47.4

来源：https://www.destatis.de

通过进一步典型农户比较分析，根据李娜、王明利等(2016)采用前沿生产函数分析结果，可以更好地比较不同水平的肉牛养殖效率和生产力情况。利用 2012—2014 年相关养殖户的成本收益数据，通过 Stata 12.0 软件拟合上述随机前沿生产函数，得到估计结果。根据估计结果，得到德国肉牛生产效率情况分数。从得分情况看，德国肉牛养殖效率水平不断提高，与其他国家比较，处于中等水平。但是，从具体结果看，技术效率损失较大，最高水平 DE-1100 也存在 30%以上的效率损失，而最低 DE-1400 和 DE-100 都超过 50%的效率损失。

8. 生产潜力评估

德国肉牛生产潜力巨大。虽然，近年来由于疯牛病等原因以及消费者需求下降导致德国牛肉市场萎缩。从历史数据以及德国肉牛草地资源和奶牛存栏量及屠宰情况看，德国肉牛生产潜力巨大，至少可以提供 1 倍于当前肉牛产品的产量，而且从资源利用效率上至少还有 20%以上的提升空间。但是，从近年来德国肉牛供求趋势以及德国肉类消费结构看，将会持续稳定在约 110 万 t 的水平。

(三)肉牛产品加工业发展情况

1. 主要肉牛产品产量，在世界上的地位

德国是欧洲经济大国和畜产食品的加工业大国。2015 年肉类企业数量为 1 345 户，雇佣员工约 11.4 万人，肉类产业全球排名第三，欧洲第一。肉制品加工技术、肉类加工机械制造技术水平世界一

流。但是,德国牛肉和小牛肉加工量约 110 万 t,占全国比重比禽肉低,约占德国肉类加工总量的 13%。德国牛肉生产规模在德国肉类加工业中比重较小,在世界牛肉加工业占比也很小,主要以满足国内市场需求和欧盟贸易需求为主。

2. 肉牛产品产量历史变化情况

从牛肉产品净产量来看,2000 年以来,德国肉牛产量略有下降,2015 年牛肉产品净产量为 113.2 万 t,比 2000 年 130.3 万 t 下降了约 17 万 t。而近 5 年基本保持在约 115 万 t,见图 3-1-2。

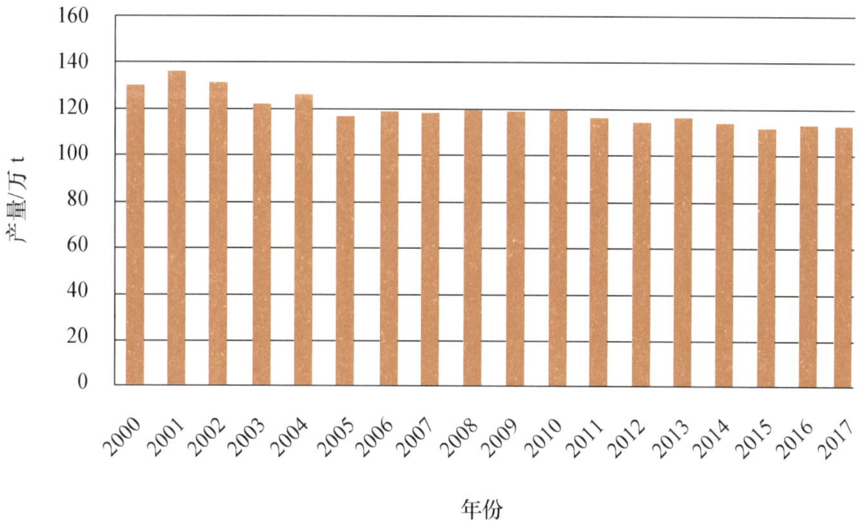

图 3-1-2 德国牛肉产品净产量

来源:https://www.statista.com

3. 肉牛产品加工企业、组织概况

德国多元化、现代化的企业构成是生产高品质牛肉的基础。德国肉牛屠宰规模较小,而且由于养殖数量下滑,导致加工企业产能过剩局面越来越严重。总体来看,德国牛肉加工企业组织情况具有低度的垂直整合特点。在肉牛产业链上多家贸易商、批发商连接在一起。签订长期契约的较少,价格是主要竞争因素。在德国的肉牛产业中,加工企业与养殖场之间的交易形式往往以单一的现货交易和非正规的长期合作关系为主。与养殖场和屠宰加工企业之间的关系相比,德国肉牛屠宰加工企业与零售企业开始向一体化方向发展,并且在加工零售阶段,其合作关系日益密切;而生产者的组织存在多种模式,形式灵活,可以采取不同的法人形式,例如经济协会、合作社以及有限责任公司等。生产者与市场对接主要包括生产者组织模式、购买方驱动模式和中介机构驱动模式,以及在很小范围还存在直销模式。

(四)牛肉消费情况

1. 德国牛肉自给率变化及牛肉消费占肉类比重

德国居民肉类消费量较高,高达每年 60 kg/人。德国的肉类生产结构和消费偏好与我国非常相似。德国人喜食猪肉,尤其是各种猪肉制品,如香肠等。德国肉类生产以猪肉、牛肉、鸡肉和火鸡肉为主。但是,牛肉消费量变化不大,总体还有减少趋势。从牛肉自给率上看,如图 3-1-3 所示,自给率由 2001 年的 171.4%下降到 2015 年的约 110%。如图 3-1-4 所示,在德国人均约 60kg 肉类消费中,牛肉消费仅有 9.1 kg,不到肉类消费总量 1/6。牛肉消费量及其在肉类产品消费结构中的比重都显著下滑。

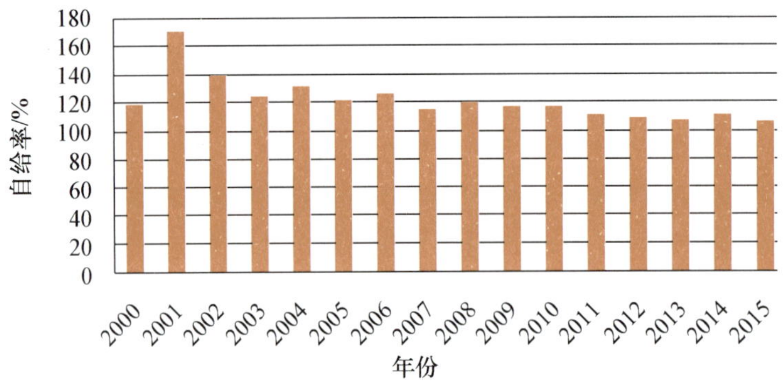

图 3-1-3　德国牛肉自给率变动

来源:https://www.statista.com

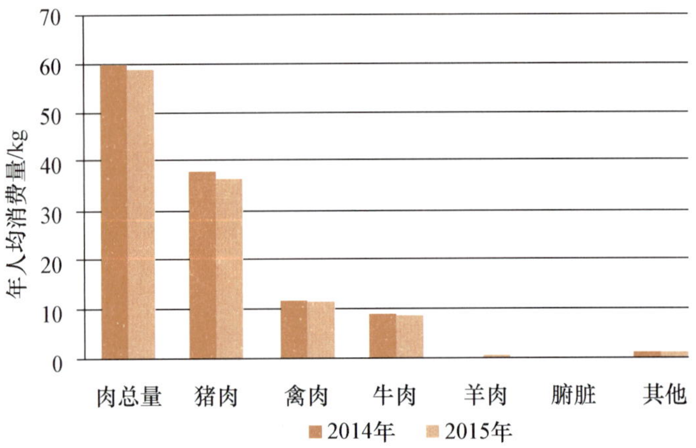

图 3-1-4　德国畜产品消费结构

来源:https://www.statista.com

2. 牛肉消费量历史变化情况及影响因素

根据德国统计局的统计数据,如图 3-1-5 所示,1991—2015 年德国牛肉和小牛肉的人均消费量,总体呈现显著下滑以及近年来比较稳定波动的变化趋势。由于受到疯牛病等疫病和经济下滑因素的影响,德国牛肉年消费量 1991—2005 年呈现了显著下滑趋势,由较高的 20.6 kg/人下滑到 13 kg/人,而其中用于人类消费仅有 9 kg/人,仅比我国高约 4 kg/人。

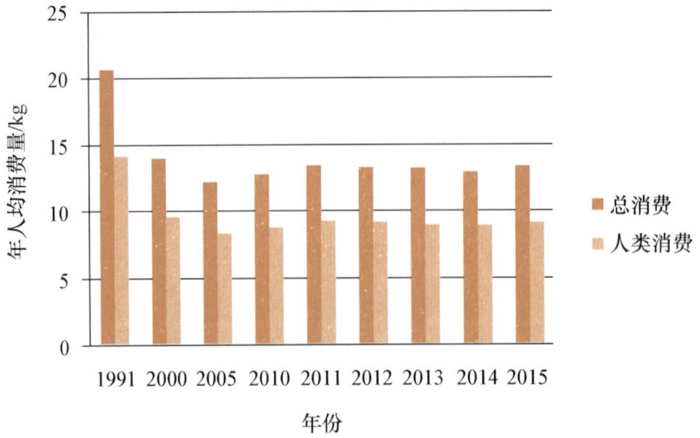

图 3-1-5　德国人均牛肉消费变动情况

来源:https://www.statista.com

3. 牛肉产品营销模式

在德国，牛肉（肉类）产品在批发零售环节中会通过几种途径销售到消费者手中，主要包括大型超市或综合超市、折扣商店、零售肉店和其他便利店等。除此之外，还有很小部分加工成品通过餐厅、酒店等餐饮行业售卖给消费者。然而，与屠宰行业相比，德国牛肉零售行业的集聚效应更为明显。在屠宰加工企业和零售商之间，交易价格是通过每周或每月的频繁价格协商确定的。每一个零售商都与数目不等的供应商建立固定联系，但由于零售部门市场力量强大，零售商往往会在这一产业链环节的定价中起到关键作用。

4. 牛肉物流、营销企业、组织概况

德国牛肉供应链竞争很激烈。食品零售商或者加工企业以及农户联合会，虽然都没有足够的力量去控制产业链或者建立产业标准，但是流通环节明显在产业链中具有控制性议价能力。在垂直一体化过程中，很多流通企业通过建立自己标签提升市场控制能力，例如，EDEKA 和 REWE 直接向后延伸，建立自己的屠宰场和品牌，控制整个产业链。而且，德国零售业也越来越集中，以每天低价策略营销方式，不断改变有利于大型超市和折扣店零售环节发展的环境，限制后来者和小规模竞争者，其中 Aldi 和 Lidl 是肉类食品市场的主要领导者。

（五）肉牛产品贸易情况

1. 肉牛产品进口情况

根据德国统计数据资料，如图 3-1-6 所示，近年来，德国牛肉进口产品显著增加，由 2000 年的 27 万 t 增加到 2015 年的 43 万 t，其中从欧盟其他国家内部进口由 19.5 万 t 增加到 37.5 万 t。德国牛肉进口贸易还以欧盟内部为主，其他国家仅为 5.5 万 t。

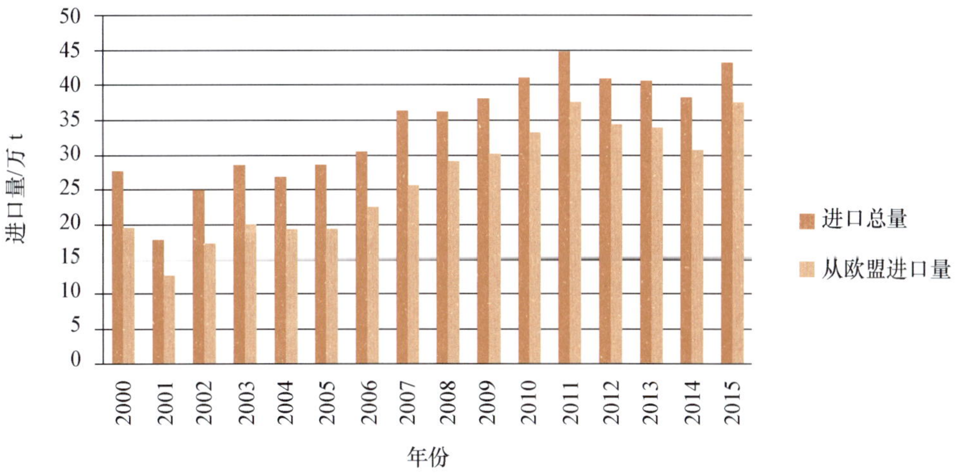

图 3-1-6 德国牛肉进口量变化

来源：https://www.statista.com

FAO 数据库进出口资料统计了德国牛肉主要进口国家及其贸易情况。根据最新的 2000—2013 年数据资料显示，德国牛肉进口量和进口金额都显著增加，德国牛肉进口额由 2000 年的 6.3 亿美元增加到 22.4 亿美元，其间 2011 年最高为 24.8 亿美元。从 2000—2013 年累计进口量看，进口总量 15 万 t 以上的国家主要有 10 个，其中荷兰、法国、阿根廷、波兰、丹麦排在前五位，进口总量在 20 万 t 以上，进口金额在 100 亿美元以上。其中，进口量最大的荷兰、法国、阿根廷，前三位进口金额在 20 亿美元以上。而从进口的主要品种上看，主要是剔骨牛肉，占总金额的 70%、占进口数量的 60%。

2. 肉牛产品出口情况

近年来，德国牛肉出口呈现了先增后降的变动趋势，出口主要以欧盟内部国家为主。根据2000—2015年德国牛肉出口量变动趋势看，2000年出口量为45.2万t，出口欧盟内部33.9万t，2011年最高，出口达到约60万t，其增长主要是出口到欧盟以外国家增量较多，之后开始下降。到2015年出口量降低到46.3万t，出口欧盟内部43.5万t。在整个期间，出口欧盟内部的数量基本维持在40万～45万t。近5年来，德国牛肉出口基本在45万～50万t。

FAO数据库进出口资料统计了德国牛肉主要出口国家及其贸易情况。根据2000—2013年数据资料显示，德国牛肉出口金额显著增长，但是出口量并没有显著增加，出口量在35万～45万t之间波动，出口金额由2000年8.6亿美元提高到20.8亿美元。2000年以来累计牛肉产品出口总量1万t以上的欧盟和邻近国家主要有15个，其中，意大利、荷兰、法国、俄罗斯排在前4位，出口总量在20万t以上，出口金额10亿美元以上。另外，排在第五位的贸易国是丹麦，出口量高达7万t，出口金额超过了25亿美元。

3. 在世界畜产品贸易市场的地位

德国食品生产在欧盟乃至世界市场都占有重要地位。但是牛肉产量较小，在世界市场地位较低。从其牛肉产品进出口情况看，主要是满足国内需求以及欧盟内部成员需求为主。与其他牛肉出口大国（印度、巴西、澳大利亚等）相比，欧洲的牛肉出口价格差仍然存在。事实上，欧洲的牛肉产量降低了，市场需求量降低得更多，才导致了出口量的增加。无论如何，虽然国际市场存在价格竞争，德国牛肉的卫生和品质保障方面仍具有一定的竞争力。

4. 与中国的畜产品贸易情况

德国是中国畜产品的贸易伙伴国，德国主要向中国出口猪肉类制品，包括猪肉、猪肉类香肠等；而中国主要向德国出口猪肉以及鸡肉罐头，没有大量牛肉进出口贸易。

三、畜牧业生产扶持政策措施

德国作为欧盟最重要成员国之一，其肉牛产业支持政策是在欧盟共同农业政策框架下构建的。几十年来，肉类行业一直是欧盟（EU）最重要的行业之一。50%的欧盟国家内的农场都有牲畜，约90%的反刍动物（牛、羊、山羊），农民是其专门的生产者。传统上，肉类是蛋白质的主要来源，构成了欧洲饮食的重要组成部分。因此，欧盟在肉类行业，特别是在制度下的共同农业政策（CAP），旨在鼓励生产安全、营养和大众有消费能力的肉类。早在1962年推出CAP时就是为农民实现多种功能，包括其生产高质量、安全食品的主要目标而设定条件。最近几年发生了重大改革，特别是2003年、2008年和2013年。这些改革试图使欧盟的农业部门更加面向市场，确保继续生产安全和大众有消费能力的食品，同时尊重环境和可持续发展问题。2013年12月，欧盟议会和理事会正式通过了CAP的最新改革。它是建立在4个新的法律文书的基础上，旨在简化CAP的规则，其中包括：支持农村发展（“欧盟法规”第1305/2013号），管理和监督CAP（“欧盟法规”第1306/2013号），直接付款（“欧盟法规”第1307/2013号），与农产品相关的措施（“欧盟法规”第1308/2013号）。

CAP后期关注的主要内容是更公平地分配直接拨款（具有针对性的支持和融合目标）；加强农民在食品生产链中的地位（例如，修改公共干预和私人仓储援助，新的危机管理工具）；继续支持农村发展，维护环境和生物多样性。CAP由两个基金提供资金：一方面，欧洲农业保障基金（EAGF）资助，直接支付给农民，以及应对市场动荡的措施；另一方面，欧洲农村发展农业基金（EAFRD），为农村发展计划提供资金。在2013年后的CAP中，近1/3（30%）的直接付款与可持续和环境友好的做法有关，如作物多样化、维持永久草原或保护农场生态区域；对有机农业的具体援助。此外，CAP通过旨在刺激就业、创业和超越粮食生产的农场多样化来帮助农民。

在欧盟，近年来消费者对行业的信心有所下降，动物疾病，如牛海绵状脑病(BSE)、口蹄疫(FMD)、禽流感或严重急性呼吸综合征(SARS)都已经有了对整体肉类需求和价格的抑制作用。因此，在欧洲，肉类发展部门的特点是需求、消费和人口的变化，更多关注软科学产品质量特点，如动物福利、"安全产品"和产品追溯。当今世界，政界人士也是大多数市场参与者，都会知道动物健康事件恐慌可能会破坏行业的稳定。在这一背景下，欧盟畜牧业政策强调严格的立法、高水平的标准和政策，满足消费者对增强信心的需求，而生产者则尝试提高农场管理水平和整个生产链的垂直整合。

四、肉牛产业科技进展

(一)育种与繁殖技术

德国有 40 多个牛品种，其中 80%的牛群主要是荷斯坦和红荷斯坦品种、德国 Fleckvieh(弗莱维赫牛)和德国 Braunvieh(褐牛)。剩下的 20%由 8 个当地稀有品种和约 30 个肉牛品种共同组成。牛品种的多样性也显示了北部和南部区域气候和饲料供应的差异。

在德国的北部和东部，荷斯坦和红荷斯坦牛是最常见的品种。南部西门塔尔和弗莱维赫牛占有主导地位。德国非常重视牛的联合育种工作。联合育种是以家庭牧场(农户)为基础，联合会、企业、政府及农户等多种经营成分共同参与进行育种工作。在联合育种体系中，将家庭牧场和养牛农户组织起来，成立地方育种协会，各种组织联合起来，组建区域性的牛种培育推广联合会，培育优秀种公牛，开展联合后裔测定，生产冷冻精液、胚胎。政府部门主要负责制定遗传评定方法和参数，成立评估信息机构，建立数据信息收集系统和基础数据库，组织开展生产性能测定，提供数据信息。养牛农户以会员制的方式成立人工授精组织，并针对会员要求及生产需要制定育种计划，及时提供有效的人工授精、胚胎移植等服务。目前，德国生产的牛肉 45%来自奶牛群，因为奶牛是利用植物性饲料转化成动物性蛋白质和脂肪效率最高的家畜，而肉牛对饲料中能量和蛋白质的转化率较低。大部分不作种用的奶公犊、淘汰母牛、部分低产奶牛是奶牛群生产牛肉的主要来源。此外，也有部分养牛户把繁殖的奶用母牛与肉用公牛杂交，其后代用作肉牛生产。

德国牛人工授精联合协会(BVN)是德国最大的人工授精企业，尤其是在 Fleckvieh(弗莱维赫牛)和 Gelbvieh(德国黄牛)育种方面占有绝对主导地位，特别是经过了 150 年时间培育的乳肉兼用德系西门塔尔牛，BVN 在促成公司和养殖组织之间密切合作关系中具有丰富的经验。

1. 德国的种牛培育方法

培育评估价值和可靠性较高的种公牛。在德国的"肉牛"选择体系中，包括了从 2012 年使用的"培育特有性状的相对育种值"的方法，全国 Kör 指数用于牛肉特性检测(对于非原种牛)及从 1997 年推出的"肉牛相对育种值"(对于原种牛)。基于 BLUP 多性状动物模型特点，与培育肉牛种群相关的性状："产犊间隔""出生死亡率"和"产犊数"及其他培育性状的相对育种值(RZL)，以及现场及测定站内测定生长性状：如"平均日增重"(从出生到200 d和 365 d)和"肌肉量"(从出生至 200 d 和 365 d)时，以及母体效应(母亲女儿后代的生长特性)，计算性状的相对育种值(RZF)。

对于牛种特性的评估必须同时借助上述两种性状。其中包括：每个品种的"总培育计划"；企业间的相关育种值参考；以及通过参考相关品种关系提高育种值评估的可靠性。但是，在育种值的评估中，也须考虑屠宰性状(屠宰收益和屠宰牛质量)。如果这些屠宰性状符合屠宰牛生产的要求，因此，对培育者具有较高的经济意义。这些屠宰性状在世界领先的肉牛养殖国家中颇受重视。此外，在德国兼用牛种(西门塔尔牛、德国黄牛)的育种值评估中，也包含了屠宰性状。对于西门塔尔牛，德国和奥地利联合进行了跨国的育种值评估。在"盈利性状"方面，牛场及测定站内测定得出的性状，如"净增长量""屠宰产量”以及“商业质量标准分类等级”，呈现出相对经济性状权重为 60 : 20 : 20 (FÜRST，2002)。

出于经济原因，母牛培育一般选用自然交配(世界上大约 95%的培育母牛中，多数母牛均通过 1 头公牛交配)，其利用了公牛的生理极限且提高了利用率。因此，在选择培育牛种时，须考虑培育价值的安全性(精确性)。获取关于牛只信息以及种群信息越多，那么培育的可靠性就越高，由信息变化导致误差的可能性就越低。在经济性状上，专业化、整齐度对于肉牛生产具有重要意义。在较大的饲养规模中，通过提高饲料利用率以及在单位时间内获取更高的生产性能，持续提供出栏体重大的牛，以保证屠宰牛的质量。生产单位通过系统的生产性能测定以及评估系统(生育能力、繁殖性状、健康及长寿性)对功能性状以及肉质(尤其是肉质结构)进行测定。同时，通过牛场和测定站内测定的公牛及后代的生产性能是需要一定的成本和收益对比来实现合理的经济培育目标。

例如夏洛莱牛，在表 3-1-8 中使用了“肉牛相对育种值 (RZF)”作为选择标准，对于 365 d 内的平均日增重、肌肉量和母牛培育性状的影响，其同样显示出了 10%最好公牛的相关参数。

表 3-1-8

使用 RZF 对于夏洛莱牛培育性状的影响

特点	单位	重要因素	所有公牛	平均值 10%最好的公牛	选择差异
日增重	g	0.40	18.4	145.9	+127.5
肌肉度	分	0.20	0.15	0.85	+0.70
断奶重	g	0.40	1.8	6.3	+4.5

来源：2014 年德国 ADT 项目 GFA 咨询公司宣传册

由于不同的地区价格和收入差异(如对于小牛或母牛、培育的本交公牛、饲料)，很难对生产性状和育种值评估效果来完成经济评估。但是，通过下列计算公式可计算出所使用公牛或繁殖母牛的经济价值：

公牛或母牛的价值=1/2×后代遗传重量×饲养牛犊天数

例如，1 头公牛从出生到断奶(200 d)的体重日增加 150 g，因此，其后代 200 d 的平均断奶重量增加为 1/2×0.150 kg/(d·头)×200 d=15 kg/头。如果公牛留下了 100 头后代，那么其平均断奶增加的总重量可达到 1 500 kg。

2. 主要牛品种育种情况

(1)德系西门塔尔牛的育种

德系西门塔尔牛育种组织结构。德系西门塔尔牛(弗莱维赫牛)是在原瑞士西门塔尔牛群基础上，引入其他品种经过多年选育而培育出的乳肉兼用型牛种，有近 150 年的育种历史。随着德系西门塔尔牛育种体系的不断完善，乳用及肉用性能逐年提高。德国政府通过制定育种法来规范育种登记、人工授精等工作，农户通过会员制的形式加入地方育种协会和人工授精协会。巴伐利亚州牛种培育推广联合会(VFR)是由乳品企业、政府和农户来组成的，主要有后裔测定中心、DHI 检测中心和全国五家育种协会之一的 BVN，BVN 成立于 1948 年 9 月 22 日，组织结构有董事会、监事会、会员代表和会员企业(农户)2 万余户。BVN 下面有 2 个人工授精站及 1 个胚胎移植中心、活牛拍卖市场、种公牛站和服务机构，这些全部都是为农户服务。BVN 是以公司为主导，会员养牛户积极参加，并与相关单位合作的育种体制。为培育乳肉兼用德系西门塔尔种公牛，会员牛场提供后备公牛和饲养母牛的 25%用于后裔测定。胚胎移植中心保持全欧洲最高的移胚成活率和获可用胚胎数(10 个以上)。每年中心都有约 340 头后备公牛，测定公牛约 80 头，验证公牛约 70 头。

德系西门塔尔牛育种情况：在德系西门塔尔牛培育过程中，始终坚持乳肉兼用的育种方向。经过多年的系统选育，德系西门塔尔牛已成为世界上乳肉性能平衡方面最优秀的兼用牛品种之一。弗莱维赫牛体型大、宽额、颈短；体表肌肉群明显易见，体躯深；骨骼粗壮坚实，背腰长、宽而平直；后躯发达，臀部肌肉饱满，呈圆形；四肢粗壮，球节结实，蹄部系部致密，强健有力；母牛乳房发达，附着性好，匀称紧密，乳静脉明显；毛色多为红白花，白头，部分带眼圈；前胸、腹下、尾帚和四肢下部均为白色。德国有奶牛约 420 万头，其中德系西门塔尔母牛（弗莱维赫牛）存栏 120 余万头，主要分布在德国南部的巴伐利亚州，占总群体的 80%。2010 年弗莱维赫的母牛的平均产奶量 7 129 kg，乳脂率 4.15%，乳蛋白 3.5%，平均出生重 40 kg。同时，公犊有很好的产肉能力。育肥公牛平均日增重 1.35 kg 以上，16～18 月龄体重可达 700～800 kg，屠宰率 60%，净肉率 50%，胴体出肉率 72%。

种公牛测定从 15 月龄购入青年公牛，主要是看系谱；18～21 月龄进入后裔测定，测定父系的繁殖力；27～30 月龄时牛犊出生，测定产犊的难易度；45～50 月龄，屠宰测定公牛儿子，测定产肉性能；54～60 月龄，测定公牛女儿产犊，第一次情期受胎率，顺产率，体型外貌，产奶性能，体细胞数；65～70 月龄，公牛女儿进入第二个泌乳期，测定使用寿命。德系西门塔尔牛的综合育种值中，肉用性能占 16%、泌乳性能占 38%、泌乳力占 2%、健康指数占 44%。按照各分性状分为，使用寿命占 13.4%、顺产率占 3.7%、泌乳力占 2%、净增重占 7.3%、繁殖力占 6.8%、死胎率占 8.1%、乳脂含量占 4.4%、出肉率占 4.6%、体细胞数占 9.7%、持续力占 2%、乳蛋白含量占 33.4%和贸易等级占 4.6%。

(2)德国荷斯坦牛的育种

据最新统计，德国牛总存栏 1 270 万头，奶牛存栏 426.7 万头，88%的奶牛参加乳成分检测，66%的奶牛在种畜登记册上，90%的奶牛进行人工授精。产奶牛中 65%荷斯坦牛、25%弗莱维赫牛、5%褐牛、5%其他品种（1.5%杂交品种）。来自 44 212 个牧场的 3 655 659 头奶牛，占德国奶牛总数的 87%，每个牧场 83 头产奶牛。东部（荷斯坦）330 万头，西北部（荷斯坦）100 万头，南部（弗莱维赫）约 120 万头。参加乳成分检测的奶牛生产水平，213 万头荷斯坦牛每头年平均单产 9 167 kg，乳脂率 4.04%，乳蛋白率 3.42%（323 d 泌乳天数）；23 万头红荷斯坦牛每头牛年平均单产 8 208 kg，乳脂率 4.18%，乳蛋白率 3.46%（泌乳天数 320 d）。

德国牛产奶性状育种是通过产奶量、乳脂量、乳蛋白量、乳脂率和乳蛋白率性状，计算（RZM）产奶性状的育种值；通过健康性状中的体细胞数分级，计算（RZS）乳房性状育种值；通过体型外貌的 19 个线性性状，4 种体型性状，计算（RZE）体型外貌育种值；通过使用年限计算（RZN）使用年限育种值；通过产犊性状中的产犊难易、死胎率（母亲的/父亲的），计算 RZK 产犊难易性状育种值；通过女儿繁殖性状中的从发情周期开始的 4 个有关受胎率的性状，计算（RZR）女儿繁殖性状育种值；其他性状如挤奶速度、性情、产奶持续力、公牛繁殖力等。产奶性状和经济性状占 45%的权重，使用年限、女儿繁殖力和体细胞占 40%的权重，体型外貌和肢蹄性状占 15%。德国从 1996 年起，就开始了牛长寿性状育种值评定，自 2001 年起，使用年限在总育种值中占 20%的权重，受存活率估计育种值的统计模型限制，母牛没有育种值，从 2018 年 4 月开始新的多个泌乳期动物模型用于育种值估算。不同泌乳期和同一泌乳期不同泌乳阶段的淘汰原因不同，线性动物模型用于存活率的育种值计算。使用年限的估计育种值使用了存活率这一功能。

3 个泌乳期×每个泌乳期 3 个泌乳阶段的性状＝9 个性状

自 2009 年，德国荷斯坦公牛育种就使用欧洲联合基因组选择公牛参考群体，年轻公牛在基因参考群上预选，用于基因组无偏预测，甚至有更高的准确性。由于基因检测成本降低，德国很多农场则推行全群基因组检测。为了更高效的畜群管理，于 2016 年 1 月正式推出，到 2018 年 1 月 9 日时，多于 730 个畜群参加，140 个畜群参与基因组检测，使用超过 22 万个耳标（第三个），多于 18 万头年轻母牛参与基因组估计育种值。5.1 万头奶牛产犊，约 4 万头奶牛进行了体型外貌鉴定。早期年轻母牛基因组估计育种值计算中没有母牛自身的表型数据，参与验证的奶牛的表型记录（2018 年 4 月），早期基因组估计育种值计算被平均分为 4 组，在 4 个估算基因组育种值群组之间，进行畜群内奶牛表型偏差比较，德国荷斯坦牛的总价值指标在很长一段时间里都在重点关注功能性状，新的长寿性状遗传评定模型提供了更准确和更早的传统遗传和基因组育种值估计，终生产奶量取得了显著的提高，对新的健康性状建立起了传统遗传/基因组评估系统，通过 KuhVision 项目，数百万头奶牛将要加入德国奶牛基因组参考种群。母牛基因组育种值估计对高效畜群管理来说非常理想，考虑到遗传性状的定制化选配，德国

KuhVision 育种项目为德国荷斯坦牛几十年后的育种奠定了基础(刘增廷,中德畜牧业合作项目,德国数据处理中心)。

世界上大多数国家,荷斯坦牛选择指数主要包括生产性能和体型外貌性状,而德国荷斯坦牛的选择指数更早注重了平衡育种的理念。德国荷斯坦牛的育种目标是头胎产奶量 10 000 kg,乳脂率 4.0%,乳蛋白率 3.5%,体高 1.45～1.5 m,体重 750 kg。德国荷斯坦牛的育种目标,充分体现了其育种体系注重综合经济效益的平衡理念,与我国在荷斯坦牛方面合作前景广阔。德国荷斯坦牛主要分布于北部,其中东部以大型牛场为主,西部以小型家庭农场为主。

(3)德国褐牛的育种

德国褐牛使用年限长且适应性强,大多数饲养在具有天然放牧草场的地带,以鲜草和青干草为主要饲料来源。德国褐牛是世界上最大的褐牛群体。由于多为放牧饲养方式,德国褐牛初产年龄大于其他奶牛品种。而在舍饲条件下,德国褐牛的初产年龄和其他奶牛品种相同。饲养管理条件好的牧场其褐牛产奶量可高达 12 t、乳蛋白率超过 4%。德国褐牛总性能指数(TMI)的各主要性状的权重为产奶性状 48% 、适应性 47% 、产肉性能 5% 。德国褐牛还具有优良的产肉性能,在出栏日龄、出栏体重、日增重等方面与德国西门塔尔牛接近。

(二)养殖技术

在德国,农户、农民合作社和股份制合作社,都有配额的土地,养牛所需要的青粗饲料和精饲料绝大部分自己生产。每头母牛平均 1 hm^2 土地是较为普遍的情况,有的甚至还要高于这个数值。

1. 饲料的种植与生产

德国的养殖户,充分利用政府配给的饲料地,其中,牧草占 35%,饲料玉米占 40%,其他占 25%。主要饲料作物有黑麦草、玉米青贮、苜蓿、油菜、玉米、冬小麦、冬大麦、冬黑麦、夏大麦和豆科作物等。牧草采用草青贮的方式贮藏起来,切割长度 15 cm,干物质约达 30%,干物质中的粗蛋白达 15%～17%。

由于养殖成本的提高,养殖户的蛋白质饲料基本都用菜籽粕来替代豆粕。粗饲料的贮藏与加工,采用草青贮、全株玉米青贮。精饲料也有采用玉米籽实粉碎后的湿贮技术。有的养殖场还种植粮食作物,并进行粮食的交易和生产。形成了耕地、奶牛或肉牛养殖、牛的育肥、生物能源、粮食交易相结合的生产方式。

2. 饲养与管理方式

由于德国人工劳动力成本相对较高,因此,德国肉牛养殖生产的机械化率普遍高于我国,集约化养殖场每个人可饲养 200～300 头牛。主要采用 TMR 全混合日粮的饲养方式。饲养肉牛的品种主要是褐牛、西门塔尔牛、安格斯牛、夏洛莱牛等,公牛的育肥主要以散栏育肥模式为主,但育肥的每头牛占地面积较小。在有的牧场育肥牛只有可供 1 头牛卧下的位置,十分拥挤,采用漏缝地板,但不用人工清粪,避免了较大的劳动强度和劳动量。

部分奶牛场,也育肥奶公犊牛。奶牛难配的母牛,会利用比利时蓝白花冻精配种,难产率低,后代育肥生长速度快,市场行情好。在产奶牛效益不好的情况下,公牛育肥出售也是奶牛场增收的途径之一。

部分西门塔尔牛场,育肥西门塔尔乳肉兼用的公牛,18 月龄出栏体重可达到 850 kg,全期平均日增重可达到 1.5 kg,经济效益好,出栏牛活重可售到 3 欧元/kg。2017 年前每头牛可盈利 800～1 000 欧元。西门塔尔母牛残值较高。淘汰母牛体重可达 1 000 kg,活牛售价可卖到 2.50 欧元/kg,残值约 2 500 欧元。

3. 服务体系

德国农业拥有一套完整的生产服务体系,涉及从联邦到州和州级以下的地方,存在从公共部门到混合型组织和私营服务部门等不同层级和类型的服务机构。养牛生产在德国具有悠久的历史,组织良好，在养殖方面有很多经验，包括对农场的牛群进行人工授精、养殖管理和屠宰。以可持续性的育种计划为基础，对农场的有效管理，是保障肉牛产品质量的基础。农业商会广泛存在于德国，被视为介于公共部门和农民组织之间的混合型组织（Paul et al.，2014）。它们负责教育和培训，并为农民提供咨询服务。在拥有农业商会的州中，所有农民都有缴纳会费的义务，同时有得到农业咨询服务的权利。近年来，由于公共财政支出的削减，这些商会逐渐开始对某些特定的咨询服务收取费用（Thomas，2007）。另一方面，其他的一系列作为第三方的农业组织也不胜枚举，例如德国农民协会（Deutscher Bauernverband，DBV）、传统农业企业联合会（Arbeitsgemeinschaft Bäuerliche Landwirtschaft，ABL）、德国农业协会（Deutsche Landwirtschaftsgesellschaft，DLG）、德国莱富艾森协会（Deutsche Raiffeisenverband，DRV）等。这些农民组织在靠近荷兰、丹麦的德国西北部边境地区发展历史尤为悠久（Paul et al.，2014）。此外，一些大型企业在提供投入品的同时，也提供了相应的服务产品。同时，为德国肉牛产业提供服务的组织还包括一系列的研究机构，以及在犊牛繁育和育肥领域提供技术咨询与服务的公司。

4. 考察德国牧场情况

（1）尔维内维茨牧场

尔维内维茨牧场位于德国东部。牧场有 2 800 hm^2 土地，2 200 hm^2 耕地，600 hm^2 绿地。种植大麦、小麦、全株青贮玉米和籽实玉米、马铃薯、甜菜、黑小麦、蚕豆、油菜。自己加工菜籽油，榨油供食用，菜籽饼作为饲料，所有饲料全部都是自己种植。

牧场有 2 个沼气发酵站，每天 4～5 t 青贮，4～5 t 粪，生产 1 MW 电，产热供给村子。太阳能发电，自给自足。牧场有 500 头产奶牛，平均单产 10 t。120 头肉用母牛，300 头育肥公牛。牛群中 15%为弗莱维赫牛。荷斯坦公牛育肥 18 个月，平均日增重 1.2 kg/d，出栏时可盈利 300 欧元（2017 年约合人民币 2 265 元）；弗莱维赫公牛 18 个月出栏，可挣到 800 欧元（2017 年约合人民币 6 000 元）至 1 000 欧元（2017 年约合人民币 7 550 元）。屠宰率达 54%，360 kg 净肉，活重售价 3 欧元/kg。

（2）ERVEMA 农业公司

农场主：科本。

公司构成：位于德国东部，公司经营项目包括饲料和粮食种植、奶牛养殖、牛群育肥、生物能源、粮食交易等。耕地4 000 hm^2，草场和休耕地共 890 hm^2。有 4 000 余头牛。其中奶牛 1 500 头，犊牛 725 头，青年牛 1 083 头，种公牛 5 头，育肥公牛 798 头。耕地种植作物为冬小麦、冬大麦、夏大麦、冬黑麦、油菜、豆科作物和玉米等，玉米种植面积 768 hm^2。

牛群情况：牛场 2011 年开始弗莱维赫牛的杂交，主要为乳肉兼用牛，85%都为杂交牛的 F_2 和 F_3，10%奶牛，5%纯种弗莱维赫牛。犊牛死胎率小于 1%，弗莱维赫牛没有荷斯坦体型大，所以难产率低，牧场主在留种时选留初生重低的母牛后代。

生产水平：乳肉兼用的西门塔尔牛产奶量年平均 8 600 kg/头，其他品种 8 100 kg/头。小母牛从 9 月龄开始只喂干草和秸秆，初配体重 430 kg，不看体高，转群时称重。

效益情况：年出售 800 头育肥公牛，公牛育肥 17～18 个月，达到 820～850 kg 出栏，全期平均日增重 1.5 kg/d。是一个自给自足的家庭农场，农场有做菜籽粕的机器。用电靠沼气，牛场的沼气站多余的沼气可以出售，供暖，还可以给周边农村 50 户的家庭提供电和暖。粪肥施用在自己农场的耕地，经济效益良好。干奶牛放牧饲养，在 10 年前奶牛平均单产是 10 t。2017 年 5 月时，奶价 30 欧分/kg，（2017 年）折算成人民币为 2.265 元/kg，牛场奶的盈利在 0.1～0.12 欧分/kg，如果平均年产奶量 8 600 kg，收益约为 650 元人民币/t（2017 年）。

饲料成本较低，牛的产犊是 1 年 1 胎，胎间距为 372 d。牛场用的垫料是沼渣，pH 为 8.5。

（孙晓玉，韩志强 2017 年 5 月考察德国牧场，养殖技术的部分内容由德国农场主提供）

(三)疫病防控技术

1. 德国疫病防控相关的机构及法律法规

在德国有食品安全兽医科学局,隶属于德国联邦消费者保护部,负责食品和动物源性产品的安全检测和监督管理,重点负责动物疫病监测,动物及其产品的检疫监督管理,动物保护,突发重大疫情的紧急控制和扑灭以及相关法律法规、政策、标准等的制定和实施。

德国兽医协会在畜产品质量安全管理中有着非常重要的作用。在德国,兽医协会是一个自主经营、自负盈亏、完全独立的民间组织,代表兽医从业人员的利益,主要负责与兽医从业人员利益相关的部门进行沟通与协调。

德国有完善的动物疫病防控体系,包括动物标识系统、疫病控制、疫病根除与监控措施、疫情通报系统、病死动物补偿以及动物进口管理和动物健康信息传递系统等。

德国对急性传染病设立了快速控制系统,对本国发生的疫病设立了根除和监控计划,其费用由德国和欧盟共同承担。当发生了需要通报的动物疫病时,可以通过动物疫病通报系统(ADNS)将疫病暴发的信息及时传递给欧盟委员会和其他成员国,可及时地采取应对措施避免疫病扩散和造成经济损失。首次暴发的疫病必须在 24 h 内进行通报,再次暴发的疫病(即原生暴发后的暴发)必须在每周的第一个工作日通知。此外,兽医部门还必须周报、月报该辖区内的首次暴发和再次暴发的疫病。疫病暴发区禁止牲畜来回运输。

德国关于疫病防控的疫苗有 30 多种,定期注射疫苗,一旦发现有烈性传染病将全部扑杀。德国还设有疫病赔偿机制,赔偿资金由欧盟筹措 50%,另外的 50% 由动物疫病基金赔偿。动物疫病基金是农户根据所饲养牲畜的数量和潜在的疾病危险所交纳的保险金。此外,对于疾病暴发后的收入损失和其他不确定性损失,农户可以自由加入各种保险来获得补偿。

在德国和畜产品质量安全相关的法令包括:《欧洲食品安全白皮书》《食品与日用品管理法》《农业法》《通用食品法》《食品法》《消费者保护法》《动物传染病防疫法》《动物检疫法》《动物保护法》《兽医合作总则》《畜肉卫生法》《畜肉管理条例》《禽肉卫生法》《禽肉管理条例》《混合碎肉管理条例》以及一系列关于食品添加剂、农兽药最高残留、食品标签等法规和标准。总的来看,德国的畜产品质量安全法律、法规体系全面,覆盖了从饲料、饲养、屠宰、运输到销售或进出口的全过程。

关于检疫检验,在德国的每个屠宰场都有国家兽医部门派驻的检疫人员,企业根据屠宰量向政府上缴检疫费用,公职人员的收入由政府支付,不受屠宰场约束,独立行使监督检查职能。在养殖环节,每个农场都有固定的兽医,牲畜治疗用药要凭兽医处方才能购买。此外,政府还会派专员到养殖场随机检查,发现问题要报农场主和专管兽医,并通过网络发布,政府部门和消费者都可以看到。

2. 牛场疾病的防制措施及方法

德国的牛场的犊牛有许多免疫程序,预防牛只在生长过程中许多疾病的发生,通过疫苗接种达到预防目的,更好地贯彻以“预防为主”的方针。

(1)梭菌引起腹泻的预防

通过吃好初乳,犊牛至少有 14 d 的保护期。首次免疫其中间隔 4 周,每 12 个月补种和接种疫苗。

(2)大肠杆菌、轮状病毒和冠状病毒引起腹泻的预防

主要通过母牛来预防,对产犊前的母牛在生产前的 5~8 周,第一次使用 Scourguard3(疫苗)来预防;第二次在生产前的第 1 周至第 3 周注射疫苗。

(3)牛病毒性腹泻的预防

从牛的 8 月龄开始注射疫苗,之后 4 周后第二次注射疫苗,但是注射疫苗的时间至少要在配种前

4 周。

(4)牛支气管肺炎的预防

主要支气管肺炎是由于牛呼吸道合胞病毒(BRSV)、副流感病毒、牛病毒性腹泻/黏膜病(BVD/MD)、BHV1 型疱疹病毒等 4 种病毒对肺部产生的伤害所致。

分为 4 种免疫注射程序:

第一种方法。通过对牛呼吸道合胞病毒、副流感病毒、BVD-Virus 牛病毒性腹泻-病毒预防。对三种病使用三联疫苗——Rispoval 3-BRSV-PI3-BVD,第一次注射疫苗年龄为 12 周龄时,在第一次注射后的 3~4 周后进行第二次注射,第二次注射后的 6 个月以后再次接种疫苗。

第二种方法。对牛呼吸道合胞病毒、副流感病毒、溶血性曼氏杆菌的预防。使用灭活疫苗,第一次注射是犊牛出生后 2 周开始注射,4 周后进行第二次注射,在紧急状况前 2 周进行第三次补充注射。

第三种方法。对牛呼吸道合胞病毒、副流感病毒两种病毒的预防。使用鼻内方法使用疫苗,第一次从犊牛出生后 9 月龄开始免疫,根据母牛的抗体情况,在 12 周龄后进行第二次免疫。

第四种方法。对巴氏杆菌病的预防。采用注射灭活巴氏杆苗疫苗的方法,首次对 3 月龄的健康犊牛注射,以后根据牛群情况和运输应激等情况,采用第二次注射的方法。

从以上的免疫程序可以看出,德国是在犊牛期就对疾病采取了相应的预防措施,把许多预防工作做在前面,对我国养牛业在疾病控制方面也有很大启发。

(四)牛肉产量检测(FLP)

在德国,肉牛生长性状的现场测定是最常用的测定方法。这种方法的特点是:相比于到测定站内测定,在牛场能够测定更多的公牛后裔。它可以替代在测定站对公牛后裔的一些性状的测定,尽管其数据采集的成本较高(分散测定需要较高的距离行程和时间成本)。因此,可放弃一些特殊性状测定,如在活体动物不能或不能精确确认的性状(可以用超声波测量的方法)。这尤其适用于屠宰的相关性状,如在所有发达国家中会影响到销售价格的性状(尤其是肌肉饱满度)。由于目前尚未有对于活体动物屠宰性状的可靠评估方法,因此放弃该性状的测定,意味着培育者可能长期不能满足牛肉市场的要求。

肉牛的生产性能测定在母牛培育场和养殖场完成。测定重点对象为养殖场的母牛群,记录一个品种的所有公牛和母牛的 200 d 或 365 d 的体重和肌肉量是系统培育工作的基础,该牛种为培育目标中指定上述性状的品种(即原品种)。对 90 d 到 500 d 的小牛进行测定,作为补充,须对培育牛种活动性状进行测定(拍卖、比赛)。该测定时间须从牛出生开始到参加活动的时间为止。在上述活动中,可通过超声波测量对预期屠宰性状进行评估。对于兼用牛种(如西门塔尔牛、黄牛),须在现场(牛场)测定,包括本身生产性能和后代生产性能测定。也可以不断校正数据(特别是屠宰数据)和数据结构。特殊性状的测定所需数据可在培育牛的过程中(尤其是公牛拍卖)以及屠宰场中获取。同时,该时间从培育牛的出生日到活动当天或屠宰当天。也可在指定的养殖场进行现场测定,其时间从培育当天到屠宰日。由此,可查看体重变化、肌肉量、屠宰体重,以及由此计算出净增长和商业质量标准。

测定站内测定(图 3-1-7)。站内测定的主要特征是可获取精确的测定结果。进行常年的高标准的饲养和培育,通常会发生更高的费用和劳动成本。为此,在德国对被测牛的性状测定时,可使用现有的技术对预期的数值进行长期测定并计算。这同样适用于法国。该性状检测系统不仅包括站内肉类性状的检测,同时也包括对母牛性状的测定。

图 3-1-7　在站内的测定车中对公牛测定(BDF 图片)

来源:2014 年德国 ADT 项目 GFA 咨询公司宣传册

测定日期至少在母牛产后的 120 d,至少从 200 d 到最多 240 d 的相应稳定/隔离时间后开始进行。测定期间,牛种饲料须根据实际条件选择。同时须确保该牛种具有一定的遗传能力,且保证其在今后的培育过程中的健康和生育能力。

由此,可确定体重和肌肉变化。同时,也可测量其他性状数据(如饲料消耗和利用率、通过超声测量眼肌面积和皮下脂肪),但通常成本较高。对于兼用牛,站内性能测定既可通过牛本身的生产性能测定,也可通过后代的生产性能测定来完成。测定期根据不同的年龄进行。对于牛自身的生产性能测定,首先,选用 10 周龄的小牛。同时,该测定最迟从 112 d 开始,到 420 d 结束,或至少到 350 d。此外,实际测定时间须根据现有的测定能力和当地的营销情况做最优选择。与此相反,站内测定后代生产性能的目标是完成所选性状目标的实现,并确定屠宰牛的相关经济性状。该测定最迟从 112 d 开始,到 450 d 结束,或至少到 420 d。确定体重变化、屠宰体重和由此计算出的净增重和用于量化的屠宰数据的商业质量标准和牛肉重量(借助偏回归系数以及其他辅助性状,如前蹄和肾脂肪,进行评估)(图 3-1-8)。

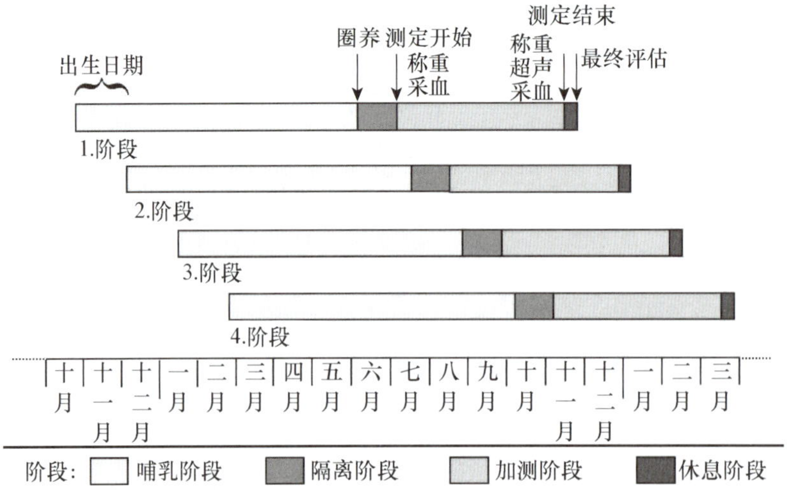

图 3-1-8　小公牛——肉牛站内性状测定示例

来源:2014 年德国 ADT 项目 GFA 咨询公司宣传册

(五)粪污处理技术

牛粪是一种利用价值极高的可再生能源。据测算,19 亿 t 粪便相当于约 0.7 亿 t 标准煤或近 1 亿 t 有机肥料。为了促进牛粪无害化、资源化和减量化的处理及支持可再生能源的发展,近年来,欧洲许多国家已经出台了反污染的相关法律法规。欧盟颁布了一系列法律法规,如 1997 年制定的《可再生能源发展战略白皮书》规定:可再生能源贡献率翻番,占能源比例的 12%,其中生物质能源比例超过 80%,沼气贡献应达到相当于 150 亿 t 石油量。

德国采用适度规模化养殖场的发展模式,其每天产生的粪便,目前在德国并不是环境的污染源,利用方向主要有两大方面:传统的还田,但法律规定每年的 9 月 1 日至翌年的 2 月 1 日禁止施用;利用粪便与秸秆、玉米青贮生产沼气。政府一直致力于支持可再生能源的发展。考虑降水量丰富、电能供应紧张、沼气发酵原料丰富等原因,德国政府鼓励牛场采用沼气发酵工艺解决牛场粪污处理问题。2004 年修订的《可再生能源法》(Renewable Energy Act)规定:到 2010 年由可再生能源提供的电能须达到德国总电能的 12.5%,到 2020 年则至少达到 20%。可再生能源发电补贴措施规定:对新建热电联产工程装机容量在 5 MW 以上,上网电价补偿金额为每千瓦时 2 欧分;对沼气发电采用增值税全额退税的政策,增值税率为 16%;同时对沼气池建设提供 20%~30%的无偿补助费,具体金额由各州根据自身财力自行决定。在这些补贴政策的支持下,农场主 3~5 年时间内就可以收回牛场沼气工程建设的投资成本。因此,从效益的角度调动了牛场主利用粪便实现沼气发酵的积极性。养殖场都建有自己的沼气站,可生产沼气,用于发电和供热,也可销售给国家。清洁能源的利用在德国是非常普遍的。

除国家政策支持外,沼气混合发酵原料充足也是德国推行全混合高温沼气发酵工艺的主要原因。据统计,德国每年秸秆包括全株玉米青贮等产量大约为 40 088 万 t,畜禽粪便所含干物质量大约为 57 500 t,其中奶牛场所占比例约为 28.2%。因此,德国奶牛场处理粪污时大多采用秸秆与牛粪进行全混合高温发酵的沼气发酵工艺。牛场沼气工程采用计算机控制方式,利用机械设备将牛粪与秸秆混合加入沼气罐。混合装置可使沼气池内料液实现基本均匀状态,有助于微生物和原料充分接触,加快硝化速度、提高容积负荷率和体积产气率。另外,高温发酵方式可以杀灭牛粪中的人畜共患菌和寄生虫卵,提升装置的卫生效果。在德国到处可以见到有沼气装置的牛场,德国在沼气利用上是世界上最为系统、最为科学、最有效率的国家。

五、与我国畜牧业合作情况

中德畜牧业有着良好的合作基础。2007 年中国农业部国际合作司与德国巴伐利亚州农林部签订了为期 5 年的《关于推广德系西门塔尔乳肉兼用牛种遗传物质与相关技术的合作协议》。全国畜牧总站和德国宝牛育种中心作为项目的实施单位,全国共有吉林等 6 个省(自治区)作为试点单位,引进德系西门塔尔(弗莱维赫)乳肉兼用牛冷冻精液 2 万剂。实施的主要内容是在中国开展技术培训和促进中国与德国之间的企业合作。

2010 年,中德又签署了关于《中华人民共和国农业部与德意志联邦共和国食品、农业及消费者保护部关于建立中德畜牧业技术创新中心意向书》。意向书明确提出,为促进中德畜牧业科技交流,双方将在北京建立中德畜牧业创新中心。

2011 年 6 月,中德两国在德国柏林举行了首轮中德政府间磋商,发布了首轮中德政府磋商联合公报,公报中第十四项内容为双方将共同制定未来五年中德农业合作行动计划,在中德农业合作联委会的框架下组建中德畜牧业技术创新中心。2011 年中德畜牧业技术创新中心成立。中方实施单位为全国畜牧总站,德方实施单位为德国 GFA 农业技术咨询有限公司。同年 4 月,双方实施单位签订了《中德畜牧业创新中心——中国牛业发展合作项目实施方案》。目标是通过引进德国先进的养牛生产管理技术和遗传物质，帮助中国养牛企业提高牛奶和牛肉质量以及资源效益。

2014 年中德畜牧业技术创新中心确立了项目实施方案，确定了第二批项目示范单位共 4 个，由此，项目示范单位由 6 个增至 10 个。

2015 年 1 月 16 日，全国畜牧总站与 GFA 再次签署了《中德畜牧业技术创新中心——中德畜牧业发展合作项目实施方案》。目的是通过引进德国的先进管理技术和优良遗传物质，帮助中国在养牛、养猪和其他畜种生产中，提高动物产业链的产能、质量和资源效益，并协助中国畜牧业可持续发展。

2015—2017 年，中德畜牧业发展合作项目，拓展到将养猪合作内容纳入项目中来。项目从 2010—2017 年的 7 年间，免费引进了西门塔尔牛冻精 4 000 剂、褐牛冻精 2 000 剂，产出的后代表现出良好的生产性能，推动示范单位牛群的遗传改良进展。

（引自全国畜牧总站主编的《中德畜牧业技术创新中心项目概述及进展 2017 年》）

中国畜牧业与德国不同。在肉牛产业领域，中国与德国的区别在于生产方式不同。德国畜牧业是农牧循环、专业化技术服务、清洁能源、品种培育和选育、饲养管理的适度经营模式。我国肉牛产业应发挥协会、科研机构、饲料行业、育种组织、政策法规和标准及能源领域等方面的作用，对于肉牛养殖业给予扶持政策。加强与国外发达国家的合作与交流，引进先进设备和循环农业养殖模式及管理模式，将有助于中国肉牛养殖企业提高管理水平和生产效率，对中国肉牛业的发展将起到积极的作用。

参考文献

[1]孟晓静，翟桂玉，刘栋，等. 安全健康优质的德国肉牛生产[J]. 当代畜牧，2012(3)：63-64.

[2]胡成华，李金龙，荣海林，等. 不同肉牛品种杂交西门塔尔杂种牛效果的研究[J]. 黑龙江畜牧兽医，2012(15)：1-4.

[3]李娜，王明利，石自忠. 世界肉牛养殖成本收益与效率比较分析[J]. 中国畜牧杂志，2016(22)：1-8.

[4]胡成波. 德国现代畜牧业概况[J]. 中国畜牧业，2013(5)：52-54.

[5]佚名. 中德畜牧业技术合作进入新的发展阶段[J]. 吉林畜牧兽医，2016(8)：58.

[6]桑国俊. 世界肉牛产业发展概况[J]. 畜牧兽医杂志，2012(3)：36-39.

[7]李希荣，王志刚，曾琨，等. 中国畜牧业，2012(14)：60-62.

[8]胡成波 . 欧洲三国生态养牛业考察见闻[J]. 中国奶牛，2013(7)：52-54.

[9]Paul C，Knuth U，Knierim A. Markets and Advisory Services in Germany，Report for the AKIS Inventory (WP3) of the PRO AKIS Project[J]. 2014.

[10] Thomas A. Landwirtschaftliche Beratung in der Bundesrepublik Deutschland——Eine Übersicht，in B & B Agrar 2，I-XVIII，2007.

[11]Federal Ministry of food，Agriculture and consumer Production，German Agriculture. Facts and Figures，2010.

[12]赵黎. 德国生猪产业组织体系：多元化的发展模式[J]. 中国农村经济，2016(4)：81-90.

[13]Birgit Schulze. Vertical Coordination in German Pork Production：Towards more Integration? Paper presented at the 16th Annual World Forum and Symposium"Agribusiness，Food，Healthand Nutrition"，IAMA Conference，June 10-13，2006()：in Buenos Aires， Argentina.

[14]German-Ukrainian Policy Dialogue in Agriculture Institute for Economic Research and Policy Consulting Sebastian Hess， Bernhard Voget and Anna Kuznetsova：European Markets for Meat：Real Opportunities for Ukraine?，Policy Paper Series [AgPP No 24]，2009(2).

[15]Claus Deblitz,Julia Brömmer and Daniel Brüggemann:Beef production in Germany-production systems and their spatial distribution,Agriculture and Forestry Research 1/2,2008 (58):29-44.

[16]2014 年德国 ADT 项目 GFA 咨询公司的宣传册。

[17]何志天,张沅,王雅春,Sven Gurup(德国). 中德畜牧业创新中心项目概述及进展/全国畜牧总站主编. 北京:中国农业大学出版社,2017,11.

[18]刘增廷. 德国奶牛育种值评估的优势聚集荷斯坦奶牛使用年限,终生产奶量以及健康性状. 2017 年中德畜牧业合作创新项目的 PPT 培训教材.

[19]The food and Beverage Industry in Germany,Industry overview,ISSUE 2016/2017.

[20]德国统计局. DESTATI[DB]. Shttps://www. destatis. de/DE/Startseite. html.

[21]欧盟统计局. EUROSTAT[DB]. http://ec. europa. eu/eurostat/data/database.

[22]联合国粮农组织. FAOSTAT[DB]. http://www. fao. org/faostat/en/#home.

第二章

意　大　利

一、摘　要

意大利地处欧洲南部，主要由亚平宁半岛及两个位于地中海中的岛屿（西西里岛与萨丁岛）所组成。意大利是一个高度发达的资本主义国家，欧洲四大经济体之一，也是欧盟的创始会员国。虽然自然资源匮乏，80%以上的土地为山地和丘陵地区，但是长期以来意大利在世界上的工业、农业、旅游业、艺术、文化、体育等领域都具有较强的竞争力。2016 年意大利的 GDP 为 18 525 亿美元，人均 GDP 为 30 468 美元。2016 年农业产值为 659.26 亿美元，占经济总额的 3.56%。肉牛产业是意大利农业系统中的主要产业之一，占全国农业生产总值的 6.5%，占全国畜牧业产值的 20%左右。意大利是一个肉牛养殖大国，2014 年意大利肉牛存栏量为 612.5 万头，占欧盟肉牛总存栏量的 6.9%。意大利也是牛肉消费大国，2017 年，人均牛肉和小牛肉消费量达到 17.1 kg。由于消费量大于养殖总量，意大利也是一个牛肉净进口国。意大利作为欧洲传统养殖强国，在肉牛品种引进、培育、养殖、加工、流通、政策支持等领域都具有很多先进的经验值得我们学习借鉴。

（一）意大利概况

1. 地理气候

意大利共和国简称“意大利”，是一个欧洲国家，主要由南欧的亚平宁半岛及两个位于地中海中的岛屿西西里岛与萨丁岛所组成。国土面积为 301 333 km²。北方的阿尔卑斯山地区与法国、瑞士、奥地利以及斯洛文尼亚接壤。意大利北部有阿尔卑斯山脉，中部有亚平宁山脉，北部有波河平原，土壤肥沃，农业发达。半岛三面临海，西北临利古里亚海，西临第勒尼安海，南濒地中海，东南为爱奥尼亚海，东部是亚德里亚海。全境地势复杂，山地丘陵占 80%，平原占 20%。主要山脉有北部的阿尔卑斯山，纵贯南北的亚平宁山及撒丁山脉和西西里岛上的纳布罗迪山脉。阿尔卑斯山和亚平宁山脉之间有波河流过，长达 672 km，流域面积 7.5 万 km²。

意大利半岛和岛屿属亚热带地中海气候，冬季温暖湿润，夏季干旱少雨。全年平均温度为 15℃左右，冬季最冷的 1 月份平均−2℃。年平均降雨量 710～1 260 mm，主要集中于冬季。意大利大部分地区属亚热带地中海型气候。根据意大利各地不同的地形和地理位置，全国分为以下 3 个气候区：南部半岛和岛屿区、巴丹平原区和阿尔卑斯山区。这 3 个区的气候各有不同的特点。

南部半岛和岛屿地区是典型的地中海型气候，大西洋气团占优势，夏季为热带气团，冬季为温带气团。意大利南部 1 月份平均气温为 2～10℃，7 月为 23～26℃。巴丹平原属于亚热带和温带之间的过渡性气候，具有大陆性气候的特点，气压较低，气候潮湿。在米兰、博洛尼亚等地，冬季常有大雾笼罩，有时下雪。巴丹平原区夏季较热，冬季较冷，1 月份平均气温为 2～4℃，7 月份 20～24℃。北部的阿尔卑斯山区是全国气温最低的地区，冬季下雪较多月份平均气温为－12～1℃，7 月份为 4～20℃。阿尔卑斯山区的气候有明显垂直分布的特点，随着地势的增高，气温逐渐下降。在阿尔卑斯山麓的湖区地带，由于高山挡住了来自北欧的寒流，加上湖水的调节作用，故气候温和。在西北部的利古里亚大区，由于山地和海水的影响，气候十分宜人。热那亚 1 月份平均气温为 7℃，该区可种植各种南方作物，如橄榄、葡萄、花卉等。

2. 畜牧业生产现状

意大利的畜牧业以牛、猪、羊、禽等产业为主，畜牧业产值占农业总产值的比重约为 40%，肉类总产量 40 多万 t，蛋类总产量约 72 万 t，奶类总产量约 1 030 万 t(2003 年)。2014 年农产品进出口总额 708 亿欧元，蔬菜、水果、奶业、肉牛等产业竞争力较强，在欧盟成员国内占据重要份额。2014 年意大利种植业总产出 262.7 亿欧元，占欧盟国家 13.1%，畜牧业总产值 166 亿欧元，占欧盟国家的 9.9%，种植业中产值最高的前三位分别是蔬菜和园艺类产品(83.1 亿欧元，占欧盟的 16.9%)、水果(47.3 亿欧元，占欧盟的 21.4%)、酒类(45 亿欧元，占欧盟的 23.9%)；畜牧业中产值最高的前三位是奶业(51 亿欧元，占欧盟的 8.4%)，肉牛(32.6 亿欧元，占欧盟的 10.7%)，生猪(30 亿欧元，占欧盟的 8.4%)。

(1)养牛业

意大利饲养的本地肉牛品种有皮埃蒙特牛(Piemontese)、曼契加那牛(Marchigiana)、玛瑞玛拉(Maremmana)、契安尼娜牛(Chianina)、博多利卡牛(Podolica)和罗马涅牛(Romagnola)等。饲养的外国品种主要是来自法国的利木赞牛(Limousin)、夏洛莱牛(Charolais)，以及原产于瑞士的西门塔尔牛(Simmental)等。

2014 年意大利肉牛存栏量为 612.5 万头，占欧盟肉牛总存栏量的 6.9%，居欧盟第五位，低于法国、德国、英国和爱尔兰。2003—2014 年意大利肉牛存栏量平均为 635.5 万头。近年来意大利肉牛存栏量呈下降趋势，2014 年比 2003 年减少 8.9%。2014 年意大利牛肉产量为 70.9 万 t，占欧盟牛肉总产量的 11.8%，居欧盟第四位，低于法国、德国和英国。2003—2014 年意大利牛肉产量平均为 103.1 万 t。平均牛胴体重量 241 kg 左右。近年来意大利牛肉产量呈下降趋势，2014 年比 2003 年减少 37.1%。

意大利牛的饲养方式，主要以集约化养殖为主。山区丘陵地带以母牛养殖生产小牛为主，平原地带以育肥为主。同时一些集约化的牛场也从法国等其他国家引进 200 kg 左右的小牛育肥至 600 kg 左右，销售到肉牛加工厂进行精细分割。牛的主要饲料来源为玉米、农作物秸秆、苜蓿、甜菜渣、预混合饲料等，基本不使用鱼粉等动物饲料，以保证牛肉的质量与风味。肉牛场设备多数比较简陋，存栏量一般在 200～500 头，最大的存栏量为 7 000 头。

2014 年意大利奶牛存栏量为 206.9 万头，占欧盟奶牛总存栏量的 8.8%，居欧盟第三位，仅次于德国和波兰。近年来意大利奶牛存栏量呈上升趋势，2014 年比 2003 年增长 8.2%。2014 年意大利牛奶产量为 1 050 万 t，占欧盟牛奶总产量的 7.4%，居欧盟第六位。奶牛平均单产 8 t 左右，奶牛实施集约化管理，以存栏 200 头左右的场为主，大、小奶牛都实现了机械化挤奶，自动上料，自动化记录；青干草以苜蓿为主，很少或不用青贮饲料，保证牛奶质量。

(2)养猪业

2014 年意大利猪存栏量为 867.61 万头，占欧盟猪总存栏量的 5.85%，居欧盟第七位，低于德国、西班牙、法国、丹麦、荷兰和波兰。猪的饲养为集约化、机械化、自动化、分阶段、全进全出制饲养模式，每个养殖企业都有污水处理设施。主要饲养的品种有杜洛克、长白、大约克，一般养至 180 kg 左右上市,多用来做火腿。

(3)养禽业

2014 年意大利禽肉产量为 124.3 万 t,居欧盟第六位,低于波兰、法国、英国、德国和西班牙。2003—2014 年意大利禽肉产量平均为 110.9 万 t,居世界第九位,鸡蛋产量约为 720 万 t,占世界第十位。

(4)羊和羊肉

2014 年意大利羊存栏量为 716.6 万头,肉产量为 2.7 万 t,居欧盟第六位,低于英国、西班牙、罗马尼亚、希腊和法国。2003—2014 年意大利羊存栏量平均为 782.3 万头。近年来意大利羊存栏量呈下降趋势,2014 年比 2003 年减少 9.9%。

(5)饲料工业

意大利是饲料工业比较发达的国家,近 20 年意大利饲料销售量平均每年增长 50 万 t,为欧盟生产配合饲料最多的国家。配合饲料生产约为 1 700 万 t,其中 70%的配合饲料产量由意大利饲料生产者协会提供,主要用于肉鸡和雏鸡;用于牛的配合饲料主要由占总产量 10%~20%的合作社和小型饲料厂提供。

(6)牧草产业

由于意大利境内大约 80%为山区和丘陵地带,一般山地坡度小,林草丰茂,可作人工草场供放牧使用,有利于畜牧业的发展。意大利种植的牧草主要品种有苜蓿、小黑麦。意大利种植的苜蓿一般为多年生,每年收获 4~6 次。

(7)渔业

2013 年意大利水产品产量为 31.4 万 t,居欧盟第六位,低于西班牙、英国、法国、丹麦和荷兰。2008—2013 年意大利水产品产量平均为 36.9 万 t。近年来意大利水产品产量呈下降趋势,2013 年比 2008 年减少 19.6%。

(二)意大利畜牧业特色

1. 产业化程度高

意大利的畜牧业已形成了工业化、自动化、产业化生产经营的健康发展模式。所有的养殖企业实现了自动上料、自动清粪、自动控温,蛋鸡业还实现了自动收蛋、自动包装。所生产的畜产品实现了统一加工销售,真正实现了产业化生产。其产业化生产模式有以下几种:一是协会带动型,由协会出面统一制定一些自律性规定,组织饲料企业、养殖企业和加工企业,实施标准化生产,统一经营、销售,达到共同发展的目的;二是大型种畜禽企业带动型,种畜禽企业为养殖企业提供畜禽良种、饲料和技术服务,养殖企业提供场房设备,种畜禽企业回收产品,统一销售,最后统一结算,根据生产指标完成情况进行利益分成;三是加工企业带动型,加工企业与协会签订合同,由协会组织生产企业生产,由加工企业回收产品并分割、包装、销售;四是连锁销售服务型,由大型连锁超市牵头,由协会统一组织,或直接组织生产和加工企业,由连锁超市进行统一销售。

2. 政府引导,协会、商会配合

在意大利畜牧企业的发展中,养殖协会及商会发挥了重要作用,它们与养殖企业之间签订自律性的规定,帮助企业健康发展,养殖协会及商会负责养殖企业的技术指导、建筑设计,产品统一规范性销售,养殖企业的产品不得私自进入市场,协会内部所办的企业对加入协会的企业供应饲料等生产资料,企业享受优惠价格和利润分成。例如帕尔玛谷物协会(Consorzio Agrario Parma),该地区 2/3 养殖企业加入该协会,协会负责饲料、种子、农业机械、农药供应,回收牛奶、加工奶酪和黄油等、免费提供畜禽建筑设计等。商会的服务功能更强,除有协会的功能外,包括对外合作,开辟国外市场等功能。如维罗纳商会拥有企业 1 300 家,形成有实力的生产、加工、供应、销售体系。政府只在特殊时期对特殊行业进行引导性投入，平时只加强对产品的质量监管。例如在 20 世纪 90 年代意大利为吸引外资、扩大企业发展规模、增强竞争力，制订了优惠政策，如果企业投入 50 万元，引进外资投入 50 万元，政府就协调 100 万元银行资金，并进行贴息，从而有力地促进了企业扩大生产规模，提高企业生产水平。

3. 适度规模发展

意大利畜牧生产企业中不乏规模宏大的现代化豪华型畜牧生产企业，但也确实有不少中小企业，如 50 头左右奶牛场，年出栏 50 万只左右肉鸡厂，10 万只左右蛋鸡场，小型火腿生产企业等，这些企业的建筑设计以简易实用型为主，基础建设投资少，能够提前回收固定资产投入，实现较高的经济效益。

4. 畜产品检疫力度大

所有的畜产品加工企业均由政府下派的官方技术人员实施疫病检疫和畜产品质量检验，不合格的产品及时处理，产品均有明显的标识，可以看出产品何时出自何地何场，检疫人员是谁，有效地保证了畜产品的质量。产品如出现问题由官方人员负责。

5. 注重畜禽品种的引进培育

意大利品种资源并不丰富，但他们注重引进培育新品种。目前培育的品种有皮埃蒙特肉牛、意大利奶牛、意大利瘦肉型猪等优秀品种，同时引进了世界上有名的夏洛莱、利木赞、长白、杜洛克、艾维因等优秀畜禽品种，并进行强力推广，提高了畜禽生产力，并且已进入商品生产阶段，大大促进了本地畜牧业的发展。

二、肉牛产业基本情况

(一)资源状况和肉牛产业发展概况

1. 人口资源

据意大利国家统计局报告，2016 年意大利总人口持续负增长，新生儿数量降至历史最低水平。数据显示，截至 2017 年 1 月 1 日，意大利总人口为 6 057 万人，比去年同期减少 8.6 万人，自 2007 年以来连续 9 年负增长。2016 年新出生人口从上一年的 48.6 万人减少至 47.4 万人，死亡人口从 64.8 万人降至 60.8 万人。2016 年超过 11.5 万名意大利人移居国外，与 2015 年相比增长了 12.6%。报告指出，意大利人口老龄化进程持续，2016 年 65 岁以上人口超过 1 350 万人，占全国总人口的 22.3%，比上一年增加 0.3 个百分点。与此同时，2016 年意大利男性平均预期寿命由上一年的 80.1 岁延长至 80.6 岁，女性由 84.6 岁延长至 85.1 岁。

此外，2016 年意大利育龄妇女平均生育年龄提高至 31.7 岁，平均生育率从 2015 年的 1.35 降至 1.34。报告认为，生育率连年下降的主要原因是意大利育龄妇女人数下降以及移民中女性人口的老龄化。数据还显示，移民妇女是意大利的主要生育群体，她们的生育率为 1.95，较上一年略微提高。

尽管近年来意大利经济不断下滑，但是，农业却逆势增长，农村就业人口增加，农场规模有所扩大，农产品质量不断改善，农产品出口持续增长。2014 年，意大利实现地区增加值 14 508.36 亿欧元，其中，农林渔业占 2.2%；全年实现农业总产值 536.15 亿欧元，增加值 293.07 亿欧元，农林渔业产品出口额 59.22 亿欧元。全国从事有机农业的企业达到 52 383 家，其中，生产企业 45 969 家，加工企业 6 154 家，进口企业 260 家。从布局来看，有机农业主要集中在南部地区，其中，西西里大区有机农业播种面积为 28.04 万 hm^2，占总面积的 21.3%；有从事有机农业的企业 9 888 家，占总数的 18.9%；有机养殖场 8 033 家，其中，西西里大区 2 407 家，约占总数的 30.0%。

2. 土地资源

国土面积为 301 333 km^2，南北长约 1 300 多 km，东西宽约 600 km。农、林、渔业占国内生产总值比例为 2.4%。农业可用土地 1 780 万 hm^2，其中已利用土地 1 270 万 hm^2，农业企业约 160 万家。意大利是欧盟内仅次于法国的第二大农业国，农产品质量享誉世界，239 种农产品获得欧盟最高认证，是欧盟国家中拥有该级别认证最多的国家。2010 年，意大利葡萄酒产量超过法国，成为世界最大葡萄酒生产国，主要出口德国、美国和英国。

3. 农业产值

2014 年意大利种植业产值 266.51 亿欧元，占欧盟 28 国种植业产值的 13.1%，在欧盟排第二位，仅次于法国。意大利种植业产值在波动中相对稳定，2003—2014 年，意大利种植业产值年均达到 270.7 亿欧元。

2016 年，意大利成为欧洲第二大农业生产国。意大利国家统计局数据显示，2016 年意大利农业产值达 529.02 亿欧元，同比小幅下降 3.9%。法国是欧洲国家中第一大农业生产国，2016 年农业产值为 751.87 亿欧元，同比下降 0.7%。德国位列第三，2016 年农业产值 512.25 亿欧元，同比增长 5.8%。其他农业产值较为突出的欧洲国家有西班牙、英国、荷兰和波兰，2016 年农业产值依次为 468.07 亿欧元、276.04 亿欧元、268.64 亿欧元和 224.29 亿欧元(图 3-2-1)。

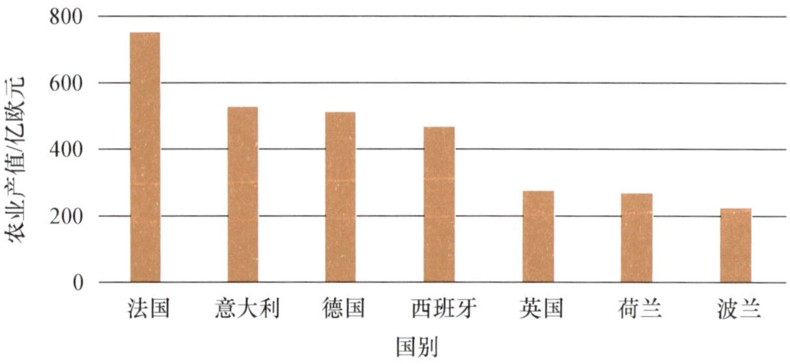

图 3-2-1　2016 年欧洲主要国家农业产值

4. 农业生产特点

在意大利单个生产者所占土地规模不大，以家庭生产为主，且劳动力老龄化严重。其主要特点如下：

一是农业生产土地规模不大，中小型农场占主导地位。据欧盟统计，意大利农业生产规模在 2 hm^2 以下的生产者占 50.9%，2～5 hm^2 的生产者占 22.1%，6～10 hm^2 的生产者占 11.5%，其他规模的生产者占 15.5%，其中生产规模在 100 hm^2 以上的仅占 1%。

二是生产经营主体以家庭为主，农业雇工数量很低。意大利全国农业劳动力总规模约为 339.3 万人，其中以土地持有人及家庭生产者为主，劳动力为 323 万人，占 95%，长期雇佣的农业劳动力仅为 16.3 万人，且主要集中在部分生产规模在 2 hm^2 以上的农场当中。

三是农业劳动力老龄化严重，且趋势短期内难以扭转。根据 2010 年的农业普查数据，农业劳动力中 64 岁以上的占 37.2%，55～64 岁的占 24.3%，45～54 岁的占 20.9%，35～44 岁的占 12.6%，35 岁以下的占 5.1%，55 岁以上的占比高达 61.5%。可以预见，由于人口年龄结构的排浪式推进，中青年农业劳动力占比不高将会导致农业劳动力的进一步老化。

四是积极推动利用外来移民补充农业劳动力不足，对从事农业生产的外来移民提供职业培训、项目申请等方面的帮助，期望平滑农业劳动力剧烈波动带来的不利影响，但由于社会融入度、文化差异、管理烦琐等原因政策实施成效有限。农村城镇化发展水平较高，形成了承继传统文化内涵的特色农业发展方式。意大利农业人口占全国人口比重低，分布呈现出典型的城镇化特征：从人口比重看，现有人口 5 968.5 万中有 596.9 万农村人口，占比约 10%；从人口分布看，近 80%农村人口分布在城乡混合区和城镇化区，其中分布在农业主产区(predominantly rural regions)的占 20.3%，城乡结合区(intermediate regions)的占 43.2%、城镇(predominantly urban regions)的占 36.5%；从农村地区面积分布看，农村地区 30.2 万 km^2，其中农业主产区面积 13.6 万 km^2，城乡结合区面积 12.6 万 km^2，城镇面积 3.9 万 km^2。同时，意大利农村延续了中世纪以来独具特色的城镇化发展特色和模式，各个大区（相当于省）都有其优势主导产业，具体到农业区的各个城镇，发展了具有鲜明地域特色的优势产品，承继了丰富的农业文化与人文地理信息。小镇的特色农产品从山猪肉、奶酪、葡萄酒到坚果、意大利面条等品种繁多。通过开发具有传统韵味的农业节日，开展特色乡村旅游等，推动品牌保护和产品推广，提升农产品的附加值。

5. 肉牛产业特点

肉牛产业是意大利农业生产中的主要产业之一，约占全国农业生产总值的 6.5%，约占全国畜牧业产值的 20%。多年来，该领域受结构调整和管理方式变化的影响，面临着市场份额减少、全国养殖业激烈竞争的局面。

意大利肉牛行业较为分散，在肉牛的饲养和屠宰过程中决定权不足。以法国主要肉牛供应商为例，其 80%的饲养场采用合作社或"公司＋农户"的模式；而在意大利，行业的集中度依然很低，从而在该产业链下游的相关定价和合作上话语权不足。

同时，市场内需导致产业结构变化。一方面，由于经济危机的影响，使得消费者更关注价格的变化；另一方面，其他社会因素，如人口老化、环境破坏和动物保护等，导致消费者减少肉类的消费，从而使整个行业的销量显著降低。2011—2015 年，家庭消费者对肉类的消费就减少了 17%。肉牛行业另一个重要的关注点是产品标识导致的变化：自 2000 年强制使用食品标签（标明肉牛的产地、饲养和屠宰方式）以来，对肉牛的附加信息，如品种、性别、年龄及其他定性信息标识不足，导致了消费者同生产商之间的信息不对称。

由于昂贵的生产成本和激烈的海外同行竞争，肉牛行业的生产活动出现衰退。该领域的结构性赤字（自给率仅为 57%），导致销售商从海外进口大量牛肉满足内需；同样在大型连锁超市（GDO）的竞争中，意大利牛肉产品的价格没有体现出足够的优势。意大利牛肉的价格为欧洲最高，远远超过了东欧国家和南方共同市场国家或地区的水平；在实际的生产成本中，约有 2/3 的支出为不可减少的经费，主要为饲料和牛的采购成本。

生产模式调整是全国畜牧业竞争性增强的关键因素。多年以来，农业食品市场服务协会（ISMEA）在行业内，进行了大量的专业调查，从而保证对肉类经济活动的实时监测，并为该领域从业人员提供可靠的信息。特别是在畜牧业经济展望方面，协会建立了饲养成本和屠宰成本计算模型。

（二）肉牛养殖业发展情况

1. 肉牛产业概况

肉牛产业在意大利农副食品体系中占有不可替代的重要地位。按销售价格计算，肉牛产业的总产值占整个畜牧业总产值的 20%，占农业总产值的 6.5%，总额达到 32.7 亿欧元。同时，2015 年度肉牛产业的营业额，占意大利食品工业总额的 4%（图 3-2-2），达 580 万欧元。

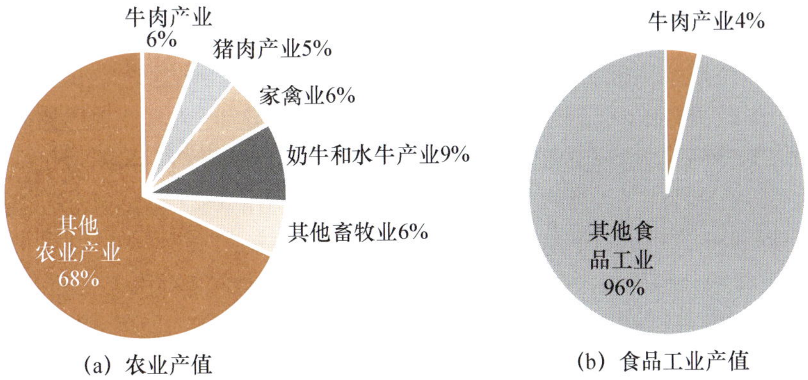

图 3-2-2 肉牛产业占农副食品的比例（2015 年）

意大利肉牛产业极度依赖海外进口，45%的国内需求通过活牛或牛肉进口满足。进口的活牛主要用于饲养，占肉牛产业进口总支出的42%；剩余的58%则为肉制品和其他产品。这种情况造成了贸易的巨大逆差，其逆差值约占全国农副食品进出口净额的40%(表3-2-1)。

表3-2-1
肉牛产业供给平衡情况

10^3 t

项目	2013年	2014年	2015年	2015年/2014年涨幅/%
屠宰量①	837	792	781	−1.3
国内生产	619	579	580	0.1
活牛进口②	221	217	206	−4.9
活牛出口②	4	4	4	11.2
净产量	837	792	781	−1.3
牛肉进口③	448	464	452	−2.5
供应量	1 381	1 353	1 233	−8.8
牛肉出口③	162	163	170	3.9
存栏量变化	0	0	0	—
肉牛量	1 219	1 189	1 064	−10.6
总消费	1 219	1 189	1 064	−10.6
人均消费/kg	20.2	19.6	17.6	−10.2
自给率	51%	49%	55%	11.9

注：以10^3 t牛胴体产量估算。①意大利国家统计局数据；②活牛数量(除去水牛)；③鲜肉、冻肉以及各种肉制品(除去内脏和脂肪)。

自2013年以来，肉类和活牛的进口逐渐减少，使得贸易赤字也逐渐降低；2015年该项赤字达到24.5亿欧元，达到了全国农副产品贸易预算赤字的最高值，仅次于水产领域。2016年，随着肉类制品进口的减少，牛肉行业的赤字有所改观，减少了近9 000万欧元。

该产业的生产量和从业人员体现出较低的组织结构化水平。农业阶段和工业阶段的高度碎片化分布、大量的肉牛和牛肉进口量、销售渠道的复杂性(部分地区)，是该行业的主要特点。

意大利肉牛产业中的重要组成部分饲料生产领域中，企业具有较高的工业化程度，能够从意大利全国的经销商或海外进出口商处获得原料，进行畜牧业饲料的生产和销售。

在养殖阶段，可按照生产的肉类类型，分为三个不同的类型。其中最重要的类型为小牛肉，2015年度产量超过130万头，占该年度屠宰肉牛总量的一半以上，达到牛肉供应总量的70%。供屠宰的小牛基本上为国内生产(97%)，其中47%为进口肉牛，53%为国产肉牛。第二种类型为小白牛肉，主要来自生产牛奶的农场，产量达到63.5万头，约占供应量的1/4。第三种类型为淘汰奶牛屠宰，产量达到17.8万头，占供应量的1/5。该类型的牛几乎全为不再产奶的奶牛。

从养殖户到屠宰企业之间，存在着大量的中间商，从小型企业收购肉牛，并向屠宰场出售。肉牛全产业链结构如图3-2-3所示。

在屠宰处理阶段，按照欧盟提出的三个标准进行强制分类：①肉质类型，由肉牛的性别和年龄决定(8到12个月的小牛用Z表示，24个月以上的小牛用A表示，B为公牛，C为阉割牛，D为奶牛，E为小母牛)。②不同部位的分类分级，特别是大腿、腰部及肩部的分类(S、E、U、R、O、P)，同时根据品质分为高(S)和中(M)两类。③脂肪含量，即肉类的外部脂肪同肌内脂肪的比较，标以1(很少)到5(很多)的数值。意大利活牛周转如图3-2-4所示。肉牛全产业数据见表3-2-2。

意大利肉类的剔骨和分割工作管控严格，只能在通过授权的地方使用相应的设备进行。肉牛的分割可以按照切割的肌肉厚度、脂肪和结缔组织质量分为三等(图3-2-5)：①一等肉，成本最高，质量最好，主要集中于肉牛的背部，约占总重量的1/3；②二等肉，主要为前部，约占总重量的14%；③三等肉，为肉牛价值较低的部分，包括胸腹部、颈部，约占总重量的28%。剩余部分为废弃物，主要为骨头和脂肪。

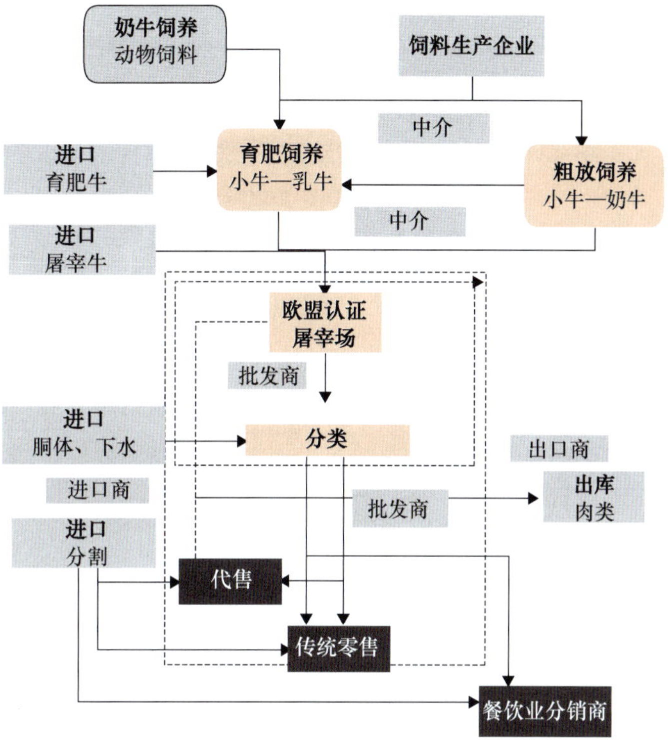

图 3-2-3 肉牛全产业链结构

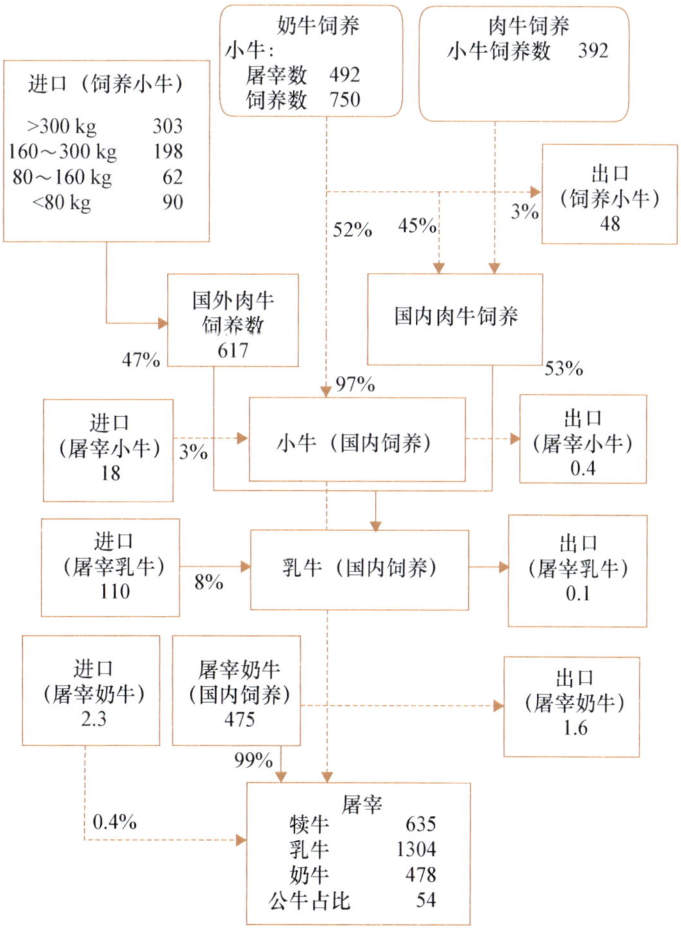

图 3-2-4 意大利活牛周转（单位：10^3 头）

表 3-2-2
肉牛全产业数据

结构	计量单位	2013 年	2014 年	2015 年
肉牛饲养	企业数	88 601	87 430	85 730
屠宰头数	10^3 头	3 008	2 512	2 606
总量	10^3 头	5 847	5 756	5 781
小牛	10^3 头	1 609	1 618	1 634
奶公牛	10^3 头	520	478	485
肉牛	10^3 头	855	838	845
饲喂代哺料牛	10^3 头	331	322	320
淘汰奶牛	10^3 头	1 862	1 831	1 826
屠宰企业	企业数	1 300	1 300	1 237
供应				
牛肉	10^3 t	842	792	772
牛肉生产总值	百万欧元	3 373	3 261	3 077
牛肉生产总值占饲养生产总值	%	19.3	19.1	19
牛肉生产总值占农业生产总值	%	6.3	6.5	6.0
牛肉产值	百万欧元	5 850	5 850	5 800
占农副食品业产值比重	%	4.4	4.4	4.4
对外贸易				
进口	百万欧元	3 212	3 168	3 143
占农副食品总量比重	%	7.9	7.6	7.3
出口	百万欧元	642	634	694
占农副食品总量比重	%	1.9	1.8	1.9
差额	百万欧元	−2 570	−2 535	−2 445
占农副食品总量比重	%	35.2	33.4	40.8
需求				
人均消费	kg	20.2	19.6	17.6
市场				
原产价格指数(以 2010 年水平为 100)				
小牛		109.4	106.5	100.2
奶公牛		116.2	114.8	115.6
奶牛		124.7	107.5	107.3
生产方式价格指数(以 2010 年水平为 100)				
牛肉及水牛肉		109.1	105.7	101.3

大部分产品以冷鲜肉和冻肉的方式提供给消费者，只有少部分的肉类进行再加工，以肉制品的方式进入市场销售。

该领域的最后一个环节为销售。其中消费者直接购买的零售模式占比较高，现代化销售渠道(超市 60%，折扣店 10%，自营店 9%)具有极大的优势，特别在南方地区。零售的货源主要来自批发商和大销售商。

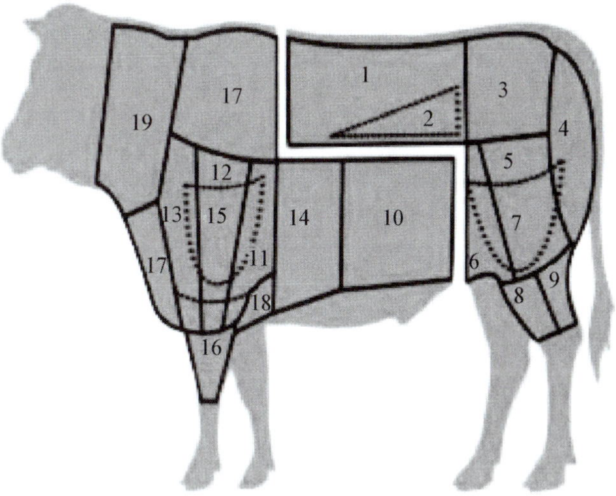

一等肉:
-后背 (1)
-里脊 (2)
-腰部 (3)
-外腿 (5)
-腿肚 (6)
-内腿 (7)
-臀部 (4)
二等肉:
-小后腿 (8)
-前腿 (13)
-外前腿 (12)
-中胸部位 (14)
-前大腿 (15)
-肩部 (17)
-胸 (18)
三等肉:
-后大腿 (9)
-肚皮 (10)
-前小腿 (16)
-牛颈 (19)

图 3-2-5　牛肉的切割类型

总之,同其他食品产品相比,传统零售(DT)仍占较高的比重:由于传统的小型零售商所带来的就近效应和质量保证,意大利家庭所购买的新鲜牛肉约有 20%来自于此。而酒店、餐厅、咖啡馆的销售量仍处于一个较低的水平。

2. 肉牛生产

(1)肉牛主要养殖模式

意大利的肉牛饲养呈现出显著的地区分布不均和市场两极分化;一是存在大量的小型企业;二是大型的集约化和工业化饲养企业并存。

按照意大利现有肉牛饲养的不同模式、饲养的肉牛种类、喂养方法和地理分布,以下对不同的企业模式进行比较分析(表 3-2-3)。

表 3-2-3
参考企业模式

特点	小牛	集约型肉牛		粗放型肉牛
		小型	大型	
喂养方式	奶粉	玉米青贮及精饲料	玉米青贮及精饲料	牧草及精饲料
品种	荷斯坦牛、布鲁纳牛	奶牛杂交	肉牛(夏洛莱牛、利木赞牛、皮埃蒙特牛)或杂交牛	契安尼娜牛、曼契加那牛、博多利卡牛、玛瑞玛拉牛、罗马涅牛、撒丁牛
产区	伦巴第、威尼托	威尼托、皮埃蒙特、艾米利亚·罗马涅	威尼托、皮埃蒙特、艾米利亚·罗马涅	亚平宁半岛中南部,西西里及撒丁岛地区
平均日增重/kg	1.6~1.8	1.1~1.3	1.3~1.5	1.1~1.3
宰前重/kg	240~300	450~500	600~650	650~700
屠宰年龄	5~6 月龄	14~16 月龄	16~20 月龄	18~24 月龄
屠宰率	59%	公牛 58%,母牛 56%	公牛 58%,母牛 56%	公牛 58%,母牛 56%
肉牛供应量占比	12%	11%~13%	44%~48%	14%~18%

第一种类型为奶牛养殖场生产小白牛肉,主要通过喂代乳品,同时喂养各种动植物添加剂和补充成分,屠宰重量约为 250 kg,年龄在 6~7 个月。这类企业分布于伦巴第(Lombardia)和威尼托(Veneto)地区,主要以生产牛奶为主。2015 年,该类型的企业提供了约 26%的牛肉总量,屠宰量达到 65.8 万头,其中 97%为意大利国内饲养的。

第二种类型是采用集约化方式饲养肉牛的企业,主要分布在波河平原地区,具体又可分为:

杂交的小肉牛(牛犊)通过玉米青贮及精饲料育肥,通常在14~16月龄、体重达450~500 kg进行屠宰。

法国大型肉牛与意大利肉牛杂交的后代,通过玉米青贮及精饲料育肥。通常育肥不超过20个月、体重达600~650 kg进行屠宰。还有部分市场需要母牛肉,大多是未怀孕的母牛,采用相同的技术育肥3~4个月后,20~22月龄,体重达350~500 kg进行屠宰。

最后一种是粗放型的肉牛饲养,主要位于皮埃蒙特边境地区、亚平宁半岛中南部、西西里和撒丁岛地区,饲喂种类主要是本地肉牛后代。均为意大利本地肉牛或法国杂交牛,喂养牧草和精饲料,体重达到650 kg时进行屠宰。

(2)不同地区养殖类型差异

皮埃蒙特地区:同其他几个北方地区相比,该地区的肉牛养殖主要特点为中小企业(最多至100头)居多,占整个区域数量的96%,肉牛总数占区域总量的42%。大多采用“放牧+补饲”(法国牛犊补饲育肥)和全舍饲(皮埃蒙特当地奶牛的小牛)育肥。

伦巴第地区:该地区最主要的养殖方式为产奶企业所使用的小白牛育肥方式。该地区的肉牛高度集中化(本地区一半的小牛集中在存栏100~499头肉牛的企业中),小牛通常采用代乳品喂养,提供高端小白牛肉。

威尼托地区:该地区饲草资源丰富,肉牛出栏率高。该集约型育肥养殖水平居意大利第一位,产业高度集中,大型企业占主导地位,70%以上的肉牛集中于少数几个企业。该地区的主要养殖方式为放牧+补饲,对来自法国的优良品种补饲育肥(图3-2-6)。

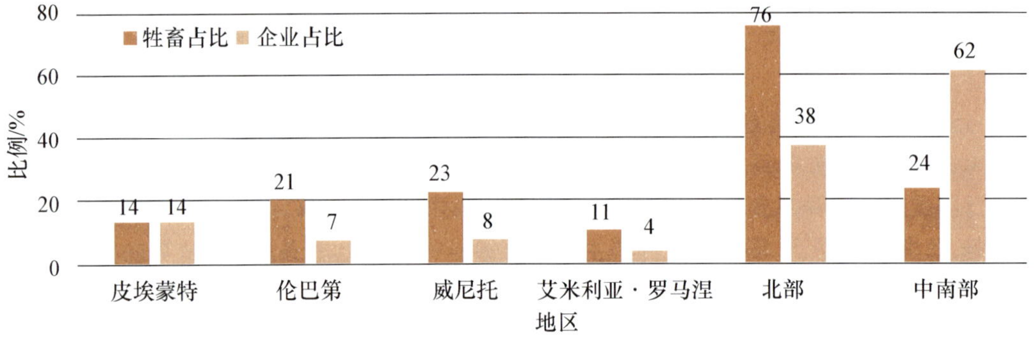

图3-2-6 肉牛(1~2岁)和企业分布

艾米利亚·罗马涅地区:该地区肉牛量大于100头的企业只占企业总数的3%,但小牛存栏量却占该区域总量的3/4。大多企业为中小型(少于50头的企业占饲养总量的96%以上)。该地区饲养最多的品种为罗马涅牛。

中南部地区:中南部地区的养殖特点是中小企业居多,多数饲养本地品种(曼契加那牛、契安尼娜牛、玛瑞玛拉牛、博多利卡牛),采用粗放型饲养模式。近10年以来,本地品种数量正逐步提高,但也有部分品种(曼契加那牛、契安尼娜牛)在2012—2013年度出现了下降,登记的存栏总数有所降低。养殖小牛的企业占总数的58%,但从总量上计算只占19%。奶企中小牛的高存栏量与大量代哺牛生产(占全国总数的2/3)相关,以西西里(Sicilia,占全国总数的21%)和撒丁(Sardegna,占全国总数的14%)地区最为集中。

根据企业所申报的生产类型,全国65%的饲养场为产肉;剩余的部分为产奶和产肉。2013—2015年,饲养的总数有所减少。从地域分布上来看,意大利北部地区,特别是伦巴第和艾米利亚·罗马涅地区奶牛最为集中。但威尼托和皮埃蒙特地区以产肉为主,肉牛产量占比接近60%。中南部地区的情况正好相反,肉牛的饲养场居多,尤其是利用“奶企中的小牛”育肥企业。唯一的例外是普利亚地区,该地区的奶牛数量较多并较为集中(表3-2-4,表3-2-5)。

表 3-2-4

按用途分类的意大利牛群数量

项目	2013 年/头	2014 年/头	2015 年/头	2015 年各类牛比例/%	2015 年与 2014 年相比/%
总数量	137 078	135 038	132 378	100	−2.00
肉牛数量	88 601	87 430	85 730	65	−1.90
奶牛数量	31 280	30 270	29 239	22	−3.40
肉乳兼用数量	17 197	17 338	17 409	13	0.40

表 3-2-5

按地区和用途分类的意大利牛群数量

大区	肉牛		奶牛		兼用		总计/头
	牛只数量/头	区域占比/%	牛只数量/头	区域占比/%	牛只数量/头	区域占比/%	
皮埃蒙特	480 145	61.70	245 007	31.5%	48 597	6.2	77 759
瓦来・奥斯塔	127	0.3	101	0.2%	33 808	97.3	34 721
伦巴第	335 422	22.7	1 027 213	69.6%	104 962	7.1	1 474 959
波尔扎诺自治区	932	0.7	105 793	79.8%	25 324	19.1	132 508
特伦拖自治区	6 856	14.9	37 417	81.8%	1 289	2.8	45 724
威尼托	45 666	60.6	282 184	37.5%	10 819	1.4	75 258
弗留利・威尼斯朱利亚	11 877	13.8	69 582	81.2%	3 289	3.8	85 671
利古利亚	9 091	66.6	2 742	20.1%	1 777	13.0	13 635
艾米利亚・罗马涅	87 985	15.6	47 136	83.9%	1 341	0.2	561 371
托斯卡纳	6 344	76.3	17 845	21.4%	1 639	1.9	83 143
翁布里亚	34 682	64.2	13 606	25.1%	5 312	9.8	54 011
马尔凯	38 891	77.2	8 956	17.8%	2 149	4.2	50 327
拉齐奥	9 926	48.1	79 054	38.3%	26 664	12.9	206 191
阿布鲁佐	3 724	56.6	21 385	32.5%	6 728	10.2	65 781
莫里塞	20 287	46.5	14 606	33.4%	8 635	19.7	43 623
坎帕尼亚	77 401	44.7	47 569	27.4%	47 018	27.1	173 075
普利亚	46 407	27.9	68 792	41.4%	50 696	30.5	166 143
巴西里卡塔	41 203	47.6	24 776	28.6%	20 424	23.6	86 483
卡拉布里亚	62 702	61.2	15 778	15.4%	22 749	22.2	102 351
西西里	232 191	69.8	62 629	18.8%	36 613	11.0	332 294
撒丁	193 797	74.8	50 771	19.6%	12 466	4.8	259 073
意大利	2 336 596	42.5	2 667 166	48.5%	472 299	8.6	5 501 254

至今为止，在意大利肉牛养殖阶段唯一获得地理保护标识认证的产品仅有“亚平宁中部地区白牛肉”，其代表了意大利肉类的高端品质。亚平宁中部地区生产白牛肉的主要品种为契安尼娜、曼契加那牛和罗马涅牛，年龄在 12～24 个月，在意大利中部地区的亚平宁山脉出生、饲养。原产地包括北部的艾米利亚・罗马涅区域的博洛尼亚(Bologna)、拉文纳(Ravenna)、弗利-切塞纳(Forli’-Cesena)和里米尼(Rimini)各省，南部卡塞塔(Caserta)省下属部分地区。而罗马涅牛主要集中在艾米利亚・罗马涅地区下属北接原产地的四个省份。托斯卡纳和翁布里亚地区是契安尼娜牛的产地，而曼契加那牛主要集中在马尔凯和阿布鲁佐地区。

全国肉牛数据库中登记的契安尼娜牛、曼契加那牛和罗马涅牛约有 3/4 用于地理保护标识产品生产(表 3-2-6)。2011—2015 年，意大利中部的本地品种存栏有所减少，特别是契安尼娜牛(2011—2015 年减少了 9%)(表 3-2-7)，也导致了认证产品的减少。

表 3-2-6

各区域地理保护标识(IGP)产品品种构成

契安尼娜牛			曼契加那牛			罗马涅牛		
区域	饲养场数量/个	饲养规模/头	区域	饲养场数量/个	饲养规模/头	区域	饲养场数据量/个	饲养规模/头
托斯卡纳	481	17 394	马尔凯	799	2 067	艾米利亚・罗马涅	321	10 216
翁布里亚	530	14 147	阿布鲁佐	528	10 562	托斯卡纳	21	523
其他	450	12 347	其他	862	20 401	其他	42	1 793
总计	1 461	43 888	总计	2 189	51 633	总计	384	12 532

表 3-2-7

意大利中部地区主要本地品种肉牛构成　　头

类型	2011 年	2012 年	2013 年	2014 年	2015 年
契安尼娜牛	62 415	61 512	57 335	56 645	56 812
罗马涅牛	17 810	17 086	16 190	16 442	16 497
曼契加那牛	72 763	73 021	68 119	71 527	72 052
总计	152 988	151 619	141 644	144 614	145 361

2016 年底,"皮埃蒙特小牛腿肉"也获得了地理保护标志认证(表 3-2-8),其注册申请已在 2016 年 12 月 23 日的欧盟官方通报上公示。

表 3-2-8

地理保护标识(IGP)小牛肉的生产和消费

项目	单位	2013 年	2014 年	2015 年	鲜肉占 IGP 比例%	2015 年/2014 年变化率/%
生产量	t	8 349	7 920	7 410	53.3	−6.4
生产总值	百万欧元	49	46	44	50.1	−5.0
消费总值	百万欧元	154	141	128	66.0	−9.2

(3)肉牛产业动态

2011—2015 年,肉牛产业需求逐渐减少,出现了意大利国内市场和欧盟市场供大于求的局面。意大利受经济危机的影响,消费者的饮食结构产生变化,需求逐渐下降;同时受进口牛肉供给的影响,无论是牛肉的销量还是牛肉产品的选择,特别是大型超市销售模式,都偏向于采购更便宜的产品。

意大利的牛肉产量为欧盟第四位,但市场下降的幅度最大,尤其是产品总量的下降。2011—2015 年,牛肉的产量减少了 11%,包含了各个类型的牛肉,特别是 1～2 岁的小牛肉产品(公牛和母牛)和成年母牛产品。成年母牛减少趋势显著(2011—2015 年度减少了 18%)(图 3-2-7),主要是由于育肥牛数量的增加,这可以降低进口牛肉的依赖性。

根据全国肉牛数据库数据来看,用于屠宰的牛头数具有逐步减少的趋势,数量减少了约 80 万头,2011—2015 年减少了一半。具体来讲,2011—2015 年,所登记的牛屠宰量,平均每年减少 3.8%(图 3-2-8)。与此同时,活牛进口平均每年减少 14%,导致这种情况的主要原因是法国牛需要高昂补饲成本,同时总的饲养成本也在增加。同样,全国肉类供给的组成也发生了变化:以 2015 年为例,尽管肉类产量没有发生变化,但小牛肉和犊牛肉数量减少,育肥牛肉和淘汰奶牛肉的供应增加,占整个供应量的 1/5。这种

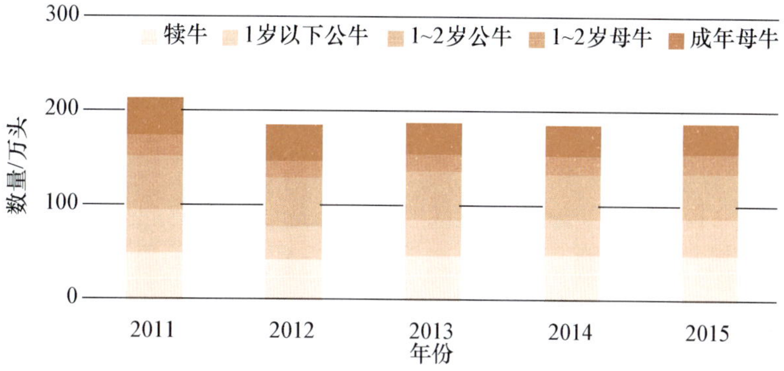

图 3-2-7 肉牛种类、年龄和性别组成变化(2011—2015 年)

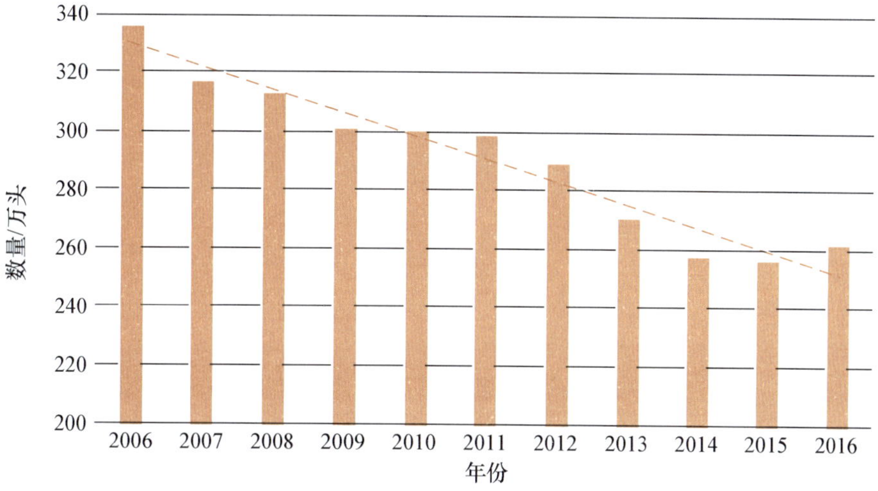

图 3-2-8 屠宰数量变化

动态变化源于乳制品产业市场危机导致的份额下降和全球范围内的需求降低，导致了养殖的奶牛大量被屠宰(图 3-2-9)。

2016 年，屠宰奶牛对奶制品行业产生了负面影响，屠宰量占屠宰牛总量的 2.2%，与此同时，小牛和成年牛屠宰量占比分别为 2.4%和 13.6%。同样在 2016 年，育肥牛的进口量有所增加，从而对 2017 年度小牛肉的供给量产生影响。

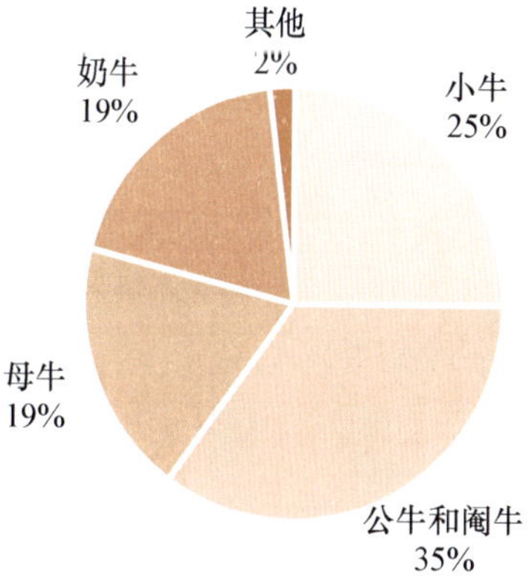

图 3-2-9 意大利屠宰牛类型组成(2015 年)

3. 意大利国内肉牛市场

2013—2015 年度，意大利国内市场的肉牛受供大于求的影响，价格产生整体性的下跌。

奶制品消费领域走向的不确定性，增加了淘汰奶牛屠宰量；同时家庭需求减少，两个重要市场停止进口(希腊和俄罗斯，前者受经济危机影响，后者则为欧盟禁运对象)。另外，育肥牛肉的市场也受到了海外产品的激烈竞争，这也影响了屠宰环节的效益。

从 2014 年起，屠宰牛肉的零售价格同意大利农业食品服务协会提供的 2010 年价格相比，总体降低了 4%(图 3-2-10)。不景气的现象影响了几乎所有行业，但在小牛肉领域，市场需求和供应基本持平，下降的趋势还不太显著(表 3-2-9)。

具体来讲，屠宰小牛价格在这三年中的变化趋势同牛肉品种、产地和饲养方式有关，价格的变动主要受生产环节的价格变化影响，目前生产环节的价格变化趋于稳定，并正在促进小牛肉的生产。

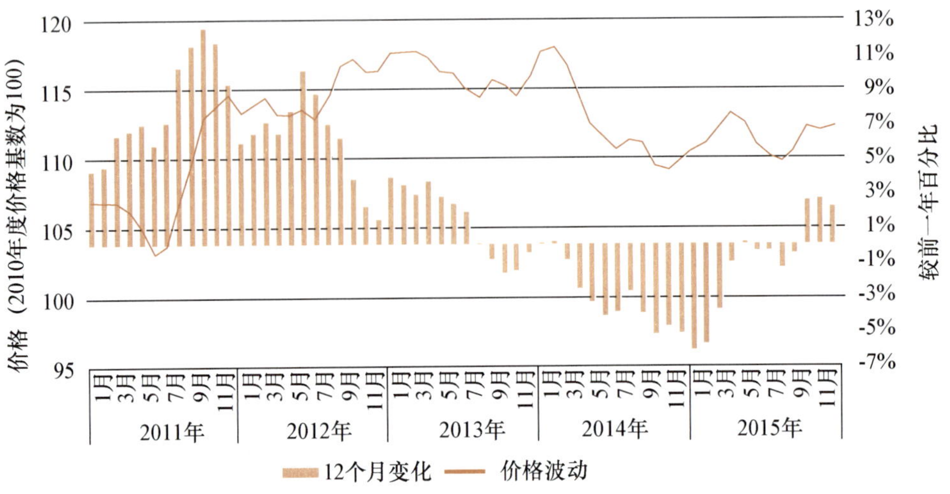

图 3-2-10　屠宰牛肉价格变化

表 3-2-9
活牛价格

欧元/kg

类型/品种	产地	2013 年	2014 年	2015 年
小牛				
利木赞牛	摩德纳	3.03	3.06	3.01
夏洛莱牛	摩德纳	2.76	2.80	2.73
屠宰小牛				
杂交	库内奥	3.34	3.42	3.29
地方品种	维琴察	3.43	3.22	3.14
富力索娜牛	蒙蒂基亚里	2.79	2.69	2.50
成年牛				
利木赞牛	摩德纳	2.88	2.75	2.80
夏洛莱牛	摩德纳	2.46	2.46	2.52
杂交	维琴察	2.32	2.30	2.18
皮埃蒙特	库内奥	2.87	2.91	2.92
母牛				
利木赞牛	摩德纳	2.93	2.89	2.95
夏洛莱牛	摩德纳	2.64	2.57	2.57
富力索娜牛	克雷莫纳	1.33	1.13	1.09
奶牛				
布尔里那牛	克雷莫纳	0.90	0.71	0.75

2012 年全年和 2013 年部分时期畜牧业饲养阶段的生产成本，特别是饲料和能源的支出降低，但 2014 年和 2015 年又出现了升高的趋势(图 3-2-11)。

正如意大利农业食品市场服务协会调查的现有小牛育肥饲养方式中价格指数所揭示的内容一样，2015 年度的饲养价格指数下降了五个百分点。通过对单个开支项目的详细分析，可以发现这主要是由于饲料(2014—2015 年度减少了 9%)和能源(−12%)的价格降低。其他减少的项目中包括了补饲成本，占育肥总成本的 58%。2016 年的生产原材料价格同样也在降低，减少了 1%，促进了补饲成本的降低。

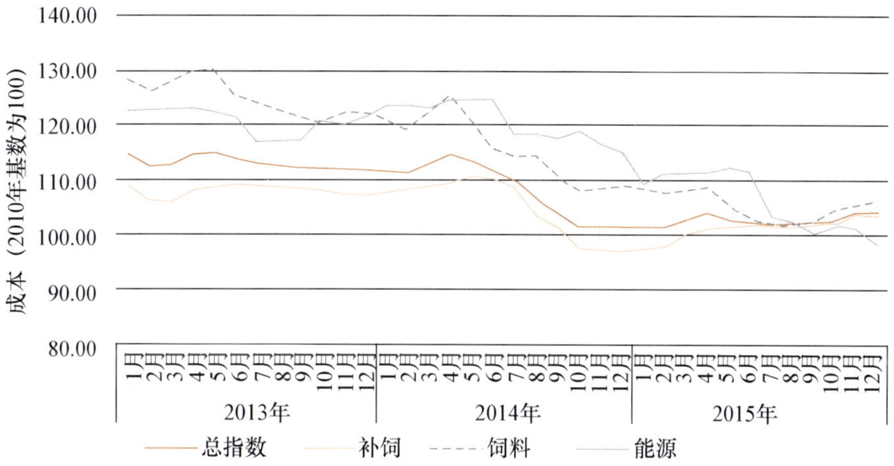

图 3-2-11 育肥牛犊的饲养成本变化(2010 年度价格基数为 100)

4. 肉牛养殖成本对比

意大利最具代表性的肉牛养殖模式:威尼托夏洛莱牛的集约化放牧养殖;托斯卡纳和翁布里亚大区牛的粗放型放牧养殖。同时比较了撒丁岛养殖模式(本地品种与进口法国品种共存),分析本地品种的独特性。

(1)威尼托地区法国肉牛的养殖成本

意大利 2014 年发布了测算肉牛的生产成本的新算法,于 2015 年实施,对威尼托大区养殖法国品种牛的成本进行测算。为了能够将一段时间的生产成本计算成单独的一批肉牛,测算分成两个阶段:第一阶段为收集企业的技术和经济数据,计算公司间接投入这批牛的平均成本;第二阶段集中于收集这批牛的直接数据和成本。

试验对象为威尼托的夏洛莱牛、利木赞牛和法国杂交牛,每批牛做一个周期性的整体监控,小牛根据种类、性别、体重、购买日期以及日常管理等方面划分。

试验在两个不同规模的公司进行:一个是拥有 550 个栏位及以上的公司(大公司),另一个是牛栏位少于 550 的公司(中型公司)。

①参与测算公司特点

参与到成本监测的样本公司由 20 家威尼托地区的养殖场组成,这些养殖场专门从事公夏洛莱牛的养殖,其数量占到了每年饲养牛的总数的 80%,其余部分大多由爱尔兰牛构成。

这些养殖场平均拥有 973 个养殖栏位,净产量按活重计算,活重达到 1 152 kg。引进时平均体重 423 kg,出栏体重为 733 kg。平均养殖周期是 215 天,每天每头牛可增重 1.4 kg。一般情况下,与利木赞牛相比,公夏洛莱牛要多养几个月,长得更重,才符合出栏标准(表 3-2-10)。

表 3-2-10
夏洛莱牛养殖的特点

项目	栏位<550	栏位>550	平均
养殖场/个	10	10	—
存栏量/头	469	1 477	973
活重/kg	1 091	1 212	1 152
出栏数/头	339	405	372
育肥前重量/kg	415	430	423
出栏重量/kg	737	729	733
死亡率/%	0.90	0.60	0.80
养殖周期/d	218	212	215
日增重/kg	1.41	1.40	1.40

东北部的公司为了以相对较低的价格获得较多的高能量饲料，更多地选择青贮饲料，其所占比例在各类饲料中超过了50%。在这些公司中，为了使小牛在生长发育过程中适应青贮饲料饲喂，在其饲养周期内添加了更多的干草料。蛋白质需求通过大豆提取物、饲料和外源蛋白质来满足。

由表3-2-11可知，养殖牛日粮成本取决于饲草料的利用率，而不是牛自身的大小。饲草料的利用率由每天牛的增重与供应的饲料组成决定。在饲料生产中，单个原料价格以及总价对饲喂成本都非常重要。在相同的饲喂条件下，饲料利用率越高，增重越多，成本才越低。

表3-2-11

夏洛莱牛养殖饲草料组成

饲料名称	用量/[kg/(头·d)]
青贮玉米	7.8
玉米	1.7
甜菜浆	1.2
干草	0.2
麦秆	0.7
总饲料	11.6
玉米粉	2.5
玉米米糠	0.5
糠	0.2
豆粉	0.4
含蛋白质的饲料	1.2
干果	0.5
多油植物	0.03
总计	5.3

养殖场的大小决定了养殖人员的多少，即越大的养殖场，劳动力成本可能会越高。威尼托所有大型的养殖场都雇了养殖人员，有些甚至有专门负责记账的人员。然而，其他以家庭经营为主的小公司，其养殖工作基本由自己及家人来完成。

不动产、生产设备等使用时间越长，设备折旧费所占比例越低。另外，牛圈建造费存在一定差异，如同样的面积，有坡度的地面建造牛圈花费的人力、物力会更大。

②收益率

养殖的收益率，可以通过对比成本和收入得出。以每头牛的成本和收益为准，可以计算出出栏重量的成本及收益（表3-2-12，表3-2-13）。

表3-2-12

2015年每头夏洛莱牛的总成本

项目	夏洛莱牛养殖成本/(欧元/头)		
	栏位<550	栏位≥550	平均
犊牛购买	1 150.57	1 176.8	1 163.69
饲料	452.14	440.37	446.25
燃料/垫草/药品	67.96	67.53	67.75
其他费用	56.32	54.84	55.58
屠宰成本	0.79	0.54	0.67
总流动成本	1 727.78	1 740.08	1 733.93
劳务	73.64	52.73	63.19
流动成本+劳务	1 801.42	1 792.81	1 797.12
利息和折旧费	92.25	73.34	82.80
总成本	1 893.67	1 866.16	1 879.92

表 3-2-13

2015 年每头夏洛莱牛的收益

项目	夏洛莱牛收益/(欧元/头)		
	栏位<550	栏位≥550	平均
总成本	1 893.67	1 866.16	1 879.92
收益	1 780.30	1 779.90	1 780.10
流通成本余额	52.52	39.81	46.17
总营业利润	−21.12	−12.92	−17.02
收益(亏损)	−113.37	−86.26	−99.82

从夏洛莱牛的养殖情况来看，1 780 欧元/头的销售价格(活重价格为 2.46 欧元/kg)占总成本的 94%，与生产投入基本持平。

2015 年成本和收益见表 3-2-14 和表 3-2-15。

表 3-2-14

2015 年每卖出 1 kg 活重的成本

项目	夏洛莱牛成本/(欧元/kg)		
	栏位<550	栏位≥550	平均
犊牛购买	1.60	1.63	1.61
饲料	0.63	0.61	0.62
其他费用	0.17	0.17	0.17
劳务费(家人+雇佣工资)	0.10	0.07	0.09
利息和折旧费	0.13	0.10	0.11
直接成本	2.63	2.58	2.60

表 3-2-15

2015 年每卖出 1 kg 活重的收益

项目	夏洛莱牛收益/(欧元/kg)		
	栏位<550	栏位≥550	平均
出栏价格	2.47	2.46	2.46
直接补贴	0.20	0.23	0.22
政府补贴	0.04	0.04	0.04
总收益	2.71	2.73	2.72

2009 年第 68 号条例中保留直接补贴中的屠宰费，2013 年 7 月 13 日由第 52 号条例确认“屠宰费”继续补贴，并进一步规定，公司养殖时间不能低于 6 个月。此外，2015 年条例规定，屠宰年龄在 12～24 个月的牛，政府会进行一定补贴。

屠宰肉牛所获得的政府补贴(2009 年第 68 号条例)和公司直接补贴的总额，与卖出牛的头数成一定比例。根据相关要求，2015 年每头牛的政府补贴金额从 53.53 欧元到 69.59 欧元不等。

政府补贴并不能完全抵消养殖小牛的成本，只有加入直接补贴，才能使东北部养殖场(栏位≥550 和栏位<550)平均净利润达到 3%～6%。

(2)契安尼娜牛的饲养成本

2015 年就契安尼娜牛的生产成本在翁布里亚大区和托斯卡纳大区的 6 个养殖场进行了测算，该区域大部分产品都注册了地理标识认证，从而获得亚平宁核心白牛肉保护联盟的地理保护标志。该饲养模式主要是将公牛饲养到 18～20 个月出栏。

①养殖特点

契安尼娜牛体型较小，育肥时间比较长，养殖特点为小牛犊售卖给专门的育肥公司进行集中育肥。

被列入调研的公司，在饲养契安尼娜牛方面都有着较为先进的养殖技术。位于翁布里亚大区和托斯卡纳大区的育肥公司，规模小的有大约70个栏位，最大的有230个栏位，平均规模达到140个栏位（表3-2-16）。

表 3-2-16
契安尼娜牛饲养特征

项目	特征
公司数量	6
栏位数量	140
圈养	垫料
活重/t	62.6
平均饲养头数/(头/d)	134
生产性能/(kg/h)	38.4
地理保护标志	100%

地方牛品种的育肥特点在于，体重要比高度选育品种的增重慢。与选育品种的不同处在于，这些牛大部分饲养在意大利北方，平均体重在250 kg左右。地方牛断奶后直接卖给育肥公司，由育肥公司进行育肥饲养，这种饲养方式并不多见。法国的小牛肉生产过程也采用同样的饲养方式。

公契安尼娜出栏体重比其他地方牛（例如曼契加那牛和罗马涅牛）更重。在意大利“白牛”中，契安尼娜牛是体型最大的品种，成熟也相对较晚。据调查，契安尼娜牛出栏活重平均达到770 kg。契安尼娜牛体重最大的原因在于，其饲养周期相较于法国牛更长，育肥周期超过了一年（平均392 d）（表3-2-17）。

表 3-2-17
公契安尼娜牛特征

项目	指标
购买时体重/(kg/头)	249
育肥成本/(欧元/kg)	414
出栏体重/(kg/头)	770
出栏价格/(欧元/kg)	3.25
日增重/[kg/(头·d)]	1.33
育肥周期/d	392

饲料配方取决于养殖人员的选择，养殖人员可能会选择青贮饲料（尤其是玉米），或只提供干草类饲料。从另一方面看，玉米青贮的生产所需劳动力较低，因此使得每公顷饲料产量价值更高。与其他牛的育肥公司不同，育肥契安尼娜牛的公司基本全部采用干饲料，尤其是紫花苜蓿干草以及少量的麦秆。除了紫花苜蓿干草和豆粕这类饲料外，还通过饲喂蚕豆面来满足契安尼娜牛的蛋白需求（表3-2-18）。每头牛需要大量的混合干饲料进行饲养，这也是契安尼娜牛的一大特征。

2015年对饲料及相关产品原料价格进行计算，得出契安尼娜牛每天每头牛的饲料成本大约为2.16欧元。

表 3-2-18

契安尼娜牛的饲料组成

饲料配方	数量/[kg/(头·d)]
紫花苜蓿干草	3.20
麦秆	0.15
饲料总量	3.35
蛋白饲料	1.40
玉米粉	2.80
大麦粉	1.80
麦麸	0.20
豆粕	0.40
蚕豆面	0.90
总量	7.50

②生产成本及收益

契安尼娜牛平均价格为每 100 kg 售价 277.09 欧元，相应的每头牛每天的饲养成本也有所上升，达到了每天每头牛 3.72 欧元。

生产规模的大小及牛栏使用率决定了相关成本的高低，也是影响固定成本的因素，尤其是不动产(设备及建筑)的使用、折旧及生产效率等因素。

饲养契安尼娜牛时，除了几乎占到总成本 60%的饲料，能源消耗方面的成本也不可忽视，如电力的消费。必须使用电力来将谷物磨成粉，这些是牛饲料的主要组成部分。垫草成本同样不可忽略，在调查过程中发现，圈养场地大都长期使用垫草，这些用于垫草的原料主要是麦秆，每天每头牛需要消耗约 2.2 kg，目前养殖场很少使用犊牛补饲垫板。其他成本费用每年都不一样，比如维修费用，而有的费用支出，例如保险费用每年变化不大(表 3-2-19)。

表 3-2-19

2015 年契安尼娜牛饲养成本

项目	增重 1.33 kg/d	
	欧元/(头·d)	欧元/10^0 kg 活重
饲料	2.16	162.41
药物	0.09	6.91
能源	0.15	11.73
垫草	0.13	9.74
其他费用	0.15	11.03
工具及服务费	0.09	6.78
成本合计	2.77	208.15
劳务	0.47	35.33
折旧	0.30	22.77
利息	0.18	13.56
总成本	3.72	279.8

通过计算每天的平均饲养成本和分析饲养过程中产生的费用，可以评估出饲养契安尼娜牛的收益情况。

通过所收集的数据可以得出，在育肥契安尼娜牛的饲养过程中，出售价格为每头牛约 2 503 欧元，相当于活重每千克 3.25 欧元，销售收益高于饲养成本，有一定的利润空间，通过最终牛肉销售收益和育肥阶段的投入计算得出，养殖业的利润空间非常小(表 3-2-20)。

(3)撒丁岛肉牛的饲养成本

撒丁岛肉牛养殖非常有特色，其特点之一是养殖牛品种的遗传背景差异：意大利北部养殖的主要

表 3-2-20
每千克的成本及销售收益

项目	计算单位	
	欧元/100 kg 活重	欧元/头
犊牛补饲	135	1 035.00
饲料	110	846.72
其他直接费用	31	238.48
劳务	24	184.17
利息与折旧	25	189.40
总成本	324	2 493.78
屠宰销售收益	325	2 502.50

是典型的法国牛品种(夏洛莱牛和利木赞牛)、当地品种(撒丁布鲁纳牛)和其他杂交品种杂交的后代。撒丁岛的本地牛和法国牛差异巨大,很大程度上是由撒丁岛肉牛的饲养方式造成的。目前,撒丁岛肉牛的产量、平均日增重率均较低,由于农业政策的支持,使得这些地方品种得到保护。

撒丁岛肉牛产业另一个方面的特点是产业链不完整,市场交易系统不完善,缺乏育肥阶段,经济效益差,再加上受国外产品的竞争以及生产成本的增加,使得撒丁岛肉牛养殖业处于一个濒临崩溃的边缘。该行业存在以下问题:养殖户较多且集中;未按年龄出栏;肉牛因缺乏运动导致育肥不足;小屠宰场数量多;长期存在的传统小型销售点是当地肉牛的主要销售渠道。

撒丁岛的牛养殖类型分析可以看出,奶牛养殖比肉牛养殖更多,奶牛养殖占比更大(约占总头数1/4)。撒丁岛登记的肉牛约为 260 700 头(资料来源,2015 年 BDN),说明撒丁岛的肉牛养殖业也非常重要。岛上主要的肉牛品种是撒丁岛布鲁纳牛,占肉牛总头数的 21.6%;而本地牛和法国牛的杂交后代,占牛群总数的 45%以上。通过比较撒丁岛 2012 年和 2015 年养殖牛头数发现,小牛和待屠宰牛增长最快(表 3-2-21,图 3-2-12)。

表 3-2-21
撒丁岛养殖类型变化　　头

分类	2012 年	2015 年	变化/%
1 岁以下屠宰小牛	8 132	12 548	54
1 岁以下小牛存栏	43 066	46 228	7
屠宰(1 岁以上)	19 490	32 692	68
存栏母牛	66 186	58 288	−12
奶牛	57 207	66 124	16
哺乳母牛	54 255	44 062	−19

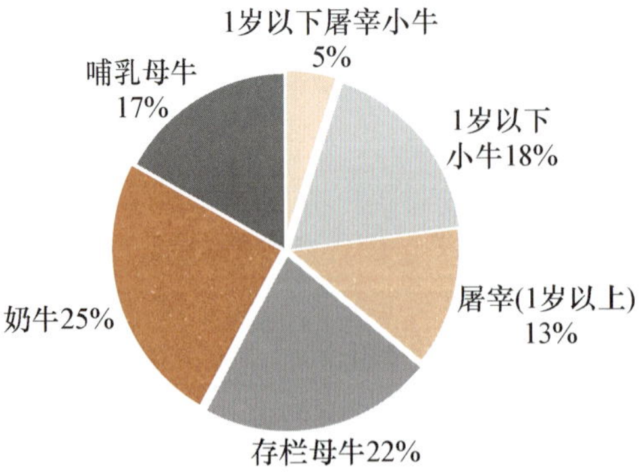

图 3-2-12　撒丁岛肉牛养殖类型组成(2015 年)

撒丁岛肉牛养殖量大，但是其产量并不突出。这主要是因为缺乏育肥阶段，一般情况下撒丁岛的小牛犊会被运输到威尼托大区，养殖公司在那里采购后育肥，体重达到约 650 kg 出栏。

撒丁岛肉牛地方类群如图 3-2-13 所示。

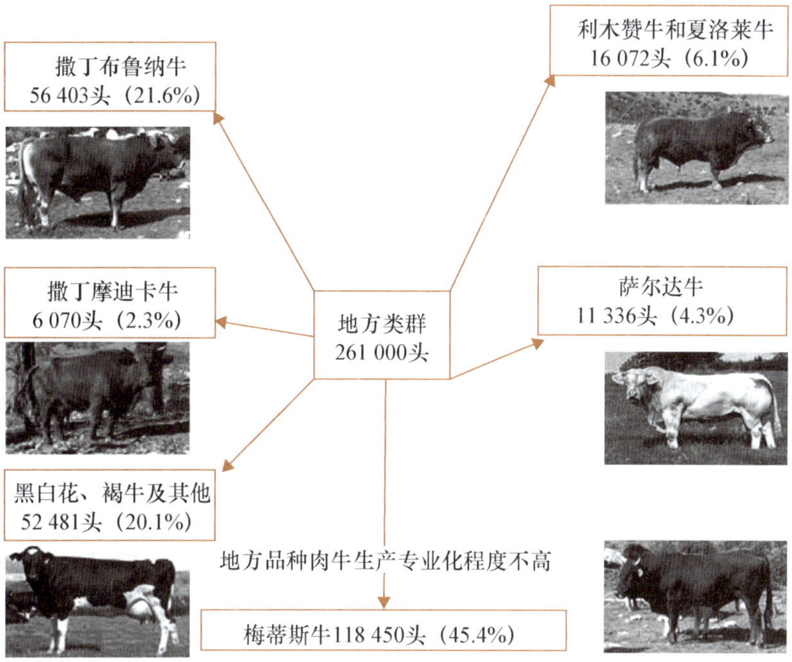

图 3-2-13 撒丁岛肉牛地方类群

要研究撒丁岛肉牛养殖整体效益，必须考虑其生产成本的构成和销售价格。与来自半岛的牛肉或欧盟、非欧盟的牛肉相比，撒丁岛肉牛产品竞争力明显不足。欧盟补贴是养殖公司收入的主要来源。

撒丁岛肉牛生产成本相对较高，其中最重要的原因是当地饲料供应不足。撒丁岛上肉牛养殖最主要的牛饲料，在成分组成和成本上都和威尼托地区的不同。就饲料组成而言，撒丁岛用的牛饲料（每头 200～500 kg）更加单一，主要是玉米和大麦粉，还加入稻草和浓缩饲料（MCI）；而威尼托地区育肥使用的牛饲料（每头 380～660 kg）更多元化，其中最主要的是窖藏玉米、谷糠饲料和玉米粉。撒丁岛必须通过大量进口饲料，来满足肉牛养殖的营养需要，而这些饲料原料大多来自意大利和欧盟市场，同时由于个体户缺乏讨价还价的能力，饲料存储和运输成本高昂，导致撒丁岛的饲料成本比其他地区要高 30%。加之采购中间环节增加，导致成本进一步升高。不同地区犊牛补饲效果见表 3-2-22。

表 3-2-22

不同地区犊牛补饲效果

项目	威尼托夏洛莱牛	托斯卡纳/翁布里亚契安尼娜牛	撒丁岛梅蒂斯牛
采购时重量/kg	390	249	250
出栏重量/kg	677	770	491
育肥天数/d	215	392	230
日增重/(kg/d)	1.34	1.33	1.05

另一个影响生产成本的因素是品种，虽然本土品种能很好地适应当地恶劣环境，但出生体重小，日增重低，屠宰率低，发病率高。为满足畜牧业生产需求（增重速度、饲料转化率、屠宰率），需通过和法国牛杂交来改善这些缺点。

撒丁岛相关数据从萨萨里大学萨尔瓦托雷·皮尔贾科莫·拉苏河（Salvatore Pier Giacomo Rassu）

教授的报告《撒丁岛肉牛发展前景》中得出(萨萨里,2016)。

(4)三种养殖模式SWOT(态势)分析

如表3-2-23所示,意大利不同地区的不同品种采用了不同的养殖模式,具有不同的优劣势。

表3-2-23

不同养殖模式对比分析

项目	威尼托法国品种	意大利中部本土品种	撒丁岛封闭饲养品种
优势	有玉米灌溉区,玉米是牛的基本饲料	保护环境和生物多样性,在生产选择稀缺,经济不发达区域有优势	保护环境和生物多样性,在饲草料不丰富,经济不发达区域有优势
	企业规模大,生产专业化强,这决定了经济规模(比如,每天的人工费)	(美食、旅游等)让产品质量特点认知度高	体型适中(约550 kg)和肉质
	产品同质化和稳定供应能力足以应对大规模的配送需求	价格定位高,效益高	奶-肉产业链结合,其生产管理成本降低,经济优势较高
缺点	受市场波动影响大,犊牛补饲栏设备高度依赖国外	奶牛数量分散,资金流和常规犊牛补饲栏有限,要考虑育肥活动专业化	饲料单位和灌溉区可用性差
	流动性高以确保犊牛补饲栏供应	牧场和灌溉区可用性有限	缺少管理大区外饲料供应的贸易平台
	严格的环保法规(比如硝酸盐指令,动物福利等)使费用高	育肥周期长,投资回流时间长	屠宰费用高,尤其是废物处理费用
机遇	享有农业环境气候费和/或加强动物福利标准和加入集体项目能获得农村发展补贴		
	有针对性的宣传活动(比如遵守严格的规定演变的高标准环境可持续和动物福利)	分销机构对肉类在销售点附近的质量和价格增长更有信心	加强科学研究,旨在提高肉质特征
	通过质量认证生产系统(SQN)实现产品的差异化	扩展销售渠道(比如与快餐店或汉堡店建立商业伙伴)	发展贸易标志,与其他产业链整合(猪,家禽,兔子)
风险	很难给所有养殖户补贴,PAC可帮助减少或解决这种问题	至少养殖了6个月的IGP标志与可选标记待宰牛(年龄为12～24月龄)的与之相匹配的高价位	私人财政资源可用性低
	密集型养殖理念带来的动物福利和环境可持续方面的负面形象	国内国外竞争对手开展的价格战	由于供应数量减少,销售商兴趣不大
	更多其他地区的需求(比如马格里布)让犊牛补饲栏的供应困难		

5. 意大利主要肉牛品种

意大利肉牛的养殖特色在于,在不同区域有本地特有的肉牛品种。

(1)皮埃蒙特牛

皮埃蒙特牛(图3-2-14)是意大利北部最常见的肉牛品种,主要分布在意大利北部,包括都灵、米兰、克里莫那等省区。最早该牛有三种用途(役用、产奶和产肉),后来选育作为肉用。母牛外表呈白色或接近白色的浅色,带有趋于灰色的斑块;而公牛则是黑色带有浅色的斑块。小牛出生时为棕色,成年后变成灰白色。

皮埃蒙特牛养殖历史悠久,世界闻名。其起源可追溯到公元前4世纪,20世纪50年代被输出到国外。其生长快,母性好。成年母牛900～1 000 kg,成年公牛1 500 kg。阉牛在16～17月龄体重达700 kg,屠宰率65%。初生重公犊42～45 kg,母犊40 kg,产肉性能良好,日增重高,适应性良好,母乳量足以哺育犊牛。牛胸宽,肌肉附着厚实,鬐甲宽,腰部肌肉丰满,体躯较长,臀部和大腿肌肉发达。胴体脂肪比例非常低,骨率低,牛肉品质极佳。在世界各地适应性良好。12世纪初,偶然发现一头双肌臀的犊公牛，意大利畜牧工作者利用这种遗传变异的后代进行选配育种，逐渐形成了现在的“皮埃蒙蒂斯”新品种。1886 年研究发现，皮埃蒙特牛体内含有肌肉生长抑制素，基因突变导致该牛肌肉生长旺盛。

图 3-2-14 皮埃蒙特牛（皮埃蒙特牛保护组织 COALVI，2009）

(2)曼契加那牛

曼契加那牛(图 3-2-15)起源于曼契加那(Marchigiana)及其周边地区。以前该牛养殖为肉用及役用，目前，只用于牛肉生产。其肤色呈现接近白色的浅灰色。曼契加那牛起源于博多利卡牛和契安尼娜牛的杂交，随后与罗马涅牛杂交使得其体型变小，而在役用能力上有所提高。

图 3-2-15 曼契加那牛

该品种主要分布在意大利中东部的安科纳省，约有 70 万头，占全国肉牛头数的 45%。该品种适于放牧饲养，耐热，生长发育快，周岁时平均体重公犊达 530 kg/头，母犊达 387 kg/头。平均日增重公、母牛分别为 1.31 和 0.93 kg/头。母牛具有良好的母性和繁殖性能，犊牛平均出生重为 45～50 kg。成年母牛体重为 850～900 kg，成年公牛体重为 1 300～1 500 kg，15～16 月龄就能达到理想的屠宰体重，阉牛屠宰率 67%。

(3)玛瑞玛拉牛

玛瑞玛拉牛(图 3-2-16)是一种主要分布在托斯卡纳至拉齐奥大区之间的玛瑞玛拉地区的品种，是亚洲原牛和博多利卡牛杂交的后代，是一种肌肉发达的牛品种。最早也做役用，随着工业化发展逐步变为肉牛品种。

图 3-2-16 玛瑞玛拉牛

其成年牛毛色为灰色，雄性比雌性颜色更深，特别是在前部，阴囊、蹄和阴囊下部为黑色，皮肤为黑色。小牛出生时为小麦色，3 月龄以后逐渐变成灰色。玛瑞玛拉牛瘦肉率高，且带有均匀分布的大理石花纹。此外，从营养成分看，该牛肉的不饱和脂肪酸和多不饱和脂肪酸含量很高。

(4)契安尼娜牛

契安尼娜牛(图 3-2-17)是分布在台伯河延河流域的托斯卡纳和翁布里亚大区及其周边地区的古老牛种，起源于在古罗马时期就广泛分布的平额牛。最早主要用于耕作，随后被选为肉牛。目前是世界上最大最古老的肉用品种之一。契安尼娜牛已经在意大利托斯卡纳、翁布里亚大区和拉齐奥大区地区至少养了 2 200 年。契安尼娜牛是该地区主要的农业耕作动物，直到第二次世界大战后由于工业化革命以后才被淘汰。从 1931 年开始，育种人员开始倾向于选择更适合肉类生产的牛，比如四肢较短，身体较长，臀部和大腿肌肉较丰满的牛种。此外，选择肉牛还取决于生长速度、产肉量和繁殖力等因素。第二次世界大战后，契安尼娜牛因其优良的肉质成为一个世界品种。通过出口种畜，冷冻精液和胚胎，已经推广到中国、俄罗斯，以及亚洲、美洲等的其他国家和地区。

图 3-2-17 契安尼娜牛

契安尼娜牛毛色为白色，眼睛和眼前部分有灰色阴影，体型巨大。该特征再结合其生长迅速的特点，使得该品种成为意大利最大型的肉牛品种之一。契安尼娜牛是全球最高、最重的牛种。成熟的公牛站立高达 1.8 m，最高可达 2 m。公牛体重超过 1 600 kg。母牛体重为 800～900 kg，通常超过 1 000 kg，站立身高 1.65 m。契安尼娜牛日增重可超过 2 kg/d，瘦肉多，胴体中脂肪含率为 2.1%～4.7%，屠宰率约 60%，耐热性和抗逆性良好。

(5)博多利卡牛

博多利卡牛(图 3-2-18)是源于平额牛的一个古老牛品种，主要分布在意大利南方的普利亚、卡拉布里亚、巴西利卡塔、阿布鲁佐和莫利塞地区。该牛属中小体型，灰白色外表，公牛在脖子和肩膀上会有一些黑色阴影。小牛出生时也是小麦色的，但是在大约 3 个月后变灰。最早有两种用途(役用和奶用)。近年，随着农业机械化发展，该牛朝肉用品种选育。其公牛身高约 155 cm，重约 1 050 kg；母牛身高约 145 cm，重约 650 kg，在该品种中极个别会出现双肌臀。该牛也是意大利农业部承认和保护的 16 个小型牛品种之一。该牛适应性强，能够在恶劣的地形和贫瘠的土地上生存。它可以利用包括树茬、灌木作为食物，在冬天可只喂干草和稻草。

图 3-2-18　博多利卡牛

(6)罗马涅牛

罗马涅牛(图 3-2-19)是起源于欧洲中东部的原始牛种，随着伦巴第的崛起而被引进到意大利，后来引进到佩萨罗至博洛尼亚之间的罗马涅地区。最早作为役用和肉用，如今只用于肉用。

图 3-2-19　罗马涅牛

它是博多利卡牛的一个支系，是公元 4 世纪随土著部落来到意大利的一个亚洲品种。19 世纪末开始选择并向原始博多利卡牛转变，20 世纪 60 年代时为兼用品种，后被育成专门化肉牛品种。该牛外表成浅灰色，生长发育快，屠宰率高。

该牛毛色白，前躯有黑色毛，皮肤有黑斑。体躯发育良好，体格匀称；肌肉覆盖良好，腿臀部肌肉丰满。四肢强壮，蹄质坚实，适于放牧。该品种以体格大、强壮而著称，成年公牛体重 1 300～1 500 kg，成年母牛体重 700～900 kg，16 月龄可达到理想屠宰体重，屠宰率可达 63%。肌间脂肪分布均匀，肌肉大理石状明显。肉品品质好。母性好，平均犊牛初生重 45 kg。

6. 不同肉牛品种的生产性能和屠宰性能

意大利的主要四个本地品种生长发育可以看出，曼契加那牛、皮埃蒙特牛和契安尼娜牛的成年牛体型都很大，且公牛体重均达到 1 500 kg 左右(表 3-2-24)。

表 3-2-24

四个主要牛品种生长发育比较　　kg

品种	性别	初生重	6 月龄重	12 月龄重	18 月龄重	24 月龄重	36 月龄重	成年重
罗马涅牛	公	44	270	460	620	750	925	1 150
	母	40	220	340	430	510	600	650
契安尼娜牛	公	40	260	480	690	850	—	1 473～1 653
	母	35	225	360	470	550	—	812～932
曼契加那牛	公	45	245	460	630	810	—	1 300～1 500
	母	44	224	337	450	520	—	800～900
皮埃蒙特牛	公	40	222	423	—	—	—	1 500
	母	33.5	179.1	326	—	—	—	900～1 000

意大利肉牛品种的生产性能受到许多因素的影响(饲养管理体系，年龄和屠宰体重等等以及不同品种间的明显差别)。近期一些有关各品种生产性能的试验(它们的试验条件是：非集约化繁育体系，屠宰体重中等，屠体符合现在和将来欧盟消费者的喜好)结果表明，契安尼娜牛的平均日增重最高，曼契加那牛、皮埃蒙特牛和罗马涅牛的平均日增重相近，而两个土种牛的最低。活重因为不同试验条件间差异明显而不同，意大利中部的肉牛品种的活重较高，皮埃蒙特牛的中等，本土牛的最低，这与不同品种的遗传品质及屠宰厂和消费者的需求有关(表 3-2-25)。

表 3-2-25

意大利肉牛品种的主要生产性能

品种	日增重/(kg/d)	活重/kg	屠宰率/%
契安尼娜牛	1.21	580.1	66.67
曼契加那牛	1.00	640.0	67.81
皮埃蒙特牛	1.02	469.2	74.09
罗马涅牛	1.06	543.1	62.90
玛瑞玛拉牛	0.79	476.8	58.65
博多利卡牛	0.83	437.7	62.39

根据活重和屠宰率，胴体重以契安尼娜牛和曼契加那牛的最高(390～430 kg)，皮埃蒙特牛和罗马涅牛的居中，玛瑞玛拉牛和博多利卡牛的最低(270～280 kg)。但是屠宰率以皮埃蒙特牛的为高，超过了 74%，而玛瑞玛拉牛不足 60%。

不同品种的肉品品质也因为上面述及因素的影响而不同，但是所有这些肉牛的肉品平均品质高于乳用品种。

用色度计所测定的背最长肌的色泽表明，专门化肉牛品种的肉品外观优于乳用品种，而且各肉用品种间也有差异。总之，从亮度、色饱和度和色度看，曼契加那牛和罗马涅牛的这三个指标最高，色泽亮、红而且较饱和；契安尼娜牛和博多利卡牛的居中，肉色亮泽、淡紫而且很饱和；皮埃蒙特牛和玛瑞玛拉牛的最低，肉色泽较暗红，欠饱和（表 3-2-26）。

表 3-2-26

不同品种牛的肉色分析

品种	亮度	色饱和度	色度
契安尼娜牛	41.87	27.26	34.59
曼契加那牛	43.25	28.15	36.12
皮埃蒙特牛	36.77	18.06	32.74
罗马涅牛	43.89	28.53	36.27
玛瑞玛拉牛	38.14	26.88	32.02
博多利卡牛	42.45	26.44	35.94

所测定的背最长肌的硬度结果表明，在不同品种和生熟肉间存在着差异。生肉以玛瑞玛拉牛的硬度最高，其次为契安尼娜牛和罗马涅牛；曼契加那牛居中，而皮埃蒙特牛和博多利卡牛最低。这些差异与基因型、胴体重以及与此相关的年龄和饲养体系有关。熟肉的测定结果表明，煮熟后不同品种硬度的排列顺序明显改变，其原因与胶原（collagen）、脂饱和度、蛋白质变性等有关。博多利卡牛肉硬度较大（12.95 kg），可能是由于蒸煮使水分损失太多造成的，而玛瑞玛拉牛肉煮后由于胶体和蛋白质变化而较嫩（10.89 kg）。三个意大利中部品种（契安尼娜牛，曼契加那牛和罗马涅牛）的肉硬度居中（平均 8.68 kg），且差异不明显，而皮埃蒙特牛毫无疑问在煮后硬度也最低（6.93 kg）。不同品种熟肉的硬度间的最大差异（49%）大于生肉间的（32%）。水分损失也存在着明显的差异，但是品种生熟肉间的互作更加明显，因为蒸煮对肉品中水分含量的影响很大。事实上生肉滴水损失以皮埃蒙特牛的为最大，其次为博多利卡牛，意大利中部品种居中（平均 1.43%，三者间差异不明显），而玛瑞玛拉牛的最低；品种间的最大差异为 52%。肉品水分的蒸煮损失以皮埃蒙特牛和博多利卡牛较高，其次为罗马涅牛，之后为曼契加那牛，玛瑞玛拉牛最低，品种间的最大差异较低（17%）。显然，肌肉纤维结构、脂肪含量、体重和年龄对牛肉蒸煮时的水分损失影响显著（表 3-2-27）。

表 3-2-27

不同品种牛的肌肉硬度和水分损失

品种	硬度/kg		水分损失/%	
	生肉	熟肉	生肉	熟肉
契安尼娜牛	11.77	8.83	1.48	29.84
曼契加那牛	10.30	8.73	1.41	26.61
皮埃蒙特牛	9.41	6.93	2.31	27.92
罗马涅牛	11.87	8.49	1.41	28.81
玛瑞玛拉牛	14.03	10.89	1.09	24.87
博多利卡牛	9.75	12.95	1.61	29.78

7. 肉牛产业的SWOT(态势)分析

下面对意大利不同地区的肉牛产业态势进行归纳总结(表3-2-28)。

表3-2-28
肉牛产业的态势分析

项目	肉牛产业态势
优点	意大利北部地区集约化饲养的高技术水平,特别是法国优良品种的小牛育肥; 意大利中部地区生产实体的特殊性和典型性(地理保护标识产品),具有特定的贸易群; 畜牧产业上游企业(饲料工业)和下游企业(屠宰场)的战略地位明显; 牛养殖不发达地区的改观,特别是本地品种的奶牛和小牛饲养情况得以改善; 肉类分割和初加工企业所体现的高技术和高度工业化水平; 屠宰工业和肉加工工业产业链完整; 固有的"意大利造"产品理念,代表着极高的质量标准、可追溯性和健康性; 传统分销渠道(肉铺)稳固,得益于消费者的就近消费习惯和信心
缺点	饲养规模较小,边远地区尤为显著; 法律限制和阻碍(牛的健康情况、排泄物和亚硝酸盐的管理等)的存在,对饲养成本和管理产生了经济层面的负面作用; 对农业企业引导中相互交流不足; 屠宰产业高度碎片化,特别是在非牧区,导致的生产能力不足; 远离现代分销渠道,缺少相关贮藏服务; 集中供给的组织程度不高(南部地区最为明显),同现代分销商进行谈判时话语权不足; 产品辨识度不高,缺少广为认可的品牌,品牌建设不足,导致现代分销渠道中进行销售的产品多为进口产品
机遇	促使行业进行质量体系认证,使本土产品与进口产品明显区分; 促使高质量产品进入高档市场; 同奶制品行业进行协作,激励奶牛中小牛养殖领域的发展,保障国产牛犊产出和本土品种牛犊产出; 利用乡村发展计划(PSR)政策,如可再生能源、直销、指导性农场等,支持养殖企业的收入提高; 行业水平整合(养殖协会/组织),利用乡村发展计划(PSR)政策和行业协议,加强从上游企业(饲料供应商)到下游企业(大型零售商相关)的话语权; 通过宣传促进肉类品质消费(注重原产地、健康度、安全性和动物健康等),增强对地理保护标识的认可度; 不断推进科技和创新性研究,改良肉质,优化基因(本土品种和杂交品种提高屠宰率),同时探索屠宰废物的合理化利用
风险	消费模式的改变,包括因宗教或健康原因减少或停止肉类消费的人群(素食者等); 国际竞争程度加强,既包括欧盟内部国家(如波兰),也包括南方共同体国家; 美欧自贸协议(TTIP)未能签署; 价格飞涨因素,特别是生产原料(如饲料和供电); 行业支持力度的减少(收入稳定计划PAC更新); 其他国家肉类分割和初加工产品的差异化缩小; 投向科学研究的资金减少

(三)肉牛产品加工业发展情况

1. 牛肉产量变化

与世界水平相比,欧洲牛肉产量在2014年几乎保持不变。波兰以及爱尔兰的牛肉产量显著增长(分别增长21.7%和12.4%),意大利却出现了17.1%的下滑(表3-2-29)。

表 3-2-29
欧洲牛肉产量

万 t

国家	2005 年	2010 年	2012 年	2013 年	2014 年
法国	155.44	152.12	147.72	140.79	142.04
德国	116.69	118.67	114.00	110.60	112.80
英国	76.18	92.47	88.26	84.77	87.76
意大利	111.41	107.54	98.11	85.53	70.94
爱尔兰	54.59	55.90	49.53	51.76	58.18
西班牙	71.53	60.66	59.14	58.08	57.56
荷兰	39.60	38.86	37.34	37.91	37.62
波兰	30.62	38.60	37.10	33.90	41.27
比利时	26.72	26.31	26.23	24.99	25.77
奥地利	20.38	22.48	22.11	22.72	22.16

来源:欧盟统计局,2015

而牛肉消费量(表 3-2-30),在 2014 年增长了 1.1%。增长尤为明显的是波兰(+161.8%),罗马尼亚(+20%),比利时(+9.2%)以及荷兰(+6%)。与此相反,意大利下降了 4.3%。

表 3-2-30
欧盟牛肉消费量

万 t

国家	2010 年	2011 年	2012 年	2013 年	2014 年
法国	161.60	158.40	156.00	151.30	152.20
英国	117.00	114.20	113.40	110.40	111.80
德国	104.50	108.40	107.30	105.90	107.50
意大利	139.30	129.00	126.20	112.10	107.30
西班牙	46.80	45.50	44.60	34.40	34.20
荷兰	27.70	22.40	23.10	26.80	28.40
奥地利	14.80	14.50	14.90	14.90	14.60
比利时	12.70	12.80	12.30	11.90	13.00
波兰	8.50	10.10	9.00	6.80	17.80
罗马尼亚	3.60	2.70	2.40	3.00	3.60

来源:法国农业协会,2015

2000—2014 年意大利国内牛只(肉牛和奶牛)养殖总量维持在 600 万头左右(表 3-2-31)。

表 3-2-31
意大利牛只(肉牛和奶牛)养殖总量

万头

国家或地区	2000 年	2005 年	2010 年	2012 年	2013 年	2014 年
意大利	623.20	645.99	583.25	609.15	624.93	612.54
欧盟 15 国	8 010.49	7 637.91	7 489.85	7 416.67	7 449.35	7 502.48
欧洲 28 国	9 474.47	9 028.12	8 783.15	8 713.65	8 762.91	8 831.96

来源:欧盟统计局,2015

与之不同的是,在 2014 年,肉牛的养殖数量出现了 15.5%的下滑。具体从表 3-2-32 可见,在 2000—2014 年的 15 年里,肉牛的屠宰数量减少了大约 44%。

表 3-2-32
肉牛的屠宰量

年份	数量/万头	变化百分比/%
2000 年	443.31	-1.4
2005 年	410.59	-2.5
2010 年	386.17	-5.9
2011 年	360.97	-6.5
2012 年	352.86	-2.2
2013 年	306.51	-13.1
2014 年	258.98	-15.5

来源：意大利国家统计局，2015

根据意大利统计局提供的数据，意大利国内的牛肉产量能满足大约 44%的国内需求（表 3-2-33）。由此数据可见，意大利是一个牛肉（包括新鲜及冷冻）进口国家，同时也是活牛进口国，进口活牛主要用于育肥。

表 3-2-33
意大利牛肉自给平衡表

10^3 t

项目	2010 年	2011 年	2012 年	2013 年	2014 年
国内牛肉产量	1 075.3	1 009.7	981.7	854.0	709.4
国内养殖产量	746.4	645.0	689.3	550.6	404.3
活牛进口量	331.9	367.7	296.4	306.9	308.7
活牛出口量	3.0	3.0	4.0	3.5	3.6
牛肉进口量	467.3	433.7	412.1	405.2	426.0
牛肉总产量	1 542.6	1 443.4	1 393.8	1 259.2	1 135.4
牛肉出口量	143.1	145.3	137.1	128.9	130.8
国内消费量	1 399.5	1 298.1	1 256.7	1 130.3	1 004.6
自给比例/%	53.3	49.7	54.9	48.7	40.2

来源：意大利国家统计局，2015

2. 肉牛加工产业

意大利肉牛的屠宰以“传统”方式为主，屠宰后还需进行分割和包装处理，然后直接提供给消费者。意大利屠宰加工产业的特色表现为以下几点：

能够提供系列产品：半成品和下水等产品也逐步以小包装产品提供，以便消费者长期保存，也能满足现代分销渠道的要求。提供不同牲畜的屠宰方式，如马肉和羊肉等。按照第三方要求进行肉类精加工或屠宰深加工业务。

屠宰环节同意大利其他食品生产环节类似，受“卫生法案”（第 852/853/2004 号欧盟规定）的影响，体现出较高的专业性要求。根据意大利卫生部的数据，截至目前，进行肉牛屠宰、分割和加工的企业约有 4 500 家，其中仅有 154 家为专业牛肉加工企业（表 3-2-34）。

表 3-2-34
牛肉与其他肉类屠宰企业

设施类型	加工厂总数	肉牛加工厂数	肉牛加工厂占比/%
屠宰厂	1 300	115	28.9
分割工厂	1 840	27	40.8
肉馅厂	514	7	11.4
肉制品厂	852	5	18.9
总计	4 506	154	100

从屠宰数量上来看，位于艾米利亚·罗马涅、普里亚、威尼托、皮埃蒙特和坎帕尼亚大区的前十位屠宰场屠宰量占总数的50%（表3-2-35），有4家屠宰场平均年屠宰量超过10万头。受意大利原材料供应影响，根据意大利肉牛数据库记录，约98%的肉牛在意大利进行屠宰。这主要由于国外进口肉牛都在意大利进行育肥。

表 3-2-35
各地牛肉屠宰分割情况

地区	牛肉	牛肉及其他	屠宰	屠宰分割	屠宰分割包装	年屠宰量/10^3 头	占比/%
艾米利亚·罗马涅	×				×	422	15
普利亚		×			×	350	12
艾米利亚·罗马涅	×				×	255	9
威尼托	×			×		130	5
皮埃蒙特	×				×	64	2
坎帕尼亚		×	×			58	2
威尼托	×		×			55	2
皮埃蒙特	×				×	54	2
皮埃蒙特	×				×	48	2
威尼托	×			×		43	1
皮埃蒙特	×				×	43	1
艾米利亚·罗马涅		×			×	43	1
威尼托	×				×	38	1
伦巴第		×		×		35	1
威尼托		×	×			32	1
伦巴第	×		×			22	1
伦巴第		×			×	22	1
皮埃蒙特		×		×		22	1
其他						1 142	40
总计						2 878	100

3. 屠宰成本

在畜牧业规划方面，意大利农业食品市场服务协会于2013年进行了一项肉牛屠宰成本的定量和定性分析，在意大利全国范围内对具有代表性的15家企业进行考察。调查所获得的数据直接来自该企业在商会中备案的开支和财务档案。2015年该报告按照生产量不变的假设进行了数据测算。

2015年度肉牛的屠宰成本（除去前期动物运输和后期肉类运输贮存费用）预计为133.15欧元/头，并以此为基础进行其他产品的收益价值计算。由于利率的下降和企业所负担金融费用的减少，与2012年度的预算成本（134.08欧元/头）相比，成本略微有降低。

牛的购入成本和加工成本是影响平均成本的主要因素，占成本比例的50%以上。

原料和工具性（如毛刷、包装材料、大棚、清洁剂、维护耗材）资产采购、电力成本、油料成本和饮水成本平均为34.40欧元/头。2015年度预测成本有所降低，主要原因为2012年度以来石油及电力市场变化带来的油料价格和电力成本的降低。电力成本和油料成本分别为2.55欧元/头和2.23欧元/头。而在能源消耗一项中，大部分开支源于水费，即屠宰线的日常清洁工作；因此，大部分屠宰场都配备了自己的水井。除去油料和能源的价格变动外，其他工具性资产的价格出现上涨，在现有方式下生产总体成本缩减了1.3%。

劳动力成本占总成本的26%以上，既包括雇工成本，也包括招标企业或内部加工企业的服务成本。考虑到本行业中雇员的工资变化，2015年度劳动力成本达到了历史最高值，达35.21欧元/头。其中，企业为雇员缴纳的保险金和劳保，占劳动力总成本的31%。该调查直接测算企业数据，每一工种平均有3.5个雇员或签署劳动合同的人员。

由于2012—2015年雇工和肉制品加工产品从业人员劳保合同中保险金的增加，平均总成本增长6%。而不同的屠宰专业化程度和屠宰厂规模的不同，导致了成本中每一项的最大值和最小值出现了显著差异。

屠宰成本还包括一些服务型成本，包括屠宰特殊风险性废料(MSR)、全国卫生部门(ASL)组织的兽医核查、设备的清洁、商品的转移和维修等。对于屠宰特殊风险性废料(MSR)，考虑到2015年部分法规进行了改动，旨在加强传染性疯牛病的隔离检查(欧盟第1162/2015号法令)。特别是施行了新规定后，限制了来自疑似疫区(包括意大利)的肉牛的脑部和脊髓处理。该措施还减免了屠宰企业的部分赋税，以便企业应对疯牛病(BSE)的威胁。总之，在所调查的时期内，屠宰企业相关的其他服务成本，如清洁、设施运行、商品运转等都有显著的增加(表3-2-36)。

表3-2-36

肉牛屠宰总成本

成本项目	2012年		2015年		涨幅/%	范围/(欧元/头)	
	欧元/头	占总额/%	欧元/头	占总额/%		最小	最大
原材料	34.87	26	34.4	25.8	−1.30	22.94	52.56
电力	2.9	2.2	2.55	1.9	−12.00	0.54	5.08
燃料	2.8	2.1	2.23	1.7	−14.10	0.17	8.52
其他	29.17	21.8	29.62	22.2	1.50	17.4	51.74
服务费	22.64	16.9	23.23	17.4	2.60	13.59	30.1
风险性材料(MSR)	3.73	2.8	3.63	2.7	−2.70	1.5	7.59
卫生	3.47	2.6	3.5	2.6	0.90	0.38	6.4
其他	15.44	11.5	16.1	12.1	4.30%	7.88	24.93
劳务费	33.12	24.7	35.21	26.4	6.30	15.76	45.65
雇员	10.33	7.7	10.99	8.3	6.40	1.99	43.02
招标方	22.79	17	24.22	18.2	6.30	0	39.86
一般性开支	15.4	11.5	15.6	11.7	1.30	10.18	28.56
可变成本	106.03	79.1	108.45	81.1	2.30	92.07	122.86
经营资本利息	6.87	5.1	5.56	4.2	−19.10	0.49	9.24
投资利息	6.01	4.5	3.52	2.6	−41.10	3.26	4.5
折旧	15.17	11.3	15.63	11.7	3.00	14.46	19.99
利息和折旧	28.05	20.9	24.7	18.6	−11.90	18.49	31.52
总成本	134.08	100	133.15	100	−0.70%	110.97	148.54

注：原材料=电力+燃料+其他；服务费=风险性材料(MSR)+卫生局+其他；劳务费=雇员+招标方；可变成本=原材料+服务费+劳动费+一般性开支；利息和折旧=经营资本利息+投资利息+折旧；总成本=可变成本+利息和折旧

利息和折旧项目占总成本的18.6%，总计24.7欧元/头。同上一财年相比，由于参考利率(欧洲银行同业拆借率EURIBOR，欧元互贷利率EURIRS)的大幅下跌，影响了长期借贷利率指标。最终导致金融性手续费(按照上一年度相同方式计算)的降低。

(四)牛肉消费情况

1. 经济危机影响肉牛产品消费

自2008年开始，政府所测算的意大利家庭可支配收入显著减少，导致家庭开支显著降低，这一情况也严重影响了农副食品特别是肉类的生产和消费。牛肉行业最新数据表明经济危机的影响仍然持续存在，但数据也显示出较为乐观的迹象。市场下滑的趋势逐渐趋于平缓，整个状态逐渐趋于稳定。行业内企业已经很少，将来这些企业将会成为肉牛领域的少数几家大企业。

这场危机在 2016 年对大部分行业都产生了影响，实力较弱的企业成为最大受害者。意大利国家登记在册的新成立及停业情况统计，可以发现 3 年里，6 000 多家相关企业停业，其中约 1/3 是牛奶生产企业。然而，意大利国内牛的总数(数据来源同上)并未改变，总数超过 556 万头；这可能和肉牛企业运营方式有关，采取“合并”机制而并非对牛直接屠宰处理，当然这也促进了意大利肉牛群体屠宰量的上升。

2. 经济危机导致牛屠宰量上升

通过对屠宰不同牛的数量分析发现：与 2015 年相比，屠宰总重量大约增长 4 个百分点，数量增长 6 个百分点。意大利国家统计局关于牛的屠宰数据统计显示，2016 年超过 275 万头牛被屠宰，提供了 79.1 万 t 牛肉，这两个数据与前一年相比都有所增长，屠宰数量增长了 5.6%，牛肉量增长了 3.9%。

通过牛的屠宰数据，可以看出，母牛和奶牛被屠宰的数量增长尤为明显，2015 年较 2014 年增长了 17%的基础上，2016 年增长了 4.6 个百分点，在被屠宰的牛的总量上占了 20%。值得注意的是，奶牛的屠宰数量在过去几年里几乎增长了 23 个百分点，屠宰数量增加了 10 万多头(2014 年是 43.6 万头，2016 年是 53.6 万头)。牛出栏和屠宰量如图 3-2-20、图 3-2-21 所示。

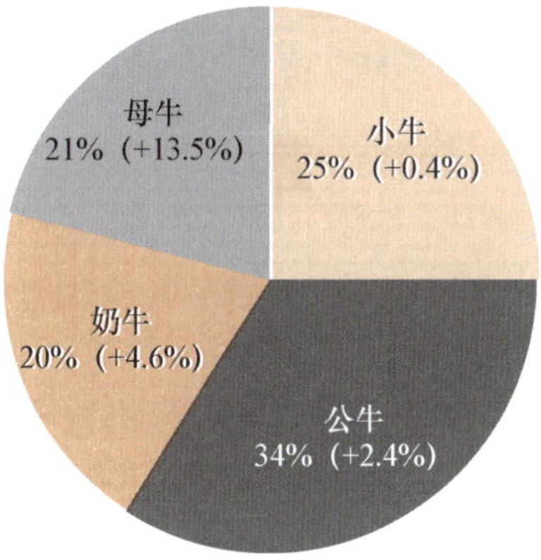

图 3-2-20 2016 年意大利牛的出栏资料

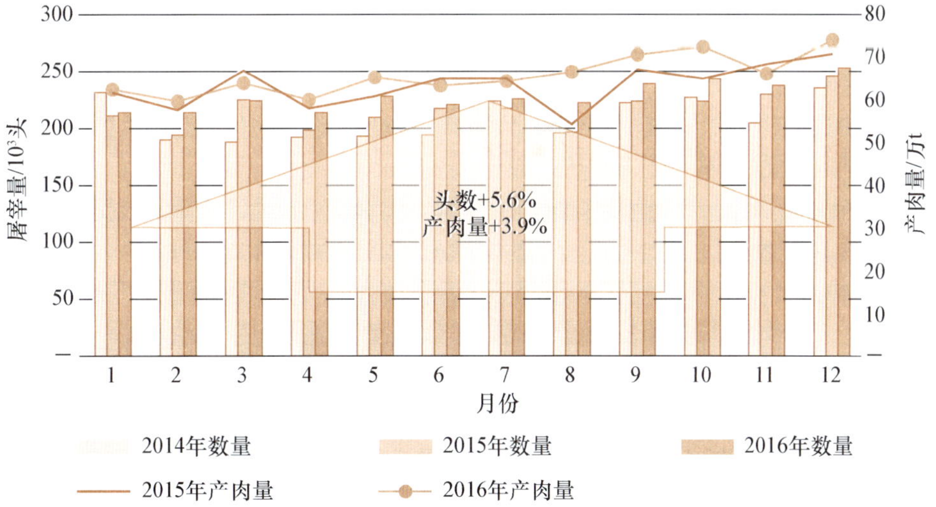

图 3-2-21 2014—2016 年每月牛的屠宰量

3. 生产成本小幅回落

生产成本见表 3-2-37。

2016 年牛的饲养成本显示，已经连续两年有轻微下滑趋势，在饲养成本和能源使用成本方面都有所下降；在 2015 年饲料成本有所下降以后，后期变化不大，这样使得劳务工资得到提高。在 2017 年初，饲养成本开始走高，在接下来几个月里养殖者的利润受到影响（图 3-2-22）。

表 3-2-37

育肥牛的成本核算

欧元/头

项目	2014 年	2015 年	2016 年	2016 年对比 2015 年涨幅/%
育肥牛的成本价格	108.5	102.7	101.9	−0.8
其他服务	81.8	74.0	66.3	−10.4
牛肉	105.2	101.4	100.5	−0.9
饲料	115.8	105.4	105.2	−0.1
能源	120.7	106.2	95.5	−10.1
工资	107.3	110.4	111.2	0.8

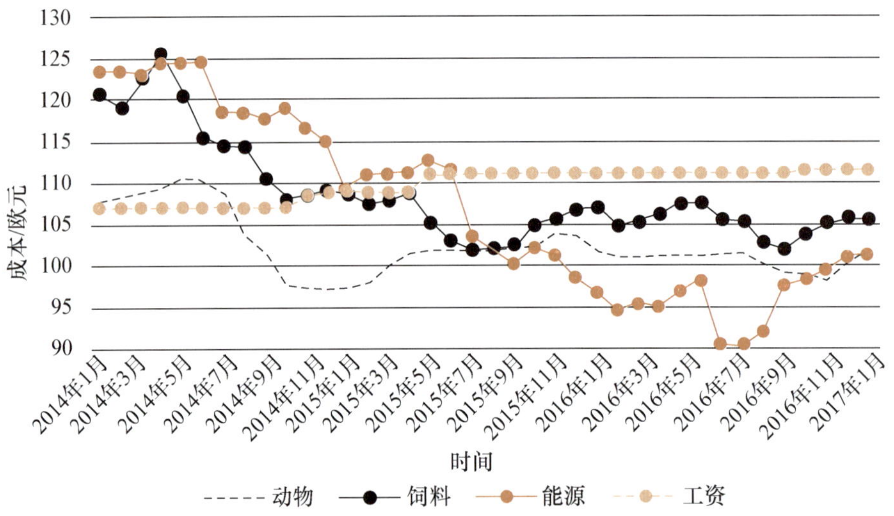

图 3-2-22　牛的养殖成本

4. 意大利国内牛肉市场价格变化

在 2017 年第一季度，小牛肉和奶牛牛肉价格总体有一定回升；尤其是小牛肉价格，在 2016 年下跌以后，从 9 月开始明显不断回升，一直持续到 2017 年第一季度，牛肉平均价格超过了前两年的水平。意大利国家统计报表显示在 2017 年 2 月，少量的 1～2 岁公牛和大部分母牛，构成了 2017 年春季牛肉供应的主要部分。

一般情况下肉牛在 7 月集中出栏，牛肉经销商基于价格的考虑，可能会延缓牛肉上市时间。推迟到 9 月或者提前到五六月份出栏，牛肉价格都会高于 7 月（图 3-2-23）。

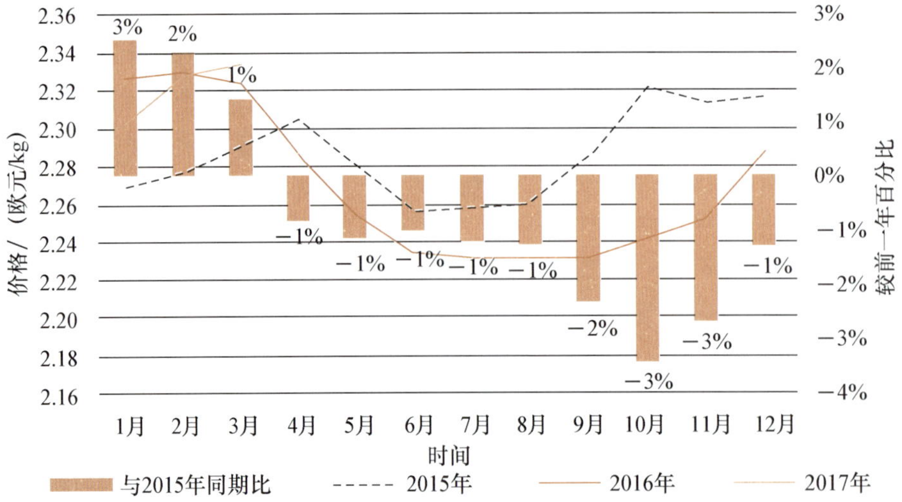

图 3-2-23　屠宰小牛活重价格

8 月龄以下的小牛肉价格变化图可以看出，2016 年价格波动不大，但可以看到，从 11 月开始，有明显下滑，而且延续到 2017 年第一季度(图 3-2-24)。

而普通牛肉，2016 年前 10 个月价格都比 2015 年同期要低，在这种情况下，牛肉价格从 11 月开始有所回升，一直持续到 2017 年第一季度，3 月的价格与 2015 年持平，超过 2016 年同期价格(图 3-2-25)。

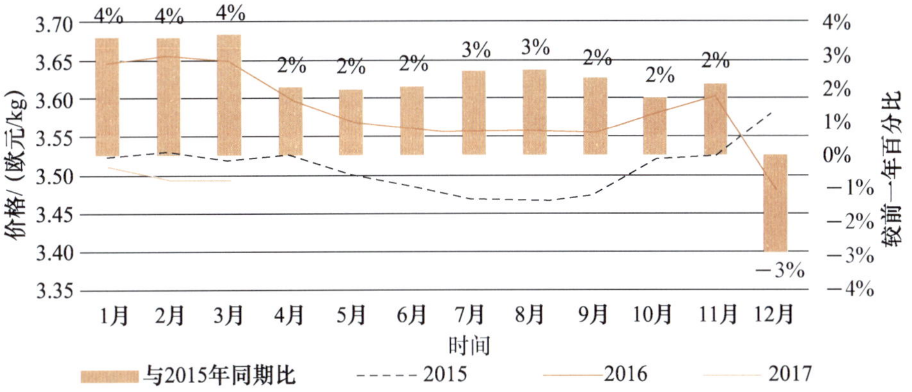

图 3-2-24 屠宰小牛肉价格

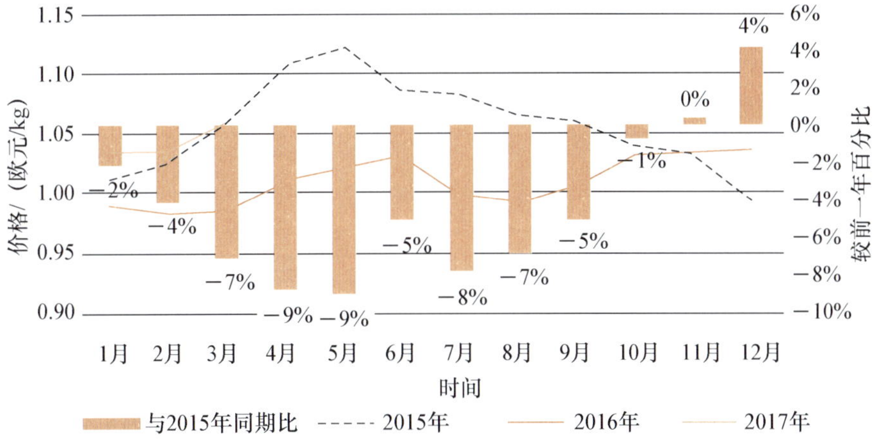

图 3-2-25 公牛屠宰价格

牛肉产品除了对市场的影响，也对欧洲其他国家相关领域法案产生了影响。加快了爱尔兰牛肉领域改革步伐(在 2017 年前两个月增长了 16%)。在荷兰，欧盟要求其在 2017 年减少 9%的牛肉产量，可能对欧洲范围内价格产生负面影响，也会对意大利产生不良影响。

5. 牛肉消费情况变化

受经济危机的影响，消费者的消费观念也产生了显著的变化，更加关注促销活动、比较不同的销售点和经销商，购买更便宜的产品，从而保证自身的生活质量。总之，消费者不同的消费和健康观念，导致了肉类的消费量急剧降低。也就是说除了消费习惯外，还更多地考虑了对健康和环境的影响。

2006—2015 年，人均鲜牛肉消耗量平均每年减少了 2.4%。该趋势并非直线下降。至 2007 年为止，减少的趋势依然不明显，但随后 5 年随着经济危机的影响，产生了直线性的下跌。尤其是最近几年，大众媒体和社交网络都开始宣传过度摄入肉类会危害健康和影响环境。

2015 年度，人均牛肉消费量为 17.6 kg(图 3-2-26)，首次低于家禽类消费水平，同时鲜肉类的消费仍然占首位，但领先幅度不大。

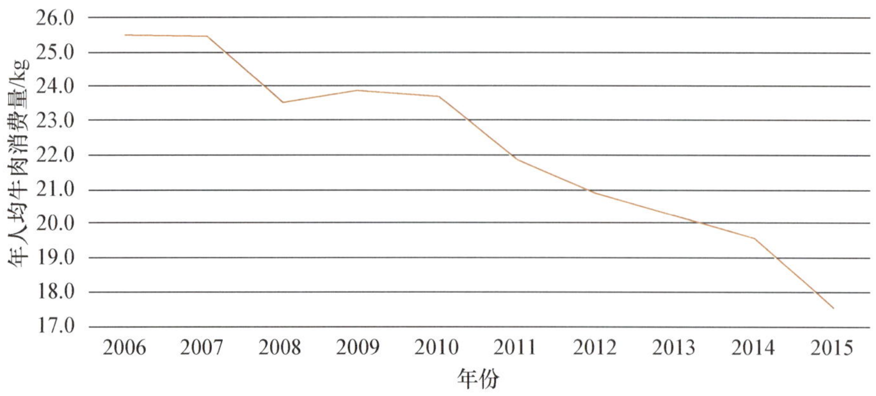

图 3-2-26　意大利人均牛肉消费量

(1)采购指数变化

新鲜牛肉购买量在 2016 年显著下滑，不仅在购买总量上，在其他指标上也明显下降：购买次数 −6%；家庭每年至少购买的数量 −2%；促销时购买的家庭数量 −5%。相比 2015 年，国内购买数量出现 6%的下滑，而且下滑趋势已经持续三年，与 2013 年相比，下滑了 18%；影响了牛肉企业销售(表 3-2-38)。

表 3-2-38
2016 年采购指数变化

指数	关联率	参数	2016 年/2015 年变化率/%	2016 年/2013 年变化率/%
偏好指数	62%	购买数量	−6	−18
平均每次购买量	0.83 kg	购买金额	−6	−17
平均购买间隔	42 d	购买家庭	−2	−8
		促销购买	−5	−4
		购买次数	−6	−17

偏好指数，即在所有样本家庭中购买牛肉的家庭数量，在 2016 年是 62%，而在 2013 年是 67%。另一方面，每次平均购买的数量减少了 2%，购买间隔延长了 4 d(从 38 d 变成了 42 d)，与食物消费相一致，其他的消费收缩也可归因于人们都能找到相应的替代品。

2015 年新鲜牛肉采购指数见表 3-2-39。

表 3-2-39
2015 年新鲜牛肉采购指数

指标	2015 年	2011 年/2015 年变化率/%
家庭采购数量	—	−16.7
家庭采购数额	—	−14.0
偏好指数	77.00	−2.6
平均家庭采购总量/kg	21.51	−13.5
平均家庭采购总额/欧元	222.08	−10.7
平均每次采购量/kg	1.94	−4.4
平均每次采购额/欧元	20.03	−1.3
平均采购价格/(欧元/kg)	10.32	3.2

(2)不同地区不同收入人群消费差异

2011—2015 年度对牛肉的消费情况进行对比,可以发现部分地区产生了较为显著的减少,主要与该地区家庭的社会经济状况相关。5 年来南部地区的采购减少了 20%,而西北地区仅减少了 10%。其中,低收入家庭变化较大(5 年来采购减少了 28%),而高收入家庭仅为 3%(图 3-2-27)。

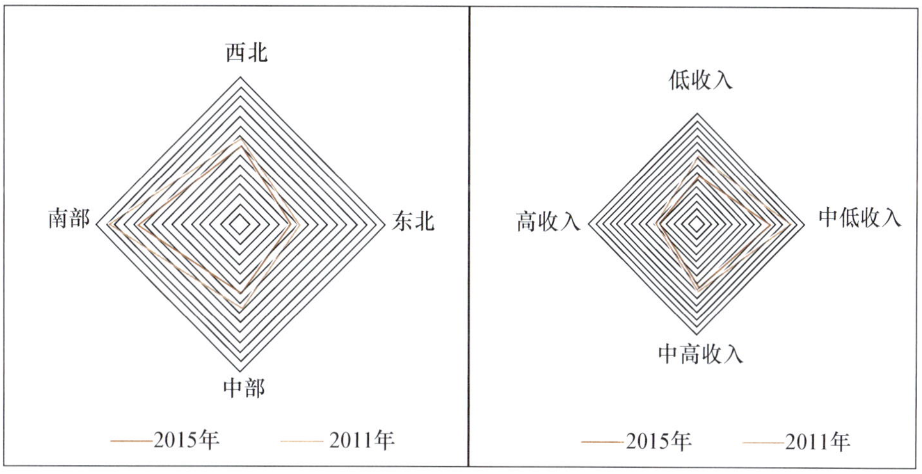

图 3-2-27　牛肉消费按地理区域和家庭收入分类

从宏观地域角度分析,购买力下降最明显的是在意大利南部(−7%)和北方两个区域(−8%),而意大利中部在 2016 年的消费额相较 2015 年只下滑了 2%(图 3-2-28)。

对于消费阶层的购买现状分析可见,"中高收入消费者"的消费水平有很大稳定性(甚至还增长了 3%),而"低收入消费者"的购买量则出现了很大的下滑(−10%),"很低收入消费者"的购买量下滑更为明显(−13%)(图 3-2-29)。

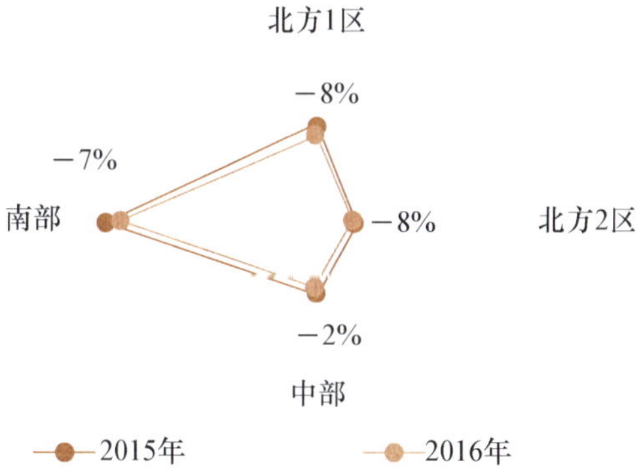

图 3-2-28　不同区域消费额

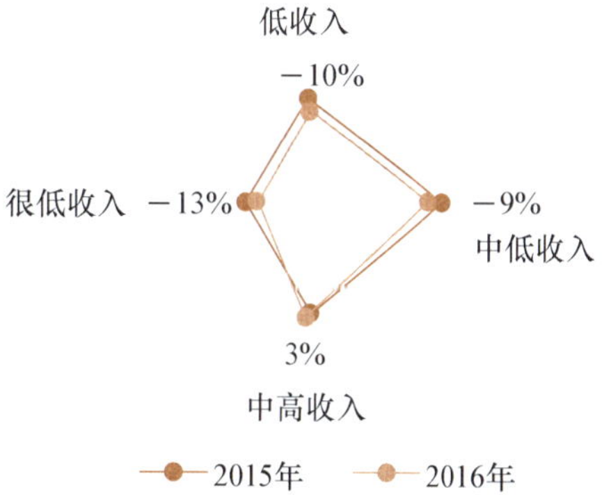

图 3-2-29　不同收入消费者购买情况

(3)不同家庭结构采购趋势变化

在社会、经济、地域各方面投资都有所下滑的情况下,经济危机对不同实业领域产生了深刻影响。和其他蛋白质食品相比牛肉价格很高,年轻消费者对食物存在很大的选择性,现在蛋白质食物可选择性很大,有很多肉类替代品,在运输上都很方便。上述数据显示,与 2015 年相比,2016 年"35 岁以下年轻人(单身或夫妻)"的购买量下滑了 15%,而"55 岁以上单身人群"在这方面只下滑了 2%。与 2013 年相比上述两个群体由于消费方式的改变出现了 35%和 11%的变化(图 3-2-30)。

(4)牛肉在食品消费中占比缩小

受近年来经济不景气的影响,对家庭食品消费数据分析(源自意大利农业食品市场服务协会数据)可以发现意大利内需正在逐渐减少(图 3-2-31)。2011—2015 年的 5 年间,食品采购总量逐渐减少,肉类的家庭消费逐渐缩小,特别是 2015 年,牛肉类的消费同 2013 年相比减少了 12%,同 2014 年相比减少了 6.1%。

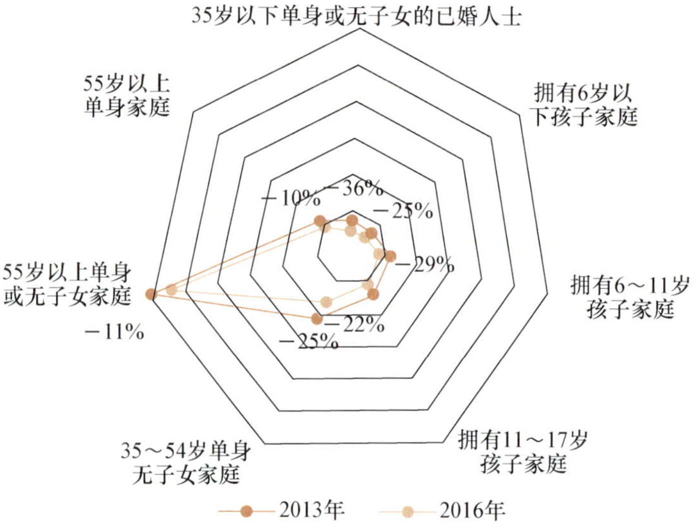

图 3-2-30　不同家庭结构消费变化

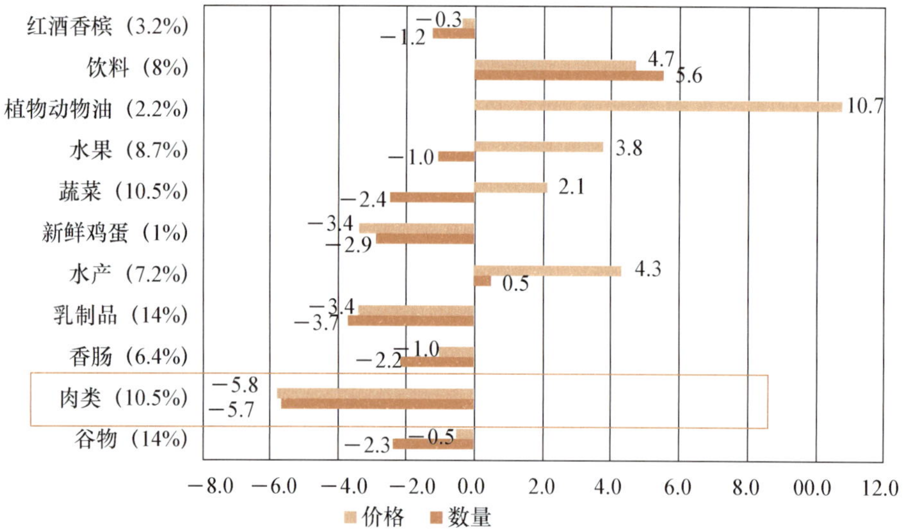

图 3-2-31　农副食品家庭采购量的动态变化(2015 年同 2014 年比较)

牛肉占意大利肉类总消费量的 33%，其占比相对较高，占肉类总消费值的 42%以上。其中成年牛肉消费占肉类总量的 1/4；而小牛肉由于价格极其高昂，占总额的 17%。正因为小牛肉的高昂价格，同成年牛肉(−6.2%)相比，小牛肉的消费降幅更大(−7%)。

同 2011 年相比，新鲜牛肉的采购下降了 16%，同时采购频率指数也减少了 2.6%，这表明部分家庭放弃了牛肉消费的习惯。2015 年度，肉类采购占食品支出的 10.5%，同时香肠类采购占 6.4%。肉类产品的采购在农副食品消费行业中受到的影响最大(图 3-2-32)。

(5)牛肉供应变化

在 2016 年，鲜肉主要供应国和过去几年一样，但是在市场需求有所改变的基础上，各供应国供应比例有所改变：德国对意大利供应的数量明显下滑(−22%)，此下滑趋势一直延续到 2017 年的前几个月。近期对奶牛屠宰量的减少，相反地导致了牛奶和黄油价格的走高。意大利从法国进口肉量，占据了总量的 23.5%，随后是波兰，在波兰牛奶市场的危机正推动牛奶行业的改革；随后是荷兰，占据了 15.9%的比例，其主要供应产品为小牛肉，而意大利对小牛肉的消费量不断减少，因此其供应比例出现约 9%的下滑。荷兰供应牛肉下滑，还受欧洲磷酸盐含量限制标准实施的

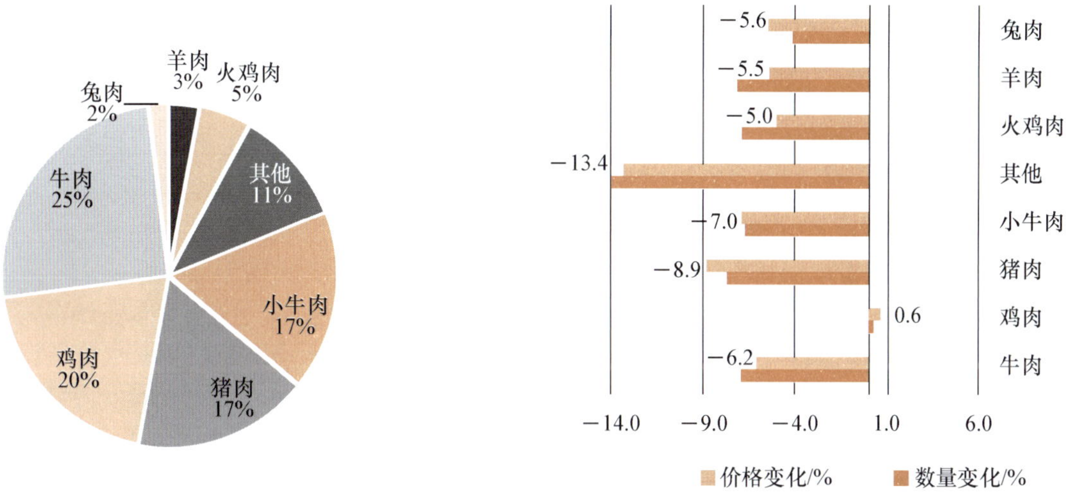

(a) 2015年肉类消费比例　　(b) 2015年与2014年比较

图 3-2-32　2015 年鲜肉家庭消费趋势变化

影响。

2016 年的动态图表明，供应比例有所增长的国家，是价格具有竞争力的(波兰)，而不是能确保高品质(爱尔兰)或者生产体系健全的国家(法国)(见图 3-2-37)。

从市场数据可以看出，意大利经销商对波兰牛肉的认知有所改变，事实上，对于波兰，被评为“R”级牛肉的价格，已经与法国牛肉接近。大幅提升的经济价值，促使波兰养殖者提高了供应量；相关数据也证实了 2016 年的这一趋势，在 1～2 年间，小牛肉量有 11%的增长。这一现象也对意大利市场产生压力，在价格方面带来了负面影响。

以 R3 级牛肉的参考价格来看(欧洲 CEE 标准中要求牛肉中具有良好的脂肪层形态)，2017 年第一季度意大利牛肉价格是每 100 kg 售价 413.9 欧元，而波兰的价格是每 100 kg 售价 327.1 欧元(图 3-2-33)。

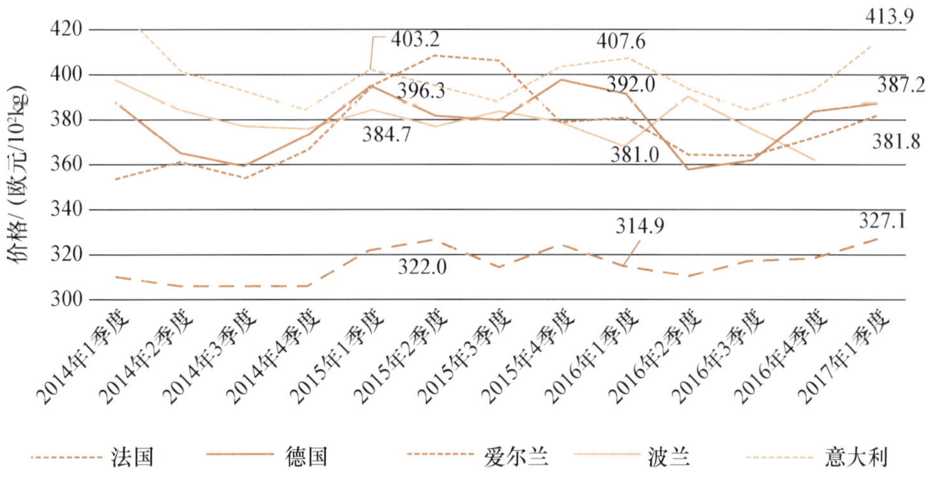

图 3-2-33　各国牛肉价格变化情况

意大利的平均价格显然不具有竞争力，这是欧洲几个主要牛肉生产国里价格最高的一个，相比前两年季度分析，法国和德国价格有所回落(与 2016 年第一季度相比)。

(6)欧洲肉牛消费情况

肉类消费的危机不仅仅影响了意大利市场，同时也是整个欧洲市场萎缩的主要原因；从整个欧盟来看，在2007—2015年间意大利牛肉的消费量出现较大的减少（－23％），同西班牙（－19.5％）和希腊（－24％）降低的水平相近，但这些国家的人均消费量均小于意大利，2015年在12～13 kg（图3-2-34）。

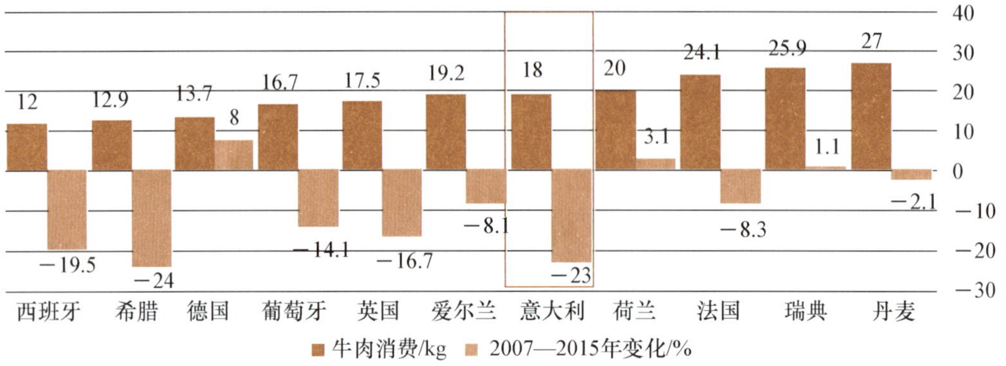

图 3-2-34 欧盟国家人均牛肉消费量变化

从整个欧洲来看，2007—2015年间人均消费量增长的两个国家为德国和荷兰，增长率分别为8％和3％。意大利国内人均消费量从2007年的25 kg降至2015年的18 kg以下，依然高于欧盟28国的平均水平（2015年度预计为10.7 kg），但低于丹麦、瑞典、法国、荷兰和爱尔兰。

6. 活牛进口量增长

意大利国内对于成年牛的较大供应量，在消费疲软的现状下，导致对鲜牛肉进口量的减少。在2016年进口量减少了5.1％个百分点，在意大利约35.6万t鲜肉靠进口，其中6.1万多t的牛肉靠进口。

食品行业的产品、育肥牛的进口和国内肉牛的成本也有所降低，育肥牛有所增长（＋5.8％），这给肉牛养殖者对带来了一定信心（图3-2-35）。对牛肉的购买比较集中在8月和9月之间，而对牛的屠宰主要在3月和6月。

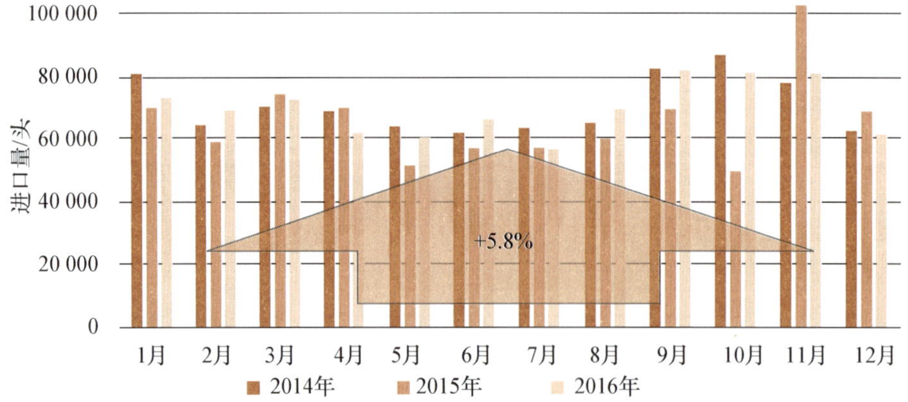

图 3-2-35 意大利每月育肥牛进口量

需要打开牛奶产量方面的改革通道，这与牛奶市场的不确定发展情况、Pac的扶持以及欧盟对遏制牛奶供应采取的非常措施都紧紧相关，这些可能对牛的屠宰业产生影响，可能增长也可能下降。

意大利每月鲜肉及冷冻肉进口量如图3-2-36所示。2016年主要牛肉供应国统计数据如图3-2-37所示。

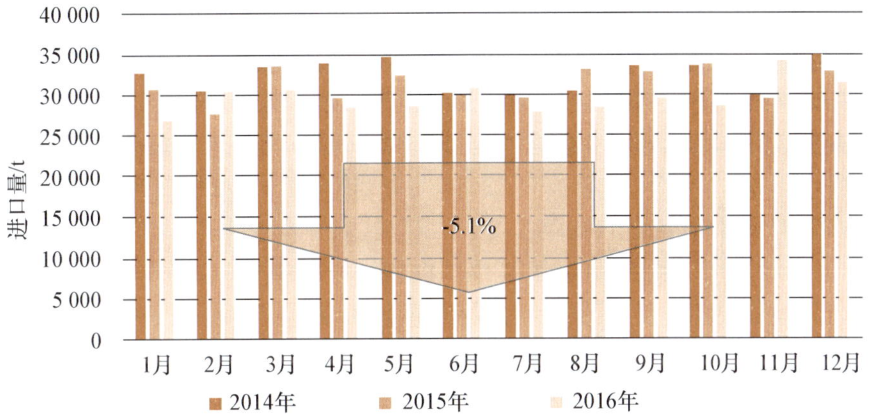

图 3-2-36 意大利每月鲜肉及冷冻肉进口量

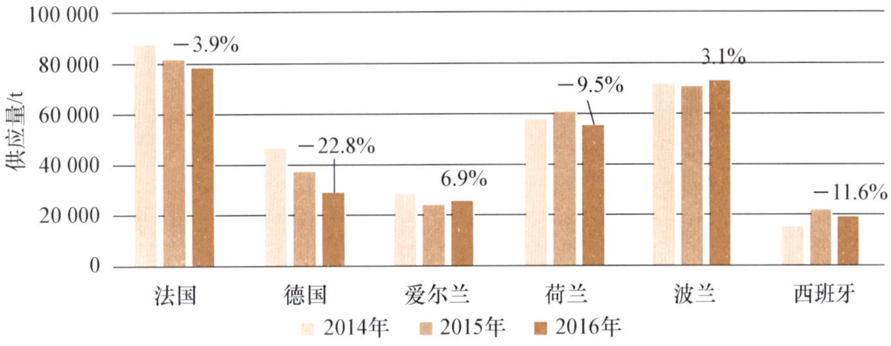

图 3-2-37 2016 年对主要牛肉供应国统计变化

7. 家庭消费牛肉采购渠道

针对意大利牛肉销售渠道研究，意大利农业食品市场服务协会的调查结果显示，约有 60%的采购来自超市和百货商店，9%来自廉价超市，29%来自临近的专销店(传统渠道和自选超市)，仅有 1%来自于集市(图 3-2-38)。下滑最明显的是“自选店”方式，即消费者自己选择、拿取商品，销售方不提供服务人员以帮助选购，没有服务员就商品特性给出直接的解释和帮助，消费者拿着商品到出口的收银处付款。

从销售模式上来看，牛肉的销售模式同其他产品有着很大的不同，以现代方式分销的牛肉量同其他类型的鲜活制品，如乳制品相比要少 10%。

尽管大型超市内引入了专业的销售柜台，但仍有很多消费者还有前往肉铺进行采购的习惯。现代分销渠道在市场营销中起着关键的作用，这些分销企业采用统一的标识，从而保证产品的生产过程可追溯，保证了产品的质量。而在非肉类加工领域，这种商标标识还没有得到普及。

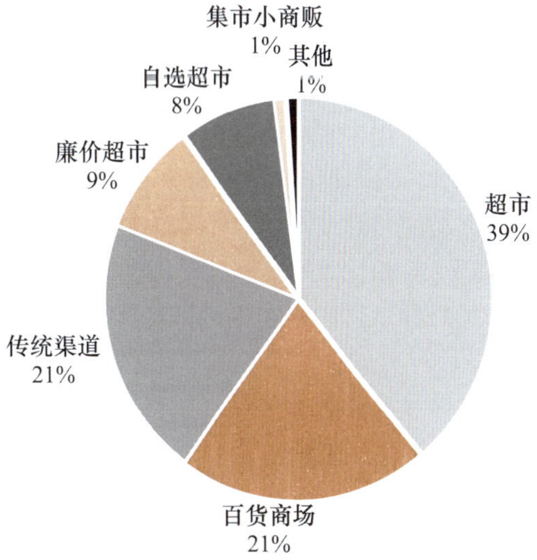

图 3-2-38 2015 年不同分销渠道的牛肉销售量

8. 牛肉消费习惯变化

通过意大利农业食品市场服务协会最近所做的专业调查数据结果，对意大利红肉消费的跟踪调查，可以发现两个显著的趋势：有一半的人群依然正常消费肉类，频率为一周 1～2 次；另外一半的人群则显著减少了肉类的消费，断断续续消费或完全停止消费，这两种消费习惯同其他食品领域的消费有着显著的不同。

从调查所得出的消费减少原因来看，首先是对饲养环节的担忧，对产品的质量抱有疑虑。另外，消费者的消费习惯也受到社交网络和大众媒体宣传的影响。也就是前文提到的民众健康意识以及对动物福利等的担忧，导致其购买量和消费量都在下降(图 3-2-39，图 3-2-40)。

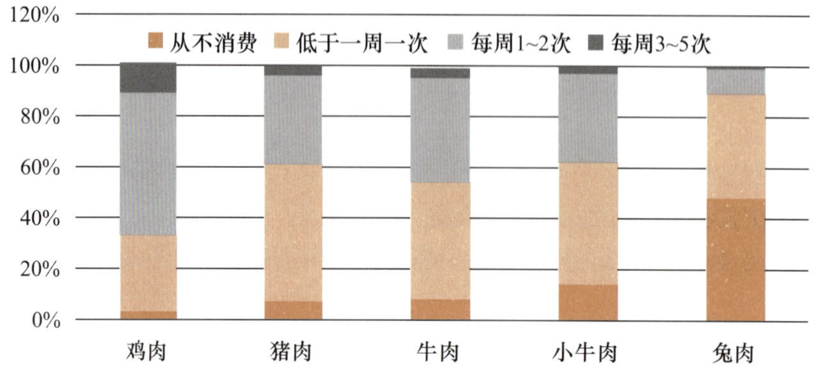

图 3-2-39　消费习惯(平均频率)

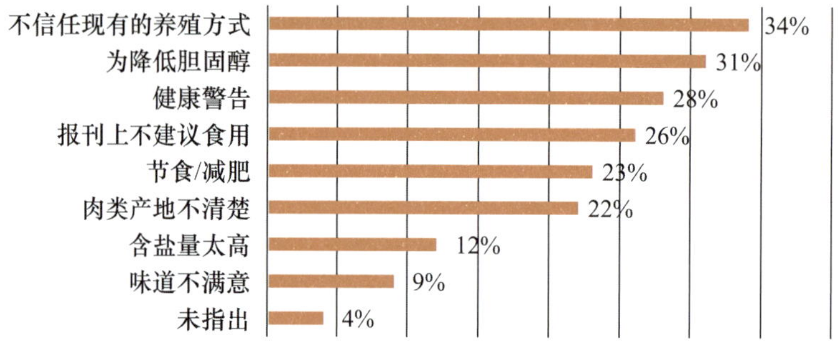

图 3-2-40　红肉消费减少原因

(五)肉牛产品贸易情况

1. 进出口概况

意大利牛肉市场的贸易平衡，主要受需求变化的影响，进口约占进出口总额的 82%。因此，意大利无论在活牛(用于育肥)，还是鲜肉、冷冻肉和速冻肉方面，均是净进口国，产品自给率约为 55%；而出口额在进出口中占比很小。举例来说，2015 年意大利进口总额达到了 31 亿欧元，而出口额仅为 6.94 亿欧元，贸易逆差达 24 亿欧元，占农副食品贸易总额的 41%。逆差正逐步减少，特别是 2015 年，贸易逆差同 2014 年相比，减少了 0.85 亿欧元。这主要是因为活牛进口中，超过 300 kg 的小牛和鲜肉进口量的减少，两者是意大利肉牛进口降低最大的部分。特别是 2010—2015 年，肉牛养殖中进口活牛数量以平均每年 9.8%的速度减少(对应总额减少率为 4.4%)(图 3-2-41)。由于意大利活牛进口严重依赖海外市场，导致其竞争力不足。生产和加工企业，不得不面对主要供应市场的动态变化，采取对应的措施，从而改变销售策略。

2. 进口类型

用于养殖的活牛进口是意大利肉牛贸易的主要部分，2015 年度达到 7.41 亿欧元。自 2014 年以来，进口量有所减少，继 2014 年的减少(同 2013 年相比减少 4.5%)，2015 年度继续减少 3.9%(表 3-2-40)；主要原因是数年来高级犊牛肉生产补饲企业成本居高不下，从而导致育肥行业盈利减少。2016 年度有所回暖(同 2015 年相比增长了 1.2%)，主要是因为犊牛补饲成本降低了。

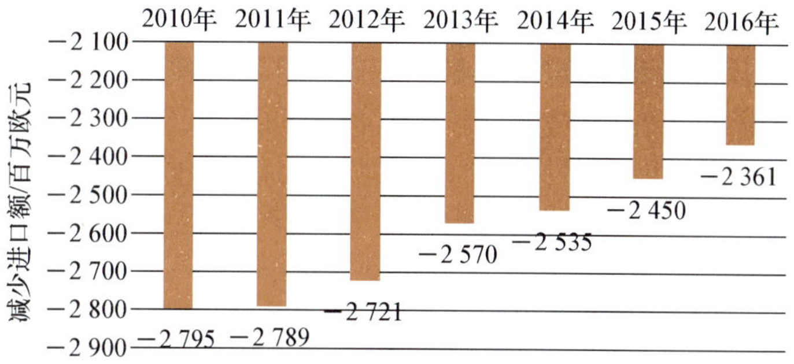

图 3-2-41 意大利肉牛进口额变化

表 3-2-40
意大利活牛及牛肉进口额

10^3 欧元

分类	2013 年	2014 年	2015 年	2015 年/2014 年/%	2015 年份额/%
总计	3 211 682	3 168 377	3 143 393	−0.8	100
牛肉	1 999 901	1 984 285	2 003 407	1.0	64
冷鲜肉	1 770 846	1 765 689	1 761 800	−0.2	56
冻肉	229 056	218 595	241 607	10.5	8
加工制品	78 672	73 926	66 048	−10.7	2
活牛	1 091 906	1 075 042	1 038 831	−3.4	33
育肥牛	807 991	771 661	741 351	−3.9	24
屠宰牛	146 881	152 255	145 038	−4.7	5
育种牛	110 441	125 738	127 055	1.0	4
其他	24 715	23 035	23 299	1.1	1

3. 活牛进口

300 kg 以上小牛主要供应国家如图 3-2-42 所示。

养殖肉牛的进口地主要来自于法国，法国也是小牛(300～450 kg)的主要供应商(占 92%)。由于小牛进口价格高昂，2011—2015 年从法国进口的小牛几乎减少了一半(按数量算减少了 45%)(图 3-2-43)；2016 年，意大利国内的育肥牛源供应有所回升(同 2015 年相比增长了 12%)。

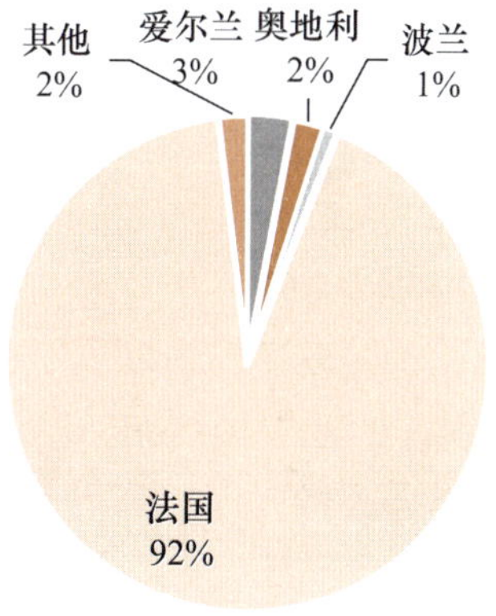

图 3-2-42 300 kg 以上小牛主要供应国家

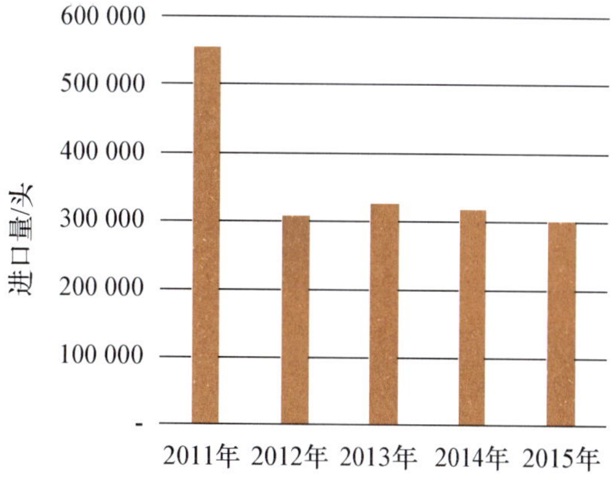

图 3-2-43 300 kg 以上小牛进口量

其他国家的供给量没有太大的变化，主要因为意大利养殖企业对肉牛品种和物流的要求很高，很难找到有效的进口替代商。从事奶犊牛补饲的法国企业(特别是夏洛莱牛、利木赞牛和阿基坦棕牛)采用波河平原出产的青贮饲料饲养，具有极高的生产性能。另外大型企业，保证了产品供应的稳定性。肉牛的购买可以按照加工、品种和性别的不同需求由中介商进行选择，这些中介商在法国起着农业企业的采购商角色，有的还可以将肉牛运送至意大利国内的育肥中心。

2016 年开始，市场上来自波兰的肉牛量出现显著增长（一年内，肉牛数量增长了 30%），但该数量占比仍然较小（只占意大利进口小牛的 1%），肉牛补饲的效果依然低于奶牛杂交品种。

4. 牛肉进口

新鲜肉和冷藏肉是意大利肉牛行业进口的主要类型（占该行业总额的 67%），2015 年总额达到 17.6 亿欧元。其中最重要的进口类型为半胴体，其次为后部腿肉和去骨肉。进口的趋势逐渐降低（2011—2015 年进口量和进口总额均减少了 7%），2016 年，该趋势随着内需的减少还在逐步缩小（图 3-2-44）。

尽管进口牛肉的价格逐渐上升，但同意大利国内价格相比，依然有极强的竞争性（图 3-2-45）。

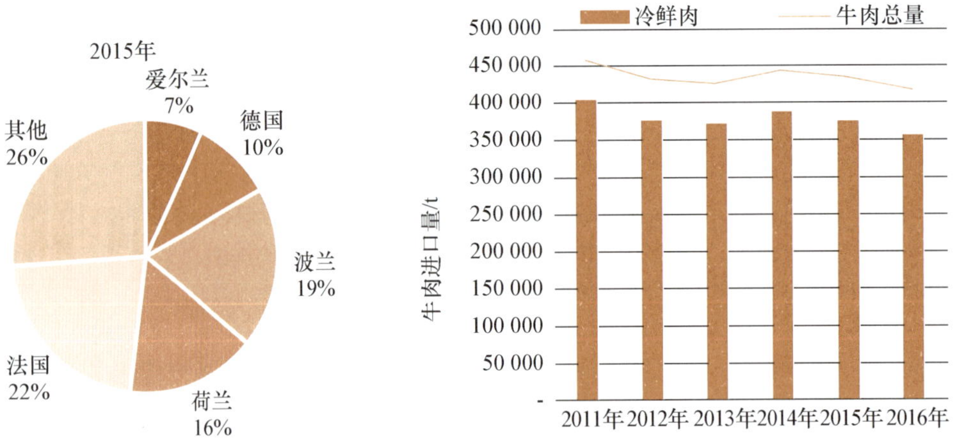

图 3-2-44　鲜肉供应国、份额和进口量

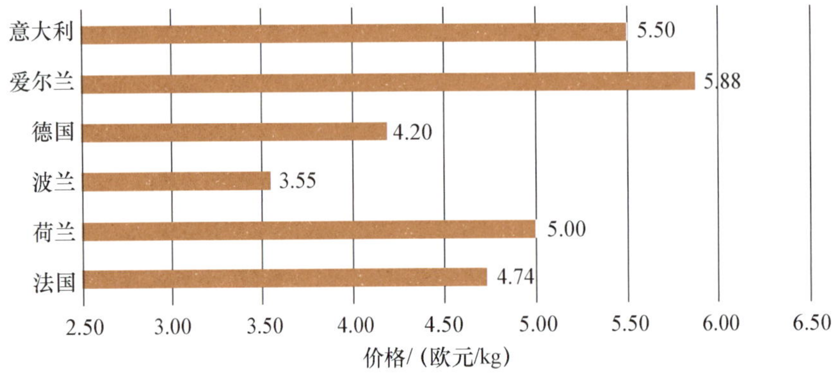

图 3-2-45　新鲜或冷藏牛肉进口价格与意大利牛肉平均价格对比（2015 年）

肉类的出口出现显著性升高（2015 年达到 5.42 亿欧元），出口的主要是平均单价不高的成年牛（少于 4 欧元/kg）。主要出口到欧盟国家，其中法国和德国位居前列。尽管如此，进出口贸易所带来的逆差仍然较大，达到近 15 亿欧元，2011—2015 年度减少了 1.53 亿欧元。

5. 对外贸易体制

意大利主管贸易的政府部门是经济发展部。意大利原有独立的外贸部，但 2008 年新政府成立后将外贸部并入生产活动部，成立经济发展部。2013 年意大利政府对该部职能进行了调整。当前，该部职能范围较广，涵盖领域包括能源、企业和国际化、通信以及发展四大版块，下设 15 个司局。

意大利除执行《欧共体海关法典》以及欧盟其他有关法规以外，意大利海关总署还制定了一系列具体操作规定，包括关税和国内税征收程序、出口退税（包括欧盟共同农业政策规定的农产品出口补贴）申请及流程、鲜活农产品进出口管理、进出口产品质量安全、知识产权保护措施以及通关流程等。

作为欧盟成员国，意大利实行统一的欧盟共同贸易政策，但有关进口商品的技术安全和卫生检疫方面的标准，则是将欧盟的指令转换成本国法规后再执行。

意大利目前执行的欧盟共同贸易政策主要涉及关税政策、普惠制待遇、共同进口制度、农产品进口配额管理、贸易救济措施、出口管制、出口退税、共同农渔业政策、共同消费者保护政策等。

进口管理：意大利的进口管理包括配额等数量限制、进口许可证管理两个方面。

出口管理：意大利政府实行鼓励出口的政策，一般商品都可以自由出口，政府仅对濒危动植物、两用产品等少数产品实行出口管制。

(1)农产品补贴

意大利遵循欧盟共同农业政策，对农业进行扶持。主要补贴手段分直接和间接两种。直接补贴的方式有价格补贴、种植面积补贴、产量补贴等。另外，意大利企业在向第三国出口农副产品时还可享受出口退税政策，退税的资金也来自欧盟的农产品补贴资金。

(2)检验检疫管理

意大利商品检验检疫部门较多，分工较细，尤其对动物源性产品和活动物的检验检疫机构庞大。对于从非欧盟国家进口的农产品检验检疫程序烦琐、条件苛刻。意大利卫生部负责协调管理检验检疫的整体工作，分布在各地和口岸的机构主要承担执法工作，还有分布在全国各地的专业检测实验室。具体介绍如下：

- 进口植物源性产品(含食品和其他用途产品)的卫生检验检疫由意大利港口、机场和陆路边境检验检疫处执行。
- 农药残留(如杀虫剂残留)的检测，由意大利港口、机场和陆路边境检验检疫处(USMA)抽样，送至意大利农业部下属的农药专业检测中心进行分析。
- 由欧盟成员国输入的动物源性产品(含食品和其他用途产品)和活动物的卫生检验检疫，由独立于意大利卫生部的设在欧盟各成员国的欧盟兽医卫生检疫办公室(UVAC)执行。
- 由非欧盟国家输入的动物源性产品(含食品和其他用途产品)和活动物的卫生检验检疫，由隶属于意大利卫生部的设在各口岸的兽医卫生检疫处(P. I. F)具体负责执行。意大利在全国各港口、机场和陆路口岸共设立了36个P. I. F机构。
- 上述各部门既有各自明确的职责和任务，又有彼此间的业务协调与联系，尤其是和意大利海关的业务联系极为密切。

(3)检验检疫程序

- 进口商必须按照规定提供该批货物的由出口国提供的检验检疫报告，意大利港口、机场和陆路边境检验检疫处将根据所提供的检验报告，视情况抽检一项或几项指标。
- 根据不同货物和来源国，一般抽检率不低于5%(批次抽样检查)，一般规定检验检疫工作在一周内完成。
- 对于怀疑一项或几项指标超出规定范围的批次样品，同一批次样品的抽样检测率不得低于3%。
- 对于来自特定国家的特定货物(如中国的花生等)，黄曲霉毒素的抽样检测率可以达到5%，甚至100%。
- 有时意大利卫生部还临时颁布部令，对一些商品进行重点检测和采取限制通关的措施。
- 对于经过USMA抽样检测并确认符合有关检验检疫规定的商品，USMA为进口商出具进口许可证明，海关根据上述文件予以货物放行。
- 对于经过USMA抽样检测并确认不符合有关检验检疫规定的商品，USMA将对货物的处理提出意见，作退货或销毁处理。

(4)监管制度

意大利海关负责对意大利进口货物的监管，职责主要包括：查看货物、核实单证、检查企业账务、检查运输工具、随身物品等，根据海关规定进行行政调查，或在必要的情况下对监管物品采取措施。在贸易过程中各项程序直接或间接涉及的人，须在海关当局规定的时间内提供所要求的文件及必要的协助。各种文件至少保存3年，以备海关当局的随时检查。

货物在等待清关期，处于海关的临时监管之下，被称为“临时监管货物”。它们只能在规定的条件下存放在海关指定的地点。海关当局可随时要求卸货或拆除包装，以检查货物或运输工具。未经海关允许不得挪动。海关当局可要求货物的拥有者出具付款担保。若在规定的时间内未办理清关手续，海关当局将视货物的情况采取必要的措施，包括拍卖。也可在货物拥有者负担费用和风险的情况下，将货物转移到其监管的特殊地点。此外，海关当局对转口、保税仓库、进境加工、临时进口等货物也给予监督和管理。

(5)关税制度

意大利海关按照欧盟海关的统一税则，根据关税、配额、优惠措施和其他进出口规则，对进出口货物按成交价进行计税。

为做好海关税金的征纳，海关当局可要求进出口商提供其履行海关义务的担保。担保金额可等于或高于应交付的税金。担保可以是银行的现金存款或信用担保。公共机构不需要担保，500欧元以下也可不要担保。海关税金部分交付后，可申请撤回担保。

进口税金的征收范围包括：应缴纳进口关税的一般商品；部分免税、临时进口的商品；合法进入欧盟境内应缴纳关税的商品；非法从免税区进入欧盟境内的商品；逃避海关检查的进口商品；在临时监管或某一海关体制下未交税金的商品；免税区或仓库内消费的商品、应交纳进口税金的商品；未严格执行减免税规定的商品。

出口税金的征收范围包括：报关后出口到欧盟境外应交纳出口税的商品；未经报关出口到欧盟外的商品；未遵守减免出口税规定的商品。

三、畜牧业生产扶持政策措施

(一)意大利实施的欧盟共同农业政策

1. 欧盟共同农业政策概况

欧盟共同农业政策(Common Agricultural Policy，CAP)是由欧盟28个成员国共同讨论制定的，并由欧盟委员会和欧洲议会审议通过的强制性农业政策，实施政策的相关经费预算将纳入欧盟中期财政框架。欧盟认为，CAP不仅关系欧洲1 200万农民的福祉，也事关欧盟5亿居民可靠安全的食品供应。CAP的预算占据欧盟整体预算的比例高达40%，2014年预算额为580亿欧元。自1962年CAP开始实施以来经历了多次改革，1992年以来的政策一直致力于提高农业生产的市场导向性，改善农业生态环境，强化对整个欧盟农村发展的支持。但随着经济社会发展，欧盟农业发展面临新的挑战：一是经济领域挑战。全球化对欧盟农业的影响加大，农业生产力增速下降，农产品价格波动较大，农业生产成本增加，农民在食物供应链中地位下降。二是环境领域挑战。农业资源利用效率有待提高，土地和水资源质量下降，生物多样性受到威胁。三是区域发展领域挑战。农村人口数量下降、结构老龄化，农村商业面临重新布局等问题。针对上述问题，欧盟委员会发起并组织了一系列谈判磋商，2013年12月推出了新一轮CAP。

2. 新一轮欧盟共同农业政策基本框架

新一轮欧盟共同农业政策实施期为2014—2020年，将总计投入3 627.9亿欧元，重点支持两大类领域，其中支柱一(Pillar Ⅰ)为直接补贴和市场相关支持(direct payments and market-related expenditure)，资金规模为2 778.5亿欧元，其中直接补贴资金占整个预算的约70%，全部来自欧盟，市场相关支持资金占预算比重低于10%。支柱二(Pillar Ⅱ)为农村发展项目(rural development project)，资金规模为 848.3 亿欧元，占预算比重为 20%多，资金来源为欧盟和成员国共同筹资。7 年的 CAP 预算纳入欧盟多年预算框架，年度预算由欧盟委员会和欧洲议会批准。新的 CAP 旨在提高政策的有效性、精准性和相关性，同时针对部分竞争力较低的成员国留有政策弹性。新的 CAP 可以概括为四大目标：

一是着力提高农业产业竞争力。新的 CAP 更加倾向于市场导向的政策，尽量减少因为政策干预带来的市场扭曲和不必要的财政补贴，例如，削减产量挂钩型补贴。减少或者取消生产配额保护，同时，积极提升产业竞争力，支持生产者合作组织提高生产组织化程度，针对农业劳动人口迅速老化的情况对青年农民提供资金、技术等方面的帮助。此外，为了应对突发情况还建立了总额 4 亿欧元的应急储备资金池。

二是着力提高农业可持续发展能力。基于道义责任和现实需要，欧洲的政治家和民众对于环境保护、应对气候变化形成了广泛共识，这种政治和民意的压力在新一轮 CAP 中也予以体现。新的 CAP 中搭建了促进农业可持续发展的政策体系：第一，生产者履行强制性交叉责任，即生产者在农业生产中必须满足一系列环境标准，履行基本义务才具备获得全额 CAP 农业补贴的资格；第二，引入绿色农业补贴政策，即从 2015 年起各国在农业补贴中按照不超过 30%的比例列支绿色补贴，专门用于永久性草场保护、生态敏感地区和生物多样性地区等的保护；第三，通过农业发展项目予以支持，各国至少拿出 30%以上该类资金用于支持农业可持续发展和应对气候变化项目，支持领域包括农业适应生态和气候变化措施、有机农业、自然保护区、森林保护区等。同时，配套引入了三项技术援助政策，包括建立农业咨询信息系统，开展欧洲创新伙伴计划和农业研究计划。

三是着力提高农业补贴政策的精准性和公平性。农业补贴政策一直是 CAP 的焦点议题，新的 CAP 中对以往的补贴政策进行了全面的梳理，力求在平衡政策一致性与照顾差异性的基础上，推动补贴向可持续发展、青年农民等具有前瞻性的政策领域倾斜。新的补贴政策包括基本补贴（无固定比例）、绿色补贴（至少 30%）、青年农民补贴（上限 2%）、用于支持小农户的再平衡型补贴（上限 30%），同时允许成员国根据情况对敏感行业进行有限度的产量挂钩型补贴，最高不超过 10%。同时，也积极推动欧盟成员国内部补贴政策的平衡性，通过限高托底的政策争取到 2020 年使得补贴差异较大的情况有明显改观。

四是着力提高农业发展项目与农业补贴政策的协同效应。欧盟共同农业政策中的农业发展项目资金由欧洲农业基金（EAFRD）提供，重点用于支持 6 个领域：第一是促进知识转移和创新；第二是提高农业产业竞争力；第三是促进食品连锁机构建设，提高风险管理能力；第四是开展恢复、保护和增强生态系统的项目；第五是提高资源利用效率，促进低碳农业发展；第六是促进社会包容度提升，减少贫困，提高偏远地区发展能力。这六类政策聚焦于能力建设和产业发展，通过对产业链条的支持实现特定政策目标，同时特别要求发挥项目支持与农业补贴的协同效应，对于环境保护、青年农民发展、自然保护区、小农户、生产者组织建设等重点政策议题，提供涵盖发展项目和补贴政策的综合性政策工具包。

3. 意大利实施欧盟共同农业政策的有关情况

意大利作为欧盟中重要成员国和农业大国，在欧盟共同农业政策研究制定和实施中一直发挥着重要作用，特别是在新一轮欧盟共同农业政策的讨论和制定，尽可能地保护本国农业生产者和优势农业产业的利益。

（1）2007—2013 年意大利 CAP 实施情况

在此轮欧盟共同农业政策实施期中，意大利用于补贴、市场支持措施和农业发展项目的总投入为 405 亿欧元，年均 57.9 亿欧元。主要的政策目标是保障农民收入，提高农场的现代化水平和可持续发展能力，保障食品供应的安全可靠。总体来看，2007—2013 年意大利实施 CAP 有以下几个特征：一是农业补贴占据主导地位，但大部分农户实际获得的补贴数额较少。以 2012 年为例，120 万农户享受到补贴政策，补贴总额超过 40 亿欧元，但其中 64%的农户享受补贴额低于 1 250 欧元。二是市场支持类资金发挥了撬动作用，支持了本国的优势主导产业增强竞争力。2012 年用于市场支持措施的资金为 7.59 亿欧元，主要用于支持酒类、水果和蔬菜三个主导产业，提高农业产业化、组织化程度。例如，意大利水果蔬菜行业拥有 279 个生产者组织和 9 个生产者协会，会员 8.4 万名，年产值达 59 亿欧元，2013 年 CAP 支持该领域的资金为 2.07 亿欧元。2012 年该产业组织化程度达到 58.2%，超过欧盟平均水平 8.2%。三是实施了综合性的农业发展项目，涵盖了生产发展、生活改善、资源利用、农业科技等诸多领域。该政策旨在提高农业及林业竞争力，促进自然环境保护，提高农村地区的生活水平。从实际投入方向看，2012 年投入 8 亿欧元支持了 1.65 万名青年农民从事农业，对 10 万名农民开展了职业技能培训，投入 48 亿欧元支持农业现代化，此外，还支持了农村住房生态化改造、乡村旅游、山区农业、有机农业等项目。

(2)2014—2020 年意大利 CAP 政策实施重点

2014 年起，意大利将实施新一期 CAP，将总计投入 375 亿欧元，年均投入 53.6 亿欧元。政策重点是就业、可持续、现代化、创新和农产品质量。一是农业补贴继续占据主导地位，通过改革补贴方式着力提高补贴效果，积极引入绿色补贴等促进可持续发展的政策。新一期 CAP 用于农业补贴的资金为 270 亿欧元，为了提高补贴资金的精准性和有效性，规定只有实际农业生产者才能获得补贴；为了调整农业劳动力人口结构，鼓励青年人从事农业，对青年农民提供 25%的额外补贴，补贴期 5 年；为了促进农业可持续发展，规定将补贴总额的 30%定向用于促进环境友好型农业，包括作物多样化、保护永久性草地和保护生态敏感性地区。二是在市场措施领域，继续加强农民在农业产业链中的地位，通过发展合作组织、生产者协会等方式，提高生产者组织化程度，提升其在产业链条中的地位。三是围绕改善农业生产生活条件，提高农业产业竞争力，促进农业可持续发展继续实施综合性的农业发展项目。新一期 CAP 投入 104 亿欧元用于农业发展项目，围绕提高农业产业竞争力，提高农业生产的效益，促进资源可持续利用，重点用于实施农业科研，知识转化和创新，在农村地区推广运用信息技术，提高应对气候变化和风险管理能力，提高自然资源利用效率等项目。

(二)欧盟农业政策改革分析

1. 加强法规建设管理

上述各项补贴政策包括单一补贴政策，尽管可能不再与生产挂钩，但是却与遵守环境、食品安全、动物健康和动物福利标准等方面的法规要求相联系。这种要求最早是在 2000 年议程中提出来的。主要原因是实行直接补贴之后，农民享受的补贴变得明显了，为了向纳税人和消费者说明这种补贴的正当性，对农民提出了环境保护等方面的要求，称之为“交叉达标”(cross-compliance)要求。这种交叉达标要求也可以用于保护一定的农村自然景观。如果农民没有能够很好地达到有关的要求标准，则视情况按比例削减给予该农民的直接补贴额。

2. 建立新的“农场咨询系统”

在 2006 年以前，各欧盟成员国可以在自愿的基础上，建立起一个新的农场咨询系统(farm advisory system)。2007 年以后，各成员必须都建立起这样的系统。在 2010 年以前，农民可以自愿选择是否参加这个系统。2010 年，农业委员会将报告这个系统的运行情况；在此基础上，欧盟部长理事会将决定是否将该系统变为强制农民参加的系统。这个系统的主要任务是向农民提供如何在生产过程中按照有关标准和良好操作规范的咨询服务。农场审计部门将定期地对农场投入物的投入水平进行审查，以确定是否符合有关的环境、食品安全和动物福利要求。有关的费用由欧盟的农村发展基金支付。

3. 增加促进农村发展的投入

欧盟用于促进农村发展的资金将大幅度增加。用于促进农村发展的措施范围也将扩大。这些规定将从 2005 年开始实行。至于具体的措施，则由成员国或者地区政府决定。

促进农村发展主要有四个方面的内容：一是鼓励农民生产高质量的、更好满足消费者需求的产品。最高补贴额为每个农场每年 3 000 欧元，最多 5 年。如果生产高质量产品的生产者组织要宣传和促销该产品，则可以对该促销活动予以支持，最多可以按实际费用的 70%给予补贴。二是支持农民按照欧盟标准进行生产。在有关环境、公共健康、动植物健康、动物福利和职业安全等方面，有一些标准在欧盟已经立法确定了，但是在一些成员国中尚没有实行。如果农民开始采用并按照这些标准进行生产，则可以给予临时性的补贴。补贴将按统一的标准，时间最长不超过 5 年，每年每个农场最高补贴额不超过 1 万欧元。如果农民需要有关的咨询服务，则可以对该咨询费用进行补贴，最高可达 80％，数额上不超过 1 500 欧元。三是对实行高标准动物福利的农民实行补贴。如果农民采取的畜牧饲养方式比一般的良好饲养方式标准还要高一些，并且至少要连续 5 年实行同样的措施，则可以视情况给予补贴。补贴的幅度依据采取这种高标准所增加的成本或者减少的收益情况确定，最多每年每个牲畜单位（成牛）可以补贴 500 欧元。四是增加对年轻农民进入农业所进行的投资补贴。目的是鼓励年轻人进入农业行业和从事农业活动。

4. 调减对大农场的补贴

按照新的改革决定，将对大农场的直接补贴标准予以调减。按照既定的标准计算，每年获得直接补贴额不超过 5 000 欧元的农场，不进行调减。那些每年获得直接补贴超过 5 000 欧元的农场，将对补贴进行调减。调减的幅度是：2005 年为 3％，2006 年为 4％，2007 年以后为 5％。据测算，此项措施每年可节省支出 12 亿欧元。这些节省下来的支出将全部用于促进农村发展项目。这些节省下来的支出将按一定的标准在成员国之间进行分配，但是至少有 80％应当保留在调减来源农场所在的成员国。

（三）意大利支持农业发展的政策

1. 农业财政补贴和税收优惠政策

意大利作为欧盟的成员国，对农业的财政补贴主要来自欧盟的预算；同时，意大利自身也提供了一些优惠政策。意大利常出台一些新的补贴项目，以鼓励农业创新发展。①农民收入补贴。主要是按土地面积进行补贴，类似我国现行的粮食直补。②农村发展补贴。欧盟为促进农村发展，提供了各种各样的补贴，如促进旅游农业发展补贴、促进农村环境保护补贴、促进农村基础设施建设补贴、鼓励青年人经营农业的补贴等。③农业技术服务和新品种补贴。政府兴办的农业服务组织，不仅免费提供技术、信息和培训等服务，而且向农民免费提供良种和果苗等。④对农业生产的投入品给予优惠政策。对不同的投入品采用不同的税收优惠政策，特别是在农业生产用电方面给予极大的税收优惠。⑤对农民的税收优惠。为了增加农民收入，提高农民生活水平，提高农民从事农业生产的积极性，改善农民的生活条件，意大利政府对农民个人所得税给予优惠。意大利的个人所得税是累进税制。这些税收优惠政策主要有个人所得税优惠、增值税优惠等。年收入 1.5 万欧元以下的人不缴所得税。增值税的征收办法规定，工商企业从农民手中购买农产品时，20％的价外增值税由销售该农产品的农民代缴。

2. 农村贷款渠道和贷款服务

虽然农业在意大利的地位很重要，但意大利既没有专门的农业银行，也没有农民信用合作社。这与其他国家有很大的不同。意大利农民只能向商业银行申请贷款。农民自愿组织的农民贷款服务组织（COFIDI），是为会员贷款服务的组织。这个组织既不吸收存款，也不发放贷款，只是为农民贷款提供便利和担保服务。农民若要成为该组织的会员，则只需交纳一定数额会员费就可以了。会员通过这样的组织向银行申请贷款，可得到 3 个好处：①银行批准贷款的时间短、速度快；②贷款可以得到 2％的利率优惠；③当农民归还款有困难时，可替农民偿还贷款的 50％～80％。

3. 农业保险服务

农业保险是现代农业发展的内在要求和必然产物。为降低农业生产面临的自然和市场风险，发达国家把农业保险作为一种政策工具，加强对农业的支持和保护。在意大利农业保险协会（COPRODI）也是农民自已办的协会。成立保险协会的目的是为了预防、减少灾害和病虫害等损失。保险的灾害包括冰雹、风灾、洪涝、病虫害等。保险的行业对灾害损失补贴 80％，农民承担 20％。但有一些具体差别，对大棚生产和养殖业的保险包括种植业和养殖业。国家设有农业救灾专项资金用于支持农业保险。在发生灾害时，国家补贴 50%，农民自己承担 50%。农业保险的原则是农民自愿参与，没有强制。参加保险协会后，会员实际缴纳的保费比非会员低近 50%。农民缴纳的保费最高不超过其生产农产品价值的 3%。发生灾害 3 d 以内，保险协会会派技术人员到受灾现场进行评估，确定损失程度和各自承担数额。根据不同产业的受灾情况，采用不同的保险赔款方式。农业保险服务主要特点为以完善的法律制度为保障、险种多且覆盖面广、发达地区和高价值作物投保比例大、坚持国家对政策性农业保险的主导作用。

4. 大力支持合作经济

意大利拥有农业生产及农产品加工企业 200 多万家，农业部门年实现附加值约 300 亿欧元。合作经济在推动意大利农业发展方面起着重要作用。在意大利现存的农业合作组织中，有合作社系统、农业生产者联合会、农业康采恩三大系统。三大农业合作组织有一个共同目的，即帮助农业经营者开展互助服务，直接向下属成员提供较为优惠的商品与服务。合作组织的上级机构负责向下级机构提供多方面的服务和指导。合作组织将农业个体劳动者与商品市场联系起来，解决了农业经营者与高度发达的商品经济之间的信息沟通等问题，给经营者提供众多农业原材料的信息，同时为其生产和加工的最终产品开辟了销售渠道。此外，意大利的农业合作组织的活动还涉及农田灌溉与土壤改良、农机租赁等领域，为成员在农作物收割、农产品储存、加工处理与销售方面提供有价值的信息。合作组织还可根据具体情况，进行国外市场的调研，改善产品与服务，提高农产品的竞争力。

5. 鼓励农业中小企业发展，提高农产品加工质量

在意大利农业企业总数中中小企业占 95%以上，中小企业的产值占意大利国内农业生产总值的 50%左右。可以说，中小企业的技术水平代表着意大利农业的整体水平。意大利的农业中小企业主要集中在种植、养殖、流通、农产品加工等领域。在农业中小企业发展过程中，意大利政府鼓励农业生产合作社集中发展。合作社基本上分 3 个层次。一级合作社集资或贷款兴建农产品种植、清洗、挑选、分级、包装、贮存设施，把生产者送来的产品进行抽样检验后进行统一分级、包装和销售；二级合作社即康采恩，主要负责一级合作社的全部出口商品和内销商品的销售，同时为其提供市场信息、生产建议、技术指导等服务；三级合作社即康采恩联合体，是全国性的合作社组织，主要代表各地康采恩与政府对话，确定商品价格和销售政策，协调各康采恩之间的关系。三级社一般不直接从事农产品经营，其经济来源为各地康采恩上交的管理费。中小企业经营灵活，产品质量高，经济效益好；产品独特，质量上乘，通常还有原产地的冠名，可避开与大公司的竞争，占据国内和国际高档商品市场，取得丰厚利润，弥补行业结构上的缺陷。政府大力鼓励中小企业提高农产品加工质量，对推动农业发展起着重要作用。

6. 建立健全农业创新体系和科技推广体系

意大利农产品在世界上也占有很大的份额，这与它所推行的农业创新体系和科技推广体系是分不开的。国家在这方面采取以下政策。①政府支持农户、农场主、农业技术推广机构、农业行业协会等采用农业新技术的方式。充分利用欧盟资金，调整农业结构，如从 2000 年开始，意大利先后实施“Leader＋”计划、农业指导和保证基金(EAGGF)计划、设立“农产品促进基金”、为农户、农场主提供技术改造所需总费用 85%的资金、出台了“生物多样性计划”；发展特色农业，鼓励新技术的应用和推广，意大利一方面积极发展种植、养殖和产品加工业，另一方面大力发展自己的特色产业和品牌；充分利用金融手段，鼓励农业技术推广；用互联网手段，提高农业服务效率；充分发挥农民协会的作用，向会员推广农业新技术；鼓励农业合作社形式，促进农业技术的传播。②政府支持与农业相关企业开发应用农业新技术的政策措施。意大利多年来习惯的做法是支持国家公立研究机构进行种子、化肥等相关技术的开发，然后把技术转让给种子、化肥等公司。③政府支持农业研究开发机构、大学等公益型机构开展农业技术研究与推广的做法。意大利政府重视农业研究开发机构、大学等公益型机构农业技术研究与推广的工作。重组农业研究机构，集中资源进行研究开发；积极申请欧盟农业科研项目；积极制订农业科技发展计划；建立科技园区，促进成果的推广。④公益型农业研究开发机构、大学及农业技术推广机构和农业行业协会支持农户、农场主推广农业技术的做法。建立技术转移机构，采用各种形式，宣传推广农业技术转移工作。科研院所和大学的技术转移中心会举办多种形式推广新技术，为农业技术的两端(技术

的提供者科研单位与技术的需要者生产企业之间)建立联系,使新技术尽快产业化;研究机构和农业协会保持密切的关系,共同促进农业技术的推广。

(四)启示与建议

1. 提高农业竞争力和促进可持续发展

欧盟 CAP 自 1962 年开始实施,政策目标从最初的提高农业产量和生产效率、提高农产品自给率水平,逐步演进到促进农业可持续发展、提高农业产业竞争力,其背景一方面在于欧洲逐步解决了农产品供给不足的问题,有空间实施调整优化结构、保护农业资源可持续利用等政策;另一方面,大量的补贴和配额管理等扭曲市场信号的措施带来了巨额的实施成本,也引起了政策制定者和学者的反思。发达国家在工业化发展的初、中期,一般将提高农业劳动生产率和土地产出率,增加农产品供给为主要目标;在工业化发展的中、后期,一般以控制城乡差距和促进农民增收为主要目标;在工业化发展的后期,在重视农业生产功能同时,更重视其各种社会生活功能、文化功能、心理功能、生态环境功能,进而提高整个社会的福利水平。与之相似,在政策刺激等多种有利因素叠加下,中国的粮食产量从 2003 年的 4 300 亿kg 已经跃升到 2014 年的 6 000 亿 kg,连续 11 年增长,粮食产量的持续增长不但自然资源消耗极大,而且政策的实施成本也很大,“十三五”期间,可以考虑抓紧利用粮食供应比较充裕的有利时机,将农业政策的主导思路转向促进农业可持续发展、提高农业产业竞争力,在继续强化保供给的同时,更加注重消除收入差距,突出农业的社会和生态功能。

2. 稳定农业支持政策框架

欧盟的 CAP 经过 50 多年的运行和调整,已经形成了一个比较全面的综合性政策体系。在 CAP 框架下,对农业政策的政策目标、政策工具、中期评估、事后评估等都有明确的规定和实施方案;对不同产业、不同品种的补贴政策和项目政策进行了统筹考虑和政策设计;对农业可持续发展、青年农民等重点议题,在同一个政策框架下搭建了政策工具包。这样的政策设计,有利于将有限的财务资源、政策资源在同一个平台上统筹分配,避免了政策碎片化和随意性,有利于发挥不同政策工具间的协同效应,通过综合手段对某一产业或者议题进行支持,有利于增加政策的透明度,稳定生产者及其他利益相关者的预期,避免短期干预带来的市场波动。同时,一轮共同农业政策实施期为 7 年时间,也便于将政策的资金需求与欧盟及其成员国的中期财政规划相衔接,合理安排财政投入的规模。我国“十三五”规划建议中提出,“建立全面规范、公开透明预算度”,“实施中期财政规划管理”,可以考虑在财政支农领域率先开展试点,全面梳理现行财政支农政策,按支出类别归并支农资金渠道,测算中期支农资金需求,明确优先政策领域,公开发布支农项目,提高政策透明度和支农资金使用效率。

3. 促进意大利农业补贴政策

欧盟共同农业政策中对向农业生产者提供补贴,主要基于两点原因:一是农业生产者提供的农产品具有一定的公共产品属性,但其收入却低于社会平均收入水平,补贴是一种收入支持政策;二是农业生产是自然再生产和经济再生产相互交织过程,农业生产者在生产过程中还肩负着保护自然资源的社会责任。2003 年改革以前,农业补贴政策曾长时间与耕作面积和作物品种挂钩,2014 年起实施的新一轮补贴政策将基本上取消了挂钩补贴政策,而明确开始实施绿色补贴政策,提高生产效益等。可以看出,欧盟农业补贴的逻辑出发点虽然是收入支持、道义责任,但政策目标并不是固化的,补贴政策可以随着农业发展状况的变化而调整。新一轮 CAP 政策中,补贴资金的预算占比高达 76.6%,如果不调整补贴政策方向,CAP 政策目标也难以得到有力实施。同样,中国的农业补贴政策自 2004 年起已经实施了 10 多年,补贴的边际效益下降已经成为不争的事实,因此,结合新的农业政策重点,抓紧调整完善农业补贴政策,提高农业补贴政策的精准性和有效性已经迫在眉睫。

从 2006 年 1 月 1 日起,中国废止了农业税条例,加大了对农业的财政补贴和转移支付,是新农村建设中“多予少取”的典型表现。①完善农业生产补贴制度。农业补贴直补农民是一项系统的民心工程，对于增加农民收入、提高农业抵御市场风险能力有着重要的意义。建立一套包括补贴方式、标准及范围的科学、合理农业生产补贴制度。②完善转移支付制度，先完善纵向财政平衡形式，再逐步向纵横交错的财政平衡形式转化；先采用纵向财政平衡的形式，即高一级次财政向低一级次财政进行拨款。按人均相关因素计算后，以县为单位，由中央或省财政通过拨款方式弥补缺口。③完善对农产品生产的税收优惠制度，对于从事农产品生产的企业实行低于工业生产的税收制度，实行个别特色农产品生产少税甚至免税制度。

4. 对意大利"三农"投入前瞻性分析

欧盟实施农业政策的预算规模大、周期长、影响力广，预算问题一直是欧盟农业政策讨论的中心，也一直引发激烈争论。从收入来源看，欧盟预算来自关税、增值税、罚没收入及按成员国国民总收入筹措的资金；从支出规模看，1984 年 CAP 预算占欧盟预算高达 72%，近年来稳定在 40%左右，约 580 亿欧元；从占欧盟国家公共支出比重来看，2014 年 CAP 预算支出占比不到 1%，同期国防支出是 CAP 预算的 3 倍以上；从人均投入水平来看，欧盟 5 亿人口平均每人每天投入约 30 欧分(合 2.2 元人民币)。

近年来，中国"三农"投入不断增长，有专家估算，2014 年中央财政"三农"投入规模已达到 1.5 万亿元人民币，当年中央一般公共预算支出 7.4 万亿元，"三农"投入占比 20.3%，相当于当年全国人均承担"三农"投入近 1 100 元人民币，如果加上地方各级政府的投入，数字还会进一步上升。中国"三农"投入规模虽然受到农业基础薄弱、历史欠账较多、农村转型发展、预算统计口径等多重因素影响，有其内在合理性，但从长期趋势来看，随着经济发展进入新常态和财政收支形势变化，"三农"投入能否继续长期保持高速增长、"三农"投入占整体财政投入的比重多少为适宜，需要做前瞻性研究。农业政策演进有历史继承性，财政支农投入的规模和增速也有很强的惯性，但从中长期角度来看，需要将财政支农投入纳入经济社会发展全局和中长期财政规划管理中进行考虑，合理确定财政支农资金的规模和增幅，在此基础上，明确政策支持重点，合理划分支出责任，统筹整合支农资金，提高资金使用效率，为中国农业政策提供长期、持续、高效的财力保障。

5. 继续加大对农业的投资

经济增长的基本理论说明资本对经济增长的重要性。经济的增长需要一定的资本投入。在我国，对农业发展的资本投入严重不足。针对我国人多地少的状况，经济增长只能立足于提高技术效率和技术创新。然而，作为支撑要素的资本投入不足。据测算，我国农业每年资金流失约 1 000 亿元，这与新农村建设的要求极不相称。1985—2006 年，我国对农业投资绝对额在不断增加，而对农业投资额占全社会投资总额的比重却呈现下降趋势，这严重不符合我国"新农村"建设和"城乡统筹"发展的要求和目标。现有的中央对农业的投资还远远不能满足农业生产的资金要求。在社会主义新农村的建设过程中，农业现代化建设很大程度上取决于对农业的投资。所以，中央要进一步加大对农业的投资，主要包括投资建设农业生产所需的基础设施、农业生产公共设施、农产品深加工的加工网点和销售渠道等方面。

6. 发展农业资金金融供给多样化

相对于实体经济而言，金融是第二性的。在经济发展不平衡的国家和地区，金融供给模式也应该是多层次、多样化的。我国是一个经济发展很不平衡的国家，不仅存在城乡差别、工农差别，即使在农业经济内部，也是多种生产组织形式并存。所以，应拓宽政策性银行和商业银行在支持农业发展的业务，使政策性银行与商业性银行在农村地区有机协调发展，共同促进农业发展。积极引导农村非正规金融组织的发展，主要包括农村民营金融和农村合作银行发展。农村民营金融就是农村非正规金融，也叫民间金融。农村民间金融是应市场需要而发展起来的，因而也是农村资金市场的一个重要参与者。政府进行农村金融体系的建设时，一定要积极引导而不是抑制农村民间金融组织的市场进入。只有如此，农村地区才有可能建立起一种合理、有序的支撑农村经济发展的长效金融体制。目前，我国针对支持农业发展成立的基金还是很少的，不能满足农民、农业、农村的融资需要。在有条件的地区，可以由政府出面募集社会资金组成农业发展基金，帮助农民筹措进行农业生产所需资金。通过上述措施，既可以使农村金融供给多样化，又可以拓宽农民筹资渠道，促进农业发展，有利于建设社会主义新农村。

7. 大力发展农业保险

我国农业保险业应有自身特色，建立符合农业保险发展的法律制度、农业风险分散机制、金融环境、农业保护制度，发展政府主导和推动性农业保险，有明确经营主体的农业保险政策，特别是发展政策性农业保险业务。根据不同地区的特点，设立不同的农业保险业务和政策。

8. 加快农业创新体系和科技推广体系建设

改革现存不合理的体制，发展新的农业创新体系和科技推广体系。发展科技创新提速工程、科技推广提效工程、科技培训提质工程。国家农业技术创新与推广体系建设应达成共同理念，实现农业科技创新，推广体系程序的制度化；实行农业科技创新与推广体制的改革必须与现行政府行政管理体制的改革结合起来，并且日益依赖于国家建立起适应现代农业发展需要的新的综合性的行政管理体制；在农业技术研究和技术推广体系建设中，应充分发挥农民合作组织的特殊作用；加强对农业科技企业的市场监管力度，促进公共科研部门与私人科技企业的合作；公共的农业科技投资分配应更多地引入市场机制，通过招标竞争；应积极引进国外农业科技成果，以优化科研资源的合理配置，提高科技投入的产出效率，同时应建立大学农业科技创新推广体系。这种模式的主要推广方式有“科技专家＋公司”“科技专家＋公司＋农户”“科技专家＋农户”“科技专家＋农协”“示范基地＋公司＋农户”。在这些方式中，科技专家起着关键的作用。所以，在现阶段应加大培养农业科技专家的力度。

9. 加快发展新型合作经济

培养新型农业中小企业合作经济作为一种经济组织形式和经济关系，多年来一直影响我国农业与农村经济发展。农业合作经济要真正成为推动我国农村社会经济发展的重要力量，必须与时俱进，建立新型的合作组织，将农民联合起来，迎接市场的挑战。目前我国农村存在以下合作经济形式：不触动个人产权的专业合作组织、承认个人产权的股份合作组织、农民生产者协会、“公司＋村、社＋农户”。我国的合作经济组织还处在初级阶段，加之前几年运行失败的影响，除了合作经济组织自身进行改革外，政府在发展过程中要给予有效的支持。政府对新型合作经济的扶持政策有：加强理论指导和政策引导；激活农村资本市场，解决资金融通问题；完善组织机构，激活运行机制。

农业中小企业在我国农村经济建设中起着巨大的支撑作用，既是新农村建设的朝阳产业，又是弱质产业。培养新型的农业中小企业要做好以下工作：督促地方政府搭建中小企业融资平台，以保障农业中小企业的健康发展，为农业中小企业融资提供条件；突出信贷扶持重点，大力支持有地方资源优势的特色农业中小企业发展；尽快对扶持农业中小企业发展立法，用法律的手段有效保护和壮大农业中小企业；加快落后的农业乡镇企业向新型农业中小企业的转变。

四、肉牛产业科技进展

（一）育种与繁育技术

1. 意大利牛育种现状

意大利主要牛品种有法国的夏洛莱牛、利木赞牛，意大利的契安尼娜牛、皮埃蒙特牛、罗马涅牛、曼契加那牛。

根据意大利地质学和遗传学方面研究表明，意大利不同的养殖牛品种都有共同的祖先，即平额牛（*Bos planifrons*），该种牛起源于中新世印度区域，与同时期其他牛类相比，其身体发育较为庞大。从更新世的平额牛开始，逐渐演化为欧洲平额牛和亚洲平额牛，它们分别在欧洲和亚洲进行繁殖。在这期间，又繁衍出了非洲平额牛，但非洲平额牛并非直接由平额牛繁殖而来。大约 25 万年以前，平额牛在欧洲不断繁衍，由其繁衍出博斯牛（*Bos taurus brachiceros frontosus*）和弗朗托索斯牛（*Bos taurus frontosus*），这两种牛是目前意大利两大主要养殖牛品种。

意大利肉牛业在其育种过程中很注重选择的作用，能抓住每一个有利的特点进行选择。在12世纪，偶然从本地牛的遗传突变中发现一个双肌的公牛，意大利畜牧工作者利用这一特点开始进行选配育种工作，逐步培育成现在的皮埃蒙特品种。1950年以来，该品种在育种方面取得了较大进展，如产奶量可达1 000～2 000 kg；屠宰率达65%～75%，胴体产肉率为82%。契安尼娜品种2000年前产于契安尼娜山谷，其品种特征和现在的很相似，通过人工选择，该品种成年公牛体高达170 cm，体重1 400～1 600 kg；成年母牛相应为150～160 cm和850 kg。皮埃蒙特和契安尼娜两个大型肉牛品种，均是在役用的情况下，随着机械化程度的提高，逐步培育而成的。

意大利畜牧工作者在育种过程中采取严格的措施进行选择。首先，依据初生重、3月龄体重、6月龄体重、12月龄体重与公牛和母牛成年体重的关系，求得相关系数，把系数较大的留下来，进行初步的系谱选择与个体选择，然后进行后裔测定。在一个性能测定站，每年至少要测定200头犊牛。从3月龄至12月龄的犊牛在性能测定站要测定以下指标：日增重、饲料食入量、饲料报酬；并从12月龄开始测定公牛的精液品质，如精液量、精子活力和密度；同时测定一些胴体的特征，进行肉的数量和质量的分析，计算与活体之间的相关系数，预测产肉量。每一个品种内有一个50头种公牛的大型供精站，年产30万份精液。另有一批12～15头种牛的小型冻精站。其中的大部分精液用于和其他品种牛的杂交改良中，这是意大利肉牛业得以迅速发展的重要一环。

2. 育种组织促进系统育种

意大利最大的肉牛育种中心位于翁布里亚大区，该育种中心由意大利政府投资500余万美元建于1985年。它是融肉牛科研、推广、服务为一体的现代化大区级肉牛育种研究机构。政府每年拨出200万美元承担80%中心所需费用，另外的20%由该中心为肉牛养殖户提供各项技术服务收费补充。

这个肉牛育种中心主要任务是进行遗传基因的改良，选育出性能优秀的肉牛以及研究提高肉牛生长速度和成活率。目前，他们把力量主要放在生长速度最快，适应性最强的曼契加那(Marchigiana)、契安尼娜(Chianina)、罗马涅(Romagnola)三种肉牛品种方面。他们每个月选出15头牛定期进行分类检查。在检查期间，饲料是在电脑控制下供给的，测定范围包括牛生长阶段的体重、体长、体宽、体高、胸围、腹围、肌肉、皮厚程度等等，检查目的是了解他们所进行的品种改良能否达到目的。在正常情况下，被检查的肉牛养到15个月，体重达700 kg，即可送去宰杀。

该肉牛育种中心通过与翁布里亚大区内肉牛养殖场建立育种合作关系，承担了该区内所有肉牛养殖场的繁育方面的技术指导，提供优良冷冻精液之外，还根据养殖场的要求进行肉牛生长性能等方面的测定。

此外，意大利几乎每个牛品种都有专门的协会进行品种选育，如皮埃蒙特育种者协会(ANABORAPI)、荷斯坦奶牛协会(ANAFI)、西门塔尔牛协会(ANAPRI)等。这些育种组织都设有负责本品种育种工作的具体执行机构，在区级(相当于中国的省)和省级(相当于中国的区)设有育种组织，取名为ARA和APA。其中ARA负责沟通政府部门与育种组织间的关系和管理财务，APA设专人定期到育种场收集数据，并将收集到的数据送达协会执行机构，同时将协会分析处理好的信息及育种计划反馈给育种者，协助并指导育种者进行育种。健全的育种组织是育种工作正常进行的根本保障。1957年，意大利皮埃蒙特育种者协会(ANABORAPI)成立，标志着意大利皮埃蒙特牛分散而凌乱的育种被系统育种所取代。品种登记册(herd book)的建立，扩大了遗传基础，加大了遗传变异和选择强度，并且在统一的组织下，系统地实施育种措施，最终培育出了世界著名的优良肉用皮埃蒙特牛。健全的育种组织体系是皮埃蒙特牛成功培育的重要原因之一。到目前为止，我国还没有建立起一个肉牛品种健全的育种组织体系，也就不可能有计划地进行品种培育，这是我国肉牛育种急需解决的问题。可喜的是中国已经意识到了这一问题，并在积极地为育种工作做组织准备。

3. 品种登记及联合育种

品种登记册是育种者进行遗传资源评估、分析、利用的基础，是育种工作的基础和依据。品种登记册，将会使育种工作在尽可能广的遗传基础下选择种畜，最大限度地避免由近交导致的衰退。一些著名品种的培育史都是一部品种登记册动态变化、健康发展的历史。如荷斯坦奶牛、娟姗牛、西门塔尔牛等，皮埃蒙特牛更是如此。早在20世纪初，意大利一些皮埃蒙特肉牛养殖者自发地组织起来，将各自的牛登记在册，根据登记牛的血缘信息和生产记录，有计划地进行选种选配，这也就是最朴素的联合育种。相对于单一的育种个体来说，这种小组织扩大了选择的范围，取得了一定的成绩。但这种扩大也只能限于少数几个个体组成的育种组织内，易受到一些人为因素的影响。1957年ANABORAPI成立后，全意大利的育种者被有机地组织在一起，对全国范围内的皮埃蒙特牛进行统一登记和评价。全国范围的联合育种最大可能地扩大了品种可供选择的遗传基础，加大了品种的遗传变异度，并能有计划地调配共享遗传材料。有可能使育种者成倍地增加选择强度，加快了遗传进展。结果皮埃蒙特牛育种工作走上了良性循环的健康轨道。健全的品种登记册和联合育种思想不单造就了皮埃蒙特牛、荷斯坦奶牛等许多国际品种，而且也正成为各品种进一步培育的有力武器。

4. 育种手段

在兼顾母牛选育的同时，ANABORAPI把选择重点放在了公牛的选育上，专门在遗传中心进行小公牛的性能测定和选育。每月18头45～60日龄小公牛进入遗传中心，标准化饲养，每月测定1次体重，一直测定到12月龄，并在12月龄时进行线性体型评定，计算出各个体的生长指数和肌肉度指数，并选出3～4头优秀个体进入公牛中心采集精液，进行后裔测定。24～27月龄后，小公牛的后裔基本全部出生，根据后裔资料计算小公牛的产犊难易度和出生难易度两个性状指数。根据生长指数、肌肉度指数、产犊难易度、出生难易度及肢蹄评分的经济重要性进行加权，计算出选择指数。重新对小公牛进行评价和选择，把中选个体精液投放到市场中流通使用，并进入下一个选择世代，未中选个体精液全部销毁。衡量育种效率的指标之一就是所取得的遗传进展，遗传进展的影响因素很多，根据影响遗传进展的因素，分析意大利皮埃蒙特牛育种流程的效率，后裔鉴定的实施增加了低遗传力性状（产犊难易度、出生难易度）的选择准确性；大量的个体数据和半同胞数据（如线性体型评分）保证了中、高遗传力性状（肌肉度指数、生长指数）的选择准确性；而动物模型BLUP（最佳线性无偏预测）方法又为精确地估计育种值上了一道保险；选择小公牛早期配种，并及时以优秀小公牛淘汰上一代种公牛，缩短了世代间隔。所有这些措施都加快了意大利皮埃蒙特牛的遗传进展。

$$\text{遗传进展}=\frac{\text{选择强度}\times\text{遗传变异度}\times\text{选择准确度}}{\text{世代间隔}}$$

随着分子生物学的飞速发展，标记辅助选择（MAS）已经作为一种新的育种手段被应用于家畜育种中，研究表明，利用高效可靠的遗传标记进行标记辅助选择，可增加家畜遗传进展15%～30%。这些主基因效应合并起来作为固定遗传效应，也可提高育种值估计的准确性。现在ANABORAPI已经利用双肌基因（myostatin）为标记对意大利皮埃蒙特牛的双肌性状进行标记辅助选择。

意大利ANABORAPI通过育种手段使皮埃蒙特牛难产率下降到约15%（是比利时蓝白花难产率的一半），且大部分发生在初产牛；皮埃蒙特牛的胴体等级均为欧洲牛肉等级的S和E级；皮埃蒙特牛肉的脂肪含量（1.5%）远低于猪肉、鸡肉、羊肉及其他品种牛肉，胆固醇（48 mg/100 g肉）含量也远低于鸡肉、兔肉、鸭肉、猪肉、羊肉及其他品种牛肉。在高血脂、高胆固醇等心血管疾病频频发生和肥胖问题日益严重的当今社会，低脂肪、低胆固醇的皮埃蒙特牛肉的营养保健作用越发显示出它的重要性和优势。所有这些成果都是值得我们借鉴的宝贵财富。在改革之初皮埃蒙特牛对中国肉牛改良起到了重要作用，相信以其优良的肉质和优势互补的肉用体型，皮埃蒙特牛及ANABORAPI精湛的培育技术仍将为中国专门化肉牛品种的培育做出重要贡献。

（二）养殖技术

1. 肉牛养殖特点

意大利草坡面积较大，这是发展畜牧业的一大优势。但意大利畜牧工作者仍很重视精、粗饲料的生产，每年还拿出 20%的土地种植玉米等多种饲料作物，并且还从美国和非洲南部一些国家进口大量的豆饼等饲料。其精、粗饲料及多汁饲料数量足，质量好，还可常年供应各种优质青干草。

意大利发展肉牛业，重视犊牛的早期补饲。皮埃蒙特品种牛的产奶量达 1 000～2 000 kg，足以满足犊牛生长发育的需要。但还要在犊牛出生后 20 d 开始补饲全价的犊牛料和青干草，促进消化系统发育，增强消化机能。

在肉牛饲养过程中，意大利肉牛业根据肉牛各个不同的生长发育阶段对营养的需要，把犊牛初生后至 15 月龄分为四个阶段，每一阶段都有合理的配合饲料供应和平衡的营养水平。

2. 肉牛饲养

(1)重视精、粗饲料的生产

每年拿出 20%的土地种植饲料玉米，其产量达 50 亿 kg 以上，占谷物总产的 1/3，还进口 50 亿 kg 以上的玉米，来保证饲料供应。多汁饲料、粗饲料、精饲料的质量好，数量足，优质青干草可长年供应。春、夏季主要喂意大利黑麦草、三叶草、苜蓿等鲜草；秋天主要喂上述牧草的青干草；冬季主要喂玉米青贮(在乳熟期制作)，还喂少量甜菜、甜菜糖渣，在粗饲料中很少喂麦秸。

意大利平原很少，80%为山地、丘陵，气候亦复杂多样，因此养牛形式各异。大部分采取舍饲，平原以放牧为主。养牛户一般饲养规模为 100～200 头，采用工厂化饲养。如维罗纳郊区拉多尔黑肉牛场，饲养肉牛 10 000 头，饲料地 7 500 亩，有 6 座青贮窖，可贮 375 万 kg 青贮料，有 3 座精料贮存塔，可贮饲料 1 200 t。从收割、切短、运输、过称、搅拌、添草、饮水、除粪全部自动化，全场共有管理人员 12 人，每栋牛舍由 1 人管理，全场由 2 人供料。

(2)饲料报酬较高

公犊牛从 80～160 kg 体重养到 500 kg 屠宰，一般经过 9～13 个月，每头牛平均消耗饲料：玉米青贮 4 t，精饲料 1 t。平均日增重 1.2 kg，每增 1 kg 体重消耗青贮玉米饲料 9～11.7 kg，精饲料 2.4～2.5 kg。

此外，还有用大量精饲料催肥的，如圣裴特罗肉牛场，进口 20 日龄体重 60 kg 的公牛犊，每天平均消耗精饲料 7 kg，玉米青贮自由采食。大牛每天消耗精饲料 8～10 kg。在 20～90 d、90～150 d、151～240 d，日增重分别达到 1.5 kg、2.3 kg 和 2.55 kg，平均每增重 1 kg 消耗配合精饲料 3.57 kg。

(3)各类牛的饲养水平

意大利的肉牛业，除了有量多质优的青干草、青贮玉米作保证外，在饲料方面，各生长阶段都有供求平衡的配合饲料。

①育肥牛的饲养

犊牛初生至 6 日龄吃母牛初乳，7～20 日龄开始喂精料，直到 4 月龄开始自由采食，喂青干草和精饲料育肥牛，一般 15 月龄出栏。在 15 个月里分 4 个阶段(0～4、5～8、9～12 和 13～15 月龄)饲养。给料种类及数量见表 3-2-41。

表 3-2-41
犊牛饲料种类及喂量

月龄	配合饲料组成/%						喂量/kg		日增重/kg
	玉米	麸皮	大麦	大豆饼	苜蓿草粉	矿物质维生素	配合料	青干草	
0～4	30	10	30	20	5	3	2～3.5	0.5～1.0	0.8～1.0
5～8	50	10	17	15	5	3	3.5	1.5	1
9～12	60	10	12	10	5	3	4.5～6	2	1.1
13～15	70	10	8	5	5	2	7～8	2	1.2

以上 4 个阶段，蛋白质(可消化粗蛋白)的含量由 17%、15%、13%下降至 11%。公牛犊 15 月龄时体重可达到 500～520 kg。

②繁殖母牛的饲养

500 kg 体重的成年繁殖母牛，每天要喂优质青干草 10 kg 左右，配合饲料 1～2 kg。若无青干草，可选优质秸秆代替。夏季可喂 30～60 kg 青草，1 kg 左右的配合料。产犊后母牛每天增加 1 kg 配合料。

配合饲料的组成：玉米 35%、麸皮 15%、大麦 22%、大豆饼 20%、苜蓿草粉 5%、矿物质维生素 3%，其可消化粗蛋白的含量为 17%～18%。

③种公牛的饲养

据阿蒂利奥・波斯蒂科教授介绍，在都灵人工授精站饲养种公牛 50 头，大致每头日采食青干草 8～10 kg；种公牛日喂三次，日采食 5～6 kg 配合饲料。

配合饲料的组成：玉米 20%、大麦 30%、燕麦 8%、苜蓿粉 18%、大豆粉 15%、鱼粉 3%、肉粉 3%、矿物质 3%。

(4)肉牛配合饲料的配方与用法

意大利饲料加工厂的原料，几乎大部分从国外进口，如玉米、大豆、脱脂奶粉、蚕豆分别从美国、法国和中国进口，仅米兰饲料生产中心，就从我国进口蚕豆 800 t(1973 年)。饲料生产依靠电子中心控制台，加工时，只需把配料单输入计算机，所需饲料就可自动配合，而后饲料化学分析室将原料成分、产品质量进行检测。牛的配合饲料，大致分成六类：犊牛配合饲料(即“人工奶粉料”)、青年母牛配合饲料、怀孕母牛配合饲料、泌乳犊牛配合饲料、种公牛配合饲料、肉牛配合饲料等。需要指出的是，由于各类牛有优质青干草、玉米青贮(带籽青贮)作保证，因而配合饲料日供量比较低。如果以麦秸、稻草或玉米秸秆作粗饲料，按照意大利所提供的配合饲料数量，远远不能满足各类牛的营养需要。

(三)疫病及食品安全

意大利肉品卫生工作的历史源远流长。早在 14 世纪，意大利佛罗伦萨城就已订立了屠宰检验法律。1791 年米兰大学建立了兽医系，培训了许多防止畜禽疾病污染肉品的技术人员，并且在波河流域发展了畜牧业。

意大利的肉品消费量很大，虽然国内生产的畜、禽数量已经很大，但还是不能满足全国肉品消费的需要，每年要从欧洲共同市场和其他国家或地区进口 300 多万头活畜、70 多万 t 肉、20 多万 t 水产品和 10 多万 t 乳制品。因此，肉品的卫生工作就十分重要，自然地受到政府和广大人民的重视。

1. 有效的组织工作

意大利全国分为 20 个行政地区。全部兽医工作由卫生部领导。肉品卫生工作在兽医工作中占据很重要的地位。

为了做好肉品卫生的管理工作，卫生部下设两套组织：行政管理组织和科研技术组织。这两套组织密切配合，组成了一个遍及全国的肉品卫生管理网。

在行政管理方面，意大利卫生部内设有兽医司和食品营养卫生司。前者主管畜、禽的生产繁育、防疫检疫、屠宰检验、肉制品的加工检验和进口动物性产品的疫病检验，后者主管进入市场的肉及肉制品的卫生和进口畜产品的卫生。每个大区设有兽医办公室，它是卫生部的派驻机构，负责协调大区内的兽医工作。每个省和大的市镇设有卫生局，局下有兽医科和食品营养卫生科。小市镇设有兽医站。除少数兽医担任技术行政工作外，绝大多数在各省、市、镇按照国家法令进行防疫和肉品卫生管理。对于进口的动物性产品的卫生管理，卫生部在水运、陆运、空运口岸设有港口兽医检查处。此外，每个市镇配备有经济警察若干人，他们都受过卫生部组织的业务训练，在市场上检查食品，监督流通领域的食品卫生。他们有权对可疑食品抽样送研究单位进行化验，并根据化验结果送有关单位处理。

在科研技术方面，意大利卫生部下设一所最高卫生研究院和 10 所动物疫病防治研究所。最高卫生研究院是意大利最高卫生研究机关，又是咨询机构，它既研究人医，也研究兽医。该院设有兽医系，着重于兽医公共卫生和人畜共患传染病的研究。10 个动物疫病防治研究所除了担负科研工作外，每个研究所还负责1～3个大区的畜禽疫病诊断治疗、肉品卫生检验和兽用生物医药品的制造。为了方便基层兽医和人民群众解决兽医卫生技术问题，研究所在每个省（面积相当于我国的县）设有分所。基层兽医站和港口兽医处发现有可疑的法定畜禽传染病和肉品污染时，随时采样送研究所或研究分所进行诊断和化验，以便尽快采取措施。意大利卫生部有行政和技术这样两条腿直接伸入基层，互相密切配合，对于保证肉品卫生起了很大的作用。

据意大利兽医司副司长马蒂奥利介绍，意大利卫生部正在酝酿新的变革，其基本精神是把权力下放给大区兽医办公室，使之成为一级行政机构。基层按人口（5万～8万居民为一单位）设卫生机构，配有人医、兽医、护士和必要的医疗卫生设备，使卫生工作适应于人口的分布。

2. 制定完善统一的畜产品安全法律法规体系

意大利在畜产品质量安全管理方面基本沿用欧盟的相关法律法规。欧盟与食品安全相关的法律法规数量庞大、体系复杂，现行的相关法律法规共有13类180余项，且法律法规的数量和内容每年还在不断更新和完善中。

2000年，欧盟公布了《食品安全白皮书》，提出了一系列食品安全方面的指导意见，其中最根本的一项改革计划就是通过立法来完善“从农田到餐桌”的一系列食品安全保障措施。在此基础上，于2002年出台了《食品法通用原则与要求》[（EC）No178/2002]，制定了食品法的基本原则和要求以及有关食品安全方面的各种程序；明确了可追溯性要求，确定了风险分析原则，建立了快速预警体系，成立了欧洲食品安全局等，该法成为欧盟食品安全监管的基本法。随后以（EC）No178/2002为核心，欧盟出台了新一揽子食品安全法律法规。欧盟畜产品质量安全法律法规体系的建立可为世界各国相关法律法规体系的建设提供重要启示。

3. 完善的畜产品质量安全检测支撑体系

为了保证肉品的卫生质量，意大利的最高卫生研究院和10个动物疫病防治研究所都设有专门的烈性传染病诊断室，食品微生物化验室，化学分析室以及农药、抗生素、激素、放射性物质检测室等。这些室的建筑和设备都比较完善，房间宽敞，光线充足，温度适宜，清洁无尘并设有空调设备。病毒室有进出空气的消毒过滤装置，化学分析室有必要的安全设施和现代化的检验手段，如可以随时提供传代细胞的细胞库，转瓶培养室和悬浮培养室，养殖多种实验动物和无特异病原鸡群的小动物室，还有各种国内外生产的荧光抗体及冰冻切片机、荧光显微镜和电子显微镜等设备。意大利饲料及畜产品质量安全检测主要靠企业自检、委托检验和养殖户送检，除发生重大质量安全事故外，国家一般不制订大规模的抽检计划，抽检地点主要是饲料及畜产品加工企业和养殖场。

对于食品细菌的检验，意大利的规定是比较严格的：每个省都有细菌化验室，主要检验项目有：肉类检验沙门氏菌、致病性葡萄球菌，罐头检验产气荚膜杆菌和活菌总数，水产品检大肠杆菌，有时还检验粪链球、蜡样芽孢杆菌、真菌和酵母菌等。有些检验项目有统一的检验方法，有些则引用法国和美国规定的方法。细菌化验室的设备比较先进，一般都备有自动洗瓶机、超净操作台、培养基自动分装机、自动pH测定计、二氧化碳培养箱、白细胞自动计数器、均质器等。现在意大利对大量的经常性的牛奶布氏杆菌的检验使用自动微量滴定器，一台机器每天可检验1 000个牛奶样品。

意大利对于动物性食品的农药、抗生素、霉菌毒素、激素、有害金属、添加剂和放射性物质的污染十分重视。国家规定了标准。研究所的化验室对动物性食品和饲料进行经常性检测。这些化验单位都备有氨基酸分析仪、气相色谱、原子吸收、紫外分光光度计和质谱仪等贵重仪器。对于抗生素采用抑菌试验，霉菌毒素用薄层法，激素用动物试验。水产品除测汞含量外，还专门检测放射性物质污染。

4. 系统的畜产品质量安全监管体系

意大利国内建立了协调一致的畜产品质量安全管理部门、畜牧业技术服务和兽医防疫检疫与保健组织，在欧盟共同的食品安全法规框架下，结合国内具体的特点开展自己的畜产品质量安全监督工作。

意大利设有国家食品安全委员会（National Committee for Food Safety），负责与欧盟食品安全局的联系，改进和协调风险评估方法，改进农业食品监督和监测方法。意大利与食品有关的国家管理部门有卫生部，农业、食品和林业政策部和环境部门，卫生部是国家食品权威管理机构。农业、食品和林业政策部(Ministry of Agriculture，Food and Forestry)的主要任务是改善农业生产、保护特种产品、产品质量特性改良、负责植物产品的安全生产和农药合理使用问题。意大利国家食品安全管理从行政隶属关系上看，可分为三级机构，即中央卫生部—地区—地方；从层面上来分，可分为国家层面和地方层面。国家层面为卫生部食品、营养和兽医司，卫生政策机构及其技术支撑单位，包括国家卫生研究所(National Health Institute)、实验动物疾病研究所(Experimental Zooprophylactic Institute)；地方层面为地区的公共卫生局、地方公共卫生局。

卫生部下设的食品营养与安全和兽医公共卫生司负责协调管理国家食品安全事务，负责动物健康、兽医、兽药、食品安全与营养、风险评估和国家食品安全委员会秘书处工作；发布有关食品安全管理的说明、指南，评估食品企业自己制定的操作手册。卫生政策机构的主要职责是从事投入和政策研究。国家卫生研究所是国家卫生体系中最先进的科学和技术中心，代表卫生部或地区卫生机构进行食品生产和包装质量监管和督查，监督具有食品监控和确证分析资格的国家级实验室，另外还有研究、监控、培训和针对公共卫生保护主义的咨询等职能，与实验动物疾病研究所进行研究合作。

意大利全国有 20 个行政地区。地区设有公共卫生局(Regional Public Health Services，RPHS)，公共卫生局下设兽医服务处及站点，其职责为负责本地区的动物健康、食品与动物卫生、动物养殖和福利。地区级机构的主要职责是监管和从工厂、商店、市场、养殖场和饲料厂抽样。地方公共卫生机构(Local Health Units)的工作主要是在意大利全境监管所有屠宰场、肉品加工厂、熏肉加工厂、渔及水产品加工厂、奶牛及奶制品厂。

监督与审查由卫生部、地区卫生机构、地方卫生机构执行。卫生部的监督与审查系统由卫生部的卫生司组织和实施，目的是对被地方采纳的管理体系的影响力、效率和执行力进行评估。意大利在监督执法机构设置上，下设 12 个港口、机场与陆路口岸进出口货物卫生检验机构(USAMF)、17 个针对欧盟成员国动物源性食品和活动物的检验检疫机构(UVAC)和 35 个针对意大利或欧盟其他国家动物源性食品和动物的边界检验检疫站。上述这些口岸机构主要按照欧盟和意大利本国法律和法规执行口岸卫生检验检疫、货物的抽样与送检(图 3-2-46)。

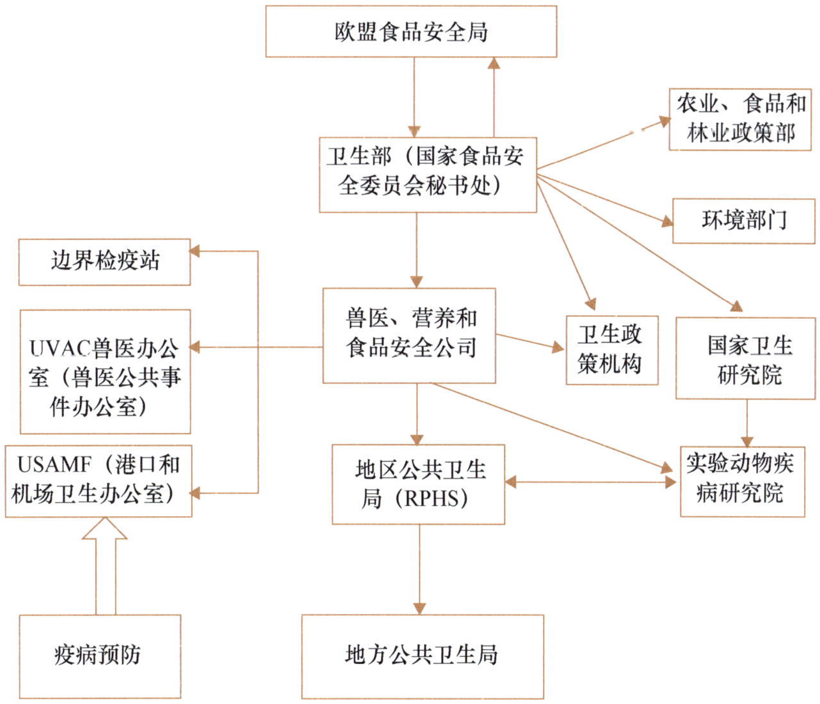

图 3-2-46　欧盟及意大利食品安全监管体系框架

意大利还十分注重监督执法队伍的建立。国内拥有庞大的监督执法队伍，每个部委拥有专属警察，并且配备先进的执法装备，在全国范围内独立开展职责范围内的监督执法工作。

5. 全环节推行畜产品追溯体系

为保证食品的质量安全，意大利建立了一整套完善的从“农田到餐桌”的食品安全可追溯体系。首先，按欧盟法律规定，强制要求食品链上的各个企业（饲料、养殖、屠宰、畜产品加工、包装等）都必须通过 HACCP 认证，建立以 HACCP 导则和方法为基础的食品质量安全控制体系，有效控制产品质量，一旦出现产品质量问题，能够迅速找到问题根源。HACCP 认证由卫生部统一管理并监督执行。其次，实行对奶牛、肉牛、生猪等耳标（号）档案管理制度，建立了比较完善的电子管理系统，如意大利现行的牛奶生产样品采样分析可追溯电子系统（RFID），火腿标签标识可追溯电子系统等。一旦发生质量问题，很快就能追溯到源头是饲料企业还是养殖场。

6. 实行严格的官方兽医与职业兽医制度

意大利及欧盟对兽医职业有着非常严格的要求，并于 1946 年成立了意大利国家职业兽医联盟（总部设在罗马），目前，全国 108 个省中有 100 个省加入了该联盟。该联盟现有注册职业兽医 27 000 名，其中有 5 000 名从事公共卫生工作，其他为自由职业兽医。职业兽医联盟的主要职责是：监督职业兽医履行职责；受理并处理有关投诉；参与国家或地区政府法规制定；组织兽医职业资格考试和注册登记备案等。

意大利实行官方兽医制度。国家实验动物疾病研究所（中心）在全国设有 10 个分支机构，有 90 个省级分机构，另外还有地方公共卫生机构。主要职能是：执行欧盟指令；动物屠宰检疫；肉类食品及乳制品生产过程监控；饲料和食品检测分析；动物疾病诊断；内部专业培训和兽医及卫生操作人员的培训；动物健康和福利、疾病、饲料和食品安全方面的研究与检验；开展区域性、国际性合作与试验研究；提供动物疫苗；起草年度免疫、疾病监控报告；宣传普及饲料、饲养及畜产品安全知识等。

7. 科学完善的风险评估体系

风险评估是各国制定食品安全政策和技术法规的科学基础，是食品安全监管的重要技术手段。欧盟及各成员国十分重视风险评估在保障食品和饲料安全中的重要作用。欧盟专门成立了从事食品和饲料安全风险评估和风险交流工作的负责机构欧洲食品安全局（EFSA）。EFSA 在科研工作上完全独立于欧盟委员会，并与欧盟各成员国进行紧密合作。EFSA 的风险评估理事会下设 10 个工作组，分别围绕动物健康与福利、生物危害、食品链污染物、饲料、转基因、杀虫剂等与畜产品安全相关的领域开展风险评估工作。EFSA 从成立至今，向公众和政府交出了涉及食品安全的 2 000 多份科学意见报告，成为政府政策制定的权威参考文件，在欧盟食品安全监管体系中发挥重要的作用。

8. 重视技术人员的培训

意大利对于肉品卫生人员的培训非常重视。全国 10 所大学设有兽医系。像米兰大学兽医系已有 178 年的历史。师资力量很强，图书资料丰富，仪器设备充实。兽医系学生在校学习五年，共修 42 门课程，据岗劳尼（Canloin）教授介绍，志愿从事肉品卫生的学生，在校学习期间要比临床兽医专业的学生多学六门功课，即生理生化、食品微生物学、各种动物性食品感官特征、各种动物性食品的特殊检验、食品营养学和动物性食品的卫生管理学等。

米兰大学兽医系对基础课抓得很紧，在 42 门课程中，有 23 门是基础课和专业基础课。实验室设备很好，不仅可供学生实习，也能进行基础理论的研究。

教学设备现代化，课堂中有彩色闭路电视、幻灯放映机，实验室里有四人共用的显微镜、超净操作台、冻干机、培养基低温保存室、传染病实验室、小动物隔离观察箱。还有供洗澡和更衣的设施设备。

意大利对于兽医卫生人员毕业后的教育也相当重视。布里西西动物疫病防治研究所每年都将各国杂志上有用的资料翻译成意大利文，编成《兽医文选》，还随时利用复印设备向全国技术人员提供专项技术资料。

研究所每年还要开办许多短期技术训练班，推广有应用价值的国内外新理论和先进技术。他们对国外的技术进展十分注意，经常派人出国参加国际性专业技术会议。每当一项新技术出现，他们就派人到国外进行短期学习。当前，各国的科学技术进展很快，他们的这些做法对于提高意大利的技术水平，紧紧跟上科学技术跃进的形势具有重要意义。

(四)粪污处理技术

1. 意大利畜禽粪污处理的主要模式

意大利地处中欧南部，畜牧业产值约占农业总产值的33.1%。近年来，意大利牧场数量逐步减少，生产规模日益扩大。在欧盟对环境要求越来越高的前提下，意大利也面临着畜禽粪污处理的压力，但通过沼气利用和种养结合，较好地解决了这个问题。考察中发现，意大利的畜禽粪污处理大致有3种模式。

(1)以马卡农场为代表的大型规模养殖场粪污处理模式

马卡农场是意大利为数不多的奶牛存栏超过3 000头的农场，距离罗马市中心仅有20 km，是城郊型现代化农场。农场占地面积3 425 hm^2，以奶牛养殖为主，种养结合。目前奶牛存栏3 450头，其中泌乳牛1 300头。有2 460 hm^2 土地用于奶牛配套生产，种植粮饲兼用玉米、青贮玉米、普通小麦和青贮小麦，其余土地种植蔬菜供应罗马市场。意大利政府鼓励奶牛场采用沼气发酵工艺进行粪污处理，马卡农场根据自身条件，采用了两种模式的沼气发电。

第一个沼气池采用“70%粪便+30%生物质”的模式，发电规模990 kW/h。在沼气生产中，添加的生物质一般为青贮玉米及其边角料、秸秆等，其能量产出效率要高于畜禽粪便。因为该沼气池是响应国家粪污处理的政策而建的，所以在添加的物质中畜禽粪便占大头。

第二个沼气池采用“30%粪便+70%生物质”的模式，发电规模650 kW/h。此沼气池是在第一个沼气池成功使用的基础上建立的，为了提高发电效率，秸秆等生物质投入占大头。

马卡农场沼气发电工艺采用计算机控制，利用机械设备将粪便集中在储粪池中，然后与生物质(秸秆或青贮玉米)按比例混合加入沼气罐。混合装置可使沼气池内料液实现基本均匀状态，有助于微生物和原料充分接触，加快发酵速度、提高容积负荷率和体积产气率。

沼气发电之后，对沼渣和沼液也有很好的利用。沼液直接还田，沼渣经过干燥后可以作为奶牛场很好的卧床和运动场垫料，适当的时候再通过地表施肥和深层施肥方式用于农田作物肥料。这样既减少了施用沼渣的压力，又减少了垫料投入，更加环保。此外，奶牛场废水也做到了循环使用，将挤奶厅、挤奶等候厅的冲洗用水，一般生活用水集中在一起，过滤为中水后可重新作为冲洗用水。

(2)伦巴第畜牧业主产区中小型养殖场沼气发电模式

据了解，意大利沼气发电比较普遍，仅伦巴第大区就有250个沼气发电企业，占养殖企业的15%。其中，也有100%粪便生产沼气发电的模式，相比马卡牧场生产工艺，发电效率比较低，但能很好地解决养殖场的粪便污染问题。由于意大利大多数牧场为中小型养殖场，粪便产量不足以维持稳定的沼气生产，牧场自发成立合作社，集中收集多个牧场的畜禽粪便进行生物发酵生产再生能源。

(3)意大利中小牧场粪污直接还田技术模式

由于意大利大部分为中小型牧场，自身拥有一定规模的土地，大部分猪场和部分奶牛场采用了简单处理还田技术。为防止养殖场粪污污染环境，政府规定未经过处理的粪污不能直接施于农田。还田前必须将粪尿、饲养用水一并通过缝隙地板排放到粪沟中，然后汇入储粪池储存至少2个月，厌氧发酵杀灭粪便中的有害微生物，然后才能还田。

无论是直接还田，还是沼渣沼液还田，都有地表施肥和深层施肥两种模式。据介绍，地表施肥模式粪便中氮素利用效率约为50%，其中氨态氮挥发损失达30%～50%；深层施肥模式粪便中氮素利用效率可达80%，其中氨态氮挥发损失仅为2%～3%。深层施肥是减少空气环境污染的有效方法，对比试验表明，深层施肥完全可以用粪便替代化肥保证作物生长。

养殖场要拥有与其饲养规模相配套的土地才能避免氮素污染环境，如果没有土地就必须采用氮素消除技术处理粪污。意大利伦巴第大区部分养殖场没有或拥有很少的配套土地，没有条件实行粪肥还田，根据企业自身情况选择了不同的氮素消除技术。

如果养殖企业没有配套土地，在沼气发电（利用了其中的碳元素生产甲烷）后，粪便中的氮元素只是改变了存在形式，并没有减少。给沼液通入氧气充分反应，氮素通过硝化作用转变为 NO_3^-，然后通过反硝化作用生成 N_2。这样形成产品就可以直接排放到环境中。此设备投资不大，但需要消耗大量的电能，与沼气发电结合效果最好。

如果养殖企业有部分配套土地，可将生产沼气的剩余物干湿分离，沼液通过排出氨态氮减少还田粪便中的氮素，固体部分可运输到其他需要的地区，有计划地避免磷和重金属区域性超标。有两种排出氨态氮的方法：热空气法和化学法。热空气法主要是将热空气通过粪便，加热将氨气排出，此法需要大量的热量，一般利用沼气发电产生的热量。化学法是将沼液 4 次过滤，减少沼液体积至一半以下，加入 Na^+、Ca^{2+} 将 NH_3 置换排出。排出的 NH_3 与硫酸反应生成硫酸铵。至此完成粪污中氮素的资源化利用。

经过近 10 年的畜禽粪污处理综合技术的实践，意大利有关协会和专家都认为，只要盯住土壤中氮素这一关键指标持续监测，就能基本上实现畜禽粪污的资源化利用，粪便中其他潜在污染元素如磷、重金属也能迎刃而解。实践证明，水、空气、土壤监测指标逐年得到改善，地下水资源得到了一定程度的净化，笔者所到的养殖场环境都很优美，无刺激性气味，说明意大利粪污资源化利用的经验是成功的。

2. 意大利畜禽粪污处理相关制度和政策措施

（1）有关制度规定

欧盟非常重视畜禽养殖业的环境保护问题，出台了一系列环境保护的法律法规和养殖业粪污处理的补贴政策。欧盟《硝酸盐指令》（91/676/EC）明确规定，自 2002 年起，每年每公顷土地上不能施用含氮素超过 170 kg 的粪便，除非通过一个免除规定。欧盟《饮用水指令》（80/778/EEC）将水中硝酸盐定量为低于 50 mg/L。在这个大框架下，每个国家都制定了相应的法律法规，意大利政府颁布了 152/99 法规和 209 号农业部令（2006 年 4 月 7 日），规定每公顷土地上不能超过 2.2 个成年牛单位。之后，意大利每个地区也相应地出台了政策，促使本地区的畜牧业生产在不违反欧盟指令的基础上实现可持续发展。例如，意大利伦巴第大区配套制定了“大区行动规划 5868 号”（2007 年 11 月 21 日）和“水资源保护和利用规划 3297 号”（2006 年 10 月 11 日），具体规范本大区的养殖企业。

（2）沼气发电补贴

意大利在建设沼气工程之初，给予企业工程投资 30%的补贴。同时积极推动沼气发电并入国家电网，保证以每度电 0.28 欧元的价格（高于国家购电成本 0.21 欧元，高于居民用电 0.05 欧元）连续收购 15 年。笔者考察的马卡农场，其两个沼气池的正常运转每年卖电总收入超过 400 万欧元，极大地调动了农场利用沼气生产可再生能源的积极性。目前，由于沼气发电工程的普遍推广，现在如果只建设沼气发电厂，政府将不再给予补贴。而对于沼气发电和氮素消除设备配套建设的项目，意大利政府继续提供 30%的补贴。同时降低了收购沼气发电的价格，承诺以每度电 0.23 欧元的价格连续收购 20 年。

（3）合规生产补贴

意大利给予养殖生产者补贴与环境保护挂钩。马卡农场每年都遵守意大利环保政策，大区（行政地区）按照每 100 L 牛奶 4 欧元的标准给予生产补贴。马卡农场每年生产 1 300 万 L 牛奶，可获得补助 52 万欧元，增强了农场合规生产的动力。

3. 启示

（1）适度规模，种养匹配

种养紧密结合是意大利粪污处理成功的基础。在意大利，如果没有自己的配套土地是很难经营养殖场的。无论是从饲料原料成本的角度，还是粪污处理的角度，养殖企业在规划建设或扩大规模之前，都要考虑通过并购或合作的方式使自身拥有的土地规模能够消纳养殖场潜在的粪便污染。养殖企业是畜禽粪污资源化利用的主体，从事畜牧业生产就必须提供畜禽粪污资源化利用方案和保障措施。政府的角色主要是合理规划和布局规模养殖企业，引导和监督养殖企业彻底解决畜禽粪污资源化利用问题。

当前，中国养殖业和种植业生产主体分离，农牧结合难度很大，应借鉴意大利种养结合和多种粪污处理技术综合运用的经验，发展适度规模养殖企业，尽量少建特大型养殖场。应把养殖场周边可利用的农田的数量作为规划建设和扩大规模的重要衡量指标，对于已经存在的养殖企业，鼓励企业加大土地流转或采用合作的方式保证可使用农田面积，确保能够消纳养殖场的粪污。建立种养配套的新型种养关系，不仅能够促进粪污资源化新技术的应用，有效的缓解粪便污染的压力，而且能够引导企业充分利用本地饲料资源，降低养殖成本，实现种养双赢。

(2)制度保障，政策激励

指向明确的激励政策是意大利粪污处理成功的保障。意大利政府在欧盟指令的框架下，从中央政府到大区政府都出台了相应的法律法规。农业部、环境保护部分工明确，农业部负责从养殖规模、生产水平上进行监控，环境保护部从水、土壤、空气质量方面进行监督。从生产的角度看，意大利根据养殖企业生产水平和土壤性质，规定单位面积上所能容纳的载畜量。采用"先建后补"的政策对养殖企业进行管理和规范。一方面，对环境友好型畜产品进行补贴。例如，意大利奶牛养殖企业利润平衡点较低，如果推行环境友好型生产，生鲜奶每 100 L 可获得 4 欧元的补贴，这对养殖企业来说非常重要。如果某一个企业粪污处理不达标，就会失去牛奶补贴，企业效益可能就会由盈利转为亏损。另一方面，对于沼气发电的补贴。意大利政府明确规定沼气发电可以并入国家电网，以远高于国家民用电成本的价格收购。马卡农场第一个沼气池是为处理粪污而建的，第二个沼气池则是为了发电而建的。政策激励促使养殖企业处理粪污由被动变为主动，极大地促进了粪便资源和农产品下脚料资源的充分利用。

意大利的补贴政策说明，只要有明确要求和合理利润，养殖企业处理粪污一定会从要我干变成我要干。当前，中国正处在畜禽粪污资源化利用政策的设计阶段，可借鉴意大利的做法，强化顶层设计，激励养殖企业提高精准化管理，从源头减排。首先，避免再建设高投入、高污染、低效益的养殖企业。其次，对现有的养殖场进行粪污处理技术改造和升级，可采用"先建后补"的政策，环境达标后给予补贴，确保补贴真正用于养殖场转型升级和绿色发展。第三，应抓紧出台生物再生能源顺利并入国家电网的优惠政策，支持沼气发电事业发展。第四，也是最关键的环节，应明确沼气发电只是对粪便中的能量进行了资源化利用，并没有从根本上解决氮、磷和重金属污染问题，只有充分利用干湿分离技术和氮素消除技术，才能够从根本上缓解大型牧场缺乏配套农田造成的污染问题。

(3)强化技术支撑

完善的技术服务是意大利粪污处理成功的关键。意大利在进行粪污处理之初，以中央和大区政府为主导，召集了各地区大专院校、科研院所、推广服务机构从事畜牧生产、机械设备、土壤作物等方面的专家，形成"政府、科研、推广"三位一体的团队，从减排(牧场设计、高效用水、精准饲养、粪便计量)、处理(沼气发电、干湿分离、氮素消除)、利用(土壤性质、施肥模式、作物需求)3 个方面着手，形成可行的技术方案和操作规范，使养殖企业在遵循粪污处理法规的时候做到有所依据，在提高畜禽生产水平、增加经济效益的基础上合理处理粪便，切实做到粪污资源化。例如，意大利执行欧盟指令 91/676/EC 的时候，研究表明每公顷农田上可容纳的成年牛数量为 1.2～2.8 头，意大利政府制定了每公顷农田可容纳 2.2 头成年牛的规定，给企业一个可以实现的目标，促使企业提高管理水平和生产水平。

意大利粪污处理完善的技术支持启示中国，首先应从源头上减少氮、磷和重金属的排放。畜禽生产必然产生粪便，关键是要精准化计量出为了维持生产必需的氮、磷和重金属的排放量，在此基础上限制超量排放，并制定"谁污染、谁付费"的政策。其次是提高沼气生产技术和规范，单纯使用粪便生产沼气效率低，如果能够利用农作物秸秆作为辅助，可以大幅提高沼气生产效率，还能减少焚烧秸秆造成的污染。沼渣沼液最终还是要还田的，这就要求中国针对不同的沼渣沼液特性、不同的土壤结构、不同的作物、不同时间等多方面考虑，制定出养殖企业可以作为依据的、不同农田施肥的规范，综合运用多种粪污处理技术，形成多种可推广、可复制的技术模式，实现粪污无害化、资源化。

(4)统筹供需，积极引导

城郊畜牧业是大农业的重要组成部分，也是人与自然和谐的重要方面，应该能够大有作为。2015年米兰国际食品博览会期间，从117个国际都市联合签署的“都市食品政策公约”可以看出，世界上所有的国际大都市都很重视发展畜牧业，提倡短链畜产品供应，也为中国发展都市畜牧业提供了理论和实践依据。马卡农场在罗马市郊，是罗马鲜奶、奶制品和蔬菜的供应基地。马卡农场附近既有学校，也有居民区，关键是实现了循环利用和可持续发展。农场经营的农产品就近供应罗马市场，对于保障供给、稳定物价、应对极端天气等突发事件的作用非常突出。

当前，国内高度重视环境问题，但是不能偏废和简单化，应当处理好生产、生活和生态的关系。意大利牧场的实践证明，生产、生活和生态是能够协调发展的。因此，不能只顾生态，不顾供给，漠视就业，对城郊畜牧业一禁了之，拒城郊畜牧业于千里之外，一旦发生极端天气灾害，城市的供给将成为大问题。特别是鲜牛奶等生鲜畜产品，城郊畜牧业应该占有一定比例。事实上，城郊畜牧业集品种、养殖、饲料、销售现代技术为一体，是现代畜牧业的窗口，示范带动能力更强。只要处理好生产和环境关系，强化畜禽粪污处理和资源化利用，让农牧业真正循环起来，城郊畜牧业一定大有可为。

五、与我国畜牧业合作情况

(一)畜牧业合作概况

20世纪50年代意大利契安尼娜牛被输出到世界其他国家，皮埃蒙特牛因其发达的肌肉生长特点受到各国肉牛生产者的高度关注。至今，世界上有30多个国家和地区在纯繁和杂交体系中应用了这两个肉牛品种，在南美尤为如此。我国与意大利政府的肉牛合作项目开始于1985年，分别就这两个品种对中国黄牛的杂交效果进行了评价，之后皮埃蒙特牛的杂交利用和推广工作在我国大部分地区展开。

2009年意大利向青海省牧科院赠送了150份欧洲肉牛冻精，分别是契安尼娜和曼契加那2个意大利本地品种肉牛。填补了青海省肉牛研究空白，对青海合理利用牛遗传基因资源、改良当地牛、培育新品种都具有现实意义。

2012年，荷兰、比利时、英国、法国、意大利、卢森堡和西班牙8个欧洲国家的反刍动物中相继暴发了施马伦贝格病，引起世界动物卫生组织和国际社会的高度重视。为防止施马伦贝格病疫情传入我国，保护我国畜牧业生产安全，根据《中华人民共和国进出境动植物检疫法》等有关法律法规的规定，质检总局和农业部发布《关于防止施马伦贝格病传入我国的公告》。《公告》禁止直接或者间接从发生施马伦贝格病的国家输入牛精液、牛胚胎、羊精液和羊胚胎，禁止邮寄或旅客携带来自发生施马伦贝格病国家的牛羊及其产品，一经发现，一律作退回或销毁处理。2017年农业部根据风险评估结果，才重新允许从意大利施马伦贝格病疫区进口符合中国检验检疫要求的牛精液，同时解除的还有已经实施17年之久的防止疯牛病的牛肉禁运。

自2012年起，由意大利驻华大使馆与国家食品药品监督管理总局(CFDA)联合主办的“中意食品安全对话”已经举办5届。中国是肉类消费大国，并且越来越注重肉的品质。作为欧盟重要的食品出口国和“一带一路”沿线国家，意大利与中国肉类食品产业的合作前景非常广阔。

(二)建议

除了以上这些合作，意大利在肉牛与奶牛品种，冷冻精液与胚胎，农业与畜牧机械，农产品的快速检测技术，农产品加工、储藏、保鲜技术与设备，食品安全技术（农产品与食品安全可追溯技术，欧洲食品安全中心设在意大利），牛遗传改良与繁殖技术等领域都具有较突出的优势，可以与我国加强合作。

密切关注意大利农业发展情况变化背后的农业转型，为中国农业转方式调结构提供借鉴。意大利的山区饲养模式以及合作社模式都值得中国借鉴。其在肉牛养殖、加工、流通过程中的先进经验也值得学习。在中意农产品贸易以及双边农业合作方面值得注意，也可为中国现代农业发展转型升级提供借鉴。

以多边促双边，通过联合国粮农三机构平台务实推动中意双边农业合作开展。近年来，随着中国农业参与改革开放程度的加深，中国政府高度重视农业国际合作特别是国际粮农领域的多（双边）合作。目前，中国常驻联合国粮农机构代表处（简称"粮代处"）就设在意大利罗马，作为中国政府唯一的专司农业外交机构，是中国政府在国际多边舞台上开展农业外交的唯一窗口单位。建议国内有关部门用好粮代处这一平台，有针对性收集所需双边农业合作情况和资料，进行前期可行性研究，为后期跟进做好相应准备和铺垫，可以少走弯路。

以双边促区域，以意大利为支点撬动中国对南欧次区域农业合作深入开展。除多边合作外，借助粮代处平台还可以开展对南欧次区域合作。如 2013 年在中国政府主导下，中国与意大利两国政府联合倡议，在意大利成功举办了首次中国与南欧 6 国农业圆桌会议，拉开了中国与南欧次区域开展务实合作的序幕。但由于工作机制缺乏连续性，后续工作未能有效跟进。建议利用中意双边农业合作机制，带动对南欧次区域农业合作务实深入持续开展。

致谢

感谢意大利维特博（Viterbo）图西亚（Tuscia）大学农林学院全职教授 Nicola Lacetera 的大力支持，他为我们收集、提供了大量意大利肉牛产业方面的资料。感谢四川省草原科学研究院袁龙飞、柏琴在数据整理、资料收集方面所做的大量工作。

参考文献

[1]张曦，徐玉波．意大利农业发展及其在欧盟中的地位研究[J]．世界农业，2016(01)：59-61.

[2]党立斌，路大光，李敏．意大利实施欧盟共同农业政策进展情况及有关启示[J]．当代农村财经，2016(02)：60-64.

[3]赵志伟．意大利畜牧业发展现状及对我市畜牧业发展的启示[J]．河南畜牧兽医，2004(05)：42-44.

[4]柯炳生．欧盟最新农业政策改革分析[H]．中国农经信息网（http://www.caein.com/index.php/Index/Showcontent/index/bh/007/id/10126），2005.

[5]中华人民共和国驻意大利共和国大使馆经济商务参赞处.意大利对外贸易体制介绍[H]．（http://it.mofcom.gov.cn/article/tzzhch/201409/20140900733108.shtml），2014.

[6]琳达·费奥里第（Linda Fioriti），保拉·帕米基亚尼（Paola Parmigiani），玛丽艾拉·罗加（Mariella Ronga）．LA COMPETITIVITÀ DELL'ALLEVAMENTO BOVINO DA CARNE IN ITALIA，Ministero delle politiche agricole alimentari e forestali Ufficio DISR2，2017.

[7]李长忠，邢建军．意大利肉牛品种的现状及展望[J]．黄牛杂志，2004(03)：77-80.

[8]杨东方．意大利肉牛业及其饲养[J]．中国黄牛，1987(04)：70-73.

[9]丁健，赵小丽，宾军宜，等．意大利畜产品质量安全管理体系介绍[J]．中国畜牧业，2012(09)：54-57.

[10]姚启平，蒲勇健．意大利农业政策研究及启示[J]．安徽农业科学，2008(13)：5658-5660.

[11]郭凯军,杨振海．意大利畜禽粪污处理情况及启示[J]. 世界农业,2017(03):29-32.

[12]王栋,朱化彬,郝海生,等．关于皮埃蒙特肉牛引进及中国肉牛育种的几点思考[J]. 中国畜牧杂志,2007(13):32-35.

[13]李长忠．皮尔蒙特牛的特点及应用[J]. 青海畜牧兽医杂志,2004(04):39-41.

[14]罗应荣,朱化彬,张之宣．意大利皮埃蒙特良种肉牛品种标准及生产性能[J]. 黄牛杂志,1999(04):37-39.

[15]姚昌恬,高广文．意大利山区开发建设的做法与有益启示[J]. 林业经济,1998(05):28-36.

[16]郑应志．从意大利肉牛业的发展中谈点看法[J]. 中国黄牛,1988(02):57-59.

[17]杨成秀．意大利的农业合作社简介[J]. 中国农村经济,1988(03):57-58.

[18]容辛．历史悠久的意大利农业合作社[J]. 世界农业,1985(09):3-4.

[19]意大利肉牛育种者协会(anabic).（http://www.anabic.it/index1.htm），2016.

第三章

英　国

一、摘　要

英国全称大不列颠及北爱尔兰联合王国，是位于欧洲西部的一个岛国，由大不列颠岛(包括英格兰、苏格兰、威尔士)、爱尔兰岛东北部和一些小岛组成。隔北海、多佛尔海峡、英吉利海峡与欧洲大陆相望。英国的东南部为平原，土地肥沃，适于耕种，北部和西部多山地和丘陵，北爱尔兰大部分为高地，全境河流密布。

英国是世界工业发展最早的国家之一，目前工业在国民经济中占主要地位，农业以畜牧业为主，机械化程度高。英国农业结构以畜牧业为主导，畜牧业产值远远高于种植业。2015 年英国农业总产值约合 176.4 亿美元，其中，畜牧业约占 2/3。目前，英国约有 35 万劳动力从事畜牧业的生产，人均年工资约 12 500 英镑，低于英国人均工资水平。

20 世纪 90 年代以来，英国畜牧业获得持续的发展，畜产品产量显著增加，畜产品自给率和畜牧业生产经营管理及科技水平不断提高。英国是肉牛发展较早的国家之一，拥有一批世界著名的优良肉牛品种和地方品种。从 2015—2016 年，英国肉牛养殖区域面积平均增加了 1.1%，奶牛和肉牛的总数在 2016 年增加了 1.1%，增至 1 000 万头。2015 年英国牛肉总屠宰量 264 万头，约 88.3 万 t，比 2014 年增加了 0.59 万 t，优质牛平均胴体重量达到 355.7kg/头，牛肉平均价格与 2012 年相近，分别为 189.50 英镑/kg 和 188.62 英镑/kg。

牛肉产品零售方面，新鲜/冷冻牛肉制品 2015 年销售额达到 21.66 亿英镑，其中碎肉制品占比最大，达 36%，煎炸/烧烤制品占比次之，占 29%，而焙烤和炖制产品的销售额较低，分别占 21%和 11%。

从消费结构来看，1993 年以前，牛肉一直是英国人主要的肉食来源，长期占据肉食总消费量的 40%以上。到 2011 年，肉食消费中禽肉成为最大来源，占肉食总消费量的 38.1%，其次是猪肉，占 33.0%，牛肉位列其后，占 23.2%。2015 年牛肉消费量为 118 万 t，其中牛肉及副产物进口量达到了 36.37 万 t，进口牛肉 34.69 万 t，且主要以冷藏销售为主，约占 58.3%，剔骨冷藏肉占 42%，比例最高。此外，加工牛肉产品占比份额排第二，占牛肉总进口量的 22.35%，冷冻胴体进口量最低，仅为 0.20%。

农业合作已成为中英双边关系的重要组成部分，中英两国可以在选育、畜牧和疾病控制预防管理、农产品质量控制、农药残留快速检测、动植物病害快速诊断技术以及农业技术装备集成融合等方向开展合作，促进中国的农业技术进步，生态环境改善，并对促进中英农产品贸易发挥重要作用。

二、肉牛产业基本情况

（一）资源状况和肉牛产业发展概况

1. 英国人口情况

（1）人口情况

据英国国家统计局2016年人口数据统计结果，至2016年英国人口大约有6 488万人，其中1/3居住在英格兰东南部。以地区来分，其中英格兰人占83.6%，苏格兰人占8.6%，威尔士人占4.9%，北爱尔兰人占2.9%[1]。

根据2016年英国国家统计局对本国1960年起的人口数量变化及年增长率统计结果来看（表3-3-1），20世纪60年代是英国婴儿出生高峰，人口处于相对高速增长期，到20世纪70年代逐渐减缓，并且在1975年和1978年之间有所下降。1980年，英国人口再次增长，1990年的增长水平稳定，类似于1980年代末期。1990—2000年间的人口年增长率翻了一番，从0.28%上升到0.64%。自2010年以来，英国人口的增长与2000年代末期相似，也是过去50年中增长最快的10年，但预计未来英国人口增长将稳步下降，英国人口的长期年增长率预计稳定在0.3%左右[1]。

表3-3-1

20世纪60年代到2020年英国人口年增长率

年份	初始人口/人	人口增长数/人	年增长率/%
1960	52 372 500	3 259 700	0.61
1970	55 632 200	697 500	0.12
1980	56 329 700	907 800	0.16
1990	57 237 500	1 648 600	0.28
2000	58 886 100	3 873 400	0.64
2010	62 759 500	4 600 200	0.71
2020*	67 359 600	3 993 000	0.58

注：*预测。

（2）农业人口情况

根据英国环境、食品农村事务部（Defra）对2003—2015年英国食品行业的劳动力分布变化数据统计显示（图3-3-1），英国从事食品行业的劳动力总人口和各行业从业人口变化不大，从业总人口约为350万人，其中2010年农业人口数最低，约为42.4万，2015年农业人口约为43.7万，相比2003—2008年，农业人口数有所下降[2]。

英国农业人口约占全社会总劳动力的1.6%，自1973年以来，英国农业生产力上升了40%，主要原因是劳动力投入的减少[3]。2015年在英国从事农业生产经营单位工作的总人数几乎没变化，维持在47.6万人[4]。

英国新经济学基金会2016年的报告指出，农业劳动人口下降的主要原因是由于以提高生产效率为目的的技术创新。从1973—2015年，生产等量粮食所需的劳动量减少了一半，农业部门的工作岗位也越来越不稳定，零散和季节性劳动者的比例，从1980年的5%上升至2014年的14%，目前行业中以

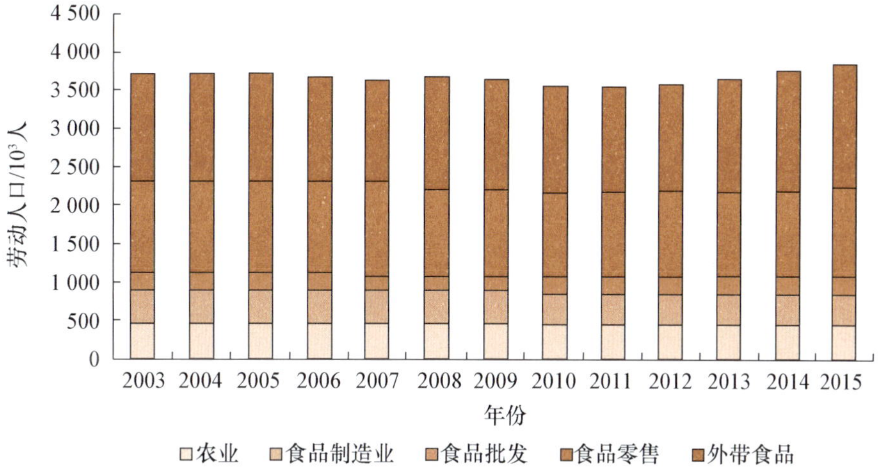

图 3-3-1 英国农业劳动力的位置分布图(2003—2015)

55 岁以上劳动力占主导地位[4]。英国新经济学基金会认为,英国需要使农业工作对英国工人更有吸引力,因为农业将必须向健康饮食和更加环境友好的生产方式转变,这将反过来需要增加劳动力投入。目前,农业劳动人口占英国工作人口的比例不到 1%,且还在继续下降[4]。英国食品合作研究组织 2016 年发表的最新报告指出,英国必须向农业劳动力投资,以应对脱欧后移民政策的变化。英国新经济学基金会明确指出移民对英国农业体系的重要性,有数据表明,大部分季节性、非技术性劳动是依赖外国劳动力完成的,英国离开欧盟将显著减少移民,这些临时劳动力缺口可能会变得更加难以填补。

(3)肉牛业从业人口

英国约有 35 万劳动力从事畜牧业的生产,其中一半以上是临时工或从事相关的研究工作,畜牧业中人均全职职工的年工资是 12 500 英镑,近期每年都在减少,并低于英国人均工资水平[5]。

在英国,各农业行业从业人口比例差异不大,但就总体而言,畜牧业从业人口低于种植业。从事放牧畜禽和混合家畜行业的农业人口中,放牧畜禽农业从业人口性别比例差异较小,而混合家畜的农业从业人口中,女性比例要高出男性 7%左右[5]。

2. 英国国土面积、农用地面积、肉牛业土地资源面积

(1)国土面积

英国国土总面积约为 241 930 km²(93 410 平方英里),包括英国的岛屿,爱尔兰岛(北爱尔兰)东北部 1/6 的岛屿和周围的群岛。英格兰是英国占地面积最大的地区,面积为 130 410 km²(50 350 平方英里),占英国总面积的一半以上;苏格兰是英国占地面积第二大的地区,占总面积的 1/3 左右面积为 78 772 km²(30 410 平方英里);威尔士和北爱尔兰地区占地面积较小,分别占 20 758 和 14 160 km²(8 010 和 5 470 平方英里)[4]。

英国的东南部为平原,土地肥沃,适于耕种,北部和西部多为山地和丘陵,北爱尔兰大部分为高地,全境河流密布。英国属海洋性温带阔叶林气候,纬度较高,但全年气候温和,年均降雨量为 1 100 mm,冬季温暖,夏季凉爽,季节温差变化很小,夏天南部最高气温不超过 32 ℃,最热的 7 月平均气温为 13~17 ℃,冬天北部最低气温不低于－10 ℃,最冷的 1 月平均气温为 4~7 ℃。英国的耕地面积为 608 万 km²,占国土面积的 1/4,人均耕地面积为 0.1 km²,还有永久性牧场 1 105 万 km²,适宜于发展畜牧业[6]。

(2)农用地面积

根据英国国家统计局 2016 年统计数据显示,截至 2016 年 6 月,英国的农业总面积约为 1 740 万 hm²(表 3-3-2),占英国土地面积的 71%。农业发展自然条件得天独厚,农业生产集中在大部分农村地区,主要在东安格利亚(植物作物)和其西南部(畜禽)[8],共约有 212 000 个农场,面积从 20~100 hm² 不

等。总作物面积减少 0.2%，未耕种耕地面积增长 22%[7]。

表 3-3-2

英国农业用地土地利用概况

10³ hm²

项目	2014 年	2015 年	2016 年	2015—2016 年变化/%
农业用地[(a)]	17 240	17 147	17 360	1.2
总农业用地(包括普通畜牧业用地)	18 456	18 428	18 662	1.3
普通畜牧业用地	1 199	1 199	1 199	0.0
农业总面积	17 257	17 229	17 463	1.4
总可耕作面积	6 278	6 059	6 073	0.2
总作物面积	4 722	4 679	4 667	0.2
谷物	3 179	3 100	3 132	1.0
油菜籽	691	670	608	−9.3
马铃薯	141	129	139	7.8
其他作物	548	606	627	3.5
园艺作物	164	174	162	−7.0
未耕种耕地[(b)]	160	214	262	22.4
5 岁龄以下草场	1 396	1 167	1 144	−2.0
永久草地(含粗糙放牧)	9 755	9 880	10 079	2.0
5 岁龄以上草场	5 824	6 078	6 118	0.6
粗放牧[(c)]	3 930	3 801	3 961	4.2
其他农业土地	1 224	1 290	1 312	1.7
持有林地	897	961	978	1.8
户外猪用土地	8	9	10	12.5
所有其他非农业用地	318	320	323	1.1

注：(a)包括所有耕作和园艺作物用地，未耕种的耕地，普通粗糙放牧用地，临时和永久性草地和用于户外猪(不包括林地和其他非农业用地)的土地；

(b)包括所有不生产的耕地，包括“嘎爱克”(Groupment Agrieoled Exploitation en Commun，GAEC)英国农业合作经营组织土地，野生鸟类活动场地；

(c)分类为山、丘陵、荒地或荒野。

英国 36%的农业用地用于耕地，占总土地面积的 25%，其余的大部分是草原、放牧地或林地，畜牧业使用土地面积为 1 199 hm²。

(3)肉牛业土地资源面积(草地、饲料种植面积等)

2015—2016 年英国及其不同地区农业用地使用面积的变化情况可以看出(表 3-3-3)，英国肉牛养殖区域面积平均增加了 1.1%，其中北爱尔兰肉牛养殖面积增加比例最高，达到了 3.5%，其次是威尔士和英格兰，分别为 1.4%和 0.8%，而苏格兰肉牛养殖区域面积略有下降(约−0.1%)[7]。

表 3-3-3

2015 年和 2016 年英国土地使用面积变化百分比

%

项目	英国	英格兰	苏格兰	北爱尔兰	威尔士
小麦面积	−0.5	−0.5	0.0	8.0	−1.9
土豆种植区	7.8	8.1	6.8	4.0	10.3
猪	2.7	2.2	3.9	5.5	−8.3
羊	1.8	0.9	1.9	1.7	3.2
肉牛	1.1	0.8	−0.1	3.5	1.4

英国农田多年来一直被认为是一个可与黄金媲美的投资者储钱的地方，根据英国环境、食品农村事务部的信息，英格兰农田价格至 2014 年年底已经在 21 世纪创纪录地翻了两番，超过黄金投资[9]。

然后，低迷的农作物价格和脱欧，开始失去它的诱惑力，英国环境、食品农村事务部 2015 年数据表明，由于对贸易和农民所依赖的欧盟补贴开始有不确定性，许多人不会冒险购买土地。从 2015 年末农地价格就开始下跌，还会继续下跌或最乐观是停滞不前。2015 年农民收入与 2014 年相比下滑了 29%[9]。

根据莱坊(Knight Frank)国际农村研究部跟踪调查发现，农用土地价格在过去的 3 个季度中下降了 6.4%，在截至 2016 年 6 月份的最近 3 个月降到平均 7 773 英镑/英亩，达近两年来最低。不过，该研究部研究表明，自 2016 年 6 月 23 日公投后英镑的下跌，可能会在短期内刺激外国投资者一些兴趣，这主要是因为对使用其他货币的买家来说，土地变得更加便宜，并且英国央行承诺更多的货币宽松政策，也可能鼓励购买[10]。

3. 英国国民生产总值、农业总产值、肉牛业总产值

(1)国民生产总值

根据 FAO 2016 年统计数据显示，英国是世界上第五大国民经济体，历年英国国内国民生产总值(GDP)占世界 GDP 的 4%，是欧盟的第二大经济体[11,12](图 3-3-2)。

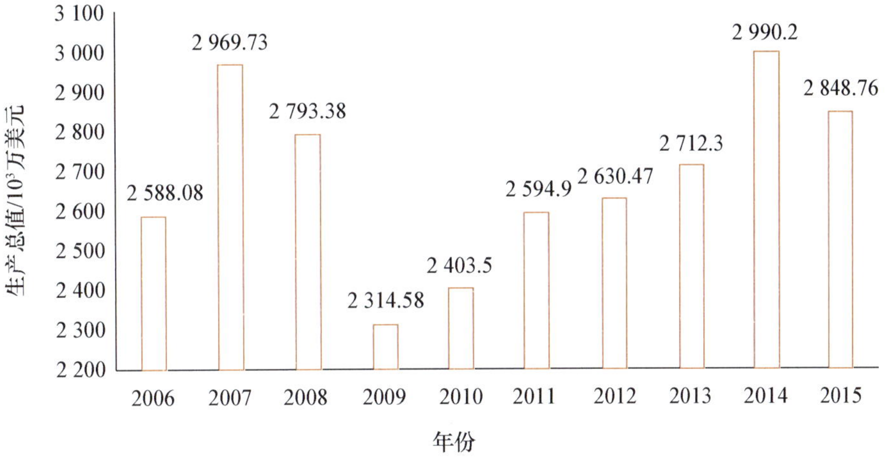

图 3-3-2　2006—2016 年英国国内国民生产总值

来源：英国贸易经济学官方网站

2015 年，英国是世界上第九大出口国和第六大进口国，而且是第二大的外国直接投资和对外直接投资国[11,12]，最全球化的经济体之一[13]。

服务业占英国经济的主导地位，约占国内生产总值的 78%，金融服务行业尤其重要，伦敦是世界上最大的金融中心[14]。英国航空航天工业是第三大国家航空工业[15,16]。其制药行业在全球医药研究和开发扮演着重要的角色，在其经济领域英国占第三[17,18]，世界 500 强的公司中，26 个总部设在英国[18]。英国经济还有北海石油和天然气生产。英国经济有明显的地区差异，英格兰东南部和苏格兰南部是人均最富有的地区，其中伦敦是欧洲经济规模最大的城市[19]。

与此形成鲜明对比的是，2000 年代初，英国在七国集团(G7)中是劳动力最丰富的，而爱尔兰、西班牙、比利时和荷兰截至 2014 年，以及近 7 年生产力都停滞[20]，欧盟 15 国中葡萄牙、意大利和希腊每小时产出均低于英国[21]。

2009—2015 年，英国的经常账户赤字从 GDP 的 3%升至创纪录的 5.2%(962 亿英镑)。自 1772 年，英国是发达国家中国内生产总值最高的国家。在 2015 年第四季度，赤字超过 GDP 的 7%[22,23]，依赖外国投资者来填补国际收支的差额[22,23]。

2016 年后，由于英国决定离开欧盟，英镑跌至 3∶1 对美国美元，消费者信心大幅下降[24]。在投票结束后一个月已经引起了经济“急剧恶化”，输出和订单下降到了大萧条以来的最大跌幅[25]。

(2)农业总产值

目前，英国农业总产值约合 176.4 亿美元，虽然占国内生产总值的比重仅为 0.6%，但政府依然高

度重视农业发展，以欧盟共同农业政策为主导，不断推进农业现代化向更高水平迈进。英国的农业生产不同于美国，人均耕地少，属于人多地少的类型，英国农业生产结构中，畜牧业占大头，其次是种植业。从产值看，畜牧业约占 2/3，种植业仅占 1/5，其重要性超过了种植业[26,27]。英国的畜牧业的特点是经营规模大，机械化水平高，集约经营，专业化和社会化程度高；英国的牧场面积接近全国总面积的一半，为畜牧业服务的饲料种植面积又占了全国耕地面积的一半，大片耕地用来种植饲草、饲用甜菜等；英国的畜牧业以饲养牛、猪和家禽为主。在畜牧业结构中，牛、鲜奶、奶制品的产值占牲畜和畜产品全部产值的一半以上。英国的畜牧业现正向着高度集约化和牧工商一体化、工厂化方向发展。1993 年，英国拥有挤奶机 15.8 万台，自动挤乳机的普及率已达 90%；大型的畜禽加工厂不断涌现。畜禽加工厂集供料、供水、通风、清粪、产蛋、挤奶、屠宰、加工、包装于一体，全部实行机械化、自动化作业。英国畜牧业还具有饲料报酬高，畜禽个体产品率高、生产周期短等特点[28]。肉牛业是仅次于乳牛业的第二大畜牧业，其年产值约为 20 亿英镑，占畜牧业总产值的 45%左右，农民总收入的 15%左右。

因为农业的特殊性地位，尽管英国农业对国民经济的贡献份额近年来呈逐渐下降趋势，但英国政府仍然十分重视农业。2007—2008 年度对农业的公共支出，包括共同农业政策以及对农业的支持和补贴，总量高达 37.19 亿英镑[29]，其中，英国的农业公共支出中种植业的支出占 45%左右，畜牧业的支出则超过了 50%。其中疯牛病牛类及其他牛类两项合计超过农业支出的 1/3，约为 35%，对疯牛病的单项补偿就高达 14%。此外，按年末存栏量计，每头牛得到的补贴为 82 英镑左右，且不包括类似疯牛病等的专项补贴[30]。根据英国环境、食品与农村事务部(Defra)2014 年数据显示，在 2010 年农业补贴中，补贴农民的数额扣税后总计为 31.9 亿美元，这些补贴主要是经由欧盟共同农业政策按成员国的贡献进行分配。英国农民获得 7%的补贴，法国为 17%、西班牙为 13%、德国为 12%和意大利为 10%。自 2010 年 11 月 19 日欧盟宣布补贴改革，从 2013 年开始，输出量 2010 年比 2009 年增长了 1.9%，生产率增长了 1.6%，直接补贴下降了 12%。从 1979—2010 年，生产力增长了 49%，而农业输出下降了 16%[26,27]。

2014—2016 年间英国农业 GDP 变化数据统计显示(图 3-3-3)，英国在 2014 年农业总收入 53.8 亿英镑，约占英国国家生产总值的 0.7%，这是自 1990 年代以来英国农业的最好时期。农业从业人员 476 000 人，占劳动力的 1.5%，自 1996 年以来下降了 32%。在 2009 年，英国的农业收入中 83%来自英格兰，9%来自苏格兰，4%来自北爱尔兰，威尔士约为 3%[31]。

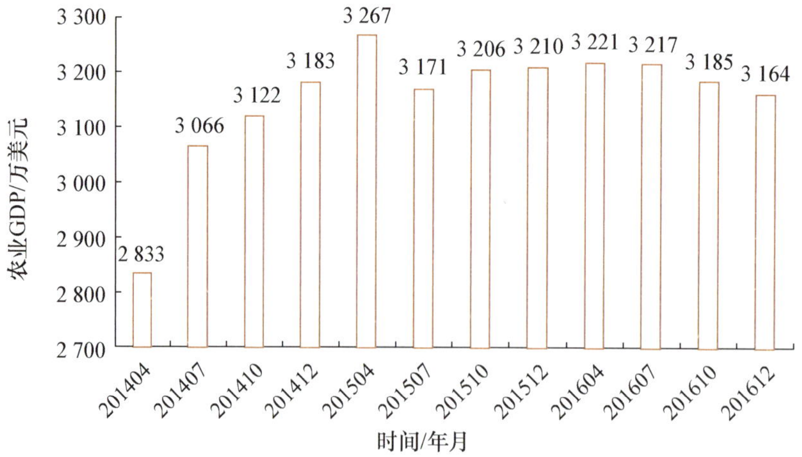

图 3-3-3　2014—2016 年英国农业 GDP

来源：英国贸易经济学官方网站

根据 Defra 2016 年 12 月数据显示，2015 年英国农业总收入比 2014 年总收入下降了 12.47 亿英镑，约为 40.09 亿英镑，为 2014 年的 76%。总体来说，2015 年家畜产值总额为 131.10 亿英镑，所有牲畜价格低于 2014 年，下降至 2014 年的 91.5%，这主要是肉类的牲畜价格下降了 2 800 万英镑，而除牛之外的畜禽价格增加 1.45 亿英镑至 27.56 亿英镑，成年牛的价格在 2014 年之前，价格上涨了 1.5%。中间消费的总成本下降了 7.28 亿英镑，达到 15.330 亿英镑，中间消费量下降的主要原因是减少了能源、动物饲料和化肥成本。由于全球石油价格下跌，2015 年能源成本下降了 1.97 亿英镑至 12.02 亿英镑，导致燃料成本下降，比 2014 年减少了 1/5 以上，动物饲料成本下降了 3.25 亿英镑，达到 47.28 亿英镑。除此之外，化肥成本下降了 8 000 万英镑，达到 13.86 亿英镑。

与 2011 年相比，2015 年英国农业产出减少了 10.36 亿英镑，这主要是由于农作物的价格大幅降低，未能抵消更高的产量，两年之间的中间消耗成本下降了 5.72 亿英镑。2015 年基本价格的总增加值比 2011 年减少 4.69 亿英镑。此外，由于 2015 年英镑与欧元的汇率持续减少，降低了直接支付给农民的金额，2015 年的基本付款金额(以单一农场付款)低于 2014 年的 6.5%，劳动力、租金和利息上涨进一步导致了农业总收入总体下降，汇率的减少使农民直接支付的金额减少了 8.71 亿英镑，导致农业总收入比 2011 年减少 13.23 亿英镑。

2012—2015 年英国农业实际生产收入如表 3-3-4 所示。

表 3-3-4

总体农业账户:英国的实际生产收入[a]

10^6 英镑

项目	2012 年	2013 年	2014 年	2015 年
1. 谷物	3 332	3 445	3 447	2 999
其中:小麦	2 250	2 116	2 458	2 053
大麦	958	1 159	902	827
燕麦	119	163	81	114
2. 工业作物	1 412	1 208	1 162	1 053
其中:油菜	1 043	784	701	720
蛋白质作物	102	126	123	137
甜菜	236	275	316	173
3. 饲料厂	152	221	265	269
4. 蔬菜和园艺产品	2 496	2 582	2 386	2 411
其中:新鲜蔬菜	1 307	1 367	1 218	1 263
植物和花卉	1 189	1 215	1 168	1 149
5. 马铃薯(包括种子)	686	966	678	547
6. 水果	597	614	623	690
7. 其他作物产品(包括种子)	670	593	649	520
作物总和(1～7)	9 345	9 630	9 211	8 489
8. 畜牧业	8 981	9 316	8 982	8 675
主要为肉类	7 540	7 897	7 483	7 441
其中:牛	2 909	2 945	2 616	2 756
猪	1 178	1 301	1 266	1 266
绵羊	1 069	1 059	1 124	1 112
家禽	2 163	2 372	2 255	2 271
固定资本形成总额	1 441	1 419	1 499	1 234
其中:牛	891	936	927	689
猪	9	6	5	4
羊	330	278	332	308
家禽	211	199	234	233
9. 畜牧产品	4 670	5 177	5 380	4 435
其中:牛奶	3 921	4 359	4 603	3 664
鸡蛋	689	733	681	681
总畜牧业(8+9)	13 651	14 493	14 361	13 110

续表 3-3-4

项目	2012 年	2013 年	2014 年	2015 年
10. 其他农业活动	1 057	1 074	1 124	1 110
11. 非农业活动	1 084	1 200	1 177	1 266
12. 产出(市场价格)(1～11)	25 136	26 397	25 874	23 974
13. 产品总补贴(减去税款)	21	21	21	38
14. 基本价格总产出(12＋13)	25 157	26 418	25 894	24 013
中间消费				
15. 种子	772	885	770	720
16. 能源	1 488	1 480	1 401	1 202
其中:电力和供暖用燃料	402	394	376	377
汽车和机械燃料	1 086	1 087	1 025	825
17. 肥料	1 585	1 542	1 469	1 386
18. 植物保护产品	873	873	944	963
19. 兽医费	438	456	458	454
20. 动物饲料	5 091	5 677	5 063	4 728
其中:混合物	2 994	3 357	3 005	2 845
直接利用物	1 508	1 606	1 415	1 290
农场生产和使用的饲料	589	714	643	593
21. 全部维修	1 501	1 531	1 586	1 515
其中:材料	940	957	963	874
建筑	561	575	624	641
22. 农业服务	1 057	1 074	1 124	1 110
23. FISIM	111	118	102	107
24. 其他商品和服务	3 246	3 205	3 144	3 119
25. 总中间消耗量(15～24)	16 163	16 842	16 062	15 303
26. 按市场价格列出的增加值总额(12～25)	8 974	9 555	9 812	8 672
27. 按基本价格增加的总额(14～25)	8 995	9 576	9 833	8 710
28. 固定资产使用费	4 173	4 068	4 080	3 956
其中:设备	1 676	1 708	1 723	1 760
建筑	1 045	999	981	985
畜牧	1 452	1 360	1 376	1 211
牛	906	875	878	703
猪	8	7	5	4
羊	313	273	295	292
家禽	225	206	197	212
29. 以市场价格计的增加值净额(26～28)	4 801	5 487	5 733	4 716
30. 按基本价格增加的净增值(27～28)	4 822	5 508	5 753	4 754
31. 其他生产税	126	120	96	92
32. 其他生产津贴	3 395	3 407	2 958	2 812
33. 按成本增加的净增加值(30＋31＋32)	8 091	8 795	8 616	7 475
34. 雇员补偿	2 450	2 452	2 410	2 481
35. 租金	514	531	555	564
36. 收益	321	332	400	421
37. 农业总收入(33＋34＋35＋36)	4 806	5 480	5 251	4 009

注:(a)“实际”为经通货膨胀因素调整的值。

(3)肉牛业总产值

英国畜牧业产值约占农业总产值的 2/3,重要性超过了种植业。英国畜牧业的特点是经营规模大,机械化水平高，集约经营，专业化和社会化程度高。英国的牧场面积接近全国总面积的一半，为畜牧业服务的饲料种植面积又占了全国耕地面积的一半，大片耕地用来种植饲草、饲用甜菜和饲用芜菁等。英国的畜牧业以饲养牛、猪和家禽为主。在畜牧业结构中，牛、鲜奶、奶制品的产值占牲畜和畜产品全部产值的一半以上。英国的畜牧业现正向着高度集约化和工商一体化、工厂化方向发展，大型的畜禽加工厂不断涌现。畜禽加工厂集供料、供水、通风、清粪、产蛋、挤奶、屠宰、加工、包装于一体，全部实行机械化、自动化作业。英国畜牧业还具有饲料报酬高，畜禽个体产品率高，生产周期短等待点。总体来说，农业产业为国民经济贡献了约 40 亿英镑，约占国内生产总值的 0.5%。

4. 收入情况

(1)居民收入情况

据 2015 年欧盟统计局统计数据显示，与欧盟 15 个成员相比，英国人均工资自 2008 年以来实际下降了 10%，比经合组织除了希腊外的其他国家的下降幅度都高[32]。2014 年英国预算办公室预测，如果经济增长速度不变，在未来 5 年中个人借款将达到 3 600 亿英镑(不包括抵押贷款)，到 2020 年无担保债务占家庭收入的比例将升至 55%[33]。无担保家庭债务在 2011—2015 年间上升了 24%，增加了经济复苏的可持续性的质疑[32]。

最近的英国个人收入调查(survey of personal incomes，SPI)报告(2012/13)给出了年平均收入为 21 000 英镑税前和 18 700 英镑税后[34]。2013/14 年度英国家庭收入报告(households below average income，HBAI)给出了平均 2 名成人的家庭收入为 23 556 英镑[35]。英国工作时间和收入关系的年度统计报告在 2014 年 4 月的结果显示，2013 年度国家人均收入平均值为 22 044 英镑，全日制工作人员年度平均收入为 27 195 英镑[32]。

据英国国家统计局 2014 年调查发现，英国不同地区人均收入差异较大。肯辛顿和切尔西、威斯敏斯特是收入最高的地区，平均收入分别为 58 300 英镑，37 800 英镑和 35 200 英镑。收入最低的地区分别是欣德本、托贝和西萨默塞特，2014 年人均收入分别为 17 000 英镑，16 900 英镑和 16 000 英镑[32]。

(2)农业人均收入情况

根据英国 Defra 2016 年数据显示，1995—2015 年间，英国农业人均收入与农业总收入变化趋势基本一致，但由于农业从业人员数量的不断下降，这种变化趋势在 2001 年后表现出差异，随着时间的推移英国农业人均年收入趋势逐渐上升。根据英国 1995—2015 年农业总收入和农业人均年收入结果可知(表 3-3-5)，2015 年英国农业总收入和人均年收入均比 2014 年低了 24%，2015 年英国农业总收入为 40 亿英镑，人均农业年收入为 2.1 万英镑[36]。

表 3-3-5

英国 1995—2015 年农业总收入和农业人均年收入

年份	农业总收入/亿英镑	上年同期变化/%	人均收入/万英镑	上年同期变化/%
1995	80	15	3.1	17
1996	70	−12	2.8	−11
1997	40	−42	1.6	−42
1998	30	−32	1.1	−31
1999	30	3	1.2	6
2000	20	−29	0.9	−27
2001	20	2	0.9	5
2002	30	31	1.2	34
2003	30	28	1.6	30
2004	30	−10	1.5	−9
2005	30	−8	1.4	−7
2006	30	−3	1.3	−3

续表 3-3-5

年份	农业总收入/亿英镑	上年同期变化/%	人均收入/万英镑	上年同期变化/%
2007	30	7	1.4	8
2008	40	55	2.2	57
2009	40	2	2.3	4
2010	40	−8	2.2	−7
2011	50	29	2.7	28
2012	50	−10	2.5	−10
2013	50	14	2.8	15
2014	50	−4	2.7	−4
2015	40	−24	2.1	−24

(3)肉牛业人均收入情况

根据英国国家统计局 2016 年统计数据显示，2000—2015 年英国的肉牛业和畜产品(如牛奶，鸡蛋)产量总收入整体呈上升趋势(图 3-3-4)，特别是在 2011—2015 年间收入增加较快，2013 年，英国畜牧业总产值达到 145 亿英镑[32]。

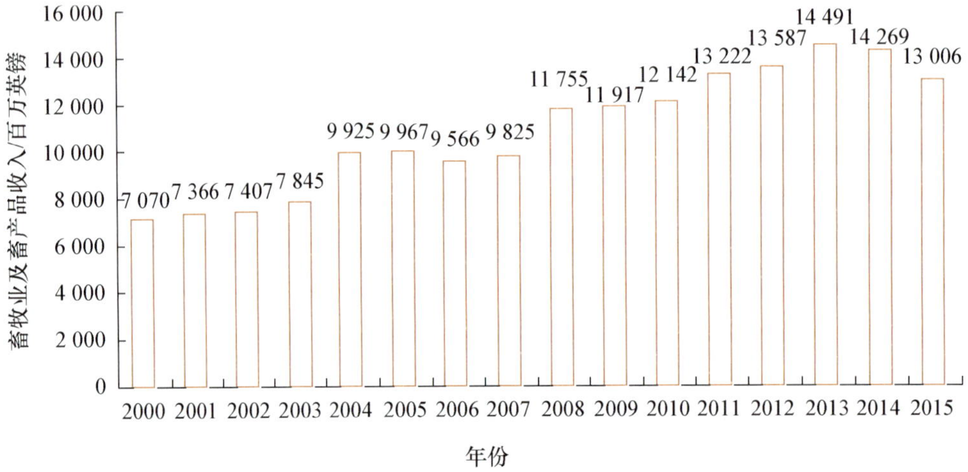

图 3-3-4　2000—2015 年英国畜牧业及畜产品收入

2000—2015 年英国畜牧业收入图 3-3-5 中可以看出，尽管 2004—2007 年增长缓慢，随着畜牧产量增加，2008—2013 年间迅速上升，2013 年，畜牧收入达到 93.3 亿英镑[32]。

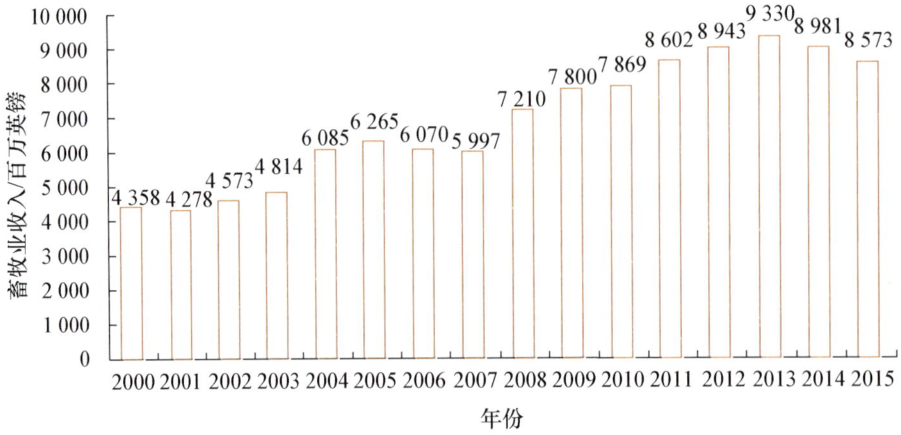

图 3-3-5　2000—2015 年英国畜牧业收入

根据英国国家统计局2016年统计数据显示，2000—2015年英国肉牛产量逐年增加，2013年达到峰值约29亿英镑(图3-3-6)。

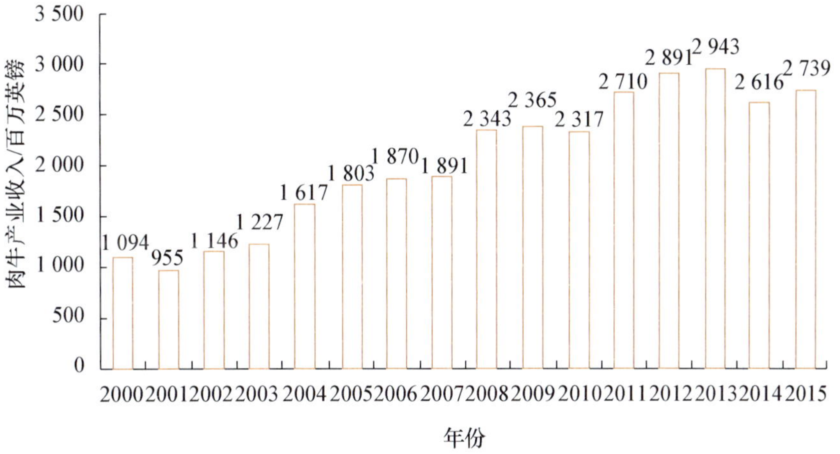

图3-3-6　2000—2015年英国家畜牛(主要是肉类)的收入

5. 英国气候环境、饲草料资源状况等

在过去10年中，改变环境压力的主要驱动因素是牲畜数量，特别是反刍动物数量的减少，以及化肥应用，特别是草地减少。在2000—2011年期间，氮和磷的土壤养分平衡估计分别下降了19%和33%，表明营养物过剩可能会损失到环境中。农业的温室气体排放在1990—2011年期间减少，一氧化二氮排放量为19%，甲烷排放量为20%。1990—2011年期间，农业的氨排放量下降了24%。2011年，英国农田鸟类指数为1970年水平的50%(图3-3-7)。

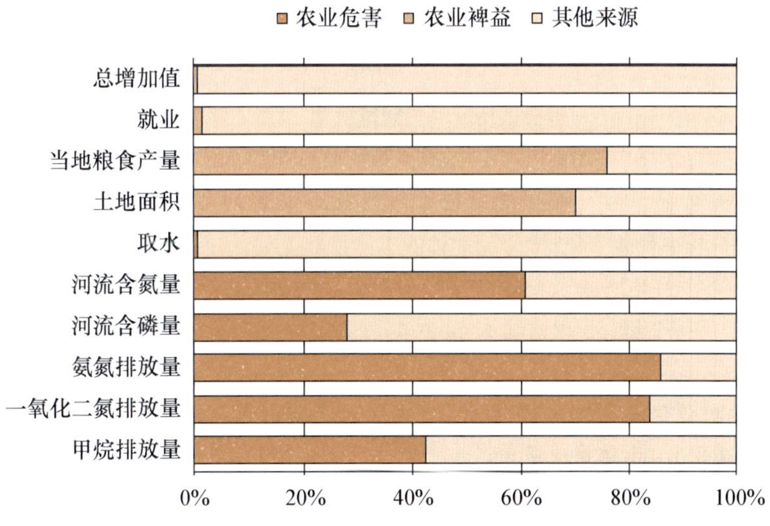

图3-3-7　农业对经济和环境的贡献

英国对草地管理极为重视。近年来，进行了一系列富有成效的研究和试验。为把新的成果推广到农户中去，英国ANAS部门还专门为指导肉牛生产向农户印发草地管理月历。该月历是专门为低海拔地带肉牛生产连续放牧体系而设计的，也适应于带犊母牛群和奶牛种的肉牛。

作物生长所需的两种关键营养物是氮和磷，其主要供应来源是矿物肥料和有机肥料，例如来自牲畜的粪肥和浆料。虽然它们的使用有助于提高作物产量，但是土壤和肥料中的营养物质流失可能影响环境如河流中的氮和磷水平、空气质量、气候变化、一氧化二氮等污染物含量。在1990—2012年期间，来自矿物肥料用途的氮含量下降了37%，原因是草地施用量下降，而使用矿物肥料的磷酸盐量下降了

55%，原因是草地和耕作的施用量下降。

对英国来说，自1983年以来，种植土地的总体矿物氮施用率保持相对稳定，保持在145～150 kg/hm^{2}的范围内。在同一时期，作物种植地的总磷矿施用率逐渐下降，处于28 kg/hm^2。自2000年以来，草地的总氮肥施用量在2012年下降到55 kg/hm^{2}的水平。自1997年以来，草地的总磷酸盐施用率也下降到2012年的9 kg/hm^2。每年肥料的总施用率波动受到肥料价格、作物价格和作物类型的影响。

2011年的估计显示，英国土地的氮含量为90.2 kg/hm^2，这一数据比2010年下降了4.2 kg/hm^2，下降占4%，与2000年相比总体减少了19%，减少了21.0 kg/hm^2，这反映了氮含量整体长期下降的趋势。英国土地磷含量在2011年估计为6.7 kg/hm^2，与2010年相比，下降了0.4 kg/hm^2，减少了6 kg/hm^2，自2000年以来减少了10.0 kg/hm^2，减少了33%。由于牲畜数量减少使得无机肥料和粪便产生量的减少，所以土壤养分平衡长期减少。

在农业土壤中氮、磷浓度的增加，通过降雨使得土壤有被侵蚀的风险。营养物浓度，特别是磷的增加可引起严重的富营养化效应，例如大型植物和藻类的过度生长，导致水质差，包括晚上溶解氧降低，导致鱼类死亡。由于监管原因，饮用水公司必须从用于饮用水的水体中去除过量的营养物，这给饮用水公司带来巨大的成本。由于实施了相关指令，自2009年以来，对英国水质的监测发生了变化，这导致需要制定符合新标准的制度。欧盟已经商定了有助于生态状态分类的水体中磷浓度的标准，目前正在审查关于水体中硝酸盐和磷酸盐水平的具体指标。

可以从地表水和地下水中抽出农业用水用于灌溉，特别是在降雨量低的地区，以供给某些作物，以便实现良好的作物质量和高产量。农业用水可能产生积极影响，有助于对含水层进行补给，但也可能导致土壤侵蚀和洪水，过度抽取可能损害水生生物栖息地。农业用水占英格兰和威尔士抽取总水量的不到1.0%，大多数用于英格兰东南部和东部，对水资源有特殊的需求。受年降雨量的影响，抽水量每年都有很大的变化，特别是在生长季节。2011年，英格兰和威尔士的农业用水抽采量为1.44亿m^3，比2010年高12%。

农业气体排放是英国一氧化二氮和甲烷排放的主要来源。2011年，英国农业排放量占一氧化二氮排放量的84%和甲烷排放总量的43%。农业产生的大部分一氧化二氮排放量是由于对农业土壤施氮的结果。在1990—2011年期间，农业的一氧化二氮排放量下降了约19%，与同一时期的化肥使用量趋势保持一致。

农业的甲烷排放主要来自反刍动物的肠道发酵和粪便的排放。1990—2011年，农业的甲烷排放量下降了约20%，主要是由于牲畜数量减少，特别是牛。

氨是影响空气质量并因此影响人体健康的气体。此外，由于富营养化以及土壤的酸化，氨的沉积可能损害人类栖息地。2011年，农业氨排放量占英国氨排放量的86%左右，牲畜生产中，牛是主要的排放者。

1990年以来的农业氨排放量出现波动，但总体呈现下降趋势，2011年约为1990年水平的76%，主要是由于牲畜数量减少和更有效的化肥使用。

农药用于作物中的病虫害防治和调节生长，在保持植物作物高产量和允许在农业土地扩大生产中发挥重要作用。然而，农药可能对环境，特别是对陆地和水生生物多样性产生有害影响。由于农药的范围和活性，有害生物控制的经济性和农药抗性问题，农药的使用每年不同，这取决于天气及杂草和害虫压力。在2008—2010年期间，英国谷物的总农药施用率下降了23%，主要是由于除草剂使用的剧烈变化：旧的化学品被撤销，并用较低施用率的活性物质代替。

鸟类种群被认为是野生动物状况的良好指标，因为它们具有广泛分布的栖息地，并且靠近食物链的顶端。农业对农田鸟类群体有重大影响，为冬季、春季饲料和筑巢地栖息提供了宝贵的资源。农田鸟类种群的下降大部分发生在20世纪70年代后期和90年代初期，主要是由于这段时期农田快速变化的影响。虽然一些农业发展仍然有负面影响，但其他因素，如气候变化、疾病压力和土地开发也有所影响。

农田鸟类数量包括七种普通物种和十二种农田物种，这些物种限于或高度依赖农田栖息地。自2005年以来，专家发现多种物种数量出现了下降，2011年英国农田鸟数量是其1970年基数的50%[37]。

(二)肉牛养殖业发展情况

1. 英国主要肉牛品种及存出栏量

(1)英国主要肉牛品种

目前，英国培育的奶牛和肉牛品种已近20个，其中不少良种引种到世界许多国家和地区，对低产奶牛、肉牛的改良起到了一定作用。第二次世界大战后，由于英国政府采取肉牛差价补贴制度和发放山地母牛补贴金等措施，牛业发展较快。目前饲养牛约为990万头，其中肉牛发展最快，肉牛业产值占畜牧业总产值的45%左右。

英国的肉牛主要来源有三个：一是肉牛业中的牛犊(除后备母牛外)生长育肥和淘汰母牛、种公牛；二是乳牛业中的淘汰乳牛、种公牛和牛犊(包括几乎全部小公牛和除后备母牛外的过剩小母牛)；三是从爱尔兰等地外购的架子牛。英国的畜牧业分工极细，导致肉牛交易和转移较频繁。奶牛场将其淘汰乳牛和牛犊出售给肉牛场进行饲养和肥育。肉牛场中，有的专门从事繁殖和饲养，有的以出售架子牛为主营业务，有的则以购进架子牛进行肥育为经营方向，少数肉牛场从事肉牛繁殖、饲养、肥育全过程。多数阉公牛和青年母牛的繁殖和饲养在一个农场，肥育则在另一个农场。繁殖和饲养多利用粗放放牧场与部分永久性草地，肥育则多利用优质永久性草地和谷物集中产区的饲料资源。英国的肉牛品种在其他国家的专门化肉牛业中起了重大作用[38]。

英国是肉牛发展较早的国家之一，拥有一批世界著名的优良肉牛品种和地方品种。英国的肉牛业，无论是经营规模，或是生产效率，均已达到世界肉牛业的先进水平。英国现有肉牛品种较多，使用比较广泛的有以下几种：

海福特牛(Hereford)是英国最早的肉牛品种之一。原产于英格兰中部的海福特郡。海福特牛在英国肉牛业中处于主导地位。用海福特精液交配的母牛数超过英国其他肉牛品种的总和。海福特牛不仅是英国专用肉牛业的主要父本，也是英国乳用肉牛业的主要父本。海福特牛为早熟品种，体型中等，具有较高的日增重、屠宰率和饲料转化率，胴体品质良好。海福特牛有三个类型：①英国原有的海福特牛，有角；②引进的海福特牛，无角，称无角海福特；③由海福特牛与盖洛威的杂交后代选育而成的，无角，称英国无角海福特。三个类型的牛生产性能无明显差别，属于同一个品种。

安格斯牛(Aberdeen Angus)在英国肉牛业中的地位仅次于海福特牛，居第二位。安格斯牛体型较小，性情温驯，全身黑色，无角，为小型早熟品种。饲料转化率高，胴体品质良好。在同样饲养条件下，达到屠宰体重的日龄，较其他肉牛品种少10～50d，它是英国乳用肉牛业和专用肉牛业的主要父本。

英国夏洛莱牛(British Charolais)引自法国。目前，英国用夏洛莱公牛精液交配的母牛数已超过安格斯牛，仅次于海福特牛。英国夏洛莱牛为大型晚熟品种，育肥期长于其他肉牛品种，日增重、屠宰率及胴体重则高于其他品种，胴体瘦肉多，饲料报酬与早熟品种相等，由于其杂交后代初生体重大，与其他品种小母牛交配，容易造成难产和犊牛死亡。

利木赞牛(Limousin)原产于法国中西部的高原地区。英国于1971年开始引进该品种。利木赞牛全身褐色，公牛角小，体型中等，以有良好的胴体品质而著称。利木赞牛被用作专用肉牛业和乳用肉牛业的杂交父本。

德文牛(Devon)原产于英格兰西南部的高原区，被毛深红色，绰号“红宝石”，德文牛大多有角，英国注册的谱系牛中，约有25%无角。德文牛体型中等，早熟，日增重、屠宰率较高，料肉比低于其他肉牛品种。

林肯红牛(Lineoln Red)原产于英格兰东部平原地区。它是英国专用肉牛业的主要杂交父本。林肯红牛毛色深红，该牛体型大于海福特牛及德文牛，具有较高的日增重和屠宰体重，饲料转化率接近安格斯牛。

西门塔尔牛(Simmental)原产于瑞典。该品种牛为大型晚熟品种,日增重、屠宰率和料肉比与夏洛莱牛相似。

南德文牛(South Devon)产于英格兰西南部肥沃的低地草原区,是英国体型最大的地方肉牛品种。该牛原系肉奶兼用品种,目前以肉用为主,被广泛用作肉牛的杂交父本。

苏萨克斯牛(Sussex)产于英格兰的东南部。其主要用作肉牛的父本。该品种牛体质健壮、早熟,具有较高的日增重、屠宰率和饲料转化率,体型良好。

盖洛威牛(Galloway)是英国著名的山地品种。该牛无角,全身覆盖黑色长毛,能适应各种自然环境。

芦英牛(Luing)是英国近年育成的重要肉牛品种,也是英国著名的山地品种之一。

威尔士黑牛(Welsh Black)是英国另一个著名山地肉牛品种。其在山地肉牛品种中居首位。

(2)存出栏量及历年变化

根据 Defra 2016 年数据显示,英国奶牛和肉牛的总数在 2016 年增加了 1.1%,增至 1 000 万头。在 2016 年,母牛占总牛群的 1/3,增长了 0.6%,达到 350 万头,牛犊增加了 1.2%,而奶牛群稳定在 190 万头[39]。

根据 Defra 统计数据表明(表 3-3-6),2015 年成年牛及牛犊数量达到 991.9 万头,比 2014 年上升了 0.8%。这一变化的主要原因是:母牛数量上升明显,达到 718.8 万头,比 2014 年上升了 1.2%,其中奶牛数量上升占主要部分,上升了 3%。

表 3-3-6

英国 2013—2015 年成年牛和小牛数量总计[(a)(b)]

10^3 头

牛类别	2013 年	2014 年	2015 年	2014—2015 年变化/%
成年牛和小牛总计	9 844	9 837	9 919	0.8
母牛总计	7 083	7 100	7 188	1.2
2 岁以上	4 177	4 228	4 238	0.3
常规母牛群	3 393	3 411	3 472	1.8
肉牛群	1 611	1 569	1 576	0.4
奶牛群	1 782	1 841	1 895	3.0
其他母牛	784	817	767	−6.2
肉牛	398	409	381	−6.9
奶牛	387	408	386	−5.5
1～2 岁	1 414	1 373	1 379	0.5
肉牛群	876	834	834	0.0
奶牛群	538	539	545	1.2
<1 岁	1 492	1 499	1 570	4.8
肉牛群	938	936	980	4.7
奶牛群	554	563	590	4.9
公牛总计	2 761	2 737	2 730	−0.3
2 岁以上	384	424	388	−8.6
1～2 岁	1 060	1 011	1 001	−1.0
<1 岁	1 316	1 302	1 342	3.1

注:(a)数据来自英格兰、威尔士和苏格兰的肉牛追踪系统(CTS)和北爱尔兰的 APHIS 系统;(b)2013 年,苏格兰将肉牛数据的来源从调查数据更改为肉牛追踪系统。

2014—2015 年的变化中看出,2 岁以上公牛数量大幅下降,达到 8.6%,小于 1 岁的肉牛和奶牛数量明显上升,而 1 岁和 2 岁之间的肉牛和奶牛数量基本保持稳定,没有明显变化[39]。

根据 Defra 统计数据表明(表 3-3-7),英格兰奶牛和肉牛总数占英国牛总数的一半以上。在英格兰地区，奶牛数量远远超过肉牛数量，与 2012 年相比，2015 年奶牛数量上升了 6.2 万头，肉牛数量下降了 2.9 万头，与此有相同趋势的是威尔士地区。苏格兰地区的肉牛数量远远大于奶牛数量，虽然与 2012 年相比，2015 年奶牛数量略有上升，肉牛数量略有下降，但肉牛数量仍占大多数。北爱尔兰地区肉牛数量与奶牛数量相差较小，与 2012 年相比，2015 年奶牛和肉牛总数略有下降，达到 160.9 万头[39]。

表 3-3-7

英国 2012—2015 年不同地区牛群分布情况

10^3 头

年份	奶牛	肉牛	总数(包括小牛)
	英格兰		
2012	1 121	742	5 373
2013	1 113	720	5 364
2014	1 143	710	5 374
2015	1 162	713	5 385
	威尔士		
2012	224	183	1 113
2013	223	174	1 095
2014	234	168	1 103
2015	246	167	1 119
	苏格兰		
2012	167	462	1 840
2013	166	447	1 797
2014	170	437	1 793
2015	176	437	1 806
	北爱尔兰		
2012	285	279	1 625
2013	279	270	1 588
2014	294	255	1 567
2015	312	260	1 609

注：奶牛和肉牛是指 2 岁以上繁殖的母牛和后代。
来源：Defra，Dardni，苏格兰政府，威尔士政府

根据 Defra 统计数据表明(表 3-3-8)，英格兰奶牛和肉牛持有人数量占英国总数近一半。在英格兰地区，肉牛群体数量远远超过奶牛群体数量，从 2011 年开始，奶牛群体数量和肉牛群体数量逐渐下降，到 2014 年已有 12 825 家和 26 490 家。与此同时，威尔士，苏格兰和北爱尔兰地区有相同的趋势，奶牛和肉牛农场数随着时间的推移逐渐下降[39]。

表 3-3-8

英国 2011—2014 年牛群平均规模

年份	奶牛场数量/家	平均奶牛规模/头	肉牛场数量/家	平均肉牛规模/头	总数/家
			英格兰		
2011	14 360	79	27 459	28	41 527
2012	13 570	82	26 514	28	40 209
2013	13 225	84	26 990	27	40 961
2014	12 825	89	26 490	27	40 601
			威尔士		
2011	3 450	N/A	9 395	N/A	11 635
2012	3 255	N/A	9 114	N/A	11 348
2013	3 130	N/A	8 910	N/A	11 104
2014	3 094	N/A	8 613	N/A	10 906

续表 3-3-8

年份	奶牛场数量/家	平均奶牛规模/头	肉牛场数量/家	平均肉牛规模/头	总数/家
			苏格兰		
2011	2 153	76	9 825	48	12 580
2012	2 033	82	9 660	48	12 380
2013	1 903	87	9 843	47	12 097
2014	1 840	92	9 348	47	11 969
			北爱尔兰		
2011	3 530	80	15 389	18	20 461
2012	3 520	81	15 665	18	20 434
2013	3 425	82	15 356	18	20 201
2014	3 425	86	15 007	17	20 044

注:乳牛群规模是基于拥有奶牛的数量,而不是注册的乳制品生产商的数量;显示的奶牛饲养数字是基于 2 岁或以上的,除了威尔士以外的所有 2 岁以上的。因为,威尔士的平均牛肉和奶牛群规模与其他地区没有可比性。

2. 肉牛产品产量及历年变化

2012—2015 年英国肉牛屠宰数量(表 3-3-9)呈波浪式下降,2015 年总屠宰量为 264 万头,比 2014 年减少了 2.9 万头。2014 年,奶牛和公牛的屠宰数量减少明显,与 2013 年相比减少了 1 万头,到 2015 年屠宰数量增加了 2.1 万头。2013 年和 2013 年肉牛屠宰数量比 2012 和 2014 年相比明显减少,2015 年屠宰数量达到 192.3 万头。2014 年,小牛屠宰数量明显高于 2013 年和 2015 年,达到 11.2 万头[40]。

表 3-3-9

2012—2015 英国牛屠宰数量

10^3 头

年份	肉牛	奶牛和公牛	小牛	总计
2012	1 965	642	74	2 681
2013	1 927	607	91	2 625
2014	1 960	597	112	2 669
2015	1 923	618	99	2 640

注:统计数据为 52 周当量。
来源:Defra,Dardni,苏格兰政府,威尔士政府

根据不同地区统计英国肉牛屠宰数量(表 3-3-10)所示,2015 年总屠宰量为 264 万头,比 2014 年减少了 2.9 万头。英格兰和威尔士地区的屠宰数量和英国总体成相同趋势,苏格兰和北爱尔兰肉牛屠宰数量不断下降。到 2015 年,北爱尔兰屠宰数量为 40.7 万头,苏格兰屠宰数量为 45.9 万头[40]。

表 3-3-10

英国 2012—2015 按地区分列的牛屠宰数量

10^3 头

年份	英国	英格兰	威尔士	苏格兰	北爱尔兰
2012	2 681	1 593	155	480	441
2013	2 625	1 558	148	474	432
2014	2 669	1 628	151	468	408
2015	2 640	1 600	159	459	407

注:统计数据为 52 周当量。
来源:Defra

随着饲料的不断改进，肉牛的平均胴体重量随着时间不断上升，2015 年优质牛平均胴体重量达到 355.7 kg/头，阉牛重量为 374.8 kg/头，52 周的母牛重量低于公牛重量，分别为 331.8 kg/头和 344.6 kg/头(表 3-3-11)[40]。

表 3-3-11

英国牛平均胴体重

kg/头

年份	阉牛	小母牛	小公牛	优质牛
2012	367.1	320.3	346.4	347.0
2013	360.7	315.9	338.8	340.6
2014	367.5	324.6	344.8	348.7
2015	374.8	331.8	344.6	355.7

注：统计数据为 52 周当量。
来源：Defra

2015 年英国不同地区的牛肉和小牛肉总屠宰量为 88.3 万 t，比 2014 年增加了 0.59 万 t，英格兰和苏格兰地区的生产数量基本保持不变，威尔士和北爱尔兰肉牛产品在 2015 年明显上升，达到 4.74 万 t 和 13.59 万 t(表 3-3-12)[40]。

表 3-3-12

2012—2015 年英国不同地区的牛肉和小牛肉生产

10^3 t

年份	英国	英格兰	威尔士	苏格兰	北爱尔兰
2012	885.2	525.7	44.3	169.5	145.8
2013	846.7	501.3	40.6	165.9	138.9
2014	877.3	531.7	42.8	169.6	133.3
2015	883.2	531.1	47.4	168.9	135.9

注：统计数据为 52 周当量。
来源：Defra，威尔士政府

2012—2015 年英格兰不同屠宰类型的红肉屠宰场数量(表 3-3-13)显示，2014 年屠宰场数量突然下降，之后的 2015 年再次和历史数据保持一致，2015 年红肉屠宰场数量为 192 家，屠宰数量为 796.9 万头，平均每个屠宰场的屠宰数量为 41 508 头[40]。

表 3-3-13

2012—2015 年英格兰不同类型红肉屠宰场数量

项目	2012 年	2013 年	2014 年	2015 年
屠宰场数量/家	195	193	186	192
屠宰量/10^3 头	7 394	7 583	7 629	7 969
平均屠宰量/(头/家)	37 919	39 292	41 021	41 508

来源：AHDB Beef&Lamb

2015 年英格兰红肉类屠宰规模越小的屠宰量越小，但屠宰场数量较多。屠宰数量<1 000 的屠宰场数量为 44 家，但占总屠宰量的 0.2%。屠宰数量>100 000 的屠宰场数量最多而且屠宰量最大，占比为 62.5%。不同屠宰规模的屠宰场中，平均屠宰量也随着屠宰场规模的扩大而增大[40]。

2015 年英格兰屠宰场屠宰牛肉的规模扩大使屠宰数量不断上升，屠宰规模越大的屠宰场占总体屠宰数量的48.9%，而虽然屠宰场数量多，但屠宰数量较小的屠宰场占总体屠宰数量1.4%[40]。

3. 肉牛养殖区域、规模结构及其变化

英国草地畜牧业十分发达，其产值比种植业高1～8倍，畜产品80%由牧草转化而来，每公顷草地可生产300～900个畜产品单位。英国的牧场面积接近全国总面积的一半，为畜牧业服务的饲料种植面积又占了全国耕地面积的一半。在畜牧业结构中，牛、鲜奶、奶制品的产值占牲畜和畜产品全部产值的一半以上。英国畜牧业还具有饲料报酬高，畜禽个体产品率高，生产周期短等特点。英国的畜牧业以饲养牛、羊、猪和家禽为主，养牛业是英国最重要的畜牧业生产。目前，英国培育的奶牛和肉牛品种已近20个，其中不少良种引种到世界许多国家和地区，对低产奶牛、肉牛的改良起到了一定作用。第二次世界大战后，由于英国政府采取肉牛差价补贴制度和发放山地母牛补贴金等措施，牛业发展较快。目前养有牛990万头，其中肉牛发展最快，肉牛业产值占畜牧业总产值的45%左右。英国培育的高产奶牛品种主要有英国黑白花牛、爱尔夏牛、乳用短角牛和娟姗牛等，有奶牛场1.7万家，每年奶牛平均产奶量6 300 L。英国是欧共体国家中主要的羊肉生产国，羊肉产量居欧共体国家首位。目前有41 000家养殖场养羊，羊的存栏数基本保持在3 200万只左右。在区域分布上，英国东海岸主要养牛，西海岸主要养羊。从土地利用上看，英国是优先发展饲料和牧草生产的国家，主要依靠发展精饲料和提高草地载畜量来实现畜牧业增产。尽管近年英国畜牧业生产的集约化水平不断提高，至今仍保持以草地为主要饲料来源的传统特色，但已朝着草地牧草与精饲料并重的方向发展。苏格兰85%的土地是高质量的草地，99%的草地为家庭牧场，大约有740万只羊和13 600个羊场，养羊是在高地和山间的主要农业活动。养牛业也占有非常重要的地位，占到苏格兰农业产品产量的1/4。目前威尔士和英格兰饲养牛970万头，肉羊3 000万只，能繁母羊1 500万只，养羊业是威尔士的支柱产业。

大多数英国农场为特定目的而繁殖牛品种，例如，牛肉产业中饲养早熟牛是最好的增产牛，因此在品种之间有明确的划分，并且存储脂肪在肌肉内而不是外层中的品种是饲养首选。饲养奶牛中，具有产奶量高的品种作为饲养首选。然而，由于奶牛必须生产牛奶，所以英国牛肉产量的大部分来自过剩的乳牛群[41]。

英国有大约17 000家奶牛场，主要在西部。英格兰平均畜群规模是86头牛，威尔士75头，苏格兰102头。大多数奶牛每天挤奶两次，奶牛平均年产量为6 300 L。

奶牛需要大面积的草地养殖，每头奶牛需要0.4～0.5 hm^2，包括冬青草贮所需的面积，哺乳肉牛可能需要面积多达1 hm^2。英国法律规定，动物要求在日光下躺卧，并要求有相应的干草、青贮或稻草。

图3-3-8所示的是英国各地区根据牛群数量划分的区域图。英格兰拥有养殖户26 490家，是数量最多的地区，其次是北爱尔兰，养殖户数量为15 007家，苏格兰和威尔士的养殖户数量分别达到9 348家和8 613家[42]。而每家养殖户2岁以上肉牛和奶牛数量不尽相同，英格兰地区中，饲养数量在9头以下的养殖户占所有养殖户的40%，是占比最高的数量，养殖数量在10～29头的养殖户占31%，而随着养殖数量的增大，占比大幅度减小，养殖数量在100头以上的牧户仅占4%。苏格兰地区的养殖户中，占比最大的是养殖数量是在10～29头之间的养殖户，而9头以下以及30～49头区间内的养殖户数量占比相近，分别占21%和22%。威尔士和北爱尔兰地区的养殖户养殖数量占比趋势一致，9头以下养殖户分别占比37%和45%，10～29头养殖户占比分别为20%和25%。养殖数量在100头以上的养殖户分别占3%和1%[43]。

2015年英国牛群数量较上年相比发生了较大变化，如表3-3-14所示，2015年肉牛和奶牛数量整体上升，但1岁及以上母牛数量和公牛数量都分别减少，1岁以下的肉牛和奶牛数量大幅度上升，表明随着时间的推移，肉牛和奶牛数量将会持续上升[43]。

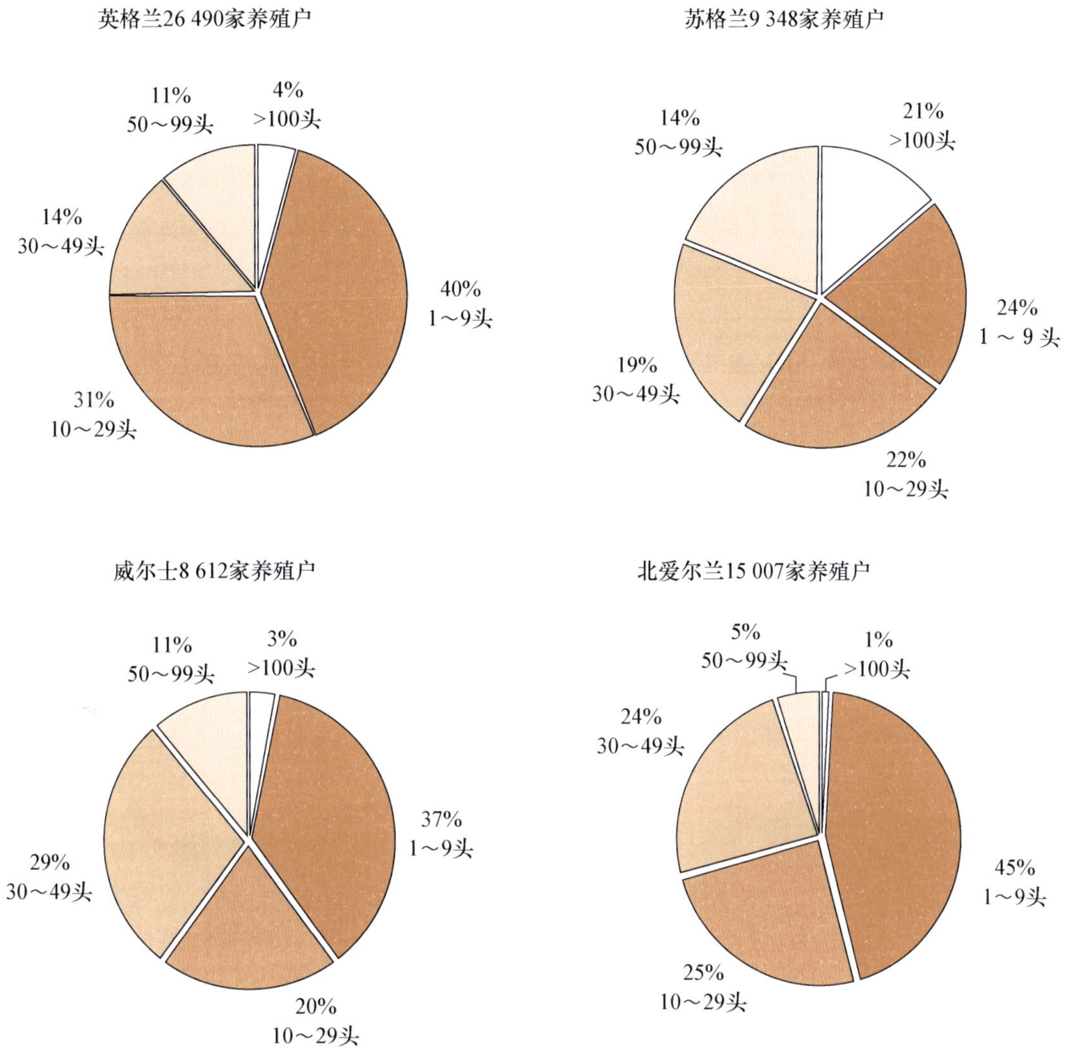

图 3-3-8　2014 年 6 月英国牛群数量划分的区域图

注：表示肉牛和奶牛数量是基于 2 岁或以上，除了威尔士地区。
来源：Defra，Dardni，苏格兰政府，威尔十政府

表 3-3-14
2012—2015 年英国按类别分列的牛群数量

10^3 头

类别	2012 年 6 月	2013 年 6 月	2014 年 6 月	2015 年 6 月
2 岁以上母牛	4 229	4 177	4 228	4 238
育种群(已产犊)	3 463	3 393	3 411	3 472
肉牛	1 666	1 611	1 569	1 576
奶牛	1 796	1 782	1 841	1 895
其他母牛	766	784	817	767
肉牛	379	398	409	381
奶牛	388	387	408	386
1～2 岁的母牛	1 394	1 414	1 373	1 379
肉牛	871	876	834	834
奶牛	524	538	539	545
1 岁以下的母牛	1 549	1 492	1 499	1 570

续表 3-3-14

类别	2012 年 6 月	2013 年 6 月	2014 年 6 月	2015 年 6 月
公牛总计	2 779	2 761	2 737	2 730
2 岁以上	369	384	424	388
1～2 岁	1 030	1 060	1 011	1 001
1 岁以下	1 381	1 316	1 302	1 342
总计	9 952	9 844	9 837	9 919

4. 初级畜产品价格及其变化情况

根据 AHDB 统计数据表明(表 3-3-15),2012—2015 年英国牛肉胴体价格呈波浪式变化,2013 年整体价格偏高,2015 年价格与 2012 年价格相近,2014 年牛肉价格大体高于 2012 和 2015 年。2012—2015 年中,阉牛价格均高于其他牛类,R4L 级别价格略高于其相同级别的牛肉价格,母牛犊价格略高于公牛犊,而淘汰母牛价格最低。

表 3-3-15

2012—2015 年英国牛肉胴体价格

英镑/kg

年份	阉牛		公牛犊	
	R4L[a]	总体	R4L	总体
2012	350.3	344.7	335.2	326.5
2013	395.4	389.3	376.7	366.2
2014	360.5	351.1	329.7	318.0
2015	357.9	347.9	337.8	325.9
年份	**母牛犊**		**淘汰母牛**	
	R4L	总体	－O4L[a]	总体
2012	347.5	343.1	268.8	265.0
2013	390.8	386.5	272.9	251.7
2014	357.4	353.1	238.5	221.9
2015	356.8	349.5	239.4	218.5

注:R 为欧盟肉品标准中结构标准的中等级别,4L 为脂肪标准的中等级别,－O 级别低于 R。
来源:AHDB Beef&Lamb

根据 AHDB 统计数据表明(表 3-3-16),与前三年相比,2015 年牛肉价格除公牛犊价格高于 2014 年,其他三种牛价格均低于前三年。2015 年英格兰和威尔士母牛犊价格高于阉牛和公牛犊,达到 342.1 英镑/kg,淘汰奶牛价格最低,为 208.8 英镑/kg。2012—2015 年中,英格兰和威尔士地区牛肉价格低于苏格兰地区,淘汰母牛价格最低,而阉牛价格较高。

表 3-3-16

2012—2015 年英国按区域划分的牛胴体价格

英镑/kg

年份	阉牛	公牛犊	母牛犊	淘汰母牛
		英格兰和威尔士		
2012	339.9	324.9	338.3	242.0
2013	383.6	363.4	381.0	241.1
2014	343.8	315.0	345.7	214.3
2015	342.1	323.6	343.6	208.8
		苏格兰		
2012	356.2	337.8	354.2	273.7
2013	403.1	385.0	399.1	276.0
2014	368.8	338.7	369.9	239.3
2015	362.1	342.4	363.1	240.6

来源:AHDB Beef 和 Lamb

将2012—2015年活体牛肉价格进行对比（表3-3-17），2013年整体价格偏高，其中价格最高的阉牛价格达到206.80英镑/kg，平均价格达到204.38英镑/kg。2015年价格与2012年价格相近，牛肉平均价格分别为189.50英镑/kg和188.62英镑/kg。2014年牛肉价格最低价格最高的阉牛价格为183.22英镑/kg，平均价格为182.82英镑/kg。2012—2015年中，淘汰母牛价格最低，而阉牛价格最高。

表3-3-17

英国活牛价格

英镑/kg

年份	所有品种	阉牛	公犊牛	母犊牛	淘汰母牛
2012	189.50	189.87	181.99	194.47	121.00
2013	204.38	206.80	191.03	212.23	122.06
2014	182.82	183.22	165.70	195.29	107.50
2015	188.62	186.68	174.60	198.60	105.15

英格兰和威尔士牛犊价格（表3-3-18）。2012—2015年中，英格兰和威尔士地区牛肉价格变动较大，黑白花/荷斯坦牛肉价格明显低于其他品种，在2015年该品种公牛价格为53.73英镑/头，而母犊牛价格为64.04英镑/头。赫里福德牛价格比欧洲牛价格低，但与2012年相比，2015年该品种价格升高，公牛达到221.03英镑/头，母牛为166.02英镑/头。欧洲牛价格最高，2015年公牛价格为268.77英镑/头，母牛价格为216.90英镑/头。

表3-3-18

英格兰和威尔士牛犊价格

英镑/头

年份	黑白花/荷斯坦		赫里福德		Continental（欧洲牛）	
	公牛	母犊牛	公牛	母犊牛	公牛	母犊牛
2012	61.45	80.85	195.83	142.84	256.52	199.76
2013	48.08	64.38	183.12	127.89	239.72	184.36
2014	38.94	64.38	175.85	122.24	231.05	176.97
2015	53.73	64.04	221.03	166.02	268.77	216.90

来源：AHDB Beef&Lamb，LAA

英格兰和威尔士活体牛价格随着年龄的增长不断上升（表3-3-19），2012—2015年中，英格兰和威尔士地区阉牛价格均高于母牛价格，欧洲牛种价格均高于赫里福德牛和黑白花/荷斯坦，在2015年欧洲牛阉牛1岁龄价格达到894.52英镑/头，而到两岁龄时达到1 082.23英镑/头，该品种的母牛价格略低于阉牛，但比其他品种母牛价格高。赫里福德价格与其他牛种价格相近，在2015年赫里福德1岁龄阉牛和母牛价格分别为686.76英镑/头和542.23英镑/头。而黑白花/荷斯坦价格最低，2岁龄阉牛和母牛价格分别为733.41英镑/头和648.78英镑/头。

表3-3-19

英格兰和威尔士活牛价格

英镑/头

年份	1岁龄		18月龄		2月龄	
	阉牛	母牛	阉牛	母牛	阉牛	母牛
黑白花/荷斯坦						
2012	441.57	392.61	598.62	559.89	739.16	660.88
2013	387.22	334.61	558.16	494.87	719.39	638.41
2014	362.75	310.82	520.38	455.19	659.23	579.29
2015	447.58	391.12	612.58	528.60	733.41	648.78

续表 3-3-19

年份	1 岁龄		18 月龄		2 月龄	
	阉牛	母牛	阉牛	母牛	阉牛	母牛
赫里福德						
2012	643.19	514.12	764.65	625.76	894.46	741.99
2013	619.05	478.36	774.03	622.73	947.28	774.01
2014	655.16	492.93	795.53	633.81	929.18	758.57
2015	686.76	542.23	818.58	682.24	951.12	794.15
Continental(欧洲牛)						
2012	825.38	698.00	919.39	794.41	1 027.61	893.23
2013	840.32	702.72	963.61	819.33	1 071.76	919.12
2014	856.06	720.18	952.43	828.22	1 040.23	900.07
2015	894.52	771.13	988.69	867.16	1082.23	959.42
其他						
2012	648.56	530.21	766.76	644.09	897.27	780.46
2013	631.17	506.52	765.26	641.38	924.57	790.92
2014	348.23	517.70	767.47	644.82	879.75	763.96
2015	701.06	574.53	816.74	693.14	938.03	816.79

英国牛肉从农场到零售的价格比见表 3-3-20，2014 年整体价格差生产者占比较高，达到 57.7%，而生产者占比最低的是 2015 年，为 49.5%。2012～2015 年中，零售均价高于农场平均价格的近一倍。实际价格差在 2014 年和 2015 年较高并相近，分别是 353.2 和 353.5 英镑/kg，而 2013 年最低达到 283.0 英镑/kg。2012 和 2013 年生产者占比高于其他零售商占比，分别达到 57.7%和 54.1%。2014 和 2015 年其他零售商占比高于生产者占比且比例相近，分别是 50.4%和 50.5%。

表 3-3-20

2012—2015 英国农场到零售牛肉价格比　　英镑/kg

年份	农场平均价	零售均价[a]	实际零售价格差	生产者占比/%	其他零售商占比/%[b]
2012	342.3	633.6	291.1	54.1	45.9
2013	385.8	790.6	283.0	57.7	42.3
2014	348.3	701.5	353.2	49.6	50.4
2015	346.4	699.9	353.5	49.5	50.5

注：(a)零售价格转换为胴体价格；(b)供应链其余部分(包括零售商、加工商和批发商)。
来源：AHDB Beef 和 Lamb

5. 养殖成本、效益

近年来，原油价格的上涨导致对高油价对农业企业利润和利润率的影响的关注增加，农业企业依赖于石油产品，特别是燃料。一些投入，例如燃料、电力和化肥与石油价格密切相关，其他投入则不是，其他趋势则由其他因素决定。

2002 年欧洲布伦特原油价格开始上涨，2008 年中期达到一个陡峭的峰值，当时价格达到每桶 130 美元，然后年底大幅下跌至每桶 40 美元左右。随后，价格再次急剧上升，直到 2011 年中期，之后价格在 100～120 美元/桶水平附近波动。

能源成本，特别是汽车和机械燃料，严重受油价走势的影响。2012 年英国农业产业使用的能源总价值估计超过 14 亿英镑，与 1993 年相比增加了 140%以上。

自 1993 年以来，农业工业使用的机动车和机械燃料的价值显著增加，达 200%以上，2012 年超过 10 亿英镑。电力和燃料的使用量从 2002 年下降到 20 世纪 90 年代末达到 2000 年水平。与汽车和机械燃料一样，自 2003 年以来，用于供热的电力和燃料的价值已经显著上升，2012 年估计达到 3.87 亿英镑。

动物饲料的成本是生产中的最大成本。自 1993 年以来，使用量一直保持在较高水平，因此，农业产业中使用动物饲料的价格紧随着由汇率和世界价格形成的价格趋势。这一价格在 1996 年以后急剧下降，但自 2000 年代中期以来增加了大约 90%，这反映了谷物价格的上涨。

所有购买动物饲料的总值在 2011—2012 年间上升了 5.2%，达到 46 亿英镑，谷物价格上涨是这一增长的一个原因。所有购买的动物饲料总量增加 1.8%，达 2 100 万 t。总复合饲料产量增加了 3.3%，所有牲畜类别的饲料量有所增加。牛类的复合饲料数量增加了 5.6%，羊类的增加了 8.6%，这主要是由于潮湿的天气影响了饲料的生产，并且动物需要比平常更长的时间停留在舍内。

6. 主要养殖企业、协会组织概况和地位等

许多因素正在影响英国牛肉业的生产、加工和销售的方式，包括食品安全事件、BSE、政府补贴的变化和行业整合。

英国牛肉业面临的最大挑战是产品规格的不一致性。来自 63 000 家零散生产商的产品，使消费者的不必要成本增加。这对牛肉产品质量和消费者对牛肉消费有负面影响。与鸡肉和猪肉相比，这些因素导致鸡肉和牛肉之间存在更大的价格差异。

英国有两个主要的生产链，第一个是 Stabilizer Cattle Company（SCC）/Beef Improvement Group Limited（BIG），第二个是 Blade Farming，这些生产链利用不同的品种、来源库存和定价模式，但它们具有许多重要特征。这包括持续关注市场动向，为生产链中每个环节进行把关，以及通过标准操作程序（SOP）减少终端产品的不一致性。与制造业一样，这些因素有助于确保这些方式能够在价值链的各个阶段同时降低成本和增加收入。

（1）SCC/ BIG

英国肉牛业的发展主要受到两个因素的制约：没有好的肉牛品种，以及欧盟补贴，使得生产商并不积极生产好的产品。由于牛肉的价格高于其他肉类竞争，如鸡肉和猪肉，牛肉也无法提高质量和改变统一的商品规格，来刺激消费者消费。因此，50%的英国牛肉作为碎肉（汉堡包）出售[44]。

SCC 的目标是为生产者提供高品质的牛肉。它最初是在内布拉斯加州肉类动物研究中心的协助下开发的，并通过英国 Defra 的农业发展基金授予。BIG 是通过研究 SCC 遗传学和生产系统的整体性能来捕获更高牛肉价值的机构。

BIG 供应链有责任通过与加工商、零售商和餐饮服务运营商建立战略联盟。这一举措使得相关生产者能够获得比使用其他方式更大的竞争优势。没有这种营销方式，SCC/BIG 将不能与英国第四大零售商建立战略联盟，他们正在寻求解决目前英国牛肉产品质量不一致的措施。

除了从追求更高质量，更高标准的牛肉或增长牛肉的消费的方式中获利之外，SCC 研究表明，其育种学使生产者能够使每头奶牛减少 223 英镑的生产成本，这被认为是英国生产的最高农场利润。除其他因素外，通过改进饲料转化率，降低医疗成本，实现了更低成本。SCC 表示，他们迄今为止的两个最大挑战是来自改变品种的抵制，以及那些不知道如何衡量绩效或者没有衡量绩效观念的农民[44]。

（2）Blade Farming

Blade Farming 销售方式是产品被预订给零售客户，包括特易购（Tesco's，世界上最大的零售商之一）或餐饮服务客户，包括麦当劳。集中生产是通过将一部分供应给零售店，一部分供应到麦当劳或餐馆来进行销售的。

集中生产反映市场需求，这种销售方式已经获得了无数的创新奖。通过采用风险管理和远期合同计划，大大提高了牛肉产品的标准。这种销售方式的重点是确保每个人都从整个生产链中获益，专注于生产满足客户要求和吸引消费者的牛肉。这涉及生产屠宰过程，以及与后期加工、包装、陈列和促销结合，使得最佳的牛肉产品被销售。这种统一的高标准得到更高的回报和更低的成本。

Blade Farming 的最终目标是与麦当劳联合建立养殖系统，以实现质量的一致性，从而降低成本并增加整个价值链的收入。这意味着客户不需要为产品支付更高的价格，并且确保稳定质量的产品供应，能够更有效地利用其生产力，而为生产者保证最高的利润。该公司的运营由一名专职经理协调，该经理不断监测物流、产品和生产绩效，监测畜群健康和饲料清查。

来自 EBLEX 的一位行业发展机构的 Phil Hadley 表示："加入 Blade Farming 养殖是我在 30 多年里做出的最好的财务决定"。这个决定确保他的大部分饲养场在 90%的时间内处于可利用状态，并保证重新使用前完成全面消毒，降低犊牛(1 周龄)的死亡率。

小牛被送到屠宰场时，Blade Farming 保证底价为 2.95 英镑/kg。如果市场价格高于或低于该水平，则"共享增益/共享风险"协议发挥作用。该规定写入生产者和 Blade Farming 的合同。这意味着当价格上涨时，生产者可以保证收益，使得生产者对所有产品都有利润，而不管市场价格的波动。生产成本通过 Blade Farming 为整个生产链购买牛奶和干颗粒饲料，这种饲料本身也是与肉类科学家和营养学家联合开发的[44]。

(3)英国国家农业创新中心(National Centre for Agricultural Innovation)

由英国农业技术战略(Agri-Tech Strategy)投资的农业信息学与可持续性指标中心宣布成立。中心由四个学术机构组成，包括洛桑研究所、雷丁大学(University of Reading)、苏格兰农学院(SRUC)以及国家农业植物学研究所(NIAB)。中心办公室设在洛桑研究所，该中心的成立将带来农业生产力的阶跃式变化，有助于保持英国在农业领域的领先地位[45]。

(4)畜牧创新卓越中心(Ground-breaking livestock innovation centre launched)

英国商业、创新与技能部(BIS)为新成立的畜牧创新卓越中心(The Centre of Innovation Excellence in Livestock，CIEL)提供 2 770 万英镑用于建立最现代化的设施，使畜牧产业能得到引领世界的研究。产业部门和加盟研究机构的出资将使中心的总投资额达到 7 000 万英镑。爱丁堡(Edinburgh)、利兹(Leeds)、诺丁汉(Nottingham)、纽卡索(Newcastle)、阿伯里斯特维斯(Aberystwyth)、布里斯托(Bristol)、女王(Queens，贝尔法斯特)、哈勃亚当(Harper Adams)等大学，以及英国的顶尖研究机构包括洛桑研究所、北爱尔兰农业食品与生物科学研究所(SFBI)、苏格兰农学院(SRUC)、食品与环境研究署(Fera)和 Duchy 学院将得到创新中心的投资[46]。

CIEL 为英国畜牧业提供其所需要的一切研究能力，一站式和随手可及的服务将使产业无须到国外去开展工作或等待国外的工作完成后再移植到英国市场，提升英国畜牧业的生产力和出口，加速畜牧业研发的创新和发现，鼓励改善设备、产品和服务，与企业伙伴合作将最新研究成果转化为实用和有效的方案。鼓励和支持那些能够快速和及时完成创新的中小企业启动业务。利用 CIEL 已有的企业和学术网络，通过转化研究成果、提倡最佳实践和培训，提升英国畜牧业生产潜力。与产业和学术界合作，提供从本科生到研究生的连续培养方案，培养未来产业的创新者和领导者[46]。

(5)英国肉类加工商协会

英国肉类加工商协会(British Meat Processors Association，BMPA)是代表英国肉类加工业的贸易协会。总部设在伦敦市北部，代表了英国的肉类产业。

(6)农业和园艺发展委员会

农业和园艺发展委员会(Agriculture and Horticulture Development Board，AHDB)是一个由农民和种植者以及供应链的其他部分供资者的委员会。在提高农业领域的商业效率和竞争力方面起着至关重要的作用：涉及猪，牛肉和羊肉生产；牛奶，土豆和园艺；谷物和油籽。承担研究、开发以及知识产权转移，提供必要的市场信息，以提高供应链的透明度，并开展营销推广活动，以帮助刺激需求和开发出口市场。

该委员会于 2008 年 4 月 1 日成立，由五个原有组织构成，即英国薯类作物理事会、谷物种植管理局、园艺发展局、肉类和畜牧委员会以及牛奶发展理事会，该部门的目的是提高英国农场的商业效率和竞争力[44]。

- 提高工业的效率或生产力；

- 改善行业的营销；
- 改善或发展业界向社会提供或可提供的服务；
- 改进工业对可持续发展的贡献。

(7)农业和食品研究委员会(Agricultural and Food Research Council,AFRC)

该委员会建于1931年,隶属教育和科学部。该委员会负责其设在英格兰和威尔士的各研究所的研究活动,并负责受其研究拨款计划资助的英国大学研究机构的研究活动,还为苏格兰农业渔业部提供有关苏格兰农业研究机构研究的咨询。委员会的主要任务是为保持基础研究与战略性研究的强大制定新的科学倡议;从事应用研究,以提高英国农业、园艺和食品工业的竞争地位、效益和生产率;改善国家食品质量并降低国家食品成本;为制定农业相关的政策奠定研究基础;保持研究计划的灵活性,以迅速适应工业需要和科学方面的实际与可能的变化。

委员会下设的研究机构有:

①动物疾病研究所(AFRC Institute for Animal Disease Research)

研究领域:从事有关饲养场动物疾病(包括可能传染给英国牲畜的外来疾病)的病原学、发病机理、流行病学和诊断所需要的基础研究、战略性研究和应用研究;研究控制这些疾病的适用方法;研究控制疾病的疫苗,以减少对抗生素和其他药物的依赖性。

②动物生理和遗传研究所(AFRC Institute of Animal Physiology and Genetics Research)

研究领域:从事有助于改善牲畜发育、繁殖和特性的分子、细胞和内吸收过程的基础研究。通过对选择繁殖结构内的胚胎控制和基因转移的研究,寻求牲畜的遗传改良。

③食品研究所(AFRC Institute of Food Research)

研究领域:提供改善食品的安全、质量和营养价值的知识,提高食品加工和制造业的效率和生产率。

④牧场和动物生产研究所(AFRC Institute of Grassland and Animal Production)

研究领域:从事战略性研究与应用研究,包括牧场利用、草和其他饲料作物的生产和合作,以及反刍动物、猪、家禽和其他动物的营养、生理和生产;研究目的是提高饲料及其他资源的生产与利用效率、改进动物特性的可预性、降低动物生产成本、改进这些产品的质量及改善相关的环境问题。

⑤动物研究所(Institute of Zoology)

研究领域:是伦敦动物学会的独立研究机构。其研究领域包括比较生理学——进化生物学、内分泌学、配子生物学、分子遗传学和生理生态学;比较医学——应用免疫学、微生物学、营养生物化学;生态保护区生物学——管理者研究、野外研究和群体遗传学;兽医学——临床研究、血液学、病理学、放射学及超声学。

7. 劳动生产率、资源转化率、养殖生产力概况

英国全国经济与社会研究所发布的最新季度报告将今年英国经济增长预期从2.9%下调至2.5%。专家认为,增长预期下调,短期因素是英国第一季度经济增长低于预期,长期因素则是劳动生产率复苏缓慢。

英国央行调查显示,与金融危机前的潜在增长水平相比,英国单位劳动生产率(即单位劳动时间的产能)自金融危机以来累计下跌约16%,剔除统计差异后的跌幅为12%。英国劳动生产率的复苏速度位列七国集团成员国末位。

英国央行认为,劳动生产率下跌由诸多因素导致:其一是周期性因素,如市场需求疲软导致企业闲置部分生产资源;其二是长期性因素,如企业对实物资本和无形资产投资减少,政府对新技术、教育和职工培训的投资与补贴乏力等。但这两种因素只能部分解释劳动生产率缺口的成因,其他未解部分被英国央行称为"英国劳动生产率之谜"。对于这个谜,可能但难以量化的解释因素包括:劳动力和资金存在流动壁垒,限制了资源向劳动生产率高的地方流动;数量众多的低劳动生产率企业在危机中存活,且坚持到现在,有赖于超宽松货币政策环境和政府支持。这两个因素被视为金融危机的后遗症,在英

国表现突出。

2013 年以来，英国经济进入复苏通道。2014 年经济增速在七国集团内部称冠，失业率从 7.5%上方跌至当前的 5.6%。不过，英国经济复苏过度依赖居民消费，居民消费为 GDP 增长贡献 65%。这一比例在发达国家中并不算高，但英国消费市场主要支撑力为超宽松货币和信贷环境，这种消费驱动型复苏隐含一定风险。

另外，英国政府财政赤字和对外贸易逆差"双赤字"特征明显。2014 年英国经常账户逆差规模约占 GDP 的 5.5%，且呈走高态势。英国政府 2014 至 2015 财年(始于 2014 年 4 月)的财政赤字约占 GDP 的 5.7%，高于欧盟《稳定与增长公约》规定的 3%。2014 年，英国公共债务占 GDP 的比例达 89.4%，比 2008 年翻番，且走势上扬。

英国全国经济与社会研究所经济学家西蒙・卡比认为，当前英国经济存在一定的失衡，而劳动生产率复苏缓慢对于英国长期增长潜能来说是一个显著掣肘。

肉类和其他畜产品持续稳定的需求使畜牧业和畜产品加工业保持着兴旺势头，肉农和奶农受益匪浅。畜牧业比谷物种植更有利可图，为更多人提供了就业机会。英国正是通过畜牧业和毛纺织业的发展，不断消化膨胀人口，使英国避免了马尔萨斯陷阱现象的发生[47]。

英国奶牛业每年提供的商品牛肉约占英国牛肉总产量的 60%，主要来自以下三个方面：淘汰老龄奶牛、繁育的小公牛、肉牛×奶牛的杂交后代。近年来，英国奶牛农场每年用肉用品种公牛交配的成年母牛约占成年母牛总数的 1/3，用其交配的小母牛约占成年母牛总数的 70%。占英国奶牛总头数 90%的黑白花牛，体形较大，日增重和饲料转化率较高，具有良好的产奶和产肉性能，充分利用黑白花牛的优良性状，使奶牛业与肉牛业紧密结合起来，这是英国养牛业的重要特点，也是增加奶牛和牛肉生产的一条成功经验。英国市场上 40%的牛肉来自奶用公犊育肥，国内市场因牛奶生产过剩，对奶牛饲养头数加以限制，面对奶牛转向肉牛的农户采用补贴和逐步加价的办法，鼓励其生产奶牛肉。它们将黑白花公牛早期断奶后，用大麦催肥到 1 周岁，250～350 kg 屠宰，获得的优质牛肉称为"大麦牛肉"[48]。

8. 生产潜力评估

英国牛肉业在几个方面面临严峻的挑战——技术、经济、金融和环境。这些行业可以通过更多地采取知识产权转移来传播最佳农场管理方法；通过生产者改变来实现低成本效率；使用更好的营销方式；不断地进行培训和技能开发，并在适当的情况下与农民更好的合作[49]。

总体而言，在英国有很高生产标准，包括高食品安全标准和动物福利标准，并且有严格的规章制度。畜牧业生产者对自然环境有着强烈的尊重，他们在自然保护方面发挥着重要作用[49]。

在经济衰退对牛肉需求的影响下，有证据表明，牛肉价格上升趋势逐渐放缓。即使在 2016 年牛肉价格较高，但是生产者在不断亏损。因为成本超过饲养者的市场回报，使得牛肉产业缺少商业信心以及投资不断减少。这种现象最明显的标志是奶牛和肉牛业的饲料种植面积持续下降。牛肉供应链中的主要参与者都是短期主义者，再加上政策制定和公众对牛肉行业投资的持续减少。

英国食品，饮料和农业(FAO)行业严重依赖欧盟移民劳工。外国工人的涌入使英国的劳动力每年增长 0.5%，但实际工资并没有上升。在短期内，人们认为脱欧会使英国受益，因为这将意味着更多的移民试图进入该国，而且已经在英国的工人也不愿意离开。然而，从长远来看，缺乏低成本劳动力将导致工资上涨，这将影响英国肉牛行业的竞争力[50]。

(三)肉牛产品加工业发展情况

1. 主要肉牛产品产量及历史变化情况

2012—2015 年英国牛肉资产负债表(表 3-3-21)显示，2015 年牛肉总产量上升了 5 900 t，比 2014 年上升了 1%。改变的主要原因是：进口和新鲜/冷冻制品数量上升。2015 年进口上升了 1.8 万 t，与 2014 年相比上升了 1%。自 2012 年以来，新鲜/冷冻产品年产量持续上升，2015 年新鲜/冷冻产品比

2014 年上升了 1.7 万 t，占 1.1%。2015 年加工产品与上年基本保持不变，出口产量下降了 1 万 t。2015 年总消耗量上升了 3.28 万 t[51]。

表 3-3-21

2012—2015 年英国牛肉资产负债表

10^3 t

项目	2012 年	2013 年	2014 年	2015 年
产量	885.2	846.7	877.3	883.2
进口	406.3	393.1	413.7	430.5
新鲜/冷冻	291.8	298.8	315.0	332.0
加工	114.6	94.3	98.7	98.5
出口	147.9	131.8	142.2	132.0
总消耗量	1 143.6	1 108.0	1 148.9	1 181.7

注：可供消费的肉类总量，包括进口加工肉类；所有新鲜肉类和加工产品已转化为相当于肉胴体重（为 52 周当量）。
来源：AHDB Beef 和 Lamb，Defra，GTIS/HMRC

牛肉制品的销售比例（图 3-3-9）显示，碎肉制品在 2014 年大幅上升，而 2015 年数量明显下降。油炸和烧烤制牛排在 2012—2015 年期间变化并不明显。炖制牛肉制品在 2013 年有增加的趋势，然后又逐渐下降。焙烤的牛肉制品在 2013 年下降到最近五年的最低点，然后逐渐上升。新鲜/冷冻的牛肉制品到 2015 年逐渐下降。随着时间的推移，客户对半成品产品和成品产品需求量逐步提高，而原始产品需求量逐渐降低[51]。

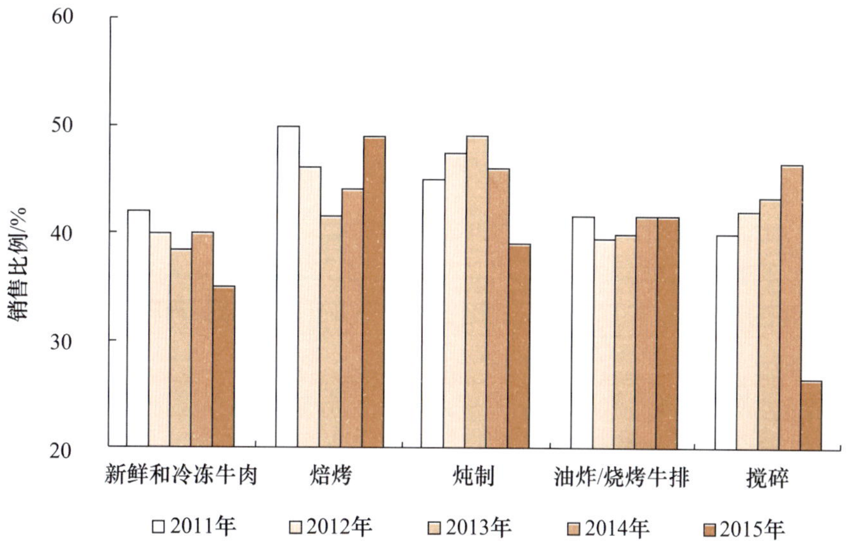

图 3-3-9 牛肉制品的销售比例

注：数据为 52 周当量，统计时间截至翌年 1 月初。
来源：Kantar World Panel

2015 年英国牛肉产品零售概况如图 3-3-10 所示，新鲜/冷冻牛肉制品 2015 年销售额达到 21.66 亿英镑，其中搅碎制品占比最大，达 36%，煎炸/烧烤制品占比次之，占 29%，而焙烤和炖制产品的销售额较低，分别占 21%和 11%，最低的是其他类产品，占比为 3%[51]。

根据 Defra 统计数据表明（表 3-3-22），2012—2015 年红肉产量持续上升，2015 年红肉总产量为 208.2 万 t，比 2014 年上升了 4.4 万 t，占 1%。羊肉和羔羊，猪肉，以及内脏产量数量上升。2015 年羊肉和羔羊产量比 2014 年上升了 0.2 万 t，比 2012 年上升了 2.5 万 t。自 2012 年以来，猪肉年产量持续上升，2015 年猪肉产量比 2014 年上升了 3.5 万 t，比 2012 年上升了 7.3 万 t。2015 年牛肉和犊牛肉与 2012 年相比基本保持不变，在 2013 和 2014 年相比数量有所下降。同时，2012 至 2015 年内脏产量持续上升，2015 年比 2012 年上升了 0.6 万 t[51]。

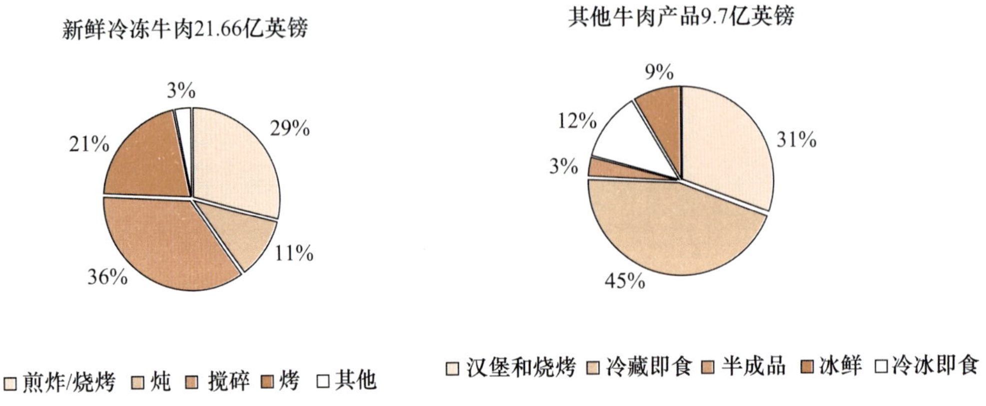

图 3-3-10　2015 年英国牛肉产品零售概况

注:上述其他牛肉产品不能与上年度的加工牛肉销售直接相比。
来源:Kantar World Panel,2016 年 1 月 3 日

表 3-3-22
2012—2015 年英国红肉生产统计表

10^3 t

年份	牛肉和犊牛肉	羊肉和羔羊	猪肉	内脏	红肉总计
2012	885	275	825	139	1 985
2013	847	289	833	138	1 969
2014	877	298	863	143	2 038
2015	883	300	898	145	2 082

注:数字为 52 周当量。
来源:Defra

1991—2015 年英国红肉生产趋势(图 3-3-11)表明,1991 年至 2015 年中,羊肉产量在 2001 年和 2010 年有明显下降,之后又逐渐回升,其他时间基本保持稳定。猪肉产量在 1998 年有大幅度上升趋势,猪肉产量 1998—2007 年有回落趋势,并在 2007 年达到最低点,之后逐渐上升。牛肉和犊牛肉产量在 1993 年和 1996 年明显下降,在 2006 年波浪上升,并在 2011 年达到最高点[51]。

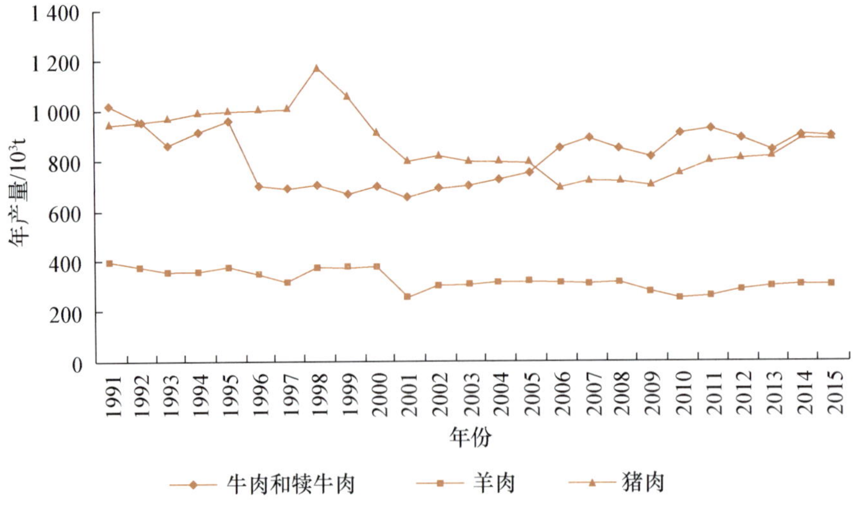

图 3-3-11　1993—2015 年英国红肉生产趋势

注:数字为 52 周当量。
来源:Defra

2015 年英国不同地区集中市场牛肉流通量差别较大(表 3-3-23)。英格兰地区流通量最高,并且远

远高于其他两个地区，其中肉牛数量达到 18.2 万头，淘汰母牛数量达到 12.4 万头。苏格兰地区略高于威尔士地区，其中小公牛数量一致，达到 1 000 头，而淘汰母牛数量差别较大，苏格兰地区数量为 4 万头，而威尔士地区仅有 1.4 万头。英国整体数量中，肉牛数量远远高于其他种类，达到 21.5 万头牛，其次是淘汰母牛，达到 17.9 万头[52]。

表 3-3-23

2015 年英国不同地区集中市场流通量

10^3 头

牛类别	英格兰	威尔士	苏格兰	英国
阉牛	50	4	9	62
小母牛	76	4	13	94
小公牛	56	1	1	58
肉牛	182	9	23	215
淘汰母牛	124	14	40	179

注：数据仅与成品市场有关。
来源：AHDB 牛肉和羊肉，LAA，IAAS

2012—2015 年英国不同地区拍卖市场的数量(表 3-3-24)。英格兰地区、威尔士地区、苏格兰地区近几年数量都保持稳定，英国整体数量也基本保持稳定，仅在 2013 年略微上升[52]。

表 3-3-24

2012—2015 年英国不同地区拍卖市场数量

个

年份	英格兰	威尔士	苏格兰	英国
2012	71	26	18	115
2013	72	28	18	118
2014	71	26	18	115
2015	72	26	17	115

来源：AHDB 牛肉和羊肉，LAA

2012—2015 年，英国整体拍卖市场的举行次数呈上升趋势(表 3-3-25)，到 2015 年达到 6 585 次。英格兰地区在 2014 年达到近四年的最高值，4 225 次，而威尔士地区和苏格兰地区在 2015 年达到最高值，分别是 1 371 和 998 次[52]。

表 3-3-25

2012—2015 年英国不同地区举行拍卖市场的次数

次

年份	英格兰	威尔士	苏格兰	英国
2012	4 151	1 265	956	6 372
2013	1 211	1 350	790	6 531
2014	4 225	1 346	978	6 549
2015	4 216	1 371	998	6 585

来源：AHDB 牛肉和羊肉，LAA

2015 年英国拍卖市场按体重销售的成品牛(表 3-3-26)数量显示，拍卖市场总计 93 个，其中数量最多的是＜2 500 头的拍卖市场，占总市场的 9.2%。占比最高的是＞12 500 头的拍卖市场，占 31.4%，其次占比较高的是 7 501～10 000 头的拍卖市场，占比 17.0%。拍卖市场平均拍卖数量随着市场大小逐渐上升。拍卖市场拍卖数量在＞12 500 头的拍卖市场达到最大，393 341 头，而 7 501～10 000 头的拍卖市场数量次之，达到 67 026 头[52]。

表 3-3-26
2015 年英国拍卖市场按体重销售成品牛情况

销售市场/头	销售市场数量/个	总营销/头	平均销售量/头	百分比/%
1～2 500	48	36 359	757	9.2
2 501～5 000	17	62 242	3 661	15.8
5 001～7 500	8	47 717	5 965	12.1
7 501～10 000	8	67 026	8 378	17.0
10 001～12 500	5	56 467	11 293	14.4
>12 500	7	123 530	17 647	31.4
总计	93	393 341	4 229	100.0

来源：AHDB 牛肉和羊肉，LAA

2. 肉牛产品加工企业、组织概况

英国有五大零售商（Tesco，ASDA，Sainsbury's，Morrisons 和 The Cooperative），较小的零售商有 Waitrose 和 Marks & Spencer，倾向于特定的市场。

其中，ASDA 是沃尔玛的子公司，它作为优先与生产商密切合作的英国零售商之一，该公司被认为针对特定消费群体能够降低成本并且有更好的管理方法。

Morrisons 的独特之处在于具有全生产链和销售链。公司经营猪肉、羊肉和牛肉屠宰厂，以及包装和加工，是英国第二大食品生产商[53]。

（1）肉牛加工企业

①ASDA

ASDA 是英国较大的销售公司。公司一直致力于发展零售商和生产者之间的战略关系，互惠互利。十多年来，ASDA 使 Marks & Spencer（M&S）加入 ASDA，在优质牛奶生产商、羊肉和猪肉生产商组成的伙伴关系中发挥了领导作用。

ASDA 的最新研究包括开发一个主要由生产者组成的牛肉咨询委员会，以及一个供应牛肉给选定的 ASDA 商店的供应链计划。ASDA 还提供服务，帮助提高进入牛肉工业的工人的技能和能力。ASDA 与 Askham Bryan 学院联合建立了相关学校，该计划的目的是让 16 至 24 岁的人通过直接与公认的畜牧生产领导人合作，增加他们的学习机会，特别是与 ASDA 或其他超市建立密切合作关系的生产商[53]。

②Morrisons

Morrisons 是英国第四大零售连锁店。它生产的 90%的牛肉通过切割和包装，然后在商店销售，是全产业链集成的销售公司。典型的 Morrisons 商店的规模从约 13 000 平方英尺到约 49 000 平方英尺，并且库存 26 000 种食品。其供应链灵活、高效，并且可以交货前 24h 内订购。Morrisons 利用北美牛肉业的经验教训，开发生产和营销牛肉的方法，为消费者提供始终如一的高品质饮食产品。为了努力建立更有效并且以消费者为中心的牛肉产业链，Morrisons 正在两个特定领域开展创新，第一个创新是自下而上的方法，在 2010 年年中开始，在 Morrisons 和 SCC/BIG 之间建立战略联盟。Morrisons 正在与 SCC/BIG 合作，根据消费者对质量的期望来确定生产规格。还考虑了联合品牌计划的可行性，其中生产者基础能够持续提供足够数量的适合该计划的牛。Morrisons 开发的第二个创新是一个评级系统，公司直接奖励生产者对于 Morrisons 目标市场所生产的肉类产品的分级[53]。

（2）组织协会

英国牛肉业的发展得益于两个行业集团对生产者和销售者以及其他成员的战略支持。这些是英国国家农民联盟（National Farmers Union，NFU）和 EBLEX。

①National Farmers Union（NFU）

总部设在沃里克郡的 Stoneleigh 公园，NFU 为英国农业提供最大的农业支持。由自愿协会成员资助和来自 500 多人提供的专业服务，NFU 在战略上定位为英国农民和种植者的冠军。

通过其区域和国际办事处网络，NFU 与英国政府和欧洲议会以及代表整个生产链成员的密切合作。NFU 向会员提供的服务范围包括一对一的商业建议和更广泛的市场机会信息，包括个人/商业保险和法律咨询。为了确保其有效地应对不断变化的行业和市场动态，NFU 有专门的牛肉专家和牛肉生产者委员会。为了确保与价值链的下游（不仅仅是生产部门）的有效连接，NFU 还有一个专门的单位收集和传达关于下游问题的新闻和信息给农民和投资供应商，为他们提供更多的机会并做出明智的管理决策。为用户提供市场趋势与研究的详细发展信息，NFU 与英国农业和园艺发展局（AHDB）紧密合作。EBLEX 是 AHDB 的一部分，为英国牛肉和羊肉部门提供服务[53]。

②EBLEX

EBLEX 是一个非部门性的公共机构。它虽然不是政府的一部分，独立运作，但与政府密切合作。EBLEX 通过在屠宰点对牛肉和羊肉的强制性税收资助。每只牛肉的 4.57 英镑的征税 75%由生产者支付，剩余的 25%由加工者支付。

EBLEX 的业务重点遍及整个生产链，从支持改进遗传学和生产系统的发展到市场研究和促销。它还提供关于环境因素的最新信息，例如天气和健康的相关问题。鉴于消费市场的不断发展，EBLEX 大量投资于消费者研究，其结果通过报告和其他媒体与生产者进行更广泛的行业共享。市场研究和报告的重要性在于大多数零售肉类买家不是肉类专家。因此，零售买家和加工商往往咨询 EBLEX 了解整体市场表现和消费趋势的信息。

除了市场调研，EBLEX 还为生产商提供可用于提高其业务盈利能力的工具。被称为“更好的回报计划”，该计划的目的是鼓励牛肉和羊肉生产者评估他们的业务，以确定降低成本，减少他们对环境的影响和提高利润。通过免费研讨会和与生产者的一对一互动，该计划分为五个要素：育种；选择屠宰；健康和生育；营养和牧草；系统和成本。由于欧盟的补贴计划发生了变化，该计划变得越来越受欢迎[53]。

（四）牛肉消费情况

1. 牛肉消费占比，国民消费偏好

（1）牛肉消费占比

欧盟成员国每年人均肉类消费量在 50 kg 以上。英国消费明显少于其他欧盟国家[54]。根据 2016 年英国农业及园艺局牛肉和羊肉年鉴（AHDB Beef & Lamb）统计，2012—2015 年英国肉类人均消费情况，家禽消费量最大，牛肉位于第三，具体数据如表 3-3-27 所示。

表 3-3-27

2012—2015 年人均肉类消费

10^3 t

年份	牛肉和小牛	羊肉	猪肉	家禽	总共肉量
2012	18.0	4.3	24.6	32.8	79.7
2013	17.3	4.6	23.9	32.8	78.6
2014	17.8	4.6	24.4	33.0	79.8
2015	18.2	5.0	25.0	35.5	83.7

来源：英国农业及园艺局牛肉和羊肉年鉴（AHDB Beef & Lamb）

根据 2016 年 Kantar WorldPanel 统计数据分析 2010 和 2015 年英国零售购买肉类来源及比例。其中排名前五名零售店占的比例最大，专卖特许经营店所占的比例最小（图 3-3-12）。

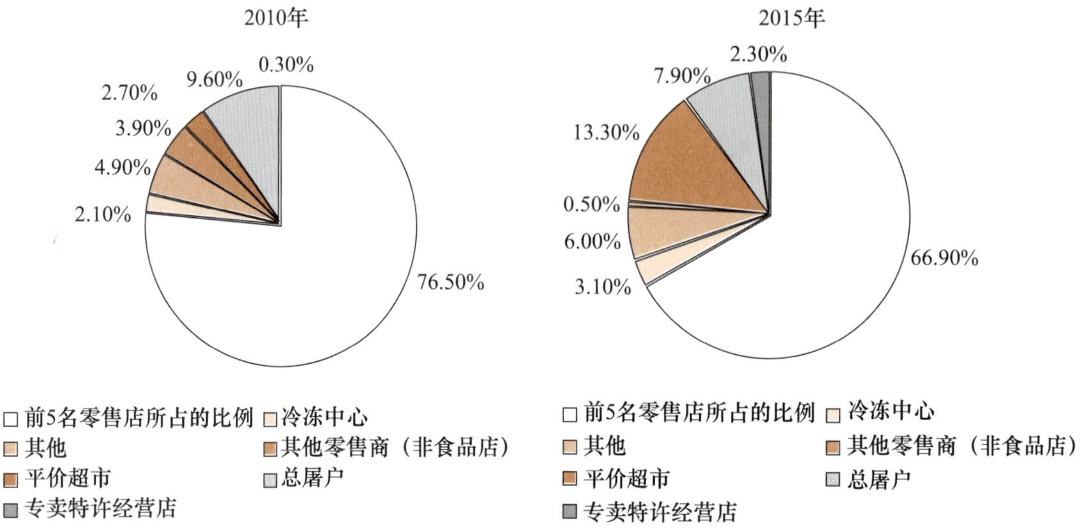

图 3-3-12　2010 年和 2015 年英国零售购买肉类来源及比例

来源：Kantar World Panel

目前零售主要包括烘焙、蒸煮、油炸/烧烤牛排、切碎等类型。根据 2016 年 Kantar World Panel 统计数据分析，2011—2015 年英国牛肉零售量和销售额的变化如图 3-3-13 所示。

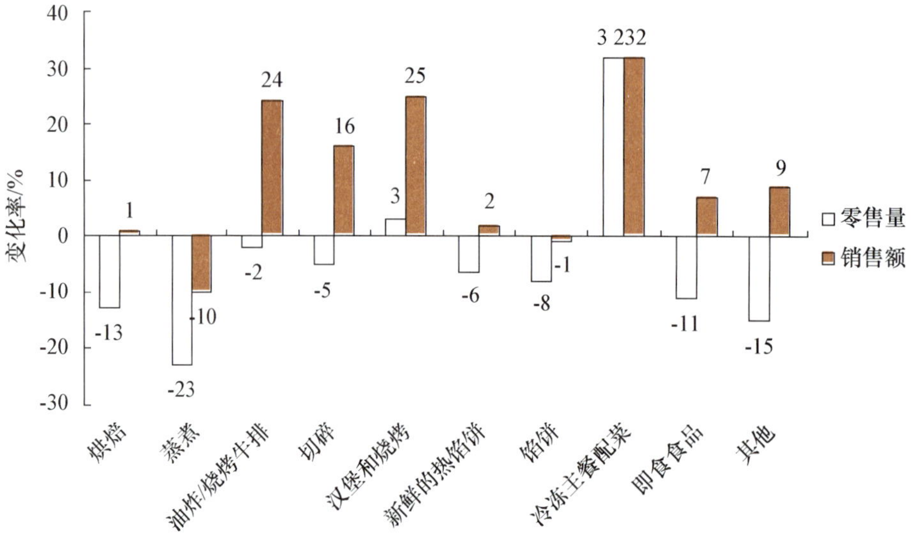

图 3-3-13　2011—2015 年英国牛肉零售量和销售额的变化

目前英国牛肉销售主要包括新鲜和冷冻牛肉与牛肉产品。根据 2016 年 Kantar WorldPanel，按 52 周当量统计分析显示：2015 年新鲜和冷冻牛肉 2166 百万英镑，牛肉产品 970 百万英镑，其中新鲜和冷冻牛肉中的切碎和牛肉产品中的冷却即食所占的比例最大。具体数据如图 3-3-14 所示。

(2)国民消费偏好

消费者通常购买经分割的牛肉，62%的消费者每周购买一次或一次以上，主要用于日常家庭用餐。因此，牛肉的切割方式是一种处理时间最短的方法之一，只需 68s，是一种不太可能被其他处理方法所取代的方法。如果这种方法不能被采用，将会有 28%的消费者不购买牛肉。外观(29%)和价格(22%)是购买的关键因素，剩下 44%是通过促销活动购买。此外，外观(34%)和价格(22%)是消费者购买牛排的两个最重要的决定因素。结果表明，如果消费者不能买到他们想要的牛排，他们会寻找其他种类替代[54]。

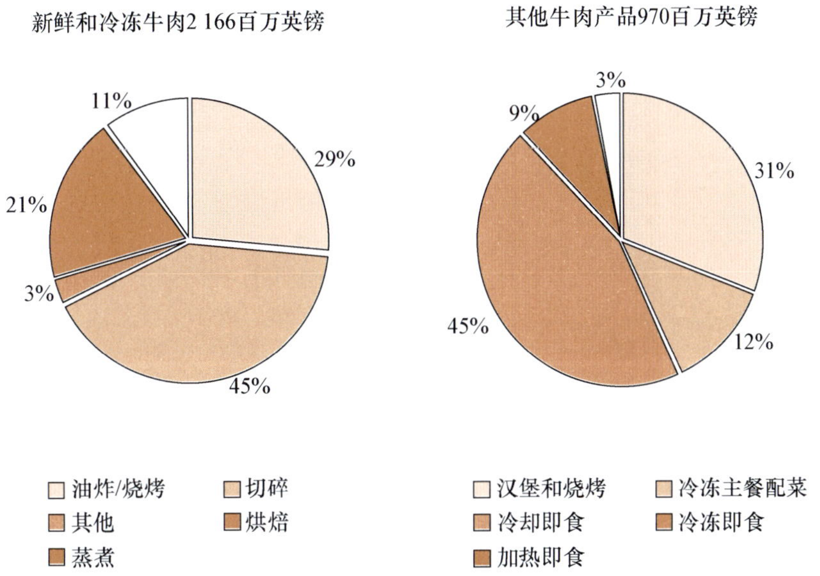

图 3-3-14 2015 年英国牛肉零售支出情况

来源:Kantar World Panel

2. 牛肉消费量历史变化及影响因素

从消费结构来看,1993 年以前,牛肉一直是英国人主要的肉食来源,长期占据肉食总消费量的 40%以上。到 2011 年,肉食消费中禽肉成为最大来源,占肉食总消费量的 38.1%,其次是猪肉,占 33.0%,牛肉位列其后,占 23.2%。从消费总量上看,随着社会的发展和全球化的影响,牛羊肉消费量正在不断降低。在 20 世纪六七十年代,英国牛肉消费量相对稳定,牛肉消费总量一直维持在 120 万 t 以上。在 1961～1963 年,牛肉消费量上升明显,全年牛肉消费量由 1961 年的 131.86 万 t 上升到 1963 年的 141.65 万 t,达到历史最高水平,此后牛肉消费量开始下滑,到 1983 年,全年共消费牛肉 118.23 万 t,比 1963 年减少 16.5%。80 年代中后期到 90 年代初期,牛肉消费量时常波动,1992—1996 年牛肉消费量急剧下降,年均减少 6.9%,在 1996 年牛肉消费量达到历史最低,年消费量仅有 89.23 万 t。在 1996 年之后牛肉消费迎来了黄金时期,消费量增长较快,到 2007 年牛肉消费量达到 134.18 万 t,年均增长 3.8%。2007 年以后,牛肉消费又陷入低迷,消费量持续下滑,2011 年牛肉消费量为 117.57 万 t,较 2010 年下降了 2.9%。2012 年牛肉消费量为 1 144 万 t,2013 年牛肉消费量为 1 108 万 t,2014 年牛肉消费量为 1 149 万 t,2015 年牛肉消费量为 1 182 万 t[55]。英国牛肉及其他肉类消费情况如表 3-3-28 所示。

表 3-3-28

2012—2015 英国肉类消费量

10^3 t

年份	牛肉和小牛	羊肉	猪肉	家禽	总共肉量
2012	1 144	277	1 564	2 091	5 075
2013	1 108	296	1 532	2 103	5 039
2014	1 149	298	1 578	2 130	5 154
2015	1 182	327	1 629	2 308	5 446

注:家庭内外可供消费的肉类总供应量,包括进口肉类产品。
来源:英国 Defra

以上数据显示了英国肉类历年消费情况。英国肉类消费情况包括进口和英国自己供应。根据 2016 年英国农业及园艺局牛肉和羊肉年鉴(AHDB Beef & Lamb)统计,2012—2015 年英国肉类自给自足情况如表 3-3-29 所示,其中牛肉的自给自足率在 75%左右。

表 3-3-29
2012—2015 年英国自给自足率 %

年份	牛肉和小牛	羊肉	猪肉	家禽	总共肉量
2012	77.4	99.5	52.7	76.9	70.8
2013	76.4	97.8	54.4	79.0	72.0
2014	76.4	99.9	54.7	77.3	71.5
2015	74.7	91.9	55.1	73.3	69.3

来源：英国农业及园艺局牛肉和羊肉年鉴（AHDB Beef & Lamb）

3. 牛肉产品营销模式

（1）英国进出口牛肉产品营销模式

英国进出口牛肉产品的营销模式分为进口贸易营销模式和出口贸易营销模式[56]。

①进口贸易营销模式

英国同非欧盟国家的进口贸易占英国绝大部分进口贸易，其中英国从非欧盟国家的公司购买牛肉产品直运送到英国这种贸易方式被称之为直接贸易。进口牛肉产品可以直接进入零售业或餐饮业，不过，一般来说，进口牛肉产品往往销往英国的加工商，以便向英国零售或食品服务行业出售之前进行切割/包装/加工。除此之外，还有一些其他进口贸易营销模式，用于与欧盟或其他国家建立新的多方贸易营销模式。下面将以部分进口贸易国为例介绍英国进口牛肉贸易营销模式。

● 英国公司从一家非欧盟国家的公司进口牛肉产品并输送给一个欧盟成员国，随后销售给另外一个欧盟成员国，但收入属于英国公司，具体流程如图 3-3-15 所示。

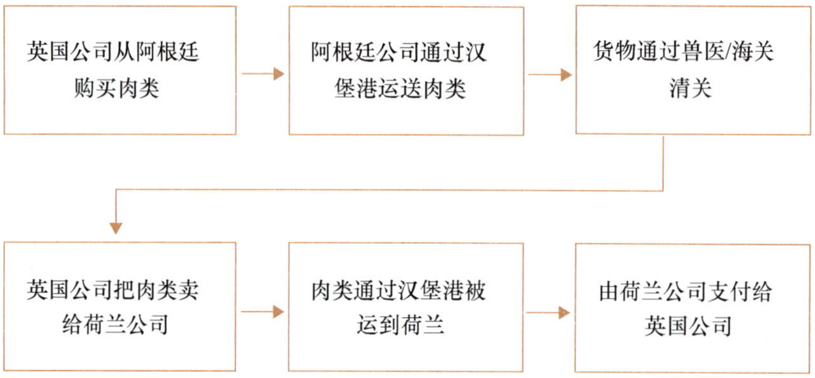

图 3-3-15 英国进口牛肉贸易营销模式（1）

● 英国公司从非欧盟国家的公司购买牛肉产品，通过欧洲大陆的港口进口，然后运往英国进行销售，具体流程如图 3-3-16 所示。

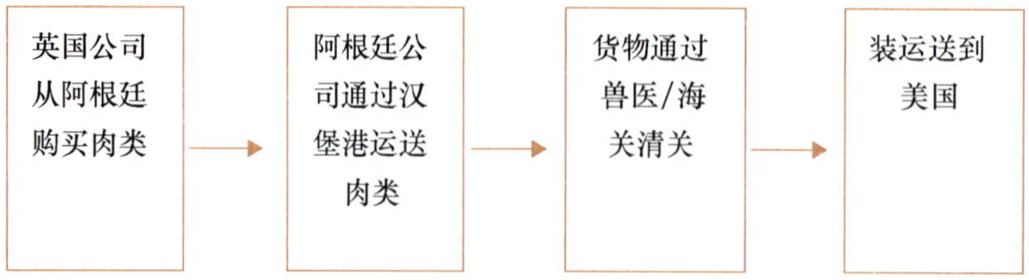

图 3-3-16 英国进口牛肉贸易营销模式（2）

● 英国公司从非欧盟国家的公司购买牛肉产品，进口的产品运送至英国进行储存，并部分或全部销售至欧盟的其他成员国，具体过程如图 3-3-17 所示。

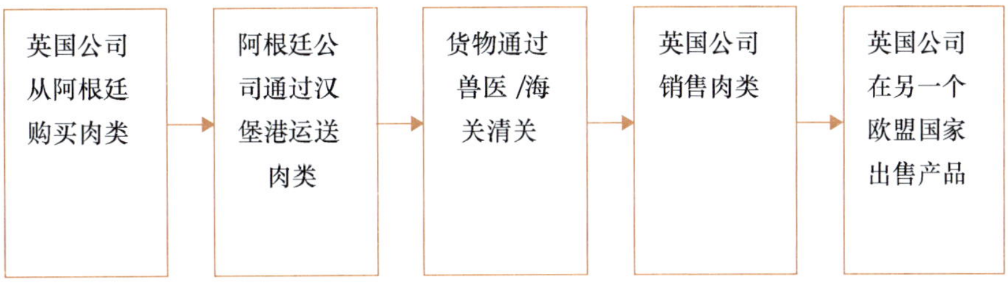

图 3-3-17 英国进口牛肉贸易营销模式(3)

● 英国公司从非欧盟国家的公司购买牛肉产品，将其进口到英国，加工后并作为增值产品出口至其他国家，具体过程如图 3-3-18 所示。

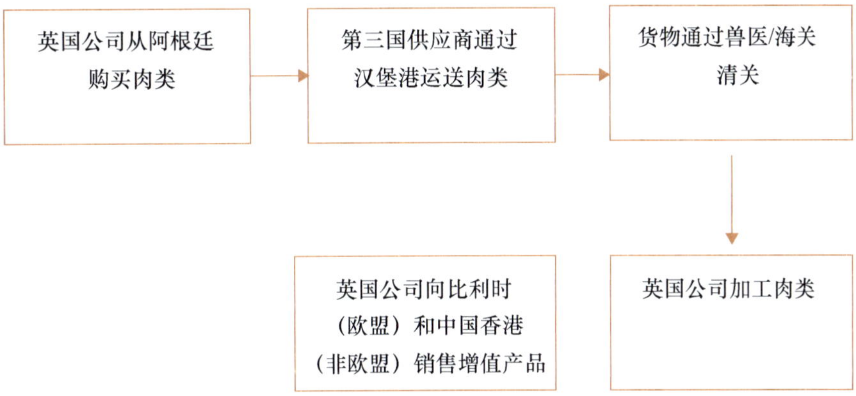

图 3-3-18 英国进口牛肉贸易营销模式(4)

● 英国公司从非欧盟国家的公司购买牛肉产品，将其进口到英国并暂停税收，进口的牛肉被加工后国内销售，具体过程如图 3-3-19 所示。

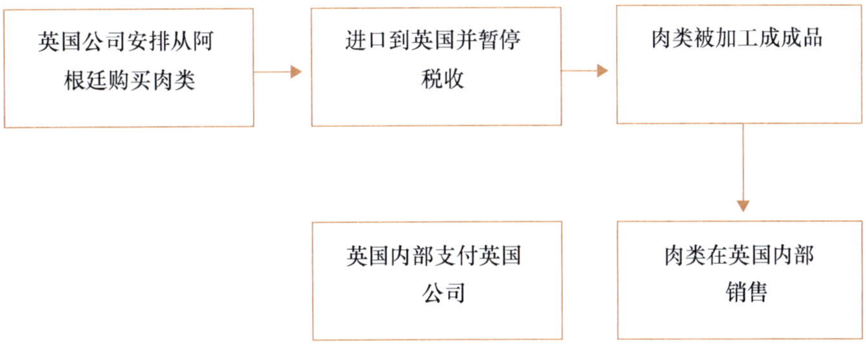

图 3-3-19 英国进口牛肉贸易营销模式(5)

②出口贸易营销模式

英国除了直接贸易，由出口商直接从英国出口到目的地国，还有其他的出口贸易营销模式。

● 英国出口商在另一个欧盟国家购买牛肉产品，并出口给他们在非欧盟国家的客户，具体过程如图 3-3-20 所示。

● 英国出口商通过另一个欧盟成员国的港口向非欧盟国家出口英国牛肉产品，具体过程如图 3-3-21 所示。

● 英国出口商向其他欧盟国家的公司供应牛肉产品，随后出口到全球市场，具体过程如图 3-3-22 所示。

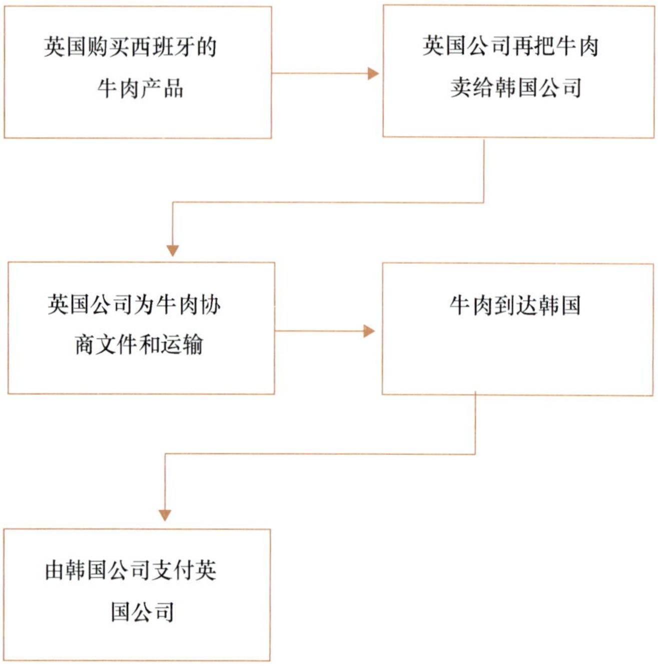

图 3-3-20　英国出口牛肉贸易营销模式(1)

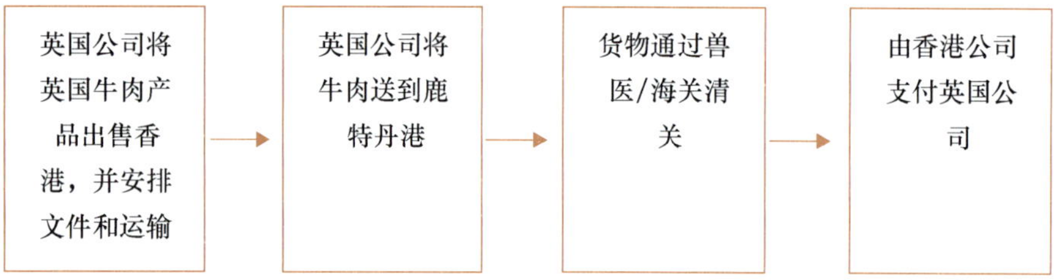

图 3-3-21　英国出口牛肉贸易营销模式(2)

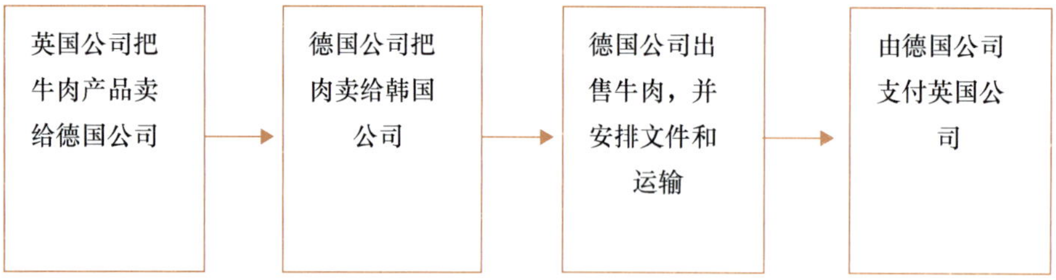

图 3-3-22　英国出口牛肉贸易营销模式(3)

● 在英国肉牛有疾病暴发的情况下，英国产品不能用于出口，英国贸易商可以在另一个欧盟国家购买维持他们的业务产品，并出口到第三个国家。具体过程如图 3-3-23 所示。

(2)英国整体牛肉营销模式

根据国际肉类贸易协会对 2015 年英国牛肉整体消费情况统计，绘制牛肉营销路径，如图 3-3-24 所示[57]。

(3)英国国内牛肉生产、加工和零售模式

英国国内牛肉工业主要由当地的牛肉生产商、加工商和零售商组成，各部分相互联系，牛肉工业整个过程包括了产犊、育肥、屠宰、加工以及销售等过程，具体流程见图 3-3-25 所示[58]。

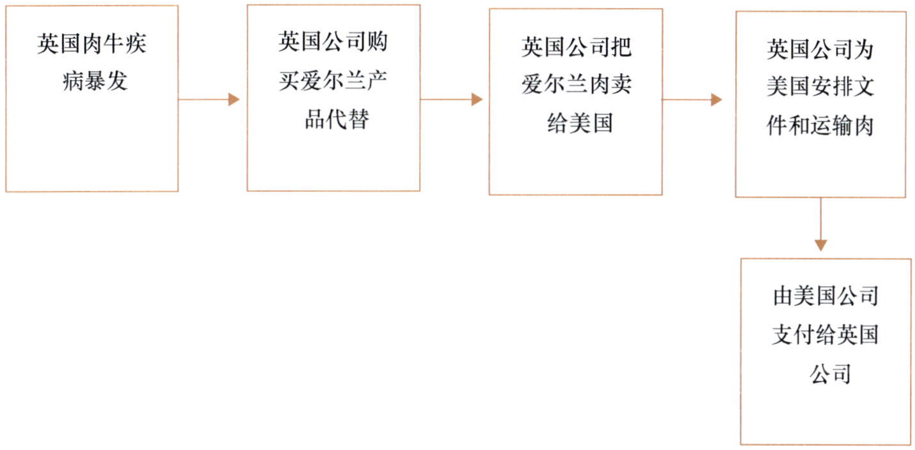

图 3-3-23 英国出口牛肉贸易营销模式(4)

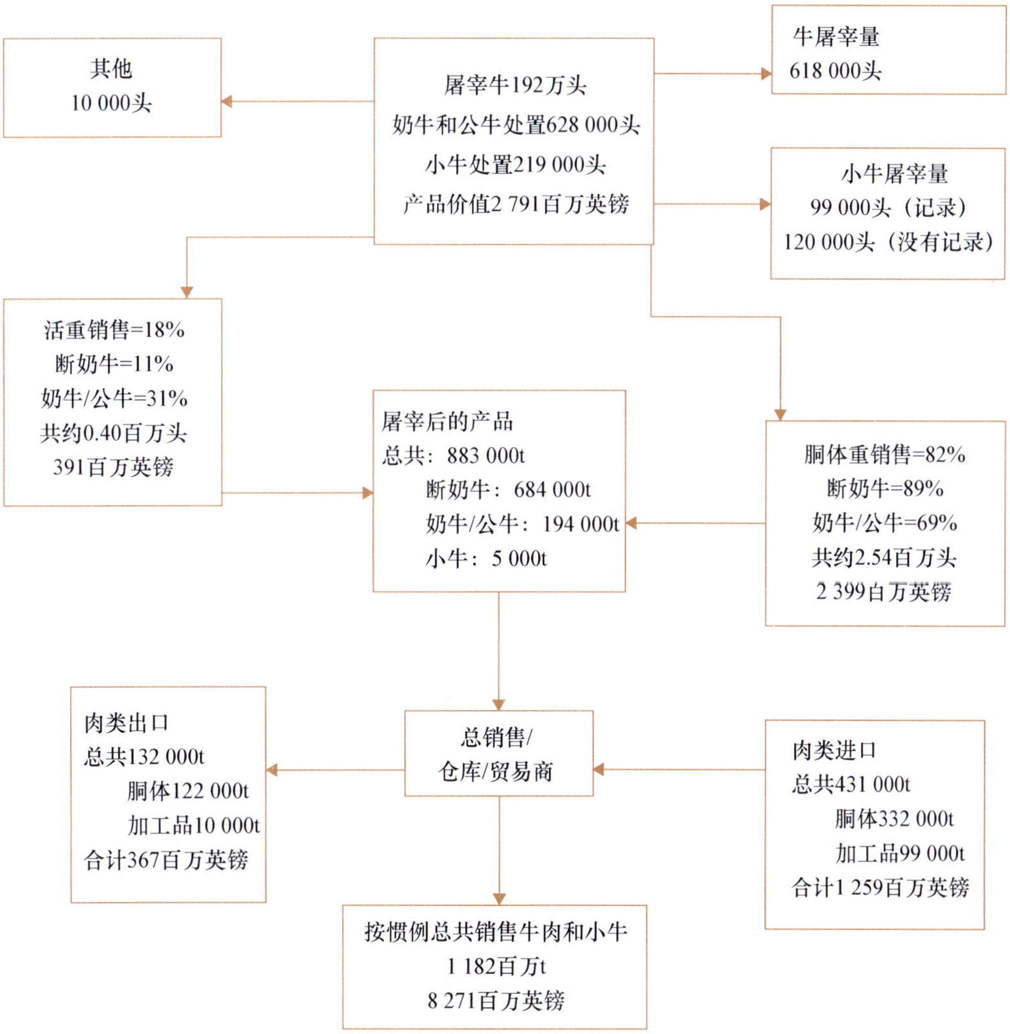

图 3-3-24 2015 年英国牛肉产品销售链

来源：根据英国数据估计胴体重百分比分数，农业和园艺发展委员会牛肉和羊肉年鉴，食品和农村事务部，圭亚那贸易投资支持机构/英国税务海关总署

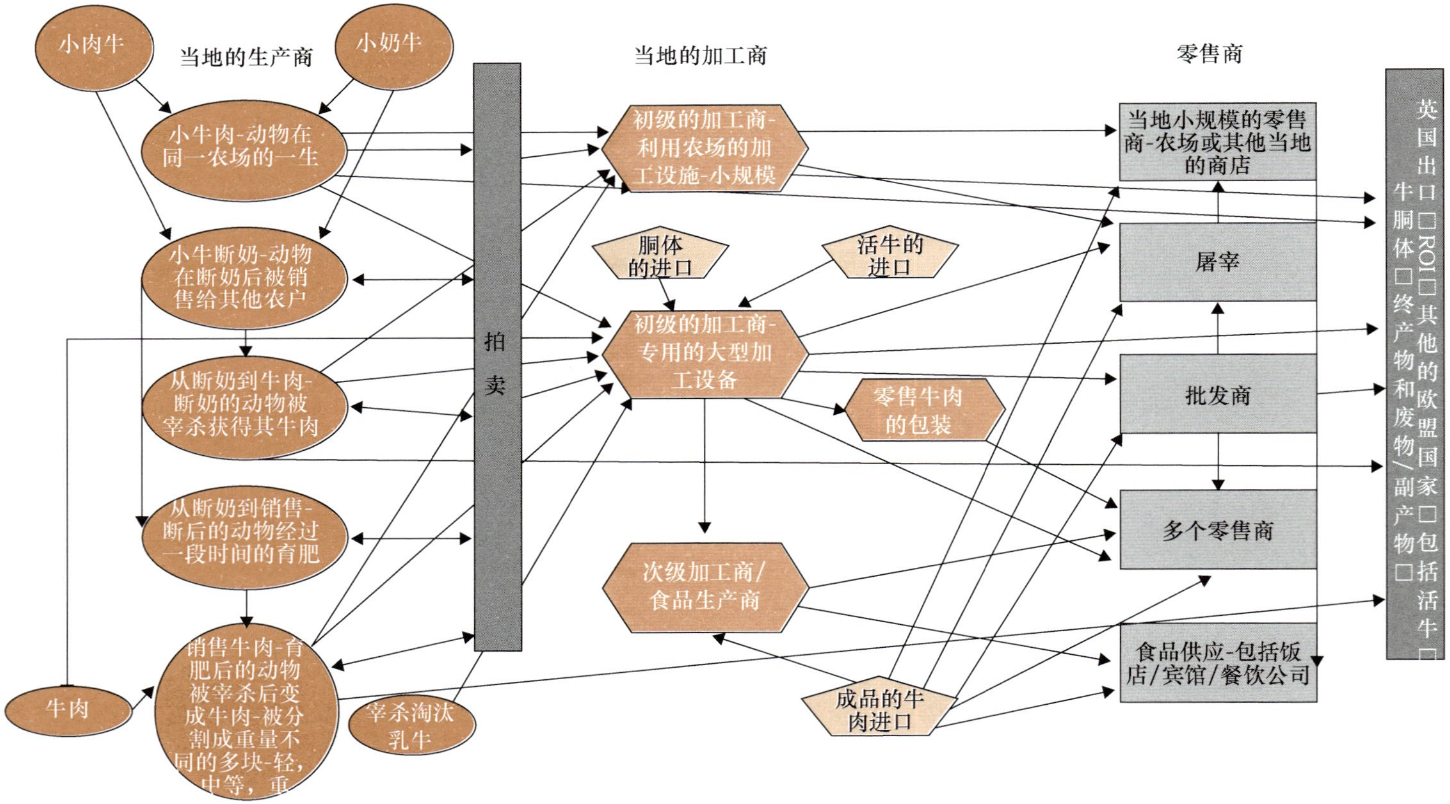

图 3-3-25　英国牛肉工业生产者、加工商和零售商之间的简化流程图

（五）肉牛产品贸易情况

1. 肉牛产品进口情况

（1）英国牛肉进口产品、消费量和进口量

目前英国进口的牛肉产品主要类型有新鲜/冷冻牛肉、加工类产品及部分动物副产物。根据2016年英国农业及园艺局牛肉产业年鉴统计数据（表3-3-30，表3-3-31），2009—2015年，英国每年牛肉总共消费量均保持在110万t左右，其中进口牛肉约为40万t，且主要以冷冻、冷鲜为主，此外，还进口少量内脏。2015年，英国牛肉及副产物进口量达到了36.37万t，进口牛肉34.69万t，其中主要以冷藏销售为主，约占58.3%，剔骨冷藏肉占42%，比例最高，此外，加工牛肉产品占比份额排第二，占牛肉总进口量的22.35%，冷冻胴体进口量最低，仅为0.20%。

表3-3-30
英国牛肉产品进口量及消费量　　10^3 t

项目	2009年	2010年	2011年	2012年	2013年	2014年	2015年
产量	833	909	936	885	856.7	877.3	883.2
进口量	404	397	384	406	393.1	413.7	430.5
新鲜/冷冻	286	294	292	292	298.8	315.0	332.0
经加工处理的产品量	117	13	91	115	94.3	98.7	98.5
总共消费量	1 130	1 169	1 147	1 145	1 108.0	1 148.9	1 181.7

来源：英国农业及园艺局牛肉和羊肉2016年鉴

表3-3-31
2012—2015英国进口牛肉数量和进口额

年份	新鲜/冷冻牛肉		已加工牛肉		内脏	
	产量/10^3 t	进口额/百万英镑	产量/10^3 t	进口额/百万英镑	产量/10^3 t	进口额/百万英镑
2012	236.3	867.4	89.5	271.7	26.7	17.6
2013	241.3	953.1	74.2	222.6	24.5	14.1
2014	254.8	981.9	77.4	229.8	19.3	14.8
2015	269.6	1032.5	77.3	226.6	16.8	16.8

来源：食品和农村事务部，圭亚那贸易投资支持机构/英国税务海关总署

（2）英国进口国家及其产品类型

2016年圭亚那贸易投资支持机构/英国税务海关总署统计的牛肉和羊肉进口量数据表明（表3-3-32，表3-3-33），英国从欧盟成员国进口牛肉数量远高于非欧盟成员国，并且在2012—2015年，腌制牛肉的进口量逐年增加，但其他的加工牛肉与牛杂的进口量逐年减少，不同国家之间的进口量也各有不同[59]。

表3-3-32
2012—2015年英国新鲜/冷冻牛肉的进口　　10^3 t

项目	2012年	2013年	2014年	2015年
新鲜/冷冻的牛肉和小牛肉	236.3	241.3	254.8	269.6
其中：带骨的	51.3	49.7	54.3	61.9
无骨的	185.0	191.6	200.6	207.7
冷冻的	68.5	67.3	67.2	67.3
新鲜的/冷冻过的	167.7	174.0	187.7	202.4

续表 3-3-32

项目		2012 年	2013 年	2014 年	2015 年
其中从	欧盟	213.4	209.8	227.3	244.7
	爱尔兰	159.9	161.0	179.0	182.4
	荷兰	20.7	15.1	16.8	20.4
	波兰	7.2	7.5	8.2	14.1
	德国	11.9	10.8	9.0	11.5
	西班牙	3.6	5.0	2.0	3.9
	非欧盟	22.9	31.5	27.5	24.9
	澳大利亚	5.6	7.2	7.3	6.6
	纳米比亚	3.9	6.3	5.1	4.3
	博茨瓦纳	0.0	4.2	3.6	4.3
	巴西	3.7	5.5	4.2	3.7
	乌拉圭	6.1	4.9	3.1	3.4
	新西兰	3.1	3.3	4.0	2.1

来源：圭亚那贸易投资支持机构/英国税务海关总署

表 3-3-33

2012—2015 英国加工后牛肉与内脏的进口量

10^3 t

项目		2012 年	2013 年	2014 年	2015 年
腌制牛肉		34.4	28.7	29.6	29.7
其中从：	巴西	29.4	27.7	28.4	22.7
	法国	2.8	0.3	0.8	4.3
	比利时	0.2	0.1	0.0	2.1
其他的加工牛肉		55.1	45.5	47.8	47.6
其中从：	爱尔兰	39.2	32.4	35.5	35.4
	瑞典	3.1	2.7	2.2	2.9
牛杂		26.7	24.5	19.3	16.8
其中从：	爱尔兰	20.9	20.3	13.3	10.7
	德国	1.1	0.7	1.9	2.4

来源：圭亚那贸易投资支持机构/英国税务海关总署

(3)英国进口情况历史变化

英国的牛肉进口数据也印证了英国肉牛业的萎缩。2000 年英国肉牛进口额仅 4.11 亿英镑，之后逐年攀升，直到 2012 年的 8.38 亿英镑。为了弥补国内肉牛业的萎缩，英国需要花费越来越大的代价用于进口牛肉[60]。

2. 肉牛产品主要出口国家及历年变化

(1)英国牛肉产量、消费量及其出口量情况

目前英国出口的牛肉产品主要类型有新鲜/冷冻牛肉、加工类产品及部分动物副产物。根据 2016 年英国农业及园艺局牛肉产业年鉴统计数据(表 3-3-34，表 3-3-35)，从 2009—2015 年，英国每年牛肉总共消费量均保持在 110 万 t 左右，其中除部分年略有差异，出口牛肉约为 140 万 t，且主要以冷冻、冷鲜为主，此外，还出口少量动物内脏。2015 年，英国牛肉副产物出口量达到了 4.77 万 t，出口牛肉 10.5 万 t[61]。

表 3-3-34

2009—2015 年英国牛肉产量、出口量及消费量

10^3 t

项目	2009 年	2010 年	2011 年	2012 年	2013 年	2014 年	2015 年
产量	833	909	936	885	846.7	877.3	883.2
出口量	105	137	174	147	131.8	142.2	132.0
新鲜/冷冻	286	294	292	292	298.8	315.0	332.0
经加工处理的产品量	117	103	91	115	94.3	98.7	98.5
总共消费量	1 130	1 169	1 147	1 145	1 108.0	1 148.9	1 181.7

注：可供消费的肉类总供应量，包括进口加工肉类。净生产数据为标准 52 周当量。所有新鲜肉类和加工产品已转化为相当于肉胴体重。

来源：英国农业及园艺局牛肉和羊肉年鉴，圭亚那贸易投资机构/税务及海关总署

表 3-3-35

2012—2015 英国牛肉出口量和出口额

年份	新鲜/冷冻牛肉与小牛肉		内脏	
	出口量/10^3 t	出口额/百万英镑	出口量/10^3 t	出口额/百万英镑
2012	119.8	388.9	32.2	33.3
2013	105.3	372.9	33.1	41.0
2014	112.3	374.9	44.2	62.8
2015	100.5	342.2	47.7	60.8

来源：圭亚那贸易投资支持机构/英国税务海关总署

(2)英国出口国家及其产品类型

2016 年圭亚那贸易投资支持机构/英国税务海关总署统计的牛肉产品出口量数据表明(表 3-3-36，表 3-3-37)，英国出口到欧盟成员国牛肉数量远高于非欧盟成员国，且主要以冷冻、冷鲜为主，出口不同国家之间的进口量也各有不同[62]。

表 3-3-36

2012—2015 英国新鲜/冷冻牛肉的出口量

10^3 t

项目	2012 年	2013 年	2014 年	2015 年
新鲜/冷冻牛肉与小牛肉	119.8	105.3	112.3	100.5
其中有：带骨	62.7	49.2	47.5	28.0
无骨	57.1	56.1	64.8	72.5
冷冻	19.5	17.8	20.5	20.4
新鲜/冷冻	100.3	87.6	91.8	80.1
其中： 欧盟	113.9	100.7	104.1	92.4
爱尔兰	41.3	33.9	36.3	36.8
荷兰	38.1	32.9	33.6	22.2
法国	10.5	11.5	9.8	10.1
意大利	6.9	5.9	6.5	6.1
比利时	7.9	7.6	6.4	4.0
德国	2.5	3.5	3.4	2.8
波兰	2.0	1.1	1.0	1.8
非欧盟	5.8	4.6	8.1	8.0

来源：圭亚那贸易投资支持机构/英国税务海关总署

表 3-3-37
2012—2015 年英国牛内脏的出口量和出口额

项目	出口量/10^3 t				出口额/百万英镑			
	2012 年	2013 年	2014 年	2015 年	2012 年	2013 年	2014 年	2015 年
合计	32.2	33.1	44.2	47.7	33.3	41.0	62.8	60.8
出口至欧盟	24.4	23.5	25.9	24.7	24.9	30.8	35.0	27.1
出口至非欧盟	7.8	9.5	18.3	23.0	8.4	10.2	27.8	33.7

来源：圭亚那贸易投资支持机构/英国税务海关总署

(3)英国牛肉出口历年变化

20 世纪 60 年代以来，随着全球供应紧张，牛肉和小牛肉的出口量在 2006 年疯牛病相关禁令后恢复，但仍然远低于进口量，出口需求量一直保持上升的趋势。虽然出口的牛肉品质优越，但大多数出口产品是海外加工产品，因为英国的加工能力有限，或者海外产品的价值高于英国的产品。例如，近年来，牛肉和小牛肉出口量在 10 万～12 万 t 之间，相当于 15%～17%的产量。过去几年，胴体的出口份额慢慢被分割肉替代(特别是剔骨分割肉)，那样加工增值产生的收益保留在了本国市场内。牛肉出口在过去几年中一直火热，部分原因是欧盟以外市场准入的改善。但是，由于国内供应量增长和价格升高，2011 年出口量大幅下降，出口量约 12 万 t，出口量比 2011 年下降了 16%，但仍然比 2010 年出口量增长了 9%。2011 年贸易金额约为 4.17 亿英镑。2013 年主要牛肉产品产量略有增加，小幅度上升是由于在 2011 年底和 2012 年初小牛产量的增加。2015 年英国牛肉和小牛肉出口的价值为 3.42 亿英镑，这是 2010 年以来最低的价格。

在 2015 年，超过 90%的英国牛肉出口到其他欧盟国家。爱尔兰和荷兰是最重要的目的地，占所有贸易的 55%～65%。

3. 在世界畜产品贸易市场的地位

(1)英国牛肉进出口情况

根据 2015 年(HMRC)统计数据分析，爱尔兰是英国主要进出口国。其中英国牛肉从爱尔兰进口比例达到 68%，英国出口到爱尔兰只有 37%。具体牛肉进出口现状如图 3-3-26 和图 3-3-27 所示。

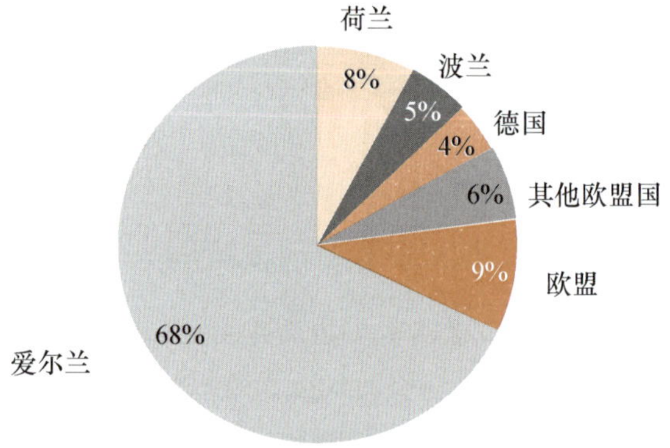

图 3-3-26　2015 年英国牛肉进口状况

来源：英国税务海关总署(HMRC)

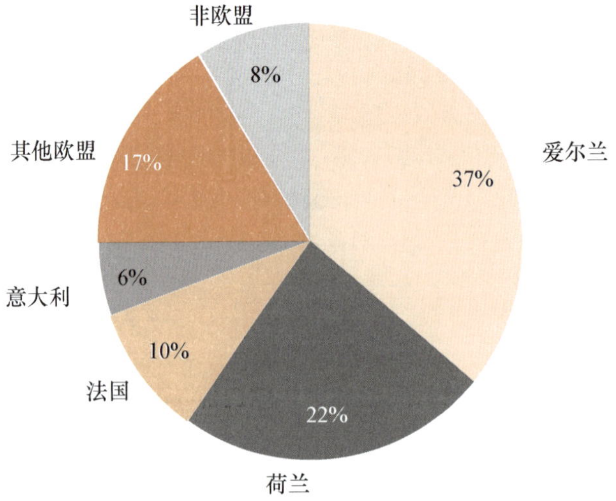

图 3-3-27　2015 年英国牛肉出口状况

来源：英国税务海关总署(HMRC)

目前英国进口的牛肉和小牛肉占总量的35%。每年消耗牛肉或小牛肉约25万t。英国进口主要供应商一直是爱尔兰，市场份额接近70%。欧盟提供了超过9%的进口，没有一个非欧盟国家提供超过总量的3%。约3/4的进口产品是新鲜/冷冻牛肉，大多是采用无骨切割方式，为实现更高的价值，切割后的产品很少或不需要进一步处理，并且运输成本低。但是，胴体占进口的新鲜/冷冻牛肉比例不足1/5。如上所述，英国进口的牛肉产品一部分是在爱尔兰或荷兰经过加工后得到的，其余25%的进口产品则是冻结出售，也被称无骨切割[63]。

(2)当前形势——关税和贸易壁垒

大多数进口到欧盟的牛肉按其总额的12.8%收取关税，每吨从1 414欧元到3 041欧元不等，这取决于关税是否削减。在大多数情况下，收取关税会使进口商品的价值增加50%或者更多，这严重影响了进口牛肉与欧盟肉类之间的竞争力。加工过的牛肉产品也需要进口关税，但牛的内脏大多可以免除关税。

尽管高额的关税阻碍了部分牛肉的进口，但欧盟仍然会从北美、南美、南非和澳大拉西亚的一些国家进口一些优质牛肉。欧盟允许约118 000 t牛肉进入欧盟市场，这部分牛肉的关税降得很低或者零关税。

现有的欧盟自由贸易协定没有一个是针对牛肉贸易的。然而，包括加拿大、美国、南方共同市场(主要是南美出口国)、澳大利亚和新西兰等几个主要的牛肉出口国正在就此进行磋商。

限制进入欧盟市场的非关税壁垒主要是卫生和植物检疫(SPS)措施。该措施中有一系列的要求，但其中最重要的是禁止含动物生长激素的牛肉，这是一些主要的牛肉出口国普遍的做法。其他大多数的牛肉进口国也有关税和非关税壁垒等问题。

最新版的《AHDB牛肉和羊肉年鉴》提供了2015年的关键统计数据，2015年是英国牛肉业的另一个具有挑战性的一年。与往常一样，许多因素对价格驱动发挥了重要作用，但是，供应量、竞争力和消费者需求通常是最主要因素[64]。

2016年英国屠宰场屠宰的牛数量下降了2%，达192万头，这在很大程度上是因为小牛的产量显著减少。2016年英国成年牛的屠宰量增加了3%，达到618 000头，是2012年以来最大量。

(3)英国牛肉贸易的机遇

由于市场准入权受限，英国加大牛肉出口到非欧盟市场的力度受到限制。在20世纪90年代后期实施的与疯牛病有关的限制之后，许多主要的牛肉进口国仍然没有得到授权。现在市场重新开放，但在目前，英国牛肉的价格与很多国家之间存在竞争。虽然自由贸易协定允许提供优先权，但出口仍可能受限于溢价削减。

开放市场可以提供更多实质性的利益，它可以为出口低价削减和内脏提供更好的机会。这些可以为英国工业带来更好的回报，因为这些削减在国内市场上很少或没有价值。最明显的例子是中国，其对增加牛肉进口抱有很大的预期。

然而，首先英国的产品在应对与中国建立自由贸易协定的国家(如澳大利亚和新西兰)处于不利地位。另外其他的亚洲和非洲市场也有潜力采购更多的英国牛肉和牛内脏。

由于在离开欧盟时没有处理好与欧盟的贸易协议，英国可能决定对牛肉的进口征收关税。这些关税的征收主要针对从欧盟进口的产品，包括英国的主要供应商，爱尔兰和第三国家，这将限制进口或使它们更昂贵。在短期内，这将显著使英国市场的供应变得紧缩，因为国内生产需要一些时间来做出反应。即使英国对欧盟的出口商品也会受到关税的影响，牛和牛肉的价格会大幅上涨。至于长期的影响部分取决于消费者的反应，也受其他肉类的类似干扰程度的影响。如果价格过高，需求可能下降，如果进口壁垒减少，这可能会产生类似的结果[63]。

4. 与中国的畜产品贸易情况

随着畜产品国际市场的进一步放开，国外畜产品的大量涌入，给中国畜牧业发展带来了巨大冲击。因为疯牛病等动物流行疫病在多个国家暴发，各国消费者对畜产品质量安全问题的重视程度逐渐加深，中国畜产品质量安全问题成为阻碍出口的关键因素。据考察发现，这些国家有的是因为进口英国牛肉引起的，因此在疯牛病期间，中国不从英国进口牛肉。

(1)出口市场

2015年前3季度，中国畜产品前10位出口市场(地区或国家)依次为中国香港、日本、美国、德国、荷兰、泰国、越南、英国、中国澳门和马来西亚，出口额合计为32.8亿美元，占畜产品出口总额的77.8%。与2014年相比，除泰国、英国和中国澳门外，其他出口市场均有不同程度下降，其中对日本、德国和越南出口下降幅度较大(表3-3-38)。其中，2015年英国进口中国的进口额为9 938万美元，同比增长了12.2%[65]。

表3-3-38

2015年前3季度中国畜产品出口主要市场

国家或地区	出口额/万美元	同比增长/%	占出口总额比重/%
中国香港	131 813	−2.8	30.3
日本	97 878	−21.1	22.5
美国	24 003	−6.7	5.5
德国	22 869	−22.7	5.3
荷兰	12 080	−14.9	2.8
泰国	11 671	47.8	2.7
越南	10 316	−33.2	2.4
英国	9 938	12.2	2.3
中国澳门	9 751	3.8	2.2
马来西亚	7 988	−18.4	1.8
合计	328 556	11.1	77.8

来源：中国海关统计

从中国畜产品出口前20位的市场数据来看，中国畜产品出口市场集中于亚洲，占到了总出口额的65%左右。中国香港和日本分列第一、二位，2013年中国大陆向这两个市场出口的畜产品分别占畜产品总出口额的27.28%和26.21%，历年平均比重分别为26.58%和30.72%。其次是欧美市场，以德国和美国为主，出口美国的畜产品占畜产品总出口额的历年平均比重为6.62%，欧洲市场主要出口国包括德国、荷兰、英国、比利时等，欧洲市场出口额占畜产品总出口额的平均比重为14%[66]。

(2)进口市场

澳大利亚、新西兰、美国、荷兰、丹麦、德国、巴西、乌拉圭、法国和加拿大，进口额合计占中国畜产品进口总额的81%(表3-3-39)。中国从荷兰、德国、巴西进口增长在50%以上，中国从新西兰、美国、法国进口下降幅度较大。其中新西兰出口到中国60.1亿美元，比上年增长29.3%，产品主要是乳品、羊肉、牛肉和羊毛，4类产品除出口额合计占新西兰畜产品出口到中国总额的82.4%。其中，出口牛肉5.3万t，出口额2.8亿美元，分别增长53.4%和65.1%[65]。

表3-3-39

2015年前3季度中国畜产品进口主要来源地

国家或地区	进口额/万美元	比上年增长/%	占进口总额的比重/%
澳大利亚	304 680	−3.3	19.8
新西兰	282 402	−46.1	18.3
美国	190 331	−26.9	12.4
荷兰	87 372	51.4	5.7

续表 3-3-39

国家或地区	进口额/万美元	比上年增长/%	占进口总额的比重/%
丹麦	84 013	4.3	5.5
德国	79 746	52.8	5.2
巴西	61 916	51.0	4.0
乌拉圭	61 016	4.5	4.0
法国	48 326	−23.4	3.1
加拿大	47 715	−4.0	3.1
合计	1 247 250	16.9	81.0

来源:中国海关统计

中国畜产品进口来源国主要是澳大利亚、美国、新西兰、德国、加拿大、法国、巴西、丹麦等。澳大利亚居首位,中国从该国进口的畜产品占畜产品总进口额的平均比重为 31.3%,比重最高的年份是 2004 年,达到了 39.3%。第二位是美国,平均比重为 27.1%,其次是新西兰,平均比重为 14.23%。中国从这 3 个国家进口的畜产品占畜产品总进口额的平均比重为 72.63%,2002 年达到了最高的 83.78%。中国从其他国家进口的畜产品比重一直不高,基本上在 3%以下,可见中国畜产品的进口市场集中于上述 3 国,但从这 3 国进口的畜产品种类存在较大差异[66]。

三、畜牧业生产扶持政策措施

(一)动物健康方面

动物疾病的预防对于动物健康与福利来说非常重要,并且会给人类健康带来风险。严重的动物疾病暴发会带来沉重的代价,以口蹄疫为例,根据它的严重程度和之前的暴发情况,已经给英国带来约200万英镑至 30 亿英镑的损失,并引起了连锁反应。动物疾病对社会和经济还有长期影响,例如,农民要进一步进行动物和动物产品交易,动物和动物产品的进出口贸易对英国经济来说非常重要。然而,这必须要严格控制,因为进出口贸易产品也可能带来疾病风险。其中,农民和其他动物饲养人员在预防动物疾病中起着至关重要的作用,当他们发现疾病及时汇报,可以有效阻止疾病的传播。

当某些疾病发生时,由英国环境、食品和农村事务部(Defra)负责控制其传播,同时也帮助和指导饲养或接触动物的农民及其他人如何预防疾病,患病动物不能进入或离开该国,畜禽的移动将会受到控制和追踪,动物疾病不能进入食物链中。

在动物疾病的预防方面,英国政府主要从以下几方面开展工作:

- 强制执行严格的畜禽识别和记录,以及畜禽流动报告,畜禽养殖人员必须进行养殖地注册登记并遵守相应特定物种的规定;
- 从 2014 年 4 月开始,牛和羊的移动情况报告采用新的电子报告系统,简单明了;
- 确保动物副产物的安全处理、使用和销毁;
- 控制和认证的进出口动物和动物产品的贸易,以确保他们不把疾病带入英国或其他国家;
- 帮助和指导农牧民和与动物接触的人群如何减少动物疾病发生的风险以及如果发现有动物疾病发生该如何应对;
- 严格规范携带宠物旅行。

在动物疾病的控制方面,不同疾病处理方式不同,具体包括:

- 立法规定,如果发现某一动物疾病,必须通知相关动物健康机构;
- 对疾病进行调查和监测;

- 如果检测确证，要阻止疾病的传播，包括动物屠宰；
- 根据欧盟法律规定，所有成员国根据特定的疾病可以采取不同的控制方法。

此外，英国政府为动物疾病的研究提供资金支持，以便政府出台的政策是建立在良好的科学证据基础上的。同时，监控全球重大动物疫情情况，评测其对英国构成的可能的威胁，提高对其的认识。

英国动物健康福利委员会（Animal Health and Welfare Board for England，AHWBE），针对英格兰市场，可以直接向政府部门汇报相关政策对动物健康与福利的影响。英国动植物健康机构（Animal and Plant Health Agency，APHA），是一家执行机构，主要负责动植物的健康和疾病，还包括检测和监控。英国食品标准局（Food Standards Agency，FSA）主要负责英国的食品安全和食品卫生。他们与地方当局合作，以加强食品安全条例，包括关于动物副产品的条例的执行。

1. 立法和相关条例

在动物健康方面，英国政府及相关部门所做的工作都受欧盟法律管辖，均按照本国的具体规定执行。例如，欧盟法律规定，成员国要执行一些疾病的控制计划（如家禽中的沙门氏菌）并检测其发展趋势。

2002 年，为了应对例如疯牛病和口蹄疫等由于动物副产物引起的大量涉及动物和人类公共安全的问题，欧盟颁布了关于动物副产物的利用与处置的相关法律条例[（EC）No 1774/2002]，并在 2011 年进行了修订。此外，欧盟还以国家立法形式出台了鉴定和注册不同物种或动物的具体规则。

（1）疾病控制

针对控制动物疾病的立法包括 1981 年首次颁布的动物健康法。

（2）动物病原体

针对动物病原体（任何可以导致疾病的，例如病毒）的实验室控制和进口控制，有相应的法律和法规，包括 1980 年颁布的进口动物病原体规则（1980 No. 1212）和 2008 年颁布执行的特定动物病原体规则（英格兰）（2008 No. 944）。英国环境食品和乡村事务部负责具体的实施和管理，并提供相应的信息和指导。

（3）动物副产物

2009 年 10 月 21 日，欧盟颁布了关于动物副产物法规 1069/2009[（EC）No 1774/2002]，并在 2011 年 2 月 20 号颁布了相应的欧盟实施条例 142/2011[（EU）No 142/2011]，制定了英国动物副产物如何利用、处置、运输和销毁的处置规则。

2011 年 3 月 23 日，英格兰颁布了动物副产物强制执行规则（No. 2011/881），进一步明确要按照欧盟法规要求执行，此法令在英国其他地区也适用。

2. 动物健康方面开展的相关工作及成效

（1）进出口贸易

动物和动物产品的进出口贸易对英国经济来说非常重要。为了使英国在农业，食品和饮料业方面更具竞争力，英国政府做了大量的工作。其中，协助企业开展动物和动物产品的出口是一项非常重要的工作，2013 年 10 月 6 日，在英国农业、食品和饮料行业实施增加出口行动计划。

然而，更大的贸易量会增加向英国及其他国家传播疾病的风险，需要在促进进出口贸易的同时，保障动物的健康，英国政府主要从以下方面开展工作：使用欧盟和国家的相关法规严格管控进口；严格遵守和执行国际兽医各项标准和流程；和非欧盟国家开展协商，促进英国产品的出口；为企业和机构在执行法规和进口贸易中提供必要的信息与指导。通过管制和立法来保护动物和人类健康确保英国出口产品符合高标准要求，保持其市场竞争力。

①与欧盟成员国间的贸易

动物和动物产品的贸易主要执行欧盟相关立法规定，此规定对进出口商有严格的规定和要求。

如果英国企业与欧盟各国开展贸易，可以使用交易控制及智能化系统（The Trade Control and Expert System，TRACES）这一在线系统，为交易商提供动物和动物产品的相关检疫证明和货物流通信息。具体与欧盟各国的畜产品贸易可以参考 2014 年 9 月 12 日由英国环境部、食品和农村事务发布的《关于进出口动物和动物产品的指南》,

②与非欧盟国家的进口贸易

欧盟制定了很高的动物和动物产品的进口标准。出口商如果希望将活的动物、动物产品和遗传物质进口到欧盟成员国需要进行认证,包括进行疾病测定,所有的货物在官方的边境检疫站进行检验。

③与非欧盟国家的出口贸易

不同国家间的出口贸易政策不同,并由进口国制定。各国制定的进口贸易标准要遵守世界动物健康组织和世界贸易组织相关规定。大多数国家,所有的货物需要出口检疫证明。

英国出口商要确保出口产品符合所有要求,包括相关的认证,可与英国动物卫生和兽医实验室机构(AVHLA)联系,该机构给出口商提供咨询意见,检查出口动物检疫证书存在的问题。此外,英国食品标准局还会提供有关出口食品的相关信息。

④相关法令

1964 年,英国颁布执行了猪人工授精管理规程(英格兰和威尔士地区)(SI 1964 No. 1172),规范国内市场。

1995 年,英国颁布了关于牛胚胎(收集、生产和转让)相关法令(SI 1995 No. 2478),规范了针对的牛胚胎在本国和欧盟成员国间的收集,生产和交易。

2007 年 5 月 22 日,英国颁布了《牛精液管理条例》(SI 2007 No. 1319),规定了针对英国国内和同欧盟其他成员国间的,针对牛精液的采集、保存和使用。

2011 年 5 月 25 日,针对欧盟从第三国和其他欧盟各国开展动物和动物产品的进口贸易,欧盟制定并颁布了《动物及相关产品贸易法规》(SI 2011 No. 1197)。

(2)动物副产物

动物副产物(animal by-products,ABPs)是指动物上任何不适于人类消费食用的部分,要安全处理动物副产物,避免使用中产生的风险,同时,英国政府也鼓励更好地回收利用副产物资源。

英国 AHVLA 机构负责进行副产物利用或处理中的检查、审批和相关企业注册。宰场和分割工厂的监管则由英国食品标准局负责。

①英国关于处理和销毁动物副产物的相关立法

在英国,针对动物副产物的使用,废弃处置,运输和鉴别需要遵守以下法令:2009 年 12 月 21 日,颁布执行的欧盟动物副产品法规,[(EC) No. 1069/2009];2011 年 2 月 25 日,欧盟发布的委员会条例,[(EU) No 142/2011];2103 年 12 月 12 日,由英国公共卫生部门颁布执行的《动物副产物(执行)英格兰条例》,(SI 2013 No. 2952)。

②英国关于处理和销毁动物副产物的相关规定

限制使用 ABPs 饲喂动物;禁止同一物种间的资源回收利用;禁止使用餐饮废弃物饲喂养殖动物;除了进行放牧限制外,禁止动物进入有有机肥料或采用动物副产物进行土壤改良的区域;所有动物副产物被划分为三个风险等级,来判别他们是否可以被利用或销毁处理,例如,一些低风险副产物可用作宠物食品,而一些高风险副产物必须销毁处理;规定要求了食品商业机构对不可使用动物副产物的标识规定。

此外,2014 年 9 月 8 日,英国环境部、食品和农村事务部和动植物卫生机构发布了《农户、企业动物副产物处置》指南。

(3)动物疾病的控制

英国政府采用不同的方式控制不同类型的动物疾病。

英国政府规定,一些疾病被归类为“法定传染病”,如果发现或怀疑某一动物感染该疾病,必须及时通知动植物健康机构(the Animal and Plant Health Agency,APHA);“外来”疾病是指通常不存在于英国的一类疾病,但是这类疾病可能通过野生鸟类传播,因此,上述疾病也须上报;“人畜共患”疾病类似于狂犬病，可以由动物传染给人类，一些人畜共患病必须上报；感染性海绵状脑病（transmissible spongiform encephalopathies，TSEs），包括牛的疯牛病（BSE），是一类脑组织疾病，所有的 TSEs 必须上报。

①应急计划

按照欧盟法规的要求，欧盟各国必须有应急计划，英国应急计划规定了 Defra 及相关机构和人员应对外来疾病暴发时，所采取的行为。英国政府每年审查这些应急计划，以确保该计划考虑到了处理疾病的经验和教训，公共资讯等。2012 年 2 月 28 日，英国 Defra 发布了《英国外来传染病应急计划》，指出当疾病暴发时，相关部门如何联动工作，另外，每个部门均有各自的应急计划。

此外，英国政府还会开展对疾病暴发的反应测试。2010 年，英国政府开展了一项全国范围的演习“Exercise Silver Birch”，以测试对大规模口蹄疫疾病暴发的反应，并发布了评估报告。2013 年，开展了关于猪瘟大规模暴发演练，并发布了评估报告。

②外来法定传染病控制政策

英国政府与 APHA 和其他相关机构合作开发了许多重要的法定外来疾病的疾病控制政策，具体包括：2012 年 1 月 24 日发布的“英国禽流感疾病上报”政策；2011 年 11 月 29 日发布的“英国口蹄疫疾病上报”政策；2011 年 6 月 30 日发布的“英格兰和威尔士狂犬病上报”政策；2014 年 8 月 24 日发布的“英国蓝舌病上报”政策；2012 年 12 月 19 日发布的“非洲马瘟上报”政策以及 2014 年 8 月 14 日发布的“非洲猪瘟上报”政策。

此外，英国政府还颁布了一些重要的指导性文件，具体包括：2010 年 3 月 1 日，英国 Defra 发布了关于外来动物疾病的控制工具——疫苗的指导性文件和外来疾病暴发中鲜肉的处理指导性文件。2014 年 8 月 26 日，英国环境部、食品和农村事务部和动植物卫生机构联合发布了动物及禽鸟可能将免于淘汰政策的资格指南。

③人畜共患病的控制

目前所知的人畜共患病有 70 多种，其中一些在英国很常见，还有一些是“可上报”疾病，是指如果实验室发现了某些疾病的证据，他们必须上报给 AHVLA。部分人畜共患病需要上报，并涵盖在英国的应急计划和控制策略中。

目前，两种重要的人畜共患病分别是布鲁氏菌病和沙门氏菌病，这两种疾病均会影响不同的动物。

在沙门氏菌控制方面，英国政府按照 2003 年 11 月 17 日由欧盟颁布执行的《人畜共患病法规》[（EC）No 2160/2003]来检查，确定本国沙门氏菌病的控制方案。目前，英国应经颁布了在种鸡、蛋鸡、肉鸡和火鸡养殖方面的相关控制方案。未来，其他的疾病和畜种的相关控制方案也将不断出台。

④传染性海绵状脑病的控制

传染性海绵状脑病（transmissible spongiform encephalopathies，TSEs）是一种致命的脑部疾病，包括牛中的牛海绵状脑病（bovine spongiform encephalopathy，BSE），牛、绵羊和山羊中的羊瘙痒病和人类中的库贾氏症（creutzfeldt-jakob disease，CJD）。所有 TSEs 均须呈报。

英国政府采取一系列措施，防止和控制 TSEs，具体包括：控制动物饲料来源；在屠宰过程中，动物的相关部位必须切除和销毁，不能进入动物或人类的食物链中；进行牛羊的 TSEs 测试，以符合欧盟的要求；针对 TSEs 进行调查、监控、屠宰和其他措施。

（二）动物福利方面

动物福利不仅仅是保护动物免受虐待，还必须满足其所需要的食物、水和生活空间，保护动物免受疾病，并创造一个健康的环境。当我们屠宰动物时，必须确保动物尽可能无痛死亡。

动物福利方面相关立法介绍如下。

1. 背景

英国政府在动物福利方面主要按照欧盟和本国的相关立法要求制定规程。主要包括农场动物福利，以及在运输期间、交易市场和屠宰时的福利，此外，还包括宠物。

英国政府发布了具体的实施规程，以指导农民（包括与动物接触的所有人群）正确操作，进一步解释欧盟和本国动物福利法所包含的内容，让农民们明白他们需要遵守哪些法规。

2. 宠物方面

英国政府颁布了《动物福利法（宠物）》指南，并采取新的措施以提高狗的福利待遇，英国政府于2016年4月6日发布了《狗植入晶片》指南，要求所有宠物狗必须进行晶片植入。而对于较为凶猛的狗，英国政府于2012年4月23日，发布了相关咨询意见，以防止其攻击行为。

3. 马戏团动物方面

目前欧盟还没有针对马戏团动物的相关动物福利立法。英国政府正在致力于引入关于移动马戏团不得使用野生动物的规定，目前现行的法规主要包括：如果移动马戏团使用野生动物必须要有相应的审批和牌照；任何人要进行野生动物训练和表演，必须到当地相关部门登记。

4. 动物福利监控方面

英国政府通过AHVLA，对农场、市场和运输机构进行监测和检查，以确保动物福利相关法规要求的正确执行，屠宰场则由英国食品标准局监督负责。此外，英国政府还会和AHVLA，当地机构以及协会组织共同开展监测工作。

5. 屠宰过程中的动物福利

按照欧盟2013年1月1日颁布的法规[(EC)No 1099/2009]具体规定执行，以保护动物在屠宰中的福利。法规要求：政府部门必须要监控和检测屠宰场；确保屠宰工是经过训练的，并且有执照；确保使用恰当的方法进行刺杀和屠宰。

此外，英国政府在同年9月13日也颁布了《屠宰动物福利（英格兰）》。

6. 运输过程中的动物福利

运输过程中执行欧盟法律规定要求，具体包括：与当地政府和AHVLA共同合作，以确保符合动物福利要求；为进行动物运输人员提供指导和帮助。

（1）相关法规

2005年欧盟颁布了《运输期间动物福利》[(EC)No 1/2005]相关条例，此法令在英国全境实施。此外，英国政府于2006年颁布了《运输期间动物福利（英格兰）》相关条例。

上述法规要求人们要对运输进行合理规划，尽量缩短运输时间，动物运输过程中必须遵守以下规定：适当采用空运；提供必要的食物、水和休息时间；提供足够的空间。

所有的运输形式和装卸方式均要进行合理的设计，保持空气流通，避免对动物造成的危害，相关操作人员要经过培训。

（2）监管机制

为确保相关法规的执行，必须进行有效的监管：运输机构的授权；长途运输（超过8 h）需要审批；为长途运输司机提供培训服务。

上述规定主要由当地相关部门执行监管，此外，英国动物卫生和兽医实验室机构（AHVLA）也对市场、港口、路边和出口进行监督。

（3）运输人员的管理和指导

英国政府为动物运输中的工作人员提供了指导，具体包括：针对2005年欧盟颁布的《运输期间动物福利》[(EC)No 1/2005]相关条例的指导；2011年6月9日，英国政府颁布的《英国道路车辆（集装箱）认证》指南的指导；2011年4月18日，英国政府发布了《牲畜运输车辆——最佳通风实践指南》。

此外，英国政府还提供了一些动物运输建议：牛和山羊（2011年3月15日），绵羊（2011年5月4日），家禽、猪、马，小马和国内其他马科动物（2011年4月18日）。

7. 国际动物福利

英国政府和欧盟各国在国际动物福利机构和其他国际组织的协助下，提高有关动物福利的相关标准。

8. 关于狩猎和捕捞动物的相关法规

英国政府规定了在狩猎和捕捞动物中的相关法规，以确保在上述行为中不会采用过于残酷的方式，具体包括：猎禽（1831 年 10 月 5 日）、獾类（1992 年 7 月 16 日）、海豹（1970 年 5 月 29 日）和鹿（1991 年 7 月 25 日）。

此外，英国政府还颁布了宰杀动物的方法，以便其更有效、更安全和更人道。

（三）牛结核病方面

牛结核病（bovine tuberculosis，TB）是一种主要对牛产生影响的传染性疾病。尽管只有少数的几种动物（包括在英国部分地区的獾）可以活跃地传播该疾病，但它可以感染其他许多种哺乳动物。

在英国的牛养殖业方面，牛结核病的感染规模和产生的费用是其最大的挑战之一，特别是在英格兰西部和西南部地区。目前，英国其他地方虽然仍会出现散发病例，但牛结核病感染已基本消除。通过对牛奶进行巴氏杀菌以及对农场和屠宰场患有结核病的牛进行早期识别，目前，在英国该疾病对人类公共卫生的安全风险影响非常低。然而，英国政府仍致力于消除牛结核病，进一步降低农民和纳税人的成本，并采取了以下措施，具体包括：①通过对牛群的处理，减少牛结核病，包括对整个牛群进行检测，当查明牛群中有患牛结核病时，对牛群进行监控；②獾中结核病的监控；③改善农场的生物安全保障；④开发牛结核病疫苗；⑤接种抗 TB 疫苗；⑥开展牛结核病研究计划。

通过广泛的调研，英国 Defra 在 2014 年 4 月 3 日，发布了关于在英格兰地区推出“牛结核病免费检测治疗”政策，每月公布牛结核病统计数据，并由 AHVLA 发布英国牛结核年度监测报告。此外，英国动物健康和福利委员会（AHWBE）组织专家小组成立了英格兰牛结核病消除咨询小组（TBEAG），该小组主要为英国环境、食品和乡村事务部针对实施牛结核病政策提供建议，AHWBE 则全面负责为英国的结核病战略提供咨询。

1. 立法和相关条例

1964 年 6 月 26 日，欧盟颁布了关于牛结核病的相关法规 CD 64/432 / EEC 委员会指令，其涉及影响欧盟内部牛、猪和其他动物的贸易的动物健康问题。

英国政府将针对牛结核病的相关职责全部转移到英格兰、威尔士、苏格兰和北爱尔兰的相关主管部门。分别于 2014 年 10 月 21 日，颁布了《结核病令（英格兰）》（SI 2014 No. 2383）；于 2012 年 7 月 1 日，颁布了《牛补偿令（英格兰）》（SI 2012 No. 1379）；于 2012 年 7 月 1 日，颁布了《个体价值确定令（英格兰）》（SI 2012 No. 1380）；于 2014 年 10 月 1 日，颁布了《结核病（鹿和骆驼）屠宰和补偿令（英格兰）》（SI 2014 No. 2338）。

2. 围绕牛结核病开展的相关工作及成效

（1）牛结核的研究和实证

英国政府围绕牛结核病的研究和实证主要从以下方面开展工作，具体包括：牛和獾疫苗的开发；疫苗研究机构的认证；新的牛结核病诊断测试；牛结核病流行病学，研究该疾病的类型、原因和影响；社会科学方面，如何看待牛结核病以及如何控制和应对；经济分析，考察疾病控制的成本以及特定措施。

英国政府在 2010 年 4 月至 2015 年 3 月期间花费了约 2 460 万英镑用于研究獾和牛结核病疫苗开发以及相关研究工作。

①獾的全国调查

英国食品与环境研究局（Fera）从 2011 年 11 月到 2013 年 3 月，对英格兰和威尔士地区獾的洞穴进行了调查，这是自 1997 年英国最后一次对獾的全国调查的后续行动。2014 年 1 月公布的调查结果显示，自 1988 年第一次全国调查完成以来，英格兰的獾数量翻了一番。

②疫苗的开发和诊断测试

英国政府计划从 2010 年 4 月至 2015 年 3 月投入 2 470 万英镑用于开发獾疫苗和牛疫苗以及相关的诊断测试的支出。

③牛结核病数据库

英国 Defra 及相关机构保存了牛结核病流行病学数据，为相关研究人员提供数据支持。其中包括：动物健康和兽医实验室（AHVLA）。牛结核病检测记录（来自 VetNet 和 VeBus 数据库）；1976—1997 年和 2002—2005 年对獾的（RTA）调查报告；1975—1998 年期间，獾的迁徙情况；AHVLA 细菌诊断实验室检查的样品检验结果；2006 年威尔士獾死亡调查报告；英国牛运动服务运营的牛追踪系统（CTS）；快速分析和相关动物风险检测（RADAR）信息系统。

此外，关于牛结核病相关研究的独立咨询由牛结核病科学咨询机构（Bovine TB Science Advisory Body，bTB SAB）提供，该机构通过 Defra 的首席兽医官和首席科学顾问向 AHVLA 的兽医和科学咨询小组秘书处报告。

(2)疫苗

疫苗接种与现有的牛结核病（TB）控制措施一起使用，可以减少牛相关疾病的普遍性和严重性。然而，目前没有可用于对抗牛结核的授权牛疫苗。基于 BCG 的牛疫苗在欧盟被禁止，因为它干扰结核菌素 TBskin 测试。

2013 年 1 月，欧盟健康和消费者政策专员致函国务卿，列出了可能使用结核病牛疫苗的暂定时间表。英国环境、食品和乡村事务部计划开展大规模的动物试验，以证明牛疫苗的有效性。

(3)通过对牛群的控制减少牛结核病

英国政府采取一系列措施控制牛群间的结核病传染，这些控制措施包括：

- 在英格兰高风险和边缘地区，对牛群进行年度测试，并在低风险地区对牛群进行四年一次的测试；
- 在屠宰场对牛进行例行结核病检查；
- 对 42 日龄以上的牛进行强制性结核检测，直至它们迁出畜群，进入屠宰场；
- 快速清除结核菌检测呈阳性的牛只，限制其同一牛群活动，并进行更频繁的检测，以控制和消除感染；
- 在牛的交易中，需提供其结核病史的详细信息，以便买方可以做出有关风险的知情决策；
- 严厉处罚不及时进行检测的行为；
- 进一步完善对患有经常性或长期结核病死亡牛群病例的管理条例。

(4)獾中的牛结核病控制

牛结核病主要是针对牛的疾病，但它也可以影响其他物种，该疾病可以在牛和獾两种物种之间传播。科学研究表明，獾对牛感染牛结核病有显著影响。

獾和牛在的结核病之间的关系非常复杂，英国政府针对獾中牛结核病控制，主要采取捕杀獾的方法。

2011 年 4 月 4 日，Bob Watson 教授对宰杀獾的原因进行了解释说明。2012 年 10 月 11 日，英国首席科学家伊恩·博伊德和首席兽医官 Nigel Gibbens 也在“守卫在线”文章中解释了宰杀獾的原因。

在 2010 年和 2011 年两次公开磋商之后，英国政府在 2011 年 12 月宣布，将在两个区域进行獾的捕杀，在 2013 年 8—11 月进行第二次捕杀，并计划每四年进行一次捕杀行动。

(5)獾的疫苗接种

英国政府也采用獾接种疫苗方法来控制牛结核病在獾中的传播，然而，疫苗不会保证所有接种疫苗的动物都得到充分保护，一些动物接种疫苗后仍可能感染该疾病。

英国政府于 2010 年 3 月，开始测试使用 Badger BCG 注射疫苗，研究表明，接种 BCG 可以显著降低獾排泄物中的牛分枝杆菌（牛分枝杆菌的原因）。在英国格洛斯特郡进行的超过 800 只野生獾的 4

年动物研究发现，接种疫苗导致的野生獾测试为结核病阳性的比例减少了 74%。

目前，獾 BCG 疫苗研究计划受到了英国格洛斯特郡政府的项目资助以及其他人如国家信托基金和当地野生动物信托基金的资助，此外，APHA 还提供獾疫苗接种和诱捕培训课程的辅导。

2014 年 4 月，英国政府发布了英格兰地区牛结核病战略计划，宣布了英格兰"边缘地区"的疫苗接种计划，在 2014 年 9 月推出的獾疫苗接种计划(badger edge vaccination scheme，BEVS)，将为边缘地区的疫苗接种活动提供长期的财政和其他支持。此外，口服獾疫苗项目仍处于研究阶段。

(四)进出口方面

1. 食品法律

作为欧盟成员国之一，英国遵循欧盟所有法律法规。如果欧盟法律还未完全统一，进口产品须满足英国现有法律规定。英国食品必须按照 1990 年制定的《1990 年食品安全法》进行销售。此法规定食品在下列情况下严禁销售：①危害健康的；②不合格的或者受到污染后可能会被食用的；③描述、广告或展示与商品本身不相符合；④所用物质或质量不合格的。另外，此法还涉及了关于可疑食品的检测及查封，食品卫生检测以及禁止英国工厂生产的相关规定。为了保证食品安全，进口食品在分销渠道、进口口岸、零售、批发环节都可以被检测。对于每个英国商人(包括进口商)，都有一个当地的权威机构为他们提供咨询、指导以及消费者保护、交易标准、食品安全等信息。英国进口商被建议，如果进口产品最好咨询当地的交易标准机构，以获取更多信息。全英国有 70 多家这样的地区交易标准机构。

除了《1990 年食品安全法》的一般性法律外，其他适用于进口食品的法律法规可以分为以下两类：①不含有动物成分的食品：如水果、蔬菜、谷物、某些面包制品、药草、调味品、矿泉水、果汁等，包括在 1984 年和 1997 年的《进口食品规定》(IFRs)中。②含有动物成分的食品：如肉、肉饼、意大利腊肠、肉比萨饼、家禽、鱼、鸡蛋、牛奶、奶制品等，包括在下列法规中：《1996 年动物源产品(进出口)规定》《1996 年鲜肉(进口条件)规定》《1984 年进口食品规定》《1980 年动物产品及家禽产品进口规定》《1997 年特定风险原料规定》。

英国食品标准局负责从农场到餐桌全过程的所有食品安全和标准方面的事务。1999 年 11 月，英国议会通过《1999 年食品标准法》，决定成立一个独立的食品安全监督机构——食品标准局(Food Standards Agency)。该局代表英王履行职能，并向英国议会报告工作。食品标准局的职能：一是政策制定，即制定或协助公共政策机关制定食品(饲料)政策；二是服务，即向公共当局及公众提供与食品(饲料)有关的建议、信息和协助；三是检查，即为获取并审查与食品(饲料)有关的信息，可对食品和食品原料的生产、流通及饲料的生产、流通和使用的任何方面进行观测；四是监督，即对其他食品安全监管机关的执法活动进行监督、评估和检查。在英国，食品安全的具体执法工作主要由 499 个地方政府承担。英国 Defra(原农业渔业及食品部，1999 年 12 月英国中央政府机构改革后改为现名)在新的体制下仍然负责兽药和农药的欧盟监控项目，并在上述领域作为执法机关；交易标准、园艺标准和酒类标准除零售环节之外的执法工作也由环境、食品和农村事务部(Defra)负责。英国食品标准局每年都会出版一份《食品法律指南》，列出了所有现行的英国食品法律。

2. 标签要求

英国食品标准局下属的食品标签、标准和消费者保护司负责标签要求事宜。目前，英国标签要求按照《1996 年食品标签规定》及《1998 年食品标签(修订版)规定》执行。下面是标签中需要注意的一些要求：

- 标签上必须要用英式英语，如用 colour，而不能用 color。欧盟允许标签使用多种语言。
- 食品名称、数量(重量、体积)和保质期必须在同一区域内。
- 食品名称只能用于一种产品描述来显示特别口味，如"草莓沙司"(strawberry sauce)，表示此调味品全部或主要由草莓制成，否则，草莓后面必须加上"口味"(flavour)，即"草莓口味沙司"(strawberry

flavour sauce)。巧克力口味产品可以用“不含脂肪的可可固体制成”。

● 配料(Ingredients)应该位于标头,如混合果汁的配料标题应该写为“ingredients in variable proportion”(不同比例配料),按照净含量从大到小的顺序排列。

●《2000年英国转基因食品(标签)法规》规定,含有转基因大豆和玉米的所有食品及食品成分中,都要清楚地标明转基因成分,如“用转基因大豆/玉米生产”的字样必须紧挨着相关的成分列表。如果成分取材于生物技术农作物,但此种农作物不含有全新的DNA或者蛋白质,不必在标签上写明。

● 具体成分含量要求(QUID):成分含量必须显示在产品名称中或紧挨着名称,如草莓冰淇淋前边标明15%草莓含量。成分含量用百分数表示,成分百分比必须真实显示。具体成分含量要求并不适用于食品中的那些没有增加成分的天然元素,如咖啡中的咖啡因,水果中的维生素和矿物质。如果某种产品列出的是干重或者某种成分只是用来做调味品时,不需要标明成分含量。具体成分含量不能替代营养标签。

● 包装前的食品净重必须用公制单位标明,后面可以跟随等同数量的英制单位。

● 货架摆放期限:要求标明最短货架期限。在“best before……”(最好在……之前)后面标明存贮期限,如天数、月数、年数。需要特殊储存条件的也应该指出。如:食品货架摆放期限为3个月或者更短时间时,用“best before……”,后面只能用天数和月数;期限为3个月或者更长时间时,用“best before end……”(最好在……结束之前),后面只能用月数和年数。在6周内食用的食品,最短期限也可以选择使用“sell by……”(在……出售),后面为天数和月数,另外还有购买之日后的储放期限和任何特殊的储放条件。“best before……”,或者“best before end……”,或者“sell by……”必须和产品名称在同一区域。容易腐烂食品要标明“use by”(在……使用),后面是日期,如5 March(3月5日),即在3月5日午夜前使用。对于保存期限在18个月以上,或者是冷冻的食品以及某些特殊食品不用标明上述期限。

● 任何特殊储放条件或者使用条件都要标明。

● 进口食品必须要注明原产地。

● 标签上的插图不能引起误解,如:标签上有奶牛图案,但是此产品不含牛奶成分。

● 营养标签是强制实施的,适用于与能量相关产品以及下列营养成分:蛋白质、碳水化合物、脂肪、纤维、钠、维生素等,以每100克或100毫升标明。营养标签多用于食品和饮料。

● 食品中如果含有允许的甜味剂,食品名称中应该包括“甜味剂”字眼;如果含有糖和甜味剂,名称中应该包括“糖和甜味剂”字眼;如含有阿斯巴甜糖,名称中应该注明“包含苯丙氨酸”;如含有10%以上的多元醇,名称中应该注明“过多食用可能导致轻泻”。

● 任何酒精含量超过1.2%的饮品都必须在产品标签上注明其真实含量。

● 关于果汁、水果饮料和糖制品标签的规定:生产厂家可以在果汁中加入维生素和矿物质。例如,不想喝牛奶的人可以选择加钙的果汁补钙。如果用浓缩汁制成果汁饮料,则饮料名称必须加上“用浓缩汁制成的果汁”字样。如果果汁和浓缩汁混合制成饮料,则必须在标签上,说明“用部分浓缩汁制成的果汁”。

2004年6月21日,英国食品标准局宣布将实行新的食品标签规定,并开始广泛征求公众意见。新的食品标签规定要求食品标签必须列明致敏成分。该法规要求含酒精饮料的预包装食品的食品标签上应该清楚的列明产品中存在的12种食品,它们是:含有面筋的谷类食品、甲壳类动物、蛋、鱼、花生、坚果、大豆、牛奶、芹菜、芥菜、芝麻和二氧化硫含量超过10 mg/kg或10 mg/L。该法规还要求标签上要注明所有从以上食品中分离出来的成分信息,例如用鸡蛋制成的食品糖衣。该法规于2004年11月份生效。

3. 包装和容器规定

所有重量和度量标准都要以公制单位标注,如需要后面可加注同等的英制单位。某些度量单位的缩写形式可以使用,如:kg,g,t,m^2,cm^2,mL,lb,oz,gal等。但后面不允许加写“s”。

英国执行欧盟的《包装和包装垃圾法令》,要求包装材料最低回收目标 60%,最低再循环率 55%。欧盟的《实质要求》规定体现其对“绿色浪潮”的重视。在防止包装材料资源浪费,强调包装产品重复使用,要求包装材料循环再生或降解、堆肥等方面做出了规定。英国还对《实质要求》做出了“生产者责任”的解释,规定四大生产环节的回收目标:原材料供应商 6%,加工制造厂 9%,包装或罐装环节 38%,零售商 47%。另外,包装材料中的重金属、铅、砷和六价铬不允许超过 100 mg/kg。从安全、卫生和顾客接受程度方面都要求包装应该最简化;包装应该能够重复使用或回收,包括再循环使用;包装的制作应使其浸出液残留物最少;包装可以通过焚化或堆肥回收。这些要求没有主次之分,不必满足所有这些要求,只需满足其相关部分要求即可。

就食品包装生产材料而言,大部分法律集中在塑料材料,因为玻璃和金属被认为实际上是惰性的,纸包装材料也不被认为是有害的。如果违反食品包装安全以及包装垃圾法令,英国将施以严厉的罚款。此方面的法律修正频率很快,因此,所有的包装制造商和供应商应该确保他们的包装材料符合最新的法令。

4. 食品添加剂规定

英国对食品添加剂的要求主要执行下列法规及其后期的修订版本:《1992 年食品添加剂标签法规》《1992 年食品调味料法规》《1995 年食品甜味剂法规》《1995 年食品颜色法规》《1995 年其他食品添加剂法规》。

5. 农药及其他污染物规定

英国农药规定由英国环境、食品及农村事务部下属的执行机构——英国农药安全委员会制订。主要相关法规:《1999 农药法规》,规定了水果、蔬菜、谷物和动物产品的最大农药残留量,2000 年 2 月 1 日正式生效。由于新的最大农药残留量要根据正在进行的欧盟项目制定,其间已经进行了多次修改。如果欧盟或者英国没有某一农药最大残留量的规定,应参考联合国食品法典委员会(CAC)的标准。英国还对其他污染物做出了相关规定,如黄曲霉毒素、砷、化学致污物、氯仿、萃取溶剂、碳氢化合物、四氯乙烯、锡、色氨酸以及动物及动物产品中的兽药残留物。

6. 其他规定及要求

除了鲜红肉外,所有动物产品的进口必须要有进口许可证。虽然鲜红肉的进口不要求进口许可证,但是必须附有适当的动物和公共健康证书。所有奶制品的进口必须要有公共和动物健康证书。

7. 其他特殊规定

有机食品:所有有机食品除了要执行标签方面的法律外,还要遵循欧盟/英国有机食品规定。有机食品法律由英国环境、食品和农村事务部制定。进口商进口有机产品时要申请授权。获得授权之前,进口商必须证明其进口的产品的生产和检验标准等同于那些已在欧盟流通的产品。肉制品:必须注明肉含量,通常形式为在成分列表附近写明“肉含量最低 X%”。

四、肉牛产业科技进展

(一)育种与繁育技术

1. 育种水平

英国是肉牛发展较早的国家之一,拥有一批世界著名的优良肉牛品种和地方品种。全英现有肉牛品种近 30 个,繁育比较广泛的品种主要有海福特牛(Hereford)、安格斯牛(Aberdeen Angus)、夏洛莱牛(British Charolais)、利木赞牛(Limousin)和德文牛(Devon)等[67]。

围绕英国肉牛遗传育种现状,采用了大量的经济学数据进行分析,目前,判别肉牛育种最主要的健康和福利数据是估计育种值(estimated breeding values,EBVs),其可用于估算产犊的难易性和新生牛的初生体重[68]。由于育种值不能直接度量,只能利用统计学原理和方法,通过表型值和个体间的亲缘关系进行估计,因此将得到的估计值称为 EBVs。

尽管 EBVs 变化的方向明确,但是比较品种间的 EBVs 仍较困难。夏洛莱品种一直积极地应对遗传选育潜力方面的挑战,在提高产犊易用性的同时,避免降低初生体重。此外,在市场压力的驱使下,一些牛肉生产商倾向于选育更容易改变产犊性状的品种,这使得一些品种已经渐渐失去市场份额,目前超过 75%的肉牛买家在购买小母牛时会参照奶牛产犊能力指标[69]。

此外,在过去的 20 年间,英国利用其他国家之间的竞争,从世界各地进口高价值的公牛精液,遗传改良率得到了提高,这种改善对英国乳制品行业的价值估计在 12 亿~14 亿英镑[69]。

2. 主要育种指标及现状

2012 年,英国苏格兰农业学院(Scottish Agricultural College,SAC)第一次公布了英国奶牛的基因组数据,这样既可以广泛吸收英国牛种的表型和谱系数据,又可广泛采集国外牛种的基因型信息,并通过评价英国年轻公牛的单核苷酸多态性,期望更广泛地建立基因筛选技术,而对基因组的改良也可用于其他品种,但具体每个品种在改良细节上不同。

英国利木赞牛协会(British Limousin Cattle Society)已经开展肉牛单核苷酸多态性的研究,并与特克塞尔羊协会(Texel Sheep Society)围绕如何有效利用基因组选择的品种展开协商[70]。目前,该行业正在迅速应用基因组技术,并研究如何以自己的方式获得其潜在的利益。

此外,联合饲料效率特性的进一步国际合作研究与开发也在进行中,这将高效推动基因组育种价值的提高。另外,此项技术的应用还可能会导致一系列的额外的收益,如饲料效率和温室气体排放量的改善,其他更明显的特征将在未来显现,如肉品质量、牛奶质量(脂肪酸含量)和抗病性,这将进一步增加英国牛业的价值。

3. 先进的育种技术

随着肉牛业的发展和生物技术的进步,催生了四代辅助生殖技术[71]。

第一代生殖技术:人工授精。人工授精是第一代技术,已经发展了超过 200 年。1950 年英国学者 Smith 研究开发了牛精液冷冻保存技术[72],1960 年后冷冻精液的人工授精技术得到了广泛的应用,使用人工授精技术对遗传改良具有重要意义,在奶牛产业年度增长率约为 1.0%~1.5%,产生了巨大的遗传增益。育种质量的评价包括对公牛、母牛及其近亲的生产记录,以及体型上的商品质量的评价。公牛通常应在品种协会的种畜手册上登记[73],一头较好的幼年公牛最初只能用人工授精做少量的后裔测验,如果很理想,这头公牛将被允许大量地用于人工授精。农民可以选择优良的公牛来满足自己特殊的需要,例如提高产奶量,提高乳脂率,提高肉质等。

第二代生殖技术:超数排卵和胚胎移植。胚胎移植已经有 100 多年的历史[74],胚胎移植技术冲破了母畜繁殖力低的障碍,能够大大提高母畜的繁殖效率,使优秀母畜可以生产出比自然繁殖更多的优秀后代,使优良公母畜的繁殖潜力得以充分发挥。将胚胎生物工程技术与核心群育种的优点合为一体,提高了母牛的繁殖率,同时缩短了 20%~30%的世代间隔,并能够产生可以用于育种值估计的全同胞组。因此,胚胎移植技术是畜牧业生产中继人工授精后家畜繁殖技术的又一次重大改革[75]。胚胎移植的技术程序主要包括:供体和受体的选择,供体和受体的同期发情,供体的超数排卵与配种,胚胎的回收、质量鉴定、保存与移植等环节。

第三代生殖技术:配子和胚胎性别鉴定以及体外受精。胚胎性别鉴定在 20 世纪 90 年代初期发展起来,但已失去了在过去的几年中的重要性。聚合酶链反应技术目前被用于规模较小的早期胚胎性别鉴定[76],主要用作胚胎诊断遗传和疾病的性状。建立完全在体外条件下快速生产和保存大量优质廉价卵母细胞和胚胎的技术十分必要,其不仅有利于充分挖掘优良母畜的繁殖潜力,为胚胎工程的其他研究如胚胎细胞移植、胚胎干细胞系的建立、基因转移、胚胎性别鉴定、胚胎嵌合等提供合适的研究材料,而且有利于揭示雌、雄配子在成熟、获能过程中的形态、生理变化及受精机理与早期胚胎的发育本质,评定精子质量并建立适合于进行体外受精的优良精子库，为受精生物学、发育生物学及低温生物学等学科提供重要的理论依据[77]。

第四代生殖技术：胚胎克隆、转基因技术、干细胞生物学，也包括可能协助的分子工具的选择和生理过程控制，以提高生育能力。通过克隆技术和转基因及基因标靶技术结合，即使用转基因或者靶基因修正后的细胞系生产转基因克隆动物群，解决了以往显微注射方法不可预测以及成功率低的问题，将转基因技术效率提高数十倍，并且使除小鼠外对其他动物进行基因标靶操作成为可能[78]。分子标记辅助选择已被证明是非常成功的家畜品种改良选育的重点。近年来，家畜基因组信息越来越重要，可用于育种以及提高某些特质。很多性状由几个基因位点控制，每个基因位点可以贡献几个性状的变化，因此称为数量性状位点(QTL)控制。这些分子标志物用于识别基因位点或影响单基因性状和数量性状位点的染色体区域[79]。

4. 主要育种企业、组织及其地位

类似于我国在经济方面的五年计划，英国在科研方面有十年计划。英国生物技术和生物科学研究会(BBSRC)会同英国环境、食品和农村事务部(Defra)于 2005 年制订了 2005—2015 十年研究战略计划，在肉牛领域，该计划重点资助肉牛养殖与环境以及肉牛业可持续性发展的研究[80]。

BBSRC 于 1994 年经英国皇家法令批准，在合并原有的农业与食品研究理事会和科学与能源研究理事会中的生物技术和生物科学项目组基础上组建而成，属于非行政公共机构。BBSRC 是英国贸易与工业部(DTI)通过科学与创新办公室进行财政支持的 8 个研究理事会之一，是英国政府科学技术“双重支撑体系”的重要组成部分，是英国生物技术与生物科学发展的核心咨询机构，也是英国生物技术与生物科学的战略制定者和主要研究资助者。其使命是：通过支持英国主要大学与研究机构(包括 BBSRC 本身资助的研究机构)的科学研究并提供研究训练，促进研究向商业运用的知识转移，完善工业发展与政策制定，促进生物科学中的公众参与[81]。

英国 Defra 负责维护英国的自然环境，支持英国优秀的食品和农业企业，并致力于维持繁荣的农村经济。Defra 在人们的日常生活中发挥了重要作用，涉及空气、食品、水等众多方面。英国农业科技战略试图通过回答如何在不破坏自然环境的前提下，解决急剧增长的人口吃饭问题所带来的挑战。该战略让人们运用正确的理念，开发从实验室科技走向农场的业务。英国的科学技术在发展中国家促进食品安全方面将起重要作用。英国政府 2011 和 2012 年已投入 4 500 万英镑用于农业食品研发，还将投入 1 600 万英镑用于英国食品和农业业务的加速创新，利用全球新兴市场驱动英国经济增长[82]。

英国农场动物遗传资源委员会(FAnGR)在苏格兰，威尔士和北爱尔兰提供有关农场动物遗传资源的保护和可持续利用问题的支持。主要工作范畴包括：帮助提高牛肉行业的遗传力，提供对畜牧业的立法建议，制定 FAnGR 在农村的发展计划以及对英国畜禽品种进行风险预警等[83]。

5. 良繁推广体系现状及主要繁育技术

在英国，基因组学和分子遗传学新技术的进步有利于实现肉牛遗传资源方面的商业开发。在乳品行业，育种公司正在使用这些新的方法来选择性能更佳的奶牛，然后将他们的产品和服务商业化。例如，大约 50%的人工授精技术是通过基因组评价选择优良的种牛，肉牛行业可以利用基因组学预先存在的特点，并利用其验证技术，加速肉牛遗传改良[84]。

品系培育不仅用于纯种繁育，杂交遗传育种中同样可以应用。当杂交出现一定数量理想型后代时，即可开展品系培育，迅速稳定优良性状的遗传基础，形成若干个具有不同特点的品系，建立新品种的完整结构，进而育成新品种。例如，英国许多肉牛品种(短角牛、海福特牛、安格斯牛等)在育成过程中就广泛采用了品系培育的方法[85]。

现代育种方法利用计算机方法来估计动物遗传价值，通过这一方法来进行动物亲本的筛选。通过建立与动物良种繁育相关的基因组数据库，可以对肉牛序列进行同源识别、序列联配、特征片段检测、建立数据模型、功能位点确定及预测其可能的结构等方法来揭示对应的功能[86]。目前，已在核酸层次上运用 DNA 芯片技术和质谱测序技术来进行大规模基因功能表达图谱的建立和分析。

基因芯片用于基因再测序将加快 DNA 多态性鉴定,促进新品种的产生。虽然 PCR 技术进展使得有用的目标序列加速简单的扩增成为可能,但用全手工操作的凝胶方法来分析 PCR 结果就限制了多态性分析;而基因芯片能平行分析数百个或数千个多态性问题,可用于快速、定量、非放射性获得所期望的基因信息[87]。

转基因技术是将外源基因转移到动物受精卵内组成一个新的融合基因,使其在动物体内融合和表达,产生具有新的遗传特性的动物。通过转基因将畜禽引入新的生产途径或通过转基因的产物调整动物的生长发育,以改良动物的生产性能[88]。对于奶牛产奶来说,目前转基因的主要途径是改变乳的主要成分、提高产乳量和生长速度。

(二)养殖技术

1. 肉牛养殖设施设备

英国利用肉牛追溯系统(cattle tracing system,CTS)数据库对动物的监管非常到位,能够随时掌握动物的移动轨迹,以便疫病追溯有源。AHVLA 主要依靠动物耳标、动物护照、移动记录、数据库等实现日常监管[89]。如牛出生后 7 天内牧场人员在其双耳同时加施耳标,终生佩戴,并向牛跟踪网络系统传输这头牛的父母代情况、出生日期、出生地、耳标号码、养殖场备案号等,然后在动物移动执照系统为这头犊牛申请一个户口,下载记载了上述信息的一个护照,牛的护照编号和耳标号一致;这头牛只要移动就要携带这个牛的护照,否则该头牛就不能进行买卖或进入食品链。该头牛死亡或被屠宰后该牛的护照要交回到发证机构,信息要上传到信息数据库[89]。

剑桥大学工业设计院(CID)针对爱尔兰客户的需求,发明了用于肉牛养殖的传感器装置(图 3-3-28)[90]。传感器阵列根据每一头牛的动作,能够匹配其特定的行为,如放牧、交流、休息、进食等。此类信息随后通过移动 GSM 网络实时发送到一个中央处理器。在该处理器中可以由测量装置分析牛奶产量与牧草长度,也可以由 CID 设计的监测器检测草料等其他数据。农民可以通过使用牛铃项圈,创建基于特定位置的虚拟电围栏,从而得出奶牛放牧的最佳区域,当然,这一区域仅局限于特定的牧场。随后可以建立地理栅栏,从而很容易远程更改不同的放牧条件,这会进一步提高放牧效率,因为该传感器可以节省需要手动张贴和取下物理电围栏的人力和物力。

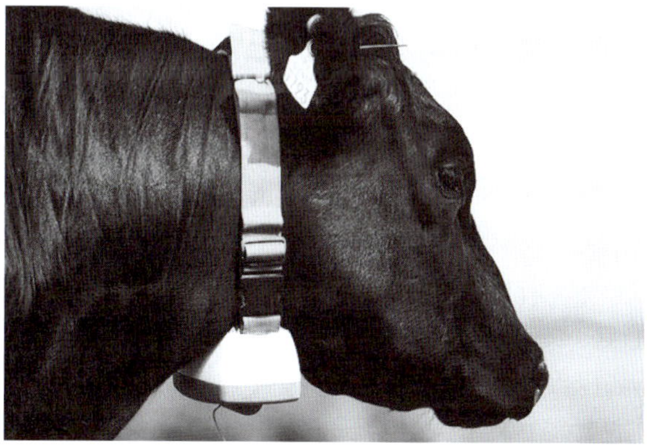

图 3-3-28 CID 设计的用于肉牛养殖的传感器装置

英国实践季节性产犊,利用草场质量的变化而奶牛倾向于更加密集地提出非季节性产犊模式。英国政府建立了基于互联网的家畜跟踪系统,这套家畜跟踪系统是家畜辨识与注册综合系统的四要素之一。在该系统中,与家畜相关的饲养记录都被政府记录下来,以便这些家畜可以随时被追踪定位。家畜辨识与注册综合系统的四要素是:标牌、农场记录、身份证、家畜跟踪系统[91]。

尽管 CTS 数据库对个别牛畜群提供了前所未有的大量的统计信息,它最初设计是用于在屠宰过程中进行追踪调查。在养殖管理过程中，首先通过耳标号检索出该头牛的信息，然后进行相应信息的操作[92]。在饲养过程中，当肉牛健康情况出现异常时，管理人员可通过耳标号查询到该头牛的饲养信息，实现饲养信息的可追溯，为生产管理提供可靠依据。个体标识管理是养殖场信息管理不可缺少的一部分，是实现肉牛养殖信息可追溯的前提，每头肉牛都有一个唯一的标识编码，存储在该头牛的耳标中，用来唯一区分每一个个体[93]。

2. 肉牛生产管理

苏格兰肉牛生产是一个分散的行业，约有 7 400 个企业进行哺乳犊牛生产，而其中 22 家屠宰场进行屠宰。许多屠宰场作为批发商与苏格兰零售商进行贸易，八个最大的网站与英国多个零售商的交易约占总屠宰量的 88%，这些网站还与一些非英国的出口商进行销售往来。据估计，苏格兰本地牛中，只有低于 10%数量的牛在苏格兰的屠宰场被购买，这使市场价格出现了不确定性，从而导致肉牛生产者和销售者之间信任度降低，这种销售模式对在市场规范、市场信号以及潜在的供应链方面提出了挑战。为了应对这一现象，很多零售商已开始非正式地参加“生产者联盟”组织，尽管覆盖范围有限，该组织致力于保证供应，并提供一些技术支持[94]。

2013 年初至 2014 年中期，英国肉牛市场价格出现了快速上涨和下跌的波动，致使肉牛生产供应链内的信任度受到破坏。这种信任只能通过在供应方面更多地分享信息，以及在需求和价格驱动因素方面，完善现有体系来恢复。通过完善数据共享，了解整个供应链生产情况，需求行为和模式将有助于提高理解和信任[94]。

爱尔兰牛育种联合会（Irish Cattle Breeding Federation）政府/行业倡议中有一个范例，综合利用肉牛（包括牛肉和乳制品）各种数据集的价值，为牛肉生产者提高肉牛遗传育种/科学饲养方面的价值[84]。英国工业机构的一些报告还建议通过在英国建立类似的举措（例如促进苏格兰业内发展的“牛肉领域的回顾及苏格兰肉牛业 2020 年展望”）可以实现相当大的行业影响，但是迄今为止还没有达成英国肉牛业统一的一个目标。虽然在没有大量资金投入的情况下，单个中央数据源的建立可能不会实现，但需要注意的是，即使是规模较小，成本较低的举措也可以得到很大的收益。因此，肉牛产业应在现有的行业主导和政府主导的计划之间实现更大的数据共享和协调。

3. 肉牛饲喂技术

英国近年来在肉牛饲料开发与利用方面暂无突破性进展，一些商业试验表明，有公司在研发高精料肉牛育肥条件下可以防止酸中毒的饲料添加剂。对肉牛的饲料供给则随育肥方式而异。为了最大限度地节约商品奶，又不影响牛犊的发育，英国许多农场结合早期断奶技术，使用代乳料饲喂牛犊。牛犊出生后一周就开始训练采食精料，当日采食精料 1 kg 时就断奶[95]。秋季所产的牛犊断奶后，要进行舍饲，以饲喂干草为主，适当补饲精料。当犊牛体重达到 100 kg 左右时，即可转入肥育阶段[96]。在英格兰的诺森伯兰、累斯特、北安普敦等郡，以及苏格兰东部沿海、赫里福德盆地等处，有大面积的优质永久性草地，这些地区育肥牛营养主要来源于草地，适当补饲精料。饲料安全的一项重要技术是饲料来源的识别，2012 年英国用近红外反射技术检查肉牛饲料中的动物源成分[95]，通过确定光谱范围，检测者可以区分饲料是来自动物，还是来自植物。在饲料来源识别方面，PCR 法比近红外反射技术更优越，效率更高，可靠性更强，该方法已经实用于奶牛商品饲料的检测，也将会用于肉牛饲料检测。在英国，有机饲养的肉牛对饲料原料的要求很严格，不但不能有化学污染和生物污染，还不能用转基因原料。

（三）疫病防控技术

1. 主要疫病流行现状

随着全球旅行量的增加、养殖模式的变化、全球气候变暖以及其他威胁等的存在，使动物疫病的发生、发展，也在发生着变化。英国发生了几次耗费大、破坏性大的动物疫病，如 1986 年暴发了牛海绵状脑病（Bovine Spongiform Encephalopathy，BSE），2001 年口蹄疫（Foot and Mouth Disease，FMD）暴发，随后是大肠杆菌 O157 细菌感染，与此同时政府也加大了监测的力度。

在 2012 年的报告中，英国肉牛相关部门列出了行业内部分肉牛健康和福利问题及其经济损失，见表 3-3-40。这些问题是由多种因素共同决定的，包括育种、喂养和农场管理因素等。

表 3-3-40

英国肉牛疾病及其经济损失

肉牛常见疾病	估计经济损失
疯牛病	7.8 亿英镑/年
牛副结核病	平均每例农民损失 14 000 英镑
牛肺炎	超过 8 000 万英镑/年
牛病毒性腹泻	3 960 万英镑/年
传染性牛鼻气管炎	3 660 万英镑/年
牛慢性痢疾	1 300 万英镑/年
牛肝片吸虫病	1 100 万英镑/年

英国农业部下设的动物健康和兽医实验室联合署（The Animal Health and Veterinary Laboratories Agency，AHVLA）在全英设立疯牛病取样点。AHVLA 对进出境检疫负责：对其他国家的进出口检疫，对动物和动物产品进行网上填表申请、到口岸后查证验物和检疫；另外，负责出口检疫，按照对方的要求进行，官方兽医经过实地检查后签署检疫证书即可。对染疫、病死或者死因不明动物和动物产品，英国实行严格的无害化处理制度，由专门机构统一运到焚烧场集中焚烧处理，禁止随意掩埋。为此，养殖场每年须交纳一定费用。无害化处理设施和场所需 AHVLA 颁发执照，进行认可。

（1）疯牛病

疯牛病，即牛脑海绵状病，简称 BSE。1986 年 11 月将该病定名为 BSE，首次在英国报刊上报道[96]。这种病波及世界很多国家，如法国、爱尔兰、加拿大、丹麦、葡萄牙、瑞士、阿曼和德国。据考察发现，这些国家有的是因为进口英国牛肉引起的。2001 年欧盟颁布完全饲料禁令，禁止加工动物蛋白饲喂农场饲养动物、育肥动物或种用动物，严防反刍动物用饲料和非反刍动物用饲料的交叉污染[98]。同时，对疯牛病疑似动物进行检测：①所有年龄在 30 个月以上的常规屠宰牛；②所有年龄在 24 个月以上的死亡牛；③所有年龄在 24 个月以上的伤残/紧急屠宰/因无法站立而屠宰的牛；④所有年龄的疯牛病临床疑似牛。总体，包括三方面政策：清除和销毁受感染动物；清除和销毁可能传播疯牛病病原的组织；实施有效的饲料禁令。

（2）牛结核病

牛结核病是由牛分枝杆菌和结核分枝杆菌引起的一种人兽共患的慢性消耗性传染病。该病的流行与传播不仅阻碍了畜牧业的发展，而且严重威胁食品安全和公共卫生。感染牛结核病可导致牛体重减轻、减少的奶牛产奶量、不孕等。英国动物卫生研究所计划将一种新的牛结核病检测方法商品化。这种方法可以区分疫苗接种牛与感染牛，此技术可以显著提高英国对牛结核病的防控水平。英国兽医当局正在考虑用给人免疫接种的卡介苗预防牛的结核病。但是，用卡介苗接种的牛在进行结核菌素皮肤试验时呈阳性，Jayne Hope 博士等研究证实，感染牛的 γ-干扰素水平比接种疫苗牛高[99]。根据这一研究结果，研制出一种可以当天在饲养场检测牛结核病的快速诊断试验，并能区分接种和未接种疫苗的牛。据英国《华商报》报道，英国全国农场主联合会于 2013 年 8 月 27 日称，为防控正在英国流行的牛结核病，专业猎手将在英格兰西部两个郡猎杀 5 000 只獾。据英国“全国农场主联合会”介绍，此次猎杀行动将集中于格洛斯特郡和萨默塞特郡这两个疫情“重灾区”，由受过训练的专业人士负责执行，并将尝试采用“安全、人道和高效”的方法实施。英国环境、食品与农村事务大臣欧文·佩特森当天说，牛结核病目前正在英国蔓延，给畜牧业和乳制品行业带来巨大损失。从澳大利亚、爱尔兰等国的经验来看，仅靠目前的防控措施仍然不够，而有效疫苗尚在研发中，因此猎杀野生獾，切断致病菌传播渠道的尝试“十分重要”。据报道，野生獾是牛结核病主要的携带并传播者。英国政府从去年 10 月开始计划猎獾行动。据统计，2012 年，仅英格兰地区就因牛结核病宰杀销毁了约 2.8 万头牛。

(3)牛肝片吸虫病

在最近几年，由于长期潮湿天气的原因，牛肝片吸虫病感染显著上升，对英国肉牛行业造成了巨大的经济损失，且被感染的肉牛有增长趋势。Sanchez Vazquez 和 Lewis 估计由于染病降低了肉牛胴体重和胴体脂肪重，使胴体价值损失了 0.3%，而这个损失中还没有考虑由于饲喂时间和饲料成本的增加引起的胴体增重。2013 年 ADAS 报告数据显示，牛肝片吸虫病会降低经济增长率、相同条件下需要延长 27 d 育肥期，才能够与未受影响的牛达到相同的胴体重量。每头受感染的肉牛可导致 90 英镑的经济损失。该疾病对肉类加工环节的供应链也造成了直接的经济损失。英国食品标准局提高的数据显示，2013 年在苏格兰屠宰场中宰杀了 1/3 患有牛肝片吸虫病的牛。受感染的肝脏大大降低了肉牛的市场价值，由于这个原因，每年苏格兰的屠宰行业会遭受超过 25 万英镑的损失。因此，对牛肝片吸虫病防控的研究具有相当大的经济收益。对牛肝片吸虫病的防控主要应定期进行驱虫，每年进行 2～3 次。原则上第一次在大批虫体成熟之前 20～30 d 进行，第二次在虫体大部成熟时进行，经过 2～2.5 个月再进行第三次驱虫。驱虫后一定时间内排出的粪便必须集中处理，堆积发酵，进行生物热处理。

英国诺丁汉大学等机构的研究人员在新一期学术期刊《自然·通信》上报告说，他们在对英国数千只奶牛进行结核病检查时发现，肝片吸虫会干扰检查结果。通常检查牛结核病时会给牛注射一种蛋白质，如果牛的皮肤上出现炎症反应则认为是感染了结核病，但如果牛体内寄生有肝片吸虫，它可以抑制炎症反应，使得这些牛在结核病检查中漏网。因此通过设立联合疾病防控点，对多种疾病建立数据库，进行数据分析和筛选，通过数据挖掘技术分析某些传染病发生发展流行规律，排除疾病相互干扰因素，对传染病的流行做出预测预警是很有意义的。

(4)沙门氏菌病

人畜共患传染病是全球主要关注的疾病，其不仅危害食品生产安全，而且还会危害人类健康。在 2012 年，报道了 561 株沙门氏菌病例，相比在 2011 年报道了 823 例，减少了 31.8%，其原因不太清楚。沙门氏菌有很多亚型，纽波特沙门氏菌（*S. newport*）是一种野生型突变，表现出一个小幅的增加。鼠伤寒沙门氏菌（*S. typhimurium*）在分离的肉牛血清中所占比重继续下降，分离成分中都柏林沙门氏菌（*S. dublin*）含量最多，占 66.3%，姆班达卡沙门氏菌（*S. mbandaka*）含量其次，占 10%。据英国食品研究所消息，近日研究人员采用一种新型下一代测序技术对转录起始位点（TSSs）进行了准确的定位，成功定位了 78%的鼠伤寒沙门氏菌基因的转录起始位点。该新技术名为“dRNA-seq”，可以对整个转录组进行分析，进而鉴定出未转化成蛋白质的 RNA 分子，这些 RNA 分子被称为非编码 RNA，对于控制毒性沙门氏菌基因的表达非常重要。研究人员表示，研究有助于控制沙门氏菌的毒性基因，并为后续鼠伤寒沙门氏菌这种食源性病菌的研究做了铺垫[100]。

(5)口蹄疫(FMD)

2001 年，FMD 使得英国农业产业损失 31 亿英镑，2001 年和 1967/68 年流行规模都非常大，分别暴发了 2 030 和 2 346 例[97]。2007 年发生的 FMD，是由于 FMD 病毒逃逸出 Pirbright 实验室后感染了距其 4.4 km 远的牛群。

(6)牛呼吸道合胞体病(BRS)

1970 年牛呼吸道合胞体病毒（BRSV）首次从患有呼吸道疾病的牛体中分离到，病毒虽然不感染肺泡巨噬细胞，但可破坏下呼吸道的机体防御机制。BRSV 感染后发病率通常达到 60%～80%，死亡率在一些暴发中也能达到 20%以上。本病多发生于秋冬季节，主要感染牛、绵羊、山羊，也抗感染猪和马。牛一旦感染 BRSV 后极易发生二次感染，因为此病毒可以使机体免疫系统功能降低，即使通常无危害的细菌也可致病。在英国，BRSV 是引起犊牛呼吸系统疾病的主要病原，每年有近 190 万头牛受到此病毒的侵袭，损失可达到 5 400 万英镑[101]。

(7)牛传染性鼻气管炎(IBR)

2006年，通过荧光抗体试验(FAT)检测到2例肉牛IBR阳性，组织学检查发现大量渗出液，亚急性和慢性支气管肺泡肺炎[102,103]。

(8)蓝舌病(BT)

2002年12月，英国报道了第一例蓝舌病，2008年最后一例发现于进口动物中。BT疫苗非常有效，2008年投入疫苗2 800万头份。2009年，BT一直仍是威胁畜群的疫病，采取继续免疫的策略，同时还贮备了750万头份疫苗。尽管易感品种引进量加大，但仍然保持无BT状态[104]。另外，苏格兰政府投入了大量资金，实施BT强制免疫，并进行血清型监测，没有家畜检测出BT病毒，欧洲大陆BT病毒入侵威胁非常小，英国则停止了免疫。

(9)产vero细胞毒性大肠埃希氏菌病

产vero细胞毒性大肠埃希氏菌是引起出血性结肠炎和威胁人类生命的溶血性尿毒综合征的主要病原，以前认为此病原只是对人有毒力而牲畜不明显[105]。通常，牛是大肠埃希氏菌的贮存库，在英国，牛感染此病原不表现任何临床症状[106]。

(10)布鲁氏菌病(Brucellosis)

1989年，英国发生了第一例布鲁氏菌病，发生于1988年6月由爱尔兰进口的两头动物，出现了流产症状，扑杀并进行了焚烧处理，同时将与其接触的肉牛和绵羊也都扑杀了，并采取了限制动物移动的措施[107-109,110]。随后，要求养殖者保持高度警惕，详细调查感染如何进入受影响肉牛种群，并进一步加强监测和监视，没有发现病原扩散。

(11)约尼氏病(Johne'diseases)

1985年，由Johne和Forthingham首先发现该病原。英国，2011年第一度检出率为30.2%，较2002年同期(36.3%)有所下降。对于临床疑似病例，通过血液ELISA检测，而非粪便显微镜检查，影响了检出率。

(12)多杀性巴氏杆菌病(Pasteurella multocida)

在英国，牛的细菌和病毒性呼吸道疾病每年造成英国经济损失超过8 000万英镑，其中多杀性巴氏杆菌为主要贡献者，占英国肺炎巴氏杆菌病的约50%。最近对整个苏格兰境内的68家奶牛场和肉牛场的调查显示，健康的616头小牛上呼吸道多杀性巴氏杆菌阳性率为17%，47%的农场受到影响。奶牛(26%)多杀性巴氏杆菌流行率较肉牛(9%)高。

2. 疫病控制净化现状

英国政府对动物疫病防制规定了严格的法规，尤其是对重大动物疫病的上报、诊断、扑杀、补偿都有详细的规定和解决程序，实施屠宰检疫和流通检疫等措施。英国环境、食品和农村事务部是负责全国动物疫病和人畜共患病控制的管理机构。下面列举已消灭疫病，例如FMD，以及正在开展净化的疫病，例如BTB，就其控制和净化情况分别进行阐述。

(1)FMD控制策略

英国在2011年颁布了FMD控制规划，主要内容包括：

- 保持无疫状态：快速报告；牲畜移动、标识和溯源管理；养殖场适当清洗和消毒等生物安全措施；紧密跟踪国际动物疫病流行动态；牲畜、遗传物质及其产品国际贸易；含有FMD样品的运输控制[111-113]。
- 疑似暴发FMD阶段：疑似养殖场竖立警示牌，禁止人员、动物及相关物品移动，消毒，控制啮齿类动物；开展流行病学调查；划定半径10 km临时控制区；可疑屠宰场的控制；临时放置动物场所控制[114]。
- 确诊暴发FMD阶段：向欧盟(EU)和OIE报告；禁止由疫区向EU国家或EU以外国家出口动物及相关产品；划定保护区、监测区和限制区；英国内各交叉边境区域的控制；强制控制感染场；扑杀感染动物防止疫病扩散；无害化处理焚烧尸体；评估和补偿；清洗和消毒；接触场的控制；从感染场跟踪潜在的污染物；感染场周边限制措施；利益相关者认识和交流[115-117]。
- 免疫：EU立法禁止使用预防用疫苗，保持非免疫无FMD国家状态，但在FMD暴发初期可以实施疫苗免疫辅助控制疫病。同时规定何时、何地和如何免疫，以及紧急免疫的条件[118]。

- 暴发控制阶段：感染场再次清洗和消毒、哨兵动物监视等；保护区和监测区控制；动物福利措施；风险评估、移动控制、低风险移动许可。
- 恢复出口：EU 国家和 EU 以外国家；重新获得无 FMD 认可[119]。
- 野生动物 FMD 控制，持续监测。

(2)BTB 净化进展

BTB 给英国带来了越来越多的社会和经济问题，2008—2009 年扑杀补偿经费提高到了 2 400 万英镑，而 2000—2001 年为 180 万英镑。2009 年，EU 接受了英国 BTB 根除计划，2010 年投入了 1 000 万欧元用于补偿屠杀牛和检测费用。英国政府计划在 2038 年全英国实现官方认可的无 BTB 状态[109]。

根据风险评估，将整个国家分为高风险区、边缘区和低风险区。针对不同的风险区实施不同的疫病控制措施。例如在高风险区，在原监控、限制动物移动基础上，继续加大监控力度，实施追踪检测、更严格的引入措施、改善流行病学调查等风险管理，加强动物移动前后的检测。

1998 年，针对 BTB 的野生宿主——獾，英国开始推行獾的随机扑杀试验，2010 年英国政府批准使用 BCG 作为獾结核病控制用疫苗。到 2019 年底，英格兰要达到官方认可的无结核病状态，进入低风险地区实施官方牛移动后检测，也就是降低从高风险区引进结核病感染动物的风险[104]。

3. 疫苗研发与应用

疫苗在动物疫病控制、净化、根除中发挥了非常重要的作用，主要为灭活疫苗和弱毒疫苗。但随着分子生物学、基因工程学、材料学等相关技术的发展，涌现出越来越多的新型疫苗，例如重组活载体疫苗、基因缺失疫苗、核酸疫苗等，趋向于更安全、易生产、稳定、免疫期长、快速产生保护、可以区分免疫与自然感染(DIVA)等特点。

欧洲 20 世纪 90 年代对于控制 FMD 实行不免疫政策，在疫情暴发时采用扑杀手段控制 FMD，但英国 2001 年 FMD 暴发给当地经济社会造成巨大损失，促使相关机构开始修订 FMD 防控策略，2003 年欧盟修订了 FMD 防控策略，肯定了疫苗免疫在 FMD 暴发时的作用，随后欧盟许多国家将疫苗免疫作为补充手段用于 FMD 的控制。直到今天，灭活疫苗仍是成功防控 FMD 的重要措施，经过几十年的发展，FMD 灭活疫苗在抗原生产、灭活、浓缩纯化、乳化等方面不断丰富和发展，在动物疫苗生产中已经形成了具有示范性的工业化生产体系。另外，英国动物健康研究所的科研人员，设计的 FMDV DNA 疫苗，能够触发的免疫活动范围更加广泛，在出现病毒入侵时，免疫系统能够做出更加迅速的反应，对 FMDV 攻击产生良好的保护。

1908 年，发现了一个弱毒 BTB 分枝杆菌菌株 BCG(bacillus calmette-guerin)，用于 BTB 疫苗。自 1998—2009 年，英国在 BTB 疫苗研发上已经投入了 3 000 万英镑，批准了 BTB 卡介苗(Bacillus Calmette-Guerin，BCG)，此疫苗对牛分枝杆菌攻击具有一定的保护作用，减少 BTB 的流行，以及在牛群中的感染和发病，有报道可以降低 50%感染的风险和 70%死亡的风险。同时，也研发并获批了用于预防野生动物獾 TB 的 BCG 疫苗，在 BTB 全国根除计划中应用了[104]。

针对 BRS 对牛群的影响，也相继开发出了预防此病的疫苗，尤其是 BRSV SH 基因缺失重组疫苗，辅以免疫增强剂复合物，通过机体不同的免疫应答诱导反应，可以产生一定的保护作用，同时可以实现区分免疫动物与野毒感染动物[120]。

4. 药物研发与应用

动物生产过程中兽医防疫会用到抗微生物药物、抗寄生虫药物，预防和控制某些病原微生物和寄生虫。随着药物的大量使用，抗药性的问题越来越严重，另外公共卫生安全也受到威胁。英国相关报告显示，2014—2015 年，药物的销售总量下降了 9%，用于食用动物的用量下降了 10%，农场动物抗生素用量由 60 mg/kg 下降到 56 mg/kg，2018 年预计达到 50 mg/kg。

5. 诊断试剂研发与应用

动物疫病及时、准确、快速诊断，是控制疫病发展、将损失降至最低的非常有效的措施，同时也是开展监测，提供疫病预警的有效手段。快速发展负担得起的技术和方法，包括现场检测技术、大规模高通量测序技术、生物标记物挖掘、新的多重技术，将促进更加复杂的实验室调查、数据处理和管理。英国科学家开发出廉价的 FMD 检测试剂，迅速做出结果。BTB BCG 可干扰结核菌素皮试检测，2015 年研发成功了 DIVA 技术方法，减少了检测误判的概率。另外，还发展了牛传染性鼻气管炎、牛病毒性腹泻、布鲁氏菌病、大肠杆菌病等检测试剂。

再有，免疫荧光抗体、ELISA 抗体检测，以及血清中和抗体试验，另外，也发展了血清学技术检测病原，可利用抗原捕获 ELISA 检测 BRSV NP 抗原。实时 PCR 技术应用非常广泛，BRSV 检测中不仅针对其单一病原研发 PCR 和实时 PCR 方法，而且还发展了与牛疱疹病毒 1 型和牛副流感病毒 3 型的多重实时 PCR 方法，一次反应可以检测多种疫病病原[121]。

6. 其他技术

流行病学、风险、网络和疫病模型，细胞和亚细胞模型，水平扫描包括数据、文本和舆情挖掘，数学统计技术，以及与计算机、图像的结合，太空观测地面，GIS 和地图结合。可以帮助我们描述、预测病原特点、传播、致病性的变化，局部与全球，辅助鉴定新的疫病模式的原因。另外，辅助快速鉴定和控制动物疫病和人畜共患病，快速和高通量全自动分型和分表型技术，以及结生物信息学、计算机生物学，对新发、突发和未知病原进行快速鉴定和特征识别。其他的技术还有微阵列技、新陈代谢分析、蛋白组学、免疫组织化学、细胞生物学和图像学。

(四)粪污处理技术

描述该国在肉牛粪污减量化、无害化处理和资源化利用等方面的成熟技术、模式和最新发展。

1. 粪污减量化、无害化处理

英国的畜牧业远离大城市，与农业生产紧密结合。经过处理后，畜禽粪便全部作为肥料，既避免了环境污染，又提高了土壤肥力。为了让畜禽粪便与土地的消化能力相适应，英国限制建立大型畜牧场，规定一个畜牧场最高头数限制指标为奶牛 200 头、肉牛 1 000 头、种猪 500 头、肥猪 3 000 头、绵羊 1 000 只和蛋鸡 7 000 只[111]。

英国每年畜牧业产生粪便总量是 8 300 万 t，其中肉牛业所产生粪便 6 700 万 t，占总粪便数的 80%[112]。总体来看，英国牛粪便总量的 47%作为未稀释的粪浆，而 53%左右主要用于稻草农家肥（厩肥）。调查数据表明牛粪肥管理在整个英国具有重要的地区性差异，比如，在苏格兰西南部、北爱尔兰和威尔士的小部分地区，粪浆利用较多，而在英格兰，基于稻草厩肥的粪污处理系统更为广泛。从英国调查数据显示，根据土地利用调查数据，一般牛粪应用时间的期望值分布，主要由作物播种模式和生长方式决定。然而，近年来，由于 2—4 月土地扩张的明显增加，11 月至翌年 1 月粪污应用较少，而在春季至初夏这一阶段，牛粪浆作为一种肥料源，具有很大的应用价值。BSFP 数据显示，粪肥应用技术也推广越来越广泛，对土壤浅层施粪浆的比例，从 2004 年的不足 1%增长到 2013 年的 10%；对肥料中掺入厩肥的比例，从 2004 年的 3%增长到 2013 年的 14%[112]。

表 3-3-41

1990 和 2010 年肉牛和奶牛业生产中厩肥和粪浆数据在英国不同地区分布比例 %

地区	肉牛业				奶牛业			
	1990 年		2010 年		1990 年		2010 年	
	厩肥	粪浆	厩肥	粪浆	厩肥	粪浆	厩肥	粪浆
英格兰	80[113]	20[113]	80[114]	20[114]	30[113]	70[113]	20[114]	80[114]
威尔士	80[113]	20[113]	67[105]	33[105]	30[113]	70[113]	25[105]	75[105]
苏格兰	55[102,106]	45[102,106]	60[103]	40[103]	55[102,106]	45[102,106]	60[103]	40[103]
北爱尔兰	15	85	15	85	15	85	15	85

影响牲畜营养需要的关键驱动力，是减轻温室气体排放。肉牛的粪便在贮藏过程中可释放大量的甲烷，释放量可通过降温和覆盖等方法减少。肉牛的粪便应进行厌氧发酵，这样可以有效地回收甲烷并用作能源[107]。养殖业中由于动物呼吸代谢、反刍动物瘤胃发酵、动物粪便处理过程中直接或间接产生的 CO_2、CH_4、N_2O 是农业活动产生温室气体的主要来源之一。通过改进的饲养配方，可以减少每千克饲料的摄入量或每千克产品的甲烷排放量。从全球角度来看，农业排放 CH_4 占由于人类自身活动的 CH_4 排放总量的 50%，N_2O 占 60%，如果不采取有效的农业减排政策，到 2030 年，农业源 CH_4 和 N_2O 排放量将在 2005 年的基础上分别增加 60%和 35%～60%[108]。不同种类家畜 CH_4 排放所占比重各异，其中水牛排放量占 8%，其他牛排放量占 74%，此外，Mara[109]的研究也表明，无论是动物胃肠道发酵还是粪便处理，不同品种动物 CH_4 的产生量都有着明显的差异，其中牛是胃肠道发酵 CH_4 产生量最大的，而非反刍动物尤其是猪，是粪便处理 CH_4 产生最多的动物。许多具体的药物和饲料添加剂可以减少甲烷的排放量，包括某些抗生素，抑制产甲烷菌的化合物，益生菌如酵母培养物和丙酸酯前体如延胡索酸或苹果酸可以降低甲烷的形成[104]。

2. 粪污资源化利用

通过建立粪污生态处理系统，利用牛粪发酵后种植双孢菇，实行养种结合的生态循环模式，实现牛粪的资源化利用，是最适合解决牛场污染问题的一条经济有效途径。蘑菇栽培的主要原料是麦秸、玉米芯、稻草、牛粪、鸡粪等农业废料，大力发展蘑菇产业，可将农作物秸秆转化成高营养的双孢蘑菇，栽培后的废料可作为改良土壤的农机肥料，形成可持续发展的良性生态循环农业。既可大量吸纳剩余劳动力，增加农民收入，还可带动加工、包装、出口贸易等周边产业发展，因为牛粪资源化利用最大的特点之一就是变废为宝[115]。

养殖场的清粪方式是影响养殖过程中温室气体产生的重要因素之一，目前常见的清粪方式主要有水冲粪法、水泡粪法、干清粪法、微生物发酵床等。2013 年 9 月，英国 Dairy Co 公司报告称，回收的粪便固体可以作为牛舍里的“环保床垫”(green bedding)，经过考虑后，政府监管部门将允许使用一套可控制条件下的牛舍用品，这将为未来粪污无害化处理提高一条新的途径[116]。采用微生物发酵床的方式能够变废为宝，且更为环保，但由于微生物的发酵条件难以保证及菌种效果的不稳定等问题，该技术目前仍在开发和完善。Godbout 等[117]研究结果表示，CH_4 主要在液体清粪方式下产生，而 N_2O 则主要在固体清粪方式下产生。通过与环境机构合作，AHDB 网站为农民和兽医的合作提供了有用的指导，一些废料如石膏可用于修整牧场。

2012 年，英国苏格兰农业学院(Scottish Agricultural College，SAC)第一次公布了英国奶牛的基因组数据，这样可以广泛吸收英国牛种的表型和谱系数据，并广泛吸收国外牛种的基因型信息[70]。

(五)肉品加工技术

欧洲在畜产品加工与研究方面水平较高，肉制品制作历史悠久。德国、意大利、法国、西班牙和英国是欧洲国家畜产加工的主要国家，各种产品的产量约为 700 万 t，且多为工业化生产。在英国，大约每人每年消费 19 kg 培根，冷冻肉制品和即食肉制品比较普遍[118]。2000 年英国成立了保障农产品的标准组织(AFS)，建立了以小红拖拉机为标志的英国农业标准体系(BFS)[119]。该体系对不同类别农产品的认证进行整合，使用统一的小红拖拉机标志，涉及从“农田到包装”整个食物供应链的每个步骤，其中包括农户、加工者和销售商。该体系对 6 大类农产品进行检测认证，包括牛羊肉、猪肉、鸡肉、奶制品、水果蔬菜和沙拉、农作物(如谷物、油料种子和甜菜)等。

1988 年，英国华威大学(The University of Warwick)的 Gardner 与 Bartlett 首先提出“电子鼻”的概念[101]。发展至今，电子鼻已将仿生学、传感技术、模式识别以及计算机科学等学科融于一体，在肉制品加工检测[122]等方面有许多研究报道，对于食品安全与质量的检测有很好的应用前景。近几年，人们面临着一系列的肉类掺假问题，比如欧洲的“马肉风波”，公众对肉类加工产品的信心已经被动摇。电子鼻技术根据不同肉类挥发性成分组成有所不同,利用气体传感器阵列的响应图案来识别气味的电子系统,即利用阵列中的每个传感器(主要有金属氧化物型、气相型、光传感型等)对被测气体都有不同的灵敏度,在肉的掺假检测中具有广泛的应用前景[123]。

不同于"马肉风波"的以次充好,英国肉品加工中出现了一些新的替代品,以满足消费者的需求。2011 年,英国研究人员发现,消费者对于海藻提取物作为食盐替代物有着非常高的兴趣和接受度,可以替代不同面包中 50%~100%的食盐用量,使用海藻提取物的最大好处在于其提供了"矿物质的完美平衡"。目前,研究人员已经开始在一些肉制品中使用海藻提取物,例如香肠,干酪以及即食食品[120]。2013 年 8 月 5 日,世界上第一个"试管汉堡"在伦敦问世,这个汉堡的"牛肉饼"是荷兰研究人员用牛的干细胞培育而成的,成本超过 32 万美元。研究人员希望人造肉有助于解决全球肉类紧缺问题,应对气候变化。英国食品标准局表示,在大范围商业推广前,需要了解这种人造肉是否可以安全食用,并具有和传统肉类相似的营养价值[110]。

在屠宰场的视频成像技术可以帮助农民选择用于肉品加工的最好的原料。英国屠宰场中,新视频成像技术的引入使英国农民得到肉牛不同部位分割肉的质量数据。英国农业部畜禽遗传资源委员会的一名发言人表示:"视频图像分析提供了胴体形状的信息,近红外光谱分析技术的使用用于测量肉表面光照数据,反射光的光谱可以对肉品质评定提供参考"[124]。新技术不仅在选材上提高加工肉制品的质量,目前英国在肉类及肉制品的气调包装技术领域也居于领先地位。早在 12 世纪初期,从新西兰用船将新鲜的牛肉运到英国时,就通过增加车厢或库房里 CO_2 和降低 O_2 来运输或贮藏鲜肉。1980 年英国真空包装和气调包装约占欧洲包装食品市场地一半。目前英国大块牛肉一般采用 20% CO_2/80% N_2 的气调包装,零售肉一般采用高氧气调包装(70%~80% O_2/20%~30% CO_2)[125]。

非热加工技术在英国也有广泛的市场前景。辐照食品是指那些经过射线照射杀菌的食品,2009 年,英国食品标准署表示,辐照是一种安全有效的杀菌手段,在辐照过程中,食品中的细菌会直接吸收部分射线能量而被杀死,辐照过程产生的"自由基"也有杀菌作用[126]。同时,英国食品标准署也强调,英国所有的辐照食品都必须在标签上加以明确说明。食品超高压技术(Ultra-High Pressure Processing, UHP)也是目前新兴的食品加工高新技术之一。超高压技术应用于食品加工,具有冷杀菌效果、调节食品质构、形成食品特有的色泽和风味的作用,能实现食品的速冻及不冻冷藏。早在 1992 年英国凯氏公司就开始生产商品化的超高压设备,目前在英国市场上可以看到切片火腿、即食肉制品、熏火腿等在内的许多超高压肉制品[127]。

五、英国肉牛产业管理运营

规模化是英国肉牛产业化发展的重要内容,英国的牛羊养殖已经具有很长的历史,专业化分工极其明确,繁殖、肥育以及特定品种的饲养等都有专门的农场,牛羊交易和品种转移都比较频繁,已经形成了从养殖到屠宰再到销售的一系列完善的产业体系,具有经营规模大、机械化水平高、集约化经营和社会化程度高的特点。

1. 政府机构

长期以来,英国环境食品与农村事务部是英国主要的环境、食品及农村相关事务的政府管理机构,负责政策、法令的制定与实施,目标是推动英国农村经济发展,保障食品与环境安全。它下属的动物健康和兽医实验管理局(AHVLA)、农村支付署(RPA)、动物用药协会(VMD)及食品和环境研究局(FERA)是对英国畜牧业有重要影响的政府管理部门。其中,AHVLA 主要监管动物疫病的检测和扩散,保障公共安全,将于 2014 年 10 月改组为动植物卫生局(APHA),以后将引入植物疾病监管与防治职能;RPA 负责农业补贴的发放以保障农场和食品企业的繁荣发展;VMD 通过对兽药的质量安全和功效进行检测和管理来保护动植物的健康,提升动物福利,保障食品安全和公共卫生;FERA 是信息服务机构，旨在为人们提供可持续的食物链和健康的自然环境，保持社会生态，它为政府、国际组织和私人部门提供数据、分析和专业咨询服务。

2. 社会部门

英国农业及园艺局(AHDB)也是重要的农业管理机构，是独立于政府之外的非行政部门，与 Defra 联系紧密，它向英国畜牧业和种植业相关部门和企业提供市场信息，分析市场产业链结构，刺激国内需求和帮助出口。AHDB 下属的英格兰牛羊肉产业组织(EBLEX)对英格兰的牛羊肉产业链(包括生产、加工、销售)、牛羊肉税收和提升产业价值有重要的指导作用。

3. 农业协会

英国有不同形式的合作组织(合作社、协会)等负责农业行业管理、农业服务、技术推广、科研发展、市场营销等，农业合作组织通过技术服务、产品销售、法律服务、自助保险和交费等与农户建立广泛有效的联系，发挥着重要作用。

英国国家农协(National Farmers Union，NFU)是英国最大的全国性的农民联合组织，是农民政治、经济利益的代言人。它成立于 1908 年，经过一百多年的发展，目前已经成为英国最具影响力的行业协会之一，不仅参与政府制定与农业相关的政策、立法、对外谈判，参与欧盟有关部门的决策和对策事务，还能够制定农产品出口计划，拓展国内外市场，对英国和欧盟等政府机构出台的农业政策能产生很大的影响。农协建有涵盖每个农户的信息系统，为农民服务。英国农协的牲畜繁育基因系谱收集了英格兰、威尔士每头牛的遗传系谱信息，可为每户农民提供品种配种选育信息，指导农户提高牲畜品种质量。同时，协会也开展教育和培训，提供实用技术指导。

其他与英国牛羊养殖和牛羊肉生产相关的协会组织有：与种牛种羊的品种培育和保护相关的稀有品种保护信托组织(Rare Breeds Survival Trust)等，动植物食品安全相关的动物安全信托组织(Animal Health Trust)，国家动物健康办公室(National Office of Animal Health)，皇家兽医学院(Royal College of Veterinary Surgeons)，英国动物科学学会(British Society of Animal Science)等，农业环境方面的 LEAF 组织(Linking Environment And Farming)，以及其他农业相关组织，如妇女食品与农业联盟(Women's Food and Farming Union)、联邦青年农民俱乐部(National Federation of Young Farmers Clubs)、全国农业承包商协会(National Association of Agricultural Contractors)、谷物和饲料贸易协会(The Grain and Feed Trade Association)等。

六、与我国畜牧业合作情况

(一)我国与英国政府间的交流合作

1. 四川省畜牧业相关单位赴英国开展草地畜牧业与草地生态保护考察

2012 年 7 月，四川省畜牧食品局、草原工作总站、阿坝州畜牧兽医局和凉山州畜牧局等相关技术人员赴英国考察草地畜牧业及草地生态保护情况。重点考察了英国草地保护建设、畜牧业发展、管理体制、食品安全、农业合作服务组织等方面情况[128]。

2. 中国农业部全国畜牧总站组团开展英国畜牧业建设参观培训

2014 年 2 月 10 日至 3 月 2 日，由中国农业部全国畜牧总站组团，陕西、山东、河北、贵州、江西、广西、黑龙江等七省共 14 人参加的“畜牧饲料安全监管体系建设培训团”赴英国就其畜牧饲料安全监管体系建设、畜牧业生产等进行了为期 21 d 的参观培训。围绕培训内容，主要访问了英国国家议会前司法特别委员会的委员、英国政府食品标准总局(Food Standards Agency，FSA)的专家、前农业部畜牧技术推广官员、畜牧技术顾问公司负责人，以及利物浦大学兽医学院、英国皇家动物健康基金会(Animal Health Trust)、华威大学华威郡学院、英国奥特奇生物饲料公司、农业技术顾问公司、罗斯林生物技术，参观了农场，了解了英国的畜牧业生产技术和水平、养殖存栏现状、生产目标、管理体制和食品安全等方面的情况，以及英国饲料及食品安全保证原则和执行原则[129]。

3. 中国农业部发展计划司组团赴英国开展现代农业建设培训

2015 年 10 月 18—31 日，中国农业部发展计划司组团赴英国开展现代农业建设培训，参加人员包括发展计划司、部直属单位农业项目管理人员和农业工程咨询、设计等技术人员共 16 人。培训期间，共听取讲座 15 次，考察农场 3 个、农业咨询公司 1 个，走访了英国农业部总部、乡村支付局、海洋渔业局，较为系统了解了英国现代农业发展最新进展情况[130]。

4. 黑龙江省人民政府省长陆昊率团访问英国开展经贸合作交流

2016 年 6 月 5—7 日，应英国环境、食品和乡村事务部国务部长邀请，中国黑龙江省省长率团访问英国，在伦敦举行黑龙江—英国经贸合作交流会，先后在伦敦、曼彻斯特会见英中贸易协会主席沙逊勋爵、总裁傅仲森，英国内阁政策大臣莱特文，英国环境、食品和乡村事务部国务部长尤斯蒂斯，曼彻斯特市副议长墨菲、首席执行官伯恩斯坦爵士以及伦敦帝国理工学院、曼彻斯特大学，与曼彻斯特市哈尔滨工业大学校友会座谈交流。其间，在英国环境、食品和乡村事务部会见了国务部长尤斯蒂斯，双方就推动企业、高校、科研机构在食品加工、畜牧业等英国发达的产业领域开展深度合作达成共识[131]。

5. 中英动物检疫双边会谈成功召开

2016 年 10 月 24—27 日，中英动物检疫双边会谈在英国举行，会谈由国家质量监督检验检疫总局动植物检疫监管司李建伟司长与英国环境、食品及农村事务部动植物卫生署首席兽医官 Nigel Gibbens 先生共同主持。会谈期间，双方就英国疯牛病疫情解禁、英国向中国出口牛遗传物质、英国向中国出口水生动物以及参考实验室质量控制体系等技术问题进行了深入交流，并实地考察了肉牛农场、屠宰企业及 OIE 疯牛病参考实验室。双方共同草签了《中英关于进出口水生动物的检验检疫协议》和《英国冷冻牛精液输华检验检疫议定书》，并就《英国疯牛病解禁技术路线图》达成共识。中英双方一致同意加强动物检疫技术领域合作，将重点考虑利用 OIE 结对项目帮助中方建设 OIE 参考实验室，合作开展阳性标准物质鉴定、实验室能力验证以及管理政策培训等[132]。

6. 中英农业科技创新合作论坛

2016 年 11 月 5—9 日，我国科技部农村技术开发中心与英国驻华使馆和英国创新署在陕西杨凌举办了中英农业科技创新合作论坛，支持和推动中英农业技术创新合作，为中英两国的研究机构和企业单位提供沟通和交流的机会，探讨双方合作的重要领域[133]。

来自英国创新署、英国洛桑研究院、英国约克大学、英国莱斯特大学、英国开放宇宙公司以及杨凌农高区管委会负责人、中国科学院、中国农科院等中英两国知名农业大学、科研院所、企业的近 100 名专家与企业家参加了会议。

围绕精准农业、农业大数据、动物疾病防控、智能农机装备、营养与健康等重点领域，中英双方充分交流了各自优势、期望合作方向、合作方式以及合作目标单位等，在此基础上双方还进行了面对面的深入交流、沟通和对接。山东农业大学、安徽农业大学、山东神农智谷大数据园区、安徽朗坤物联网公司以及浙江省科技厅、黑龙江省科技厅等多家单位，都与英方相关单位初步达成了合作意向；另有部分代表也表示此次活动后会积极筹划设计双方合作内容，尽快与英方相关单位进行沟通。此外，中英可持续农业创新协作网（SAIN）启动了首个中英农业、食品与环境知识共享平台建设的公共咨询。会议达到了预期效果，展示了中英双方农业科技创新良好的合作前景。

7. 英国创新署农业科技创新中心主管前往西北农林科技大学考察

2016 年 11 月 6 日，中国科技部中国农村科技开发中心主任贾敬敦教授与英国创新署农业科技创新中心主管 Ian Cox 博士前往西北农林科技大学国家肉牛改良中心参观考察，参观了中心肉牛良繁场和科研平台，观看了秦川牛肉用选育改良及产业化开发的视频资料，并进行了座谈交流，刘小林教授等团队专家向客人介绍了中心的历史沿革、目标定位、研究现状、取得的成果以及下一步的工作思路等，并重点介绍了团队秦川肉牛选育改良历程、肉牛新种质培育扩繁、中国肉牛重要经济性状功能基因组学研究、团队最新科研工作进展、近年来国际合作情况等。Ian Cox 博士介绍了英国创新署所开展的肉牛遗传育种和营养调控方面的工作以及取得的显著成效。通过相互交流，贾敬敦主任和 Ian Cox 博士希望今后以中英农业科技创新合作论坛为纽带，加强人员互访交流和科技合作，特别是在肉牛现代分子遗传育种和营养调控等方面开展实质性的合作研究[134]。

8. 英国环境、食品和农村事务部国务大臣访华

2016 年 11 月 15 日，英国环境、食品和农村事务部国务大臣安德烈娅·利德索姆(Andrea Leadsom)来到北京，与中方洽谈英国食品的对华进口，特别是肉类食品，希望让更多英国食品进入中国，如牛肉、猪肉，并增加奶制品的出口量。利德索姆指出，2015 年英国对中国出口的食品、饮料和农产品超过 2.9 亿英镑，而 2016 年前 6 个月，这一数字就已经达到 2 亿英镑，同比增长超过 190%。随着启动脱欧谈判日期的临近，英国环境、食品和农村事务部出台了一项出口促进计划，目标是到 2020 年让食品和饮料出口增长 1/3，达到 60 亿英镑。按照上述计划，英国将优先向中国推销猪肉、牛肉、鸡肉、羊肉、海鲜等产品[135]。

(二)我国与英国科研等机构间的交流合作

1. 2012 年农业国际交流与合作项目

2012 年农业国际交流与合作项目中，由中国农业科学院环境保护科研监测所承担的“英国循环农业新技术的引进与示范”项目和华中农业大学承担的“中英动物育种与疾病防控联合实验室建设”项目建成立项。

2. 中英农业技术项目研讨会在京召开

2015 年 3 月 10—12 日，中英农业技术(Agri-Tech)项目研讨会在北京召开，来自中英两国 50 多家机构的 100 多位研究人员参会。由英国科学技术设施研究理事会(STFC)主持的项目将利用英国遥感，数据处理，模型与模拟等农业技术领域的专长协助中国农业的发展。该项目由中英研究创新伙伴基金资助，属于牛顿基金的一部分，历时 5 年，英国将投入 1 200 万英镑[136]。

3. 英国参展上海国际食品展览会

2016 年 11 月 7—9 日，英国派出贸易团参展中国国际食品展览会(FHC)，展览会上英国展示了极具英国特色的饮食精品，其中包括牛肉类产品。

(三)中英两国在畜牧业领域开展合作的方向及可行性

农业合作已成为中英双边关系的重要组成部分。中英农业技术合作促进了中国的农业技术进步，生态环境改善，扶贫项目为解决中国中西部贫困问题发挥了积极作用；加强互访交流，推动了双方政府部门、科研机构、企业之间深入的沟通，开阔了视野，建立了业务联系；开展了研究合作，培养了一批科研和管理人才，促进了中国农业科研水平的提高。此外，政府间合作对促进中英农产品贸易发挥了重要作用。

中国和英国可以在选育、畜牧和疾病控制预防管理方面的现有技术基础之上进一步展开合作。开展优良动物种畜、胚胎及冻精的生产技术合作、肉牛、奶牛用高蛋白饲料的研究开发，有利于提高两国畜群总体生产能力和水平。

中国在生物农药、生物肥料等方面具有比较优势，英国在农产品质量安全管理、动植物生物安全研究包括动物防疫及疫病控制、农业生态环境保护技术方面具有比较优势。两国在农产品质量控制、农药残留快速检测、动植物病害快速诊断技术等方面存在合作空间。

此外，农艺、装备和信息技术有机融合是英国现代农业发展的特点和优势，英国现代农业在工程技术集成、农艺与装备结合、机械化和信息化相互渗透方面开展了有益的实践，集卫星定位、地理信息、遥感监测、自动导航、传感识别、智能机械、电子制图等技术于一体的精准农业已受到政府、企业、农场主和行业协会的高度重视。未来，两国在农业技术装备集成融合等方向存在合作空间。

参考文献

[1]Office for National Statistics. Overview of the UK population: February 2016.

[2]Defra, Structure of the agricultural industry in England and the UK at June. 2015.

[3]Central Intelligence Agency. 2010. Population below poverty line. The world fact book.

[4]Grant W. The Challenges Facing UK Farmers from Brexit [J]. Eurochoices, 2016, 15(2): 11-16.

[5]Defra, Structure of the agricultural industry in England and the UK at June (2015).

[6]Office for National Statistics, "Statistical Bulletin: Annual Mid-year Population Estimates, 2014. 2015.

[7]Defra, Structure of the agricultural industry in England and the UK at June (2015).

[8]Consumer Price Inflation, November 2015. 15 December 2015.

[9]Bartolini F, Viaggi D. The common agricultural policy and the determinants of changes in EU farm size[J]. Land Use Policy, 2013, 31(2):126-135.

[10]孙建军. 英国楼市的危与机英国脱欧，房地产市场何去何从？[J]. 安家，2016(8).

[11]Pinto P M, Pinto S M. The Politics of Investment Partisanship: and The Sectoral Allocation of Foreign Direct Investment[J]. Economics & Politics, 2008, 20(2):216 - 254.

[12]Sapkota J B. Globalization's Convergence Effect on Human Quality of Life (QOL) in Asia: Evidence from the KOF Index of Globalization[J]. Asian Regional Integration Review, 2010, 2:1-28.

[13]" London tops 2015 global financial centre rankings and knocks New York into second place". City A. M. 23 September 2015. Retrieved7 April 2016.

[14]Helpdesk T A. Aerospace and Defence Industries Association of Europe (Aerosme VI); Support for European Aeronautical SMEs[J].

[15]Reed F M, Walsh K. Enhancing technological capability through supplier development: a study of the UK aerospace industry[J]. IEEE Transactions on Engineering Management, 2002, 49(3):231-242.

[16]Lybecker K M, Watkins L. Liability risk in the pharmaceutical industry: Tort law in the US and UK[J]. Social Science Journal, 2014, 52(4):433-448.

[17]Health D O. Ministerial Industry Strategy Group[J].

[18]Muller A, Whiteman G. Exploring the Geography of Corporate Philanthropic Disaster Response: A Study of Fortune Global 500 Firms[J]. Journal of Business Ethics, 2009, 84(4):605-605.

[19] Dale S. MPC holds interest rates at Mark Carney's first meeting [J]. Money Marketing, 2013.

[20]Coulter S, Hancké B. A Bonfire of the Regulations, or Business as Usual? The UK Labour Market and the Political Economy of Brexit[J]. Political Quarterly, 2016, 87(2):148-156.

[21]Hondroyiannis G. The Wage Growth and Inflation nexus in a Dynamic Multivariate Context: New Evidence from Greece[J]. International Economic Journal, 2001, 17(1):121-138.

[22]Aronoff D. The Current Account Deficit: A Necessary Condition for the Housing Boom [M]// The Financial Crisis Reconsidered. Palgrave Macmillan US, 2016.

[23]Evans-Pritchard A. 'What Does The Post Say?': How Foreign Correspondents Report

Washington[J]. National Interest，1988(11)：116-119.

[24]Allen K. K-State researcher seeks new ways to battle Johnsongrass[J]. High Plains Journal，2016.

[25]Allen K. Financial Performance Impacts Compensation Options[J]. Ashrae Journal，2016.

[26]Market and the Political Economy of Brexit[J]. Political Quarterly，2016，87(2)：148-156.

[27]International C. Agriculture in the United Kingdom 2012. [M]. 2013.

[28]Watson J A S，More J A. Agriculture. The science and practice of British farming. [M]// Agriculture：the science and practice of farming. ，1949.

[29]Jackson G. Mark Carney：Forward guidance will boost UK economy[J]. Fundweb，2013.

[30]Rosa C D，Nadeau A，Hernandez E，et al. Delivery strategies to enhance the sustainability of training：lessons from the Food and Agriculture Organization of the United Nations[J]. International Journal of Training & Development，2016，20(2)：164-176.

[31]赵昌文，Nigel Swain. 欧盟共同农业政策研究[M]. 成都：西南财经大学出版社，2001：56-63.

[32]国务院农村综合改革工作小组办公室考察团. 英国农业支持与保护体系建设考察报告[J]. 财政研究，2008(1) ：112-113.

[33]Office for National Statistics. Overview of the UK population：February 2016.

[34]Simon Read：Why I'm backing Seven Families[J]. Money Marketing，2014.

[35]Revenuecustoms H M ，Street P ，London SWA B Q . HM Revenue & Customs：UK Overseas Trade Statistics and Regional Trade Statistics from HMRC's trade statistics site[J]. Hm Revenue & Customs Parliament Street London Sw1abq.

[36]International C. Agriculture in the United Kingdom 2012. [M]. 2016.

[37]Department for Environment，Food and Rural Affairs (Defra)，Communications Directorate，2016.

[38]Defra，Structure of the agricultural industry in England and the UK at June (2015).

[39]刘文，鲁建民. 现代英国肉牛业[J]. 中国牛业科学，2002，28(2)：36-36.

[40]Defra，Structure of the agricultural industry in England and the UK at June (2015).

[41]Copping L. AHDB Beef & Lamb[J]. Outlooks Beef & Lamb，2016，27(4)：184-185.

[42]"FAOSTAT". faostat3. fao. org. Retrieved. 2015-07-09.

[43]Nahavandi S，Baratchi S，Soffe R，et al. Microfluidic platforms for biomarker analysis. [J]. Lab on A Chip，2014，14(9)：1496-514.

[44]Defra，Structure of the agricultural industry in England and the UK at June (2015).

[45]The Agriculture and Horticulture Development Board Order 2008 http://www. ahdb. org. uk/.

[46]Yuelai Lu. £12M for first national Centre for Agricultural Innovation [N]. UK Agriculture Brief March 2015-3(19).

[47]Yuelai Lu. Ground-breaking livestock innovation centre launched [N]. UK Agriculture Brief March 2016-3(31).

[48]蒋平，吴建坤. 英国职业农民培育的经验与启示[J]. 江苏农村经济，2014(5)：69-71.

[49]孙芳，陈遇英，吴民. 国外奶牛肉生产技术现状及对我国肉牛产业技术体系的启示[J]. 黑龙江八一农垦大学学报，2010，22(4)：95-100.

[50]Food and Agriculture Organization of the United Nations. FAOSTAT agriculture-livestock primary dataset：world total of animals slaughtered for meat in 2016.

[51]FAO. World livestock 2016 - livestock in food security. Technical report，FAO Publica-

tions, Rome, 2016.

[52]Defra, Structure of the agricultural industry in England and the UK at June (2015).

[53]Copping L. AHDB Beef & Lamb[J]. Outlooks Beef & Lamb, 2016, 27(4):184-185.

[54]The Agriculture and Horticulture Development Board Order 2008.

[55]John Cross, The Shopping Decision Process For Meat ,(2012), 22.

[56]Briefing Pape, Briefing Pape, AHDB Beef & Lamb UK Yearbook 2016 Cattle 2016. AHDB Beef & Lamb, 2016, 8-21.

[57]Overview of Current UK Meat Import and Export Trade, The International Meat Trade Association, (available at http://www.imta-uk.org/).

[58]Briefing Pape, Briefing Pape, AHDB Beef & Lamb UK Yearbook 2016 Cattle 2016. AHDB Beef & Lamb, (2016), pp. 2.

[59]Mark Allen, Research and Information Service Briefing Paper. Northern Ireland Assembly . Briefing Pape. (2016). pp, 6.

[60]AHDB Beef & Lamb, IHS Maritime & Trade-Global Trade Atlas®. Beef Import/Exports (available http://beefandlamb.ahdb.org.uk).

[61]王之盛. 英国肉牛产业发展现状[J]. 中国畜牧业, 2012(2):44-47.

[62]What might Brexit mean for UK trade in agricultural products? Horizon _ Brexit _ Analysis _ 2016, 12-14.

[63]Briefing Pape, Briefing Pape, AHDB Beef & Lamb UK Yearbook 2016 Cattle 2016. AHDB Beef & Lamb, 2016, 8-21.

[64]Horizon _ Brexit _ Analysis _ Report-Oct. 2016.

[65]Copping L. AHDB Beef & Lamb[J]. Outlooks Beef & Lamb, 2016, 27(4):184-185.

[66]吕向东, 包利民, 乌兰. 2015 年前 3 季度中国畜产品贸易形势分析[J]. 世界农业, 2015 (12):139-143.

[67]尚静. 中国畜产品贸易逆差及影响因素探究[J]. 世界农业, 2016(6):203-207

[68]李角声. 英国的肉牛业[J]. 草食家畜, 1981(4): 1-7.

[69] Cattle Health and Welfare Group. Second Report GB Cattle Health & Welfare Group, 2014.

[70]Beef Breeding Bulletin Extra, Spring 2014, EBLEX Better Returns Programme, 2014.

[71]Stephen J. G. Hall MA PhD. Livestock Diversity Ltd. Development of co-ordinated in situ and ex situ UK Farm Animal Genetic Resources conservation strategy and implementation guidance

[72]Bertolini, Marcelo, Bertolini, et al. Advanced in Reproductive Technologies in Cattle: from Artificial Insemination to Cloning[J]. Revista De La Facultad De Medicina Veterinaria Y De Zootecnia, 2009, 56:184-194.

[73]Lohuis MM. Potential benefis of bovine embryo-manipulation technologies to genetic improvement programs[J]. Theriogenology 1995; 43: 51-60.

[74]F. K. 艾比. 英国人工授精在牛育种方面的效益和成就[J]. 青海畜牧兽医杂志, 1973(2): 15-20.

[75]武浩楠, 郑鹏, 黄贺, 等. 影响奶牛超数排卵和胚胎移植的因素[J]. 黑龙江畜牧兽医, 2014 (1):48-50.

[76]Bó G A, Baruselli P S, Moreno D, et al. The control of follicular wave development for self-appointed embryo transfer programs in cattle. [J]. Theriogenology, 2002, 57(1):53-72.

[77]Mapletoft R J, Hasler J F. Assisted reproductive technologies in cattle: a review. [J]. Re-

vue Scientifique Et Technique，2005，24(1):393-403.

[78]Lonergan P. State-of-the-art embryo technologies in cattle. [J]. Society of Reproduction & Fertility Supplement，2007，64(1):315-25.

[79]免疫学信息网. 治疗性克隆、人类胚胎干细胞和相关胚胎生物技术的研究与开发[DB/OL]. http://www. bioon. com/biology/bioenginering/57475. shtml.

[80]Hiendleder S，Bauersachs S，Boulesteix A，et al. Functional genomics：tools for improving farm animal health and welfare[J]. Revue Scientifique Et Technique，2005，24(1):355-77.

[81]BBSRC Council Secretariat. Code of Practice for Council Members[R]. 2005，1，6.

[82]尚智丛. 英国生物技术与生物科学研究理事会(BBSRC)管理模式的分析与启示[J]. 科技进步与对策，2007，24(11):200-202.

[83]驻英国经商参处. 周小明公参会见英国环境、食品与农村事务部(Defra)官员[DB/OL]. http://gb. mofcom. gov. cn /article/xgjg/201312/20131200410315. shtml.

[84]http://www. defra. gov. uk/fangr/.

[85]Department for Environment Food and Rural Affairs. Report on how beef genetics can help increase the profitability of UK beef farmers [DB/OL]. https://www. gov. uk/government/uploads/system/uploads/attachment _ data/file/459192/fangr-beef-genetics-report. pdf.

[86]The University of Nottingham. Wills，Jennifer Rose (2013) Metabolic and developmental consequences of continuous vs. refreshed culture of bovine embryos in BBH7 media. MSc(Res) thesis，University of Nottingham [DB/OL]. http://eprints. nottingham. ac. uk /13617/1/BBH7_Thesis. pdf.

[87]屈小平，宁美艳，武琳，等. 动物遗传育种方法研究进展[J]. 家畜生态学报，2012，33(1):81-85.

[88]Roche J F. The effect of nutritional management of the dairy cow on reproductive efficiency. [J]. Animal Reproduction Science，2006，96(3-4):282-96.

[89]Beja-Pereira A，Alexandrino P，Bessa I，et al. Genetic Characterization of Southwestern European Bovine Breeds：A Historical and Biogeographical Reassessment With a Set，of 16 Microsatellites[J]. Journal of Heredity，2003，94(3):243-50.

[90]胡德江，李爱巧，李巍，等. 英国动物卫生监管工作模式介绍[J]. 中国动物检疫，2015(4):39-41.

[91]Daisy goes disruptive with wearable tech for cows [DB/OL]. https://bicorner. com/2015/09/05/daisy-goes-disruptive-with-wearable-tech-for-cows/.

[92]Madders，B. Review of livestock movement controls[M]. London：Department for Environment Food and Rural Affairs，2006：36.

[93]Green D M，Kao R R. Data quality of the Cattle Tracing System in Great Britain[J]. Veterinary Record，2007，161(13):439-43.

[94]Gates M C. Characteristics of replacement breeding cattle trade in Great Britain. [J]. Veterinary Record，2014，175(3):67-67.

[95]Beef 2020 Report[DB/OL]. http://www. gov. scot/Resource/0045/00457906. pdf

[96]王之盛. 英国肉牛产业发展现状[J]. 中国畜牧业，2012(2):44-47.

[97]阿依吐拉・肉孜. 牛海绵状脑病. 新疆畜牧业. 2002(1):23.

[98]连国新，杨春发. 浅析牛的口蹄疫预防与控制原理. 农民致富之友. 2013，7:191-192.

[99]Wilesmith J W，Ryan J B，Hueston W D，et al. Bovine spongiform encephalopathy：epidemiological features 1985 to 1990. Vet Rec. 1992，130(5):90-94.

[100]郭爱珍. 牛结核病. 北京:中国农业出版社,2015.

[101]佚名. 英国研究人员发明控制沙门氏菌毒性基因的新型技术[J]. 中国食品学报，2012(2)：110-110.

[102]Blodörn K,Hägglund S,Fix J,et al. Vaccine safety and efficacy evaluation of a recombinant bovine respiratory syncytial virus (BRSV) with deletion of the SH gene and subunit vaccines based on recombinant human RSV proteins: N-nanorings, P and M2-1, in calves with maternal antibodies. PLoS ONE, 2014, 9(6).

[103]VLA surveillance report: infectious bovine rhinotracheitis causes losses in beef and dairy cattle. The Veterinary Recode, Feb. 2007, 211-214.

[104]Sumner T, Orton R J, Green D M,et al. Quantifying the roles of host movement and vector dispersal in the transmission of vector-borne diseases of livestock. PLOS Computational Biology. 2017, 13(4).

[105]H. Charles J. Godfray,Christl A. Donnelly,Rowland R. Kao,et al. A restatement of the natural science evidence base relevant to the control of bovine tuberculosis in Great Britain[J]. Proc Biol Sci. 2013,280:1-9.

[106]MS Richards,J D Corkish,A R Sayers,et al. Studies of the presence of verocytotoxic Escherichia coli O157 in bovine faeces submitted for diagnostic purposes in England and Wales and on beef carcases in abators in the United Kingdom[J]. Epidemiology & Infection. 1998, 120(2):187-192.

[107]Emerging threats cattle, Quarterly report: first quarter 2011. Animal Health and Veterinary Laboratory Agency.

[108]Brucellosis cases first for 10 years in UK. Farmers Guardian, 2003, 11.

[109]Brucellosis outbreak: no evidence for further spread. Veterinary Record, 2004, 155 (5):131.

[110]Zonoses Report, UK 2015. Public Health England, Welington House. June 2017.

[111]McGiven J A. New developments in the immunodiagnosis of brucellosis in livestock and wildlife. Rev. Sci. Tech. Of. Epiz. 2013, 32(1):163-176.

[112]Davies G. The foot and mouth disease(FMD)epidemic in the United Kingdom 2001[J]. Comp Immunol Microbiol Infect Dis. 2002,25(5-6): 331-343.

[113]Ryan E,Gloster J,Reid S M, et al. Clinical and laboratory investigations of the outbreaks of foot-and-mouth disease in Southern England in 2007. The Veterinary Record, Aug. 2008, 163: 139-147.

[114]Mansley L M, Donaldson A I, Thrusfield MV, et al. Destructive tension: mathematics versus experience--the progress and control of the 2001 foot and mouth disease epidemic in Great Britain[J]. Rev Sci Tech. 2011, 30(2): 483-498.

[115]Progress through partnership. The UK Chief Veterinary Officer's 2009 report on animal health and welfare. Department of Agriculture and Rural Department, Department for Environment Food and Rural Afairs, LIywodmeth Cynulliad Cymru Welsh Assembly Government, The Scotish Government.

[116]Foot and mouth disease control strategy for Great Britain. LIywodmeth Cynulliad Cymru Welsh Assembly Government, The Scotish Government, Department for Environment Food and Rural Afairs. 2011. 11

[117]AHVLA: legal requirements for the handling, storage and use of manure[DB/OL] http://www.defra.gov.uk/ahvla-en/disease-control/abp/compost-biogas-manure/manure/.

[118]S. J. Barteling. Development and performance of inactivated vaccines against foot and mouth disease. Rev. Sci. Tech. Off. Int. Epiz. 2002, 21(3):577-588.

[119]Luis L. Rodriguez, Marvin J. Grubman. Foot and mouth disease virus vaccines. Vaccine. 2009, 27(4):90-94.

[120]British Standard [DB/OL]. https://www. theguardian. com/news/datablog/2013/jun/05/meat-consumption-uk-global-trends.

[121]Leenadevi Thonur, Madeleine Maley, Janice Gilray, et al. One-step multiplex real time RT-PCR for the detection of bovine respiratory syncytial virus, bovine herpesvirus 1 and bovine parainfluenza virus 3. BMC Vet Res. 2012, 8:37.

[122]A strategy for enhancing veterinary surveillance in the UK. October 2003, Department for Environment Food and Rural Afairs.

[123]Antibiotic resistance: Defra celebrates fall in drug sales . http://www. poandpo. com/agri-fish /antibiotic-resistance-defra-celebrates-fall-in-drug-sales.

[124]Nurjuliana M, CheM Y, Mat H D, et al. Rapid identification of pork for halal authentication using the electronic nose and gas chromatography mass spectrometer with headspace analyzer[J]. Meat Science, 2011, 88(4):638-644.

[125]Hi-tech way to beef up the meat on your plate [DB/OL]. http://www. telegraph. co. uk/news/earth/agriculture/food/11861406/British-cattle-could-be-selectively-bred-to-produce-more-steaks. html.

[126]Lund M N, Hviid M S, Skibsted L H. The combined effect of antioxidants and modified atmosphere packaging on protein and lipid oxidation in beefpatties during chill storage. [J]. Meat Science, 2007, 76(2):226-233.

[127]英国食品标准署:辐照像微波炉加热一样安全[DB/OL]. http://wiki. antpedia. com/ yingguoshipinbiaozhunshufuzhaoxiang weibolujiareyiyanganquan-47204-news.

[128]Pendrous R. High pressure processing is coming soon to the UK[DB/OL].

[129]中华人民共和国农业部发展计划司. 英国现代农业发展的六大经验启示.

[130]周黎明. 参观英国畜牧业对陕西畜牧业发展的思考[J]. 畜牧兽医杂志,2015,3(34):50-52. [J]. 2016,6,24.

[131]英国公布农业和食品长期经济计划. 英国农业简讯[J]. 2015,3(19).

[132]黑龙江省省长陆昊率团访问英国. 黑龙江日报[N]. 2016,6,09.

[133]彭志国. 借鉴英国牧业发展经验加快发展吉林特色精品牧业[J]. 吉林畜牧兽医,2003(10):5-8.

[134]英国农业简讯[J]. 2016,11(39).

[135]赵春平. 科技部农村科技开发中心主任贾敬敦来中心参观考察[N]. 西北农林科技大学,2016,11,07.

[136]郑青亭. 希望英国肉类尽快进入中国未来会考虑进口中国农产品[N]. 21 世纪经济报道. 2016,11,15.

第四章

法　国

一、摘　要

法国是一个平原国家，农业用地分布在西北的丘陵和平原、西南部加龙河流域的阿坤廷盆地、北部的巴黎盆地和卢瓦尔平原。20 世纪末，法国农业已经由传统的种植农业转变为现代畜牧农业，畜牧业产值占农业总产值的 70%以上，其中肉牛业产值占全国农业总产值的 10.74%。肉牛业是法国畜牧业主导产业，有 50%以上的土地用于种草养牛，每公顷草场载畜量 2～3 头牛，主要产区是东南部和中央高原地区。法国生产的牛肉自给有余并有部分出口。法国肉牛存栏数量和牛肉产量欧洲排名均为第一，2017 年法国牛存栏量为 1 860 万头，其中奶牛存栏量约为 350 万头、肉牛存栏量为 1 510 万头；牛肉产量为 144.2 万 t，约占欧盟牛肉产量的 18.4%；犊牛肉占欧盟成员国的 19.3%，排在第三。与 2016 年相比，法国牛肉产量下降 1.4%，但牛肉价格上涨 1.8%[1]。法国十分重视研究先进的繁殖技术、地方肉牛品种选育和开发、实施牛肉产品质量监控规范性管理和生产经营组织性管理工作。在肉牛育种、繁殖技术、养殖体系和管理制度、肉牛饲料配方体系、肉牛的身份标识和牛肉产品可追溯系统技术领域处于世界领先水平。法国已经形成从养殖到餐桌的完整肉牛业经济体系，实现产加销一体化经营。以龙头企业为中心，科学地整合各种资源，提高牛肉产品市场竞争能力，实现了产业协调发展，也有利于技术创新和新技术的推广。自发形成的行业组织以及合作组织（例如合作社）与政府可以进行有效沟通，对于维护市场竞争秩序，以及实施政府的政策提供了平台；同时在国际交流合作中发挥了政府难以替代的作用。

二、肉牛产业基本情况

（一）资源状况和肉牛产业发展概况

1. 资源状况

（1）国土资源概况

法国国土面积 63.4 万 km^2（2016 年）；全国 80%的国土面积地处海拔 500 m 以下的平原及丘陵

区，伴随着城市的发展、建设用地的增加和森林面积的扩大，农业用地面积相应减少，2016 年耕地面积 27.8 万 km^2，占国土面积 43.9%；天然草场面积 1 490 万 hm^2，占农业土地面积的 53%；草场面积中永久性草场 1 100 万 hm^2，占农业土地总面积的 53%，占草场总面积的 73%。法国土地肥沃，降水充沛温度适宜，十分有利于牧草生长，为法国草地畜牧业生产提供了良好的条件[2]。

(2)人口资源概况

法国 2016 年全国人口总量 6 700 万人，农业从业人员为 71 万人(2016 年)，占人口总量的 1.06%，较 2015 年的 2.6%降低了 1.54 个百分点。法国媒体(www.rtl.fr)近日报道，法国农业从业人员大幅减少。据最新数据显示，法国 50 年来农业从业人员减少超过 300 万人。1963 年，法国曾有 400 万农业从业人员，现在不足 90 万，占法国就业人口的 3.6%，农场主数量也呈下降趋势，从当时的近 200 万户下降到现在的 50 万户左右，但由于生产率水平的提高，农场规模有所扩大。

法国 40 岁以下的青年农民占农场主的 15.6%(2016 年)，比欧盟 28 个国家平均值 10.6%高 5 个百分点。女性占农场主的 21.3%(2016 年)，比欧盟 28 个国家平均值 28.5%低 7.2 个百分点。受过全面系统培训的农民占农场主的 34.9%，比欧盟 28 个国家平均值 9.1%高 25.8 个百分点。

(3)经济发展概况

2018 年法国国民生产总值为 2.35 万亿欧元，增速约为 1.6%，居世界第 6 位；人均国内生产总值为 4.13 万美元，居世界第 9 位。2017 年，法国农业对国内生产总值的贡献为 1.2%，总增加值 295.26 亿欧元，农业产值 726.42 亿欧元，农作物产值 397.75 亿欧元，畜牧业产值 261.26 亿欧元，其中牛奶 2594.3 万 t，牛肉 144.2 万 t，猪肉 217.7 万 t，禽肉 165.0 万 t[3]。

(4)气候概况

法国属于海洋性气候和典型的地中海气候兼存的国家，冬季多雨雪，夏季凉爽湿润，年降水量 700～1 000 mm。法国西北部濒临大西洋，受西风影响较大，冬暖夏凉，气温年差较小，终年湿润多雨，云雾多，日照弱。法国东部距海较远，受大陆影响较强，冬季寒冷，夏季较热，雨量显著集中夏季，具有大陆性气候特点。法国南部，冬季温暖多雨，夏季炎热干燥，高温是本气候区的特点和优点，典型的地中海气候。法国中部高原(入阿尔卑斯山脉及比利牛斯山脉地区)介于前三个气候区之间，为过渡性气候，特点是气温较低，温差较大，雨量较多，属于高山气候。

(5)水资源概况

法国自然地理条件优越，地表水和地下水蕴藏丰富，境内主要有卢瓦尔河、罗讷河、塞纳河、加龙河、马恩河以及莱茵河等 6 条主要河流，流量大于 150 m^3/s，可再生水资源总量为 20.4 万 m^3，其中，可再生地表水资源为 10.4 万 m^3，可再生地下水资源为 10 万 m^3。法国目前在用的大坝总数为 572 座，总蓄水量为 0.75 万亿 m^3。法国年降雨量 700～1 000 mm，人均年可用水量 4 600 m^3。

目前，法国的政策导向是控制用水需求，基本不增加供水量，即使出现新增用水需求，也会优先考虑其他部门而不是农业。因此，目前农业面临的挑战就是控制用水需求，提高用水效率(法国国家灌排委员会《法国概况》)。

(6)草地畜牧业概况

法国草场面积 1 490 万 hm^2，占农业土地总面积的 53%，草场面积中永久性草场 1 100 万 hm^2，主要用于养牛，每公顷草场载畜量 2～3 头牛，以肉牛和奶牛为主的草地畜牧业在畜牧业产值中占有相当大的比例。据统计 2016 年法国牛存栏量 1 860 万头，其中奶牛存栏量 350 万头。

法国草地畜牧业普遍采用集约型放牧和舍饲圈养相结合的生产方式。放牧地是经人工改良后形成的永久性草地，牧草品种多为人工播种的黑麦草(*Lolium* spp.)、高羊茅(*Festuca elata* Keng ex E. Alexeev)、三叶草(*Trifolium* spp.)、鸭茅(*Hippophac rhamnoitdes*)、苜蓿(*Medicago* spp.)等混播牧草，生长期在 5 年以上。放牧多采用电围栏划区轮牧，草地养牛 2～3 头/hm^2。主要牛品种为荷斯坦、夏洛莱、蒙贝利亚等。部分永久性草场也用来收获干草或制作青贮饲料。

法国政府十分重视可持续发展，政府主导性调控发挥重要作用，随着畜产品过剩，草原资源消耗严重，为实现农业生产的高效益和市场供给的平稳，在依靠市场调节的同时，政府通过制定农业发展政策，实施并加大补贴，严格控制生产规模，同时注重对资源和生态的保护，强调可持续发展。

法国在 1999 年通过立法，对农药、肥料、水等的使用进行了规定，明确了“污染者补偿原则”、节省原材料和能源的“生态环境原则”。并通过采取征税或高额收费的措施，对使用农药、化肥等造成环境污染的农业生产活动加以限制，即为环境治理和资源保护筹措资金，又促使农民尽量减少农药和化肥，更多地使用有机肥料，提高土地肥力，形成生产和生态的良性互动。2003 年，欧盟修订通过新的农业法律条款，把环境保护和食品安全条款作为强制性措施，并作为执行农业补贴政策的唯一依据。为保证条款能落实到位，欧盟和各国政府都加强了执行监控，一旦发现违反条款行为，初次将减少 1%～15%的补贴，多次将减少 15%的补贴，明知故犯减少 15%～100%的补贴。通过立法的措施，实现环境保护和生产协调发展的目的。

(7)农牧民技术培训

法国政府十分重视对农牧民的教育和培训工作，把增加农业科研投入视为保持农业领先水平的有效手段。法国政府在发展农业职业教育和农牧民培训方面采取了多项有效措施，农业部下属的大学、研究院所、职业学校等承担培训任务，定期或者不定期开展农牧民职业就业培训、学历培训以及工程师认证培训、技能培训等，确保生产者每隔一定时间都能接受培训。如法国国立高等农艺学院的一项主要工作就是开展对农牧民的培训。同时其他行业组织、专业合作组织也都在积极推进培训。高素质的农业生产者队伍，为保持法国肉牛业生产高效率和增强国际竞争力奠定了坚实基础[2]。

2. 肉牛产业发展概况

法国拥有悠久的肉牛生产历史，其肉牛品种选育工作开始于 19 世纪末，在 20 世纪 60 年代又开始了肉牛生产专业化的变革。如今，法国肉牛存栏量在欧洲排名第一，其中能繁母牛存栏量 400 万头，远超西班牙(203 万头)、英国(164 万头)和爱尔兰(107 万头)等其他肉牛业大国。论牛肉产量，法国在欧盟排名第一，2017 年，法国年产 144.2 万 t(胴体牛肉)。

法国生产的牛肉主要来自专门化肉用品种牛(占 60%)，剩余部分来自乳用品种(占 40%)。法国牛肉总产量(以胴体计)为 140 多万 t(法国畜牧业研究院 2012 年数据)，主要消费市场在国内。法国 2016 年进口牛肉 31.4 万 t，出口 24 万 t，活牛出口 5 万头见表 3-4-1。

表 3-4-1
法国牛肉进出口情况

项目	2005 年	2013 年	2014 年	2015 年	2016 年
进口/万 t	37.1	37.1	35.9	33.7	31.4
出口/万 t	25.4	24.2	23.1	23.9	24
活牛出口/万头	14.1	5.5	4.6	5.5	5

根据法国农业部的数据，2010 年全法 33 500 个中型和大型肉牛养殖场的基本数据如下：平均总产值 71 000 欧元，平均每个农场拥有农业用地 99.9 hm^2，平均劳动力人口单位为 1.5。2010 年法国牛肉生产营业额为 66 亿欧元，占农业总产值(650 亿欧元，2010 年)的 10%，在国民经济中扮演重要角色。肉牛产业在养殖场、屠宰厂、食品加工厂和销售等方面为国家提供了 10 万个就业岗位；同时为其他相关产业如饲料、育种、科研等部门提供就业岗位[4]。

法国肉牛品种资源十分丰富。20 世纪 60—70 年代，法国开始建立种公牛的系统选育程序。目前，法国肉牛产业的主要肉牛品种是夏洛莱牛、利木赞牛和金色阿奎丹牛三大牛种。其中，夏洛莱牛原产于夏洛莱地区，后来又扩展到法国中部地区。利木赞牛分布于法国中部高原和西部草原地区。金色阿奎丹牛包括西南地区 3 个金色牛种的分支(加龙牛、凯尔西牛和比利牛斯金牛)，1962 年统一称为金色阿奎丹牛。除此之外，法国还有红色草原牛(Rouge després)、帕特奈兹牛(Parthenaise)、巴扎带牛(Bazadaise)、蓝白牛(Blanc bleu)等大体型肉牛，以及繁育性能出众的广适型牛种，如萨莱尔牛(95%用于产肉，5%用于产乳)、奥贝莱克牛和嘎斯贡牛等。法国的肉牛群体中杂交群体很少，绝大部分为纯种牛。

随着肉牛产业的发展，2010年法国肉牛养殖体系和管理制度逐步完善，根据牛场饲养内容以及生产方向，牛场划分为：①犊牛生产牛场，犊牛断奶后就出售，这类牛场普遍分布于各个肉牛产区，占全国肉牛养殖场的50%；②架子牛生产牧场，比例为20%，分布于夏洛莱盆地，中央高原以及巴黎盆地的混作种植区；③青年牛生产和育肥场，比例为15%，牛场规模较大，分布集中；④阉牛生产和育肥牧场，比例为5.5%，持续减少中，主要分布于诺曼底地区的草地牧区；⑤小白牛肉生产和育肥牧场，比例为5%，分布于法国西南部和利摩日大区，这类牧场的特点是草场放牧或农牧混作，带犊母牛饲养直至出栏；⑥专门化肉牛围栏育肥场，数量有限，一般分布于农作物生产发达地区，利用谷物和农副产品育肥肉牛。根据不同类型的牛场牛群特点，制定了相应的饲养管理制度和饲料配方体系。

法国在肉牛个体标识以及牛肉产品可追溯系统方面一直处于国际领先地位。在20世纪70年代，法国就开始对每头牛进行身份标识，将牛只个体信息记录和追溯纳入国家计划，目的是确保肉牛及牛肉产品的可追溯性。

在法国，养牛农民的平均收入其实很低，肉牛养殖业需要大量政府资金补贴以维持正常发展。即便加上政府补贴，养牛农民的平均收入仍然很低，农民平均年收入也仅为每个劳动力单位14 700欧元(即1 225欧元/月，而法国2010年事业单位员工最低工资标准为1 344欧元/月)。因此，肉牛养殖业需要大量政府资金补贴以维持正常发展。自1973年以来法国先后出台一系列政府补贴政策，包括1973年实施的山区畜牧业特别补贴政策，以及1980年实施的母牛补贴政策，并且这些政策后来都被欧盟采纳并在全欧盟实施。这一系列的补贴政策的实施，促进了肉牛产业的健康发展[4]。

(二)肉牛养殖业发展情况

1. 主要品种及存出栏量

(1)存出栏量及历年变化

据法国畜牧研究院2013年资料，法国肉牛存栏量的增长在8年来达到顶峰，其中能繁母牛存栏量410万头，占欧洲总量的1/3[5]，远超西班牙(203万头)、英国(164万头)和爱尔兰(107万头)等其他肉牛业大国。法国肉牛存栏变化见表3-4-2。从表中可以看出，法国自2014年开始至2016年，肉牛存栏数量增加至1 998.9万头之后，2017年开始下降，到2018年肉牛存栏1 938.0万头，较2017年同比下降2.4个百分点。母牛(包括奶牛)存栏基本维持在780万头左右，但是2018年减少到768.4万头，与2017年相比，同比减少1.6个百分点。肉牛存栏数量2014—2016年，呈上升趋势，但是自2017年存栏数开始减少，到2018年，存栏数减至1 169.6万头，较2017年同比减少3个百分点。不同类型牛存栏数量见表3-4-3。

表3-4-2

法国肉牛存栏情况

万头

类别	2014年	2015年	2016年	2017年	2018年	2018年比2017年的变化率/%
牛总数量	1 970.5	1 988.9	1 998.9	1 986.4	1 938.0	−2.4
母牛	775.9	780.9	783.8	781.1	768.4	−1.6
肉牛	1 194.6	1 208.0	1 215.1	1 205.3	1 169.6	−3.0

来源：欧洲统计局(1995年与2000年)和法国畜牧研究院

表 3-4-3
法国肉牛不同类型牛存栏情况

万头

类别	2014 年	2015 年	2016 年	2017 年	2018 年	2018 年比 2017 年的变化率/%
母牛总数	**775.9**	**780.9**	**783.8**	**781.1**	**768.4**	**−1.6**
奶牛	361.5	360.6	357.6	355.2	350.9	−1.2
肉用母牛	414.4	420.3	426.3	425.9	417.5	−2.0
1 岁以内的牛	**553**	**560.4**	**563.7**	**554.2**	**525.8**	**−5.1**
1 岁以内的架子牛	493	499.8	502.5	495.5	478.4	−3.4
1 岁以内的架子母牛	294.6	301.8	305.5	299.8	295.6	−1.4
1 岁以内的架子公牛	198.4	198	197	195.7	182.8	−6.6
1 岁以内育肥后的牛	60	60.6	61.2	58.7	47.4	−19.2
1～2 岁的牛	**347.6**	**354**	**356.1**	**352.3**	**344.6**	**−2.2**
未育肥的青年母牛	208.1	212.5	218.7	215.5	211.6	−1.8
育肥后的青年母牛	42.6	44.3	44.2	44.9	42.4	−5.6
公牛	96.9	97.2	93.2	91.9	90.7	−1.4
2 岁和 2 岁以上的牛	**252.2**	**251.1**	**252.3**	**255.6**	**257.4**	**0.7**
未育肥的母牛	159.5	162.8	163.4	165	166.2	0.7
育肥后的母牛	50.9	45.8	45.9	47.4	49.5	4.4
公牛	41.8	42.5	43	43.2	41.8	−3.3
肉牛总头数	**1 970.5**	**1 988.9**	**1 998.9**	**1 986.4**	**1 938**	**−2.4**

来源:法国农业部和国家数据库

(2)肉牛存出栏量及在世界上的地位

法国肉牛存出栏量在欧洲排名第一。法国的断奶犊牛有将近一半都出口到国外。大部分出口到意大利育肥。2012 年法国共计出口断奶犊牛 100 万头。意大利是法国断奶肉犊牛和牛肉的主要进口国,2013 年意大利消化了法国出口犊牛总量的 85%。受欧洲经济危机的影响,法国犊牛出口量也在逐年萎缩。但是却推动了法国肉牛育肥产业的发展,因为法国牛肉色浅、脂肪含量低,受到意大利高消费阶层消费者的青睐,由犊牛进口大国成为进口法国牛肉的大国。法国青年育肥公牛在南欧和德国受到欢迎。因此,尽管犊牛出口数量下降,但是牛肉出口数量的扩大,刺激了法国育肥牛产业的发展,因此,法国肉牛产业并未受到太大冲击。从表 3-4-4 中可以看出,2014　2018 年期间,法国犊牛出生数量并未有太大变化。

表 3-4-4
法国新生犊牛情况

万头

类别	2014 年	2015 年	2016 年	2017 年	2018 年	2018 年比 2017 年的变化率/%
肉用品种	331.5	340.4	343.4	331.3	326.4	−1.5
奶牛品种	283.6	282.1	275.3	256.9	254.0	−1.1
杂交品种	100.0	101.2	105.5	110.4	115.3	4.5
合计	715.1	723.7	724.2	698.5	695.8	−0.4

来源:法国农业部和国家数据库

因疯牛病风波,地中海国家禁止法国牛肉十多年后,黎巴嫩、马格里布地区国家和土耳其都相继于 2011 年开始进口法国的活牛,主要是青年牛,虽然价格高于其他竞争对手,但法国牛的卫生保障和屠宰率都很高,且肉质鲜嫩、肉色浅和脂肪含量低等,很符合这些国家当地消费者的口味。法国肉牛存栏数量位居欧盟第一,2018 年存栏数与 2017 年同比下降 2.4 个百分点(表 3-4-5)。法国 1～2 岁公牛存栏数量仅低于德国,位居欧盟第二位,2018 年存栏数与 2017 年同比下降 1.4 个百分点(表 3-4-6)。法国奶牛存栏位居欧盟第二，2018 年存栏数与 2017 年同比下降 1.2 个百分点；肉牛母牛存栏数量位居欧盟第一，2018 年存栏数与 2017 年同比下降 2.0 个百分点（表 3-4-7）。

表 3-4-5

欧盟各国家牛存栏数量汇总

万头

国家或地区	2014 年	2015 年	2016 年	2017 年	2018 年	2018 年比 2017 年的变化率/%
德国	1 270.2	1 265.3	1 256.3	1 236.6	1 209.3	−2.2
奥地利	193.7	195.0	193.3	193.8	190.7	−1.6
比利时	252.1	253.1	255.5	245.4	245.0	−0.2
丹麦	158.5	156.8	158.3	156.5	156.0	−0.3
西班牙	600.8	623.4	645.1	658.8	672.5	2.1
法国	1 970.5	1 988.9	1 998.9	1 986.4	1 938.0	−2.4
爱尔兰	692.6	696.4	722.1	736.4	734.9	−0.2
意大利	619.7	614.6	618.3	611.8	617.0	0.8
荷兰	406.8	413.4	424.5	409.6	391.8	−4.4
英国	983.7	991.9	1 003.3	1 000.4	989.1	−1.1
波兰	592.0	596.1	593.9	614.3	620.1	0.9
捷克	136.5	136.5	140.0	137.3	140.0	2.0
罗马尼亚	206.9	207.8	208.1	201.2	200.2	−0.5

来源：法国农业部和欧盟委员会

表 3-4-6

欧盟国家 1～2 岁公牛头数

万头

国家或地区	2014 年	2015 年	2016 年	2017 年	2018 年	2018 年比 2017 年的变化率/%
德国	102.6	98.7	96.2	95.7	91.5	−4.4
奥地利	16.1	16.5	16.5	16.1	16.4	1.6
比利时	13.4	13.0	12.7	12.2	12.0	−1.7
丹麦	3.8	3.5	3.4	3.4	3.3	−2.9
西班牙	23.4	27.1	26.6	28.9	33.5	15.7
法国	96.9	97.2	93.2	91.9	90.7	−1.4
爱尔兰	82.1	79.0	87.3	90.2	89.5	−0.8
意大利	52.8	49.1	5.37	48.4	49.0	1.3
其他国家	5.6	5.5	4.7	4.6	4.6	0.8
欧盟	101.1	100.1	103.2	105.1	10.35	−1.5
波兰	70.2	74.2	79.9	88.1	90.7	3.0
捷克	11.4	12.0	8.5	7.6	8.0	5.7
罗马尼亚	7.0	6.5	6.4	5.4	6.1	11.6

来源：欧盟委员会和捷克共和国

表 3-4-7

欧盟各国家母牛存栏数量汇总

万头

国家或地区	2014 年	2015 年	2016 年	2017 年	2018 年	2018 年比 2017 年的变化率/%
奶用母牛						
德国	431.1	428.7	427.2	421.4	416.7	−1.1
奥地利	53.4	54.0	53.6	54.0	53.8	−0.4
比利时	52.2	52.4	53.6	52.1	53.2	2.1
丹麦	56.3	56.1	57.2	57.0	57.5	−0.9
西班牙	87.6	85.3	82.7	82.5	82.5	0.0

续表 3-4-7

国家或地区	2014年	2015年	2016年	2017年	2018年	2018年比2017年的变化率/%
法国	**361.5**	**360.6**	**357.6**	**355.2**	**350.9**	**−1.2**
爱尔兰	122.6	129.6	139.8	143.3	148.1	3.4
意大利	205.3	206.1	194.8	190.7	190.4	−0.1
荷兰	157.2	162.2	174.3	169.4	163.0	−3.8
英国	182.8	189.5	189.7	189.1	188.3	−0.4
波兰	231.0	227.9	214.6	215.4	223.3	3.7
捷克	38.1	37.8	37.4	37.3	37.1	−0.5
罗马尼亚	12.7	121.6	121.6	118.4	118.4	0.1
肉用母牛						
德国	67.0	68.2	68.5	67.0	66.3	−1.1
奥地利	23.6	22.2	21.8	21.5	20.2	−5.8
比利时	44.9	46.3	46.9	44.9	43.5	−3.0
丹麦	10.1	9.9	9.7	9.5	9.1	−4.2
西班牙	184.0	182.5	197.3	200.7	204.0	1.7
法国	**414.4**	**420.3**	**426.3**	**425.9**	**417.5**	**−2.0**
爱尔兰	112.9	107.6	110.4	108.1	104.8	−3.1
意大利	32.9	31.4	29.7	28.0	28.8	2.9
荷兰	8.2	8.0	6.8	5.9	6.3	7.0
英国	156.9	157.6	159.6	158.9	155.8	−2.0
波兰	16.9	16.5	18.6	22.0	19.6	−10.9
捷克	17.8	19.4	19.8	19.4	20.6	6.4
罗马尼亚	1.7	1.7	1.2	1.5	1.2	−19.5

来源：法国农业部和欧盟委员会

(3)主要品种及数量

法国肉牛业优先发展了肉用性能突出(粗料利用率高、生长速度快及瘦肉率高)的三大专门化肉牛品种夏洛莱牛、利木赞牛和金色阿奎丹牛。三大肉牛品种的存栏量(其中繁殖母牛 320 万头)约占肉牛群体的 80%。其中夏洛莱牛原产夏洛莱地区，1770 年前后扩展到法国中部地区，2011 年繁殖母牛存栏量 165 万头；利木赞牛原产法国中央高原西部的草原地区，2011 年繁殖母牛存栏量 106 万头；金色阿奎丹牛包括西南地区 3 个金色牛种的分支(加龙牛、凯尔西牛和比利牛斯金牛)，于 1962 年统一归类为金色阿奎丹牛，2011 年繁殖母牛存栏量 53 万头。除此之外，法国还有红色草原牛(Rougedesprés)、帕特奈兹牛(Parthenaise)、巴扎带牛(Bazadaise)、蓝白牛(Blanc bleu)等大体型肉牛，以及繁育性能出众的广适型牛种，如萨莱尔牛(95%用于产肉，5%用于产乳)、奥贝莱克牛和嘎斯贡牛等。

(4)影响因素

法国肉牛产业存在双重压力。一方面受到全球化的影响，欧盟逐渐取消了农业补贴制度，WTO 提出的自由贸易协定加剧了肉牛产业的竞争；另一方面，由于新动物流行病的潜在威胁，以及巨大的社会压力(动物福利、环境保护等)，法国牛肉产业只能在更严厉的法规下艰难生存[6]。

2. 产品产量及影响因素

(1)产品产量及历年变化

从表 3-4-8 可以看出，自 2014 年以来，法国肉牛出栏总数在 340 万头左右，其中母牛出栏数量 2014—2018 年期间呈不断增加的趋势，2018 年较 2017 年成母牛同比增加 2.1 个百分点，青年母牛屠宰数量同比增加 3.4 个百分点。青年公牛和阉牛的屠宰数量呈下降趋势，2018 年较 2017 年青年公牛屠宰数量减少 1.2 个百分点，阉牛屠宰数量减少 8.7 个百分点，总屠宰数量增加 0.8 个百分点。2014—2018 年，牛肉产量基本维持在 126 万 t 左右，这与法国的政策调控有关。平均胴体重略有增加，

2018 年较 2017 年增加了 0.8 个百分点。

表 3-4-8

法国肉牛屠宰情况

项目	2014 年	2015 年	2016 年	2017 年	2018 年	2018 年比 2017 年的变化率/%
屠宰量/万头						
成母牛	156.1	161.4	165.8	166	169.4	2.1
青年母牛	57.3	58.1	58.8	60.1	62.1	3.4
青年公牛	103.1	102.5	97.8	95.4	94.2	−1.2
阉牛	17.9	18.4	18.5	17.3	15.8	−8.7
总计	334.4	340.4	340.9	338.8	341.5	0.8
屠宰量/万 t						
成母牛	55.7	57.7	59.5	59.4	60.9	2.4
青年母牛	20.3	20.9	21.3	21.5	22.4	4.1
青年公牛	41.5	41.8	40.3	38.9	39.2	0.8
阉牛	6.9	7.1	7.3	6.8	6.2	−8.1
总计	124.4	127.5	128.4	126.6	128.7	1.6
平均胴体重/(kg/头)						
成母牛	356.6	357.7	358.8	358.0	359.2	0.3
青年母牛	354.7	358.9	361.6	357.9	360.2	0.6
青年公牛	402.8	408.3	411.8	407.2	415.5	2.0
阉牛	387.2	388.2	394.7	390.8	393.4	0.7
平均	372.2	374.8	376.5	373.5	376.5	0.8

来源:法国农业部和国家数据库

法国母牛屠宰量位居欧盟各国家第一位,2014—2018 年母牛的屠宰量持续增加,2018 年较 2017 年同比增加 2.1 个百分点,其次是青年公牛的屠宰量也是位居欧盟第一位,阉牛的屠宰量位居第三位见表 3-4-9。

表 3-4-9

欧盟各国育肥牛屠宰情况

万头

项目	2014 年	2015 年	2016 年	2017 年	2018 年	2018 年比 2017 年的变化率/%
母牛						
法国	156.12	161.36	165.76	166.01	169.44	2.1
德国	127.2	123.2	131.6	124.3	127.61	2.7
意大利	47.23	54.35	56.64	52.68	57.23	8.6
荷兰	46.45	42.96	49.29	56.59	53.09	−6.2
青年母牛						
英国	72.8	71.09	72.54	73.48	76.87	4.6
意大利	44.85	51.07	57.96	51.96	60.66	16.7
爱尔兰	52.26	50.8	52.16	55.31	56.8	2.7
德国	47.4	50.3	53.9	54.5	55.99	2.7
青年公牛						
意大利	95.15	94.72	97.58	89.71	82.75	−7.8
德国	142.3	140.4	131.5	132.5	127.46	−3.8
法国	96.16	95.08	91.16	95.39	93.85	−1.6
西班牙	55.02	61.73	60.93	57.88	65.04	12.4
阉牛						
英国	98.41	100.47	102.52	104.06	102.37	−1.6
爱尔兰	61.66	63.58	63	68.46	67.14	−1.9
法国	17.8	18.39	18.14	17.3	15.88	−8.2

来源:欧盟委员会

从表 3-4-10 可以看出，法国小犊牛屠宰数量 2014—2018 年呈下降趋势，2018 年较 2014 年屠宰量减少了 7.7 万头，较 2017 年同比下降了 2.1 个百分点。但是小牛平均胴体重呈现增加趋势，2018 年较 2014 年平均胴体重增加了 4.7 kg/头。

表 3-4-10
犊牛屠宰情况

项目	2014 年	2015 年	2016 年	2017 年	2018 年	2018 年比 2017 年的变化率/%
数量/万头	12.9	12.7	12.7	12.4	12.1	−2.1
产量/万 t	1.8	1.8	1.8	1.7	1.7	−2.2
平均胴体重/(kg/头)	138	141	142	143	143	−0.1

来源：法国农业部

(2)法国肉牛产品在世界上的地位

从表 3-4-11 可以看出，法国牛肉产量始终在欧洲排名第一。在国民经济中扮演着重要角色。

表 3-4-11
欧洲各国 2014—2018 年牛肉产量

万 t

国家或地区	2014 年	2015 年	2016 年	2017 年	2018 年	2018 年比 2017 年的变化率/%
德国	107.60	106.90	107.80	106.80	107.17	0.3
奥地利	21.48	22.23	22.14	22.04	23.06	4.6
比利时	20.22	20.89	21.57	21.69	21.64	−0.2
丹麦	9.94	9.32	10.04	9.40	9.82	4.5
西班牙	34.10	38.80	40.59	38.64	41.75	8.0
法国	**124.45**	**127.55**	**128.34**	**126.54**	**128.61**	**1.6**
爱尔兰	58.07	56.33	58.74	61.54	62.42	1.4
意大利	60.78	68.43	70.06	65.17	71.02	9.0
荷兰	15.90	15.75	17.67	20.32	20.75	2.1
英国	87.24	87.78	90.38	89.76	91.62	2.1
欧盟 15 国	571.27	586.33	599.53	594.36	610.51	2.7
西班牙	40.91	46.75	49.78	55.53	57.14	2.9
捷克	6.48	6.76	7.12	6.71	7.08	5.6
罗马尼亚	2.28	3.49	4.59	4.62	3.76	−18.6
欧盟 13 国	66.88	75.38	80.18	85.10	86.44	1.6
欧盟 28 国	638.15	661.71	679.71	679.71	696.95	2.6

来源：法国农业部

(3)影响因素

法国母牛存栏 410 万头，每年生产的犊牛有将近一半出口到国外，大部分出口到意大利进行育肥。2012 年法国共计出口意大利断奶犊牛 100 万头，受经济危机的影响，2013 年意大利消化了法国出口犊牛的 85%，同时，由于意大利在 2008—2012 年期间，牛肉消费量降低了 12%，2013 年第一季度再次降低了 5%。20 世纪 70 年代在意大利北部建立的大型肉牛“围栏育肥场”，与法国的断奶犊牛出口商建立了长期合作伙伴关系。然而，受经济危机和欧洲农业补贴政策改革的冲击，经济危机引发的“信贷”紧缩，这对流动资金需求强大的肉牛产业来说无疑是一个严重的打击。这些不利因素导致意大利肉牛育肥产业的萎缩，这是导致法国活牛出口量下降的主要原因。尽管意大利肉牛育肥产业的衰退给法国母牛养殖产业带来了很大冲击，但是却推动了法国肉牛育肥产业的发展，增加了法国向意大利牛肉出口数量。由于法国牛肉色浅、脂肪含量低，特别受意大利当地高层消费者的青睐，但是法国的牛肉也要面对荷兰、德国、波兰、爱尔兰和巴西牛肉这些强力竞争对手。尽管这些国家牛肉质量不如法国，但是价格低廉，并且提供更多的销售服务。

法国的屠宰加工业由于人力资源成本（包括税务成本）太高。相比之下，德国和爱尔兰的这一成本比法国低 1/3，而波兰比法国低 3/4。法国肉牛屠宰厂的耗能也很高，为第二大运营支出项目。这些因素导致法国屠宰加工业与一些同行相比竞争力不足。同时法国牛肉加工产品与德国和爱尔兰相比，在高端品牌和绿色食品方面，还有一定的差距，导致法国牛肉加工产品销路不如上述两个国家广泛。

3. 养殖区域、规模结构及其变化

传统肉牛养殖区主要集中在卢瓦尔河流域和山区贫瘠地区，特别是中央高原地区一带。近 30 年来，也就是实行产乳限额政策以后，传统肉牛养殖区以外的众多奶牛场逐渐转为养殖肉牛。目前肉牛养殖场的数量比较稳定。20 世纪 80 年代初期，牛场规模仍以小型为主，基本在 50 头以下，全国只有 2%的大型牛场拥有 500 头以上繁殖母牛，占全国母牛存栏量的 11%，这一时期肉牛的粗饲料也是以永久性草场放牧为主。由于法国农业补贴政策的实施，促进了肉牛业规模的稳步发展，养殖场数量在不断减少，摆脱了千家万户、零星饲养的方式，全部是企业化运作、专业化饲养。肉牛场由 1988 年的 9.1 万个，到 2007 年减少到 5.5 万个，规模由 1987 年的 20 头，到 1997 年平均 41 头[7]。据法国畜牧业研究院 2013 年资料，法国肉牛存栏量的增长在近 2007—2013 年，8 年来达到顶峰，肉用母牛存栏量维持在 400 万头左右。法国生产的牛肉主要来自专门化肉用品种牛（占 60%），剩余部分来自乳用品种（占 40%）。近年来，肉牛群体发展迅速，2012 年法国肉牛生产了 65%的牛肉，而且还有增长的趋势。

法国的普瓦图-夏朗德大区年产牛肉 11.2 万 t，是传统的肉牛屠宰加工和出口区，牛肉覆盖 65 个国家，牛肉生产创造的 GDP 占该区农业总产值的 40%[8]。

4. 初级畜产品价格及其变化情况

欧洲经济危机对法国肉牛价格造成冲击，因为意大利是法国断奶肉犊牛的主要进口国，断奶犊牛进口量占法国出口量的 85%，2008—2012 年间，意大利受经济危机影响，牛肉消费量降低了 12%；加上欧洲农业补贴政策的改革也降低了草场面积支付的各项补贴，育肥牛占用草场面积较平均水平高很多。育肥牛养殖成本的增加与牛肉消费量的下降直接影响到意大利育肥牛产业发展，从而也波及法国肉牛价格。尽管法国活牛出口因为意大利肉牛围栏育肥业的衰退而受到冲击，但是也刺激了法国肉牛育肥产业的发展。不同品种育肥牛价格趋势见表 3-4-12，从表中可以看出，2018 年法国肉牛的主导品种利木赞牛和夏洛莱牛的活牛价格均高于 2017 年，屠宰厂胴体价格见表 3-4-13。2014—2016 年胴体价格呈下降趋势，2017 年价格略涨，2018 年又出现了下降的趋势。

表 3-4-12

育肥牛价格趋势

欧元/kg

牛类别	2014 年	2016 年	2017 年	2018 年	2018 年比 2017 年的变化率/%
利木赞公牛 U3	2.86	2.80	2.77	2.87	3.5
夏洛莱公牛 U3	2.73	2.70	2.77	2.86	3.4
种公牛 R3	2.39	2.39	2.46	2.66	7.9
夏洛莱母牛 U3	2.47	2.39	2.56	2.63	3.1

来源：法国农业部。U3、R3 为法国牛胴体分级代号。

表 3-4-13
屠宰厂价格

欧元/kg

项目	2014 年	2015 年	2016 年	2017 年	2018 年	2018 年比 2017 年的变化率/%
加权平均价格	3.71	3.65	3.46	3.60	3.56	−1.1
阉牛肉 U3	4.32	4.28	4.06	4.14	4.09	−1.3
阉牛肉 R3	3.92	3.87	3.60	3.74	3.66	−2.1
青年公牛肉 U3	3.96	3.93	3.83	4.01	3.95	−1.6
青年公牛肉 R3	3.78	3.75	3.64	3.83	3.78	−1.3
青年母牛肉 U3	4.80	4.70	4.50	4.53	4.4	−1.1
青年母牛肉 R3	4.16	4.08	3.88	3.95	3.91	−1.2
母牛 R3	4.03	3.97	3.72	3.81	3.73	−2.0
母牛 O3	3.34	3.26	3.04	3.22	3.19	−0.8

来源：法国农业部。U3、R3、O3 为法国牛胴体分级代号。

5. 养殖成本、效益

法国畜牧业养殖成本在不断提高，但是肉牛养殖成本增加幅度较小。养殖总成本中，饲料成本占比较高，在 40%以上，燃料成本在 10%左右，肥料成本在 12%以上。其他运营成本中，折旧占 30%以上，育肥牛场的保险费及场地租金费用较其他畜禽高。

与世界各国肉牛育肥成本相比，法国具有一定的优势。法国育肥牛成本比德国和波兰稍高，但是法国肉牛的屠宰率都很高，且肉质鲜嫩、肉色浅和脂肪含量低等，很符合这些国家当地消费者的口味，因此，销售价格较高。德国和波兰的牛肉多数来自奶牛群体育肥牛，销售价格比较低。西班牙和意大利虽然是围栏育肥，成本较低，但是仍然高于法国肉牛养殖成本。因此，法国肉牛育肥具有较强的竞争力。

6. 主要养殖企业、协会组织概况和地位

法国肉牛养殖区域规划十分明显，不同的区域养殖不同品种肉牛，并且都成立了养殖协会，例如利木赞牛养殖协会，由 17 个利木赞繁育场组成的利木赞基因服务协会组织，及拥有 700 户利木赞养殖户和肉类加工企业组成的利木赞合作社。夏洛莱牛养殖协会、法国海福特牛养殖协会、1992 年法国教育部批准的选育萨莱尔(Salers)品种的农业组织等等，这些协会组织发挥了巨大作用。

法国塞西亚公司(Sersia-Evolution International)是法国最大的肉牛育种公司，主要为国内外提供优良的肉牛种质资源，例如法国著名的夏洛莱牛(Charolaise)、利木赞牛(Limousine)、金色阿奎丹牛(Blonde d'Aquitaine)、欧珀莱客牛(Aubrac)、嘎斯共牛(Gasconne)等肉牛的冻精、胚胎和种牛。研究机构有法国农业科学研究院(INRA)，法国畜牧研究院(IDE)；协会有法国养殖户联合组织国际合作办公室，专门为发展养殖反刍动物而设立的高资质鉴定机构。法国国家肉类与畜牧业跨行业组织是法国最大的协会组织，该行业组织作为政府与经营主体之间的联系中介和行业代表，实行自我管理与协调、维护市场竞争秩序、交流生产经验，同时也对政府政策的制定发挥深刻的影响，为政府政策的实施提供了平台。类似的合作组织还有农业机械合作组织、联合配种合作组织等。

7. 劳动生产率、资源转化率、养殖生产力概况

1955—2010 年，农业(畜牧业总产值占农业总产值的比例超过 70%，肉牛和奶牛为主的草地畜牧业又是主导产业)劳动生产率增长速度超过其他经济部门。这要归功于投入的增加，例如设备和建筑物的投入大幅度增加。根据法国农业部的数据，2010 年全法国 33 500 个中型和大型肉牛养殖场的统计数据显示，牛场平均总产值 71 000 欧元，平均每个牛场拥有农业用地 99.9 hm^2，平均劳动力人口单位为 1.5。在法国养牛户基本依靠政府大量的资金补贴维持牛场正常发展，补贴在维护农民人均收入方面起着决定性的作用。尽管有政府补贴，农民平均收入仍然很低，每个劳动力单位仅为

225 欧元/月，较事业单位员工最低工资标准 1 344 欧元/月低很多。通过对牛、羊和山羊生产劳动生产率的分析表明，经济形势好的时候，劳动生产率高收入也高，但是在经济形势不好的时候，即使劳动生产率很高，养牛户也未必能获得好的收入。养牛户的经济收入始终与生产资料的优化利用关系紧密。

8. 生产潜力评估

在土地私有化的背景下，农业土地资源逐步集中，家庭牧场规模迅速扩大，随着农业机械化程度的提高，劳动效率不断提高，随着农产品过剩问题的加剧，从事种养结合的综合性家庭农场也很难再产生较高的生产利润。而肉牛养殖与种植业的结合是农业种养结合的最佳模式。近几年，法国肉牛产业与种植业紧密结合，通过调整经营方式，依托资源优势，寻求高利润的生产经营方式，例如利用靠近大城市的优势，发展观光休闲、启蒙教育于一体的种养循环生产经营方式等发展高效种植业和肉牛养殖产业。同时，在肉牛产业，法国十分重视肉牛育种工作，肉牛存栏总量中有 13%的个体都参与常规性能的测定，有 55%犊牛的父亲来自经过选育的群体。通过向世界输出肉牛种质资源（冻精、种牛、胚胎）获得高额利润。

（三）肉牛产品加工业发展情况

1. 主要肉牛产品产量，在世界上的地位

欧盟（28 国）牛肉产量位居世界第三位，法国又是欧盟里的肉牛生产大国，其次是德国和英国（图 3-4-1）。2016—2017 年，牛的屠宰保持稳定。2017 年牛肉产量 1 442 万 t，占整个欧盟牛肉产量的 18.5%，比 2016 年下降了 1.2%，这一下降主要是由于在奶牛屠宰稳定的情况下（占产量的 41%），公牛和小牛的产量下降。

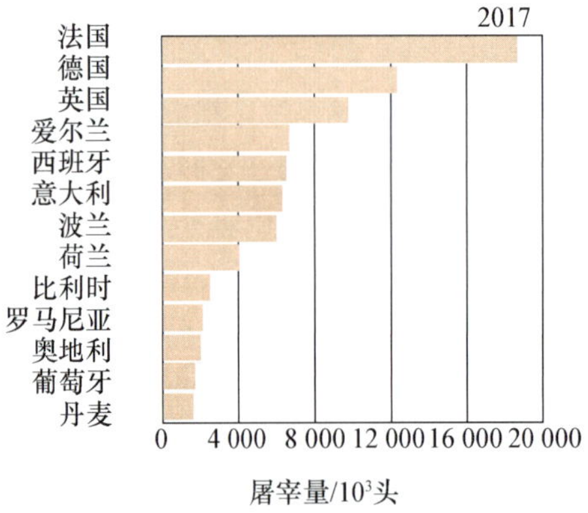

屠宰量/10^3 t

国家或地区	2000年	2010年	2016年	2017年
欧盟28成员国	-	7 973	7 801	7 794
法国	1 528	1 521	1 464	1 442
德国	1 304	1 187	1 148	1 124
英国	707	924	912	899
意大利	1 154	1 075	810	756
西班牙	632	607	637	641
爱尔兰	577	559	588	617
葡萄牙	-	386	501	559
荷兰	471	389	416	439
比利时	275	263	278	282
奥地利	204	225	227	226

图 3-4-1　法国和欧盟国家肉牛屠宰量

2015 年法国国家肉类与畜牧业跨行业组织（INTERBEV）的一项比较研究显示：由于德国和爱尔兰的人力资源成本比法国低 1/3，波兰比法国低 3/4，加上法国肉牛屠宰厂的耗能也很高，法国屠宰加工业与一些同行相比竞争力不足。

在肉类加工产品的领域。爱尔兰牛肉 85%都以剔骨肉的形式出口，它们以高端品牌或绿色食品的标志通过成品包装形式售出。德国也将他们生产的牛肉 85%用于出口销售（主要以胴体或分割肉块形式出口），但他们的销路比法国更广。

2. 肉牛产品产量历史变化情况及影响因素

受欧洲经济危机的影响，自 2012 年开始，随着牛肉消费量的减少，牛肉产量开始下降，到 2014 年，又开始回升（表 3-4-14）。

表 3-4-14
2007—2018 年牛肉产量变化

年份	产量/10^3 t	变化(与上年相比)
2007	1 531.82	
2008	1 518.22	−1.86%
2010	1 519.25	0.95%
2011	1 557.07	2.37%
2012	1 477.69	−4.44%
2013	1 404.49	−6.44%
2014	1 419.16	0.75%
2015	1 452.77	2.36%
2016	1 464.15	0.78%
2017	1 442.18	−1.50%
2018	1 460.00	1.23%

来源：https://ec.europa.eu/eurostat/

3. 肉牛产品加工企业、组织概况

(1)法国牛肉加工企业总体概况

法国的肉牛屠宰和加工业主要集中在 5 个集团公司，排在第一位的是 Charal-Bigard-SOCOPA，屠宰量占全国的 40%；第 2 名是一家合作社公司 ELIVIA，屠宰量占全国的 12%；第 3 名是与大型超市 Intermarche 合作的 SVA；第 4 名和第 5 名分别是合作社公司 Sicarev-Sicavyl 和与另一大型超市合作的公司 Kermené-Leclerc。这 5 家公司的肉牛总屠宰量加在一起超过了全法国总量的 70%。这些大型集团的牛肉生产已经达到欧洲第一，世界第六[9]。

(2)肉类加工企业产业安全和质量控制技术概况

法国是世界上最早应用可追溯系统的国家。早在 1970 年，法国就对每头牛个体(生在法国或是进口牛)进行身份标识。这套针对家畜个体信息收集以及从牧场到商场的信息追踪的国家计划，旨在确保家畜及畜牧产品的可追溯性。随着疯牛病(BSE)危机的发展，这种跟踪识别措施很快就演变成了对牛肉质量安全进行可追溯管理的有效工具。法国的牛肉生产全程可追溯系统是建立在牛只个体身份识别系统基础之上的，但是两者是相互分离的系统。牛只个体身份识别系统是国家对肉牛也实施有效管理的基本系统，牛肉质量安全可追溯系统将牛肉产品的安全性与牛只个体及当事人责任紧密联系在一起。牛的个体身份识别系统是追溯系统的基础。只有个体识别系统没有牛肉质量安全可追溯系统，也无法保证牛肉消费安全。

牛只身份标识系统包括以下 4 项内容：①每头牛都有一个唯一的身份标记数字耳标，这个识别号有 10 位数，前面两个字母表示国家代码(FR 表示法国)；②这些信息记录在国家数据信息库里；③每头牛的生产活动记录全部保存在国家数据库里；④每头牛的身份文件(身份证)都要及时编辑和更新，直到该动物死去，背面记录其所有的行踪，包括养殖者的异动。在每头牛的身份证上均有其身份信息(如编号、品种、出生日期、出生牛场、当前养殖牛场等)，健康状态及其父母信息。养殖人员在犊牛出生 20 d内必须对其身份标识。有两种方式进行身份标识：①在犊牛的两个耳朵上佩戴相同耳标；②犊牛右耳佩戴塑料质可视耳标，左耳佩戴电子耳标，电子耳标包含一个电子芯片可以快速识别动物身份，并可简化养殖管理工作(如精料供给、体质量称量等)，以及便于整个产业链中的追溯管理。可追溯性的建立旨在整个生产链跟踪产品信息(从原材料供应商到最终消费者)，其目的是确保可靠和真实的信息，并在产品可能带来风险时进行迅速和有针对性的防范。无论在任何情况下，都要确保牛只个体耳标和身份证信息的一致。在屠宰过程中，为了方便进一步的追溯管理，牛耳经常绑定在相应的胴体上直到分割环节。分割过后，屠宰厂的内部编号与该牛的身份编号相统一，以确保可追溯性。

法国肉牛个体身份识别系统推行是通过法规的形式由法国农业部组织强制实施；国家畜牧研究院

和有关大学等研究机构为农业部提供专家技术咨询，并对实施的技术和信息等内容提供测试、升级和培训服务；省级和地区性畜牧业协会在牛只标识发放、检疫、信息录入等方面实施具体服务。

为了使整个系统运转良好，尤其是为了避免欺诈，对这一系统要进行严格的监督检查。识别用的专用耳标只能由农业部授权的工厂制造，身份证由安全防伪型纸张做成，而且省一级的机构经常对饲养户进行不定期检查。牛只不论在哪里，转卖几次，都有身份证跟随。

牛肉质量可追溯系统的实施，给法国肉牛业在激烈的国际竞争中赢得了许多发展机遇，增加了法国牛肉的国际竞争力。

（四）牛肉消费情况

1. 牛肉消费占比及国民消费偏好

2016 年，法国牛肉消费量占畜产品消费的 29.1%，仅低于乳制品消费量，位居畜产品消费量第二位。法国消费者更偏好颜色深而且富含肌内脂肪的牛肉，淘汰母牛更容易沉积脂肪，产肉的成本通常也比青年育肥牛要低，所以，法国消费者更喜欢育肥的母牛肉。而且，淘汰母牛产肉的成本通常比青年育肥牛要低，法国是淘汰母牛肉在欧洲的最大消费市场。据《牛肉去哪儿》一书介绍，法国牛肉加工产品，特别是占牛肉消费总量 24%的碎牛肉，也大量来自淘汰的奶牛。

从图 3-4-2 和图 3-4-3 可以看出，鲜牛肉和小牛肉的价格自 2008 年以来呈现上涨的趋势，但是鲜牛肉和小牛肉的消费数量却呈现下降的趋势。

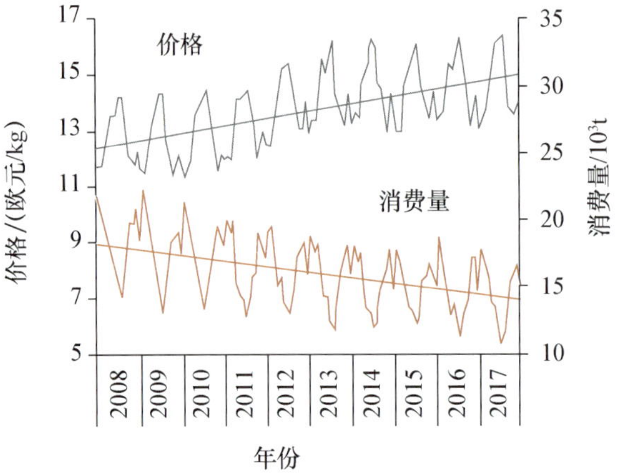

图 3-4-2　法国鲜牛肉价格和消费量变化趋势

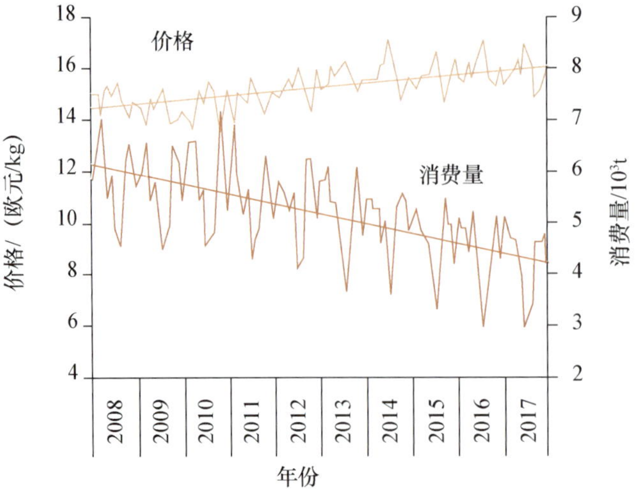

图 3-4-3　法国小牛肉价格和消费量变化趋势

法国小牛肉的消费价格略高于鲜牛肉，消费量远低于鲜牛肉，价格对牛肉消费的影响因素很大。随着时间的推移，牛肉、小牛肉和猪肉这三种主要的生肉仍然是“普通”产品。因为牛肉价格上涨导致购买量下降。小牛肉是一种对价格变化一直很敏感的产品。然而，最近(2013—2017 年)的敏感性高于前一时期(2008—2012 年)。由于鲜牛肉和小牛肉价格上涨，导致消费量下降。但是被其他肉类取代，从图 3-4-4 可以看出，2011 年牛肉消费量由于价格上涨的因素开始下降，但是禽肉的消费量开始明显增加，猪肉的消费量也呈现稳中有升的态势。

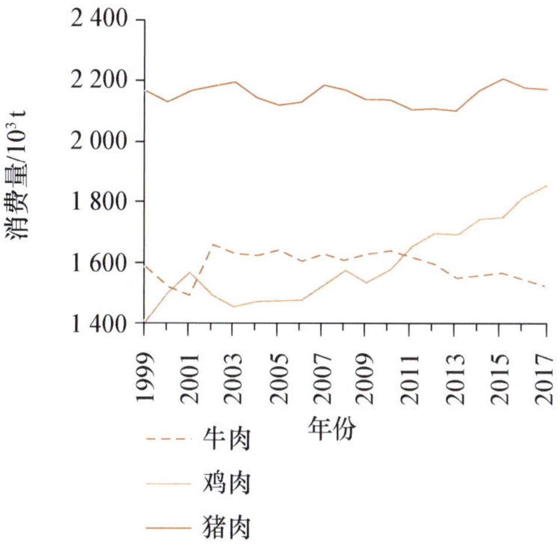

图 3-4-4 法国主要肉类消费量

2. 法国牛肉消费量历史变化情况及影响因素

法国牛肉消费量 2016—2017 年呈下降趋势，但是到 2018 年有所增加，与 2017 年同比增加了 2.2 个百分点。人均消费牛肉基本维持稳定，2018 年人均消费牛肉 20.5 kg/年(表 3-4-15)。2014—2018 年期间，法国牛肉消费量基本维持在 150 万 t 以上，在欧盟各国家排名第一(表3-4-16)。在欧盟各个国家中，2014—2017 年期间，法国牛肉人均消费量始终排名第一位，但是 2018 年，爱尔兰人均牛肉消费量 35.8 kg，远超法国 23.1 kg。法国在欧盟排名第二位(表 3-4-17)。

表 3-4-15
法国牛肉消费情况

项目	2014 年	2015 年	2016 年	2017 年	2018 年	2018 年比 2017 年的变化率/%
消费情况数据/万 t	138.4	138.5	136.9	134.9	137.8	2.2
人均消费/(kg/人)	20.9	20.8	20.5	20.1	20.5	1.8

来源：法国农业部和欧盟委员会

表 3-4-16
欧盟各国牛肉消费量统计

万 t

国家或地区	2014 年	2015 年	2016 年	2017 年	2018 年	2018 年比 2017 年的变化率/%
德国	108.8	114.2	117.1	119	120.3	1.1
奥地利	13.8	14.8	16	15.8	17.3	10.0
比利时	17.1	17.1	16.3	15.7	17.2	9.1
丹麦	12	12.7	12.8	11.6	10.6	−8.5
西班牙	34.4	35.9	38.2	35.7	40.3	12.9
法国	155.8	156.4	154.9	152.5	155.1	1.7
爱尔兰	10.2	10.4	7.3	9.5	17.3	81.4
意大利	99.4	105.6	105.5	100.1	103.6	3.6
荷兰	24.3	25.1	25.5	27.6	33.6	22.0
英国	109.9	112.1	114.4	115.5	118.6	2.7
欧盟 15 国	653.6	671.7	675.9	672.1	703.1	4.6
波兰	6.5	7.4	11.7	11.2	17.3	53.9
捷克	8.8	9.2	10.2	10.5	10.9	3.9
罗马尼亚	4.4	6.2	6.7	4.8	4.6	−4.3
欧盟 13 国	39.2	43.7	49.8	47.9	53.6	11.9
欧盟 28 国	692.8	715.4	725.8	720.1	756.7	5.1

来源：法国农业部和欧盟委员会

表 3-4-17
欧盟各国牛肉人均年消费量统计

kg/(人·年)

国家或地区	2014 年	2015 年	2016 年	2017 年	2018 年	2018 年比 2017 年的变化率/%
德国	13.5	14.1	14.2	14.4	14.5	1.0
奥地利	16.3	17.2	18.4	18.0	19.7	9.4
比利时	15.3	14.5	13.7	13.2	15.0	14.3
丹麦	21.4	22.4	22.3	20.2	18.4	−9.0
西班牙	7.4	7.7	8.2	7.7	8.6	12.6
法国	23.7	23.5	23.2	22.8	23.1	1.4
爱尔兰	22.2	22.4	15.4	20.0	35.8	79.0
意大利	16.3	17.4	17.4	16.5	17.1	3.7
荷兰	14.5	14.9	15.0	16.1	19.6	21.3
英国	17.1	17.3	17.5	17.6	17.9	2.0
欧盟 15 国	16.3	16.6	16.6	16.5	17.2	4.5
波兰	1.7	1.9	3.1	3.0	4.5	53.8
捷克	8.4	8.7	9.7	9.9	10.3	3.6
罗马尼亚	2.2	3.1	3.4	2.5	2.4	−3.7
欧盟 13 国	3.7	4.2	4.8	4.6	5.2	12.1
欧盟 28 国	13.7	14.1	14.2	14.1	14.8	5.0

来源:法国农业部和欧盟委员会

3. 牛肉产品营销模式

销售系统可以区分为三个部分:屠宰、胴体粗分割、肉块精细分割加工,是参照消费者"工业消费者销售单位"(UVCI)标准执行的,即'托盘'等产品在货架上,包括冷冻和冷冻切碎的牛排。屠宰和胴体分割在工厂进行,肉块精细加工在分销商的工厂或牛肉专卖店进行。零售商主要以大中型超市为主。

(五)肉牛产品贸易情况

法国肉牛主要出口意大利,主要进口国是荷兰,2016 年出口贸易 23 亿欧元,进口 12 亿欧元(图 3-4-5)。

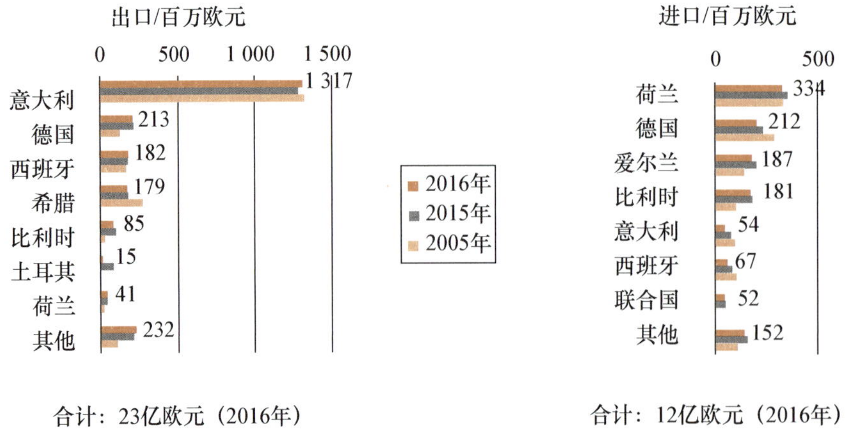

图 3-4-5 法国牛肉外贸情况

1. 肉牛产品进口情况

法国市场上23%～25%的牛肉都是进口的，是欧洲第一大牛肉进口国，并且大部分来自淘汰母牛育肥，这些淘汰母牛主要来自奶牛群体，而法国的奶牛存栏满足不了这个需求，因此，法国是欧洲淘汰母牛最大的消费市场，这主要是因为法国消费者更青睐颜色深而且肌内脂肪含量高的牛肉，并且，淘汰母牛育肥生产牛肉的成本比青年育肥牛要低。

牛肉进口国为德国、西班牙、比利时、荷兰、意大利、爱尔兰。20世纪90年代中期以前从英国的进口份额也较大[10]。法国牛肉进口量从2013年开始下降，到2016年是31.4万t，较2013年减少了5.7万t，2017年和2018年略有回升，2018年较2017年增加了1.3万t(表3-4-18)。进口额从2005年至2017年，也是下降的趋势，从150亿欧元下降到133.8亿欧元，2018年有所增加，增加到144亿欧元(表3-4-19)。

表 3-4-18

牛肉进口量

万 t

项目	2005年	2013年	2014年	2015年	2016年	2017年	2018年
进口总量	37.2	37.1	35.9	33.6	31.4	32.1	33.4
鲜肉	29.1	26.2	24.9	22.4	20.3	20.8	21.1
冻肉	6.2	8.9	8.9	9.1	9.1	9.7	10.4
加工类肉	1.9	2.0	2.1	2.1	2.0	1.6	1.9

来源：法国畜牧研究院

表 3-4-19

法国历年进口牛肉金额

百万欧元

类别	2005年	2013年	2014年	2015年	2016年	2018年比2017年的变化率/%
活牛	38.8	33.0	23.7	21.3	38.8	81.8
肥牛	16.6	12.3	7.5	8.7	7.1	−18.2
小牛	22.2	20.7	16.2	12.7	31.7	150.0
鲜肉	1 113.7	1 062.9	958.3	960.2	990.8	3.2
冻肉	247.5	242.2	238.5	256.5	300.2	17.1
加工肉	103.1	104.6	102.9	100.9	114.5	13.5
合计	1 503.2	1 442.6	1 323.4	1 338.9	1 444.3	7.9

来源：法国农业部

2. 肉牛产品出口情况

肉牛群体每年还生产超过100万头断奶犊牛(8月龄左右)，其中81%出口到意大利、15%出口到西班牙，平均售价为每头1 000欧元[4]。

地中海国家在疯牛病风波10年之后，2011年又重新开始进口法国牛肉。法国每年出口21%～24%的牛肉，主要是在法国销量比较低的青年公牛肉，并且只限于高档牛肉定位。这种牛肉在南欧一些国家和德国非常受欢迎，尽管希腊是受经济危机影响最严重的国家，但是法国牛肉在希腊的市场份额却在逐步扩大。2013年，意大利进口的法国牛肉占其进口总量的1/4，同时荷兰、德国、波兰、爱尔兰和巴西都是法国牛肉的竞争对手。尽管这些国家的牛肉品质不如法国牛肉，但是价格和服务上较法国更具优势。法国牛肉历年出口量和出口额见表3-4-20和表3-4-21。

表 3-4-20
法国牛肉历年出口量

项目	2005 年	2013 年	2014 年	2015 年	2016 年	2017 年	2018 年
出口总量/万 t	25.4	24.2	23.1	23.9	24.0	23.7	24.2
鲜肉/万 t	20.6	20.9	19.2	19.5	19.4	19.6	20.1
冻肉/万 t	2.7	1.7	2.1	2.1	2.4	2.4	2.4
加工类/万 t	2.1	1.5	1.8	2.3	2.2	1.75	1.7
活牛出口/万头	14.1	5.5	4.6	5.5	5.0	4.8	3.8

表 3-4-21
法国牛肉历年出口额

百万欧元

类别	2014 年	2015 年	2016 年	2017 年	2018 年	2018 年比 2017 年的变化率/%
活牛	1 110.5	1 210.8	1 211.1	1 243.5	1 278.2	2.8
肥牛	865.9	886.0	949.2	956.0	1 000.1	4.6
小牛	244.6	324.8	261.8	287.4	278.1	−3.2
鲜肉	837.0	853.6	834.4	867.1	897.3	3.5
冻肉	56.5	59.5	62.2	62.1	70.4	13.5
加工肉	50.4	68.3	65.5	71.2	70.4	−1.1
合计	2 054.4	2 192.2	2 173.1	2 243.8	2 316.3	3.2

来源:欧盟委员会

3. 在世界畜产品贸易市场的地位

法国的畜牧业发达,是畜产品进出口大国,多数畜产品的进出口均位居世界前 20 位,畜产品贸易占农产品和食品贸易总量的比重在 20%左右,但是,近 10 年来这一比重有所下降。法国的主要进出口畜产品为乳制品、肉类、禽蛋和毛皮等。在法国肉类产品出口结构中,猪肉、禽肉和牛肉所占份额相当,各占 30%左右。2008 年占世界肉类总出口额 4.8%,出口量位居第 8 位,出口额位居第 7 位。牛肉产品出口份额总体呈下降趋势。法国肉类进口增速大于出口,2008 年达到历史峰值,进口量位居世界第 11 位,进口额位居第 6 位[6]。

4. 与中国的畜产品贸易情况

法国是我国乳品的重要进口来源国之一,同时也是猪肉、禽肉和蛋类等的进口来源国[6]。2017 年 1—5 月,中法双边货物进出口额为 196.4 亿美元,增长 2.7%。其中,法国对中国出口 74.7 亿美元,增长 3.8%,占法国出口总额的 3.6%,提高 0.1 个百分点;法国自中国进口 121.8 亿美元,增长 2.1%,占法国进口总额的 4.9%,降低 0.1 个百分点。法国与中国的贸易逆差 47.1 亿美元,下降 0.6%。截至 2017 年 5 月,中国成为法国第九大出口市场和第八大进口来源地[10]。

三、畜牧业生产扶持政策措施

(一)补贴政策

法国针对养牛业的主要补贴有:①繁殖母牛补贴(PMTVA),每头母牛每年补贴 200 欧元;②繁殖母牛补充津贴(PNSVA),各地不等;③草场农业环境补贴(PHAE),以草场面积计算补贴值(须遵守相应环境规范和法规);④屠宰补贴(PAB);⑤困难地区(山区)畜牧业补贴(ICHN)。各项补助都有不同的计算标准[4]。

各种类型的专门化牛羊养殖场(不包括肉牛与其他牲畜混合养殖的农场)2007 年全年各项补贴总额见表 3-4-22。

表 3-4-22

2007 年全年各种类型专门化养殖场各项补贴总额

养殖场类型	农场数	平均劳动人口	平均可用农用地/hm^2	农场平均获补贴/欧元	按每劳动人口获得补贴计算/欧元	按每公顷农用地获得的补贴计算/欧元
绵羊(肉用)	6 570	1.32	108	27 600	20 900	257
绵羊(乳用)	5 790	1.53	67	22 400	14 600	334
山羊	4 560	2.13	66	17 600	8 300	267
肉牛类型	38 950	1.35	93	34 900	25 900	377
山地母牛群出售断奶牛	17 920	1.25	87	33 500	26 700	384
草地母牛群出售断奶牛	7 880	1.42	109	37 500	26 400	345
草地混合群出售育肥牛	1 220	1.78	153	58 400	32 800	382
平原母牛群出售育肥牛	2 390	1.58	89	37 400	23 600	419
奶牛类型	41 340	1.71	68	23 600	13 800	346
山地放牧	10 410	1.56	71	20 900	13 400	293
山麓放牧青贮混合	4 620	1.91	70	26 300	13 800	377
平原放牧	2 430	1.65	72	19 500	11 800	269
平原放牧青贮混合	8 920	1.65	69	21 900	13 200	318
平原集约型	14 960	1.79	64	26 200	14 600	409

法国还严格执行欧盟农业共同政策，主要体现在实施农业补贴政策。2003 年，欧盟对农业政策进行重大改革，一是取消农产品保护价，遵循市场价；二是补贴与产量、面积、牲畜头数等脱钩，改为和环境保护目标合并的单一补贴政策。法国作为欧盟的成员国，在执行欧盟的补贴政策方面是不折不扣的，特别是基层管理人员和生产经营者都在严格遵守欧盟的各项农业政策。正是这些政策的严格执行，使法国农业和农民成为欧盟共同农业政策的最大受益者，2005 年获得的补贴高达 100 亿欧元。以 La Mercy 农场为例，该农场每年经营收益约为 6 万欧元，其中欧盟补贴就占了 2/3。这些补贴政策的推行，不仅使法国草地畜牧业稳定、高效、健康发展，而且草地生态环境也得到有效保护。

(二)法制健全，确保畜牧业健康发展

2006 年，法国政府在推动畜产品质量追溯体系建设过程中，对食品卫生法规进行了重大改革，新立法包括 5 项法规和 2 项指令，依据本国畜产品生产管理特点，统筹规划，进一步明确责任和义务，用以推动农产品可追溯工作的重要保障。通过明确畜产品质量追溯各环节的责任和义务，建立起能够有效运作的质量追溯工作体系，确保了质量追溯工作落到实处。同时，该法规适用于所有食品并涉及肉类行业的所有专业人员。

法国国家食品环境和劳动卫生安全局(ANSES)是一个在卫生部、农业部、环境部、劳工部和消费者事务部监督下的公共机构。从农场到销售点的一切工作都由肉类部门的专业人员承担并由专门机构人员监督实施，保证提供给消费者肉类的食品安全。因此，ANSES 的任务是进行风险评估，向主管当局提供有关这些风险的所有信息，以及制定立法和监管规定所需的科学技术、专业知识和风险管理措施。该机构成立于 1999 年 4 月，旨在为社会提供评估食品风险的专家评估员。

此外，专业人员已委托独立组织对牛肉产品进行额外检查，规范所有部门的可追溯性。牛肉的可

追溯性官方控制由农业部食品总局（DGAL）和竞争、消费反欺诈总局（DGCCRF）的兽医服务部门进行。2002 年 1 月，新的法规（EC）No 178/2002 将牛可追溯性措施的范围扩展到其他部门，生效日期为 2005 年 1 月 1 日。该法规提出了可追溯性的新定义，追踪食品生产加工和销售的各个阶段。该系统自 1990 年以来一直由畜牧和肉类专业人员推广，将牲畜转让和销售信息自愿提供给消费者。可追溯性程序基于识别系统，为动物提供真实的身份证，没有这些身份证，它们就无法进行流通。

四、肉牛产业科技进展

（一）育种与繁育技术

自 20 世纪六七十年代，法国建立种公牛的系统选育程序，主要是选育用于与奶牛杂交的种公牛[11]。选择标准主要是提高个体产肉量和肉品质，降低生产成本。从七八十年代开始，选择标准中增加母牛的繁殖性能，通过提高产肉性能实现提高育肥利润的目的，同时提高母牛繁殖性能。法国三大肉牛品种夏洛莱、利木赞、金色阿奎丹的主要常规性能测定指标有产肉性能（出栏体重、胴体率、净肉率、哺乳期日增重、育肥期日增重、饲料转化率）、繁殖性能（产犊间隔、犊牛出生重、难产率）和体型指标等三大类。

法国塞西亚公司（Sersia-Evolution International）是世界最大的肉牛育种公司，目前也是世界著名的肉牛品种夏洛莱、利木赞、金色阿奎丹等法国优秀种公牛的生产和输出公司，该公司拥有世界上最大且可靠性最高的肉牛后测项目，每一品种都拥有相当数量的验证公牛。同时还是世界最大的诺曼底乳肉兼用牛的育种公司，欧洲最大的荷斯坦奶牛育种公司。

法国在繁殖技术应用方面已经走在世界的前列。1979 年诞生了第一头胚胎牛，并于当年成立了欧洲第一家 ET（胚胎移植）公司。目前该公司已拥有 100 多名技术人员，每年销售 50 万份奶牛精子和 10 000 多枚奶牛胚胎。法国超常排卵技术，达到了世界先进水平。

法国农业部对通过后裔测定的优秀种公牛个体颁发认证证书，允许生产冻精，目前法国颁发的种公牛认证证书有三类，即优秀产肉性能认证证书、优秀繁殖性能认证证书和专为生产小白牛肉的与奶牛母牛杂交的性能认证证书。

法国肉牛存栏总量中有 13%的个体都参与常规性能的测定，有 55%犊牛的父亲来自经过选育的群体。三大肉牛品种的选育组织形式大致相同（图 3-4-6）。选育基础群的牛场分为（专业）选育牛场和生产型（非专业选育）牛场。

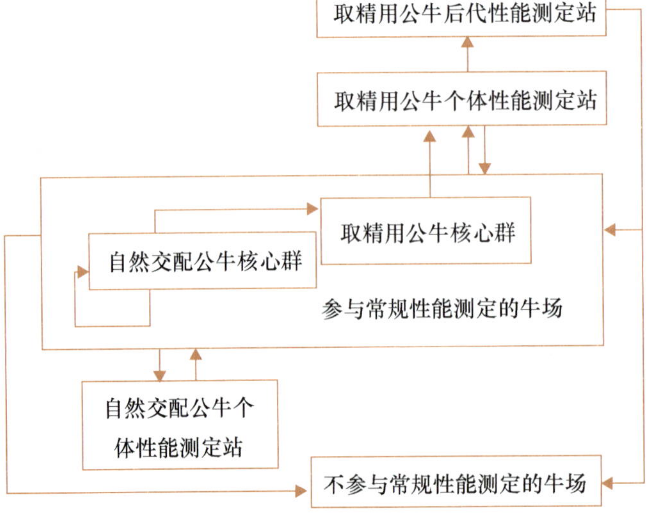

图 3-4-6 法国肉牛选育的组织形式及种公牛的流向示意图

专业选育牛场专门生产待选种公牛。专业的自然交配种公牛选育牛场组成自然交配公牛核心群。成功选育 25 头以上夏洛莱自然交配种用公牛的牛场被认定为自然交配公牛专业选育牛场。这一标准对利木赞牛为 20 头以上，金色阿奎丹牛为 18 头以上。这些牛场选育的公牛一部分在断奶后直接出售，一部分进入个体性能测定站进行生长性能和体型指数测定。专业的人工采精用公牛选育牛场组成采精公牛核心群。人工采精公牛的选育分为 3 个阶段：通过祖辈（直系尊亲属）性能登记信息及公犊牛断奶时的生产性能选择最符合要求的个体；在个体性能测定站测定生长性能、体型指数以及饲料转化效率；个体性能测定优秀个体转入后代性能测定站进行后裔测定。以利木赞牛为例，每年从选育群体中选出 700 头优秀青年公牛进入个体性能测定站测定。从中再选出 12 头公牛，分别配种 50～60 头母牛对其公牛后代（25～30 头）进行产肉性能测定，对母牛后代（25～30 头）进行繁殖性能测定，最终有 5～6 头公牛获得产肉性能认证，4～5 头获繁殖性能认证，2～3 头产肉和繁殖性能兼顾种公牛。成功选育 5 头以上采精种公牛的牛场被认定为专业选育牛场计入核心群。这些牛场也可以选育并出售自然交配种公牛，所以一些采精公牛选育牛场同时也计入自然交配公牛核心群。核心群以外的其他牛场参与常规性能测定的目的主要是为寻求生产技术支持，它们对育种工作的参与不多。然而，还是有少量种公牛来自这些牛场，选育的标准主要是产肉性能和体型指数。以生产肉牛为主要目的的牛场仍然占大多数，自然交配公牛和冻精公牛核心群牛场分别只占牛场总数的 4%～9% 和 1%～3%。

（二）养殖技术

2010 年法国养殖肉用母牛的牛场达到 128 000 个，平均每个牛场拥有 34 头繁殖母牛。2011 年拥有 50 头以上肉用母牛的牛场比例为 29%，这些牧场饲养了法国 60% 的肉用母牛。拥有少于 20 头肉用母牛的牧场比例达到 34%，但是他们却只占肉用母牛存栏量的 10%[12]。牛场主要分为犊牛生产牛场（比例 50% 以上），一般在犊牛断奶时出售，普遍分布于各大肉牛产区；架子牛生产场（比例为 20%，持续增加趋势）；青年牛生产和育肥场（比例 15%），牛场规模较大；阉牛生产和育肥牧场（比例为 5.5%，持续减少中）；小白牛肉生产和育肥牧场（比例为 5%），利用带犊母牛饲养犊牛直到出栏；专门化肉牛围栏育肥场（数量有限），一般分布于作物生产发达的地区，以谷物和农副产品肥育肉牛。

1. 牛群管理

肉用母牛冬季舍饲主要以粗饲料（干草、牧草青贮等）为主，辅以谷物和糟粕类精饲料。这一时期的饲料成本较高，饲料供应通常低于动物的营养需要。法国农业科学研究院的日粮推荐标准考虑了母牛利用体内营养储备的能力。被消耗的体内储备可以在放牧期得到补偿[12]，母牛自然配种始于春季草地放牧初期。部分牛场选择秋季集中产犊，这样可以在夏季干旱来临前让犊牛断奶。母牛产犊后，犊牛一直跟随母牛通过哺乳方式生长，直到 7～8 月龄断奶时才与母牛分开。由于产犊季节一般在冬季或者初春，因此母牛从产犊到秋季断奶一直处于放牧期。犊牛在放牧期逐渐开始吃草。这些犊牛或用于后备母牛群的更新，或以架子牛形式出售，或用于育肥（青年公牛、阉牛、育肥母牛等）。因此，每头动物的生产管理方式将主要决定于其个体生长发育、解剖结构和生理特性以及年龄等。

2. 法国反刍动物饲料配方体系

法国牛场各类型肉牛的饲养管理方式将主要决定于其个体生长发育、解剖结构和生理特性以及年龄等。同时法国农业科学研究院研发出世界先进水平的反刍动物饲料配方体系，最大限度地利用粗饲料来满足动物营养需要。这个饲料配方体系包括 4 种饲料价值项目，统一衡量动物营养需要量和饲料价值[13]：采食充盈度单位、饲料净能单位、小肠可消化蛋白和主要可吸收矿物质元素。这本饲养精要以及配套的 INRAtion 软件涵盖了不同种类反刍动物的营养推荐量和饲料原料的营养价值（1 250 种粗饲料和 200 种精饲料）。该 INRAtion 软件加上其中的饲料资源的营养价值，可以用来设计不同动物的日粮配方。并且能够根据精粗饲料的粗略快速或精细的化学分析预测饲料价值，该数值比饲料营养成分表给出的数值更加准确。

(三)卫生防控技术

法国实行现代兽医(预防兽医、保健兽医)体制和机制,实行典型"垂直"的官方兽医管理制度,兽医管理涉及动物饲养—屠宰加工—市场流通和出入境检疫的全过程监控。农业部公布的动物疫病,卫生兽医部门必须严格实行防疫。真正落实了以防为主的政策,疾病少、疫病更少。基本消灭了危害较大的口蹄疫、结核、布病等疫病。一旦发生疫情,处理非常迅速。这样,不仅生产成本低,产品品质也安全可靠,市场竞争力强。

1. 养牛场的卫生措施

牛只健康是法国农民面临的主要问题,疾病可以导致母牛繁殖率下降、流产;犊牛生长发育迟缓、增加死亡率;降低育肥牛增重速度等等,甚至有些疾病(例如蓝舌病、疯牛病)可以导致贸易限制造成的牛群出口壁垒。除了兽医治疗外,疫苗预防更有助于保持牛群的健康,对于出口活牛的养殖场,更是通过疫苗免疫减少疾病发生。同时养牛场限制使用抗生素,在使用抗生素之前,必须做药敏试验,不仅减少支出,同时降低抗生素耐药性。出于经济和动物福利等因素的考虑,农民更希望减少兽药产品的使用。牛的疾病防控主要采取如下几个方面:

(1)消毒设施

90%的专门化牛场都有入场消毒设施,防止外来人员将病原体带入牛场。同时,十分重视牛舍消毒,特别是小牛专门化育肥场,因为月龄小,集中在育肥舍内饲养,如果有一头小牛患病,很容易在整个群体中传播,因此,牛场主都十分谨慎。饮水方面,最先考虑是自来水,而不使用任何其他水资源。并且还设有专门的病牛隔离设施。

(2)疫苗接种

在法国,疫苗归农业部管理,包括规定的预防措施,对于发生动物流行病的情况下,需要强制接种疫苗。小牛是接种疫苗最多的牛,特别是专业的小牛育肥场,60%以上的小牛接种疫苗。此外,用于出口的牛只,需要义务全群接种预防口蹄疫的疫苗。

(3)抗生素的应用

1940 年以来,抗生素有效控制了人类和动物传染病。然而,随着其使用的显著增加,越来越多的微生物菌株显示出抗生素的抗性。2006 年以来,欧洲开始普遍禁止将抗生素作为生长因子使用的规定。2011 年,法国制订了一项国家计划,减少兽医的抗生素风险。2012—2016 年的目标是谨慎和合理地使用抗生素,包括将抗生素在兽医中的使用减少 25%。自 2016 年 4 月 1 日起,抗生素的预防性处方被禁止,只能用于治疗目的。根据法国国家统计局的资料,五年内抗生素在牛养殖方面使用率下降了 24%。法国紧接着制定了 2017—2021 年计划,目标是促进抗生素使用规则。

2015 年调查结果显示,90%的养牛户使用过抗生素,其中有 20%的牧场主在使用抗生素之前进行了药敏测试。特别是在治疗呼吸系统疾病时,多数采用抗生素治疗方法。

(4)动物健康监测

从饲养到屠宰加工到分销,兽医服务部门在肉类行业的每个关键点都实施一系列控制措施,以确保食品健康安全及可追溯性。在牛场,农场主每天监测他的牛群的健康状况。与此同时,兽医负责预防和治疗牛的疾病。包括制定并实施肉牛疾病的预防方案和健康监测标准。其中一些疾病包括人畜共患病例如结核病、布鲁氏菌病、疯牛病严格控制。在运输(购买、市场、出口等)环节,要求必须提供由兽医部门出具的动物健康卫生证明。

2. 屠宰厂的卫生和卫生检查

法国有屠宰厂 570 个,其中 10 个公有(属于政府投资)。屠宰厂要经过国家的认定和许可,要遵守国家和欧盟有关的技术规范。每个屠宰厂国家配备了负责卫生和安全的检疫员。

在食品安全方面,屠宰厂有两方面控制要素。一方面是屠宰厂基础建设,其布局、操作、厂房和工作人员的健康。这些要素是否合格，直接决定屠宰厂经营许可和检疫资质。另一方面，宰前宰后控制，在屠宰之前，确定牛只的身份、来源和健康状况。在屠宰作业结束时，每个屠体都由兽医服务人员进行检查。如果没有异常，则屠体被盖章，只有盖上检疫合格的印章，屠体才可以进入下一步的加工环节。

检验不合格的屠体或部分屠体，需在兽医服务人员的监督下从屠宰线上移除。这些不合格产品必须通过焚烧来销毁。在屠宰厂也进行肉类中残留物（药物、杀虫剂、合成代谢剂等禁用物质）的控制。国家监测计划可以通过取肉样或尿样来检验屠宰牛是否合格。

3. 加工和分销卫生控制

在屠宰厂结束时送到加工公司，他们必须确定最合适的手段，以在其特定背景下保证法规规定的健康目标。这通常涉及建立一个程序来控制公司可能出现的健康和卫生风险。该计划必须由兽医服务部门在实施前进行验证。最后，还在商店、餐饮和商业机构进行突击检查。法国有 17 000 个牛肉销售店，经营肉类产品的销售，在各大超市也进行牛肉产品的销售。肉店和超市要保留批发商的号码和发票，记录肉的来源和运货的车辆信息，以便一旦有问题可以追溯到上一级来源。

4. 运输冷控卫生

在整个储存和运输过程中，温度控制在 4℃左右，避免改变牛肉质量。冷库的温度由专业人员控制，并随时接受服务部门检查。运输车辆的温度可以在途中随时接受警察部门的检查。

5. 进口肉类卫生管理

在另一个国家生产的肉类只有符合法国和欧盟规定的相同要求才能进口。国外研讨会由欧盟委员会的检查员进行审核。进口肉类由兽医服务局在边境检查站控制。

（四）粪污处理技术

粪污处理成为当前欧盟和国家环境、气候和可再生能源政策的焦点问题。2008 年的具体调查显示，12%的养猪场、11%的家禽场和 7.5%的养牛场都关注粪污处理。综上所述，猪、禽、牛粪处理量为 1 360 万 t，占年处理量（1.2 亿 t）的 11.3%。主要工艺为堆肥（850 万 t）、好氧处理（290 万 t）和厌氧消化（100 万 t）。其他粪污处理，包括物理化学处理频率较低（40 万 m^3）。经过处理的肥料主要用于相关农场的土壤和作物施肥。因此，在法国粪污处理被认为是未充分利用的。预计厌氧发酵将扩大，达到欧洲可再生能源 20%的目标。然而，这种扩大将取决于克服登记或将消化物作为肥料使用的规范化的限制。事实上，欧盟的畜牧业每年产生约 14 亿 t 粪污，其中法国的粪污产量最大，粪污通常被储存起来，然后在农田上撒播[14]，即使粪肥是保持土壤肥力的资源，其管理也已成为环境的主要问题之一。

法国每年粪污产量大约在 1.2 亿 t，其中肉牛产生固体粪污 6 870 万 t，浆体粪污 1 820 万 t。目前主要通过有氧、厌氧、传统堆肥和理化等处理方式进行处理，见表 3-4-23，由于厌氧消化对粪污处理的优势，未来法国厌氧消化将被广泛推广，计划到 2020 年建立 1 000 个厌氧消化处理厂[15]。

表 3-4-23
法国畜禽粪污的主要处理方法

处理方法	处理量
堆肥	840 万 t
有氧处理	290 万 m^3
厌氧消化	100 万 t
理化处理	40 万 m^3
其他	90 万 m^3

1. 有氧发酵

好氧处理的目的是通过硝化和反硝化去除氮，可以通过交替（在空间或时间）缺氧和有氧相或低通气水平获得。这一过程会导致氮(N_2)排放,有时会在不利条件下形成一氧化二氮[16]。在法国注册了约 550 个粪尿处理装置,主要用于粪尿干湿分离,每年处理 420 万 m^3 牛粪。一般来说,处理后的液体产品含氮量比未经处理的粪尿少,农民用它来给自己的作物施肥。分离的残留物也可以在农田或者堆粪场发酵后出售。

2. 厌氧发酵

厌氧发酵是微生物在缺氧条件下降解有机物的过程,产生主要由 CH_4 和 CO_2 组成的沼气。利用沼气可以提供热能或电能。厌氧发酵产生的沼渣可以生产富含营养物质的有机肥料,替代农业生产中的化肥。法国政府决定促进农业沼气行业,根据 2013 年的数据,肥料在农场或集中装置中产生 788 000 MWh。2030 年,通过扩建沼气发电厂,粪污可提供 22 TWh 电力能源(1 TWh 是高能量发电站的发电单位,1 TWh$=10^9$ kWh)。

3. 堆肥

堆肥是长期以来采用微生物有氧降解有机物的传统管理过程。自然通风静态堆肥发酵过程中,可以有效减少粪污病原体,也是一种低成本、低能耗的工艺,可应用于中小型农场。由于法国禁止运输新鲜粪污,因此,法国中小型牛场普遍应用这种处理方式。2011 年有 420 万 t 堆肥发酵有机肥撒播在土壤。由于堆肥过程中 50%的质量损失,预计堆肥用的新鲜牛粪量约为 840 万 t。

(五)追溯技术

法国是世界上最早开始实施畜产品质量追溯的国家。1996 年欧洲发生疯牛病后开始在牛的养殖、屠宰、分割至销售的产业链中建立和实施全程追溯。牛肉是法国的主要畜产品,其质量追溯制度、体系也是最完善的。

法国的畜产品质量追溯已纳入法制管理轨道,实行强制执行制度。同时遵循欧洲共同体和法国的法规,两者互为补充,欧共体的规定是欧盟各国必须共同遵守的,法国的规定是在符合欧共体规定的基础上做出的更符合法国国情的进一步规定。有关的规定有:

(1)欧共体法规 1760/2000《牛肉的追踪规定》

2000 年 7 月 17 日实行,规定建立国家的质量追踪信息库,要求每个肉类经营单位都要进行登记和认定。

(2)问题产品的召回制度

一旦发现有问题产品,要立即将其从产业链中撤出,减少其危害,没有问题的产品继续销售,减少其损失。

(3)生产(企业)者的生产规范

养殖、屠宰、批发、销售、认证产品均有应遵守的技术规范。

(4)欧盟法规 178/2002《牛肉及其内脏的规定》

2002 年 1 月 28 日发布,规定自 2005 年 1 月 1 日起在法国养殖的牛、羊、猪必须实行耳标及身份证管理,其中牛是强制性实施。法规的第 18 条规定:从屠宰厂分割车间到超市,每个环节都必须识别出产品来自何方、销往何处、销售的数量、批号,一旦出现问题,卫生部门可向企业要回所有有关的资料。

(5)法国的《食品强制标识制度(2000/13)》

2000 年 5 月 20 日实施,要求肉和内脏必须标注名称(肉的部位)、重量、有效期(最好的消费期限)、包装日期、保存条件(温度)、制造商(加工商)、公司地址、制造商的许可号、包装方式(真空包装、气体包装)。

(6)法国法规 66-1005《牲畜的追踪认证规定》

规定了每个动物必须采用耳标,每个动物必须建立身份护照。

身份标识是可追溯性的第一个环节。并为牛只提供真实的个体身份证，它可以跟踪从出生到餐桌的完整信息。没有身份证，活牛或者牛肉产品就无法流通。因此，对于消费者而言，追溯管理是食品安全和产地保证。但它也是育种者必不可少的工具：追溯管理可以促进交易、生产监控、畜群健康管理或打击盗窃。

早在1970年，法国就对每头牛个体（生在法国或是进口牛）进行身份标识。这套针对家畜个体信息收集以及从牧场到商场的信息追踪的国家计划，旨在确保家畜及畜牧产品的可追溯性。牛只身份标识系统包括以下4项内容：①每头牛都有一个唯一的身份标记数字耳标，这个识别号有10位数，前面两个字母表示国家代码（FR表示法国）；②这些信息记录在国家数据信息库里；③每头牛的生产活动记录全部保存在国家数据库里；④每头牛的身份文件（身份证）都要及时编辑和更新，直到该动物死去，背面记录其所有的行踪，包括养殖者的异动。在每头牛的身份证上均有其身份信息（如编号、品种、出生日期、出生牛场、当前养殖牛场等），健康状态及其父母信息。养殖人员在犊牛出生20 d内必须对其身份标识。有两种方式进行身份标识：①在犊牛的两个耳朵上佩戴相同耳标；②犊牛右耳佩戴塑料质可视耳标，左耳佩戴电子耳标，电子耳标包含一个电子芯片可以快速识别动物身份，并可简化养殖管理工作（如精料供给、体质量称量等），以及便于整个产业链中的追溯管理。可追溯性的建立旨在整个生产链跟踪产品信息（从原材料供应商到最终消费者），其目的是确保可靠和真实的信息，并在产品可能带来风险时进行迅速和有针对性的防范。无论在任何情况下，都要确保牛只个体耳标和身份证信息的一致。在屠宰过程，为了方便进一步的追溯管理，牛耳经常绑定在相应的胴体上直到分割环节。分割过后，屠宰厂的内部编号与该牛的身份编号相统一，以确保可追溯性。

（六）高品质牛肉产品的认证

实施品质和原产地认证标识的目的，是根据消费需求区别各种层次的高品质产品。就牛肉产品而言，法国已经有4种常用的标识：①红标认证标识：它代表最卓越的牛肉品质，达到红标认证的肉牛须采用传统生产方式，即夏季长达7～8个月的草地放牧饲养，冬季采用粗饲料和谷物饲养；②受保护地理标识：它确保畜禽饲养地区与产品特点之间的联系，生产规范限定特定的生产区域，特定肉牛品种和传统饲养方式；③原产地命名控制标识以及与其对等的欧洲标准：原产地命名保护标识可以确保牛肉的出产地与该地区的生产技术特点，特别是当地气候、土地以及生产过程的特异性（年龄、肉牛生产类型、饲料等），所有这些都决定了原产地命名控制标识和原产地命名保护标识牛肉的特殊性；④有机农产品标识：它代表一种尊重自然环境的生产模式。在该种生产模式下，产品的生产不使用化学合成产品，并对有机物进行回收，提倡轮作和生物防治等特点。以上各种标识相互补充，相辅相成，在销售时进行出示。在产品的包装上除了包含品质认证标识外，还必须标注动物的身份标识以及动物的生产类型。

五、与我国畜牧业合作情况

2005年12月5日，在法国总理府由温家宝总理与德维尔潘总理共同举行的中法两国政府合作协议签字仪式上，中国农业大学校长陈章良与法国农业科学院（Academy of Agriculture of France）终身秘书长Guy Paillotin博士，代表我国与法国签署建立“中法肉牛研究与发展中心”协议。

2006年4月21—23日，国务院副总理回良玉访法期间，与法国农业部长比瑟罗共同将“中法肉牛研究与发展中心”项目列为中法农业合作三大示范项目之一；2007年2月，中国农业大学与北京金维福仁清真食品有限公司合作，在北京大兴开始建立“中法肉牛研究与发展中心试验示范基地”；中法肉牛研究与发展中心正式在北京市大兴区魏善庄镇金维福仁公司落成。来自农业部、外交部、法国驻华大使馆、法国国家肉类与畜牧业协会、法国国际利木赞肉牛联合会、中国农业大学、大兴区等有关部门和国内著名肉牛企业代表100多人出席了中心揭牌仪式。

2010年7月6日，农业部国际合作司主持召开了“中法肉牛研究与发展中心项目汇报会”。会议总结中法肉牛合作的前期工作进展，提出了下一段在育种材料引进、基地建设、扩大交流、人才培养等方面的工作设想。

2011年7月25日，农业部举行中法肉牛联合指导委员会工作会议。会议交流了2011—2015年中法肉牛合作计划进展情况，商讨了下一阶段工作计划[17]。9月21日，第二届中法肉牛产业发展国际论坛在北京举行，中法两国专家就遗传改良和基因组技术在肉牛育种实践中的应用进行了探讨，围绕肉牛种质资源现状、基因组选择、肉牛育种目标和功能基因组应用四个议题开展了深入讨论，并就“山区肉牛产业链组织”和“绿色饲料添加剂应用”两个专题进行了交流，中法专家和相关农牧企业负责人共计100多人参加了本次论坛；中法将加强肉牛育种技术的交流与合作。

2014年11月4日，在法国克莱蒙费朗市举行第三届中法肉牛发展国际论坛，针对中法肉牛产业现状回顾与展望、肉牛遗传育种与生产、肉牛营养与饲养开展研讨。

参考文献

[1]Edward Cook. Statisical books Eurastat[M]. Luxembourg: Publications Office of the European Union Printed by Imprimeries Bietlot Frères in Belgium,2018:55-59.

[2]吴凯锋，张明富，罗健，等．值得借鉴的法国草地畜牧业[J]. 草业科，2008(10):124-127.

[3]黄亚宇，霍云龙，Jean-Franois，等．法国肉牛业发展经验[J]. 肉类研究，2015(2):33-39.

[4]Philippe CHOTTEAU，黄亚宇，霍云龙，等．法国肉牛业：欧洲的一个例外[J]. 肉类研究，2015(2):40-42.

[5]Nils BEAUMOND. 法国肉牛生产和牛肉消费趋势．首届中法肉牛发展论坛论文集(2009).

[6]Chatellier V, Guesdon J C, Guyomard H, et al. Les producteurs d'ovins et les éleveurs laitiers extensifs sont les principaux bénéficiaires de l'application francaise du bilan de santé de la PAC [J]. INRA Productions animales,2010,23(3): 243-254.

[7]张莉．法国畜产品贸易分析[J]. 畜牧与饲料科学，2011,32(05):58-61.

[8]陈幼春，曹兵海，刘强德．法国肉牛胴体分割法的解读[J]. 中国畜牧杂志，2008(09):48-51.

[9]张莉．法国畜牧业发展状况[J]. 中国畜牧杂志．2011,47,(12):47-51.

[10]http://countryreport. mofcom. gov. cn/

[11]Bouquet A, Renand G, Phocas F. Evolution de la diversité génétique des populations francaises de bovins allaitants spécialisés de 1979 à 2008[J]. Productions Animales, 2009, 22(4): 317.

[12]http://agric ulture. gouv. fr/overview-french-agricultural-diversity.

[13]ELLIES M P. Les bovins allaitants[M]//DANS ELLIES M P. Lesfilières animales francaises: caractéristiques, enjeux et perspectives. Editions Lavoisier, 2014: 22-49.

[14]NRA. 牛、绵羊和山羊饲养精要：动物营养需要与饲料成分表(2010年修订版)[M]. 黄亚宇，译．北京：中国农业大学出版社，2013:294.

[15]Foged H, Flotats Ripoll X, Bonmatí Blasi A, et al. Inventory of manure processing activities in Europe[J]. 2012.

[16]Loyon L, Burton C, Guiziou F. Intensive Livestock Farming Systems in Use across Europe: a Review of the Current Situation Relating to IPPC Based on Recent Data Gathered by Questionnaire [J]. Final Report as the principle deliverable of Task, 2009, 3.

[17]Loyon L. Overview of manure treatment in France[J]. Waste Management, 2017, 61: 516-520.

第五章

荷　兰

一、摘　要

荷兰是欧盟重要的成员国，是世界上农业最发达的国家之一。在欧盟现有成员国中，荷兰的耕地面积、农业劳动力及农场规模等均无明显优势，但随着集约化程度的提高和生产规模的扩大，其农业产值近年来增长逾 10 倍，生产效率稳步提高，其中农业劳动生产效率最高，明显高于其他欧盟国家，是人多地少国家发展高效农业的典型。养牛业在荷兰农业中具有重要的地位，养殖模式主要以家庭牧场为主，少数牛场以大型高度集约化饲养为特点。奶公犊育肥是荷兰主要的牛肉来源，占到荷兰肉牛市场的 50%。荷兰是世界上犊牛肉生产最为发达的国家之一，其生产过程具有严格的饲养管理规范，配合成功的物流运作模式和完善的质量追溯体系，并注重先进技术应用和产学研用结合，同时还制定了价格支持政策等一系列农业补贴政策，保障了牛肉的高效优质安全生产，90%以上犊牛肉出口到意大利、法国、德国等国。

二、肉牛产业基本情况

（一）资源状况和肉牛产业发展概况

荷兰位于欧洲西北部，国土面积 4.15 万 km^2，人口约为 1 700 万人，其中农业人口占全国人口的 45%，人口密度为 500 人/km^2。荷兰是欧盟的第六大经济体，国内生产总值(GDP)占欧盟的 5%，是欧盟各国中人均收入最高的国家之一，居世界前 10 位。根据荷兰中央统计局(CBS)的统计，2015 年，荷兰人口中有 28%的消费收入超过 4 万欧元。

荷兰可耕地面积近 200 万 hm^2，约占国土面积的 2/3。荷兰约有 55%的土地用于农业，其中草场和牧场占约 31%，耕地占约 23.6%。荷兰纬度较高，位于北纬 51°～54°之间，光照较少，属海洋性温带阔叶林气候，温暖潮湿，冬暖夏凉。年降雨量 600～800 mm，基本均匀分布于四季。昼夜温差较大，地势平坦，土壤多为沙壤性淤积土。土壤和气候条件适宜蔬菜、花卉以及牧草的生产。肉牛养殖饲料主要包括精料补充料和青贮饲料，青贮主要以牧场种植的黑麦草和玉米为原料。

荷兰是世界上农业最发达的国家之一，农业产值占国内生产总值的2.6%，其中畜牧业占到农业的50%。荷兰以奶牛养殖为主，牛肉主要来源于由奶公犊育肥生产的白牛肉，占荷兰牛肉市场的50%，是世界上犊牛肉生产量最多的国家，其他50%的牛肉由淘汰奶牛和少量肉牛品种提供。

(二)肉牛养殖业发展情况

1. 存出栏量及历年变化

荷兰的牛养殖业主要集中于奶牛，尽管荷兰有一些专门的肉牛养殖农场，但奶公犊仍是主要的牛肉来源，还有一部分淘汰奶牛。犊牛通过不同的技术育肥形成白肉犊牛和红肉犊牛。2017年，荷兰牛饲养量约409万头，其中约169万头2岁以上奶牛，约233万头(含进口)为产奶和育肥小牛，约52%用于产奶，约48%用于育肥(约113万头)，主要是犊牛育肥(表3-5-1)。2017年底用于红肉生产的犊牛(<1岁)约35.4万头，用于白肉生产的犊牛约59.4万头(表3-5-2)。荷兰的小牛肉生产起源于奶牛业新生公牛犊和牛奶供应过剩。虽然荷兰生产牛肉所需的牛源主要来源于奶牛业，但犊牛进口也变得十分重要。从20世纪80年代开始，从周边国家进口犊牛。荷兰犊牛白肉、红肉生产用犊牛50%以上依赖从周边国家进口，所用饲料对进口依赖性很强。

表3-5-1

荷兰牛饲养情况

万头

项目	2000年	2005年	2010年	2015年	2016年	2017年
总饲养量	406.9	379.7	397.5	413.4	425.1	409.6
奶用青年牛	132.5	114.2	123.9	133.7	131.7	119.9
育肥犊牛	78.3	82.9	92.8	90.9	95.8	95.3
育肥青年牛	27.5	22.1	19.7	17.2	15.3	17.5
泌乳成年母牛(≥2岁)	150.4	143.3	147.9	162.2	174.5	169.4
育肥成年母牛(≥2岁)	6.7	6.1	3.7	—	—	—
育肥成年公牛(≥2岁)	0.93	0.91	0.95	—	—	—

来源：CBS

表3-5-2

荷兰育肥犊牛饲养情况

万头

育肥犊牛	2016年4月	2016年12月	2017年4月	2017年12月
红肉用犊牛(<1岁)	36.3	35.7	35.6	35.4
白肉用犊牛(<1岁)	59.5	58.4	59.7	59.4

来源：CBS

2. 产品产量及历年变化

欧盟对牛肉划分较细，分为小牛肉、青年牛肉、成年牛肉等几类。随着荷兰牛奶生产配额的取消，奶牛养殖一直呈现扩张的趋势，所以牛肉生产整体上也呈现一个上升的态势。根据近10年来欧盟统计局数据表明，虽然由于犊牛进口数量、经济波动等原因导致牛肉产量有所波动，但荷兰牛肉年产量均在37万t以上，在2016年肉牛产量达到41.6万t，为最近10年来最高值(表3-5-3)。

荷兰是重要的小牛肉生产国，其小牛肉产量份额在欧盟成员国中位居第二。2015年欧盟成员国小牛肉产量份额排序为西班牙(23.1%)、荷兰(22.8%)、法国(21.4%)、意大利(10.5%)以及其他诸国(22.2%)(图3-5-1)，其中在荷兰市场中，小牛白肉约占其整个牛肉市场的一半。欧盟成年牛牛肉主产国为法国(18.8%)、德国(16.2%)、英国(13.3%)、意大利(10.4%)、爱尔兰(8.5%)、西班牙(6.1%)、奥地利(3.4%)以及其他诸国(23.3%)(图3-5-2)。

表 3-5-3

2007—2016 年欧盟与荷兰各类牛肉产量 10^3 t

项目	年份									
	2007	2008	2009	2010	2011	2012	2013	2014	2015	2016
牛肉(欧盟)	8 258.4	8 130.2	7 765.6	—	—	7 579.0	7 271.4	—	7 582.7	7 783.9
牛肉(荷兰)	385.6	378.4	401.8	388.6	381.6	373.4	379.1	376.2	382.5	416.0
小牛肉(欧盟)	—	—	646.3	—	—	642.2	611.4	602.7	617.0	634.4
小牛肉(荷兰)	—	—	164.7	175.9	181.0	177.8	181.1	183.0	189.7	207.2
青年牛肉(欧盟)	—	—	299.9	344.9	393.6	394.5	397.1	—	380.9	380.2
青年牛肉(荷兰)	—	—	58.4	46.3	37.8	36.8	41.3	34.2	35.3	31.2
成年牛肉(欧盟)	7 378.9	7 317.0	6 819.5	6 970.6	6 854.5	6 542.3	6 262.9	6 345.8	6 584.8	6 768.4
成年牛肉(荷兰)	173.4	155.4	178.6	166.4	162.8	158.9	156.7	159.0	157.5	177.7

来源:CBS

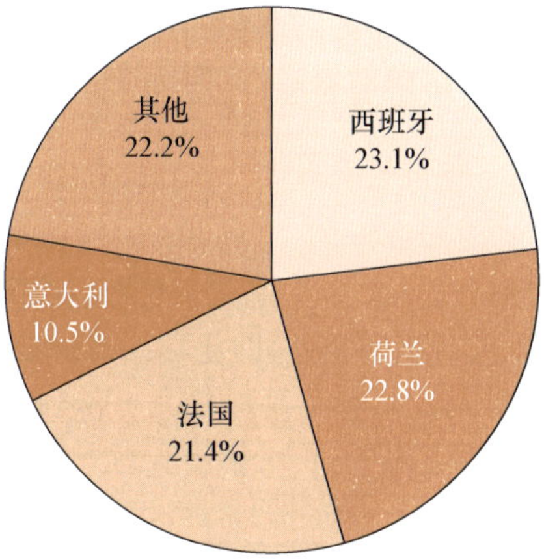

图 3-5-1 欧盟成员国 2015 年小牛肉产量份额

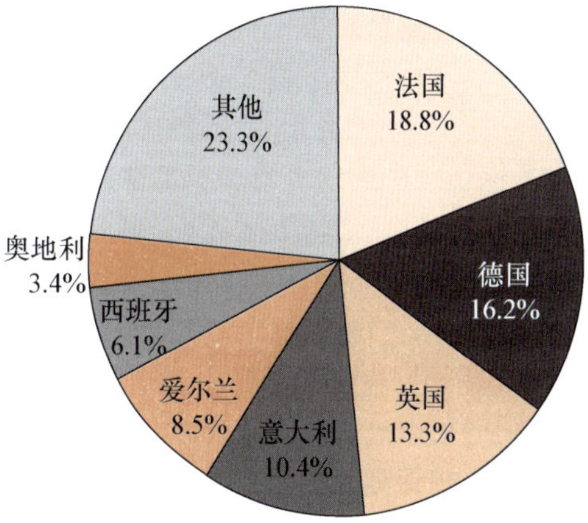

图 3-5-2 欧盟成员国 2015 年成年牛肉产量份额

3. 养殖区域、规模结构及其变化

荷兰的畜牧业大体上分为普通畜牧业和集约型畜牧业。普通畜牧业主要指利用牧场放牧的养牛业、养羊业,占用土地较多。集约型畜牧业指需要大量资金投入、建立人工饲养环境的养殖业,主要集中在中部及南部地区。草地畜牧业几乎遍布荷兰全国的各个地区,北面和西北部主要发展乳业。其中,养牛生产主要分布在海尔德兰、北布拉班特、上艾瑟尔、弗里斯兰等省,各省合计占牛存栏总数的68%。其中弗里斯兰省的牛生产规模全国最大,以荷斯坦奶牛和弗里生奶牛(Frisian cow)闻名于世,同时该地区的土壤肥沃,有利于种植高质量的饲草。

家庭农场是荷兰农业的主体和有活力的生产经营模式。通过提升产量和生产效率,荷兰农业生产无论是规模还是机制都得到了创新和扩展。农场的总数量减少,农场朝更大规模发展,集中化成为荷兰小牛肉生产的特点。1950 年的小型混业农场逐渐被今天专业和集约化的大型农场所取代,农业控股企业数量从 1950 年的 41 万家下降至 2016 年的 5.5 万家,平均每家农业企业的土地面积从 5.7 hm^2 增至 32.4 hm^2。

4. 初级畜产品价格及其变化情况

荷兰年均出栏 120 万～140 万头小牛用于生产小牛肉,同时每年进口 40 万～60 万头(30%～40%的供应量)犊牛用于生产小牛肉,这导致了国内小牛价格的降低。2003 年 8 月至 2004 年期间国内小牛价格下降了 30%,其主要原因在于增加了向欧盟新成员的小牛进口量。新生犊牛的价格与欧盟的牛肉干预价格有关，而小牛肉价格又反过来影响新生犊牛价格。2010—2013 年，欧盟牛肉价格指数上涨了 16.0%，2013 年开始下滑。2010—2015 年间，总体上该指数上涨了 5.1%。

5. 养殖成本、效益

犊牛肉生产成本约 10 欧元/kg，最好部位的犊牛肉，如眼肉，约 15 欧元/kg。成本当中，人工成本大约占 10%，饲料成本占 50%～60%，其余为购买犊牛和房舍（20%）的成本。荷兰范德利集团（Van Drie Group）签约农户每出栏一头犊牛，会得到集团给予的 100 欧元，每个牛位每年得到 200 欧元的收入，但其中包括房舍的成本。扣除粪污处理费、贷款利息、水电等，每头牛位可得到纯利润 75 欧元。每个牛场 2～3 栋牛舍（可养殖 1 500～2 250 头牛），可以得到 11.3 万～16.9 万欧元纯收入。但是，产品进入市场以后，尤其是出口需要经过很多中间环节，因此在零售市场上价格翻倍，平均 30 欧元/kg，最好部位达到 75 欧元/kg。

6. 主要养殖企业和协会组织

（1）养殖企业

荷兰少数几个主要公司生产的小牛肉占到国内生长总量的 90%。其中，范德利集团（Van Drie Group）是当前世界上最大的犊牛肉供应商，是一家集犊牛饲养、代乳粉加工、犊牛屠宰、犊牛肉加工、小牛皮加工等于一体的世界知名犊牛肉生产企业。集团拥有 1 100 多个犊牛饲养基地，并采用“公司＋农户”的方式。一般奶公犊牛出生后 14 d，送往范德利集团的犊牛配送中心，根据品种、重量等标准定价收购，然后送往育肥场。育肥场一般是自愿加入范德利集团合作组织的农户，按照标准化程序饲养奶公犊。

为了保证犊牛肉的品质和安全性，该集团不从其他农场购买育成的犊牛，全部由公司自己饲养，且犊牛必须住在宽敞、通风和采光充分的牛舍里。针对不同年龄段的犊牛，公司都有自己统一的饲料配方。公司还建立了完善的质量监控体系，叫作“安全卫士（safety guard）”。安全卫士是犊牛肉的全程监控和可追溯体系。每头牛都佩戴耳标和识别码，犊牛肉与犊牛的识别码相连，即使犊牛肉已经剔骨，每块肉仍带识别码，从而可以追溯到犊牛来源、饲料、防疫用药等情况。犊牛耳标信息上传到公司网站上，顾客随时可以查询。该集团犊牛使用的代乳粉全部在该集团直属的荷兰、德国和意大利饲料公司内生产，进一步保障了犊牛肉品质。公司每年大约生产代乳粉 50 万 t。原料的采购和调拨由公司总部调控和管理。在生产代乳粉之前，所有的原料均须经过抽样化验检查。只有在完全符合标准条件下，才允许被用来生产代乳粉。在加工前，还需要对原料进行注册和备案，以便将来对每一批原料进行可追溯检查。

（2）协会与相关组织

荷兰最重要的农业协会是荷兰农业与园艺组织联盟（LTO-Nederland）。LTO 内部由不同的委员会处理一般事务，如国际事务、土地利用、大田种植、露地园艺业、温室园艺业和畜牧业等。

GD 动物健康服务中心是荷兰最大的动保中心，也是欧洲最大的动保中心之一，主要从事畜禽的动保研究，属于私人企业化运作、社会有偿服务，兼具一定的社会服务。目前为荷兰政府提供疫病监控服务和动物识别与注册体系管理，为牧场和企业提供技术指导、疫病监测和无病认证等服务。在泌乳牛的乳腺炎研究、家禽疾病研究等方面很有建树，该中心设施齐全，运转效率高，与养殖户有良好的有偿合作关系。中心业务涉及的物种包括反刍动物、猪、家禽、宠物（犬、猫等），其主要业务活动包括制订和实施动物健康计划、监测、实地试验、培训与咨询、诊断和环形比对试验、跟踪趋势和发展等。

（3）研究机构

荷兰著名的肉牛研究机构 CRV 育种中心成立于 1852 年，是荷兰主要从事牛类育种的跨国公司，是世界排名第三的国际奶牛育种公司，在世界奶牛育种领域占据领先地位。该公司为合作体制，主要有两个股东单位组成：公司是 33 个会员的私有企业，有雇员 1 500 人。CRV 育种中心的产品和服务遍布全球 50 多个国家，直接客户达 5 万家之多。CRV 育种中心主要从事开发、生产和销售遗传产品（牛精液和胚胎)、信息产品等。CRV育种中心主要从事以下领域的服务活动:繁殖咨询(体型评定、公牛选配计划)、产奶登记(MPR)、良种登记、胚胎移植(ET)和人工授精(AI)等。CRV育种中心的主要工作一是向客户提供信息,农民要利用奶牛的产奶性能指标选育奶牛,CRV育种中心把牛的健康状况和产奶记录传达给农民;二是向农民提供冻精和公牛的资料;三是提供各种服务,包括妊娠检测、种群等级、牛奶生产的等级、母牛分类等。

CRV育种中心在全球70多个国家有服务机构,包括巴西、捷克、新西兰等。销售机构分布在西班牙、澳大利亚、卢森堡、巴基斯坦等国。在世界上其他国家也有办事处,如在上海奶牛中心和北京奶牛中心派驻代表。CRV育种中心的分布主要是为了贴近客户提供服务。CRV育种中心年营业额1.4亿欧元,其中51%来自提供遗传物质,37%来自提供服务,9%是信息方面的服务。遗传物质的提供是最重要的。CRV育种中心提供冻精的数量是每年800万剂,在世界排名第三位。CRV育种中心提供的业务包括DHI服务,包括种群记录、牛奶分类等。公司收集这些信息的目的是将这些信息经过处理之后,帮助农民提高牛群的质量。

另一个重要的相关研究机构是瓦赫宁根大学。它始建于1876年,是欧洲重要的农业大学之一,在畜牧业的研究处于欧洲乃至世界领先水平,涉及研究生教育、本科教育和职业教育等。瓦赫宁根大学是荷兰农业方向实力最强的大学,也是欧洲农业方向与生命科学最好的研究型大学之一,在农业学科方面的研究机构中其排名为世界第二,在环境科学与生态学方面的研究机构中其排名世界第一。研究所是瓦赫宁根大学的三个支柱之一,其他两个是大学教育和培训。动物研究所有五个研究方向,包括动物健康福利、遗传和动物多样性、动物营养、环境和可持续发展和家畜系统创新性研究。研究所的研发资金来自政府和企业资助,甚至有一部分来自农民协会。在可持续发展研究方面,主要研究环境、粪肥处理、动物福利、二氧化碳排放、能源利用、生物链以及农民经营的企业化。动物设施也是一个重要方面,涉及的领域包括创新性的设施、混凝土地面的牛床、挤奶设施,设法提高劳动效率等。

7. 劳动生产率、资源转化率、养殖生产力概况

荷兰土地和劳动力资源相对稀缺,资本和技术实力雄厚,促使其比任何国家都更注重提高劳动生产率,在发展畜牧业经济过程中,形成了资本密集和技术密集、以机械作业为主的集约化家庭农场的发展道路。家庭农场有两个基本特征,特征之一就是农场所需要的劳动力主要是家庭成员,包括夫妻和子女,很少有雇工。一般情况下,家庭农场的经营规模与家庭劳动力的供给水平相适应。特征之二就是经营规模都不大。

荷兰具有较高的科学管理水平和高素质的现代化农民,同时,其养殖场配备大量现代化的机械设备,随着劳动生产率的提高,农业生产所需劳动力数量减少。荷兰的农业就业人口比例在3%以下,创造的价值约2%的生产总值。而我国农业就业人口比例约40%,创造的价值仅为生产总值的10%。荷兰的土地生产率大大高于世界各国,名列世界第一。荷兰主要的农产品中,只有谷物为净进口,其他产品均为净出口,其农产品自给能力和贸易优势强。

(三)肉牛产品加工业发展情况

1. 主要肉牛产品产量及影响因素

荷兰是世界上犊牛肉生产最为发达的国家之一,犊牛白肉、红肉生产极其发达。目前,荷兰年饲养与屠宰犊牛数量已达到140万头,犊牛白肉、红肉产量已达到20余万t,其中犊牛白肉、红肉分别占79%与21%。虽然荷兰用于生产犊牛白肉、红肉生产的犊牛50%以上依赖从周边国家进口,但犊牛白肉产量已占欧盟犊牛白肉产量23%,其中范德利集团一家企业生产犊牛白肉产量就已占到荷兰总产量的2/3以上。尽管欧盟消费需求总量的波动,但荷兰的小牛肉生产较为稳定。荷兰本国仅消费了其小牛肉产量的10%,90%出口到意大利、德国和法国以及中东等地。

荷兰小牛肉在欧盟市场上的强势地位与它的管理成本和质量控制是密不可分的。荷兰小牛肉凭借先进的技术而获得了高品质的声誉，同时荷兰兽医控制水平先进，并且近年来对质量控制的大量投入更是提高了其质量。为进一步满足市场需要，目前荷兰正按照欧盟动物福利原则积极实现产品生产人文化，严格限定在犊牛饲养期必须补充一定量的粗饲料，单栏隔离饲养时间限定在 8 周以下，犊牛屠宰时血红蛋白量严格限制在 4.5 mg/mL。为确保牛肉安全质量，荷兰正在推行激素与兽药控制检测计划，严格限制未纳入计划管理犊牛屠宰，产品生产与加工流通过程正在全力推行全程信息标识系统，从而使得荷兰生产的小牛肉，尤其是白肉在欧洲各国出口消费比重保持较高水平。

2. 肉牛产品产量历史变化情况

自 1987 年起，荷兰的牧业产值占农业总产值的 61%，在畜产品中，鲜奶占 26.1%，牛肉和小牛肉占 9.5%。牛肉为奶农的副产品，由于产奶的需要，犊牛生产头数较多，犊牛是荷兰牛肉生产的主要肉源，乳用品种牛肉占牛肉生产总量的 90%。表 3-5-4 是 20 世纪 60 年代以来荷兰牛肉产值变化情况，可以看出近年来牛肉产值逐渐降低。

表 3-5-4

荷兰牛肉产值变化

年份	1960 年	1980 年	1995 年	2001 年	2006 年
牛肉	705	2 682	3 416	1 638	1 435

来源：LEI(荷兰农业经济研究所)；1960—1995 年为百万荷兰盾，2001—2006 年为百万欧元。

2012 年荷兰生产小牛肉 21.9 万 t，90%的产品针对国外市场(主要是西欧，偶尔也出口到第三世界国家)，国内市场较为稳定且相对较小。

3. 肉牛产品加工企业、组织概况

荷兰肉牛产品加工企业行业高度集中和垂直整合，荷兰的白牛肉实施大集团产业化经营的战略。集成商和屠宰场紧密结合，主要由三家公司控制超过小牛屠宰和加工的 90%，并且整合的速度有所加快。

范德利集团是目前世界上最大的犊牛肉加工和代乳料生产经营一体化企业，年销售额占欧洲市场份额的 28%，现有犊牛饲养基地超过 1 200 个，荷兰四家年屠宰 10 万头的屠宰场全部在该企业内，并在法国、比利时和葡萄牙建立了分公司。2012 年净利润约为 3 540 万欧元，产品出口至全球 60 个国家和地区，欧洲市场占有率约为 28%。

范德利集团不仅实现了犊牛养殖的统一生产供料，还为养殖场统一提供技术指导与服务，实行统一客观的犊牛收购与产品分级标准，在安全与质量控制方面该公司全面接受荷兰犊牛肉质量基金会指导、监控，在产品生产过程中已全面实施 HACCP 与质量示踪技术体系。该公司不仅犊牛养殖已率先达到欧盟动物福利原则要求，而且饲料与屠宰加工均已得到 ISO 与欧盟等质量认证组织的认证。其荷兰犊牛白肉、红肉生产已进入高度组织化、规范化、安全化、档次化、优质化发展阶段。

范德利集团旗下的多家屠宰加工厂，如 Ekro(荷兰，白牛肉生产)，T. Boer & zn(荷兰，白牛肉生产)，KSA(荷兰，粉红牛肉生产)，Sobeval(法国，白牛肉生产)，Van Drie Belgium(比利时，白牛肉生产)等，均具有以下特点：

一是产品的可追溯系统。牛体每个部位的产品都有可追溯条码，产品的标签信息包括每头牛的遗传资料、饲养场、饲料、屠宰日期、分割部位、重量、经销商等，必要时可随时查询，有利于预防和控制可能出现的质量问题。

二是犊牛资源综合利用。公司按客户需求生产，小牛肉可以任意切割成块，以完全满足来自世界

各地的客户要求；同时，充分利用每项资源。

三是车间高效率运转。Ekro公司年屠宰量35万头，订单来自世界各地，从完整牛骨架到即烹犊牛肉产品，各式各样。车间的空间利用率很高，流水作业线排列十分紧凑，但工作流程快速有序。

(四)牛肉消费情况

1. 牛肉消费占比与国民消费偏好

荷兰人认为犊牛肉较贵，其犊牛肉消费量反而不及其他西欧国家。世界人均犊牛肉消费最多的国家是法国，人均消费每年5.4 kg，意大利人年均消费量4.8 kg，德国2.9 kg，荷兰2.4 kg。

荷兰消费者非常重视牛肉安全和质量，其中安全指标中比较关注激素、抗生素、疯牛病病毒、大肠杆菌和胆固醇含量。牛肉新鲜度、原产国和使用动物性饲料被列为“非常有用”的评判指标，体现了消费者对牛肉安全、健康和可追溯的关注。肉色和瘦肉率在货架质量和食用质量指标中比较重要，但对大理石纹指数并不特别强调，除以上要求外，荷兰牛肉的三个评级标准都特别强调肉牛的屠宰年龄要小，以未阉割青年公牛为最优，要求肌肉丰满，脂肪含量低。由于荷兰肉牛品种本身脂肪少，所以消费者并不太关注牛肉中胆固醇的含量。值得注意的是，近年来，消费者对有机畜产品的消费意识与日俱增。有机畜牧业与动物福利、健康消费紧密联系。源自意大利的“慢食(slow food)”运动席卷整个欧洲，它着力强调饮食文化观念。从历史到现在，从牧场到餐桌，要求对生产每一个环节都精确了解。对动物品种、身份、原饲养地和饲料的追溯制度已经被消费者普遍接受。消费者要求每一块肉都有标识，可以追溯到牛只出生、生长、肥育、屠宰到分割包装的全过程。安全和健康是如今欧洲消费者最流行的话题。60%以上消费者都愿意去肉店买新鲜的肉而不到超市或其他地方买包装肉。大多数消费者宁可把牛肉价格作为最后一个考虑指标，他们愿意多出5%~7%的价格以保证获得更多关于牛肉安全和质量的信息。

2. 牛肉消费量历史变化情况

2005—2015年，荷兰人均肉消费量维持在80 kg/年左右，并在2010—2015年总体呈下降趋势，降低6.8个百分点；其中2015年猪肉36.6 kg，禽肉22.3 kg，牛肉13.9 kg，牛肉占比18.44%；逐年牛肉消费上，荷兰人均消费正逐渐减少，与2006年相比降低15.76%(图3-5-3至图3-5-5)。

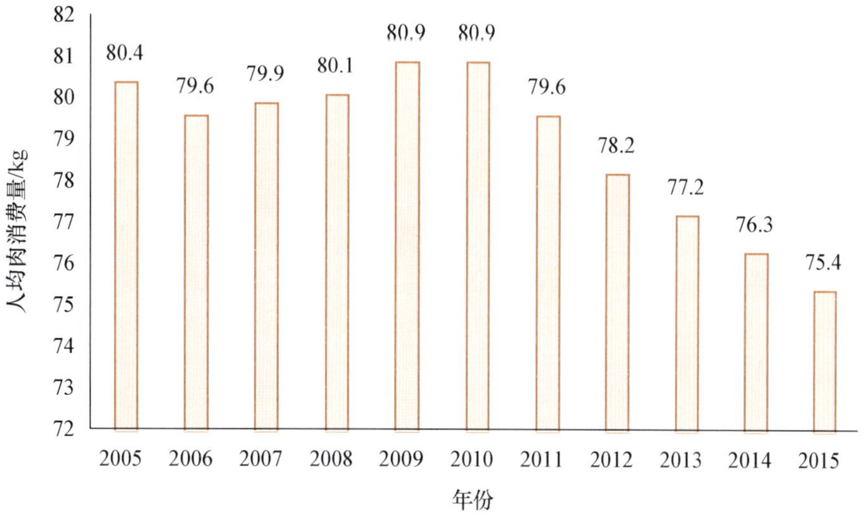

图3-5-3 2005—2015年荷兰人均肉产品消费量

来源：CBS

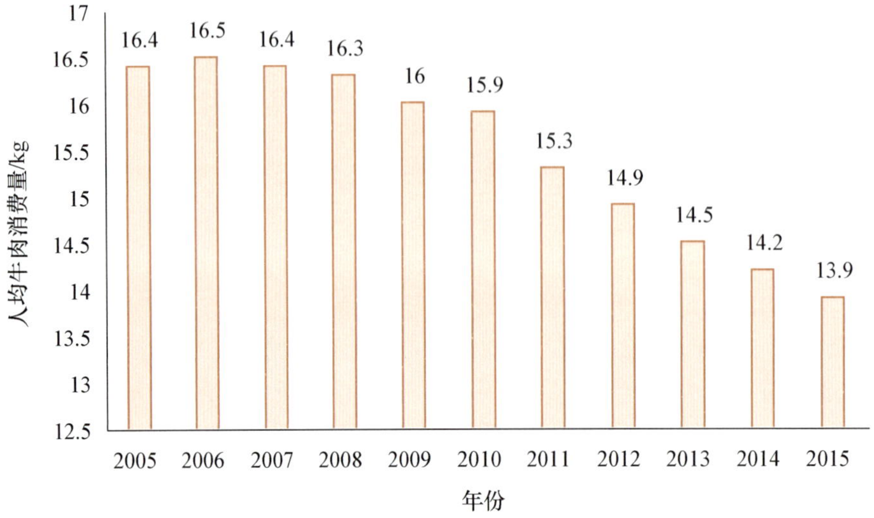

图 3-5-4　2005—2015 年荷兰人均牛肉消费量

来源：CBS

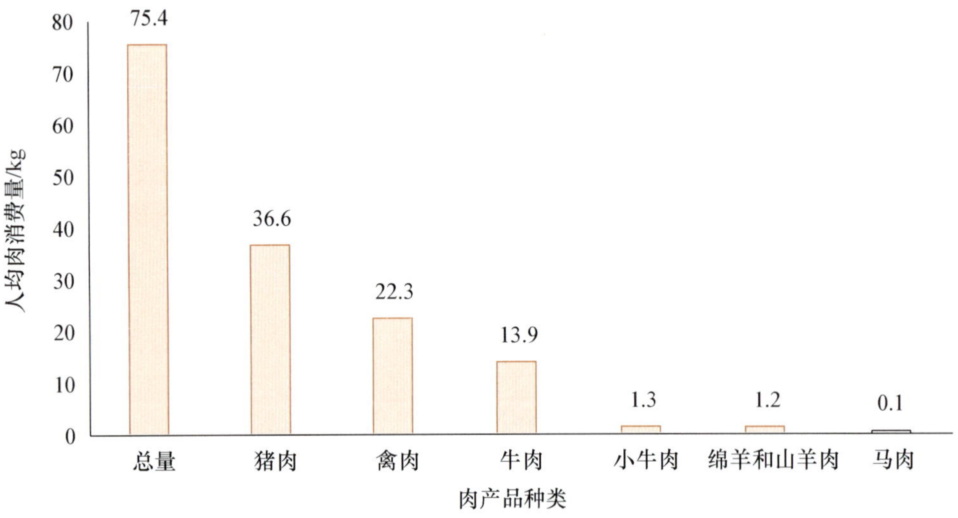

图 3-5-5　2015 年荷兰人均肉产品消费

来源：CBS

3. 牛肉产品营销模式

荷兰在第二次世界大战后逐渐成为小牛肉和小白牛肉的生产大国。荷兰之所以在小牛肉和小白牛肉的产量上几十年保持一国独霸的地位，是因为荷兰有稳健、高质量的奶牛产业提供着牛源，有精细、紧密的小白牛肉产业链及其生产、加工、营销技术链条，更有全面、坚固、合理的社会化服务体系和诚信互信体系。

（1）农民合作社集体销售

荷兰农业生产者大多通过合作社与批发商和零售商直接议价，达成销售合约。荷兰一些公司与欧洲、亚洲和美国的大型连锁超市、批发商和农、畜产品加工企业建立了紧密合作，在销售产品之外还提供多种增值服务，例如与具有相应资质的实验室合作进行农畜产品检验、通过完善的物流网络将产品直接运输到连锁超市的各个分店、协助零售商进行产品营销和宣传等。

（2）成立一体化集团进行内部收购

荷兰乳业、甜菜、小牛肉等行业均成立了覆盖产业链上中下游的大型集团，直接从所属农场收购初级原料、加工制成各类产品并进行销售。以乳业巨头菲仕兰坎皮纳公司(Friesland Campina)为例,构建了"从牧场到餐桌"的整条供应链。

4. 牛肉物流、营销企业、组织概况

(1)荷兰的农产品物流运作模式

荷兰的农产品物流模式主要有市场、合作社、企业与农户的连接3种基本模式,其运作模式如图3-5-6所示。

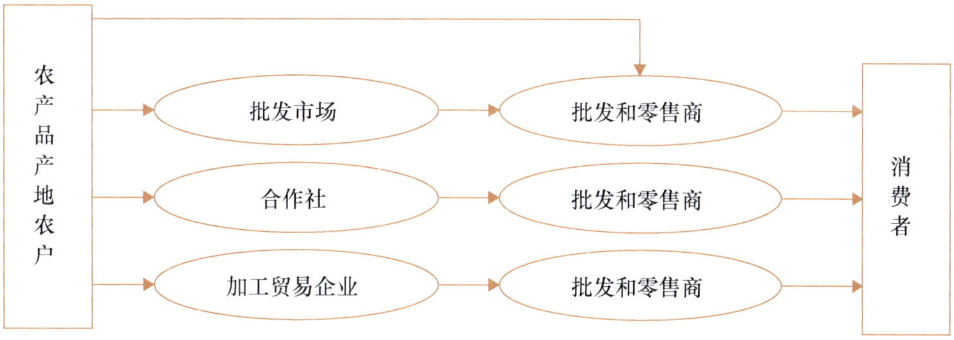

图3-5-6 荷兰的农产品物流模式

荷兰的农产品流通模式,最主要的且最具特点的是市场与农户的连接模式,包括了"拍卖市场"和"零售市场"。拍卖市场是荷兰最具代表性的农产品物流运作模式。农户将农产品按不同的质量标准和等级进行分类、分级、包装,经过检验,送入拍卖大厅。由大宗购买者按规则进行现场竞价,价高者得。成交后,由拍卖市场进行贷款结算和产品配送。拍卖市场模式在荷兰发挥了重要作用,全国近90%以上的农产品都是通过拍卖市场进行销售的。荷兰具有多个拍卖市场,拍卖市场专业化程度极高,一个拍卖市场只拍卖一类农产品。拍卖过程公开、公平,自由竞争,购买者在现场观看农产品的质量、标准、等级等特征,形成心理预期价格。这不仅保证了农民的利益,也有效提高了农民对农产品质量和标准化的重视意识。荷兰的合作社组织建立在农民的自愿原则之上,通过协定将农民连接起来。合作社在农产品的加工、销售、农业技术交流等方面起到了积极作用。通过加工、贸易等流通流程将农户与消费者连接起来,合作社也需要从拍卖市场获得农产品。因此,荷兰的3种农产品物流运作模式相辅相成,紧密形成了荷兰农业一体化经营模式。

荷兰农产品物流运作模式的成功归因于:

- 高度重视市场体系建设。荷兰农产品的物流运作及市场紧密围绕市场供需关系的变化,在农产品的运作中,产前、产中和产后形成了一个有机整体。
- 公平交易。拍卖市场的公平交易,使买卖双方合理进行资源配置和优化,交易活动是严格的市场化行为,具有良好的市场运行环境。
- 标准化推行。农产品进入市场时,严格按照标准进行分类,购买者根据规格、标准进行竞拍,市场通过买卖活动获得了指导价格。
- 加快了大宗农产品流转。在荷兰,大宗农产品均通过拍卖市场进行买卖。
- 政府指导下的一体化行政管理。荷兰在政府指导下进行一体化行政化管理,对从田间到餐桌的农产品物流进行全过程管理。
- 信息技术、科技支撑和推广。在信息技术应用上,荷兰农产品的生产、流通与销售都实现了高度信息化。除此之外,荷兰政府和农业企业一起,建立了十分完善、准确率极高的信息发布与信息交换系统,为其农产品开展电子商务、电子拍卖提供了有力保障。在管理理念上,荷兰在农产品流通管理的基础上,引入供应链管理理念,辅以其发达的全球联运体系,确保了荷兰农产品流通的高效率。

(2)荷兰的冷链物流

虽然荷兰的国土面积较小,但农业却十分发达,是欧洲重要的农产品销售基地,其农产品有4亿多

欧洲消费者。为满足消费者多样化的需求，荷兰积极发展农产品供应链。在市场附近建立一个中转站，先将农产品集中到中转站，再进行配送。采用这种方式能保证货源的充足和配送及时，配送中心收到货物时会进行分类、包装、储存等，并将这些产品运送到各个零售商，其运作模式如图 3-5-7 所示。

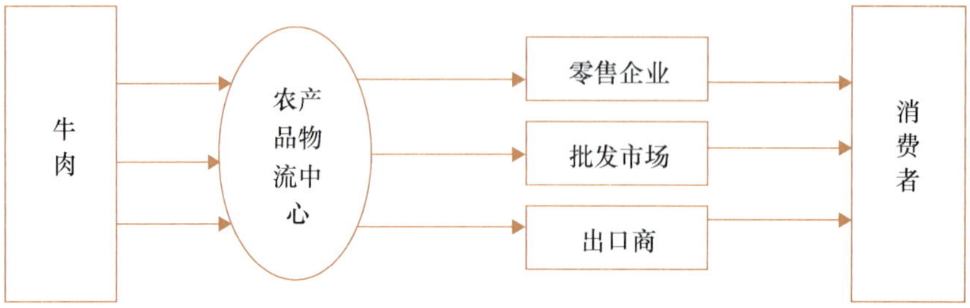

图 3-5-7　荷兰的牛肉冷链物流运作模式

荷兰位于欧洲大陆和北海之间，东邻德国，南接比利时，西、北濒临北海，而且荷兰从事海上贸易已经有几百年的历史，现在的荷兰已经是整个欧洲农产品的配送物流中心。

①基础设施先进，地理位置独特

作为欧洲门户的荷兰，地理位置十分有优势，一直以来都给荷兰的经济提供很大的帮助；莱茵河、马斯河以及斯海尔德河等 3 条西欧最大的河流都通过荷兰汇聚入海，所以荷兰的经济面向出口占较大的比重，这种地理优势让荷兰扮演着中转站的角色，港口的货运吞吐量很大，由于荷兰和其他发达国家接触频繁，对本国的经济和科技都有积极的影响，工农业发展迅速。

荷兰拥有欧洲最大的港口——鹿特丹港，还有各种大型的货运机场以及深水码头，它们组成了便利发达的物流运输网络，鹿特丹港的大型物流中转站设备非常先进，信息化程度很高，使得运转效率非常高效。

②荷兰拥有成熟的冷冻行业

荷兰的冷冻储运业非常发达，人均制冷和冷冻容量处于世界前列，农产品行业中大多数公司都具有现代化的制冷技术设备，能够保证高质量的农产品物流。

③荷兰建立了先进的电子虚拟农产品物流供应链

荷兰通过网络连接农业的生产资料供应商、生产商、种植主、批发商、零售商，形成了农业供应链，并建立了电子信息订货系统。电子化农业产品交易市场可以向全球的广大客户和消费者提供服务。

④ 优惠的税制和完善的配套服务

荷兰对企业有非常优惠的税收制度，企业只需要缴纳企业所得税，而且企业所得税的税率还处于欧洲较低水平，荷兰实行中央和地方两级课税制度，采用以所得税和流转税为“双主体”的复合税制结构。荷兰的税收体系对公众是透明的，具有一定弹性机制且比较稳定，对企业有很多优惠的政策，所以很多全球 500 强企业都把分公司建立在荷兰。

⑤ 完善的追溯体系

荷兰对食品安全非常重视，有着严格的生产标准和苛刻的规定，对农产品的每一个环节都有相应的追溯制度。每一个产品生产出来后都会加印生产追溯码，随时可以查询产品的运输状况，消费者可通过追溯码进行倒序追查，食品质量安全得到有效保障。

(五)肉牛产品贸易情况

1. 肉牛产品进口情况

荷兰的牛产业主要集中于奶牛方向，但同时也供应高品质牛肉。部分牛肉来自专业肉牛农场(育肥牛、淘汰母牛)，但大部分还是来自奶牛。荷兰的肉牛产业提供约 57%本国需求的牛肉产品，这意味着荷兰牛肉市场仍需要从各国进口来满足需求。目前主要依赖欧盟内进口，如德国、比利时、英国和爱尔兰等。2009 年荷兰进口牛肉 33.5 万 t。

荷兰每年进口 40 万～60 万头(30%～40%的供应量)犊牛用于生产小牛肉，主要小牛进口国有德国(64%)、比利时(13%)、丹麦(7%)、波兰(4%)、法国(4%)以及其他国家(8%)(图 3-5-8)。

推动荷兰从欧盟新成员国(NMS)进口的牛的数量增加和区域结构改变的最重要的力量主要有：

- 经济增长。家庭收入的增长虽然对小牛肉的需求有所增加，但是荷兰畜牧业集约化生产的竞争力快速下降，因为，非农业生产投资回报率高于畜牧生产。
- 消费者偏好和消费者关注点。随着欧盟饮食习惯转向便利食品和预先包装的餐饮，牛肉和小牛肉的消费量下降。同时，涉及食品安全，动物健康，运输以及动物福利和环境影响的投资增加了小牛肉供应的成本。
- 生产水平提高。2000—2011 年，荷兰奶牛单头产量从 7 397 kg/年提高到 8 063 kg/年，使得其国内奶牛群体数量减少。

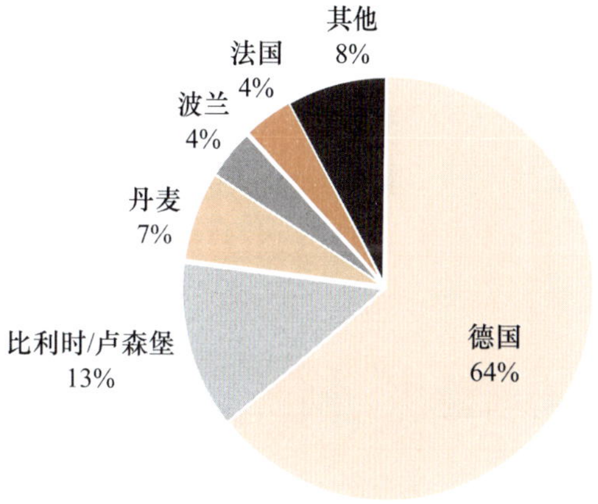

图 3-5-8　2015 年荷兰犊牛进口情况

- 欧盟管理的进口配额的取消。该配额限制了欧盟每年从新成员国进口 50 万头新生犊牛，以此解决欧共体 15 国(EU-15)和 NMS 之间的剩余关税壁垒，EU-15 和 NMS 之间牛肉和牛的价格差异迅速下降。

2. 肉牛产品主要出口国家及历年变化

荷兰农业贸易主要集中在邻国，德国和英国是荷兰农产品的最大买家。综合来看，观赏产品、肉类乳制品和蔬菜占净出口的近 75%。荷兰是世界上最大的犊牛和冻精出口国之一。2002—2006 年荷兰的牛出口主要集中于德国、比利时、波兰等国，占到 80%左右(表 3-5-5)。据荷兰政府网 2017 年 2 月 26 日消息，荷兰牛肉和小牛肉产品获准进入美国市场，目前欧盟国家中仅荷兰、爱尔兰和立陶宛三国获得了对美出口许可。

表 3-5-5
2002—2006 年荷兰牛出口量及结构

国家或地区	2002 年		2004 年		2006 年	
	数量/10^3 头	结构/%	数量/10^3 头	结构/%	数量/10^3 头	结构/%
德国	249.2	53	248.3	42	203.3	34
波兰	31.2	7	112.2	19	157.9	26
比利时	107.9	20	108.7	19	106.2	18
爱尔兰	12.6	3	30.6	5	41.4	7
捷克	6.2	1	22.3	4	34.6	6
法国	9.6	2	32.1	5	29.5	3
丹麦	45.8	10	28.3	5	18.5	3
其他	5.8	4	2	1	3.2	1
总计	468.3	100	586.1	100	596.6	100

来源：CBS

3. 在世界畜产品贸易市场的地位及影响因素

荷兰是世界上第二大农产品出口国，仅次于美国，也是第六大农产品进口国，排在中国、美国、德国、英国、日本之后(图 3-5-9，图 3-5-10)。其中，肉和奶产品的出口量占总农产品出口量的 56%左右。2000—2015 年肉和奶产品的进口量增长了 5 个百分点。2016 年，荷兰出口农产品总额达 850 亿欧元，进口额达 571 亿欧元。2016 年荷兰进口活畜 11.7 亿欧元，出口活畜 20.7 亿欧元；进口肉类及副产物 46.1 亿欧元，出口 86.3 亿欧元。

美国是全球肉类消费最高的国家之一，荷兰对美国牛肉和小牛肉产品的潜在出口能力达 8 000 万欧元，其中供应顶级餐馆的高端产品和用于汉堡包制作的低端产品均有较好市场前景。

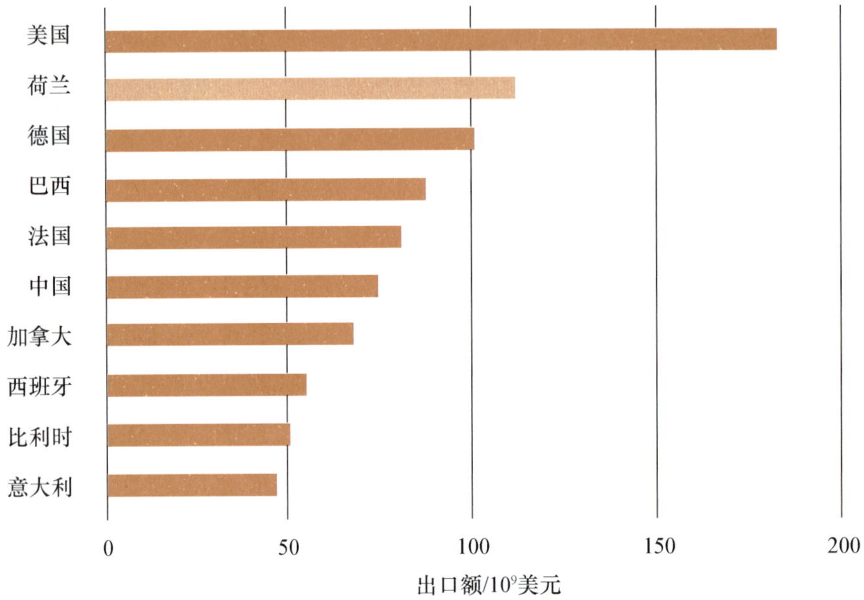

图 3-5-9　2014 年全球十大农产品出口国

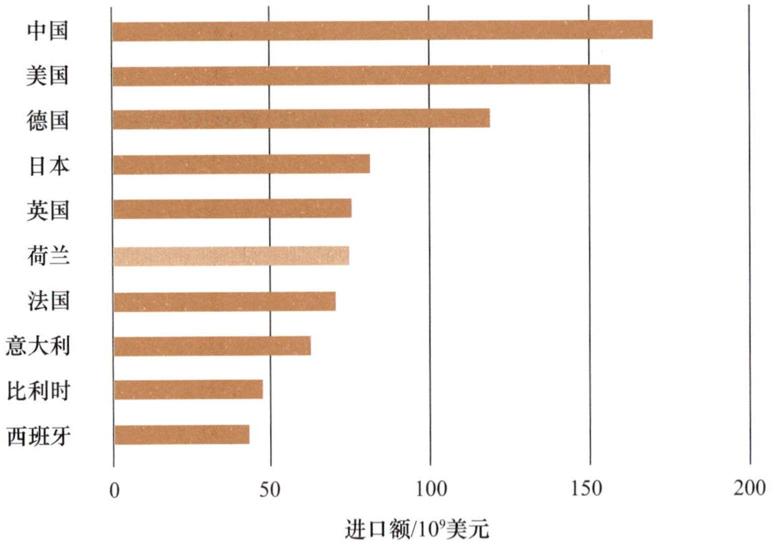

图 3-5-10　2014 年全球十大农产品进口国

荷兰是全球最大的犊牛肉出口国，其在贸易市场上的强势地位与它的管理成本和质量控制是密不可分的。荷兰小牛肉生产的质量控制系统是 NVWA（Nederlandse Voedsel en Warenautoriteit/food safety authority）。该组织对荷兰的食品安全控制，包括农场、屠宰场以及零售店均在其监管范围内。所有的新生犊牛在出生的时候就进行了登记，并且在整个供应链的各个环节均可追溯，包括在农场和屠宰场的过程。这些追踪数据在 NVWA 均是有据可查的。根据欧盟法律，小牛肉胴体在屠宰场会被贴上 V 或者 Z 的标签。法律规定要细分小牛（小于 12 个月）的年龄。V 代表小于 8 月龄，Z 代表大于 8 月龄但是小于 12 月龄。

同时，荷兰还有2个认证系统，SKV(Stichting Brancheorganisatie Kalversector)主要控制生长促进剂，IKB(Integrale Keten Beheersing)主要控制动物福利、卫生、饲料、运输以及抗生素等。但是这2个系统在2014年1月合并了，并由SKV统一执行。荷兰的小牛肉生产主要根据IKB质量控制系统(95%)，该系统确保动物福利、食品安全以及质量等。IKB还被划分为两个亚系统，一个负责小白牛肉，一个负责小红牛肉。并且拥有从农场到餐桌的全程可追溯管理系统，牛体每个部位的产品都有可追溯条码，产品的标签信息包括每头牛的遗传资料、饲养场、饲料、屠宰、日期、分割部位、重量、经销商等，必要时可随时查询，有利于预防和控制可能出现的质量问题。

除了严格的质量控制体系，荷兰的社会化服务体系也非常健全。奶农与技术服务部门的合作完全按照市场机制运作。奶牛育种公司、动物健康服务中心、饲料公司等基本上都是私营公司，靠服务质量与产品质量赢得客户和获得效益，农场可以自由选择类似服务机构。先进的技术也使荷兰小牛肉获得了高品质的声誉。大学在农民培训方面具有非常重要的地位。

4. 与中国的畜产品贸易情况

1997年3月28日，为防止荷兰疯牛病传入我国，保护我国的养牛业，国家商务部发布"关于禁止从荷兰进口牛及其有关产品的规定"。随着近年中国牛肉进口市场的快速增长，澳大利亚、乌拉圭、新西兰等国成为较大的出口国。面对如此巨大的市场，欧盟多国向中国政府提出希望向欧盟开放牛肉市场。2014年7月我国相关部门发布公告允许进口符合中国检验检疫要求的荷兰12月龄以下剔除扁桃体、回肠末端的剔骨小牛肉。

三、畜牧业生产扶持政策措施

(一)欧盟农业补贴政策的发展

自建立伊始，欧共同体(欧盟前身)就通过标准化法律制度，制定共同农业政策(Common Agricultural Policy，CAP)欧盟农业补贴政策。其大致分为三个阶段：一是价格支持阶段(1962—1991年)，二是价格支持和直接补贴结合阶段(1992—2002年)，三是直接补贴为主阶段(2003年至今)。

1962年，包括荷兰在内的欧共体6国为了提高农业生产率，增加农民收入、稳定农产品市场以及为消费者提供价格合理的农产品，通过了《建立农产品统一市场折中协定》，该协定包括3条原则：

- 欧共体市场统一原则，逐步取消成员国之间的关税，农产品在成员国市场内自由流通。
- 共同体优先原则，当欧共体产业政策与成员国产业政策发生冲突时，优先适用欧共体产业政策。
- 共同财政原则，共同农业政策引起的财政开支由成员国共同承担。该政策属于单纯保护性政策，有效提高了欧共体各国农业生产水平，但也造成了农业产能的严重过剩。

1984年，此前及当年欧盟乳制品存在严重的结构性过剩问题，黄油与脱脂奶粉的产量曾一度超过100万t。为抑制牛奶产量，保持合理价格，欧盟委员会决定对牛奶实现配额管理，即对奶牛场奶牛产量进行限定，对超出规定的额度实施征税。配额管理的目的是，保障欧盟牛奶产量保持合理增长，价格不低于世界市场价格，从而维护奶农的经济利益。

1993—2003年，针对之前价格支持带来的农产品过剩和财政负担问题，欧共体进行了农业政策改革，降低对农产品价格支持水平和控制生产，引入补偿支付政策补偿农民收入损失，加强优化农业生产结构政策等。2000年，欧盟委员会通过了《2000年议程》，进一步改革欧盟共同农业政策，突出强调欧盟农业政策目标的多样性、可持续性和竞争性、继续降低对农产品的支持价格，同时对农民实施直接收入补偿政策。将对农产品的价格支持改为对农民收入的支持。

从2004年至今，欧盟通过改革农业补贴方式，完成了共同农业政策从以价格支持为基础向农民收入补贴为基础的过渡，使得农业政策更加市场化。

(二)现行欧盟农业补贴政策主要举措

针对农业发展过程中存在的问题,荷兰制定并出台了相应的政策,主要包括:

1. 欧盟农产品市场价格支持体系

20 世纪 60 年代,欧盟根据共同农业政策制定了内部市场价格,主要形式有干预价格、目标价格及门槛价格。2007 年欧盟 CAP 评估后,改革新的农产品价格体系,更新为参考价格、干预价格和边境价格,三者相辅相成,采用公共干预、鼓励私人储存、进出口干预等调控手段,形成严密灵活的价格支持机制。每 6 年确定公布一次,2013 年欧盟公布 2014—2020 年公共干预农产品的参考价格和干预价格。

参考价格:居于价格体系的中心,大于或等于干预价格。对实施公共干预的谷物、肉类和乳制品等,依据欧盟最供不应求地区的市场价格确定。与原目标价格不同,参考价格生产指导性较弱,非价格上限,仅是计算农产品干预价格的依据。

干预价格:农产品最低下浮价格,形成方式有三种:一是等于参考价格,二为参考价格的一定比例,三是通过招标形成。当市场价低于干预价格时,政府将以该价收购,或给予农户差价补贴,保障最低收入。

边境价格:非欧盟国家谷物、肉禽蛋、奶制品和糖类等,运达欧盟边境的到岸价,再加上进口税而成。由于实施关税高峰,通常大于参考价格和干预价格。实质建立一种保护性"闸门制度",避免外部低价农产品倾销。

2. 单一直接支付制度

直接收入补贴政策,始于 1992 年欧盟农业补贴政策改革。初衷是因农产品价格支持减少,而给予农户的一种补偿,目前已成欧盟农民收入的主要来源,大约 40%来自直接补贴。欧盟计划以一种渐进的方式,最终实现将与生产挂钩的直接补贴政策,转变为不挂钩的单一直接支付制度(single payment scheme),特点是直接支付不再与生产挂钩,但与环境、食品安全、动植物健康和福利、农业条件等挂钩。每个农民获得的补贴额,根据历史基期情况,数额一经确定,补贴便与当年种植的作物种类和面积多少无关。该政策最大特点是没有贸易扭曲作用,不违背市场原则,且操作简便,无须每年统计、计算和核查。

3. 农村发展补贴

2005 年欧盟设立农村农业发展基金,主旨是提升农业和林业部门的竞争力;改善生态和农村地区环境;改善农村地区生活质量和农村经济多元化发展。具体补贴措施包括:

- 优化劳动力结构。鼓励老年农民提前退休,对 40 岁以下年轻农民从事农业生产的,提供创业和投资补贴。
- 促进区域农业协调发展,对边远山区等恶劣条件下从事农业生产的,补贴所需投资的 25%,最高达 65%。
- 鼓励生产高质安全的农产品,按欧盟环境、动植物健康和职业安全等标准生产,给予 1 万欧元临时性补贴;若采取更高畜牧饲养标准,连续 5 年以上的,最高每头牲畜可补贴 500 欧元。
- 对农民提供相关咨询服务者,最高补贴 1 500 欧元。此外还有农林新产品、工艺技术、农村网络信息服务等补贴。

荷兰土地和劳动力资源相对稀缺,资本和技术实力雄厚,因此,在发展畜牧业经济过程中,形成了资本密集和技术密集、以机械作业为主的集约化家庭农场的发展道路。欧洲的畜牧业社会化服务体系是以家庭农场为服务对象,围绕家庭农场而建立的。政府出台的相关产业扶持政策、科技推广体系以及大学及研究机构的科技创新项目都是针对家庭农场设计的;成立的各种行业协会是直接为家庭农场提高服务的。这种服务理念和制度设计贯穿于机械制造、动物育种、饲料营养、草场改良、疫病防治、粪污处理、农场管理等各个环节。这种社会化服务体系的构建造就了具有欧洲特色的以家庭农场为基础的现代畜牧业（表 3-5-6）。

表 3-5-6
存在的问题、出台的政策以及收获的结果

存在的问题	政策	结果
农场结构、生产效率低下以及收入不一致	社会-经济政策(非农业工业)、农业发展与重组基金	除农业外有更多的机会，农场以年减少3%的速率下降，农场扩大且更现代化
农民生产效率低下	加大推广、教育以及科学研究	生产效率提高，管理更先进
农业金融投资	农业贷款保证基金、财政政策	对现代化农业的投入加大
基础设施建设不到位	土地重新规划、保护租户	改善了农场附件的建筑，改善了水源的管理
环保不到位	与农户在污染物排放方面达成协议	降低污染物外排
市场、国际竞争力不强	欧盟指导政策、财政政策	现代化的农业商业模式的建立
土地使用不规范	土地管理合约	5%的土地在自然景观框架管理之内
动物福利	标准的建立以及立法	农场及相关组织更了解动物福利内容
动物健康/疾病	出台条例	仍然有动物得相关疾病、FMD
产品质量	加强控制、刺激产业链上的所有从业人员	出口改善，消费者投诉降低

四、肉牛产业科技进展

（一）育种与繁育技术

荷兰牛类育种机构中以荷兰 CRV 育种中心最为著名，其成立于 1852 年，是荷兰最主要的牛类育种公司。共计有 35 000 个荷兰和比利时的农场参加该组织。CRV 育种中心的产品和服务遍布全球，年销售额约为 1.4 亿欧元。CRV 育种中心主要是向农民提供优质冻精，并且向农民提供信息以帮助其选育奶牛。

荷斯坦牛是欧洲原牛的后裔，在荷兰传统的育种观念指导下形成了如今常见的乳肉兼用类型，1945 年以后荷兰农场开始应用人工授精技术，大量引进美国荷斯坦牛冻精，主要依据产奶量、乳脂和乳蛋白而定的 INET 指标选择奶牛。荷兰唯一一家从事奶牛育种、奶牛生产性能改良服务的公司是 CRV 育种中心，主要从事开发、生产和销售遗传产品（牛精液、胚胎）与信息产品等，此外，他们还提供繁殖咨询、产奶登记、良种登记、胚胎移植和人工授精等领域的相关服务。CRV 育种中心秉承可持续发展创造价值的理念，一方面通过大量的育种计划保留遗传资源的多样性，给不同环境的牧场主提供多样化的最适合当地需求的奶牛；另一方面，CRV 育种中心会有选择的重点发展一些性状，能够同时关联动物生产和健康，改善动物福利并提高生产力，让资源利用更加高效，同时降低每千克牛肉/牛奶生产过程中排放，让畜牧生产对环境更加友好。

（二）养殖技术

荷兰养牛业主要以高度自动化的家庭牛场为主，家庭牛场一般不雇佣外来劳动力，采用草地放牧与舍饲相结合的饲养方式，白天放牧，晚上舍饲。牛舍自动化程度很高，有的采用木条漏缝地板，自动清粪，TMR 饲喂，自动补料。牛只均佩戴全国通用注册电子标识，纳入可追溯系统，其电子标识还可供农场电脑系统记录产奶量、精料补饲量和牛只行为。牛舍外墙多为卷帘，多配有气象站，能通过感知室内温度和通风状况自动开关。

荷兰畜牧养殖的饲料需要经过 GMP＋认证，GMP＋饲料安全保证体系（GMP＋FSA）于 1992 年建立，1992—2009 年，一直由位于荷兰海牙的动物饲料产品委员会（Product Board Animal Feed）负责管理。从 2010 年开始，这套体系开始由荷兰 GMP＋国际有限公司管理。GMP＋饲料安全保证体系是用以确保饲料产业链上所有环节中饲料安全的一套体系，覆盖了从饲料原料供应商、饲料加工企业、储运服务商到最终养殖户的整条链的监控，也是一套全球可通用的国际体系。

荷兰 IKB 生产质量控制系统保证了生产链中所有重要活动都在受控情况下进行。为此，每一生产链各自都有专门的 IKB 规章制度，在 IKB 范围内的所有涉及禽肉和禽蛋生产、加工和销售的部门都必须为其业务操作方式提供保证。荷兰的小牛肉生产严格依照 IKB 标准执行，标准对养殖生产的动物福利、动物健康、食品安全和肉质等方面做出了详细规定。

（三）疫病防控技术

在 2009—2014 年间，荷兰畜牧业抗生素施用量减少了 58%，并且没有影响到畜牧业生产效益。荷兰的兽医机构有三个层次。基础层级：即私营兽医，向农场主或综合企业提供服务；第二层级：私人实验室、动物健康服务、饲料和兽药公司的教育部门；第三层级：兽医大学、政府、国家参考实验室。第一和第二层次在动物疾病防控中起着非常重要的作用。

（四）粪污处理技术

荷兰的畜牧业生产有着悠久的历史，粪污是畜牧行业的副产品，是一种很好的有机肥，可以为农作物生长提供营养物质，是食品供应链的重要环节之一。为了降低粪污污染，用更少的资源生产更多的食品，荷兰对提高畜禽粪污的利用率极为重视，逐渐开创了有效且环境无害化的粪污处理模式；而且制定了严格的标准，控制动物粪污和化肥使用，保证环境质量。从 2014 年起，处理农场过剩的畜牧粪污成为每个荷兰农民应尽的义务。这一举措可以引导并优化粪污资源的地域配置，经过处理的粪污作为一种高质量的肥料，被配送到存在市场短缺的地区。此外，农业部门也一直在不断开发粪污提炼技术和创新产品，促进欧洲生物基经济的发展，实现资源的更好配置。

荷兰是欧盟的一个很小的成员国，畜牧养殖数量却很庞大，与其他地区相比，荷兰畜牧业产生粪污过剩的情况更为严重，以荷兰饲养 400 万头牛计算，每年约产生 5 480 万 t 粪污。虽然荷兰牛饲养数量庞大，但是在 2009—2014 年家畜平均氮、磷排放量上，分别排名欧洲各国 16 位和 13 位。荷兰在应对这一挑战、优化粪污资源利用时所遵循的基本原则是把粪污当作一种有价值的产品而并非是一种废弃物。大规模的动物饲养以及化肥的过度使用导致地区性营养资源过剩，只有通过更加有效的饲养模式以及出口过剩的营养物质（动物粪污），重新恢复营养物质循环的平衡状态，才能促进生态和谐和维持大规模的畜禽饲养。

荷兰的粪污处理相关政策不仅关注粪污的产生，而且很注重怎样更好地利用粪污资源；制定相关政策的目标也主要在于通过规范化粪污资源的利用，防止或者限制营养物质过量地渗透到周围环境中去，以及把过剩的营养物质运输到短缺的地区（可以是荷兰境内，也可以出口到境外）。荷兰现行的粪污相关政策是以欧盟指南为框架，根据本国的畜牧业实际情况而制定的；包括一系列政策法规和激励措施等。

欧盟和荷兰政府在 1984 年设置了猪、家禽和牛奶的配额生产权，1987 年荷兰政府颁布肥料法案，其中包括畜禽粪污的使用规定，1990 年启动的土壤保护法限定了农场耕作化肥的使用。1991 年欧盟颁布了硝酸盐指令，控制农业系统硝酸盐向环境的排放，并设置最大的施氮量为 170 kg/(hm^2 · 年)。2002 年开始采取畜禽粪便处理协议机制，强制要求农场对牲畜、粪肥和作物种植进行注册登记，严格限制农田粪肥施用量。协议要求产生粪便量过大的农场，必须采用种养结合的模式，或与加工商签订粪便处理协议。荷兰法规规定，喷洒在耕地或草地上的畜禽粪便，必须 24 h 溶入，一旦耕地施肥量足够，必须将多余的粪肥运送到粪肥不足的地区。当田地无农作物，或因季节性影响农作物不能吸收营养的时候，不得向田地里施肥。荷兰还开发了一套粪肥交易系统，农民可以通过这个系统卖出或买入粪肥处置权，拥有闲置容量的农民，可以将多余的施肥权卖给有需求的农民。这个权限根据这样一个比值来确定，即一个特定农场的最大允许撒播率与实际牲畜存栏率的比值。自 2014 年起，荷兰农业生产所有多余的（超过限额）粪污都必须强制进行加工处理，建造低排放的动物圈舍和零排放的粪污储存区。

除了强制性的政策规定，荷兰政府也为粪污的合理排放与使用提供了一系列鼓励性支持，如政府鼓励投资新技术，通过直接拨款与联合融资为粪污加工与处理的研发创新提供经费支持、财政补贴和减免税收等。为了提升农民技术与管理水平，相关牧场建立了试点引进和测试新技术，提供技术咨询服务，同时有农民组织供相关人士进行技术交流与学习。

荷兰大多数牛场粪污处理采用“液压刮粪板＋固液分离＋筛分固体压块”一体化工艺，从粪污收集、干湿分离到干物质深加工都有完善的配套处理设施。尽量减少粪肥营养物质的流失。根据作物的生长需求和土壤的肥力水平来确定施用量，并且只在作物生长季节施用粪肥，过渡期和间歇期则把粪污存储起来。采用先进的施肥设备可以最大限度地减少氮元素以氨气的形式流失，与此同时提高了粪肥的营养物质含量，也减少了农民对化肥的需求。目前荷兰对粪污的处理方式和技术包括：厌氧发酵、焚烧发电、堆肥生产有机肥颗粒、通过反渗透法生产浓缩液态氮等。

五、与我国畜牧业合作情况

2010 年 10 月 26 日，“中荷小白牛肉供应链可持续发展经验研讨会”在北京召开，会议主旨在于加强中荷两国间肉牛生产及牛肉卫生监管的情况交流，探讨肉牛生产和牛肉、小牛肉的卫生监管合作机制和前景。会议双方代表一致建议加强两国间畜牧业生产和兽医领域的合作与交流。本次会议开创了畜牧和兽医两大领域有机合作的先例。

2011 年中国 GMP＋圆桌会议启动，参与者主要是中国的食品及饲料行业的企业，到目前为止，在中国已有 26 个公司获得了 GMP＋饲料安全保障体系的认证。这些公司活跃在饲料原材料生产、贸易以及矿物质、维生素及添加剂的生产领域。

2013 年 11 月，由中国农业大学、荷兰瓦赫宁根大学和荷兰皇家菲仕兰公司共同发起的中荷奶业发展中心（Sino-Dutch Dairy Development Centre，SDDDC）在北京正式成立。2014 年 12 月，荷兰 CRV 公司和北京中地畜牧科技有限公司先后成为合作伙伴，同时也促进了肉牛业尤其是奶公犊育肥的发展。

参考文献

[1]Silvis H J，Bont C J A M. Prospects for the agricultural sector in the Netherlands：the choice for agriculture，background report[J]. Den Haag Min，2005，18(2)：216-218.

[2]张越杰，郭爱珍，曹兵海．荷兰的肉牛产业链[J]．中国畜牧业，2011(22)：64-67.

[3]栾敬东，施海波．发达国家牛奶生产配额政策及其启示[J]．农业经济问题，2014（9）：103-109.

[4]刘晓亮，殷向晖．欧盟农业补贴政策的演进及其对我国的启示[J]．对外经贸实务，2015（3）：25-28.

[5]郭爱珍．荷兰养牛业考察报告[J]．中国奶牛，2011(19)：28-32.

[6]王克文．中荷小白牛肉供应链可持续发展经验研讨会在京召开[J]．兽医导刊，2010(11)：77-77.

第四篇

大洋洲

第一章

澳大利亚

一、摘　要

澳大利亚是世界上农业以畜牧业为主导、畜牧业以肉牛产业为主导的国家，牛肉产量占全国肉类总产量的70%以上，肉牛业产值占全国农业总产值的11%～19%，牛肉出口量约占全国肉类总产量的35%。同时，肉牛业又是澳大利亚农业中地域分布最广的产业，在整个澳大利亚国民经济中具有举足轻重的地位。经过上百年的发展，澳大利亚肉牛业经历了从天然草地获取饲料而自给自足、过度放牧导致草场退化、人工或半人工草地建设而保持畜牧业的稳定发展等几个阶段，已经形成了独具特色的以土地投入为主的草饲为主、谷饲为辅的发展模式。全国有30多个肉牛品种，主要品种有海福特牛、安格斯牛、婆罗门牛、西门塔尔牛及和牛等。肉牛存栏数量、出栏头数和牛肉产量基本保持稳定，2015年全国肉牛存栏2 760万头，出栏970万头，牛肉产量225万t，牛肉出口125.1万t，活牛出口120万头。为了保证肉牛产业的可持续发展，澳大利亚政府采取了众多措施，包括加强人工草地建设和草地改良，合理利用草场，以保护天然草场；采取围栏放牧、分区放牧与休牧相结合的方式，结合天然草地和人工草地的承载能力来考虑载畜量；注重畜牧品种，不断引进欧美优良品种，注重高产优质牧草的选育工作；政府十分重视畜牧业的科学技术研究工作，大到品种选育、动物疫病防控、畜牧业机械等方面，小到生产、经营等都注重融入高科技元素；鼓励各大农牧场主、企业集团等开办农业继续教育培训机构，使教育、科研和推广紧密相连；健全法制，对畜禽产品、饲料与兽药生产都做出严格的质量要求，加强畜牧业的地方立法工作；政府主导，企业参与，部门配合，拓展国内外畜产品市场。这些措施的实施确保了澳大利亚肉牛产业以生产优质绿色牛肉在国内外市场上的强劲竞争力。

二、肉牛产业基本情况

（一）肉牛产业发展概况和资源状况

1. 资源状况

（1）国土资源概况

澳大利亚是世界第六大国家，国土面积768万km^2，其中天然草场4.4亿hm^2，耕地面积0.5亿

hm^2，是世界上人均占有草地面积最大的国家，达 31 hm^2/人。澳大利亚农业土地面积约 385 万 km^2，其中畜牧业土地面积约 317 万 km^2（主要是草场）。昆士兰州拥有澳大利亚最大的畜牧土地面积，是肉牛的主产区，其次为新南威尔士州和维多利亚州。

（2）人口资源概况

澳大利亚 2014 年全国人口达到 24 000 384 人，首次突破 2 400 万人口大关（澳大利亚国家统计局网站数据，2016 年 2 月 16 日统计数据为 2015 年 2 380 万人），其中农村人口 2 507 539 人，仅占 10.95%。农村人口中农业人口为 325 300 人（2015 年 2 月），肉牛从业人口大约 200 000 人（2015 年）。

（3）经济发展概况

澳大利亚是南半球经济最发达的国家，也是世界上经济最发达的国家之一。2016 年底澳大利亚国民生产总值达到 4 061.42 亿澳元，居世界第 12 位；人均国内生产总值为 43 654.58 美元，居世界第 5 位；人类发展指数雄踞世界第 2 名，仅次于挪威；人均国民收入约为 6.47 万美元（表 4-1-1）。澳大利亚是农业大国，农业以畜牧业为主体，畜牧业又以肉牛业为主体，农业及其相关领域的总产值约为 96.01 亿澳元，畜牧业年产值 76.80 亿澳元，占农业总产值的 80%。2014 年澳洲牛类总价值估计为 133 亿澳元（2014—2015 财年），占畜牧业的 26.37%，占农业的 16.14%。近年来澳大利亚农场收入飙升，2015—2016 财年各农场平均收入达到 17.9 万澳元（扣除现金成本），为近 10 年间收入平均值的 2 倍。

表 4-1-1

2016 年澳大利亚国内生产总值（截止到 12 月底）

项目	金额	单位
国内生产总值	13 395.4	亿美元
不变价国内生产总值	417 688	百万澳元
国民生产总值	406 142	百万澳元
固定资本形成总额	101 340	百万澳元
人均国内生产总值	54 717.71	美元
人均国内生产总值（以购买力平价计算）	43 654.58	美元
农业 GDP	9 601	百万澳元

（4）气候概况

澳大利亚位于南纬 10°45′～39°08′，南北跨 28°23′，是跨纬度最少的一个大陆，南北间温差小，气温分布比较简单，属于热带大陆气候，但受澳大利亚所处纬度位置及大陆轮廓、地形、洋流、气压与风等多种因素的综合影响，其气候特点在三个热带大陆中既不同于南美洲，又有别于非洲，具有独特性。澳大利亚气候的基本特征是干旱区面积比例大、年降水量成半环状分布和全大陆普遍暖热。干旱区面积广大、比例高，全大陆平均年降水量为 470 mm，仅相当于全球各大洲平均年降水量的 3/5，在各大洲中是除南极洲外降雨量最少的洲。年降水量不同地区分布呈向西开口的半环状图式，即自北、东、南三面向内陆和西部沿海减少，北部多雨，中部平原的埃尔湖附近降雨最少，这种分布方式在各大洲中是独一无二的。全大陆普遍暖热，南回归线横贯澳大利亚大陆中部，其国土 99%的面积属于热带和亚热带，全年气温都比较暖热，少雨区和沙漠的面积特别广，内陆地区在夏季的炎热程度不亚于非洲撒哈拉沙漠区域。

澳大利亚的降雨量在各季中皆呈新月形分布图式。夏季降雨区位于北部沿岸，两尖端伸向西北部和东北部沿岸。冬季降雨区位于南部沿岸，两尖端伸向西南部和东南部沿岸。春、秋两季降雨区位于东部沿岸，两尖端伸向东北部和东南部沿岸，故澳大利亚在年降水量的季节分配上北部属夏雨型，南部属冬雨型，东部沿海为全年有雨型，广大的内陆和西部地区终年干旱少雨。

(5)水资源概况

澳大利亚大陆四面环水，分为东部山区、中部平原区和西部高原区。全国平均年地表径流总量约3 430亿 m^3，总量相对不大，但人均水资源占有量较多，不同地区分布不均。每年可获得的有效地表水约 1 200 亿 m^3，可利用率约 35%。目前已利用的地表水为 150 亿 m^3，占可开发量的 12.8%，占全国总用水量的 86%。在所利用的地表水中 77%用于灌溉，18%用于城市和工业，5%用于农村（王建堂和周春山，1988）。地下水储量年估算约 1 320 亿 m^3，年可开采水量约 720 亿 m^3，现已利用的约 25 亿 m^3，利用率 3.5%，占全国年用水总量的 14%，在所利用的地下水中灌溉占 67%，城市和工业占 18%，农村占 15%（王建堂和周春山，1988；张艳芳和 Gardner，2009）。

澳大利亚水资源主要有以下特点：第一，地区分布不均。澳大利亚国土面积的 2/3 属于干旱或半干旱地带，降水主要集中在东部山脉、台地和谷地相接的狭长地带，占国土面积 1/3 的中部和西部沙漠地区年平均降水量不足 250 mm。境内的 6 条河流多为季节性河流，也分布于降水集中地带。澳大利亚中部的大自流盆地富含地下水，有世界上最大的地下水源地。尽管澳大利亚水资源地区分布不均匀，但却与国民经济布局相匹配，所以水资源供需矛盾并不突出。第二，降水年内、年际分配不均。澳大利亚降水一年内主要集中在冬、春之间，5—12 月间降水占全年总量的 2/3，这段时间是洪水多发期，也是蓄水期。澳大利亚降水量年际之间变化也很大，有连续丰水年和枯水年的记录，枯水表现尤为强烈。这种不均匀的降水时空分布，决定了澳大利亚必须通过建设水利工程来保障经济社会发展对水资源的需求。澳大利亚已建水库近 400 座，总库容达 800 多亿 m^3，具有很强的蓄水能力。第三，总量少，人均占有量多。按联合国可持续发展委员会对世界 153 个国家和地区的统计，澳大利亚以人均水资源量18 743 m^3 位居前 50 名，是水资源相对丰裕的国家，但以 760 万 km^2 的国土面积计，其水资源总量并不多（张艳芳和 Gardner，2009）。

(6)牧草生产概况

澳大利亚是世界天然草原面积最大的国家，多达 4.58 亿 hm^2，也是世界上人均占有土地资源最为丰富的国家，人均农牧业用地 27 hm^2，人均耕地 2.8 hm^2，人均森林和林业用地 6.0 hm^2。牧场面积占世界牧场总面积的 12.4%，天然草场占国土面积的 55%，是名副其实的绿色王国。

人工草地建设和改良可以大幅度提高草地的生产能力，这是一个国家畜牧业发达程度的重要指标之一。澳大利亚人工草地高达 2 580 万 hm^2，这样大面积的人工草地在全世界也是处于领先地位，占全国可利用草地总面积的 5.63%。澳大利亚人工草场一般是以 70%的黑麦草籽和 30%的红、白三叶草籽混播。三叶草喜温暖气候，夏季生长旺盛，起固氮作用，能促进黑麦草生长，而黑麦草在寒冷或潮湿的冬、春、秋季都能生长，这种科学的结合能使全年产草量比较均衡。人工草场每半月即可轮牧 1 次，每公顷可饲养的牛羊数量比植被好的天然草场高五六倍，在放牧不补饲的情况下，肉牛 18 月龄体重可达 350 kg 以上。

澳大利亚在改良草场时，首先根据牲畜的采食对象，从口感、耐践踏、具有良好的再生能力等方面选择了适合养殖的牧草品种。同时依据牧草的营养成分、生长状况等进行合理的搭配，建设一定数量的混合草地。澳大利亚种植的牧草品种主要有紫花苜蓿、豌豆、三叶草、细叶冰草、猫尾草等，其中紫花苜蓿、豌豆、猫尾草主要用于调制青干草和饲料，每公顷产草量可达 1.5 t，三叶草和细叶冰草混播草地用作放牧场。其次，澳大利亚的牧场主一般都通过合理的规划来建设草地，利用人工播种、施肥、灌溉、补播等措施使草地实现良性循环。而在草地使用的过程中，澳大利亚的牧场主会根据草地生长和使用情况来定期进行维护或改良。通过维护和改良，提高了草地牧草的质量和产量，极大地减轻了天然草场的压力。

(7)种植业生产概况

表 4-1-2 是 2011—2015 年澳大利亚种植业生产概况，包括小麦、谷物、油菜籽、糖、棉花的产量和种

植面积。

表 4-1-2
澳大利亚及全世界种植业总产量

项目	指标	分类	单位	2011—2012 年	2012—2013 年	2013—2014 年	2014—2015 年	2015—2016 年[a]
				全世界				
小麦	面积		Mhm²	221	215	221	224	225
	单位面积产量		t/hm²	3.15	3.05	3.20	3.17	3.18
	总产量		Mt	695	655	707	711	715
				澳大利亚				
	面积		khm²	13 902	12 773	13 512	13 642	13 611
	单位面积产量		t/hm²	2.15	1.76	2.00	1.82	1.83
	总产量		kt	29 905	22 461	27 013	24 795	24 956
				全世界				
谷物	面积		Mhm²	315	318	323	320	322
	单位面积产量		t/hm²	3.65	3.56	3.89	3.84	3.89
	总产量		Mt	1 151	1 131	1 256	1 229	1 252
		谷物	Mt	886	863	966	957	977
		大麦	Mt	134	130	143	135	139
				澳大利亚				
	面积	大麦	khm²	3 718	3 622	3 957	3 751	3 745
		燕麦	khm²	731	699	744	733	728
		黑小麦	khm²	145	258	230	225	223
		高粱	khm²	659	595	492	672	682
		玉米	khm²	70	81	58	65	63
		总计	khm²	5 323	5 255	5 481	5 447	5 441
	产量	大麦	kt	8 221	7 466	9 545	7 675	7 770
		燕麦	kt	1 262	1 115	1 259	1 113	1 118
		黑小麦	kt	285	429	400	419	419
		高粱	kt	2 239	2 005	1 278	2 270	2 274
		玉米	kt	451	496	335	386	374
		总计	kt	12 457	11 511	12 816	11 864	11 954
				全世界				
油菜籽	产量		Mt	446	474	502	502	510
				澳大利亚				
	总产量		kt	5 328	5 624	5 007	4 300	4 487
	冬季产量		kt	3 440	4 023	3 563	2 961	3 178
	夏季产量		kt	1 888	1 601	1 444	1 339	1 309
				全世界				
糖	产量		Mt	174.3	183.6	182.3	182.7	183.4
				澳大利亚				
	产量		kt	3 683	4 300	4 200	4 413	4 543
				全世界				
棉花	产量		Mt	27.2	26.4	25.7	25.2	25.4
				澳大利亚				
	收获面积		khm²	600	442	392	379	364
	棉绒产品		kt	1 225	1 017	940	833	809

来源：ABARES。a 为 ABARES 预计值

2. 肉牛产业发展概况

澳大利亚是世界上生产牛肉最为高效的国家之一，肉牛产业是一个非常多元化的产业，是最重要的农牧业产业之一，在整个澳大利亚的国民经济中特别是出口方面具有重要地位。澳大利亚全国有牧场6.7万多个，面积从几百公顷到几千公顷不等，最大的达40万hm^2，草地利用方式均以放牧为主。澳大利亚所有的州和领地都可以饲养不同品种的牛，2015年全国牛存栏数量2 760万头，出栏970万头，牛肉产量255万t(胴体重)，牛肉出口125.1万t，活牛出口120万头，出口总金额达到107.7亿澳元。与2014年肉牛业保持恢复性增长相比，2015年澳大利亚肉牛产业出现全面下滑，肉牛存栏量、出栏量、牛肉产量、牛肉出口量和活牛出口量同比分别下降5.77%、2.16%、1.73%、2.72%和7.55%，这主要是由于干旱造成当前存栏率较低、活牛出口比例较大、育肥牛比例较高以及母牛比例较低，成年牛预期屠宰量将会下降，同时平均胴体重将增加(表4-1-3)。

表 4-1-3
澳大利亚2015年肉牛产业总体情况

项目	2014年	2015年	同比增减/%
存栏总量/万头	2 929.0	2 760.0	−5.77
出栏总量/万头	991.4	970.0	−2.16
牛肉产量/万t(胴体重)	259.5	255.0	−1.73
牛肉出口量/万t(胴体重)	128.6	125.1	−2.72
活牛出口量/万头	129.8	120.0	−7.55

昆士兰州、新南威尔士州和维多利亚州一直是澳大利亚最重要的三个肉牛养殖区域，存栏量占全国总量的80%以上。

2015年昆士兰州、维多利亚州、塔斯马尼亚岛和西澳州部分地区普遍干旱少雨，加上屠宰量持续攀高，使肉牛养殖受到很大影响。尽管随着厄尔尼诺影响的逐渐减弱，2016年澳大利亚多地迎来降雨，全国肉牛产业史上最大规模的牛群缩减已经过去，牛群重组重建将要开始，但供应紧缩的影响短期内难以消除，国际市场对牛肉的强劲需求将继续推升牛肉价格上扬。从肉牛供应的角度来看，在未来两年将可能下降到20多年以来的最低点。

(二)澳大利亚肉牛养殖业发展情况

1. 主要品种及存出栏量

(1)存出栏量及历年变化

2011年以来澳大利亚肉牛存出栏情况见表4-1-4。从表中可以看出，除了肉牛存栏总量上下波动外，出栏总量呈总体上升态势，2015年比2011年上升了33.6%，增长量十分可观。2015年澳大利亚牛存栏总量2 760万头，出栏总量970万头。

表 4-1-4
澳大利亚肉牛存出栏情况

项目	2011年	2012年	2013年	2014年	2015年	2015年比2011年增减/%
存栏总量/万头	2 620.6	2 850.6	2 547.1	2 929.0	2 760.0	5.3
出栏总量/万头	726.1	797.8	903.4	991.4	970.0	33.6

澳大利亚大约90%的牛用于肉牛生产，其中约60%的肉牛全部为放牧饲养，因此，肉牛产业受气候的影响很大。2005—2006年是澳大利亚肉牛养殖数量的高峰，然后由于进入气候持续干旱期，导致肉牛存栏数量一直下滑，但其牛肉产量却在提高，这主要得益于出栏力度的加大，出栏数量增加，出栏

体重并没有增加，甚至略有下降。澳大利亚 2010 年和 2011 年连续两年夏季出现持续强降雨，引发洪水，尤其是澳洲东部、东南部及新南威尔士州的洪水泛滥，同时大部分地区干旱期变长，使后备母牛数量下降，加上 2011 年澳元继续大幅升值、美国在亚洲市场竞争力增强等因素的影响，2011 年全国肉牛存栏数量和出栏数量分别为 2 620.6 万头和 726.1 万头，与 2010 年相比出现了一定程度的下滑。

2012 年受益于国内外牛肉价格高企和需求旺盛的影响，澳大利亚肉牛业摆脱了洪水、干旱和澳元升值的影响，出现了恢复性增长，肉牛总存栏量、总出栏量均比 2011 年有了较大程度的上升，分别达到了 2 850.6 万头和 797.8 万头，同比增长了 8.8%和 9.9%。2013 年受益于国际上特别是中国强劲的需求影响，澳大利亚肉牛出栏总量大幅增长，达到了 903.4 万头，同比增长了 13.2%，导致肉牛存栏总量出现较大幅度下滑，下降到 2 547.1 万头，同比下降了 10.6%，也低于 2011 年底的肉牛存栏量。2014 年澳大利亚肉牛业出现强劲的恢复性增长，肉牛存栏总量、肉牛出栏总量同比增幅分别达到 15.0%、9.7%。出栏量的增加是由于干旱的天气致使肉牛特别是母牛出栏数量的大幅增加。但由于育肥场保持较为充足的育肥牛存栏，使全国的肉牛存栏量显著增加。由于 2013 年和 2014 年连续两年大面积干旱，迫使养牛场通过缩减牛群特别是母牛的数量来削减运营成本，许多牛场甚至被迫关闭，加上美国、中国等国外市场的强烈需求，使得 2014 年澳大利亚肉牛出栏量特别是屠宰量达到近几年的最高峰。

由于受此前连续三年肉牛出栏数量大幅增长的影响，加上昆士兰州、维多利亚州、塔斯马尼亚岛和西澳州部分地区普遍干旱少雨，2015 年肉牛出栏量继续维持在高位，导致澳大利亚肉牛存栏总量出现了较大幅度的下降，全国肉牛存栏总量 2 760 万头，同比下降 5.8%，而出栏总量 970 万头，同比仅减少 2.2%。在出栏肉牛中母牛 452.5 万头，育肥牛 450 万头，犊牛 67.5 万头，同比均出现不同比例的下降，但母牛出栏数量连续两年超过育肥牛出栏量，预示着全国基础母牛的数量在下降(表 4-1-5)。如果旱涝等灾害气候依旧持续，整个牛群的恢复时间将大大延长，未来几年澳大利亚可能进入肉牛生产的低谷。

表 4-1-5

2015 年肉牛出栏情况

万头

项目	母牛	犊牛	育肥牛	总屠宰量
2014 年	467.1	68.8	455.5	991.4
2015 年	452.5	67.5	450.0	970.0
同比增减/%	−3.13	−1.89	−1.21	−2.16

澳大利亚肉牛养殖主要分为南、北两个区域，北部肉牛生产者使用了约占全国 75%的肉牛生产面积，主要以纯草原放牧为主，肉牛养殖数量不到全国总量的一半，以大型肉牛生产企业为主，一个企业通常有 1 万～2 万名养牛户。南部地区以家庭经营牧场为主，采用放牧和育肥相结合，育肥场的数量众多，规模从几百到上万头不等，全国大约 40%的肉牛要经过饲育场育肥后才出栏，育肥期从数十天到数百天不等。

(2)肉牛存出栏在世界上的地位

澳大利亚是世界上最重要的肉牛养殖大国之一，其在世界上所占的地位见表 4-1-6。全球肉牛存栏总量最近 5 年稳定在 10 亿头左右，澳大利亚肉牛存栏总量在 2 700 万～2 900 万头，约占全球肉牛总存栏的 2.8%～2.9%，在全球居第 7 位，少于印度、巴西、中国、美国、欧盟和阿根廷。最近 5 年全球肉牛出栏总量在 2.35 亿头左右，澳大利亚肉牛出栏总量呈快速增长的势头，2013 年后超过 900 万头，此后一直维持在 900 万头以上，2015 年达到 970 万头，占全球的比例从 3.37%增加到 4.12%，位居世界第 7 位，少于印度、中国、美国、巴西、欧盟和阿根廷。

表 4-1-6
澳大利亚和全世界牛存出栏量

项目	国家	2011 年	2012 年	2013 年	2014 年	2015 年	2015 年比 2011 年增减/%
牛初始总存栏量	澳大利亚/万头	2 755.00	2 850.60	2 841.80	2 929.10	2 910.20	5.63
	全世界/百万头	1 002.41	1 001.72	1 005.29	1 008.57	979.64	−2.27
	澳占全球/%	2.75	2.85	2.83	2.90	2.97	8.00
母奶牛初始存栏量	澳大利亚/万头	158.90	170.00	168.80	164.70	168.90	6.29
	全世界/百万头	236.64	239.97	242.26	247.05	248.34	4.94
	澳占全球/%	67.15	70.84	69.68	66.67	68.01	1.29
肉用母牛初始存栏量	澳大利亚/万头	1 288.30	1 363.30	1 343.00	1 332.10	1 253.20	−2.72
	全世界/百万头	200.77	206.66	208.25	206.48	199.99	−0.39
	澳占全球/%	6.42	6.60	6.45	6.45	6.27	−2.34
犊牛产量	澳大利亚/万头	961.40	853.90	1 078.30	1 106.30	939.40	−2.29
	全世界/百万头	286.01	289.47	293.19	292.06	288.56	0.89
	澳占全球/%	3.36	2.95	3.68	3.79	3.26	−2.98
总供给量	澳大利亚/万头	3 716.40	3 704.50	3 920.10	4 035.40	3 849.60	3.58
	全世界/百万头	1 291.71	1 295.00	1 301.81	1 304.21	1 270.85	−1.61
	澳占全球/%	2.88	2.86	3.01	3.09	3.03	5.21
总出口量	澳大利亚/万头	69.50	62.00	85.10	129.70	133.60	92.23
	全世界/百万头	4.46	4.82	4.65	5.35	4.80	7.64
	澳占全球/%	15.58	12.86	18.31	24.23	27.82	78.56
母牛屠宰量	澳大利亚/万头	312.50	320.70	394.90	467.10	445.00	42.40
	全世界/百万头	41.87	42.62	43.27	42.67	40.55	−3.14
	澳占全球/%	7.46	7.52	9.13	10.95	10.97	47.05
犊牛屠宰量	澳大利亚/万头	68.20	62.50	69.00	68.80	66.70	−2.20
	全世界/百万头	15.27	15.40	15.88	15.79	15.55	1.83
	澳占全球/%	4.47	4.06	4.35	4.36	4.29	−4.03
总屠宰量	澳大利亚/万头	794.30	797.70	903.40	991.40	967.40	21.79
	全世界/百万头	235.44	237.72	244.42	245.40	235.01	−0.18
	澳占全球/%	3.37	3.36	3.70	4.04	4.12	22.26
损失量	澳人利亚/万头	2.00	3.00	2.50	4.10	7.30	265.00
	全世界/百万头	50.09	47.18	44.17	44.05	42.44	−15.27
	澳占全球/%	0.04	0.06	0.06	0.09	0.17	325.00
结束库存	澳大利亚/万头	2 850.60	2 841.80	2 929.10	2 910.20	2 741.30	−3.83
	全世界/百万头	1 001.72	1 005.29	1 008.57	1 009.40	988.60	−1.31
	澳占全球/%	2.85	2.83	2.90	2.88	2.77	−2.81

来源：United States Department of Agriculture Foreign Agricultural Service。总供应量＝总出口量＋总屠宰量＋总损失量＋结束库存；犊牛产量包括奶公犊和小肉牛。

（3）主要品种及数量

澳大利亚没有本土肉牛品种，其所有的肉牛品种均从国外引进，主要是欧洲和美洲。目前全国肉牛品种有 30 多个，普通牛主要品种有安格斯牛、海福特牛、夏洛莱牛、西门塔尔牛以及部分日本和牛，瘤牛主要有婆罗门牛和圣格特鲁迪斯牛。安格斯牛是澳大利亚饲养数量最多的肉牛品种，2015 年全国存栏 600 万头。

澳大利亚北部地区气候炎热，由于瘤牛抗热和抗蚊蝇等的能力更强，因此北部地区以饲养瘤牛为主，其牛肉品质比普通牛的牛肉要低，主要以活牛的形式出口到印尼等国家以及送到南部地区进行短期育肥屠宰。南部地区由于草料较为丰富，气候舒适，以饲养牛肉品质更高的普通牛如安格斯牛、和牛等，经过育肥后出口日本、韩国和美国等中高端牛肉市场。

(4)影响因素

澳大利亚肉牛存栏量相对保持稳定,波动主要是受气候(主要是降雨量)的影响,其次是国际市场需求的变化。最近几年出栏量出现较大幅度的增长主要是得益于国际市场对牛肉的强劲需求,部分受气候干旱的影响,但由于生产能力和牛存栏数量的限制,今后肉牛出栏数量将维持高位震荡。澳大利亚肉牛产业的稳定可持续发展则主要得益于特殊的地理位置和气候环境,以及国家政府规章政策的支持、协会的高效组织、稳定的科研投入和创新力度。品种的选择主要根据气候适应性和市场需求确定。

2. 肉牛产品产量及历年变化

(1)产品产量及历年变化

澳大利亚的肉牛产品包括牛肉和活牛,2015 年牛肉产量达到 255 万 t(胴体重),活牛出口 120 万头,2011—2015 年牛肉产量和活牛出口情况见表 4-1-7。

表 4-1-7
澳大利亚肉牛产品产量

项目	2011 年	2012 年	2013 年	2014 年	2015 年	2015 年比 2011 年增减/%
牛肉产量/万 t(胴体重)	213.0	214.0	236.0	259.5	255.0	19.7
活牛出口量/万头	69.4	61.7	85.1	129.8	120.0	72.9

2011 年全国牛肉产量 213 万 t(胴体重),2012 年与 2011 年基本持平,仅增加了 1 万 t。从 2013 年开始牛肉产量出现了较大幅度的增长,达到了 236 万 t,同比增长了 10.3%。2014 年牛肉产量继续保持高速增长,达到 259.5 万 t,与 2014 年同比增长了 10%。2015 年牛肉产量仍维持在高位,达到 255 万 t,比 2014 年小幅下降。

活牛出口量变化较大,变化趋势和牛肉产量基本一致,但波动幅度更大。2011 年澳大利亚出口活牛 69.4 万头,2012 年出口量大幅下滑到 61.7 万头,下降了 11.1%。从 2013 年开始活牛出口量呈现大幅增长,2013 年达到了 85.1 万头,比 2013 年增长了 37.9%,2014 年增长幅度更大,比 2013 年同比增长了 52.5%,达到了创纪录的 129.8 万头。2015 年出口量在高位维持,累计出口了 120 万头,同比下降了 7.6%。

(2)产品产量在世界上的地位

澳大利亚肉牛产品产量在世界上的地位见表 4-1-8。澳大利亚是肉牛生产强国,其牛的存栏总量不到全球的 3%,但牛肉产量占到了全球牛肉总产量的 4%左右,在全世界排名第 7 位,仅次于美国、巴西、欧盟、中国、印度和阿根廷。2011—2015 年全球牛肉总产量基本保持稳定,在 5 900 万~6 000 万 t,而澳大利亚牛肉产量保持快速增长,从 2011 年的 213 万 t 增长到 2015 年的 255 万 t,5 年增长了 19.6%,占全球的比例也从 3.6%上升到了 4.24%。澳大利亚是世界上最重要的活牛出口国之一,其

表 4-1-8
澳大利亚和全世界肉牛产品产量

项目	国家	2011 年	2012 年	2013 年	2014 年	2015 年	2015 年比 2011 年增减/%
牛肉产量/万 t(胴体重)	澳大利亚	212.9	215.2	235.9	259.5	254.7	19.6
	全世界	5 915.7	5 971.3	6 078.5	6 109.3	6 002.2	1.5
	澳占全球/%	3.60	3.60	3.88	4.25	4.24	17.9
活牛出口/万头	澳大利亚	69.5	62.0	85.1	129.7	133.6	92.2
	全世界	446	482	465	535	480	7.6
	澳占全球/%	15.6	12.9	18.3	24.2	27.8	78.6

来源:United States Department of Agriculture Foreign Agricultural Service。

活牛出口量占到了全球总出口量的 1/4 左右。2011—2015 年全世界活牛出口量维持在 500 万头左右，以 2011 年最低，仅有 446 万头，2014 年最高，达到了 535 万头，2015 年下降到 480 万头，比 2011 年增长了 7.6%。同期，澳大利亚的活牛出口呈总体快速上升的趋势，2015 年达到了 133.6 万头，比 2011 年增长了 92.5%，占全世界的比例也从 15.6%跃升到了 27.8%，提高了近 1 倍。

(3)影响因素

影响澳大利亚肉牛产品产出的主要因素是国际市场需求和气候，具体来言，牛肉产量受上述两个因素的双重影响，而活牛出口数量则完全受国际市场需求的影响，国内牛肉消费保持基本稳定甚至小幅下降。自 2008 年进入新一轮干旱周期以来，许多肉牛养殖区因持续面临干旱气候条件加大了肉牛出栏力度，反映在母牛屠宰量持续居高不下，犊牛出栏时间提前，育肥场育肥肉牛的数量增加。加上 2011 年以后国际市场特别是中国和美国等对牛肉的需求出现强劲增长，带动了澳大利亚牛肉出口的快速增长，肉牛育肥时间延长，出栏牛胴体重增加，使牛肉产量保持了稳步增长的趋势。活牛出口则主要受印度尼西亚 2012 年收缩配额的影响导致当年出口量明显下降，随后，随着国际市场需求的强劲恢复，中国和印度尼西亚等国家的进口量大幅增长。

3. 养殖区域、规模结构及其变化

澳大利亚肉牛养殖区域比较集中，从表 4-1-9 和表 4-1-10 中可以看出，降雨量充沛与否是影响肉牛生产的最重要因素，降雨量丰富的东北部、东部和东南部也是肉牛养殖较为集中的区域，养殖数量占到了全国的近 80%，昆士兰州、新南威尔士州和维多利亚州均位于该区域。而降雨量稀少的广大中部、西北部、西部和西南部养殖数量较少，仅占到全国的 1/5 略多，南澳、西澳和北领地位于该区域。

表 4-1-9

澳大利亚各地区牛存栏量

万头

项目	新南威尔士	维多利亚	昆士兰	南澳	西澳	北领地	塔斯马尼亚	首都区域	全国
2010 年	545.5	366.8	1 135.6	104.2	231.9	206.6	63.7	0.6	2 655.0
2011 年	571.0	397.0	1 261.2	125.2	206.7	219.7	68.9	0.9	2 850.6
2012 年	583.8	411.4	1 216.1	133.1	206.8	219.5	70.4	0.8	2 841.8
2013 年	595.3	422.9	1 279.8	132.7	200.4	220.0	77.0	1.0	2 929.1
2014 年	566.3	421.8	1 293.2	124.5	210.9	216.4	76.6	0.6	2 910.3
2014 年比 2011 年增减/%	3.81	14.99	13.88	19.48	9.06	4.74	20.25	0.00	9.62

表 4-1-10

澳大利亚各地区肉牛存栏量

万头

项目	新南威尔士	维多利亚	昆士兰	南澳	西澳	塔斯马尼亚	北领地	首都区域	全国
2010 年	510.7	208.0	1 119.3	90.4	220.6	44.6	206.6	0.6	2 400.8
2011 年	538.4	236.6	1 245.0	111.0	195.4	46.7	219.7	0.9	2 593.6
2012 年	549.7	236.2	1 199.0	120.4	195.7	47.2	219.5	0.8	2 568.5
2013 年	559.3	242.7	1 262.8	119.3	188.3	52.2	220.0	1.0	2 645.7
2014 年	532.5	242.8	1 275.5	111.0	197.3	53.4	216.4	0.6	2 629.6
2014 年比 2011 年增减/%	4.27	16.73	13.96	22.79	−10.56	19.73	4.74	0.00	9.53

昆士兰州一直是澳大利亚最大的肉牛养殖区域，其牛的存栏占到全国的 1/3 还多，2010 年以来一直维持在 1 130 万头以上，养殖数量总体呈逐年增长的趋势，2014 年达到 1 293.2 万头，增

长了 13.88%。新南威尔士州是第二大肉牛养殖区域，其面积不到昆士兰州的一半(46.4%)，但肉牛存栏数量常年维持在 550 万头以上，基本上是昆士兰州的一半，其牛的存栏数量从 2011 年开始总体呈增长的趋势，2013 年达到高峰的 595.3 万头，2014 年小幅下降到 566.3 万头，比 2010 年小幅增长了 3.81%。维多利亚州是澳大利亚第三大肉牛养殖区域，其面积仅有 23.76 万 km^2(其中陆地面积 22.74 万 km^2)，不到新南威尔士州的 1/3，是澳洲大陆上面积最小的一个州，却是澳大利亚农牧业生产最为发达的州，肉牛存栏数量常年维持在 400 万头左右，其牛的存栏一直呈稳定增长的趋势，2010 年仅有 366.8 万头，到 2014 年已经达到了 421.8 万头，与 2013 年的最高峰基本持平，比 2010 年增长了 14.99%，主要是育肥牛的数量增加。西澳大利亚州和北领地的肉牛存栏都超过 200 万头，南澳大利亚州的肉牛存栏在 110 万头左右，与其庞大的地域相比，这些州肉牛的饲养密度很低。西澳牛的存栏呈先减后增的变化趋势，2010 年是存栏的最高峰，有 231.9 万头，到 2013 年下降到最低点的 200.4 万头，2014 年小幅回升到 210.9 万头，但仍比 2010 年下降了近 10%。北领地的牛存栏变化趋势与维多利亚州一致，2010 年存栏 206.6 万头，到 2013 年达到顶峰的 220 万头，2014 年小幅下降至 216.4 万头，比 2010 年小幅增长 4.74%。南澳则呈典型的先增后减的变化趋势，2010 年仅有 104.2 万头，此后两年内增长到了 133.1 万头，随后逐年小幅下降，2014 年下降到 124.5 万头，但仍比 2010 年大幅增长了 19.48%。塔斯马尼亚岛是个独立的岛屿，面积不大，但也有 70 万头左右的牛存栏，其中肉牛 50 多万头，与其狭小的面积相比饲养密度要显著大于南澳、西澳和北领地，其牛的存栏呈逐年快速上升的趋势，2010 年仅有 63.7 万头，到 2013 年达到顶点(77 万头)，2014 年高位维持，微幅下降到 76.6 万头，比 2010 年增长了 20.25%，在所有州中增长幅度最大。

在各州中成年母牛的存栏数量也以昆士兰州最多，有多达 600 万头的成年母牛，其中成年奶牛所占的比例很小，仅不到 2%，成年母牛占牛总存栏的比例维持在 50%左右，表明该州主要以养殖母牛繁殖肉用犊牛为主。昆士兰州虽然由于气候干旱加大了母牛淘汰出栏的速度，使成年母牛占牛总存栏的比例呈下降趋势，2010 年占比为 52.4%，2014 年下降到了 49.3%，减少了 3.1%，但为了满足市场的强劲需求，母牛的总存栏数量呈逐年快速增加的趋势，2010 年仅有 595.3 万头，2014 年就增长到了 637.7 万头，增加了 7.12%。新南威尔士州是第二大牛养殖区域，成年母牛存栏数量也居第 2 位，接近 300 万头，其变化趋势呈现先增后减，2010 年全州存栏 279.6 万头，2012 年最高，达到 302.8 万头，2014 年又快速下降到 275.2 万头，甚至比 2010 年减少了 1.57%，其占牛存栏总量的比例呈下降的趋势，以 2012 年为最高(51.9%)，2014 年最低，仅有 48.6%，下降了 3.3%，其原因也主要是受气候的影响，加大了母牛的出栏力度。新南威尔士州成年奶牛的数量约占成年母牛的 10%，扣除奶牛后，肉用成年母牛占牛存栏的比例仍在 45%左右，表明该州侧重于饲养肉用母牛繁殖犊牛为主，但育肥肉牛所占的比重也较高。维多利亚州虽然牛的存栏数量远多于西澳和北领地，但其成年母牛存栏数量低于北领地，与西澳接近，其成年母牛存栏维持在 110 万头左右，且主要是成年奶牛，其奶牛存栏(含犊牛)2014 年存栏数量高达 179 万头，表明该州的肉牛养殖主要以肉牛育肥为主，肉用成年母牛所占的比例很低，这从其成年母牛占牛总存栏的比例也可以看出来，一直不到 30%，在所有的州中是最低的，如果剔除成年奶牛，则其所占的比例仅有不到 5%。北领地是肉用母牛存栏第三大州，存栏量相对稳定，维持在 120 万头左右，以 2010 年最高(125.6 万头)，2011 年最低仅有 118.8 万头。北领地的成年母牛全部为肉用母牛，母牛占牛总存栏的比例在各州中也是最高的(不考虑首都区域)，最低的 2011 年也高达 54.1%，最高的 2010 年达到了 60.8%，表明该州也主要以繁殖肉用犊牛为主。西澳的情况与北领地类似，但成年母牛存栏数量呈明显的下滑趋势，2010 年全州存栏有 121.4 万头，最低的 2013 年仅有 100.5 万头，2014 年略有较大幅度的恢复，但仍比 2010 年减少了 10.96%。西澳的成年母牛以肉用母牛为主，成年奶牛所占的比例在 10%左右。南澳的成年母牛存栏总量较少，最低的 2010 年仅有 48.9 万头，最高的 2012 年达到了 63.3 万头，此后又快速下降，至 2014 年下降到了 56.7 万头，但仍比 2010 年增长了 15.95%。南澳的成年母牛中奶牛所占的比例较高，在 20%左右，而该州成年母牛占牛存栏总量的比例在 45%左右，扣除奶牛后，肉用成年母牛占存栏牛的比例不到40%，表明该州是以肉牛育肥和犊牛繁殖并重的州。塔斯马尼亚岛成年母牛的数量很少，且成年奶牛占比超过50%，成年母牛占牛总存栏的比例仅在1/3左右，表明该岛的肉牛养殖以育肥为主，繁殖犊牛为辅（表4-1-11）。

表 4-1-11
澳大利亚各地区成年母牛饲养数量

项目	年份	新南威尔士	维多利亚	昆士兰	南澳	西澳	塔斯马尼亚	北领地	首都区域	全国
存栏数量/万头	2010	279.6	101.6	595.3	48.9	121.4	21.7	125.6	0.5	1 294.6
	2011	276.3	111.9	600.1	52.4	106.2	22.0	118.8	0.6	1 288.3
	2012	302.8	124.8	617.7	63.3	107.2	24.2	122.8	0.5	1 363.3
	2013	294.8	110.2	629.5	60.3	100.5	25.6	121.5	0.6	1 343.0
	2014	275.2	109.7	637.7	56.7	108.1	25.1	119.2	0.4	1 332.1
占存栏牛比/%	2010	51.3	27.7	52.4	46.9	52.4	34.1	60.8	83.3	48.8
	2011	48.4	28.2	47.6	41.9	51.4	31.9	54.1	66.7	45.2
	2012	51.9	30.3	50.8	47.6	51.8	34.4	55.9	62.5	48.0
	2013	49.5	26.1	49.2	45.4	50.1	33.2	55.2	60.0	45.9
	2014	48.6	26.0	49.3	45.5	51.3	32.8	55.1	66.7	45.8

不同地区的育肥场情况见表4-1-12。2015年全国育肥场的总容量在120万头左右，实际存栏量在95万～100万头，平均利用率在80%以上。不同季度间育肥场的容量和存栏量变化不大，均以第4季度最高，分别达到123.87万头和99.78万头，其原因可能主要受气候适宜（第4季度正好是澳大利亚的夏季）和消费需求（邻近节日）的影响。不同的州之间育肥场的容量差别很大，以昆士兰州最大，常年维持在60万头以上占到全国的一半还多，其次是新南威尔士州，常年在35万～40万头，其他各州数量较小，均不到10万头。育肥场的实际存栏数量的情况与容量变化基本一致，仅南澳在第3和第4季度的实际存栏数量少于西澳。育肥场的利用率各州差别较大，以第3季度维多利亚州的利用率最高（91.46%），南澳的最低（仅有25.78%），其他季度除南澳外基本都维持在80%左右。不同季度间平均利用率差别很小，都在80%以上，最高的第1季度为83.62%，最低的第4季度也在80.55%。

表 4-1-12
2015年各州育肥场情况

项目	季度	昆士兰	新南威尔士	维多利亚	西澳	南澳	全国
育肥场容量/万头	1	61.48	36.55	7.13	4.01	5.53	114.70
	2	60.65	39.08	8.48	3.57	5.38	117.14
	3	62.90	36.53	7.75	2.88	5.05	115.12
	4	65.85	40.96	8.53	3.96	4.57	123.87
实际存栏育肥牛数量/万头	1	51.92	30.83	5.86	3.31	3.99	95.91
	2	52.82	29.95	6.94	2.95	3.04	95.69
	3	57.52	28.20	6.67	2.44	1.30	96.13
	4	51.40	35.81	7.54	3.07	1.96	99.78
利用率/%	1	84.35	82.19	84.46	82.50	72.17	83.62
	2	76.65	81.81	87.09	82.61	56.60	81.69
	3	77.18	86.07	91.46	84.48	25.78	83.51
	4	87.43	88.33	78.05	77.58	42.90	80.55

育肥场的规模情况见表4-1-13。澳大利亚的肉牛育肥场规模普遍较大，千头以上的规模育肥场容量占到了总育肥场容量的86%左右，万头以上的大型育肥场容量占到了总容量的50%以上。从实际存栏规模和利用率来看，规模越大的育肥场平均利用率越高，万头以上的大型育肥场利用率高达90%

以上，1 000～10 000 头的育肥场利用率也达到了 80%以上，而千头以下的育肥场利用率还不到 50%。

表 4-1-13

2015 年不同育肥场规模

项目	<500 头	500～1 000 头	1 000～10 000 头	>10 000 头
育肥场容量/万头	3.65	9.62	41.69	62.77
实际存栏育肥牛数量/万头	1.76	4.36	34.06	56.71
利用率/%	48.15	45.32	81.71	90.34

4. 初级畜产品价格及其变化情况

澳大利亚出栏肉牛、初级畜产品（活牛、牛肉）价格及其变化情况见表 4-1-14 至表 4-1-16 和图 4-1-1、图 4-1-2。

从表 4-1-14 中数据可以看出，2011 年以来一岁龄家畜、公牛和母牛的价格均呈现先降后升的走势。2011 年一岁龄家畜的价格为每千克活重 358.8A¢（A¢：澳分，折合人民币约为 17.94 元）此后逐年下降，2013 年达到低谷，仅有 327.9A¢/kg，此后开始迅速飙涨，2015 年达到了 486.3 A¢/kg，比最低的 2013 年增长了 48.3%。公牛的价格则从 2011 年的每千克 343.3 A¢下降到 2013 年的 318.1 A¢/kg，然后又快速上涨到 469.3 A¢/kg，比最低点增长了 47.5%。母牛的价格波动更大，2011 年每千克为 293.4 A¢，2013 年跌到了 247.4 A¢/kg，下跌了 15.7%，此后两年内上涨了 63.3%，达到了 403.9 A¢/kg。这种价格的变化前期可能主要是受气候的影响，草原放牧的犊牛大量提前出栏或进入育肥，后期则应是由于牛源减少，以及国际市场强劲的需求和国际市场上牛肉价格的大幅上涨传导到澳大利亚国内所致。

表 4-1-14

澳大利亚买卖肉牛的围场的价格 A¢/kg

项目	2011 年	2012 年	2013 年	2014 年	2015 年
一岁龄家畜	385.8	368.0	327.9	349.1	486.3
公牛	343.3	333.3	318.1	337.1	469.3
母牛	293.4	277.4	247.4	275.1	403.9

澳大利亚买卖围场育肥阉牛的平均价格为每千克活重 283.2 A¢，不同的州之间价格差别很大（图 4-1-1）。西澳的育肥阉牛价格最高，为 290.1 A¢/kg，其次是新南威尔士州，均高于全国平均价格；昆

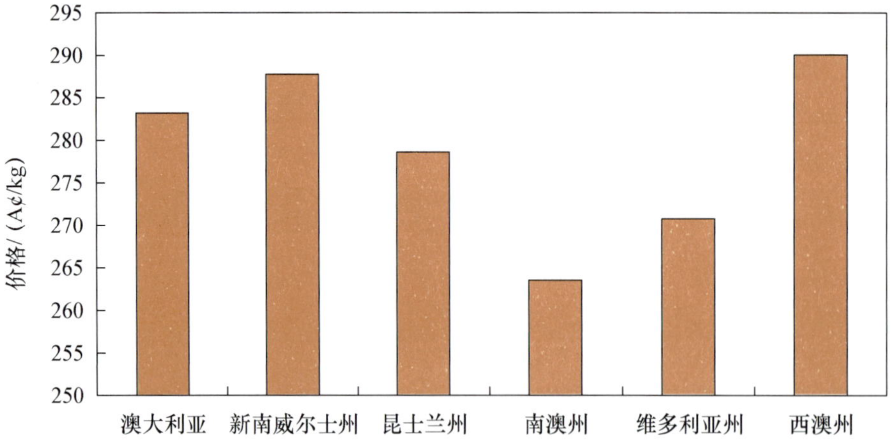

图 4-1-1 澳大利亚买卖育肥阉牛围场的价格

来源：MLA's NLRS

士兰州和维多利亚州价格较低，南澳最低，仅为 263.54 A¢/kg，都低于全国平均价格。不同州育肥阉牛价格的不同可能主要受出栏体重和肉牛品种不同的影响。

澳大利亚销售到屠宰厂的肉牛价格受体重、性别、等级等的影响很大。肉牛买卖围场不同类型的肉牛的价格差异很大，无论是按照胴体重还是活重计算均以交易阉牛（活重 330～400 kg）最高，分别为 516.76 A¢/kg 胴体重和 280.22 A¢/kg 活重，其次是活重 500～600 kg 的大型阉牛，价格最低的是体重 400～520 kg 的中型母牛，分别为 421.00 A¢kg 胴体重和 204.12 A¢/kg 活重，仅是交易阉牛的 81.47%和 72.84%（图 4-1-2）。肉牛屠宰厂收购的不同类型的肉牛价格（over-the-hooks price indicators，OTH，屠宰厂标准热胴体重价格指数）变化规律与买卖围场的价格略有不同，差异幅度也相对较小，以 300～400 kg 胴体重的大型阉牛价格最高，OTH 为 474.61 A¢/kg，其次为交易阉牛和中型阉牛，也以中型母牛最低（407.44 A¢/kg），是大型阉牛的 85.85%（表 4-1-15）。

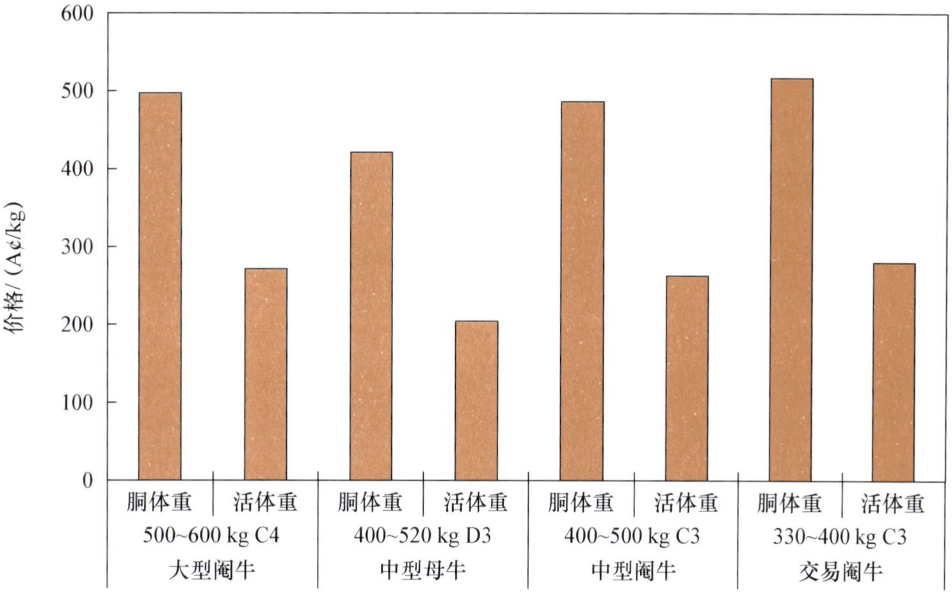

图 4-1-2 肉牛买卖围场出售价格

来源：MLA's NLRS

表 4-1-15

不同类型牛的价格（OTH）

项目	交易阉牛	中型阉牛	大型阉牛	中型母牛
体重	240～260 kg A-C	260～280 kg A-C	300～400 kg A-C	260～280 kg A-E
价格/（A¢/kg 胴体重）	470.2	466.77	474.61	407.44

注：不包含西澳。来源：MLA's NLRS。

最近几年澳大利亚国内牛肉的零售价格相对保持稳定，2011 年时每千克 1545.8 A¢，2012 年和 2013 年微幅波动，从 2014 年开始小幅上涨，2015 年涨幅增大，达到 1 732.2 A¢/kg，比最低的 2013 年上涨了 13.0%。澳大利亚国内的牛肉消费需求一直保持相对稳定，加上较为稳定的牛肉生产，因此牛肉价格波动，2014 年以后出现小幅上升主要是受国际牛肉价格上涨的传导影响。澳大利亚出口牛肉价格一直保持增长趋势，且涨幅快速扩大，2011 年每千克仅 4.62 \$（\$：澳元，下同），2012 年和 2013 年每年仅上涨了 0.09 \$/kg，但到 2014 年急剧上涨了 0.49 \$/kg，2015 年涨幅进一步扩大，比 2014 年上涨了 1.29 \$/kg，达到 6.58 \$/kg，比 2011 年提高了 42.4%（表 4-1-16）。出口牛肉价格的快速上涨主要是受国际市场强劲需求和国际牛肉价格大幅上涨的影响，这几年正是中国进口澳大利亚牛肉数量成倍快速增长的时期。出口活牛价格也以涨为主，仅在 2013 年出现较大幅度下滑，2011 年出口活牛头均仅为 683.33 \$，至 2015 年已经上涨到了 902.54 \$/头，增长幅度达到了 32.1%，与最低的 2013 年相比上涨了 35.8%（表 4-1-16）。2013 年活牛出口价格的下降可能主要是受到当年澳大利亚最大的活牛出口市场印度尼西亚出台大幅压缩活牛进口的政策影响，此后出口价格大幅上涨则应是受中国大规模进口澳大利亚活牛特别是种牛的影响。

表 4-1-16
澳大利亚国内零售牛肉、出口牛肉和活牛价格

项目	2011 年	2012 年	2013 年	2014 年	2015 年
国内零售牛肉/(A¢/kg)	1 545.8	1 558.5	1 532.3	1 609.9	1 732.2
出口牛肉和小牛肉/(\$/kg)	4.62	4.71	4.80	5.29	6.58
出口活牛/(\$/头)	683.33	718.29	664.56	778.28	902.54

来源：MLA's NLRS。

由于澳大利亚北部市场供应的紧缩，加之东南亚市场需求强劲，出口活牛的单价也保持上扬，但其最高价格也比中国国内低 30% 以上。据统计，达尔文港和汤斯维尔港出口小公牛的价格分别约为 3.73 和 3.43 \$/kg，小母牛的出口价格约为 3.55 和 3.10 \$/kg。印度尼西亚一直都是澳大利亚最重要的活牛出口市场，对印度尼西亚的活牛出口价格远低于平均出口价格，其中以达尔文港的轻型阉牛出口价格最高，为 2.92 \$/kg，汤斯维尔港的轻型小母牛出口价格最低，为 2.17 \$/kg。昆士兰州是澳大利亚最大活牛出口地，2015 年经昆士兰州第一大港汤斯维尔港出口海外的当地活牛总量达到 30.57 万头，较 2014 年上涨 16%，刷新历史最高纪录，年出口总额超过 2 亿澳元。

澳大利亚出栏育肥牛的价格差别不是很大（表 4-1-17）。针对澳大利亚国内的牧场销售的育肥牛，以育肥小母牛（280～350 kg 体重）的价格最低，仅为 262.06 A¢/kg，育肥阉牛（280～350 kg 体重）的价格为 278.54 A¢/kg。针对出口牧场市场销售的育肥阉牛价格同时受到育肥期长短和体重的影响，以体重最高的短期育肥阉牛（380～500 kg）价格最高，为 325.42 A¢/kg，比内销的价格高了 16.9%，比价格最低的短期育肥阉牛（289.77 A¢/kg）高了 12.3%。

表 4-1-17
澳大利亚育肥牛的价格

项目	类型	育肥时间/d	重量/kg	价格/(A¢/kg 活体重)
国内牧场	育肥阉牛	—	280～350	278.54
	育肥小母牛	—	280～350	262.06
出口牧场	短期育肥阉牛	100～120	380～500	289.77
	欧盟短期育肥阉牛	100～120	380～500	325.42
	中期育肥阉牛	120～220	360～460	293.78
	长期育肥阉牛	>220	250～350	303.43

来源：MLA's NLRS。

5. 养殖成本、效益

养殖成本主要体现在基础设施投资和饲料等方面，从最近几年来看成本支出变化不大。2014—2015 财年养牛场平均成本增幅不到 2%，约 26.9 万澳元，其中南方地区平均为 24.4 万澳元，北方地区平均为 32.6 万澳元，主要由肉牛采购、利息、维护与保养支出、饲料、化肥、劳动力、燃料与石油等构成。澳大利亚农场在工厂、交通工具、器械与基础设施等的年均投入约 4 万澳元。澳大利亚肉牛养殖场投资的主要资金来源是举债，报告显示，2014—2015 财年澳大利亚农场的平均负债是 46 万澳元，而且一般农场规模越大负债越高，但由于产出能力强，其负债比反而较低。

2014—2015 财年澳大利亚农场的平均总收入达到了 17.9 万澳元。其中北部地区农场的平均现金

收入由2013—2014财年的7.47万澳元增至14.8万澳元，比过去10年的平均收入水平增长了近50%，主要得益于肉牛价格的大幅上涨和出栏数量的增加。对于南部地区主营肉牛养殖业务的农场而言，2014—2015财年农场的平均现金收入也由上财年的3.81万澳元增至6.4万澳元，也比过去10年的平均收入水平增长近35%。而南部地区全部肉牛养殖场(包括混合式农场)的平均现金收入则由上财年的8.7万澳元增至本财年的10.8万澳元。但总的来看，澳大利亚的肉牛养殖场仍处于亏损状态，但亏损收窄，据测算，北部地区农场平均利润将由2013—2014财年的亏损7.69万澳元降至1.9万澳元，降幅约75%；南部地区农场的营业利润也将显著改善。

澳大利亚养牛场2014—2015财年的平均总现金达到39.1万澳元，同比增长了14%，其中肉牛业务产生的进账占60%，据估测2015—2016财年将进一步增长到44.2万澳元。在北方地区，肉牛业务对农场更为重要，带来的现金进账占比可达九成，2014—2015财年北方地区养牛场的平均总现金为53.2万澳元，要显著高于南方地区的39.9万澳元。

由于收入增长而成本持稳，2014—2015财年养牛场平均现金收入增长超过50%，达到12.2万澳元，2015—2016财年进一步增到16.2万澳元。按实值计，近两年收入水平为近15年以来最高纪录。

从农场规模来看，100～400头牛的小农场近15年平均年收入5.1万澳元，400～600头牛的农场平均年收入11.4万澳元；1 600～5 400头牛的农场平均年收入24.6万澳元。5 400头牛以上的超级农场年现金收入可达77万澳元，但波动较为剧烈。

从投资回报率(年利润占资本投入的比例)来看，2013—2014与2014—2015两个财年澳洲大型农场的平均投资回报率仅均为1.4%，而受益于牛价上涨，养牛场的投资回报率由2013—2014财年的亏损(－0.1%)扭转为盈利(0.6%)，2015—2016财年的投资回报率会飙升到盈利1.9%。澳大利亚农场的投资回报率主要受气候条件和农产品价格的影响，相比之下，北方地区波动更大。

从地域看，北方养牛场的优势较为明显，这同时体现在现金进账、成本与现金收入等各个方面(ACB News《澳华财经在线》)。

6. 主要养殖企业、协会组织概况和地位

(1)主要养殖企业

澳大利亚的肉牛产业是一个独具特色的产业，各环节极为分散，肉牛养殖企业(牧场)根据生产方式可分为北部牧场与南部农场。通常，在南部地区的养殖场多在密集的经营场所饲养较小规模的牛群，基本由家庭经营，这些养殖场一般很难扩大面积或规模。南部产区的主要肉牛生产企业有Minnamurra Pastoral Co.(有13 000名养牛户，创建于1974年)、Watervalley(有10 000名养牛户)和Sundown Pastoral Co.(有15 000名养牛户)。在北部地区则以公司形式的大型肉牛养殖企业为主，其中较大的有Australian Agricultural Co.(澳大利亚农业公司，AAC)、Consolidated Pastoral Co.(澳牛集团，CPC)、S. Kidman & Co.(基德曼公司，SKC)、North Australian Pastoral Co.(北澳大利亚牧业公司，NAPC)、Paraway Pastoral Co.(帕拉维牧业公司，PPC)和Mort & Co.(莫特公司，MC)等。大型肉牛企业通常拥有大量牧场，而这些牧场环境千差万别。环境的多样性使生产者可将气候风险降到最小，通过将肉牛送往更为茂盛的牧场或更靠近市场的地段来饲养，虽然增加了货运成本，但显著降低了养殖风险。

AAC是澳大利亚最古老的仍在经营的农业公司之一，成立于1824年，总部位于布里斯班，在新南威尔士州拥有约4 047 km^2的农业土地，包括24个牧场和2个饲育场，有超过56.5万头肉牛，是澳大利亚肉牛养殖数量最多的牧业公司。该公司还开始试运营一个位于达尔文市郊的屠宰厂，该厂每年可宰杀50万头以上的该公司养殖的肉牛。

CPC位于澳大利亚北部，是该国第二大肉牛养殖企业，成立于1983年，总部位于布里斯班，该公司有20个牧场，总面积约5.7万km^2，饲养有约37.5万头肉牛，牛肉业务主要包括澳大利亚和印度尼西亚两个国家。2009年欧洲的产业基金泰丰资本收购了该公司93%的股权，成为控股股东，目前正在考虑出售，最终可能被中资企业收购。

SKC是澳大利亚最大的肉牛养殖企业之一，创建于1899年，总部位于阿德莱德，在澳大利亚的三个州和北领地拥有约10万km^2的牧场，下属11个养牛场饲养有约17.1万头牛，牛肉产品销往日本、美国和东南亚等国家和地区。SKC是全球第八大土地资产持有者，拥有的Anna Creek养牛场是全球最大的养殖场，其土地资产估值超2亿澳元，牛群估值1.18亿澳元。该公司主要在澳大利亚北部港口装船向亚洲运送活牛，同时在南澳生产牛肉供应日本、美国和东南亚市场。公司平均每年销售1.5万t牛胴体，盒装牛肉出口占全澳出口的1.3%。2016年中资企业大康澳洲（上海鹏欣集团旗下的大康牧业持股51%，中房置业持股49%）以不超过3亿澳元（约合人民币15.1亿元）的价格收购了SKC 80%的股权，Australian Rural CapitalLtd.（ARC，澳洲农业资本公司）收购了剩余20%的股权。

NAPC是澳大利亚历史最悠久、规模最大的农业企业之一，创建于1877年，是澳大利亚最大的私人肉牛养殖企业，拥有超过5.8万km^2的土地，在昆士兰州和北领地有13个养牛场，在达令山丘（Darling Downs）有一处饲育场，总共饲养有约20万头牛。

PPC成立于2007年，目前是澳大利亚最大的农业土地所有和运营企业之一，在新南威尔士州、维多利亚州和昆士兰州拥有21个农牧企业，超过4.4万km^2的土地，能同时饲养20万头牛和24万只羊。

MC是澳大利亚众多饲养专家组成的牧业公司，由Thomas Mort创建于1843年，在昆士兰州的东南部和新南威尔士州北部拥有3个世界级的饲育场，主要生产优质的谷饲育肥牛，年出栏约20万头肉牛，平均每周约出栏3 500头肉牛，根据市场需求不同育肥时间为60～400 d不等，每天需消耗约800 t粉碎的配合饲料。该公司是昆士兰州冷冻牛肉出口的领先品牌，品牌标记为凤凰，既是莫特家族的徽章，也是优质牛肉的象征。

在澳大利亚，自20世纪80年代起饲育场的使用便大幅增加。澳大利亚目前具备了在任何时段可在饲育场同时饲养超过100万头肉牛的能力。目前澳大利亚约40%的出栏肉牛在饲育场进行过育肥，而美国这一比例高达85%。因此，在未来随着国内外对谷物育肥牛肉的需求增加，饲育场的数量和饲养能力将继续增长。

（2）协会组织概况和地位

协会组织在澳大利亚肉牛产业中扮演了极其重要的角色，全国与肉牛产业密切相关的畜牧行业协会组织有澳大利亚肉类及畜牧业协会（Meat & Livestock Australia，MLA）、澳大利亚牛业委员会（Cattle Council of Australia，CCA）、澳大利亚饲养者协会（Australian Lot Feeders Association）、澳大利亚肉类工业委员会（Australian Meat Industry Council，AMIC）以及29个牛育种协会，如澳大利亚安格斯牛协会（Angus Society of Australia）、澳大利亚褐牛协会（Australian Braunvieh Association）、澳大利亚婆罗门牛育种者协会（Australian Brahman Breeders Association）等。这些协会组织分工协作，有的专注于开拓市场、维护从业者利益，有的专注于肉牛品种的选育和推广，它们既是各行业相应标准的制定者，又是相应标准的实施者。而各有关从业者可以依靠这些组织建设良繁体系，建立畜产品质量安全体系，开拓国内外贸易市场，推广企业经营理念及牛肉饮食文化，对维护行业利益，助推产业链一体化发挥着至关重要的作用。

MLA是澳大利亚影响力最大的行业协会，集前沿创新研究、提供营销和信息咨询等服务于一身。该协会的职能是建立畜产品质量安全体系、开拓市场、协助国家和州政府制定产业发展方针政策等，其与澳大利亚政府和红肉行业合作，为澳大利亚红肉工业的可持续性和全球竞争力作出了贡献。MLA有41 973个认证饲养场/农场，42家授权牛肉生产企业，包括餐饮业、超市、批发商等在内的3 676个终端用户，并有120个MSA认证的牛肉品牌，涵盖了家畜饲养者、肉类加工商、出口商和零售商。MLA市场信息服务可以提供准确、及时和独立的市场信息，帮助企业做出最佳决策，提高市场利润；全国家畜报告服务提供牛羊生产和销售价格的统计信息，可以通过邮件、APP应用程序、电话、报纸等方式订阅或查询。协会在欧洲/俄罗斯、中东/北非、中国、东南亚、韩国、日本、北美设立常驻办公室，通过举办研讨会、参加食品展览会等形式对澳大利亚牛肉进行大力宣传，帮助会员开拓国际市场，消费者也可以对澳洲牛肉相关事宜进行咨询。协会通过政府返回的大部分牛羊交易税，与农场和加工企业联合申报科研推广项目，通过收取服务费等形式获取运行经费。

CCA 是代表澳大利亚肉牛生产者的最高生产者组织，成立于 1979 年，它将肉牛企业组成的全部农场组织首次联合在一起。CCA 的目标是通过和关键的行业组织、相关的联邦政府部门及其他国内和国际上重要的专业机构进行磋商，以为其提供政策建议的方式，代表和发展澳大利亚肉牛生产商的利益。

ALFA 是澳大利亚肉牛育肥行业顶尖的全国性机构，致力于通过领导和服务确保澳大利亚谷饲育肥肉牛行业的可持续和繁荣，主要有四个方面的职能：代表肉牛育肥行业，和澳大利亚动物卫生组织（Animal Health Australia，AHA）、澳大利亚国家残留监控计划（National Residue Survey，NRS）、MLA 共同使用谷物育肥肉牛交易税，通过制定标准、进行培训、举办活动、领导和奖励职业发展、促进就业等途径加快行业发展，会员服务。ALFA 是澳大利亚第一个实行的农业质量保证计划——全国育肥场认可计划（The National Feedlot Accreditation Scheme，NFAS）的制定者；是澳大利亚牛肉标准（Meat Standards Australia，MSA）制定和实施的最主要推动者；是一系列谷饲育肥肉牛标准和规范（Grain Fed Beef Standards & Specifications）的建立者。这些标准随后都被纳入澳大利亚牛肉贸易语言，是澳大利亚国家肉牛育肥场环境工作手册和肉牛育肥场国家指南（National Beef Cattle Feedlot Environmental Code of Practice and National Guidelines for Beef Cattle Feedlots）。

AMIC 是代表澳大利亚肉类屠宰加工企业、零售商和肉类产品制造商的全国委员会，是肉类生产环节中动物离开养殖场后各个生产环节的唯一工业协会组织。该组织向会员、政府和肉类工业提供技术支持、信息和战略咨询服务、人力资源顾问服务，协调并影响相关政策，促进国内外信息有效沟通等，从而保证澳大利亚肉类工业利益。良好的动物福利和人性化的生产操作是澳大利亚和全球消费者的要求，为了满足这一期望，委员会制定了澳大利亚牲畜加工动物福利保证体系（AAWCS），以确保肉类加工企业满足人类消费的肉用动物的福利标准。

7. 动物健康、福利和生物安全

在澳大利亚动物健康、福利和生物安全被视为畜牧业生产的重要组成部分。澳大利亚从未发生过重大的牛疫情事件，如口蹄疫和疯牛病等。依赖于畜牧行业与各级政府之间建立的伙伴关系，澳大利亚肉牛产业维持了高水准的动物健康水平。澳大利亚政府还在全国各地建立了许多监测点（这些监测点属于国家虫媒病毒检测计划的组成部分），监测牛疾病的存在状况或暴发疫情的可能性，如蓝舌病、赤羽病和牛流行热病毒。在行业和政府的管理和监督下，每个牧场都制订有并执行牧场生物安全计划。

动物福利实践旨在确保牛从出生到屠宰过程中的健康和福利。澳大利亚肉牛行业制订有一系列计划，投资动物福利方面的研究，以提高牲畜健康。澳大利亚在保护牲畜出口福利方面的一个重要举措就是出口供应链保障体系（ESCAS），包括对整个供应链中动物福利、控制、可追溯性以及独立审计的要求。2011 年有媒体曝光印度尼西亚屠宰场曾暴力屠杀澳出口的活体动物，澳联邦政府迅速推出活体动物出口禁令，暂停向印度尼西亚出口活体动物，也是旨在改善出口活体动物福利。

8. 质量保证、安全和可追溯系统

澳大利亚牛肉以其高品质和安全性在全球享有较高的声誉，这要得益于涵盖供应链各个环节的严格的食品安全体系——从牧场到餐桌，从而确保消费者始终获得质量上乘的产品。MLA 与红肉行业建立了广泛的合作关系，并监督确保肉牛产业供应链各个环节均采用了一系列安全计划，这些计划涵盖了肉牛生产的各个环节，从初生牛犊的鉴定一直到屠宰，涉及药品和农业化学品的使用控制、牲畜运输和销售系统，以及牛肉质量安全体系。

9. 教育、培训、技能和研究

澳大利亚提供整个肉牛产业各个方面的教育和培训，从而为国内肉牛和畜牧业生产提供熟练技能劳动力，并为国际客户提供相关技能和知识。澳大利亚大学和应用技术学院为以下领域提供高等和职业教育：动物科学、兽医学技术、肉类加工等相关领域，以及针对肉牛生产养殖场各个方面开展研究。研发在确保澳大利亚养牛业的健康发展、提高澳大利亚牛肉和活牛出口的国际竞争力中起到了至关重要的作用。

MLA 一直致力于投入与澳大利亚红肉产业相关的牧场饲养管理和牧场以外相关领域的研发，并与多个政府和行业机构在研究项目上开展合作。澳大利亚皇家科学院，即澳大利亚联邦科学与工业研究组织(Commonwealth Scientific and Industrial Research Organization，CSIRO)是澳大利亚最大、最高的国家级科研机构，同时也是世界上最大、最具有多样性的应用技术公共科研机构之一，参与了大量的与肉牛产业及澳大利亚农业和食品生产应用相关的研发项目。

10. 设备、技术和设计

澳大利亚公司设计和制造了一系列应用于集约化和粗放型肉牛生产系统的设备和器材，包括牛只的处理、育肥场和养殖场管理、兽医治疗及肉类加工中使用的设备和系统。此外，澳大利亚在设计符合 ESCAS 要求的育肥场，以及动物副产品加工场方面也具有丰富的经验。

11. 完善的良种繁育体系

澳大利亚肉牛引进培育的历史已有 150 多年，已经建成了完善的肉牛良种繁育体系，由种公牛站、种牛场、扩繁场、商品育肥场几个环节构成。为加强选育，每个主要品种都成立了以品种选育提高为主的协会，制订品种选育计划。除了国际上知名的肉牛品种育种协会外，澳大利亚还成立了众多以国内杂交选育的商品肉牛名称命名的育种协会，用于开拓市场。协会主要职能是开展遗传评估，进行优良种畜登记，促进种畜的场间交流和出口等。以澳大利亚西门塔尔牛协会为例，协会积极开展种畜生产性能测定，要求每个参加育种的牛场都有育种员，详细记录优秀种牛的信息，协会对这些种牛信息进行审核并发布，每年选出 1 000 头种公牛投入生产。为促进种牛培育，协会每年还组织赛牛会，评出不同生长阶段的冠军牛给予奖励，激励生产者培育优秀种牛。

12. 劳动生产率、资源转化率、养殖生产力概况

(1)劳动生产率

澳大利亚地广人稀，自然资源丰富，以土地投入为主，主要饲养牛羊等草食家畜，是以放牧为主的典型草地畜牧业。尽管澳大利亚平均单位面积载畜量比较低，土地产出率也较低，但劳动生产率却很高。这主要是由于澳大利亚人力资源匮乏，牧场以家庭经营为主，畜牧从业者老龄化严重，因此，肉牛产业高度重视提高机械化程度和节约劳动力成本。架子牛几乎全部采用天然放牧，配种除种公牛培育外全部以自然交配为主。集中育肥实行高度机械化，年出栏万头以上的大型肉牛育肥场一般仅需 6～8 名工作人员。粗放的架子牛生产和集中育肥是确保澳大利亚肉牛劳动生产率较高的主要因素。

(2)资源转化率

澳大利亚畜牧业整体状况良好，地域特色明显，水资源总体匮乏，但水源和草地放牧管理方式严格且先进。畜牧产业科研基金投入较大，牧民受培训程度普遍较高，草场管理水平先进，牧草产量及品质较高，资源转化率较高。

一是区域化、专业化。澳大利亚根据各地的降水量、温度和土壤等条件，在全国划分了四大农业生产带，即低密度家畜放牧带、天然草地放牧带、混合农业带和高密度放牧带。其中，在高密度放牧区域，即年均降水量高于 500 mm 的地区兴建栽培草地，草畜结合，既做到了保护草地资源，防止土壤沙化，也实现了优化农牧业生产效益的目的。

二是拥有独特的土地所有权。澳大利亚的土地拥有方式有两种形式，一种是土地归私人所有(约占 10%)，一种是土地所有权归当地政府所有(约占 90%)。政府一般以较长的时间(一般租期为 99

年)把土地租给农牧民,并在租地内提供房屋、围栏以及供水系统等。这种方式不但给牧民发展畜牧业提供了便利条件,也利于加强牧民对草地的保护和持续利用。

三是在兴建栽培草地的同时,注重优质牧草品种的改良和研发。澳大利亚拥有大约 3 000 万 hm^2 的栽培草地,主要以三叶草和黑麦草混播为主。这种方式能使一年四季的产草量大致相同,从而有效地保证牲畜在冬季的饲草补给。

四是严格实行围栏放牧。澳大利亚农场通过围栏实施不同的放牧梯度,具有针对性的划分区域进行放牧,科学调整放牧阶段,对不同生长阶段的畜群、不同承载力的草地加以细化分类管理。实现草地循环利用,保证土壤肥力的平衡性和有效性,也便于出栏与未出栏牲畜的监控和比较,促使草地的可持续利用。由此可知,天然的饲草优势加上先进的管理方式成就了其在世界上属先进水平的高效的资源转化率(闫旭文等,2012)。

(3)养殖生产力

养殖生产力20%取决于品种,40%～50%取决于饲草料,20%～30%取决于环境。就澳大利亚目前的产业情况而言,独特的环境条件造就了向西开口的半环状肉牛场分布模式,各大草场饲草资源丰富且管理方式先进,洁净的空气、草原、水源等成就了澳大利亚高品质的牛肉,同时疾病防控系统也很完善,多年来已经形成了诸多自己特有且稳定的优质肉牛品种。因此,较高的饲草等资源的转化率和劳动生产率使其当地的肉牛养殖生产力水平也较高,成就了澳大利亚"优质草地＋良种家畜＋科学管理＝低投入高效益的草地畜牧业"的模式。

13. 生产潜力评估

就当前和中短期发展来看,制约澳大利亚肉牛生产潜力的因素主要分为气候环境、存出栏情况、牛肉产量及价格、养殖成本、生产力概况和国际贸易环境几个方面。综合以上七个方面所涉及的制约澳大利亚肉牛生产潜力因素的各种资源环境和市场条件来看,目前澳大利亚已经与诸多国家签订自由贸易协定,中短期时间内澳大利亚有扩大国内肉牛产业生产与贸易的潜力巨大。但由于母牛特别是能繁母牛的恢复是一个较为漫长的过程,澳最近连续三年母牛巨大的出栏量对以后整个肉牛产业会产生很大的影响,最直接的结果便是育肥牛出栏减少和牛肉产量降低。加之来自巴西、印度、阿根廷等牛肉出口的竞争压力逐渐加大,牛肉产量下降直接导致国内牛肉产品价格大幅上扬等,因此,未来几年澳大利亚的肉牛产业规模将稳定在现有的较高水平上,进一步扩大规模的压力将很大。

由于澳大利亚以出口为主的牛肉销售模式,因此,除了应继续保持引以为傲的洁净、绿色、优质等优势以外,出口商仍需继续拓展国外市场。随着网络销售的逐步强大完善,冷鲜牛肉市场潜力凸显,提升保质期和供应链效率非常关键,今后应着力推进技术创新,提升牛肉新鲜度并延长保质期,以期突破传统出口限制。同时全球牛肉市场需求呈多样化和复杂化趋势,出口商应定位目标市场,分别优化供应链条。

(三)肉牛产品加工业发展情况

1. 主要肉牛产品产量及在世界上的地位

澳大利亚肉牛工业屠宰公牛、阉割公牛、母牛和小牛,产品以牛肉和小牛肉为主(图 4-1-3)。自 1977 年至今,澳大利亚公牛、母牛的屠宰量一直在 350 万～500 万头间波动,且公牛、母牛屠宰量波动方向大部分时间一致。小牛的屠宰量自 1975 年的 249.6 万头降低至 1980 年的 150.1 万头后至今,一直波动降低。在过去 30 年间,牛肉的产量基本在 200 万 t 左右,总体呈增加的趋势;小牛肉的产量自 1976 年的 9.9 万 t 大幅跌至 1979 年的 5.8 万 t 后,一直在 4 万 t 左右波动,最低时降至仅有 2 万多 t。

2015 年,世界牛肉产量达到 6 002.5 万 t,澳大利亚生产了 254.7 万 t,产量位于美国、巴西、中国、印度、阿根廷之后,排名世界第 6 位(图 4-1-4)。2015 年整个国际牛肉出口贸易量为 953.7 万 t,澳大利亚的出口量为 185.4 万 t,是世界第一牛肉出口大国(图 4-1-4)。

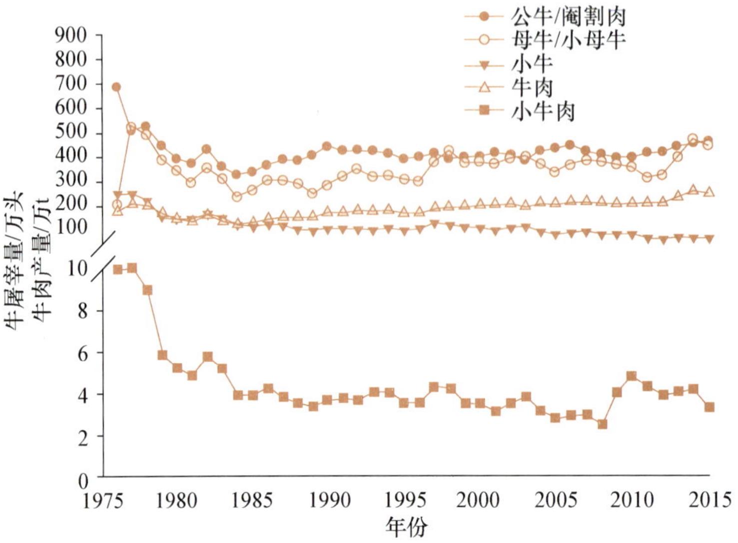

图 4-1-3　澳大利亚牛屠宰量和牛肉产量(MLA)

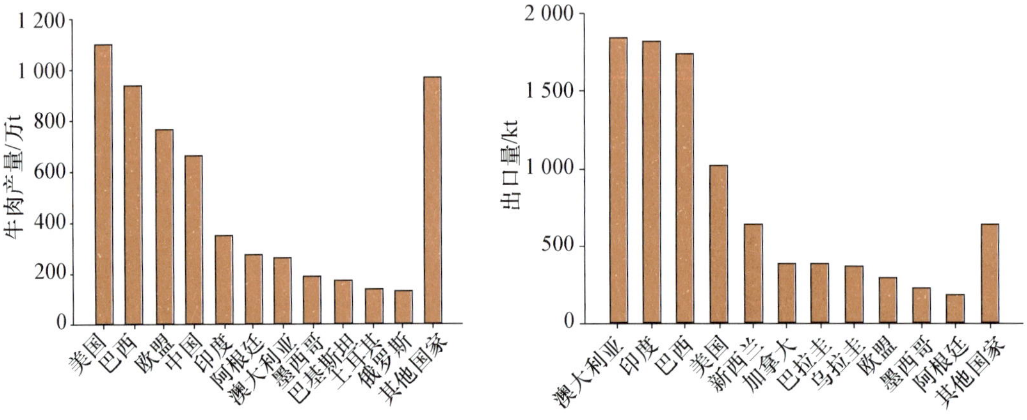

图 4-1-4　2015 年主要牛肉生产国产量和出口国出口量(USDA)

澳大利亚牛肉工业将牛肉分为草饲牛肉(grass-fed beef)和谷饲牛肉(grain-fed beef)。草饲牛肉是来自仅在草地上放牧的肉牛的产品,澳大利亚约 60%的牛肉是草饲牛肉。为了维持稳定的肉类供应,提高肉的品质,满足部分特殊市场需求,以及当牧场品质差时提高肉牛营养或增加肉牛重量,很多生产企业会选择将肉牛在草场上草饲至一定体重后转移到专门的饲育场,再用谷物饲料进行一定时间的强度育肥,然后屠宰,这种方式生产的牛肉成为谷饲牛肉。谷饲饲料主要包括小麦、大麦、高粱和黑小麦,并添加羽扇豆、红豌豆、棉籽或油菜籽等。澳大利亚的谷饲牛肉分为两种,一种是短期谷饲育肥牛肉,育肥时间一般为 70～100 d,短期谷饲牛肉通常占牛肉产量的 1/3;第二种是长期谷饲育肥牛肉,是肉牛经过 300 d 或更长时间谷饲育肥后所生产的牛肉。长期谷饲牛肉产量极少,仅用于生产大理石花纹极丰富的产品。谷饲时间和饲料最终决定牛肉的肌内脂肪含量。此外,澳大利亚还生产极少量的和牛牛肉,其谷饲时间要在 300 d 以上,这样饲养的和牛脂肪含量大大提高。

肉牛副产品指所有肉牛生产的非红肉部分或由非红肉部分加工制得的产品。肉牛副产品是肉牛屠宰利润的重要组成部分,且具有很大潜力。目前,副产品价值占屠宰动物的 11%(牛皮占 6%,下水占 4%,其他提炼加工产品占 1%)。据估算,澳大利亚每年副产物的产值为 17 亿澳元。但副产物的价值还未完全开发,还有更多的机会通过创新给企业带来更多利润。

澳大利亚传统牛副产品有牛心、牛肝、牛肾、牛舌、牛尾、牛百叶、牛血、牛脂肪、浓缩胆汁、牛头肉、牛小肠等。传统副产品中80%产量出口至日本、中国、印度尼西亚、越南、墨西哥等国家，其中日本是澳大利亚最大的传统副产品进口国。目前，越来越多的肉牛副产品用来生产功能食品、营养保健品、功能性化妆品和医药产品等，获得巨大利润。

2. 肉牛产品产量历史变化情况及影响因素

图4-1-5展示了1960—2015年澳大利亚主要肉类的产量。其中，牛肉产量变化波动较其他畜产品较大，但总体仍呈现上涨的趋势，近几年产量已增至约250万t。

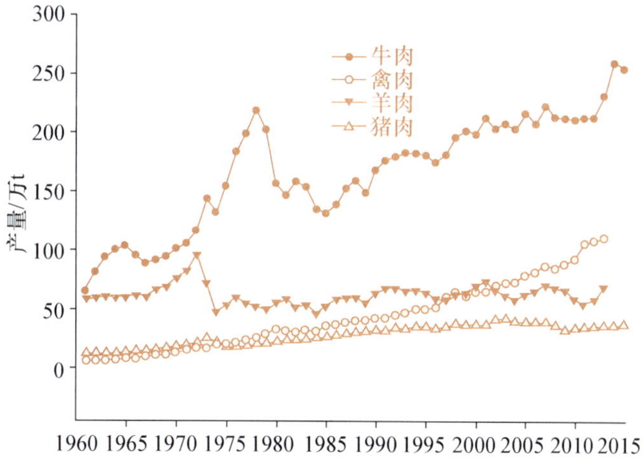

图4-1-5 澳大利亚历年肉类产量

来源：FAOSATA，2014—2015年牛、猪肉数据来自USDA

降雨量影响牧场质量进而决定肉牛饲养量，是影响牛肉产量的重要因素。降雨量低，肉牛出栏量减少，牛肉产量降低。澳大利亚1967年、1982年降雨量下降，均伴随着牛肉产量的大幅降低（图4-1-5）。自2011年起，干旱及国际牛肉价格上涨导致澳大利亚肉牛存栏量降低至20年来的低点（2 600万头）。2016年中期降雨量开始增加，牧场开始恢复。但2016年国际市场牛肉价格已经达到1998年牛肉价格的2～3倍（图4-1-6），屠宰后马上获利和留种畜扩大生产之间的竞争减缓了澳大利亚牛群的恢复。但由于存栏量降低，饲料价格降低，谷饲肉牛单个胴体重的增加（图4-1-6）将部分弥补屠宰数量降低对牛肉产量的影响。由于牧场质量提高，生产商将把更多的小牛饲养至成年以提高效益。

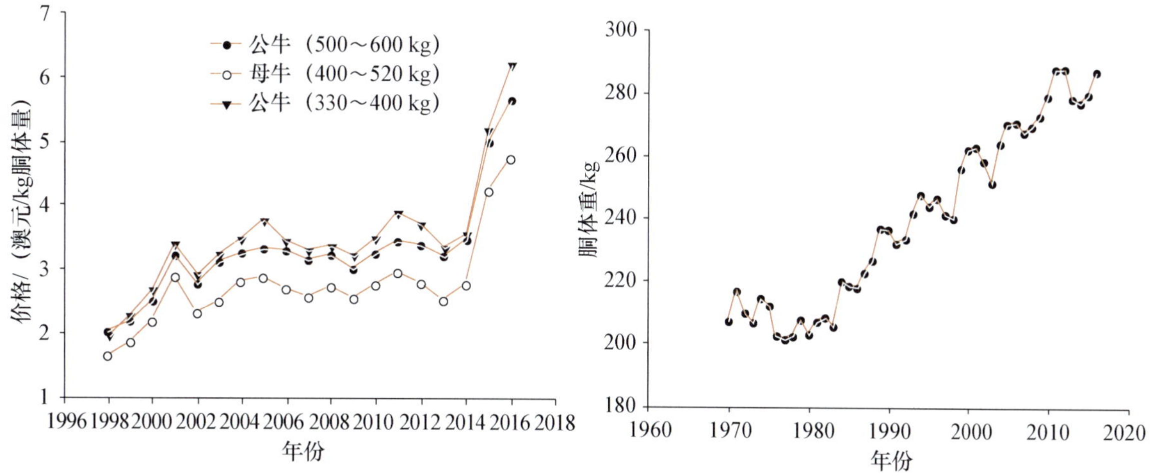

图4-1-6 澳大利亚肉牛价格和肉牛胴体重变化(MLA)

自2015年起牛肉产量的缩减（图4-1-6），是由肉牛主产区的干旱导致的。降雨量丰富的新南威尔士州、维多利亚州、昆士兰州的肉牛数量高于降雨量少的州，降雨量是影响肉牛生产的最重要因素。

3. 肉牛产品加工企业及组织概况

澳大利亚肉牛屠宰分割企业根据市场定位进行资质授权，并根据目标市场和资质进行品质、安全管理和监督，设定屠宰分割企业的地理分布，使屠宰企业靠近肉牛饲养场，降低了运输成本和肉牛运输应激，确保了牛肉的品质。规模化牛肉生产企业根据不同的目标市场和产品品质，建立不同产品定位和产品特色的子品牌，有利于品牌的市场细分和影响力。

(1)澳大利亚牛肉加工企业总体概况

澳大利亚的牛肉加工、销售企业较少，主要的有 Fonterra Co-op Group、Amcor、Coca-Cola Amatil、JBS Australia、Teys Australia-A Cargill Joint Venture、Devondale Murray Goulburn、Inghams、Nestle、George Weston Foods、Goodman Fielder 和 Bindaree Beef Group。

澳大利亚肉类有限公司(AUS-MEAT)认证的屠宰和分割企业共 123 家，按照 AUS-MEAT 认证的屠宰资质进行统计，其中具有出口牛屠宰、出口羊屠宰、出口猪屠宰、内销屠宰、出口分割、内销分割资质的企业分别为 58 家、37 家、4 家、13 家、20 家、17 家(表 4-1-18)。屠宰企业中从事肉牛屠宰的最多，且具有出口资质的企业数较多，这充分体现了澳大利亚以国际市场为目标的红肉产业战略。根据屠宰企业分布的地域看，屠宰、分割企业在畜牧业发达的昆士兰州、维多利亚州、新南威尔士州和西澳大利亚州数量较多，屠宰分割企业位于肉牛生产地可以就近屠宰，降低活牛运输成本，并降低肉牛运输过程中的应激，保证牛肉品质。与肉牛生产量相比，北领地的屠宰企业相对较少，这反映了澳大利亚北部地区以活牛出口为主的生产策略。此外，澳大利亚存在为数不少的专门分割企业，并针对国际市场和内销进行分别认证。针对内销市场的企业多同时具有牛、羊、猪的生产加工资质，相比出口企业的要求，内销企业对追溯体系等要求略低。

表 4-1-18

AUS-MEAT 认证的不同生产资质的企业数量

州名	屠宰分割企业(总数)	屠宰场(出口/牛)	屠宰场(出口/羊)	屠宰场(内销)	分割企业(出口)	分割企业(内销)
昆士兰	30	17	2	6	6	1
维多利亚	36	17	14	3	6	4
西澳	20	6	6	3	4	2
新南威尔士	30	12	10	0	4	6
塔斯马尼亚	4	3	2	1	0	0
北领地	3	1	0	0	0	2
南澳	7	2	3	0	0	2

注：具有不同资质的同一家企业按其资质分别统计到不同类别。

(2)肉牛产业龙头公司的概况、品牌战

红肉工业是澳大利亚食品工业最重要的组成部分，2015 年销售收入排名前 100 位的澳大利亚食品饮料公司中有 16 家公司属于红肉工业，其中排名前 5 位的是 JBS Australia、Teys Australia、Thomas Food International、NH Foods Australia、Kilcoy Pastoral。JBS、Teys、NH Foods 分别约生产了澳大利亚牛肉的 25%、21%、6%，三家企业产量达到澳大利亚牛肉总产量的 52%。

JBS Australia 拥有 10 个分厂和 5 个饲育场，员工超过 8 500 人，单日肉牛屠宰量超过 8 000 头，产品出口到 50 多个国家。5 个饲育场占地超过 10 000 hm^2，肉牛年出栏量超过 33 万头。为了满足零售、批发和餐饮业的需求，JBS 拥有 7 个子品牌的产品，其中 Riverina Angus 是 JBS 饲育场中谷饲育肥的最好产品；Great Southern 是选用 100%草饲的安格斯牛或海福特牛生产的产品，Great Southern 具有适度的大理石花纹和良好的嫩度；AMH 是面向国际市场的品牌，该品牌产品以高品质和品质一致性好著称；King Island Beef 是产自塔斯马尼亚国王岛(King Island)的放牧肉牛生产的产品，该品牌以国王岛天然绿色为特色，产品经 MSA 分级，保证产品嫩度、风味俱佳；Aberdeen Black 是仅面向欧洲的品牌，放牧人经过筛选，保证肉牛良好的动物福利，产品嫩度高、多汁性好；Roral 品牌的肉牛来自昆士兰东南部的供应商，这些供应商与 JBS 有多年的合作关系，保证产品的品质具有高度的一致性，肉牛屠宰前谷饲育肥 70d 以上；Beef City Black 品牌是来自 JBS 位于达令地区的优秀饲育场和加工厂生产的产品，肉牛至少谷饲育肥 100 d，具有良好的大理石花纹，以嫩度、多汁性和风味好著称。

Teys Australia 是 Teys 家族和 Cargill 公司的合资公司，两公司各占 50%股份。Teys Australia 单日肉牛屠宰量达 1 200～1 400 头。与 JBS 类似，Teys Australia 拥有 Black Angus、Grasslands、Riverine Beef Range 和 Urban Menu 四个品牌。Black Angus 以安格斯肉牛和 MSA 分级保证产品品质为特色；Grasslands 主打肉牛终生草饲无应激和 MSA 分级；Riverine Beef 是来自 Riverine 地区的优质肉牛生产的 MSA 分级的产品，且谷饲时间超过 100 d；Urban Menu 则专供超市 Woolworths，产品专注于解决家庭食用，易于烹制且保证产品品质。

Thomas Food International 是澳洲独资家族公司，年营业额超过 10 亿澳元，每天可加工 700 头牛和 8 000 只羊。NH Foods Australia 前身是 Nippon Meat Packers Australia Pty Limited，2014 年更名为 NH Foods Australia，目前拥有 1 600 余名员工，具有肉牛出口及牛肉生产资质，年营业额超过 11 亿澳元。Kilcoy Pastoral 成立 1953 年，现在拥有 750 余名员工，日加工谷饲肉牛 800 头。

(3)肉类工业产品安全和品质管理机构及其控制技术概况

澳大利亚牛肉工业重视牛肉的食品安全和食用品质，因此肉类工业和政府成立一系列的组织机构，这些研究机构建立了一系列的牛肉产品品质和食品安全控制技术。无论牛肉品质控制技术还是牛肉食品安全控制技术，它们共同的特点都是实行从牧场到餐桌的系列化无缝对接技术，通过这些技术对牛肉生产全程进行品质和安全控制，保证产品的品质。与此同时，为了满足消费者对环境和动物福利的需求，澳大利亚肉类工业制定并严格执行动物福利，沟通消费者、企业、政府，保证产业可持续性发展。

为了从源头上保证产品的食用品质和食品安全，澳大利亚实施了 NFAS、牲畜生产保证体系(Livestock Production Assurance，LPA)和国家牲畜买卖围场品质保证计划(National Saleyard Quality Assurance Program，NSQA)。NFAS 是独立审计的品质计划，其目的是促进育肥场通过一系列的品质控制方案提高牛肉产品的品质，包括环境控制、动物福利、兽医卫检、饲料成分和兽药残留。LPA 是饲养农场应用的标准和品质保证计划，牲畜饲养者需要注册自己的产业代码，评价生产和饲养体系，维持准确的记录。NSQA 由 AUS-MEAT 审核，保证买卖牲畜的围场的设施和操作达到标准。

为了保证牲畜离开农场后的食品供应安全，澳大利亚还建立了国家牲畜识别系统(National Livestock Identification System，NLIS)，该系统对动物的身份进行识别和追溯，保证生物安全性和食品安全，该体系得到了主要生产商、饲养场、代理商、买卖牲畜的围场和加工商的拥护，以及州(领地)的立法支持，最终组成了该体系的管理框架。NLIS 由三个要素组成：动物标示(可视或电子耳标)，财产识别码识别饲养的地理位置，网络数据库存储记录牲畜在销售加工过程中的数据及细节。NLIS 追溯系统保证了产品品质，提高了发生动物疫病或食品安全事件时的追溯能力，成为某些地区的市场准入必需要求，为澳大利亚牛肉全球竞争力提供了基础。与此相关的是卡车关爱计划(Truckcare Program，TP)，该计划是采用国际标准建立管理动物运输的牲畜工业品质保证体系，以控制运输过程中的不利因素。

澳大利亚红肉工业将食品安全放在优先级别。为了保证牛肉安全，MLA 制订了 MLA 食品安全计划(MLA Food Safety Program，MLA-FSP)，帮助红肉工业所有参与者专业处理与红肉食品安全相关的问题。该计划设计的主要目的是控制病原微生物，评价和有效控制食品安全问题，协助工业采用新技术保证食品安全使整个产业链获得利润。但该计划也同时处理卫生和品质相关问题。另一个安全计划是安全肉计划(Safe Meat Program，SMP)，该计划是食品微生物安全研究和发展计划，目的是建立健全科学的食品安全和微生物风险控制体系。SMP 研究控制病原微生物措施，并确定供应链中与食品安全相关的风险漏洞，维持澳大利亚红肉的安全性。

良好的动物福利和人性化的生产操作是澳大利亚和全球消费者的要求，为了满足这一要求，肉类工业建立了澳大利亚牲畜加工动物福利保证体系(Australian Livestock Processing Industry Animal Welfare Certification System,AAWCS),该体系是独立审核认证计划,保证肉类加工企业满足人类消费肉用动物的福利标准,该标准涵盖了动物接收到人到加工处理环节的全过程。目前,越来越多的消费者对牛羊肉生产感兴趣,但很多居住在大城市的消费者缺乏农场上的相关知识。MLA 制订目标 100 计划(Target 100),即展示红肉工业的环境和动物福利情况的项目,该项目通过网站、社会媒体或举办各种活动提供肉类产业和消费者之间的沟通平台,通过很多生产商的真实事例展示牛肉工业如何管理、保证产品品质并维持资源的可持续发展。MLA 希望通过目标 100 计划建立牛羊肉生产和消费者之间的沟通渠道,促进消费者对牛羊肉产品的信任,在伦理道德上理解肉品工业,防止消费者因为环境和动物福利问题降低牛羊肉的消费量。

食用品质保证关键控制点(Palatability Assurance Critical Control Point,PACCP)是澳大利亚施行的从牧场到餐桌的肉类食用品质保证体系。以食用品质保证关键控制点为基础,澳大利亚肉类工业建立了澳大利亚肉类标准(Meat Standards Australia,MSA),该标准是以牛肉食用品质为基础的分级体系,是一个牛肉产品嫩度得到保证的分级项目,该项目提高牛肉的品质和品质一致性。目前,MSA 正在进行澳大利亚牛肉食用品质核定研究,其目的是建立澳大利亚牛肉的食用品质基准,该计划始于 2014 年,计划 2020 年完成。通过分析 2014—2015 财年使用 MSA 分级标准评定的 320 万头肉牛的数据,通过 MSA 指数(MSA Index)确定影响牛肉食用品质的关键因素,从而使澳大利亚生产商最大化地提高牛肉的品质,提高产品利润和生产力。MSA 指数是位于 30～80(小数点后有两位有效数字)间的数字,用来预测和代表整个胴体潜在的食用品质。MSA 指数通过宰前生产的相关数据进行计算,是牛胴体上 39 块肉食用品质的加权得分;该指数与宰后加工无关,仅受动物遗传因素和管理的影响,反映的是饲养管理、环境和遗传对牛肉品质的影响。MSA 指数的关键影响因素包括荷尔蒙植入、是否牛奶喂养、买卖牲畜的围场情况、瘤牛血统、骨化程度、MSA 大理石花纹得分、皮下脂肪含量。通过控制 MSA 指数控制牛肉品质将成为澳大利亚牛肉品质控制计划的重要方法。

澳大利亚肉类有限公司(AUS-MEAT Limited)则通过建立这些统一红肉的品质标准及准确描述品质的语言,使牛肉工业中各个部门能够清晰、准确地表明自己的需求和出现的问题,进而提高产品品质并保证品质一致。

为了满足清真食品的要求,澳大利亚实施了政府清真屠宰计划(Australian Government Halal Slaughter Program),该计划由联邦农业部批准并监控清真产品的处理、包装和储存过程,以满足清真产品的要求。

从上述内容可以看出,澳大利亚的牛肉生产和生产企业有以下特点:

- 澳大利亚牛肉产品从养殖环节分,可以分为草饲牛肉和谷饲牛肉,谷饲牛肉又根据谷饲时间分为短期谷饲牛肉和长期谷饲牛肉,通过谷饲时间预测最终产品的大理石花纹等品质并进行产品定位。对牛肉产业来说,需要养殖环节的规模化才能实现。没有养殖规模化,就无法实现根据养殖环节对产品进行细分和产品定位。
- 对屠宰分割企业根据市场定位进行资质授权,并根据目标市场和资质进行品质、安全管理和监督。合理设定屠宰分割企业的地理分布,使屠宰企业靠近肉牛饲养场,降低运输成本和肉牛运输应激,保证牛肉的品质。
- 规模化牛肉生产企业,根据不同的目标市场和产品品质,建立不同产品定位和产品特色的子品牌,有利于品牌的市场细分和营销。
- 为了保证产品的食用品质和食品安全,单个加工或控制技术已经无法满足现实需求,需要建立从牧场到餐桌的无缝对接的系列化食用品质和安全控制技术,如 PACCP 和追溯体系的建立。
- 为了满足消费者日益增长的对环境和动物福利的关注,特别是目前欧美市场消费者的强烈需求,以及食用品质的保证,需要建立包括养殖、运输、宰前管理等整个生产环节的肉牛福利控制技术。同时建立肉类工业与消费者之间的沟通渠道,使消费者了解肉类工业,维持肉类工业的可持续发展。

(四)牛肉消费情况

1. 牛肉消费占比及国民消费偏好

澳大利亚是世界上最喜欢吃肉的国家之一，2015 年人均消费肉类 90.21 kg，比美国人均肉类消费高 170 g。消费者购买肉类食品的支出约占食品消费的 40%和总消费支出的 4%。在历史上，澳大利亚人钟情于红肉。然而，随着社会经济发展和观念的变化，澳大利亚消费者消费肉类品种的组成发生了显著变化。其显著趋势是禽肉、猪肉的消费量稳定增加，牛、羊肉消费量处于下降中。禽肉、猪肉的人均消费量从 1991 的 22.1 kg 和 14.4 kg 分别增加至 2016 年的 42.9 kg 和 20.3 kg，分别增加了 94.1%和 41.0%。牛肉、羊肉的人均消费量从 1991 年的 27.8 kg 和 19.3 kg 分别降低至 2016 年的 21.9 kg和 7.7 kg，分别降低了 21.2%和 60.1%(图 4-1-7)。1998 年之后，澳大利亚牛肉的消费量开始低于禽肉的消费量，目前是消费量第二位的肉类食品。与此同时，世界禽肉消费量超过猪肉，成为世界上最大的肉类品种。据 OECD-FAO 预测，2025 年澳大利亚人均禽肉、猪肉消费量将分别增加至 44.1 kg 和 20.8 kg，牛肉将恢复至 22.5 kg，而羊肉将持续下降至 6.8 kg(图 4-1-7)。

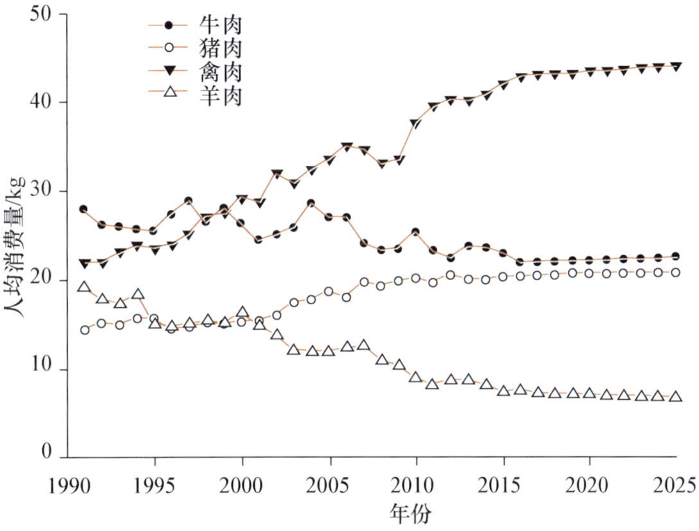

图 4-1-7　澳大利亚人均肉类消费量的变化及预测(OECD-FAO)

澳大利亚具有消费牛肉的传统习惯，以终端家庭消费者为目标的超市和肉类专卖店的产品具有极其重要的地位。超市牛肉产品以冷鲜小包装半成品形式呈现(彩图 4-1-8)，主要产品有牛排(图 4-1-8A 和 D)、烤牛肉(图 4-1-8B)、牛肉馅(图 4-1-8C)、炒牛肉(图 4-1-8E)、生煎肠(图 4-1-8F)、牛肉丸(图 4-1-8G)和牛肉饼(图 4-1-8H 和 I)。产品的包装方式为托盘装(图 4-1-8D)、气调包装(图 4-1-8C、E－I)和真空包装(图 4-1-8A 和 B)。这些最多最常见的产品反映了澳大利亚消费者喜好的消费方式。与目前我国超市中以牛肉肉块和牛腱居多的现状相比，我们需要开发更多高品质的牛肉新产品，满足消费者的多样化、方便化、简单化的消费需求。

2. 牛肉消费量历史变化情况及影响因素

导致澳大利亚消费者肉类消费模式改变的因素众多，其中最重要的有消费者收入、产品价格、消费者对健康的关注，以及文化、环境和道德因素等的影响。

从世界各国的情况来看，随着国民收入的提高肉类消费量会逐渐增加，并最终达到饱和，大多数国家人均肉类消费量在 70～90 kg 达到饱和(图 4-1-9)。因此居民收入是影响肉类消费的重要因素。2015—2016 财年，澳大利亚国内牛肉消费额为 78.3 亿澳元，人均消费 25.4 kg 牛肉，是世界上第六大牛肉消费国。购买鲜肉的消费者中 95.7%的人购买了牛肉。澳大利亚消费者牛肉、羊肉、鸡肉和猪肉

图 4-1-8　澳大利亚超市牛肉产品形式及包装

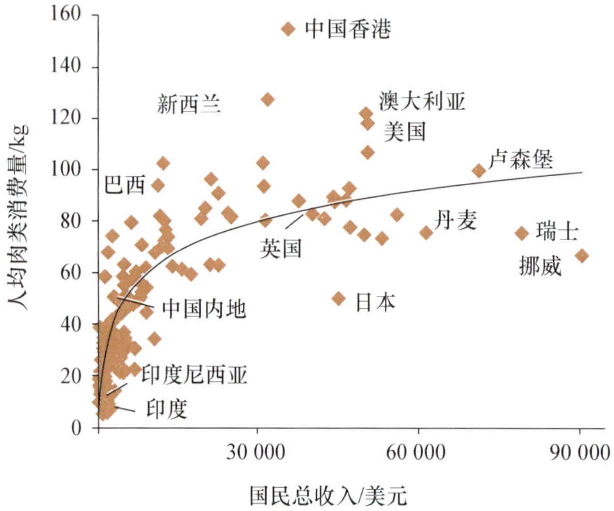

图 4-1-9　国民收入与人均肉类消费量的关系

来源：Inga Ting. Australia is the meat-eating capital of the world. http://www.smh.com.au/national/health/australia-is-the-meateating-capital-of-the-world-20151027-gkjhp4.html(2017/01/10)

的消费支出分别占肉类总消费支出的 44%、12%、20%和 24%。禽肉和猪肉价格下降，而牛、羊肉的价格上涨也是导致澳大利亚牛肉消费量降低的重要因素。有消费者调查研究认为：羊肉、鸡肉和猪肉为澳大利亚消费者的必需品，而牛肉归为奢侈品，其消费量与收入呈现弹性关系。

目前，肥胖和体重超标成为发达国家的流行病。随着红肉消费量的增加，消费者血液胆固醇增加；且消费者对癌症、心血管疾病的忧虑也导致红肉消费量降低。因此发达国家消费者均在降低肉类消费，澳大利亚就是其中之一。在肉类促销中，销售商宣传鸡肉、猪肉和袋鼠肉有益于健康，在扩大猪肉和鸡肉销售量的同时，给牛、羊肉等红肉销售带来负面影响。

越来越多的消费者认为集约化肉类生产是一种残忍行为，且牛羊饲养过程中排放大量的甲烷和温室气体，对环境造成负面影响，出于对动物保护和环境爱护的心理，澳大利亚消费者降低了牛、羊肉的消费量。然而有趣的是，随着澳大利亚本土红肉消费量的降低，生产商却一直在努力开拓国际市场以保持商业利润。因此，虽然澳大利亚国内红肉消费量降低了，但却养殖了更多的牛羊，成为世界上最主要的红肉出口国。

3. 牛肉产品营销模式

澳大利亚牛肉工业营销的目的是最大化地获得商业利润。作为牛肉生产销售的大国和强国，澳大利亚的营销模式不再是通过广告进行宣传，也不再是一家或几家企业的销售手段，而是整个牛肉产业和政府共同推动的综合体系。为了将澳大利亚牛肉推向全球消费者，澳大利亚政府和牛肉工业体系在四个方面开展了不懈的努力。

(1)针对目标市场，根据消费者需求进行市场和产品细分，把最合适的产品销售给最需要的消费者

澳大利亚针对不同地区消费者对牛肉品质需求的不同，制定相应策略，并对肉牛生产进行规划并对产品进行细分。如以中、日、韩三国为代表的东亚国家喜欢脂肪含量高的牛肉，而欧洲消费者由于对摄入过多饱和脂肪的忧虑，更喜欢脂肪含量少的牛肉。于是牛肉从业者针对特定市场选择最合适和最大利润化的肉牛品种并进行宣传推广，制订了安格斯牛肉、和牛牛肉等产品，并根据饲养方法将产品分为草饲牛肉和谷饲牛肉。根据不同市场进行细分规划还体现在生产控制中，如欧盟要求肉牛不能使用生长激素，需要采用国家牲畜识别系统等。

(2)宣传澳大利亚牛肉业对牛肉品质和安全的控制体系，打造高端产品定位，提高消费者的忠诚度

牛肉的食用品质和安全性在整个食品供应链上都至关重要。澳大利亚作为独占一个大陆的国家，具有天然的屏障可以防止动物疾病的传入。肉牛生活在碧草蓝天间是诸多消费者对澳洲肉牛的第一印象，基于对食品安全的考虑，澳大利亚牛肉对消费者具有很大的吸引力。为了打造澳大利亚牛肉产品高端品牌的效应，澳大利亚肉牛业和政府始终在宣扬牛肉品质和安全的重要性，并大力宣传其从牧场到餐桌的一系列食用品质和食品安全控制计划，对这些控制计划的宣传成为澳洲牛肉走向世界的重要推动力。

澳大利亚国家饲养场认证计划、牲畜生产保证体系保证了饲养环节的品质和安全。国家牲畜识别系统对动物的身份进行识别和追溯，保证了动物、牛肉流通环节过程中的品质和安全控制。澳大利亚肉类有限公司制订了澳大利亚肉类术语，使牛肉生产各个环节沟通流畅，并使消费者便利地购买到自己需要的产品，促进了牛肉产品的消费。澳大利亚 MLA 食品安全计划和安全肉计划为牛肉生产过程中致病微生物的控制提供了保障。此外，根据澳大利亚和贸易对象的动物用药最大残留量要求，澳大利亚实施停药期和出口屠宰间隔。停药期和出口屠宰间隔将会根据海外市场需求进行变化，有专门网站(http://apvma.gov.au/node/10806)提供最新的动物用药残留控制标准等信息。澳大利亚通过满足不同国家和地区的安全性要求，树立了消费者心中澳大利亚牛肉安全性高的品牌。

(3)基于食用品质关键控制点的分级和烹制指南使消费者购买简单便利，使消费者获得良好的消费体验

为了满足消费者对牛肉品质的要求，澳洲牛肉工业建立了 MSA。MSA 是根据 70 万消费者(包括超过 10 万来自 9 个其他国家的消费者)的品评数据建立的，涵盖了肉牛品种、饲养管理方法、加工过程、成熟时间、烹制方法对主要肉块食用品质的影响。MSA 分级体系根据嫩度、多汁性、风味和总体接受性给每一个肉块一个等级，如 3 星、4 星和 5 星，每一个肉块都用标签标示出其等级。MSA 牛肉产品都根据某个烹制方法给出食用品质的分级，当采用推荐的烹制方法时，可以得到相应的分级产品的食用品质。MSA 不但提高了产品品质和品质一致性，还方便了消费者购买，使消费者不具有专业知识也能正确地选择自己所需要的产品，并最终获得期望的消费体验，这极大地促进了牛肉的销售。MSA 的制定机构还研究肉类营养、肉与健康、肉与健康饮食等项目，并举办与肉食品相关的研讨会和发行出版物，根据年龄和性别来推荐科学、合理、健康的肉类消费习惯和食用量。

(4)政府和相关机构积极推广澳大利亚牛肉产品，为肉牛业提供信息、分析咨询等服务，提高澳大利亚牛肉的市场占有量

MLA 是促进澳大利亚牛肉全球化的重要推手，它以贸易、零售、餐饮业、政府和消费者为工作对象，总体目标是提高澳大利亚红肉(牛肉、绵羊肉和山羊肉)的市场进入能力，增加市场份额和销售量。

MLA与政府和各种组织定期沟通；组织贸易展览，将澳大利亚红肉产品信息推广发布出去，并增进与市场上各方面的关系；组织进口国的贸易代表团赴澳大利亚，增加对澳大利亚生产体系的了解，并在澳大利亚产业体系中引入国际产业生产商。通过自身经验，结合有组织的贸易活动推广，增加用户的忠诚度，并提供新的商机。MLA可以提供有效的市场信息，通过互联网和电子邮件提供相关报告。饲养场可以注册免费的MLA账户，得到一些免费报告，并可购买更深入的报告。MLA建立并推广市场销售计划，追踪每个市场和每个销售渠道，最终将澳大利亚牛肉推向国际市场，使澳大利亚成为世界上最大的红肉出口国。此外，多家公司与政府组织共同支持肉类产业控制产品品质、获得供求信息，把澳大利亚牛肉推向世界。

4. 牛肉物流、营销企业及组织概况

为了促进澳大利亚肉牛产业发展，让澳大利亚牛肉走向全球，澳大利亚牛肉工业严格控制物流，多家组织和企业努力推广澳洲牛肉产品，提供产品品质安全控制、产品分级、信息分析和咨询服务。

澳大利亚冷鲜牛肉的保质期高达20周，其原因除了牛肉初始微生物数量低之外，运输过程中控制低温和温度的波动至关重要。为了保证整个运输过程中控制好温度，澳大利亚牛肉生产企业建立了自己的运输车队，牛肉运输过程中采用－1.5～－0.5℃的低温，整个运输过程中温度波动非常小（图4-1-10），产品到达超市或进口国后采用2～3℃贮藏或展示销售。

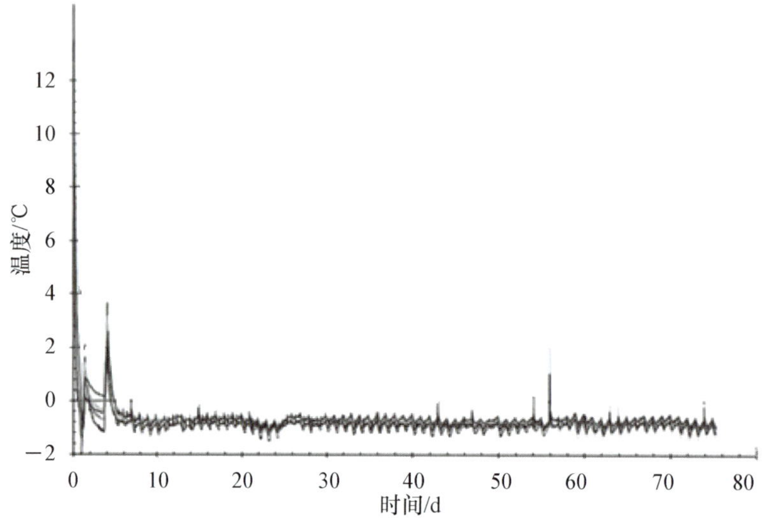

图4-1-10　澳大利亚牛肉运输贮藏过程中的温度控制

来源：MLA. Meat technology update-Shelf life of Australian Chilled, vacuum-packed, boneless beef. http://www.australian-meat.com/uploadedFiles/Foodservice/Resources/Publications/Australian _ Beef _ Shelf _ Life _ Study _ 2009.pdf. (2017/01/10)

澳大利亚设立澳大利亚肉类有限公司（AUS-MEAT Limited），由MLA和澳大利亚肉类加工公司（Australian Meat Processor Corporation，AMPC）共同成立并运营，旨在提高牛肉品质和品质的一致性，保证澳大利亚红肉工业在销售、运输和出口过程中的名声。

澳大利亚肉类工业委员会（Australian Meat Industry Council，AMIC）是代表零售商、加工企业和小商品制造商的最高委员会，是澳大利亚肉类工业生产环节中动物离开农场后各个生产环节的唯一工业协会组织。该组织向会员、政府和肉类工业提供技术支持、信息和战略咨询服务、人力资源顾问服务，协调并影响相关政策，促进国内外有效信息沟通等，从而保证澳大利亚肉类工业利益。服务的内容包括加工技术、食品标准制定、食品安全，沟通解决企业和政府遇到的问题，保证该组织会员和肉类工业处于最佳的贸易环境中，使各个生产环节的利益不被破坏，提供产品增值服务，提高企业利润。

此外，还有AMPC等组织机构编撰商业和市场信息，澳大利亚贸易和投资委员会（Australian

Trade and Investment Commission, ATIM)、澳大利亚农业与水力资源部(Department of Agriculture and Water Resources, DAWR)、澳大利亚外交和贸易部(Department of Foreign Affairs and Trade, DFAT)负责发布红肉的进出口需求信息、配额、自由贸易协定等信息,澳大利亚统计局(Australian Bureau of Statistics, ABS)、澳大利亚农业、区域经济和科学局(Australian Bureau of Agricultural and Regional Economics and Sciences, ABARES)负责提供工业数据和分析服务。

从上述澳大利亚的消费趋势、影响因素和营销策略可以得出以下几个结论和建议:

- 随着经济发展,中国牛肉的消费需求量将持续上升,消费者日益增长的消费需求和有限的生产能力将成为长期矛盾。与此同时,随着物质的丰富和国民思想层次的提高,消费者对环境和动物福利的问题会越来越加关注,解决好环境和动物福利问题才能保证我国肉牛业的可持续性发展。
- 目前,中国肉牛业对牛肉产品的品质没有根本和广泛的研究和了解,建立自己的牛肉品质基础数据库,是确定中国牛肉品质控制目标的前提,也是明确影响中国牛肉品质关键点以提高产品品质的前提。
- 开发多样化的牛肉产品,建立简单易懂的牛肉烹制加工方法指导,让消费者易于消费;与此同时,研究中国牛肉的营养素、牛肉消费与消费者健康的关系,根据不同人群建立科学的牛肉消费推荐指导,将是促进、保持中国牛肉消费的重要基础。
- 澳大利亚肉牛业销售的目标群体是全球的消费者,为了满足不同地区消费者的需求,澳大利亚又建立不同品牌、生产不同产品;同时澳大利亚政府、组织机构和肉类工业组织共同宣传澳大利亚牛肉的品质和安全控制,实施了大澳大利亚概念的品牌营销,将澳大利亚牛肉打造成高品质、高安全的牛肉品牌。中国的肉牛业也应该有自己的整体定位。同时相关部门和组织要建立为中国整个肉牛业服务、为中国整个肉牛业营销和打造品牌的意识,把中国的肉牛业推进到更高的层次。

(五)肉牛产品贸易情况

澳大利亚肉牛业很大程度上依赖于活牛及牛肉的大量出口,澳大利亚的牛肉产量排名世界第 6 位(不包括欧盟),约占全球牛肉总产量的 4%,牛肉出口量约占全球的 15%,多年居世界牛肉出口第 1 位,但近两年受到了来自印度和巴西的强有力挑战。除了 2003 年受美国疯牛病疫情的影响,1995—2015 年,澳大利亚牛肉的出口量基本呈逐年递增趋势。活牛出口是澳大利亚肉牛贸易的重要组成部分,2014 年活牛出口量达 129.8 万头,创历史纪录,但活牛的出口量波动性较大,受国际货币汇率、全球经济萧条及商品牛主要出口国印度尼西亚进口限令的影响,2015 年活牛出口下降到了 120 万头。今后澳大利亚的活牛出口量仍将保持在较高水平,但可能将回落至 110 万头左右。自 2012 年以来,中国逐渐成为牛肉进口大国,以进口冷冻肉为主,活牛进口数量也呈高速增长的趋势,澳大利亚成为中国进口牛肉的最大来源国。

1. 牛肉出口

澳大利亚肉牛产业很大程度上依赖于牛肉及活牛的大量出口,进口量极少。图 4-1-11 显示了近 20 余年澳大利亚的牛肉出口总量及对应出口额的变化情况。

澳大利亚牛肉的主要出口国家和地区包括美国、日本、韩国、中国、印度尼西亚和欧盟。自 1995—2015 年,澳大利亚牛肉的出口量基本呈现一个递增趋势(图 4-1-11、表 4-1-19)。1995—2000 年增幅较大,2000—2012 年出口量基本稳定,但在 2003 年出现明显负增长,这主要是由于当时美国疯牛病疫情的发生影响了澳大利亚对加拿大的牛肉出口(出口量降低了 87%),同时澳元汇率的动荡影响了对亚洲市场的出口,对韩国、中国台湾、菲律宾及印度尼西亚的出口量降低了 2.8 万 t。但当年对美国和日本的出口量却分别增加了 3% 和 19%。2012—2015 年牛肉出口量激增,2013 年和 2014 年出口量达 109.9 万 t 和 128.6 万 t,增幅分别为 14.1% 和 17%。出口量增加基于两个方面的原因:一方面,2013 年和 2014 年连续两年大面积干旱,迫使养牛场通过缩减牛群数量来削减运营成本,许多牛场甚至被迫关闭,因此出栏量大幅上升;另一方面是市场的需求量的增加。

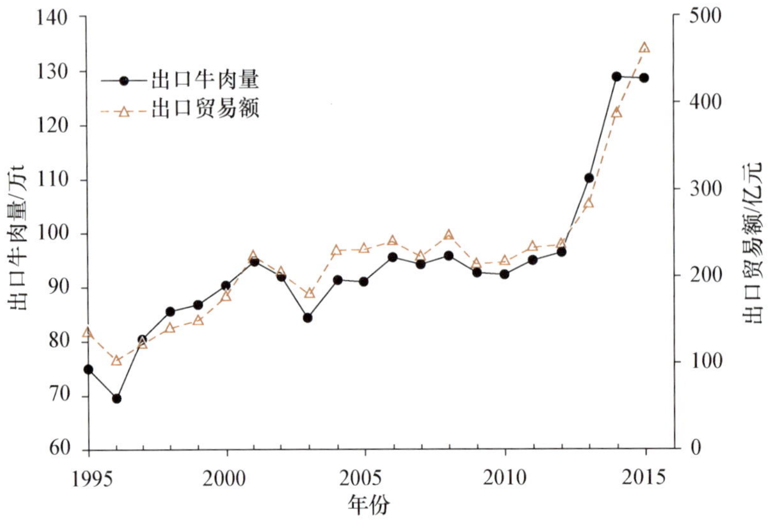

图 4-1-11　1995—2015 年澳大利亚牛肉出口总量及贸易额(MLA)

注:澳币人民币按照汇率≈5.0 计算

表 4-1-19
1995—2015 年主要出口国家的牛肉出口量(MLA)

万 t

项目	1995 年	2000 年	2005 年	2010 年	2011 年	2012 年	2013 年	2014 年	2015 年	2016 年(1—9 月)
美国	21.07	35.24	31.98	18.50	16.78	22.41	21.27	39.79	41.60	19.62
日本	32.03	32.57	40.51	35.62	34.22	30.85	28.88	29.38	28.52	19.35
韩国	6.36	7.33	10.64	12.42	14.63	12.60	14.44	15.09	16.66	12.86
中国	3.37	3.04	3.13	3.64	4.45	7.12	19.05	16.1	17.86	9.47
加拿大	3.33	4.15	0.76	0.69	1.01	1.57	1.79	3.30	4.26	1.69
印度尼西亚	1.04	1.31	0.88	4.84	3.96	2.71	3.94	5.31	3.91	4.47
沙特阿拉伯	0.03	0.05	0.03	0.34	0.60	0.52	3.11	3.22	2.96	0.94
菲律宾	1.49	1.43	0.30	1.92	2.10	2.57	2.70	3.44	2.54	2.15
马来西亚	0.58	0.55	0.23	1.17	1.44	1.55	1.59	1.31	1.23	0.74
其他地区	5.60	4.48	2.48	13.13	15.71	14.47	13.17	11.76	8.96	5.65
总量	74.89	90.15	90.94	92.28	94.92	96.38	109.95	128.70	128.51	76.94

牛肉出口额随出口量的增加也逐渐攀升(图 4-1-11)。1995 年仅为 27.24 亿澳元(折合人民币约为 136.2 亿元),2015 年出口额达到 93 亿澳元(折合人民币约为 465 亿元),对主要牛肉出口市场表现均比较活跃,较 10 年来平均水平高出 84%,其中对 94%的出口国家牛肉销售额同比上涨,除出口量保持高位以外,牛肉价格上涨是促进澳洲牛肉出口额大幅攀升的关键原因。

出口牛肉价格也逐渐升高,1995 年单价为每吨 3 637 澳元(折合人民币约为 18 188 元/t),2003 年之后单价小幅升高至每吨 5 062 澳元(折合人民币约为 25 308 元/t),之后维持在比较稳定的水平。2014 年及 2015 年价格飙升,平均每吨从 2013 年的 5 195 澳元(折合人民币约为 25 975 元/t)上涨到了 6 046 澳元(折合人民币约为 30 230 元/t),上涨幅度高达 16.4%,其中除对中国香港下降外,对其他国家和地区都有较大程度的上涨,对美国、日本、韩国、中国的四大主要出口国的上涨幅度都超过了 10%,对美更是达到了 27.4%。表 4-1-20 为 1995—2015 年中国牛肉进口量。

表 4-1-20
1995—2015 年中国牛肉进口量

t

年份	冷鲜肉	冷冻肉	总量
1995	51	3 032	3 083
1996	196	2 752	2 948
1997	166	2 406	2 572
1998	75	3 473	3 548
1999	258	4 295	4 553
2000	210	6 144	6 354
2001	277	3 579	3 856
2002	112	10 905	11 017
2003	107	8 028	8 135
2004	203	3 234	3 437
2005	254	889	1 143
2006	260	900	1 161
2007	413	3 226	3 639
2008	535	3 709	4 244
2009	559	13 600	14 159
2010	380	23 322	23 702
2011	434	19 701	20 135
2012	862	60 525	61 387
2013	11 332	282 891	294 223
2014	2 932	295 017	297 949
2015	6 692	467 143	473 835

2. 活牛出口

活牛出口是澳大利亚肉牛贸易的重要组成部分(图 4-1-12A)。种牛和屠宰牛的主要出口国为印度尼西亚、中东、中国和俄罗斯。2001—2012 年,活牛出口量在 57 万～100 万头间波动,其中 2005 年触及波谷为 57.28 万头,这是由于国际货币汇率的动荡造成的。2006—2009 年出口量持续恢复,但受到国内持续干旱、澳元升值、全球经济萧条及商品牛主要出口国印度尼西亚进口限令的影响,至 2012 年出口量逐渐减少至 61.94 万头。2014 年活牛出口量达 129.8 万头,创历史纪录,但活牛的出口量波动性较大,受国际货币汇率、全球经济萧条及商品牛主要出口国印度尼西亚进口限令的影响,2015 年活牛出口下降到了 120 万头。受供应紧缩以及中国等进口种牛数量的减少等因素的影响,今后澳大利亚的活牛出口量或将继续下降。

澳大利亚出口的活牛,绝大部分为育肥牛和架子牛,种牛占很小的比例(图 4-1-12A)。其中商品牛的主要出口国为印度尼西亚,自 2002 年对商品牛的出口量一直占总体出口量的一半以上(图 4-1-12B)。2002 年以后数量略有减少,主要是由于肉牛价格上涨、澳元升值、石油价格上涨等造成运输成本增加以及南美洲和印度肉牛产业的竞争。2006 年以后对印度尼西亚的出口又显著增加,2009 年达到 75.1 万头。但是,由于活牛的进口对印度尼西亚国内的耕牛和肉牛养殖业产生了较大冲击,印度尼西亚政府在 2010 年开始限制发行进口许可证,虽然之后又取消了这一项限制,但是之后的几年澳大利亚对印度尼西亚出口牛肉的数量仍然受到很大影响。2012 年以后随着印度尼西亚政策松绑,导致澳大利亚对印度尼西亚活牛出口大幅增长,也造成澳大利亚 2014 年活牛出口的基数过高。2015 年澳大利亚对印度尼西亚的活牛出口数量同比下降了 15%,但印度尼西亚仍是澳大利亚最大的活牛进口国,进口数量达到 61.63 万头。澳大利亚种牛的主要出口国为中国,2014 年达到 11.79 万头,占比达到 85.96%(图 4-1-12C)。未来几年,由于中澳自贸协定的签订,澳大利亚出口至中国的商品活牛将会出现大幅增长。

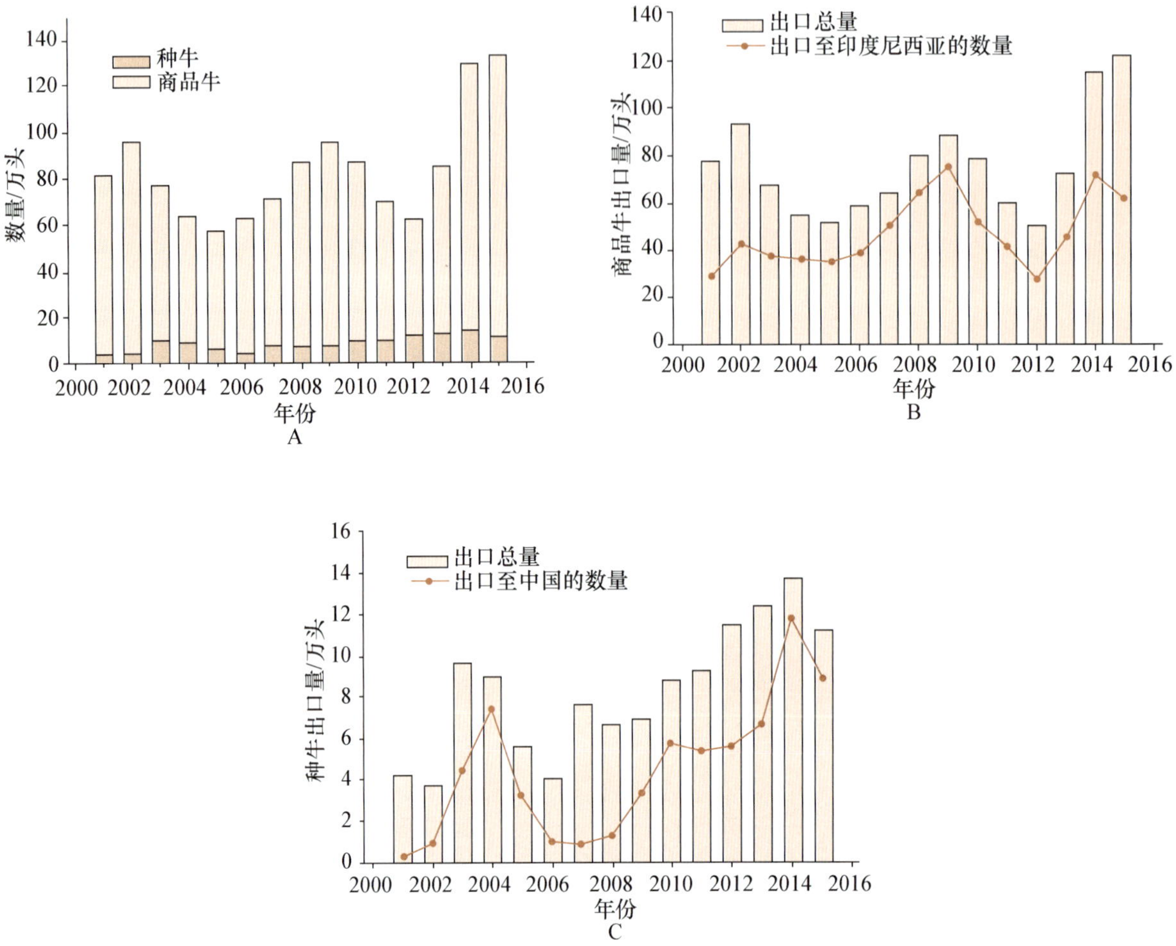

A. 总量　B. 商品牛及主要出口国——印度尼西亚占比　C. 种牛及主要出口国——中国占比

图 4-1-12　澳大利亚活牛出口情况(MLA)

澳大利亚牛肉的出口额随出口量的波动而变化(表 4-1-21)。出口额主要为商品牛的贡献值。但是种牛的平均价格显著高于商品牛,自 2001 年的 5 000 多元/头逐渐递增到 2008—2010 年的 8 000～9 000元/头。2011 年后突破 1 万元/头。2015 年达到历史最高,平均价格为 1.1 万元/头,总出口额为 12.34 亿元。相比之下,商品牛的价格相对稳定,自 2001—2013 年平均价格在 2 700～3 400 元/头波动,但是 2014 年价格飞增至 4 137 元/头,2015 年继续上升至 5 001 元/头。2014 年及 2015 年出口额达到历史最高值,为往年出口额的 2～3 倍。

表 4-1-21

2001—2015 年澳大利亚活牛出口额(MLA)　　亿元

项目	2001 年	2005 年	2010 年	2011 年	2012 年	2013 年	2014 年	2015 年
育种牛价值	2.17	4.52	8.22	10.30	12.68	12.12	13.74	12.34
商品牛价值	24.98	15.86	26.01	21.16	17.63	25.24	47.78	61.03
活牛总价值	27.15	20.37	34.23	31.46	30.31	37.36	61.52	73.37

注:澳币人民币按照汇率≈5.0 计算。

3. 在世界畜产品贸易市场的地位

澳大利亚是世界上最重要的牛肉生产和出口国之一,截至 2016 年 10 月,2016 年全球牛肉的出口量为 963.3 万 t，其中澳大利亚出口量为 152.5 万 t，占比 15.8%，居世界第 3 位(图 4-1-13)。1995—2013 年牛肉出口总量澳大利亚居于巴西、美国、印度及欧美之前，列居全球首位，总出口量接近 1 800 万 t (图 4-1-14A)。但是近年来巴西牛肉出口量大增，2005—2013 年的牛肉出口总量已经超过澳大利亚。

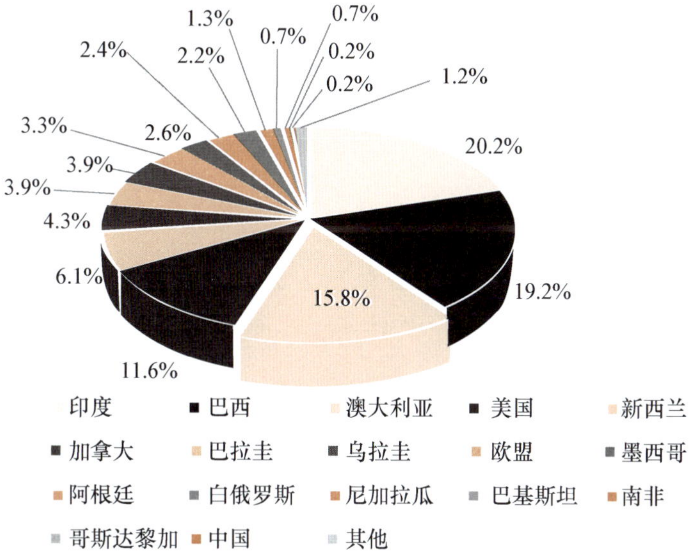

图 4-1-13　2016 年全球牛肉出口情况

来源：beef2live website

活牛的出口总量，1995—2013 年的统计数据显示，澳大利亚出口总量为 1 653.3 万头，居于世界活牛出口总量的第 4 位(图 4-1-14B)。

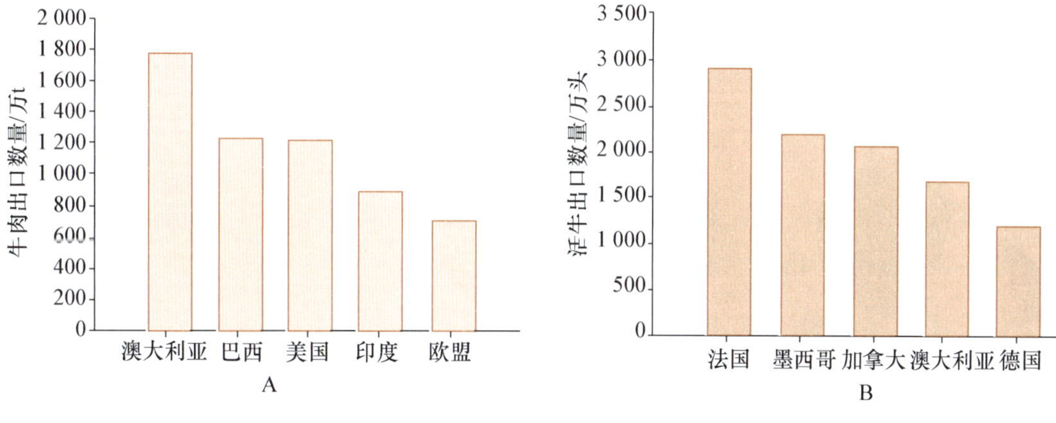

图 4-1-14　1995—2013 年世界活牛及牛肉出口总量排名前五位的国家

澳大利亚国内牛肉产量虽居于世界排名的较次地位，但是由于其国内需求量较少，因此，其出口量对世界牛肉消费大国的牛肉产业及牛肉消费水平都有较大影响。澳大利亚牛肉的主要出口国为美国、日本和韩国。同样，三个国家最大的牛肉进口国均为澳大利亚。从图 4-1-15 可以看出三个国家对澳洲牛肉进口的依赖性，1995—2015 年日本牛肉进口的牛肉总量中，澳大利亚牛肉占比 85.9%(图 4-1-15B)，韩国和美国的进口牛肉中澳大利亚牛肉也占比 30%以上(图 4-1-15A、B)。

美国是澳大利亚出口牛肉的主要市场，出口至美国的牛肉 70%用作加工原料，预计未来出口至美国的数量将会随美国国内牛肉产量的增加而减少。日本占据澳大利亚牛肉出口量的 1/5 的市场，日本市场的主要需求为谷饲牛肉。在未来几年，澳大利亚牛肉出口将面临美国冷鲜牛肉出口的竞争。澳大利亚对韩国牛肉的出口量在 2015 年有所增加，但是由于美国早于澳大利亚进入韩国市场，美国对其的出口额总是高于澳大利亚 5%。

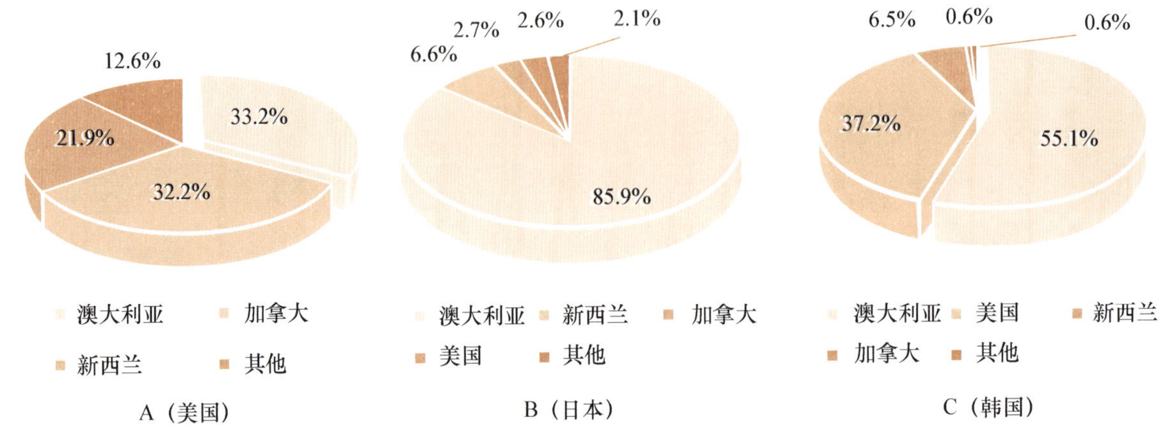

图 4-1-15　美国（1995—2015 年）、日本（1995—2015 年）、韩国（2015—2016 年）牛肉进口情况

4. 与中国的畜产品贸易情况

中国从 2010 年以后逐渐成为牛肉进口大国，进口牛肉以进口冷冻肉为主。1995—2015 年牛肉进口总量为 124.5 万 t，其中冷鲜肉 2.63 万 t，冷冻肉 121.9 万 t。自 2009 年突破 1 万 t，2010—2011 年均突破 2 万 t，而 2013 年进口数量激增，2013—2014 年均接近 30 万 t。2015 年进口量进一步大幅度增加，为 47.4 万 t。

中国牛肉的进口国家主要有阿根廷、澳大利亚、巴西、加拿大、新西兰、乌拉圭、美国等国家，从 2003 年开始美国因发生疯牛病疫情而被禁止向中国出口牛肉（图 4-1-16）。从中可以看出，澳大利亚为中国近 20 余年期间牛肉的最大进口国。冷冻肉中从澳大利亚进口占比达 40.7%，而冷鲜肉达到 97%。图 4-1-17 显示了 1995—2015 年中国从澳大利亚进口牛肉总量情况，总进口量随中国牛肉进口总量的增多而大幅增加。

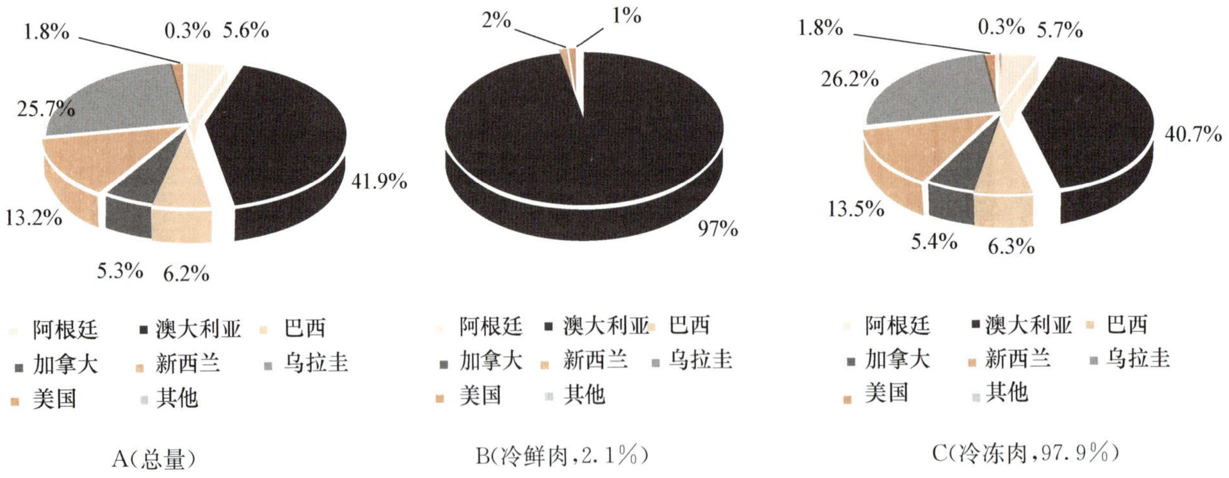

图 4-1-16　1995—2015 年中国牛肉的主要进口国家（MLA）

但是，在中国市场海外牛肉竞争日趋激烈，未来几年澳大利亚对中国牛肉出口量会受到很大影响。首先是国际市场格局发生了很大的变化，全球贸易数据 GTA 显示，2016 年 5 月，巴西向中国出口的牛肉为 20 286 t，而澳大利亚当月为 8 433 t。自 2015 年 6 月获准进入中国市场后，巴西总出口量近 16.8 万 t，而澳大利亚同期为 12.8 万 t。此外，乌拉圭、新西兰和加拿大对中国牛肉出口量也有不同程度上升，与这些国家相比澳大利亚牛肉不具价格优势。而 2003 年时，美国、巴西及印度牛肉因为健康协议的问题难以进入中国市场，澳大利亚牛肉可谓具有天时、地利、人和。其次，相对隐性的是中国消

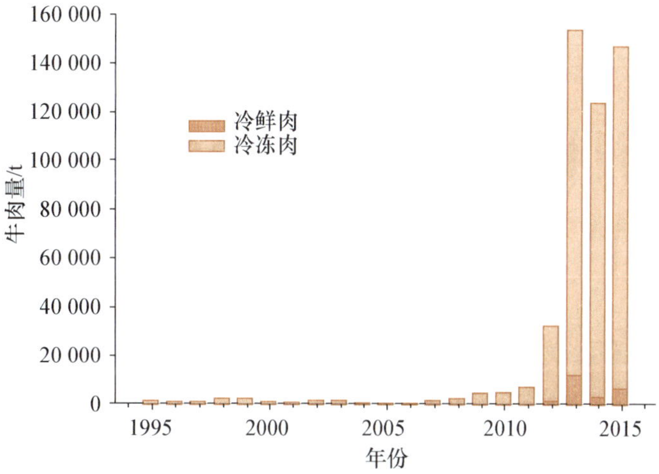

图 4-1-17 中国 1995—2015 年从澳大利亚牛肉进口情况（MLA 数据）

费者需求模式的演变。从澳大利亚农业部数据看，2016 年 7 月，在对中国牛肉出口整体大幅下滑的情况下，以往占比较少的冷藏牛肉（占全部出口的 7%左右）的出口却表现一定弹性，出口量逆势增长 11%，达 481 t，其中冷藏谷饲牛肉出口飙升 1 倍多（105%），成为数据当中少有的亮点。中国城市中产阶层人群壮大，对于海外优质食品的需求增强。澳大利亚牛肉因其健康营养特色备受中国消费者青睐，这使得越来越多出口商将中国列为首选市场。随着膳食结构升级，中国消费者对海外高品质牛肉需求长期看涨，只是澳洲出口商在市场定位上更需战略性，定位高端市场精品冷藏牛肉或将成为爆发点。

此外，澳大利亚牛肉出口领域的专家认为活牛贸易或许将较切块牛肉更具出口优势。如果澳大利亚想要拿到更大的中国市场份额，在价格竞争上扳回一局，或许应考虑大规模的活牛出口。目前中澳活牛贸易已经启动，澳洲业内人士指出，中国的饲育场及屠宰场设施的投资正在进行，或正在接受地方政府审查。中澳双方正在极力推进该进程，活牛装运将会逐渐走上正轨。中国食品企业正加紧展开在中国牛肉市场新一轮布局，启动进口活牛、就地屠宰加工、销售新鲜冷藏牛肉的新模式。澳大利亚 BBG 将斥资 6 000 万澳元在中国山东省青岛市设立剔骨、冷藏和分销中心，西澳活牛贸易商 Wellard 与浙江富丽达集团和浙江 Aurora 农业公司正式签署合资协议，初步定位于澳洲冷藏牛肉进口，同时着手在中国设立饲育场与屠宰场，以育肥和加工澳洲活体肉牛，旨在开发集饲养、加工和牛肉分销为一体的供应链条。

目前，澳大利亚除了要面对传统对手新西兰和加拿大等国外，新近获准入华的巴西牛肉似乎势不可挡，而同时，时隔 13 年，中国质监总局正式宣布取消禁令，有条件允许从美国进口带骨及无骨牛肉，美国牛肉恢复对华出口，让竞争形势更加严峻。不过，面对市场形势的变化，澳大利亚牛肉出口商似乎已经摆脱最初的慌乱。对于美国牛肉解禁，澳大利亚表示支持自由与公开市场。从长期看，美国肯定会拿走一些市场份额，但鉴于中澳自贸协议规定，澳洲牛肉面临的关税将逐步削减，每年 1 月下调一次，直到零关税（2024 年），以及中国消费者对高品质、清洁、绿色、安全冷藏牛肉需求日益增长的基本趋势不变，澳大利亚将继续迎接利好。

与此同时，我们应该看到，面对进口牛肉，尤其是澳洲进口牛肉，国内肉牛屠宰企业在冷冻肉市场几乎没有竞争力；进口活牛分销冷鲜肉和几家进出口公司正在陆续开展的冰鲜肉进口项目正在步步逼紧国内牛肉冷鲜肉市场。在我国，肉牛产业的国际综合竞争力不高，大众消费市场被非法走私严重扰乱秩序的不利形势下，国内本土领军企业需要韬光养晦，稳健布局，逐渐打造出行业知名度高、受众人群广、核心竞争力强、可持续发展的自主品牌，如科尔沁牛业、重庆恒都基于绿色、健康牛肉的理念，提出迅速抢占国内中高端牛肉市场的战略思想，通过构建全产业链体系，坚持所有牛只全部自养，保障牛源安全可靠，同时也确保了全国范围的产品供给及肉牛品质的稳定统一，从而保障品牌的社会认可度与美誉度。

三、畜牧业生产扶持政策措施

澳大利亚是世界上畜牧业比较发达的国家之一，其草原资源丰富，畜牧业以牛、羊为主。澳大利亚也是世界最重要的畜产品生产国和出口国之一，是全球最大的羊毛出口国，最主要的牛羊肉及乳制品出口国之一。畜牧业在澳大利亚国民经济中占据重要地位，澳大利亚之所以能有如此发达的畜牧业，在很大程度上得益于其农业支持政策。

（一）价格支持政策

20 世纪 70～90 年代，澳大利亚政府一直对该国的畜产品如羊毛、牛奶等实行最低收购价格政策，不仅促进了其羊毛产业和养牛业的发展，也提高了相关畜产品在国际市场的影响力和竞争力。以羊毛产业为例，在 20 世纪 50～60 年代，羊毛价格一路下跌，羊毛产业发展受价格影响停滞不前，为了防止羊毛价格过低或者剧烈波动损害羊毛生产者的利益，澳大利亚从 1974 年开始实行羊毛最低保护价政策。最低保护价政策规定，当羊毛拍卖价格低于预定的最低保护价格时，澳大利亚羊毛公司收购全部羊毛，等到以后价格回升，再将羊毛销售出去。羊毛最低保护价格政策实行了近 20 年，有力地保护了国内羊毛生产者的经济利益。由于澳大利亚制定的羊毛最低保护价格水平较高，政府财政支出大幅增加，并且随着全球经济一体化、国际贸易的不断发展，多边贸易谈判要求成员取消价格补贴政策的压力越来越大。为此，20 世纪 90 年代初期，澳大利亚取消了羊毛最低价格支持政策，2000 年 7 月，其最后一项畜产品——牛奶的最低保护价格也被取消，至此，澳大利亚的所有畜产品价格完全由市场决定。不过澳大利亚为了调节利益平衡，尤其是保护业主利益，使其规范化、规模化、科学化、效益化，国家对农场主只征收纯利润 36%的收入税，七年统一计算，亏损或没有实现利润就不缴纳收入税。申请破产，政府还给 4.6 万澳元的补贴。对农民培训，政府资助每人 6 000 澳元的基金。

（二）农牧业税收优惠和补贴政策

由于畜牧业在澳大利亚具有非常重要的地位，因此，政府对畜牧业生产和农牧民的收入给予了较多的税收优惠政策，鼓励农牧民采用先进技术。一是对用于畜牧业初级生产的投入免税，这些投入包括直接用于畜牧业生产的筑栏工具、筑栏材料、灌溉设备、羊毛包装材料等。二是对农用物资实行免税，如农用小型卡车、拖拉机等，包括备用零部件、汽柴油等。三是对所有用于农牧业生产的先进技术一概免税。四是对所有的畜产品销售免税。与此同时，国家还对遭受重大自然灾害的农牧场主实行补贴，对牲畜倒场放牧产生的费用进行补贴。

（三）一般服务支持政策

澳大利亚政府十分注重草场生态环境建设，着力发展可持续生态畜牧业。对国有贫瘠的草场，牧业生产者可以通过较低费用长期租用；积极推行科学围栏放牧和牧草种植，发展永久性或者一年生草场，使草地生产能力和畜牧业的可持续发展能力得到了较大的提升。此外，澳大利亚政府十分重视畜牧业的科学技术研究工作，在良种引繁、品种选育、疫病防治、检疫监测、牧业机械等方面的科研力度较大，注重培育优良的牛、羊品种和牧草品种。澳大利亚政府还致力于研究先进的剪毛机械和剪毛技术，使用这些先进的机械和技术可以保持一定的羊毛长度，不仅提高了羊毛产量，而且有利于保证质量。

大力支持和扶持各类农民组织和中介组织发展，规定生产者合作组织不受反垄断法的限制，从而造就了全国性的大型农牧民合作组织。这些大型的协会和合作组织可以为农牧民提供生产经营技术、收集市场行情、帮助销售产品等全方位的服务，真正代表了农牧民利益。有些合作组织还提供围栏建设、播种施肥、病虫害防治等大量的服务工作。可以说没有这些组织就支撑不起澳大利亚高度发达的畜牧业。

澳大利亚畜牧业自身具备生产发展迅速，波动较小，畜牧业生产以草食家畜为主，草食家畜饲养方式以放牧为主，实行畜牧业区域化、专业化生产，劳动生产率高，畜牧业经济具有很强的外向性等特点。但也存在一系列发展制约因素，如气候干旱区范围大，牧草为低矮的热带草原植被，不利于牲畜的生长和饲养；大部分地区缺乏灌溉水源，即使是一些有水源的地方（如大自流盆地），其水质也是咸水，不利于牲畜饮用；靠近东部的一些地区因为处在雨影区，需要跨区域调水，引水工程量大，增加了畜牧成本；澳大利亚畜牧业分布在广阔的热带草原气候区，而其人口和城市则集中分布在国土的东南部和西南部，交通建设跟不上畜牧业的发展；澳大利亚地广人稀的特征，使得畜牧技术的推广受人员数量上的限制而显得缓慢。

澳大利亚政府针对其畜牧业发展自身存在的优势和劣势，结合可持续发展思路，在新形势下出台了以下措施。

1. 加强人工建设草地和草地改良

澳大利亚政府十分重视天然草场的保护、改良和合理利用，严格限定载畜量。国家无偿投资建设水、电、路等基础工程；家庭牧场自营部分的建设可以向国家贷款。对人工草场的保护工作也做得很好，牧草由多年生品种组成，3 年翻耕一次，每 21 d 为一个生长期。每个草场在使用时划分为若干小区实行轮流放牧，每块小区放牧时间不超过 2 d，保证草场不受破坏，维护牧草的优质生长环境，全澳牧场约 6.7 万个，面积从几百公顷到几千公顷不等，最大的达 40 万 hm^2，牧草施行喷灌，每隔 3～4 年施 1 次化肥。小块牧草由人工培植，大面积牧草地用飞机播种、施肥。草地利用方式均以放牧为主，很少补饲。在草地经营的技术措施上，通过清理、施肥、播种（豆科牧草与禾本科牧草混播）和草地围栏化来兴建稳产高产优良的人工草地；严格实行以草定畜，划区轮牧，定时施肥。由于建立了科学的草地利用制度，人工草地可以利用 10 年以上。通过兴建人工草地，极大地提高了天然草地的利用率。

在人工草地建设上，澳大利亚根据牲畜的采食对象，从口感、耐践踏能力、再生能力等方面选择适合的牧草品种。依据牧草的营养成分、生长状况等进行合理的搭配，建设混合草场。澳大利亚种植的牧草品种主要有紫花苜蓿、豌豆、三叶草、细叶冰草、猫尾草等，其中紫花苜蓿、豌豆、猫尾草主要用于调制青干草和饲料，三叶草和细叶冰草混播草地用作放牧场。其次，澳大利亚的牧场主都要经过合理的规划来建设草地，通过人工播种、施肥、灌溉、补播等措施使草地实现良性循环。就以灌溉系统为例，澳大利亚的草地除依靠江河流域供水外，主要靠挖塘筑坝，将蓄积的雨水通过地下管道输送到各个围栏，并通过渠灌或喷灌，以补充旱季缺水并增加土壤湿度。而在草地使用的过程中，澳大利亚的牧场主根据草地生长和使用情况来定期进行维护或改良。通过维护和改良，这些草地牧草质量好、产量高，极大地减轻了天然草场的压力。

2. 制定适宜的载畜量

澳大利亚结合天然草地和人工草地的承载能力严格限制载畜量，天然草地一般每公顷可养 1 只羊，人工草地可达 5～6 只羊。牧场主也会根据当地的气候、草地条件来制定和调整适宜的载畜量。在澳大利亚，年均降水量 380 mm 以下地区为畜牧区，以养美利奴羊为主，也养一部分牛，主要利用天然草场实行低密度放养家畜，约 3.3 hm^2 地养 1 只羊。年均降雨量 380～500 mm 地区为农牧区，小麦种植和养殖牛羊两业并行，由于草场质量较好，家畜放牧的密度较高，大约 0.33 hm^2 地养 1 只羊。年均降雨量超过 500 mm 的地区，建设人工草场和种植高产作物，养畜以奶牛、肉牛、肉羊和猪、禽为主，种植业则有小麦、甘蔗、水稻、棉花、水果、蔬菜等，这些地区实行高密度放牧，每亩（1 亩＝666.7 m^2）可养羊 1 只左右。因地制宜制定适宜的载畜量，既合理利用了天然和人工草地，又稳步提高了畜牧生产力，保证了畜牧业的可持续性发展。

3. 将高科技与畜牧业有机结合

澳大利亚政府十分重视畜牧业的科学技术研究工作，大到品种选育、动物疫病防控、畜牧业机械等方面，小到生产、经营等都注重融入高科技元素。为了增加牛奶、羊毛的产量，增强牛、羊的免疫力，澳大利亚科研人员结合当地实际研究培育出地三叶草、苜蓿草等牧草品种。澳大利亚的剪毛机械和剪毛技术可以去劣存优，保证羊毛质量。许多畜禽养殖户利用现代高科技来管理养殖场。例如，在澳大利亚新南威尔士州的农场主利用计算机管理养殖场，输入电脑的数据包括生产、经营、财务等记录；在平时的管理中，利用相应的程序来配制饲料、管理财务、了解商品市场和家畜经营等信息。奶牛农场主则利用奶牛综合监控系统来掌握每头奶牛的体重、牛奶产量、奶期、怀孕期等情况，根据综合监控系统得到的数据来计算出每头奶牛最佳饲料量、最佳挤奶时间等，使得整个奶牛场获得最佳的收益。

4. 健全法制，确保畜牧业健康发展

澳大利亚十分重视畜牧业的立法与执法工作，这些法律法规对畜禽产品、饲料与兽药生产等都作出严格的质量要求，对不符合标准的一律不准生产和销售。同时利用相关政策法律规定草地建设、水利开发和森林采伐等，各州市需严格执行相关法规，若有违法，将受到法律的惩罚。澳大利亚先后颁布实施了《自然资源管理法》《兽用生物制品管理法》《动物福利法》《肉类管理法案》及其配套管理条例等法律法规，确保了澳大利亚畜牧业健康有序地发展。

5. 政府主导、部门配合、协会企业参与，积极拓展国外畜产品市场

澳大利亚是市场经济国家，农业的商业化和市场化程度较高，但政府始终在畜牧业开拓国际市场方面起着主导作用。澳大利亚联邦政府早年制定了《变澳洲为亚洲的超级市场规划》，目标是向亚洲每年至少出口160亿澳元食品。其方法是在当地寻找市场调研与推销人员，按亚洲需求来生产和加工食品。这一规划的实施由总理负总责，初级产业由能源部、交通部、工业部和贸易部4位部长共同参与。通过实施这一规划，已成功地将牛奶打入日本市场，将鹿肉、鸸鹋肉打入韩国市场。同时，澳还推出了“质量保险”计划及立法，保证商品的食用安全、质量和声誉。如规定：凡标有“澳大利亚产品”的必须基本保证由100%的国内原材料制成；凡标有“澳制造”的产品，也必须保证其成本的构成绝大部分来自国内。

6. 教育、科研和推广紧密相连

澳大利亚的畜牧业高等教育主要由国内一流的悉尼大学、墨尔本大学、梅西大学和林肯大学承担，这4所大学设有草原、畜牧、兽医等专业和各种学位课程。澳国十分重视农牧民的职业教育培训，不断提高劳动者的综合素质。目前，在澳大利亚具有大学文化程度的农业科技人员占农业从业人员的31%。政府还鼓励各大农牧场主、企业集团等开办农业继续教育培训机构，参与培训市场的竞争，并对培训经费总额的20%～30%予以资助。同时，国家设立专门的机构来监督这些培训机构的教育质量。澳大利亚有各种类别的研究机构来承担基础研究、技术开发研究和技术咨询与推广，这些机构的科研人员紧密联系生产实际，与生产者签订合同，开展合作和研究工作，其成果直接用于实际生产。这种教育、科研和推广为一体的模式有效地推进了澳大利亚畜牧业的发展。

7. 注重牲畜品种与牧草品种的改良

澳大利亚通过多年的选育和不断地引进欧美优良品种，目前饲养的牛、羊全部是良种。肉牛品种主要有安格斯牛、海福特牛、夏洛莱牛、肉乳兼用西门塔尔牛等；奶牛品种主要有荷斯坦牛、杰西牛(Jersey)等。澳大利亚还非常重视特种经济动物的繁育及开发利用，如驼羊是原产南美洲的古老畜种，澳引进国内培育现已初具规模。澳国还注重高产优质牧草品种的选育工作，主要品种有三叶草、苜蓿和黑麦草等。目前，澳国已普遍采用先进的生物基因工程技术进行牧草(饲料作物)的育种工作；采用先进实验方法，研究草地牧业“低成本高产出”的最佳模式。并设立专门经营牧草种子的公司和种子繁殖场进行牧草种子的选育、繁殖和加工，由国家授权的种子检测部门进行牧草种子的检验和监控。

澳大利亚的畜牧业发展经历了从天然草地获取饲草而自给自足、过度放牧导致草场退化、人工或半人工草地建设而保持畜牧业的稳定健康发展等几个阶段。经过几个阶段的发展，澳大利亚已经形成了独具特色的以土地投入为主的草地畜牧业模式。通过以上措施的执行，已经步入了畜牧业的可持续性发展道路。

四、肉牛产业科技进展

（一）育种与繁育技术

1. 澳大利亚育种水平、历史

1788年，欧洲移民带着6头英国血统的普通牛来到澳洲大陆，拉开了澳大利亚肉牛养殖的序幕。随着肉牛产业的不断发展，19世纪，安格斯牛和海福特牛被引进了澳大利亚，随后又引入了少量印度瘤牛。由于普通牛和瘤牛的杂交后代对壁虱具有较强的适应性，同时能更好地适应当地炎热的天气，因此，瘤牛在昆士兰等热带沿海地区得到了广泛推广，并逐步建立了良好的种群。1933年，美国婆罗门牛引入澳大利亚，育种工作者发现婆罗门牛及其杂交后代不仅能够很好地适应当地炎热的天气，而且可以有效克服蜱虫。品种间的杂交为新型热带品种布拉福德牛、布兰格斯牛、德洛夫马斯特牛、贝尔蒙特红牛、夏白雷牛等品种的选育奠定了基础。

20世纪70年代早期，澳大利亚开始引入欧洲的夏洛莱牛。在引入初期，仅限于冷冻精液的进口，随后逐步发展为引入活体杂交牛、纯种牛和胚胎。在夏洛莱牛之后，又先后引入了西门塔尔牛、利木赞牛、契安尼那牛、美国缅因州的安茹牛、瑞士褐牛、金黄阿奎顿牛等。经过多年的繁育和改良，热带品种已经适应了澳大利亚的北部环境，个别品种还能够适应其南部地区的环境。同时，引入的英国肉牛品种在澳大利亚南部温带地区广泛饲养，并逐渐向北方炎热的地区推广。

目前，澳大利亚有近40个肉牛品种。按照来源可以分为三类：第一类是从欧洲引入的安格斯牛、海福特牛、夏洛莱牛、西门塔尔牛、短角牛、利木赞牛、德国黄牛等品种（活畜、冻精和胚胎）；第二类是从美国等热带及亚热带国家引入的婆罗门圣塔牛、格特鲁牛、非洲瘤牛、沙西华牛和辛红牛等；第三类是利用引进品种育成的新品种，主要有以安格斯牛和短角牛杂交育成的墨累灰牛，为适应热带和亚热带环境而育成的抗旱王，以西门塔尔牛、海福特牛、夏洛莱牛分别同婆罗门牛杂交形成的西婆罗牛、海婆罗牛、夏婆罗牛以及劳莱恩小型肉牛。这些品种为澳大利亚优质、高产、高效、分工细致的肉牛业奠定了种源基础。

澳大利亚肉牛产业的发展与其完善的良种繁育体系密不可分。在澳大利亚每个主要肉牛品种都成立了专门的育种协会。协会根据每个品种的情况制订有针对性的选育计划，建立了以肉牛繁育计划为基础的遗传评估体系，通过评定体重、繁殖和胴体性状等主要指标估计育种值。协会还负责登记优良种畜的个体信息、组织种畜场间的交流合作、推动牛肉产品出口等工作。

澳大利亚肉牛良种繁育体系健全，包括原种场、扩繁场和育肥场。原种场主要进行纯种繁育，一般情况下一个种畜场饲养2个或2个以上肉牛品种，主要任务是为扩繁场提供纯种的公牛和后备母牛；其次，还开展新品种的选育工作。扩繁场的主要任务是饲养纯种和杂种母牛并利用其他品种公牛开展二元或三元杂交，生产商品肉牛。在澳大利亚南部主要开展安格斯牛、海福特牛、西门塔尔牛二元和三元杂交；北方主要开展以婆罗门牛为主的杂交生产。由于肉牛人工授精的难度大于奶牛，因此大多数扩繁场采用种公牛自然交配的方式繁殖后代。澳大利亚肉牛育肥的方式主要有两种：一种是利用充沛的饲草资源，采取放牧育肥或适当补饲的饲养方式生产育肥牛，产品主要供应国内市场，这种饲养方式在澳大利亚约占60%。另一种是架子牛谷饲育肥的方式，主要目的是增加体重、改善肉质、促进肌内脂肪沉积，提高牛肉大理石纹的水平，产品主要满足日本、韩国、欧盟等国家对牛肉产品的需求。由于市场需求不断变化，消费者对肉牛品质，尤其是对谷饲育肥牛肉产品的需求逐渐提高。因此，澳大利亚除了在育肥牛营养方面不断作出调整外，还增加了精料比例，建立了数字化平台，为肉牛生产者提供实用、可靠的信息。国家繁育体系也会根据市场需求制订相应的繁殖计划。这反映出澳大利亚繁育体系对市场信息的敏感度。澳大利亚的肉牛繁育体系为现代化的肉牛养殖、繁育提供了优秀典范。

2. 主要育种现状及指标

澳大利亚肉牛产业的最终目标是为澳洲肉牛产业提供稳定、优良的遗传评价体系，通过遗传改良和选择提高整个行业的盈利能力，增加优良基因遗传的稳定性，减少隔代遗传差异。北部地区属于热带气候，育种目标以适应能力、壁虱抵抗性及抗热能力为主，因此北部生产者通常选择瘤牛或者带有瘤牛血统的杂交牛进行繁育，其后代主要以活牛的形式出口到印度尼西亚等地，或者送到南部地区进行育肥和加工，作为"汉堡肉"装盒出口到美国等国家。而南部地区以普通牛及其杂交后代育肥为主，注重肉牛增重和生产优质牛肉，在肉牛不同生长阶段进行屠宰，以获得最优的牛肉和最佳的养殖效益。

动物群体基因库的优劣对动物生产有着巨大的影响，同时影响着肉牛产业的发展。澳大利亚大型肉牛企业的利润依赖于断奶犊牛存活率、产犊率、出栏体重、出肉率和大理石花纹等级以及其他等评价指标。在澳洲有近 40 个肉牛品种，在如何利用品种间杂交生产牛肉方面一直存在着不同的声音。例如，晚熟品种中存在着体型较小或者大理石花纹等级较低的个体，而早熟品种中也存在着体型较大或者有高分数大理石花纹的个体。同一品种不同个体的多项特征可能是由于基因突变导致的，虽然突变品种通常有利于品种的生成性状，但是突变并不依赖于有方向性的杂交。婆罗门牛对蜱虫的抵抗能力较小，其突变基因会提高婆罗门牛对蜱虫的免疫能力。而和牛与荷斯坦牛杂交后代经过育肥后，宰前活重 700～800 kg，屠宰率 65%，净肉率 54%，超过 60%的牛可获得优级大理石花纹肉，仅有 7%的牛肉质较差。

3. 先进的育种技术

澳洲充分利用来自欧洲、亚洲和非洲的多元牛基因库，通过使用基因改良方案和标记技术，扩展肉牛基因库，采用先进的遗传和繁殖技术提升肉牛的生产能力，培育肉牛优良品种。澳大利亚主要采用同期发情、超数排卵、胚胎移植，甚至利用活体采卵、克隆等技术进行体外胚胎生产，从而实现优秀品种的扩繁。

澳大利亚目前使用范围最广、影响力最大的育种技术体系是"育种计划(BREEDPLAN)"。它集合了澳大利亚、新西兰、泰国、纳米比亚和菲律宾等国家的肉牛育种信息，不仅为澳大利亚肉牛养殖者提供所有种群的遗传信息，也被美国、英国、加拿大、南非、匈牙利和南美地区等多个肉牛生产国家所使用。育种计划收集了肉牛个体的血统和生产信息，包括其后代和近亲信息，还记录了基因与生产表现的关系。利用最佳线性无偏预测(BLUP)技术联合多性状分析程序，将记录的信息按不同品种的生产特性估测育种值。这样就可以在特定群体中找到平均值作为某一生产性能的标准，参考这个标准判断单个动物的某一生产指标的优劣。育种计划的根本任务就是在大的群体中找到更多优秀的基因，并通过人工繁育技术培育更多的优秀品种。澳大利亚肉牛育种计划的主程序及其配套产品是由新英格兰大学、新南威尔士农业部门以及 MLA 联合完成的，目前这一计划得到了国际肉牛产业的认可，成为国际领先的育种体系，并得到了来自澳大利亚政府和许多企业的资金支持。育种计划可以分别为单独的养殖人员、规模化生产企业甚至是国际上的基因评测组织提供不同形式的技术支持。

4. 主要育种组织及企业

(1)主要育种组织

澳大利亚有着众多的肉牛育种组织，目前 MLA 和 CCA 是最具影响力的两大协会组织，动物遗传育种研究所(Animal Genetics and Breeding Unit，AGBU)的肉牛联合研究中心(Beef Center Research Institute，BCRI)、农商研究所(Agricultural Business Research Institute，ABRI)是两个最主要的研究结构。

MLA 主要依靠政府返还的养牛户通过买卖牲畜的围场的系统出售肉牛时，按销售的肉牛数量收取的费用(通常 5 澳元/头)，款项主要用于市场营销或育种研究。如果款项用于研究，则政府将以 1∶1

的比例投入金额，帮助其开展相应的研究工作。

CCA 代表着澳大利亚顶级肉牛生产者拥有 5 名职员以及 23 名议员，这些人在超过 60 个行业委员会中代表着 CCA，持续努力为肉牛生产者创造一个可持续盈利的环境。

AGBU 最早由新南威尔士州农业部（现初级产业部）和新英格兰大学在 1976 年联合建立，最早从事肉牛研究工作，随后扩展到其他家畜。AGBU 设有 BCRI，聘用了一批专职研究人员，设有肉牛育种实验室、肉牛营养实验室、肉品实验室、环境实验室、实验牛场等研究设施。该中心是全澳肉牛育种规划的主要研制机构之一。

ABRI 对内是一个非营利公司，依托于新英格兰大学。它的任务是制订和实施农业信息系统，特别强调畜牧行业的需求。该机构基于计算机平台开发了肉牛繁育综合管理系统，为澳洲种牛出口提供估计育种值等诸多育种信息。它可以对所有家畜品种进行注册，是世界上应用最广泛的肉牛评估系统，育种场把相关生产信息反馈研究所，通过软件认证其是否合格。目前该系统已经应用到澳大利亚所有的育种场，截至 2010 年共有来自十多个国家的 120 多个畜种 658 000 个体在该系统登记。其中肉牛为 460 000 头。ABRI 研发的育种软件，已经在 30 个国家的 150 多个育种组织的 44 个畜种育种中得到应用，目前有 60 000 用户。ABRI 具有超过 4 000 万牲畜总数据库血统，22 个 EBVs/EPDs 性状，可以开展跨国常规评估。近期正在进行标记辅助育种值估计（MAEBVs）的研发，以期在基因水平开展育种值估测，提高遗传评估的精准化水平。

（2）主要育种企业

澳大利亚的育种企业既是各个育种协会的原种场和扩繁场，又是各个品种育种协会的核心。育种协会通过这些企业的帮助获得相关的育种信息，升级相关的检测和评价技术，逐步提高相关肉牛品种的生产性能，调整育种目标。澳大利亚安格斯牛有限公司（The Angus Society of Australia Limited）在整个澳大利亚肉牛育种行业中占据主要地位。其次为澳大利亚褐牛协会（Australian Braunvieh Association），澳大利亚婆罗门牛育种者协会（Australian Brahman Breeders Association）等。

5. 良种扩繁推广体系现状及主要技术

（1）良种扩繁推广体系现状

澳大利亚肉牛养殖场中有 99%属于自主生产和加工的家庭农场，大多数农场主具有丰富的肉牛生产经验，参加相应的专门化育种协会，作为一个整体进行相应的肉牛品种繁育。农场主通过引进胚胎进行优良种畜生产，进而通过超数排卵、人工授精、胚胎移植、胚胎体外生产等途径对良种进行扩繁。农场主不但进行良种的扩繁，还进行良种的杂交利用，如与农户实行联合饲养，由农场提供优质种牛精液，改良农户饲养的母牛，回收杂交后代。犊牛经过放牧饲养 1 年后，农场主与育肥场合作按照市场需求进行 70～400 d 不等的集中育肥，而后与屠宰加工企业签订合同按照农场要求进行屠宰分割，屠宰场收取加工费，且牛皮和内脏也归屠宰场所有。尽管育肥和屠宰不在农场进行，但均有农场派专人监督，因此农场可以完全掌控产业链的各个环节，有效整合了产业资源。

良种繁育体系对品种选育具有高度行业约束力，通过协会严格开展遗传评估，进行良种登记，促进种牛交易。良种及其杂交后代从出生之日起，所有的生长信息即通过耳标或胃标记录标示并储存在数据库中，此后该个体经过饲养场、育肥场、活牛竞买市场、屠宰加工场等环节，生长记录会累积并随之迁移，通过条形码可以知道所有的详细信息，从而为品种选育基础数据的获得奠定了坚实的基础，也进一步促进了良种繁育推广体系的建设。

（2）主要繁育技术

依据高效的繁育计划，以同期排卵技术结合胚胎移植、人工授精为主，自然交配方式为辅的繁殖方式进行全群繁育。启动繁殖计划，开展同期发情、超数排卵处理后，进行鲜胚移植或者进口冷冻胚胎移植，生产胚胎的供体牛及其配种公牛精液是牧场主根据育种需要严格选定的，胚胎移植的技术操作由当地有资质的兽医完成，在胚胎移植 2 周后，放入公牛进行补配。目前胚胎移植妊娠率可达 60%以上，经过本交补配后，全群妊娠率在 95%以上。

根据先进的育种理念，预先制订细致的育种计划，从产犊的难易程度、生长和母性、繁殖力和胴体等方面进行严格选育，积累翔实的育种数据，采用科学的方法进行育种值评估，经常从美国、加拿大、新西兰等国家引进种公牛进行导血，而且把胚胎移植技术作为重要的育种手段，每年都从上述国家引进优质胚胎进行移植，优化现有种群，选育优质种公牛。

依靠完备的胚胎生物技术公司，对最优质的种牛开展克隆和基于活体采卵基础上的胚胎生产，通过胚胎移植进行扩繁。

(二)养殖技术

1. 肉牛养殖设施与设备

澳大利亚肉牛产业十分发达，专业化肉牛养殖场均含有办公区、生产区和粪污处理区。生产区拥有大面积的饲养场地，建有稳定的水源和简单实用的养殖圈舍，能够满足机械化饲喂肉牛的需求。圈舍内配有功能多样的围栏和处理通道以及保定装置，能够满足疫病检查和性能测定的需求。育肥场先进的饲喂系统带有自动感应装置，能够监测每头肉牛日采食精料量和增重情况。饲喂设施包括围栏、排水沟、池塘、常备通道、饲喂通道、堆肥区域、饲料储存设施、车辆清洗设施等。肉牛饲养场会根据饲养方式选择使用表 4-1-22 中的基础设施和设备。肉牛饲养场设计的核心是控制排水区，在其周围建设独立的集水处，以免造成环境的污染。

表 4-1-22
澳大利亚一般肉牛饲养场基础设施和主要设备

主要功能	设施设备
牛群管理	生产围栏、保定装置、感应装置、通道、治疗围栏、牛舍
牛群饲喂	饲料接受设备、饲料储存、谷物加工青贮设施、饲料混合、饲料分配装置
牛群饮水	抽水泵和输水管、水储存设施、水管网系统
排水系统	固体废弃物储存和加工设施、饲喂通道、径流截水沟、沉淀系统、蓄水池
粪便管理	粪便收集和运输设备、储存和混合设施
污水处理	水泵、灌溉或利用设备、污水灌溉区域、蒸发池
管理和工作人员系统	办公室、地磅、宿舍

2. 生产管理

澳大利亚肉牛产业的饲养形式分为放牧型和密集饲养型，放牧饲养的肉牛约占总数的 60%，其规模较大；密集饲养型通常饲养规模较小。澳大利亚北部地区拥有大面积的牧场，在人口密度较小的地区放牧养牛成为重要的经济来源。南部地区耕地较多，肉牛养殖主要以密集饲养为主。

(1)放牧型

澳大利亚的肉牛产业主要是以天然放牧为主，其肉牛饲养从业者具有管理各种类型草场及放牧的专业知识并且配有专门的科研团队通过模拟试验以及经济评估等方式积极推行科学围栏放牧和牧草种植，发展永久性或者一年生草场。同时，它们还具有完善的污水和排泄物管道系统，利用生物技术进行废物处理，真正做到绿色无污染。

饲料补充料在动物生产中扮演着重要的角色，养殖人员可以根据不同的生产环境选择不同的补充料，为动物生长补充所必需的营养物质，克服由自然环境造成的营养不良。澳大利亚典型的饲料补充料为糖蜜、谷物和尿素。根据不同需求添加不同功能的补充料。为了提高反刍动物对蛋白质的利用，就需要提供足够的能量来源，固体补充剂需要用谷物充当载体，液体补充剂需要用糖蜜进行包被。糖蜜等液体补充剂也可以充当蛋白质或矿物质添加剂的载体，但是当投喂过多的谷类饲料时，需要注意酸中毒现象，适时调整粗饲料的比例。在澳大利亚的不同地区矿物质的分布各有不同，但磷可能是该国最为缺乏的矿物质元素。在潮湿或动物生长阶段应该及时补充磷，另外还需要补充铜、硒等其他矿物质元素，以免造成生产上的损失。

(2)密集饲养型

密集饲养的肉牛通常情况下被安排在固定的牛栏中，相比放牧条件下的牛群，整个生长阶段都会饲喂质量较高的饲料。由于长期在畜舍中生活，所以澳大利亚的养殖者更加注重畜舍环境卫生和排泄物的处理。同时还要避免热应激的发生。

密集饲养的牛群需要有合适的营养水平来保证所需的营养需要。澳大利亚的养殖者会根据市场需求指定相应的饲料配方以最大限度地提高增重。给予较高的能量饲料，配合一定比例的粗饲料，最大能量饲料比例可以达到85%。澳洲谷饲牛行业通过全国育肥场认证项目对谷饲牛肉的最低标准的鉴定和技术规范进行管理。例如，澳大利亚一些繁育场会在饲喂初期的15～20 d内少量添加精料，之后逐渐升高，这样可以避免酸中毒等不良反应的发生。

采用将精粗混合后，每天多次投喂的饲喂方式保证足够的采食量，并且提供足够的水源。饲喂的粗饲料一般为干草，长度至少5 cm，以保证瘤胃正常的发酵。除了在满足蛋白质、能量、矿物质等需求外，一些养殖场会根据市场情况给予激素生长促进剂，以提高饲料转化率。任何饲料配给量应包含粗饲料(干草或青贮饲料)、谷物和矿物质。通常澳大利亚养殖场饲喂的过程是粗饲料饲喂2 d，然后在几天内逐渐增加谷物在日粮中的比例。谷物喂养的百分比可以每2 d增加5%。通常的做法是将谷物水平增加到日粮的约40%或50%，并保持在该水平几个星期。然后在完成阶段再次将谷物增加到70%或80%。

牛呼吸道疾病是澳大利亚育肥场最常见的疾病，致死率达到50%～90%。该疾病多发生在牛进入畜舍后4周内，为了降低该病的发病率，养殖场主采取直接从育种场采购肉牛，采购刚断奶的犊牛，接种疫苗，避免食物和水的突然变化，定期检测牛的呼吸道疾病早期症状，疑似呼吸道疾病的牛及时转移至动物医院进行治疗等多种措施，控制该种疾病的发生。

另外，在澳大利亚，一些寄生虫病和厂区内的蚊蝇也是降低牛群的生长速率、影响牛群生产性能的主要原因之一，通常养殖者会采取一定的生物和化学方法来控制场区内的病虫害，并在场区建设时考虑到排水、料槽和水槽以及粪便处理，MLA每年投资高达570万美元用于环境改善研发。

热应激是牛自身不能有效地散发热量而引起的，最初会导致采食量下降，在极端情况下会导致组织器官损伤甚至死亡。澳大利亚饲养场操作员会通过实施一系列管理策略，最大限度地减少在炎热条件下对动物造成的热负荷负担。包括夏季对养殖场热应激事件的准备情况的审查，如检查饲养场环境，包括场地特征、基础设施和条件(可以根据需要升级关键元素，如遮阳和水)；饲料场对热应激事件的准备情况的管理评审，制订一个考虑热应激风险的夏季营养计划等。

污物的管理。动物废物管理在舍饲条件下是极其重要的，动物排泄物会产生难闻的气味以及引起其他环境问题。澳大利亚肉牛饲养场通常建设排水系统/池塘、保留池，并定期进行院子清洗、沉淀池清洗、池塘脱盐、粪便筛查等处理。此外还制订了相关的处置死亡动物国家指南，其中包含饲养场的建立和操作信息，包括饲养场的主要设计组成部分，关键场地选择参数，开发应用和批准过程以及饲养场建设。定义了一系列应该防止或最小化对环境价值的不利影响的结果。

澳大利亚在建立肉牛养殖场前，需要通过澳大利亚饲养场认证，以确保其遵守环保法规。同时，养殖场必须了解当地的环境法规，饲养员需要通过培训了解环境保护的责任，相关机构要求每年对养殖场进行环境绩效审核。

(3)育肥模式

澳大利亚肉牛育肥分为架子牛饲养和集中育肥2个阶段，全程生产周期20个月以上。犊牛在4月龄左右断奶，之后在天然牧场粗放饲养，根据需要确定是否补充饲喂麦秸及少量玉米、大麦和小麦等精料，进行不超过1年的架子牛生产阶段，进入集中育肥阶段，饲粮变为以大麦、小麦、燕麦等精料为主，适当添加青贮玉米、干草等粗饲料。一般多采用TMR日粮。根据市场需求，采取不同的育肥时间，普通育肥牛主要是安格斯与婆罗门等品种的杂交后代，育肥牛入栏体重300 kg左右，育肥时间为70～

150 d，日增重 1.2～2 kg，出栏体重为 500 kg 左右，主要生产普通牛肉。高档育肥牛以安格斯牛、日本和牛与安格斯牛的杂交后代为主，育肥牛入栏体重 450 kg 左右，育肥时间为 300～400 d，主要追求丰富的脂肪沉积，其市场是以日本和中国台湾为主。

澳大利亚育肥牛养殖与目标市场同步。养牛户不会盲目对架子牛进行育肥，通常只有当肉牛达到供应链下一步所需的重量时才会进行育肥。进入育肥场的肉牛重量要求取决于该牛将进入的市场。例如，长期供应日本市场的牛肉，通常在肉牛 380～480 kg 时进入饲育场。当进入育肥场的时候，肉牛通常在接受育肥场集中育肥程序前会注射疫苗。育肥场会以一种特定调配的“套餐”喂养肉牛，以使其最大可能地增重。根据该牛的目标市场以及在育肥场已育肥的时间，这种套餐可能在喂养过程中会改变。育肥场通常靠近谷物产区。这使其能够取得饲料而无须高昂的货运成本。

3. 饲喂技术方面的成熟经验和最新进展

澳大利亚肉牛产业依托先进的生产设施和设备实现了养殖的机械化和精细化。依靠育种协会和第三方测评机构实现了标准化、规范化饲养。澳大利亚肉牛养殖企业有能力实现对其饲养的每头肉牛的生产性能进行检测和登记。育种协会和第三方测评机构根据养殖企业上报的生产数据，实时掌握群体生产情况，调整日粮营养水平和饲养管理方式，实现肉牛养殖效益的最大化。同时，预测市场对不同档次牛肉产品的需求，指导养殖企业生产不同档次的牛肉产品，获得更高的产值。另外，澳大利亚肉牛饲养、育种、生产等环节已经建立了系统的数据采集系统，构成了庞大的数据库，能够实现表观性状与基因层面的关联分析，使得生物育种技术在肉牛生产中的应用越来越广泛，作用越来越大。

澳大利亚肉牛生产与环境保护的联系十分紧密。肉牛养殖企业饲养的肉牛数量由其所拥有的草原面积决定。每头牛的放牧草原不得低于 2 hm^2，不准许过度放牧造成草原退化。同时，开展了关于肉牛排放甲烷气体的研究工作，希望通过调整日粮和品种选育减少养牛排放的温室气体，减少环境污染。

（三）疫病防控技术

1. 澳大利亚肉牛疾病优先级评估防控体系

澳大利亚疾病防控体系是在疾病评估的基础上组织和实施的（Lane 等，2014）。以经济评估重要的地方性疾病对澳大利亚肉牛产业的影响为前提，结合经济评估结果确定优先级疾病列表，并综述疾病流行率、分布、风险因素及缓解的需求。针对解决相对局部问题的弊端，以及疾病在原有防控体系下的变化，对于肉牛产业而言，需要经常对最常见的流行疾病进行客观评估。

自 2006 年以来，MLA 根据 Sackett 等（2006）制定的 B. AHW 最终报告，采用报告中关于澳大利亚地方牛疾病经济成本的评估结果，制定研究、发展和扩展投资等工作。2015 年 MLA 为了更好地确定新的家畜疾病调查所涉及的参数，资助开展了 B. AHW. 0. 226 研究，为了完善澳大利亚牛疾病预防体系，该研究建议调研流程分为如下 4 个阶段（Lane 等，2014）。

第一阶段：生产者、畜牧兽医技术人员、兽医官、工商和其他人的调查，并综述可用数据汇编重点疾病名单。

第二阶段：复查可用信息列表中的疾病，并识别患病率、风险因素、缓解措施和经济影响，以及知识盲点。

第三阶段：根据有针对性的领域和屠宰场调研信息不完整的疾病，并深入开展研究。

第四阶段：确定重点农场和屠宰场的疾病成本并报告结果。

2. 疾病优先级评估防控组织实施

（1）目标

评估的目标是确定 20～40 种对牛经济效益损失最密切的地方疾病；将每种优先级疾病列档进行系统性审查，特别强调患病率和分布、危险因素、减缓措施和经济影响；对每一种疾病建议深入研究需求，定义其性质、程度和疾病的重要性。

(2)方法

①开展调研

在不同的设计和实现水平的基础上，采用不同的方法适当开展每项调研工作。

生产者：针对牛生产者，由商业服务研究公司主导，使用计算机辅助电话访谈的形式开展电话询问调查，从 MLA 生产者会员数据库汇编的牛生产者中分层随机抽样调查。顾问团设计了一项“养牛人友好”问卷，旨在探索从生产者角度对牛重要疾病所处位置的看法(成本和工作量两方面，对预防和治疗、生产和利润的影响，并对重要性程度进行排名)。在各州和地区，获得生产商牛只的样本架构，企业类型(育种、育肥、养殖)和区域(北、西南和东南)。共调查了 300 名生产者，由各州提供的分解调查，结果见图 4-1-18。

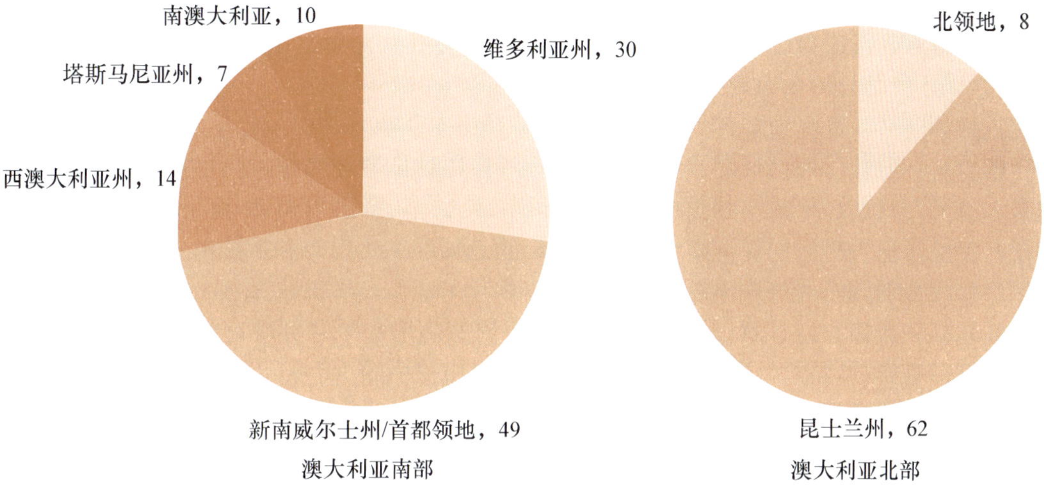

图 4-1-18 各州生产者调查的分解图

国家主要产业部门：MLA 联络每个州和领域的首席兽医官(CVO)，要求其完成本辖区内地方病的重要性调研。每个调研信息要求如下：将提供的每个物种每种疾病的经济重要性按高、中、低列表；当前可用防控和治疗方法中，多大程度上可以减少经济影响；在多大程度上，需要更多的研究来确定更好的防控和治疗方法来减少经济影响；关于疾病、条件、综合征，尤其是与未来引起重视的新兴趋势有关的所有意见；提供递交到他们动物卫生实验室疾病样本诊断的汇总数据。

畜牧兽医人员：要求畜牧兽医人员准备完成类似首席兽医官列出的调查项。所需调查项以电子邮件形式发给澳大利亚兽医协会(Australian Veterinary Association，AVA)的澳大利亚牛兽医专业组(Australian Cattle Veterinarians，ACV)的成员。这封邮件指导参与者进入一个专门网站，对项目背景和链接下载并完成调查。完成后调查通过电子邮件返回。

加工商：通过举行澳大利亚肉类生产理事会(Australian Meat Industry Council，AMIC)的代表会议，作为加工商的代表获得关于牛地方疾病对胴体、副产品产量及产品等级降低影响的信息。此外，AMIC 也需完成类似的调查。对加工商来说，要确认在这些牲畜的状况或者疾病中，哪些对经济影响较大，并需要特别说明对于加工价值降低和生产成本增加的疾病和状况。

政府部门：澳大利亚农渔林业部根据出口生产统计(Export Production and Condemnation Statistics，EPACS)数据库，提供牛胴体加工阶段的数据。澳大利亚动物卫生局(Animal Health Australia，AHA)从他们三个动物监测程序中提供信息。三个动物监测程序为国家重大疾病调查程序，牛屠宰场健康监测程序，国家 TSE(Transmissible Spongiform Encephalopathy)监测程序。GHD 进一步分析这些数据，有助于疾病的优先排序。

动物保健公司：调研澳大利亚动物保健公司的关键代表，有助于制定疾病或者优先级列表。该调查除与畜牧兽医和首席兽医官们类似的问题外，还有其他问题如下：根据列出的疾病和条件，注明贵公司在澳大利亚许可使用的产品；所提供的产品每个动物的标准价格和推荐剂量，以及该产品的使用率。

②召开专家研讨会进行讨论

项目团队不定期组织电话会议和专家研讨会，通过讨论先确定调查问卷，然后根据调查的结果，确定深入分析的优先级疾病名单。MLA在重要研讨会上陈述从上面调研结果中综述汇编的疾病名单，包括有效牛只疾病的最终认同名单；建立并商定每种疾病的分析和防控框架。

为了获取每种疾病的相关事实，并确定任何需要深入研究的盲点，专家们还要查阅当前的文献资料，咨询联盟相关信息；假设每种疾病的患病率和作用效力，然后整合并采用Excel电子表格估计经济影响。在许多经济影响的变量中，围绕每种疾病的患病率及作用效力确立的假设，由于在某种程度上这种假设存在不确定性，因此，对于每种疾病提供的假设，在报告中表示出了其置信度的等级量表。当有更准确的数据可用时，采用明了易懂的假设表使评估容易跟进。

对于许多包含经济影响的变量，围绕所采用的假设，存在一定程度的不确定性。将来当更准确的数据可用时，采用使估计容易改善。

③建立模型

基于每个种，通过区域划分和生产分类，定义一个“典型的”牛群结构，构建电子表格中的模型，该模型包含一系列与疾病经济成本相关的变量（患病率、死亡率、繁殖损失、体重下降、产品质量、预防和治疗费用），量化了每种疾病的经济影响。最终输出的是每群牛所患每种疾病的成本，然后外推到如果整个地区疾病发生对国家经济成本总量的影响。

模型还包括一个净收益计算，是指通过从当前疾病患病率水平降到现有技术基础上的最低水平，移除易感牛群后获得的收益。每个疾病的Excel电子表格提供给MLA，以便有更准确的数据可用时，能够及时更新疾病成本的评估结果。如此以来，电子表格也可以作为一个有价值的评估工具，对于未来潜在的提议结果，在情景规划中使用。

电子表格模型采用的牛群统计数据来自澳大利亚统计局（ABS）的农产品数据，该数据在自然资源管理（NRM）地区的分析也与MLA报告的数字一致。即通过分析研究牲畜总数和畜牧企业的总数来确定平均牛群规模。把牛分为北部和南部地区。

3. 优先级防控疾病及具体措施

（1）优先级防控的疾病

从调研结果分析得出牛疾病优先级列表，主要疾病排名初稿需要参考所调查牲畜生产者的意见，然后通过顾问团和MLA代表组织讨论，一致同意后产生牛优先级清单，见表4-1-23。

对于畜牧重要性而言，在各种调查中也包含了其他疾病。然而，最终没有列入牛病优先级名单，并进一步系统性审查的原因如下：

- 覆盖在优先级列表（如黑胫病包括梭菌病）。
- 更相关的其他畜牧部门（如乳制品、饲料、活牛出口）。
- 认为是偶发的知名病因、预防和治疗方案（如炭疽）。
- 认为在时间和预算约束项目设置较低优先级。

表4-1-23

牛疾病优先级和非优先级清单

类别	疾病病名
优先级	牛蜱、牛病毒性腹泻、难产、臌胀病、牛流行热、弧菌病、水牛虻、新生犊牛死亡率、梭菌感染、犊牛白痢、肉毒杆菌中毒、哺乳期低镁血症、红眼病、泰勒虫、蜱热、牛副结核病
非优先级	黑胫病菌、钩端螺旋体病、肝吸虫、肠毒血症、腐蹄病、破伤风、乳腺炎、产乳热（低钙血症）、植物中毒、流产、杀螨剂抵抗、马缨丹中毒、多年生黑麦草中毒、微量营养物、炭疽病、孢子虫病、一年生黑麦草的毒性、妊娠毒血症（脂肪肝）

（2）优先级疾病防控评估措施（以牛蜱为案例分析）

牛蜱，微小扇头蜱，以吸血引起贫血，同时，它是澳大利亚三种蜱热生物的载体。从雌蜱离开寄主产卵到幼虫 21 d 的哺乳期为非寄宿期，非寄生期可长达 7 个月，蜱虫在非寄宿期喜欢温暖潮湿的环境。越来越多的瘤牛内容物与较高的抗蜱附着物有关，但瘤牛内部抵抗水平却有潜在的变异，其遗传性为 34%（Mackinnon 等，1991）。牛蜱虫还可以寄生于多种其他动物物种，包括马。对于蜱对牛的影响报道结果不一致，Holroyd 等（1988）报道，在一年之中蜱虫附着最高时，在蜱寄生完全控制时，Droughtmaster 牛在干燥的局部环境内一个繁殖周期体重可增加 25 kg，受胎率提高 30%，犊牛断奶重提高 24 kg。但 Johnston 等（1981）发现牛蜱对牛只平均活体重的影响小于 10 kg，不影响怀孕率。还有报道认为控制蜱会增加婆罗门杂交青年母牛年体重，从断奶到 2.5 岁配种期年增重大于 10 kg，但不影响青年母牛怀孕率（Holroyd 和 Dunster，1978；Johnston 等，1981）。

①病因评估

不明病因   *已明病因*

							X	X	

②防控评估

除了选择抗牛蜱的肉牛品种外，杀蜱螨剂是最常用的控制方法。但由于蜱虫逐渐对这些化学物质形成了抗药性，迫使科学家开始研究蜱虫疫苗。在 20 世纪 90 年代较短的时期内，第一代有效的牛蜱疫苗便研制而成，但在这之后一直没有新的商业化疫苗上市（Willadsen，2008）。White 等（2003）估计，在澳大利亚肉牛生产中，仅仅通过遗传改进，蜱虫对活体重的影响可能会减少 60%。Sackett 等（2006）报道，新南威尔士州和昆士兰州的年度检疫成本分别为 270 万和 200 万美元。

未证实预防可用   *证实预防可用*

							X	X	

③疗效评估

O'rourke 等（1992）报告指出，澳大利亚高降雨地区 78%的牛治疗过牛蜱，澳大利亚北部牛蜱区域平衡带 48%的牛治疗过，两个区域仅大约 5%的牛没有治疗过。Playford（2005）报道，2003 年花费了 1 680万美元用于购买杀蜱螨剂。目前，如果牛蜱的影响从 25%减少为 20%，那么平均每头牛的潜在价值约为 30 美元。

治疗低效   *可有效治疗*

						X			

④分布评估

干燥和凉爽的气候区结合无蜱区可以有效抑制有病载体，因此该疾病主要分布在西澳大利亚州的北部地区和昆士兰州的东部和北部地区。

分布减少   *分布稳定*   *分布增加*

				X					

⑤流行性评估

在昆士兰州，大约 45%的牛只位于无蜱区内。在 20 世纪 90 年代、2000 年和当前的干旱时期，牛蜱病低流行区域超过 200 km 的海岸区域内，昆士兰州约 40%的牛在这里饲养。由于牛蜱在干燥的条件下已被消除，在雨季很难复发。

流行性减少   *流行性增加*

				X					

⑥经济评估

假定：牛蜱(澳大利亚南部)

蜱虫仅限于澳大利亚北部，蜱虫在澳大利亚南部的年检疫成本假定为500万美元。

假定：牛蜱(澳大利亚北部)(表4-1-24)

表4-1-24

假定：牛蜱(北部)

项目	采用值
区间度	15%、15%、35%和35%的牛群分别对应高、中、低和零发病率
发病率	在每3年中，其中2年的年发生感染的临床显著性，分为高、中和低发病区域
死亡率	牛蜱病不引起死亡，注意蜱虫热引起的损失，而且多数生产者着手治疗以减少牛蜱的影响
体重损失	平均每年由于没有治疗牛蜱而引起牛只体重减少15 kg
繁殖	临床上影响牛怀孕率降低10%
市场回避	牛蜱虫的市场准入清算包含在治疗中，25%的隐藏值减少了25%
流动限制	隔离区的地方，在昆士兰每年管理成本为170万美元
治疗	在高、中、低发病率地区，75%、50%和50%临床表现的牛只分别接受治疗
预防	没有具体的成本，使用适应热带品种主要是基于生产潜力而不是抗蜱虫

根据所采用疾病的患病率和分级动物对疾病的影响，GHD计算牛蜱虫在澳大利亚北部的年度成本为1.56亿美元(表4-1-25)。

表4-1-25

澳大利亚北部牛蜱病的经济成本

项目		每群牛/美元	每头牛/美元	合计/百万美元
治疗	H	3 998	5.03	23.1
	M	1 759	2.22	
	L	879	1.11	
预防	H	133	0.17	1.7
	M	133	0.17	
	L	133	0.17	
生产	H	16 941	21.34	131.1
	M	12 621	15.90	
	L	6 311	7.95	
整体	H	21 072	26.54	156.0
	M	14 513	18.28	
	L	7 323	9.22	

总的疾病成本：在当前澳大利亚牛只患病率的前提下，牛只总患病成本估计为每年161.0百万美元(Sackett的报告中估计为146百万美元)。净收益(去除所有的牛群出现蜱虫感染疾病，假设患病率为最低水平)估计为62.0万美元。

(3)其他牛疾病的评估防控汇总

①病因评估汇总(图4-1-19)

②防控评估汇总(图4-1-20)

③疗效评估汇总(图4-1-21)

④分布评估汇总(图4-1-22)

⑤流行性汇总(图4-1-23)

⑥经济评估汇总(图4-1-24)

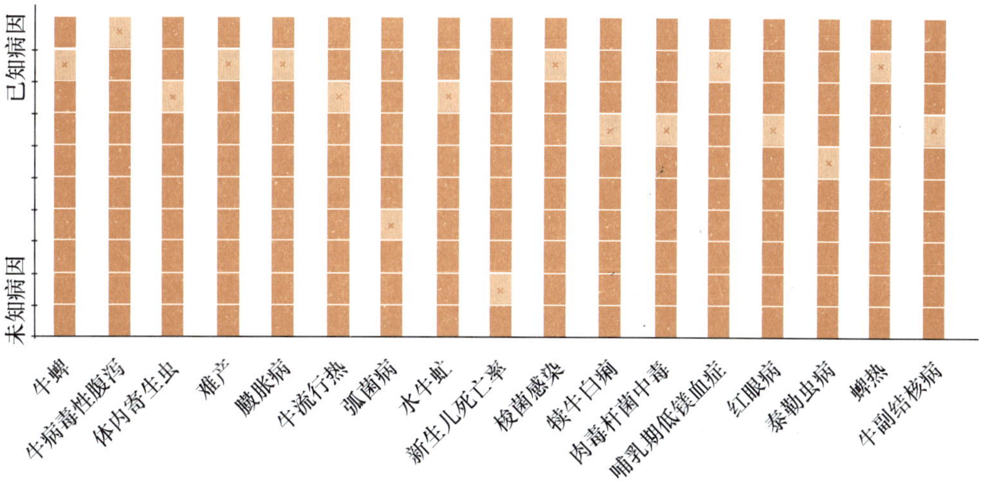

图 4-1-19　优先级牛病的病因评估

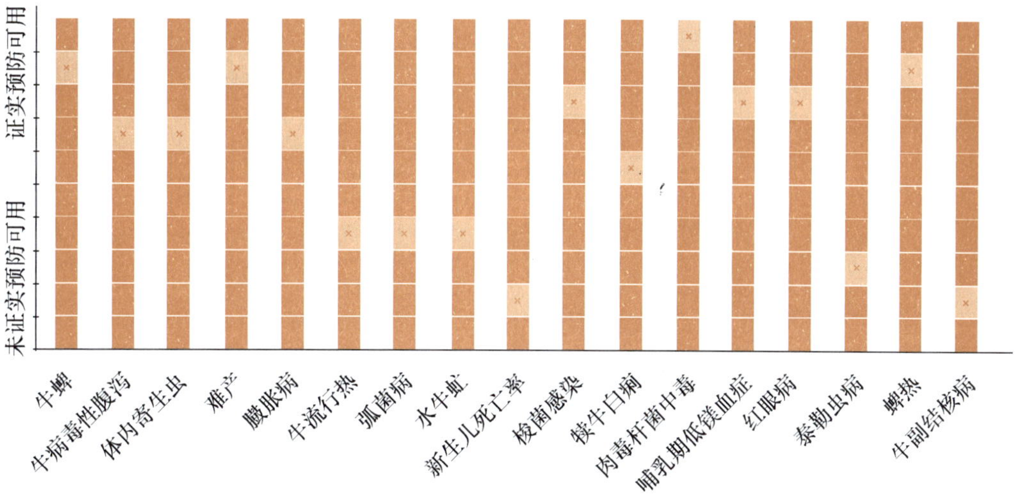

图 4-1-20　优先级牛病预防评估

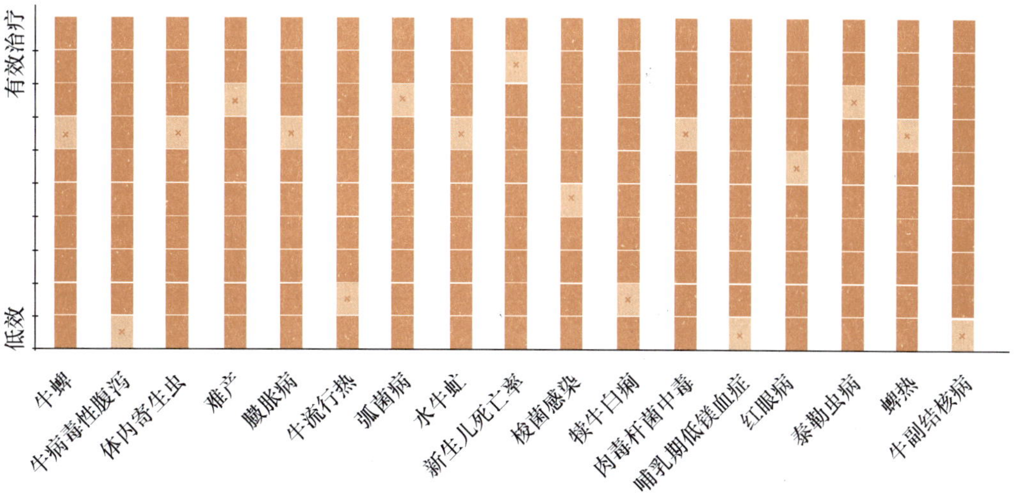

图 4-1-21　优先级牛病的治疗效果

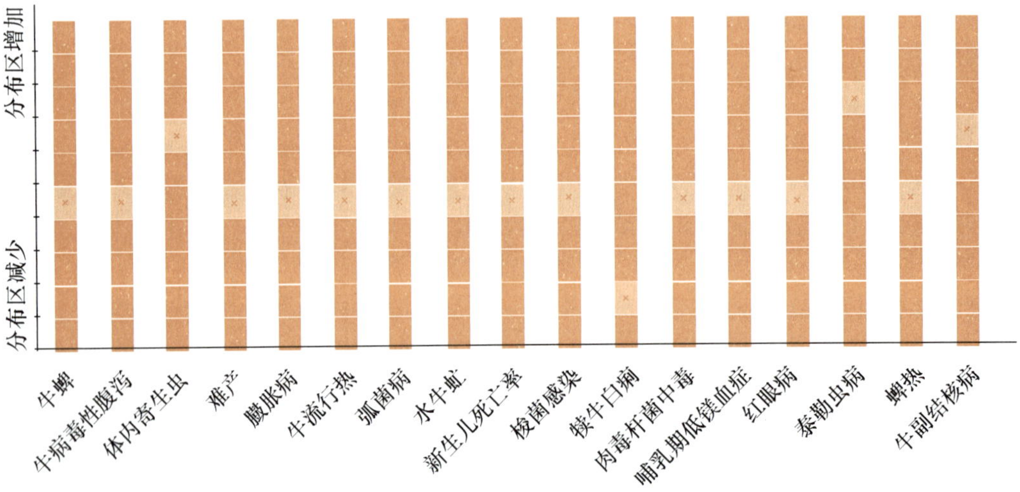

图 4-1-22　优先级牛病的分布

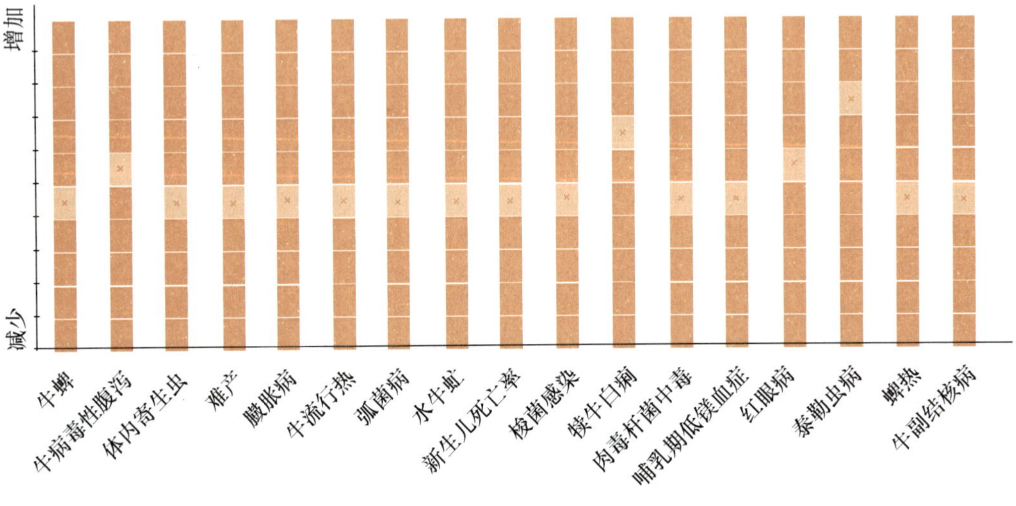

图 4-1-23　优先级牛病的流行性

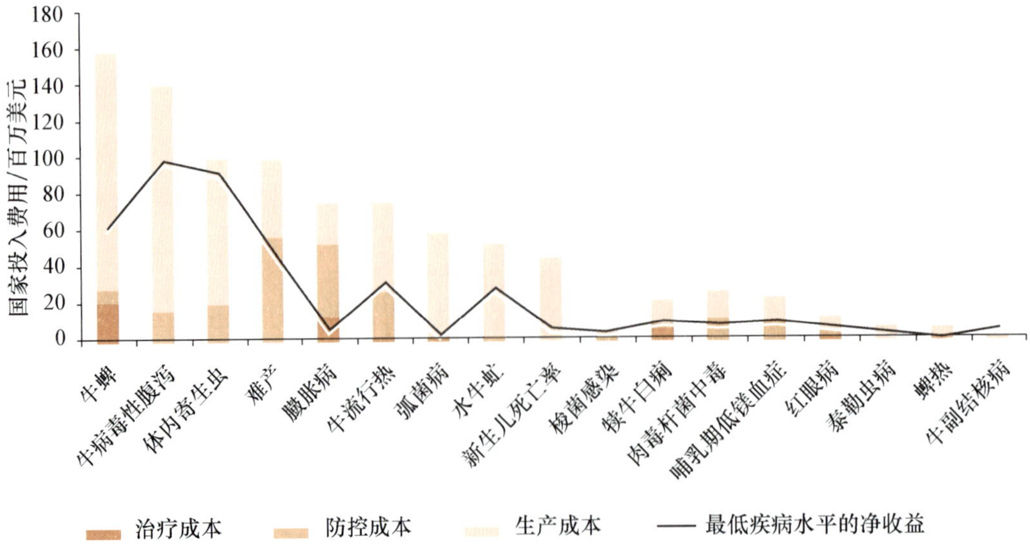

图 4-1-24　澳大利亚肉牛（北部和南部）优先级牛病的经济评估

(四)粪污处理技术

随着全球肉牛业养殖规模化程度的提高以及饲养方式的改变,规模化肉牛场的污染问题已成为世界性的话题,引起了各国政府的广泛关注。肉牛饲养行业对澳大利亚农业来说是一个重要的、增值的组成部分。随着国内外市场的对牛肉的消费需求的增加,澳大利亚肉牛饲料行业逐渐意识到其饲养、生产环节对消费者来说具有社会和道德义务,如要保持消费者的信心,社区和政府需要不断改善饲养环境,提高动物福利以及保证食品安全。澳大利亚肉牛业认为环境的保护对于农业生产在生态和经济上的可持续发展至关重要,为此,一直积极寻求发展并采取适当的环境管理准则和守则。而这种方法在制定国家环境实践规范指南以前起着关键作用。目前澳大利亚出台了一系列畜禽养殖环境保护的法律法规和养殖业粪污处理的补贴政策,对规模化肉牛场环境污染问题进行宏观调控,取得了很好的效果。如 National Beef Cattle Feedlot Environmental Code of Practice-2nd Edition(Code of Practice)、National Guidelines for Beef Cattle Feedlots in Australia、Environmental Protection Regulation 2008 和 The sampling manual for environmental monitoring by intensive livestock producers 等。

粪污中由于含有大量的大肠菌群、蛔虫卵、细菌、病毒以及其他有害生物种群,必须进行无害化处理,否则将对空气、水质、土壤、人体健康产生严重危害。牛场粪污处理方式及其利用途径既是肉牛场生态保护的客观需要,也是资源最大化利用的现实要求。牛粪是一种利用价值极高的可再生能源,据测算,19 亿 t 粪便相当于约 0.7 亿 t 标准煤或近 1 亿 t 有机肥料。相关的法律法规明确规定,在牛只排泄粪便的牛床下方应该要至少有 50 mm 紧密不透水的土壤填充,以防止粪便渗入地下水循环系统导致水源污染。粪便在牛床堆积超过 100 mm 时需要清除,可以直接将粪便移除并使用机器和刮粪板等工具进行清洁,在围栏上的粪便也应及时刮除,然后将粪便破碎铺平以利于堆肥。

如果无法将产出的粪便及时用到堆肥上,通常会先储存。建立粪便储存池有以下优点:首先可以经常清理养殖场,不用等到需要肥料时才清理,二是可以较少的污染环境和散发恶臭,三是可以让粪便自然分解,减少需要处理运载的总量。但是,粪便随着储存时间的延长其含氮量会下降,从而导致堆肥效果下降,因此要在堆肥效率及储存时间上找到平衡点。Techniques to manage the environmental impacts of cattle feedlots 给出了储存粪便指南。粪便从饲养场地中移出时通常含有 45%或更低的含水量,要使其含水量降至 25%左右。在收集粪便时,每堆一层后要将其压紧,尤其是堆肥粪便的厚度超过 1.8 m 时,这一点尤其重要。下雨时应避免粪便堆放区被水淹没。粪便储存池必须建在受控排水区域内,通过排水渠和专用集水池保持粪便不和外部水源接触。还必须控制粪便储存池的流向,以防止径流污染水道。

澳大利亚肉牛产业是一个非常多元化的产业,有东南土地肥沃、雨量充沛、高出栏率的小型集约化牧场,也有大面积的人迹罕见的散养牧群。肉牛育肥以规模养殖为主,且已形成规模效应,千头以上育肥场存栏量占全国育肥总量的近 90%。超过 70%的规模化肉牛场将粪便统一作为天然肥料用于种植其他作物,或者增加秸秆进行粪污堆肥,其中不到 30%的小型集约化牧场采取厌氧发酵生产沼气。肉牛饲养场粪便类似于其他有机废料,有相对较高的能量,为使用热流程的能量回收如燃烧、气化和热解生物过程如厌氧消化等提供了潜在的可能。厌氧消化能够减少温室气体排放,同时提供沼气作为能源。在澳大利亚,由于能源成本的上涨和减排基金的引入,使人们对从饲养场粪便中提取能源沼气越来越感兴趣。尽管在奶牛业和养猪业上通过粪便获取沼气是行之有效的,但将肉牛饲养场的粪便成功转化为沼气还未达到相似的规模,这主要是因为当前肉牛饲养场的粪便形式不适合沼气生产。目前在澳大利亚饲养业普遍缺乏关于不同年龄阶段的肉牛饲养场粪便的生物甲烷势(biochemical methane potential,BMP),以及收集粪便技术是如何影响 BMP 值等相关知识。所以近年来相关研究人员针对“肉牛饲养场肥料作为甲烷产生的底物”和“使用这种原料生产沼气的技术经济可行性”进行了相关研究。

昆士兰大学的国际水研究机构——先进水管理中心(Advanced Water Management Centre, AWMC)对澳大利亚养牛场粪便进行了初步的研究,并测量了饲养场贮存池的甲烷排放量。与猪舍的粪便相比,肉牛饲养场的粪便甲烷的产量较低。研究还表明新鲜的和贮存的粪便甲烷产量差别的原因主要与这两种基质的挥发性固体的含量不一致有关。这些相互矛盾的结果凸显了进一步研究将肉牛饲养场粪便作为甲烷生产的基质的必要性。

厌氧消化肉牛饲养场粪便的经济价值在很大程度上取决于粪便的组成(质量),而畜栏清洗时间、频率和方法以及畜栏的设计和管理会影响粪便的质量。对澳大利亚大型饲养场的调查数据表明,在收集粪尿的过程中收集到的远远不止粪便,还不可避免地包括一些额外的东西如岩石和(或)土壤。这些额外的东西通过增加数量以及降低有机物的含量影响了最后测算的结果,所以在处理数据的时候需要充分意识到环境可能对其产生的影响。另外,测量过程中低的挥发性固体含量也可能是由于长期贮存过程中粪便分解或与土壤混合所致。

研究人员采集了澳大利亚三个肉牛饲养场的粪便样本,新鲜粪便(FM):新鲜的刚排出的粪便,牛栏表面粪便(PSM):在牛栏清洁之前遗留在牛栏表面的粪便和尿液,新鲜刮取的粪便(FSPM):机械清理畜栏时混合有砾石、土壤的粪便和尿液的混合物,贮存的粪便(SM):刮取的牛栏内贮存几个月后的粪便,分别测定了其甲烷潜力值和化学成分。生物甲烷势测试结果表明甲烷的产量新鲜粪便为 218 L CH_4/kg 挥发性固体,牛栏表面粪便为 173 L CH_4/kg 挥发性固体,新鲜刮取粪便为 135 L CH_4/kg 挥发性固体,贮存粪便为 13 L CH_4/kg 挥发性固体。SM 产生的沼气仅约是 PSM 的 11.0%,而 FM 和 SPM 表现出相当的甲烷潜力,表明土壤污染可能是影响沼气产量的主要因素。因此在粪便收集时间方面预处理系统具有一定的重要性。

大多数澳大利亚的厌氧消化行业与市政污水处理厂(WWTP)联系在一起使用联合发热发电。虽然企业和农业厌氧发酵设备的总数量难以提供,但据《澳大利亚地球科学》在 2010 年数据统计来看,其中农业尤其是养猪业的废弃物在电力能源发电方面只占很少的比例(3.44%)。2013 年可再生能源发电为澳大利亚提供了 14.8%的电力产生,其中生物能源占总量的 6.9%,这其中包括了沼气贡献的 2%。厌氧发酵装置产生的电力统计表明大多数增长发生在最近的 5 年,并且在 2020 年和 2050 年的生物发电目标分别要达到 2 413 GWh 和 55 815 GWh,到那时,田间的生物发酵和利用生物废弃物以及工业有机物的厌氧发酵将成为关键贡献者。目前在澳大利亚沼气设施的数量已更新(见 http://biogas.nceastg.usq.edu.au/biogas/),并且在 2016 年初作为国家报告被国际能源机构生物能源子计划任务 37"来自沼气的能源"获得通过。

澳大利亚提高沼气产量的做法主要有以下五个方面。

一是提高粪便收集技术。Gopalan(2013)发现,饲养场粪便的降解率从新鲜粪便到畜栏粪便再到贮存粪便是逐渐降低的,其中挥发性固体的含量从 83%降至 60%(图 4-1-25),这主要是易降解的组分

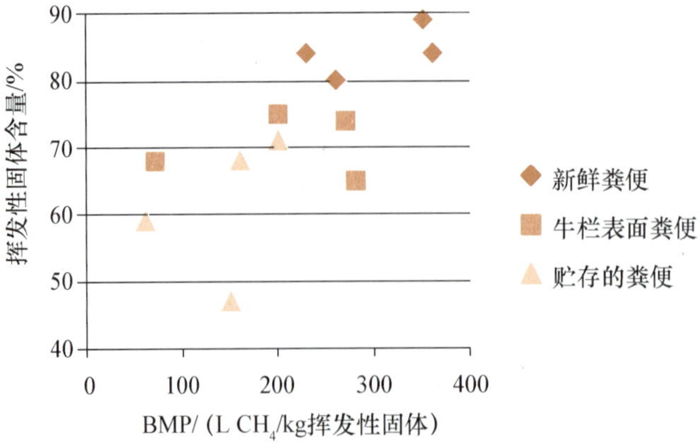

图 4-1-25　饲养场粪便样品中生物甲烷势与挥发性固体含量的关系

如挥发性脂肪酸、糖和淀粉(富含碳水化合物)在畜栏中分解迅速并在粪便贮存过程中进一步降解。具有较低挥发性固体的粪便不是厌氧发酵的适宜原料,即使仍然有约60%的挥发性固体留存(含有木质纤维素),但在厌氧发酵过程中只能被部分降解。

二是饲养场粪便的预处理。预处理粪便有助于提高沼气产量,生物处理如与半纤维素降解细菌在70℃培养能够提高30%的沼气产量(Angelidaki和Ahring,2000);热化学处理如湿爆炸(蒸汽爆炸过程)180℃ 10 min能提高136%的沼气产量(Biswas等,2012)。这些方法虽然在实验室有效,但在饲养场则由于过于复杂不利于实施。为了将有机材料最大化地降解,在粪便堆肥中常见的做法是直接厌氧发酵处理粪便。首先,用翻草机打破粪便结块使其变成更小的尺寸,然后用常见的筛选技术,如回转筛、毛刷辊、振动筛、溢流筛去除砾石和其他外源物质。为了提高粪便的厌氧发酵技术,研究人员还发展了超声波处理技术。Wu-haan等(2010)评估了利用超声技术来破碎肉牛饲养场粪便以作为厌氧发酵预处理的效果,结果表明超声波预处理增加了可溶性化学需氧量(COD)含量,平均COD高达92%,同时平均甲烷产量达43%。并且增加超声波振幅和处理时间还可分别提高可溶性COD和甲烷产量。热处理(190℃)和热化学处理(酸或碱)也能增加猪、鸡和牛粪便的沼气产量,热处理(190℃)使甲烷产量增加了64%,而热化学处理(190℃和pH=10.0)使甲烷产量增加了78%(Carrère等,2009)。

三是稀释及混合饲养场粪便。为了使畜栏粪便应用于厌氧发酵,需要额外的水使固体降解,而新鲜的粪便则需要较少的水。

四是混合消化。动物粪便和其他易降解的材料混合消化可以提高沼气产量。例如,Labatut等(2011)表明,与单独牛粪相比,牛粪与植物油混合可以使BMP增加49%,与狗粮和冰激凌混合可以使BMP提高93%。

五是提高C∶N比例。原料生产的甲烷取决于原料中碳的有效性和含量。厌氧发酵的理想C∶N比范围为(16~25)∶1(Zhu,2010)。低C∶N比率会导致氨积累和pH超过8.5,这对产甲烷细菌是有害的(Monnet,2003)。Zhu(2010)表明,通过添加额外的具有高C∶N比的废弃物,可以增加猪舍废物的C∶N从而增加沼气产量。还可以通过向猪舍废弃物中增加燕麦秸和玉米秸来提高沼气中甲烷的产量,这对此项计划的经济可行性将产生重大影响。

另外,在昆士兰州,向放牧的牛只注射含益生菌的细菌药物,这种益生菌可以在胃肠道内分解特定饲料及牧草中的部分有害毒素,从而使排泄物的毒性降低。

五、与我国畜牧业的合作情况

作为世界上牛肉出口大国,澳大利亚牛肉品质高、口感好,其品质和安全性在全世界享有较高的声誉,价格也具有一定的优势,进口澳大利亚牛肉在很大程度上满足了我国日益增长的牛肉特别是中高端牛肉市场的需求。目前,我国与澳大利亚在政府、大学、科研机构、企业间都有合作交流,但这些交流主要以牛肉贸易为主,产业合作以中资企业收购或参股当地肉牛养殖和屠宰企业为主,缺乏深度的技术合作。我国从澳大利亚最初以进口牛肉和种牛为主,2015年开始进口活牛屠宰,7月150头澳洲活牛首次空运到重庆丰县,标志着两国活牛贸易正式启动。随着中国国内牛肉价格的快速上涨,大量中资企业也开始进入澳大利亚肉牛业,如大商收购有百年历史的澳洲和牛公司,目前国内已有十几家企业在澳洲收购或入股大型农牧企业进行肉牛养殖和屠宰。澳大利亚企业也开始介入国内肉牛养殖,2015年澳大利亚Wellard与浙江纺织企业富丽达集团在中国成立合资公司澳乐牧业。

1. 哈尔滨引进1 000头澳大利亚种牛

2013年9月底,中国黑龙江省哈尔滨太平机场海关人员对从澳洲进口的第三批澳洲和牛种牛进行了加班验放。共计3个航班的千余头澳洲和牛以货运包机的形式全部顺利抵达黑龙江省龙江县养殖隔离场。中国人民网报道,此次进口澳洲和牛分为“全血和牛青年母牛”和“纯种和牛青年母牛”,总货值达 2 917.5 万元人民币。该批种牛的进口为黑龙江省相关企业努力打造中国高端肉牛产业基地发展战略夯实了基础。

2. 150 头澳洲活牛到重庆丰县，首次空运标志着两国活牛贸易正式启动

2015 年 1 月，恒都公司通过中国桥有限公司达成在澳大利亚布里斯班新建总规模达 20 万头的 4 个大型牧场意向。7 月，重庆接到了来自国家质检总局的许可，拿到了国内首张大型活体动物批量进口的许可证。

2015 年 10 月 22 日，首批 150 头澳大利亚肉牛活牛落地重庆，由此，重庆在落实国家签署的中澳自贸协定迈出了的实质性一步。据悉本次抵渝的 150 头待宰牛主要是安格斯牛和安格斯杂交牛，体重为 480～600 kg，采购自新州南部的 Albury 和 Holbrook 农场以及维州北部农场。首次空运标志着两国活牛贸易正式启动，将有助于两国监管方评估和调整出口协议安排，包括健康协议、动物福利协议及航运安排等，为未来的大批量订单做好铺垫。

3. 潍坊进口澳大利亚肉牛口岸获批复

2015 年 9 月，由潍坊综合保税区与潍坊检验检疫局牵头申报的进口澳大利亚肉牛口岸获国家质检总局批准筹建。据悉，口岸建成后，来自澳大利亚等国家和地区的活体肉牛将直接从潍坊港入境，并在潍坊屠宰加工分销。这将有利于打造集饲料加工、肉牛育肥、肉牛屠宰、精深加工、冷链物流、跨境电商、交易结算等于一体的产业集群。

4. 江苏省东海县引来澳洲肉牛进口项目落户

江苏省东海县结合国内消费需求及东海自身的产业特色，自 2014 年 4 月起，加强与澳大利亚有关州市的沟通合作，共同商讨在东海建设肉牛(活牛)进口加工基地事宜。2014 年 8 月，澳大利亚欧本市政企代表团对东海县农业进行考察后，双方确定合作意向，并于 2014 年 11 月由澳洲贸易联盟公司与该县江苏福如东海集团、江苏汇浦物流公司三方签订合资协议，成立中澳达博东海农牧发展有限公司。2015 年 7 月下旬国家质检总局复函江苏省政府，确定由东海筹建江苏省首家进境肉牛隔离屠宰加工基地，8 月项目完成了规划选址工作。该项目主要经营澳洲牛肉进口、牧草种植、农牧产品销售、农业技术合作和进出口贸易等。项目建成达产后，每年可进口澳洲活牛 10 万头，生产牧草 200 t。目前，澳洲农产品进口展销中心已建成运营，该展销中心是全国首家澳洲农产品进口展销中心，同时也是公司产品的体验窗口及宣传平台。

5. Wellard 与浙企合资在华开建肉牛屠宰设施

2016 年 3 月 15 日，澳大利亚大型活畜出口公司 Wellard 在中国的肉牛业务投资获得里程碑式进展。按照 IPO 招股书中预定计划，Wellard 及附属公司 WGH 与浙江富丽达集团和浙江 Aurora 农业公司正式签署合资协议。8 月，Wellard 宣布与中国浙江纺织企业富丽达集团(Fulida)成立 50∶50 合资企业澳乐牧业(Wellao)，初步定位于澳洲冷藏牛肉进口，同时着手在中国设立饲育场与屠宰场，旨在开发集饲养、加工和牛肉分销为一体的供应链条。

6. 首批进口澳洲肉牛抵豫，享受最“牛”待遇

2016 年 4 月 26 日下午，184 头澳大利亚安格斯肉牛跨洋渡海，顺利落地郑州航空港，并于当天运抵泌阳县杨家集隔离场实施入境隔离检疫。这是中澳自贸协定正式生效后河南省首次进口澳大利亚肉牛，标志着河南进境澳大利亚肉牛口岸正式启用。国家质检总局已经批准河南恒都食品有限公司和河南新澳进出口有限公司空运进口澳大利亚肉牛。

7. 哈尔滨市引进澳大利亚肉牛繁育和养殖项目

2016 年 5 月 17 日，哈尔滨市双城区人民政府与澳大利亚肉牛产品创新有限公司肉牛繁育及养殖项目合作签约仪式在哈尔滨市举行。此次签约的澳大利亚肉牛繁育及养殖项目将致力于建设现代化牧场、改良繁育优良的肉牛品种、延伸肉牛养殖加工销售产业链条，推动哈尔滨市肉牛产业健康发展。

8. 海南与澳开展屠宰肉牛和育肥肉牛产业链合作

2016 年 7 月 8 日，海南省澄迈县政府与西澳州农业与食品部在澄迈老城举行农业合作洽谈会及签约仪式，双方签署合作备忘录，将在屠宰肉牛和育肥肉牛产业链方面展开进一步合作，西澳屠宰肉牛和育肥肉牛项目在海南落地。作为西澳屠宰肉牛和育肥肉牛项目中的一个具体项目，位于澄迈县老城镇的海南瑞今 20 万头/年澳洲进口活牛屠宰加工项目目前进展顺利。

9. 日照引进进口澳大利亚肉牛养殖加工项目

2016 年 4 月 14 日，澳大利亚总理特恩布尔访华期间，日照市与北领地签署了《日照市与北领地经贸合作交流协议》，采取"两国双园"合作模式，在山东日照市和澳大利亚北领地开发建设中澳(日照)产业园和澳中(达尔文)产业园。2016 年 8 月 19 日，日照市政府与大连和升控股集团有限公司进口澳大利亚肉牛养殖加工项目合作正式签约。计划总投资 10 亿元人民币，分期实施，其中一期 10 万头，投资 1.7 亿元左右，主要用于部分产业链项目的基础设施及配套工程建设和项目运营。

10. 福成集团收购澳大利亚牛业

为增加农场肉牛数量，中国福成集团(Fucheng Group)于 2016 年 1 月前往维州科拉克(Colac)市场购买大量小母牛，据称购买数量目前已达近千头。福成集团 2015 年 9 月以 2 800 万澳元收购了昆州南部 Woodlands 总面积达 3.1 万 hm^2 的养殖场资产，早前 3 月还以 1 570 澳元收购了维州 Bendigo 的 Eilan Donan 和 Breadalbane 养殖场(2 200 hm^2)。据澳相关媒体，有交易中介透露，福成集团 2016 年 1 月十天之内购买了总计 2 654 头安格斯母牛和 344 头公牛，价格分别为每千克 300 澳分和 344 澳分。这些肉牛将全部被运往 Woodlands 的养殖场，母牛用于育种，可在未来繁育 2 万头肉牛。福成集团昆州养殖场将主要向澳国内市场供应牛肉，未来将重点向中国市场出口。

11. 大商收购百年历史澳大利亚和牛公司等

Bishop 家族在 Upper Hunter 郡养殖着规模巨大的肉牛群，是久经验证的澳洲领先纯种的和牛供应商。2016 年 5 月，大商集团以场外合约形式发起收购，并获得了澳外资监管委员会审批通过。这也是 110 年以来 Kuro Kin 养牛场首次易主。据澳相关农业资讯平台消息，大商集团(Dashang Group)通过澳洲子公司 Austrilia Aulong Auniu Wang(AAAW)完成了本次收购，Kuro Kin 未来仍由家族管理，员工不变，且品牌留存。6 月以 4 500 万澳元收购了新南威尔士州猎人谷 Scone 的 Glenrock 养殖场，面积达 3.086 8 万 hm^2。8 月以 300 万澳元收购了首都领地的 Clear Hills，面积 1 100 hm^2。目前正在商谈出资 2 000 万澳元收购 Beston Global Foods 公司。

12. 浙江海亮集团投资澳大利亚牛业

2015 年 2 月浙江海亮集团(Hailiang Group)斥资 4 100 万澳元收购了昆州南部圣乔治地区的 Hollymount 养殖场和 Mt Driven，面积 3.4 万 hm^2。

13. 天马轴承集团股份有限公司收购澳大利亚牧场

2014 年 12 月天马轴承集团股份有限公司(Tianma Bearings)斥资 1 800 万澳元收购了西澳皮尔巴拉著名肉牛养殖场 Balfour Downs，2015 年 6 月又以 4 700 万澳元购买北领地 Wollogorang 和 Wentworth 养殖场。

14. 得利斯集团入股澳大利亚大型屠宰企业

2015 年 9 月山东得利斯食品公司以 1.4 亿澳元收购了 BBG 45%的股权，该公司每天平均屠宰 1 300头牛。

15. 中国私营企业投资澳大利亚牛业

2014 年 9 月中国的私营企业 Yiang Xiang Assets Pty Ltd 以 1 150 万澳元收购北领地的 Elizabeth Downs 养殖场。同年 10 月总部位于上海的私人企业 Orient Agriculture 以 3 000 万澳元收购了昆士兰 Goondiwind 面积 11 935 hm^2 的 Undabri 牧场。

16. 山东泰华食品收购澳大利亚屠宰企业

2014 年 12 月山东泰华食品以 3 500 澳元收购了昆士兰州 Ipswich 的屠宰企业 Churchill Abattoir，该企业周可屠宰 3 000 头肉牛。

17. STAB 公司入手澳大利亚中部牧场

为获取更多健康优质的澳大利亚牛肉货源，中国一家名为 Sino-Australia Top Beef(SATB)的澳大利亚牛肉在线销售公司于 2016 年 2 月前往澳大利亚中部牧场对肉牛生长环境进行参观考察，目的地是爱丽丝泉南部迪普韦尔(Deep Well)的安格斯杂交肉牛养殖场。该公司在维多利亚州、新南威尔士州和昆士兰州等地已拥有自己的牛羊养殖场，然而面对中国市场牛肉消费需求持续增长，该公司决定在澳大利亚中部寻求规模更大的肉牛畜群，一方面为了寻获优质活牛，另一方面还着力开展活牛进口业务。

18. Abl Red Meat Pty Ltd 收购澳大利亚牧场

ARM 是中国的肉类进口商和批发商 2014 年在澳洲设立的公司，2015 年 6 月以 300 万～400 万澳元收购了新南威尔士州 Forbes 的 The Mount 饲育场。

19. 肉牛帝国 SKC 牧场资产销售引得中资关注

澳大利亚第三大肉牛集团 SKC 资产销售自 2014 年启动，吸引来自海内外各路投资者参与竞争。为了在满足政府要求与获得最佳售价之间取得平衡，SKC 销售案几经起伏，提交标书超过 30 份，与卖方展开商谈的潜在竞购者达 600 多位。最后于 2016 年底，由矿业发家的澳大利亚女富豪莱茵哈特与上海中房置业(CBRE)所组财团成功拿下澳大利亚最大"地主"SKC 的广阔牧牛场资产，澳大利亚财长同意了该交易。

参考文献

[1]王建堂，周春山. 澳大利亚水资源及其开发利用. 河南大学学报(自然科学版)，1988，3：65-72.

[2]张艳芳，Alex Gardner. 澳大利亚水资源分配与管理原则及其对我国的启示. 科技进步与对策，2009，23(26)：56-59.

[3]闫旭文，南志标，唐增. 澳大利亚畜牧业发展及其对我国的启示. 草业科学，2012，(3)：482-487.

[4] Lane J, Jubb T, Shephard R, et al. Priority list of endemic diseases for the red meat industries. Request through Publications Database, 2014：1-195.

[5] Mackinnon M J, Meyer K, Hetzel D J S. Genetic variation and covariation for growth, parasite resistance and heat tolerance in tropical cattle. Livestock Production Science, 1991, 27：105-122.

[6] Holroyd R G, Dunster P J, O'Rourke P K. Effect of cattle tick (*Boophilus microplus*) infestation on performance of Bos indicus cross cows and their progeny. Australian Journal of Experimental Agriculture, 1988, 28：1-9.

[7] Holroyd R G, Dunster P J. The effect of the cattle tick on growth rates and reproductive rates on *Bos indicus* cross heifers in north Queensland. Proceedings of the Australian Society of Animal Production, 1978, 12：277.

[8] Johnston L A Y, Haydoock K P, Leatch G. The effect of two systems of cattle tick (*Boophilus microplus*) control on tick populations, transmission of *Babesia* spp. and *Anaplasma* spp. and production of Brahman crossbred cattle in the dry tropics. Australian Journal of Experimental Agriculture and Animal Husbandry, 1981, 21：256-267.

[9] Willadsen P. The development of a new or improved vaccine against *Boophilus microplus*: opportunities for R&R investment. B. NBP. 0500 Report prepared for Meat and Livestock Australia, Sydney, 2008. http://www.mla.com.au/Research-and-development/Final-report-details? projectid=14941

[10] White N, Sutherst P W, Hall N, et al. The vulnerability of the Australian beef industry to impacts of the cattle tick (*Boophilus microplus*) under climate change. Climatic Change, 2003, 61：157-190.

[11] Sackett D, Holmes P, Abbott K, et al. Assessing the economic cost of endemic disease on the profitability of Australian beef cattle and sheep producers. Animal Health and Welfare Report AHW. 087. Report prepared for Meat and Livestock Australia, Sydney, 2006. http://www. mla. com. au/Research-and-development/Final-report-details? projectid=3578.

[12] O'Rourke P K, Winks L, Kelly A M. North Australia Beef Producer Survey 1990. Meat Research Corporation, Sydney, 1992.

[13] Playford M. Review of research needs for tick control. AHW. 045A. Report prepared for Meat and Livestock Australia, Sydney, 2005. http://www. mla. com. au/Research-and-development/Final-report-details? projectid=3345.

[14] Gopalan P. Low cost applications of anaerobic digestion to livestock wastes. School of Chemical Engineering, The University of Queensland, 2013.

[15] Angelidaki I, Ahring B K. Methods for increasing the biogas potential from the recalcitrant organic matter contained in manure. Water Science & Technology, 2000, 41(3): 189-194.

[16] Biswas R, Ahring B K, Uellendahl H. Improving biogas yields using an innovative concept for conversion of the fiber fraction of manure. Water Science & Technology, 2012, 66(8): 1751-1758.

[17] Wu-haan W, Burns R T, Moody L B, et al. Evaluation of ultrasonic pretreatment on anaerobic digestion of different animal manures. Transactions of the ASABE, 2010, 53(2): 577-583.

[18] Carrère H, Sialve B, Bernet N. Improving pig manure conversion into biogas by thermal and thermo-chemical pretreatments. Bioresource technology, 2009, 100(15): 3690-3694.

[19] Labatut R A, Angenent L T, Scott N R. Biochemical methane potential and biodegradability of complex organic substrates. Bioresource technology, 2011, 102(3): 2255-2264.

[20] Zhu J. Crop residues and swine manure enhance methane generation. National HogFarmer, 2010-12-05, Penton Media, accessed 2010-03-26.

[21] Monnet F. An introduction to anaerobic digestion of organic waste. Final report, November 2003, Remade Scotland.

第二章

新　西　兰

一、摘　要

新西兰是世界上最重要的畜牧业国家之一，是发达国家中唯一以农牧生产为经济支柱的国家。畜牧业产值占农业总产值的 80%左右，从事畜牧业的人口也约占农业人口的 80%，是世界上人均养羊、养牛头数最多的国家。新西兰的肉牛生产受到世界市场的影响，从过去奶牛生产为主转而成为重要的肉牛生产国，肉牛的主要品种是安格斯牛。在新西兰农牧业出口产品中，肉类产品占 31.5%，其中牛肉占肉类总产量的 45.5%。肉牛业在新西兰国民经济中具有举足轻重的地位。

新西兰畜牧业以家庭农场为主，经营规模较小，生产的商品率高，外贸依存度也高。政府高度重视农业发展，具有较完善的法律、法规、政策及农业标准化体系，用法律保护和促进农业发展。政府不断加大农业管理体制改革力度，形成统筹城乡发展的管理模式，且非常重视依靠科技进步，不断加大对农业科研的投入，大力推进农业科技创新与应用，强化对农民的职业教育和技术培训，不断提高农业劳动者的素质，降低养牛业生产成本，提高劳动生产率和单位土地面积的生产率，十分重视农牧业生产的可持续发展。充分发挥农业协会等合作经济组织的作用，构建与农业发展要求相适应的社会化服务体系。政府注重生态环境保护和资源管理，促进农业可持续发展。为了保障畜牧业的发展，新西兰调整产品结构，以适应市场需要，坚持走可持续发展之路。

中国和新西兰在畜牧业领域的合作和交流始于 20 世纪 80 年代，我国每年都派出畜牧业方面的考察组和科研团队赴新西兰考察学习，新西兰也在我国开展了一系列经济技术合作项目。为促进我国畜牧业发展和畜禽优良种质交流，我国政府有关部门和种畜进出口公司从新西兰进口了多批种畜禽、牛胚胎、种蛋和牧草种子。近年来，新西兰政府非常重视与我国政府、科研机构以及企业间的合作与交流，签订了大量涉及肉牛领域的有关政府、科研机构间的合作、交流协议，实施了诸多中一新企业间的重大合作举措，使双方在畜牧业各个方面都取得了长足的进步和发展。为了进一步提高我国畜牧业的整体科技水平，现在我国与新西兰在畜牧业方面合作重点在科学技术交流上。

二、肉牛产业基本情况

(一)肉牛产业发展概况和资源状况

1. 农业总体发展概况

新西兰位于太平洋西南部,国土总面积 26.75 万 km^2,经济发达,但是农牧业在国民经济中的地位仍然十分重要。新西兰全国总人口为 459.57 万(2015 年)。其中,欧洲移民后裔占 67.6%。55.6%的居民信奉基督教新教和天主教。国内生产总值 2 020 亿美元(2017 年),人均国内生产总值约 42 935 美元(2017 年),经济增长率 7.6%(2017 年)。

新西兰农牧业在国民经济中的地位十分重要,农业劳动力约有 13.2 万,占经济活动人口的 8.6%。畜牧业在农业中居主导地位,畜牧业占农牧业总产值的 80%左右,且生产发展迅速,波动较小。从事畜牧业的人口约占农牧业人口的 80%,其中从事奶牛养殖人员占总农业人口的 26.1%,肉牛养殖人员占 11.4%。2017 年全国有奶牛 647 万头、肉牛 361 万头、绵羊 2 737 万只、鹿 85 万头,是世界上人均占有养羊、养牛量最多的国家。新西兰全国 2/3 的土地适宜农牧业生产,耕地面积为 17.8 万 km^2。新西兰草地资源丰富,草地面积达 14 万 km^2,占国土面积 51.8%,草地与耕地面积之比为 32∶9。乳制品与肉类是最重要的出口产品。羊肉和乳制品出口量为世界第一,羊毛出口量为世界第二,粗羊毛出口量居世界第一位,占世界总产量的 25%。新西兰的大部分工业以农牧业产品为原料,农牧业的各种产品约占国民收入的 3/4,以农牧业产品为原料的出口值约占总出口值的一半。新西兰是世界上最重要的畜牧业国家之一,经济严重依赖外贸,发展对外贸易是新西兰对外政策的主要方面。

2. 肉牛业发展环境

新西兰属于大洋洲,位于太平洋西南部,介于南极洲和赤道之间,西隔塔斯曼海与澳大利亚相望,距澳大利亚约 1 600 km,北邻新喀里多尼亚、汤加、斐济。地理坐标在南纬 34°~47°、东经 174°~62°之间。由南岛、北岛两大岛屿组成,以库克海峡分隔,南岛邻近南极洲,北岛与斐济及汤加相望。首都惠灵顿以及最大城市奥克兰均位于北岛。国土总面积 268 680 km^2,水域面积占 2.1%,国土长 1 600 km,东西最宽处 450 km。境内多山,山地和丘陵占国土面积 75%以上。除北岛北部属亚热带湿润气候外,绝大部分是温带海洋性气候,北岛年降水量 1 000~1 500 mm,南岛年降水量 600~1 000 mm,降雨均匀,气候温和,四季温差不大,平均气温夏季 20 ℃,冬季 12 ℃,植物生长十分茂盛,森林覆盖率 29%,牧场四季常青,广袤的森林和牧场使新西兰成为名副其实的绿色王国,北岛南部牧草生长期可达 11 个月。

新西兰的草地 65%以上为人工改良和种植的草地,并且人工种植和改良草地还在以每年 0.2 万~0.3 万 km^2 递增。主要种植牧草有禾本科和豆科,如黑麦草、鸭茅、绒毛草、紫花苜蓿、三叶草、百脉根等。虽然新西兰的平原草场占比不大,但却是畜牧业高度集中和发达地区。此外,在控制和利用过剩牧草方面,新西兰牧羊草场多数都饲养有肉用母牛,旨在利用牛吃掉草场上的老化和枯死的牧草,牛、羊比为 1∶2 左右,这样的组合对牧场发展十分有益。

新西兰放牧方式主要是电围栏分片轮牧。将草场的牧草规划分片,制定严格合理的载畜量,通过控制牛羊数量和放牧时间以调剂采食量,使牧草能被充分利用而同时能达到家畜生产性能指标,不至于出现因过牧而使草场退化,使草场得以轮换生息,或因轻度放牧而出现牧草老化、浪费、利用率不高的现象,又能满足家畜营养需要,使牧草供应与家畜需求尽可能达到平衡,依靠提高单产而增加效益。新西兰牧草科学家潜心研究适应国内不同地区、不同气候环境条件、不同畜种等方面的优良牧草,还致力于研究适应有畜牧业合作关系的国家的牧草。草地畜牧业是新西兰的立足之本,高质量的牧草、高水平的牧场管理,使新西兰的牛、羊、鹿等草食家畜获得理想的高产,使畜产品的增长主要依靠单产的增长。

在新西兰，之前奶牛业在农业总产值中占首位，主要品种有乳脂率高的娟姗牛、黑白花牛和爱尔夏牛；肉牛生产受到世界市场的影响，现在异军突起，超过奶牛生产，使新西兰从过去以奶牛生产为主转为以肉牛生产为主。

新西兰是发达国家中唯一以农牧生产为主的国家。在农牧业出口产品中，肉类产品占 31.5%，每年生产肉类 123 万 t，60.6%(74.5 万 t)供出口。其中牛肉占肉类总产量的 45.5%，占肉类出口总量 42.6%。牛肉主要出口北美(占 85%)、日本和韩国(占 3%)、澳大利亚(占 3%)。

(二)肉牛养殖业发展情况

1. 主要品种及存出栏量

新西兰肉牛主要品种为安格斯牛、海福特牛及它们的杂交品种，大约生产了世界 1%的肉牛，但却占据了世界 6%～8%的出口量。1941 年，新西兰约有 190 万头肉牛和 260 万头奶牛。截至 2017 年底，牛存栏量约为 1 008 万头，其中奶牛 647 万头，肉牛 361 万头，与 2016 年持平，比 2015 年下降了 1.3%。见表 4-2-1，图 4-2-1。

在新西兰有 110 万头肉用繁殖母牛和小母牛，其中，安格斯牛占 23%，海福特牛占 9%，海福特×安格斯杂交牛占 10%，安格斯和海福特的混合杂交种占 30%，黑白花牛的杂交种占 23%，其他品种占 5%。推测农场主偏好安格斯牛、海福特牛和它们的杂交种，这些品种适应丘陵地形。

表 4-2-1

新西兰的肉牛和奶牛历史数量

百万头

年份	1941	1952	1962	1972	1983	1993	2003	2012	2016	2017
肉牛数	1.9	2.4	3.5	5.3	4.9	4.6	4.5	3.9	3.5	3.6
奶牛数	2.6	2.9	3.1	3.3	3	3.4	5.1	6.3	6.6	6.5

来源：http://archive.stats.govt.nz

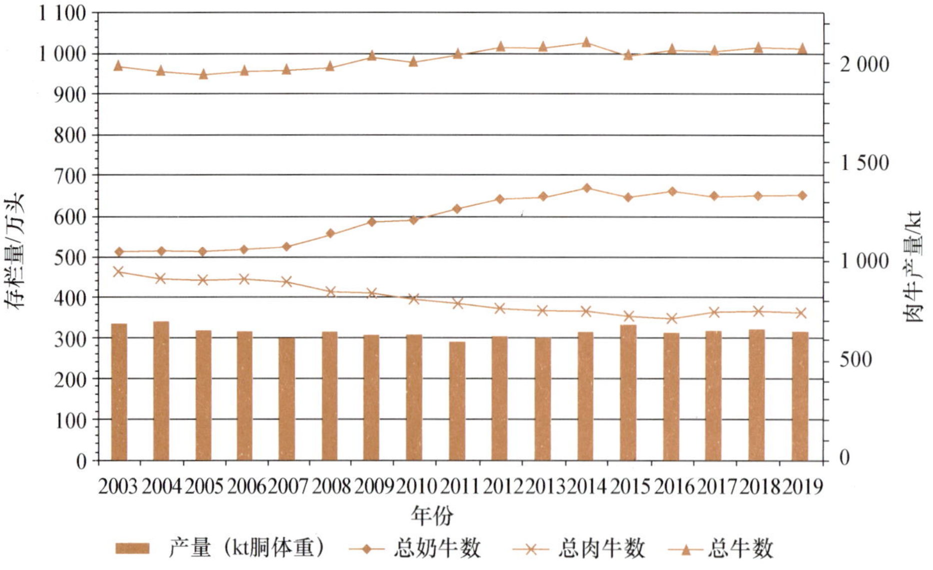

图 4-2-1 新西兰 2003—2019 年牛存栏数及肉牛产量

来源：https://www.fas.usda.gov/data/new-zealand-livestock-and-products-annual-3

2. 肉牛产品产量及历年变化情况

20 世纪 70 年代以来，新西兰畜牧业发展的总趋势是：牧场数量减少，饲养规模扩大，单产水平提高，畜产品总产量稳定增长。新西兰肉品业发展，走过了以牛肉为主，到牛、羊肉共同主导，再到牛、羊、鹿三分天下的历程。其特征是一业为主，多元发展，相互补充。新西兰是发达国家中唯一以农牧生产为主的国家。1990 年新西兰农牧业产品占全部出口产品总值的 73%。在农牧业出口产品中，肉类产品占 31.5%，可见肉类生产在新西兰经济中的地位。新西兰每年生产肉类 123 万 t，60%(74.5 万 t)供出口。其中牛肉占肉类总产量的 45.5%，占肉类出口总量的 42.6%。1999—2001 年，新西兰牛肉产量 57.5 万 t，2001—2003 年，新西兰牛肉产量 67.4 万 t，2007 年，新西兰牛肉产量 63.2 万 t，2008 年，新西兰牛肉产量 63.5 万 t，2009 年，新西兰牛肉产量 63.7 万 t。据日本媒体报道，新西兰农林部(Ministry of Primary Industry，MPI)于 2015 年 6 月 12 日公布了 2015/2016 年度(2015 年 6 月 1 日至 2016 年 5 月 31 日)农林产业现状及未来动向报告，由于亚洲及发展中国家对牛肉需求增加，使得牛肉行情坚挺。在此背景下，预计 2015/2016 年度牛肉价格(初级、下同)为 6.25 新西兰元/kg，与 2011/2012 年度相比上涨 23.5%。牛肉出口额为 25.15 亿新西兰元，同比增加 22.4%，MPI 预测 2016/2017 年度(2016 年 6 月 1 日至 2017 年 5 月 3 日)期间肉牛饲养数量基本维持在 380 万～390 万头之间，牛肉出口量维持在 35 万 t 左右，并在未来几年内牛肉出口量基本持平。新西兰牛肉出口中国和美国占比见表 4-2-2。

表 4-2-2

新西兰肉牛生产与出口 %

类别	2010	2014	2015	2016
母牛和肉牛生产量占总产量的比例	47.6	51.4	54.3	54.1
牛肉出口到美国的比例	42	49.9	49.6	47.8
牛肉出口到中国的比例	1	10.1	16.3	20.8

肉牛产量的变化及其影响因素主要有以下几点。

①良种化程度高

新西兰肉牛业经过多年的选育和不断的引进欧美优良品种，目前饲养的肉牛品种主要有安格斯牛、海福特牛、夏洛莱牛、肉奶兼用西门塔尔牛等优良品种，这些牛种体型大、增重快、瘦肉多、脂肪少、优质肉比例大、饲料报酬高，深受肉牛养殖者和消费者欢迎。新西兰饲养的畜种已全部实现良种化(并按照各地的降雨量、温度与自然条件饲养不同畜种，实行区域性专业生产，目前有将近 75%的牧场以经营某一产品为主，专业化生产极大提高了劳动生产率，机械化代替了繁重的体力劳动，如牧草的种植和管理、饲料加工、屠宰和加工、运输、冷冻等，主要依靠机械设备完成。良种繁育专业化，育种的农场单纯育种，不养殖商品畜种；商品育肥生产的农场只进行育肥，不育种，并且种公畜、种母畜由不同的农场生产，以避免近亲繁殖、品种退化。从国外引进家畜品种到新西兰必须经过严格的隔离、检疫、选育等过程，一般需要 5 年的时间才能确定是否可以在生产中推广应用。各农场为追求效益的最大化，在日常饲养管理中非常注意及时观察、淘汰生产性能较差的家畜个体，通过长期选择确保家畜品质水平得到不断提高。同时，在家畜拍卖市场拍卖家畜时，外形好、体况佳、毛色正、质量优的家畜拍卖价格明显较高，在客观上通过市场引导促进了良种化水平的进一步提高。根据不同气候、饲养条件，因地制宜进行杂交组合，如在温暖、平原地区主要发展体型较大的品种；寒冷、高山地区主要发展体型相对较小，且耐寒的品种；饲养条件较好的地区主要发展生长较快品种；饲养条件较差的地区则主要发展耐粗饲的品种等。

②草料充足，科学用草

新西兰有草地面积 14 万 km^2，全部为人工草地，这些草地产量高、质量好，为畜牧业提供了充足的草料来源。甚至有的人工草地是 50 年前播种的，至今仍长势良好。各农场都会依据全年牧草生长曲线，认真核算各季节及全年的牧草生长量，并以此确定各季节家畜的适宜载畜量，以及为牧草生长淡季所应提前贮备的牧草量，以实现全年牧草供应的平衡。农场实行划区轮牧，采用永久性围栏与临时性电围栏相结合，实现“以栏管畜、以畜控草”。传统的刺线围栏已逐渐让位于网围栏，还有一些草场用高张力平线围栏。近年来，电围栏也越来越普及。每个农场都根据自己草地资源情况以及各个季节家畜放牧需求，以固定围栏的形式将草地划分为若干区域。在围栏区域内再以电围栏划分更小区域，有计划进行分区轮牧，确保草地不过牧和草地利用后尽快恢复。采用以畜管草，充分利用牛羊采食牧草的不同特性来管理草地。新西兰的农场一般都会牛羊结合饲养，即使是专门的养羊场通常也会饲养几头牛。羊喜欢吃嫩草，牛喜欢吃老枯草，羊吃过的草地再让牛吃，不仅提高了草的利用率，而且也有利于防止杂草。

③政府、科研与推广机构、农场主一体管理

政府的职能首先是根据国际市场需求，由法定机构确定出口产品，制定法律法规，农场主必须严格按照产品质量标准和欧盟、北美制定的卫生标准进行生产加工。其次是主管出口许可证签署，并支持科研活动，开发高新技术，推广科研成果。新西兰的科研与推广机构基本上是一体化的组织形式，即研究所或大学、其他形式的咨询机构、公司等都具有组织科研项目和成果推广的机构设置、专业人员与运用系统。如新西兰农业研究所由奶业与肉牛研究部、鹿生产研究部、草地研究部、动物卫生研究部和技术转让系统等五个部门组成。其主要职责：首先是根据政府制定的科研政策、市场需求和商业价值确定科研项目；其次是按照科学技术基金会(新西兰年均科研费为 3.5 亿新元)规定的程序和要求向基金会申报，参与科研项目竞争；最后是组织科研项目实施，大多数项目必须自负盈亏，即项目费用必须包括人员工资、运行费用、管理费用和适度利润；再次是科研成果转让或推广。农场主是畜牧业生产管理的主体，通过他们的生产经营为市场提供源源不断的畜牧产品。无论是农场主还是雇佣工，都有着丰富的理论和实践知识。农场的雇佣工都必须经过严格的岗前培训，并取得相应的证书才能被雇佣。在农场就业最低必须持有三级培训证书(最高为六级)，级数与薪酬成正比。大学任教的许多畜牧方面的教授专家都有在农场长期工作过的经历，有的甚至目前还是农场主。丰富的实践知识为他们开展教学提供了好的支撑，他们知道生产中最需要什么，知道哪是难点和重点，知道怎样有效解决问题，使其授课有很强的针对性，学生听得懂、喜欢听、学后就能用。

④肉类加工

为了保证肉类产品达到出口标准，新西兰极其重视肉类产品加工技术发展。为此，成立了肉品研究所，负责开发肉类新产品，有目的地解决肉品加工中的卫生问题，研究降低能耗的措施，以及如何提高冷冻设备的效率和解决屠宰厂废弃物的加工利用或处理问题等。

3. 养殖区域及规模结构

新西兰畜牧业以牛、羊养殖为主。据 2011 年新西兰统计局的数据，全国约有肉牛、羊养殖农场 29 241个，奶牛场 11 735 个。

新西兰肉牛养殖农场主要分布于北岛的马纳瓦图(Manawatu-Wanganui)、怀卡托(Waikato)、霍克湾(Hawkes Bay)和南岛的坎特伯雷(Canterbury)等地。2008 年肉牛总数为 413.7 万头，北岛地区肉牛总计为 296.6 万头，南岛地区肉牛总计为 117.1 万头，分别占全国肉牛总数的 71.7%和 28.3%。肉牛数量最多的地区为马纳瓦图-旺加努伊(58.3 万头)，占全国肉牛总数的 14.1%，其次为怀卡托(57.6 万头)和南岛坎特伯雷(53.4 万头)，分别占全国肉牛总数的 13.9%和 12.9%。这三大区域的肉牛总数占全国肉牛总数的 40.9%。肉牛数量最少的地区为南岛纳尔逊(2 000 头)。

4. 初级畜产品价格及其变化情况

肉牛产业在新西兰的初级畜产品中具有重要的地位，2012 年，活牛和牛肉的出口额约为 20.5 亿美元，大约占到国家农业出口的 10%。同时，在新西兰每年还有 10.7 亿美元的动物附属产品交易，包括皮、油脂、肉骨粉、宠物饲料等，其中肉牛贡献了 50%以上的份额。

2015 年新西兰出口牛肉离港价为 5 273 美元/t，2016 年为 4 800 美元/t，2017 年为 5 037 美元/t。见表 4-2-3，图 4-2-2。

表 4-2-3
新西兰牛肉出口价格统计

国别/地区	2015 年		2016 年		2017 年	
	出口量/t	离港价/(美元/t)	出口量/t	离港价/(美元/t)	出口量/t	离港价/(美元/t)
美国	226 126	5 174	194 397	4 459	193 097	4 750
中国内地	74 125	4 937	71 174	4 454	84 428	4 710
日本	16 796	6 469	17 673	5 988	16 712	6 226
加拿大	23 673	4 692	18 085	4 207	19 841	4 414
韩国	20 961	3 838	23 933	3 946	21 775	3 933
澳大利亚	6 444	5 282	8 129	5 694	8 187	5 921
荷兰	2 828	11 902	2 855	12 448	2 815	13 958
阿联酋	2 940	8 253	2 927	8 345	2 982	8 776
中国香港	2 328	8 288	2 631	7 924	3 151	8 170
其余	79 971	5 738	77 373	5 489	70 537	5 721
全部	456 192	5 273	419 177	4 800	423 525	5 037

来源:https://www.fas.usda.gov/data/new-zealand-livestock-and-products-annual-3

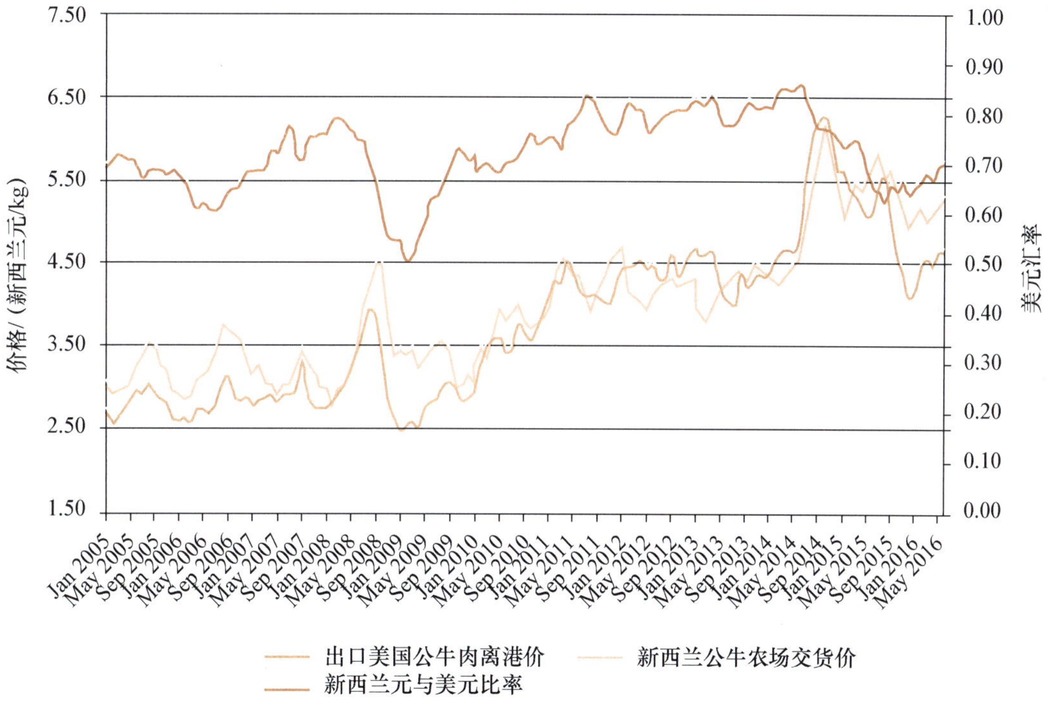

图 4-2-2 新西兰肉牛出口给美国的价格变化

来源:https://www.fas.usda.gov/data/new-zealand-livestock-and-products-annual-3

5. 养殖成本及效益

从经济的角度出发,每头牛每天 1 kg 的增重速度被认为是新西兰肉牛养殖的基本要求。养殖者依据肉牛出栏活重需求的不同,其管理目标和饲喂策略有很大的灵活性。春季时草场的牧草高度能达到 6~8 cm,肉牛每天 1 kg 的增重速度是可以维持的,如果草场资源有限,那么每天 1 kg 的增重速度是不可能达到的,如在夏天和秋天只能达到 0.5~0.75 kg/d。

在过去的 30 年里,阉牛、小母牛、母牛和公牛的胴体重一直在增加。1980 年,阉牛和公牛的胴体重分别为 277 kg 和 252 kg,到 2012 年已经增长到 316 kg 和 306 kg,这主要归功于更好的饲养管理带来的更高的生长速度，同时也说明，对养殖者来讲更高的胴体重能带来更高的收益。见表 4-2-4。

为了更高的屠宰重量，养殖者往往将他们的阉牛和公牛饲养到第二个冬天，27～34 个月时再屠宰。对于一头初生重为 35 kg，30 个月(942 d)的胴体重为 300 kg、屠宰率约为 54％的阉牛来讲，一生日增重约 0.55 kg/d。而对于育肥的阉牛来讲，往往在 18～24 个月就能达到 300 kg 的胴体重，平均日增重约 1 kg/d。

表 4-2-4

屠宰牛的平均胴体重 kg

年度	阉牛	小母牛	母牛	公牛
1979/1980	277.2	210.7	185.1	252.4
1989/1990	291.8	217.7	182.1	277.1
1999/2000	311.6	227.9	196.7	301.5
2004/2005	318	237.3	202.1	311
2008/2009	306.3	232.3	200	301.6
2009/2010	312.3	234.3	203.5	306.4
2010/2011	306.1	234.4	203.5	298.6
2011/2012	316.8	245.2	205.5	309

新西兰全国示范农场把农场开支分为劳动力开支、其他开支与间接开支三大部分。其中，劳动力开支包括长期工资、临时工资与意外事故赔偿；其他开支主要包括动物健康、育种、奶牛棚费用、电力、饲料(干草和青贮、作物饲料、放牧饲料及其他)、肥料、货运、杂草与病虫害防治、燃料、维修和保养等；间接开支主要包括通信费、会计、法律及顾问、水费(灌溉)及保险等。

对于一个示范奶牛场而言，2008/2009 年度一头奶牛的农场开支为 1 348 新西兰元(1 新西兰元约合 4.70 元人民币，2010 年)，其中劳动力开支，其他开支与间接开支三大部分，分别为 199、1 020 和 129 新西兰元，分别占农场开支的 14.8％、75.6％及 9.6％。在各项开支中，饲料开支所占比例比较大。饲料总开支为 424 新西兰元，占农场开支的 31.4％。在饲料中，干草与青贮饲料开支为 138 新西兰元，作物饲料开支为 6 新西兰元，放牧饲料开支为 152 新西兰元，其他饲料开支为 128 新西兰元，分别占饲料总开支的 32.5％、1.4％、35.8％及 30.2％。此外，用于动物健康、育种、奶牛棚费用、电力、化肥、杂草与病虫害防治、燃料的开支分别为 73、41、22、51、196、10 及 30 新西兰元。

对于一个绵羊与肉牛示范农场而言，一个牲畜单位(1 头肉牛相当于 5.5 个牲畜单位)的农场开支为 42.87 新西兰元，其中劳动力开支、其他开支与间接开支三大部分，分别为 4.23、32.23 和 6.41 新西兰元，分别占农场开支的 9.8％、75.3％及 14.9％。在各项开支中，肥料开支所占比例比较大，为 7.07 新西兰元，占农场开支的 l6.5％。饲料总开支为 2.95 新西兰元，仅占农场开支的 6.9％。在饲料开支中，干草与青贮饲料开支所占比例最大，占饲料总开支的 74.9％。此外，用于动物健康、育种、电力、杂草与病虫害防治、燃料分别为 3.32、0.17、0.77、1.30 和 2.46 新西兰元。

6. 主要养殖企业、协会组织概况和地位

协会组织在新西兰肉牛业中具有重要的作用和地位，见表 4-2-5，如新西兰动物生产协会(New Zealand Society for Animal Production)，协会往往参与了肉牛生产和科研的各个方面，包括动物生产与管理、动物营养、肉质、动物福利、动物育种和动物遗传等。其次几乎各个牛品种在新西兰都有各自的品种协会，主要负责本品种的选育工作。

表 4-2-5

新西兰的牛品种及协会名称

牛品种	用途	品种特性	新西兰协会
安格斯牛	肉	耐寒，适合粗放式放牧，胴体品质好，早熟易肥，产肉性能佳	新西兰安格斯协会

续表 4-2-5

牛品种	用途	品种特性	新西兰协会
奥布拉克牛	肉	耐寒，适合粗放式放牧节约饲料	奥布拉克牛育种协会
澳洲劳莱恩牛	肉	温顺，耐寒，体况小，无角	澳洲劳莱恩牛协会
爱尔夏牛	奶	性情温和，耐寒，良好的觅食，牛奶非常适合生产奶酪	新西兰艾尔郡
比利时兰牛	肉	胴体品质好，温顺	新西兰比利时兰牛协会
白带格罗威牛	肉	耐寒，抗病，瘦肉率高	新西兰加洛韦牛协会
金发阿基塔牛	肉	温顺，耐寒，适合崎岖的地形	澳大利亚和新西兰的金发阿基塔协会
瑞士褐牛	奶和肉	肉乳兼用用途，温顺，耐寒，晚熟	新西兰瑞士褐牛饲养者协会
夏洛莱牛	肉	耐寒，增重快，瘦肉率高，良好的胴体产量	新西兰夏洛莱牛协会
契安尼娜牛	肉	温顺，有角，体格大，肉质细嫩	新西兰契安尼娜牛协会
德温牛	肉	温顺，肌肉发达，耐寒，耐热，适应性强	新西兰德温郡红牛饲养者协会
德克斯特牛	奶和肉	体格小，易于管理，产高品质的牛奶和肉	德温郡牛协会
弗里赛奶牛	奶	牛奶产量高，牛奶适合生产奶酪，适应性强	新西兰荷斯坦黑白花奶牛
盖洛威牛	肉	适合于高海拔地区，耐寒，觅食能力强，有小牛的奶牛性情多变	新西兰盖洛威牛协会
盖普威牛	奶和肉	温顺，生长迅速，生育能力强，产奶量好，贫瘠的牧场上有良好的转化率	新西兰盖普威牛饲养者协会
更赛牛	奶	温顺，易于管理，产优质牛奶，小巧，天然有角	新西兰更赛牛饲养者协会
海福特牛	肉	温顺，适合放牧饲养，丰满，肉质细嫩	新西兰海福特协会
高地牛	奶	耐寒，适合极端天气和恶劣条件，易管理，有角	新西兰高地牛协会
泽西乳牛	奶	温和，体况小，产奶好，乳脂含量高	新西兰爱薇牛协会
利木赞牛	肉	耐寒，善于觅食，丰满，早期屠宰，生长速度快，有角(调查品种)	利木赞牛肉育种者协会
曼安茹牛	肉(但有很好的牛奶产量)	易于管理，耐寒，生长速度快，瘦肉率高而且嫩	新西兰曼安茹牛协会
曼达隆特种牛	肉	生长速度快，胴体产量高，早熟	
马奇贾内牛	奶	生长速度快，产奶好，温顺，适合山地和极端气候	马奇贾内牛协会
默兹莱茵伊赛牛	奶和肉	温顺耐寒，牛奶量高，生长速度快，胴体产量高	
莫累灰牛	肉	耐寒，早熟，温顺，生长速度快，胴体产量好	新西兰莫累灰牛协会
巴塞奈斯牛	肉	耐寒，抗病，肥沃，适合各种地形，低胆固醇肉类	新西兰巴塞奈斯牛协会
皮埃蒙特牛	肉	温顺，耐寒，生长速度快，通常有双肌，胴体质量好	皮埃蒙特牛协会
无角红牛	奶和肉	温顺，耐寒，适合小牛肉，奶质好，肉嫩	新西兰无角红牛饲养者协会
萨勒牛	肉和奶	耐寒，觅食良好，适合集约化养殖，生育力强，良好的产奶量但主要用于产肉，高生长率和胴体产量	新西兰萨勒牛协会
罗马诺拉肉牛	肉	生长速度快，体格较大，极端天气耐受强，胴体产量好	新西兰罗马诺拉肉牛协会
圣热特鲁迪斯牛	肉	耐热，生育力强，胴体产量高，脂肪分布均匀	新西兰圣热特鲁迪斯牛协会
谢弗混种牛	肉	生育力强，生长速度快，胴体产量高，肉质优良，适合杂交育种	

续表 4-2-5

牛品种	用途	品种特性	新西兰协会
短角牛	肉和奶	温顺，生长速度快，产奶好，瘦肉率高	新西兰短角牛协会
西门塔尔牛	奶	产奶好，早熟，丰满，肌肉发达，温顺	新西兰西门塔尔牛
南德温牛	肉和奶	耐寒，温顺，多产，生长良好，肉质优良	新西兰南德温牛协会
苏塞克斯肉牛	肉	温顺，耐旱，丰满，生育力强，优质的肉类（调查品种）	苏塞克斯肉牛协会
德州长角牛	肉	耐寒，适合各种气候，温顺，生长缓慢，瘦肉率高	
和牛	肉	温顺，早熟，适合各种气候，肉质呈大理石花纹	新西兰和牛协会
威尔士黑牛	肉和奶	适合山地国家，温顺，丰满，生长速度快、胴体产量高、瘦肉率高	新西兰威尔士黑牛饲养协会

7. 劳动生产率、资源转化率、养殖生产力概况

新西兰 2011 年约有 227.6 万头成年牛被屠宰，其中包括 25%的阉牛、18%的小母牛、38%的母牛和 19%的公牛。大约有 12 万 t 的牛肉在本地市场消耗，约合 40 万头牛，占屠宰量的 20%，剩余的 80%都用作出口。2016 年牛的屠宰数量约为 446 万头，2017 年有所下降，约为 416 万头。在 20 世纪 50 年代，大约有 70%的牛肉被本地市场消耗，30%用作出口。在 1980 年，31%被本地消耗，69%用作出口。这样的变化趋势与本地消耗的肉品结构变化趋势相一致，即白肉（包括猪肉和禽肉）的消耗显著增加，而红肉的消耗轻微下降。目前，红肉消耗占新西兰本地肉品市场的 46%，白肉占 54%。新西兰每年屠宰牛的数量见表 4-2-6。

新西兰的肉牛生产有多个特征：肉牛大多养殖在丘陵地带；大部分肉牛都不人为育肥或饲喂谷物，只是通过草场放牧；奶牛业多余的动物也用于牛肉生产。因此新西兰的肉牛产业具有明显的季节性，85%～90%的肉牛在每年的 11 月到次年 6 月间屠宰。因此，每年的 7—10 月，牛肉供应链会发生固定的短缺。

表 4-2-6
新西兰每年屠宰牛的数量

头

类别	1993 年	2003 年	2011 年	2015 年	2016 年
阉牛	557 639	450 000	577 000	555 000	514 000
小母牛	199 639	229 000	409 000	492 000	470 000
母牛	587 291	834 000	856 000	1 164 000	1 035 000
公牛	610 037	653 000	434 000	491 000	490 000
犊奶牛	812 802	1 550 000	1 656 000	2 137 000	1 950 000
成年牛总数	1 954 606	2 166 000	2 276 000	2 702 000	2 509 000

注：奶犊牛是牛奶喂养 4 d，屠宰后用于小牛肉交易。未阉割的雄性牛是公牛，被阉割的是阉牛。小牛从喝奶到放牧有 6 个月的过渡。小母牛是未交配的雌性小牛。

8. 动物福利

新西兰的肉牛福利并不受到动物福利科学家或动物福利社会活动者的关注，这可能是因为肉牛是草食动物且被广泛地饲养。世界肉牛产业共有的动物福利问题在新西兰都很少，这里的肉牛饲养场没有长距离运输，也没有跨海活体运输，且这里的肉牛屠宰场的管理也很完善。

9. 生产潜力评估

近些年来，每年 140 万～170 万头的初生奶犊牛（bobby calves）在出生几天内被屠杀，如果这些奶犊牛能够被部分生存下来，新西兰的肉牛产量将能够在很短的时间内迅速增加。这种情况主要由市场

价格决定，牛肉价格走低则有更多的奶犊牛被杀，而牛肉价格走高则有更多的奶犊牛被养做肉用。

新西兰的肉牛繁殖率(断奶犊牛数除以配种母牛数)为80%～85%。在传统肉牛农场，第一次产犊在3岁左右。新西兰农业生产普查数据表明，只有35%的牛在15个月配种且在2岁左右产犊，但是这个数据没有区分养至2岁直接屠宰和养至27个月进行配种的小母牛。因此本地母牛的繁殖潜力还有很大的上升空间。且小牛从初生到断奶生长速度也有待提高，目前这个阶段公认的日增重为1 kg/d。

对于肉牛生产者来说，一个关键问题是如何提高肉牛的生产效率并降低生产成本。在新西兰，肉牛生产和世界其他地区有所不同，包括：自然生产系统，新西兰肉牛生产是青草或干草为基础的饲喂方式、更少的药物施用、自由放牧(不拴系)、更高的动物福利和环境可持续性发展。优良的肉质，包括嫩度、营养价值、外观、肌肉和脂肪颜色、大理石花纹等。可追溯的食物安全系统。其他特点，如牛肉对人类的健康，高档大理石花纹的牛肉等。

(三)肉牛产品加工业发展情况

1. 肉牛产品产量及在世界上的地位

(1)牛肉主要出口地区

肉类产业是新西兰经济的支柱产业，肉产品为新西兰第二大出口产品。2011年，新西兰初级产品出口总额为278亿新元，其中肉类出口额为64亿新元(包括各种肉类产品及副产品)，占同期整个初级产品出口总额的23%，肉类出口总量超过100万t，产品远销世界120个国家和地区。见表4-2-7。

新西兰牛肉生产及出口均居世界前十位。2011年，新西兰牛肉出口总量约为35万t，出口额21亿新元，出口额比上年增长约10%。新西兰牛肉出口的主要市场有：北美、北亚、南亚、欧盟、中东、南非和太平洋岛国。

表 4-2-7

新西兰肉类出口市场份额 %

地区	牛肉	内脏及其他肉产品
非洲	1	14
欧盟	4	18
中东	3	8
北美	48	4
北亚	26	27
太平洋岛国	3	4
南非	14	19
其他	1	6

北美是新西兰牛肉出口的最大市场，美国是最大的单一牛肉出口市场。2011年，新西兰向北美出口17万t牛肉，约占全新牛肉出口总量的48%，对北美的出口总额为9.4亿美元。

北亚是新西兰牛肉出口的第二大市场。2011年，新西兰对北亚地区出口牛肉9.25万t，约占新西兰牛肉出口总量的26%。北亚地区的主要市场是韩国(10%)、日本(9%)、中国台湾(6%)、中国香港(1%)，市场需求主要是质量上乘的牛肉。

日本和韩国的牛肉进口关税很高，美国可从美韩自贸协定中获得40%的关税减免，这使新西兰牛肉出口面临巨大挑战，新西兰业界大力敦促政府尽早与韩国签订自贸协定。与此同时，新西兰还十分关注澳大利亚与日本的自贸谈判。

2011年，新西兰对南亚地区出口牛肉4.3万t，同比下降15.3%。印度尼西亚以前是新西兰在南亚最大的牛肉出口市场，占新西兰对该地区牛肉出口总量的50%以上，但自印度尼西亚政府实施发展本国肉牛产业政策以来，新西兰对印度尼西亚的牛肉出口减少了23.4%。其他市场有菲律宾、新加坡等。

2011年，新西兰向欧盟出口1.4万t牛肉，约占新西兰牛肉出口总量的4%，同比增长10.7%。欧盟市场需求主要是高质量的切割牛肉，其中英国是新西兰牛肉出口的主要市场，市场份额约占总额的1.8%。

(2)牛肉出口前景

由于口蹄疫和疯牛病的困扰，巴西和美国的牛肉出口一蹶不振，全球对新西兰牛肉的需求十分强劲。但近年来，饲料价格上涨、运输成本提高，以及全球金融危机等因素，均影响着新西兰牛肉出口的前景。另外，由于许多农场转向利润较高的奶牛饲养，新西兰肉牛数量在不断减少。专家指出，只有奶牛市场饱和后，新西兰肉牛产业才会有较大发展。

(3)副产品主要出口地区

2011年，肉类副产品的出口占新西兰肉类产品出口总额的21%，金额为14亿新元。主要产品是皮、皮革、肠衣、骨头、油脂、头尾等。

皮和皮革：皮和皮革出口额5.1亿新元。由于发展中国家汽车销量的增长，新西兰皮革主要用于汽车内装饰，意大利是该类产品的最大市场，其他市场有中国内地、韩国、中国香港、印度、日本和土耳其。

头尾：新西兰该类产品出口额1.9亿新元，出口市场主要是日本、韩国、印度尼西亚、中国香港、菲律宾、新加坡、中国台湾和英国。

肠衣及牛肚：新西兰肠衣及牛肚出口额约1.2亿新元，其中一半以上的肠衣销往中国，其他出口市场有欧盟、埃及、日本。

骨头：出口额不到1亿新元，东南亚特别是印度尼西亚是该类产品的主要出口市场，出口金额占50%以上。

油脂：出口额约1.9亿新元，其中绝大部分的油脂出口到中国。

2. 肉牛产品加工企业及组织概况

(1)肉牛加工企业简介

新西兰肉类行业包括肉类产品供应链中每个环节的参与者：农场主、加工商、出口/市场分销和零售商。全国有上百家肉类食品公司，其中大型综合性肉类加工公司有6家，见表4-2-8。最大的三家是银蕨农场(Silver Fern Farms，原名PPCS)、联盟集团有限公司(Alliance Group Ltd.)和AFFCO新西兰有限公司，这些公司下属的肉类加工厂遍及全国各地，有效地缩短了从农场—工厂—出口码头的运输距离，可确保肉类食品的新鲜度。大公司承担着大部分肉类出口的任务，而小公司则生产特殊需求的产品，以供应特定市场，或对肉类进行再加工，以求获取更高的附加利润。

表4-2-8

新西兰综合性大型肉类公司名单

公司名称	公司网址
银蕨农场(Silver Fern Farms)	www.silverfernfarms.co.nz
联盟集团有限公司(Alliance Group Ltd.)	www.alliance.co.nz
AFFCO新西兰有限公司(AFFCO New Zealand Ltd.)	www.affco.co.nz
ANZCO食品有限公司(ANZCO Foods Ltd.)	www.anzcofoods.com
蓝天肉类有限公司(Blue Sky Meats Ltd.)	www.bluesky.co.nz
华莱士集团有限公司(Wallace Corp. Ltd.)	www.wallace.co.nz

(2)牛肉运输企业简介

新西兰80%～90%的羊肉、羔羊肉和牛肉用于出口。过去，新西兰出口的牛羊肉主要是冷冻畜体或半加工畜体产品，现在，新西兰向世界各地出口大量具有高附加值的冷却切割肉产品。1989年切割肉出口额占肉类出口总额的64%，2006年切割肉出口额占肉类出口总额的97%。为肉类行业服务的运输公司主要是地区运输公司，这些公司须通过新西兰食品安全局的检验和注册方可运输活畜、加工前或加工后的肉类产品，全国约有 250 家肉产品运输公司。肉产品出口码头有奥克兰、陶朗加、纳皮尔、新普利茅斯、基督城和但尼丁等港口。

(3)肉类行业协会机构

新西兰肉类产业的行业组织很多，其中最主要的有 3 家：新西兰牛羊肉有限公司(Beef + Lamb New Zealand Limited)，主要职责是通过调研和市场开发，提升农场主的投资回报，加强新西兰肉类生产运作机制。肉类工业协会(Meat Industry Association，MIA)是一家自发的行业组织，主要关注肉类加工商和出口商的切身利益，是建立和铺架肉类加工商与政府、贸易机构、海外机构对话交流的平台。新西兰肉类董事会(New Zealand Meat Board，NZMB)，负责管理肉类产品的配额分发，并与农场主、加工商、出口商一道，共同提升产品的价值和利润。

(4)肉类研发机构

新西兰肉类加工企业和产业团体与大学及科研机构紧密合作，研究和开发先进的机械设备和加工工艺，努力挖掘更高的产品价值和利润，确保新西兰肉类产业处于世界领先地位。其研究经费通常是由产业团体或市场参与者共同集资。

承担科研与实验工作的机构主要是大学和皇家研究所：梅西大学和林肯大学均开设畜牧及肉类加工课程和研究课题，梅西大学兽医学排名世界五强之列，主要研究肉质、冷藏、鉴定、包装方法、活性成分提取等课题。林肯大学的肉类工业服务公司专门提供与肉类加工相关的研发和咨询服务，其中包括传感器开发和供应链系统开发等服务。

农业研究所(Agriculture Research)是新西兰最大的皇家研究所，是畜牧业研究的前沿阵地。

新西兰工业研究有限公司(Industrial Research Limited，IRL)也进行肉类食品加工工艺的研究，曾为企业研发了先进的牛肉加工设备。

在加强科研的同时，新西兰加强对畜牧和肉类加工业技术和管理人员的培训，产业团体经常为雇员和农业综合企业的领导人提供培训课程。新西兰的大学还与其他国家合作开设畜牧及加工业课程，学员们在新西兰、美国、欧盟和亚洲等地参观考察，从不同的农业区域和食品供应部门多视角的探讨畜牧业存在的问题、面临的挑战、产业趋势以及文化影响。

3. 食品安全保障体系

食品安全是人类健康的关键，也是新西兰肉类产业的生命线，对维护新西兰肉类产品在全球的信誉至关重要。新西兰对肉类产品安全十分重视，建立健全了一整套的食品安全保障体系。

生物安全：由新西兰农林部及其下属的新西兰生物安全公司负责，主要职责是对所有生物及其制品进行边境前检验、边境检验、监控和危机处理。生物安全公司与新西兰资源保护部、卫生部和渔业部合作，共同监视和保护新西兰边境，监视境内牲畜的健康。新西兰保持高标准防范措施以及执行严格的生物安全法规的做法闻名于世。

质量担保：农林部和新西兰食品安全局共同负责肉类产品的质量担保，这两个机构共同监控整个肉类产品的供应链，对牲畜进行检验检疫，并对肉类产品质量进行监督，向符合标准的加工厂颁发出口证书。食品安全局在新西兰境内有 49 个实验室，一些实验室就设在加工厂里，可颁发针对不同市场需求的质量担保证书。新西兰肉类加工检验标准通常要高于进口国家的要求。

质量确保服务机构：质量保障有限公司(Ensure Quality Limited)是一家国有企业，受新西兰财政部和农林部双重领导，公司提供有关食品安全和生物技术的服务，包括食品监督、检验、实验室测试、产业支持等多项服务，其宗旨是确保食品从农场到餐桌整个供应链的每个环节的安全，并确保出口食品符合最苛刻要求的国家标准。公司拥有 1 700 名技术专家，在新西兰和澳大利亚设有 140 家分支机构，还为 40 多个国家提供服务，是南半球最大的质量检验公司。

公司特别重视建立健全质量与安全的检测标准和可追溯的数据获取机制，捕捉供应链的各环节的食品生物安全信息，建立高科技的信息网络，定期进行数据分析，满足不同客户的特殊需求。公司配有农场服务的技术人员和兽医，帮助农民提高牲畜健康和疾病监控，审计出口产品，检测环境和提供活畜的出口证明等。在肉类产业供应链的每个环节，公司派出质量担保专家，对每道加工程序和产品进行独立审计，确保产品质量和安全，确保产品在海外市场的竞争力。

（四）牛肉消费情况

1. 牛肉消费占比及国民消费偏好

新西兰是目前全球国民吃肉最多的国家，年人均消费肉类 126.9 kg（2015 年）。新西兰人均年消费牛肉 28 kg，而阿根廷为 54 kg，澳大利亚为 39 kg，美国为 40 kg，中国为 4.8 kg。

新西兰牛肉以天然放牧方式饲养，肉质口感比采用牛棚舍饲饲养的牛肉更有弹性、韧性，嚼起来鲜嫩多汁，即使经过久炖久煮都不易变硬、口感变差，因此很多厨师都喜欢用新西兰牛肉作为他们进行菜肴创新的原材料。

新西兰牛肉略带微酸的口感及自然原始的牛肉香气，更具有开胃的绝佳效果。新西兰牛肉分级明确、品管严格，不论经营的是高档饭店或大众餐厅，都能找到满足消费者质量需求与成本考量的新西兰牛肉产品。新西兰人以天然放牧饲育的方式饲养牛只，产出的肉质比其他喂食谷物的一般牛肉有更高比例的瘦肉，并含有丰富的蛋白质、B 族维生素、锌和铁质，但油花、脂肪、胆固醇含量相对较低。修去脂肪的精瘦牛肉仅有 5%的脂肪，其中多半是单一的不饱和脂肪，这有助于降低消费者血液中的胆固醇，另外还富含 omega3 和 omega6 不饱和脂肪酸，可减少心脏病发生的机会。

新西兰牛肉产品分为三个等级：PS、young bull 和 cow。

PS：阉公牛及未孕的小母牛，重量超过 145 kg。这类牛产肉率少，但肉质好、油花密集，特别是 loin cuts（牛柳、肉眼等）肉质腴嫩口碑佳，价位最高。

young bull：18～24 个月，未阉的年轻公牛，这是新西兰牛肉的特色产品，价位居次，产肉量高，但肉质精嫩，强劲耐嚼感，各个部位都有良好评价，并能维持一定的价位水准。

cow：母牛，特色是脂肪色泽偏黄，肉质精瘦、风味足，耐久煮烹调，适合味重的中式料理，价位也最平易近人。

如银蕨农场的草饲牛肉全部采用散养模式，并创立了草饲牛肉评级系统（EQ System）。pH、大理石纹脂肪（油花）、骨化、牛肋骨脂肪总量、肉的颜色、脂肪的颜色等都是该评价系统考核的范围。因为散养模式会受到气候等外来因素影响，所以仅有大约 5%的银蕨农场牛肉能够达到 EQ 准级别，保证提供给消费者的肉品质相同。鉴于草饲牛肉较高的价格和在烹饪方面所需更多技巧，公司希望和更多的高端餐饮渠道达成合作。

2. 牛肉消费量历史变化情况及影响因素

2013 年，在国际上，新西兰牛肉出口量排第 5 名，活牛出口量排第 9 名，活牛存栏量排第 14 名，牛肉产量排第 14 名，牛肉消费量排第 37 名，出口产量超过 84%牛肉产量。新西兰历年牛肉消费量见表 4-2-9。

表 4-2-9
新西兰历年牛肉消费量

年份	消费量/t
2008	111 000
2009	110 000
2010	113 000
2011	100 000
2012	117 000
2013	117 000
2014	117 000

在国内消耗量变化不大，与当地居民爱吃牛肉及文化有关。

(五)肉牛产品贸易情况

1. 肉牛产品进出口贸易

(1)进口情况

新西兰是一个肉牛及产品出口大国，但由于价格优势等原因会进口一些澳大利亚的牛肉，连续三年进口在 10 000 t 左右。

(2)出口情况

①肉类整体出口情况

截止到 2016 年 6 月 30 日，新西兰出口肉类产品及副产品价值为 75 亿美元，与 2015 年相比增加了 2 亿美元。

出口牛肉在 2015 年 36%增长的基础上又增长了 4%。

出口羊肉与 2015 年 2%下降相比较，也增长了 2%。牛、羊肉出口增长部分抵消了副产品出口的减少，比 2015 年下降了 4%。

其中美国、英国和中国三大出口市场占新西兰肉产品总出口量的一半以上。美国出口价值减少了 7%，中国出口价值增长了 10%，英国出口价值增长了 1%。

②牛肉整体出口情况

2015/2016 年牛肉出口的数量和价值持续增长，较 2014/2015 年数量增长 11%，价值增长 36%，2016 年的增幅相对较少，数量只增长 3%，价值增长 4%。截止到 2016 年 6 月，出口牛肉 430 931 t，价值 31 亿美元。

北美仍然是新西兰牛肉最大的区域市场，在 2015/2016 年出口牛肉 230 066 t，价值 15.5 亿美元。

对美国的出口量为 207 932 t，下降了 8%，价值 14 亿美元，价值下降了 11%。虽然较 2014/2015 年出口数量低，但仍然高于前六年。

对加拿大的出口量持续增长，为 22 134 t，数量上升了 36%，价值 1.43 亿美元。这意味着加拿大是新西兰继美国、中国和中国台湾的第四大牛肉的出口市场。

北亚是新西兰第二大的牛肉出口地区，出口量占新西兰总出口的 1/3，为 140 472 t，价值 10.3 亿美元。较 2015 年数量增长了 19%，价值增长了 16%。

其中对中国出口的牛肉占北亚出口总量的一半以上，出口了 77 828 t，价值 5.39 亿美元。与 2015 年相比，数量增长了 46%，价值增长了 55%。对中国台湾地区的出口也在持续增长，为 26 041 t，数量增长了 33%，价值增长了 38%，为 2.11 亿美元。2015 年初，新西兰与中国台湾地区达成了经济合作协议免除关税，与其他出口国家相比多了竞争优势。见图 4-2-3，图 4-2-4。

对于其他地区的出口涨跌互现。对韩国的出口量为 19 827 t，比 2015 年下跌了 4%，，价值 1.16 亿美元，价值下跌了 1%。然而，随着新西兰一韩国在 2016 年自由贸易协定的签订，实行两轮关税削减，将会促进新西兰和韩国牛肉出口市场的保持和恢复。

新西兰牛肉出口日本只占很小部分，在 2015—2016 年呈现下降趋势，为 14 424 t，出口量下降了 29%，价值为 1.37 亿美元，下降了 16%。由于泛太平洋伙伴关系的重要性，澳大利亚通过其与日本之间的自由贸易协定享受关税优势，新西兰牛肉对日本出口量将持续下滑。

2015—2016 年对东南亚地区出口数量为 23 341 t，增长了 8%，价值为 1.5 亿美元，增长了 9%。

由于印度尼西亚放宽了进口限制，2014—2015 年新西兰牛肉对其出口量达到 6 974 t，价值 4 100 万美元，2015—2016 年出口量达 10 437 t，价值 6 100 万美元。

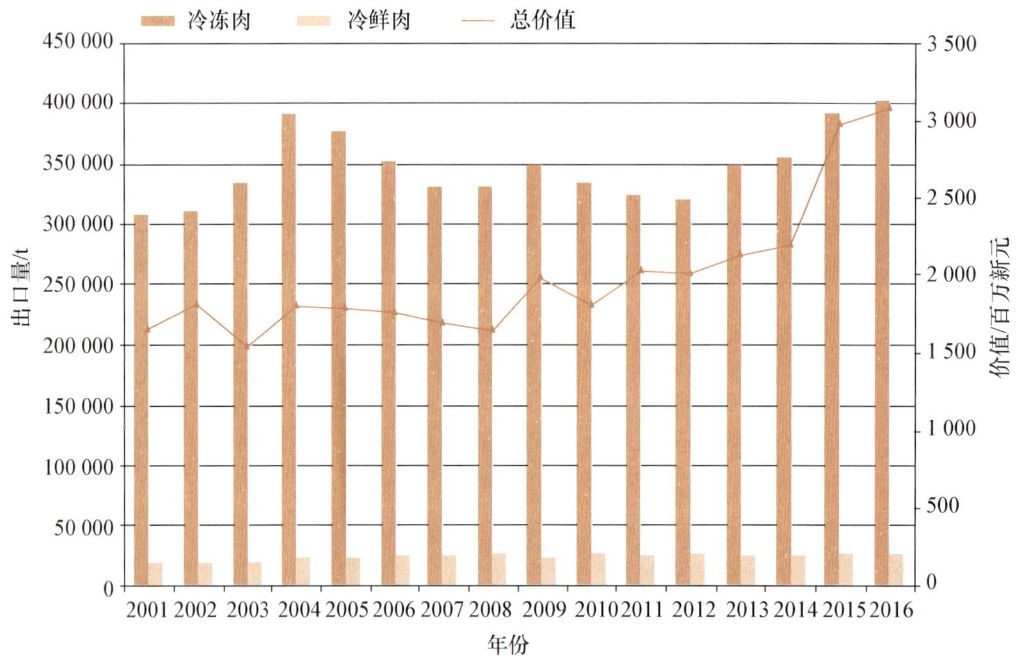

图 4-2-3　新西兰牛肉出口的量和价值

来源：www. mia. co. nz

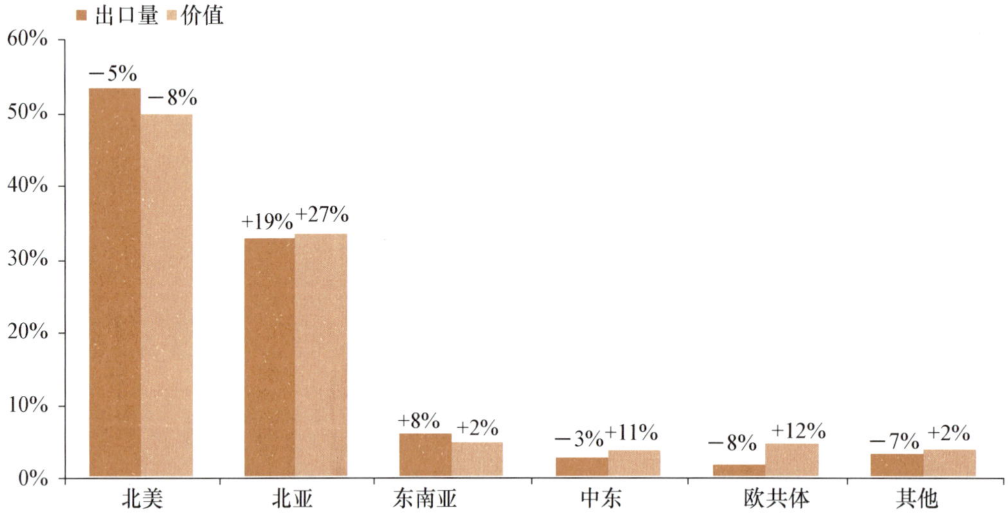

图 4-2-4　2015—2016 年新西兰牛肉出口(图中显示与上一年的增减比例)

马来西亚作为东南亚第二大进口地区，新西兰对其出口呈下降趋势，数量为 6 977 t，下降了 2%，价值 2 800 万美元，下降了 12%。

对于其他地区的出口也呈现下降趋势，新加坡下降了 6%，价值 2 700 万美元，菲律宾下降了 40%，价值 1 400 万美元，泰国下降了 27%，价值 1 200 万美元。

欧盟进口新西兰牛肉比较少，2015—2016 年新西兰对欧盟整体牛肉出口量为 8 627 t，上升了 2%。对高档牛肉出口而言，欧盟市场非常重要，平均 16.20 美元/kg，为总体平均出口价格(7.20 美元)的 2 倍以上。新西兰对于欧盟出口的价值 1.4 亿美元的牛肉，40%出口到荷兰，18%出口到法国，10%出口到意大利。

在其他市场，犹如欧盟市场、中东地区市场，虽然相对很小，却是新西兰的高档牛肉出口市场，2015—2016 年出口平均价格为 15.20 美元，出口了 7 500 万美元高档切割冻牛肉(占 65%)。

太平洋地区是另一个出口冻牛肉(占 58%)比保鲜牛肉多的地区,主要为法属波利尼西亚(3 400 万美元)和新喀里多尼亚(1 700 万美元)。见图 4-2-5,图 4-2-6。

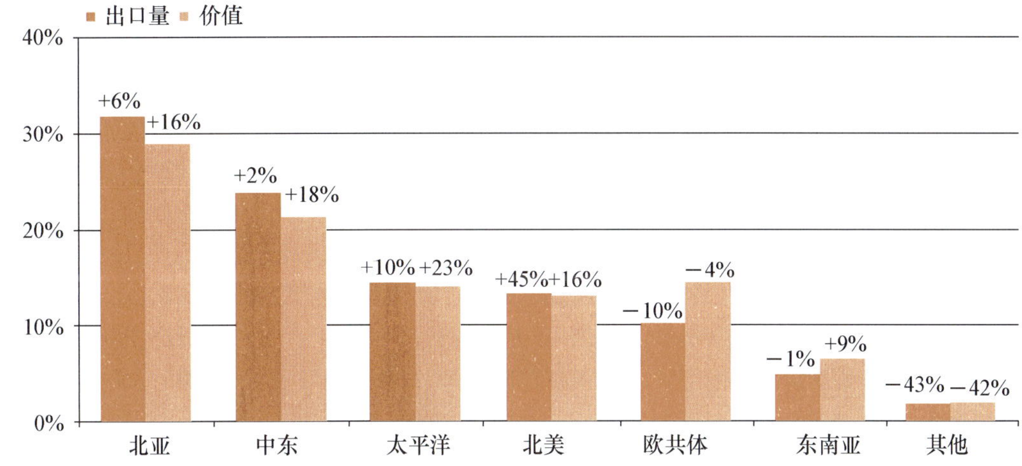

图 4-2-5　新西兰冷冻牛肉出口地区(图中显示与上一年的增减比例)

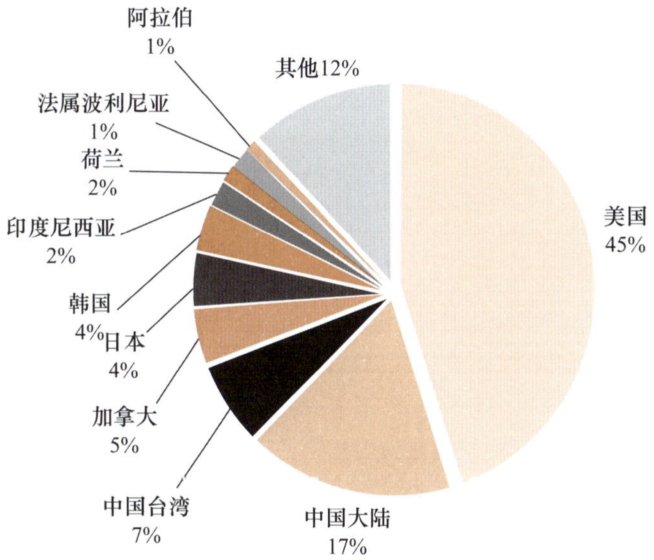

图 4-2-6　十大牛肉市场价值

(3)在世界畜产品贸易的地位

新西兰是世界肉类生产大国和出口大国,自 19 世纪末冷冻装置运输船投入使用以来,新西兰向世界各地出口牛、羊肉已有 130 年的历史,其肉类产品质量上乘,健康安全,在全球享有很高声誉。而新西兰先进的肉类加工技术对其肉类出口发挥了重要的推动作用。

新西兰是经济发达国家,以畜牧业为主,服务业发达。畜牧业产品出口收入占出口总收入 60%以上,工业以农业牧产品加工为主,是世界上按人口平均养羊、养牛最多的国家。畜牧业占农业总产值的 80%左右;从事畜牧业的人口约占农业人口的 80%。发达的畜牧业是新西兰的经济基础,羊肉和奶制品出口量居世界第 1 位,羊毛出口量居世界第 2 位,粗羊毛产量占世界总产量的 40%。新西兰的羔羊肉主要向欧洲出口。中国依然是进口新西兰羊毛的大国。牛肉和小牛肉的主要出口对象是美国,占总出口的 63%。新西兰的鹿肉绝大部分出口到德国和其他欧洲国家;鹿茸的主要出口地是韩国和中国香港。乳制品出口约占新西兰全部出口的 1/4,国内生产总值的 7%以上,乳制品出口价格波动对世界经济的变动较为敏感。新西兰最大的乳制品生产企业恒天然集团(Fonterra Co-operative Group Ltd)瞄准中国等新兴市场,调整后的发展战略包括强力推进在中国、东盟和拉丁美洲等快速增长的新兴市场的发展,扩大其海外奶源的产量等。其在华建设的几个实验性农场已开始生产高质量奶源,完全符合相关标准及市场要求。

肉类产业是新西兰经济的支柱产业,肉产品为新西兰第二大出口产品。截止到 2016 年 6 月 30 日,出口肉类产品及副产品价值为 75 亿美元,与前一年相比增加了 2 亿美元,产品远销世界 120 个国家和地区。目前,澳、日、美、欧盟为新西兰最主要的贸易伙伴,且其更加重视同加拿大、东亚国家和中东国家发展贸易。近年来,新西兰将贸易重点转向亚太地区。新西兰牛肉出口的主要市场有:北美、北亚、南亚、欧盟、中东、南非和太平洋岛国。

新西兰积极推进双、多边自由贸易安排,已同澳大利亚(1983 年)、新加坡(2000 年)、泰国(2004 年)、中国内地(2008 年)、马来西亚(2009 年)、中国香港地区(2010 年 3 月)签署双边自贸协定;同新加坡、智利、文莱签署《跨太平洋战略经济伙伴协定(TPP)(2005 年),并与美国、越南、马来西亚、秘鲁等国积极推进 TPP 谈判。

2. 与中国的畜产品贸易情况

新西兰作为肉牛及其产品出口大国,积极发展与中国的畜产品贸易。2011—2016 年牛肉及其产品出口呈明显增长趋势。2015—2016 年,中国已成为新西兰第二大牛肉出口国家,对中国大陆出口牛肉占其全部出口数量的 18%,占其出口金额的 17%,共出口了 77 828 t,价值 5.39 亿美元。与 2015 年相比,数量增长了 46%,价值增长了 55%。其中冷冻牛肉占其出口数量的 19%,占其出口金额的 8%,共出口了 77 825 t,价值 5.38 亿美元。中国台湾地区为新西兰第三大牛肉出口国家或地区,对中国台湾地区出口牛肉占其全部出口量的 6%,占其出口金额的 7%,出口了 26 041 t,价值 2.12 亿美元。与 2015 年相比,数量增长了 33%,价值增长了 38%。其中,冷鲜牛肉占其出口数量的 11%,占其出口金额的 8%,共出口了 2 948 t,价值 0.28 亿美元。与 2015 年相比,数量增长了 24%,价值增长了 31%。见图 4-2-7。

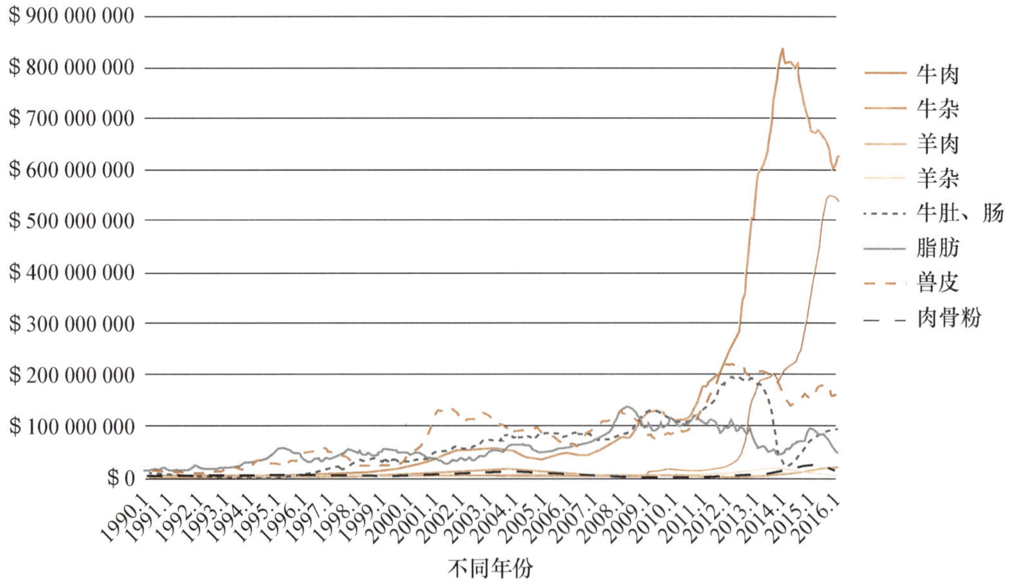

图 4-2-7 不同年份新西兰肉类产业对中国出口情况(离港价)

中国内地为新西兰第一大牛肉副产品出口国家,2015—2016 年副产品出口价值为 3.37 亿美元,占其全部出口金额的 25%。与 2015 年相比,价值下降了 4%。中国香港地区为其第八大副产品出口国家或地区,2015—2016 年副产品出口价值为 0.51 亿美元,占其全部出口金额的 4%。与 2015 年相比,价值下降了 24%。见图 4-2-8,图 4-2-9,图 4-2-10,图 4-2-11。

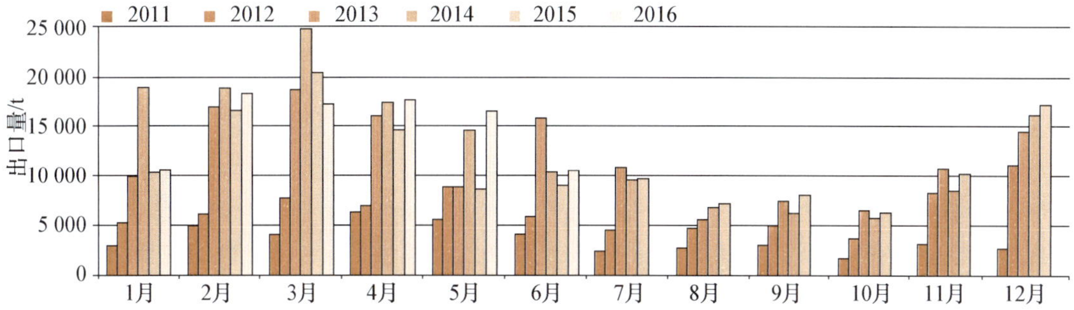

图 4-2-8 2011—2016 年对中国牛肉和内脏月出口量

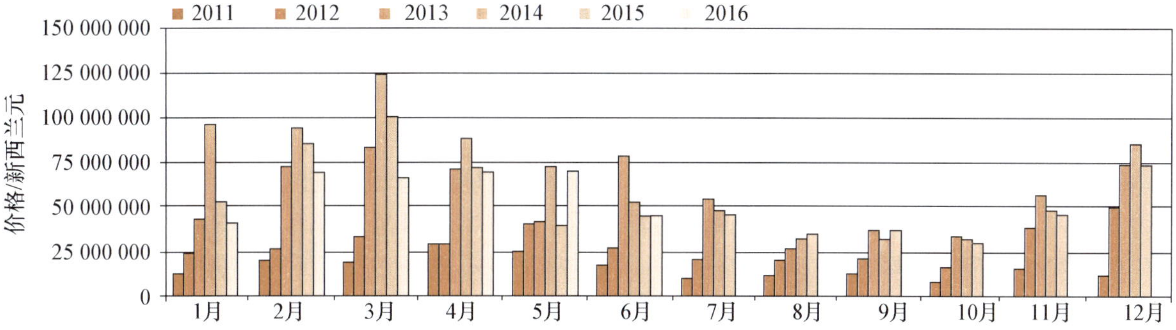

图 4-2-9 2011—2016 年对中国牛肉和内脏月出口额

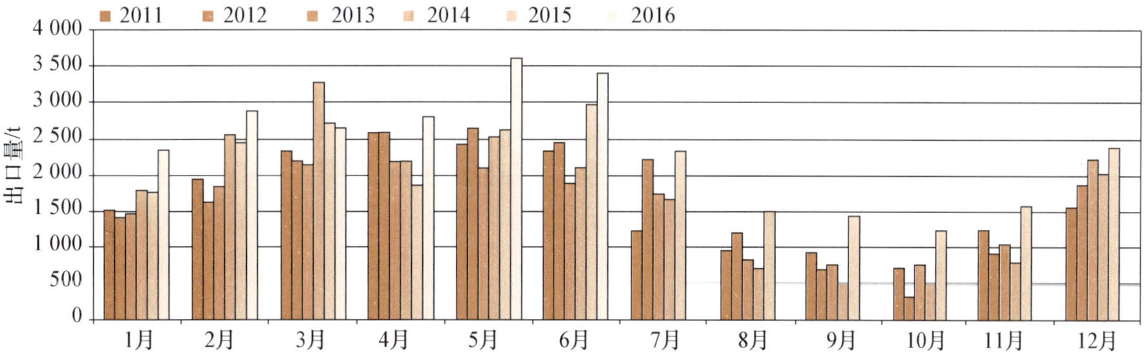

图 4-2-10 2011—2016 年对中国台湾地区牛肉和内脏月出口量

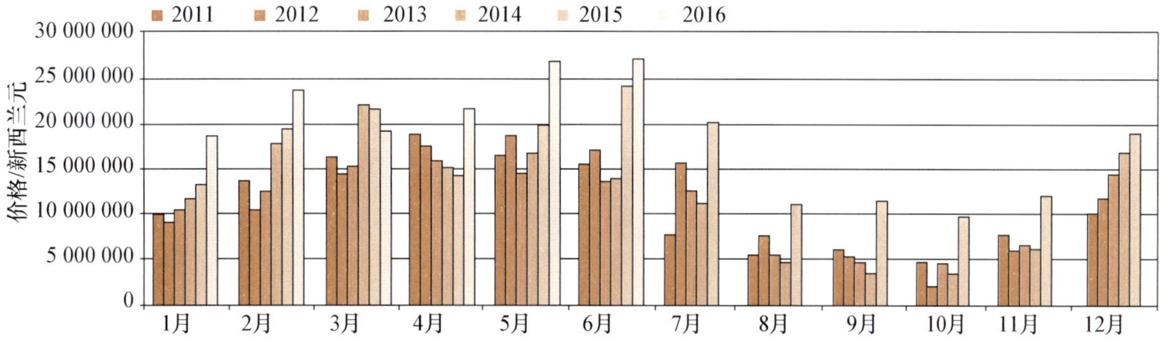

图 4-2-11 2011—2016 年对中国台湾地区牛肉和内脏月出口额

三、畜牧业生产扶持政策措施

（一）新西兰农牧业发展的背景

1. 新西兰农牧业起步发展阶段

新西兰畜牧业是在特殊的社会历史条件下发展起来的。18世纪末到19世纪初新西兰沦为英国殖民地，殖民者将新西兰定位为英国发展毛纺织工业的原料供应基地，到19世纪40年代中期，在北岛东南沿海的怀拉拉帕地区建立了首批养羊场，从此揭开了新西兰畜牧业发展历史的序幕。随着英国毛纺织工业的蓬勃发展，羊毛需要量剧增，进一步刺激了新西兰养羊业的迅速发展，羊毛也逐渐成为重要的出口商品。1905年，羊毛在肉类、羊毛和乳制品出口总值中已占到55.2%，高居榜首。

2. 新西兰农牧业稳定增长阶段

1907年，新西兰脱离英国殖民统治，成为英联邦的自治领地，并在英联邦国家内享有特惠权，这对新西兰畜牧业发展有很大的促进作用，畜牧业仍作为主要的经济部门得到了更快发展。1920—1940年，全国羊、牛养殖数量分别增长了30%和45%。同时，由于国际市场对乳制品需求的增加，再加上起步阶段的人工草场建设已初具规模，以及北岛具有适合奶牛饲养繁殖的得天独厚的气候条件，使国内奶牛业的发展比养羊和肉牛更为迅速，到1945年，新西兰的奶牛数已占全国养牛总数的65%，乳制品出口额占到畜牧产品出口总值的46%，跃居全国出口产品首位。

3. 新西兰农牧业调整转型阶段

20世纪60年代以后，随着化纤工业发展，国际市场对羊毛的需要量下降，以及随着人们生活水平的提高，消费结构与食物结构发生了明显变化，对肉类特别是牛肉的需要量日益增加，迫使长期依赖国际市场的新西兰畜牧业结构也随之发生相应调整和创新，即肉牛、肉用羊及肉毛兼用羊迅速发展，肉用牛占到全国总牛数的60%左右，肉用羊（罗姆尼羊）和肉毛兼用（考力代羊）新品种代替了原来专门产毛品种（美利奴羊）的主导地位。经过20多年的发展，肉类出口占羊毛、肉类和乳制品出口总值的比例上升为40%，居于首位。20世纪80年代之后，随着鹿产品国际市场需求增长和养鹿效益的提高，鹿饲养业得到迅速发展。1980—1990年，鹿养殖数由10.4万头上升为97.6万头，增长9.4倍，一跃成为继养羊、养牛之后的第三大产业。

4. 新西兰农牧业快速发展阶段

1995年1月加入WTO后，新西兰农牧业发展呈现出新的趋势。适应国际贸易竞争变化，注重发挥林业产品和园艺业的比较优势，逐步由单一的产品竞争转向多元化的农牧业竞争格局。1995—2002年新西兰农牧产品出口总额提高63.1%，其中园艺产品、林业产品出口额分别增长60.6%和66.8%。在发挥综合比较优势的同时，继续强化畜牧业的国际竞争优势，特别是鹿、奶产品的竞争力。1995—2002年新西兰奶类出口增长了1.14倍，为适应国际畜产品需求竞争局势的变化，新西兰畜牧业首先推进战略性结构调整，奶牛养殖和养鹿规模进一步扩大，1995—2004年，奶牛和养鹿数据分别增加107.2万头和46.5万头。

（二）新西兰发展现代畜牧业的主要做法

1. 政府高度重视农业发展，具有较完善的法律法规政策及农业标准化体系

在农业发展的初级阶段，政府对农业的扶持力度较大，政府广泛参与动物防疫、植物保护、灌溉、防灾减灾、农业补贴、市场管理、贸易和农产品价格保护等多方面的事务。新西兰政府在20世纪80年代给予农民36%以上的贷款利率贴息，当时奶牛场农场主收入的90%来自政府补贴。同时，政府还制定

了较完善的保障农业发展的法律法规，除了《农业法》，还有《合作组织法》。政府建立了较为完善的农业标准化体系和严格的生产鉴定程序，所有农产品不仅具有食用和种用专业标准，还有选育、加工、进口、出口、运输、储存等多项质量等级标准。

2. 加大农业管理体制改革力度，形成统筹城乡发展的管理模式

新西兰政府始终都把建立城乡平等制度作为推进城乡一体化的重要手段，将农民教育文化、医疗卫生、社会保障、农村基础设施建设等统一纳入政府管理体系之中。政府分别在 20 世纪 80 年代和 90 年代进行了面向市场的取消补贴、减少干预、精简机构、优化服务等方面的农业管理体制改革，成立了新的农林渔业部，统一协调对农、牧、渔、林业的综合管理，形成了农业生产加工、销售一体化的管理体制，避免了管理职能的交叉、分散、重叠。在土地制度上，政府给予了农民土地永久使用权和处置权，促进了农场规模的扩大和市场竞争力的提升。

3. 不断加大对农业科研的投入，大力推进农业科技创新与应用

政府十分重视农业科技工作，注重把农业科技创新和推广应用与农民的需要结合起来。目前，新西兰财政预算中直接用于科技的经费占 18%，科技经费中用于农业的占 30%，并且对每个企业科研创新项目的投入政府均给予 50%的补贴，并注意教育与科研的紧密结合，每个区域和相关大学都设有农业科研和推广机构，农业科研经费由州政府承担 50%，联邦政府承担 26%，高等院校和商业企业分别承担 14%和 10%。如今新西兰的畜禽育种、畜产品加工等技术居世界领先水平。农业增产增收的 60%～80%来自科技进步因素，农业科技成果的转化率达 80%左右。

4. 充分发挥农协等合作经济组织的作用，构建与农业发展要求相适应的社会化服务体系

新西兰拥有为农业发展综合配套的社会化服务体系，服务领域涉及生产、经营、加工、运输、销售、金融、保险、贸易、科技、税务、教育、卫生、检疫、防疫、信息、技术等农业发展的各个方面，其中农协等合作经济组织的作用非常明显，他们与农户构成了紧密的利益共同体，既是农业产业化龙头企业，又是以农户为股东的股份合作制企业。新西兰有 1/3 的人属于各类合作经济组织成员，并有 22%的农产品由合作经济组织运作。目前，新西兰前 100 位公司中有 11 个是合作经济组织，为农业发展提供各种社会化服务，对农业经济发展起到了重要作用。

5. 注重生态环境保护和资源管理，促进农业可持续发展

尽管新西兰资源丰富，但政府仍特别重视生态环境保护和自然资源的管理。首先对水资源的管理十分严格。新西兰绝大多数农牧场都是采用大型喷灌车进行喷灌，以提高水的利用率。其次非常重视耕地资源的保护。新西兰为防治天然草场退化，建立人工草场 9.1 万余 km^2，约占全国草场总面积的 70%。再次高度重视生态环境保护和监测。新西兰大多数牧场都建有牲畜粪便处理系统。新西兰对外来动植物入境的管理更是十分严格，禁止任何外来物种对生态环境造成破坏。

6. 强化对农业从业者的教育和培训，不断提高农业劳动者的素质

为了提高农业从业者运用现代科技的劳动技能，新西兰十分重视针对农业从业者的实效教育和培训。目前，新西兰农业从业者大都受过 13 年的初级和中级教育，许多年轻农业从业者还受过高级职业教育和高等教育。

(三)新西兰畜牧业生产发展之道

1. 用法律保护和促进农业发展

新西兰在经济活动领域有一整套的法律法规。由于 20 世纪 80 年代以来国际形势的变化，新西兰对部分法律、法规进行了修订。例如，对水产养殖品种的进口实行严格的检疫标准，以确保自然环境免遭破坏。过去在新西兰附近海域的渔业产品，尤其是远洋捕捞，大部分为日本、苏联、韩国所得。这刺激了新西兰本国渔业的发展，并开始对外国渔船的活动严加控制，限定其捕鱼量等，保护了本国渔业的发展，使渔业也成为国家重要的产业。1991 年 12 月，新西兰政府撤销了外国投资者不能购买新西兰土

地的禁令，并将海外投资区分为“敏感性”和“非敏感性”两类，使海外的投资符合国家发展重点。

2. 重视依靠科技进步提高劳动生产率

新西兰政府重视通过科技进步，利用先进的科学技术节省资源，提高劳动生产率。现在，新西兰的畜牧业依靠提高单产来增加效益，畜产品增长也主要依靠单产的提高。因新西兰的气候温和湿润，牛羊全天在露天放牧，极少舍饲。新西兰并不因这种得天独厚的条件而满足，为了提高生产率，特别重视发展人工草场，人工草场的占比日渐增大。政府十分重视天然草场的保护、改良和合理利用，严格限定载畜量，因此，新西兰牧场的特点是规模虽然比较小，但经营方式集约化。

3. 坚持走可持续发展之路

在全球气候变化的背景下，如何保持畜牧业的可持续发展是各个国家所关注的重点之一。新西兰遵循草畜的平衡原则，大力发展生态养牛业。支持养牛业的科技研发，改良和培育优良奶牛与肉牛品种，使其适应不同的气候条件。此外，新西兰实施了一系列可持续发展政策，如可持续水资源行动纲领、奶业及清洁河流项目、可持续农场基金等措施及关于气候变化和天然灾害应对政策。可持续农场基金项目在其运行的 7 年内对农场生产者的 460 个项目提供了财政资助。

4. 降低养牛业生产成本

新西兰的科技研究与创新很大程度上用于支持低成本的农业系统。科研人员对牧草进行长期深入研究，开发牧草新品种。同时政府大力支持人工草地的建设，促进养牛业生产力的提高。新西兰养牛业具有饲养成本低且效益高的特点，在养牛业饲料成本中，干草与青贮饲料占主要地位。

5. 调整产品结构适应市场需要

为适应国际消费市场变化，新西兰鼓励养牛业产品朝着多样化方向发展。新西兰是世界奶制品的出口大国，其中全脂奶粉出口量世界排名第一。为满足全球奶制品市场的需要，近年来黄油、脱脂奶粉、奶酪与酪蛋白等都逐渐成为新西兰主要的出口奶制品。

（四）关于新西兰畜牧业具体种群

新西兰是世界上主要的畜牧业国家之一，养牛业在新西兰的畜牧业中占有重要地位。新西兰人均拥有牛的头数比较多，全国平均每人拥有牛约 2.3 头。从事养牛业的人员数量也比较多，奶牛养殖人员占农业总人口的 26.1%，肉牛养殖人员占 11.4%。新西兰统计局数据显示，2008/2009 年度 3 月的畜牧业总收入为 161.12 亿新西兰元（1 新西兰元约合 4.70 元人民币，2010 年）。其中奶制品所占的比重最大，其次为牛肉，二者占畜牧业总收入的 69.0%。奶制品收入为 85.03 亿新西兰元，占畜牧业总收入的 52.8%；牛肉收入为 26.08 亿新西兰元，占畜牧业总收入的 16.2%。

新西兰畜牧业是国家最重要的产业，是经济的基础。全国有牧场 1 365 万 hm^2，有牧羊场 24 400 个，奶牛场 16 600 个。养牛和养羊农场的规模越来越大，占总数 43%的大农场拥有 66%的牲畜，畜牧业以牛、羊为主。

1. 养牛业

新西兰的肉牛生产受到世界市场的刺激，从过去奶牛为主转而成为重要的肉牛生产国。新西兰肉牛的主要品种是安格斯牛，毛黑色、无角、耐粗饲、肌肉发达、胴体质量高、适合集约化经营。其他品种有海福特牛、西门塔尔牛、夏洛莱牛、利木赞和安海杂交牛等。奶牛品种主要是乳脂率高的娟姗牛、黑白花牛和爱尔夏牛。

2. 养羊业

新西兰羊的最重要的品种是罗姆尼羊，大约占总头数的 2/5，考力代绵羊，以毛肉兼用而著名。养羊总数近年来有所下降。羊毛侧重以中细毛为主，新西兰以品质优良的羔羊肉驰名于世，是重要的外汇来源。新西兰每头羔羊的产肉量达到 15 kg，成年羊为 20.5 kg。新西兰制定有各个品种羊的育种标准，对种羊的登记十分严格。

3. 家禽业

为了保护本国家禽免受疾病侵害，新西兰政府对进口家禽施以十分严格的检疫法规，因此基本没有鲜活或冷冻家禽及蛋类的进口。新西兰的家禽饲养业主要供国内消费。

4. 养猪业

新西兰的养猪业受到精饲料生产的限制，一直处于次要的地位。最大的饲养地区在坎特布雷(Canterbury)。

5. 养马业

新西兰的纯种马是世界上最优良的品种之一，其中还有少量供出口。

总起来说，新西兰的畜牧业有以下特点：生产发展迅速，波动较小。新西兰农业发展中，畜牧业一直处于主导的地位。在整整一个世纪的发展史中，没有大的波动，基本上保持着增长的趋势。以牛、羊、鹿等草食家畜为主。这些草食牲畜类在畜产品总值中占90%以上，而猪和家禽主要依靠舍养，所占比例较小。专业化水平高，出口比例大。目前将近有3/4的牧场以经营某一产品为主，专业化水平高的结果是大大提高了劳动生产率。由于国内市场有限，绝大部分畜产品需要到国际市场上寻求销路。

(五)新西兰畜牧业发展的特点

新西兰农业受到其社会、经济、劳动力以及自然条件的影响，与欧美和邻近的澳大利亚都有所不同。概括地说，其独特之处有以下几点。

1. 低成本、高效率

新西兰人少地多，尤其是海洋性气候适宜于牧草、森林生长，畜牧主要采取室外自然放牧形式，只需草种、电围栏、良畜种、化肥以及机械等投入，一次投入往往使用多年，就可以生产出高品质的产品，劳动力投入较少。全国从事农业的劳动力大约只有13万，300 hm^2 左右的牧场一般只需2个左右的劳动力(忙时可临时雇佣一些工人)，种植、养殖基本上全部实现了机械化操作。同时，科技推广服务的市场化、社会化以及行业协会、合作社的覆盖广、效率高也有效支撑了低成本。特别值得一提的是，1984年进行了完全市场经济改革后，使新西兰成为目前发达国家中唯一一个没有对农业提供任何直接补贴、与其他产业一样征收商品税、收入税的国家，即使这样新西兰农业仍然保持了较强的竞争力。

2. 自然、生态、环保、可持续

新西兰被誉为“世界最后一块净土”，整个国家除道路、房屋建筑外几乎全部被树木、草、水面覆盖，国家自然公园、自然保护区以及各级公共公园数量众多；充分利用太阳能、土壤、气候条件形成的自然生产力提供低成本的产品，而不是依靠工业支撑经济；自然、生态、环保、可持续的理念意识不但被法律所重点强化，而且成为所有人的一种自觉、自然行为；农业中使用的化肥较少，主要是补充钾，很少使用农药；牲畜粪便直接回归牧草地作为有机肥。

3. 城乡、区域一体化

在新西兰几乎没有城乡差别的概念，农村分别归入不同的区，也没有类似于“乡下人”“农民工”等说法，所有的人、所有的地区享有全国统一的教育、社保等系列福利制度，也承担相应的税收(包括农场主的收入所得税、物产税等)；房屋、农场主的土地可以自由买卖；劳动力就业有统一的最低工资标准，作为政府雇员与私人企业、农场主的雇员没有性质区别；在中央政府以及国家议会、法院之下的大区、区、市没有上下级行政管辖与隶属关系，各自独立，只是职责不同，有明确的划分；农村主要从事农业，农场主收入水平一般远高于城市家庭收入，拥有农场的也可能是在大学任教的教授或城市的其他投资者。政府一般通过科学规划等明确划分适宜于工业、商业、农业等方面的土地使用方向，供投资者选择。

4. 质量安全监管系统性强，效率、水平高

在所有农业行业普遍建立了政府监管部门、行业协会、企业或合作社有机协调的农产品质量安全监管系统，广泛应用了最先进的信息技术，监管效率和水平堪称世界领先。其中最典型的是奶制品质量安全系统，是支撑新西兰成为世界奶制品质量最高国家的基本保证，也是100多年来奶农共同努力的结果。

5. 大企业、行业协会领衔的规模化、一体化

新西兰农场平均规模不断扩大、农场数量不断下降。例如，新西兰奶牛场平均占地131 hm^2，平均每公顷饲养2.8头奶牛，在过去10年中，牛群规模平均增长60%，奶牛场数量减少21%，主要是规模经济利益、信息技术等高新技术应用的推动。

新西兰农业是产业化和规模化经营，奶业、肉和羊毛、苹果和梨、猕猴桃产业等都有非常强大的行业组织。1990年新西兰政府颁布了《商品征税法》，该法规定如果某行业有60%的从业者要求开展益于该行业发展的活动，该行业可以自行对商品征收额外税款用于促进该行业发展的活动。行业组织所征收税款部分用于行业发展所需要的技术研发和推广项目，有效地提高了农业劳动生产率。例如，行业利益组织新西兰乳农协会(Dairy NZ)通过对奶固体征收每千克3.6分的强制性缴费而获取资金用于研究等，生产者每6年投票表决一次，决定是否继续实行这项缴费。

企业化经营的合作组织基本上覆盖农业的所有产业，并与农场主结成了非常紧密型的利益联结关系，合作社数量减少，但影响力、控制力明显提升。例如，随着运输网络和技术的改进，牛奶收集和加工的规模经济形成，并刺激行业合并。1935年新西兰大约有500个奶牛农场主合作企业，到1985年降至约100个，到2000年仅有4个。目前，新西兰的Fonterra(恒天然)合作集团公司、Westland合作乳品公司和Tatua合作乳品公司等3个合作企业占新西兰牧场牛奶收集量的96%(2008/2009生产季)。Fonterra是最大的合作企业，2008/2009牛奶收集量占92%，90%多的奶牛农场主都是该合作企业的股东和社员。

6. 主导产业清晰，科技领先、竞争力强

虽然新西兰是目前发达国家中唯一一个没有对农业提供任何补贴、与其他产业一样征收商品税、收入税的国家，但是依托独特的资源优势、成本和质量优势、技术创新优势，新西兰形成了以奶牛养殖为主，肉牛、绵羊、鹿养殖等为补充的畜牧业主导产业，以猕猴桃、葡萄种植为主的果品业，以及以松树(辐射松和花旗松)用材林为主的用材林业，这些产业在世界上具有很强的竞争力，奶制品、猕猴桃、木材、白葡萄酒成为新西兰出口的标志性产品，增长势头不减。而国内生产没有比较优势和竞争力的产品如粮食等则主要依赖进口，体现了国际分工的合理性。围绕这些主导产业的发展，新西兰的科技工作者不断创新科技，在牧草品种选育、牲畜良种培育、牧草施肥、轮牧方式、电围栏、挤奶设备、农产品质量安全信息化系统、奶制品加工技术、猕猴桃品种以及种植技术、葡萄酒品种选育和加工技术、鹿的饲养以及产品加工方面不断创新并引领世界。一年一度的农博会更是吸引世界20多个国家、1 000多个参展商、13万访问者展示新技术、新产品。国家和地方投资建立的占地16.8 hm^2 的创新园区也为农业科技创新搭建了一个良好的平台。

7. 开拓国际市场能力强

新西兰本国人口只有450万左右，国内消费有限，农产品只有以合理的价格出口才能维持本国农业发展。欧洲经济共同体形成之前，由于新西兰属英联邦国家，英国基本上包销了新西兰农产品可供出口的部分(有多少要多少)，帮助新西兰实现了农业现代化立国，并步入发达国家行列。欧洲经济共同体形成之后，新西兰不得不加入国际农产品出口竞争的行列，开始面向中国、日本等国家寻求出口市场，尤其是经过1984年比较彻底的市场经济改革之后，在农业资源产权制度、农业科研与推广制度、政府管理制度、组织制度等方面构造了一个富有效率的体系，使新西兰农业的市场化效率更高，国际竞争力进一步增强。

8. 政府管理以及社会化服务的市场化、高效率，直接面向农场主、企业需求的高效率农业科技创新体系

1984年在新西兰推行了以农业改革为突破口的经济改革，其宗旨是“创造一个充满活力的市场经济”，其目标为“取消所有政府给某些行业和个人的特权，建立一个公平的竞争环境”。在经济改革的推动下，新西兰逐步取消了政府对农业的所有补贴，从根本上改变了农业管理部门的职能和农业科研管理体制。农业服务机构的管理模式发生了根本性的改变，如原归属农林部的从事农业推广服务的咨询服务局逐步转变成为“用户付费”的市场化服务机构，1995 年该机构并购到了新西兰最大的农业服务性企业 PGG Wrightson 公司。再如，有 70 多年历史的新西兰奶品局(New Zealand Dairy Board)曾经是新西兰奶业组织体系的核心，承担着行业协会的角色，2001 年与几家大的合作公司合并成了新西兰最大的奶制品合作集团公司 Fonterra。商业服务机构在新西兰农业中发挥着不可替代的重要作用。

(六)新西兰农牧业经营的机制与创新性

新西兰农牧业生产机械化、电气化及生产集约化水平的提高，主要依赖于农牧业科技的不断创新与普及。根据全球发展趋势和自身优势，新西兰政府提出了重点发展生物技术、创新产业技术和信息通信技术等 3 个科技创新的目标，全面实现由传统的农畜牧经济到知识经济的转型，农牧业经营机制创新呈现出鲜明特点。

1. 完备的农牧业科研机构和科技创新体系

新西兰有比较完整的科研机构和质量较高的科研队伍。农畜牧业科研被列为政府科工部重中之重项目，并且联合农业部门所属的实验室、台站一起开展具有原创性的研究工作。科工部设有 24 个农牧业研究所，拥有 2 400 多名专业性研究人员。农渔部在北岛和南岛设有 4 个农牧业技术研究服务中心，拥有 5 500 多名科技人员。全国还有 7 所大学都设有农牧业系、草原系、园艺系和环境系，研究机构和院校科研人员本身保持着紧密的业务关系，资源与信息共享，从而大大提高了农牧业综合研究与创新的能力。农业、畜牧、林业和园艺科技是新西兰传统的科技强项，近几年来，由于受到政府投资预算导向的影响，农牧业生物技术、信息技术、环境科学和工程学等方面的研究水平也得到显著提高。

2. 便捷的农牧业成果推广与服务合作机制

新西兰政府所属农牧业研究机构和专业学术团体都具有明确的“科研定位”，强调需求、实用和高效原则，与农牧场场主保持着紧密的业务关系。农业科技人员也经常举办类似国内“科技下乡”活动，直接向农场主推广新技术和解决实际问题。为了让新的科研成果能够被农场主迅速接受和推广，新西兰政府采取了很多办法，同时严格规定了牧场主从业资格，在新西兰从事畜牧业人员至少要具备高中以上文化，只有具备了较高专业文化素质的业主才可能容易接受先进的农业科学技术；新西兰农业科研机构为推广技术专门建立开放的示范农牧场，与中国远离农民的示范园区不同，新西兰的示范牧场通常建在大牧场之间，方便周围的牧场主参观、学习新技术产生的成果，从而促使他们主动采用新技术。新西兰畜牧业较高的专业化水平还表现为农牧场股份制联合、经营规模及其明确分工。

3. 高效的农牧业管理与技术调控模式

20 世纪 90 年代以来，新西兰农牧业发展主要依靠内部挖潜的模式，依靠新技术应用，通过提高单产来扩大规模和增加效益，农牧产品优势强化，特别是加入 WTO 后，农牧产品出口额呈现出显著增长态势。奶产品继续保持出口强势，园艺、林产品后来居上，发展十分迅速。新西兰农牧业生产与出口结构的这一变化主要依靠新的农牧业科技革命。加快机械化技术革命，加大牧草种植和管理、饲料加工、挤奶、剪羊毛、屠宰、加工、运输、冷冻等现代机械设备的研制与推广力度，大大提高了劳动效率；通过生物技术推广，不断培育优良牲畜品种，增强牲畜生产对各种气候条件和牧场环境的适应性。

4. 长期的畜牧业科学养殖示范与推广

新西兰注重农牧园艺产品专业研发、科学化种植和信息化管理，尤其是牧草新品种培育，促使人工草场快速发展，人工草场面积占草场总面积的 65.7%，大型养殖场呈现出集约化、规模化的态势。优质牧草的长期科学培育和扩大增强了畜牧业可持续发展能力。目前新西兰人工草场主要的草种是禾本科植物黑麦草和豆科植物三叶草，这是经过 100 多年研究试验后才确定的两个环保、优质的品种。据试验资料，人工草场配以科学管理，平均产量达到 4 995～15 000 $kg/100\ km^2$，平均养羊 19.5～

24.0 只/100 km²,而在中国国内养羊 1 只/100 km²,才能保证草场不退化。草场综合生产力水平的提高,增强了畜牧业生产的稳定性与可持续性。

(七)新西兰的农业技术推广

新西兰的农场(farm)即指牧场。农业技术推广很大程度上是指牧业技术推广。

1. 农业技术推广机构

1992 年以后,新西兰成立了专门的农业技术推广咨询公司——“新西兰农业”。除专业咨询公司外,新西兰农业管理科学院、农渔业部技术司、家畜改良公司、农场发展俱乐部、土地种植委员会、大学、私人和集体公司、毛利事务委员会也从事部分的农、牧、渔业技术的推广与咨询工作。

2. 农业技术推广人员

新西兰从事农业技术推广工作的人员大多来自政府机构、科研部门、大学以及民间组织。近年出现了个体专家,他们独自工作,与任何国家、集体、民间组织无任何关系。新西兰的推广人员均具有大学以上学历。农渔部技术司的专家大多数为硕士或相似的资格。从事农业技术推广工作的人员多数均持有相关技术资格证书。

3. 农业技术推广形式

新西兰农业技术推广的领域较广,主要有绵羊养殖、奶酪业、耕作、肉牛饲养、农场防护林等。农业技术推广主要在农业协会或俱乐部活动中进行。

农场俱乐部的农业技术推广会每月举行一次,每次推广活动选择一名会员作为被访问对象。聚会由特聘的专家组织,俱乐部成员首先参观确定的牧场,参观过程中可以向主人提问。然后,大家集中起来,每个人就所参观牧场的成功之处或特色作以描述。最后,由专家总结被参观牧场的优缺点,发现优秀的牧场供俱乐部成员学习、参考。

除俱乐部、协会推广形式外,推广人员还采用与农场主单独会面,进行个人访问或农场主邀请咨询专家到农场进行指导形式。信件、表格的往来也是重要推广手段。近年,推广人员也通过互联网进行服务活动。

4. 新西兰农业技术推广的特点

- 承担农业技术推广的机构多。除政府的专门农技推广机构外,许多民间组织、个体专家都进行专职或业余的农业技术推广工作。
- 农业技术推广工作大多由研究机构或大学牵头,有利于科研成果的转化和应用。
- 农业技术推广工作形式多样,以市场为导向,重视农场及其资金管理等知识型技术的推广。
- 重视农业技术推广人员的技能培训、知识和推广工具的更新、技术资格认证和实践经验的积累,甚至关注农业技术推广人员在未从事农业管理之前的工作经历。

四、肉牛产业科技进展

(一)育种与繁育技术

新西兰经过多年的选育和不断地引进欧美优良品种,目前饲养的肉牛皆是良种。肉牛品种主要有安格斯牛、海福特牛、夏洛莱牛、肉奶兼用西门塔尔牛等,因为这些牛种体型大、增重快、瘦肉多、脂肪少、优质肉品比例大、饲料报酬高、故深受消费者欢迎。

在 20 世纪 90 年代中期,新西兰已确立各个肉牛品种的育种计划和选育标准,肉牛育种计划在新西兰、澳大利亚、泰国和菲律宾等国家已经被作为国家级的计划来实施,领先于美国、加拿大、英国和南美等国家和地区。其主要育种指标与肉牛的重要的经济性状密切相关,如有关重量的指标,包括犊牛的初生重、母牛的产奶量、肉牛 200 d 体重、400 d 体重、600 d 体重和成年体重等；如繁殖力指标，包括公牛阴囊大小、母牛初产年龄、母牛妊娠期以及是否难产等；如屠宰后胴体指标，包括眼肌面积、背膘厚、产肉量、肌内脂肪、胴体重、牛肉剪切力等；以及其他相关指标，包括种牛的温顺度、净采食量和体况等。

新西兰的肉牛良种繁育已达到专业化水平，搞育种的农场就单纯育种，不搞商品畜种；搞商品畜种生产的就不搞育种，并且种公畜、种母畜由不同的农场生产，以避免近亲繁殖、品种退化。从国外引进家畜品种到新西兰必须经过严格的隔离、检疫、选育等过程，一般需要 5 年的时间才能确定是否可以在生产中推广应用。各农场为追求效益的最大化，在日常饲养管理中就非常注意及时观察、淘汰生产性能较差的家畜个体，在长期的选择中家畜质量水平得到不断提高。

新西兰主要的育种企业有 Beef＋Lamb New Zealand Ltd（新西兰牛羊肉有限责任公司），为农场提供育种、市场信息、遗传资源和人才等方面的技术支持，其网址是：http://www.beeflambnz.com，Email：enquiries@beeflambnz.com。

1. 新西兰肉牛育种计划简介

（1）育种计划

育种计划是肉牛的一个现代化遗传评价体系，它可以加速肉牛的遗传进程、加强育种的可操作性、提高肉牛生产力并增加肉牛的市场价值。育种计划应用世界最先进的遗传评估系统（基于最佳线性无偏预测技术，即 BLUP 技术），通过对肉牛一系列重要生产性能（如体重、胴体重、繁殖力等）进行测定和记录，来得到肉牛个体的估计育种值。

（2）估计育种值

一个动物的育种价值是由其许多遗传特性的优势决定的，它不可能确定一个动物真正的育种价值，而仅仅是估计值，被称为估计育种值（estimated breeding values，EBVs）。

估计育种值体现的是动物个体的遗传特性与该种动物的遗传基础值之间的差值，通过一系列重要经济性状的测量来确定。例如，记录的一头肉牛 400 d 体重的估计育种值为＋33 kg，则说明这头肉牛在 400 d 时的体重比该品种肉牛的标准体重高了 33 kg，一般来讲，这种差异有 72%的概率被遗传给这头肉牛的后代。要确定一头种牛到底好不好，需要多个重要经济性状的测量与估计，见表 4-2-10。

表 4-2-10

肉牛估计育种值的记录

	妊娠期/d	初生重/kg	产奶量/kg	200 d 体重/kg	400 d 体重/kg	600 d 体重/kg	成年体重/kg
估计育种值(EBV)	＋0.1	＋3.4	＋3	＋17	＋33	＋41	＋48
估计准确度(ACC)	59%	65%	58%	73%	72%	72%	63%

在肉牛的育种计划中，可记录的经济性状见表 4-2-11。尽管这些重要的经济性状记录可以提供牛只的大部分遗传信息和估计育种值，但直接的观察评估仍是不可缺少的，如牛只的体况、是否健康、是否温顺等。

表 4-2-11

肉牛重要经济性状

重量	繁殖力	胴体	其他
初生重	公牛阴囊大小	眼肌面积	温顺度
产奶量	初产年龄	背膘厚	净采食量
200 d 体重	妊娠期	产肉量	体况
400 d 体重	是否难产	肌内脂肪	脂肪沉积时间
600 d 体重		胴体重	
成年体重		剪切力	

(3)不同品种的遗传基础值

估计育种值在不同品种之间无法比较,只能是同一品种中肉牛个体与该品种遗传基础值的差异,主要用于估计和比较不同公牛后代的生产性能。遗传基础值(genetic base)一般指某一特定肉牛品种长期以来比较稳定的遗传水平,在新西兰,大多数肉牛品种的遗传基础值在 20 世纪 90 年代已被建立,如安格斯牛(Angus)、海福特牛(Hereford)、墨累灰牛(Murray Grey)、短角牛(Shorthorn)和西门塔尔牛(Simmental)等。

(4)百分比梯度表的应用

在肉牛品种的育种计划报告中,都包含有百分比梯度表的内容。根据百分比梯度表,可以评估一个肉牛个体在该品种中所处的等级。例如有一头肉牛,它的 600 d 体重估计育种值为+41,与该品种的百分比梯度表(表 4-2-12)比较,可知这头肉牛在该品种肉牛中处于前 20%的等级。

表 4-2-12

肉牛品种百分比梯度表

	难产率/%	妊娠期/d	初生重/kg	产奶量/kg	200 d 重/kg	400 d 重/kg	600 d 重/kg	成年重/kg
前 5%	+0.6	−2.0	−0.2	+7	+24	+37	+54	+57
前 10%	+0.3	−1.5	+0.5	+6	+21	+33	+48	+50
前 20%	−0.1	−0.9	+1.1	+5	+18	+28	+41	+43
前 30%	−0.3	−0.5	+1.5	+4	+16	+25	+37	+38
前 40%	−0.6	−0.2	+1.9	+4	+14	+22	+33	+34
前 50%	−0.8	+0.0	+2.2	+3	+13	+20	+30	+30
前 60%	−1.2	+0.3	+2.6	+3	+11	+17	+26	+26
前 70%	−1.6	+0.5	+3.0	+2	+9	+15	+23	+23
前 80%	−2.2	+0.8	+3.4	+1	+7	+12	+19	+18
前 90%	−3.0	+1.2	+4.1	+0	+5	+9	+14	+13

2. 母牛的繁殖要求

对肉牛的繁育工作,主要是通过选择繁殖率高、增重快、屠宰率高的牲畜品种进行繁殖。

品种的选择主要靠牧场的爱好,但一般是选择已被牧场证实的、被大家所熟悉的品种,不轻易采用外来品种。公牛和后备母牛的选择应从有良好的终身繁殖纪录的母牛中挑选。

肉用母牛的繁殖性能是决定新西兰肉牛生产的主要因素。一头理想的母牛,在其有效生产期内,应该每年繁殖一头活犊。因此,只有最好的母畜才能繁殖。尽力做到高百分率的产犊,以便从大量的幼畜中选择种母牛。

基本的繁殖选择,是从产犊到断乳。要求鉴别母牛和犊牛,每年都必须检查所有母畜,达不到标准的(如不孕和产犊晚的母牛等)都应淘汰。淘汰母畜最好在断乳前,即使母畜看来很好,但犊牛差,也应被淘汰。

肉牛繁育要求的平均初生重以品种划分。如安格斯牛 28 kg、海福特牛 33 kg、夏洛莱牛 42 kg。犊牛出生后 6~7 月龄断乳,18 月龄屠宰,出栏体重 225~240 kg,屠宰率约 60%。

在新西兰,繁殖性能高的母牛必须具备以下条件:均在配种期的头 3 周发情;在配种期的 49 d 内,怀孕率达 90%~95%;最长的产犊延伸期为 60 d;平均产犊间隔为 365 d。

为达到上述繁殖目标,必须做到以下几点。

(1)保证营养

这一点非常重要,产犊前后能量的吸收,会能影响繁殖性能。许多牧场的实践表明,产犊前能量水平对产犊后最初 80 d 的发情表现和配种最初 20 d 的怀孕早期影响最大。产犊后能量水平,对产犊后出现晚发情和整个 60 d 配种期的怀孕率有影响。因此,肉母牛至少从产犊前 8 周起至配种期结束,需要高营养水平，这就是所谓的“补饲催情”和“配种补饲”。也就是说，应该保证母牛有良好的产犊条件和在产犊前后的增重。同时，为获得健康、茁壮的断乳犊牛，供给犊牛充足的乳也是重要的。在产犊后，母牛的产乳量比其他特性都重要，它直接与犊牛营养水平有关。在自然交配条件下，种公牛的营养水平也不能忽视。在配种前至少 6 周，把公牛赶进优良草区放牧，并补饲青贮料、干草等，以提高其营养水平。

(2)集中配种和产犊

使母牛集中配种和产犊，是整个繁殖计划的最关键的步骤。在新西兰，肉牛配种季节是春末至初秋 10～12 周时间。公牛的配种年龄一般为 2～6 岁，母牛为 2～8 岁，也有少数牧场，1 岁龄公、母牛即开始配种，但要求体重至少 250 kg 以上才允许配种。公母牛比例一般为 1∶30。利用年限公牛为 6～8 年，母牛为 8～10 年。用切除输精管的小公牛(6～8 月龄)试情，一般可试情 100 头 1 岁龄的后备母牛。肉牛的受胎率为 90%～95%，产犊率为 95%，成活率为 96%。

(3)妊娠诊断

隔离公牛一个月后，对母牛进行妊娠诊断。如发现有空怀母牛就出售。赶不上配种季节的母牛应出售。

(4)减少难产

由于母牛发生难产就会影响其正常发情。因此，难产降低了发情率和怀孕率，见表 4-2-13。后备母牛如 2 岁龄时发生难产，第 1 年断乳犊牛要减少 11%，以后要减少 14%。因此，要求繁殖母牛要达到配种年龄和体重，才允许繁殖后代。

表 4-2-13
难产对母畜繁殖力的影响

项目	产犊情况	
	难产	顺产
产犊后 60 d 进行的人工授精		
母牛发情率/%	60	74
母牛怀孕率/%	54	69
人工授精后 25 d 自然交配(补配)		
母牛怀孕率/%	69	85

(二)养殖技术

新西兰畜牧业的机械化程度非常高，肉牛的放牧、疫病的防治及牧草种植的全过程基本均已实现机械化，并且有专门的机构和专业的技术人员提供服务。他们不仅能够提供农机销售、配件供应、修理保养、机械作业等服务，并且具有种类齐全、型号多样、性能先进的机械装备，能够满足不同牧场、不同生产环节的需要。农机公司建立有相关责任奖惩制度，确保项目农户在第一时间得优质服务。新西兰畜牧业经营的规模化、服务社会化大大提高了养殖设备的使用效果。

新西兰被誉为“世界最大的牧场”，是世界上最重要的畜产品国家之一，畜牧业在新西兰国民经济中占有举足轻重的地位。新西兰以家庭农牧场为主，牧场经营规模虽小，但经营方式集约化。肉牛采用围栏放养的方式，没有畜舍，牛群昼夜都在栅栏内自由活动，不需人看管。必要时，靠农场主培训的牧羊犬驱赶或骑摩托车亲自驱赶。这种放牧方式，不仅比舍饲节省大量劳动力，生产成本低，而且畜产品的品质和风味优良，在国际市场上颇具竞争力。而且，放牧饲养在动物福利方面更加有利，牛群能更好的表达自然天性。

新西兰通过多年的选育和不断地引进欧美优良品种，目前饲养的肉牛全部是良种。肉牛品种主要有安格斯、海福特、夏洛莱；这些优良的家畜品种为新西兰牛肉生产和出口品质优良、数量众多的畜产品提供了最基本的条件。牲畜全部良种化，并按各地的雨量、温度与自然条件饲养不同畜种，实行区域化、专业生产。目前，新西兰北岛北部以肉牛生产为主，南部以奶牛饲养为主，南岛以生产羊肉、羊毛为主。目前有近 3/4 的牧场以经营某一产品为主，专业化生产有效提高了劳动生产率。机械化代替了繁重的体力劳动，如牧草的种植和管理、饲料加工、挤奶、剪羊毛、屠宰、加工、运输、冷冻等，主要依靠机械设备完成。

新西兰十分重视从业者的专业技能培训。农场主和雇工等从业者必须经过严格的岗前培训以获得所需理论和实践知识，包括牧草种植、牧草营养、饲养管理等理论知识和实际操作，并通过考核，取得相应的证书才能从业。

新西兰重视饲养管理，认为只有良好的饲养管理才能够有好的生产效益。每天都会对家畜进行称重，以便及时发现和淘汰不良家畜。及时的将出生后的幼畜与母畜分离开，进行分群饲养、集中保暖、哺乳，并且设置单独的草地供幼畜放牧，这不但有利于增加幼畜的饲养水平、也利于提前断奶，促进母畜的生长和发情。重视牛只的生理特性，结合其行为特点进行管理。例如，牛感知距离和运动速度的能力很差，在行进过程中地面上的异物、阴影或道路的变化就会使牛感到不安并停止行进；倾向于向光亮处行进而不会主动进入暗区；对噪声和外来物敏感；对不良驱赶方式记忆明显等。因此，新西兰人在饲养管理中会结合这些行为特点改进管理方法，如尽量减少路面变化、合理用光促进牛行进、控制机械噪声、减少电击驱赶等。新西兰重视对牛群的训练。在训练过程中会遵循“stockmanship”的训练方法，这种方法旨在通过综合动物行为、训练技巧、饲养管理等方面技术来减少放牧过程中可能产生的应激，促进动物福利。例如，在放牧过程中引入工作距离概念，即指牛开始远离饲养员或犬的距离。进入和退出工作距离可以增加牛移动的速度。同时利用牛颈肩线和脊柱线两个动线，控制牛的进退及方向。新西兰重视牧草利用。牛的饲料需求曲线与牧草生长曲线一致时才能最有效地获得牛奶及收益。春天牧草茂盛，夏天稍差，秋天稍好，冬天则降到基础水平。在牧草开始生长时产犊的牛，泌乳高峰恰在牧草生长最好时期。新西兰人尽可能使分娩季节和牧草生长开始同步，以有效利用牧草，获得更大效益。

（三）疫病防控技术

新西兰是一个美丽的绿色岛国，地理上与世隔离，造就了新西兰独特的生态环境和生物物种，没有世界其他地区常见的各种动植物病虫害。农牧业是新西兰经济的支柱产业，仅一种动植物病虫或杂草的传入就会给新西兰带来灾难性的后果，因此为了保护新西兰的农业、园艺和森林，农林部执行非常严格的动植物检疫制度，实行极为严格的动物及动物产品入境检疫规定，对内建立了由政府、州（领地）政府及当地（相当于县级）政府组成的三级防控体系，全面实施动物疫病的防疫、监控及净化工作。新西兰是世界上重要的畜产品生产国和出口国之一，畜牧业在其国民经济中占有举足轻重的地位。其安全卫生的动物及动物产品一直在竞争激烈的国际环境中享有较高的声誉，其生产的动物及其产品可以不受限制的在全球贸易。并计划于 2030 年前全面停止使用抗生素，将不需要抗生素来维持动物的健康和福利。这得益于其健全的外来动物疫病防控法律法规、完善的管理体系以及经济有效的疫病防控技术。迄今为止，没有或少有世界其他地区流行的重大动物疫病。

1. 法律法规

新西兰动物疫病防控体系有良好的法律保障。1993 年 8 月 26 日农林部生物安全局颁布了防控外来物种入侵的指导性法律《生物安全法》，目的是对有害生物和有害生物体进行禁入限制、根除和实施有效管理。其中涉及动物及动物产品的入境卫生标准 290 项、风险分析 8 项、临时和隔离场所标准 21 项、动物福利 15 项。1999 年颁布的《动物产品法》也包含动物检疫方面的法规，新西兰农林部生物安全局并根据此法建立了活动物和动物种质进口的标准。新西兰外来动物疫病防控计划——《153 系列标准》是疫病防控方面最主要的法规，该规定分别对农林部、各级应对中心和生产加工企业等有关部门均做了具体的规定。

2. 管理体系

新西兰于1998年3月1日，由农业部、林业部合并而成农林业的政府管理机构农林部（MAF），管理范围涵盖农业、园艺、森林、食品安全、环境保护、土地合理利用、绿色产品生产等。主要职能包括：给政府提供农林业方面的信息、分析意见和建议；与外事部合作，促进农产品打入国际市场；代表国家利益，在WTO和OECD发挥作用；建立相关法规，保证国内和出口食品安全，维护消费者对新西兰食品的信心；保护环境，管理国有森林，扶持乡村社团，保护农场和野生动植物免受外来有害生物和疾病的侵害，促进农业和种植业发展。

MAF直属的检疫局（QS）是动植物检疫监督管理的机构，负责进出口动植物入境或离境时现场验证查物和签发检疫证书。

1998年11月1日，MAF质量管理方面的职能划交给ASURE New Zealand Ltd.和AgriQuality New Zealand Ltd.两个新成立的公司代理，负责具体检验检疫业务。前者负责肉品检验业务以及为肉类加工企业提供其他服务，后者提供的服务覆盖农场质量、动物健康、食品质量保证、生物安全和食品安全等，以便于将政府的服务性工作与政策、标准方面的工作分开，提高各自的工作效率。

AgriQuality New Zealand Ltd在全国只有17名MAF认可的兽医，其余工作人员均属于长期或临时聘用，在认可兽医的带领下开展进出口动物的采血驱虫、临床检查、隔离监管和日常疫情监测等工作。

MAF下属的国家疾病调查中心（NCDI），是新西兰唯一负责进出口动物检疫的政府实验室，具有先进的仪器设备、高素质的技术人员以及良好的实验室质量管理体系（ISO/IEC 17025），每年参与由澳大利亚组织的实验室水平测试。在实验室质量保证方面，如出现阳性、可疑结果须由另一技术人员重做一次，如仍为可疑则判定为阳性。检测项目包括副结核病（CFT）、传染性牛鼻气管炎（ELISA）、黏膜病（AC-ELISA）和地方流行性白血病（ELISA）等。

新西兰动物疫病防控体系由政府主导，企业参与、科研单位和公共机构支撑。其中联邦政府主要负责动物及动物产品的检疫、相关国内和国际事务的协调；州政府和行政区政府主要负责本辖区内疫病的防控和消除；科研单位和大学主要负责兽医队伍的建设及动物流行病学知识的传播和推广；公共机构则主要负责国家动物健康项目的管理和评估，以及同相关企业或产业的联络；企业则是疫病防控体系的主要执行者，以及负责动物疫病的监测及上报。

3. 新西兰对动物疫病的分类和应对

新西兰参照原OIE对疾病的分类方法，根据以下原则将外来动物传染病分为三类。一类传染病，包括具有高传染性未知病原的外来动物疫病、原OIE A类部分疾病和首席兽医官认定的其他疾病。二类传染病，包括原OIE所列A类和B类疾病以及首席兽医官指定的疾病，但不包括新西兰地方流行的原OIE所列B类疾病。三类传染病，包括除了原所列A或B类和新西兰地方流行病外，所有有害须申报的疾病，也包括首席兽医官认定的其他疾病。

新西兰对动物疫病的应对行动分为静止阶段、最初调查阶段、应对阶段、终止、监督/后续应对阶段等阶段。根据一、二、三类疾病的分类等级不同，应对方案也略有不同，在各个应对阶段要求的启动机构、运作机构、应对环节要求最短时间均有明确要求。疾病严重程度越高，要求越严格、应对越迅速。一类疾病从启动调查到采取措施要求在18 h内完成，48 h内完成所有的关键应对行动；二类、三类疾病从启动调查到采取措施要求关键环节也有时间要求。一旦发生可疑疾病进入，外来疾病应对中心要按照首席兽医官指示启动调查、采取控制措施，如必要的话，实施扑杀措施。外来疾病应对中心在涉及外来疾病的流行病学、诊断及其他方面为首席兽医官提供专家建议。外来疾病应对中心在不同阶段有一系列国家职能。

4. 新西兰动物疫病控制情况

由于新西兰严格的法律法规体系，一些新出现的外来疫病按照严格的程序得到迅速应对处理，在动物疫病防控上取得了很大成效。

新西兰从未发生过的疫病：牛海绵状脑病、蓝舌病、口蹄疫、水疱性口炎、绵羊和山羊痘、猪水疱病、非洲马瘟、牛瘟、非洲猪瘟、小反刍兽疫、牛结节性疹、裂谷热、高致病性禽流感、新城疫等疫病。

制订有效控制计划的疾病：牛结核病、奶牛流行性牛白血病、鸡传染性法氏囊病、绵羊附睾炎、山羊关节炎脑炎等。在商业用途鸡群中，鸡白痢病已有效得到控制，从未大范围暴发新城疫，禽副黏Ⅰ型无临床症状肠株病毒在新西兰只是地方性流行。如新西兰政府根据流行状况实施了极具特色的牛结核病根除计划，到2011年12月，新西兰感染牛群的期间感染率低于0.2%，提前18个月实现了控制目标。但由于出现了新的受感染牛群，2012—2013年感染率上升至0.21%。据最新数统计，2015—2016年新西兰牛群感染率为0.09%，若在2017年保持感染率低于0.2%，就能达到世界动物卫生组织(OIE)的牛结核病官方无疫要求。

新西兰已经消灭的疾病：传染性牛胸膜肺炎、古典猪瘟和痒病已成功扑灭。1991年宣布消灭牛布氏杆菌病，2002年消灭包虫病，2004年消灭牛地方流行性白血病。

近年来监测到的疾病：牛传染性鼻气管炎、牛结核(TB)、副结核、牛病毒性腹泻、支原体病、钩端螺旋体病、地方流行性白血病等，尤以牛传染性鼻气管炎(IBR)发病率较高，个别农场高达80%～90%。

新西兰于2000年4月11日首次在北岛检出蜜蜂瓦螨病，在随后4年间，该病已蔓延到北岛的多个地区，但在此之前尚未蔓延到南岛，南岛与北岛间仍实施运输限制措施。2004年6月9日，新西兰农林部向OIE紧急报告，新西兰正在调查南岛Canterbury区北部发生的1例疑似瓦螨病。

5. 新西兰肉牛疫病的防治

新西兰对动物疫病的防治坚持贯彻防重于治方针。目前主要防治的疾病有：软肾病(pluy kidney)、气肿疽(黑胫病)(black leg)、恶性水肿病(maxignant oedema)、破伤风(tetanus)、传染性坏死性肝炎(black disease)、面部湿疹(facial eczema)、家畜晕倒病(蹒跚病)(staggers)、嗜眠症(sleepy siekness)、寄生虫病(parasitic disease)、瘤胃臌胀病(bloat)、孢子病(spore)、病毒性肺炎(virus pneumonia)、酸中毒(acidosis)和木舌病(woody tongue)。

对软肾病、气肿疽、恶性水肿病、破伤风、传染性坏死性肝炎，一般是采取疫苗(Covax 5)防疫注射。成年母绵羊产羔前6周注射一次疫苗，成年公羊每年注射一次；羔羊和犊牛每年注射一次；成年牛则不必注射疫苗。

面部湿疹是由真菌感染引起的。此真菌长在草茎上，白点状。牛、羊吃多了就会中毒死亡。该真菌喜于闷热、潮湿地生长，可把牲畜赶到凉爽干燥区放牧，无须用药。

家畜晕倒病(蹒跚病)是由于牲畜吃多了害麦角病的牧草而引起的。因此，有人把此病称为草强直(牧草搐溺)。待牲畜自然恢复，无须用药物防治。

嗜眠症主要是因家畜缺乏饲料干物质而引起的，无须用药物防治。

酸中毒主要是由于家畜缺乏青草而引起的。可静注或肌注葡萄糖液治疗。

寄生虫病是新西兰放牧牛羊的主要疾病，可分为内、外寄生虫病。内寄生虫病主要有蛔虫、肺线虫、绦(带)虫、胃肠道寄生虫和肝片吸虫病，则采取牛羊定期灌药的办法来防治。羔羊每月灌药一次；成年羊每年2～3次；犊牛每隔2个月灌药一次；成年牛无须灌药。外寄生虫病主要是虱。采用药物喷洒、药浴和涂药三种方法进行防治，需要在秋天开始药杀，经3周后再药杀一次。

木舌病，可采用抗菌素进行消炎治疗。

其他疾病则通过正确的饲养管理来防治。此外，由于犬可将棘球蚴病(hdyatids)传给绵羊，因此，对牧羊犬每隔40 d要求口服一次驱虫药防治。

如果牧草中缺乏微量元素(铜、硒等)，要求给牲畜注射相应的微量元素。

6. 防控技术

除了健全的法律法规和完善的管理体系，新西兰在动物疫病防控技术方面也有详细严格的要求。

(1)动物疫病的非疫区认可

严格的生物安全程序、质量控制程序以及地理位置上的隔绝使新西兰被世界动物卫生组织认可为一些动物疫病的非疫区。

(2)电子数据库的使用

电子数据库可记录每只动物从受孕到被出口的整个过程,这一系统已被新西兰农场主使用了10多年。电子数据库在2012年被扩展为国家动物标识与追溯计划(NAIT)。要求每只动物佩戴电子耳标,从2012年7月1日起对牛和2013年3月1日起对鹿强制实施这一计划。一旦发生生物安全警报,通过耳标可以很快找到被感染的动物,及其所在地和负责人。

(3)家畜的引入

● 引入家畜前需要检查动物的健康状态并要求供应商提供家畜的用药记录。限制新引入家畜与其他动物的直接接触。

● 新引入家畜至少单栏隔离24 h,混群前要在独立牧场观察一段时间(7 d为理想周期)。

(4)家畜的健康管理

● 在兽医师的指导下制定家畜的免疫与驱虫保健程序。

● 定期检查家畜的健康状况,将不健康的家畜进行隔离治疗。

● 遵循兽医嘱咐或者兽药说明进行用药,确保家畜的停药期。

● 家畜免疫时,确保注射器和针头保持清洁,避免通过针头和注射器传播疾病。

● 长期保存家畜健康状态和治疗的记录。

(5)家畜的饲料

● 不允许饲喂任何含有反刍动物蛋白质或禁用兽药的饲料。

● 检查饲料标签说明以确定其是否适于饲喂家畜。

● 检查购入的草捆及替代的其他农作物是否存在害虫或污染。

● 不允许饲喂未加工的肉质产品或未煮熟的动物内脏,避免引入包虫病等疫病。

(6)人及设施

● 保持畜牧场、运动场和草场的清洁,定期进行杀虫。

● 限制闲杂人、宠物及车辆等的进出。

● 人、车及设备进场前必须进行消毒,并为来访者提供干净的衣服、鞋套等。

● 不与其他农场共同使用同一注射及冲洗设备,车辆及其他设备只有在使用前消毒后才可以共同使用。

(7)防控害虫、杂草和野生动物

● 定期清除牧区的杂草、消灭牧场内的害虫。

● 保持栅栏或围墙的完整,防止野生动物的进入。

(8)废弃物及动物尸体的管理

● 及时清理动物的废弃物,以减少潜在的疫病传播。

● 幼畜进入成年牲畜腾出的牧区时,至少需7 d的休整期。

● 定期检查是否有死畜,如有则立即移出牧场进行处理。

● 牧场内出现死畜的区域应进行消毒,并尽量避免其他家畜的接近。

(9)工作人员的培训

● 确保工作人员了解各自在实施牧场生物安全过程中的职责。

● 确保工作人员掌握如何鉴定牲畜患病以及注射等治疗流程。

● 确保工作人员熟悉如何处理大规模紧急的动物疫病。

总而言之,新西兰完善的疫病防控机制使得一旦出现兽疫情况可以迅速追本溯源,找到病原,防止疫情扩散,减少损失。在肉牛产业链的各个环节实行严格的检疫检验标准,大大降低了疫情的发生概率,同时,新西兰的兽医管理、选拔体制十分谨慎,也为动物疫病防控提供了有力保障。由于一直实行严格的动物疫病防控制度,未见牲畜口蹄疫、高致病性禽流感等重大动物疫病。因此,新西兰不实行重大动物疫病疫苗预防免疫制度,对于部分常见疫病的染疫动物则实行销毁、净化工作。为保证疫情态势稳定,新西兰着力强化包括牲畜耳标追溯、疫情预测监控、疫病实验室诊断等动物防疫基础设施方面的建设工作。概括起来,新西兰的动物疫病防控体系具有以下特点:

- 严格的生物安全程序、质量控制程序。
- 法规体系完善,执行有效。
- 部门互相协作,分工明确。
- 防疫技术全面详细,应用广泛。
- 牧民防疫意识强,执行力度大。

(四)粪污处理技术

新西兰肉牛业属开放的放牧养殖模式,肉牛存栏数约为 500 万头,每天大量的排泄物(包括粪便和尿液)直接沉积到牧场。但新西兰到处都是山清水秀,空气清新洁净,临海沿岸海水清澈,是世界上环境保护最好的国家之一,其废弃物的处理及对环境的保护值得我们借鉴和学习。

新西兰传统的奶牛饲养模式以草场为主。奶牛的新西兰家庭牧场 80%牲畜粪尿直接返还草场,只有 20%需要收集处理,排泄物直接暴露在草场的地表,降雨过后,会形成夹杂着大量污染物的地表径流进入河流、湖泊等地表水体,造成水体污染或富营养化。早期,新西兰针对养殖场污染治理采取的管理措施,是在各个养殖场推行"双塘处理系统",即"污水储存池+好/厌氧发酵塘"的处理模式,其目的在于减少污水中的生化需氧量(biochemical oxygen demand,BOD)、固体沉积物和氨氮,减少可溶性氮、磷、钾等营养元素和粪便微生物的直接损失。从 1991 年开始,新西兰开始普及养殖废水灌溉,将养殖场排出的废水用于灌溉附近的农田。具体做法是在牧场修建集粪池,用水将粪尿冲入集粪池内,发酵以后再喷洒到草地中。

从 1991 年开始,新西兰政府出台了《资源管理法案》,这是新西兰政府为了保护环境制定的法律法规。此法案的制定,旨在鼓励各种经济可行、环境无害和便于实施的方式来利用资源,比较注重各种行为对环境产生的影响,但是秉承技术中立的原则。该法案对养殖场污染治理提出了明确要求:避免或减轻应用牧场废水带来的任何不良环境影响;采用最切实可行的办法,防止或减少对环境的危害。在新西兰,资源管理法案规定:排放废水需要经资源管理部门同意。通常,资源管理部门批准排入地表需要将废水营养浓度最小化。这可以通过营养剥夺法进行,即废水通过三级处理法进行处理。在新西兰,政府鼓励农业废水的应用。

合理使用废水和粪便副产品需要了解其构成和处理过程,在保证利益最大化的同时也要减少环境破坏。在新西兰,农业废水一直采用生物处理法进行处理,处理后便可排放到土地。废水排放到河流则需要额外的处理,减少其营养物质的浓度,否则可能导致水富营养化。先进的粪污处理系统和使用材料要能够吸收废水养分,减少养分浓度。如果管理得当,农业废水对土地的应用具有更大的营养价值,促进有价值的营养和水分的循环,减轻对地表水污染。

牛粪中含有大量的氮、磷等营养物质,是一种宝贵的肥料资源,通过加工处理可制成优质有机复合肥料,不仅能变废为宝,而且可减少环境污染,防止疫病的蔓延。常用的处理方法有生物发酵法(包括好氧和厌氧发酵)、干燥法及焚烧法等。对于没有充足土地消纳利用粪肥的大中型牧场,应建立集中处理固体粪便的有机肥厂或处置场,鼓励将牛粪集中收集后采用好氧堆肥发酵方法进行无害化处理。堆肥处理后的牛粪可从以下几个方面进行利用:

- 作为有机肥施用于自己的牧场或加工成合格的有机肥产品商品化出售。
- 作为牛卧床垫料利用,不仅能改善牛卧床舒适度,还能减少肢体疾病,既卫生又安全,是一种较好的低成本利用方式。

● 生物转化利用，牛粪可经过简单的堆肥发酵进行蚯蚓养殖，通过蚯蚓的新陈代谢，将牛粪转化为物理、化学和生物学俱佳的蚯蚓粪，获得优质有机肥和高蛋白质饲料。

五、与我国畜牧业合作情况

中国和新西兰在畜牧业领域的合作和交流始于20世纪80年代，其间，我国每年都派出畜牧业方面的考察组赴新西兰考察，新西兰也在我国开展了一些经济技术合作项目。为加速我国畜牧业发展，我国有关部门和种畜进出口公司从新西兰进口了多批种畜禽、牛胚胎、种蛋和牧草种子。近年来新西兰非常重视与我国政府、科研机构以及企业间的合作与交流，签订了大量涉及肉牛领域的有关政府、科研机构间的合作、交流协议，实施了诸多中—新企业间的重大合作举措，使双方在畜牧业各个方面都取得了长足的进步和发展。

1. 我国与新西兰关于肉牛方面的合作

(1)签订《中华人民共和国政府和新西兰政府自由贸易协定》

中国与新西兰自1972年12月22日建交后，双边关系发展顺利，两国领导人保持频繁互访与接触。《中华人民共和国政府和新西兰政府自由贸易协定》是中华人民共和国与新西兰的双边自由贸易协定，2008年4月签署，这是我国与发达国家签署的第一个自由贸易协定。该协定涵盖了货物贸易、服务贸易、投资等领域，还涉及国防、法律、人权、多边贸易、地区安全等议题，是中国签署的国与国之间的第一个全面的自由贸易协定，也是中国与发达国家达成的第一个自由贸易协定。这个贸易协定给新西兰和中国肉牛领域带来很大利好。

自贸协定实施当年，在国际金融危机的大背景下，中新贸易额逆势上扬，同比增长30%，令世人瞩目和艳羡，中国一跃成为新西兰第二大贸易伙伴。依据协定，新西兰在2016年1月1日前将自中国进口产品关税逐步降低为零。截至目前，新西兰方面已对93%的从中国进口产品实施零关税，企业可凭借检验检疫部门签发的中新自贸区优惠原产地证书在新西兰海关享受相应关税减免优惠。

(2)召开国际进出口食品政策与法律法规交流会

2015年6月9日在上海召开了首届国际进出口食品政策与法律法规交流会。第二届由国家质检总局、中国出入境检验检疫协会牵头，于2016年6月13日在上海召开。会议邀请中国、美国、法国、德国、丹麦、西班牙、巴西、日本、韩国、泰国、澳大利亚、新西兰等国家相关政府与行业协会组织针对本国进出口食品的法律法规及对华出口贸易政策进行宣讲与解析，并由来自40多个国家与地区的进出口食品领域近300家行业领军代表参会。

(3)签署《中国国家认证认可监督管理局与新西兰初级产业部关于有机产品认证互认的安排》

国家质检总局副局长、国家认监委主任孙大伟与新西兰初级产业部常务副部长邓恩于2016年11月14日签署《中国国家认证认可监督管理局与新西兰初级产业部关于有机产品认证互认的安排》，这是我国对外签署的首个有机产品认证政府间互认协议，也是纳入我国国家绿色产品认证体系的首个获得国际承认的认证制度。

根据协议，中国和新西兰双方确认两国有机产品认证制度的等效性，相互承认对方的有机认证结果。每批新西兰输往中国的有机产品均附有新西兰初级产业部签发的有机出口证书，每批中国输往新西兰的有机产品均附有中国认证机构签发的统一的有机产品认证证书。此外，中国向新西兰出口和从新西兰进口的有机产品，均需加施中国有机认证标志和有机码。

协议还规定，国家认监委和新西兰初级产业部分别负责对本国有机产品的认证活动实施监督，并向对方通报在进出口有机产品中发现的不合格情况，以保证有机产品符合各方要求。双方还将相互通报各自有机认证法律、法规和标准的变化情况，要求对方提供有机认证机构和有机产品行业的相关信息。

据介绍，中国和新西兰均为全球有机产品生产及贸易的重要国家。中国向新西兰出口的有机产品主要有咖啡、冷冻蔬菜、杂粮、宠物食品原料等，新西兰向中国出口的有机产品主要有乳制品、肉类、水果等。

(4)中国·新西兰牛羊肉产业技术高峰论坛

2016年9月22日，举行了"2016中国·新西兰牛羊肉产业技术高峰论坛"，论坛邀请到新西兰、西班牙两国牛羊肉领域技术专家，就世界牛羊肉产业发达国家的先进技术和实战经验做专题报告。内蒙古牛羊肉产业知名企业代表及我国牛羊肉产业著名专家和学者参加了此次论坛。

直接把全世界领先的技术专家请到国内，面对面进行牛羊肉生产加工技术创新方面的经验分享，为中国牛羊肉产业的改进与发展提供了借鉴与参考，有利于中国牛羊肉产业朝着高效、健康和可持续的方向发展，利于推动牛羊肉产业科技创新和产品升级。

2. 今后的合作

我国地域广阔、自然资源丰富，市场潜力巨大，在畜牧业方面具有相对优势，这些都与新西兰有着较大的相似之处，因此两国在畜牧业领域有着广阔的合作前景。在《中华人民共和国和新西兰关于建立全面战略伙伴关系的联合声明》框架下，双方将充分发挥经贸互补的优势，将中方的"一带一路"倡议与新方的基础设施建设计划有机对接，继续巩固和扩大农牧业领域务实合作，包括加强农牧产品贸易，特别是肉制品贸易领域的谅解与合作，支持中国乳业能力建设，启动食品监管和可追溯合作项目等重大农业合作项目。

为了进一步提高我国畜牧业的整体科技水平，促进肉牛业的可持续发展，我国与新西兰在肉牛业方面进行合作的重点应放在科学技术交流上。合作的具体内容包括以下几个方面：

- 加强同新西兰在草地生态建设和环境保护方面的技术交流与合作，引进适合我国自然条件的优质饲料草种、草地病虫害的生物防治技术、分区围栏放牧技术和管理经验，开发低成本饲草资源，降低肉牛业的生产成本。
- 向新西兰学习有关肉牛改良的先进经验，改良和培育优良肉牛品种，引进高品质的种畜、种禽及胚胎育种技术。
- 加强畜禽疫病防治方面的技术交流与合作，引进先进的兽医兽药生产技术和管理技术。
- 继续发展与新西兰在羊毛和羊毛制品领域的合作，就合理利用羊毛、开发新品种、提高产品质量等方面进行更广泛的交流，同时加强双方在进出口羊毛检疫方面的沟通，保证我进口羊毛质量的稳定性。
- 向新西兰学习先进的牛羊肉和禽肉加工、保鲜技术，提高畜牧业产品的附加值，提高产品经济效益。

以上合作内容的实施，可通过互派访问团组进行贸易谈判、在相关部门或科研教学单位之间展开技术交流等形式，也可以通过项目援助，或吸引新方企业对华投资和技术转让。虽然作为一个传统的资金输入国，新西兰对外投资不多，但随着我国西部大开发战略的具体实施，政府将给予中西部地区更加优惠和倾斜的政策，以积极引进资金、技术和管理经验，再加上西部地区畜牧业所具有的相对优势，以及中、新双方在经济技术方面的互补性，必然能吸引更多的新西兰企业积极与我国开展畜牧业领域的技术交流和经贸合作。

参考文献

[1]夏文辉. 新西兰大力发展现代畜牧业[J]. 农村·农业·农民(B版). 2007,4:54.
[2]高国友. 澳大利亚、新西兰畜牧业发展情况考察报告[J]. 中国畜牧兽医文摘,2008,6(7):75-77.
[3]http://www.beeflambnz.com

[4]https://unstats. un. org/unsd/snaama/Basic
[5]http://archive. stats. govt. nz
[6]https://www. indexmundi. com
[7]https://www. fas. usda. gov/data/new-zealand-livestock-and-products-annual-3
[8]http://www. thecattlesite. com/
[9]https://beeflambnz. com/
[10]http://www. nzsap. org/
[11]http://www. beef. org. nz/
[12]http://www. beeflambnz. com/
[13]www. mia. co. nz

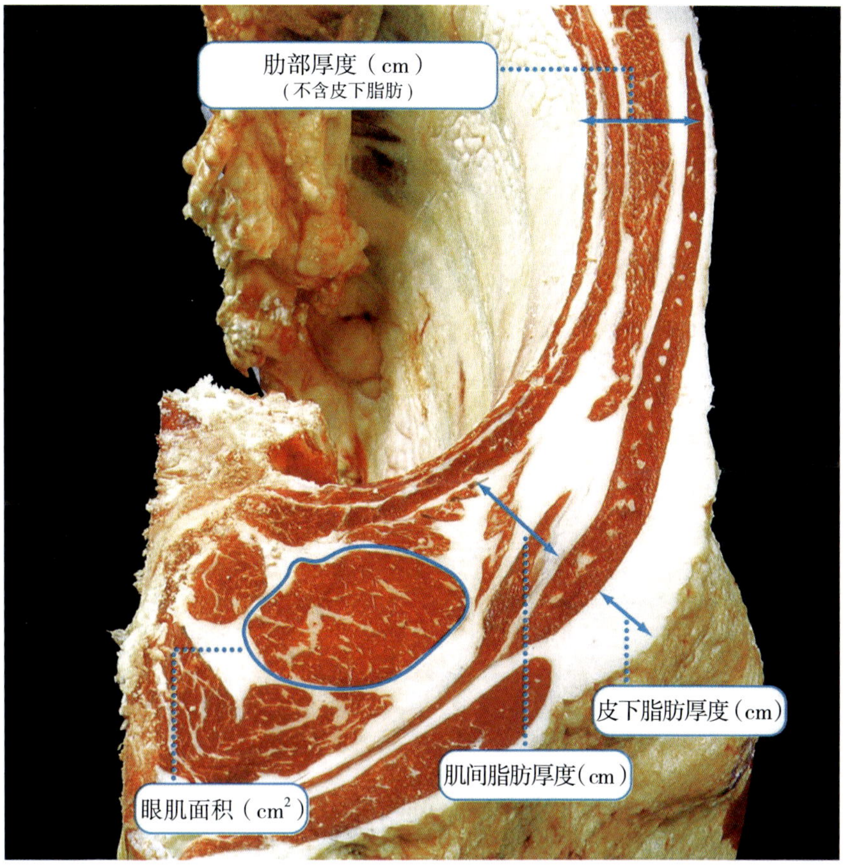

彩图 1-1-3 肉牛胴体第 6~7 肋间截面及相关测量指标

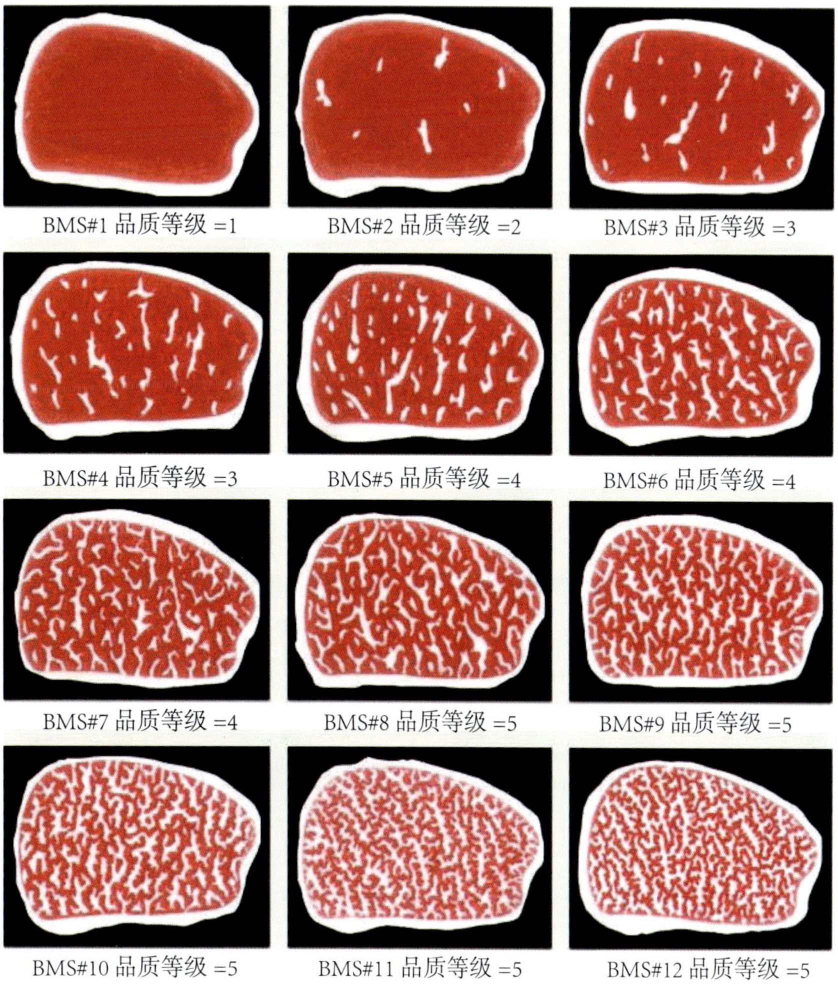

彩图 1-1-4 日本旧版牛肉大理石纹等级标准（JMGA，1988）

注：图中 BMS 表示大理石花纹评分。

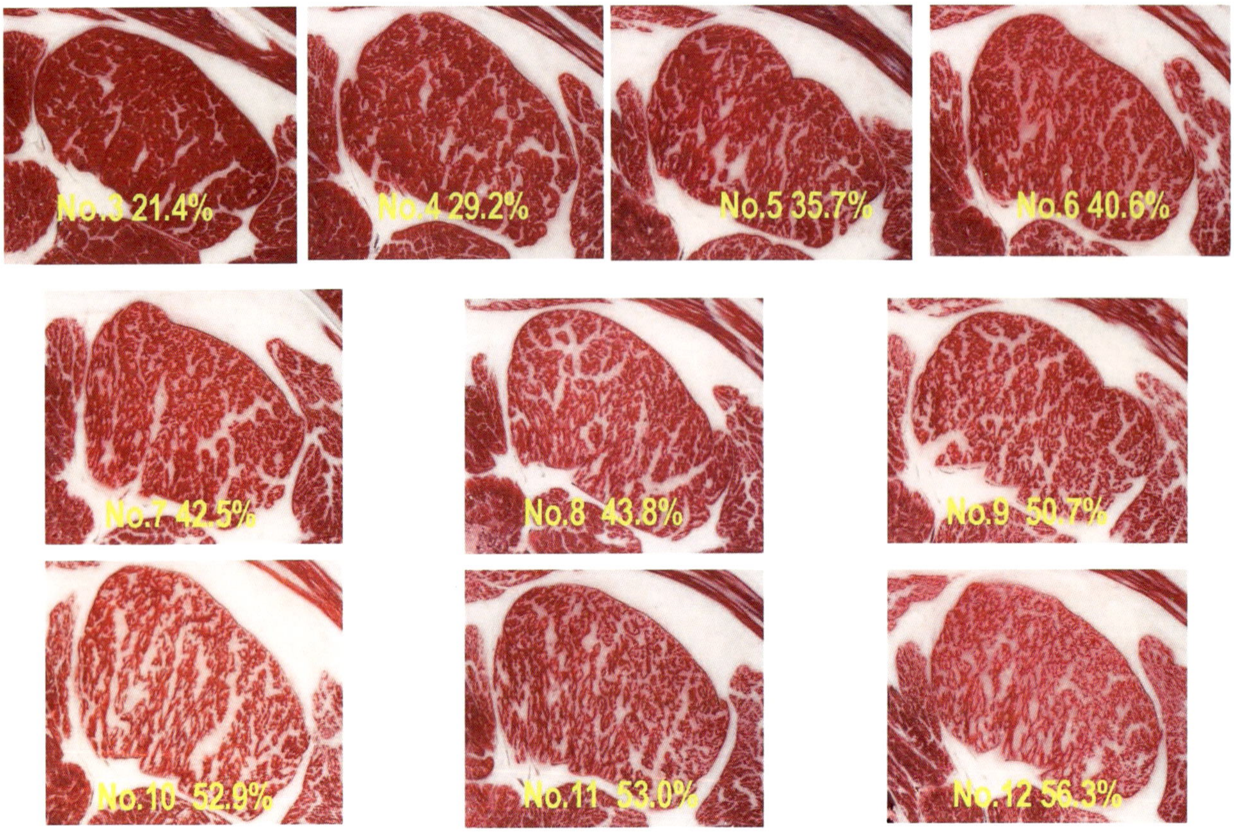

彩图 1-1-5　日本新版牛肉大理石纹等级标准（JMGA，2008）

注：图中数字表示该级别大理石纹牛肉需达到的最低肌内脂肪（IMF）含量。

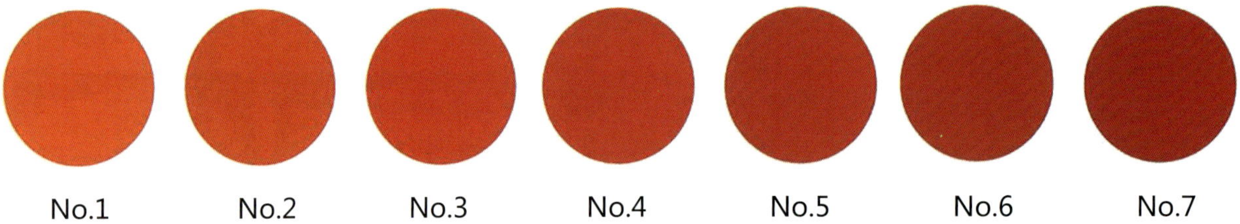

彩图 1-1-6　肉色等级标准（JMGA，1988）

注：7 个颜色中 3 ～ 5 分为最佳。

彩图 1-1-7　脂肪颜色等级标准（JMGA，1988）

注：7 个颜色中 1 ～ 4 分为最佳。

▲牛尾草

▲虉草

▲草地早熟禾

▲苜蓿

▲红三叶草

▲白三叶草

彩图 1-2-1　栽培生产的草料

彩图 2-3-2　巴西种植的主要牧草品种——信号草（*Brachiaria brizantha*）

彩图 4-1-8　澳大利亚超市牛肉产品形式及包装